Vertrieben
ausgebombt
auf sich gestellt

Margarete Dörr

Vertrieben ausgebombt auf sich gestellt

Frauen meistern Kriegs- und Nachkriegsjahre

Bechtermünz

Zu danken ist dem Historischen Verein Ludwigsburg unter seinem
Vorsitzenden Dr. Wolfgang Bollacher für seine freundliche Unterstützung.

Inhaltsverzeichnis

Vorbemerkung

In den Erfahrungen der Frauen lässt sich die Grenze zwischen Kriegs- und Nachkriegszeit nicht durch das Datum der deutschen Kapitulation, den 8. Mai 1945 festlegen. Dass die Einteilung der eigenen Lebensgeschichte nicht mit den Zeitabmessungen der offiziellen historischen Chronologie übereinstimmt, wurde in fast allen Kapiteln des zweiten Bandes sichtbar. Deshalb ist auch die Zuordnung der einzelnen Themen zu *Band II »Kriegsalltag«* und *Band III »Leben in der Nachkriegszeit«* nicht trennscharf möglich. Am wenigsten lassen sich die Erfahrungen auf dem Gebiet der materiellen Lebensbedingungen vor und nach Kriegsende trennen. Während z.B. die einen schon im Krieg hungerten, weil sie ganz auf die Lebensmittelrationen angewiesen waren, litten andere, die über Zusatzquellen verfügten, auch nach dem Kriege, als die Ernährungslage bedrohlich wurde, keinen Mangel. Wohnungsnot und Kälte belasteten beispielsweise Frauen im Rheinland schon nach den ersten Fliegerangriffen 1942, während etwa Frauen in Ostpreußen bis zum Ende des Krieges kaum etwas davon verspürten. Zwar ging es – aufs Ganze gesehen – während des Krieges eher ums »Durchkommen« und erst in der Nachkriegszeit ums »Überleben«, aber doch mit großen individuellen Unterschieden. Deshalb wird das ganze Gebiet der materiellen Lebensumstände für beide Zeitabschnitte im ersten Kapitel von *Band II* zusammengefasst.

Erfahrungen mit den Besatzungsmächten, Zwangsarbeit, Verschleppung und Vertreibung fallen überwiegend auch in die Nachkriegszeit. Sie sind aber eine ganz unmittelbare Kriegsfolge, machen ein Stück *»Kriegsalltag«* aus und werden daher in *Band II* behandelt. Im vorliegenden *dritten Band* werden drei wichtige Erfahrungskomplexe des Lebens in der Nachkriegszeit thematisiert: Im ersten Kapitel, *Teil A*, geht es um das Zueinanderfinden der teilweise völlig auseinandergerissenen Familien, um das Zusammenleben in den Familien und mit den hereinströmenden Flüchtlingen. Im zweiten Kapitel wird danach gefragt, wie Frauen den Neuanfang meisterten. Das dritte Kapitel schließlich geht den langen Nachwirkungen des Krieges auf den verschiedensten Gebieten nach.

Teil B dieses Bandes befaßt sich mit dem Verhältnis der Frauen zum Nationalsozialismus und zum Krieg.

Teil A

Leben in der Nachkriegszeit

KAPITEL 1

Zusammenkommen – Zusammenleben

»Deutschland – ein Ameisenhaufen«, »Die Deutschen – ein Volk von Wanderern«, so könnten Überschriften zur unmittelbaren Nachkriegszeit lauten. Grob geschätzt war damals fast jeder zweite Deutsche, mehr als jede zweite Frau, irgendwo länger oder kürzer unterwegs[1]: Die größte Gruppe waren die Flüchtlinge und die aus ihrer angestammten Heimat Ausgewiesenen. Sie hatten mit der Kapitulation der deutschen Wehrmacht noch längst keine endgültige Bleibe gefunden hatten, sondern versuchten z.T. immer noch, in ihre alte Heimat zurückzukehren. Ein Teil von ihnen wurde von den Besatzern zwischen den Zonen hin- und hergeschoben, andere suchten bei Verwandten und Bekannten einen vorübergehenden Unterschlupf. Hinzu kamen diejenigen, die vor dem Heranrücken der Westalliierten vorübergehend evakuiert worden waren und nach dem Ende der Kampfhandlungen wieder zurückkehren konnten. Sehr groß war auch die Gruppe der aus den bombenbedrohten Städten in ländliche Gebiete, besonders in den Osten, evakuierten Frauen und Kinder. Sie reihten sich nun in den allgemeinen Flüchtlingsstrom ein, strebten wieder nach Hause zurück oder – wenn sie ausgebombt waren – an einen anderen Ort, wo sie sich ein neues Zuhause aufzubauen hofften. Andere Evakuierte, die nicht fliehen mussten, wollten oder mussten ihren Evakuierungsort verlassen.

Viele Kinder waren auf der Flucht von ihren Müttern getrennt worden oder befanden sich an verschiedenen Orten in der Kinderlandverschickung und wurden von ihren Eltern abgeholt oder suchten mit oder ohne Lehrer den Heimweg. Viele Frauen und Mädchen befanden sich am Kriegsende fern von daheim im Arbeitsdienst, im Osteinsatz, bei der Wehrmacht oder in einem anderen Kriegshilfsdienst. Auch sie wollten nach Hause gelangen und sind über weite Strecken getrampt. Kinder wurden in der Kinderlandverschickung von ihren Eltern abgeholt oder suchten mit ihren Lehrern oder allein den Heimweg.

Zu diesen überwiegend aus Frauen bestehenden Menschenströmen muss man die etwa 12 Millionen Kriegsgefangenen hinzudenken, von denen die meisten bald nach Kriegsende entlassen wurden und nun ihre Angehörigen suchten.[2] Durch Flucht, Vertreibung, Evakuierung waren diese oft in alle Winde zerstreut, und die gegenseitige Suche verursachte weitere Menschenströme.

Der Suchdienst des Deutschen Roten Kreuzes nannte 1995 folgende Zahlen:

Am Ende des Zweiten Weltkriegs waren über 11 Millionen deutsche Soldaten in 12 000 Kriegsgefangenenlagern auf 80 Staaten dieser Erde verteilt, 800 000 Zivilisten in Internierungslagern, 13 Millionen Menschen geflohen oder auf der Flucht aus Ost- oder Südosteuropa.

Die Kriegs- und Nachkriegsereignisse haben mehr als 30 Millionen Deutsche aus ihren Heimatgebieten vertrieben und von ihren Familien getrennt. 14 Millionen Suchwünsche wurden von dezentralen Suchdiensteinrichtungen bearbeitet. Statistisch gesehen war jeder vierte Deutsche ein Suchender oder ein Gesuchter.[3]

Unberücksichtigt sind dabei noch die etwa 10 Millionen Displaced Persons, die ausländischen Zwangsarbeiter und Kriegsgefangenen, die wieder repatriiert werden sollten.

Diesen Hauptströmungen der »Wanderschaft« gesellte sich in den ersten Nachkriegsjahren der immer breiter anschwellende Strom von Menschen hinzu, die sich aus der sowjetisch besetzten Zone in die Westzonen absetzten, nun nicht mehr aus Angst vor der Roten Armee, sondern um sich dem Zwangssystem der neuen kommunistischen Herrschaft zu entziehen und bessere Lebensbedingungen im Westen zu finden. Nicht vergessen werden sollten schließlich diejenigen, die aus den Gebieten östlich von Oder und Neiße erst Jahre nach der Ausweisung im Zuge der Familienzusammenführung wieder zueinander fanden, und diejenigen, die aus der Verschleppung aus der Sowjetunion zurückkehrten.

»Deutschland – ein Ameisenhaufen«: Frauen versuchten, ihre verwundeten Männer oder Söhne in Lazaretten oder in Lagern auf deutschem Boden zu besuchen. Unzählige fuhren aufs Land, um bei den Bauern etwas Essbares zu tauschen oder zu erbetteln. Manche versuchten, ihre ausgelagerten Sachen wieder nach Hause zu befördern, andere wollten einfach Nachrichten übermitteln oder einholen. Junge Mädchen strebten zu ihren Ausbildungsplätzen. Auch Fahrten zu Beerdigungen, Hochzeiten oder zu Besuchen naher Menschen wurden unternommen.

Sie alle bevölkerten die Landstraßen und die teilweise zerstörten Schienenwege, versuchten, per Zug oder Lastkraftwagen wenigstens ein Stück weit vorwärtszukommen. Sehr viele gingen zu Fuß, das Gepäck auf Leiter- und Handwagen. Wer ein Fahrrad hatte, war gut dran.

Das Hauptmotiv aber, das die Menschen trieb, war der Wunsch, sich nach den Wirren der Kriegszeit in der Familie wiederzufinden, wieder zusammenzukommen, um gemeinsam ein neues Leben zu beginnen.

In welchem Ausmaß der Krieg die Familien auseinandergerissen hat, haben wir schon in den vorangegangenen Kapiteln an Fallbeispielen gesehen. Vollzählige Familien waren die Ausnahmen.

Was Frauen auf sich nahmen, um die Familie oder wenigstens die Restfamilie so geschlossen wie möglich an einem Ort zu versammeln, ihr ein neues Zuhause zu schaffen, wird im ersten Teil dieses Kapitels dargestellt. Der zweite Teil beschäftigt sich dann mit der Frage, wie sich das Zusammenleben unter vielfach sehr veränderten und schwierigen Umständen entwickelte, wie weit und in welcher Art es von den Frauen gestaltet wurde. Dabei stehen zwei Probleme im Mittelpunkt der Frauenerinnerungen: Das Zusammenleben mit den Männern, die aus dem Krieg heimkehrten, und das Einleben von Flüchtlings- und Vertriebenenfrauen in der neuen Umgebung. Den weiteren Anstrengungen, die über die Bewältigung des materiellen Kriegsalltags hinaus zu einem Neuanfang auf den verschiedensten Gebieten führten, ist das folgende Kapitel gewidmet.

»Deutschland – ein Ameisenhaufen« – Zusammenkommen

Verglichen mit den Flucht- und Vertreibungsberichten werden sich die Erzählungen über die Schwierigkeiten und Strapazen, nach Hause und zueinander zu kommen, relativ harmlos anhören. Dennoch bilden sie für viele Frauen, die nicht Flüchtlinge oder Vertriebene waren, wichtige Schlüsselerlebnisse, die sie ausführlich schildern, zumal das gute Ende (fast alle schafften es, einander zu finden) noch einen zusätzlichen Erzählanreiz bildet. Außer bei der Überquerung der »grünen Grenze« von der Ostzone in die Westzonen befand man sich kaum je in wirklicher Lebensgefahr, so dass diese Erlebnisse wie Abenteuergeschichten erzählt werden, die man mit Glück, aber auch durch eigene Courage und Geistesgegenwart gemeistert und dabei eine weitere Bewährungsprobe bestanden hat. Schon während des Krieges und besonders, als es dem Ende zuging, war es oft ein Abenteuer gewesen, unterwegs zu sein.

Tiefflieger- und Bombenangriffe bedeuteten ständige Lebensgefahr. Trotzdem haben sehr viele noch bis zum Ende versucht, ihre Dienststellen oder Ausbildungsplätze zu erreichen oder noch vor der Besetzung nach Hause zu kommen. Mütter und Frauen haben ihre verwundeten Söhne und Männer bis zuletzt im Lazarett besucht und ließen es sich nicht nehmen, zu Beerdigungen naher Angehöriger zu fahren. Nach dem Krieg fiel zwar die Fliegergefahr weg, dafür häuften sich jetzt andere Hindernisse, Beschwerlichkeiten und Gefahren.

Exemplarisch lässt sich das an den folgenden Berichten zeigen. Sie beschreiben auch die Mühen, wieder nach Hause zu kommen und unterwegs beieinander zu bleiben.

HANNELORE S. (1925) ist im Mai 1945 mit ihrer Familie (Vater, Mutter und Bruder) auf dem Weg von Moos am Bodensee, wo sie das Kriegsende verbracht hatten, nach Reutlingen, wo sie nach ihrer Ausbombung in Stuttgart eine Wohnung gefunden hatten. Der Vater (kriegsversehrt vom Ersten Weltkrieg), dessen Dienststelle nach Biberach ausgelagert worden war, hatte seine Familie in Moos wiedergefunden und war nun mit auf dem Weg, gewiss eine Stütze, aber auch in Gefahr, wie sich herausstellte. Dem Vater hatte sich noch eine Flüchtlingsfrau aus Breslau angeschlossen, die nicht wusste, wohin sie sich wenden könnte.

»Wenige Tage, nach seiner (des Vaters) Ankunft kam dann der befürchtete Aufruf für alle ›Fremden‹, die nicht schon vor 1938 in Moos gewohnt hatten, dass sie das Grenzgebiet zu verlassen hätten. Wir waren kaum fertig mit dem Packen unserer wenigen Habseligkeiten, als es auch schon hieß, die Lastwagen seien zum Abtransport bereitgestellt. Trudel besorgte uns noch schnell einen alten, aber immerhin fahrbereiten Kinderwagen, so dass wir uns nicht so schrecklich mit dem Gepäck abschleppen mussten. Kätter, die Gute, hatte uns vorsorglich noch hartgekochte Eier, Brot, Fisch in Essig und ein bisschen Speck eingepackt, damit wir wenigstens in den ersten Tagen etwas zu essen hätten. Für eine große Abschiedsszene ließen uns die französischen Soldaten keine Zeit. Mit dem Ruf ›vite, vite‹ hießen sie uns mit einigen anderen Leuten aufsteigen, und helfende Hände stemmten die beiden Fahrräder von Papa und Frau A. K., den Kinderwagen, zwei Rucksäcke und einen alten Koffer mit unserer Habe sowie einige Taschen hinauf. Und los ging die nicht gerade sehr bequeme Fahrt, aber wir kannten das ja schon. Dagegen kannte keiner das Ziel unserer Fahrt! Der Fahrer grinste nur und verstand keine unserer vielen Fragen, allerdings auch nicht, wenn sie auf Französisch gestellt wurden.«

Nach kurzer Zeit wurden sie einfach abgesetzt und sich selbst überlassen. Die Familie fand für eine Nacht eine Unterkunft bei einem Vetter der Mutter. Man frischte Erinnerungen auf und kam sich etwas näher. Aber ein ehemaliger kriegsgefangener Pole in der Nachbarschaft hielt den Vater für einen verkappten SS-Mann. Durch reichlich Schnaps, eine Idee der Mutter, wurde er abgelenkt und die Familie konnte unbehelligt am nächsten Morgen weiterziehen. Vom Vetter bekamen sie eine Landkarte.

»In jedem Ort galt unser Fragen nach der Besatzung im nächsten Ort: Waren es freundlich gesinnte Franzosen oder gar solche, von denen für uns weibliche Wesen eine Gefahr ausging? Waren die Kontrollen streng, eventuell auch Gepäckkontrollen zu befürchten? Wurde man zurückgehalten oder konnte man mit einem Weiterziehen ohne unliebsamen Aufenthalt rechnen? Wir bekamen immer freundlich und sehr genau Auskunft, meist von Bauern auf dem Feld, wenn wir – abseits der großen Straßen – auf schmalen Landstraßen oder auf Wegen durch Wiesen, Wälder und Felder dahinzogen.

Kurz vor Rohrdorf aber geschah ein Malheur: während Papa und Frau K. vorausgefahren waren, um in Rohrdorf Quartier zu suchen für die Nacht, machte sich plötzlich ein Rad an unserem Kinderwagen selbständig und rollte in den Straßengraben. Mit Mühe konnten wir den Wagen vor dem Umkippen bewahren, aber guter Rat war nun teuer! Rolf war zwar recht praktisch veranlagt, aber im Augenblick mit seinen elf Jahren überfordert und vor Schreck gelähmt, wie Mutti und ich selbst auch. Wir sahen uns schon gezwungen, all das Zeug zu schleppen, denn so viel war uns klar, dass an diesem blöden Rad irgendein wichtiges Teil fehlte! Da nahte zu allem Unglück auch noch der französische Posten vom Ortseingang, der unser Missgeschick wohl beobachtet hatte. Wir suchten schnell nach unseren Papieren, aber er winkte nur lässig ab – und machte sich daran, unser verlorenes Rad wieder zu montieren! Das Gewehr lag am Straßenrand, er kniete auf der Straße und hatte es doch im Nu geschafft, den fehlenden Splint im Straßenstaub zu finden und unser Fahrzeug wieder fahrbereit zu machen. Seine schmierig-schwarzen Hände wischte er im Gras ab, lächelte mitleidig und empfahl uns noch (auf Französisch natürlich), in Rohrdorf alle vier Räder von einem Mechaniker durchsehen und ölen zu lassen. Das nahmen wir uns fest vor, vor allem wollten wir auch versuchen, ein paar Ersatzsplinte zu bekommen – für alle Fälle! Nicht immer würden sich vielleicht herausgefallene Splinte wiederfinden lassen! Aber im Zuge der Ereignisse haben wir alle unsere guten Vorsätze vergessen. – Im Augenblick jedoch waren wir glücklich und erleichtert über die schnelle und unerwartete Behebung des Schadens und zogen weiter nach Rohrdorf.«

Dort konnten sie bei einem Bauern im Heu übernachten.

»Die Sonne stand schon recht hoch, als wir endlich unsere vom ungewohnten Wandern müden und schmerzenden Glieder aus Decken und Heu schälten, ein bisschen Morgentoilette am Brunnen im Hof machten und noch einmal zu Milch und Brot eingeladen wurden.

Plötzlich hörten wir den Dorfbüttel mit seiner Glocke, der etwas Wichtiges zu verkünden hatte: ›Alle Männer im Dorf müssen sich sofort auf dem Rathaus einfinden mit ihren Papieren!‹ Wir beratschlagten noch, ob Papa auch zu den ›Männern im Dorf‹ gehörte oder ob wir uns nicht lieber schnell aus dem Staub machen sollten, als auch schon der Bauer kam und Papa abholte, um mit ihm zusammen der Vorladung nachzukommen. Er hatte sichtlich Angst, man könnte ihn verantwortlich machen, wenn Papa mit uns verschwände, denn dass wir bei ihm übernachtet hatten, war wohl schon im ganzen Dorf bekannt. So zogen die beiden los, und wir nutzten den unvorhergesehenen Aufenthalt, um uns in die Sonne zu legen und auf Papa zu warten, der ja sicherlich bald wiederkommen musste.«

Der Vater wurde anderthalb Tage festgehalten. Die Familie war in großer Sorge, weil viele Männer interniert wurden. Er war Schikanen und Misshandlungen ausgesetzt gewesen, aber wieder freigelassen worden.

»Eine weitere Nacht mussten wir nun noch in Rohrdorf verbringen, denn Papa war in einer Verfassung, die ein Weiterziehen an diesem Abend nicht zuließ.

Am nächsten Morgen weckte der Bauer uns in aller Frühe, und wir machten uns wieder auf den Weg. Von der Besatzung in Sigmaringen erzählte man uns wahre Schauermärchen, so dass wir beschlossen, kein Risiko einzugehen, d. h. nicht den direkten Weg nach Reutlingen über das Laucherttal zu nehmen, sondern einen Umweg über Winterlingen einzuschlagen. Eine lange Steigung machte uns sehr zu schaffen, es war nun doch schon heiß während der Tagesstunden. Da nahte ein Retter in Gestalt eines Fuhrmanns mit einem pferdebespannten Langholzwagen, der uns Fußgänger auflud und den Kinderwagen, kunstvoll hinten festgezurrt, mitzog. Ständig mussten wir allerdings auf der Hut sein, dass nichts aus dem Kinderwagen herausfiel, aber alles ging gut. In Winterlingen wandten wir uns nach Norden in Richtung Bitz, wo wir wieder für eine Nacht blieben. Es war ein rechtes Zigeunerleben, das wir da führten.«

Immer wieder machten sie Umwege, um gefürchteten Kontrollen, vor allem aber Beschlagnahmungen zu entgehen. Sie hat die Orte, durch die sie kamen, nicht mehr alle im Kopf.

»In Erinnerung geblieben ist mir die Strecke von Genkingen nach Pfullingen, denn an einer bestimmten Stelle, in einer Kehre der Straße, hatten wir einen herrlichen Blick auf Pfullingen und die Ausläufer von Reutlingen. Das gab uns mächtigen Auftrieb, und die Kilometer rutschten nur so unter den – fast durchgelaufenen – Schuhsohlen weg. Größer wurde auch mit jedem bezwungenen Kilometer die Spannung, wie wir unsere Wohnung vorfinden würden; immerhin war seit unserer Abreise fast ein Vierteljahr vergangen... Endlich hatten wir es geschafft und standen vor dem Haus in der Rommelsbacher Straße. Wie es aussah, hatte es in den letzten Kriegswochen keinen zusätzlichen Schaden mehr genommen. Papa zückte den Hausschlüssel, doch bevor er noch aufschließen konnte, stand die Hausbesitzerin völlig entgeistert unter der Türe und starrte uns an, als ob wir aus dem Jenseits kämen. Sie stotterte irgend etwas von ›damit hätte sie nicht mehr gerechnet‹ und ›jetzt müsste man sehen, wie man das regeln könnte‹, so dass uns bald klar wurde, eine problemlose Rückkehr schien das nicht zu werden. Es stellte sich heraus, dass die Frau im ersten Stock vor kurzer Zeit Witwe geworden war und nun die teure Miete nicht mehr bezahlen konnte. Kurzerhand war sie von unserer Hausbesitzerin in unsere Dachstockwohnung eingewiesen worden, und die Möbel aus ›unserer‹ Wohnung standen nun in der großen Wohnung im ersten Stock. Diese war eine Vierzimmerwohnung, für die wohl auch wir die Miete nicht würden aufbringen können. Als uns die Hauswirtin aufgrund der von ihr heraufbeschworenen verzwickten Lage gestattete, Frau K. als Untermieterin bei uns aufzunehmen, hörte sich die Sache schon etwas besser an. So bezogen wir also den ersten Stock und bekamen sogar von der seitherigen Mieterin noch einiges an Möbeln, die sie nicht mehr stellen konnte in der kleineren Wohnung. Wir befreiten Sofa und Stühle von den sorgsam übergestülpten Schonbezügen und hätten nun für die damaligen Verhältnisse eigentlich zufrieden sein können, wenn nicht … ja, wenn nicht der große Hunger gewesen wäre!«

ELFRIEDE G. (1912) war aus Nussloch (bei Heidelberg) mit drei Kindern in Messkirch (bei Sigmaringen) evakuiert. Sie schildert die erste Fahrt nach Hause, die sie im September 1945 zusammen mit der kleinen Tochter unternahm. Aus ihren Tagebuchaufzeichnungen:

»Als ich damals die Gewissheit hatte, dass ich von der Bahn einen Güterwagen bekommen kann, um von Messkirch mit Sack und Pack nach Nussloch zu fahren, musste ich mir zuerst die Erlaubnis bei der amerikanischen Kommandantur in Heidelberg besorgen, denn wir waren ja in der französischen Zone. Also nahm ich mein Urselkind gleich mit und versuchte, irgendwie nach Nussloch zu kommen und schon einmal das eine Kind in Sicherheit zu bringen und vor allem den lieben Papa nach so langer Zeit wiederzusehen. Er war in der Zwischenzeit auf Umwegen und mit vielen Schwierigkeiten nun wieder glücklich daheim gelandet. Mit Ursel und einem Koffer mit dem Allernötigsten erwischte ich dann endlich einen Zug, der zunächst nur mal bis Radolfzell fuhr. Es gab ja noch gar keine fahrplanmäßigen Züge im September 1945. Viele flüchtende Menschen waren da unterwegs. Dort angekommen, hieß es dann, alles aussteigen, und es begann ein langer Marsch in ein Schulgebäude, das als Übergangslager eingerichtet war. Hier verbrachten wir die erste Nacht auf Strohlager mit vielen anderen Menschen zusammen. Viele alte Leute und Mütter mit ihren Kindern. Essen gab es aus der Gulaschkanone. Waschen konnte man sich nicht. Am anderen Morgen ging es dann weiter mit einem Güterzug ein Stück in den Schwarzwald hinein. Und wieder ging's nicht weiter. Da erwischten wir glücklicherweise ein Lastauto, auf dem man sich einen Platz erkämpfen musste, denn es war beladen, hauptsächlich mit Fässern. Ursel stand mittendrin, und ich musste die Fässer festhalten, damit sie das Kind nicht erdrückten. Das war wahrhaftig ein lebensgefährliches Unternehmen bei diesen steilen Auf- und Abfahrten und den vielen Kurven. Irgendwie kamen wir dann wieder mit der Bahn abends in Karlsruhe an. Da saßen wir nun mit vielen flüchtenden Menschen auf unserem Koffer in der Bahnhofshalle. Es war Ausgangssperre, und niemand durfte den Bahnhof verlassen. Überall standen amerikanische Soldaten herum und bewachten uns. Mit Angst und Bangen sah ich der kommenden Nacht entgegen. Wie kann ich das mit dem Kind überstehen? Beim Überlegen erinnerte ich mich auf einmal, dass meine Eltern hier in der Nähe eine bekannte Familie wohnen hatten. Ich wartete auf einen günstigen Moment, packte mein Kind und den Koffer und rannte los. Wir kamen glücklich dort an, aber trafen die Familie R. im zerbombten Haus nur notdürftig untergebracht an. Trotzdem wurden wir freundlich aufgenommen und bekamen ein behelfsmäßiges Quartier in der Küche. Wir konnten uns etwas frischmachen und schliefen dann erschöpft ein. Früh ging's dann wieder zum Bahnhof, wo wir ein Bild des Elends und des Jammers antrafen. Die Leute lagen zwischen ihren Habseligkeiten auf dem Boden kreuz und quer herum. Kinder schrien, und alte Leute jammerten, andere schnarchten. Da standen wir nun mitten in diesem Elend und wussten nicht, was mit uns nun weiter geschehen würde. Wir waren ja so dankbar, dass wir die Nacht bei der guten Familie verbringen durften und etwas gestärkt und frisch gewaschen der Dinge, die da kommen sollten, entgegensahen. Ein großes Glück, dass wir diesen Ausreißer gut überstanden hatten, denn bei Ausgangssperre durfte niemand unterwegs sein, da wurde gleich geschossen von den wachhabenden Amerikanern. Eine Frau mit Kind hätten sie wohl eingesperrt. – Auf einmal kam Bewegung in die Menge der fast verzweifelten Menschen. Es hieß marschieren in eine Schule, die als Lager eingerichtet war. Wieder Strohlager und Gulaschkanone! Es war ein trauriger Zug elender, hungriger Menschen dorthin.

Am Nachmittag stand ich mit Urselkind auf der Straße, um etwas Luft zu schnappen. Da kam ein Lastwagen gefahren mit einer Heidelberger Nummer. Es kam mir vor wie ein Wink vom Himmel. Ich stellte mich mitten auf die Straße und hielt so den Laster an. Der Fahrer war gnädig, und gegen eine ordentliche Vergütung ließ er uns aufsteigen. Als ich mein Gepäck holte, bemerkten es die anderen Leute, und im Nu war der ganze Wagen voll mit flüchtenden Menschen. Die Fahrt bis Wiesloch war furchtbar. Mehrmals mussten wir alle den Wagen verlassen, da Militärposten uns anhielten und durchsuchten. In Wiesloch angekommen, ließ uns der Fahrer absteigen. All die anderen fuhren weiter. Wer weiß, was aus ihnen geworden ist?

Inzwischen ist es Abend geworden und wieder Sperrstunde. Niemand durfte mehr auf der Straße sein. Da stand ich nun, und ich wollte doch heim nach Nussloch! Kurz entschlossen ging ich nun in ein Haus und borgte mir ein Fahrrad. Die Leute kannten zufällig meine Schwiegereltern, und so gab es kein Problem. Die letzte Strecke fuhr ich dann mit Ursel vor mir auf der Stange sitzend (es war ein Herrenrad) und dem Köfferchen auf dem Gepäckträger mit allerletzter Kraft in Nussloch ein. Das Glück und die Gefühle bei der Begrüßung kann ich nicht mit Worten beschreiben. Mein Edwin war da, das Kind durfte seinen Papa umarmen, und wir waren daheim. Welch ein Wiedersehen!« Die beiden anderen Kinder holte sie nach einer erneut sehr turbulenten und aufregenden Hin- und Rückfahrt nach Hause.

MARGRET B. (1927), die schon die Flucht von Erkner bei Berlin nach Bielefeld hinter sich hatte[4], versucht, nach dem vereinbarten Familientreffpunkt Hirschberg im Vogtland zu gelangen.

»Die Landstraße hatte uns wieder. Wir fuhren leichter. Mein Gepäck war auf ein Köfferchen, kaum größer als eine Aktentasche, und eine Decke zusammengeschmolzen. Am Lenkrad baumelte ein kleiner Kochtopf und die schon erwähnten ›organisierten‹ Stiefel. Eine Uniformjacke, ein warmer Pullover und eine Trainingshose, das war mein Besitz. Dorle (ihre ältere Schwester) war auch nicht reicher. Oft hatten wir Reifenpanne. Unsere Fahrradschläuche stammten aus der Vorkriegszeit. Einen alten benutzten wir zum Reparieren, geschickte Monteure waren wir inzwischen. Abends baten wir Bauern um Unterkunft in der Scheune, denn am liebsten schliefen wir direkt neben unseren Rädern, ein damals nicht zu ersetzender Wertgegenstand. Abgewiesen wurden wir nie. Oft bekamen wir sogar etwas zu essen. Aber hungrig waren wir immer. Wenn es sehr arg wurde, zogen wir Mohrrüben aus einem Acker, aßen sie, nur abgewischt, samt Dreck, pflückten uns grasgrüne Äpfel, es war ja erst Juni, und tranken unbedacht Wasser aus Dorfbrunnen. Kaum wechselten wir in die amerikanische Zone, hielten uns an der nächsten Straßensperre Militärposten auf. Die Papiere wären o.k., aber dass zwei junge Ladies sich so anstrengen müssten, ließen sie nicht zu! Sie stoppten gleich das nächste Fahrzeug, einen geschlossenen Kleinlaster der Wehrmacht. Der Fahrer besaß gültige Ausweise, weigerte und wehrte sich aber nachdrücklich, uns mitzunehmen. Es half nichts, er hatte zu gehorchen. Samt Rädern verfrachtete er uns hinten im Wagen. Kaum losgefahren, wussten wir, warum man uns abweisen wollte. Unter jeder Sitzbank kroch ein Landser hervor. Sie hatten keine Entlassungspapiere und fürchteten, verraten zu werden. Wir lachten und beruhigten sie. Eine längere Wegstrecke legten wir mühelos zurück. Nahe Hof erfuhren wir, das Gebiet östlich der Saale war zwei Tage zuvor von den Amerikanern an die Russen übergeben worden. Also auch Hirschberg. Es traf uns wie ein Keulenschlag. Unser Treffpunkt, wo die Familie sich zu finden hoffte, russisch!«

Noch war die Grenze nicht geschlossen, und sie konnten Onkel und Tante besuchen. Der Verlobte ihrer Schwester war einige Tage zuvor dagewesen, hatte sie nicht angetroffen und hatte sich auf den Weg nach Berlin gemacht, um Dorle dort zu suchen. Ein Koffer mit ausgelagerten Kleidern für Margret war niemals angekommen.

»Schon nach einer knappen Stunde verließen wir Hirschberg. Die Straßen waren still und wie leergefegt. Erst als wir an russischen Soldaten vorbei den Saalesteg überquert hatten, ließ die unheimliche Stimmung nach.

Nun fuhren wir durch den wunderschönen fränkischen Wald. Eine Landschaft mit unversehrten Fachwerkstädtchen. Das Bergauf und Bergab war anstrengend mit unseren meist leeren Mägen. Damals gab es noch keine Gangschaltung an Fahrrädern. Manchmal gelang es, uns an einen Holzgaslaster anzuhängen, wenn er einen Hang hinauf langsamer wurde. Und immer wieder Reifenpanne. – Nicht weit südlich von Bamberg, in einem kleinen Ort, wussten wir unseren Bruder Robert im Lazarett. Es war im Gebäude einer Irrenanstalt eingerichtet. Vor dem Tor auf einer Bank saßen ein paar fröhlich schauende, aber gänzlich verwirrte Männer, die uns erfreut begrüßten. Robert lag in einem großen Raum mit etwa zwanzig Betten. Er konnte nicht mehr aufstehen. Durch eine nicht behandelte verschleppte Rippenfellentzündung verursacht, hatte er Knochentuberkulose bekommen. Die Krankheit war schon in ein schlimmes Stadium getreten. Tags zuvor war eine große Fistel an seinem Rükken aufgebrochen. Dadurch hatte er gerade weniger Schmerzen. Die jungen Männer wussten, sie müssen fast alle sterben. Sie wurden auf Befehl der amerikanischen Führung kaum versorgt...

Robert freute sich herzlich an uns beiden, wusste er doch schon lange nichts mehr von der Familie...

Nun erfuhr er durch uns den nächsten Treffpunkt, Stuttgart, wo unser Großvater wohnte. Noch hofften wir, er würde wieder gesund, und wir könnten alle miteinander dort eine neue Heimat finden (*er starb aber bald danach*). Am nächsten Morgen begannen Dorle und ich die letzte große Etappe unserer Odyssee. Pro Tag bewältigten wir etwa sechzig bis achtzig Kilometer. Nachts schliefen wir wieder in Scheunen. Größere Städte liegen nicht an dieser Strecke. Die Dörfer sind hübsch und die bergige Landschaft wunderschön, aber anstrengend zum Radfahren. Ein kurzes Stück fuhren wir mit einem Güterzug. Damals stieg man einfach ein, wenn es eine Möglichkeit gab. Man wusste aber selten genau, wo die Fahrt hinging. Vor dem nächsten zerstörten Viadukt mussten wir schon wieder aussteigen. Die meisten Brücken waren gesprengt, ein letzter, irrsinniger Versuch der deutschen Verteidigung, die amerikanischen Truppen am Vormarsch zu hindern. Mühsam kletterten die Menschen mit ihrem Gepäck, wir mit den Rädern, steil bergab, ohne Weg, an der anderen Hangseite wieder rauf. Eine Strapaze! Jeder drängte und hastete, wusste doch niemand, wann und ob überhaupt der Zug, der auf der nächsten Anhöhe schon zu sehen war, abfahren würde. Noch einige Kilometer rollten wir gemächlich im Güterwagen durchs Land. Das Wetter war schön. Wir saßen in der breiten, offenen Tür, baumelten mit den Beinen ins Freie und genossen es, ohne Anstrengung vorwärtszukommen. Doch der Zug änderte seine Fahrtrichtung nach Süden. Beim nächsten Streckenhalt kletterten wir raus. Über Neustadt, Rothenburg, Schwäbisch Hall und Backnang führte unsere Route nach Südwesten. In Fellbach flickte ich ein letztes Mal einen meiner Reifen am Wasserbottich einer Gärtnerei. Endlich erreichten wir Stuttgart. Die Innenstadt war ein einziger Trümmerhaufen. Der schöne historische Stadtkern, die malerischen alten Gebäude, alles zerstört. Um die Mittagszeit standen wir vor dem großelterlichen Haus, Reinsburgstraße 46. Es sah traurig aus. Vom Dach bis zum Erdgeschoss klaffte eine große Lücke, eine ganze Eckfront war weggerissen, das Innere von Bombensplittern aller Größen zerfetzt und gespickt. Keine Fensterscheiben, und Schutthäufen in allen Räumen. Völlig unbewohnbar...

Auch keine Nachricht, kein Zettel an einer Mauer, ob die Bewohner noch leben und wo sie zu finden sind. Was sollte nun werden? Wir entsannen uns Verwandter, die nicht weit am Schwabtunnel wohnten, trafen sie auch an und erfuhren, Großvater und seine Wirtschafterin Rosa wohnten in Degerloch. Er konnte dort ein Einfamilienhaus mieten. Mühsam und müde schoben wir unsere Räder die alte Weinsteige rauf. Endlich kamen wir irgendwo an, endlich hatten wir ein Ziel erreicht! Inzwischen war es Juli geworden. Großvater war wohlauf. Mich hielt er zuerst für einen Jungen, so braungebrannt, mager und dürftig gekleidet. Im Haus gab es genügend Platz für uns. Großvater und Rosa wohnten im Erdgeschoss. Der erste Stock war leer. Es regnete zwar in ein Zimmer herein, weil das Dach beschädigt war. Auf so viel Raum hatten wir nie zu hoffen gewagt. Von der übrigen Familie wusste Großvater auch nichts. Irmchens (*der jüngeren Schwester*) letztes Lebenszeichen kam aus Posen in Polen. Sie arbeitete dort als Krankenschwester. Vater war das vergangene halbe Jahr Stadtkommandant in Cortina. Dorle und ich waren fürs erste glücklich, wir konnten bleiben und hofften, all unsere Lieben würden auch bald herfinden. – Nach etwa zwei Wochen langten Mutti und Hermann an. Ganz verrusst. Sie hatten die letzten Stationen auf einem Kohlenzug zurückgelegt. Wieder eine Woche später stand Vater vor der Tür, wohlgenährt und braungebrannt. Welch ein Wiedersehen! Nach den schrecklichen Kriegsjahren und dem Chaos des Zusammenbruchs sich wiederzufinden, erschien uns wie ein Wunder!«

Beim Überqueren der »grünen Grenze« zwischen der sowjetisch besetzten Zone und den westlichen Besatzungszonen machten die Frauen sehr aufregende, auch widersprüchliche Erfahrungen. Es sei dafür verwiesen auf die Biografie von Ellen K. in Teil I, die mehrmals hinüber und herüber wechselte, einmal, um ihren Verlobten zu suchen, der anscheinend schwerverwundet in Bamberg im Lazarett liegen sollte, und später, um die Heiratspapiere in seiner Heimatstadt Waldkirch zu besorgen.[5]

An diesen und vielen anderen Berichten lassen sich die wesentlichen Schwierigkeiten ablesen, die zu überwinden waren, wenn man nach Hause oder zueinander kommen wollte.

Die größte Schwierigkeit waren die schlechten Verkehrsverhältnisse und die unzureichenden Verkehrsmittel. Züge fuhren selten oder gar nicht. Man wusste nicht, wann und wohin sie fuhren, bestieg oft irgendeinen Zug auf gut Glück, musste streckenweise, besonders an gesprengten Viadukten und Brücken, aussteigen und versuchen, in einen anderen Zug zu gelangen. Ein Platz in einem Personenwagen war schon ein Privileg, hineinzukommen ein Kunststück. Menschentrauben hingen auf den Trittbrettern, selbst auf den Puffern, auf den Dächern. Offene Güterwagen, auch Kohlenzüge, wurden gestürmt, Kohlenstaub und -dampf in Kauf genommen. Frauen versteckten sich zwischen Fässern, in Bremserhäuschen, sprangen auf Züge auf und von Zügen herunter, riskierten Verletzungen. Mit mehreren kleinen Kindern und wenn noch Krankheit hinzukam, wäre es ohne die Hilfe »rettender Engel« gar nicht gegangen. Wie sollte man Windeln waschen, wie seine Notdurft verrichten?

Die Menschenmasse und das Elend auf den Bahnhöfen, das stundenlange, oft vergebliche Warten auf die nächste Fahrgelegenheit sind ein Dauerthema. Hier noch ein kleiner Ausschnitt aus dem Tagebuch von Ursula von Kardorff, die viele Irrfahrten von und nach Berlin schildert:

»Braunschweig Wartesaal, am 4.10.1945: ›Es gibt keine trostloseren Orte in dieser Zeit als die überfüllten Wartesäle. Sie gleichen sich alle. Derselbe Gestank nach Muckefuck und ungewaschenen Körpern, dieselben stumpfen, von der Not gezeichneten Gesichter, dieselben Gespräche zwischen Leuten, die sich fremd sind und trotzdem ungehemmt ihre Schicksale erzählen, wobei keiner dem anderen zuhört. ›Hätte ich doch bloß meine Herbstschlüpfer mitgenommen‹, hörte ich eine Frau sagen, nachdem ihre Nachbarin gerade geschildert hatte, wie ihr Mann erschlagen worden war.‹«[6]

Selbst für kürzere Strecken benötigte man übermäßig viele Umwege und Zeit. Längere Strecken konnten Tage dauern.[7] Es dauerte Jahre, bis sich der Verkehr wieder normalisierte.

Ungeheuer weite Wege mussten zu Fuß bewältigt werden, oft Hunderte von Kilometern, meist mit schlechtem Schuhwerk. Wundgelaufene Füße und durchgelaufene Schuhe versuchte man recht und schlecht zu behandeln und zu reparieren. Fahrten mit dem Fahrrad waren in hügeligem Gelände oft sehr beschwerlich, zumal es damals noch keine Gangschaltung gab. Hitze, Durst und Hunger konnten sehr plagen. Man aß, was auf den Feldern wuchs. Oft führte der Weg auch durch völlig unzerstörte Gegenden, durch idyllische, vom Krieg unberührte Städtchen und Dörfer. Vielen wurde so nochmals anschaulich vor Augen geführt, wie ungleich der Preis war, der von den Deutschen für diesen Krieg zu bezahlen gewesen war.

Häufig war auch die Orientierung schwierig. Wer sich in der Gegend auskannte oder Karten besaß, konnte sich besser zurechtfinden. Viele waren auf die Mithilfe von »Mitreisenden« und Einheimischen angewiesen, die allerdings nicht immer zuverlässig waren.

Das Gepäck zu befördern, so armselig es oft war, wurde zum Problem. Wieder, wie auf der Flucht, waren Rucksack und Kinderwagen die meistgebrauchten Beförderungsmittel, einschließlich aller Pannen mit den oft alten und klapprigen Gefährten. Doch gab es, wie Elfriede G. erzählt, offenbar auch Möglichkeiten, seine ausgelagerten Sachen in Güterwagen transportieren zu lassen, ein wohl eher seltenes Privileg. Zeugnis eines fast naiven Vertrauens in die Zuverlässigkeit der Deutschen Reichsbahn waren die Versuche, noch am Kriegsende Gepäck per Bahn zu verschicken. Das wenigste dürfte sein Ziel erreicht haben. Gepäck- und Versicherungsscheine, die sie nie einlösen konnten, haben manche Frauen bis heute aufbewahrt!

Wer ein Fahrrad besaß, musste es bei Tag und Nacht hüten wie seinen Augapfel und vor allem auch ein Meister im Flicken der porösen Schläuche sein, die meist noch aus der Vorkriegszeit stammten. Konnte man einen »neuen« ergattern, so handelte es sich auch um »Vornachkriegsware«, wie Anneliese B. bemerkte.

Glückssache war es auch, wenn man von einem Lastwagen oder einem Fuhrwerk mitgenommen wurde oder sich wenigstens mit seinem Fahrrad ein Stück weit anhängen konnte. Das gelang oft nur gegen entsprechende Vergütung, manchmal aber auch auf Anweisung freundlicher Besatzungskontrolleure. Es konnte sein, dass man sich in einem Transport mit »verbotener Fracht« wiederfand, was auch ein schlimmes Ende hätte nehmen können.

Die fortgesetzten Kontrollen konnten eine zusätzliche Gefahrenquelle sein. Kontrollen innerhalb der amerikanischen Zone waren im allgemeinen harmlos, in der französischen Zone konnten sie, besonders für Männer, zu einer Bedrohung werden. So nahmen viele, wie die Familie S., lieber unbequeme

Umwege in Kauf, um unliebsamen Kontrollen aus dem Weg zu gehen. Einheimische gaben Tips, wie solche zu vermeiden waren. Die umherstreunenden Displaced Persons, ja die Besatzer selbst, konnten zu Wegelagerern werden, die die Vorüberziehenden ausplünderten.

Kriegsende und Besatzungszeit wirkten sich unmittelbar auf die Bewegungsmöglichkeiten und die Freizügigkeit aus. Sie waren nicht nur räumlich, sondern auch zeitlich begrenzt. Sperrstunden waren unterwegs besonders hinderlich. Mit Beginn des Ausgangsverbotes am Abend musste ein Quartier erreicht sein. So gab es auf Bahnhöfen oder in deren Nähe »Übergangslager«, mehr als behelfsmäßige, in denen viele Menschen über Nacht kampierten. Wer über Land zog, musste in Scheunen unterkommen. Gegenüber den Durchziehenden verhielten sich die Bauern meist hilfsbereiter als gegenüber den Zugewiesenen, die blieben. Die »Wanderer« wurden oft sogar mit Essen versorgt. Von Glück konnte sagen, wer Bekannte oder gar Verwandte aufsuchen konnte. Erstaunlich, wie immer wieder dunkle und vage Erinnerungen an Adressen und frühere Kontakte im Gedächtnis auftauchten: »Da fiel mir ein, dass da in der Nähe ein entfernter Vetter wohnen musste.« Solches und ähnliches wurde oft geäußert.

Wer die Sperrstunden überschritt, musste damit rechnen, aufgegriffen und eingesperrt zu werden. Die Besatzer nahmen es damit sehr genau.

Noch gravierender wirkten sich die *Zonengrenzen* aus. Sie zerschnitten Lebenskreise, trennten Familien, Wohnort und Ausbildungsplatz. Um von der amerikanischen in die französische Zone zu gelangen, mussten sich Frauen schon etwas einfallen lassen –

RENATE D. (1917): »Mein Mann ist zurückgekommen '45. Er war noch eine Zeitlang in Gefangenschaft. Er konnte durchkommen in seine Heimat nach Langenau bei Ulm. Dort waren die Amerikaner als Besatzung und in Stuttgart die Franzosen. Ich wollte meinen Mann doch so gerne wiedersehen. Jetzt, wie machen? Und dann habe ich mir folgendes einfallen lassen… Ich war in der Klinik. Und da hab' ich mir 'ne Schwesterntracht geborgt, schönes Häubchen auf, gestreiftes Kleid, weiße Schürze. Und dann bin ich auf das … wie das Amt geheissen hat, weiß ich nimmer, und hab' denen weisgemacht, ich müsste in die amerikanische Zone ins Krankenhaus und hätte dort was zu tun. Und dann waren die so angetan und haben mir einen Passierschein gegeben, und ich hab' ein bissle Schulenglisch gekonnt. Und dann hab' ich mich also tatsächlich durchgeschlagen. Bin dann an der Grenze sehr nett aufgenommen und bewirtet worden. Das hat geklappt, das war herrlich!

Mit der Genehmigung, Zuzugsgenehmigung meines Mannes hat es dann einige Zeit gedauert.«

INGE R. (1924), Kirchheim, begann ihr Studium im Sommersemester 1945: »Es gingen keine Züge mehr, wir mussten zu Fuß nach Tübingen, 42 km an einem Tag. Im

Sommer ging schon einiges an der Universität, und zwar in der Orientalistik. Es waren nur drei Studenten. Einer wohnte in Tübingen, einer in Rottenburg, ich in der amerikanischen Zone. Die Zonengrenze lag also dazwischen. Das war jahrelang mein Problem. Wie bekomme ich einen Passierschein? Manchmal bin ich auch ›grün‹ hinüber mit dem Fahrrad. Die Grenze auf der Straße war in Neckartenzlingen. Da war ein kleines Wächterhäuschen. Da standen abwechselnd drin ein Franzose, ein Amerikaner, ein Deutscher. Und bevor man dahin kam, war eine große Kurve. Da hab' ich mein Fahrrad versteckt im Straßengraben. Hab' gespickt, ob ein Franzose da war, dann durfte ich nicht vorbei; nur beim Deutschen oder Ami konnte man es riskieren. Wenn ein Franzose da war, dann musste ich hinten herum durch Felder und Wald, das ging ganz steil hinauf. Ich war der Postbote zwischen Kirchheim und Tübingen. Hatte sehr schlechte Fahrradschläuche, das Rad hatte ich ja 1939 bekommen. Ein Fahrradhändler von Tübingen bot mir einen anderen Schlauch an, der sah noch ganz gut aus. Aber er war ganz porös. Ich musste alle zehn Minuten absteigen und aufpumpen.«

Immer mehr zu einer fast unpassierbaren Barriere wurde die Grenze zur sowjetischen Besatzungszone. Interzonenpässe waren schwer aufzutreiben. Es kam darauf an,»Schlupflöcher« zu finden, zuverlässige Fluchthelfer aufzutreiben, nicht ertappt zu werden. Die Grenzübergänge mussten meist bei Nacht gewagt werden. Wer alleine oder ortsfremd ging, konnte sich leicht verlaufen. Ein Krachen im Gezweig, ein Rascheln von Blättern, eine angezündete Zigarette, ein Kinderwort oder -laut konnte lebensgefährlich werden. Die Posten schossen rücksichtslos; auch auf Vergewaltigungen mussten die Frauen gefasst sein. Dennoch wagten viele Frauen mehr als einmal dieses riskante Abenteuer, weil sie eben zusammenkommen wollten, mit ihren Eltern, ihren Familien, ihren Verlobten oder Männern, um wichtige Papiere oder Dinge wie Hochzeitskleider zu besorgen, damit sie eine Familie und ein Heim gründen konnten.

Auch bei all diesen Begegnungen mit Angehörigen der Besatzungsmächte machten Frauen sehr unterschiedliche Erfahrungen. Sie erlebten auch hier die Besatzer nicht nur bedrohlich und feindlich, sondern immer wieder auch unerwartet hilfsbereit und freundlich, was Auswirkungen auf ihr politisches Weltbild haben konnte. Übrigens bewährten sich natürlich auch hier wieder Sprachkenntnisse. Von einem solchen Grenzübergang erzählt Marianne B. (1920) eine eindrucksvolle Geschichte:

Sie wollte »aus übergroßer Sehnsucht« von Cuxhaven, wo sie nach der Flucht gelandet war, ihre Eltern in Berlin besuchen. Sie hatte ihre 2 1/2-jährige Tochter bei sich und war im 5. Monat schwanger mit dem zweiten Kind:

»Da gab es noch zwischen den einzelnen Zonen keinen durchgehenden Zugverkehr. Also Cuxhaven, wo ich abfuhr, das war englische Zone. Und ich konnte nur bis zu einem bestimmten Bahnhof fahren, und dann musste ich dort sehen, einen Fluchthelfer zu finden. Man sagte, die sind da in dieser Grenznähe; so acht bis neun Kilometer bei Nacht mit so einem Fluchthelfer, um in die russische Zone zu kommen, und dann da mit dem Zug weiterfahren. Das Risiko ging ich ein. Also Rucksack und dies zweieinhalbjährige Kind, und ich weiß gar nicht mehr, komischerweise hab' ich das vergessen, wie der Bahnhof hieß, wo ich also ausstieg und am Abend ankam. Schon am Bahnhof standen Grüppchen. Also ich schnell zu einer Gruppe, und da war ein Fluchthelfer, der sagte, um die und die Uhrzeit, da ist es ganz dunkel, und dann… Und es war Mondschein, aber so jagende Wolken am Himmel. Und, wie gesagt, es war Dezember, und es waren so ca. 15 Grad minus und verschneit. Erst trappelte das Kind noch an der Hand. Ich hatte ihr auch eingeschärft, gar nicht zu sprechen. Es war das einzige Kind, wir waren etwa 8 oder 9 Leute und der Mensch, der uns da führte. Jetzt weiß ich den Bahnhof: Salzwedel. Da dauerte es nicht lange, dass mein Kind nicht mehr gehen konnte, weil, da war so ein schmaler Feldweg und dann gefroren, und das in Schnee und Eis. Also ich nahm's dann so auf den Buckel, und so gingen wir dann als letzte. Und dann ertönte: ›Mami, ich muss!‹ Nun bei diesen Kältegraden und noch wissen, anderthalb Kilometer sind es immer noch, zu sagen: ›Lass laufen!‹ war nicht möglich. Pampers gab es damals noch nicht. (Lachen) Gewartet hat natürlich auch keiner. Und ich musste ja erst mal selber meine Handschuhe ausziehen, und dann hatte ich das Kind natürlich sehr warm eingepackt. Eh das alles so weit war, sah und hörte ich nichts mehr. Da stand ich also im Niemandsland, mutterseelenalleine. Zwischendurch kam der Mond durch, aber ich dachte, ich kann ja nur diesen Weg weitergehen, der wird mich schon irgendwohin führen. Dann tauchen aus dem Nebel und Mondschein zwei Russen vor mir auf, mit Gewehr und so, also genau: Feindbild. Also mein Herz, das war da unten. Und so gebrochenes Deutsch: ›Wo du hin?‹ – ›Bahnhof.‹ – ›Was wollen am Bahnhof?‹ – ›Zu meiner Mutter fahren.‹ – ›Wo wohnt Mutter?‹ – ›Berlin.‹ – ›Mutter fahren ist gut.‹ Und ach, niedlich, nun hatte sie diese blonden Löckchen. Ohne mich zu fragen, nahm der eine Russe das Kind ab, und der andere nahm mir den Rucksack ab… Ich konnte gar nicht protestieren, ich war ja in deren Gewalt. Dann sagte der eine: ›Du nicht haben Angst. Du zu Mutter fahren.‹ Und dann gingen sie vor mir, gingen und gingen, bis zu dem Bahnhof, lösten mit ihrem Geld 'ne Fahrkarte nach Berlin für mich. Dann kritzelte der eine auf einen Zettel. ›Das mein Name, wenn du kommen zurück, ich dir wieder helfen.‹ Ja, und als ich vier Wochen später wieder zurückfuhr, hatte ich den Zettel. Es war wie ein Sesam öffne dich. Das war das Feindbild Russe.«

Viele wussten auf ihren Wegen oft nicht, ob sie wirklich ankommen würden. Die auseinandergerissenen Familien hatten meist einen Treffpunkt vereinbart, an dem sich die Angehörigen nach dem Krieg wieder zusammenfinden wollten.[8] Wie würde man diese Anlaufstelle vorfinden? Spannung und Sorge waren ständige Wegbegleiter. Wenn der ausgemachte Ort plötzlich russisch besetzt war, war das ein Schock. Ein neuer Zielpunkt musste angesteuert werden, ohne Gewissheit, mit neuem Bangen. Und wenn das Haus ausgebombt war?

Wenn die Angehörigen nicht mehr lebten? Wenn man sie verfehlte? Die Nachrichten an den Mauern der Ruinen sind die hinlänglich bekannten Signale und auf vielen Fotografien festgehalten. Falls man wieder in die verlassene eigene Wohnung zurückkehren wollte, wie würde man sie vorfinden? Ausgeplündert, von anderen besetzt, anderweitig vermietet?

Den Geschichten vom »Zusammenkommen« stehen Geschichten vom »Nicht-Zusammenkommen«, von *langem, oft vergeblichem Suchen* gegenüber.

Eine weitere Schwierigkeit war der behinderte Postverkehr. Zunächst durften gar keine Briefe geschrieben werden, sondern nur Postkarten. Es gab keine Briefmarken. Alle Postsachen mussten am Schalter bezahlt und abgestempelt werden.

RUTH ANDREAS-FRIEDRICH in Berlin notiert am 1.11.1945 in ihr Tagebuch: »Seit heute verkehrt die Post durch das ganze Reich.« Und am 1. Dezember 1945: »Erste Post aus den Westzonen. Nach vierwöchiger Reise hat sie uns endlich erreicht. Früher brauchte ein Brief zwischen Deutschland und Südamerika kaum länger. Fremd, wie aus einem anderen Erdteil klingen uns die Nachrichten aus Stuttgart, Köln, aus Hamburg und Frankfurt. Trotz allem – es bleiben Nachrichten. Und wenn man heute etwas fragt, kann man immerhin hoffen, in 2 Monaten Antwort zu erhalten.« Am 3. April 1946 notiert sie, dass Postverkehr mit dem Ausland möglich sei.[9]

MATHILDE WOLFF-MÖNCKEBERG, die ihre Briefe während der Kriegszeit an ihre fernen Kinder in England schrieb, ohne sie abschicken zu können, notiert: »Noch im Jahre 1946 war es nicht möglich, eine normale Korrespondenz zu führen. Ein Briefwechsel zwischen Deutschland und Großbritannien konnte nur aufrechterhalten werden mit Hilfe von Freunden in der Militärregierung und Mitgliedern der alliierten Streitkräfte.« Die Briefe des Sohnes aus den USA gingen zuerst über England.[10]

Die Suchdienste, besonders der Suchdienst des Roten Kreuzes, befassten sich nicht nur mit Anfragen nach Wehrmachtsangehörigen. Mütter suchten ihre Kinder, die sie auf der Flucht oder im Zusammenhang der Kinderlandverschickung verloren hatten, und Kinder suchten ihre Eltern.

Ganz schwierig wurde es, wenn dabei Zuzugsgenehmigungen verweigert wurden. Für die Frauen waren die Anweisungen der Militärbehörden und der beauftragten deutschen Verwaltungsbehörden, die »Ordnung« in ihre Besatzungszonen bringen sollten und die Bevölkerungsströme zu dirigieren versuchten, nicht zu durchschauen. Um so bitterer wurde der tiefe Einschnitt in das eigene Leben empfunden.

Der »Eiserne Vorhang« trennte die sowjetisch besetzte Zone ab 1946 vom übrigen Deutschland ab. Bis zum Bau der Berliner Mauer im August 1961 war es immer noch möglich, in den Westen zu gelangen. Aber auf »Republikflucht« standen hohe Strafen und es drohten Repressalien gegenüber den zurückbleibenden Angehörigen. In der Zeit, als Übersiedlungen noch möglich waren, brachten es Frauen durch Geschick, Glück und Beziehungen fertig, Möbel und Hausrat in den Westen zu befördern. Martha B. (1906) z. B. schickte ihrem Mann über 500 Päckchen zu je 2 Pfund mit Haushaltsgegenständen in den Westen. Selbst Federbetten zerlegte sie in kleine Beutel. Alles kam an. Je hermetischer die Grenze wurde, desto schwieriger war es, die Verbindung mit den Zurückgebliebenen aufrechtzuerhalten.

GERTRUD B. (1919) musste im November 1948 aus politischen Gründen in den Westen fliehen und ihre beiden Kinder in Bautzen zurücklassen. Sie selbst hatte keine Zuzugsgenehmigung nach Bautzen erhalten, weil sie seit 1939 in Dresden gewohnt hatte. Dort hatte sie nach dem Krieg eine Arbeit gefunden, sich aber durch nichtkonformes Verhalten verdächtig gemacht.

»Zu meiner Mutter, meinen Kindern hatte ich nun nur noch schriftliche Verbindungen, denn in Dresden war ein Haftbefehl gegen mich erlassen worden, die Wohnung meiner Mutter wurde mehrmals durchsucht. – Als meine Mutter 1949 schwer erkrankte, konnte ich meine Kinder durch Freunde in der Heimat in ein Internat der Herrnhuter Brüdergemeinde in Gnadau bei Magdeburg bringen lassen; sie waren also wenigstens räumlich nicht mehr so sehr weit von mir getrennt. – 1950 setzten mich Diakone der Herrnhuter Brüdergemeinde davon in Kenntnis, dass damit zu rechnen sei, dass die Kinder in Kürze von ihnen an die russische Besatzungsmacht ausgeliefert werden müssten. Sie würden dann nach Russland gebracht und dort weiter erzogen werden. – Also suchte ich ein junges, sehr mutiges Mädchen in Helmstedt – und ich fand ein solches auch. Sie fuhr mit dem Bus über die Grenze (das konnte man damals noch), besuchte das Internat, nahm meine Kinder mit und brachte sie glücklich bis Helmstedt. Dort musste ich sie zunächst zu einer Pflegemutter, später in das Internat der Niedersächsischen Heimschule geben, da ich noch immer in meinem winzigen Zimmer (8-10 qm) hauste. 1951 hatte ich das Glück, eine Anstellung bei einer Bank in Düsseldorf zu bekommen. Da ich mich in Helmstedt nie ganz sicher gefühlt hatte, war ich sehr froh, dorthin übersiedeln zu können. – Dort beantragte ich eine Todeserklärung meines vermissten Mannes, damit ich dann für meine Kinder eine Waisenrente beantragen konnte.«

Erst in den 50er Jahren kehrten viele der verschleppten Frauen – soweit sie überlebt hatten – in die Heimat zurück.[11] Noch länger konnte es dauern, bis im Zuge der Familienzusammenführung Frauen aus den Ostgebieten mit ihren inzwischen im Westen ansässig gewordenen Angehörigen wieder vereint waren.

HANNA R.: »Insgesamt waren meine Schwester und ich vom Mai 1945 bis Mai 1948 in Russland (*zur Zwangsarbeit verschleppt*)... Als wir schließlich in die Heimat entlassen werden sollten, waren wir in einem erbärmlichen Gesundheitszustand. Ich wog zu dieser Zeit ganze 75 Pfund. In Frankfurt/Oder wurden wir ein Vierteljahr lang regelrecht aufgepäppelt und eingekleidet. Dort erfuhren wir auf Anfrage bei Verwandten aus dem Rheinland, dass unsere Mutter mit unseren Kindern noch in Ostpreußen und unsere andere Schwester mit ihren Kindern in Göttingen/Grone war. Da es nicht möglich war, unsere Kinder und die Mutter aus Ostpreußen zu holen, zogen wir auch nach Göttingen/Grone. Dort hatten wir es sehr schwer, uns einzuleben. Man behandelte uns wie Aussätzige und hätte uns am liebsten wieder weggejagt.

Durch das DRK haben wir erreicht, dass unsere Kinder nach etwa einem Jahr zu uns kommen konnten. Unsere Mutter dagegen kam erst im Jahre 1957.«

Diesen Erzählungen vom Zusammenkommen stehen aber auch erschütternde Geschichten vom Nicht-Zusammenkommen gegenüber.[12]

LORE E. (1922) hat so 1987 aus der Erinnerung die Geschichte ihrer Apotheker-Kollegin Elly niedergeschrieben: »Ellys Vater war Berufssoldat und ab 1939 im Warthegau stationiert. Seine Frau und zwei Töchter lebten in der Garnisonsstadt Posen. Als er an die Front kommandiert wurde, zog die Frau mit den kleinen Kindern zu ihren Eltern auf einen Bauernhof in Ostpreußen. Dort bekam sie die Nachricht, dass ihr Mann vermisst sei. Im Januar '45 kam der Befehl zum Treck. Ein Pferdewagen wurde mit den wichtigsten Dingen, Lebensmitteln, Futter für die Pferde, Kleidung, Decken, Federbetten bepackt. Obenauf die Frauen und Kinder – so zog die Dorfgemeinschaft durch den tiefen Schnee und klirrende Kälte gen Westen. Unterwegs wurden sie von den vorrückenden Russen eingeholt, vielleicht waren es auch polnische Partisanen – jedenfalls gab es eine Katastrophe: Die Frauen wurden vergewaltigt und von den Soldaten mitgeschleppt, die wenigen Männer erschossen, die Kinder ihrem Schicksal überlassen. Dabei starb die Großmutter – wahrscheinlich am Herzschlag. Der Großvater hatte sich tot gestellt und kroch unter den Toten heraus. Er sammelte die Kinder ein, vielleicht war noch ein Pferd da, ich weiß nicht, jedenfalls brachte er es fertig, mit dem Häuflein Kinder (darunter sein halbwüchsiger jüngster Sohn, der durch Kinderlähmung stark behindert war) zu seinem Dorf, seinem Hof zurückzukommen. Dort lebten sie praktisch im Niemandsland – durch die Flucht war ja alles entvölkert –, und es gelang ihm, mit den ca. 20 Kindern zu überleben.

Elly erzählte mir, dass er sie ein einziges Mal hart bestraft hätte, als er sie beim Honignaschen erwischte: ›Damit riskierst du, dass wir alle verhungern‹, erklärte er ihr. Er war sehr liebevoll, verlangte aber strengste Disziplin. Nach einiger Zeit erschienen Polen (denen das Gebiet nun gehörte) und holten die Kinder in ein staatliches Kinderheim. Nur den Sohn und die beiden Enkeltöchter durfte er behalten. Später sollte er für Polen optieren. Da er das nicht wollte, packte er wieder seine restliche Habe und zog gen Westen. Dabei landeten sie eines Tages in einem Auffanglager bei Berlin. Dort wurde ihm vom Roten Kreuz mitgeteilt, dass die beiden kleinen Mädchen durch den Suchdienst gesucht würden, und bald danach erschien die Tante der beiden, die Schwester des Vaters. Elly erzählte mir, dass sie damals das erste Mal eine Dame mit Hut, Handtasche und Nagellack gesehen habe und sich mit ihrer Schwester vor Lachen gekrümmt habe. Diese fremde Frau nahm sie mit sich in eine schöne Wohnung in Berlin, ließ sich von ihnen ›Mutti‹ nennen und sorgte gut für sie.

Der Großvater zog mit seinem Sohn weiter, und die Kinder haben nie wieder von ihm gehört.

Nachzutragen bleibt, dass eines Tages die Mutter der beiden erschien; sie hatte jahrelang in Russland arbeiten müssen und war wegen Krankheit entlassen worden. Sie brachte TBC, Krebs und Syphilis mit und lag ein paar Wochen in einem Berliner Krankenhaus, ehe sie starb. Elly hatte Schuldgefühle, weil sie diese ausgemergelte kranke Frau nicht lieben konnte. Kurz vor dem Tod der Mutter kam die Nachricht, dass der Vater den Krieg überlebt hatte und verheiratet in Westdeutschland lebte – er hatte erfahren, dass Frau und Kinder umgekommen seien.«

Diejenigen, denen es gelungen war, wieder zusammenzukommen, empfanden es wie ein Wunder, beieinander zu sein oder zumindest eine positive Nachricht von den Familienmitgliedern bekommen zu haben. Ganz komplette Familien waren selten. Das Warten auf die Männer in Gefangenschaft und die Vermissten ging noch lange weiter, wie wir wissen.[13] Die Toten kehrten nicht mehr zurück. Die meisten der Frauen, die das Glück hatten, dass die Kernfamilie sich wieder zusammenfand, bezeichnen dieses Datum für ihr persönliches Leben als das Ende des Krieges. Jetzt erst begann für sie ein neuer Lebensabschnitt.

Die folgenden Zeugnisse, eine kleine Auswahl aus vielen, geben nicht nur euphorische Momentaufnahmen wieder, sondern drücken Empfindungen der Zusammengehörigkeit aus, die sich für die Zukunft als tragfähig erweisen sollten.

IRMGARD B. (1923) erzählt, wie sie sich von der tschechischen Grenze, wo sie als Bannmädelführerin noch im Werwolf ausgebildet werden sollte, nach Hause, Thiersheim, durchschlägt, u.a. ihre Kleiderkarte als Ausweis vorzeigend: »Kam heim. Unser Haus – besetzt von Amerikanern. Bin außen rum, da war jemand im Waschhaus, und da steht mein Vater, und meine Mutter hat Wäsche gespült in dem großen Bottich. Vater war am Schluss auch noch eingezogen. Da hab' ich das erste Mal meinen Vater weinen sehen. Also, ich kam, und der hat mich umarmt, der hat mich nie umarmt, ich weiß auch nie, dass der meine Mutti umarmt hätte, das gab's bei uns net, dass da so Zärtlichkeiten waren, und meine Mutter mit ihren nassen Armen kam auch raus, also war das eine Umarmung, und alle haben wir geheult! Und da weiß ich, hat mein Vater g'sagt: ›Jetzt ist alles gut! Kann sein, was will‹, hat er g'sagt, ›wir sind g'sund, wir ham das überstanden, und wir fangen jetzt irgendwie wieder neu an.‹«

ADELE G. war als Flüchtling aus dem Sudetenland in einem armen Dorf im Odenwald zuletzt bei der Familie des Ratsschreibers einquartiert. Von ihrem Mann hatte sie drei Jahre nichts gehört: »An einem Tag Ende August sagte ich zu Ingrid (ihrer schulpflichtigen Tochter), sie solle Peter in den Kindergarten bringen und mittags ein paar Kartoffeln kochen – ich ginge Brombeeren pflücken und würde nicht so bald wieder zurück sein, denn die Brombeerhecken lagen ziemlich weit voneinander entfernt, hauptsächlich in der Nähe der Roberner Mühle, auch gegen Fahrenbach und bei Wagenschwend. Ich nahm meine Tasche und den Eimer und machte mich auf den Weg. Ich war kaum 100 Schritte gegangen und gerade um die Ecke gebogen – da kam mein Mann auf mich zu. Diesen Augenblick hatte ich so lange erwartet und ersehnt – nun war er da, ich konnte es nicht fassen. Ich warf meine Tasche und Eimer fort und fiel ihm um den Hals – überwältigt von Freude und Schreck. Das war der allerschönste Tag meines Lebens. Wir gingen zu Ratsschreibers in die Küche – die ganze Familie freute sich wirklich mit uns. Völlig außer mir rannte ich hinauf in unser Zimmer und sagte zu Ingrid: ›Zieh rasch dein Sonntagskleid an und für Peter die beste Hose – wir gehen spazieren.‹ Ingrid sah mich völlig verdutzt an, als fürchtete sie, ich habe den Verstand verloren, denn kurz zuvor hatte sie ja noch einen ganz anderen Auftrag erhalten – außerdem spazierengehen an einem ganz normalen Werktag, das hatte es bisher noch nie gegeben. Trotzdem gehorchte sie, und dann ging ich mit den Kindern hinunter in die Küche. Ingrid erkannte ihren Vater sofort. Sie rannte auf ihn zu und schrie: ›Vati, lieber Vati!‹ – sie drückte und küsste ihn. Peterle, der seinen Vater ja noch nie gesehen hatte, betrachtete sich das Schauspiel und ging dann zögernd auch auf ihn zu. Wenn es Ingrids Vater war, dann musste es ja auch sein Vater sein, schien er zu denken. Wir waren also alle wieder zusammen.«

Zusammenleben mit den heimkehrenden Männern

Dass das Zusammenleben *mit den heimgekehrten Männern* nicht reine Harmonie bringen würde, sondern unter den Bedingungen der Nachkriegszeit eine weitere, sehr schwere Bewährungsprobe bedeutete, auch und gerade für die Frauen, war allen klar. Neben und inmitten aller materiellen Belastungen und Entbehrungen war die Heimkehr der Männer aus dem Krieg nicht nur eine Freude und Hilfe, sondern brachte Probleme besonderer Art mit sich.[14]

Der Rahmen, in dem sich das Familienleben neu entwickeln sollte, war der Kampf ums Überleben, waren Hunger, Kälte, Wohnungsnot, Mangel aller Art, wie wir sie im ersten Kapitel kennengelernt haben. Dazu kamen vielfach noch Ausgebombtsein und Heimatlosigkeit. Die Männer und die Frauen, die nun wieder zusammenleben sollten und wollten, waren nicht mehr dieselben wie vor der Trennung. Jeder hatte inzwischen seine eigenen, oft schrecklichen Erfahrungen gemacht. Jahrelang hatte jeder sein eigenes Leben gelebt. Feldpost und Urlaub haben wohl die Verbindung nicht abreißen lassen, hatten aber doch einen Sonder- und gleichsam einen »Sonntagsstatus« im Kriegsalltag, waren geprägt von besonderer Rücksichtnahme und Aufmerksamkeit füreinander und bestimmt von glücklichen Zukunftsvisionen für das Leben nach dem – wie die meisten hofften – guten Kriegsausgang.

In der Misere, die der verlorene Krieg mit sich brachte, erhofften sich die Frauen einen starken Partner, der Schutz und Hilfe im Existenzkampf bieten konnte und ihre Leistungen anerkannte. Die Männer erhofften sich äußere und innere Geborgenheit und Verständnis von Frau und Kindern. Sie hatten vermutlich auch nicht alle eine zutreffende Vorstellung von dem, was ihre Frauen in ihrer Abwesenheit geschafft und erduldet hatten und wie schwer ihr Alltag gewesen war. Und die meisten der Heimkehrer waren durch die schweren Erlebnisse geschwächt, körperlich und seelisch krank.[15] Enttäuschungen konnten so nicht ausbleiben. Von vielen Frauen wird über die Erfahrung der *Entfremdung* berichtet. Bei manchen war die Zeit ihrer Trennung länger gewesen als die Zeit ihrer Ehe. Sie hatten gar keine Zeit gehabt, sich richtig kennenzulernen, und stellten nun fest, dass sie nicht »zueinander passten« oder sich »auseinandergelebt« hatten.

Aber auch länger und glücklich verheiratete Ehepaare konnten nicht einfach wieder an die Vorkriegszeiten anknüpfen.

LENELOTTE B. (1915) erzählt ihrer Enkelin: »Großvater wurde nach manchen Zwischenfällen 1947 aus der Gefangenschaft entlassen – fast bis zum Gerippe verhungert und elend. Es war sehr schwer für ihn, sich in eine Familie zu gewöhnen – besser gesagt: sich überhaupt erst in seine eigene Familie zu gewöhnen! Und es war auch für mich nicht leicht, jetzt in den armseligen Verhältnissen der harten Nachkriegszeit endlich den Mann dazuhaben – wir waren beide nicht mehr die jungen Menschen von 1938. Zu viel hatte jeder durchgemacht.«

RITA S. (1911): »Zwei Tage vor der Meisterprüfung (*sie hat diese Prüfung zur Friseuse gemacht, während der Mann in Gefangenschaft war*) war eine Überschwemmung in Fornsbach, da muss es fürchterlich geregnet haben. Jedenfalls, es war Nacht, vor der Tür steht einer, klapperdürr – er war sehr groß – mit Holzschuhen, und dann sag ich zu dem: ›Sie wollen mir sicher was von meinem Mann sagen.‹ Dann guck ich ihn noch mal an, dann war er's selber! Wissen Sie, als die Männer aus dem Krieg zurückkamen, war das keine leichte Sache, um so mehr, wie in meinem Fall, ich das ganze Geld verdient hab' und das gut geschafft hab'. Mein Mann war 8 Jahre nicht da. Da können Sie sich's ja vorstellen, dass man sich auch auseinanderlebt, trotzdem man sich gern hat.
I: *Das war ja eine längere Zeit, als Sie verheiratet waren!*
S: Ja, freilich. Wir waren 5 Jahre verheiratet, und 8 Jahre war er weg, gerade in der schönsten Zeit. Und da lebte man ja immer in der Angst. Es war am Anfang schwierig.«

Es fällt auf, dass die meisten Zeugnisse recht allgemein bleiben: »Es war am Anfang sehr schwer« ist die gängige Wendung. Frauen, die sich selbst als gute Ehefrauen und Mütter sehen wollen, fällt es nicht leicht, genauer über die Schwierigkeiten zu sprechen, die sie mit ihren Männern nach deren Rückkehr hatten, schon gar nicht über sexuelle Probleme und gegenseitiges Misstrauen auf diesem Gebiet.[16] Sie erzählen lieber über die *Entfremdung des Vaters von den Kindern* und ihre eigene Rolle als Ausgleichende und Vermittelnde. Vor allem um der Kinder willen versuchten sie, den häuslichen Frieden zu retten. Es wird sehr deutlich, dass sie sich selbst dafür verantwortlich fühlten und auch viel auf sich nahmen und schluckten, damit die Familie nicht zerfiel. In den Reaktionen der Kinder – so harmlos-heiter manche klingen – spiegelt sich aber auch etwas von den spontanen uneingestandenen Gefühlen der Mütter, schwingt die bange Frage mit: Ist das der Mann, den ich gekannt und geliebt habe? Wie wird es mit ihm gehen?

HILDEGARD L. (1907) war 9 Jahre von ihrem Mann getrennt: »Ja, der Reinhard (*der Jüngste*) hat ihn ja gar nicht gekannt. Wie er kam, da ging er in die Küche raus und dann hat er zur Martha (*ihrer Hilfe*) gesagt: ›Martha, was will denn der Mann bei uns?‹ Und mein Mann hatte sogar noch Schokolade mitgebracht, die er irgendwo geschenkt bekommen hatte, und die hat er natürlich nicht selber gegessen. Er hat sie dem Kind mitgebracht. Und der wusste ja gar nichts mit Schokolade anzufangen! Er hat relativ am längsten gebraucht. Die großen Kinder hatten ja Erinnerungen.«

ELISABETH K. (1912): »Im Dezember kam mein Mann aus französischer Gefangenschaft, aber krank. Die beiden kleinen Jungen wollten von Papa gar nichts wissen. Sie fragten nur: ›Wann geht der Onkel wieder weg?‹ Sie wollten nicht ›Papa‹ sagen. Das gute Verhältnis von Vater und Sohn, was in den ersten Lebensjahren versäumt wurde, kann nicht ersetzt werden. Wie schwer die Jahre waren, ist in Worten nicht zu schildern.«

Kinder und Außenstehende sprechen die Frage der *Rollen- und Machtverteilung* und ihre eigene Rolle zwischen Vater und Mutter, auch die Eifersucht, offener an:[17]

DORA G. (1927): »Schwierigkeiten brachte es … dann häufig für die verheirateten Frauen mit sich, wenn einer nach so und so viel Jahren zurückgekommen ist. Die Frauen hatten sich ihr eigenes Leben aufgebaut. Meine Halbschwester, die eine sehr resolute Frau war, sagte, es sei die schwerste Zeit ihres Lebens gewesen, als ihr Mann wieder heimkam. Nicht, weil sie einen anderen Mann hatte, sondern sie war es gewohnt, die Zügel in der Hand zu haben, alle Entscheidungen zu treffen, alles zu machen. Und auf einmal war ihr Mann wieder da und hat gesagt: ›Ja wie, du kannst mich ja auch fragen.‹ Und wollte, dass alles wieder so weitergeht, wie es vorher war, ohne die Entwicklung der Frau zu berücksichtigen und seine eigene! Zum Teil waren die Männer sehr intolerant mit ihren Frauen, wenn sie heimgekommen sind. Auch die Schwierigkeiten der Kinder, die wieder oder zum ersten Mal lernen mussten, mit der Anwesenheit eines Vaters zu leben, wurden auf dem Rücken der Frauen ausgetragen. Sie mussten es aushalten, mussten ausgleichen nach beiden Seiten.«

IRMA R. (1915), ihr Mann war als vermisst gemeldet, die kleine Tochter, die mit 5/4 Jahren schon sprechen konnte, tröstete sie: »»Mama, Papa kommt bald‹, hat sie gesagt, so klein wie sie war. Ich hab' sie so am Tisch sitzen gehabt in einer Notwohnung in Lauda. In der Nacht kam er…« Offenbar hat er sich vor dem Abtransport in französische Gefangenschaft retten können, indem er aus dem Zug gesprungen ist. »Und die Kleine guckt ihn an auf dem Bild, ihren Papa, und hat ihn dann geküsst und gesagt: ›Das ist net der Papa‹, so hat sie immer gesagt. Er war so enttäuscht…aber es ist vorbei. Und, ich mein', zu Ihnen kann ich's ja sagen. Es war eine Notwohnung. Wir haben die Betten unten nach hinten zu gehabt. Die Kleine hab' ich so an mich gewöhnt. ›Meine Mama‹, nicht. Und neben dran war eine Wirtschaft. Da sind die Amerikaner schon dagewesen. Die haben geklopft und gemacht bei Nacht. Und hoffentlich bleibt alles ruhig. Und da hab' ich halt die Kleine fest zu mir ins Bett rein. Jetzt kam mein Mann, und wie's halt so ist, also ›Wie kannst du das Kind zu dir ins Bett rein gewöhnen?‹ Dann hab' ich gesagt: ›Sei nur zufrieden, ich komm zu dir, wenn sie schläft.‹ Jetzt in der Nacht, wie ich bei ihm im Bett war: ›Net der Papa ist. Mama, meine Mama!‹ Da bin ich halt wieder nüber zu ihr…Sie hat ihn nicht anerkannt. Und mein Mann, die bei der Wehrmacht sind doch so pingelig gewesen. Hat er immer gesagt: ›Die muss ihre Sachen aufräumen!‹ Und sie war doch erst ein Kind mit 5/4 Jahren. Die ist am 31. Juli '45 geboren, und am 14. September '46 kam er heim. Und alles war so primitiv. Man musste Holz holen, wenn man Feuer gemacht hat, und die ist halt immer mit: ›Mama, mit…‹ Jetzt hat der eine Wut gekriegt. Die war 5/4 Jahre, und er hat ihr so auf den Hintern gepatscht: ›Mach, dass fortkommst!‹ Da war ich lange fertig. Der Vorteil, er ist aber wiedergekommen, gell. Wie's halt so ist… Aber glauben Sie, das war dann so geprägt. Die wollte nimmer bei ihm sein. Das hat lang gedauert.« Sie erzählt dann, wie die Kleine bei einem Bauern, bei dem sie etwas zum Essen bekamen, von einem Schafböckchen gestoßen wurde. »Jetzt sind die Tränen gekommen: ›Du, du böses Böttele (Böckle), macht mir so was!‹ Und mein Mann ist von Lauda nach Stuttgart und hat sich halt Arbeit gesucht, wie's so ist. Ja, und halt samstags ist er gekommen. Und jetzt sind die Nachbarskinder gekommen. ›Wir holen den Papa ab. Wir nehmen die Traudel mit!‹ Jetzt, wie die meinen Mann sieht, geht sie auf ihn los: ›Und du, du böses Böttele!‹ Weil er sie verhauen gehabt hat… Nee, denk ich, lieber Mann, wenn du wüsstest! Ich habs ihm aber nie gesagt. Erst später dann. Die hat ihm gezeigt: ›Du hast mich gehauen!‹ Sehen Sie, so langgezogen ist das. Ich wollte Ihnen jetzt nur mal ein Beispiel geben.«

CHRISTA B. (1933): »Mein Vater kam im Oktober '45 aus russischer Gefangenschaft. Ich weiß noch, wie furchtbar enttäuscht ich war. Er kam ganz spät abends. Mutter hat mich runtergeschickt, und ich hab' dann den Hof aufschließen müssen, und da stand so einer – ich hab' den Mann nicht gekannt. Und dann hat meine Mutter gesagt: ›Das ist doch der Vater!‹ Ich war furchtbar enttäuscht und habe gedacht: Der alte Mann, das ist doch nicht mein Vater!«

HANNELORE W. (1935): »Wir Kinder besuchten unsere Freundinnen zu Hause, die Mütter waren alle berufstätig, die Väter an der Front. Trotz aller Sorgen, die die Mütter hatten, ging es ungezwungen und heiter zu. Dann kamen die ersten Väter zurück, verwundet oder später aus der Gefangenschaft. Sie waren sofort wieder die Herren im Hause, obwohl die Frauen ja bewiesen hatten, dass sie sehr wohl alleine zurechtkamen. Man konnte dorthin nicht mehr auf Besuch gehen. Die Väter wollten entweder keine fremden Kinder im Hause, oder die Atmosphäre war so verkrampft und unfroh, dass es keinen Spaß mehr machte. Es musste mittags wieder ›bombiger‹ gekocht werden, die Mütter aßen mit ihren Kindern vorher einfacher und unkomplizierter. Im stillen hoffte ich, dass mein Vater nicht so bald wiederkommen möge, weil ich die Strapazen eines Haushaltes mit Herrn im Hause fürchtete. Irgendwie machten die Mütter dies alles viel besser.«

Haben Frauen als Folge ihrer Selbständigkeit und Tüchtigkeit während der Abwesenheit ihrer Männer tatsächlich mehr Autorität und Entscheidungsbefugnisse innerhalb der Familie errungen, wie Sibylle Meyer und Eva Schulze in ihrer Studie meinen?[18] Die Mehrzahl meiner Zeugnisse belegt das nicht. Abgesehen von einigen sehr resoluten Frauen, die wohl schon vor dem Krieg recht dominant waren, und abgesehen von der Minderheit der Frauen, die eine Scheidung in Kauf nahmen, haben die meisten sich dem alten Rollenmuster wieder untergeordnet[19]. Erhalten blieb auch die weitgehende Abstinenz der Männer von der Hausarbeit. Vielen Frauen blieb auch gar nichts anderes übrig, als sich zu fügen, weil sie keinen richtigen Beruf hatten, gar keine Möglichkeit sahen, sich und die Kinder auf die Dauer allein durchzubringen und bei dem herrschenden Männermangel[20] auch keine Chance, einen besseren Partner zu finden. Eine geschiedene Frau war damals eine Außenseiterin in der Gesellschaft, besonders in bürgerlichen und bäuerlichen Kreisen. Deshalb richteten sich die meisten eben in den gegebenen Verhältnissen recht und schlecht ein. Rechtlich war die Vorrangstellung des Mannes ja auch durch das BGB gesichert, das bis 1957 galt und später nur langsam zugunsten der Frauen geändert wurde. Nach § 1354 BGB stand dem Mann die Entscheidung in allen das gemeinschaftliche Leben betreffenden Angelegenheiten zu. Er konnte Wohnort und Wohnung bestimmen, der Frau eine Erwerbsarbeit untersagen; er war maßgebend in allen Fragen der elterlichen Gewalt. Er hatte auch die Verwaltung über und die Nutznießung am Vermögen der Frau.

Im Scheidungsfall galt immer noch das Schuldprinzip. Anspruch auf Unterhalt hatten nur die unschuldig geschiedenen Ehefrauen. Eine Frau konnte sich also gar nicht von ihrer hergebrachten Rolle »emanzipieren«, wenn sie nicht das Stigma »schuldig geschieden« mit allen Konsequenzen, auch z. B. für eine Berufskarriere, auf sich nehmen wollte.[21]

Im Gespräch mit EMMA G. (1916):
»I: *Sie sind ja während des Krieges allein Ihren Mann/Ihre Frau gestanden, die Männer*

waren weg, und vielen Frauen ist es so gegangen. Dann sind die Männer wiederge-
kommen, sind da die Frauen dann wieder zurück ins zweite Glied?
G: Ja.
I: *Und haben sich wieder untergeordnet?*
G: Ja, das musste ich bei meinem Mann.
I: *Haben Sie das gut vertragen?*
G: Ich hab' meinen Mann einzuschätzen gewusst. Dadurch hab' ich alles hinneh-
men können. Er war der Befehlende. Widerspruch hat's nicht groß gegeben. Ich
hab' mich untergeordnet um des Friedens willen, um leben zu können…«

Die meisten der Frauen, die ich gesprochen habe, haben bewusst große persönliche Opfer gebracht, eigene Interessen und ihre Selbstentfaltung hintange-
stellt, um ihre Männer »aufzupäppeln«, ihnen wieder ins zivile Leben, in den
Beruf zu helfen, um versehrten, körperlich und seelisch schwer beeinträchtigten Männern Halt und Stütze zu sein.[22] Sie selbst sprechen dabei kaum von
Opfer und Verzicht und gebrauchen kaum das große Wort »Liebe«. Sie fühlten
sich nicht ärmer dadurch, wie sie sagen, einige sprachen von einem »erfüllten
Leben«. Ein solches Fazit aus der Rückschau verdeckt gewiss, was an täglichem
Verzicht, Zurücknehmen eigener Wünsche und Möglichkeiten, an emotiona-
ler Zuwendung und Stärke, an Frustrationen und Reibungen in einer solchen
Beziehung von den Frauen zu leisten und zu ertragen war. Es drückt aber mit
Recht den Stolz auf das Gelingen – trotz allem – aus. Die meisten Frauen hatten und bekamen in dieser schwierigen Lage auch noch Kinder, die von den
Konflikten und Ehekrisen in Mitleidenschaft gezogen wurden. Das stellte zusätzliche Anforderungen an die Mütter. Viele Frauen mussten auch für den
Lebensunterhalt aufkommen, wenn ihre Männer aus dem Beruf entlassen
waren, weil sie Parteigenossen, Berufssoldaten, Offiziere gewesen waren. Andere fanden zunächst keine Arbeit oder waren arbeitsunfähig.

RITA S. (1911), ihr Mann war Werbegrafiker. Er kam 1947 zurück. Sie hatte sich während seiner Gefangenschaft zur Friseuse ausbilden lassen, als solche gearbeitet und
zehn Tage nach seiner Heimkunft die Meisterprüfung gemacht, dann weiter gearbeitet und Geld verdient: »Mein Mann ist mit dem Fahrrad nach Stuttgart und hat
sich nach Arbeit umgesehen. Er bekam einen sehr großen Auftrag von der Bausparkasse… Dann kam die Frage: was tun? Ich hätte mir in G. ein Geschäft einrichten
können, das wäre also dann drin gewesen, aber für meinen Mann war das kein Pfla-
ster. So fassten wir den Entschluss, nach Stuttgart zu gehen. Ich bin heulend fort …
ich seh' mich noch auf dem Lastwagen, heulend. Ich bin gern dort gewesen.« Sie gab
ihre Berufstätigkeit zugunsten des Mannes auf.

HANNELORE SCHMIDT (1913): »Helmut wurde im August entlassen und traf völlig
abgemagert zu Hause ein. Ich hatte gerade von der Schulbehörde Arbeit in einem

Kinderheim erhalten und mir daraufhin in der Nähe meiner Eltern ein Zimmer gesucht, damit meine Eltern und meine zwei Schwestern in dem Häuschen etwas mehr
Platz hätten. Am 1. September 1945 zogen Helmut und ich in dieses Zimmer. Ein
neuer Lebensabschnitt begann.

Im Wintersemester 1945/46 nahm Helmut sein Studium auf. Sein Wunsch, Ar-
chitekt zu werden, war unerfüllbar, dazu hätte er in einer anderen Stadt studieren
müssen, was wir von meinem Lehrergehalt nicht bezahlen konnten. So begann er
mit dem Studium der Volkswirtschaft. Er konnte viel lesen, all die französischen und
amerikanischen Autoren, die für uns vorher unerreichbar gewesen waren. Und in dem
neu gegründeten SDS, dem Sozialistischen Deutschen Studentenbund, den Helmut
zeitweilig sogar leitete, gab es interessante Diskussionen. Leider konnte ich daran nur
wenig teilnehmen: Mein Arbeitstag war zu lang. Ich verdiente damals als Lehrerin
250 Mark; das reichte knapp für die Miete und die Lebensmittel, die wir auf Marken
bekamen. Darum strickte ich abends noch Pullover und Jacken oder nähte Kinder-
kleider, um zusätzliche Lebensmittel für uns beschaffen zu können.

Helmut hat während des Studiums wenigstens ein wenig Jugendzeit nachholen
können. Aber meine eigene Jugendzeit – wann war sie eigentlich zu Ende gegangen? Während des Studiums, als ich nach über vierzig Wochenstunden mit Vorle-
sungen und Seminaren noch Nachhilfeunterricht gab, um Fahr- und Taschengeld zu
verdienen? Vielleicht. Ganz sicher aber, als ich mit 21 Jahren in der Kinderlandverschickung die Verantwortung für 23 Mädchen übernehmen musste.«[23]

Es war ganz selbstverständlich für sie, dass sie durch ihre Arbeit sein Studium fi-
nanzierte und sich auch noch um zusätzliche Lebensmittel bekümmerte, damit er
ein Stück Jugend nachholen könne, die sie selbst nie gehabt hat.

GERTRUD S. (1915), ihr Mann war unterschenkelamputiert. Sie heirateten 1945.
»I: *Waren Sie in den Nachkriegsjahren wieder Herr Ihres eigenen Lebens?*
S: Da hatte ich keine Entscheidung zu treffen. Da gab ich mein Ja auf dem Stan-
   desamt, und dann war es einfach so, dass ich da in dem Haus bei der Familie, die
   ich liebte, aufgenommen worden bin. Ich habe alles unter dem Aspekt: Jetzt pak-
   ken wir's an, jetzt fangen wir an, unser Leben zu meistern. Nun war ich natürlich immer Begleiterin meines Mannes, d. h. von seiner Versehrtheit angefangen
   bis zu seinem beruflichen Schlussakkord, das war das Staatsexamen. Die Berufsausbildung (*ihres Mannes*) ging dann weiter und weiter. Und das alles mit unseren Kindern zusammen. Wenn Sie sagen, welche Entscheidungen hatte ich getroffen, das waren keine Entscheidungen. Ich war einfach an der Seite meines
   Mannes.«

HILDEGARD L. (1907): »Das Zusammenleben war auch am Anfang schwer wieder.
Nicht, weil mein Mann schwierig gewesen wäre, aber weil er furchtbar enttäuscht
gekommen ist... Er hat ja, wie er u.k. gestellt war, das zweite Mal, hat er gar nichts
dazugetan, das zu verlängern; es war ihm recht, er hat es nicht so ausgesprochen, aber
(*es war so*), wie er da eingezogen wurde nach Landsberg an der Warthe, und wo man
ja schon gewusst hat, jetzt konzentriert sich alles auf den Osten, er hat es einfach für

seine Pflicht gehalten. Und das war sicher auch das, was ihn enttäuscht hat. Dass dieses Pflichtbewusstsein, von dem er ausging, dass das ja reine Illusion war. Er hat das ja gesehen, dass sie missbraucht worden sind... Er hat eben immer gesagt, dass die Nationalsozialisten verstanden haben, auch die edlen Gefühle des Menschen wachzurufen. Das hat er sehr stark empfunden, und dadurch fühlte er sich so getäuscht, denn ich glaube, er hat wirklich am Anfang geglaubt, es sei seine Pflicht, Frau und Kinder zu verteidigen.«

URSULA VON KARDORFF am 15.8.1945: »Bürklin (*ein ehem. Generalstabsoffizier*) ist wieder fort. Er war sehr deprimiert. Vielleicht kommt für die Frauen erst jetzt die schwerste Aufgabe dieses Krieges: Das Verstehen, Ausgleichen, Aufrichten und Mutmachen, das so viele geschlagene und verzweifelte Männer jetzt brauchen.«[24]

HILDEGARD S. (1914), ihr schwer kriegsversehrter Mann wurde als Kalkulator angestellt: »Kalkulation ist ja eine Terminarbeit. Wenn da die Saison kommt, muss es ja raus. Und jetzt versagt der Kalkulator, weil irgendein russisches Hoch im Anzug ist! Vor dem hab' ich mich gefürchtet wie nur etwas. Ein russisches Hoch, da hab' ich genau gewusst, das dauert ein paar Tage, bis die Phantomschmerzen vorüber sind. Im Winter war's ganz schlimm, wenn es so glitzernd kalt gewesen ist, so eiskalt, das war von einem russischen Hoch her. Das sind ja vielleicht 1000 Kilometer und noch mehr. Und wie ich das das erste Mal erlebt hab! Ich denk, der Mann stirbt jetzt. Und er liegt neben mir, und da schlägt's plötzlich, mein Bett schlägt mit aus, als ob ich auch unter Strom wär', wie wenn er an der Leitung hängt. Das waren die Schmerzen.«

Und wie viele mussten erleben, dass trotz aller Fürsorge und Anstrengungen der Mann dann doch frühzeitig an den Folgen seiner Kriegsverletzungen starb, oft gerade in dem Augenblick, als man meinte, aus dem Schlimmsten heraus zu sein.[25]

Die Zahl der Ehen mit Kriegsversehrten, die in die Brüche gingen, weil die Frauen die damit verbundenen Belastungen nicht aushielten, kann ich nicht ausfindig machen. Es waren – wie auch meine Gewährsfrauen bezeugen – sicher nicht wenige.

Die zuletzt zitierte HILDEGARD S. (1914), selbst mit einem Schwerkriegsbeschädigten verheiratet, beide Eheleute engagiert im VdK tätig, sagt: »1945-49 waren die meisten Ehescheidungen (*mit Kriegsversehrten*). Die Frauen konnten einfach das Schicksal und das Los nicht auf sich nehmen, die waren nicht stark genug.«

INGEBORG F. (1924) heiratete erst 1967 einen schwer kriegsversehrten Mann, der seit 1951 von seiner ersten Frau geschieden war. Sie hat Verständnis für diese Frau: »Ich hab' ja meinen Mann nicht als Gesunden geheiratet, ich wusste es. Schlimm muss es für diejenigen Frauen gewesen sein, wie eben seine erste, die einen vollkommen anderen Mann wieder gekriegt haben. Die haben ja Persönlichkeitsveränderungen durchgemacht. Das ist auch bei ihm festgestellt worden. Das ist wie bei einem Boxer, dem man zu oft ins Gesicht geschlagen hat und gegen den Kopf. Mein Mann hatte schwere Prellungen und Hirnquetschungen, und dann hat er auch das ganze Gesicht vernarbt, ein Auge hängt etwas tiefer, was merkwürdigerweise vielen Menschen gar nicht auffällt. Es war alles gebrochen, und man hat es irgendwie wieder zusammengeflickt, aber diese Quetschungen sind da... Er hatte alle Brüche gehabt, außer einem Schädelbasisbruch. Er sagt, er wird wach, und neben ihm steht der Sarg. Das halte ich für einen bösen Traum. Ich kann's ihm aber nicht ausreden... Er muss anders geworden sein. Ich habe ihn ja vorher nicht gekannt; ich kann keine Vergleiche ziehen, ob er vorher doch ruhiger war...«

Wie die Beispiele zeigen, sind die meisten Frauen bei ihren versehrten Männern geblieben oder haben – wie Ingeborg F. – nach dem Kriege, in vollem Bewusstsein der Tragweite ihres Entschlusses, schwer- und schwerstkriegsbeschädigte Männer geheiratet, die sie gar nicht als gesunde gekannt haben. Manche dieser Frauen brachten und bringen es fertig, mit ihnen zu leben, als wären sie gesund.

Die Statistik zeigt, dass nach dem Krieg jahrelang doppelt so viele Ehen geschieden wurden wie vor 1939. Erst nach 1950 pendelte sich die Scheidungsrate wieder auf den Vorkriegsstand ein.[26] Aus der Statistik geht auch hervor, dass die Hälfte der Anträge von Männern ausging. Nur ein Drittel der Männer wurde alleinschuldig gesprochen. Welche Folgerungen aus diesen Zahlen für die Frage gezogen werden können, ob mehr Männer oder mehr Frauen aus der Ehe herausstrebten, ist umstritten. Die gerichtliche Feststellung der Schuld wurde bei den sogenannten Konventionalscheidungen, deren Zahl nach dem Krieg ständig zunahm, von den Gerichten im Einverständnis der beteiligten Ehegatten nicht ernstlich betrieben. Immerhin ist davon auszugehen, dass sowohl unter der Herrschaft des Ehegesetzes seit 1938 als auch des Kontrollratsgesetzes seit 1946 die Stellung der Frauen im Scheidungsfall im Vergleich zu dem seit 1.7.1977 geltenden Recht sehr ungünstig war. Eine allein schuldig geschiedene Frau war gesellschaftlich diskriminiert. Ein Unterhaltsanspruch nach der Ehescheidung stand einer Frau im allgemeinen nur zu, wenn der Mann im Eheverfahren für allein oder überwiegend schuldig erklärt worden war. Auch im Hinblick auf den bestehenden »Frauenüberschuss« nach dem Zweiten Weltkrieg hatten die Frauen im Falle der Scheidung wesentlich geringere Chancen, einen neuen Partner zu finden. Die für die Frauen ungünstige Situation im Bereich des Sozialrechts trug dazu bei, dass ihnen, auch wenn die Ehe gescheitert war, vielfach geraten werden musste, einer Scheidung nicht zuzustimmen.[27]

Wenn im folgenden Scheidungsbeispiele aus der Sicht von Frauen dargestellt werden, so beleuchten diese – aus gewiss einseitiger und subjektiver weiblicher Perspektive – einige Ursachen[28], die das Zusammenleben nach dem Krieg auch mit einem nicht-kriegsversehrten Mann so besonders schwer machten. Dabei zeigt sich, dass es oft gerade mit den Männern am schlechtesten ging, die am wenigsten unter dem Krieg gelitten hatten. Es gab einiges zu bewältigen: die Beschwerlichkeiten des Nachkriegsalltags, die Entfremdung vom Beruf, die gewachsene Selbständigkeit der Frauen und Differenzen über die Erziehung und Ausbildung der Kinder, besonders der Töchter.

MARIE-LUISE S. (1914): »Meinen Mann hat der Krieg ganz aus seinem künstlerischen Schaffen gerissen (*er war Maler*). Als er 1946 wieder aus der Gefangenschaft zurückkam, sah er keinen Anfang mehr, obwohl wir ihm geraten hatten, als politisch Verfolgter dort in eine Schule zu gehen. Mein Mann war in Kanada in Gefangenschaft gewesen. Er konnte sich kaum in unser Leben einfügen, zumal wir aus unserem Haus heraus waren (*sie waren von den Amerikanern für lange Zeit ausquartiert worden*). So zerbrach meine Ehe auch.«

LISELOTTE U. (1917) kam mit zwei Stiefkindern als Flüchtling von Ostberlin nach Hamburg: »In Hamburg war es sehr schwer, ohne Möbel einen Anfang zu finden. Mein Mann konnte das alles nicht verkraften und fing an zu trinken. So blieb nur die Scheidung.«

RENATE N. (1936) über die Ehe ihrer Eltern: »Nach den Briefen (*Feldpostbriefe, die sie mir zur Verfügung gestellt hatte*) müsste man denken, die Ehe war gut. Vielleicht war sie bis zum Ende des Krieges, bis mein Vater aus der Gefangenschaft zurückkam, war sie vielleicht auch gut. Nach außen hin gut. Aber von da an war es sehr schlecht, die Ehe ging immer schlechter… Meine Mutter hat auch andere Interessen gehabt als nur Hausfrau zu sein. Und ich wollte eigentlich einen Beruf lernen, damit ich nicht darauf angewiesen bin zu heiraten.« Aber die Eltern ließen sie nicht studieren. Die Mutter hätte es wahrscheinlich erlaubt, aber der Vater setzte sich durch.

»Ich habe immer von meinen Eltern gehört: ›Du brauchst doch nicht so lange auf die Schule. Du heiratest ja mal.‹ Das hat mich so fertiggemacht, denn ich wollte das nicht, einfach nur warten, bis ich heirate. Das war nicht mein Lebensziel. Ich habe ja gesehen, was meine Mutter machen musste… Meine Mutter hat die Scheidung eingereicht gehabt und ist dann gestorben.«

ANNI K. (1919): »Mein Mann hatte nach sechs Jahren Krieg, Gefangenschaft und Mangel andere Vorstellungen vom Leben, als Familienvater zu spielen und ständig für die Familie zu sorgen. Er war der Meinung, das könnte ich gut allein und verabschiedete sich. Es war schrecklich, und ich habe zehn Jahre gelitten. Ohne Familie und mit zwei kleinen Kindern und ohne Geld fing ich ganz von vorn an.«

Die Entfremdung zwischen den Eheleuten machte sich manchmal auch erst bemerkbar, nachdem die schlimmste Not vorbei war. Sehr bitter war es für die Frauen, die sich um den Lohn ihrer harten Aufbauarbeit für Mann und Fa-

milie betrogen sahen. Das Gespräch mit Marianne B. (1920) zeigt exemplarisch, wie auch die verschiedene Art der Auseinandersetzung mit Krieg und
Nationalsozialismus, die unterschiedlichen Schlussfolgerungen, die Mann und
Frau aus ihrer Kriegserfahrung zogen, zum Bruch führen konnten, weil sich
darin auch besonders deutlich unterschiedliche Charakterstrukturen manife-
stierten.

MARIANNE B. hatte in schwangerem Zustand die Flucht von Prag nach Bayern hinter sich. Am 1. Mai wurde ihre erste Tochter geboren. Ihr Mann war SS-Unterschar-
führer:
»Ende August oder Anfang September 1945 passierte ein Wunder. Mein Mann
stand plötzlich vor der Tür, in einer abgerissenen Wehrmachtsuniform. Nächtelang,
wenn das Kind schlief, hat er mir erzählt, dass er zur Partisaneneinheit in die Gegend von Marburg an der Drau in Jugoslawien abgesetzt gewesen war. Und als der
Krieg sich dem Ende zuneigte, haben sich alle so verkrümelt und die Soldaten nach
Hause geschickt. Er ist mit zwei oder drei anderen SS-Führern in Österreich hängengeblieben. Sie hatten ja nur ihre Uniformen, und der eine war in Schladming Ortsgruppenleiter gewesen, und der verteilte sie auf die Bauernhöfe. Sie wurden von den
österreichischen Bauern sehr gerne als Erntehelfer angestellt. Der SS-Ortsgruppen-
leiter hatte noch Schlüssel zu Diensträumen mit sämtlichen Stempeln. Sie haben sich
im Laufe dieses Sommers Wehrmachtsuniformen beschafft und Soldbücher, so dass
sie sich zu fünft auf den Heimweg machen konnten. Er kam ohne Achselstücke, im
Soldbuch stand Leutnant, war alles gefälscht, auch mit Foto und Stempel usw. Er
hatte ja die Tätowierung der Blutgruppe. Das haben wir gemeinsam später beseitigt.«
    Weil ihr Mann in Cuxhaven geboren war, bekamen sie dort eine Zuzugsgenehmi-
gung. Sie mussten in allerprimitivsten Verhältnissen hausen.
    »Da bröckelte es schon sehr in unserer Ehe. Seine ganze Erziehung ließ sich nicht
abschütteln. Er war gewalttätig gegen die Kinder. ›Leichte Schläge auf den Hinter-
kopf fördern die Intelligenz‹, pflegte er zu sagen oder ›Wer seine Kinder liebt, der züch-
tigt sie…‹ Wenn im Bekanntenkreis politische Themen über Vergangenheit diskutiert wurden, sehr oft: ›Na, das ist doch ein Lügengebäude, wenn da von 5-6 Millionen
ermordeter Juden geredet wird, das ist unmöglich‹, und dann sagte er: ›Es waren höchstens eine Million, und da will man uns einen Strick drehen!‹ Also, das ist es, was
dann immer trennender zwischen uns war. Ich finde das eine hanebüchene Feststellung, ob eine oder fünf Millionen umgebracht worden sind. Wenn da noch 'ne Zahl
reingebracht wird. Das ist nicht klar zu einer Sache stehen wollen, sondern es irgendwo vertuschen und sich aus dem Staube machen, wo es doch notwendig ist, natürlich nur rückblickend, aber doch, Stellung zu beziehen… Ich sammelte überall Informationen, habe sehr viel gelesen und habe allmählich angefangen, mir ein kritisches
Weltbild selber zu bauen… Mein Mann bekam auf Grund seiner gefälschten Papiere im Frühjahr '46 eine Anstellung bei der Stadtverwaltung in Cuxhaven. Hatte mit
einem ehemaligen Kumpanen in Hamburg Kontakt. Der hat uns dann eine ätzende
rötliche Sache gegeben und gesagt: ›Das ätzt alles weg.‹ Da habe ich dann mal das

Kind für zwei Stunden unseren Vermietern gegeben. Und dann habe ich so, als ob Minensplitter da wären, überall, ringsherum, mit der Hautschere so kleinere Sachen weggeschnitten, das Tätowierungszeichen auch, und dann überall, was mörderisch wehgetan haben muss. Es waren schöne Narben! Zu dem Zeitpunkt habe ich das getan, kann ich auch gut verstehen, dass wir beide das getan haben, denn diese ganzen Verbrechen, die man der SS anlastete, damit hatte er nichts zu tun[29], und jeder Mensch will überleben. Zu dem Zeitpunkt war ja noch *generell* die SS Kriegsverbrecher Nr. 1. Dass er dem entgehen wollte, das hab' ich verstanden.

I: *Glauben Sie, dass es für Frauen leichter war, kritisch Stellung zu beziehen zu dem, was gewesen ist, als für einen Mann?*

B: Ja, das glaube ich. Einfach auch aus der Erziehung heraus, dass der Mann der ist, der Beruf hat, Stellung hat, Führer der Familie ist, der tatkräftige Macher ist, und die Frau doch mehr die Passive, im Hintergrund-Seiende und Mutter der Kinder, also sozusagen Innensenator und der Mann Außensenator, und dass sich daher der Mann mit der Rolle des Zugebens, dass er sich auf dem falschen Dampfer befunden hat, *(schwertut)*. Und jetzt im Falle meines Mannes, vor der Ruine seines Berufslebens zu stehen, dass er feststellen musste, dass er, der persönlich sehr intelligent ist, ja keinerlei Beruf hat (*er hat später noch die Ausbildung zum Oberinspektor gemacht*), der bewiesen hat, dass er Führungsqualifikation hat, der war unzufrieden mit seinem Beruf, während wir Frauen da einen größeren Spielraum haben, uns weiterzuentwickeln. Die Unzufriedenheit im Beruf ließ für ihn keinen Raum, zu anderen Ufern aufzubrechen. Er hing immer noch dem nach, was hätte sein können. So gab es ständig starke Spannungen. – Ich hab' dann noch ein Kind erwartet, das war schon 1952. Eigentlich wollte ich ihn mit meinen zwei Kindern verlassen und nach Berlin zu meinen Eltern gehen. Im April '53 kam die dritte Tochter. Ich hatte da noch keinen Mumm, etwas zu unternehmen. Habe ihm immer wieder geglaubt. Ich war ja so erzogen: Eine Ehe ist eine Aufgabe, zu dem anderen Menschen, auch wenn er nicht so ist …, immer noch zu ihm zu halten und ihn zu bessern. Aber die Erziehung war zu hart, und sein Jähzorn war schlimm. Die älteste Tochter, die im Mai '45 geboren ist, ist seit vier Jahren (also schon mit knapp 40 Jahren) Rentnerin wegen psychischer Krankheit. Ihre Kindheit spielt dabei ganz bestimmt eine große Rolle. Sie hat Angstneurosen… Wie die jüngste Tochter dann zwölf war, hab' ich ihn verlassen, also 65. Natürlich für die Kinder viel zu spät, denn da war ja alles schon gelaufen, was für die Kinder gesehen negativ war, aber es war dann ein zu großer Graben, so dass es nicht mehr ging.

I: *Hatte er keine Entnazifizierung? Er war doch SS-Offizier.*

B: Ja, nur schriftlich. Er ist als Mitläufer eingestuft worden. Das ging ohne Schwierigkeiten.

I: *Sie wissen nicht, ob er sich jemals mit seiner Vergangenheit auseinandergesetzt hat?*

B: Ich weiß schon ein bisschen von seinem Leben. Die Töchter besuchen ihn einmal im Jahr zu seinem Geburtstag. Er hat nochmals geheiratet, die Frau sei ganz nett und passe zu ihm. Die Kinder sagen aber, er ist noch genau so braun wie früher. Er hätte sich nicht geändert.«

Zu dramatischen Zuspitzungen konnte es kommen, wenn totgeglaubte Partner wieder auftauchten und die Frauen inzwischen andere Verbindungen eingegangen waren; mitnichten nur Stoff für tragische Theaterstücke, sondern in der Nachkriegszeit gelebte Realität. Weil sie solche Beispiele vor Augen hatten, fiel es Frauen sehr schwer, ihre vermissten Männer für tot erklären zu lassen und eine neue Partnerschaft zu beginnen.[30] Umgekehrt liierten sich Männer, die ihre Familien für tot hielten, mit Frauen, die dann unter Umständen zurückstehen mussten, wenn die Familie sich wieder fand.

Schwer traf es ANTONIE F. (1923). Sie musste ihrem Vater auf dem Bauernhof 14 Jahre lang die Brüder ersetzen, die vermisst waren oder krank aus der Gefangenschaft zurückkamen. Sie erzählte dann nur beiläufig: »Ich lernte nach dem Krieg einen Mann kennen, einen Ostflüchtling, und ging ein großes Risiko ein. Ich war der Verlierer.« Auf meine briefliche Nachfrage antwortete sie: »Sie möchten wissen, was es mit dem Ostflüchtling auf sich hatte. Ich spreche nicht gerne darüber. Folgendes in groben Zügen: Er kam kurz nach Kriegsende in unser Dorf. Er hatte alles verloren. Seine Familie war verschollen. Drei Jahre blieben alle Nachforschungen umsonst. Ich habe mich mit ihm liiert, oder umgekehrt, er mit mir. Dann kam die Nachricht, dass sie im Ausland in einem Internierungslager festgehalten würden. Sie wurden wieder zusammengeführt, er kehrte zu seiner Familie zurück. Damit waren die Würfel gefallen.«

Wie vielen mag es so ergangen sein? Diese Schicksale sind nirgends aufgezeichnet. Frauen von Vermissten und Gefallenen sind auch Beziehungen ohne Trauschein eingegangen, was damals gesellschaftlich noch keineswegs anerkannt war. Im Volksmund sprach man von *Onkel-Ehen*. Als Motive werden meist angegeben, dass auf diese Weise Versorgungsbezüge nicht verlorengingen und viele alleinstehende Frauen eben die Wärme und den Schutz eines Mannes suchten und umgekehrt, ohne sich dauerhaft binden zu wollen. Ob damit neue Formen der Partnerschaft erprobt wurden und wie die Frauen diese Beziehungen erlebt haben, kann ich nicht sagen, weil ich mit keiner dieser Frauen gesprochen habe. Möglicherweise besteht auch immer noch eine Hemmung, über solche »freien« Beziehungen offen zu reden, obwohl die Frauen längst nicht so rigide über ihre Geschlechtsgenossinnen urteilten, wenn sie sich mit deutschen Männern einließen, wie über die »Ami-Liebchen« und die »leichten Mädchen«, die sich mit den Besatzern abgegeben hatten.

HANNA L. (1919), die in einer Weberei arbeitete: »Inzwischen kannte ich so ziemlich alle im Betrieb und wusste von vielen auch Näheres, und da war u.a. eine besonders nette Frau, deren Mann als Schwerstbeschädigter in einem Lazarett lag, sie nicht mehr kannte und nur noch am Leben war, und das schon seit elf Jahren. Sie hatte inzwischen einen netten Mann kennengelernt, den sie gerne geheiratet hätte, aber da sie katholisch war, konnte sie sich nicht scheiden lassen. Schließlich lebten sie in einer ›Onkelehe‹ zusammen, und so ging es vielen anderen Frauen auch. Sie hatten seit vielen Jahren keine Nachricht von ihm: Lebte er überhaupt noch? Oder sollten sie ihn für tot erklären lassen? Ein furchtbares Dilemma, und Männer fanden ihre Frauen nicht mehr und lebten eben dann in einer ›Onkelehe‹. Der letzte Schritt war noch nicht getan, und jeder hatte sein eigenes Einkommen. Wer wollte einen Stein werfen? Die Kinder hatten wieder einen Vater und eine Mutter. Die Nachwehen des Krieges waren noch lange nicht vorbei.«

Für das Zusammenleben von Eheleuten ist die Kommunikation von großer Bedeutung. Worüber mit dem Partner und in der Familie offen geredet werden kann, ist entscheidend für die Qualität der Beziehungen. Die Trennung durch den Krieg hatte die Möglichkeiten des Austausches stark reduziert. Feldpostbriefe und Urlaubsgespräche hatten wohl auf der einen Seite Dinge sagbar gemacht, die im normalen Alltagsleben vielleicht nicht über die Lippen gekommen wären. Auf der anderen Seite konnten sie die intime Teilnahme am realen Alltagsleben des anderen nicht ersetzen, sondern vermittelten wegen der gegenseitigen Rücksichtnahme oft sogar ein geschöntes Bild. Während die Männer auf Urlaub, besonders auf Bombenurlaub, wenigstes zeit- und ausschnittweise das Leben ihrer Frauen und Mütter miterlebten, bekamen die Frauen keine realistische Vorstellung von dem, was sich an der Front abspielte und was ihre Männer durchmachen mussten.

Haben die Partner nach dem Kriege versucht, diese Kommunikationslücke über einen besonders einschneidenden und prägenden Lebensabschnitt zu schließen? Was haben die Männer ihren Frauen, ihren Familien vom Krieg »draußen« erzählt? Diese Frage bedarf besonderer Beachtung.

Exkurs:
Was haben Männer vom Krieg erzählt?

Was und wie Männer vom Krieg erzählen, war lange Zeit kein Thema in der Geschichtsschreibung. Inzwischen liegen einige Untersuchungen darüber vor.[1] Grundlage dafür sind vor allem Feldpostbriefe, literarische Zeugnisse mit autobiografischem Charakter oder Interviews mit Männern. Nicht oder kaum berücksichtigt sind bisher Kriegstagebücher.

Hier soll nur ein Ausschnitt aus dem gesamten Komplex herausgegriffen werden: Was und wie haben Männer nach dem Zweiten Weltkrieg ihren Ehefrauen (am Rande werden auch die Kinder einbezogen) von ihren Erfahrungen in diesem Krieg erzählt? Es wäre interessant zu vergleichen, wie sich diese Erzählungen unterscheiden von den Erzählungen im Kameradenkreis, am Stammtisch, bei Kameradschaftstreffen, in Soldatenzeitschriften, einem Interviewer gegenüber, in den Kriegstagebüchern, in später bearbeiteten Kriegserinnerungen, in der literarischen Gestaltung. Das muss einer besonderen Untersuchung vorbehalten bleiben.

In meinen Gesprächen mit den Frauen habe ich ausdrücklich und immer gefragt: Was hat Ihr Mann/Ihr Sohn Ihnen vom Krieg erzählt? Manchmal waren Frauen auch freiwillig oder unfreiwillig Ohrenzeuginnen von Kriegserzählungen unter Männern. Dann haben sie das meist bei meiner Frage mit eingebracht; ihre Reaktion darauf soll deshalb mit berücksichtigt werden. Wenn die Männer – was relativ selten der Fall war – bei den Interviews anwesend waren, haben sie sich auch zu dieser Frage geäußert.

Die meisten Frauen sagten: »Mein Mann hat mir wenig oder nichts erzählt.«[2] Das war für mich so überraschend und erklärungsbedürftig, dass ich immer nachfragte: »Warum nicht?«. Wiederum verblüffend war, dass die meisten dieser Frauen sich bis dahin kaum Gedanken über diese doch höchst erstaunliche Tatsache gemacht hatten. Es muss von ihrer Seite kein dringendes Bedürfnis vorhanden gewesen sein, etwas Genaueres darüber zu erfahren. Die Vermutungen, die sie und die Männer im Rückblick offenbar zum ersten Mal anstellten, lauten etwa so: Man wollte einander schonen, es sei »zu schlimm« gewesen. »Das Thema ist vorbei.« »Wir waren Soldat gewesen, und dann waren wir eben Studenten.« Anneliese K.: »Ich hab' das bei einem Schwager erlebt, das war ein musischer Mensch, hat sehr gelitten, ist ausgerechnet an der Ostfront gewesen… Der ist vor zwei Jahren gestorben (1987). Bis vor seinem Tod hat er kein Wort über die ganze Zeit reden können. Wir haben alle Rücksicht genommen. Wir haben nichts gefragt. Man denkt hinterher immer, ach, hätte man doch mehr gefragt, hätte man mehr gewusst.«

Herr L. erzählte beim Interview mit seiner Frau einige Episoden, z. B. wie es kam, dass er nicht in sowjetische Gefangenschaft geriet, wie er sich in ein Schneeloch eingrub, um so im Freien unbeschadet zu übernachten. Befragt, warum er nichts vom eigentlichen Kriegsgeschehen berichtete, antwortete er: »Das ist unangenehm: Blut, Schweiß, tote Kameraden – ist unangenehm.« Waltraud G. (1925) hat einen bestimmten Bekannten im Auge, der auch wenig erzählte: »Das würde er nicht gern machen, weil das z.T. so schreckliche Erlebnisse waren, und dann mag man gar nicht so fragen. Die schlafen oft ganze Nächte nicht. Das habe ich schon oft gehört. Sie haben den Eindruck, das gehört sich nicht, dass man das erzählt… Sie wollen einen auch irgendwie verschonen.«

Besonders Frauen in einem engen Verhältnis zu ihren Männern und Vätern betonen den Gesichtspunkt der Rücksichtnahme stark; sie wollen und können den geliebten Menschen keine anderen Beweggründe zutrauen. Elfriede W. (1926): »Mein Vater hat ganz selten von seinen Erlebnissen im Krieg erzählt.« Sie nennt dann ein Beispiel, wie der Vater sich in Gefangenschaft durchgeschlagen hat, und fährt fort: »Mein Vater war ein Meister der Beherrschung, sowohl bei körperlichen Schmerzen als auch bei seelischer Erschütterung. Deshalb hat er sicher über seine Kriegserlebnisse geschwiegen. – Nach dem Tod meiner Mutter, 1989, fand ich meines Vaters Briefe aus der Gefangenschaft: ein erschütterndes Zeugnis seiner Liebe zu Frau und Kindern; nur Fragen nach unserem Ergehen und Ratschläge, nicht *eine* Klage über seine Situation.«

Die häufig angeführten Erklärungen und die allgemeine Nachkriegsmentalität, das Gewesene möglichst schnell zu vergessen oder zu verdrängen und einen neuen Anfang zu machen, beschreiben zwar zutreffend Selbstschutzmechanismen, enthalten aber noch nicht die ganze Wahrheit, beachten vor allem noch zu wenig den Blickwinkel der Frauen. Die Frauen, mit sich selbst und dem mühsamen Überleben übermäßig belastet, wollten in ihren eigenen Leiden und Leistungen ernstgenommen werden und nicht immer nur die der Männer zu hören bekommen. Sie scheuten sich auch davor, Dinge auf- und anzurühren, die zu erfahren unerträglich gewesen wäre. Sich dem zu stellen, was im Krieg wirklich passiert und was in diesem Krieg wirklich passiert ist, den eigenen Mann darin verstrickt zu sehen; ihn als jemand, der getötet hat, vielleicht sogar als Mörder sehen zu müssen, hätte die eigene Lebensgrundlage, auch die Familienehre, in Frage gestellt oder doch die Einstellung zum Krieg und besonders zum nationalsozialistischen Krieg ändern müssen. Bei einer Frau wurde etwas davon spürbar:

ELSE W. (1924), ihr Mann war als Volksdeutscher bei der Waffen-SS:
»I: *Hat Ihr Mann eigentlich jemals mit Ihnen über seine Kriegserlebnisse gesprochen?*
W: Nein. Gar nie. Ich hab' ein einziges Mal, da haben wir uns über Verschiedenes unterhalten, und dann hab' ich meinen Mann angeschaut und hab' gesagt: ›Hast du eigentlich auch wen erschossen?‹ Und da hat er mich angeguckt und hat gesagt: ›Stelle so eine Frage bitte nie wieder!‹ Er hat mir gesagt, er hat sich geschworen, nie wieder eine Waffe in die Hand zu nehmen. Mein Vater hatte zu seiner Selbstverteidigung eine Pistole, weil er ja in den Nachbarorten die Steuern kassieren musste. Das konnte er immer nur abends machen. Da hat er einen Waffenschein gehabt. Als er krank wurde, hat er sie meinem Mann angeboten. ›Vater, ich nehm' diese Waffe nicht!‹… Er hat nie mehr eine Waffe angerührt, nicht einmal beim Volksfest.«

Die Männer wollten nicht mehr ihre seelischen Wunden, die sie doch alle mit sich herumtrugen, aufreißen. Sie kamen als Geschlagene zurück, und sie hatten sich geschlagen für eine ruhmlose, für eine verwerfliche Sache, wenn auch guten Glaubens.

Herta B. (1933):

»I: *Sie haben doch sicher auch Männer vom Krieg erzählen hören?*
B: (antwortet sehr zögernd, nach langem Überlegen): Also bei meinem Vater ist mir aufgefallen, dass der gar nichts erzählt hat. Ich glaube, mein Vater hat sich ziemlich geniert. Der hat gesagt: ›Ich werde nie mehr für eine Idee oder für ein Ideal irgend etwas tun‹, der war total enttäuscht. ›Ich schaff' jetzt bloß noch für mich und für meine Familie.‹
I: *Ihr Vater fühlte sich missbraucht?*
B: Ja, er hat sich selber übelgenommen, dass er da drauf reingefallen ist. Und er war nicht der Typ, der die Schuld auf andere schiebt, lieber hat er nichts geredet. Niemand sagt gern, ich habe mich getäuscht.«

Nicht wenige fühlten und fühlen sich diskriminiert. Frauen, die ähnlich dachten und denken, können das verstehen. Die eigenen Kriegserlebnisse werden verschwiegen, an die Stelle tritt ein allgemeines »Diskutieren« und Räsonnieren über den Krieg. Hinter welchem Geschichtsbild und welchen Vorstellungen von diesem Krieg sich dieses Nicht-Erzählen-Wollen verschanzte, zeigen mit unmissverständlicher Deutlichkeit Hanna L.'s (1919) Erinnerungen, aufgeschrieben 1990:

»Die Männer konnten nicht verkraften, dass ihr ganzer Kriegseinsatz eine verfluchenswerte Tat war, wo doch jeder Angehörige eines anderen Volkes sein Vaterland zu verteidigen hat. Schließlich hatte auch nicht Deutschland England und Frankreich den Krieg erklärt, sondern diese Staaten selber und nur, weil sie mit Polen einen Nichtangriffsvertrag hatten... Jahrelang hatten die Soldaten größte Strapazen auf sich genommen, oft unter Lebensgefahr und oft nur mit minimaler Verpflegung. Wenn wir da nur an den ›Nudelwinter‹ in Russland dachten, für den es den ›Gefrierfleischorden‹ hatte geben sollen und manches andere. Auch über die Erfolge sprachen wir, wie Frankreich förmlich überrannt wurde, und die Briten am Kanal eine unvorstellbare Schlappe erlitten! Das war es ja, was die ›Siegermächte‹ so maßlos wurmte – sie hatten Deutschland bei weitem unterschätzt, denn sie selber waren ganz schlecht gerüstet, und das war dann ja auch der Grund, die USA zu Hilfe zu rufen, die dann auch mit der gewaltigen materiellen und finanziellen Hilfe vor allem an die UdSSR und dann der Invasion am Kanal uns auf die Knie zwangen. Alles, was die Deutschen getan hatten, war nun falsch oder ein ›Nichts‹ gewesen, nur weil sie am Ende verloren hatten. Warum hatten spanische und russische Truppen mit uns gekämpft in der ›Blauen- und Wlassowarmee‹, um den Osten vom Kommunismus zu befreien! Und viele deutsche Soldaten wären nun noch einmal gen Osten gezogen, wenn der

Westen die Situation und Chance begriffen hätte. Aber die sehr wenigen Politiker, die es so sahen, konnten sich nicht durchsetzen.« Hier bleiben die NS-Legenden vom »aufgezwungenen Krieg« und von »Hitlerdeutschland als Vorkämpfer gegen den Bolschewismus« unkorrigiert bestehen und dienen der eigenen Entlastung.

Das Unaufgearbeitete, das Allzu-Schmerzliche zeigte sich aber in ihrem Verhalten, holte sie in ihren Träumen, in ihrem Alter, kurz vor dem Tod, wieder ein.

LORE B. (1923, ihr Mann war derselbe Jahrgang): »Diese Kriegserlebnisse, das kam ganz furchtbar raus. Ich weiß viel mehr vom Krieg durch meinen Mann aus seiner Krankheit jetzt und vor allen Dingen aus den letzten fünf Jahren. In den Intensivstationen, in den Narkosen, bei Herzanfällen, dieses Schreien: ›Da kommt der Russe!‹ Es mussten für 17-, 18jährige junge Leute, die so wo reingestellt werden, furchtbare Erlebnisse sein, dass dies nach so vielen Jahren noch diese Macht hat. Mein Mann schrie im Bett nachts im Traum, und wenn ich ihn dann mal angerührt habe: ›Ja, was ist?‹
I: *Erst in seiner Krankheit?*
B: Die Träume auch schon vorher. Dieses ganz Schreckliche, das kam nachher.«

INGE G. (1922): »Mein Mann hat nicht erzählt. Nein. Jetzt, wo er über 70 ist, jetzt kommt manchmal die Zeit, wo er etwas aufarbeitet. 75 sind sie ja nun alle. Jetzt kommt das alles ins Gespräch, wird aufgearbeitet. Aber nicht sofort.«

EMMA R. (1918) erzählt von ihrem Bruder: »Der hat später noch erzählt, aber erst kurz vor seinem Tod. Der hat ja teilweise Schlimmes erlebt, und zwar durch das Kommando, zu dem er befohlen war, schon … (*Pause*). Er hat auch Dinge tun müssen, die befohlen waren und die seinem Innersten widerstrebt haben.
I: *Genaueres?*
R: Nein.«

MAGDALENE S. (1925), ihr Mann war als Volksdeutscher in Jugoslawien zur Waffen-SS gepresst worden. Was er im Krieg selbst erlebt hat, erzählte er nicht, sehr ausführlich aber die Geschichte seiner Flucht vor den Russen: »Mein Mann war nachher so nervenkrank, der hat nicht mehr normal leben können, hat geschrien und gezittert in der Nacht.«

Auch ganz junge Männer, etwa die Jahrgänge 1926-28, hatten unmittelbar nach Kriegsende bzw. nach ihrer Rückkehr aus der Gefangenschaft das starke Bedürfnis, sich ihre schweren, noch ganz unbearbeiteten Erlebnisse von der Seele zu reden, wenn sie eine verständnisvolle Partnerin oder Freundin fanden, die zuhören konnte. Nach einiger Zeit wurden ihre Erinnerungen aber gleichsam »versenkt«. Auf die meist ebenso jungen Frauen wirkten diese Geschichten fast wie unwirkliche Erfindungen, Phantasieprodukte, die sie zwar momentan »erschütterten«, die aber keine tiefen Spuren hinterließen.

Bei den wenigen Männern, die ihren Frauen und Kindern oder in Gegenwart von Frauen von ihren Kriegserlebnissen erzählt haben, ist von der eigentlichen, schrecklichen, auch beschämenden Kriegswirklichkeit kaum die Rede. Die Kriegserzählungen bleiben mehr oder weniger an der Oberfläche und sind damit auch mehr oder weniger unehrlich. Die Männer haben, wenn überhaupt, dann sehr selektiv erzählt. Aus der Fülle der Zeugnisse kristallisieren sich ganz bestimmte, immer wiederkehrende Erzählmuster heraus, die mit einigen wenigen typischen Beispielen belegt werden sollen:

An erster Stelle stehen die *Erfolgs- oder Abenteuer-Stories,* Anekdotisches, Husarenstückchen, phantastische Geschichten, wie man gerade noch davongekommen ist, wie man »Dinge gedreht hat«, sich abgehoben hat vom »großen Haufen«, wie man geistesgegenwärtig und/oder heldenhaft das Schlimmste abgewendet hat, wie man ausgezeichnet wurde.

MAGDA B. (1919): »Es ist ja höchst eigentümlich, dass die Männer ja höchstens so eine Art Renommiererzählungen mal von sich geben. Und damit wird alles andere zugedeckt. Das Grauen wird zugedeckt.«[3]

DOROTHEA D. (1924): »Das sind eigentlich vorwiegend diese Gemeinschaftserlebnisse, das war mir aufgefallen, was Männer berichten. Oder aber sind vorwiegend eigentlich kleine Nebenerscheinungen wichtiger gewesen als das Ganze. Das kann ich mich erinnern, wenn Männer vom Krieg reden, auch heute noch, dann erzählen sie von Läusen und sonst was, aber ich kann mich nicht erinnern, dass jemand gesagt hat, dieser Scheißkrieg, das war alles unnötig. Sondern jüngere Leute haben das doch alles als Erlebnis, vielleicht sogar in Richtung auf Abenteuer erlebt. So war mein Eindruck, wenn ich es mir überlege.«

HELGA S. (1931): »Interessant ist, dass ich in späteren Jahren und auch jetzt noch immer wieder nur eines feststellen konnte: Wenn zwei oder drei nicht miteinander bekannte Männer der älteren Generation zusammen sind (im Zug o.ä.), gibt es bald zwei Gesprächsthemen: Autos oder der Krieg. Und dann sprechen sie vom Krieg und von ihren Erlebnissen in der Art ›Krieg – heiter betrachtet.‹ Die witzigsten Dinge werden da erzählt – aber nie etwas vom echten Kriegsgeschehen. Eine Verdrängung noch nach Jahrzehnten?«

BARBARA K. (1919): »Alle diese Männer, die ich so kennengelernt habe, ... haben vom Krieg und von all dem, was sie erlebt haben, so gesprochen, als sei es ihre große Zeit gewesen. Höchstens ein oder zwei, die mal Betroffenheit geäußert haben ... das ist das Merkwürdige.«

Renommiergeschichten zielten sicherlich neben der Selbstbestätigung darauf ab, bei den Frauen Eindruck zu machen. Nach dem Zweiten Weltkrieg bewirkten sie bei den meisten wohl eher das Gegenteil.

Zu den »Erfolgsgeschichten« gehören die oft sehr ausführlichen Schilderungen von Verwundungen, die man ja – trotz allem – überlebt hat. Im Kontext des »Erfolgs« stehen auch Stolz auf die Uniform, auf Rang und Beförderungen, Anerkennung durch Vorgesetzte. »Man war wer«. Die Macht Untergebenen gegenüber, aber auch gegenüber der Zivilbevölkerung in den besetzten Ländern, die aber fast nur in paradoxer Weise zum Vorschein kommt, indem das gute Verhältnis zu den Einheimischen und deren Beflissenheit und Unterwürfigkeit dem deutschen Soldaten bzw. Offizier gegenüber hervorgekehrt wird. Ein besonders aufschlussreiches Beispiel erzählt

BEATE S. (1917): »Es wird so viel im Fernsehen über die deutschen Offiziere (*gebracht*). Er (*ihr Mann*) hat mir da mal was erzählt, wie er von Jugoslawien gekommen ist. Da musste er auch eine Einheit führen, und da kamen sie durch ein Dorf. Hat er gesagt: Aber die jugoslawischen Heckenschützen seien furchtbar gewesen, hinterlistig. Er kam in ein Dorf, das war ganz ausgestorben, und nur eine alte Frau mit ihrer Geiß kam daher. Hat gezittert und gebebt und sei hergekommen und hat gesagt, er soll sie doch am Leben lassen, und hat furchtbar geheult. Und er hat gesagt, er wird ihr doch nichts tun, was sie denkt. Die hat's nicht fassen können, dass er sie nicht niederknallt. Ach, hat sie gesagt, er sei ein guter Mensch. Und dann hat sie ihm einen Apfel gegeben und ein kleines Blechmedaillon mit der Madonna und hat gesagt, das würde ihm Glück bringen. Das habe eine Bedeutung. Hat sich so gefreut, hat das Kreuz gemacht und ihn gesegnet.«

Frau S. kam es nicht in den Sinn zu fragen, warum die Frau eine solche Angst vor einem deutschen Offizier hatte, nachdem im Dorf keine Kampfhandlungen mehr stattfanden.

Zu den positiven Erinnerungen zählt auch die vielbeschworene *Kameradschaft*. Auch *Disziplin* und *Härte*, Sportlichkeit werden gelobt und der »heutigen Jugend« als nachahmenswert empfohlen.

ANTONIE F. (1923): »Mein ältester Bruder hat viel vom Krieg erzählt. Das gravierendste Erlebnis war für ihn die Kameradschaft, das miteinander durch dick und dünn gehen, oft bis zum Einsatz des Letzten.«

Manche überzeugte Christen erzählen seltsamerweise ausgesprochen gern vom Krieg. Dabei unterscheidet sich die Art, wie sie der Familie erzählen, nicht von der, wie sie in anderen Kreisen darüber reden. Für sie war es eine Zeit der »wunderbaren Führungen und Bewahrungen Gottes«.

AGATHE A. (1920) erzählt in völliger Übereinstimmung mit ihrem Mann: »Mein Mann berichtet heute noch von seinen Kriegserlebnissen. Besonders unsere Enkel hören aufmerksam zu. Mein Mann wurde durch wunderbare Führung aus einem Kessel herausgerettet. Auch das Todeslager Bad Kreuznach (hier gab es sehr viele Hungertote) kann er nicht vergessen. Er weiß aber auch zu erzählen, dass gerade am

Heiligen Abend noch Heimatpost ankam. Mit seinem Burschen (früher hatte ein Offizier einen Soldaten, der ihn betreute) sind wir heute noch aufs freundschaftlichste verbunden. Ich habe immer wieder Männer von ihren Kriegserlebnissen erzählen hören. Mein Mann gehört zum Bund christlicher Offiziere. Sitzen die Veteranen zusammen, dann tauchen gern Erinnerungen auf.«[4]

Überraschend viele haben ausgesprochen *schöne Erinnerungen* an den Krieg oder einzelne Kriegsabschnitte, in denen sie in der Etappe ein geruhsames, teils genussvolles Leben führten, fremde Länder sahen, in die sie sonst nie gekommen wären. Das gilt besonders für Bauern und Arbeiter, auch kleine Handwerker.[5]

Der Mann von ERIKA N. (1924), Schreinermeister, sagte nach Abschluss des Interviews, was er auch seiner Frau schon oft gesagt hatte: »So gut habe ich es in meinem ganzen Leben nicht gehabt wie im Krieg.«

BARBARA K. (1928): »Mein Mann hat den Krieg deshalb als ganz große Zeit aufgefasst, weil er da zum ersten Mal aus Osterode herausgekommen war, er war gebürtiger Osteroder, Jahrgang '20. Da war für ihn Berlin natürlich die große Welt, und da war er beim Bodenpersonal der Luftwaffe, erzählte davon die tollsten Geschichten, hatte alle möglichen Vergünstigungen, war da nur mit den Offizieren zusammen. Mit dem Alkohol, der dort zur Verfügung stand, da haben sie dann mit den Zusätzen alle möglichen Trinkereien gebraut, die haben sie dann wieder vertauscht um Theaterkarten und was weiß ich alles, so dass das also ein Leben in Saus und Braus war. So hab' ich das also nur immer gehört. Die gingen in die Scala, die gingen ins Theater und die gingen überall hin, alles wurde da irgendwie organisiert und geschaukelt und gemacht. Es war im Grunde genommen, wenn man mal von den Fliegerangriffen absieht, sind es für ihn sicherlich herrliche Jahre gewesen.«

Wenn Männer vom »dreckigen Krieg« erzählen, dann handelt es sich meist um Erlebnisse während der Kriegsgefangenschaft, wo es ihnen in der Tat oft dreckig ging. Hier waren sie Opfer und nicht Täter.

GERTRUD M. (1913): »Die Erzählungen der mir bekannten oder verwandten Männer, die diesen Krieg überlebt hatten, gingen einem – gelinde gesagt – bald auf die Nerven. Alle kannten kaum noch ein Ende ihrer Jammerei über die Gefangenschaften und die Schwierigkeiten, wieder in normale Verhältnisse bzw. in die Verhältnisse, in die sie nach dem Debakel gekommen waren, sich zurechtzufinden.«

Wenn Männer auf den Krieg zurückblicken, dann sprechen sie oft von »gestohlenen Jahren«[6], auch ihren Frauen gegenüber. Aber den Krieg als solchen stellen die allermeisten nicht in Frage und die »Ehre des Militärs« ebenfalls nicht. So erklärt sich, dass sie allen Fragen, die an dieses Thema hätten rühren können und die möglicherweise gerade auch ihre Frauen in einem ganz persönlichen Gespräch hätten ansprechen können, instinktiv auswichen. Andererseits erklärt sich aus der aufgezeigten Art der Geschichten, dass Frauen dafür kein übermäßiges Interesse aufbringen konnten, besonders wenn sie sich stereotyp wiederholten. Nur: Die Wahrheit wollten sie auch nicht wissen, und die bohrenden und unangenehmen Fragen wurden von den allermeisten nicht gestellt.

Von der Minderheit der erzählenden Männer hebt sich die ganz verschwindende Zahl derer ab, die ihren Frauen und Kindern etwas mehr von der Kriegsrealität und den ganz dunklen Seiten dieses Krieges offenbarten. Wie wir in dieser Arbeit schon mehrmals gesehen haben, versteckten sich die beobachteten, erfahrenen oder selbst begangenen Verbrechen in der Regel hinter Bemerkungen über gewisse »Partisaneneinsätze« oder ganz vagen Andeutungen über »schlimme Dinge, die da passierten«. Diese Andeutungen berührten die Frauen unangenehm. Ihre Tragweite war für sie nicht durchschaubar. Diejenigen, die sich offenbarten, sind später entweder Pazifisten geworden oder haben zumindest das Töten im Krieg als etwas Schreckliches empfunden und nichts Heldisches daran sehen können.

ROSA T. (1910): »Mein Mann hat wenig erzählt; er wollte Frieden, wenn er nach Hause kam (und auch nach dem Krieg). Allerdings erzählte er, ein Kamerad habe einen alten Russen, der sein brennendes Haus retten wollte und auf dem Dach stand, vom Dach geschossen. Er konnte dies einfach nicht begreifen, dass man am Töten eine Freude haben konnte.«

HELGA S. (1931): »Von Heimkehrern hörte ich Erlebnisse, vor allem aus der Sowjetunion, die zum Teil auch die grausame Behandlung der Frauen, Kinder und Alten schilderten. Sie wurden aus den noch nahen ersten Eindrücken und Emotionen gegeben und bewirkten bei uns ungläubiges Entsetzen. Keiner konnte sich vorstellen, dass Deutsche, also Bekannte, Söhne, Männer usw. bei Erschießungen usw. dabei waren und vielleicht sogar selbst Ausübende waren oder sein mussten.«

HERTA B. (1933) über ihren Vater: »Ich hab' immer gefragt, auch manchmal morgens im Bett, das war schön. Aber da wollte er, glaube ich, noch schlafen. Ich habe manchmal den Eindruck gehabt, dass ihm meine Fragerei lästig war. Einmal hat er halt gesagt, wenn sie erbeutete Russenpanzer oder auch eigene Panzer reparieren mussten, das sei ganz entsetzlich gewesen, die toten Körper klebten zerfetzt an den Wänden. Aber da haben sie dann wieder so Hilfswillige und Gefangene eingesetzt. Also, mein Vater, der hat den Krieg nicht verherrlicht.«

Die Art der Auseinandersetzung der Männer mit ihren Kriegserlebnissen, ist – wo sie denn stattgefunden hat oder noch stattfindet, und sich in den Erzählungen der Frauen darüber spiegelt – schwer zu entwirren. Dafür ein prägnantes Beispiel:

HANNELORE H. (1925), ihr Mann (1919) und sein Bruder waren als Kriegsfreiwilli-
ge in den Krieg gezogen; er kam als Versehrter zurück. Schon durch seine schwere
Verwundung war der Krieg für ihn ständig präsent: »Ihn hat der Krieg nie losgelassen. Er liest unendlich viel Kriegslektüre, immer wieder. Er hält die Zeitschrift ›Alte
Kameraden‹, er kommt davon überhaupt nicht los. Was ihn ganz besonders kränkt,
ist immer das Beschimpfen der Soldaten. Das war für ihn ein ganz entscheidender
Einschnitt in seinem Leben, und ich kann ja nun nicht behaupten, dass er alles gut
gemacht hat. Aber er war der Überzeugung, er hat sein Bestes gegeben, für Kameraden. Er sagt immer, das ist etwas Schreckliches gewesen, noch dazu, wenn man Mann
gegen Mann vielleicht hätte stehen müssen oder stand... Aber er war eben nicht bei
der Infanterie, wo dieser Kampf Mann gegen Mann immer war. Er war Kradmelder
lange Zeit und war dann bei der Panzerabwehr. Was er erzählt, sind oft auch so Nebensächlichkeiten. Aber ich erlebe es auch bei seinen Freunden, die jetzt, wo sie im
Ruhestand sind, sehr viel mehr vom Krieg erzählen. Während der Berufstätigkeit war
das alles etwas verdrängt. Aber wo sie nun Zeit haben, kommt das viel mehr raus
und beschäftigen sie sich sehr viel mehr auch mit Lektüre von damals. Befassen sie
sich damit, ob sie noch mal nach Russland fahren, das noch mal zu sehen. Es ist ja
kein Hass zurückgeblieben, es ist eigentlich eine Liebe zu Russland speziell. Mein
Mann war auch in Russland, im Mittelabschnitt in erster Linie. Aber wie ich es auch
bei unseren Freunden erlebe, mein Mann hat einen sehr schönen Freundeskreis, die
haben noch anfangs des Krieges Handball gespielt in einer Mannschaft, von da ist
immer noch der Freundeskreis da. Die haben alle eigentlich den Gedanken, das müssen wir noch einmal wiedersehen. Es hat sie beeindruckt, auch, dass es den Russen
oftmals gar nicht besser ging als ihnen. Auch in der Gefangenschaft wissen sie das
von Verwandten. Mein Mann war nicht in russischer Gefangenschaft. Aber sein Vetter hat erzählt, wie er im Gefangenenlager im Kartoffelhaufen ein bisschen was sich
in die Taschen schob abends im Dunkeln, und dann auf der anderen Seite des Kar-
toffelhaufens eine Taschenlampe anging und er sah, es war der Lagerkommandant,
der das gleiche tat wie er. Also mein Mann ist geprägt durch den Krieg.«

Hannelore H.'s Mann hat der Krieg nie losgelassen, seine Freunde ebensowenig. Der Angelpunkt der Erinnerungsarbeit, die sich mit dem Ruhestand
intensiviert, ist die Rechtfertigung dessen, was er damals getan hat. Er selbst
ging freiwillig aus vaterländischer Gesinnung und die anderen »Soldaten« seiner Meinung nach ebenfalls. Er hält daran fest, dass er damals sein Bestes gegeben hat, auch für die Kameraden. Wenn er die Zeitschrift »Alte Kameraden«
abonniert, ist das nicht nur ein Bekenntnis zur militärischen Kameradschaft,
sondern auch ein Bekenntnis zum Auftrag des Militärs. Obschon der Krieg
durchaus schreckliche Züge hatte, denen er aber persönlich nicht ausgesetzt
gewesen sein will, hält er ihn für richtig. Sein »Unbeteiligtsein« erscheint
höchst zweifelhaft, denn als Kradmelder und bei der Panzerabwehr konnte
man sich kaum »draußenhalten«. Am meisten kränkt ihn die »Beschimpfung

der Soldaten«. Das Soldatenhandwerk war für ihn, auch in Hitlers Krieg, offenbar etwas Ehrenwertes, seine Kriegslektüre, über die nichts Näheres gesagt wird, dürfte unter diesem Gesichtspunkt ausgewählt sein. Kritische Untersuchungen zur Rolle der deutschen Wehrmacht im Zweiten Weltkrieg dürfte er kaum zur Kenntnis nehmen, von einer grundsätzlichen Ablehnung militärischer Gewalt ist er weit entfernt. Das Wiedersehen mit dem »Ort der Handlung«, mit Russland, scheint völlig unproblematisch. Es wird im Freundeskreis geplant wie eine Ferienreise in ein Land der Jugenderinnerungen, bei der die Russen als »Kameraden im Erleiden« großzügig mit einbezogen werden. Dass »kein Hass« zurückgeblieben ist, wird als eine Art schöner Versöhnungsleistung im Sinne der Völkerverständigung hervorgehoben, ohne dass gefragt wird, wer eigentlich Grund zum Hassen und das Recht zu vergeben hätte nach allem Leid, das der deutsche Angriffskrieg über die Völker der Sowjetunion gebracht hat. Obschon sich Herr H. über die eigene Kriegserfahrung zunehmend mit den allgemeinen Aspekten des Zweiten Weltkriegs befasst, hat eine wirkliche Auseinandersetzung nicht stattgefunden, weder im Freundeskreis noch in der Familie. Bezeichnend ist auch, dass seine Frau sagt: »Was er erzählt, sind oft auch so Nebensächlichkeiten«, also wohl alles das, was unter die Stichworte »Anekdotisches«, »Militärtechnisches«, »Alltägliches« und »Banales« fällt. Bei der historischen Aufarbeitung des Krieges haben die heimgekehrten Männer ihren Frauen kaum Hilfe geleistet.

Zusammenleben mit Flüchtlingen

Noch größer als der Strom der aus der Gefangenschaft heimkehrenden Soldaten, aber ebenso über Jahre verteilt, war der Zustrom der Flüchtlinge und Vertriebenen[8] aus den deutschen Ostgebieten und aus Osteuropa. Insgesamt waren es etwa 12 Millionen. Weit mehr als die Hälfte davon waren Frauen und Kinder, besser gesagt: Frauen *mit* Kindern. Unter den begleitenden Männern waren die alten in der Überzahl.[9] Es war in den ersten Nachkriegsjahren vor allem die Aufgabe der Frauen, für sich und ihre Angehörigen ein neues Zuhause und eine neue Existenzgrundlage zu schaffen. Das hieß für die meisten, wieder ganz von vorne und ganz unten anzufangen in einer Umgebung, die sich den »Eindringlingen« gegenüber meist abweisend verhielt.[10] An den Flüchtlingsfrauen war es, das schwierige Zusammenleben auszuhalten und erträglich zu gestalten. Im folgenden geht es nicht um die Leistungen der Behörden und Verwaltungen bei der Aufnahme, Verteilung und Eingliederung

der Flüchtlinge[11], sondern um die alltäglichen Erfahrungen der Flüchtlingsfrauen vor Ort, wie sie sich in ihren Erinnerungen darstellen. Die meisten dieser Erinnerungen an die Anfangsjahre sind schmerzlich und bitter. Was traf
die Flüchtlinge und Vertriebenen besonders hart? Welche Erklärungen hatten sie dafür? Wie schafften sie es, schließlich doch akzeptiert und anerkannt
zu werden? Wie heimisch wurden sie in der Fremde? Wie erklären oder rechtfertigen die Einheimischen ihre Abwehrhaltung?

Neben den Berichten über Bombenangriffe, über Flucht und Vertreibung
sind es die Erfahrungen des Fremdseins und Sich-Behaupten-Müssens in einer neuen und unfreundlichen Umgebung, in die es die einzelnen ganz zufällig verschlagen hatte, über die Frauen noch Jahrzehnte danach schriftliche
Aufzeichnungen für ihre Kinder und Enkel verfasst haben. Wiederum sollen zwei Berichte exemplarisch in den Mittelpunkt gestellt werden. An ihnen
werden Grundzüge der Flüchtlingserfahrung sehr deutlich. Die meisten
Erzählungen der Frauen sprechen von den Erlebnissen in Bayern, so auch die
ausgewählten. Das ist kein Zufall; Bayern war geographisch das nächste Auf-
fanggebiet für die Fluchtbewegungen aus dem Osten, es musste besonders am
Anfang sehr viele Flüchtlinge aufnehmen. Zudem hatte Bayern zumindest in
seinen ländlichen Gebieten von Kriegseinwirkungen wenig zu spüren bekommen, und die meisten Flüchtlingsfrauen kamen aufs Land. Dabei hatte etwa
die Hälfte der Flüchtlinge vorher in Städten gewohnt. Hier stießen also einander ganz fremde Mentalitäten und Erlebniswelten hart aufeinander. Wenn
die zitierten Berichte besonders drastische Erfahrungen schildern, so sind diese zwar nicht zu verallgemeinern, mögen sich aber so oder ähnlich auch in
anderen Gegenden abgespielt haben. Dafür werden Beispiele aus weiteren
Berichten und anderen deutschen Gegenden angeführt werden. Regionale und
lokale Einzeluntersuchungen würden sicher zu einem differenzierteren Bild
führen. Für eine umfassende Darstellung müssten Berichte aus der sowjetisch
besetzten Zone untersucht werden, die mir fast völlig fehlen[12], außerdem müssten die Erfahrungen in den Städten hinzugenommen und verglichen werden.
In den Städten waren die Flüchtlinge zunächst meist in Lagern untergebracht,
und dies oft auf Jahre hinaus.[13] Die Lagererfahrungen von Frauen und besonders auch Kindern wären ein weiterer Untersuchungsgegenstand.

ANNA J. (1912), ursprünglich wohnhaft im Sudetenland, zwei Kinder (1938 und 1939
geboren), der Mann seit 1944 vermisst. Sie hatte zunächst vergeblich versucht, vor
den Russen zu fliehen, erlebte die Schrecken der russischen Besetzung (einschließlich Vergewaltigung), musste das unmenschliche Verhalten der Tschechen gegenüber
den besiegten Deutschen erdulden und wurde im Juli 1945 aus dem Sudetenland ausgewiesen. Anna J. hatte – wie viele andere – ein doppeltes Flüchtlingsschicksal: Mit

ihrer Freundin und deren drei Kindern kam sie zuerst in die sowjetisch besetzte Zone. Für die Aufnahme waren nur höchst unzureichende Vorkehrungen getroffen worden. Die Frauen waren ganz auf sich selbst gestellt. Der erste Teil ihres Berichtes handelt vom Leben in Falkenberg in der SBZ. Im Mai 1947 wagte sie dann die Flucht in den Westen, wo sie Verwandte in Bayern hatte. Der zweite Teil des Berichtes schildert die Erfahrungen in Derching bei Augsburg.

»Am dritten Tag unserer Odyssee kamen wir nach Falkenberg in der (*nachmaligen*) DDR. Dort war die Reise zu Ende. Ca. 2800 Menschen quollen aus den 56 Waggons, in denen wir drei Tage und Nächte keinen Sitzplatz hatten. Es herrschte ein großes Durcheinander und Ratlosigkeit, denn schließlich waren wir hier weder erwartet noch erwünscht worden. Wir waren meist Frauen mit Kindern und alte Leute. So sah nun die ›Freiheit‹ aus – kein Geld, kein Essen, keine Bleibe, dazu die Angst vor den Russen. Wir suchten uns einen etwas geschützten Platz für die Nacht unter Bäumen. Meine Freundin blieb bei den Kindern, und ich ging mit meiner 7jährigen Tochter zum Betteln, der Hunger tut ja weh. Ein Glück, dass ich zur rechten Zeit auch die richtigen Worte fand. Eine gute Frau nahm mich mit in die Wohnung, und wir durften dort sogar baden. Sie kochte unterdessen einen Topf Kartoffeln, schenkte uns auch etwas Quark, und ihre Tochter begleitete uns schließlich noch zurück bis zu unserem Lagerplatz, den wir wohl kaum mehr gefunden hätten. Heute kann sicherlich niemand mehr ermessen, welch große Freude uns warme Kartoffeln und Quark bereiteten. Es schmeckte himmlisch, mit nichts zu vergleichen, was wir heute als köstlich bezeichnen würden. Mit einem Dank an den lieben Gott, der uns doch nicht ganz verlassen hatte, legten wir uns schlafen, wir waren ja hundemüde.

Am anderen Morgen riet man uns, in kleineren Gruppen weiterzuziehen, da wir sonst kaum eine Chance hätten, von den dortigen Einwohnern zu essen zu bekommen. So blieben wir nur zu siebt, meine Freundin mit ihren drei Kindern und ich mit meinen beiden Mädels. Wir wanderten 14 Tage von Ort zu Ort, die Landstraße war unser Aufenthalt. Wir lebten karg vom Betteln und Stehlen, falls wir auf den Feldern etwas Essbares fanden. Die Nächte verbrachten wir in Scheunen, auf Heu oder Stroh, in Holzschuppen oder auch unter freiem Himmel. Wenn ich heute an diese schrecklichen Zeiten zurückdenke, so fällt mir auch gleichzeitig ein, wie brav und tapfer unsere Kinder durchhielten. Sie gaben uns wohl die Kraft, dies alles durchzustehen, sie waren es wirklich wert, nicht aufzugeben. Meine Freundin, eine zarte Frau, brauchte auch manchmal tröstenden Zuspruch in dieser hoffnungslosen Zeit. Ich nahm sie unter den Arm und sang: ›Wozu ist die Straße da? Zum Marschieren, zum Marschieren in die weite Welt…‹ Einmal durften wir bei einer Familie im Hof Kartoffel kochen. Die Frau hatte für ihre Kinder Pudding mit Sahne, und die wollten es nicht mal. Wie sehnlich hofften wir, sie möge diese Köstlichkeit doch unseren Kindern anbieten. Sie sah jedoch nicht das heiße Verlangen in den Kinderaugen, und darum zu betteln, hatten sie wohl keinen Mut. So manche kleine Episode – wie eben diese – haftet doch fest in meiner Erinnerung…

So landeten wir schließlich in Annaburg, einer kleinen Stadt im Kreis Jessen. Dort gab es auch zum ersten Mal auf unserer Wanderschaft in einem Gasthaus für uns

Flüchtlinge eine Erbsensuppe mit Brot. Die Glückseligkeit war fast vollkommen, als uns auch noch ein Fremdenzimmer zur Verfügung gestellt wurde... Eine gutherzige Frau gab uns den Rat, am anderen Tag am Rathaus um einen Geldbetrag zu bitten, denn wir müssten doch unbedingt irgendwoher eine Hilfe bekommen. Die Fürsorge dieser Frau tat uns ja so gut! Außer 40.- Mark erhielten wir vom Rathaus einen verschlossenen Brief, den wir einem Bauern in einer der angrenzenden Dorfgemeinden abgeben sollten. Fast hätten wir Glück gehabt, dieser Bauer suchte zwei Arbeitskräfte. Als ich jedoch erwähnte, dass wir zusammen fünf Kinder hätten im Alter von 3-12 Jahren, waren wir nicht mehr interessant für ihn. Er hätte zu viele Mäuler stopfen müssen. Völlig niedergeschlagen machten wir uns auf den Heimweg, zogen die Schuhe aus – um sie zu schonen –, der Hunger quälte uns und auch der Gedanke, was wohl die Kinder den ganzen Tag über allein gemacht haben. Von einer Bäuerin erbettelten wir uns schließlich ein Stück Brot. Wir klapperten auf dem Heimweg sämtliche Gärtnereien und großen Bauernhöfe ab, aber alle waren bereits mit Flüchtlingen reichlich eingedeckt.«

Als es schon dunkel wurde, gelang es ihr doch, in einem kleinen Ort vor Annaburg mit ihrer Freundin von zwei Bäuerinnen als Arbeitskräfte engagiert zu werden.

»Am anderen Morgen traten wir unseren Dienst an, wir durften Magd sein! Wir hatten zu essen! Wir schliefen in Betten! Als ich bei meinem Quartier ankam, wollte mich die Frau dann doch nicht. Sie sagte, der Bürgermeister hätte ihr das ausgeredet, da ihre Söhne bald aus dem Krieg heimkämen und sie die Wohnung brauchte. Ich suchte daraufhin sofort den Bürgermeister auf und beschwor ihn, dass ich natürlich gleich das Feld räumen würde, falls die Söhne zurückkehrten. Sehr zögernd willigte er schließlich ein – warum, das erfuhr ich dann einige Monate später!

Zuerst ging alles gut, ich arbeitete von früh bis spät, es war ja Ende Juli – Erntezeit. Wir waren in einer feuchten Kammer untergebracht. Mir fiel auch auf, dass mit meiner Bäuerin niemand sprach und kein Mensch zu ihr auf Besuch kam. Das Anwesen war nicht groß, das Haus eine alte, baufällige Hütte. Als ihr verheirateter Sohn eines Tages zu Besuch war, fragte er mich, ob es mir bei seiner Mutter auch wirklich gut ginge. Ich bejahte, verstand aber eigentlich diese Frage nicht ganz.«

Aber als die Erntezeit vorüber war, zeigte sich, dass der Bäuerin die Flüchtlinge zur Last waren. Sie schikanierte sie und quälte vor allem die Kinder. Die Frau hatte einen üblen Leumund im ganzen Ort. Der Bürgermeister zeigte sich verständnisvoll und versprach zu helfen.

»Der Herbst kam – wir hatten jeder nur ein Paar Schuhe. Zu kaufen gab es nichts, auch hatte ich ja gar kein Geld. Not macht erfinderisch! Ich bettelte bei den wenigen Leuten, die ich in der Zwischenzeit kennengelernt hatte, um alte zerrissene Kleidung. Aus schmalen Stoffstreifen flocht ich Zöpfe, aus denen ich dann Hausschuhe zusammennähte. Schön waren sie nicht, aber dafür sehr warm, meine ›Fleckerlhausschuhe‹! Da kam eines Tages eine gewisse Frau W. aus Annaburg, die Gattin eines Schreinermeisters zu der Bäuerin, um bei ihr noch ausstehendes Geld zu mahnen. Sie sah uns drei auf der Türschwelle sitzen, mich ›Potschen‹ nähend. Sicherlich machten wir keinen glücklichen Eindruck auf sie. Spontan bestellte sie bei mir für sich und ihren

Mann solche Hausschuhe, brachte mir alten Stoff und Zwirn dazu. Außerdem bezahlte sie mich für meine Arbeit und tat noch ein übriges, indem sie für mich und meine warmen Fleckerlhausschuhe tüchtig Reklame machte. So bekam ich genügend Aufträge und konnte dann ein monatliches Kostgeld und auch Miete für unsere jämmerliche Kammer bezahlen. Tagsüber hatte ich selbstverständlich ausschließlich Haus-, Stall- und Feldarbeit geleistet, dafür bezahlte ich also dann noch für Essen und Wohnen. Fast fünf Monate dauerte unser Martyrium.«

Dann bekam sie vom Bürgermeister eine kleine Dachkammer zugewiesen. Die Bäuerin hatte jedoch alles, was an Holz-, Kohle- und Kartoffelscheinen ausgegeben worden war, für sich einbehalten und gab es nicht heraus.

»Meine elende Lage rührte jedoch einige Nachbarn, so bekam ich etwas Holz, Betten und Geschirr geschenkt. Es war ein schwerer Anfang, aber wir waren frei, ein böser Alptraum war nun endlich ausgeträumt. Ich hatte damals keinen Pfennig Unterstützung und im Winter bei Bauern auch keine Verdienstmöglichkeit. So war ich doch sehr froh, dass mein Hausschuhgeschäft lief, so dass ich uns drei einigermaßen über Wasser halten konnte. Es war mühselig verdientes Geld, das uns vor dem Verhungern rettete.

Sehr genau erinnere ich mich noch an das erste Weihnachtsfest fern der Heimat. Meine Mädchen glaubten damals noch ans Christkind, und ich hatte nichts – nichts! Ein ganz kleines Bäumchen steckte ich in eine Rübe und schmückte es mit zerzogener Sackbinde. Das war alles – aber wir konnten wieder ohne Angst leben, es schikanierte uns niemand mehr, und das ist doch schließlich schon sehr viel. Wir hatten uns und hielten fest zusammen wie eingeschworen.«

Vom Frühjahr bis zum Winter arbeitete sie wieder beim Bauern und musste die Kinder tagsüber allein lassen. »Den zweiten Winter … überbrückte ich wiederum mit Hausschuhe-Nähen. Manche Leute nützten mich sehr aus, gaben mir für 12 Stunden Arbeit, z. B. ein halbes Brot oder einige Brocken Wurst. Zum zweiten Weihnachtsfest gab es schon ein paar Kekse, die wir an unser kleines Bäumchen hängten. Zum größten Teil wurden dann die Kekse von den Mäusen abgefressen, unseren Dauermietern in der kleinen Dachkammer.«

Im Herbst 1947 ging sie mit ihren Kindern »schwarz« über die Grenze in den Westen. Sie hatte die Nachricht erhalten, dass ihre Mutter und Geschwister in Bayern waren.

»Am 12.9.1947 trafen wir in Derching ein. Dieser Ort ist 4 km von Augsburg entfernt. Mutter und Geschwister freuten sich, uns nach Jahren der Trennung wiederzusehen. Aber es war eine verhaltene Freude; die Verhältnisse waren dazu nicht angetan. Als ich die beengte Wohnsituation sah, hatte ich schon ein schlechtes Gewissen, aus der DDR (*damals SBZ*) gekommen zu sein. Das kleine ›Ausgeding-Häusl‹ hatte drei kleine Räume und war früher einmal ein Stall. Meine ledige Schwester schlief ab jetzt im Haus des Mühlenbesitzers, wo sie als Magd Arbeit gefunden hatte. So verteilten wir sieben Personen uns auf die drei Zimmerchen: Mutter, mein Bruder mit Frau und Kind und schließlich ich mit meinen beiden Mädchen. Das Zimmer, das wir nun bewohnten, hatte mein Bruder vorher als Schusterwerkstatt genützt…

Die Mädels gingen gleich in die Volksschule in D., und schon kurze Zeit später erfuhr ich von der Lehrerin, dass sie in den jeweiligen Klassen die besten waren. Das waren für mich Lichtblicke.

Ich half in der Mühle aus, wenn ich gebraucht wurde. Die Kartoffeln und Rüben waren auch noch zu ernten. Das Getreide musste gedroschen werden. Es gab ja noch keine Mähdrescher! Nebenher fertigte ich aus Seegras, das meine liebe Mutter aus dem Wald holte, Hausschuhe. Sie waren sehr warm und auch billig. Ich verkaufte immer, sobald ich fertige Paare hatte. So vergingen die ersten fünf Monate in Bayern bis Lichtmess (2. *Februar*). Von diesem Zeitpunkt an stand ich nun ganz im Dienst des Bauern und Müllers M. in Derching. Ich war als Kuhstallmagd eingestellt worden, weil meine Vorgängerin heiratete. Für mich bedeutete dies eine große Überwindung und Umstellung. Würde ich die schwere und ungewohnte Arbeit überhaupt verkraften, besonders das Melken der Kühe? Als Lohn bekam ich 50.- Mark im Monat und das Essen für mich. Von der Fürsorge bekam ich für die Kinder noch 60.- Mark. Das war für damalige Verhältnisse ausreichend; wir stellten keine Ansprüche.« Für die Kommunion ihrer beiden Mädchen musste sie Kleider und Schuhe borgen.

»Aufgrund der schweren körperlichen Arbeit, die ich beim Bauern zu leisten hatte, bekam ich mit der Zeit große Schmerzen in den Gelenken und Händen. Die Finger waren immer pelzig, gefühllos – ich konnte keine Nähnadel mehr halten oder den Faden einfädeln. Schließlich hatte ich auch keine Kraft mehr, die Kühe zu melken – praktisch kein Zustand für eine Stalldirne. Meine Schwester musste also alle Kühe alleine melken. Ich verrichtete die grobe Arbeit wie Ausmisten und die Kühe putzen. Wie war ich doch verzweifelt in meiner ausweglosen Situation! Der Arzt fand nichts und konnte mir also auch nicht helfen. Am schlimmsten waren die Nächte, die Schmerzen zogen bis in die Achselhöhlen. Diese großen nächtlichen Schmerzen raubten mir jeglichen Schlaf, den ich so dringend gebraucht hätte, um ein bisschen zu regenerieren. Natürlich war ich morgens um 5 Uhr – der täglichen Aufstehzeit – total gerädert. In den Nächten habe ich mich ausgeweint aus völliger Verzweiflung und auch der unerträglichen Schmerzen wegen. Das durfte schließlich möglichst keiner sehen oder merken. Nachdem der Arzt keinen Befund hatte, war ich gesund – so einfach war dies damals.«

Ihre beiden gescheiten und lieben Mädchen waren ihr einziger Trost. Die Ältere besuchte das Gymnasium in Augsburg. Ihre finanzielle Situation wurde besser, weil sie ab Ende des Jahres 1948 Versorgungsbezüge von der Post erhielt, da ihr Mann Postbeamter gewesen war. Sie konnte ihre Mädchen nun etwas besser ausstatten. – »Für mich selbst reichte es nicht mehr, schließlich kam ich ja nirgends hin – außer in den Kuhstall und aufs Feld!«

Noch in den Sommermonaten 1949 musste sie unter größten Schmerzen die für sie zu schwere Stall- und Feldarbeit machen. Schließlich bekam sie eine Halbtagsstelle beim Dorfpfarrer, und sie wären – trotz der schwierigen und schrulligen Schwester des Pfarrers – zufrieden gewesen, auch bei beschämend geringer Bezahlung (DM 1.75 für 5 Stunden – also 35 Pfennig für eine Stunde Arbeit!). Dann aber wurde sie von der Schwester des Pfarrers beschuldigt, Handtücher gestohlen und sich am Bienenzucker (der Pfarrer hatte eine Bienenzucht) vergriffen zu haben. Sie wurde auf alle erdenklich Weise schikaniert. Durch die Intervention von Amtskollegen wurde ihre Ehre wiederhergestellt. Sie kam zunächst bei ihrem Bruder unter. Als die Vorfälle im Pfarrhaus bekannt wurden, erfuhr sie viel Freundlichkeit und Solidarität von den Dorfbewohnern, die sie dankbar erwähnt.

»Wir lebten nun eine kurze Zeit sehr beengt bei meinem Bruder und seiner Familie in der Baracke. Sie haben uns mit Liebe und Geduld gerne ertragen. Allmählich kam ich auch etwas zur Ruhe. Kurz nach Neujahr konnten wir dann unsere eigene kleine Wohnung, bestehend aus einer kleinen Küche und einem auch sehr kleinen Schlafzimmer, beziehen. Das Haus gehörte einem jungen Ehepaar; wir hatten es dort sehr gut getroffen und fühlten uns bald wie neugeboren.

Im Winter war ich viel daheim. Wenn es das Wetter erlaubte, fuhr ich mit dem Fahrrad in den Wald, um Abfallholz zu sammeln, das ich, in einem Sack verstaut, auf dem Gepäckträger vom Fahrrad beförderte. Somit brauchte ich dann schon nicht so viel Holz zu kaufen. Vom Frühjahr bis zum Spätherbst war ich bei einem Bauern im Taglohn beschäftigt. Ich verrichtete dort jede Arbeit – außer Kühe melken! – und hatte nun keine Probleme mehr mit den Gelenken. Mein Tagesverdienst betrug damals DM 6.- zuzüglich das Essen für mich. Die Kinder waren es mittlerweile längst gewöhnt und selbständig genug... Meine Finanzen hatten sich in der Zwischenzeit auch etwas verbessert. Ferner erhielt ich eine sog. Hausratsentschädigung und konnte uns davon endlich Betten kaufen. So ging es stetig ein bisschen bergauf. Leider hatte ich keinen erlernten Beruf, so konnte ich mich nur in der Landwirtschaft oder im Haushalt betätigen, um etwas dazuzuverdienen. Und in beiden Fällen waren die Verdienstmöglichkeiten eben sehr gering.«

Erst 1954 konnten sie eine komplette Wohnung beziehen (zwei kleine Zimmer, Küche und Toilette), aber sie musste eine Kaution bezahlen und 2000.- DM Schulden machen.

»Wir hatten eine Wohnung, jedoch außer zwei Betten und einem Schrank keine Möbel! Das eine oder andere Möbelstück bekamen wir wohl auch geschenkt oder gebraucht recht billig zu kaufen – aber es fehlte doch vieles, was es nun anzuschaffen galt. So suchte ich mir einige Putzplätze, um meine kleine Rente aufzubessern und damit ich auch die eine oder andere Anschaffung für die Wohnung machen konnte. Außerdem half ich in einer kleinen Landwirtschaft bei der Ernte aus. Ich hetzte somit von Putzstelle zu Putzstelle, musste dadurch auch die Straßenbahn benützen, was bedeutete, dass ich mich deshalb auch ständig noch umzuziehen hatte. Ich war nur noch in Zeitnot. Der Verdienst war lächerlich gering, zumal ich die Straßenbahn doch auch selbst zu zahlen hatte. Ich wurde von allen meinen ›Dienstherren‹ schamlos ausgenutzt. Von dem Lob, ›eine sehr fleißige Frau zu sein‹, konnte ich mir schließlich nichts kaufen. Heute ärgere ich mich über mich selbst, dass ich es nicht mal fertigbrachte, wenigstens um das Fahrgeld zu bitten. Aber es war wohl so, dass ich vor lauter schwerer Arbeit und dazu in ständiger Hektik so fertig war und völlig unfähig, in meiner Situation aufzumucken. Mir fehlte jedes Selbstbewusstsein und Selbstwertgefühl. Da erinnere ich mich mit einiger Bitterkeit daran, dass ich samstags erst gegen 20.00 Uhr von meiner letzten Putzstelle heimwärts fuhr und mir um diese Zeit festlich gekleidete Menschen in der Straßenbahn begegneten, die vielleicht unterwegs waren, um sich einen schönen Abend im Kino oder Theater zu gönnen. Ich dagegen saß wie ein Aschenputtel, total abgeschafft und hundemüde, in der Tram und konnte es kaum erwarten, endlich nach Hause zu kommen. Nur der Gedanke an meine beiden gescheiten Mädchen, denen ich doch wenigstens eine gute Schulbildung angedeihen ließ, hielt mich einigermaßen aufrecht.«[14]

HANNELORE W. (1913), von Beruf Dolmetscherin, erlebte am 20.4.1943 den schweren Angriff auf Stettin. Sie ging als Schwangere nach Schlesien in den Geburtsort ihres Mannes. Im September 1943 wurde ihre Tochter Christel geboren. 1944 fiel ihr Mann; sie wusste es aber noch nicht, er war als vermisst gemeldet. Mit dem kleinen Kind, ihrer Mutter und ihrem 10jährigen Bruder floh sie aus Schlesien.

Sie verfasste ihren Bericht 1979 für ihre Kinder. Einleitend schreibt sie, dass sie auf der Flucht von den schrecklichsten Dingen, die Flüchtlingen widerfahren sind, verschont geblieben ist, und fährt fort: »Wie alles kam und dass Flucht und Vertreibung nur die Folge eines Wahnsinnskrieges waren, ist denen, die es wissen wollen, inzwischen bekannt. Die es nicht wissen wollen, sind auch durch die Schilderung von Einzelschicksalen nicht zu bewegen, nachzudenken.«

In ihrem Bestimmungsort, dem Dorf H. in Bayern, wurden sie im Schulsaal untergebracht und übel behandelt.

Die Amerikaner verfügten, dass die Dorfbewohner für die Unterbringung und Versorgung der Flüchtlinge aufzukommen hatten.

»Mutti hatte Glück, sie kam bei einer wirklich netten Familie unter, ich bei einer griesgrämigen, versorgten Bauersfrau, die alles, was ich tat, um mich mit ihr gutzustellen, falsch auffasste. Ich putzte ihr die Wohnung, während sie auf dem Acker schuftete, sie schrie mich an, ich wollte ihr bloß zeigen, wie es bei feinen Leuten sei (von den Angaben, die wir beim Bürgermeister über uns machen mussten, wussten die Leute im Dorf einiges über uns). Ich nähte ihrer kleinen Tochter aus einem Kleid von ihr ein anderes, es war angeblich verschnitten … und so ging es weiter und weiter. Aber wenigstens durfte ich aus einem großen karierten Bettbezug, den mir eine Bäuerin für meine letzte Dose Schmalz gegeben hatte, auf ihrer Maschine nähen. Wir müssen ulkig ausgesehen haben. Christel ein Kleidchen, rotkariert, ich einen Rock, rotkariert (ich trug auf der Flucht einen Trainingsanzug), Jürgen ein Hemd, rotkariert, Mutti eine Bluse rotkariert… Aber wir konnten schon einmal etwas wechseln, wenn es auch noch nicht Wäsche war. Aber es war ja warm (Mai), so konnte man eben auch mal bis zum Trocknen ohne Unterwäsche herumlaufen.« Christel wurde plötzlich sehr krank. Ein Arzt wollte nur helfen, wenn sie etwas Entsprechendes anzubieten hatte, ein anderer erwies sich aber als freundlich. Die Arztfrau stammte aus derselben Gegend (*wie Hannelore W.*) und half auch mit einigen Kleidungsstücken, Kissen und Decke für das Kind aus. »Sie riet mir auch, zu der noch intakten Verwaltungsstelle der Barmer zu gehen, wo ich dann auch wenigstens Unterlagen für die medizinische Versorgung von uns allen bekam. Man glaubte mir nun sogar, weil ich

Dr. K. als Zeugen angeben konnte. Was für ein Gefühl!!! Und ich bekam eine Zeit-schrift in die Hand, in der ein Schnittmuster für eine Puppe war! Darin sah ich ei-nen Fingerzeig! Ich musste doch irgendwie zu Geld kommen! In bezug auf Unter-stützung und Bezugscheine hatte ich vom Bürgermeister die Antwort bekommen: ›Weiber in Pelzmänteln kriegen von mir nichts!!‹ Dabei war mein Pelzmantel mein Regenmantel, meine Decke, alles!! Und Schuhe hatte ich auch keine, denn wegen einer Fußverletzung war ich mit Schnürstiefeln von Opa auf die Flucht gegangen. Mutti strickte inzwischen für die Bauern aus geplünderter *(von den Bauern geplün-dert, Wehrmachtslager)* Fallschirmseide Strümpfe und Decken mit den tollsten Mu-stern (sie hatte ja das Hobby Kunststricken) und hielt sich so über Wasser. Ich fing nun an, Puppen zu machen. Erst nur für Christel zwei ›Chulus‹, wie sie sie in Ab-wandlung von ›Jule‹ nannte. Dann hier und da gegen Abgabe von Stoffen für ande-re, das gab einige Lebensmittel, aber was für welche, Haferflocken mit mehr Spelzen als Flocken, altes Brot usw., aber es war etwas zu essen. Inzwischen kam der Mann meiner ›lieben‹ Wirtin zurück, ich musste aus dem Haus.«

In dem Behelfsheim, in dem sie unterkam, konnte sie nicht bleiben, weil dort zwei Flüchtlingsfrauen einen regen »Fraternisierungsbetrieb« mit amerikanischen Solda-ten eröffnet hatten.

»Es kamen dann neue Flüchtlinge an. Irgendwo aus dem Sudetengau ... wie Vieh auf Wagen angebracht, abgeladen, die Wagen kehrten um, der Bürgermeister war ver-pflichtet, für neue Beförderung ins nächste Dorf zu sorgen. Aufgeladen, weggefah-ren ... es war trotz der eigenen bedrängten Lage fast unmöglich, dies mitanzusehen. Wir hatten doch wenigstens ein Dach über dem Kopf!...

Inzwischen wurde ich bei einem Bauern im Unterdorf einquartiert. Mutti musste von ihrer doch so netten Familie weg, die Söhne kamen zurück. Sie kam zum Pfar-rer des Dorfes. Der alte Pfarrer, der für seinen Sohn im Feld den Dienst versehen hatte, ein gemütlicher alter Mann, allerdings mit einer Schwiegertochter gesegnet, deren schönem, aber kaltem Gesicht man schon anmerkte, dass sie keine ›Pfarrers-frau‹ im Sinne der Bibel war. Und als der Sohn zurückkam, war das richtige Paar wieder beisammen. Von christlicher Milde und Nächstenliebe keine Spur. Zuerst durf-ten schon einmal die beiden Flüchtlingsfamilien nicht mehr in der Küche kochen. Im Zimmer stand aber nur ein richtiger Kachelofen. Und was es heißt, in der Röhre dieses Ofens bei sommerlicher Hitze zu kochen, kann sich wohl jeder vorstellen. Dann sollten die Gardinen gewaschen werden. Sie kamen bei beiden nicht wieder an die Fenster. Dann wurde die Lampe gebraucht, eine kahle Birne kam an die Decke. Als Clou dann, die Stühle wurden zu einer Feier gebraucht, für Mutti und Jürgen ka-men zwei alte Schulbänke ins Zimmer. Die beiden sehr alten Flüchtlinge aus Ost-preußen *(Optikergeschäft)* durften wenigstens zwei Küchenstühle behalten. Wie konn-ten Menschen nur so mit Menschen umgehen! Sie mussten doch eigentlich so dankbar sein, dass sie nicht unser Schicksal teilten. Aber, der Krieg war vorbei, nun sollte das alte Leben weitergehen, und wir störten dabei ja nur, wir sollten weg, und wenn nicht freiwillig, nun, dann machte man uns das Leben eben mit tausend Nadelstichen zur Hölle, dann sollten wir wenigstens merken, dass wir nichts waren. ›Wer nix hat, ist nix.‹ Und warum waren wir denn gegangen? Das war doch freiwillig! Wir *mussten* doch nicht!? Hätten wir nicht alle das gleiche Schicksal geteilt, wir Flüchtlinge, hätte nicht einer vom anderen gewusst, wie schwer es war, das Zuhause aufzugeben, wir wären sicher verzweifelt, aber so stand in uns doch der Wille zum Überleben auf. Der größte Teil von uns wollte es denen, die so mit uns umgingen, schon zeigen, dass wir Menschen mit Verstand und Willen waren!

Wie die Verpflegung war, kann sich sicher jeder, der diese Zeiten mitgemacht hat, vorstellen, denn außer unserer Zuteilung bekamen wir so gut wie nichts, auch kaum einmal, wenn wir auf dem Acker geholfen hatten. Selbst da wurde uns bei der eisigen Rübenernte einmal gesagt: ›*Nach* dem Frühstück (!!!) können Sie dann wiederkommen!‹ Und in der ›Blutwurst‹, die uns der örtliche Metzger zuteilte, fanden wir sogar seine Zigarre wieder. Ich brachte sie ihm triumphierend zurück, erntete dafür natürlich eine wüste Beschimpfung, aber danach beschloss ich, soweit wie nur irgend möglich unabhängig von solchen Betrügern und Neidern zu werden. Auf einer Bahnfahrt (manchmal gingen ja Züge) nach N. lernte ich einen Fabrikanten aus M. kennen, einen alten Herrn, und da damals ja jeder mit jedem sprach, um über vermisste Angehörige evtl. etwas zu hören, erzählte ich auch über unser Woher und Wohin... Ich erzählte ihm, dass ich mich mit dem Puppenmachen ein bisschen über Wasser halten konnte. Daraufhin er, er hätte vor dem Krieg im Versandhandel mit seiner Firma gearbeitet, sein Lager an Stoffen sei von Betrunkenen und Plünderern heimgesucht worden, so dass zerrissene und z.T. verschmutzte Stoffe herumlägen, mit denen er unter diesen Umständen nichts anfangen könne. Ob ich mir das nicht einmal angucken und auf Verwertbarkeit für Spielzeug überprüfen wolle. Das konnte doch nicht wahr sein!! So schnell es ging, wanderte ich nach Münchberg. Der Weg war weit, zwei bis drei Stunden ... und es lief an. Ich bekam Stoffe zum Aussortieren, besorgte mir Sägemehl aus der Schreinerei, holte mir drei Flüchtlingsfrauen zur Hilfe und hatte sogar eine Nähmaschine zur Verfügung, und dann ging es los: Puppen, Tiere. Mühsam war der Transport, aber ich ging nie allein, es waren ja immer Flüchtlinge unterwegs nach M., da dort alle amtlichen Stellen langsam wieder anfingen zu arbeiten. Und so konnte ich Geld verdienen, Leuten zum Verdienst verhelfen, und allmählich konnte mir der Bürgermeister den Buckel herunterrutschen. Er wurde auch wesentlich freundlicher, als er merkte, wer in Münchberg mein Brötchengeber war.«

Dann (sie gibt in ihrem Bericht kein Datum an) erreichte sie die Nachricht vom Tod ihres Mannes. »Ich rannte ins Oberdorf, wollte zu meiner Mutter, musste mit jemand sprechen, sie war nicht da, wollte mit dem Pfarrer sprechen, nur mit irgendeinem Menschen, und er kam in seiner ganzen Würde und sagte zu mir: ›Trost kann ich Ihnen nicht geben, Trost gibt die Kirche dem, der zu ihr kommt, und Sie habe ich noch nicht in der Kirche gesehen!‹ Ich weiß nicht, was in mir vorging, aber ich bin dem Pfarrer heute für diese Worte ›dankbar‹. In mir stieg nämlich eine ungeheure Wut auf, und ich sagte: ›In die Kirche gehe ich dann, wenn ich weiß, dass der Mann auf der Kanzel das Leben lebt, was er predigt, und Sie tun das nicht!‹ Und diese maßlose, schreckliche Wut brachte mich zur Besinnung. Ich wusste, nun muss ich für Christel doppelt da sein, nun durfte ich nie und nirgends klein beigeben, nun hatte ich den letzten Menschen erlebt, der mir so weh tun durfte! Damit war auch wohl der Grundstein gelegt für meine Empfindlichkeit gegen Ungerechtigkeit in der Welt! Mehr noch, wenn sie andere Menschen angeht. Sie hat mir in meinem Leben schwer zu schaffen gemacht, denn wer versteht schon, wenn man sich über die Dinge, ›die man ja doch nicht ändern kann‹, aufregt und sie abzuwenden versucht! … Das Leben ließ keine Wahl, es musste weitergehen. So ging die Arbeit weiter, ein bisschen Geld war da, und dann wussten wir, Mutti und ich, hier dürfen wir nicht bleiben, hier ist es zu schrecklich, hier ist für Menschen, die unter Leben mehr verstehen als wühlen und schlafen, kein Platz. Eine merkwürdige Ecke Deutschlands und merkwürdige Menschen. Auch in hundert Jahren wären die Fremden nicht angenommen worden, vor allem die, die noch etwas anderes vom Leben wollten.

So lief das Leben hin, angefüllt mit Arbeit, Trauer, Wut, Verbissenheit, Hader gegen das Schicksal, aber der Umstand, dass ich nicht die einzige war, der es so ging, dass Millionen mein Schicksal teilten, half doch über die schlimmsten Stunden hinweg. Z. B. Weihnachten: So, wie wir in jeder Jahreszeit in den Wald gingen, weil er immer etwas bot, was über den Hunger und die Kälte hinweghalf, hatten wir uns jeder ein Tännchen geholt… Ich hatte mir von einem Acker *eine* Zuckerrübe ›geklaut‹, wohl das einzige, was ich damals genommen habe. Aus dieser hatte ich ein bisschen süßen Saft gekocht, ihn mit Mehl (dunklem) vermischt und im Herd trokkenen lassen, das war wohl als Backen gedacht. *Ein* Hindenburglicht (heute sagt man Teelicht dazu) hatte ich auch, ich stellte es unter den Baum, er leuchtete dadurch ein bisschen, eine neue ›Chulu‹ für Christel drunter, die sie wieder mit Begeisterung begrüßte, weil es ihre war – das war Weihnachten! Wie hat man all den Schmerz eigentlich ausgehalten, wie hält man so etwas aus? Man hält!«

In allen Berichten geht es zentral um die elementarste Existenzsicherung, es geht um ein »Dach über dem Kopf« und um Nahrung. Nicht einmal das Primitivste war garantiert; es musste vielfach von den Frauen mühsam erkämpft werden. Wohnraum, auch wenn er vorhanden war, wurde nicht ohne weiteres abgegeben.[15] Auf die Verwaltungsstellen war bei der Zuteilung von Unterkünften und Lebensmittelkarten nicht immer Verlass. In der SBZ (Anna J.) kümmerte sich zunächst niemand um die Flüchtlinge, so dass diese oft tage-, ja wochenlang, buchstäblich »auf der Straße« lagen. Bürgermeister nahmen oft mehr Rücksicht auf bekannte Bauern, mit denen sie es nicht verderben wollten, als auf die Not der Wohnungslosen; sie wurden von einem Ort zum anderen geschickt. Ansprüche konnten nicht gestellt werden. Winzige Quartiere für viele Personen, oft unheizbar, kaum möbliert, mussten dankbar hingenommen werden, z. B. auch je ein Zimmer in zwei verschiedenen Wohnungen, Kinder mussten oft getrennt von ihren Eltern untergebracht werden. Nicht selten waren es ungesunde »Löcher«, frühere Ställe, menschenunwürdige Behausungen. Die Flüchtlinge mussten in Kauf nehmen, bei ortsbekannt »bösen« Leuten unterzukriechen. Mit welchen Mitteln die Bauern Einweisungen zu verhindern suchten, erzählt Alida M. (1914), die als Dolmetscherin und Sekretärin in dem zunächst amerikanisch, dann englisch besetzten Uetze tätig war:

»Schwierig ist die Unterbringung der Familien. Die Wohnungskommission zieht von Haus zu Haus. Ohne Zwang kann grundsätzlich keine Einweisung erreicht werden, und wenn man sieht, dass man tatsächlich nicht um die Aufnahme von Flüchtlingen herumkommt, hat man diese oder jene Wünsche, die nach Möglichkeit zuerst erfüllt werden müssen. Vor allem will man sich die Leute selber aussuchen.

Dagegen wäre ja an und für sich nichts einzuwenden gewesen, wenn nur nicht manche Familien auf diese Weise immer abgelehnt worden wären, sei es, dass sie zu krank und elend waren, um Hilfe zu versprechen, sei es, dass sie zu viele Kinder hatten. Wenn man sich eine Familie ausgesucht hat, versucht man, sie im kleinsten und schäbigsten Raum unterzubringen, den man hat. Keinem Bauern fällt es ein, dafür eine Wohnstube zu opfern. Viele haben noch immer zwei oder drei Wohnzimmer und mehrere Küchen, während manchmal eine Flüchtlingsfamilie mit sechs Personen in einem einzigen Zimmer hausen muss. Fast täglich kommen Flüchtlinge, um sich über den zugewiesenen Raum und die Behandlung, die sie erfahren, zu beschweren. Die Wohnungskommission muss regelrechte tägliche Sprechstunden einrichten, da wir diese zusätzliche Belastung zu unserer Arbeit nicht übernehmen können. Aber was nützen schon die Sprechstunden, wenn die Kommission nicht wirklich helfen kann. Man wagt nicht, ernsthaft gegen die Bauern vorzugehen. In ihrer immer größer werdenden Bedrängnis wenden sich einige Flüchtlinge an den Kommandanten. Er prüft die Fälle und ordnet dann an, dass jede Einwohnerfamilie nur ein Wohnzimmer haben darf, bis alle Flüchtlinge untergebracht sind, um so mehr Raum zu schaffen. Dies erbost natürlich die Bauern, aber sie wissen sich zu helfen. Wenn die Wohnungskommission irgendwohin kommt, wo sie mit sieben Räumen in der Wohnung rechnet, findet sie plötzlich nur noch fünf. Es sind wirklich nur ein Wohnzimmer und eine Küche vorhanden, und die drei Schlafzimmer braucht man für sich und die erwachsenen Kinder. – Was ist denn hier geschehen? Man hat zwischen zwei Wohnstuben und zwischen zwei Küchen die Wände eingerissen und daraus jeweils nur einen Raum gemacht. Andere verlegen ein Schlafzimmer in ein Wohnzimmer, während aus dem bisherigen Schlafraum eine Vorratskammer wird, voll mit Getreidesäcken und sonstigen Dingen. Es kommt sogar vor, dass eine Tür zugemauert und die Wand einfach verputzt wird, so dass ein Raum ganz und gar verschwunden ist... Die Wohnungskommission ist oft einfach hilflos, und manche Fälle gehen sogar vor Gericht. So viele Fälle werden es schließlich, dass man in der Kreisstadt ein besonderes Wohnungsgericht einsetzt, das jeden Tag tagt, denn die Zustände sind in der Kreisstadt und in allen Dörfern die gleichen.«

INGRID K. (1936) schreibt stichwortartig zu ihren Kriegsbelastungen: »Angehörige irgendwo an der Front, verschollen, gefallen, gefangen, vermisst, Bombenangriffe, Feuervernichtung des Besitzes, Hatz zwischen den Fronten, Hunger, Kälte, Vergewaltigung, unermessliche Ängste, Vertreibung und nochmals Flucht aus der Ostzone.« Und zu ihrem Empfang im Westen: »Wir wurden 1949/50 unter polizeilichem Schutz bei einem wohlhabenden Bauern, der nie den Krieg zu spüren bekam, einquartiert.«

Als *Arbeitskraft* war man am ehesten genehm. Frauen mit kleinen Kindern, besonders solche, die Landarbeit nicht gewohnt waren, hatten es am schwersten; niemand wollte sie, sie waren unnütze Esser. Frauen mussten ihre Arbeitskraft oft nur gegen Essen zur Verfügung stellen. Von zu schwerer körperlicher Arbeit wurden sie krank, wie z. B. Anna J., ohne es sich leisten zu können, krank zu sein. Sie wurden schamlos ausgebeutet[16] und kümmerlich verpflegt, obwohl die Bauern selbst satt zu essen hatten. Die Flüchtlinge mussten zusehen, wie sie »schlemmten« und nichts davon herausrückten, nicht einmal den Kindern, was für die Mütter besonders bitter und unverständlich war. Frauen mussten betteln und stehlen, auch wenn sie letzteres ungern zugeben und von »einer einzigen Tat« sprechen, aber es ging ums Überleben. Ganz schlimm war es, wenn Kinder auch noch krank wurden. Einen verständnisvollen Arzt zu finden, war Glückssache. Auch am *Geld* fehlte es. Die wenigsten hatten etwas Bares mitnehmen und retten können. Eine geregelte Versorgung für Kriegshinterbliebene gab es noch nicht, die Fürsorgeleistungen reichten nicht. Für die landwirtschaftliche Arbeit gab es einen Minimallohn, doch in vielen Fällen erst nach langer unentgeltlicher Arbeit. So mussten sich die Frauen etwas einfallen lassen – und sie ließen sich etwas einfallen, wie unsere Berichte zeigen. Sie nähten, strickten, machten »Fleckerl-Hausschuhe« aus zerrissener Kleidung, bastelten Puppen usw. usw. Das heißt, sie entwickelten weiter, was sie als Hausfrauen schon immer gekonnt hatten, machten sich kundig in verschiedenen Arbeits- und Handwerkstechniken und entfalteten neue Talente. Die wenigsten hatten einen Beruf erlernt, und diejenigen, die einen hatten, wie z. B. Hannelore W., konnten ihn auf dem Lande nicht ausüben, und für die Städte bekamen sie in der Regel keine Zuzugsgenehmigung. Auch wäre dort für sie, die nichts zu tauschen hatten, der Hunger unerträglich gewesen. Viele machten solche selbstorganisierte Heimarbeit noch neben der Arbeit beim Bauern. Manche brachten es dabei bis zur »Klein-Unternehmerin«, wie etwa Hannelore W. In der Regel war ihre Entlohnung lächerlich gering, oder sie wurden gar noch darum geprellt, genierten sich in solchen Fällen dann oft, konkrete Forderungen zu stellen.

Der fehlende berufliche Kontakt isolierte die Frauen auch viel stärker als die Männer, die durch ihre Berufstätigkeit leichter in die neue Umwelt hineinwachsen konnten. Frauen waren den ganzen Tag und in der Alltagsarbeit allen erdenklichen Schikanen und Demütigungen ausgesetzt.

FRAU W. aus Schlesien (1927) war mit ihrer Mutter in den Bayerischen Wald »verfrachtet« (nach ihren Worten): »Mutter durfte das Wasser nicht im Brunnen am Haus schöpfen, sondern musste einen Kilometer bis zum nächsten Brunnen laufen, weil die Bauern das Wasser fürs Vieh brauchten.«[17]

WALTRAUD G. (1926) stammt aus einem wohlhabenden Bauernhaus in der Nähe von Breslau. Ihr Vater war ein gebildeter Mann, der das Humanistische Gymnasium besucht hatte. Sie selbst hatte die Realschule besucht. Sie kam mit ihren Eltern an den Niederrhein: »Meine Eltern waren als ehemalige Bauern sehr schlecht dran. Ich arbeitete zwei Jahre in einem Geschäftshaushalt als Dienstmädchen, um ein Dach über dem Kopf zu haben. Ich wurde anständig behandelt und versorgt, aber ich durfte nicht mit am Tisch essen und nicht das gemeinsame Bad benützen. Weit und breit hatte ich keine Freunde oder gute Bekannte. Ich war fremd und total isoliert. Der soziale Abstieg war schmerzlich.«

Verdächtigungen waren an der Tagesordnung. Dem »Zigeunerpack« durfte man alles zutrauen. Zu den besonderen Demütigungen zählen für die jungen Frauen auch Äußerungen, wie sie nicht allein Maria H. zu hören bekam: »So eine heiratet man doch nicht, die nichts hat!« Wie viele mit ihr hatten gar keine Chance, eine Familie zu gründen!

Die Isolierung, die *Barriere in den Köpfen* der Einheimischen war für die Flüchtlingsfrauen fast ebenso schlimm wie die miserablen äußeren Lebensumstände. Den Flüchtlingen gegenüber potenzierten sich alle Ressentiments, Vorurteile, Verdächtigungen, Beleidigungen, die wir schon den Evakuierten gegenüber beobachtet haben, denn diese Eindringlinge würden nicht nach einer gewissen Zeit wieder verschwinden, sie blieben. Die einfachen Menschen unter den Einheimischen hatten keine Ahnung, wer die Flüchtlinge waren und warum sie überhaupt kamen.

Ein besonders krasses Beispiel erzählt ANNI W. über ihren Empfang in Bayern:
»So blieben wir auf der Erbmühle. Inzwischen kamen alle, die auf dem Hof beschäftigt waren, herbei und bestaunten uns und die auf dem Leiterwagen verbliebenen Flüchtlinge wie fremde Wesen. Die Kuhmagd Bärbel meinte: ›Jo, wo komme denn die her?‹ Der Rossknecht, beim Militär etwas herumgekommen, meinte: ›Die hams vertriem (*vertrieben*).‹ Die Magd: ›Ja, was ham die denn ang'stellt?‹ Es klingt wie im Film, aber so war es wirklich.«[18]

Die Flüchtlinge sprachen eine »andere Sprache«. Das führte zu erheblichen Verständnis- und Verständigungsschwierigkeiten auf beiden Seiten, die nicht immer so witzig waren, wie sie in den beiden folgenden Episoden geschildert werden –

GERTRAUD L. (1928): »Meine Tante, ursprünglich aus dem Baltikum kommend, 1939 in den Warthegau umgesiedelt, kam erst 1945 als Flüchtling zu uns nach L. in Württemberg. Ein freundlicher Metzger wollte ihr ohne Marken etwas Metzelsuppe zukommen lassen. ›Bringet Se 'n Hafe‹, sagte er zu ihr. Ich musste der ratlosen Tante erst erklären, dass ›Hafe‹ im Schwäbischen ein Topf ist.«

ALICE MARCHEWSKI (1921) verschlug es aus Ostpreußen nach Großbottwar, in einen kleinen württembergischen Ort: »Die größten Schwierigkeiten hatten wir – zumindest am Anfang – mit dem schwäbischen Dialekt. Ich verstand kaum etwas. Als ich einmal im Hof der Realschule Holz spaltete, das wir von der Stadt zugewiesen bekommen hatten, schaute aus dem Nachbarhaus eine Frau zum Fenster heraus und unterhielt sich die ganze Zeit mit mir. Ich aber sagte immer nur ›Ja, ja‹, manchmal auch ›Nein‹. Verstanden hatte ich jedoch nichts. Ich befürchte, die Nachbarin dachte bei sich, ich sei nicht ganz richtig im Kopf! … Meine Mutter verstand noch nach Jahren die Leute hier nicht.«[19]

Die Flüchtlinge hatten andere Lebensgewohnheiten, kamen aus anderen Lebenskreisen, hatten auch andere Kriegserlebnisse hinter sich. Sie waren einfach Fremde. Wenn noch der konfessionelle Gegensatz hinzukam, vertiefte er den Graben. Zwar waren sie »Deutsche«, aber z. B. eben keine »Bayern«. So verstieg sich ein Bauer zu dem Satz: »Ihr Deutschen habt den Krieg verloren, nicht wir Bayern.« Sie gehörten nicht dazu und bekamen das fortgesetzt zu spüren. Den Frauen klingen die derben und rohen Schimpfworte immer noch im Ohr: »Zigeunerpack«, »Hure-Flüchtlinge«[20], »Scheiß-Preiß«[21], ebenso die geringschätzigen und verständnislosen Redewendungen und Fragen: »Wer nix hat, ist nix«, »Warum sind Sie denn gekommen? doch freiwillig, oder?«, »Wir haben euch nicht gerufen«, »Wir warten auf den Tag, bis ihr wieder verschwindet.«

Flüchtlingswitze kursierten, z. B.: »Engerling, Schmetterling, Flüchtling, alles Schädling«. Auf der einen Seite wollten die Einheimischen damit ihre Überlegenheit »dem hergelaufenen Pack« gegenüber betonen, auf der anderen Seite spürten sie sehr wohl das Bildungs- und soziale Gefälle gegenüber manchen der Flüchtlinge und reagierten ihre Minderwertigkeitskomplexe an ihnen ab. Überlegenheit stellten sie besonders den Volksdeutschen gegenüber zur Schau. Je weiter östlich deren Herkunftsland lag, desto mehr. Der nationalsozialistischen Propaganda für die Auslandsdeutschen zum Trotz hatten sie kaum Vorstellungen von deren Lebensverhältnissen. Sie sahen die Menschen in ihrer elenden Lage, äußerlich heruntergekommen, jämmerlich arm, und schätzten sie danach ein. Sie hatten auch kaum Vorstellungen von den entsetzlichen Schicksalen, die diese Flüchtlinge soeben hinter sich hatten, interessierten sich dafür auch nicht. Manchen galten die Auslandsdeutschen ohnehin als Ausländer.[22] Es blieb ihnen durch diese sprachliche und kulturelle Isolation die Erleichterung versagt, über ihr Schicksal und das Verlorene reden zu können. Man glaubte ihnen nicht. Bezeichnend ist, wie es Maria L. erging. Noch in ihrem letzten Brief an mich (vom 7.7.1990) schreibt sie von ihrem schönen elterlichen Hof: »Er wurde uns abgenommen, und man kann nicht einmal darüber reden. Die Antworten der Einheimischen: ›Da hat ja jeder was besessen, wo waren eure Armen? Ihr habt alle Geld vom deutschen Staat bekommen.‹ Die Menschen in den Aufnahmegebieten fühlten sich gestört, beengt, eingeschränkt, beraubt, selbst durch bescheidene Zuwendungen für die Flüchtlinge, besonders aber durch den Lastenausgleich.[23]

MARIA L. (1914) in dem eben erwähnten Brief: »Die schlimmste Mauer ist der Lastenausgleich, der von den Menschen hier bezahlt werden musste. Obwohl die Last vielmehr uns bedrückte und wir mit ganzer Kraft die Familie aufrechterhalten mussten und für unsere Kinder unter schwersten Bedingungen ohne Hilfe (*der Einheimischen*) sorgen mussten, dass aus ihnen anständige Menschen wurden.«

ERNA B. (1914) stammt aus Bessarabien, machte 1942 die Umsiedlung nach dem von Deutschen besetzten Polen mit, wurde bei Lodz angesiedelt. Von dort Flucht vor den Russen in die Mark Brandenburg. Dort hielt sie sich mit ihren beiden Töchtern (eine auf der Flucht geboren), mühsam und von Krankheit geplagt, über Wasser. Ihr Mann war vermisst. Einer ihrer Brüder lebte in B. bei Künzelsau in Württemberg. So gelang es ihr, 1954 (!) in den Westen zu kommen. Nach vier Jahren harter Arbeit in einer Wäscherei entschloss sie sich zum Bauen: »Ich hab' zufällig den Bauplatz gekriegt. Für 5 Ar 4000 Mark! Wo ich gewohnt hab, die hatte mir einfach gekündigt. Die haben üble Nachrede verbreitet, hab' mir sehr viel bieten lassen müssen, ging bis vor den Richter. Sie musste die Gerichtskosten zahlen. Ich durfte solange wohnen, bis ich ins Haus einziehen konnte.« Sie hat dann das Haus fast mit eigenen Händen erbaut, die Baugrube ausgehoben, viele Arbeiten selbst gemacht. »Hab' meinen Mann für tot erklären lassen. Bei den Behörden hab' ich's nicht so schwer gehabt wie durch die Belsenberger. Und im Grunde haben die ja gar nix gemerkt gehabt vom Krieg. ›Die *armen* Flüchtlinge‹, haben sie gesagt, ›da kommen sie her, und wir müssen's bezahlen, und die hocken sich daher.‹ Da war ich so fertig, da war ich krank. Das war schlimmer wie schaffen.«

Ihren Neid konnten die Einheimischen nicht verbergen. Wie der Lastenausgleich vom »Volk« eingeschätzt wurde, davon zeugt ein sogenannter Flüchtlingswitz: »Die König-Karl-Brücke in Bad Cannstatt ist heute zusammengebrochen, weil ein Flüchtling zu viel Lastenausgleich hinübergetragen hat.«[24] Umgekehrt konnten natürlich auch die Flüchtlinge nicht neidlos bleiben gegenüber denen, die alles behalten hatten. In den Erzählungen ist das nur unterschwellig spürbar, in Bemerkungen wie: »Die haben doch nichts vom Krieg gespürt« oder in der Fassungslosigkeit darüber, dass die Menschen, die so begünstigt waren, sich so wenig hilfsbereit zeigten.

Besonders enttäuschend war für die Frauen das Benehmen von Personen, bei denen sie schon von Berufs wegen anderes erwartet hätten. Es mag ein Zufall sein, dass in meinen Berichten gerade die Pfarrer nicht gut wegkommen. Auch Ärzten wird z.T. kein gutes Zeugnis ausgestellt. Ob Beispiele wie die folgenden zu verallgemeinern sind, sei dahingestellt.

IRENE K. (1920) nach einem langen Fluchtweg in einem kleinen Dorf im Landkreis Freising: »Der Pfarrer hat die Leute (*die Flüchtlinge*) angemahnt, in der Kirche sich erst zu setzen, wenn die Einheimischen ihre Plätze eingenommen hätten.«

ALIDA M. erzählt von einem Pfarrer, der Care-Pakete, die für die Flüchtlinge bestimmt waren, zurückhielt, und den Inhalt an treue Kirchgänger unter den wenig bedürftigen Bauern verteilte.

Dass Kinder körperlich gequält wurden, mag zu den Ausnahmen gehört haben (Anna J.), aber gerade Kinder waren wehrlos den »feinen« Quälereien, z. B. durch Lehrer, ausgesetzt.

BARBARA G. aus Hirschberg, Niederschlesien: »Unsere Adresse haben wir nicht gerne erzählt. Jeder wusste dann: ›Aha, Flüchtlinge, Barackenlager!‹ Zu Beginn des Schuljahrs musste man aufstehen und sagen, was die Eltern sind. Ich sagte, dass mein Vater Ingenieur sei und da und da arbeite. Daraufhin meinte die Lehrerin: ›Na, da irrst du dich wohl. Ihr wohnt doch in der Nürnberger Straße 145. Dein Vater ist vielleicht Friseur!‹ Ich wusste ganz genau, was das hieß. So ging es immer wieder, und ich habe mich geschämt, nicht in einem Steinhaus zu wohnen.«[25]

Dennoch scheren die Frauen in ihren Erinnerungen nicht alle Eingesessenen über einen Kamm; sie wissen sehr wohl zu unterscheiden. Gerade weil die freundlichen Erlebnisse selten waren, wurden sie dankbar empfunden und behalten. Dabei fällt auf, dass es immer nur eine Minderheit war, die ein offenes Herz für die Flüchtlinge hatte. Es fällt weiter auf, dass es oft arme und alte Leute waren, die in Wort und Tat geholfen haben, oder Frauen, die das aber heimlich – gegen den Willen und ohne Wissen des Ehemannes – tun mussten. Oft werden auch »nette Familien« erwähnt, die etwas herschenkten.

Ich konnte die andere Seite, die einheimischen Frauen, leider nur unzureichend befragen, um deren Perspektive fair genug beschreiben zu können, und dieselben waren auch nicht sehr mitteilsam.

MARIA T. (1920), gelernte Krankenschwester, musste schwer auf dem Bauernhof ihres Onkels in einem bayerischen Dorf schuften und hatte daneben noch kleine Kinder zu versorgen, darunter Zwillinge: »Was man nicht unbedingt gebraucht hat, musste man hergeben. Waren die Flüchtlinge aus dem Osten. Wir haben die vom Sudetenland gehabt. Da waren schon drei Kinder auf der Welt, haben wir immer noch in zwei Zimmern wohnen müssen.

I: *Wie sind Sie zurechtgekommen mit denen (den Flüchtlingen)?*
T: Die waren furchtbar arm zu der Zeit. Man hat ihnen ein bissle was gegeben. Mitleid hat man schon gehabt. Bei uns sind sie nicht so schlecht aufgenommen worden. Es gibt heut noch Leut, die sagen, das sind ja Flüchtlinge, obwohl das 40 Jahre zurückliegt. Hab' ich schon oft gehört, obwohl der Unterschied heute nicht mehr ist. Damals war's schwierig. Die Räumlichkeiten hätte man selber gebraucht.«

In dem Gespräch mit den Schwestern EMMA F. (1920) und LENI S. (1924), bei dem auch der Mann von Leni S., Otto, anwesend ist, kommt es zu einem interessanten Wortwechsel:
»I: *Sind hierher nach dem Krieg viele Vertriebene gekommen?*
F: Wenige.
S: Es ist ja Echterdingen (*das württembergische Dorf, wo sie wohnen*) dann ganz zusammengeschmissen gewesen. Dann hat's nicht so viel gegeben.
F: Aber die Leute, die haben wir gleich aufgenommen.
Otto S: Woher sind die gekommen, die F.'s und die Familien?
F: Die M. ...die sind von Böhmen, von der Tschechei. Ja, von der Tschechei. Ja, das sind unsere Nachbarn gewesen...
S: Ja, und dann hat natürlich der Adenauer, der ist ja katholisch gewesen, dann hat der die Vertriebenen...
F: Leni, das musst ... das weißt du nicht bestimmt. Das haben die Leute gesagt. Das darfst du jetzt nicht sagen.
Otto S: Der hat sie halt gemischt, die Evangelischen und Katholischen, und die Katholischen in evangelische Gebiete reingetan.
F: Die haben da keine Rücksicht genommen.
Otto S: Das ist gar nicht ungeschickt gewesen, wahrscheinlich.
S: Ja.
F: Also, das darf man nicht sagen. Du weißt das nicht genau. So sagen halt vielleicht die, die gehässig gewesen sind. Jetzt, ich bin da nicht gehässig.
Otto S: Aber das ist eigentlich nett, dass es so geworden ist.
F: Man ist mit den Leuten gut gewesen, hat sie aufgenommen.
S: Heut noch kommt man ja zusammen mit ihnen.«

Keine der einheimischen Frauen will sich selbst als hartherzig oder »gehässig« sehen. Jede betont von sich selbst, dass sie freundlich war, Mitleid gehabt, gegeben und Kontakt gepflegt hat. Wieder erfährt man nur indirekt, über »die Leute«, über »das Gerede«, was die wahre Meinung war und das Handeln bestimmte: die deutliche Abgrenzung von »den Flüchtlingen«, die es nach 40 und mehr Jahren immer noch gibt, auch die konfessionellen Vorbehalte bis hin zu der absurden Vorstellung, die Ansiedlung der Vertriebenen in evangelischen Gebieten seien ein Schachzug des Katholiken Adenauer gewesen! Die »Nicht-Gehässigen« setzen sich bewusst von den anderen ab, auch wenn sie insgeheim vielleicht deren Vorstellungen teilten, zumindest damals. In anderen eingestreuten Äußerungen kommt deutlich die berufliche Konkurrenz und der Neid auf eine vermutete Bevorzugung der Flüchtlinge zum Ausdruck, die sich bei Irma R. und anderen bis zu Äußerungen steigern können wie: »Und heute (sie spricht von den Nachkriegsjahren) sind wir Einheimischen Flüchtlinge vor den Flüchtlingen; dazu möchte man uns gerne machen.« (Irma R.)

Versucht man, sich in die Einheimischen hineinzudenken, so muss man sich die kritische und fast hoffnungslos erscheinende Lage im damaligen weithin zerstörten Deutschland vor Augen stellen. Auch die ländlichen Gebiete Bayerns und Württembergs, die vom Krieg nicht so schwer betroffen waren, hatten an den Folgen des verlorenen Krieges mitzutragen. Jeder hatte mit sich selbst und den eigenen Alltagssorgen genug zu tun. In diese Situation kamen noch zusätzliche Esser, Arbeits- und Wohnungssuchende. Man muss sich dazu vergegenwärtigen, dass zu den Evakuierten und den ersten Flüchtlingen bei Kriegsende in den darauffolgenden Jahren noch die großen Wellen der Ausgewiesenen kamen und später zusätzlich noch Flüchtlinge aus der DDR. Niemand wusste genau, wie viele noch nachkommen würden; die Lawine schien die Menschen überrollen zu wollen.[26]

Wenn dadurch vielleicht das insgesamt distanzierte bis feindselige Verhalten der Einheimischen verständlich wird, so schmerzlich und unverständlich war es doch für die ohnehin schon schwer geprüften und oft körperlich und seelisch angeschlagenen Frauen, die sich nun ein neues Leben aufbauen sollten und wollten. Es hat lange gedauert, bis es ihnen gelang, anerkannt und akzeptiert zu werden. Sind sie auch heimisch geworden? Wie verhielt es sich mit der Integration?

Das erste Weihnachtsfest in der Fremde wird von den meisten noch gut erinnert, so auch in unseren Berichten von Anna J. und Hannelore W. Weihnachten – das traditionelle Fest der Familie, der häuslichen Geborgenheit – brachte den Frauen ihre Unbehaustheit, ihre Isolierung, ihre Heimatlosigkeit besonders stark zum Bewusstsein. Die beiden Frauen hatten – wie viele – auch noch ihre Eltern verloren. Aber ihre Berichte zeugen von großer Tapferkeit: kein sentimentales Zurückschauen und Sich-Klammern an Verlorenes, kein Selbstmitleid. Eingezogen in den allerengsten Kreis, nur die Mütter mit ihren Kindern und mit den allereinfachsten Mitteln feiern sie Weihnachten. Aus diesem engsten Kreis, dem ganz festen Zusammengehörigkeitsgefühl, zogen sie ihre Kraft und wuchs ihre Verantwortung. Glücklich waren die, die noch Mutter, Großmutter, andere Verwandte oder Freundinnen in der Nähe hatten. Auch Flüchtlingsnachbarn waren ein Halt, ebenso wie das Bewusstsein, dass noch viele dasselbe Schicksal teilten. Aber diese allgemeine »Flüchtlingssolidarität« war doch recht abstrakt. Im täglichen Lebenskampf blieben die einzelnen Familien oder Restfamilien trotzdem auf sich selbst gestellt. Das ganze vertraute Netzwerk von Nachbarschaft, Freunden und Bekannten, eine wesentliche seelische und materielle Stütze, war zerrissen. Maria L. empfindet das besonders stark: »Was ist Heimat? Schöne Landschaften, Häuser und Besitz? Nein, Heimat sind die Menschen, mit denen man sich versteht und die man kennt und denen man vertraut. Wir wurden in alle Winde verschlagen, getrennt von den Lieben, die oft uns helfen könnten mit einem guten Wort.« (Brief vom 7.7.1990)

Aber es ist nicht die Trauer, die an dem ersten Weihnachtsfest dominiert, sondern die Dankbarkeit, überlebt und die Kinder behalten zu haben, sich in einer wenig gastfreundlichen Umgebung zu behaupten und eine Chance für einen Neuanfang zu sehen. Sie hatten gezeigt, dass sie »Menschen mit Verstand und Willen waren« (Hannelore W.), und sie würden es weiterhin beweisen.

Damit hatten sie sich schon ein Teil Anerkennung in der neuen Umwelt verdient, wenn sie auch zunächst wenig davon verspürten.

Herbert Schwedt[27] nennt vier Voraussetzungen für die Integration der Flüchtlinge in das Dorf: Eigenes Haus, die sprachliche Anpassung der »zweiten Generation«, Leben in einer »Mischehe« und die Mitarbeit im Vereinsleben. Damit sind auch die Grenzen bezeichnet, die den Frauen, besonders den Kriegerwitwen unter den Flüchtlingen, gezogen waren. Ein eigenes Haus zu bauen, ging meist über die Kräfte und finanziellen Möglichkeiten einer alleinerziehenden Frau. Unter welchen Schwierigkeiten und Anfeindungen es z. B. Erna B. nach langen Jahren doch fertigbrachte, haben wir gesehen. Eine Ehe mit einem Einheimischen einzugehen, war fast aussichtslos, zumal es ja nach damaligen engen Vorstellungen, besonders auf dem Lande, für eine Frau ungehörig war, die Initiative zu ergreifen. Vor allem aber hatte sie keine Mitgift einzubringen! Welche Widerstände selbst ein einheimisches Mädchen zu überwinden hatte, wenn sie einen Flüchtling heiraten wollte, erzählt Else W. (1924) aus ihrer Mädchenzeit:

»Ja, ich möcht's mal ganz, ganz krass sagen: Ein Verhältnis mit einem Flüchtling haben, kam einem Hausanzünden gleich.
I: *Tatsächlich, so schlimm?*
W: Ja, es war ganz, ganz, ganz schlecht… Es waren Eindringlinge, es waren Habenichtse, weiß ich, was sie alles waren… Wir haben es geheimgehalten. Meine Eltern haben es jahrelang nicht gewusst. Ich habe sehr starke Gewissenskonflikte gehabt, weil ich meine Eltern belogen habe… Das war schrecklich! Hier die Eltern, dort der Freund. Und dann war da der Ort. Es haben's ja sehr viele gewusst.

Immer die Angst im Nacken, irgendwann kommt's raus. Mutter hat es als erste gemerkt, hat mit allen ihr zu Gebote stehenden Mitteln versucht, das zu verhindern. Ich konnte meine Mutter verstehen. Mein Mann war Kriegsversehrter... Er hatte nichts... Die waren alle schlecht angesehen, die haben den Leuten den Platz weggenommen, Zimmer musste man hergeben usw. usw. Es war ein Hass da... ›Ich kann dich verstehen, aber Mutter, da ist nichts zu machen.‹ Einmal hat sie runtergerufen (*als Else W. bei ihrem Freund stand*): ›Hörst du nicht?‹ – ›Mutter, ich hör zwar, aber ich folge nicht.‹ Wir haben uns 4 3/4 Jahre gekannt, ehe wir geheiratet haben.«

Das »Eintrittsbillett« über die »Mischehe« war also nicht so leicht zu haben, nicht einmal für Männer und noch viel weniger für Frauen. Auch die Mitarbeit im Vereinsleben war – zumindest in den ersten Jahren – für eine alleinstehende Frau kaum möglich. Alleine auszugehen, gehörte sich für sie nicht. Die sprachliche Anpassung war überhaupt erst in der zweiten Generation zu leisten, wie Schwedt betont.

Frauen, denen es gelang, aus dem engen Umkreis des Dorfes hinauszukommen, wie z. B. Hannelore W., die einen Beruf hatten oder noch jung genug waren und die Mittel aufbrachten, eine Berufsausbildung zu absolvieren, hatten es leichter.

Für die älteren Frauen der »ersten Generation«, besonders für die alleinstehenden, die im Dorf verblieben, kann von einer Integration nicht die Rede sein. Sie schleppten und schleppen ein Stück Heimatlosigkeit bis zu ihrem Tode mit, die Erfahrung des Unwillkommenseins, des Nie-ganz- Dazugehörens. Maria L. schrieb mir im Mai 1989: »Heimatvertriebene! Welch hartes Wort, das keiner fassen kann, den es nicht selbst betraf! Aber noch schwerer ist es, dass man nach fast 45 Jahren noch von uns sagt: ›Es sind nur Flüchtlinge!‹« Im besten Falle haben sie sich »im Fremden« eingerichtet, und Trost ist ihnen heute, es zu etwas gebracht zu haben, oder mitzuerleben, wie ihre Kinder es zu etwas gebracht haben. »Im Fremden zu Haus« waren und sind sie – soweit sie noch leben – nicht.

Zusammenfassung

Nach dem Krieg wieder in die Normalität zurückzukehren, hieß für die meisten Frauen, sich wieder in der Familie zusammenfinden, soweit diese Familie noch am Leben war. Dafür nahmen sie alle nur erdenklichen Strapazen auf sich, Aufenthaltsorte zu suchen, zu erreichen, auf abenteuerlichsten und

gefährlichsten Wegen; zu Fuß, in überfüllten und unregelmäßig verkehren-
den Zügen, auf Lastwagen, Fuhrwerken, in Güterwagen und alliierten Mili-
tärfahrzeugen. Sie überquerten Zonengrenzen, mit oder ohne Passierscheine,
umgingen mit List und Wagemut Kontrollen, Sperrstunden, nächtigten in
Scheunen, auf Bahnhöfen, schleppten Kinder und Gepäck und ließen sich
durch keinen fehlgeschlagenen Versuch abschrecken. Wie sehr die Familie Hort
und Halt, Ziel und Fluchtpunkt in unsicherer und schwerer Zeit war, wird
zu oft bezeugt, als dass man darin nur das Festhalten an einer »regressiven
Utopie« sehen könnte, die dem Nachkriegsalltag dann nicht standhielt.[28] Die
Zeugnisse der meisten Frauen sprechen gegen diese pessimistische Auffassung
und für die Kraft, die von der Familie ausgehen konnte. Sicher hat es auch
Ernüchterungen gegeben, sicher waren die Schwierigkeiten des Zusammenlebens groß, sicher scheiterten viele, mehr als in normalen Zeiten. Die meisten aber scheiterten *nicht,* sondern fanden gerade im engen Zusammenhalt
und der gemeinsamen Anstrengung Kraft und Zuversicht für den Neuanfang.

Viel schwerer hatten es die alleingebliebenen Frauen. Sie entbehrten am
schmerzlichsten den Rückhalt an einer »Vollfamilie« und suchten sich z.T. Er-
satzlösungen, die aber eben nur Ersatz blieben. Damit soll die Lebensform
der Familie nicht idealisiert und als einzige Norm des Zusammenlebens betrachtet werden. In der Nachkriegszeit hielt die Familie zwar nicht alles, was
man sich von ihr versprochen hatte, aber die überwiegende Zahl hielt zusammen und nicht nur als Zwangsgemeinschaft. Dies ist beachtlich unter den extremen Belastungen durch die Kriegsfolgen: Zerstörung, Mangel, seelische und
körperliche Schäden durch Kriegsleiden bei den Frauen und noch mehr bei
den zurückkehrenden Männern.

Es wäre falsch, diese Integrationsleistung der Familie als alleiniges oder auch
nur überwiegendes Verdienst der Frauen darzustellen. Sehr viele Männer haben ihre Verantwortung wieder übernommen, wenn auch nicht gleich mit voller Kraft; viele Kriegsversehrte haben Bewundernswürdiges geleistet. Dennoch
sollte der hohe Anteil der Frauen daran richtig eingeschätzt werden. Wenn Lutz
Niethammer schreibt: »Für viele Frauen war in der Nachkriegszeit Familie
zugleich eine Pflicht, ein Phantom und ein Projekt«[29], dann möchte ich das
Wort »Phantom« durch das Wort »konkrete Utopie«[30] ersetzen, an die sie alle
ihre Kräfte wendeten. Dies unter Verzicht auf manche persönlichen Wünsche,
doch nur selten in dem Gefühl, sie seien dadurch um ihre »Selbstverwirklichung« betrogen worden. Diese konkrete Utopie wurde in vielen Fällen auch
eingeholt.

Ein Teil der Schwierigkeiten des Zusammenlebens leitete sich aus der größeren Selbständigkeit her, die die Frauen während der Abwesenheit der Männer

entwickelt hatten und die nun mit den Autoritätsansprüchen des Familien-oberhauptes zusammenstieß. Gab es für die Frauen einen Emanzipationsschub im häuslichen, familialen Bereich? Mir scheint das nicht allgemein der Fall gewesen zu sein.[31] Frauen aus bürgerlichem und bäuerlichem Milieu scheinen sich weithin wieder in ihre traditionelle Rolle gefügt zu haben.[32] Am ehesten haben sie sich noch für die Erziehung und Ausbildung der Töchter – auch gegen den Willen des Ehemanns – stark gemacht, aus der Erfahrung des Krieges heraus, wie schnell man ohne »Ernährer« dastehen konnte. Der Rückzug der Frauen aus der Berufstätigkeit, die viele Frauen während des Krieges ausgeübt hatten, freiwillig oder dienstverpflichtet, wird insbesondere in der Frauenforschung immer wieder festgestellt und beklagt. Wie die Frauen selbst dazu stehen, soll im folgenden Kapitel aufgegriffen werden.

Man könnte erwarten, dass in den Familien, besonders in den intakten Familien, ein Stück gemeinsamer Verarbeitung des Kriegserlebnisses stattgefunden hat, dass in der Familie oder doch zwischen den Ehepartnern besonders über die Erlebnisse der Männer gesprochen wurde. Das war jedoch in den meisten Familien nicht der Fall. Neben dem Wunsch der Männer, das Schreckliche zu vergessen, neu zu beginnen, die Ehefrau und die Kinder nicht zu belasten, ist wohl die Angst, an Schuldhaftes zu rühren, die Sinnlosigkeit, ja Verwerflichkeit eines ganzen Lebensabschnitts, der mit höchstem persönlichen Einsatz gelebt worden war, eingestehen zu müssen, das größte Hemmnis gewesen. Wohl aus einer gewissen Ehe- und Familienloyalität heraus mochten Frauen und Kinder auch nicht allzu hartnäckig insistieren. Männer, die gern vom Krieg erzählten, wichen in relative Harmlosigkeiten aus, in Geschichten vom »Glück-Haben«, in Anekdotisches, oder gaben dem ganzen Geschehen eine religiöse Sinndeutung. Falsche historische Vorstellungen über die Kriegsschuld und den Kriegsverlauf wurden nicht korrigiert und wohl auch an die Ehefrauen und Kinder weitergegeben.

So haben die, die es in den Augen der Frauen am besten wissen mussten, weil sie ja »vorne dabei gewesen waren«, nichts oder wenig zur Aufklärung über die wahre Natur dieses Krieges beigetragen. Der Krieg blieb für die Frauen weiterhin etwas nicht näher Befragtes, etwas ganz Schlimmes, dem man noch einmal glücklich entronnen war, der aber wie ein Naturereignis wieder einmal hereinbrechen könnte.[33] So wie das ganze und wahre Kriegserlebnis aus dem »familialen Erzählraum« verbannt war, blieb es auch aus dem »öffentlichen Erzählraum« weithin ausgesperrt.[34]

Das Zusammenleben mit den Flüchtlingen, mit denen fast jeder Einheimische zu tun hatte, wird von heute aus gerne harmonisiert und verklärt.[35] Politiker heben bei gegebenem Anlass die große Integrationsleistung hervor, auf die beide Seiten stolz sein können. Eine historische Betrachtung darf aber die schmerzlichen Erfahrungen nicht ignorieren, die die Betroffenen, und das waren zumeist Frauen und Kinder, zum mindesten in den Anfangsjahren, durchleiden mussten. Sie überwiegen in der Erinnerung. Sie zu unterschlagen oder leichthin darüber wegzugehen, wäre nicht zuletzt deshalb bedenklich, weil daraus ein politisches und gesellschaftliches Bewusstsein entstehen könnte, »ethnische Säuberungen«, »völkische Flurbereinigungen« seien relativ unproblematisch und könnten eine Lösung von Nationalitätenkonflikten sein. Nur auf die gelungene Integration in der nächsten und übernächsten Generation zu verweisen, ist zynisch gegenüber der ersten Generation, die die »Nichtintegration« durchzustehen hatte.

Auch allgemeine und blasse Beschreibungen, wie man sie in Ausstellungen und anderswo lesen und hören kann, wie »Es kam zu Spannungen zwischen Einheimischen und Flüchtlingen« verharmlosen die Brutalität, die viele Frauen damals durch ihre eigenen Landsleute erdulden mussten. Es wiederholte sich hier der Mechanismus, der immer wieder in der Geschichte funktioniert hat und funktioniert: die Ausgrenzung solcher Menschen, die von einem selbst Opfer und Einschränkung verlangen, die Formierung einer »In-Group« gegenüber einer »Out-Group«, auch wenn es Deutsche waren. Die Klammer der Nation erwies sich als außerordentlich schwach im Vergleich zu gewachsenen und täglich gelebten Beziehungen und Rangordnungen rund um den eigenen Kirchturm oder allenfalls noch der Landsmannschaft (»Ihr Deutschen (= Preußen!) – wir Bayern«).[36] Nur in ganz eklatanten Fällen formierten sich Fronten zugunsten der Flüchtlinge, wobei dörfliche Parteiungen eine Rolle gespielt haben mögen.

Im Extremfall war die Behandlung so schlimm, dass die Flüchtlinge die Amerikaner als »Befreier« und »Helfer« gegenüber den eigenen Landsleuten empfanden.

Wenn die Frauen trotz allem nicht nur überlebten, sondern sich eine neue Existenz aufbauten, dann hat daran in ihren Augen die Hilfe der Altbürger, einschließlich der Politiker, den geringsten Anteil. Wo sie aber Unterstützung erfahren haben, da erwähnen sie es mit besonderer Anerkennung und Dankbarkeit. Sie schreiben ihren Lebenserfolg vor allem ihrer eigenen Tüchtigkeit und Zähigkeit, dem Ansporn durch die Kinder und der Verpflichtung ihnen gegenüber, dem Zusammenhalt im engsten Kreis, auch im Kreis der Mitflüchtlinge, zu. Auch »glückliche Zufälle« und Begegnungen spielen eine Rolle. Wenn sie gläubig sind – und das sind die meisten der von mir befragten Frauen –, erwähnen sie immer auch die Hilfe Gottes oder der Gottesmutter. Der Lastenausgleich spielt in ihren Augen eine weit geringere Rolle, er sei zu gering gewesen und zu spät gekommen. Möglicherweise unterschätzen sie dabei seine tatsächliche Bedeutung zugunsten der eigenen Leistung.

Wie weit sie ihr Schicksal als Folge des von Hitler angezettelten Kriegs sehen, wird nur bei wenigen so klar wie bei Hannelore W.. Viele neigen dazu, es eher »den Russen«, »den Tschechen«, kurz »den Feinden« zuzuschreiben. Diese Frage wird in größerem Zusammenhang im dritten Teil nochmals aufzugreifen sein.

Wie Frauen in den Familien, mit kriegsversehrten Männern, wie alleinbleibende Frauen, wie Flüchtlinge und Entwurzelte den Neuanfang ganz praktisch anpackten, behandelt das folgende Kapitel.

KAPITEL 2

Neuanfang

Der Neuanfang nach Kriegsende war in besonderer Weise die Stunde der Frauen. Wie schon während der Kriegszeit, so waren bis in die ersten Nachkriegsjahre die Frauen weit in der Überzahl. Von 7 Millionen »überzähliger« Frauen waren 6 Millionen im heiratsfähigen, damit zugleich auch im besonders arbeits- und leistungsfähigen Alter. Etwa 1,5 bis 2 Millionen waren Kriegswitwen oder »Kriegerwitwen«, wie es damals hieß und wie sie sich heute selbst noch nennen.[1] Der Beitrag der Frauen, besonders der »Trümmerfrauen«, zum Wiederaufbau wurde und wird in Reden von Politikern immer wieder gewürdigt.[2] Die Frauenforschung und zahlreiche von Frauen organisierte Ausstellungen haben sich des Themas seit den 80er Jahren angenommen.[3]

Im Rahmen dieser erfahrungsgeschichtlichen Arbeit werden die Nachkriegsjahre aus der Sicht der Frauen dargestellt und kommentiert. Die Aspekte und ihre Gewichtung folgen der Akzentsetzung der Frauen selbst und den Schwerpunkten ihrer Erzählungen. Dabei sind zwei ihrer wichtigsten Themen schon in vorhergehenden Kapiteln thematisiert worden: der Kampf um das rein physische Überleben, um Essen, Wohnraum, Beheizung, Kleidung nimmt in den Berichten den bei weitem breitesten Raum ein und war Gegenstand des ersten Kapitels. Das Zusammenleben mit den Heimkehrern und das Zueinanderfinden von Flüchtlingen und Einheimischen hat uns im vorangegangenen Kapitel beschäftigt. In diesem Kapitel geht es vor allem um die außerhäusliche Tätigkeit von Frauen (eingeschlossen die Bäuerinnen). Wie, wo und warum haben Frauen Erwerbsarbeit betrieben? Dazu muss man etwas über die Ausgangs- und Startbedingungen wissen, z. B. auch über die Kriegsopferversorgung, über die viele ausführlich sprechen. Wie hat man sich diese Tätigkeiten unter Nachkriegsbedingungen vorzustellen? Was bedeutete die Erwerbsarbeit für den Nachkriegsalltag der Frauen, für ihr Fortkommen und ihren

Status? Unter welchen Umständen haben junge Mädchen ihre Berufsausbildung begonnen oder nicht beginnen können? Über all diese Fragen kann man
viel von den Frauen erfahren.

Dagegen stehen andere, in allgemeinen Darstellungen der Nachkriegszeit
mit Recht besonders beachtete Gebiete, nämlich der kulturelle und politische
Neubeginn, im Schatten der Erinnerung vieler der von mir befragten Frauen.
Das hängt z.T. mit ihrer Altersstruktur zusammen[4], scheint mir aber sympto-
matisch für die Lebensinhalte dieser jüngeren »Normalfrauen« und für die Frage des kulturellen Bruchs in ihrem Bewusstsein. Aus persönlichen Dokumenten und in Nachgesprächen ließ sich dazu einiges ermitteln. Deutlicher wird
hingegen in ihren Berichten, wie sie persönlich die »Entnazifizierung« erlebt
haben und beurteilen, wenngleich die Bewertung aus der Rückschau ein besonders heikler Punkt ist.

Ein wichtiger, in der allgemeinen Literatur kaum beachteter Aspekt, ist das
außerhäusliche Engagement von Frauen in verschiedenen Hilfsorganisationen.
Das waren im weitesten Sinn ehrenamtliche Tätigkeiten, die nicht vergessen
werden sollten und selbstverständlich auch politische Bedeutung hatten.

Für die gesamte Nachkriegszeit, also für dieses und das folgende Kapitel,
muss ich mich – auf Grund der eingeschränkten Materiallage – fast ganz auf
Frauen in den westlichen Besatzungszonen stützen.

Das Hauptaugenmerk richtet sich in diesem wie auch im folgenden Kapitel auf die unvollständigen Familien, in denen die Frauen die Verantwortung
allein trugen.

Momentaufnahmen zur Situation von
Frauen am Kriegsende

Einige Momentaufnahmen sollen die Situationen, in denen sich Frauen am
Ende des Krieges befanden, veranschaulichen.

Briefe einer unbekannten Berlinerin und ihrer drei Kinder an den Vater in Gefangenschaft zu Weihnachten 1945:

»Mein lieber Mann, es ist also wahr: Du lebst und ich darf Dir schreiben. Auch
wenn Du heute noch unerreichbar weit fort bist, bin ich nun nicht mehr allein. Es
ist wie ein Wunder; und wie reich bin ich gegenüber den Millionen Witwen, die ohne
Hoffnung ihre Kinder unter diesen schweren Umständen großziehen müssen.

Es geht uns den Verhältnissen entsprechend gut. Ich sehe aus fast wie ein Skelett
(Du hättest keine Freude daran), aber wir sind alle gesund, die Kinder munter und

vergnügt, obwohl sie ewig Hunger haben. ›Mutti, wann gibt es endlich was zu essen?‹ Immer abwechselnd darf einer den Suppentopf auskratzen. Naht das Ende der Stromsperre, sitzen sie alle vier um das kostbare Hindenburglicht, um es sofort auszupusten. Das macht natürlich ›Spaß‹, und von den Kindern lerne ich, den kleinsten Dingen Freude abzugewinnen und mich mit unausweichlichen Widerwärtigkeiten abzufinden. Die Kinder und der Gedanke ans Überleben verscheuchen die Mutlosigkeit, die doch manchmal aufkommt beim Anblick des Trümmerfeldes, das aus unserem schönen Berlin geworden ist, und sie geben einen Funken Hoffnung auf eine bessere Zukunft.

Unsere Lebensmittelzuteilung ist folgende pro Tag: 300 Gramm Brot, sieben Gramm Fett (Kinder 15 Gramm), 30 Gramm Nährmittel, 15 Gramm Fleisch, 400 Gramm Kartoffeln, 15 Gramm Zucker. Die 25 Gramm Bohnenkaffee verkaufte ich und habe damit die Miete raus.

Holz- oder Kohlezuteilung keine. Der Herd, der mitten im einzig bewohnten Zimmer steht (Schlaf-, Spiel- und Wohnzimmer und Küche für uns fünf) ist Heizquelle und Kochstelle zugleich. Wir heizen mit dem Holz, das unsere Oma als Trümmerfrau (tapfer wie immer) im Rucksack zu uns bringt.

Kleiderkarte keine. Entsprechend laufen die Kinder in diesem kalten Winter herum.

Nun gibt es aber die Hoffnung auf das Wiedersehen mit Dir, und nie wieder eine Trennung nach diesen fürchterlichen sechs Jahren.

Weißt Du, ich träume manchmal davon, dass sich alle Frauen auf der ganzen Welt zusammenschließen und sich das Versprechen geben, keinen Vater, keinen Sohn, keinen Mann mehr für einen Krieg herzugeben. Auch wir Frauen haben doch versagt, indem wir die Männer schweigend fortziehen ließen. Das ist der Vorwurf, den ich mir mache; passiv gewesen zu sein. Niemals werden meine Söhne ein Gewehr in die Hand nehmen oder bekommen. Dafür werde ich sorgen mit allen meinen Möglichkeiten, und bestimmt wirst Du mir dabei helfen, nicht wahr?

Lieber Hans, mehr als sechs Jahre warst Du nur ›Besuch‹. Wann wirst Du endlich wieder mein Mann sein? Darauf wartet Deine Frau.«

ULLI (11 Jahre alt): »Lieber Vati, wenn Du kommst, springe ich vom Bunkerbett direkt in Deine Arme. Ich versuche bei Mutti Vater-Ersatz zu sein, denn ich bin so praktisch wie Du, und Mutti versteht davon nichts. Gestern haben wir in einem Schutthaufen einen Soldatenstiefel gefunden. Da steckte noch ein Teil vom Bein drin. Wir haben es eingebuddelt neben dem Soldatengrab gegenüber im Vorgarten. In der Schule sitzen wir auf unseren Mappen, weil wir keine Bänke haben. Aber wir bekommen Schulspeisung auf Marken. Komm bald zu uns. Es grüßt Dich Dein Ulli.«

JUTTA (9 Jahre alt): »Lieber, herzgeliebter Vati, wenn Du wieder nach Hause kommst, backen wir einen Kuchen. Vorher sparen wir alles zusammen, damit er nicht so trokken wird. In dieser Woche gab es zehn Gramm Hefe. Danach haben wir zwei Stunden angestanden. Aber damit kann man einen Kuchen ohne Fett backen. Schmeckt wunderbar. Wir freuen uns immer, wenn die Schule ausfällt, weil keine Kohlen da sind. Und Schularbeiten machen wir nicht, weil wir keine Bücher haben. Wenn Du kommst, werden wir alle einen großen Freudentanz aufführen. Es küsst Dich Deine Tochter Jutta.«

RAINER (8 Jahre alt): »Lieber, lieber Vati, wir sind wieder nach Berlin gezogen! In Sachsen habe ich in der Schule überhaupt nichts verstanden, was die gesagt haben. Das ist jetzt hier meine dritte Schule. In Ostpreußen war es am schönsten.

Der Arndt ist erst vier Jahre und geht noch nicht zur Schule. Bis ich aus der Schule komme, liegt er auf dem Sofa und liest das Wichtelmännchen-Buch. Er hat nämlich keine Schuhe, und ich gebe ihm dann meine. Damit geht er zwei Stunden runter. Länger geht nicht, weil er sonst Blasen bekommt. Lieber Vati, Du zündest Dir ein Lichtchen an, dann hast Du auch ein Weihnachtsfest. Viele Grüße von Deinem lieben Rainer.«[5]

Auf der anderen Seite gab es Frauen, die fast nichts vom Krieg gemerkt hatten. Die Schwiegertochter von Frau Maria K. (1940) erzählte mir anlässlich eines Besuches am 3.5.1993: »Ich bin eine Bauerntochter aus dem Altmühltal. Ich habe keine schlimmen Erinnerungen an den Krieg. Wir hatten keine Fliegerangriffe, immer genug zu essen, der Vater musste nicht einrücken. Also, ich habe es gut gehabt. Das Kriegsende war also für uns kein besonderer Einschnitt.«[6] In krassem Gegensatz dazu standen die Schicksale der Flüchtlingsfrauen, der Vertriebenen und Verschleppten, von denen wir in den vorangegangenen Kapiteln erfahren haben.[7] Dazwischen gab es alle Abstufungen.

Die Startbedingungen

Die sehr unterschiedlichen Startbedingungen haben sich schon im Laufe des Krieges entwickelt, nicht erst mit der Kapitulation im Mai 1945. Sie prägten sich in den ersten Nachkriegsjahren noch deutlicher aus. Die Schichtzugehörigkeiten der Vorkriegszeit bestimmten zumindest anfangs nicht mehr eindeutig die sozialen Abstufungen. Die Position beim Kampf ums Überleben hing für die Frauen vielmehr von folgenden Faktoren ab:

An erster Stelle stand der Besitz von *Sachwerten*: Die Ausgebombten, Flüchtlinge und Vertriebenen waren am schlechtesten gestellt. Aber auch unter ihnen gab es Unterschiede, je nachdem, wieviel sie hatten retten können. Nicht wenige standen buchstäblich vor dem Nichts, hatten nur noch, was sie auf dem Leibe trugen. Die Sachwerte dienten nicht nur den eigenen Bedürfnissen, sondern waren begehrte Tauschobjekte auf den »schwarzen« und »grauen« Märkten, wie wir in Kapitel 1 gesehen haben. Wer einen Handwerks- oder Geschäftsbetrieb besaß, verfügte natürlich über besonders viel »Tauschkapital«.

Fast ebenso wichtig war *Besitz oder Nutzungsrecht einer Behausung,* wobei die Qualität sich kaum vergleichen lässt. Während die einen noch in einer unzerstörten Wohnung leben konnten, zuweilen fast ohne Einquartierungen oder ohne nennenswert Wohnraum abtreten zu müssen, hatten andere nur ein Eckchen in einer Flüchtlingsbaracke oder in einer Ruine oder lebten im Bunker.

Eine *Vollfamilie* zu sein, einen Mann zu haben, Kinder, die schon mithelfen konnten, erleichterten das Leben für eine Frau ungemein. Vollfamilien wurden auch bei der Wohnungssuche und überhaupt grundsätzlich auf den Behörden bevorzugt.

Darüber hinaus war das gesamte *soziale Netz* eine große Hilfe: Verwandte, Freunde, gute Bekannte, die u.U. über die genannten Privilegien verfügten und einem sonst mit Rat und Tat beistehen konnten.[8] »Beziehungen« konnten aber zu einer Last werden. Frauen, die die volle Verantwortung für kleine Kinder, für Alte und Kranke allein tragen mussten, hatten es ungleich schwerer als kinderlose Frauen oder solche, die eine Mutter oder Tante hatten, die ihnen einen Teil der Sorge für Kinder und Anverwandte abnehmen konnten.

Der *Verbleib in der Heimat* bot am ehesten die Gewähr, im freundschaftlichen und nachbarschaftlichen Beziehungsnetz aufgefangen zu werden, zum mindesten nicht Diskriminierungen und Schikanen ausgesetzt zu sein.

Die finanzielle Versorgung hing nur zum Teil mit der Lage vor dem Kriege zusammen. Wer vor dem Krieg reich war, war es nach dem Krieg nicht mehr unbedingt. Flüchtlinge und Vertriebene hatten ihr Sachvermögen zum größten Teil verloren. Auch Ersparnisse und Wertpapiere waren nur begrenzt und im Glücksfall zu retten gewesen. Die Konten der Nazi-Funktionäre wurden bis zu ihrer Entnazifizierung gesperrt; die meisten durften ihren Beruf nicht mehr ausüben, wurden zu einfachen Straf-Arbeiten verpflichtet oder waren arbeitslos. Die Kriegsopferversorgung kam nur schleppend in Gang und war dürftig. Die Ansprüche der Kriegerwitwen aus den Bezügen ihrer gefallenen Männer waren meist gering, da die Männer nicht viele Dienstjahre hatten. Die Frauen, deren Männer noch in Gefangenschaft waren, erhielten zunächst keine Zuwendungen. Die Frauen von Vermissten mussten erst ihre Männer für tot erklären lassen, bevor sie Anspruch auf eine Versorgung hatten. Dass sie das in den meisten Fällen erst nach langen Jahren übers Herz brachten, liegt auf der Hand. Auch die Kriegsinvaliden mussten lange auf eine Rente warten, und mit ihnen ihre Frauen. Dabei waren 1945 nur 16 % der Heimkehrer arbeitsfähig, und es gab ungefähr 2 Millionen Kriegsversehrte.[9] Nicht zu vergessen sind die kriegsinvaliden Frauen. Ihre Zahl ist unbekannt. Zu ihnen zählen nicht nur die von Bomben Getroffenen, sondern auch die unter Vergewaltigungs- und Verschleppungsfolgen Leidenden. Für sie gab es eine Entschädigung oft erst nach harten und demütigenden Kämpfen mit den Versorgungsämtern.[10]

Schließlich sind auch noch die Frauen zu nennen, deren Ehen infolge des Krieges auseinandergingen. Das Scheidungsrecht benachteiligte die Frauen, wie wir im letzten Kapitel gesehen haben. In den meisten Fällen waren die Männer nur zu sehr geringen Unterhaltszahlungen verpflichtet, vor denen sie sich z.T. mit Erfolg drückten.

Die Wiedergutmachung für die Verfolgten des Naziregimes gehört nicht zum Thema dieser Arbeit. Dieses beschämende Kapitel der deutschen Nachkriegsgeschichte müsste im Zusammenhang erforscht werden.

Wer gar keine Einkünfte hatte und dies glaubhaft nachweisen konnte, war auf die Fürsorge angewiesen. Die Leistungen waren 1945 minimal und wurden ab Frühjahr 1947 noch gekürzt.[11]

Geld und Status hatten zwar in der verbreiteten »Natural- und Tauschwirtschaft« der ersten Nachkriegszeit nicht die Bedeutung wie in normalen Zeiten, aber sie waren keineswegs bedeutungslos. Wer über ein ansehnliches Konto verfügte, konnte am ehesten die horrenden Preise auf dem Schwarzen Markt erschwingen, konnte sich auch bei Arbeitslosigkeit des Mannes über Wasser halten, ohne sich eine Arbeit suchen zu müssen. Bildung befähigte zur besseren Durchsetzung von Interessen, auch gegenüber den Besatzungsmächten und auf den Ämtern.

Alle diese so unterschiedlich vom Krieg betroffenen Frauen mussten nun den Neuanfang bewältigen. Eine Einschätzung nach besseren oder schlechteren Startchancen zu geben, ist deshalb schwierig, weil die verschiedensten Gruppierungen sich mischten. So konnte z. B. eine total ausgebombte Frau doch noch über genügend finanzielle Rücklagen verfügen und gute Beziehungen zu Bauern haben; eine Frau, die zwar noch in der eigenen Wohnung lebte, konnte in die schwersten Sorgen gestürzt werden und kaum das Geld aufbringen, um auch nur die Lebensmittel, die es auf die Karten gab, kaufen zu können, wenn der Mann kriegsversehrt und/oder arbeitslos war und keine Ersparnisse vorhanden waren. Manchmal kumulierten sich die Nachteile, zuweilen wurden wenigstens einige von Vorteilen auf anderen Gebieten aufgewogen. Idealtypisch – und leider gab es diese Fälle in der Realität nicht selten – war am miserabelsten eine Frau gestellt, die als Flüchtling und Kriegerwitwe Heimat und Habe, den Mann und nahestehende Menschen verloren hatte, isoliert in einer ungastlichen, wenn nicht feindlichen Umgebung mit ihren kleinen Kindern lebte und womöglich noch für Alte und Kranke zu sorgen hatte, dabei auch noch fast ohne Aussicht war, eine einigermaßen angemessene und einträgliche Arbeit zu finden. Wie immer ihre Lebenssituation und ihr gesellschaftlicher Status vorher gewesen sein mochten, sie halfen ihr in dieser Lage wenig oder nichts. Sie musste buchstäblich am Nullpunkt beginnen.

Solche Frauen fanden nur den Trost, dass es kaum noch schlimmer kommen konnte, und die Hoffnung, dass die »große Politik« ihnen nun nicht mehr immer neues Leid zufügen werde, dass mit normaleren Zeiten auch langsam wieder ein normaleres Leben selbst für sie möglich sein konnte. Von dieser Hoffnung waren damals alle Frauen, mit denen ich gesprochen habe, beseelt. Die Sorge für die Zukunft der Kinder war ein zusätzlicher Ansporn.

Doch sollte das Datum des Kriegsendes nicht den Blick dafür verstellen, dass der 8. Mai 1945 für viele nicht das Datum des Neuanfangs war, und zwar für alle die, deren Leiden durch die »große Politik« mit dem offiziellen Kriegsende nicht beendet waren. Die Besatzungsgreuel, vor allem in der SBZ, gingen noch lange darüber hinaus. Diejenigen, die unter russische oder polnische Fremdherrschaft geraten waren, befanden sich in einem schrecklichen Interimszustand, in dem von Neuanfang überhaupt keine Rede sein konnte. Die vielen zur Zwangsarbeit verschleppten Frauen mussten noch Jahre ausharren, ehe sie nach ihrer Rückkehr an den Aufbau einer neuen Existenz denken konnten. Die Frauen der Gefangenen und Vermissten befanden sich ebenfalls im Wartestand, in dem sie nur vorläufige Pläne für die Zukunft machen konnten. Sie blieben abhängig von den Beschlüssen der Politiker über die Heimkehr der Gefangenen, auch von der Auskunftswilligkeit z. B. der sowjetischen Behörden über das Schicksal der Vermissten. In allen diesen Lebensfragen hatten sie kaum Einfluss. Sie waren zudem in ihrer materiellen Lage abhängig von den Bestimmungen der Besatzungsmächte und den Verfügungen der sich langsam unter der Kontrolle der Alliierten wieder etablierenden deutschen Verwaltung. Versuchten sie, hier Einfluss zu nehmen, ihren Interessen Geltung zu verschaffen? Dazu wird am Ende des Kapitels etwas zu sagen sein.

Dieser gesamte Hintergrund ist mitzubedenken, wenn wir uns nun der Erwerbstätigkeit von Frauen in den ersten Nachkriegsjahren zuwenden. Er wird daher jeweils am Beispiel kurz skizziert. Zu bedenken ist auch, dass die Frauen »mit Anhang« noch die Doppel- oder Dreifachbelastung von Haushalt und Kindern zu tragen hatten, wovon Männer bei vergleichbaren Tätigkeiten immer noch freigestellt waren, und dies alles unter den Mangelbedingungen der Nachkriegszeit.

Erwerbstätigkeit

Die Beispiele können bei weitem nicht das gesamte Spektrum der weiblichen Erwerbstätigkeit in der Nachkriegszeit abdecken.[12] Es geht vielmehr um Belege für einige typische weibliche Tätigkeitsfelder, typisch für die große Mehrheit der Frauen, die außerhäuslich arbeiten wollten oder mussten, und um eine konkrete Vorstellung davon, wie diese Tätigkeit aussah und was sie den Frauen abverlangte.

Typisch für die weibliche Erwerbstätigkeit in den ersten Nachkriegsjahren sind Beschäftigungen, die unmittelbar mit den Kriegsfolgen zusammenhingen, in erster Linie die Arbeit als »Trümmerfrauen«. Typisch sind ferner zahlreiche Gelegenheitsarbeiten, die Frauen annahmen, um an Essen und an Geld zu kommen. Neue und unkonventionelle Berufslaufbahnen, die sie einschlugen bzw. einschlagen mussten, eröffneten sich eher durch Zufall: Sie erfanden Herstellungsmethoden, die der Mangelsituation entsprachen. Manche brachten es zu Klein-Unternehmerinnen. Die große Gruppe der überwiegend jungen Frauen, die in der Wehrmacht beschäftigt oder dienstverpflichtet gewesen waren, erlebte dagegen einen Berufsknick und musste sich völlig neu orientieren, eine andere Ausbildung beginnen. Verheiratete Frauen, die schon vor dem Krieg im eigenen Geschäft oder im eigenen Betrieb mitgeholfen hatten und im Krieg alleine verantwortlich gewesen waren, mussten nun die Umstellung auf Friedenswirtschaft in die Hand nehmen, wenn der Mann noch nicht zurückgekehrt war. Nicht sehr viele konnten kontinuierlich in ihrem erlernten und schon vor dem Krieg ausgeübten Beruf weitermachen, und wenn, dann unter erheblich erschwerten Bedingungen.

Die *Trümmerfrauen* sind zum Symbol der Aufbauleistung der Frauen geworden. Sicher zu Recht, auch wenn ihre Zahl relativ gering war.[13] Nur sollte das nicht die Leistung aller anderen Frauen verdecken, deren Arbeit nicht durch Filmkameras aufgezeichnet wurde und die nicht im Lichte der Öffentlichkeit standen. Schließlich war jede Frau, die den Schutt in ihrem eigenen zerstörten Haus wegschaffte, ihre beschädigte Wohnung reparierte und wieder bewohnbar machte, eine »Trümmerfrau«, auch wenn sie sich nicht so bezeichnet und sich auch nicht zu den »richtigen Trümmerfrauen« rechnet. Und obwohl diese Tätigkeit nicht zu einer außerhäuslichen Erwerbstätigkeit zu zählen ist, gehört sie doch nicht zu den üblichen Hausfrauenarbeiten. Die Frauen räumten ja nicht erst am Kriegsende Trümmer, sondern nach jedem neuen Fliegerangriff. Aber jetzt gingen sie mit einem ganz neuen Elan ans Aufräumen, weil der Erfolg der Arbeit nun nicht mehr zunichte gemacht werden würde.

ROSWITHA N. (1924): »Und wir haben, wir haben, zu viert, im Haus waren alle etwa gleichaltrig, das hat sich also in einem unerhörten Tatendrang ausgewirkt. Wir haben also, da lagen ja Trümmer im Hof und auf dem Dach, wir haben so ein flaches Dach gehabt, und da haben wir also da oben sauber gemacht und das Zeug da runter und vom Hof vor das Haus, also wir waren von einer derartigen Energie beseelt, das war fast nicht normal. Das war fast nicht normal.

I: *Das klingt beinahe so ein bisschen, als ob Sie die Spannung von vorher abreagiert hätten.*

N: Ja, die haben wir so abreagiert... Das war also, das war unerhört. Und dann mussten wir ja wieder ins Geschäft (*sie war im Kultministerium auf dem Büro tätig*). Dann ging es ja wieder los. Und dann waren wir also dort auch total ausgebombt. Da ist dann so ein pensionierter Glaser abgestellt worden, die Scheiben waren ja alle kaputt, und da war jede Menge Glas, jede Menge Kitt. Da hat der mir gezeigt, wie man Fenster einglast, und das habe ich dann gemacht da, sechs Wochen lang. Für unser Haus und für die Nachbarschaft, nichts anderes getan wie geglast, also mich könnte man heute noch als perfekten Glaser verwenden.«

ELISABETH E. (1923): »Am Wohnhaus war die Rückfront weggerissen, die Zwischenwände waren teilweise eingedrückt oder verschoben, das Dach war total abgedeckt, keine Fenster mehr vorhanden, teilweise sogar mit Rahmen ausgerissen. Aber das Haus stand noch, welch ein Glück! Das Fachwerk gab wohl nach, aber hielt alles zusammen.« Sie erzählt von den Aufräumungsarbeiten, an denen sich die ganze Familie beteiligte, der mühsamen Materialbeschaffung, dem notdürftigen Wohnen. »Nach Rückkehr des Bruders aus der Gefangenschaft konnten wir an den Wiederaufbau des Betriebs denken. Es ging mühsam und langsam, alles in Eigenarbeit und unter Einsatz der ganzen Familie. Mit der Mistgabel wurden die Gebäude ... entrümpelt; die aus den Trümmerbergen der alten Werkstatt ausgegrabenen Maschinen waren teilweise noch gebrauchsfähig oder wurden instandgesetzt. Langsam, ganz langsam fing die Arbeit mit einem Arbeiter wieder an. Vater, der oft krank war und sehr unter Asthma litt, ging jeden Tag in seine Werkstatt, oft mit letzter Kraft half er mit, es war sein Lebenswerk, das in Trümmer gefallen war, und es sollte wieder erstehen, sein Sohn kam ja aus dem Krieg zurück, das gab Auftrieb.« Deutlich unterstrichen werden sollte, was in dem Bericht nur anklingt: Mutter und Tochter packten mit an. Das war so selbstverständlich, dass sie es gar nicht besonders hervorhebt.

Über die berufsmäßigen Trümmerfrauen und Frauen in ausgesprochenen Männerberufen, vor allem auf dem Bau, gibt es schon einige Literatur.[14] Sie waren nicht unter meinen Interviewpartnerinnen. Deshalb sei aus dem lebensgeschichtlich angelegten Buch von Gabriele Jenk eine Passage zitiert, weil sie etwas vom Arbeitsklima unter Frauen und über die Zusammenarbeit mit Männern aussagt.

HILDE KALMEYER: »Mit Hans lief die Zusammenarbeit ganz toll, und wir Frauen haben ihn auch nie als Vorarbeiter oder so etwas gesehen, aber als dann der zweite

Mann zu uns kam, fing der so ganz allmählich an, uns herumzukommandieren. Plötzlich hieß es: ›Hilde, mach mal hier, komm mal hierhin‹ und ›Lass' mich das mal machen.‹ Zum Schluss wurden wir Frauen in unsere Hilfspositionen zurückgedrängt, ohne dass wir das registrierten. Doch eines Tages, es war schon Herbst, da kam dieser Mensch – den Namen hab' ich vergessen –, klatschte in die Hände und sagte: ›Nun mal los, meine Damen, keine Müdigkeit vorschützen.‹ Da haben wir begriffen, was der mit uns gemacht hat, und keine von uns ist aufgestanden und hat weiter gearbeitet. Kurze Zeit später kam dann Hans und sagte, wir sollten jetzt wieder arbeiten gehen, sonst bekämen wir noch Ärger. Wir haben ihm versucht klarzumachen, dass wir Frauen keine Lust hätten, uns von Männern, die mal gerade eine Woche hier arbeiteten, rumkommandieren zu lassen. Er hat es nicht begriffen, denn er hat diesen Ton als völlig normal angesehen. Er hat auch nicht begriffen, dass wir es schließlich waren, die seit '45 Berlin enttrümmerten, und nicht die Männer. Damals waren wir gut genug, und heute sollten wir uns von so einem Schnösel befehlen lassen? Aber die Situation war nicht nur bei uns so. Viele Bauarbeiterinnen haben erzählt, als die ersten Männer wiederkamen, haben sie gleich wieder versucht, alles an sich zu reißen und die Frauen herumzukommandieren. Und nur weil ich mich mit Hans nicht anlegen wollte, bin ich von der Baustelle weg und hab' woanders angefangen. Meine Arbeit war die alte: Lore schieben und Steine klopfen. Aber zumindest waren hier die Frauen unter sich.«[15]

Die schwere Arbeit überforderte die Frauen und machte sie sehr oft krank. Viele, wenn nicht die meisten, machten sie nicht freiwillig, sondern weil es schwierig war, eine andere Arbeit zu finden. Wichtiger war den meisten, was hier nicht erwähnt wird, dass sie als Trümmerfrauen bessere Lebensmittelkarten bekamen: statt der Karte 5, »Hunger- oder Friedhofskarte« genannt, der Normalkarte für Nur-Hausfrauen, die Karte 2 mit Schwerarbeiterzulage. Dass Kinder und Haushalt auch noch an ihnen hingen, wird oft nur nebenbei erwähnt. Die Kinder waren zumeist sich selbst überlassen. Oft spielten sie auf den Trümmern in der Nähe der Mutter. Zeit zum »Organisieren« blieb diesen Frauen kaum. Deutlich wird am Beispiel die Solidarität unter den Frauen und das gespannte Verhältnis zu den Männern, die wieder die Chefrolle übernahmen. Wer konnte, stieg aus und um in eine andere Tätigkeit, besonders als die Männer das Regiment wieder übernahmen, wogegen sich die Frauen zwar wehrten, aber nicht durchsetzen konnten. Die Männer stellten die »natürliche Ordnung« am Arbeitsplatz wieder her.

Die meisten Frauen, die eine andere *Gelegenheitsarbeit* annahmen, waren dazu gezwungen. Entweder, weil sie aus den oben aufgezeigten Gründen Geld für den Lebensunterhalt verdienen mussten, oder einfach, um nicht zu verhungern, weil die Lebensmittelrationen bei weitem nicht ausreichen. Viele, vor allem auch Flüchtlingsfrauen auf dem Lande, suchten und fanden Arbeit bei Bauern. Sie bekamen dafür aber oft keinen Lohn, sondern nur das Essen.[16] Diese Frauen hatten meist keinen qualifizierten Beruf oder konnten ihn unter den gegebenen Umständen nicht ausüben. Sie schätzten sich glücklich, irgendwo eine Beschäftigung zu finden. Besonders beliebt waren Arbeiten bei den Besatzungsmächten, weil dabei auch oft Essbares abfiel. Wer Sprachkenntnisse besaß, konnte als Dolmetscherin oder Sekretärin arbeiten.[17]

E. W. (1911): »Die schönste Zeit in meinem Leben ist mein Rentnerleben. Alles andere war nur Arbeit und Sorgen und Hektik und Verantwortung. Mein Mann ist erst 1947 aus der Gefangenschaft gekommen – wir hatten nach dem Krieg überhaupt nichts mehr –, die Kinder waren verteilt in der Verwandtschaft. Mit nichts hab' ich 1945 angefangen, ganz allein. Von morgens sieben bis abends sieben hab' ich beim Ami im Haushalt geschafft, und nach zwei Jahren, als mein Mann kam, war alles wieder da, wenn auch primitiv und nur das Nötigste. Mit Lebensmitteln hab' ich nicht nur mich, sondern die ganze Straße versorgt. Die ganze Verwandtschaft, alle haben sie von mir gelebt. Ich könnte gar nicht sagen, dass ich traurig gewesen wär': Wir haben gelebt – es war schön! ... Mein Herrgott hat mir viel Kraft mitgegeben, um das zu bewältigen, was ich bewältigen musste – aber auch viel Humor. Mich hat nichts umgeworfen, ich konnte immer noch darüber lachen.«[18]

HELENE H. (1923), im Krieg zur Rot-Kreuz-Schwesternhelferin ausgebildet, mit einem zu 80% schwerversehrten Mann verheiratet, der Friseur war, ein Kind: »Mein Mann bekam eine kleine Invalidenrente, weil er noch jung war. Er hat noch '46 die Meisterprüfung gemacht. Ich konnte in Berlin in einer Erholungsfürsorge im englischen Sektor arbeiten. Die Kinder bekamen Schwedenessen (*Essen aus schwedischen Hilfslieferungen*), Lebertran und gutes Essen. Dorthin konnte ich das Kind mitnehmen.« Frau H. machte 1948 die Gesellenprüfung im Friseurhandwerk und 1952 die Meisterprüfung.

JOHANNA A. (1912): »Aber nach dem Krieg ist mir nix anderes übriggeblieben (*als zu arbeiten*). Notgedrungen mal da geschafft und mal da geschafft, dass ich halt etwas verdient hab'. Ich hab' so eine kleine Rente gekriegt. Mein Schwiegervater war ja noch da bis 1950. Hab' ich auch immer vermietet gehabt, dass ich noch bissle was gehabt hab. Die Rente war klein. Gleich danach (*nach dem Krieg*) hab' ich im Monat 70.- Mark gekriegt mit zwei Kindern, das war arg, arg wenig. Ich hab' dann mal in der Filderstraße in einem Kleidergeschäft geschafft, da hab' ich Kleider und Blusen genäht, da hab' ich Heimarbeit gemacht. Wo das nimmer war, immer hab' ich müssen etwas verdienen, dann hab' ich in der Schwabschule drüben geputzt. Nirgends war ich angemeldet. Wenn ich angemeldet gewesen wäre und die hätten gewusst, dass ich da noch etwas verdien', da hätten sie mir's dann abgezogen von der Rente... Der Schwiegervater war ja auch noch da, der hat ja an der Wohnung auch etwas bezahlt. So sind wir zu zweit gewesen, und so ist's gegangen. Aber ich hab' mich schon einschränken müssen. Nach zehn Jahren hab' ich dann wieder geheiratet.«

Frauen in aussichtsloser Beschäftigungslage stellten aus Abfällen, abgelegten Sachen, aus fast nichts Dinge her, die sie verkaufen oder tauschen konnten, sie wurden also gewissermaßen *Kleinerzeugerinnen*.[19] Darin waren sie außerordentlich phantasievoll und nutzten alle ihre weiblichen Geschicklichkeiten.[20] Am verbreitetsten waren Nähen und Stricken. In einer Zeit, in der Mangel an allem herrschte, war alles, was irgendeinen Gebrauchswert hatte, leicht abzusetzen. Einige Frauen waren so erfolgreich, dass sie Lohnarbeiterinnen einstellen konnten und sich regelrechte *Kleinunternehmen* entwickelten.

HANNELORE W. (1918) hat sich als Flüchtlingsfrau in Bayern mit Puppenmachen über die Runden gebracht. Es gelang ihr, eine Zuzugsgenehmigung nach Hessen zu bekommen: »Also wir, d. h. Mutti, Jürgen (*ihr Bruder*), Christel (*ihre kleine Tochter*) landeten in N. in der alten Schule, in der wir zwei Räume für uns bekamen. Und hier schien sich für uns ein Paradies zu öffnen. Jedenfalls so schien es uns damals. Es gab Leute, Einwohner, die nett zu uns waren, es gab Kinder, mit denen Christel spielen konnte, sogar Bauernkinder ... aber es gab natürlich auch Schwierigkeiten. Wovon leben? Wie leben? Nun, in Hessen gab es schon ein bisschen mehr Ordnung als in Bayern. Man fing wohl doch an, sich über das, was aus den Flüchtlingen werden sollte, Gedanken zu machen. Und so gab es schon Bezugscheine für einen Herd (ein Bunkerofen, ein Ding rund wie eine Eieruhr, oben darauf Ringe, und von oben musste er auch gefüttert werden). Bettähnliche Gestelle standen in den Räumen, ein Tisch, vier Stühle ... Ein bisschen Geld hatten wir ja noch aus unserer Arbeit. Und da stand das Wort ›Arbeit‹ im Raum. Wie wieder anfangen? Wieder half das Glück, wieder der Zug, zu dem wir über windige Höhen eine 3/4 Stunde laufen mussten, um nach Kassel oder Wolfhagen zu fahren... In Kassel ergab sich ein längeres Gespräch, u.a. auch über die Vergangenheit und so auch über die Hutfabrik in Goldberg. Sie muss einen guten Namen in der Branche gehabt haben, denn: Ja, wenn Sie Hüte machen könnten, da könnte man ›alt gegen neu‹ machen. ›Alt gegen neu‹, so ging damals fast alles... Hüte machen? Nein, das konnte ich natürlich nicht, denn mehr als ein paar Blicke hatte ich nicht in die Fabrik geworfen. Opa hatte mir zwar alles erklärt, und ich hatte auch gut zugehört, aber davon kann man ein Handwerk natürlich nicht. Aber wie hat mein Vater immer zu mir gesagt: ›Wenn man dich fragt, ob du etwas kannst, überlege nur, wie lange du Zeit hast, es zu lernen, und ob du es in dieser Zeit schaffen kannst!‹ Und da ich ja Zeit hatte, weil es einfach gar kein Handwerkszeug für solche Dinge gab, sagte ich eben einfach: ›Ich glaube, ja!‹ Nun, dann sollte ich kommen, wenn ich einen Weg gefunden hatte. Bis dahin nahm man mir einen Teil meiner Puppen, auch der Puppen, Püppchen, die ich aus Draht machte, ab. Und nun wieder fieberhaftes Überlegen. Da war doch einmal eine frühere Direktrice zu Besuch, der Opa mit einem großen Darlehen zu einem Anfang in F. verholfen hatte. F., das war doch nicht so furchtbar weit, denn Züge fuhren ja schon, allerdings was für Züge... Der Name dieser Direktrice fiel mir auch wieder ein, heute weiß ich ihn nicht mehr. Und ich fuhr nach F., auf gut Glück, irgendwie bekam ich dort die Adresse heraus, fand sie, und sie war nett und empfing mich mit offenen Armen. Sie hatte wirklich ihr Atelier behalten und arbeitete wieder mit mehreren Arbeitskräften. Noch zweimal fuhr ich zu ihr, sie zeigte mir alles, was zum Handwerk gehörte, im Schnelltempo und verkaufte mir zu einem Spottpreis drei gerade gängige Hutformen. So, nun konnte ich zum Direktor sagen, dass ich Hüte machen kann. Und da er einen Narren an mir gefressen hatte, was ich damals nicht wusste (glücklicherweise), ging alles plötzlich im Eiltempo. Er hatte damals schon einen Wagen zur Verfügung, zauberte Bretter, einen Dampfkessel, Bügeleisen usw. herbei, in der Gastwirtschaft vermietete man mir den kleinen Tanzsaal, ich konnte mit den beiden Mädchen, die schon Puppen für mich machten, umziehen, bekam auch Bezugscheine für zwei Tische, Stühle, alles schien bestens. Der X lieferte außerdem noch Filzstoffe, aus denen wir Mützchen und Röckchen für kleine Mädchen machten, mit bunten Filzapplikationen. Es war unendlich mehr Arbeit, als sich heute, in einer satten Zeit, in der mit Geld alles zu machen ist, nachfühlen lässt. Aber damals hatte ich Mut genug. Warf man mich wegen meiner Bettelei aus den Ämtern vorne hinaus, kam ich hinten wieder herein, bis man mir, wahrscheinlich um mich loszuwerden, gab, was ich so dringend brauchte. Die Arbeit ging richtig los. Christel wusste ich bei Mutti in besten Händen, wenn auch Mutti so fertig war, dass das Zusammenleben nicht einfach war. Klappte alles, war es in Ordnung, klappte es nicht, bekam ich Vorwürfe, ich sei herrschsüchtig, eingebildet usw. ...

Vielleicht war ich damals auch wirklich nicht sehr geduldig. Aber wie auch? Was tanzte alles in meinem Kopf herum, wofür hatte ich plötzlich die Verantwortung? Wie wollte ich es schaffen, ohne mir einfach einzubilden: es hat zu gehen!! Und als alles dann wirklich lief, alte Hüte auf neu gearbeitet wurden (und es klappte besser, als ich dachte), da kam plötzlich die erste Ordnung in die Dinge. Ich musste den Betrieb anmelden, und als erstes wieherte der Amtsschimmel. Können genügte nicht, Zufriedenheit der Abnehmer auch nicht, ich musste eine Meisterin haben! So ein Donnerschlag! Inserat – und tatsächlich, eine Frau v. L. wollte sich täglich auf den Weg von Kassel zu mir machen. Nun klappte es noch besser, denn sie konnte als gelernte Putzmacherin die Hüte auch aus der Hand formen. Eitelkeit war wieder erwacht, der New-Look kam, die Frauen wollten schick sein. Aufträge gab es genug, und wir konnten davon leben, ich konnte sogar schon wieder Geld auf die Bank bringen. Dann die erste Komplikation ... Herr X. fand mich *zu* nett!! Dass er verheiratet war, störte ihn nicht, aber mich sehr! Und so war er zwar fair genug, seine Hand nicht ganz von mir abzuziehen, aber es wurde doch kritisch. Ich fand aber, da er sich von seinem Stellvertreter getrennt und dieser sich selbständig gemacht hatte, einen neuen Abnehmer... Auch das klappte wieder, und ich fand sogar richtige Freunde, zwar älter als ich, aber so nett. Und dann kam es knüppeldick!! Die Währungsreform!!

Der Bericht belegt, mit welchem Mut, welcher Zähigkeit Frauen ans Werk gingen, sich und ihre Angehörigen durchzubringen, wieviel Glück aber auch dazugehörte und wie sie doch immer wieder von der Protektion durch Männer abhängig waren, die natürlich ihrerseits über viel bessere Beziehungen verfügten und sich ihre Protektion auch gerne von den abhängigen Frauen honorieren lassen wollten. Der

Bericht ist aber auch schon ein Hinweis auf den Stellenwert der Währungsreform, die für viele Frauen eben gerade nicht den Einstieg ins Wirtschaftswunder, sondern den wirtschaftlichen Ruin bedeutete.

HILDEGARD H. (1912): »Meine Schwester ist Künstlerin, die hat Krippen-Originale gemacht, und ich hab's vervielfältigt und hab' drei Witwen, deren Männer gefallen waren, eingestellt in Ruit im Schulhaus, und da haben wir gearbeitet von morgens acht bis sechs Uhr. Und von sechs bis einhalb zwei nachts hab' ich vorgearbeitet. Um halb sechs war natürlich noch der Haushalt. Mit der Zeit hab' ich eine Frau gefunden, die ein, zwei Stunden kam. Und ich weiß noch, dass ich sehr, sehr oft gesagt habe: ›Wenn ich nur *einmal* ein Butterbrot kriegen würde!‹ Und hab' dann mal ein Vierteljahr nur Kartoffeln gegessen, damit meine Kinder wenigstens ein Brot kriegten, die Rationen waren zu klein. Da hat eins in der Woche einen Doppelwecken gekriegt. Und dann hab' ich Rauschgoldengel gemacht und hab' den Frauen eben ganz genau eingeteilt, die eine musste die Röcke falten, die andere musste die Gewänder machen, und ich hab' die Köpfe modelliert. Die hab' ich im Gips abgedruckt, und meine Schwester hat es original gemacht. Die mussten auch angemalt werden, und ich musste meine Schwester und ihren Sohn, dann noch eine Frau mit Tochter, und mich mit drei Kindern und Fräulein Z., also elf Personen mit meiner Arbeit ernähren.«

In den chaotischen Zuständen nach dem Krieg boten sich aber für couragierte Frauen auch Gelegenheiten zu recht *unkonventionellen Betätigungen*, von denen sie die meisten unter normalen Umständen höchstwahrscheinlich nie ausgeübt hätten. Sibylle Meyer/Eva Schulze zitieren eine Serie in der »Stimme der Frau«(*eine Frauenzeitschrift*) unter dem Thema »Sie packten zu und haben es geschafft«: »Die Redaktion forderte die Leserinnen auf, ihre eigenen Erfahrungen zu schildern... Die Palette der Einfälle und des Unternehmungsgeistes waren vielfältig. Frauen schreiben, wie sie Gärtnerin, Gepäckträgerin, Lampenproduzentin, Schusterin, Lastwagenfuhrunternehmerin, Kranführerin, Taxifahrerin, Kapellmeisterin, Tagesmutter, Büglerin, Spediteurin, Zeitungskioskbesitzerin, Eisverkäuferin mit eigenem Eiswagen, Leiterin einer Bäckerfiliale, Unterhalterin oder auch Strickwarenproduzentin wurden.«[21] Ich kann die Liste aus meinen gesammelten Berichten um folgende »Berufe« verlängern, wobei die reinen Gelegenheitsarbeiten, die wenig oder keine besonderen Qualifikationen von den Frauen erforderten und zu denen z. B. auch Büglerin oder Tagesmutter zu zählen wären, schon vorher erwähnt wurden. Agathe K. (1917) eröffnete mit der Bibliothek ihres Vaters eine Leihbücherei; Anne R. (1909) führte das schon im Krieg aufgebaute Kinderheim weiter; Edith H. (1912) stellte mittels Tausch (ihr Vater hatte Tabakwaren) und in Zusammenarbeit mit zwei Männern Eierlikör her, den sie zusammen vertrieben; Thea H. (1906), die als Prokuristin von Krupp einen Lastwagen bekam,

machte ein Transportunternehmen auf; Hildegard B. (1923) malte Lesezei-
chen; Renate[22] eröffnete einen Lampenschirmbetrieb, bis ihr Mann wieder eine
Stelle bekam.

Die Flüchtlingsfrau (ehemalige Gutsbesitzerin) ULRIKE K. gründete auf 4
Morgen Land, das ihr die Gemeinde anbot, eine Gärtnerei: Ihr Weg ist in manchem außergewöhnlich, aber nicht singulär.

»Der Aufbau einer kleinen Gärtnerei bedeutete härteste Knochenarbeit. 14 Stunden
draußen neben Hausarbeit und Dienstleistungen für Bauern, wenn ich Gespann oder
Mist brauchte. Wir hatten nicht einmal Wasser und legten in Schwerstarbeit selbst
einen Brunnen an. Vier Morgen verunkrautetes Land ohne Geräte und Fachkennt-
nisse, in eine Gärtnerei zu verwandeln, dabei unter primitivsten Verhältnissen die Kinder großziehen, das war die Hybris! Ich lebte aus der Gewissheit meines Mannes,
dass ich die drei Kinder durchbringen würde, wollte ihnen unbedingt ordentliche
Ausbildungen ermöglichen. Vom Staat durften Angehörige von Vermissten keinerlei
Geld bekommen. Plötzlich waren meine Abwehrkräfte verbraucht. Die Toxoplasmo-
se, die ich mir im Kuhstall angesteckt hatte, brach aus. Eine Gehirnentzündung folgte
der anderen, später hat es auch noch andere Organe erfasst. Die, mit denen ich mich
infiziert hatte, starben. Ich blieb am Leben (die Kinder hielten mich wohl zu fest).
Ich zog eine schlesische Gärtnerfamilie nach, und die Arbeit ging weiter. Im Sommer Pflanzen- und Gemüsezucht, im Winter Kränzebinden und in Hamburg ver-
hökern. Ich sparte sogar in eine Bausparkasse, denn von hier konnten die Kinder nicht
in Oberschulen. So sah ich mich nach einem Neuanfang um. Der bot sich, als mir
ein Haus in Freiburg durch seltsame Umstände angeboten wurde. Ich kaufte Weihnachten 50 unverschämt leichtsinnig. Die Kinder kamen in gute Schulen, ich verdiente, indem ich ausländische Kinder und Studenten aufnahm. Wir hatten ein neues
Zuhause. Als Schöffin und Geschworene lernte ich die Mentalität der Menschen dieser
Gegend kennen. Später bekam ich den Auftrag, eine Jugendgruppe aufzuziehen. Ich
tat es gern, und die Sache gedieh problemlos.«

Ulrike K. engagierte sich später in zahlreichen ehrenamtlichen Tätigkeiten und
blieb eine sehr aktive Frau.

Die meisten der aufgeführten Tätigkeiten waren für die Frauen nur »Über-
gangsberufe«, die nur in den ersten Nachkriegsjahren praktikabel waren und
spätestens mit der Währungsreform und der Normalisierung von Wirtschaft
und Politik nichts mehr einbrachten. Sie waren nicht mehr konkurrenzfähig.
Nur wenige Frauen schafften als »Quereinsteigerinnen« dauerhafte Karrieren.

Frauen begannen aber auch schon in Abwesenheit ihrer Männer mit dem
Wiederaufbau des eigenen Geschäfts oder hielten den Betrieb aufrecht. Nach der
Rückkehr der Männer nahmen die Eheleute den Neuaufbau gemeinsam in
die Hand, wobei die Frauen z.T. auch auf eine eigene Berufsausübung ver-
zichteten und sich in der Regel der Führung des Mannes unterordneten.

M. W. (1916): »Nach dem Krieg: Aufbau (wir waren ›ausgebombt‹) in jeder Beziehung. Ich steckte alle meine Fähigkeiten mit in die Arbeit meines Mannes, der in künstlerischen Dingen sowieso besser war als ich, und machte für ihn Buchführung, Schriftwechsel und Behördengänge. Auch Handreichungen und Vorarbeiten für seine eine Zeitlang sehr florierende Tätigkeit als Werbegrafiker. Ja, ich habe meine eigenen Ambitionen den seinen untergeordnet und war doch recht zufrieden damit – wir haben uns gut ergänzt. Es blieb nicht so glänzend. Bald musste ich andere Halbtags- und Aushilfstätigkeiten annehmen, um das Fundament unseres Haushalts zu stützen.«[23]

WILHELMINE S. (1918): Ihr Mann war in Gefangenschaft. Sie hatten Landwirtschaft und eine kleine Getreidemühle: »Ich wusste nun wenigstens, dass mein Mann noch lebte. Ich habe weiter die Mühle bedient, mit dem Fahrrad die Kundschaft besucht, die Buchführung gemacht, mein Kind versorgt und in Landwirtschaft und Haus mitgeholfen. Ein Invalide und ein Arbeitsloser halfen im Feld. Für alle Arbeiter musste auch gekocht werden, den Leuten war das Essen ja wichtiger wie Geld. Das wurde meiner Schwester oft zu viel, und ich musste einspringen. Wenn ich auf der Mühle war, musste sie ja auch auf das Kind aufpassen. Ab und zu tat das auch die Frau aus Köln.«

Einmal unbeaufsichtigt fiel das Kind in den Mühlenteich und wurde gerade noch von einem Arbeiter gerettet.

»Dieser Schrecken und die viele Arbeit hatten mich so fertig gemacht; ich wog noch knapp einen Zentner. Da arbeitete ich mit den schweren Säcken auf der Mühle rum und sorgte dafür, dass die Menschen Brot hatten und hätte fast dabei mein Kind verloren. Ich konnte auch die Gefahr nicht abstellen. Es gab keinen Draht und keine Pfähle zu kaufen.«

Für die Frauen, die in ihrem *gelernten Beruf* weiter arbeiten konnten, fielen nun die Bedrohungen durch Alarme und Tieffliegerbeschuss weg; der Berufsalltag wurde aber zunächst nicht leichter.

Was es hieß, als *Bäuerin* ohne den Bauern dazustehen, zeigte schon die Biografie von Maria K.. Eine Bäuerin konnte nicht einfach aus dem Betrieb aussteigen.

HANNE S. (1914): »Mein Mann hat mir immer wieder geschrieben: ›Du kannst den Betrieb allein nicht weiterführen, das ist zu viel für Dich‹. Aber was hätte man machen sollen? Wir waren ja nicht pflichtkrankenversichert, wir waren nicht altersversichert. Alte Leute haben gelebt von dem, was sie noch gehabt haben, ein paar Weinberge. Sie waren darauf angewiesen, dass ihnen die Jüngeren helfen und umgekehrt. Man konnte ja nicht aussteigen, und ich habe ja auch nichts gelernt gehabt.«

Doch wie erging es beispielsweise einer Gehilfin in einem Geschäft, einer Verkäuferin, einer Handwerkerin, einer Journalistin, einer Lehrerin?

WALLY M. (1924), Optikergehilfin: »Ab August arbeitete ich wieder in meiner alten Firma. Dort bestand unser Tagewerk hauptsächlich darin, halbverkohlte Holzbalken zu zersägen, Ziegelsteine abzuklopfen und auf das Dach des Hauses zu tragen, ein paar notdürftige Wände aufzumauern, so dass wir wenigstens einen abgeschlossenen Raum hatten. Auch elektrische Leitungen haben wir geflickt, Sicherheit war nicht gefragt, wenn nur überhaupt wieder etwas funktionierte. Es war ja alles im Haus kaputt. Die Werkstatt war noch immer in Kirchseeon. Ich musste schon gegen 5 Uhr aus dem Haus gehen, weil der erste und einzige Zug um 6 Uhr abfuhr. Ich bekam eine Sondererlaubnis, um mich vor 6 Uhr früh auf der Straße aufhalten zu dürfen. Oft wurde ich von amerikanischen Soldaten kontrolliert und auch belästigt, aber etwas Ernstliches ist mir nicht passiert.

Später verkehrten wieder Busse, die waren aber so übersetzt, dass die Türen von außen zugedrückt werden mussten. Zwei bis drei Personen fuhren immer auf den Trittbrettern mit. Die alten, klapprigen Holzgaser taten zwar ihr Bestes, doch oft ging das Holz aus oder ein Teil war gebrochen, Ersatz gab es nicht. Man konnte nie voraussehen, wie lange man für eine Fahrt brauchte.

Im Januar 1946 ging ich weg von der Firma Kröner. Die ehemaligen Meister waren aus dem Krieg zurückgekommen und brauchten die Arbeitsplätze. Zwei Monate arbeitete ich in dem Betrieb meiner Schulkameradin und legte dann im Sommer die Gehilfenprüfung ab. Es war die erste Prüfung, die nach dem Krieg stattfand. Im Herbst bekam ich eine Stellung in Bad Tölz bei Optiker B.. Dieser durfte wegen Zugehörigkeit zur Partei sein Geschäft nicht betreten und hatte einen Treuhänder bekommen. Tagsüber war Stromsperre, und wir mussten die Werkstattarbeiten ab 10 Uhr abends machen. Oft waren wir bis zwei oder drei nachts im Betrieb.« Sie beschreibt dann die kümmerlichen Wohn-, Heiz- und Ernährungsverhältnisse, die wir ja schon in Kapitel 1 kennengelernt haben.

HILDE H. (1924), ausgebildet als Einzelhandelskauffrau, der Mann war gefallen, Sohn von zwei Jahren, wohnte im gleichen Haus mit Mutter und Schwiegereltern: »Und dann hab' ich so als Mädchen für alles unter primitivsten Umständen angefangen, 1946 (bei Philips)… Samstags haben wir nicht geschafft. Ich hab' damals am Anfang nicht ganz 48 Stunden, das heißt, man hat noch Geschäft mit heimgenommen, man ist gut auf 48 Stunden gekommen, weil da kam noch jeder Kunde persönlich. Das waren also Räume, das waren früher Garagen. Ich glaub', da hat er (*der Chef*) zwei zusammengenommen und ein Dach drüber, und dann haben sie oben so einen Zwischenboden eingezogen mit Balken und ein paar Bretter drauf, und unten war ein Zementboden, kein Wasser, kein Klo, nichts, kein Ofen, nichts, da war's Sommer. Da hat er noch einen Techniker von früher her gekannt, den hat er noch bewegt, dass der mitgemacht hat, und dann haben wir also mit drei Mann angefangen da. Und dann haben wir ein paar Karton Radioröhren gehabt für den Volksempfänger, gell, und er hat noch ein paar spezielle Röhren gehabt für Philips … das war damals an sich das Beste auf dem Markt … kurz und gut, da haben wir dann angefangen, und dann hat man mal die ersten Kunden angeschrieben, die alten Kunden, da hat er noch das Verzeichnis gehabt, die können ein paar Röhren abholen, gell. Dann kamen die mit dem Rucksäckle, wissen Sie, die meisten haben gar kein Auto gehabt, mit der Eisenbahn, und haben mal die Röhren abgeholt, und alles gegen bar... Und dann im Winter, und der war kalt, und wir haben keinen Ofen gehabt. Und dann haben wir gesagt, Herr G., so geht das nicht, wir brauchen also einen Ofen. Und dann hat er so ein Kanonenöfelchen organisiert und ein paar Ofenrohre dazu, und dann hat man die durchs Fenster durchlaufen lassen... Wasser, das haben wir immer nebenan geholt, da war ein Hotel, das Hotel war kaputt, aber die haben unten ausgebaut gehabt, und da haben wir das Wasser holen dürfen. Und aufs Klo, da hat's rundum Ruinen gehabt. Da hat jeder seine spezielle Ruine gehabt. So, so ging's da zu.« Nach einem Jahr erlitt ihre Schwiegermutter einen Schlaganfall, nachdem sie die Nachricht vom Selbstmord ihrer Tochter erhalten hatte. Sie hatte sich, als die Russen kamen, das Leben genommen. Die Schwiegermutter hatte schon zwei Schwiegertöchter im Zusammenhang mit dem Einmarsch der Franzosen verloren, und ein Sohn, Hilde H.'s Mann, war gefallen. Hilde H. musste neben ihrer Arbeit auch noch ihre Schwiegermutter pflegen. Nach dem Schlaganfall bekam sie Krebs; Hilde H. pflegte sie bis zu ihrem Tode. Sie war bis zu ihrer Rente voll berufstätig, brachte es zur Projektsachbearbeiterin in der Lichtabteilung, wo es später um Millionenprojekte ging, z. B. die Beleuchtung des Neckarstadions, Tunnelbeleuchtungen. Sie sagt: »Das war sehr interessant. Doch, da hab' ich viel Spaß daran gehabt, ja, ja. Aber ich bin auch gern in Rente gegangen. Und s'ist mir nie langweilig geworden, gar nie.«

Das Beispiel der Weberin HANNA L. (1919) zeigt die Lebens- und Arbeitsbedingungen einer *Handwerkerin*, einer jungen Frau, die nach dem Krieg wieder ganz neu anfangen musste.

Sie war aus Ahlbeck bei Swinemünde 1946 in den Westen gekommen, ausgebildet als Handweberin. Im Krieg hatte sie in Wehrmachtsheimen in Norwegen und in Lazaretten gearbeitet. Nach einigen Mühen bekam sie in einer kleinen Handweberei im Allgäu eine Anstellung und ein Zimmer bei einem Bauern. Sie verdiente sich noch etwas dazu als Servrererin im Gasthaus. Ihre Mutter war in der Heimat geblieben, von ihrem Vater (Zahnarzt von Beruf) hatten sie keine Nachricht.

»Zu servieren gab es damals nur Bier, 1/2 Liter für 40 Pfennig, von denen mir 4 gehörten. Leider waren damals Münzen sehr rar, so dass kaum jemand den Betrag aufstockte. Außer den 10 % gab's noch ein Abendessen und 5 Mark, so dass ich manchmal 12-15.- Mark verdiente! Der Akkordlohn in der Weberei war nämlich sehr gering, und für Stundenlohn arbeiten, was immer wieder anfiel, gab es 40 Pfennig, so dass ich kaum 100.- Mark im Monat zusammenbekam. Selbst für die damalige Zeit war das sehr wenig[24], denn erstens musste ich meiner Mutter etwas schicken, und schließlich ging ich ja auch mal gerne nach Immenstadt ins Kino oder Konzert... Mit kälter werdender Jahreszeit sprach sich langsam herum, dass die Weberei wegen Kohlenmangels geschlossen würde und dass wir dann eine Ausgleichszahlung vom Arbeitsamt bekämen. Nun war die Frage, wonach richtet sich die Höhe des Betrages, und wann wird gezahlt? Vorsorglich begannen wir wenigen, die auf den Verdienst angewiesen waren, zu schinden, was das Zeug hielt.«

Sie erzählt dann weiter von der Kälte in ihrem unheizbaren Zimmer:[25]

»Anfang November wurde die Weberei wirklich geschlossen, der angebliche Kohlenmangel war allerdings nur vorgeschoben, in Wirklichkeit sollten die letzten Lagerbestände bis zur Währungsreform erhalten bleiben, was verständlich war. Da ich ›besonders fleißig‹ war, bekam ich außer meinem letzten Lohn noch 20.- Mark für vier Monate als Überbrückungsgeld! Ich hätte es so gerne der Geschäftsführerin vor die Füße geworfen, aber leider brauchte ich es nötig und bedankte mich artig. – Eine große Hochzeit nur wenige Tage danach hätte mir noch einen schönen Verdienst eingebracht, aber ich war leider zu erschöpft, um die 10 Stunden durchzustehen… So war es doch gut, dass ich eine Pause bekam von der sehr anstrengenden Arbeit, wenn sich schon die Verpflegung und die sonstigen Lebensumstände nicht verbessern ließen. Ich hatte doch inzwischen allerlei gesundheitliche Schäden… Es war schon eine deprimierende Lage, wenn man mit 28 Jahren es noch nicht weiter wie bis zu einem Hungerlohn gebracht hatte und froh sein musste, gelegentlich bei Verwandten und Freunden unterkriechen zu können. Wir hatten ja auch während des Krieges vom Staat nur ein Taschengeld bekommen, wir alle, die wir dem Vaterland dienten.«

Aber Hanna L. ließ sich wie die anderen Frauen nicht unterkriegen und erzählt zwischendurch immer wieder von »Festen«, die sie mit ihren Arbeitskolleginnen feierte, von Wanderungen, die sie unternahmen, von lustigen Vorkommnissen. Wir bekommen aber auch Einblick in zweifelhafte Geschäftspraktiken, die gang und gäbe waren. Die Waren wurden in Erwartung einer Währungsreform vorsorglich gehortet und die Lohnabhängigen mit einem lächerlichen Übergangsgeld abgespeist.

Für *Journalistinnen* und andere freiberuflich Tätige war die unmittelbare Nachkriegszeit eine besonders unsichere Zeit. Alle Druckerzeugnisse benötigten Lizenzen von der Militärregierung der jeweiligen Zone – und die wurden erst langsam und zögerlich erteilt. Die Frauen mussten versuchen, irgendwo unterzukommen und durften dabei Mühen und Anstrengungen nicht scheuen. Die anonyme Verfasserin aus Berlin, die schon mehrfach zitiert wurde[26], bezeichnet sich z. B. immer wieder als »Gehmaschine«, weil sie ungefähr 20 Kilometer pro Tag zu Fuß zurücklegen musste, um zu ihrer Arbeitsstelle zu gelangen. Durch Zufall hatte sie erfahren, dass ein Ungar, von dem sie sonst nichts wusste, irgendwo in Berlin einen Verlag gegründet hatte. Dort wurde sie angestellt. Über ihre weitere Laufbahn ist nichts bekannt. Auch ihre Tätigkeit beschreibt sie nicht näher. Allein diese täglichen Gewaltmärsche waren bei der mageren Kost eine rein physische Überanstrengung.

Gunhild H. beschreibt in ihrer Biografie sehr anschaulich den Anfang des Schulbetriebs aus der Sicht der jungen *Lehrerin*, die sie damals war. Wie Ber-

liner Lehrerinnen und Lehrer den Wiederaufbau der Schule erlebten, wird in
einer neueren Studie von Bruno Schonig auf der Grundlage von lebensgeschichtlichen Interviews dargestellt[27], sicher repräsentativ für viele ähnliche
Erfahrungen. Die krisenhaften Rahmenbedingungen werden in meinen Interviews sehr detailliert und ziemlich übereinstimmend geschildert: An erster
Stelle steht die Raumnot, denn viele Schulen waren ganz oder teilweise zerstört, von Flüchtlingen besetzt oder dienten als Krankenhäuser und Lazaret-
te. So musste in alle möglichen Behelfsunterkünfte ausgewichen werden: in
Privatwohnungen, in kirchliche Räumlichkeiten, in Gastwirtschaften, in Nis-
senhütten, in denen Ratten ihr Unwesen trieben, usw.. Das zweite große Han-
dicap war der Lehrermangel. Viele Lehrer und Lehrerinnen fehlten, weil sie
gefallen, gefangen oder wegen ihrer Parteimitgliedschaft entlassen waren.
Raumnot und Lehrermangel führten zu Schichtunterricht, Ausbildung von
Hilfskräften in Schnellkursen. Riesenklassen, in denen 85 Schüler in Räume
eingepfercht wurden, die für nicht mehr als 30 vorgesehen waren, waren keine Seltenheit. Im Winter kam noch das Heizungsproblem hinzu. Oft wird berichtet, dass jeder ein Brikett mitbringen musste, und Lehrerinnen korrigier-
ten die Hefte notfalls im Bett oder im Mantel. Es fehlte an allem, an
Lehrmitteln, denn Bücher aus der NS-Zeit durften nicht mehr verwendet werden, solche aus der Weimarer Zeit waren nur in seltenen Exemplaren vorhanden. Papier, Bleistifte, Kreide, alles war Mangelware. Schüler schrieben in
selbstgebastelte »Hefte«, auf die Rückseite von Formularen, auf altes Büropa-
pier. Lehrer versuchten, die Lehrmittel selbst herzustellen, mussten viel an die
Tafel schreiben. Lehrer und Kinder waren hungrig und unterernährt, hatten
zu Hause kaum ein stilles Plätzchen zum Lernen, weil die meisten Familien
sich in einem notdürftig beheizten Zimmer zusammen aufhalten mussten. Wie
schwierig die Organisation des Unterrichts war, beschreibt MARIA SCHNEI-
DER (1875), die mit 70 Jahren zur kommissarischen Schulleiterin eines Gymnasiums in Ludwigshafen ernannt wurde, in einem Brief vom 24. Juli 1948:

»Ich wurde trotz meines Sträubens zur kommissarischen Oberstudiendirektorin – mit
fast 70 Jahren – ernannt. So führe ich jetzt diese verantwortungsvolle Tätigkeit aus
und wäre viel lieber in Pension gegangen. Meine Schule besteht aus 28 Klassen mit
fast 1000 Schülerinnen. Der Unterricht vollzieht sich in zwei Schichten, die von 35
Lehrkräften betreut werden. Das Schulgebäude ist etwa zur Hälfte wieder aufgebaut
und von allen hiesigen Schulen am besten ausgestattet. Allerdings sind die Sammlungen und Büchereien zum Teil geplündert, und die Zentralheizung ist nicht mehr
in Funktion.
   Wir begannen den Unterricht mit vier Schulräumen ohne Türen und ohne Fenster. Jetzt haben wir schon 14 Klassenräume und zwei Fachsäle, die mit Bänken, Ti-

schen und Tafeln ausgestattet sind. Im letzten Jahr haben wir auch Heizmaterial erhalten, so dass wir im Winter nicht mehr allzusehr frieren müssen. Die zwei vorhergehenden Winter unterrichteten wir in eisigen Räumen in Mäntel und Decken gehüllt.

Die fehlenden Hefte und Lehrbücher bereiten mir den größten Kummer. Mein gesamtes Lehrmaterial besteht aus einem französischen Lehrbuch, einem recht dürftigen Geschichtsbuch und einem Vorkriegsatlas. Nebenbei existiert noch immer kein einheitlicher Lehrplan. Meines Erachtens ist ein einheitlicher Lehrplan eine Voraussetzung für ein zentral gesteuertes Abitur. Jetzt werden die schriftlichen Arbeiten von fremden Lehrern bewertet, und auch die mündliche Prüfung wird von unbekannten Lehrern an fremden Orten abgenommen. Die Noten sind fast ohne Einfluss. Allein in der Pfalz sind von 705 Schülern 229 durchgefallen, an meiner Schule zehn von 46 Schülern. Die Empörung bei Lehrern und Schülern ist sehr groß, weil man eine solche Prüfung als ungerecht empfindet. Protestversammlungen sind die Folge. Ob es etwas nützt?

Auch solche Ereignisse vermehren die Arbeitsmenge, die ein untragbares Ausmaß für mich erreicht hat. Ich habe kein persönliches Leben mehr, schufte von früh bis spät in die Nacht. Ich werde der Sache nicht mehr Herr. Aber ich bin nun einmal ohne mein Wollen in dieses Amt hineingestellt. Im Herbst sollen alle über 65jährigen in den Ruhestand versetzt werden. Für mich – mit 70 Jahren – wird hoffentlich nicht wieder ein Ausnahmegesetz beschlossen!«[28]

Aus ihrem Brief ist nicht nur der desolate Zustand der Schulen damals abzulesen, sondern auch der bis zur Selbstaufgabe reichende Einsatz damaliger Lehrerinnen, zum einen die Freude am Unterrichten, zum andern aber auch die Scheu vor Führungsaufgaben, die mir charakteristisch für Frauen der älteren Generationen zu sein scheint. Es spricht aus fast allen Erzählungen von Lehrerinnen ein großer pädagogischer Enthusiasmus. Disziplinschwierigkeiten gab es – trotz der überfüllten Klassen – kaum. Die Kinder waren lernwillig, ja lernbegierig. Und dies, obwohl oder vielleicht gerade weil viele von ihnen Entsetzliches mitgemacht hatten und von einer normalen Kinder- und Jugendzeit noch lange keine Rede sein konnte. Es wird aber auch von Schwierigkeiten an den Schulen berichtet, das vor allem, wenn die Schüler Soldaten gewesen waren und sich nicht mehr in ihre Schülerrolle finden wollten oder wenn sie aus Nationalpolitischen Erziehungsanstalten[29] kamen und noch ganz unter dem Einfluss des NS-Gedankengutes standen.

So farbig auch der äußere Schulalltag in der »Umbruchzeit« aus den Erzählungen der Lehrerinnen hervortritt, so blass bleiben die Erziehungsziele und die Lerninhalte. Kam das im Krieg und im Nationalsozialismus Erlebte zur Sprache? Und wenn – in welcher Weise? Darüber berichtet kaum jemand spontan – und ich habe auch nicht ausdrücklich nachgefragt. Es wäre daher ein lohnendes Untersuchungsfeld für Oral History, damalige Schüler und Schülerinnen von ihren Erinnerungen an die Lehrinhalte der Schulzeit unmittelbar nach dem Krieg berichten zu lassen. So muss die Frage nach dem Beitrag, den Lehrerinnen zur demokratischen Erziehung oder zur Aufarbeitung der NS- und der Kriegserfahrungen geleistet haben, offen bleiben. Zitiert werden sollen aber zwei Zeugnisse. Auch wenn sie zu den Ausnahmen gehören sollten, verdienen sie es, festgehalten zu werden, weil sie exemplarische Beispiele für geglückte und nicht geglückte »Umerziehung« durch Lehrerinnen sind.

CLÄRE S. (1910), sie war wegen ihrer nichtkonformen Haltung von Stuttgart nach Friedrichshafen strafversetzt und nicht zur Studienrätin befördert worden. Sie kehrte jetzt nach Stuttgart zurück:
»Ich hatte in Cannstatt sofort zwei elfte Klassen mit je fast 30 Schülerinnen, fast alle vom Nationalsozialismus beeinflusst, frustriert und verzweifelt. Die waren in einem Alter schon, wo man über die Sache nachdenkt. Und wie oft die auf meiner Bude gehockt sind! Im Unterricht hat man Gedichte besprochen. Am Schluss kam eine daher: ›Meine Mutter singt immer die Lieder, die sind doch vom Wolff komponiert worden. Könnten wir nicht zu meiner Mutter kommen und die Lieder von meiner Mutter hören?‹ Die haben persönlichen Kontakt gewollt. Nachmittageweise bin ich mit der Klasse beim Singen von den Liedern gewesen, 20 Leute, das waren die Verhältnisse damals.
I: *Was haben Sie denn den Mädchen gesagt damals, die da hineingeraten waren und begeisterte BDM-Führerinnen gewesen waren?*
S: Für die brach jetzt eine ganze Welt zusammen, natürlich.
I: *Wie haben Sie die wieder aufgebaut, oder was haben Sie getan, um sie umzuerziehen?*
S: Da bin ich zuerst eben absolut als Hörerin dagewesen, zuerst mir einfach erzählen lassen, in welcher Verzweiflung sie waren, weil das ja ganz unbekannte Leute für mich waren. Es war eine ganz neue Schule. Ich musste erst mal sehen, was da eigentlich los war. Da hab' ich gemerkt, dass da wenige Leute gewesen waren, die gegen den Nationalsozialismus waren, in den Lebenskreisen von diesen jungen Leuten. Und dass die deswegen vollkommen auf Adolf Hitler eingeschworen waren. Es waren eben auch Leute, die geistig nicht so ganz unabhängig waren. Die haben das mitgemacht, der Nationalsozialismus war ja schon zwölf Jahre dagewesen. Ich hatte den Eindruck, die haben außer dem, was da politisch los gewesen war, einfach blutwenig erlebt. Meine Friedrichshafener haben mir später immer wieder erzählt, dass sie froh gewesen seien, dass durch mich sozusagen eine andere Art zu denken präsent gewesen wäre und dann nach dem Krieg zur Verfügung gestanden habe sozusagen. Dass sie da schon gewusst haben, der Hitler war nicht alles. Das war in Cannstatt bei meinen dortigen Klassen doch ein bisschen so, dass sie einfach keine andere Meinung gehört haben, also denen war der ganze Boden unter den Füßen weg. Das war auch ein interessantes Erlebnis für

mich... Das war natürlich sehr schwierig. Ich habe also zuerst rein als Hörerin mich betätigt... Ich habe in der ganzen Nazizeit unheimlich unter dem gelitten, wie gut die Menschen hier in Deutschland die Unfreiheit verkraftet haben. Die Freiheit, auch die Freiheit der Persönlichkeit, Gesinnungsfreiheit, Denkfreiheit, dass die so unter den Schlitten gekommen ist und die Unfreiheit so akzeptiert worden ist. Deswegen habe ich unheimlich schnell angefangen, soweit es überhaupt möglich war, in der Schülermitverwaltung was anzuregen. Ich habe ihnen vorerst mal weniger theoretisch eine andere Lehre vermittelt, weil ich gemerkt habe, das hätte gar keinen Wert gehabt, sondern ich hab' praktisch die jungen Leute anzuregen versucht, mal die Schülermitverwaltung anzufangen, und da mal etwas zu machen, z. B. einen Schülerrat. Das war ganz fremd für die Leute. Aber ich wollte sie mit Dingen beschäftigen, die ihnen eine Verpflichtung zeigen, den eigenen Lebensraum auch mit selber zu gestalten. Und da haben sie dann ihre Erfahrungen mit Lehrern gemacht, autoritären und weniger autoritären, und dann konnte ich anfangen, auch Hitler reinzubringen, vom Prinzip der Freiheit her, das ich zunächst praktisch betätigen lehren wollte, praktisch 1. Freiheit, 2. Aktivität. Denn das hat mich so wahnsinnig beschäftigt, diese Passivität, dieses Annehmen dieser Unfreiheit! Eine von meinen beiden 11. Klassen war sehr begabt, mit denen hab' ich was machen können. Ich hab' heut noch Beziehungen mit denen, also wunderbar! Die haben dann sehr darauf angesprochen, auf diese SMV-Anregungen. Ich hab' im Unterricht dann auch sehr viel in der Geschichte Wert gelegt, sie auf die Gebiete zu verweisen, in denen es um Freiheitsbewusstsein geht. Und nachdem da ein praktischer Grund gelegt war, konnte ich auch allmählich anfangen, meine theoretischen Grundanschauungen mit denen zu besprechen. Mit denen bin ich am Anfang nicht herausgerückt, obwohl sie schwer danach gelechzt haben. Aber ich hab' gedacht, das ist ja auch nicht absolut, was ich denke, sondern das ist halt auch meine Anschauung, aber ich wollte, dass sie einen praktischen, konkreten Grund haben, um meine Auffassung zu beurteilen.«

GERTRAUD L. (1928), nach dem Krieg Oberstufenschülerin an einem Gymnasium, machte ganz unterschiedliche Erfahrungen mit zwei ihrer Lehrerinnen, die befreundet miteinander waren:

»Nach dem Krieg bekamen wir eine neue Schulleiterin, Frau K.. Wir wussten, dass sie eine Gegnerin des Nationalsozialismus gewesen und deshalb vom Dienst suspendiert worden war. Sie bekam aber eine Pension. Nun wurde sie wieder als Schulleiterin eingesetzt. Kurz danach kam ihre Freundin, Jenny H., eine deutsche Jüdin, aus der Emigration in England zurück. Man sagte, sie habe es ihrer Freundin zuliebe getan. Die erste Klasse, die sie in Deutsch und Englisch übernahm, waren wir. Man stelle sich vor, eine deutsche Jüdin kommt 1946 aus England zurück zu deutschen Mädchen, von denen viele Jungmädel- und BDM-Führerinnen gewesen waren.[30] Ich erinnere mich noch gut an die Stunde, in der die Schulleiterin mit ihr ins Klassenzimmer kam und sie uns vorstellte. Sie selbst sagte nichts, ich kann mich jedenfalls nicht daran erinnern, sie stand einfach da und schaute fast über uns hinweg, sehr ernst. Ihr Gesicht erschien mir sehr geistreich. Und dann begann der Unterricht. Bei der Schulleiterin hatten wir Geschichte. Und sie war penetrant auf Umerziehung aus. Wir mussten die englische Verfassungsgeschichte in allen Einzelheiten lernen und wissen, England wurde uns fortgesetzt als Mutterland und Musterland der Demokratie vorgestellt. Deutsche Geschichte kam gar nicht vor. Und bei jeder Gelegenheit schimpfte sie auf die Nazis, die samt und sonders Verbrecher gewesen seien. Da konnten wir innerlich nicht mit. Nein, so war es nicht gewesen. Wir kannten ja die Väter, die Parteigenossen gewesen waren, es waren honorige Leute darunter. Wir hatten doch Jungmädel- und BDM-Dienst miterlebt; waren wir für das, was wir dort gemacht hatten, pauschal zu verdammen? Wir respektierten Frau K., weil sie viel mehr wusste und konnte und wohl auch wegen ihrer Überzeugung gelitten hatte, aber ihre politischen Beeinflussungsversuche prallten an uns ab.

Im Unterricht von Frau H. war es ganz anders. Zunächst waren wir begeistert, jetzt einmal *richtiges* Englisch zu hören, das so anders klang als unser bisheriges Schulenglisch. Und dann las sie mit uns Shakespeare! Und in Deutsch lasen wir Iphigenie und Wallenstein und Faust und Hölderlin, aber auch moderne, uns noch ganz unbekannte Dichter wie Rilke und Thomas Mann. Wir lernten bei ihr Sprache und Literatur lieben. Und die Vergangenheit? Sie kamen bei ihr nicht vor, nicht mit einem einzigen Wort. Erst viel, viel später habe ich gemerkt, dass sie uns in einer viel tieferen Schicht angesprochen hat, sie hat uns gelehrt, was Humanitas ist durch die Gestalten der großen Literatur, und ich denke, allein dadurch hat sie uns umerzogen.«

Der Bericht von Gertraud L. ist einer der ganz wenigen, in denen von Erziehung durch die Schule die Rede ist. Viel eingehender dagegen werden von den damals jungen Mädchen und Frauen die Lern- und Ausbildungsbedingungen geschildert.

Ausbildungsbedingungen

Mindestens bis zur Währungsreform war man noch weit entfernt von normalen Schulbedingungen. Mädchen, die etwa bei Kriegsbeginn eingeschult worden waren, hatten nur eine kurze Zeit oder gar keinen geregelten Unterricht kennengelernt.[31] Viele empfanden schmerzlich die Lückenhaftigkeit ihrer Kenntnisse. Was für die Lehrerinnen galt, das galt auch für die Mehrzahl der Schülerinnen und Studentinnen an Lehrerseminaren und Hochschulen. Die äußeren Unzulänglichkeiten, die primitiven Lehrmittel und die Kargheit des Lebensalltags wurden aufgewogen durch einen Bildungshunger, wie es ihn vorher und nachher wohl kaum gegeben hat.

GERTRAUD L. (1928), wie bereits erwähnt, bei Kriegsende 17jährige Schülerin an der Oberstufe eines Gymnasiums:

»Die Schule begann ja erst wieder im Oktober 1945. Wir waren glücklich, dass wir wieder lernen durften, das war ja gar nicht gewiss und gar nicht selbstverständlich. In der schulfreien Zeit hatten ein paar von unserer Klasse sich zusammengetan. Wir sind zu unseren alten Lehrerinnen oder zu Lehrern, die wir kannten, in die Wohnung gegangen und haben gefragt, ob sie uns nicht privat etwas Unterricht geben könnten, egal was. Eine Lehrerin gab uns kostenlos Astronomie, ein Lehrer (gegen Bezahlung) Mathematik. Wir hatten kein einziges Buch, als die Schule anfing, haben alles, was die Lehrer sagten, mitgeschrieben. Es interessierte uns einfach alles. Wir hatten ja so wenig erfahren, z. B. hatten wir niemals römische Geschichte oder Weltgeschichte gehabt, immer nur deutsche. Und Geschichtsunterricht war ja zunächst gar nicht vorgesehen. Da baten wir unsere Lateinlehrerin, ob sie uns nach den Lateinstunden (die lagen sogar auf einem Nachmittag), ob sie mit uns da nicht noch freiwillig römische Geschichte machen könnte. Wir hatten Glück mit unseren Lehrerinnen und Lehrern, besonders mit unserer Deutsch- und Englischlehrerin. Zum Dank für unsere wunderbaren Schulabschlussjahre haben wir unseren Lehrern und Eltern zum Abitur 1948 Shakespeares Komödie ›Was ihr wollt‹ in eigener Regie vorgespielt, allerdings auf Deutsch. Ach ja, etwas ist noch wichtig. Nicht lange nach Schulbeginn wurde einigen von uns angeboten, wenn wir's uns zutrauten, schon in einem halben Jahr das erste Abitur nach dem Krieg mitzumachen, denn danach wurde das 13. Schuljahr im Gymnasium eingeführt. Wir haben es uns erstens nicht zugetraut und zweitens: wir fühlten uns so um unsere Allgemeinbildung betrogen, dass wir unbedingt die zwei Schuljahre, die uns noch zustanden, ausnützen wollten, um noch möglichst viel und vielseitig dazuzulernen.«

Es mag sein, dass Gertraud L. ein besonders bildungsbeflissener Mensch war, aber eine Ausnahme war sie bestimmt nicht. Sie erwähnt aber in diesem enthusiastischen Rückblick nicht die Kehrseiten der Schulzeit, z. B. dass sie zu Hause nur in der Küche den Gasherd zum Heizen hatten und die Kälte nur aushielten, weil sie sich Fußsäcke genäht hatten mit einer Wärmeflasche drin. Von den kalten Wänden lief das Wasser herunter. Sie hatte Hungerödeme an Brust und Beinen und verachtet sich in ihrem Tagebuch als »Materialistin«, weil sie so viel ans Essen denken musste. Beide Seiten muss man sehen, wenn man von dem Neuanfang nach 1945 an deutschen Schulen, Universitäten und anderen Ausbildungsstätten hört und liest. Hinzu kommt, dass mit Kriegsende keinesfalls jeder Frau alle Ausbildungswege offenstanden. An den Universitäten gab es Zulassungsbeschränkungen. Ganz zu schweigen von den Frauen, die sich eine teure Ausbildung nicht leisten konnten, weil sie so schnell wie möglich verdienen mussten. Es sei daran erinnert, dass es damals noch keine Stipendien und noch längst kein Bafög gab.[32] Im Gegenteil, es mussten Studiengebühren und für das Gymnasium noch Schulgeld bezahlt werden.

Manche mussten ganz verschlungene Berufswege mit vielen Umwegen und Verzögerungen einschlagen, manche kamen nie an das Ziel, das sie sich eigentlich erhofft und erträumt hatten. Viele hatten Jahre verloren durch Arbeitsdienst, Kriegshilfsdienst und andere Kriegseinwirkungen, auch durch die Flucht. Heimkehrende Soldaten hatten Vorrang in der Ausbildung und an den Universitäten, ohne Rücksicht darauf, ob nicht junge Mädchen möglicherweise noch schwerer unter dem Krieg gelitten hatten und in ihrer Ausbildung zurückgeworfen waren. Nur drei von vielen Berichten dazu sollen die erwähnten Aspekte und Probleme belegen. Sie berühren auch die geistigen Auseinandersetzungen, die diese jungen Frauen, oft zusammen mit den heimkehrenden Männern, in endlosen Diskussionen ausgetragen haben.

GERTRAUD K. (1924), Abiturientin, hatte noch Ende '44 die Hauswirtschaftsleiterinnenprüfung gemacht und war Hauswirtschaftsleiterin in einem Kriegshilfsdienst-Lager gewesen. Nach dem Krieg war sie zunächst Hilfslehrerin, dann Sprechstundenhilfe bei einem ihr bekannten Arzt. Nach vieler Mühe kam sie an der philosophisch-theologischen Hochschule in Dillingen an. Dort wurden zwei Semester für ein Vollstudium angerechnet. Ab 1947 studierte sie dann in Tübingen Germanistik, Französisch und Geschichte:

»Das Schlimmste für mich war der Winter in Dillingen, '46/'47. Da gab's ja auch nichts zu essen, keine Kartoffeln. Da hab' ich ganz furchtbar gehungert. Wenn nicht ein Freund, einer von diesen jungen Theologen, der privat gewohnt hat, wenn der nicht jeden Tag ein Weckle mitgebracht hätte von seiner Hausfrau, die zu den Bauern Verbindung hatte... Das Weckle haben wir dann am Nachmittag gegessen, wo der Hunger am größten war. Und dann hat's 6° Grad Minus gehabt im Hörsaal, also, das war sehr schlimm... Wir haben versucht, mit Rizinusöl so ein bissle Fladen zu machen. Das hat furchtbar gestunken, aber wenn man's ganz heiß hat werden lassen, hat es den Geschmack verloren. Aber ich weiß, dass wir uns die größte Mühe gegeben haben, diese Ideologie in uns zu verarbeiten, zu entlarven, muss man fast sagen. Wiewohl ich betonen möchte, was ich im Arbeitsdienst gelernt habe und was ich im KHD getan habe, hat mir in meinem Leben genützt und hat mich in Gebiete eingeführt, wo ich sonst nie in Berührung gekommen wäre. Es wäre gut, die Leute würden alle einmal ein paar Monate in eine Fabrik gehen... Was mir in der Aufarbeitung sehr geholfen hat, das war schon '47, da war ich schon in Tübingen, kam Prof. Ritter aus Freiburg und hat uns – ich seh' uns im Audimax –, hat uns klargemacht, dass Hitler auch Bismarck und die Reichsidee missbraucht hat. Das war mir sehr wichtig damals. Denn wir waren schon mühsam dran mit Aufarbeiten und haben nicht gewusst, wo war das jetzt falsch. Ich weiß auch noch in Dillingen, wo man gemerkt hat, wie wir arm dran waren. Die haben ja auch gesorgt für kulturelle Darbietungen, und dann kam ein Sänger, ich weiß nicht mehr, wie er hieß, auch Rilke ist uns damals nahegebracht worden, der hat uns auch geholfen. ›Weggenossen‹ hat mal so ein Dichterabend geheißen. Dieser Sänger hat sehr viele schöne Lieder gesungen am Klavier und der sang ›Nach Frankreich zogen drei Grenadier‹, also, Sie, da waren wir so von den Socken über dieses Lied, das war ein Symbol, was uns da widerfahren ist. Also wir waren arm dran, bis wir uns auch mit Hilfe von Glauben und solchen Sachen wie der Ritter, und noch andere Sachen, also wir haben's verarbeitet. Also, wenn man so sagt, wir hätten es nicht verarbeitet, also wir *haben's*, wir haben uns größte Mühe gegeben zu fragen, wie das hat passieren können.«

MAGDA W. (1927) beschreibt ihren langen Weg zur Diplom-Ingenieurin. Sie gehörte, bei allen Behinderungen ihres Ausbildungsweges, zu den Begünstigten, da ihr Vater Bauunternehmer war und sofort nach dem Krieg als Generalunternehmer am Aufbau der Stadt Düren beteiligt war:

»Ich wollte Architektur studieren, aber auch zu dieser Zeit gab es einen Numerus Clausus, von den Siegermächten eingeführt. Es gab Punkte für Kriegsteilnehmer, für Verwundete, für Gefangenschaft u.a.. Ich hatte keine Punkte aufzuweisen, kam also nicht an der RWTH Aachen an. So ging ich zur Staatsbauschule, an der man mit Volksschulabschluss oder mittlerer Reife studierte, dort wurden Semester für Abiturienten eingerichtet. Freitags und samstags war den ganzen Tag über Unterricht, an den anderen Wochentagen arbeitete ich am Bau und bestand am 4. Mai 1948 in Düren die Gesellenprüfung im Maurerhandwerk mit praktisch gut und theoretisch sehr gut.

Ich fuhr mit der Eisenbahn nach Aachen, es gab keine Heizung und keine Fenster im Zug, auch in der Schule war es eiskalt, wir zeichneten mit vor Kälte blauen und steifen Fingern oder hatten selbstgestrickte Handschuhe an. Eines Tages bekam ich von meinem Vater einen Baubudenofen. Mit einem Seil hing ich ihn über meine Schulter und nahm ihn im Zug mit nach Aachen. Jeder brachte Ofenrohr und Brennmaterial mit. Das Ofenrohr legten wir durch die Länge des Raumes, damit es genug wärmte. Zum Glück konnte mein Vater bei der Dürener Papierindustrie Zeichenpapier bekommen, mit dem ich unser Semester versorgte. Mein späterer Mann erzählte seinen Eltern: ›In meinem Semester studiert ein Mädchen (bei 300 Studenten waren zwei Mädchen), ich weiß nicht, was die bei uns will, denn die müssen ein Papiergeschäft haben.‹

Mein Mann war vorher an der RWTH gewesen, aber da er Fliegeroffizier gewesen war, wurde er exmatrikuliert und war daher auch an der Staatsbauschule. Nach der Hälfte des Studiums an der Staatsbauschule kamen mein Mann und ein Kollege von uns, der im Krieg einen Arm verloren hatte, an der TH an, nur ich hatte eben keine Punkte! Nach vielen Versuchen und Vorlage meiner bisherigen Arbeiten wurde ich angenommen. Wir machten jeweils zwei Semester zusammen und nach zwei Semestern Vorexamen, alles mit sehr viel Fleiß, um schnell fertig zu werden. Zum Schluss, als alles fertig war und wir die Diplomarbeit angefangen hatten, stellte man fest, dass wir zu wenig Zeitsemester hatten, also zu schnell gewesen waren, und entzog uns die Arbeit wieder. Mein Mann arbeitete bei einer Aachener Firma, und ich in unserem Bauunternehmen, bis wir dann 1952 an der RWTH Aachen die Diplom-Hauptprüfung bestanden. Mein Mann promovierte noch, ich arbeitete weiter im elterlichen Betrieb. Wir heirateten und führten bald das Geschäft, da mein Vater an einem unheilbaren Hirntumor erkrankte und 1959 starb. Ich habe drei Kinder, mein Mann, der in Köln zum Professor ernannt wurde, starb plötzlich 1975 mit 50 Jahren.«

Magda W. konnte Heirat, Erziehung der Kinder und Mitarbeit im Geschäft verbinden, ein besonderes Privileg, aber auch eine besondere Leistung. Als sei es ganz selbstverständlich, bleibt jedoch die weitere Karriere, Promotion und Professur, dem Mann vorbehalten.

Der wohl krasseste Bericht über Alltagsprobleme eines Studiums in der Nachkriegszeit stammt von EVA STERNHEIM-PETERS (1925), die zu den Studentinnen gehörte, die nichts mehr hatten. Sie spricht von sich in der dritten Person als E.:

»Ein fröhliches Studentenleben mit gemeinsamen Unternehmungen, Ausflügen, Einladungen und Parties, Kino- und Kneipenbesuchen, Ferienreisen usw. hat E. nie erlebt. Die Schilderung ihres Bildungsweges wäre unvollständig, ohne den Versuch, nachgeborenen Generationen Alltagsprobleme eines Studiums nahezubringen, in einer Zeit, ›in der es nichts zu kaufen gab‹.

Diese Schwierigkeiten betrafen jene Studenten und Studentinnen in voller Härte, die durch Vertreibung oder totalen Bombenschaden ›alles‹ verloren hatten und sich allein, ohne Familie, Verwandte oder Bekannte in einer fremden Universitätsstadt durchschlagen mussten. Auch hier gab es noch Unterschiede. Studierwilligen Männern, zumeist Kriegsteilnehmern, begegnete die Nachkriegsgesellschaft mit Verständnis und Hochachtung. Für sie gab es Studentenheime und Chancen auf dem Wohnungsmarkt, da die Vergabe eines möblierten Zimmers zumeist von der Gunst der Vermieterin abhing. Ältere Frauen, Mütter gefallener Söhne und Kriegerwitwen hatten wenig Verständnis für studierende Mädchen, die ›den Männern den Platz wegnahmen‹.

Im Winter 1947/48 bewohnte E. in Bonn eine ehemalige Küche im Hintergebäude eines durch Sprengbomben zerstörten Hauses. Diese Wohnmöglichkeit verdankte sie einem Unfall ihrer Vermieterin. Bei dem Versuch, die Ruine nach Brennholz auszuschlachten, stürzte sie zwei Stockwerke tief ab und lag viele Monate mit einem angebrochenen Rückgrat im Krankenhaus. Die Küche konnte nur über eine provisorische Außentreppe erreicht werden und hatte noch eine zweite, direkt ins Freie führende Zimmertür. Der Fensterrahmen war mit Brettern vernagelt. Nur ein Stückchen Drahtglas ließ die Tageszeit erahnen. Da E. keine Uhr, geschweige denn einen Wecker besaß, lernte sie, die Zeit zwischen morgendlichem Aufstehen und Vorlesungsbeginn durch akustische Signale zu bestimmen: Um sechs Uhr heulte eine Fabriksirene, kurz darauf bimmelte ein Vorortbähnchen, um halb sieben läutete eine Kirchenglocke usw.

Das von der Vormieterin organisierte ›Bunkeröfchen‹ ließ sich sogar heizen. Diesen unerhörten Luxus leistete E. sich einmal in jenem sehr kalten Winter mit ›gefringsten‹[33] Kohlen. Ein unvergesslicher Abend!

Überlebenswichtig war nicht nur das Vorhandensein von Wasser und Strom, sondern auch einer elektrischen Kochplatte und eines Topfes. Vor dem abendlichen Zubettgehen zog E. alle vorhandenen Kleidungsstücke übereinander, wickelte sich auf einer schmalen, fast nur noch aus Sprungfedern bestehenden Couch in eine Wolldecke und legte sich eine vorsichtig mit heißem Wasser gefüllte Bierflasche an die eiskalten Füße.

Manchmal häuften sich banale Katastrophen: Die Bierflasche platzte und Ersatz war kaum aufzutreiben, die losen Drähte der defekten Glühbirne ließen sich auch mit größter Geduld nicht mehr provisorisch zusammenrütteln, die kostbare Nähnadel ging verloren und die Schnürsenkel aus Papierbindfäden in dem einzigen Paar (Männer-)Schuhen rissen, weil es regnete.

Die Rationen der Lebensmittelkarten für Normalverbraucher sanken zeitweise auf weniger als 800 Kalorien pro Tag. Von Januar bis März 1948 wurde z. B. in Bonn kein einziges Gramm Fett aufgerufen, obwohl täglich fünf Gramm Butter oder Fett vorgesehen waren. Da gab es dann auf dem gelben, sandig zwischen den Zähnen knirschenden Maisbrot ›markenfreie‹ Brotaufstriche zur Auswahl: eine bräunliche, undefinierbare Paste auf Senfbasis und eine graue, penetrant nach Fisch riechende Schmiere, die so aussah, als seien Abfälle einer Fischfabrik vom Boden aufgewischt und durch einen Fleischwolf gedreht worden. So schmeckte sie jedenfalls.

Schlimmer wirkte sich bei E. der Jahre andauernde totale Mangel an Obst und Gemüse aus. In jenem Winter verlor die Zweiundzwanzigjährige fünf Backenzähne, die teils herauseiterten, teils in der Zahnklinik gezogen werden mussten. Am 20. Juni 1948 konnte sie sich die ihr zustehenden 40.- DM der neuen Währung nicht persönlich abholen, weil sie mit hohem Fieber und einem ballonförmig angeschwollenen Kopf im Bett lag…

Während Kommilitoninnen, die ›noch alles hatten‹, sich in die stoffreiche ›New-Look-Mode‹ der Nachkriegszeit hüllten und in den Pausen Schinkenbrote aßen, ›wohnte‹ E. viele Jahre lang in einer ebenso weiträumigen wie unverwüstlichen tschechischen Militärhose, strickte sich Pullover aus aufgeribbelten amerikanischen Zukkersäcken, einmal auch aus vielen in feine Streifen geschnittenen Mullbinden, lernte die Produktion von Schuhen aus Holz, Stroh, Autoreifen und Lederresten, trennte abgelegte, gnädig überlassene Klamotten der Verwandtschaft auf und nähte sich in mühevoller Kleinarbeit Kleider, Röcke und Blusen mit der Hand.«[34]

Viele Frauen, besonders solche, die durch den Krieg allein geblieben waren oder deren Ehe scheiterte, mussten spät noch eine Ausbildung beginnen, wenn sie nicht auf die spärlichen Versorgungsbezüge angewiesen bleiben wollten. Dies oder der erneute Berufseinstieg war besonders dann schwierig, wenn sie Kinder zu betreuen hatten.

ANNI K. (1919) war schuldlos von ihrem Mann geschieden. Er musste jedoch keine Unterhaltszahlungen leisten, weil er zu wenig verdiente. Später musste er für die Kinder zahlen, »*wenn* er etwas hatte«. Anni K. hat deswegen eine jahrelange, zermürbende Korrespondenz mit ihm führen müssen:

»Ohne Familie und mit zwei kleinen Kindern und ohne Geld fing ich ganz von vorn an: Aushilfsschreibarbeiten, dann umsonst gearbeitet, um eine Planstelle im öffentlichen Dienst zu bekommen. Ich wurde ins kalte Wasser geworfen und musste schwimmen unter vielen Tränen. Nach fünf Jahren Tätigkeit hatte ich das Glück, bei einem Auswahlverfahren von 120 Bewerbern unter den 20 Glücklichen zu sein, die an einer nebenberuflichen Ausbildung für die Inspektorenausbildung teilnehmen konnten.

Welch eine Mühsal: Von 1953 bis 1955 täglich drei Stunden Unterricht, von 15 – 18 Uhr, bei vollem Arbeitsplatz, dazu Haushalt und Kinder. Das Schlimmste war auf Jahre die Erinnerung an den Abschlusslehrgang in der Verwaltungsschule in Bordesholm. Wir mussten auch dort schlafen. Wer hatte 1955 schon ein Auto? Meine Kinder waren sich in Kiel selbst überlassen, ich hatte niemanden, der sich um sie kümmern konnte. Am Mittwoch war der Nachmittag frei, da fuhr ich dann nach Kiel, kaufte ein und kochte vor, das gleiche am Samstag, zusätzlich Wohnung putzen und für Wäsche sorgen. Der letzte Samstag des Kurses war der Tag vor dem Konfirmationsfest meines Peter (*ihr damals vierzehnjähriger Sohn*).

Diese Situationen waren auf Jahre meine Angstträume.

Deshalb sind Frauen mit Kindern im Beruf immer stärkeren Pressionen ausgesetzt als die Männer – jedenfalls meistens!

Jedenfalls schaffte ich es, die Prüfung zu bestehen, dann kamen meine Eltern und meine kleine Schwester aus der DDR. Wieder waren wir 6 Personen in einer 1 1/2 Zimmerwohnung – 15 Monate lang. Dann zogen wir in eine große Wohnung um. Die Zeit bezeichnen meine Kinder als die schönste ihrer Jugendzeit, als meine Mutter Mittelpunkt der Familie war, immer zu Hause und zur Verfügung für alle Nöte.

Welches ist nun das Ideal: Mutter und Hausfrau oder Mutter und Beruf?«

RÖSCHEN H. (1913), ihr Mann war nach 1945 ganze zehn Jahre arbeitslos, obwohl nicht politisch belastet. Er bekam 25.- Mark wöchentlich Arbeitslosenunterstützung. Frau H. meint, er habe sich kaum um Arbeit bemüht. Obwohl die Scheidung zu ihren Gunsten schon ausgesprochen war, lebten sie weiter zusammen. Von Mai 1946 bis Ostern 1947 half sie im Auffanglager Bevensen bei der Betreuung von Flüchtlingskindern:

»Von Bevensen aus schrieb ich Aufsätze und Berichte ans Fröbelseminar nach Hamburg, um, wenn auch spät, Kindergärtnerin zu werden. Ich bekam sie zensiert zurück und wurde 1947 angenommen. Wegen der Praxis, die ich nachweisen konnte, wurde mir ein halbes Jahr Seminarausbildung erlassen. Vom Sommer 1948 bis Oktober '49 fuhr ich jeden Morgen mit der Tochter vorn auf dem Fahrrad hin und zurück, 30 Kilometer... Als die Dame bei der Anmeldung im Seminar erfuhr, dass ich ein Kind habe und auch einen Mann, sagte sie: ›Dann fangen Sie gar nicht erst an, das halten Sie doch nicht durch!‹ Aber ich habe, obgleich ich oft im Unterricht einschlief. Obwohl mein Mann zu Hause war, musste ich außer den Schularbeiten Haus und Kind allein versorgen, kam dadurch nie vor zwölf, halb eins ins Bett und musste um sechs wieder aufstehen, nach kargem Frühstück die Tochter vorn aufs Rad nehmen und die täglich insgesamt 30 Kilometer in die Stadt und zurückfahren. Auch später, als die Tochter zur Schule ging, ich wieder aushilfsweise im Verkauf tätig war, änderte er dieses nicht. Später baute er mir für mein erarbeitetes Geld (wir lebten weiter von 25.- DM wöchentlicher Unterstützung) einen Anbau an sein kleines Haus, weil ich mir einen Minikindergarten einrichten wollte, was mir auch 1953 gelang. Nach der Prüfung, die ich immerhin als Drittbeste bestand, bekam ich keine Stellung in Kinderheim oder -garten, weil ich wegen Alter und Kind zu teuer für sie gewesen wäre.« Sie leitete dann diesen Privatkindergarten erfolgreich bis 1980.

E. R. (1906) wurde 1945 mit vier Kindern aus Schlesien ausgewiesen. Der Mann und der älteste Sohn waren vermisst. Sie hat mit 48 Jahren noch die Fachschule für Sozialarbeit besucht und beendet, und zwar mit einer Sondergenehmigung, denn das Aufnahmealter war an sich auf 35 Jahre begrenzt:

»Als ich mit der Ausbildung fertig war, war ich über 50 Jahre alt und für eine Anstellung nicht mehr sehr gefragt. Da blieb ich erst mal 3 1/2 Jahre als Sekretärin in der Fachschule. Dann gelang es mir, durch eine Empfehlung meiner Direktorin beim staatlichen Gewerbeaufsichtsamt als Frauen- und Sachbearbeiterin anzukommen.«[35]

Alle die vielen alleinstehenden Frauen, die Berufsausbildung oder Berufstätigkeit mit der Betreuung der Kinder verbinden mussten, standen unter einer besonders schweren Belastung, weil ihnen kein Partner auch nur das mindeste abnehmen konnte und sie für alles und jedes selbst verantwortlich waren. Alle räumen ein, dass sie diese vielfältigen Aufgaben nicht geschafft hätte, wären ihnen nicht ihre Mütter, Schwiegermütter oder andere Verwandte hilfreich zur Seite gestanden. Manchmal und meist nur für kürzere Zeiten sprangen auch die Nachbarn bei der Kinderbetreuung ein. Die Haus- und Familienarbeit wurde nach dem Krieg keineswegs aufgewertet. Es gab keine Entlastungen für berufstätige Mütter, etwa einen bezahlten Hausarbeitstag oder ähnliches. Wenn man der Wiederaufbauleistung der »Trümmerfrauen« und der anderen berufstätigen Frauen gedenkt, sollte man nicht die noch ältere Generation von Frauen vergessen, die ganz im Hintergrund, ganz unspektakulär, diese Leistung erst ermöglicht hat. Das waren Frauen, die zwei Weltkriege hinter sich gebracht hatten und nun keinen Anspruch auf einen wohlverdienten Ruhestand anmeldeten, sondern wieder einmal still und unauffällig taten, was sie für ihre Pflicht hielten.[36]

Rekonstruieren wir in Gedanken als Beispiel eine Frau aus dem Jahrgang 1890: Als junge, vielleicht eben verheiratete Frau erlebte sie den Ersten Weltkrieg. Auch wenn der Mann aus dem Krieg unversehrt zurückkehrte, musste die Familie, meist mit mehreren kleinen Kindern, die schwere und instabile Zeit der Weimarer Republik durchmachen, mit Inflation und Wirtschaftskrise. Auch jetzt waren die Mütter gefordert, Essen auf den Tisch zu bringen, für die Kleidung zu sorgen usw.. Einigermaßen »normal« waren die Jahre zwischen 1924 und 1928 und die ersten sechs Jahre der Hitler-Herrschaft, wenigstens aus der Perspektive der durchschnittlichen deutschen Familienmutter. Dann kam der Zweite Weltkrieg, bei dem meist nicht mehr der Mann, wohl aber die Söhne einrücken mussten, und erneut wurden die Mütter in Angst und Sorgen und in die Mangelwirtschaft gestürzt. Die Frau in unserem Beispiel war nun schon Mitte 50, als der Krieg aus war, und eine alte Frau, als die Früchte des Wiederaufbaus ihr zugute kommen konnten. Viele solcher Frauen hatten nichts oder kaum mehr etwas davon. Diese Frauen haben fast ihr ganzes Leben in einem »Ausnahmezustand« gelebt.

Frauen und kultureller Neubeginn

Neben der ausführlichen Schilderung der Lebens-, Arbeits- und Ausbildungsverhältnisse treten die Schilderungen kultureller Erlebnisse in der Nachkriegszeit zurück. Meist musste ich eigens danach fragen. Hat es für die jungen Mädchen und Frauen so etwas wie einen kulturellen Neuanfang gegeben, wie er in zahlreichen Zeugnissen prominenter Intellektueller so begeistert beschrieben wird? Gab es bei den Frauen so etwas wie den Jubel über das Erscheinen neuer, freier Zeitungen und Zeitschriften, die Möglichkeit, bislang verbotene Literatur, auch Literatur der Emigranten, wieder zu lesen, Ausstellungen bisher als »entartet« geltender Kunst zu besuchen, moderne Malerei und Musik zu sehen und zu hören?

All dies spielte für die meisten der von mir befragten Frauen keine überragende Rolle. Da sie diese ihnen vorenthaltene Literatur und Kunst zum größten Teil nicht kannten, vermissten sie auch nichts. Erst ganz allmählich wuchsen manche von ihnen in diese neue Welt hinein oder nahmen doch wenigstens teil an ihr. Dass ihnen viel fehlte, war besonders den jungen Menschen klar. Von ihrem großen Bildungshunger haben wir schon gehört.

Wenn sie nicht selber zu den künstlerischen und intellektuellen Kreisen gehörten oder dort verkehrten, blieben sie von den geistigen und kulturellen Auseinandersetzungen und Diskussionen um eine Neuorientierung oder um die Vermittlung hoher moralischer und künstlerischer Standards weithin unberührt. Eine Ausnahme machten die Studentinnen und die Schülerinnen der gymnasialen Oberstufe, die sich rege beteiligten. Ihnen ging es aber meist um philosophische, theologische, religiöse, auch politische Fragen. Die sich vom Nationalsozialismus getäuscht fühlende Jugend suchte nach neuen Maßstäben und neuem Lebenssinn. Immer wieder wird in diesem Zusammenhang die These von einer tiefgehenden Sinnkrise geäußert. Daran möchte ich, gestützt auf Briefe, Mädchen- und Frauentagebücher, auch auf die schon mehrfach erwähnten Alben mit Sinnsprüchen und Literaturexzerpten, Zweifel anmelden.[37] Zwar wird in solchen Texten der »Zusammenbruch Deutschlands« kommentiert und auch beklagt, aber die Suche nach dem eigenen Lebenssinn und Lebensentwurf setzt nicht etwa jetzt erst ein, sondern wird fortgeführt. Weder war es so, dass der Nationalsozialismus, solange er existierte, die Sinnfrage unbezweifelbar beantwortet hätte, noch erfolgte nach Kriegsende ein totaler Bruch mit bisherigen Sinndeutungen. Einiges wird über Bord geworfen, nicht einmal unter allzu großen Schmerzen, anderes bleibt gültig, vor allem die Suche nach dem, was man selbst ist, sein möchte und sein könnte, die Frage nach dem richtigen und guten Leben. Dabei – und das ist schwer erklärlich, vielleicht auch für manchen erschreckend – bleibt eine *politische* Auseinandersetzung mit der NS-Vergangenheit und der eigenen Verwicklung darin bei den meisten zunächst ausgespart.[38] (Eine Ausnahme bilden wahrscheinlich Studentinnen, die zusammen mit Kommilitonen auch diese Fragen heiß diskutierten.) Wie schon in der Kriegszeit nehmen in den Tagebüchern die privaten Erlebnisse, Leiden und Freuden und die Lesefrüchte weiterhin den breitesten Raum ein. Zu den Freuden, die notiert werden, gehören auch kulturelle Angebote und Ereignisse, die man jetzt – ohne Angst vor Fliegeralarmen, ohne Verdunklungszwang, ohne die unausweichliche und unausdenkbare Katastrophe des Kriegsendes vor Augen – genießen konnte in dem Gefühl, davongekommen zu sein.

Von einer allgemeinen »Vergnügungssucht« oder »Vergnügungskultur« kann ich bei den von mir befragten Frauen nicht sprechen. Dazu waren die meisten viel zu eingespannt und eingesperrt in ihre Überlebensarbeit.[39] Trotzdem setzten Viele Zeit, Kraft und Geld daran, um sich Eintrittskarten zu erstehen. Nicht nur nach Brot, sondern auch nach Theater- und Konzertkarten standen die müden und ausgelaugten Frauen Schlange. Und junge Mädchen fanden immer einen Grund zum Feiern, auch mit noch so dürftigen Mitteln. Der Lebenshunger war gerade bei ihnen groß.[40] Mit wie wenig man fröhlich sein und feiern konnte, erzählt LORE E. (1922). Sie arbeitete als Praktikantin in einer Apotheke:

»Hat 'ne Frau in der Apotheke aus dem Portemonnaie 50 g Fleischmarken verloren. Ich bin ihr nachgelaufen, hab' sie aber nicht mehr gefunden. Da hab' ich meine ganze Belegschaft eingeladen, und ich hatte damals ein unheizbares Zimmer, es war Winter. Dann hab' ich gesagt: ›Ihr kommt heute abend zum Leberwurstfest, ich hab' 50 Gramm Leberwurst. Brot muss jeder mitbringen.‹ Dann kam jeder mit 'ner Scheibe trocken Brot, und da wurden 50 Gramm Leberwurst geteilt, und da haben wir eine Leberwurstparty gegeben und haben einen Spaß gehabt! Wie heute nicht, wenn man eine Champagner-Party macht... Und da haben wir die Bettdecke zusammengerollt, hinten an die Wand, haben zu sechst auf dem Bett gelegen wie die Heringe, uns gegenseitig gewärmt und haben unsere Leberwurst gegessen, und wer am längsten hatte, hatte gewonnen.«

Tanzstunden wurden nachgeholt, wo immer es möglich war. Die Tanzveranstaltungen der Besatzer wurden eher als etwas Zweifelhaftes für »leichte Mädchen« gemieden, wenn nicht verachtet.

Gräbt man aber etwas tiefer und bleibt nicht bei den Erinnerungen an die Überlebensarbeit stehen, die zunächst alle anderen zugedeckt haben, dann erfährt man doch etwas mehr von Erlebnissen kultureller Art. Es sind vor allem kirchliche Veranstaltungen, Vorträge, Konzerte und Theateraufführungen, auch ausländische Filme. Sie wurden behalten, weil sich den Frauen die ungeheure Diskrepanz zwischen dem armseligen äußeren Rahmen und der Intensität des Dargebotenen und Aufgenommenen eingeprägt hat. Der Kontrast zwischen der tristen Umgebung, aus der sie kamen, und dem schönen Schein der Kunst war erhebend; man war – buchstäblich – der deprimierenden Alltagswirklichkeit für eine Weile enthoben.

Die *Kirche* bot nicht nur Gottesdienste und Feiern an, sondern füllte das Vakuum im Freizeitangebot schon kurz nach der Besetzung mit Unterhaltungsveranstaltungen. Sie nützte die besondere Protektion durch die Besatzungsmächte und den Ruf, als einzige Institution »intakt« geblieben zu sein.[41]

WILHELMINE H. (1921), Tagebucheintrag vom 29.4.1945: »Heute ist wieder Gottesdienst! Die Amerikaner legen Wert darauf, dass ein geregeltes kirchliches Leben stattfindet. Das Wort Gottes ist wieder frei und ungehindert! Die Kirche ist die einzige Institution, die noch intakt ist. Die Pfarrer genießen allen Schutz und Hilfe. Am Pfarrhaus ist ein Schild angebracht: ›Reverend of the Protestant Church‹. So ist es geschützt vor Beschlagnahme oder Haussuchung. Freilich, die Kirche sieht außen und innen ›kriegsmäßig‹ aus: Der Kirchturm ist angeschossen, ein Balken zerbrochen, die Dachziegel liegen am Boden, fast alle Fenster sind beschädigt. Der Wind pfeift durch. Trotzdem ist das Gotteshaus voller als sonst. Von Herzen singen wir Danklieder. Was auch kommen mag, die Kriegstage sind nun überstanden! Kein Fliegeralarm schreckt uns mehr auf, keine Tieffflieger streuen tödliche Ladung auf das Land!«

ERIKA S. (1927): »Ein ganz großes, starkes Erlebnis war dann der große Dankgottesdienst am Himmelfahrtstag 1945 im Großen Haus (*Opernhaus in Stuttgart*). Dieses war noch intakt. Landesbischof Dr. Wurm hielt den Dankgottesdienst, und wie viele Menschen teilgenommen haben, kann ich nicht sagen, aber das ganze Große Haus war voll, und es stand um den Anlagensee bis hinüber zum Schlossplatz eine dichte Menschenmenge bis vor zur Neckarstraße. Alles, was freien Raum bot, wurde bestellt, dass die Übertragungsanlage, die damals noch einigermaßen zu ergattern war von irgendwoher, ich weiß es nicht, installiert wurde und hat rings um das Theater übertragen, dass alle teilnehmen konnten. Für mich selber war das sehr wichtig. Im Krieg wurde ich mal angesprochen, noch als Schülerin, ob ich nicht in den Kirchenchor kommen wollte. Ich habe damals gesagt: ›Nein, das bringe ich nicht fertig. Es ist Krieg, und ich kann jetzt einfach nicht singen, ich komme aber, wenn der Krieg zu Ende ist.‹ Wir hatten dann nach dem Bombenschaden bei Freunden Unterschlupf gefunden, und der Mann war im Kirchenchor tätig, und er sagte mir an dem Morgen: ›Du hast versprochen, der Krieg ist zu Ende, du würdest mitsingen. Also jetzt kommst du mit!‹ Meine Mutter und ich gingen mit, und so durfte ich also im Staatstheater selber an diesem Gottesdienst teilnehmen als Mitwirkende im Chor. Und was natürlich sehr schön war, mein früherer Religionslehrer aus der Grundschulzeit leitete zu diesem Zeitpunkt den Chor. Er hat mich, weil er mich kannte, auch mitsingen lassen, mir zugetraut, dass ich da nicht irgendwie daneben singe. Das sind also diese großen Einschnitte, die für mich maßgeblich waren.«

ANNE EGERTER (1920): »Es war ein großes Ereignis auch für Tübingen, als Bischof Sproll aus dem Exil nach Rottenburg zurückkehrte. Aus diesem Anlass fuhr der erste Zug vom Bahnhof Tübingen ab. Man brauchte keinen Passierschein. Und so pilgerte halb Tübingen nach Rottenburg, um diesem Ereignis beizuwohnen. Es ging auch darum, Freunde zu treffen, von denen man nicht wusste, wie sie die letzten Kriegstage überstanden hatten. Ich setzte mich in Rottenburg an die Straße, die von Bieringen herkommt, um auf meine Freundin zu warten. Fuhrwerk um Fuhrwerk fuhr an mir vorüber. Viele waren zu Fuß unterwegs, auch mein liebes Schorple. Wir freuten uns über das Wiedersehen und pilgerten gemeinsam zur bischöflichen Residenz, wo Bischof Sproll auf dem Balkon des Palais erschien und zu den Menschen sprach...

Landesbischof Wurm kam nach Tübingen. Er sprach in der vollbesetzten Stiftskirche. Es waren bewegende Worte, Trost spendend und neue Hoffnung weckend in den Herzen dieser Menschen, die durch die Feuerproben des Leides hindurchgegangen waren. Ich dachte an meine Mutter, an ihren einzigen Sohn, der nie mehr wiederkehren würde. Wie viele mochten es sein, die trauern um ihre lieben Gefallenen? Wer hat die Toten gezählt...?«[42]

Von damals Studierenden werden immer wieder *Vorträge* von Universitätsprofessoren genannt, die ihnen neue Horizonte eröffneten und Orientierungshilfen boten. In der Universität Tübingen waren dies vor allem Romano Guardini oder Gerhard Ritter, der Gastvorlesungen in Tübingen hielt.[43]

FRIEDA L. (1917) in einem Brief an mich vom 24.11.1994. Sie war 1945/46 Studentin im 6. Semester in Tübingen: »Ich war stark beeindruckt von den Professoren Spranger, Guardini, Thielicke und den ersten Übersetzungen neuer französischer Literatur: Bernanos, Claudel.«

Dichterlesungen, z. B. von Erich Kästner, und noch andere Vorträge werden erinnert, aber doch insgesamt spärlich:

BARBARA K. (1928) in einem Brief vom 24.11.1994: »Am nachhaltigsten ist mir in Erinnerung ein Vortrag über verfemte Künstler am Beispiel Barlachs (es muss 1946 oder
1947 gewesen sein) geblieben. Ich war tief beeindruckt über die Ausdruckskraft seiner Arbeiten, die in Abbildungen gezeigt wurden, so dass ich zum ersten Mal über
den Begriff ›entartete Kunst‹ nachzudenken begann.«

Konzerte und andere musikalische Veranstaltungen hinterließen tiefe Eindrücke.
Dafür gibt es allerdings nur wenige, dafür aber besonders eindrucksvolle Zeugnisse:

MARGRET BOVERI: »Einer meiner stärksten Eindrücke, der wohl in die Zeit fällt, als
ich zu Brief-Eintragungen keinen Mut mehr hatte, war mein erstes Konzert nach
Kriegsende – ein Chorwerk Bruckners, aufgeführt in einem ramponierten Saal in
Zehlendorf. Ähnliche tiefgehende Erschütterungen haben in jener Periode wohl viele Berliner erlebt. Sie ereigneten sich nicht in den ersten Tagen nach der Kapitulation, als alles noch in erschöpfter Hochspannung fieberte, sondern erst später in Au-
genblicken, in denen ein Minimum an äußerer Ruhe den inneren Raum für
Selbstbesinnung schuf. Musik und Ströme von Tränen wirkten nach Jahren unter-
drückter oder versteckter Gefühle und angespannter Selbstbehauptung damals lösend,
ja geradezu erlösend.«[44]

GERTRAUD L. (1928): »Eines meiner schönsten Erlebnisse aus den zwei letzten Schul-
jahren gleich nach dem Krieg hat auch etwas mit Kälte zu tun – und mit den Ludwigsburger Schlossfestspielen. Unser Musiklehrer hatte nämlich nach dem Krieg die
Ludwigsburger Schlossfestspiele begründet oder neu organisiert. Wir Schülerinnen
bekamen von ihm Karten, wenn welche übrig waren. Da kam man plötzlich aus dem
kümmerlichen und schäbigen Nachkriegsalltag in den Ordenssaal des Schlosses mit
seinen Kronleuchtern und der ganzen barocken Pracht. Und es war warm! Denn wir
bekamen immer die billigsten Karten, ganz oben unter der Decke, wo es am wärm-
sten war. Und dann hörte man die herrliche Musik von Mozart und Schubert und
Beethoven, vollendet gespielt. Ich hatte ja zu Hause weder Radio noch Schallplatten
– ich fühlte mich wie im Himmel!«

ELISABETH E. (1923) in einem Brief vom 11.11.1994: »Gustav Wirsching (*Musiker
und Lehrer*) gründete einen Chor im Rahmen der Volkshochschule. Ich sang jahrelang dort mit, eine herzerfrischende Sache; besonders schön und Freude bringend für
alle Interessierten das offene Liedersingen im Gustav-Siegle-Haus. Anfangs im kalten Saal, nicht geheizt, der Saal brechend voll. Der Chor sang manche Lieder vor,
Volkslieder, Morgenlieder, Abendlieder, der ›Saal‹ fiel ein, alles begeistert, einmalige
Erlebnisse nach der trostlosen Zeit. Ein Gemeinschaftsempfinden singbegeisterter
Männer und Frauen, Junger und Älterer. Das kann man heute nicht mehr nachemp-
finden, wenn man es nicht miterlebt hat. Kleine Freuden, die ins Herz drangen. Ich
lege ein altes Liederblatt bei.« Die meisten Lieder waren schon in der Hitlerjugend,
besonders in den Spielscharen, gesungen worden; sie waren älter als das Dritte Reich.
Chorbücher der Hitlerjugend wurden weiter benützt.

Ein besonderes Erlebnis hatte LORE E. (1922). In einem Brief vom 8.11.1994 schreibt sie: »In den Tagen des Zusammenbruchs spielte ein fahnenflüchtiger Soldat (Berliner, über 30 Jahre alt, Theatermann) an einem verstimmten Klavier in einer Gaststube Schlager jüdischer Komponisten, die ich nie zuvor gehört hatte. Dass es so was Freches, Obszönes gab! Er sang dazu!«

Auch das *Theater* vermittelte unvergessliche Eindrücke:

KARLA HÖCKER, Tagebucheintrag vom 11. und 12.11.1945: »Man muss wohl auch ohne Kohlen existieren können … nicht nur existieren, sondern sogar Theater spielen. Sich bei etlichen Grad unter Null vier Stunden lang an einer Macbeth-Aufführung begeistern. O liebenswertes Berlin! Wer in der Welt wird dir das nachmachen! Zitternd vor Kälte steht die Lady auf der Bühne. Wie eine Wolke dampft den Schauspielern der Atem vorm Mund. Die Bäume, auf denen sich die Hexen wiegen, tragen eine Glatteisschicht. Und im Parkett? In Decken gehüllte Gestalten. Fußsäcke, hochgeschlagene Mantelkragen, tief über die Ohren gezogene Hüte. Tapfer frieren die Menschen im Zuschauerraum. Tapfer friert in ihrem dünnen Seidenkleid die Lady. Tapfer friert Heike – jüngste der Hexen – auf ihrem glatteisüberkrusteten Theaterbaum. Was die Außentemperatur nicht hergibt, muss die Innentemperatur ersetzen. Dass sie es tut, dass sie trotz allem vorhanden ist – trotz Hunger und Kälte, trotz Trümmern und Zusammenbruch –, das ist und bleibt das Wunder. Ein Wunder, das man erlebt haben muss, um es in seiner ganzen Tröstlichkeit zu begreifen. Leidensintensität weckt Lebensintensität.«

HANNELORE S. (1927): »Ins Große Haus (*Opernhaus in Stuttgart*) schaffte ich es mit einem Trick hineinzukommen. Da ich durch den Besuch der Dolmetscherschule ein bisschen mehr Englisch als andere konnte, machten meine Freundin und ich uns an US-Soldaten heran, die wir baten, uns mit hineinzunehmen. Im Großen Haus hatten die US-Streitkräfte damals so etwas wie ein ›Unterhaltungshaus‹, d. h. im Foyer des 1. Ranges wurde Pingpong gespielt – auch während der Vorstellungen. Der 1. Rang war für die Soldaten reserviert, und dort ließen wir uns hineinschleusen. Das kostete uns keinen Pfennig Geld, und wir konnten all die großen Opern und auch die eine oder andere Operette – allerdings mit Pingpong-Geklapper im Hintergrund – sehen. Aber, was spielte das damals für eine Rolle!

Jedesmal, wenn ich ein bisschen mehr Geld verdient hatte, als ich zum Leben unbedingt brauchte, kauften meine Freundin und ich uns Karten in die Operetten, die in einem verlassenen Fabrikgebäude in der Böblinger Straße gespielt wurden: ›Land des Lächelns‹ ist mir besonders in Erinnerung geblieben, aber auch die ›Lustige Witwe‹ und, ich glaube, ›Der Zigeunerbaron‹. Die Nächte danach waren zwar etwas beschwerlich, da meine Freundin aus Sicherheitsgründen mit mir nach Hause ging und wir in einem Bett schlafen mussten. Aber was machte das schon aus!!« (Brief vom 14.1.1994)

MARIANNE B. (1920) in einem Brief vom November 1994: »Das erste Kulturerlebnis nach dem Krieg (ich war inzwischen als Flüchtling Ende '45 in Cuxhaven gelandet) war mit knurrendem Magen vor einem geliehenen Radio die Lesung von Borchert ›Draußen vor der Tür‹ und dann Abende mit Flüchtlingsfreunden (die aber bei ihren Eltern wohnten und daher ein Klavier vorhanden war), von denen einer wundervoll spielen und singen konnte. Er sang Schumann-Lieder. Eine Tingel-Tangel-Bühne kam nach Cuxhaven und spielte ›Die Rose von Stambul‹, was mich nur am Rande erfreute, aber nicht ergriff.«

Neben dem Wiederaufleben der kulturellen Aktivitäten stellt sich die Frage, wie sich die Frauen an den politischen Neubeginn erinnern. Wie sehr waren sie davon betroffen, inwieweit daran beteiligt?

Frauen und politischer Neubeginn

In dieser Überschrift sind zwei Fragen enthalten: Die eine ist rückwärtsgewandt und zielt auf die Auseinandersetzung mit dem entmachteten Regime, unter dem man zwölf Jahre gelebt und dem man sich mehr oder weniger angepasst hatte. Die andere ist zukunftsorientiert und zielt auf die Beteiligung der Frauen am demokratischen Wiederaufbau. Die Auseinandersetzung mit der Vergangenheit und die Frage, was die Frauen aus Nationalsozialismus und Krieg gelernt haben, sind zu komplex, um schon hier umfassend behandelt zu werden.[45] Die Erfahrungen der Nachkriegszeit wären aber unvollständig, wollte man die »Entnazifizierung« ausklammern.[46] Es ist und kann nicht meine Absicht sein, eine allgemeine Geschichte und Beurteilung dieses Säuberungs- und Umerziehungsprozesses zu schreiben. Ich verweise auf die einschlägige Literatur.[47]

Übereinstimmend wird unter den Geschichtsforschern die Auffassung vertreten, es habe sich bei diesem groß, gründlich und mit gutem Willen angelegten Versuch eher um ein mißglücktes Unternehmen gehandelt, und es werden auch zahlreiche Gründe dafür genannt. Es geht mir vielmehr darum zu zeigen, wie Frauen persönlich und in ihrem Umkreis, besonders in der eigenen Familie und Verwandtschaft, diese Aktion empfunden haben, was sich daraus für ihre damalige Einstellung zum Nationalsozialismus ablesen lässt und welche Folgen gerade diese Erfahrungen für ihr politisches Weltbild hatten. Dabei wird nicht nach Besatzungszonen unterschieden; die meisten Zeugnisse beziehen sich jedoch auf die amerikanische Zone.[48]

Probleme der Entnazifizierung lassen sich am besten an einem Fallbeispiel herausarbeiten. Wie gerecht war sie? Wie hat sie sich auf eine bestimmte Frau ausgewirkt? Inwieweit hat sie zu einem demokratischen Neubeginn beigetragen? Ich wähle den Fall der Bannmädelführerin IRMGARD B. (1923).[49] Zwar gehört sie zu den ganz wenigen unter meinen Frauen, die als »Hauptschuldige« vor der Spruchkammer angeklagt waren, aber gerade deshalb treten die Probleme besonders ausgeprägt hervor. Außerdem ist ihr Fall besonders gut belegbar, weil sie mir alle einschlägigen Dokumente überlassen hat. Die wichtigsten sollen meiner Betrachtung zugrunde gelegt und mit Hilfe ihrer Erzählung kommentiert werden.

Ihr Lebenslauf, von ihr selbst für das Spruchkammerverfahren 1947 verfasst.[50]:
Irmgard B., geboren am 6. 11. 1923 in Th.. Eltern: Vater Porzellanmaler (Facharbeiter), Mutter Hebamme.

- Volkshauptschule in Th./S. von 1930 - 1938. 1938/39 Städt. Haushaltungsschule S.
- April 1939 - April 1940 Ableistung des Pflichtjahres bei einem Bauern in L.
- Oktober 1939 - April 1941 bei der Stadtverwaltung S., Abteilung Berufsschule und Oberschule.
- Oktober 1941 - März 1942 Arbeitsdienst im Lager W.
- März 1942 - November 1942 Kriegshilfsdienst bei der Reichspost in N.
- November 1943 - Juni 1943 Hauptringführerin im Bann S.
- Juni 1943 - August 1943 Bannmädelführerin in D.
- August 1943 - Juni 1944 Bannmädelführerin in W.
- Juni 1944 - April 1945 Bannmädelführerin in M.
- Eintritt in die Jungmädelschaft Juli 1933. Eintritt in die NSDAP automatisch August 1941.

Aus ihrer Lebensgeschichte, die sie mir erzählte, lässt sich ablesen, wie sie dazu kam, Bannmädelführerin zu werden: Sie kam aus einem sozialdemokratischen Elternhaus, das sich aber der Tochter gegenüber bedeckt hielt, um sie und sich selbst nicht zu gefährden. In der Schule war sie immer die Beste, aber eine höhere Bildung kam für sie nach den damaligen Vorstellungen nicht in Frage. Ihre Eltern sagten: »Die geht einmal ins Büro, und ansonsten bleibt sie daheim und heiratet. Was anderes gab's nicht.« Schon 1933 trat sie freiwillig bei den Jungmädeln ein, weil sie begeistert war vom Singen, Spielen, Werken. Sie zeigte keinen politischen Fanatismus, war unsportlich, sah schon als junges Mädchen schlecht, liebte im Krieg einen unsoldatischen Mann, alles Minuspunkte nach der nationalsozialistischen Führungsideologie.

Wohin sie auch kam, im Pflichtjahr beim Bauern, in der Berufsschule, überall bewährte sie sich und überall war es für sie – nach ihren Worten – eine schöne Zeit, in der sie »viel gelernt« habe. In der Hitlerjugend war sie bis zur Ringführerin aufgestiegen. Beim Reichsberufswettkampf wurde sie Gausiegerin in der kaufmännischen Abteilung. Sie arbeitete in der Stadtverwaltung auf dem Büro und bekam dafür monatlich zuerst 25.-, dann 50.- Mark. Unterdessen war an ihrem Ort ein Bann gebildet worden. Man bot ihr dort ein Gehalt von 100.- Mark. So kamen Neigung, Aufstiegswille und praktische Gründe zusammen – sie wurde Bannmädelführerin und blieb es bis zum Schluss. Es wird sicher viele ähnliche Karrieren gegeben haben.

Als Bannmädelführerin erlebte sie das Kriegsende und die Internierung. Ganz am
Ende des Krieges wurde sie noch an der tschechischen Grenze »im Werwolf« ausgebildet. »An den Endsieg hab' ich geglaubt.« Nach der Kapitulation tauchte sie kurz
auf einem Bauernhof unter, schlug sich unerkannt mit ihrer Kleiderkarte als Ausweis
(»Die hatte einen Stempel«) nach Hause durch. Dort wurde sie verhaftet, weil sie
wahrheitsgemäß ihre Dienststellung angab. »Es muss alles seine Ordnung haben!«
sagte sie sich und ging mit Tornister und kleinem Gepäck ins Gefängnis. 13 Monate
war sie in einem amerikanischen Internierungslager, zuerst in Hammelburg nördlich Würzburg, am Rande der Rhön, dann in Ludwigsburg. Auch das war für sie eine
»schöne Zeit«, von der sie ausführlich erzählt, auch anhand einzelner Erinnerungs-
stücke. »Was wir dort entdeckt haben! Was dort alles gebastelt und gemacht worden
ist! Das waren ja lauter Führungskräfte!... Die Ilse J. hat mir den ganzen Cornet auf
Klopapier abgeschrieben (es war gutes, amerikanisches). Und Gedichte! Man kann
sich das nicht vorstellen, was das für eine schöne Zeit war. Es ist mir nicht schwerge-
fallen. Da war auch die Frau Himmler mit Tochter in meinem Lager. Da waren auch
KZ-Aufseherinnen. Da haben sich ganz schnell die Gruppen gebildet. BDM hat
nichts mit der SS zu tun haben wollen. Die Frauenschaft war unter sich, das waren
die Älteren. Und wir waren wieder die jüngeren. Ich war ja voll ausgelastet in meiner Gruppe. Wir haben schon zusammengepasst.«
   Auf die Vernehmung angesprochen, berichtet sie: »Das erste war, dass mir der die
ganzen Bilder von KZ's vorgehalten hat. Und dann hab' ich gesagt: ›Ich weiß des
net.‹. Ich wusste das nicht. Und das hat er nicht geglaubt. Hab' ich gesagt: ›Doch,
ich wusste, dass es KZ's gibt.‹ Mein Onkel (Mann der Schwester meines Vaters) war
Herausgeber einer SPD-Zeitung gewesen. Der kam ins KZ nach Dachau, wurde aber
später wieder entlassen. Sie mussten dort ›Heil Hitler‹ sagen, hat er mir später gesagt, und wer weiß was, abschwören. War ein sehr netter Offizier, hat die ganzen Akten dagehabt. Die haben gesagt, das war ein deutscher Jude, aber sehr, sehr nett.«
   Von der Vernehmung ist ihr besonders in Erinnerung geblieben, wie sie ein offenes Tintenfass und einen Federhalter klaute (das war kostbares Schreibmaterial) und
unter schwierigen Umständen in ihr Zimmer schmuggelte, unter ihrem Umhang.
»Am Schluss hat er gesagt und hat gelächelt: ›Also, ich weiß nicht, sind Sie wirklich
so naiv, oder sind Sie raffiniert?‹ Aber die Überzeugung ist da ganz schnell abgefal-
len, also ich war da lockerer, ich hab' da mitgemacht, was da war, ich hab' mir nicht
schwer getan, ich hatte auch keinerlei Unrechtsgefühl oder was, wusste nicht, was
ich irgendwie falsch gemacht hab.«
   An Vorträge zur »Umerziehung« erinnert sie sich kaum. Sie weiß, dass einmal
Niemöller da war, der Inhalt hat ihr aber keinen besonderen Eindruck gemacht. Dagegen hat sie die Mai-Andachten gerne besucht, nicht wegen des christlichen Inhalts,
sondern weil das ein netter Treffpunkt war.
   In ihrem Verfahren vor der Spruchkammer im Jahr 1947 wurde sie als »Hauptschuldige«, d. h. in der höchsten Kategorie, angeklagt. Als Anklagebegründung genügte ihre Dienststellung »Bannmädelführerin«. Sie wurde derselben Kategorie zugeord-
net wie etwa ein Kreisleiter oder Gauleiter. Sie selbst meint »wie Hermann Göring«.

Darin irrt sie oder spricht gedankenlos, denn die »Hauptkriegsverbrecher« standen vor dem Nürnberger Tribunal und mussten mit der Todesstrafe rechnen. Die Spruchkammern fällten keine Todesurteile. Aber der moralischen Verwerflichkeit nach fühlte sie sich auf eine Stufe mit den Hauptkriegsverbrechern gestellt.

Unter ihren Dokumenten befinden sich die Reden, die sie selbst und die ihr Verteidiger vor der Spruchkammer gehalten haben: In ihren eigenen Ausführungen zu ihrer Rechtfertigung hebt sie vor allem ihr »Unpolitisch-Sein« hervor, auch ihre moralische Integrität. Sie schreibt es einem »unglücklichen Zufall zu, dass sie gerade in diese Zeit hineinwuchs«, und meint, sie würde sich in jeder anderen Organisation ebenso eingesetzt haben. Der Verteidiger hebt genau auf diese Punkte ab und führt als Hauptargument ins Feld, dass sie zu den »irregeleiteten, idealistischen Jugendlichen« gehört habe. Er betont auch sehr die minimalen Entscheidungsbefugnisse, die eine BDM-Führerin hatte. Die Bannmädelführerin war dem Bannführer unterstellt; er war ihr gegenüber weisungsbefugt. Die NSDAP hat selbst alles dazu getan, den Frauen und Mädchen das Gefühl zu geben, dass sie mit Politik nichts zu tun hatten.

Sie kann auch Entlastungszeugnisse beibringen: Vor allem das Zeugnis des Fremdarbeiters während ihres Pflichtjahres auf dem Bauernhof bescheinigt ihr ein hohes Maß an Toleranz. Der Pfarrer kann bezeugen, dass sie die Mädchen nicht gegen die Kirche aufgehetzt habe. Mir erzählte sie, dass sie ein »internes Abkommen« mit einer Unterführerin hatte, den Dienst an Sonntagen so zu legen, dass die Mädchen vorher die Messe besuchen konnten.

Aus ihrer Lebensgeschichte geht aber hervor, was sie vor der Spruchkammer verschwiegen hat:

Sie hat natürlich den Mädchen nicht nur Werken, Sammeln, Spiel und Singen vermittelt, sondern z. B. auch Rassenlehre.[51] Sie hat Kriegsbegeisterung geweckt, obwohl sie an den Soldaten, die sie im Lazarett besuchte, gemerkt hat, wie die »jungen Leute verheizt wurden« und an den Endsieg hat sie geglaubt. »Ich hab' immer auf die ›V‹ gewartet«. Sie hat Durchhaltewillen gepredigt und praktiziert (Werwolf! Unterricht mit der Panzerfaust). Sie hat den unbedingten Glauben an die Führung, besonders an Adolf Hitler, verbreitet. Ihr größter Wunsch war, einmal an einem Reichsparteitag teilzunehmen. Sie hat nationalistisches Pathos, schon mit den Liedern, eingeimpft. Ohne Wissen der Eltern ist sie aus der Kirche ausgetreten und bezeichnete sich selbst als »gottgläubig«. An keiner Stelle hat sie die NS-Ideologie in Frage gestellt. In ihrer Stellung konnte es gar nicht ausbleiben, dass sie auch Dinge gehört und gesehen hat, die sie hätten aufwecken können, die sie zwar mit einem »unangenehmen Gefühl« registrierte, aber alsbald »wegsteckte« und mit etwas windigen Erklärungen und mit innerer Abgrenzung für die eigene Seelenruhe unschädlich machte. Eines dieser Erlebnisse sei wiedergegeben: »In meinem Bann war auch das KZ Flossenbürg. Und ich kam dahin, weil ich überall Führerinnen gesucht hab', und dort hatten sie keine Führerin. Und da sagte der Bannführer: ›Dort ist die SS, die haben ja auch Kinder, da müssen Sie doch jemand kriegen.‹ Sind wir hingefahren. War mir da ganz beängstigend. Da gab's dann Cognac. Für mich kleines Ding! Also, mir war das alles fremd! Die Leute haben natürlich schon gemunkelt. Die haben ein

Krematorium, das raucht Tag und Nacht. Und da hab' ich mir aber so gedacht, wenn da Tausende von Leuten sind, da ist es klar, dass da welche sterben. Und dass sie die nicht begraben können… Das hab' ich mir alles wirklich naiv ganz richtig gedacht. Da kamen am Abend die Abteilungen zurück vom Steinbruch oder wo die da waren, und da war mir das wieder ganz furchtbar peinlich, alle an dem Haus vorbei, Mützen runtergezogen… Hab' ich gedacht, ich bin echt fehl am Platz, ganz fehl am Platz. Ich hab' bloß gefragt, was ist jetzt das und das, die haben verschiedene Nummern auf dem Rücken gehabt. Die einen waren Zigeuner, die anderen waren Politische… Ich bin da nicht zu Rande gekommen; ich kam auch nie in so einen Klüngel, da war ich zu jung und dumm. Ich hab' dann noch gefragt: ›Habt ihr hier auch Frauen?‹ Und da erinnere ich mich an das fiese Lachen, die haben gefeixt und gesagt: ›Ja, wir haben auch Frauen.‹ Das hat mich so abgestoßen!«

Was lässt sich aus dem Fallbeispiel Irmgard B. für die Beurteilung der Umerziehungs- und Bestrafungspraxis durch die Alliierten, besonders durch die Amerikaner, entnehmen?

Die Internierung war offensichtlich nicht dazu angetan, bei den Frauen einen Umdenkungsprozess in Gang zu setzen, eher im Gegenteil. Sie führte zur Solidarisierung unter den Belasteten und bestärkte sie in der Vorstellung, nichts Strafwürdiges getan zu haben. Besonders die BDM-Führerinnen und die Funktionärinnen der NS-Frauenschaft grenzten sich von den in ihren Augen Schuldigen, den »großen Tätern«, ab. Vorträge und Schulungen prallten an ihnen ab. Sie mussten sich von den Vernehmungsoffizieren völlig unverstanden fühlen, weil diese mit einem bestimmten Bild von den »Nazis« und den BDM-Führerinnen gekommen waren und deren Lebenswirklichkeit während der NS-Zeit nicht kannten. Irmgard B. und mit ihr viele andere waren keine fanatischen, brutalen jungen Frauen, die rücksichtslos über Menschen hinweggingen und ihre Mädchen zum Rassenhass erzogen. Den Offizieren wiederum mussten diese jungen Frauen als hartnäckige und raffinierte Leugnerinnen vorkommen. Dennoch gingen gerade diese Offiziere, im Fall Irmgard B. war es ein deutscher Jude (!), außerordentlich fair mit den Internierten um, das wurde mir öfters bezeugt.

Die Spruchkammerverfahren als Gerichtsverfahren waren ihrer Natur nach nicht dazu geeignet, die Wahrheit ans Licht zu bringen. Sie zwangen den Kläger, formale Kriterien ungeachtet der Person anzuwenden, was, wie im Falle Irmgard B., zu geradezu absurden Einstufungen führen konnte. Sie zwangen andererseits die Verteidigung und die Angeklagte, Dinge zu unterschlagen, die für sie von Nachteil gewesen wären. Ein Gerichtsverfahren kann eine vollkommene Aufklärung nicht leisten und bei den Angeklagten kein ehrliches Nachdenken über sich selbst bewirken.

Dennoch zeigt schon dieser Einzelfall den großen Aufwand, der getrieben wurde, und die Mühe, die sich die Alliierten und dann die Deutschen, die in den Spruchkammern tätig waren, gegeben haben, dem einzelnen Menschen gerecht zu werden, auch die völlig andere, humanere Art, mit der hier versucht wurde, Recht zu sprechen, gegenüber dem sonst in politischen Prozessen Üblichen. Man blieb eben nicht bei den formalen Kriterien stehen, das Urteil stand nicht von vornherein mit der schematischen Einordnung in eine Kategorie fest. Im Gegensatz zu den politische Prozessen des Dritten Reiches hatten Angeklagte und Verteidigung die Möglichkeit, sich zu rechtfertigen und Entlastungszeugen beizubringen. Es wurde nicht pauschal abgeurteilt, von einem Kollektivschuld-Vorwurf kann gar keine Rede sein. Die Urteile wurden nach sorgfältiger Prüfung aller vorgebrachten Gesichtspunkte gefällt. Irmgard B. verblieb nicht in der Kategorie I der Hauptschuldigen, sie wurde von der Spruchkammer in die 3. Kategorie der »Minderbelasteten« eingestuft. Schließlich fiel sie unter die Jugendamnestie, musste also praktisch keine Strafe mehr verbüßen.

Die Frage bleibt, ob das gerecht gewesen ist. Sind junge Menschen, die immerhin bei Kriegsende 22 Jahre alt waren, ist eine Bannmädelführern, die immerhin etwa 6000 junge Mädchen im Sinne der NS-Ideologie beeinflusst hat, von jeder Verantwortung freizusprechen? Enthob nicht die Jugendamnestie gerade diese jungen, aber doch schon erwachsenen Frauen der Notwendigkeit, sich über die eigene wahre Rolle im Dritten Reich, über die eigene Verfügbarkeit und Verführbarkeit klar zu werden und sich Gedanken darüber zu machen, ob die Vorstellung, man sei »unpolitisch« gewesen, aufrechterhalten werden kann? Das Beispiel der Gertraud L.[52], die sogar 5 Jahre jünger ist als Irmgard B. und nur Scharführerin war, also etwa 80 Jungmädel zwischen 10 und 14 Jahren betreute, zeigt, dass die Berufung auf die Jugendamnestie kein Freibrief sein kann.

Das Fallbeispiel Irmgard B. zeigt aber auch, dass die amtliche Entnazifizierung durchaus nicht der Schlusspunkt der eigenen Auseinandersetzung mit dem Nationalsozialismus sein musste, wiewohl bei vielen die Gefahr nahelag, sich mit der Einstufung als »Mitläufer« oder »Entlasteter« zu beruhigen. Irmgard B. hat sich nicht beruhigt, obwohl es sich bei ihr so anhört, als habe sie die Überzeugung einfach gewechselt wie ein Hemd, als habe sie ohne innere Krise und ohne »Trauerarbeit« sich einfach den neuen Verhältnissen angepasst und obwohl sie heute noch der Auffassung ist, sie habe persönlich niemand einen Schaden zugefügt und sei einfach »blauäugig« und »naiv« gewesen.

Sie hat aber in einer ganz zu ihr gehörenden Art Konsequenzen gezogen, auch unter dem gelitten, was gewesen ist, und vor allem hat sie sich bemüht, sich nie mehr vor den falschen Karren spannen zu lassen, vielmehr ihre Kraft Aufgaben zu widmen, von deren Wert sie auch politisch überzeugt sein kann. Dafür drei Belege aus ihrem weiteren Lebenslauf:

1. Sie hat ihre Eltern zur Rede gestellt: »Ich hab' meinen Eltern eigentlich keinen Vorwurf machen können, hab' ich aber hinterher gemacht: ›Warum habt ihr denn nicht gesprochen, dass euch das nicht behagt, dass das falsch ist?‹ Das war so eine ganz andere Art von Erziehung. Vielleicht andere Mädel, die in anderen Haushalten oder in anderer Umgebung aufgewachsen sind, die waren vielleicht weiter und haben das durchblickt. Aber ich hab' das wirklich nicht durchblickt.« Und in der Antwort der Eltern kommt ihr zum Bewusstsein, in welch schwieriger Lage die Eltern waren und was für ein Regime das war, in dem Eltern vor ihrem Kind Angst haben mussten, obwohl die engste Beziehung zwischen beiden bestand: »Und da hat meine Mutter gesagt und auch mein Vater, sie haben *einmal* was gesagt, so angefangen, und da hätt' ich darauf gesagt: ›Wenn ich im Braunen Haus (das war die Kreisleitung) sag, was ihr daheim redet und was ihr für Sender hört, da wär aber was!‹ hätt' ich gesagt. Das weiß ich heut nimmer. Aber in meinem Eifer, ich hätt' wahrscheinlich auch nie was gesagt, aber meine Eltern haben also vor ihrem jungen, begeisterten einzigen Kind Angst gehabt, ich könnt was ausplappern!«

2. Sie hat die Ideologie wirklich völlig über Bord geworfen. Das war nicht das Ergebnis der Entnazifizierung oder eines Umerziehungsprozesses durch die Theorie, schon gar nicht durch die Umerziehungsorgane im Internierungslager. Das alles lief an ihr ab. Es waren vielmehr Menschen und praktische Erfahrungen, die sie von Auffassungen heilten, denen sie blind gefolgt war. Theorie war nie ihre Stärke, deshalb kann man ihr ein Stück ihres Unpolitisch-Seins zugestehen, und jener Vernehmungsoffizier im Internierungslager hat sie sicher recht gut durchschaut, wenn er sie letztlich für »naiv« hielt. Der Mensch, der am meisten zu ihrer Neuorientierung beigetragen hat, war ihr Mann, den sie 1953 heiratete. Er war Gewerkschafter, und durch ihn und mit ihm wuchs sie in eine neue politische Aufgabe hinein: »Für uns war klar, wir führen ein aktives Leben. Das kann nimmer vorkommen, dass wir so mit wo hineinschlittern.« Sie beteiligte sich an Demonstrationen gegen die Wiederbewaffnung und an Bürgerinitiativen. Vor allem arbeitete sie ihrem Mann zu. 1974 wurde sie mit der zweithöchsten Stimmenzahl zur SPD-Stadträtin in W. gewählt und blieb das fast 20 Jahre lang bis 1992. »Es müssen mehr Frauen in die Politik, das war von Anfang an meine Meinung. Ich hab' das ja an mir gesehen, was das bedeutet, wenn man bloß Mitläufer macht.«

3. Das besten Zeugnis für ihre Glaubwürdigkeit stellt ihr ihre Tochter aus, die mir das Gespräch vermittelte. Sie ist Soziologin und Kulturwissenschaftlerin. In ihren jungen Jahren war sie politisch sehr links orientiert, also sicher keine bequeme Tochter. Sie sagte: »Meine Mutter hat nichts unter den Teppich gekehrt. Bei uns wurde alles offen und ausführlich diskutiert. Sie hat ihre Vergangenheit verarbeitet«. Gerade diese *Nachgeschichte* ist wichtig, wenn man erfahren will, ob eine

»Entnazifizierung« wirklich stattgefunden hat oder nicht. Was in den ersten Nach-kriegsjahren unter dieser Bezeichnung in Fragebogenaktionen und Spruchkam-merverfahren ablief, bietet nur eine verzerrte Momentaufnahme. Natürlich wollte niemand ein »Nazi« gewesen sein, wenn die Existenz auf dem Spiel stand. Wer sich ein fundierteres Urteil über den Umgang deutscher Frauen mit der eigenen Vergangenheit und über den Sinneswandel oder den nicht stattgehabten Sinnes-wandel machen will, darf hier nicht stehenbleiben, sondern muss ihre weitere Le-bensgeschichte mit einbeziehen.[53]

Irmgard B. ist – wie schon gesagt – eine der ganz wenigen unter meinen Ge-sprächspartnerinnen, die als »Hauptschuldige« angeklagt waren.[54] Es gibt unter ihnen auch nur wenige »Belastete«. Die meisten fielen unter die Kategorie »Mitläufer« oder unter die Jugendamnestie. Die Zahlenverhältnisse spiegeln in etwa die Verhältnisse in der Gesamtbevölkerung.[55] Dass die Amnestierten überproportional vertreten sind, liegt an der Altersstruktur der Befragten, un-ter denen die damals jungen Frauen dominieren. Der Fall Irmgard B. kann also nicht ohne weiteres verallgemeinert werden. Aber an ihm ließen sich man-che Merkmale aufzeigen, die auch von anderen Frauen erlebt und beobachtet wurden[56], andere müssen modifiziert oder hinzugefügt werden.

Die meisten sind der Meinung, dass die Schuldigen Strafe verdienten. Sie räumen auch ein, dass dies zu verwirklichen schwierig war und dass die Alli-ierten, besonders die Amerikaner, sich damit sehr viel Arbeit gemacht haben. Aber die meisten finden auch, dass das Verfahren in der Praxis zu großen Un-gerechtigkeiten geführt hat.[57] Wie Irmgard B. es als ungerecht empfunden hat, nur nach ihrer Dienststellung zu den »Hauptschuldigen« gezählt zu werden, so fühlten sich viele selbst oder ihre Angehörigen ungerecht eingestuft oder völlig zu Unrecht aus dem Dienst entlassen oder unrechtmäßig verhaftet.

ELISABETH R. (1926): »Ich wollte, als ich keinen Kindergarten bekommen habe, wollte ich nach Waiblingen gehen und noch die Kindergartenpflege lernen. Und da bin ich nicht angenommen worden, weil ich dies eine Jahr bei der Partei war. Da hab' ich vielleicht die braunen Popole (*sie meint die Popos der Kinder*) nicht richtig putzen kön-nen, weil ich noch zu ›braun‹ war (*Gelächter*). Ich fand das unmöglich, auch damals schon, auch heut noch. Wie kann man so was Dummes machen!«

ANNEMARIE K. (1919): »Auch für meinen Mann war die Zeit nicht nur im Krieg, sondern auch danach schwer zu ertragen. Er war Adjutant beim Corps-Arzt und hatte die ganzen Kriegsjahre in vorderster Front auf dem Hauptverbandsplatz seinen Dienst verrichtet… Mir liegt noch im Original sein Personalausweis mit der Bestätigung vor, dass er als sanitätstechnischer Führer ausschließlich im Sanitätsdienst Verwendung fand. Er war berechtigt, das Genfer Abzeichen (*gestempelte weiße Armbinde mit ro-tem Kreuz*) zu tragen und stand unter dem Schutz der Artikel 9, 12 und 13 des Gen-

fer Abkommens vom 27.7.1929. Trotz dieses humanen Aufgabengebietes wurde mein
Mann, weil er Offizier war, als Militarist verurteilt. Die Zeit nach dem Krieg hat nur
schwer die Wunden und seelischen Leiden verheilen lassen. Wir wollten nur noch
unser Glück in der eigenen Familie suchen, doch diese Hoffnung wurde durch den
Tod meines Mannes zerstört. Er starb an den Folgen des nach seinem Tode anerkann-
ten Kriegsleidens.«

URSULA H. (1919): »Die kleinen Leute haben vielfach gar nichts Schlimmes getan,
sich halt sozial betätigt, aber natürlich unter NS-Vorzeichen. Dass das alles verdam-
menswürdig sein sollte, verstehe ich bis heute noch nicht… Ein Onkel von mir war
Jurist, Senatspräsident sogar, der war bei der Partei. Der bekam ein Verfahren, ziemlich rasch, weil sie die Leute gebraucht haben. Der war nachher in Karlsruhe am Ver-
waltungsgericht. So kann einer seine Meinung und seine Handlungsweise nicht verändern, wenn er mal 50, 60 ist, vor oder nach der Spruchkammer.«

MARIANNE M. (1921): »Mein Vater (*PG und Mitarbeiter bei der NSV*) flog aus seiner
Firma und musste Holz fällen. Unser Ortskommandant (der als Kreishandwerksmei-
ster sein marodes Baugeschäft sanierte und beim Westwallbau dubiose Geschäfte machen konnte) war beim Einmarsch der Amerikaner verschwunden. Man erfuhr später, dass er sich in seinem Wochenendhaus aufhielt und amerikanische Offiziere dort
ein- und ausgingen. Dazu erfuhren wir ebenfalls viele Tage später, dass er drei französische Zwangsarbeiter erschießen ließ, weil sie ›schwarz‹ geschlachtet hatten. Büßen mussten dafür einige willkürlich bestimmte Parteigenossen. Sie mussten Särge
durch die Stadt tragen. An jeder Straßenkreuzung verkündete der Büttel mit Glocke,
dass diese Naziverbrecher drei unschuldige Menschen ermordet hätten. Den wahren
Täter kannten wir damals noch nicht.«

ANNEMARIE S. (1920): »Die Entnazifizierungen waren oft ungerecht, weil falsches
Zeugnis und Denunziationen eine Rolle spielten. Die Lüge zur Selbstverteidigung
wurde geradezu herausgefordert. Dadurch wurde das Gefühl für Anstand und öffentliche Moral schwer geschädigt. Die Empfindung für Ehrlichkeit, Verantwortung wurde
gröblich verletzt.«

ISA P. (1910), ihr Mann musste als unbelasteter Richter in Entnazifizierungsverfah-
ren Recht sprechen: »Er litt sehr darunter, eine Rechtsfindung war fast unmöglich,
denn die Parteizugehörigkeit war für manche Familienväter kaum zu umgehen.«

RUTH ANDREAS-FRIEDRICH in ihrem Tagebuch am 6. Oktober 1946: »Fünfundzwan-
zigtausend Berliner Arbeiter treten in Kurzstreik, weil Papen, Schacht und Fritzsche
freigesprochen wurden. Was sollen die kleinen Pg's dazu sagen? Noch sitzen viele
Millionen und warten auf ihre Entnazifizierung. Füllen Fragebogen aus, schaffen
Leumundszeugnisse bei, schreiben Lebensläufe, Erklärungen und Rechtfertigungen.
Sie hungern auf Karte Fünf, klopfen Steine, räumen Schutt, machen Botengänge und,
wenn sie endlich entnazifiziert worden sind, warten sie monatelang darauf, dass der
Kontrollrat ihre Entnazifizierung anerkennt. Vorher kein Arbeitsvertrag. Vorher kein

Posten mit gehobener Beschäftigung. ›Was haben *wir* getan, und was hat Papen sich erlaubt?‹ fragen sie verbittert. ›Sind wir es gewesen, die im Rundfunk die Goebbels-reden interpretierten, oder war es Herr Fritzsche? Herr Fritzsche ist freigesprochen. Frau Göring lebt in ihrem Landhaus in Bayern, lässt sich täglich mit einem anderen Alliierten photographieren, und wir klopfen Steine. Wo bleibt die Gerechtigkeit, wenn wir Steine klopfen, während Herr Papen spazierengeht?‹«[58]

Als Hauptmangel wird hervorgehoben, dass formale Kriterien, also etwa die bloße Mitgliedschaft in der Partei, zu stark gewertet wurden. Viele seien ein-getreten, weil sie »mussten«. Dabei wird nicht deutlich erklärt, was dieses »Muss« für den einzelnen hieß: Entlassung, Nicht-Einstellung, Karriereblok-kierung? Manche Frauen gehen so weit zu sagen: »PG und Mensch, das hat-te überhaupt nichts miteinander zu tun.« Vorsichtiger formulieren andere: »Es hat unter den Parteigenossen anständige Menschen gegeben und unter Nicht-Parteigenossen unanständige.« Und unter den »Nazis« habe es ja auch viele »Idealisten« gegeben. Oft wird auch eine Grenze gezogen zwischen den bloß »nominellen Nazis« und den »Hundertfünfzigprozentigen« oder »Fanatikern«. Sie erkennen so ganz richtig, dass ein solches Verfahren nicht »den Menschen«, sondern den »Funktionsträger« anklagt. Dabei übersehen sie aber meist, wie-viel Raum der Verteidigung blieb, eben dieses »Menschliche« in die Waagschale zu werfen. Vielen gelang es dadurch, ihren »Status« zu verbessern.

An diesem Punkt setzt weitere Kritik an. Es kam eben auf die geschickte Verteidigung an, es kam darauf an, sich »Persilscheine« zu besorgen, so nann-te man allgemein die Entlastungszeugnisse. Wir haben bei Irmgard B. diese Zeugnisse nicht im einzelnen geprüft; sie erscheinen mir aber nach allem, was ich von ihr weiß, nicht erschlichen oder gar gekauft zu sein. Dennoch ist zum mindesten das Zeugnis des Pfarrers geschönt, denn sie war ja heimlich aus der Kirche ausgetreten. Viele sind aber der Überzeugung, dass da oft »gemau-schelt« wurde, vor allem hat sie der Ausgang der Entnazifizierung[59] in ihrer vorgefassten Meinung bestärkt: »Die Großen lässt man laufen, und die Klei-nen hängt man.« Die Verachtung, die man gegenüber diesen »großen Halun-ken« zur Schau trug, war gemischt mit Neid, es nicht so gut verstanden zu haben sich reinzuwaschen. Die Verachtung hinderte die meisten nicht daran, für sich selbst alle nur möglichen Vorteile herauszuschlagen und es mit der Wahrheit nicht allzu genau zu nehmen.[60] Wegen dieser nachweisbaren und so kurz nach Kriegsende kaum vermeidbaren Ungerechtigkeiten waren viele, besonders diejenigen, die sich ungerecht behandelt fühlten, geneigt, das Gan-ze als »Siegerjustiz« abzutun, von Siegern überdies, die von den wahren Ver-hältnissen im Dritten Reich keine Ahnung hatten.

IRMGARD S. (1913), Arbeitsdienstführerin, wurde in der Internierung verhört: »Die erste Frage war – jetzt weiß ich nicht mehr, hat er mich gefragt, wieviel Juden haben Sie umgebracht, oder wieviel Menschen haben Sie umgebracht? Dass ich da im Grunde nur grinsen konnte und ihm sagen konnte, wir haben den Bauern mit unseren Arbeitsmaiden auf dem Feld geholfen usw.. Habe ihn aufgeklärt. Ich kann nur sagen, dass in den Fragen zum Ausdruck kam, dass die überhaupt keine Ahnung hatten, etwa was Arbeitsdienst war. Was wir wirklich gemacht haben. Dass da eben auch die Feindpropaganda gewirkt hat. Ich sehe noch diesen Raum, in dem ich diesem Offizier am Schreibtisch gegenüber saß, übrigens ordentlich, ich glaube gar nicht, dass ich stehen musste, sondern dass der beinahe wie beim Arzt gesagt hat: ›Setzen Sie sich.‹«

Obwohl gerade Irmgard B.'s Spruchkammerverfahren zeigt, wie groß das Bemühen war zu verstehen, wie jemand zum »Nazi« und zum »Hauptschuldigen« werden konnte, stand in der Wahrnehmung der meisten nicht die Aufklärung, sondern die Bestrafung im Vordergrund.[61]

Obwohl man an der Integrität der Deutschen, die in den Spruchkammerverfahren eine Funktion ausübten, nicht zweifeln konnte, gab es die Auffassung nicht selten: »Das macht man nicht. Über die eigenen Landleute zu Gericht sitzen.« Von da war es nicht weit zu einer bequemen Umkehrung: Man konnte sich wieder als »Opfer« fühlen, das nicht nur durch den Krieg gelitten hatte, sondern – nur weil man den Krieg verloren hatte – erneut Unrecht leiden musste.

Dazu schreibt Erika: Ihr Mann war hoher RAD-Führer gewesen. Erika berichtet darüber mit den Worten: »Er wurde ewig lang nicht entnazifiziert.« Die NS-Vergangenheit wird darin wie ein Unglück betrachtet, das einem »irgendwie« zugestoßen ist und das nun möglichst rasch behoben werden sollte, so wie man z. B. sagt: »Er wurde ewig nicht operiert« oder »Wir fanden ewig keine Wohnung.« Damit werden gleichsam »die anderen«, die einen nicht schneller entnazifizierten, zu den Unanständigen.[62]

Es bestand dann auch die Neigung, alles, was sonst noch an Demokratisierungsimpulsen und Umerziehungsprogrammen, an Deutungen der NS-Zeit von den Siegern kam oder ihnen zugeschrieben wurde, skeptisch zu betrachten und sich innerlich dagegen zu sperren, es auch nur für eine andere Art von Propaganda zu halten, von der man nun ein für alle Mal genug hatte.

Ein frappantes Beispiel für die letztgenannte Version berichtet URSULA VON KARDORFF am 25.6.1945: »Neulich kam ein ganzer Omnibus mit Priestern aus Dachau durch. Sie zeigten Schreckensfotos von Leichenbergen aus dem KZ. Aber die Leute hier, die diese Aufnahmen sahen, sagten, das seien in Wirklichkeit Bilder vom Angriff auf Dresden. Das sind die Früchte der Goebbels-Propaganda. Dieses Volk wird nun nichts mehr glauben, gegen alles und jeden misstrauisch sein.«[63]

Eine andere Spielart der Ablenkung von der Notwendigkeit, sich über die eigenen Schuldanteile klarzuwerden, war die Kritik an dem Fragebogen der Amerikaner mit seinen 131 Fragen.

EVA STERNHEIM-PETERS (1925): »Ein weiterer Stolperstein auf E.'s langem Weg in die Demokratie war der Fragebogen der Militärregierung, dessen 131 Fragen unter Strafandrohung genau und gewissenhaft bei jeder Bewerbung um einen Studienplatz oder ein öffentliches Amt beantwortet werden mussten. Er diente nicht etwa statistischen Zwecken, sondern sollte die Spreu vom Weizen, die ›Belasteten‹ von den ›Unbelasteten‹ scheiden.

›Unbelastet‹ waren nun alle, die sich während der Zeit des III. Reiches weitgehend von tätigem Engagement für die Volksgemeinschaft ferngehalten hatten, während jeder soziale Einsatz im Rahmen von Volkswohlfahrt, Arbeitsfront, Hitlerjugend, Frauenschaft, Arbeitsdienst, VDA (*Volksbund für das Deutschtum im Ausland*), Rotem Kreuz, Luftschutzbund, jede Meldung zu Ernteeinsatz, Winterhilfswerk, Flüchtlingshilfe, Kinderbetreuung, Sanitätsdienst, Lazaretteinsatz, Nachbarschaftshilfe usw. nun als moralisch anrüchig galt. E. beschloss, in ihrem Leben niemals wieder einen Finger für die Allgemeinheit zu rühren.

Besonders empörte es sie, dass unmittelbar nach den Angaben zur Person fünf ›Gretchenfragen‹ nach der Religion beantwortet werden mussten, von denen insbesondere die Fragen 20 und 21 (›Haben Sie jemals offiziell oder inoffiziell Ihre Verbindung mit einer Kirche aufgelöst?‹ und ›falls ja, geben Sie Einzelheiten und Gründe an‹) E. bestätigten, dass die katholische Kirche auch weiterhin, nun aber mit dem Segen der Militärregierung und der ›parlamentarischen Demokratie‹, Herzen und Hirne ihrer abtrünnigen Schäfchen gnadenlos zu beherrschen gedachte.

Da sie während des III. Reiches niemals zur Bespitzelung von Eltern, Verwandten, Bekannten, Lehrern oder Klassenkameradinnen angehalten worden war, empörten sie auch die Denunziationsfragen, die genaue Angaben forderten über irgendwelche Verwandte, die jemals Amt, Rang und einflussreiche Stellungen in irgendeiner der von Nr. 41 bis 95 angeführten Organisationen innehatten.

Die in den Fragen 108 und 109 verlangte Offenlegung geheimer Wahlentscheidungen vom November 1932 und März 1933 betrafen E., wegen damaliger kindlicher Unmündigkeit zwar nicht, ließen aber das nun als Errungenschaft der parlamentarischen Demokratie gepriesene ›freie und geheime Wahlrecht‹ in einem dubiosen Licht erscheinen.«[64]

Eva Sternheim-Peters bezeichnet diesen Fragebogen, den sie wie so viele andere ausfüllen musste, als einen der »Stolpersteine auf ihrem langen Weg zur Demokratie«. Man könnte die gesamte Entnazifizierung, so wie sie abgelaufen ist, mit Recht als einen »großen Stolperstein auf dem Weg zur Demokratie« bezeichnen. Das war aber keineswegs allein die Schuld der Sieger, sprich: vor allem der Amerikaner, sondern dazu trug auch der verständliche Wunsch, sich möglichst rasch zu salvieren, erheblich bei. Und dies ironischerweise nicht nur bei denen, die sich zu Unrecht zu hart bestraft fühlten, sondern z.T. auch bei jenen, die sich als entlastet und amnestiert vorfanden. Das funktionierte ganz einfach: Sie hatten ja nun die amtlich beglaubigte Absolution und waren berechtigt, einen Schlußstrich zu ziehen. Sie fühlten sich auch von der Aufgabe freigesprochen, nach den Ursachen für die Fehlentwicklung in der deutschen Geschichte und in ihrer eigenen Geschichte zu suchen. Diesen Eindruck hatte ich bei sehr vielen der von mir befragten Frauen; die Auseinandersetzung mit ihrer eigenen Vergangenheit endete oft mit Bemerkungen wie: »Ich fiel unter die Jugendamnestie«, »Ich galt als entlastet«, »Ich hatte nichts damit (*mit der Entnazifizierung*) zu tun«.[65] Es wird scharf und allzu einfach unterschieden zwischen dem eigenen »Nicht-Betroffen-Sein« und den »Hundertfünfzigprozentigen«. Der Grad der eigenen Anpassung braucht damit nicht mehr reflektiert zu werden. So konnte man sich auch von den Verbrechen, die nun für alle offenbar wurden, distanzieren: »Ich hab' das nicht gewusst«, sagte Irmgard B. bei ihrer Vernehmung, musste dann aber zugeben, dass sie doch »etwas« gewusst hatte. Aber sie grenzte sich bei ihrer Erzählung von »diesem Klüngel« (gemeint sind die SS-Wachmannschaften im Lager Flossenbürg) ab, zu dem sie nicht passte, wo sie »ganz fehl am Platze war«.

Möglicherweise hätte auch Irmgard B. ein für allemal den »Schlußstrich« gezogen, wenn nicht ihr Mann und später ihre Tochter sie daran gehindert und sie auf einen neuen Weg mitgenommen hätten, den sie dann freilich ganz selbstbestimmt ging. Auch eine Reihe von anderen Frauen schlugen den Weg zu einem demokratischen Neubeginn nicht schnurstracks ein. Es gab auf diesem Weg viele Stolpersteine. Nicht die sogenannte Entnazifizierung hat die Köpfe und Herzen der Frauen »entnazifiziert«, sondern oft Menschen, denen sie begegnet sind oder andere Erfahrungen, von denen im dritten Band noch die Rede sein wird.

Tatsächliche und vermeintliche Ungerechtigkeiten bei der Entnazifizierung haben das Klima des Zusammenlebens vergiftet. Immer wieder sagen Frauen, »es habe böses Blut gegeben«. Neben den quasi natürlichen Spannungen und Animositäten zwischen den Angeklagten und den Anklägern (»Man sitzt nicht über Landsleute zu Gericht«) haben die Frauen sehr genau registriert, wer zu gut oder zu schlecht wegkam. Mit Verbitterung wird bemerkt, dass auch Denunziationen manch einem ungerechtfertigterweise Übles zugefügt haben. Wie schon unter Hitler, so konnte sich erneut »die kleine Niedertracht« ausleben.[66]

Die anonyme Berlinerin: »Meistens wird sich aber jetzt nicht die große, feurige Rache austoben, sondern die kleine Niedertracht: Der hat mich von oben herab angesehen, seine Frau hat meiner Frau ihr spitziges ›Heil Hitler‹ zugekläfft, außerdem

hat er mehr verdient, hat dickere Zigarren geraucht als ich – also werd' ich ihn duk-
ken, werde ihm und seiner Alten das Maul stopfen...«[67]

Es ist beklemmend zu beobachten, dass sich in der neuen politischen Konstellation der Nachkriegszeit alte Gruppensolidaritäten und Abgrenzungen
wiederherstellten bzw. weiterbestanden. »Entnazifizierungsgeschädigte« hielten zusammen, hatten Verständnis füreinander, halfen einander. Geschädigte
und Verfolgte des Nazi-Regimes, obzwar offiziell als Märtyrer oder Helden
anerkannt, waren das in den Augen der Öffentlichkeit keineswegs. Dafür sprechen noch heute die Aussagen der von mir befragten Frauen. Diese Opfer des
nationalsozialistischen Regimes wurden weiterhin mit Skepsis und Misstrau-
en, wenn nicht mit Ablehnung betrachtet. Die Ausgegrenzten wurden weiter
ausgegrenzt. Immer wieder kamen Frauen darauf zu sprechen, dass Häuser
von befreiten Juden bezogen wurden, dass ehemalige KZ-Häftlinge sich in
Wohnungen breitgemacht und darin »gehaust« hätten, dass sie in »Lebensmitteln schwammen« und sich auf dem schwarzen Markt bereicherten. Seltener
werden Beispiele erwähnt, wo Juden sich »sehr nett«, »sehr großzügig« verhalten haben. Auch die Widerstandskämpfer, besonders die »Sozis« und »Kommunisten«, blieben den »braven« deutschnationalen Bürgern suspekt; man
wollte möglichst wenig mit ihnen zu tun haben, außer wenn man sie für »Persilscheine« brauchen konnte. Der »umgekehrte Blick« auf die Entnazifizierung,
also der Blick von den Opfern her, ist nicht Thema meiner Arbeit, da sie die
Verfolgten im engeren Sinn nicht zum Gegenstand hat.[68]

Wie stand es bei den Frauen mit dem *politischen Engagement,* der politischen
Partizipation nach dem Krieg? Gelegenheit zur Mitarbeit in den neu entstehen-
den Parteien, in den Kommunen, in überparteilichen Frauenausschüssen und
Frauenverbänden, in Gewerkschaften gab es.

Ein Oral-History-Projekt kann darüber keine objektive Auskunft geben.
Hier müssen die Akten der jeweiligen Institutionen und Gruppierungen befragt werden, die Mitgliederzahlen, die Protokolle, auch Aufzeichnungen von
Politikerinnen.[69] Die bisherige Forschung hat gezeigt, dass der Anteil der Frau-
en an der aktiven Politik nach Kriegsende gering war.[70] Gespräche mit Zeitzeuginnen können nur erklären helfen, warum das so war.

Die »durchschnittlichen« Frauen im Zusammenhang meines Forschungsprojekts empfinden die Frage nach ihrer politischen Beteiligung nach dem
»Umbruch« als absurd. Sie waren restlos gefordert, ja überfordert durch den
täglichen Existenzkampf. Und wenn man sich ihren Nachkriegsalltag nach
ihren eigenen Erzählungen vor Augen führt, bleibt einem die Frage nach ihrem politischen Engagement buchstäblich im Halse stecken.[71]

Doch es drängt sich eine andere Frage auf, der bis heute noch niemand nachgegangen ist: Wie und wovon haben die Männer gelebt, die sich gleich nach dem Krieg der Politik widmen konnten? Wer hat für sie gekocht, geflickt, geputzt usw.? Wie kamen sie an die lebensnotwendigen Dinge? Die politische Partizipation nicht weniger Frauen bestand darin, dass sie ihren Männern die Sorge um die Subsistenz abnahmen. Auch wenn die Belastung, ja Überlastung durch die traditionellen Frauenaufgaben ganz schwer wiegt, ist sie nicht die einzige Erklärung für die weitgehende politische Abstinenz. Sie ergibt sich ganz logisch aus ihrer bisherigen Einstellung zur Politik. Die Maxime »Ich war ganz unpolitisch« bestimmte bereits ihr Leben im Dritten Reich und davor.[72] Warum sollte sich das jetzt plötzlich ändern? Durch die Erfahrungen mit der »großen Politik« waren sie erst recht abgeschreckt; gerade die »Entnazifizierung« hatte ihnen erneut gezeigt, wohin man geraten konnte, wenn man sich allzusehr auf »Politik« einließ. Sehr viele Frauen zogen den Schluss: »Jetzt erst recht und nie wieder will ich irgend etwas mit Politik zu tun haben!« Sie waren noch keineswegs überzeugt von den Segnungen der von den Siegern eingeführten Demokratie, konnten es ja auch kaum sein, denn die älteren von ihnen hatten nur die schlecht funktionierende Weimarer Demokratie kennengelernt und die jüngeren hatten keine Ahnung von dieser Regierungsform. Gerade diejenigen unter den jüngeren Frauen, die glaubten, im Dritten Reich politisch ihr Bestes gegeben zu haben, fühlten sich so sehr betrogen und missbraucht, dass sie sich – zunächst jedenfalls – nur noch um ihr Privatleben kümmern wollten.

Die Frauen »der ersten Stunde« – so deshalb meine These – waren entweder Frauen, die schon vor 1933 politisch tätig gewesen waren, meist hatten sie unter der Hitler-Herrschaft gelitten, oder es waren Frauen, die aus politisch aktiven Häusern stammten und von dort wichtige Anstöße erhielten.[73]

So z. B. GERTRUD W. (1914), deren Eltern Sozialdemokraten waren und die selbst vor 1933 Mitglied der Sozialistischen Arbeiterjugend und des Sozialistischen Schülerbundes gewesen war: »Trotz des Kampfes ums Überleben wurde ich nach dem Krieg politisch aktiv (SPD) und 1948 Mitglied des Gemeinderates.« Später hat sie noch andere Ämter übernommen und wurde 1959 Landtagsabgeordnete.

Aber selbst bei diesen Frauen ging die Sorge um die Familie vor:

GERTRUD W.: »Ich habe mein Landtagsmandat erst übernommen, als meine Kinder 15 bzw. 17 Jahre alt waren. Vorher hatte ich es aus familiären Gründen abgelehnt. In meiner Familie herrschte ein guter Teamgeist, und so klappte die Doppelbelastung. Als mein Mann 1970 krank wurde, ließ ich mein Stadtrat- und Landtagsmandat auslaufen.«

GABRIELE STRECKER (1905!), politisch aktiv in der CDU, schreibt in ihrer Autobiografie: »Mein Mann, selbst übermäßig ärztlich beansprucht, hatte volles Verständnis und ermutigte mich bei meiner politischen Arbeit. Meine Söhne, 1932 und 1935 geboren, waren 1950 bereits relativ selbständig und durch die Schule ausgefüllt (*so konnte sie erst zu diesem Zeitpunkt an ein politisches Engagement denken*)… Aber entscheidend war der unerhörte Glücksfall, dass ich im Hause genügendes und tüchtiges langjähriges Personal hatte, das mich von jeder Hausarbeit entlastete. Nur so war meine dreifache Belastung möglich.«[74]

Bei politisch aktiven Frauen wie diesen ist anzumerken, dass auch sie jemand – wohl nur in seltenen Fällen helfende Männer – im Hintergrund hatten, die ihnen den Rücken für ihre politischen Aufgaben weithin freihielten. Diese These wäre im einzelnen zu überprüfen.

Ich habe mit einigen Frauen gesprochen, die den politischen Neuanfang hautnah mitbekommen haben, weil sich in ihrer unmittelbaren familiären Umgebung Menschen zusammenfanden, die politische Fragen nicht nur erörterten, sondern die Politik tatsächlich selber mitgestalten wollten und dann mitgestalteten. Bezeichnend ist, dass auch in diesen Zeugnissen die passive Rolle der Frauen beschrieben wird. Sie beschränkten sich aufs »Zuhören«, aufs »Dabeisein« und (was deutlich herauszulesen ist) wahrscheinlich auf die Sorge für das leibliche Wohl und eine angenehme Atmosphäre. Zu eigener politischer Arbeit fanden manche erst sehr viel später.[75]

Gegen die alleinige Erklärung, die Frauen seien durch den Überlebenskampf allesamt so in Anspruch genommen gewesen, dass sie keine Zeit, keine Kraft und keine Gedanken mehr für irgend etwas anderes gehabt hätten, sprechen auch verschiedene andere Gründe: Es gab eine nicht kleine Anzahl von Frauen, die glimpflich durch den Krieg gekommen waren und die durch glückliche und günstige Umstände und Beziehungen sich nicht in der Sorge um das tägliche Brot verzehren mussten. Wir haben das immer wieder festgestellt. Außerdem haben wir festgestellt, dass Frauen – trotz Erschöpfung und schwerer Sorgen – immer noch die Zeit und die Mittel aufbrachten, an kulturellen Veranstaltungen teilzunehmen, und zwar verstärkt und in Massen. Wo ein Wille war, da fand sich meist auch ein Weg. Diese Anziehungskraft konnte politische Betätigung offenbar nicht auf sie ausüben.

Auffällig ist ein anderes begleitendes Phänomen: Viele von ihnen waren, trotz bedrängender Alltagsprobleme, weiterhin bereit, soziale, helfende, bildende Aufgaben zu übernehmen, und zwar größtenteils ehrenamtlich.

Frauen halfen praktisch überall, in öffentlichen, parteilichen, kirchlichen Hilfseinrichtungen, in Wohlfahrtsverbänden, beim Evangelischen Hilfswerk, bei der Caritas, beim Deutschen Roten Kreuz, auf Sozialämtern, bei der kommunalen Flüchtlingsbetreuung, in der Arbeiterwohlfahrt, in neu gegründeten Organisationen, etwa der Schweizer Kinderspeisung, der amerikanischen Hoover-Speisung, in Nähstuben, in Volksküchen. Sie eröffneten Bücherstuben und halfen bei der Eröffnung von Kindergärten usw. So wenig es bisher eine Darstellung der ehrenamtlichen Tätigkeiten von Frauen während des Krieges gibt, so wenig ist diese Nachkriegsleistung vieler Frauen bisher systematisch erfasst, geschweige denn gewürdigt.[76] Obwohl viele von ihnen selbst hungerten und froren, stellten sie sich zur Verfügung, wenn es galt, anderen zu helfen. Hierin ist zweifellos eine Kontinuität im traditionellen Frauenengagement zu sehen.

Zusammenfassung

Was auch immer unter der »Stunde Null« verstanden werden mag, wenn vom Beginn der Nachkriegszeit die Rede ist, aus der Sicht der großen Mehrheit der Frauen trifft die Formulierung nicht zu. So wenig der 8. Mai 1945 einen definitiven Schlusspunkt hinter einen Lebensabschnitt gesetzt hat, so wenig markiert er einen voraussetzungslosen Start in ein neues friedliches Leben. Die Weichen für die materiellen und persönlichen Lebensumstände waren durch den Krieg gestellt worden, der die Frauen unterschiedlich hart getroffen hat. Während die einen ohne große Einbußen und Verluste mit nur geringen Entbehrungen ihr gewohntes Leben fortsetzen konnten, standen andere buchstäblich vor dem Nichts; sie mussten tatsächlich am »Nullpunkt« beginnen. Die meisten Frauen befanden sich irgendwo zwischen diesen Extremen. Krieg und Zusammenbruch haben nicht etwa gleiche Startbedingungen für alle geschaffen, im Gegenteil. Es gab auch keine ausgleichende Gerechtigkeit nach den Verbrechen und Verlusten des Krieges. Weder hatten die, die besonders unter dem Krieg gelitten hatten und am wenigsten schuld an ihm waren, zum Ausgleich jetzt bessere Bedingungen (man denke nur an die heimatvertriebenen Frauen und Kinder), noch wurden diejenigen, die sich als Nazis besonders hervorgetan und auch bereichert hatten, jetzt besonders bestraft, von der Führungsgarde abgesehen. Die gewohnte soziale Rangordnung war erschüttert, die Karten für einen erfolgreichen Start wurden neu gemischt, wenn auch ziemlich willkürlich. Für diejenigen, die nicht unter fremder Herrschaft leben mussten, nicht zwangsverschleppt waren, die also eine Bleibe gefunden hatten, bedeutete das Kriegsende trotz aller erlittenen Verluste doch einen hoffnungsvollen Neuanfang, für den es sich lohnte zu arbeiten. Auch wenn erst jetzt Hunger, Kälte, Wohnungsnot und Mangel für viele lebensbedrohend wurden, konnten sie doch damit rechnen, dass der Tiefpunkt in absehbarer Zeit durchschritten sein würde.

Politisch war das nationalsozialistische System restlos zerstört, die Niederlage unwiderruflich und vor aller Augen. Trotzdem gab es im Bewusstsein der meisten Frauen keinen Bruch. Die »Drahtzieher der großen Politik« hatten mit dem 8. Mai 1945 gewechselt, man hatte teuer dafür bezahlen müssen, die Niederlage war demütigend, aber eine politische Auseinandersetzung mit dem Regime, mit dem man ja auf Gedeih und Verderb liiert gewesen war, fand – zunächst jedenfalls – bei der großen Mehrzahl der Frauen nicht statt, am ehesten noch in studentischen Kreisen. Die Entnazifizierung blieb äußerlich, Umerziehungsversuche stießen auf große Skepsis. Bei den Bestraften bestand die Neigung, sich als Opfer einer Siegerjustiz zu fühlen, bei den Amnestierten wiederum die Tendenz, sich ein für allemal als salviert zu betrachten. Die jungen Mädchen, die begeistert an die proklamierten Ideale geglaubt hatten, ohne sich doch – bis auf Ausnahmen – völlig mit ihnen zu identifizieren[79], fühlten sich enttäuscht, manche auch zunächst orientierungslos. Sie verfielen aber in keine tiefe, anhaltende Lebenskrise, sondern wandten sich anderen Idealen und Sinndeutungen zu, versuchten das Versäumte an Wissen und Bildung möglichst schnell nachzuholen, kümmerten sich um ihr Privatleben und blieben im Kern die Menschen, die sie gewesen waren.

Genausowenig änderte sich an der Auffassung von der traditionellen Frauenrolle. Politik blieb für die meisten ein fremdes, unweibliches Feld, für das sie nach dem Erlebten und angesichts der aufreibenden Mühen und Plagen des Nachkriegsalltags noch weniger Interesse aufbrachten als zuvor. Nur wenige fanden im Laufe der Zeit den Weg in die aktive Politik oder wurden Mitglieder in Parteien, Gewerkschaften oder anderen Verbänden. Die relativ wenigen »politischen Frauen der ersten Stunde« knüpften an ihr oder ihrer Eltern politisches Engagement vor Hitler an oder standen unter dem besonderen Einfluss politischer Leitfiguren.

Der Hunger nach kulturellen Angeboten, Theater, Konzerten, Vorträgen und Lesungen war bei vielen, selbst bei überarbeiteten Frauen, sehr groß. Das Wichtigste war aber, dass man überhaupt wieder etwas sehen und hören konnte, weniger wichtig waren »neue« Inhalte. Nur einige der damals jungen Mädchen sagten, sie seien »elektrisiert« gewesen durch die neuen Klänge von Jazz und Schlagern, auch von ausländischen Filmen und Schauspielern. Aber das bedeutete nicht, dass sich plötzlich eine neue kulturelle Welt vor ihnen aufgetan hätte, etwa durch Werke von im Dritten Reich verfemten Schriftstellern, Komponisten, Malern und bildenden Künstlern. Das alles drang erst sehr allmählich ins Bewusstsein ein, meist nur in das Bewusstsein einer intellektuellen und gebildeten Schicht. Das Unverständnis für moderne Kunst, die Neigung, sie weiterhin als »entartet« zu betrachten, hielt sich lange. Allenfalls wurden im Laufe der Zeit Barlach, Käthe Kollwitz, Emil Nolde und wenige andere popularisiert.

Bei den Kirchen war erst recht kein Umbruch angesagt. Zwar wurden Dank- und Bußgottesdienste massenhaft und gerade von Frauen besucht und auch als erhebend und bewegend erinnert, erschien doch die Kirche als eine Institution, die das Dritte Reich unbeschadet überstanden hatte, aber auch hier reduzierte sich der Kern der Botschaft auf das gewohnte Muster: Die Ursache für Not und Unglück des Vaterlandes lag in der Abkehr von Gott, ein erfolgreicher Neuanfang war also nur durch die Rückkehr zu Gott garantiert. Diese Botschaft, schon im Krieg verkündet und im Grunde für alle Lebenslagen passend, enthob die Kirche der Notwendigkeit, die Schuld genau zu benennen, auch ihre eigene.[80] Dies erlaubte auch vielen Frauen, die sich die ganze Zeit treu zu ihr gehalten hatten, sich schon deshalb entlastet zu fühlen und sich in politischer Hinsicht keine Gedanken zu machen.

Frauen leisteten einen erheblichen Beitrag zum Wiederaufbau nach dem Krieg. Das wurde und wird nirgends bestritten. Dennoch treten allzuoft nur Segmente dieses Beitrags in den Blick, wenn auch nicht mehr allein die »mythischen Trümmerfrauen«. Es lohnt sich, an dieser Stelle zusammenzufassen, wie vielfältig dieser Beitrag der Frauen war, zumal auch in den vorangegangenen Kapiteln ebenfalls immer nur Teilbereiche betrachtet wurden.

In Kapitel 1 haben wir herausgearbeitet, dass die Überlebensarbeit der Frauen nicht nur viele Menschen vor dem Verhungern gerettet und den Familien erträgliche Lebensbedingungen geschaffen, sondern auch die Volkswirtschaft erheblich entlastet hat. Das »deutsche Wirtschaftswunder« wurde *auch* durch die vielen kleinen »Wunder« möglich, die die für ihre Familien wirtschaftenden Frauen täglich vollbrachten. Dazu kam die Sorge um das psychische Wohl der Familie, um ihren Zusammenhalt, die »Beziehungsarbeit« für den Mann, für die Kinder, für alte Angehörige. Wenn in vielen Publikationen der Nachkriegszeit die Krise der Familie zitiert, ja dramatisiert wird und auch in den Erzählungen der Frauen viel von den Schwierigkeiten des Zusammenlebens die Rede ist, so darf man darüber nicht vergessen, dass in den weitaus meisten Familien diese Schwierigkeiten überwunden werden konnten, was sicher nicht allein, aber zu einem erheblichen Teil den Frauen zu verdanken ist.

Besonders die Frauen, deren Männer nicht mehr aus dem Krieg zurückkehrten, trugen die Verantwortung für die Ausbildung und Erziehung der Kinder ganz allein. Sie haben die Aufgabe fast immer erfolgreich gemeistert. Dies war aber nicht eine Sache weniger Nachkriegsjahre, sondern eine Lebensarbeit. Sie setzt sich heute teilweise noch in der Betreuung der Enkelkinder fort. Deshalb soll diese Leistung im letzten Kapitel über die Nachwirkungen des Krieges genauer betrachtet und gewürdigt werden.[81]

Zur Beziehungsarbeit im weiteren Sinn ist für viele Frauen wie den Flüchtlingsfrauen auch das Sich-Hineinfinden in eine ganz fremde Umgebung zu zählen, das vor der Rückkehr der Männer ihnen allein zugemutet wurde und an dem sie nach Rückkehr der Männer ganz wesentlich beteiligt blieben. Sie waren es, die in den beengten Wohnungen, in unzumutbaren Küchen, unter den Augen argwöhnischer und oft wenig kooperativer Wirtsleute das häusliche Leben zu organisieren und den täglichen »Nahkampf« durchzustehen hatten.

Alle diese Tätigkeiten, die sich um Haushalt und Familie drehten, gehörten schon immer zu den Aufgaben der Frauen, wenn sie auch jetzt besonders hohe und neue Anforderungen an sie stellten. Frauen haben darüber hinaus noch Erwerbsarbeit aller Art geleistet, vor allem, um sich und den Familien bzw. den Kindern eine Existenzgrundlage zu schaffen.

Mit der mehr als kümmerlichen Kriegsopferversorgung sparte der Staat erneut an den Frauen Mittel ein, die er für den Wiederaufbau verwenden konnte. Wieweit die Militärregierungen dafür hafteten und welchen Einfluss deutsche Behörden darauf hatten, scheint mir nicht genügend geklärt zu sein.

Die weibliche Arbeitskraft wurde so doppelt ausgenutzt. Viele Frauen waren gezwungen, neben der großen Belastung durch Haushalt und Kinder zusätzlich für den finanziellen Lebensunterhalt zu arbeiten. Ganz zu schweigen davon, dass selbst für gleiche Arbeit die Frauen nur etwa 2/3 der Männerlöhne erhielten. In den ersten Nachkriegsjahren arbeiteten die Frauen meist aus Not, nicht aus Neigung. Das gilt nicht nur für die vergleichsweise wenigen berühmten »Trümmerfrauen«, sondern für alle Frauen, die verdienen mussten. Sie übten alle nur denkbaren Tätigkeiten aus, bis hin zur Kleinunternehmerin. Hier waren dem Spürsinn und dem Organisationstalent der Frauen keine Grenzen gesetzt. Durch diese meist durch keine geregelten Arbeitszeiten begrenzten, sich oft in die Nächte hineinziehenden Tätigkeiten haben sie wertvolle Güter produziert und Dienstleistungen erbracht, die im Bruttosozialprodukt ebenfalls entweder gar nicht erfasst oder nicht als weiblicher Anteil erkennbar sind. Durch alle diese Tätigkeiten haben Frauen unter schwierigsten Bedingungen fehlende wirtschaftliche Kapazitäten ersetzt und zur Ankurbelung des wirtschaftlichen Lebens beigetragen. Ohne die ehrenamtliche Arbeit von Frauen hätte viel akute Not nicht gelindert, hätten Spenden nicht verteilt, Suppenküchen und Nähstuben nicht eingerichtet, Frierende nicht gewärmt werden können. Bis auf einige besonders herausragende

Frauen in führenden Positionen sind die Namen dieser vielen selbstlosen Helferinnen unbekannt geblieben.

Und vergessen wir über den Frauen im damals besonders leistungs- und arbeitsfähigen Alter nicht den Anteil der älteren Frauengenerationen, besonders der Mütter dieser tüchtigen Töchter. Ohne sie hätten die Töchter die Doppel- und Dreifachbelastung von Beruf, Haushalt und Kindern nicht ausgehalten. Die Töchter selbst gedenken ihrer Mütter und Schwiegermütter mit großem Respekt und großer Dankbarkeit. Ich konnte sie fast niemals mehr selbst sprechen. Sie haben die »guten Jahre« nur noch zu einem kleinen Teil erlebt.

Ein Kommentar, der in den Lebensgeschichten von Müttern einen großen Raum einnimmt, oft sogar als Krönung am Ende ihrer mündlichen oder schriftlichen Berichte steht, lautet – auf eine kurze Formel gebracht: »Und meine Kinder sind alle anständige und brauchbare Menschen geworden.«

Dagegen sind ihnen die volkswirtschaftlichen Zusammenhänge, die Bedeutung ihrer Arbeit für den wirtschaftlichen Wiederaufbau weithin verborgen geblieben. Auch ihre vielfältigen Benachteiligungen, sei es in der Kriegsopferversorgung, sei es in der Entlohnung, kamen ihnen nur nach und nach zum Bewusstsein. Die meisten machen nicht viel Aufhebens von ihren Entbehrungen und Leistungen; sie finden es selbstverständlich, dass sie ihr Leben lang geopfert und gedient haben.[82] Erst die wachsende Aufmerksamkeit von Frauenverbänden und Frauenforscherinnen hat allmählich auch die breite Mehrheit erreicht. Vehement und laut artikulierte sich der Protest daraufhin z. B. gegen das Gesetz über die Anrechnung der Kindererziehungszeiten auf die Rente. Das war im Jahre 1987! Dieser späte Protest gehört zu den langen Nachwirkungen des Zweiten Weltkriegs, die im letzten Kapitel untersucht werden sollen. Die vielen jungen Frauen, die sich damals mit Enthusiasmus und Zielstrebigkeit in ihre Ausbildung warfen, waren nach 1945 eine Investition in die Zukunft.

Wie ging es denn weiter? Wann kann man von einem »Ende« des »Neuanfangs« sprechen, wann begann wieder ein halbwegs normales Leben? In allgemeinen Darstellungen wird der Wendepunkt meist mit der Währungsreform im Jahre 1948 angesetzt. Wir werden im nächsten, dem letzten Kapitel dieses Teils, sehen, dass für die meisten Frauen der Weg zur »Normalität« viel länger war.

In allen Erzählungen der Frauen klingt der Stolz auf ihre fast unglaubliche Leistung unüberhörbar durch, aber – wie wir schon am Ende des ersten Kapitels gesehen haben – eher in fast ungläubigem Erstaunen und als werde es ihnen während des Erzählens überhaupt erst bewusst und meist in die Frage

gefasst: »Wie habe ich das alles nur geschafft?«. Ich habe nur mit denen sprechen können, die »es geschafft haben«, von den anderen, die unter der Last
zusammengebrochen, früh krank geworden und gestorben sind, wurde mir
berichtet. Der Preis für die Leistung war oft hoch, auch bei denen, die übriggeblieben sind. Die Frage, ob Erwerbsarbeit und Berufstätigkeit der Frauen
im Krieg und kurz danach einen Emanzipationsschub bewirkten, kann erst
nach einer Skizzierung der Weiterentwicklung im folgenden Kapitel beantwortet werden.

Die physischen und psychischen Nachwirkungen müssen ebenfalls im letzten Kapitel bedacht werden.

KAPITEL 3

Nachwirkungen

Erst durch die Gespräche mit den Frauen wurde mir klar, dass die Periodisierungen der offiziellen historischen Chronologie sich nicht mit den Periodisierungen ihrer Lebensgeschichten decken. Weder war der 1. September 1939 immer ein markanter Einschnitt in den Biografien, noch war es der 8. Mai 1945. Ohne Zweifel wirkten sich die großen politischen Ereignisse auf ihr Leben aus, aber oft mit Verzögerungen. Das Kriegsende eröffnete zwar die Chance des Neuanfangs, aber es brachte noch nicht das Ende der anormalen Verhältnisse. Wir haben das an vielen Beispielen der vorausgehenden Kapitel gesehen. Wenn ich fragte: »Ab wann war für Sie der Krieg zu Ende?« erhielt ich zwar häufig die Antwort: »Als man wieder ruhig schlafen konnte.« Mindestens ebenso häufig hörte ich aber: »Als die Familie wieder zusammen war« oder »Als mein Mann aus der Gefangenschaft zurückkam« oder »Als wir wieder eine eigene Wohnung hatten« oder »Als wir nicht mehr hungern und frieren mussten«.

STEPHANIE B. (1918) fasst zusammen, was für viele gilt: »›Normal‹ war die Zeit wieder, als ich endlich mit meiner Familie wieder eine eigene Wohnung beziehen konnte, die Trennung von meinem Mann (seit 1940) und die Zeit als Untermieter in Augsburg (1 Zimmer mit 24 qm ohne Wasseranschluss) vorbei war. Das war erst am 1.2.1952.«

Wie lang dieser Weg zur Normalität in den rein materiellen Lebensumständen war, wie klein oder verzögert die Schritte, wie bescheiden die Ansprüche, soll im ersten Teil dieses Kapitels verfolgt werden. Der Begriff »Normalität« wird bewusst vage gehalten, weil er von den Frauen selbst verschieden eingeschätzt wird: Er reicht vom Existenzminimum bis zum durchschnittlichen Lebensstandard eines heutigen Bundesbürgers. Dabei wird auch danach gefragt, welchen Stellenwert die Währungsreform auf diesem Wege hatte und wie das »Wirtschaftswunder« für die meisten Frauen aussah.[1] Damit war aber für viele Frauen der Krieg immer noch nicht zu Ende. Er hatte sehr tiefgreifende und weitreichende Nachwirkungen. In Darstellungen von Kriegen wird diesen langen Schatten selten nachgegangen. Wie die Kriegstoten und Kriegsversehrten in den Statistiken verschwinden, so verschwinden die körperlichen, seelischen und sozialen Nachwirkungen, unter denen die Betroffenen litten, aus den Darstellungen. Die Erzählungen der Frauen können uns die Augen dafür öffnen. Über Frauen im Zweiten Weltkrieg zu schreiben, bedeutet, auch über die Wunden zu schreiben, die nicht nach diesen sechs Kriegsjahren geheilt waren, und über die Langzeitfolgen nachzudenken. Es bedeutet aber auch, danach zu fragen, wie Frauen mit den Aufgaben fertig geworden sind, die ihnen aus diesem Krieg erwachsen waren, über die Schaffung eines ausreichenden, eines »normalen« Lebensstandards hinaus. Unter diesen Aufgaben stand für die alleingebliebenen Frauen die Erziehung und Ausbildung der Kinder an allererster Stelle. Was wurde aus den vaterlosen Kindern? In diesem Kapitel rücken die alleinstehenden Frauen und unvollständigen Familien in den Vordergrund, weil sie am meisten unter den Folgen des Krieges gelitten haben.[2]

Was besonders aus feministischer Sicht interessiert, sind in diesem Zusammenhang die Fragen: Was hat der Krieg zur Emanzipation der Frau beigetragen? Konkret: Haben die Frauen, die im Krieg »ihre Frau« standen, die in der Heimat und als Wehrmachtshelferinnen vielfach die Männer ersetzen mussten, diese oder vergleichbare Positionen behauptet, oder wurden sie wieder zurückgedrängt in die reine Hausfrauen- und Mutterrolle? Die bisher vorliegenden Untersuchungen, im besonderen die 1994 erschienene Habilitationsschrift von Klaus-Jörg Ruhl[3], vertreten fast durchgehend die Verdrängungsthese, d. h. die Frauen seien von ihren Arbeitsplätzen durch die zurückkehrenden Männer verdrängt worden. Sie belegen und erklären sie aus den Interessen der Wirtschaft und der konservativen Kräfte in Politik und Kirchen. »Verordnete Unterordnung« lautet der bezeichnende Titel seiner Arbeit. Oral History kann nur die Stimmen der betroffenen Frauen selbst einbringen, zwar nicht mit der Schlagkraft repräsentativer Umfrageergebnisse, aber mit der Überzeugungskraft qualitativer Erkenntnisse, die in die vielen Lebensgeschichten eingebettet und durch sie abgesichert sind.

Die Berufskarriere einer Frau ist im übrigen nur *ein* Indiz ihrer Emanzipation. Gab es andere befreiende Auswirkungen der Kriegserfahrungen? Der gesamte Teil B dieser Arbeit wird sich noch ausführlicher mit dieser Frage befassen, besonders aber das Kapitel 10, »Nie wieder Krieg!«. Im vorliegenden

Kapitel sollen die Frauen in ihrer Einstellung zur Frage der Emanzipation selbst gehört werden, vor allem in den Aspekten, die mit ihren Kriegserfahrungen zusammenhängen.

Der lange Weg zur Normalität

Der Weg zur Normalität war lang, mühevoll und dornig. Wie lange es dauerte, bis man nicht mehr hungern und nicht mehr um das Allernötigste zum Überleben kämpfen musste, haben wir schon im ersten Kapitel verfolgt. Es gibt weitere Meilensteine auf diesem Weg, die von den meisten Frauen bezeichnet werden. Sie lassen sich in folgender Reihe nach der Wichtigkeit für das Leben der Frauen gruppieren:

1. *Die Wiederherstellung der Strom- und Wasserversorgung* als elementare Funktion des Alltagslebens wurde von allen freudig begrüßt; viele hatten Wochen, wenn nicht Monate darauf warten müssen.

RUTH ANDREAS-FRIEDRICH, Berlin, am 6. Juni 1945, in ihrem Tagebuch: »Seit einer Stunde brennt auch bei uns das Licht. Keiner, der nie von ihm abgeschnitten war, vermag zu ermessen, was das bedeutet. Erleuchtete Abende. Abkehr vom Ziegelherd. Und Anschluss – Wiederanschluss an die Welt.«[4]

2. Die *eigene Wohnung*[5], zum mindesten ein menschenwürdiges Quartier, in dem jeder sein eigenes Bett hatte, vielleicht auch mit ein paar eigenen Möbeln. Manche Frauen erinnern sich noch sehr genau an das erste neuerworbene Stück. Das meiste ging nur »auf Abzahlung«.

FELICITAS S. (1921), deren Verlobung 1947 wegen der hoffnungslos scheinenden Umstände in die Brüche gegangen war, kehrte nach vierjähriger Evakuierung nach Koblenz zurück: »Noch fast acht Jahre haben wir *(ihre Mutter und sie)* in einem möblierten Zimmer gelebt. 1955 bekamen wir wieder eine menschenwürdige Wohnung. Wir zogen in zwei Zimmer, Küche, Bad und Balkon ohne jegliches Mobiliar ein... Nun hieß es jahrelang Ratenzahlungen zu leisten *(für die Möbel)*. Meine liebe Mutter wurde schwer krank und wurde 1961 von einem Krebsleiden erlöst. Sie durfte noch miterleben, wie es in unserem Leben wieder bergan ging.«

3. *Neuanschaffungen von Haushaltsgeräten*, wie Staubsauger, Kühlschrank, Waschmaschine, Auto, Telefon, konnten erst sehr allmählich getätigt werden. Die Reihenfolge der Anschaffungen war bei den einzelnen ganz verschieden und wirft ein Licht auf die Berücksichtigung der Bedürfnisse einer Hausfrau. Nach meinen Beobachtungen rangierte der Kauf eines Autos

meist vor dem Erwerb einer Waschmaschine.[6] Ein neues Fahrrad gehörte
zu den stolzesten Errungenschaften für Frauen und junge Mädchen, die
viel unterwegs sein mussten. Das wichtigste Utensil war die Nähmaschine, denn Kleidung kaufte man noch lange nicht, auch als es genügend gab,
lange noch nicht. Kleidung wurde hauptsächlich selbst genäht.

4. Mit weitem Abstand folgen Erholungszeiten, *Reisen und Urlaub.*

MAGDALENE B. (1917), ihr Mann war Pfarrer und ist gefallen, sie hatte drei Kinder:
»I: *Haben Sie die schwere Nachkriegszeit körperlich und seelisch gut durchgestanden?*
B: Der Doktor hat die ganz starke Anämie bemerkt. Es war sehr kritisch. Es hat
eigentlich niemand *(darauf geachtet).* Wenn man allein ist, man hat keine Zeit,
man nimmt's nicht so wichtig, man tut halt, was man kann, man tut wahrscheinlich mehr. Da kam ich dann einmal in Erholung.
I: *Einmal oder wie oft im Leben?*
B: Ich hab' noch nie eine Kur gemacht. Inzwischen gönn' ich mir auch was, jetzt
sind meine Kinder aus dem Haus. Sonst gar nie. Das eine Mal. Mit dem Müt-
tergenesungswerk.«

5. Für manche rangiert das *Eigenheim* oder der Besitz einer Wohnung vor Urlaub und Reisen. Mit unsäglicher Mühe, zum Teil mit eigenen Händen und
unter Verzicht auf sonstige »Extras«, haben manche Frauen sich ihr eigenes Zuhause allein oder mit ihrem Mann zusammen aufgebaut.

ADELE G. (1912), vertrieben aus dem Sudetenland, landete mit ihren beiden Kindern in einem kleinen Dorf im Odenwald. Ihr Mann, ursprünglich Metzger, Gast-
und Landwirt, konnte nach der Heimkehr aus der Gefangenschaft seinen Beruf nicht
mehr ausüben. Er fand schließlich eine Arbeit bei den Badenia-Werken in Limbach
im Odenwald:
»Wir mussten eisern arbeiten und sparen. Ich machte fleißig Lampenschirme –
täglich 10 bis 18 Stunden… Doch man konnte trotz allergrößter Anstrengung nur
sehr wenig bei der Heimarbeit verdienen. Und wir hatten ein großes Ziel: Wir sparten auf ein eigenes Heim… Ich las täglich den Immobilienteil in der Rhein-Neckar-
Zeitung. Es gab sehr günstige Hausangebote, z. B. ein Haus in Neckarelz mit 22 Ar
Garten, 3-stöckig, massiv gebaut für DM 50.000 *(also schon nach der Währungsreform).*«
Aber ihr Mann konnte sich nicht dazu entschließen. Es kam zum »ersten großen
Streit in ihrer 20jährigen Ehe«. Sie arrangierten sich »und unser Leben ging im gleichen Trott weiter, mit viel, viel Arbeit… Im September 1959 sagte mir mein Mann,
dass er bereits einen Bauplatz in Aussicht hat… Das Jahr 1960 war ein ausgesprochen kaltes und verregnetes Jahr, so dass es mit dem Bau noch viel Ärger und Aufregung gab… Ich war damals völlig am Ende meiner Kraft und hatte nur noch den
Wunsch, einzuschlafen und nie wieder aufzuwachen; denn die viele Arbeit, Aufregung und die ganze Lebensweise hatten mir hart zugesetzt… Der Einzug in unser

neues Haus wurde auf den 20. Dezember 1960 festgelegt. Erich (*ihr Bruder*) war aus Heidelberg gekommen, um uns zu helfen... Als ich gegen Abend mit den letzten Sachen ankam, musste ich feststellen, dass noch keine Haustür drin war, kein Spültisch in der Küche, Bad und Toilette noch nicht angeschlossen und über den Fenstern 20 cm frei für Rollädenkästen. Und dazu war es noch ein ausgesprochen kalter Tag, so dass mir die Blumen in der Hand auf dem kurzen Weg zu unserem Haus erfroren. Auch war noch kein Ofen angeschlossen, und wir hatten keine andere Wahl, als sofort ins Bett zu gehen.«

Die frisch gelegten Wasserleitungen froren ein: »Gegen 1 Uhr nachts wurde ich von einem merkwürdigen Geräusch geweckt. In Küche und Bad liefen die Wasserhähne, und im Hausflur stand bereits 30 cm hoch Wasser. So waren wir für die nächsten Stunden mit Arbeit eingedeckt. Am nächsten Morgen ging ich wieder in den Betrieb, denn ich arbeitete damals schon ganztägig in den Badenia-Werken. Das Einräumen des Hauses musste ganz nebenbei gemacht werden. Das alles war sehr schwer für mich, doch das Arbeiten in der Fabrik war mir letztlich lieber als die Heimarbeit.« Die Kinder gingen beide aufs Gymnasium und bekamen eine gute Ausbildung.

Die Zeugnisse zusammengenommen zeigen, dass das Tempo der Normalisierung sehr unterschiedlich war. Das hing natürlich hauptsächlich mit den unterschiedlichen Startbedingungen als Folge des Krieges zusammen. Alleinstehende oder von ihren Männern getrennte Flüchtlingsfrauen standen mit ihren Möglichkeiten am Ende der Verbraucherschlange.

URSULA H. (1915) musste mit vier kleinen Kindern aus Breslau fliehen. Ihr Mann war von September 1939 bis Ende 1947 im Krieg, davon 1942-1947 in britischer Gefangenschaft. Sie erzählt zunächst von der trübseligen und unfreundlichen Aufnahme in der Oberpfalz im provisorisch eingerichteten, überfüllten Flüchtlingslager:

»Da eine Unterbringung der vaterlosen Familien im Stadtbereich unmöglich war, wurden die Flüchtlingsfamilien Mitte April 1945 auf den Landkreis Weiden-Neustadt verteilt. Mit meinen vier Kindern – drei Söhne und eine Tochter – kam ich in eine Ansiedlung mit wenigen Bauernhöfen. In einem Raum mit ca. 16 Quadratmetern, im Schweinehüterhaus, wurden wir untergebracht. Nun hatten wir endlich wieder einen eigenen Raum mit Ofen, ein bedeutender Fortschritt in unserem Elend. Um mit meinen Kindern nicht zu verhungern, arbeitete ich als landwirtschaftliche Hilfskraft. Diese körperlich sehr schwere Arbeit ist mir als ehemaliger Notariatsgehilfin ganz besonders schwer gefallen, waren doch zu der damaligen Zeit die technischen und maschinellen Hilfsmittel nicht vorhanden. Meine beiden ältesten Söhne im Alter von acht und zehn Jahren mussten sich ihren Lebensunterhalt ebenfalls mit Stall- und Feldarbeit verdienen. Auch nachdem sich die kommunalen Behörden so langsam wieder organisierten, bekam ich Anfang 1946 eine Sozialhilfe von monatlich 48.- RM. Die nur gering vorhandene Bekleidung, die wir notgedrungen aus der Heimat noch mitnehmen konnten, war in den letzten Monaten der Flucht und beim Arbeitseinsatz größtenteils verschlissen und unansehbar geworden. Andere Bekleidung gab es nur gegen Tauschmittel, und die hatten wir nicht. Erst Ende 1947 hat uns mein Ehemann in diesem kleinen Dorf bettelarm wiedergefunden. Auch er brachte nur seine eingefärbte britische Uniform mit. Seine Bekleidung war ja in unserer Dreizimmerwohnung in Breslau geblieben. Dadurch waren wir alle sechs in der gleichen Notlage, zum Wechseln hatten wir nichts. Nach acht schweren Jahren der Trennung waren wir aber als Familie wieder vereint und konnten uns wenigstens mit Rat und Tat gegenseitig helfen und trösten. Die unverschuldete Not und das Elend waren so schnell nicht zu beseitigen, da ja auch mein Ehemann, als Kommunalbeamter in Breslau, in dieser schweren Zeit der Arbeitslosigkeit keinen Arbeitsplatz finden konnte. Erst nach der Umsiedlung von der Oberpfalz nach Rheinland-Pfalz im Jahre 1952 ging es für uns so langsam in ein bürgerliches Leben zurück.«

HELENE H. (1923), verheiratet mit einem oberschenkelamputierten Mann, eine Tochter (inmitten der schweren Bombenangriffe in Berlin geboren), in den Warthegau evakuiert, vor den Russen nach Berlin geflohen, mit knapper Not Vergewaltigung und Tod entgangen. Sie hauste in der halb zerstörten Wohnung in Berlin in nur einem Raum mit den nach und nach eintreffenden Verwandten aus den Ostgebieten (die Mutter, eine Schwester mit drei Kindern, deren Mann die Russen verschleppt hatten, eine Schwester mit einem Kind). Der Mann bekam eine winzige Invalidenrente. Sie selbst fand zunächst im englischen Sektor eine Arbeit bei einer Kindererholungsstelle, wo sie ihr Kind mitnehmen konnte und wenigstens etwas Essen bekam. Ihr Mann konnte dann bei seinem Vater in der sowjetischen Zone im Friseurgeschäft mitarbeiten. Frau H. machte 1948 die Gesellenprüfung und 1952 die Meisterprüfung. Aus politischen Gründen gingen sie in den Westen, saßen anderthalb Jahre im Lager in Stammheim, buchstäblich auf Strohsäcken. Frau H. arbeitete tagsüber als Friseuse, nachts nähte sie alles für die Familie. Inzwischen hatten sie eine zweite Tochter. Nach langem, eisernen Sparen konnten sie 1957 ein Häuschen bauen, sie baute selbst mit: »Man lernt auch Männerarbeit«, sagte sie, denn ihr invalider Mann konnte ja nicht helfen. 1958 konnten sie die erste Wohnung beziehen, in der sie ein eigenes Schlafzimmer hatten. Am Schluss sagte Frau H.: »Meine Mutter hatte es am schwersten - sie ist 1956 in Berlin gestorben. Aber eigentlich kommt auch für uns das Schöne zu spät.«

ERNA B. (1914) hatte insgesamt dreimal umsiedeln oder fliehen müssen. Aus Bessarabien wurde sie 1940 von Hitler in den Warthegau umgesiedelt, von da musste sie im Januar 1945 in hochschwangerem Zustand und mit einem Kleinkind fliehen. Ihr Mann war vermisst und kam nicht wieder. Aus der Mark Brandenburg ging sie dann, nachdem sie gesundheitlich durch zu schwere Arbeit ganz herunter war, zu ihrem Bruder in den Westen in eine württembergische Kleinstadt. Sie erzählt von ihrem mühsamen Anfang dort und dem Wagnis, vor den Augen der neidischen Einheimischen ein Haus zu bauen:

»Da war ich so fertig, da war ich krank. Das war schlimmer als Schaffen. Ich hab' das Fundament selbst ausgegraben. Da hat ein Nachbar gesagt: ›Warum stehen Sie als Frau da?‹ Sagte ich: ›Ich hab' halt keinen Mann.‹ In zwei Tagen hab' ich das Fundament ausgegraben. Von da an war ich kaputt, das war zu viel. Bekam oft dreimal am Tag Gallenkoliken. Hab' auch alle Fenster selbst gestrichen, die Türen auch, auch Platten gelegt. Die Kinder haben auch geholfen. 1960 sind wir eingezogen. 15 Jahre nach dem Krieg haben wir wieder ein Daheim gehabt. Am Anfang sind wir auf zwei Äpfelkisten gesessen. Nach und nach kamen dann Möbel. Die B.'er haben mir's nicht verzeihen können, dass ich als Frau gebaut hab.«

Frau B. arbeitete später dann noch drei Tage in der Woche in der Gemeindewaschküche. Ihren beiden Kindern half sie beim Bauen. »Die Kinder sind im Eigenen«, sagte sie.

Für viele alleinstehende Frauen blieben Reisen und Urlaub ein ferner Traum, ganz zu schweigen von einer Eigentumswohnung oder gar einem eigenen Haus. Erst für die Kinder mochte er sich erfüllen, und das wird von diesen Frauen heute mit besonderem Stolz erwähnt. Sie stellten alle eigenen Bedürfnisse ganz zugunsten der Kinder zurück, arbeiteten und schufteten, bis die Kinder eine ordentliche Ausbildung hatten. Erst wenn die Kinder aus dem Hause waren, gönnten sie sich auch einmal etwas für sich selbst.

Nicht gering ist die Zahl derer, die das bessere Leben, frei von Existenzsorgen und Sorgen um die Kinder, gar nicht mehr genießen konnten, die fast nie in normalen Zeiten gelebt hatten.[7] Die Töchter erfüllt das heute mit Schmerz.

ANNI K. (1919): »Meine Mutter, geb. 31.8.1898, war ein zarter, sehr zurückhaltender Mensch, in ihrer Jugend eine Schönheit, im Alter verhärmt, geliebt von uns allen. Als sie spürte, dass es mit ihrer Lebenskraft zu Ende ging, sagte sie zu mir: ›Und das soll alles gewesen sein, ich dachte, ich bekäme noch ein paar schöne Jahre.‹

Ihr Leben in Schwerin ging so in der Familie auf, dass sie jede allgemeine Erschütterung im Nachhall noch für längere Zeit körperlich und seelisch verspürte. Als sie ihre Wohnung verlassen musste, lag sie gerade krank mit Angina. Wir verpackten sie in Kissen und Decken und setzten sie bei der Abfahrt vorn auf den Wagen. Den Verlust der Wohnung hat sie ihr Leben lang nicht verkraftet. Es war ihr größter Wunsch, wieder eine eigene Wohnung zu haben. Mein Vater schaffte es zum 11.7.1963. Auf dem Papier richtete sie sie noch ein, am 13.7.1963 starb sie.«

GERTRAUD L. (1928): »Meine Mutter hatte ein besonders schweres Leben. Sie war Wolgadeutsche, Jahrgang 1892, und erlebte noch die russische Revolution von 1917. Sie heiratete meinen Vater, der als baltendeutscher Missionar aus Riga von den Bolschewiken an die Wolga verbannt worden war. Als die große Hungersnot 1921 ausbrach, durften Baltendeutsche und ihre nächsten Angehörigen das Land verlassen. Meine Mutter ließ alle ihre Angehörigen, ihre Mutter und ihre fünf Brüder an der Wolga zurück (*die Verbindung riss unter Stalin endgültig ab*) und folgte meinem Vater nach Lettland. Kurz vor der Abfahrt starb meine älteste Schwester als Kleinkind von 1 1/2 Jahren an den Folgen des Hungers. Bis 1939 lebten meine Eltern mit inzwischen drei Kindern im Baltikum von einem ganz kleinen Einkommen. Im Zusammenhang mit dem Hitler-Stalin-Pakt von 1939 wurden wir in den Warthegau umgesiedelt. Meinem Vater gelang es, bei der Württembergischen Landeskirche angestellt zu werden. Wir zogen 1940 nach Württemberg. Mein Vater kam im Oktober 1944 auf einer Dienstreise bei einem Fliegerangriff ums Leben. Mein Bruder kam schon 1945 aus der Gefangenschaft zurück; er war aus einem Gefangenentransport nach Russland geflohen. Alle drei Kinder standen noch in der Ausbildung. Meine Mutter erhielt gnadenhalber von der Württembergischen Landeskirche eine Unterstützung von 150.- RM monatlich. Davon gingen 70.- RM Miete ab. 15.- RM legte sie immer gleich weg. Das war der Zehnte, den sie regelmäßig opferte. Eine Rente oder Kriegsopferversorgung bekam sie erst nach der Währungsreform. Ich habe leider die Unterlagen ihrer umfangreichen Korrespondenz mit dem Versorgungsamt nicht mehr, es war jedenfalls sehr wenig. 1948 machte ich Abitur, meine Schwester 2 Jahre später. Mein Bruder besuchte die Dolmetscherschule. Die Nachbarn meinten, die großen Kinder sollten doch arbeiten, um ihre Mutter zu versorgen. Für meine Mutter kam das nicht in Frage. Wir sollten das studieren, was wir wollten. Natürlich mussten wir dafür auch arbeiten, aber sie nahm nichts von uns, sondern knapste sich noch für uns am Munde ab, was sie konnte. Sie besorgte Essen aus der Armenküche, sie fuhr mit dem Handleiterwagen aufs Land, um billig zu Lebensmitteln, Gemüse und Obst zu kommen, sie kaufte sich niemals etwas für sich selbst. Und dabei war sie sehr zuversichtlich. ›Das lumpige Geld wird schon kommen‹, sagte sie oft. Sie war eine tief gläubige Frau. Sie hat es noch erlebt, dass mein Bruder sein Examen machte. Wir beiden Schwestern standen kurz davor. Da wurde sie beim Überqueren einer verkehrsreichen Straße von einem Auto überfahren, als sie wieder einmal mit ihrem Leiterwägelchen unterwegs war, obwohl wir gesagt hatten, sie solle das doch nicht mehr tun. Sie starb 1953, 61 Jahre alt. Auf ihrem letzten Foto steht sie stolz und fröhlich mit meinem Bruder neben einem Auto, einer alten Klapperkiste, die mein Bruder von seinen ersten Gehältern für 500.- Mark erworben hatte. Er hatte sie zu ihrer ersten Ausfahrt mitgenommen. Als ich ihre Sachen aufräumte, sah ich, dass ihr Unterrock nur noch aus lauter Flicken bestand, einer sorgfältig neben den anderen gesetzt. Das hat mir wehgetan. Wir hätten ihr so gern noch ein paar sorgenfreie und schöne Jahre bereitet.«

Es gab nicht wenige ähnliche Schicksale.[8]

Oftmals übernahmen die Frauen auch noch die Pflege der alten Eltern. Die Mütter und Väter, die ihnen zunächst, also in den ersten Nachkriegsjahren, noch Stützen sein konnten, mussten nun selbst betreut werden. Eine Abschiebung ins Altersheim, wie sie heute oft gehandhabt wird, kam damals für die Angehörigen so gut wie nicht in Frage.

Trotz zeitlicher Unterschiede in den einzelnen Lebensläufen lässt sich sagen, dass es bis in die späten 50er, ja bis in die 60er Jahre gedauert hat, bis die Mehrzahl der Frauen einen mit dem heutigen Existenzminimum vergleich-

baren Lebensstandard erreicht hat. Den Traum von den »eigenen vier Wänden« konnten sich nur wenige erfüllen, und wenn, dann meist nur mit dem
Mann zusammen. Urlaub kannten die allerwenigsten, zum mindesten so lange
nicht, bis die Kinder die Ausbildung abgeschlossen hatten.

Das *Wirtschaftswunder* hat die Mehrzahl der alleinstehenden Frauen, wenn
überhaupt, dann erst spät erreicht. Spürbar war für sie zunächst nur, dass man
ungefähr ab der Währungsreform 1948 keinen ausgesprochenen Hunger mehr
leiden musste.[9] Das ewige Anstehen und Warten vor den Geschäften hörte auf.
Eingeteilt und gespart werden musste aber weiterhin. Die »Fresswelle« ist an
diesen Frauen weithin vorübergegangen, ausgenommen vielleicht von gelegentlichen Familienfeiern und Festen, bei denen man es sich ausnahmsweise einmal besonders gut gehen ließ.

Die *Währungsreform* brachte zwar die ungeheuer beeindruckende Erfahrung, dass man auf einmal »wieder alles kaufen konnte«, aber sie bedeutete
nicht, dass man selbst kaufen konnte, was man brauchte und wollte, denn es
fehlte den meisten Frauen am Geld. Die Geldabwertung vom Juni 1948, die
man als Währungsreform bezeichnet, traf die Bevölkerung unterschiedlich
hart. 40.- DM sogenanntes Kopfgeld wurden im Verhältnis 1:1 umgetauscht,
weiteres Bargeld im Verhältnis 10:1, Sparguthaben 10:0,65. Grundbesitz, Pro-
duktionsstätten, Aktien behielten in den Westzonen ihren Wert. Einen Lastenausgleich zugunsten von Flüchtlingen, Vertriebenen und Bombengeschädig-
ten gab es erst 1952 in der Bundesrepublik, in der DDR gar nicht. Damit lässt
sich ausrechnen, dass die kleinen Sparer die Hauptleidtragenden waren. Wer
etwa 1 Million in Bargeld besaß oder auf dem Konto hatte, verfügte immer
noch über ein kleines Vermögen, wer nur 1000.- RM angespart hatte, besaß
im günstigsten Fall gerade noch 100.-. Wer eine Lebensversicherung abgeschlossen hatte, bekam sie meist kurz vor der Währungsreform ausbezahlt, und
dann war sie fast wertlos. Diejenigen, die im Krieg und durch den Krieg Hab
und Gut verloren hatten, gingen also noch jahrelang leer aus.

Ganz fatal wirkte sich der Verlust der Ersparnisse auf diejenigen aus, die
sich in den Jahren nach dem Krieg mühsam wieder etwas verdient und zu-
sammengespart hatten, um ein paar Anschaffungen machen zu können. Auch
die Frauen, die einen Kleinbetrieb unter Mangelbedingungen geführt hatten[10],
standen vor dem Ruin, weil ihre Produkte »Aus Alt mach Neu« oder ihre
Strick-, Näh- und Bastelarbeiten nicht mehr gefragt waren. Hinzu kam, dass
alles teurer wurde und die Löhne nicht entsprechend stiegen.[11] Viele Frauen
waren jetzt gezwungen zu arbeiten. Auch die Frauen, die bislang noch von
den Ersparnissen leben konnten, mussten sich nun eine Arbeit suchen. Die
Währungsreform war für Frauen also zweifellos ein einschneidendes Ereig-

nis, brachte für sie aber nicht unbedingt und vor allem nicht gleich eine Wende zum Besseren.

Es ist aufschlussreich, von ihnen zu erfahren, was sie mit ihrem Kopfgeld von 40.- DM angefangen haben. Das wirft nicht nur ein bezeichnendes Schlaglicht auf ihre damalige Situation, sondern offenbart Sehnsüchte und ihre Träume vom »besseren Leben«, aber auch eine ganz individuelle Vorstellung vom Glück, das sich mit 40.- DM kaufen ließ.

EVA STERNHEIM PETERS (1925): »Der Tag nach der Währungsreform war ein Schock. Plötzlich waren die Schaufenster gefüllt mit Kleidung, Schuhen, Hausrat und Gebrauchsgegenständen aller Art. Drei Jahre lang hatten (un)christliche Geschäftsleute ihre noch aus Kriegszeiten vorhandenen Warenbestände gehortet oder insgeheim auf dem ›Schwarzmarkt‹ gegen Raucherkarten, Lebensmittel oder andere Sachwerte getauscht. Drei Jahre lang hatten sie Kunden, die nur Geld, aber nichts zu tauschen hatten, mit treuherzigster Miene und tiefstem Bedauern versichert, dass leider keine Glühbirne, keine Nähnadel, keine Zahnbürste, kein Kamm, kein Stopfgarn, keine Pfanne, kein Bettuch, keine Windeln, keine Schnürsenkel usw. vorhanden seien. Die Bauern, von denen es in den Nachkriegsjahren mit ironischer Übertreibung hieß, sie hätten sich ihre Kuhställe mit Perserteppichen ausgelegt, die ihnen hungrige Städter für ein Stück Butter, ein paar Eier oder einige Liter Milch überlassen hatten, begannen nach der Währungsreform wieder Kartoffeln, Obst und Gemüse auf dem Markt zu verkaufen, weil das Geld jetzt wieder was wert war. Für Flüchtlinge und Ausgebombte waren die Preise der neuen Währung allerdings unerschwinglich. Das Geld reichte allenfalls zum Erwerb lebensnotwendiger Kleinigkeiten von geringem Wert und der noch bis 1950 rationierten Lebensmittel. Ansonsten strapazierte der ungeheure Nachholbedarf bis hin zur einfachsten menschenwürdigen Grundausstattung ihre Gehälter und Renten viele Jahre lang aufs äußerste. Modische Kleidung, Reisen, besondere ›Gaumenfreuden‹ und andere Annehmlichkeiten, die heute als typisch für die Zeit des ›Wirtschaftswunders‹ gelten, konnten sich nur jene Kreise der Bevölkerung leisten, die mit Sachwerten in die Währungsreform gegangen waren. E.'s (*sie bezeichnet sich damit*) Eltern wählten damals den BHE (Bund der Heimatvertriebenen und Entrechteten), auch ›Rächer der Enterbten‹ genannt, heute nur noch eine Fußnote der Geschichte.«[12]

GERTRUD W. (1914): »Die Währungsreform war für mich eine bittere Pille; mein Mann lag von März bis November 1948 mit einer Tuberkulose im Sanatorium (*vermutlich auch kriegs- und ernährungsbedingt*), und ich musste mit meinen zwei kleinen Kindern (*1941 und 1944 geboren)* mit den berühmten DM 40.- pro Person, also mit insgesamt DM 120.-, vom 20. Juni bis Ende Oktober leben, während andere munter kaufen konnten.«

JOSEFINE BAUDIS (1921) wurde 1945 aus ihrer Heimat vertrieben und kam 1946 nach Schwäbisch Gmünd, wo sie sich mit einem ebenfalls Ausgewiesenen verheiratete:

»Nun schreiben wir das Jahr 1948. Wir arbeiteten alle beide, verdienten nicht schlecht, hatten uns verschiedene Dinge angeschafft und auch wieder ein paar Mark gespart. Da kam Ende Juni 1948 die Währungsreform, und wieder waren alle Ersparnisse beim Teufel. Allgemein war man der Ansicht, dass wir als Ausgewiesene jetzt nicht abermals um alles kommen würden, vielleicht mit einer besseren Umrechnungsquote rechnen könnten, doch dies traf nicht zu, wir verloren nochmals das Geld, das wir mühsam erspart hatten. So fingen wir wieder einmal von vorne an, zu sparen und zu arbeiten.«[13]

EMMA F. (1920) und Leni S. (1924), zwei Bäuerinnen:
»F: Ja, und dann haben wir die 40.- Mark gekriegt, und dann haben wir gesagt: ›Da schicken wir die Mama in Kur (*ihre Mutter hatte Arthrose*).‹ Und dann hat die Frau geschrieben von Wildbad: ›Alle sind abgereist, alle Kurgäste.‹ Und sie sind leer, weil sie kein (*die Leute*) kein Geld mehr haben. Und dann haben wir gesagt: ›Gut, jetzt kriegst du alles Geld, und du gehst ins Wildbad.‹ Dann haben wir sie dort hingeschickt. Ich hab' gesagt: ›Wir kriegen wieder Geld.‹
S: Wir verhungern nicht in der Zeit.
F: Und dann ist sie abgereist und ist ins Bad gegangen mit dem Geld. Ja.
S: Und dort sind's dann drei oder vier Leute gewesen in ganz Wildbad: Und da ist das Bad noch billig gewesen. Und ich hab' mir nämlich einen Schal gekauft (*lacht*). Das ist unvergesslich. So einen … so einen seidenen, wie's heut wieder Mode ist…
F: Und der hat 17.- Mark gekostet. Das hab' ich mir etwas kosten lassen. Und nachher hat der drei Mark gekostet. Ist das nicht allerhand gewesen? Da ärgere ich mich heut noch…«

HANNELORE W. (1918) hatte ein Hutgeschäft aufgebaut: »Und dann kam es knüppeldick! Die Währungsreform! Und da stand ich da! Die Geschäfte waren über Nacht voll mit Waren, von denen man kaum noch wusste, dass es so etwas gab, und wenn wir auch nur unsere 40.- DM hatten, es gab sofort viele Leute, die viel mehr Geld hatten und es auch ausgaben, nicht für umgearbeitete Sachen, sondern für neue. Das war das Aus für mich! Ich hatte kaum noch Geld, meinen inzwischen sechs oder acht Mädchen den letzten Lohn auszuzahlen, denn das Geld auf der Bank wurde ja auch sofort abgewertet… Merkwürdigerweise weiß ich aus dieser Zeit nicht mehr allzuviel. Inzwischen hatte ich ja Heinz kennengelernt, am Tag nach der Währungsreform hatten wir geheiratet, und er musste sogar noch helfen, meine letzten Schulden durch Schwarzarbeit abzutragen… Ja, so war die Währungsreform für die einen ein Segen, für mich das Ende alles dessen, was ich nach der Flucht aufbauen konnte. Vielleicht weiß ich heute aus dieser Zeit nicht mehr viel, weil ich einfach zu erschlagen war, dass nun alles zu Ende war und der Wille zum Durchhalten gebrochen war, und weil ich nun vielleicht auch mit diesem Kapitel Flucht abschloss und durch die neue Heirat ein neues Leben anfing.«

GERTRUD S. war gelernte Kontoristin, ihr Mann war bei der Hilfspolizei: »Endlich kam die Währungsreform – aber jetzt fing die Not erst richtig an. Das Gehalt betrug

DM 168.-, die Miete allein DM 60.-, ohne Nebenkosten. Ich konnte nicht mehr alle Lebensmittel, die mir zustanden, kaufen und hatte kein Sparbuch mehr zum Nachfassen.

Dann habe ich bei der Rheinisch-Westfälischen Bank eine Stellung angenommen. Wie ich das damals mit drei kleinen Kindern geschafft habe, weiß ich heute nicht mehr. Da mein Mann Wechselschicht hatte, konnte man einiges einrichten. Ich habe aber meist nur 4 Stunden Schlaf gehabt. Ich konnte immerhin meinem Sohn, der sich von der Flucht her Bronchialasthma geholt hatte, einige Kuren finanzieren.«

HILDEGARD S. (1914), ehrenamtlich beim VdK tätig: »Wir haben so einen Fall in unserer Ortsgruppe (*des VdK*) gehabt, eine Baumeisterswitfrau, 3 Kinder, gute Lebensversicherung, die wurde zwei Tage vor der Währungsreform ausbezahlt, fertig. Da steht die Frau vor dem radikalen Nichts. Dann sollten die Kinder ja lernen und studieren... Mein Mann (*selbst Schwerstbeschädigter und im VdK tätig*) hat ihr dann über die Sozialhilfe etwas beschaffen können. Sie war in unserer Ortsgruppe die ärmste Frau, ursprünglich hat sie zur Prominenz gezählt.«

Die Währungsreform brachte also für viele Frauen eine weitere materielle Benachteiligung. Wie sie schon am Kriegsende durch die mangelhafte Kriegsopferversorgung schlechtere Ausgangsbedingungen für den Neuaufbau hatten, so waren ihre Startchancen in den wirtschaftlichen Aufschwung auch jetzt ungleich schlechter. Dies erklärt, warum ihr Weg in die »Normalität« so lang und beschwerlich war. Hier wird ein Teil der weitreichenden Nachwirkungen des Krieges greifbar.

Nachwirkungen

Die *materiellen Nachwirkungen* begleiteten besonders Kriegerwitwen und alleingebliebene Frauen ihr ganzes weiteres Leben. Wenn 1979 jeder vierte Sozialhilfeempfänger eine über 60jährige Frau war[14], dann sind das die 1919 und früher geborenen Frauen, wohl zum größten Teil Kriegshinterbliebene oder Kriegsgeschädigte, deren Renten zum Leben nicht ausreichten:

Es sind Frauen wie MARIA H. (1922). Sie war Kindergärtnerin, überlebte durch ein Wunder den großen Angriff auf Dresden, verlor ihre ganze Habe. Sie floh vor den Russen in den Westen. Von 1945-48 arbeitete sie bei einem Bauern. Als Kindergärtnerin bekam sie keine Stelle mehr, weil sie angeblich zu alt war. Ab 1948 kam sie durch Vermittlung des Heliand-Bundes zu verschiedenen Familien, in denen die Väter gefallen oder schwerversehrt waren. 10 Jahre arbeitete sie bei einer Familie, wo sie 50.- Mark im Monat verdiente, bei freiem Essen und freier Wohnung.

»Das war mein Leben. 1960 kam ich zur Stadt. Da habe ich dann in der Familien-
pflege 23 Jahre gearbeitet. Da habe ich im Anfang 350.- DM brutto gehabt. Das sind
jetzt unsere Renten (*sie meint damit, dass aus diesen geringen Verdiensten sich später die
Renten errechneten, die entsprechend niedrig ausfielen*). Und da verlangt man von uns,
dass wir hätten Zusatzversicherungen abschließen sollen. Wir haben unsere Renten
doch verdient. Wir haben die Hälfte unseres Geldes doch jeden Monat bezahlt!
I: *Das ist unbegreiflich, das sind ja eigentlich alles noch Kriegsfolgen!*
H: Eben deshalb. Für uns ist das ja jetzt alles viel schlimmer. Der eigentliche Krieg,
ich meine, das war schlimm, aber es war eben doch eine gewisse Regel da. Es kriegte jeder das wenige, das es gab, das kriegte jeder. Und wenn man sich Mühe gegeben hat, hat man damit einigermaßen leben können. Und wenn man gearbeitet hat, da war man so beschäftigt, dass man gar nicht für anderes Zeit hatte...
Aber die ganzen Folgen waren ja für uns viel schlimmer als der eigentliche Krieg.«

ILSE S. (1920) hatte eine Ausbildung zur Sekretärin durchlaufen (höhere Handelsschule), im Krieg war sie seit 1941 Nachrichtenhelferin. Ihr Mann war seit März 1945
vermisst. Im Juli 1945 bekam sie Zwillingssöhne. Eine Zeitlang half sie bei den
Schwiegereltern in deren Lebensmittelgeschäft mit, seit April 1950 war sie wieder im
Beruf, während die Mutter die Kinder und den Haushalt versorgte:
»Da mein Mann ja nur vermisst war (*erst 1967 hat sie ihn wegen des schwiegerelter-
lichen Erbes für ihre Kinder für tot erklären lassen*), bekam ich eine ganz minimale Rente,
ich meine je 15.- Mark für die Kinder und für mich 30. – Mark. Man hat das wohl
angesichts der vielen Bedürftigen gar nicht anders machen können. Ich habe ja auch
etwas Gespartes gehabt und eine Wohnung, zuerst bei meiner Schwester in Kiel, dann
bei meinen Schwiegereltern. So bin ich nicht so schlecht drangewesen. Aber später,
als meine Söhne studierten (ab ca. 1965), da sagte man mir, die Söhne bekämen kein
Bafög, weil ich zu viel verdiente. Die Regelung fand ich allerhand. Die sagten zu mir,
ich solle nur halbtags arbeiten, dann bekämen sie Bafög. Meine Frage: ›Und nachher
meine Rente?‹ Ich fand das aber sehr strapaziös, den vollen Beruf und die Kinder
und den ganzen Haushalt. Als ich später bei der Stuttgarter Zeitung nur 36 Stunden
in Schichten arbeiten durfte, kam ich mir vor wie im Himmel.«

Es ist hier nicht der Ort, die Geschichte der Kriegsopfer- und der Rentenver-
sorgung zu verfolgen, die verschiedenen Gesetze und Anpassungen im einzelnen auszubreiten, es geht auch nicht um die Analyse einzelner Budgets und
Versorgungsansprüche, sondern es geht hier um die Widerspiegelung dieser
finanziellen Benachteiligungen im Bewusstsein der Frauen. Härten konnten
sich aus verschiedenen Gründen ergeben. So wie im Fall von Maria H. konnten sich Frauen oft – durch die Kriegsumstände bedingt – nur eine kleine oder
gar minimale Rente erarbeiten. Ilse S. hingegen wurde dafür »bestraft«, dass
sie zu viel verdiente, nahm aber die Strapazen einer vollen Berufstätigkeit auf
sich, um sich eine ordentliche Rente zu sichern.

Einige weitere Benachteiligungen und Schwierigkeiten, die in den Erzählungen der Frauen eine Rolle spielen, seien erwähnt: Es konnte sein, dass notdienstverpflichtete junge Frauen später eine geringere Rente erhielten, als wenn sie in ihrem Beruf hätten arbeiten können, weil sie während dieser Zeit weniger verdienten und folglich weniger oder gar keine Rentenbeiräge leisteten. Für kriegsdienstverpflichtete Krankenschwestern z. B. wurden keine Rentenbeiträge bezahlt, für Arbeiterinnen in der Rüstungsindustrie wohl.

Sehr schwierig war es für Frauen, die aus der SBZ bzw. der DDR in den Westen geflohen waren, noch aus anderen Gründen. Die Bearbeitung der Rentenanträge zog sich hin. Oft konnten sie als »Republikflüchtlinge« keine Nachweise über ihre Berufstätigkeit in der DDR beibringen.[15] Diejenigen, die aus den Ostgebieten fliehen mussten oder vertrieben wurden, waren in Beweisnot, wenn sie Nachweise über Versicherungen verloren hatten oder wenn sie nicht nachweisen konnten, dass ihr Mann Soldat gewesen, im Krieg umgekommen oder vermisst war. Dazu kommt, dass Frauen vielfach nicht über ihre Rechte unterrichtet waren, dass sie schlicht nicht wussten, worauf sie Anspruch hatten und wohin sie sich wenden konnten.[16]

Im großen und ganzen haben sich die Frauen mit diesen Härten und Benachteiligungen abgefunden; kaum eine verglich z. B. ihre Rente mit den Pensionen hoher Offiziere oder der Witwen von ehemaligen Nazifunktionären. Manche konstatierten und kritisierten, dass der Lastenausgleich zu spät kam und zu gering ausfiel. Was sie aber erbittert und empört hat, sind vor allem zwei Dinge: Im Vordergrund steht der Kampf mit den Ämtern, besonders den Versorgungsämtern und den Ärzten um die Anerkennung von Kriegsschäden (auch ihrer kriegsversehrten Männer). Dazu kommt zweitens der Kampf um die Anrechnung der Kindererziehungszeiten auf die Rente für die Frauen, die vor 1921 geboren sind. Deshalb konzentrieren sich die folgenden Beispiele und Kommentare auf diese beiden Schwerpunkte:

In den *Kampf mit den Versorgungsämtern*[17] hat HILDEGARD H. (1914) besonderen Einblick, weil sie und ihr Mann jahrelang im VdK aktiv waren. Sie erzählte viele Beispiele. Bis heute kämpft sie für ihren Mann um die Anerkennung von kriegsbedingten Leiden (der Mann ist inzwischen verstorben). Er war in Russland schwer verwundet worden. Bei vollem Bewusstsein musste ihm das Bein abgesägt werden, durch einen Bauchschuss war die Aorta aufgerissen. Er bekam im Lazarett daraufhin eine Wundrose mit anschließender Wunddiphtherie. Von dieser Wunddiphtherie wiederum rührte ein späterer Herzschaden her. Zwar wurde er wieder in seiner Firma als Kalkulator eingestellt, konnte aber auf Grund seiner kriegsbedingten Leiden beruflich nicht aufsteigen. Offenbar haben Herr und Frau S. es versäumt, beim Versorgungsamt die Diphtherie gleich zu Anfang anzugeben:

»Aber mein Mann hat bei der ersten Vorstellung in Rottweil Herzschmerzen angegeben. Da sagte einer von den Herren zu ihm: ›Wegen einer Beinamputation hat
man's nicht am Herz!‹ Mein Mann hätte eher sich die Zunge abgebissen als noch
einmal gesagt, ich habe Herzschmerzen... Da ist meinem Mann noch was passiert
auf dem Amt. Da ist er hauptsächlich wegen seiner Einstufung hingegangen: ›Ich
bin eingestuft wegen Oberschenkelamputation. Ich habe aber eigentlich einen Bauchschuss, der mir viel mehr zu schaffen macht.‹ Und er war noch nicht ganz im Zimmer drin bei dem Arzt – und der steht am Waschbecken und wäscht die Hände, dreht
noch nicht einmal den Kopf und schreit von hinten vor: ›Und Sie wollen mehr Rente!?‹ Mein Mann hat dann nachher gesagt: ›Eigentlich – ich bin nicht so schlagfertig
– ich hätte sollen die Tür zumachen und wieder gehen.‹ Die wollten nichts mehr
wissen, keiner von den kriegsversehrten Männern, die wollten mit dem Versorgungsamt nichts zu tun haben, weil sie derart deprimierend abgefertigt wurden, zum größten Teil. Wenn es nicht schon gleich ein hohes Tier war, dann war schon gleich gar
nix drin...«

Frau S. aber gab nicht auf: »Und dann ist es uns gelungen, in Schwäbisch Gmünd
haben wir den Lazarett-Arzt ausfindig gemacht, der ihn behandelt hat, der hat ihm
bescheinigt, dass er ein sehr schweres Herzleiden davongetragen hat von der Diphtherie. Er hat gesagt: ›Ich kann mich deshalb noch so gut an den S. erinnern, er war
mein schwerstkranker Patient.‹ Sie hatten ihn etliche Male aufgegeben.«

Der Herzfehler ihres Mannes wurde auch schließlich anerkannt, aber nicht der
Zusammenhang mit der Diphtherie und dem Krieg. 1983 ist er an Lungenkrebs gestorben. Frau S. führt auch seine Krebserkrankung auf die chronische Bronchitis zurück,
die er – ebenfalls kriegsbedingt von der Herzmuskelschwäche herrührend – seit 1945
hatte. Aber auch das wird nicht amtlich anerkannt. Frau S. will aber weiter kämpfen:

»Meinem Mann wurde auch der Berufsschadensausgleich versagt: ›Als Schwer-
kriegsbeschädigter mit einer Beinprothese kann er ohne weiteres seine Kaufmanns-
tätigkeit ausüben.‹ Aber er kann niemals zu einer höheren Stellung gelangen. Die
Männer sind ja *jung* verwundet worden, und da waren sie ja erst noch im Aufstieg...
Es ist jetzt das Schicksal, was auf viele zutrifft. Die Streiterei, die ich mit dem Staat
hab'; ich hab' also einige Prozesse verloren in dieser Sache, und das geht weiter, ich
bin noch nicht fertig, ich bin hundertprozentig im Recht, und ich frage mich immer
wieder: Warum darf der Staat so ungerecht sein?«

FRAU L. hatte durch Brandwunden und falsche ärztliche Behandlung nach dem Groß-
angriff auf Hamburg im Juli 1943 kaputte Beine: »Die Verbrennungen an meinen
Beinen waren so enorm, sie beeinträchtigten mein weiteres Leben, und dennoch musste ich mir Ende 1944 bei einer ärztlichen Untersuchung die Frechheit anhören: ›Ach,
Sie sind ja nur Hausfrau, Sie haben nur noch ein Kind. Wenn Sie Postbotin wären,
dann würden Sie viel höher in Ihrer Behinderung eingestuft werden, jetzt stufen wir
Sie auf 30 % ein.‹

Heute bin ich 100 % behindert, aber nicht nur durch die Beine, sondern auch durch
ein Herzleiden. Die Ärzte meinen, das wären Alterserscheinungen. Als ich 37 Jahre

alt war, habe ich wegen meiner Beine sogar einen Prozess geführt, der in Hamburg jedoch abgeschlagen wurde. Ich hätte ans Bundesgericht gehen müssen. Aber das kostete damals 500.- DM, und das Geld besaßen wir damals nicht.«[18]

Der Deutsche Frauenrat hat 1987, anlässlich des Gesetzesentwurfs zur Anrechnung von Kindererziehungszeiten auf die Rente[19], Frauen aufgefordert, dazu Stellung zu nehmen und von ihrem Kriegs- und Nachkriegsschicksal zu berichten. In den weit über 100 Zuschriften reden sich die Frauen ihre ganze Erbitterung über ihre ständige Zurücksetzung von der Seele unter dem wiederkehrenden ironischen Motto: »Der Dank des Vaterlandes ist dir gewiss!« Aber nicht einmal unter den Frauen, die am schäbigsten behandelt wurden und werden, ist die Empörung allgemein. Vielmehr verharren nicht wenige weiterhin im fatalistischen Erdulden, andere verbieten sich das Klagen oder sind zu stolz dazu. Ganz besonders benachteiligt waren die Verschleppten, die ohnehin Unbeschreibliches haben erdulden müssen. Sie bekamen keinerlei Wiedergutmachungsleistung für die Zeit ihrer Verschleppung und litten unter besonders schweren Nachwirkungen.[20] Stellvertretend für viele möge ein einziges Zeugnis stehen:

EDITH G. (1932) und ihre Schwester hatten auf der Flucht aus Ostpreußen die Mutter (1900) verloren, der Vater war beim Volkssturm: »Doch dann (wohl 1946) hatte sich unser Vater aus einem Lager bei Osnabrück gemeldet. Alle waren froh! Ende 1947, wir konnten es nicht fassen, kam eine von unserer Mutter persönlich geschriebene Postkarte aus Sibirien, über die Meldestelle Frankfurt vermittelt. Es war Tatsache, unsere Mutter lebte, lag nicht, so wie berichtet war, tot im Straßengraben. Sie war verschleppt worden, gepeinigt, mit vorgehaltener Waffe vergewaltigt und bis fast zum Ural in ein Lager gebracht worden. Ein paar Monate später wurde sie wegen ihres schlechten Gesundheitszustandes entlassen. Sie war inzwischen 48 Jahre alt, sah uralt aus, stark abgemagert und ohne Kopfhaare. Wir waren überglücklich. Was sich in dem Lager abgespielt hat, ist kaum zu beschreiben, Ungeziefer, Fleckfieber, Kälte und Hunger und keine Nachricht von der ganzen Familie. Dann mussten wir ihr sagen, dass ihre beiden Eltern auf der Flucht erschossen wurden, zwei ihrer Brüder gefallen sind und unser eigener Bruder in Kurland an einer Verwundung starb.

Wir hatten uns alle in Osnabrück wiedergefunden, wo ja unser Vater lebte, der 1976 mit 84 Jahren starb. Mutter lebt noch in ihrer eigenen Wohnung und versorgt sich überwiegend allein. Sie war glücklich zu hören, dass sich ab Oktober 1987 ihre Rente verbesserte auf Grund der Erziehung von 5 Kindern. Jetzt fängt wieder eine Tragödie an, denn wir besitzen keinerlei Papiere, und es sollen 5 Geburtsurkunden beschafft werden. Es sollen Anträge nach Moskau geschickt werden, falls sich dort noch Amtsbücher befinden, die unsere Geburt bestätigen. ›Wenn das alles so schwierig ist, dann möchte ich wohl auf alles verzichten‹, sagt unsere Mutter. – Nach den schweren Jahren in Russland hat unsere Mutter hier noch als Putzfrau gearbeitet und keinerlei

Entschädigung für alles Schwere bekommen. Die Rentenaufbesserung kommt viel zu spät, wenn sie es überhaupt noch erlebt.«

Eine finanzielle Abgeltung, wäre sie auch noch so großzügig gewesen, hätte ohnehin keinen Ersatz für die immateriellen Schäden bieten können, die der Krieg diesen Familien zugefügt hatte. Immer wieder war in den vorausgehenden Kapiteln von diesen langfristigen, nicht mehr zu behebenden Nachwirkungen die Rede. Sie alle gehören zur traurigen Bilanz des Krieges.

Mit Ausnahme derjenigen, die in kriegsverschonten Gegenden lebten und keine näheren Angehörigen an der Front hatten – also einer kleinen Minderheit –, ist kaum eine Frau ohne *gesundheitliche Beeinträchtigungen* über den Krieg gekommen. Sie reichten von direkten Kriegsverletzungen durch Bomben, durch Erfrierungen auf der Flucht, durch Vergewaltigungen und Misshandlungen über Mangelkrankheiten bis zu Folgen von Überanstrengung und Erschöpfung. Niemand hat die Zahl dieser durch den Krieg lädierten und invalide gewordenen Frauen errechnet, niemand die Sterblichkeitsrate dieser Kriegsgenerationen untersucht. Viele Folgeschäden stellten sich erst nach und nach heraus. Gerade bei den angesprochenen Spätfolgen ist der Beweis, dass sie mit dem Krieg zusammenhängen, schwer zu führen, aber für die betroffenen Frauen selbst ist der Zusammenhang evident.[21]

ERIKA S. (1927): »Ich habe mir im Winter 1944/45 die Zehen erfroren, weil ich keine heilen Schuhe hatte. Das hat lange gebraucht, bis das wieder geheilt war.«

AGATHE A. (1920): »Mein Körper, der sowieso durch die letzten Kriegswirren geschwächt war, machte eines Tages nicht mehr mit. Ich musste durch die vielen Jahre mehrfach operiert werden (Krebs, Galle, Augen usw.) und bin heute 100 % beschädigt.«

EDITH H. (1912) hat während des Krieges in Berlin 15 Mal Bombenschäden, mehrere Vergewaltigungen, Luftschutzkellerdasein usw. durchgemacht.
»I: *Wie haben Sie das alles durchgestanden?*
H: Ja nun, ich war sehr viel krank, aber ich hab' mir keine Zeit genommen. Und dann war ich schwer leberkrank, ich hab' aber einen guten Arzt gehabt, hat man's kurz vor Krebs noch zum Stillstand gebracht. Und jetzt hab' ich Osteoporose, oh, ich hab' viele Krankheiten, und jetzt gehe ich der Erblindung entgegen mit dem rechten Auge. Es nimmt kein Ende. Immer, wenn man dann eine Krankheit akzeptiert, dann kommt die nächste. Ich denk, ich hab' mein Leben gelebt und bin zufrieden mit allem.
I: *Und Sie haben den Eindruck, dass die Krankheiten auch mit dem schweren Erleben in und nach dem Krieg zusammenhängen?*
H: Ja, ganz bestimmt.«

HELENE H. (1923) und ERNA B. (1914):

»H: Wenn meine Tochter später eine Sirene gehört hat, hat sie geschrien. Ich merke, es ist ein Kriegskind. 12 Jahre hatte ich Gallenkoliken, die entstehen durch Aufregungen. Das sind Sachen, die musste man überstehen. Dann Arthrose durch die schwere Arbeit.

I: *Hat es auch Frauen gegeben, die einfach zusammengebrochen sind?*

H und B: Ja, das hat's gegeben. Die sind nervenkrank geworden.

H: Meine zwei Jahre ältere Schwester ging nach Hennigsdorf in der DDR. Sie war eine richtige Trümmerfrau gewesen. Sie ist schon frühzeitig in Rente, war Frühinvalidin. Sie hatte ja nichts. Die hatte auch ein kleines Kind.«

INGE R. (1924): »Ich hatte damals immer Hunger. Das war eine Schädigung fürs Leben. Die erste Schädigung war, dass ich im Januar 1924 auf die Welt kam, kurz vorher war die Reichsmark eingerichtet worden (*nach der Inflation*), Mutter war halbverhungert. Ich bin mit einer embryonalen Rachitis auf die Welt gekommen und habe das nie mehr aufgeholt. Mit 15 Jahren hat man halt Hunger. Erschwerend kam hinzu, dass wir fast jede Nacht im Keller waren. Alarm fast jede Nacht. Und ich wurde immer aus dem ersten Schlaf gerissen, so um halb elf. Später durften wir gar nicht mehr in die eigenen Keller; wir mussten in die Fabriken rennen, meistens waren die Flugzeuge schon über uns. Bis morgens um vier oder halb fünf waren wir im Keller! Ich kann sagen, ich habe meine Jugend in Kellern verbracht. Und wenn ich heimkam, hatte ich nur einen Gedanken: essen, essen!«

Heute leidet Frau R. an schwerer Arthritis.

WILMA P. (1921): »Gerade, als der Russe da war, bin ich einmal aus Todesängsten gelaufen und gerannt. Muss unmittelbar nach der Geburt meiner Tochter gewesen sein, da ist ein Russe mir nach. Ich bin in Richtung Dorf gerannt, und da war eine Ruine, und da bin ich in die Ruine hinein, ein zerschossenes Haus, hab' mich dann an die Wand gestellt, und weiß nur, ganz still verhalten, damit man mich nicht schnaufen hört. Nach einer halben, dreiviertel Stunde merkte ich, dass ich eiskalt geworden bin. In den nächsten Tagen hatte ich ein steifes Genick. Noch im Jahr 45 ... bekam ich lauter Knoten auf beiden Schienbeinen und auf den Armen. Das ist eine spezielle Gelenkrheuma-Erkrankung, eine sehr schwere... Diese Erreger gehen an die Herzklappen. Da halfen nur hohe Dosen Pyramidon. Ich wollte, da ich schwanger war, nicht das Pyramidon nehmen. Habe bis heute mit dem zu tun. Und ich atme etwas kurz, die Herzklappen sind ein bisschen abgefressen... Weil ich unterernährt war, bekam ich eine latente Tuberkulose. Die ist erst richtig ausgebrochen nach dem Tod meines zweiten Mannes, war eine Lymphtuberkulose. Auf Grund der vielen, vielen Belastungen hab' ich dann noch ein Struma bekommen, das hinter dem Schlüsselbein saß, hat auf die Luftröhre gedrückt. Bei der Operation wurde das rechte Stimmband total gelähmt und das linke schwach.« (Man hörte dies während des Interviews am Sprechen.)

Von den physischen Nachwirkungen sind – wie schon die Beispiele zeigen –
die *psychischen* kaum zu trennen. Die grauenhaften Erlebnisse in den Bom-
bennächten, bei der Besetzung, auf der Flucht und bei der Vertreibung, die
unersetzlichen Verluste von Menschen, der Heimat, der liebgewordenen und
vertrauten Dinge haben bleibende seelische Spuren hinterlassen, haben viele
Frauen krank gemacht oder schwer belastet. Wie soll man je herausfinden, wie
lange das gedauert hat und wieweit es den einzelnen gelungen ist, ihr seelisches Gleichgewicht, ihre individuelle Stabilität wiederherzustellen? Die Frau-
en mussten allein damit fertig werden, ohne psychotherapeuthische Betreuung, ohne Selbsthilfegruppen. Sie sprechen von ihren Angstträumen, die sie
bis heute nicht loslassen, von ihrem Kampf gegen die Einsamkeit von ihrem
Heimweh, von im Grunde unerfüllbaren Anforderungen, die die Gesellschaft
an sie stellte.[22] Sie tun das nicht, um zu lamentieren oder Mitleid zu erwek-
ken, manche eher beiläufig und scheu, aber man spürt heraus, wie schwer es
war und erst aus dem Abstand heraus möglich, darüber zu reden.[23] Auch die
Töchter haben manches von diesen kaum reparablen Verletzungen ihrer Mütter empfunden.

ILSE-MARIA D. (1932): »Meiner Mutter wurde der Mann, den sie geliebt hatte und
mit dem sie acht Jahre zusammen gelebt hatte, den hat man ihr genommen. Sie hat,
glaub ich, zwanzig Jahre danach noch gewartet, dass er zurückkommt. Sie hat dann
alles, was sie noch an Kraft hatte, an ihre Kinder gegeben und hat sich eigentlich so
fast ausbluten lassen, auch intellektuell oder so, was an Ansätzen da war. Das konnte
sie überhaupt nicht entfalten, weil sie nur noch gearbeitet hat und gesorgt hat.«

MARIA T. (1931): »Geblieben sind furchtbare Alpträume von Tieffliegern, Panzern,
über die ich erschrak, als ich das erste Mal so ein Ungetüm sah. Und Wiederholungs-
träume habe ich, dass Fritz (*ihr Bruder*) nach Hause kommt, also nicht gefallen ist,
und ich sage dann immer: ›Ich wusste ja, dass du noch lebst.‹ Nach so vielen Jahren
noch Trauer im Herzen.«

WALTRAUT G. (1926): »Noch viele Jahre nach dem Krieg hatte ich Angstträume. Russische Soldaten wollten mich mitnehmen, und ich musste wieder fliehen.«

INGRID K. (1936) schrieb mir sehr knapp, sie und ihre Familie habe Hunger, Kälte,
Vergewaltigung, unermessliche Ängste, Vertreibung und nochmals Flucht aus der Ost-
zone mitmachen müssen: »Der Krieg war ein ungeheuerlicher Einschnitt, der bis zur
Selbstaufgabe führte bei meiner Mutter. Von diesem Schock hat sie sich nie erholt.
Meine Schwestern haben zwar verdrängen können, aber die Angst verfolgt ein Le-
ben lang – auch mich.«

SUSANNE L. (o. Jg.), die die schweren Angriffe auf Stuttgart mitgemacht hat: »Ich
kann z. B. in keinem Aufzug sein, ohne Angst zu kriegen. Oder ich könnte auch nicht
fliegen…höchstens, wenn ich müsste. Und zwar kommt das von diesem Keller, in

dem man saß, und dieses Gefühl, man kann nicht raus, die Bomben fliegen über einen runter.«

MARIA L.: »Die Rolle der ›Kriegerwitwe‹, die von uns Frauen verlangt wurde, enthielt Anforderungen, die eigentlich gar nicht zu bewältigen und vor allem durch nichts gerechtfertigt waren. Eine Kriegerwitwe hatte nur noch für ihre Kinder dazusein. Ging bei der Entwicklung der Kinder etwas daneben, war das einzig und allein ihr Versagen. Sie hatte mit der sehr bescheidenen Rente auszukommen und war oft genug zur Berufstätigkeit gezwungen. Doch gerade diese wurde ihr besonders übelgenommen. Eine berufstätige Frau nahm ihre Mutterpflichten nicht ernst, kümmerte sich nicht genug um die Kinder, hatte keine rechte Verantwortung. Als ich meine Tätigkeit als Fürsorgerin wieder aufnahm und die Leitung eines Heimes für gefährdete Mädchen übertragen bekam – für ein Monatsgehalt von DM 100. – (in Worten: einhundert) mit Kost und Logis –, brachte mir das viele böse Nachrede ein, auch innerhalb der Verwandtschaft. Meine Kinder besuchten die höhere Schule, auch das war nicht unbedingt nötig für die Kinder einer Kriegerwitwe. Später legten sie sogar das Abitur ab und studierten, und das war geradezu die Höhe, noch dazu bei Mädchen.

Eine Kriegerwitwe hatte vor allem auf jede männliche Hilfe zu verzichten. Bewusst wurde mir dies, als ein Bekannter, der auf dem Sozialamt arbeitete, mir seine Hilfe anbot und sie zugleich zurückzog mit der Bemerkung, er könne sich nicht sonderlich um mich kümmern, denn sobald er mich öfter aufsuchen würde, würde ›geredet‹. ›Ins Gerede kommen‹, das passierte schnell, wenn man allein dastand.«[24]

Den Kampf gegen die Einsamkeit der kriegsbedingt alleingebliebenen jungen Mädchen spricht Marianne M. (1921) sehr zurückhaltend an: »Noch nirgends habe ich gelesen, was es für junge Mädchen bedeutete, wenn etwa die Hälfte der potentiellen Heiratskandidaten ... nicht mehr heimkam. Es schaffte ein Gefühl des Betrogenseins, um Jugend, Heiratsaussichten und Kinder. Das Wort ›Frauenüberschuss‹ hörte man ständig. Man musste sich minderwertig fühlen... Ich jedenfalls wurde noch zurückhaltender, als ich ohnehin war, aus Angst, man wolle sich ›einen angeln‹. Ich denke, dass es vielen so ging.«

Von den Frauen wurde erwartet, stark zu sein, den Männern, die nach Hause kamen, und vor allem den Kindern eine seelische Stütze zu bieten.[25] Die Kinder hatten ganz besonders gelitten, wurden vielfach krank. Auch davon sprechen die Mütter häufig, und die Angst um die Kinder ist ihnen noch heute anzumerken, aber auch, was sie sich an zusätzlichen Mühen abverlangten, damit die Kinder keine dauernden Schäden davontragen sollten. Es gab damals selten die Medikamente, die man gebraucht hätte, vor allem war für Deutsche noch kein Penizillin verfügbar, das oft hätte lebensrettend sein können.

JOHANNA I. (1913): »Mit Klaus (*er war auf der Flucht sehr krank gewesen, beinahe gestorben*) machte ich auf Anraten eines Arztes ein Jahr lang mit letzten Kräften (nach Ährenlesen, Kartoffelstoppeln, Holzsammeln, Sirupkochen usw.) »Bürstenbad«, bis er krebsrot war. Jeder, der es sah, war entsetzt. Aber er ist heute gesund.«

TRUDE S. (1910): »Petra hat durch völlig unzureichende Ernährung in den ersten drei Lebensjahren sehr gelitten. Wir haben versucht, das dann durch viel Liebe und Zuwendung auszugleichen, aber richtig erholt hat sie sich eigentlich erst in der Pubertät. Sie war – und ist es noch – ein sehr hübsches Mädchen. Sie litt unter Angstkomplexen, gegen die sie aber mit Energie angegangen ist. Überhaupt war erstaunlich, mit welchen Energien (auch Selbstdisziplin) sie von der Natur ausgestattet ist... Ihr Wunsch, Innenarchitektin zu werden, war wegen ihrer körperlichen Konstitution nicht möglich. Sie hätte eine Tischlerlehre machen müssen, und das war zu schwer...Petra hat zweifellos gesundheitliche Schäden durch die schlimme Zeit als Kleinkind. Sie ist im Beruf tüchtig und voller Energie, nervlich aber labil.«[26]

MARIANNE B. (1920): »Meine Tochter hat nach dem Krieg, 1947, eine Hilusdrysen-TB bekommen. Sie ist 1943 geboren. Da wurde geraten: viel Butter, viel Vitamine! Ja, woher nehmen? Sie war ein halbes Jahr im Harz verschickt in einem Kindersanatorium. Mein Mann, der sie hinbrachte, brauchte für eine Fahrt (*von Cuxhaven aus*) vier Tage.«[27]

MARGRET B. (1927): »Ich hab' dann bald geheiratet. 1950 wurde meine Tochter geboren. Da gab es immer noch Lebensmittelmarken, was viele vergessen haben. Ich bekam Stillmarken und ein paar Kleidersachen fürs Baby. Stark rationiert. Es waren immer noch böse Zeiten, fünf, sechs Jahre nach dem Krieg. Das wissen nämlich junge Leute auch nicht. Und wer hat am meisten gehungert? Die Frauen, die Mütter, die wieder dem Mann und den Kindern was zusteckten.«

HANNELORE W. (1918): Ihr Mann war gefallen; mit ihrer 1943 geborenen Tochter Christel musste sie aus ihrem Evakuierungsort in Schlesien fliehen, sich als alleinstehende Flüchtlingsfrau durchschlagen. Die Tochter ist heute Abteilungsleiterin und Einkäuferin in der Modebranche geworden, »ein aktiver und energischer Mensch«, wie die Mutter in einem Brief vom 19. 4. 1990 schreibt. »Aber sie kann nur noch bedingt arbeiten, denn durch mehrere schlimmste Bronchiten im Kleinkindalter hat sie erhebliches Asthma. Damals gab es ja kaum Medikamente und für Kleinkinder wegen des Risikos schon gar nicht. Um ihre entsetzlichen Erstickungsanfälle zu mildern, konnte ich sie nur stundenlang umhertragen und versuchen, sie durch Geschichten usw. abzulenken. Auch eine Kriegsfolge, aber sie meistert es gut, mit der Krankheit zu leben.«[28]

Zu den *sozialen Ungerechtigkeiten*, ebenfalls Nachwirkungen des Krieges, gehörten nicht nur die zermürbenden und oft demütigenden Erfahrungen mit Behörden und Ämtern, sondern auch vielfältige Diskriminierungen in der Öffentlichkeit, denen insbesondere alleinstehende, alleingebliebene Frauen (Kriegerwitwen und kriegsbedingt Unverheiratete) ausgesetzt waren. Besonders für einfache Frauen war es schwierig, alle Bestimmungen zu durchschauen, die richtigen Anträge zu stellen und ihre Interessen wirksam zu vertreten. Auch am Arbeitsplatz war es sehr schwer, sich Männern gegenüber durchzusetzen.[29]

Bei Beförderungen wurden Frauen oft übergangen. Auf ihre Situation als Alleinerziehende wurde bei der Stellenzuweisung wenig Rücksicht genommen. Manche waren zusätzlich schlimmen sexuellen Belästigungen am Arbeitsplatz ausgesetzt. Von Ehepaaren und Familien wurden sie ungern eingeladen, vor allem deshalb, weil die Ehefrauen eifersüchtig waren.[30] Wenn sie energisch auftraten, wurde das als »hart« und »unweiblich« kritisiert.

REGINA J. (1906), sechs Kinder. Von ihrem Mann hatte sie seit Februar 1945 nichts mehr gehört; er war verschollen: »… und dann kam das große Elend, denn mein Mann war nicht gefallen und nicht vermisst gemeldet, und ich bekam kein Geld mehr. Da wusste ich nicht, von was wir leben sollten. Arbeiten konnte ich mit meinen sechs Kindern nicht. Da sagte mir ein Beamter auf dem Rathaus: ›Es gibt viele Wege, um Geld zu verdienen…‹ Da fragte ich ihn, wie er das meine. Da sagte mir dieser ekelhafte Mensch: ›Für was haben wir Besatzungstruppen? Da sind Frauen wie Sie nachts gewünscht.‹ Da fragte ich ihn, ob ich nachts zu den Schwarzen als Dirne gehen soll und am Tag meine Kinder betreuen. Da meinte er, man brauche es ja nicht so brutal ausdrücken… Was ich dem dann sagte, will ich lieber nicht zu Papier bringen…

Einmal war ich dann wieder auf dem Rathaus hier und kam die Treppe herunter und habe mir die Tränen abgewischt. Da begegnete mir ein Herr vom Amt und sagte mir: ›Kommen Sie mal mit mir unten in ein Zimmer.‹ Und ich ging mit, und dann sagte er zu mir: ›Können Sie schweigen?‹ Dann sagte ich: ›Es kommt darauf an, um was es geht.‹ Da klärte er mich auf und sagte mir: ›Verraten Sie mich bitte nicht. Aber stellen Sie einen Antrag und lassen Sie Ihren Mann für tot erklären, dann haben Sie diese Bettelei nicht mehr notwendig‹, und sagte mir, was zu unternehmen ist. Und das tat ich dann auch. Es waren ja viele Formalitäten zu erledigen. Es dauerte ein ganzes Jahr, aber ich habe es geschafft mit Ausdauer und Geduld. Doch hatte ich damals nicht das Wissen von heute. Denn das Fürsorgeamt hätte mir nicht das ganze Geld einbehalten dürfen, nur solange der Antrag lief. Aber sie haben mir alles einbehalten bis zu dem Monat, wo es ausbezahlt wurde, nicht von dem Datum, wo der Antrag für die Rente gestellt wurde. Mein heutiges Leiden ist schon auf diese schlimmen Jahre zurückzuführen, denn es hat ja an allem gefehlt, und da hatten ja die Kinder immer den Vorrang.«

HANNA L. (1919) war zweimal verlobt, beide Verlobte sind gefallen. Sie blieb allein: »Und wir (sie meint die kriegsbedingt Alleinstehenden) sind noch recht angefeindet worden. Auf der einen Seite haben sie einen beneidet ob der Freiheit, die man hatte, auf der anderen Seite haben sie auf einen runtergeguckt.«

Ausdrücke wie »sitzengeblieben« oder »alte Jungfer« gehörten zur gängigen Redeweise.

GERTRUD B. (1919): »Als alleinstehende, praktisch verwitwete und noch ziemlich junge Frau im Berufsleben galt ich vielen Vorgesetzten als Freiwild. Die sexuellen Belästigungen waren schlimm, und da ich mich wehrte, auf Angebote nicht einging, brachte mir bzw. uns das große Nachteile materieller Art. Dasselbe gilt bzw. galt für die

Gesellschaft, z. B. für Vermieter und Behörden; Ärzte und Lehrer meiner Kinder verhielten sich im Gegensatz dazu immer korrekt und hilfsbereit.«

Nach konkreten Beispielen befragt, schrieb sie mir am 18.8.1992: »Als ich im November 1948 in Helmstedt landete, wurde ich vom Arbeitsamt an eine kleine Firma verwiesen, die mich als Sekretärin einstellte. Dort gab es einen Prokuristen, der sehr freimütig erzählte, dass er aus Schlesien käme und dort ein Bauernführer gewesen sei. – Er war ca. 60 Jahre alt, klein und dick, dazu glatzköpfig, also in keiner Weise anziehend. Aber er prahlte mit Erlebnissen, die er mit Arbeitsdienstmädchen in seiner früheren Position gehabt habe, sehr laut und öffentlich. – Von Anfang an hatte er es nun auf mich abgesehen. Ich war damals 29 Jahre alt, wurde soeben 30. Er bestellte mich immer wieder in sein ›Chef-Zimmer‹, wo er jedes Mal handgreiflich wurde. Sobald wir allein waren, duzte er mich – und er wurde immer direkter, immer zudringlicher. Er schlug mir vor, seine Geliebte zu werden, dann würde er alles mögliche für mich tun: Ich könnte meine Kinder, meine Mutter zu mir holen, denn er würde mir eine Wohnung besorgen usw. usw.. Da ich mich weigerte und sagte, ich würde ihn anzeigen, antwortete er mir, dass ich das ja tun könne. Dann würde man schon sehen, wem man glauben würde, ganz bestimmt nicht mir, sondern immer ihm. Es war eine sehr schlimme Zeit, denn es gab wenige Arbeitsmöglichkeiten, und ich konnte also die Stellung nicht wechseln. Er aber … ließ von seinen Zudringlichkeiten nicht ab, verlangte viele Überstunden von mir, während deren wir dann auch noch allein waren, und schikanierte mich, wo er nur konnte. Eines Tages erlitt er einen Herzinfarkt, und als er glaubte, sterben zu müssen, schickte er seine nette und bescheidene Frau in die Firma, die mich holen sollte. Es gab an seinem Krankenbett dann eine unmögliche Szene, denn er bat mich um Verzeihung – vor seiner Frau, vor dem Arzt: Ich hätte in den Boden versinken mögen. Aber er überlebte. Doch dann glückte mir doch ein Firmenwechsel, so dass ich von diesem üblen Menschen fort konnte. Aber in der neuen Firma war ich nun die Sekretärin eines Betriebsleiters, der zwar sehr viel netter und freundlicher war, mir jedoch auch Anträge machte und ab und zu versuchte, mir zu nahe zu kommen. Da dies vor seiner Frau nicht verborgen blieb, gab es auch hier unerfreuliche Vorkommnisse – dies alles kostete mich viele Tränen. Sicher und geschützt fühlte ich mich eigentlich erst dann, als ich 1952 meine zweite Ehe eingegangen war.

Dass ich über diese Erlebnisse schreibe, ist das allererste Mal, und es hat mich richtig etwas mitgenommen, noch heute.«

EMMA R. (1918), kriegsbedingt unverheiratet, als gelernte Verkäuferin in der Verwaltung tätig: »Es ist so, dass z. B. eine Stelle – ich kann es nur aus dem kaufmännischen Bereich sagen – die nach K 4 dotiert ist, mit einer Frau einfach nicht besetzt wird. Das ist mir passiert.

I: *Da zieht man immer Männer vor?*

R: Ja, da hat es geheißen, die einzige, die das schaffen könnte, fachlich und auch führungsmäßig, das ist die Emma. Aber ich kann doch nicht die Vorgesetzte für 100 Männer machen! Obwohl, als dann der Chef im Urlaub war und der Stellvertreter den Fuß gebrochen hatte, dann habe ich es können… Es ist nie so lautlos und reibungslos abgelaufen wie in diesen Wochen. Und ich habe gar nichts tun müssen. Ja nun, ich war 12 Stunden im Geschäft. Aber ich habe mich wirklich nicht umbringen müssen. Ich war verantwortlich und habe für alles unterschreiben müssen, aber mir wurde alles zugetragen. Die haben plötzlich so viel gedacht und haben gesagt: Das müsste sein und das, wie kriegen wir das zusammen?

I: *Aber eingestellt worden sind Sie in diese Stelle nicht?*

R: Nein, ich habe nach wie vor meine Entlohnung gehabt nach K 2 und habe den Dreck schaffen müssen für den, der K 4 gehabt hat. Und ich erlebe das immer wieder. Ich habe bloß eine gekannt, die war Ingenieurin. Die war bei Fortuna oder irgendwo in der Pragstraße. Die war anerkannt als Ingenieurin. Aber sonst in meinem großen Bekanntenkreis keine Frau, die nach ihrem Können eingesetzt war.

I: *Das war jetzt im mittleren Bereich schon so, in Führungsetagen dann schon gar nicht?*

R: Da war es überhaupt aussichtslos.

I: *Selbst bei einem gewerkschaftlich geführten Unternehmen?*

R: Ja.«

Zu den weitreichenden Kriegsfolgen für junge Mädchen muss man die tiefgreifenden Auswirkungen auf ihr berufliches Leben zählen. Berufswünsche wurden vereitelt, Ausbildungen mussten abgebrochen und konnten nicht mehr abgeschlossen werden. Wenn sie mir von ihrem Werdegang erzählten, begannen sie oft mit den Worten: »Eigentlich hätte ich … werden wollen, aber durch den Krieg…« Wir sind mehrmals auf solche Schicksale gestoßen.[31]

RENATE B. (1925) hatte 1944 angefangen, Medizin zu studieren: »Das Studium wurde bei mir kaputtgemacht (*durch Krieg und Nachkrieg*), das hat eine Depression bei mir ausgelöst.«

Wenn man danach fragt, ob der Krieg die Emanzipation der Frauen befördert hat, dann dürfen diese verhinderten Berufslaufbahnen nicht vergessen werden.

Die *Erziehung der Kinder* war in den Nachkriegsverhältnissen eine besonders schwierige Aufgabe der Familien. Selbst da, wo die Väter zwar zu Hause waren, aber keine entsprechende Arbeit fanden oder kriegsversehrt waren, lag die Hauptlast auf den Müttern.

So wie ERNA N. (1919) erging es vielen. Ihr Mann hat die Vertreibung aus Schlesien nie verwunden, wo er eine Metzgerei, Viehhandel und Landwirtschaft betrieben hatte: »Mein Mann war 49/50 ein Jahr freiwillig in Frankreich, kam aber ganz enttäuscht zurück. Er durfte und konnte kein Geld schicken – verdiente 50.- DM im Monat nach unserem Geld… Ich ging in ein Hotel schaffen – von 1/2 8 Uhr bis 9 Uhr abends für 4.- DM den Tag, auch Sonnabend und Sonntag! Der älteste Sohn passte auf die zwei anderen auf. Als mein Mann zurückkam, konnte ich nicht mehr ins Hotel, ging nun zu Bauern – fürs Essen, Kartoffeln und Milch schaffen. Geld hatten die kleinen

Leute keins! 20 Zentner Kartoffeln, die ich mit den Kindern erarbeitet hatte, halfen mir sehr! Mein Mann ging zum Wegbau und Sonnabend/Sonntag in den Wald Holz machen. Später konnte mein Mann wieder als Metzgermeister schaffen, aber immer wieder bekam er Fleckfieberanfälle, Schüttelfrost und hohes Fieber. Die Kinder wuchsen heran und kamen in die Ausbildung. Klaus hatte Handelsschule und wurde Großhandelskaufmann, hat eigenes Geschäft! Christel wurde Säuglingsschwester, Georg Großhandelskaufmann, hat eine gute Stelle, hat ein Haus gebaut, und der jüngste Sohn ist Oberregierungsrat, hat Jura studiert. Fragen Sie nicht, was wir für Opfer gebracht haben – wir waren noch nie in Urlaub. Nur bei Verwandten drei bis vier Tage. Wir haben den Kindern immer geholfen, jetzt sind die Enkel dran! Trotz allem bin ich sehr froh – bis auf meine Wirbelsäule, soweit gesund zu sein. Bin 10 cm kleiner geworden. Der Rücken hat zwei Löcher – alles ist Verschleiß. Bin noch 20 Jahre drei- bis viermal die Woche in einen Haushalt kochen und bügeln gegangen – bis mein Mann nicht mehr allein bleiben konnte. Zwei Jahre war er ein Pflegefall.«

Der Krieg hat eine große Zahl von Waisen und Halbwaisen hinterlassen.[32] Auch das gehört zu seinen Langzeitfolgen. Aus diesen Langzeitfolgen erwuchsen aus der Sicht der alleinerziehenden Mütter ihre wichtigsten Langzeitaufgaben: Sie fühlten sich für diese vaterlosen Kinder doppelt verantwortlich, und sie nahmen die Verantwortung sehr ernst. Die Biografien von Müttern in Band I zeugen davon, vor allem jene, wo in der Familie der Vater fehlte.[33] Besonders ausführlich berichtete schriftlich Gertrud K. (1912), was aus ihren Kindern geworden ist und wie sie ihnen dabei helfen konnte. Ihre Geschichte sei deshalb – gekürzt – wiedergegeben. Sie steht in den wichtigsten Merkmalen für viele andere:

GERTRUD K. schrieb ihren Lebensbericht 1988 nieder. Sie ist die Tochter eines Fliesenlegers aus Saarbrücken und hatte zwei Brüder. Sie durfte nicht den gewünschten Beruf der Damenschneiderin lernen, denn ihre Mutter verstarb, als sie acht Jahre alt war und sie musste ihrer Stiefmutter im Haushalt helfen. Nach turbulenten Erfahrungen während der Kriegszeit verlor sie noch im Herbst 1944 ihren Mann, der als Sanitäter bei einem Tieffliegerangriff auf einen Lazarettzug ums Leben kam. Sie hatte drei Kinder, Gerd, Ewald und Helga:
»Eines stand für mich fest, dass ich einen eisernen Willen hatte und für die Kinder alles tun wollte, was auch im Sinne ihres Vaters wäre.«
Sie lebte sehr beengt 34 Jahre lang bei einem Ehepaar mit einer gehbehinderten Frau und führte dem Ehepaar den Haushalt, so brauchte sie keine Miete zu bezahlen:
»Ich hatte zu der Zeit für uns vier Personen 120.- Mark Rente. Man bekam ja nur, was einem auf Lebensmittelmarken zustand, und dafür reichte das Geld... Gerd wurde 1949 konfirmiert, es war eine bescheidene Konfirmation... Ewald wurde 1948 eingeschult, und Helga kam in den Kindergarten. 1950 kam Gerd ins Hüttenwerk als Schlosserlehrling, und danach ging es uns etwas besser. Ich bekam die erste Renten-

nachzahlung für ein Jahr, und dafür kaufte ich mir eine Nähmaschine, damit ich unsere Kleider, Jacken und Hosen selbst nähen konnte. Ich hatte wieder neuen Mut in der Hoffnung, dass meine Sorgen überwunden seien. Doch nach dreimonatiger Lehrzeit wurde Gerd zwischen Weihnachten und Neujahr so schwer krank, dass er noch am 28. 12. 50 ins Krankenhaus musste. Er hatte Lungen- und Rippenfellentzündung, es war höchste Zeit, dass er ins Krankenhaus kam. Jeden Tag lief ich eine Stunde bis ins Krankenhaus, es stand sehr schlecht um ihn, und ich hatte größte Sorge, dass ich ihn verlieren könnte... Nach neun Tagen hatte Gerd die Krise überwunden, und die Gefahr war vorbei. Nach sieben Wochen kam er wieder nach Haus. Nach einem Kuraufenthalt machte er seine Lehre weiter, und diese Sorge war vorbei. Einige Wochen später musste ich mit Ewald zum Augenarzt nach Braunschweig. Es wurde festgestellt, dass Ewald grauen Star hatte und operiert werden musste. Inzwischen war Frau R. *(ihre Wirtsfrau)* im Krankenhaus gestorben. Ich versorge Herrn R. weiter, er bezahlte mir 150.- Mark Kostgeld, aber ich musste 40.- Mark Miete bezahlen. Die ganze Miete kostete damals 64.- Mark. Mir ging es schon etwas besser, denn durch Nähen und Stricken konnte ich mir ein paar Mark dazuverdienen.

Das Erbteil von meinem Vater, 3000.- DM, hatte ich auf dem Postsparbuch, weil ich damals nichts kaufen konnte. Als ich aber die Rente für mich beanspruchte, musste ich erst das ganze Geld verbrauchen, aber nur 100.- Mark monatlich, ehe ich meine Rente bekam. Das war der größte finanzielle Betrug, den ich erlebt habe. Mir lag nichts mehr daran, ob ich genug hatte oder nicht, irgendwie ging doch alles kaputt.

Das Geld, das ich mir selbst verdiente, legte ich auf einen Bausparvertrag, 40.- DM monatlich, sechs Jahre lang. Das konnte ich gut verkraften, und eine Wohnung bekam ich noch lange nicht.

Im Frühjahr 1951 wurde Ewald in Braunschweig ... an den Augen operiert. Erst musste das operierte Auge heilen, ehe das andere operiert werden konnte. Ein ganzes Jahr hat es gedauert, bis ich die Sorge wieder los war und Ewald wieder sehen konnte. Er bekam eine Starbrille und konnte wieder zur Schule gehen, das Versäumte hat er alles aufgeholt. Mit 14 Jahren wurde Ewald konfirmiert, und gleich danach kam er ins Hüttenwerk in die Lehre. Er wollte technischer Zeichner werden, aber dafür war keine Stelle frei, deshalb nahm er die Schlosserlehre an...

Bei mir im Haushalt verlief alles ruhig, bis die Kinder größer wurden und wir keinen Platz mehr hatten. Wir mussten uns einschränken, und Herr R. behauptete seine Wohnung, und außerdem sollte ich mich nur nach ihm richten. Es gab viel Streit, vor allem konnte ich nicht vertragen, dass er dauernd an den Kindern was zu nörgeln hatte.

Gerd war 19 Jahre, als er seine Lehre beendet hatte, er konnte in der Hütte bleiben. Als er Geld verdiente, erfüllte ich ihm seinen größten Wunsch und ließ ihn den Führerschein machen, den er auch gleich bestand. Wir mieteten uns ein Auto, und die erste Fahrt war auf den Friedhof in Bad. S. *(wo der Vater begraben war)*. Der Führerschein hat damals 360.- Mark gekostet, und Gerd verdiente im ersten Jahr 300.- Mark als Schlossergeselle. Meine Kinder haben alle drei ihr Geld abgegeben, und ich sorgte dafür, dass jedes zu seinem Recht kam, nur so konnte ich ihnen ihre Wünsche erfüllen. Vom Fahrrad bis zum Moped, Musikinstrumenten und bis zum Auto, anders wäre das alles gar nicht möglich gewesen.«

Sie schildert weiter auf vielen Seiten minutiös, wie sie für die Kinder sparte, Anschaffungen abzahlte, den Berufsweg jedes einzelnen Kindes begleitete, und welche Freude es für alle war, wenn wieder ein Wunsch der Kinder erfüllt werden konnte.

»Ich selbst war mit dem Leben zufrieden, wir waren alle gesund, und um Kleinigkeiten machte ich mir noch nie Sorgen...

Im Frühjahr 1958 machten wir mit Herrn und Frau K. eine Fahrt nach B. zu einem Schulkameraden von Herrn K.. Dort lernte Gerd seine zukünftige Frau kennen. Ein Jahr später wurde Verlobung gefeiert und am 12. 11. 60 eine große Hochzeitsfeier. So hat ihm sein Auto auch noch Glück in der Liebe gebracht... Ewald machte seinen Führerschein und Helga ging zur Musikschule nach Braunschweig zum Akkordeonspielen. Helga ging zur Tanzschule, was Gerd und Ewald auch taten in dem Alter. Ich legte ihnen keinen Zwang auf, ich machte nur alles möglich, woran sie Freude hatten...«

Sie musste erleben, dass ihre Tochter Helga 1961 bei einem Verkehrsunfall lebensgefährlich verletzt wurde. Sie konnte aber allmählich wieder ganz geheilt werden. Auch die Wohnung konnte sie 1962 schließlich ganz übernehmen.

»Zwischendurch gab es ja in meinem Leben auch Zeiten, in denen ich sorglos war; das war jetzt, als Helga wieder gesund war und uns die Wohnung überschrieben wurde... Für Helga ihr Geld (*Unfallgeld*) kaufte ich ihr Aussteuerwäsche, Silberbesteck und Kleider. Nie habe ich etwas unüberlegt gemacht, über alle Ausgaben habe ich Buch geführt und versucht, allen gerecht zu werden.«

Von ihrem zweiten Bausparvertrag konnte Gerd sich Möbel für sein Eigenheim kaufen. Sie hatte dafür gesorgt, dass Gerd und seine Frau einen preiswerten Bauplatz von der Stadt bekamen. Ihrem zweiten Sohn Ewald konnte sie 1962-65 die Ausbildung zum Ingenieur ermöglichen, indem sie noch eine Stelle im Haushalt annahm für 150.- DM im Monat. Inzwischen bekam sie 760.- DM Rente. Die Mutter musste Ewald streng anfassen, damit er die Ausbildung nicht abbrach. »Als er 1965 seine Ausbildung mit ›gut‹ bestand, bedankte er sich bei mir.« Er zog – berufsbedingt – um. Auch die Tochter hatte inzwischen geheiratet und war weggezogen. »Es kam eine furchtbare Zeit, ich wurde nicht mehr gebraucht...Wenn ich auch damit gerechnet hatte, dass alle drei aus dem Haus gehen, so war es für mich doch sehr schwer, mich an das Alleinsein zu gewöhnen.«

Sie versorgte dann bei ihrem Sohn Gerd vorübergehend den Haushalt, damit dessen Frau arbeiten gehen konnte.

»Nachdem ich nicht mehr zu Vera (*ihrer Schwiegertochter*) brauchte, habe ich nicht mehr gearbeitet. Meine Kinder waren aus dem Haus und versorgt, und ich hatte mein Geld für mich allein. Ich machte den ersten richtigen Urlaub, besuchte meine Verwandten und hatte keine Sorgen mehr. Mich noch mal zu verheiraten, kam mir nicht in den Sinn, meine Kinder sorgten für genug Abwechslung.

Ein Jahr war ich ohne Arbeit, als Ewald mich fragte, ob ich nach Augsburg kommen wollte und das Kind versorgen könnte, Ute (*seine Frau*) hätte gern ihre Ausbildung fertig gemacht… Ich fuhr also für ein Jahr nach Augsburg und versorgte dort das drei Monate alte Kind, und danach fuhr ich wieder nach Haus. Ich war so an Arbeit gewöhnt, dass ich mich ohne gar nicht wohlfühlte. In unserem Ort fragte ich in einer Wäscherei, ob ich Arbeit bekommen könnte, ich konnte sofort anfangen. Dort arbeitete ich 8 Stunden am Tag an der Heißmangel von 1971 – 1978. Ich wurde 65 Jahre und machte endlich Schluss damit, mir einzubilden, dass ich ohne Arbeit nicht leben kann. Meine Tochter zog am 1. 2. 76 nach G., wo sie einen Betrieb aufbaute und ein Wohnhaus. Sie suchte mir eine Wohnung und bat mich, zu ihr zu kommen. Am 1. 4. 78 zog ich nach G. in eine schöne Wohnung gegenüber meiner Tochter. Aber ohne Arbeit konnte ich dort auch nicht sein, denn 1983 starb mein Schwiegersohn, und meine Tochter führte den Betrieb allein weiter. Seitdem wohne ich mit ihr zusammen. Mein Sohn Ewald kam auch hierher und übernahm die Büroarbeit, baute sich eine Wohnung aus, und nun sind wir zusammen in einem Haus.«

Gertrud K. mag eine besonders resolute (»eiserner Wille«) und autoritäre (die Kinder mussten alles verdiente Geld abliefern, bevor sie ganz selbständig waren) Mutter gewesen sein, doch finden sich ähnliche Grundzüge in den Erzählungen vieler alleinerziehender Frauen wieder: Sie fühlten sich als Testamentsvollstreckerinnen ihrer gefallenen Männer und wollten die Kinder im Sinne der Väter erziehen. Sie lebten und arbeiteten nur für die Kinder und deren Wohlergehen. Obenan stand die Sorge um die Gesundheit der Kinder. Krankheiten und Unglücksfälle konnten sie nicht verhindern, aber sie taten alles, um zur Heilung beizutragen. Das Zweitwichtigste war die Ausbildung. Die Kinder sollten alle einen ordentlichen, ihren Fähigkeiten entsprechenden Beruf erlernen, auch die Töchter. Helga wurde so gut ausgebildet, dass sie später einen eigenen Betrieb leiten konnte. Frau K. hatte es selbst erlebt, wie es ist, wenn man ohne Beruf plötzlich allein dastand. Sie hatte nicht Schneiderin lernen dürfen, hatte aber heimlich einen dreimonatigen Nähkurs bei evangelischen Schwestern absolviert, was ihr später sehr zugute kam, denn sie konnte nicht nur die Kleider der Familie selber nähen, sondern durch Nähen (und Stricken) noch dazuverdienen.[34] Ihr zweiter Sohn Ewald hatte es ihr zu verdanken, dass er seine Ingenieurausbildung fertigmachte. Mit der erfolgreichen Berufsausbildung war auch garantiert, dass die Kinder »versorgt« waren. Reale Symbole dafür waren zunächst das Auto, dann das Eigenheim. Sie half bei der Finanzierung mit, nach ausgeklügeltem Plan mit Bausparverträgen und Ratenzahlungen. Diese Frauen waren Finanzgenies in dem, was sie aus ihren geringen Renten machten. Ohne ihre zusätzliche Arbeit wären diese Anschaffungen nicht möglich gewesen.

»Versorgt sein« hieß aber für diese Mutter auch, gute Lebenspartner zu finden und eine Familie zu gründen. Die rechtzeitige Beschaffung der Aussteuer für die Töchter war ein wichtiges Anliegen. Und auch für diese zweite Generation standen und stehen die Großmütter bereit, um einzuspringen, wenn die Schwiegertöchter arbeiten oder eine Ausbildung machen wollen. Sie wollen weiterhin »gebraucht sein«, auch wenn sie es andererseits genießen, über Zeit und Geld verfügen zu können, selbst einmal Urlaub zu machen. Lange dauerte dieses »Urlaubsvergnügen« meistens nicht. Diese Frauen haben sich so ans Arbeiten, ans Aktiv-Sein gewöhnt, dass sie sich nur schwer aufs Altenteil setzen lassen, auch wenn es zuweilen zu viel für sie wird.

In Gertrud K.'s Bericht ist kaum von der Vermittlung innerer Werte die Rede; es scheint sich alles um Äußerliches, um Anschaffungen, um Ausbildung, um Geld zu drehen. Aber sie weiß recht gut, dass das nicht alles ist, und hat ihren Kindern ermöglicht, woran sie Freude hatten.[35] Ihre Tochter ging in die Musikschule und in die Tanzstunde. Für die Söhne stand natürlich der Führerschein ganz im Vordergrund. Sie sagte, sie übte keinen Zwang aus, sie ließ die Kinder ihren eigenen Weg und ihre eigene Lebenserfüllung finden, redete ihnen auch bei ihrer Partnersuche nicht hinein, wenn es sich irgend vermeiden ließ (bei Helga musste sie allerdings ein Machtwort sprechen, als diese zu einem verheirateten Mann in eine unzumutbare Baracke ziehen wollte). Die innere Zufriedenheit ihrer Kinder lag allen Müttern sehr am Herzen. Darin fanden sie selbst auch die tiefste Befriedigung.

Dazu noch ein schönes Zeugnis von MAGDALENE B. (1917). Sie erzog ihre drei Kinder allein, ihr Mann war 1944 in Italien gefallen:

»Meine Beate, sie war damals 8 und sehr impulsiv, kam von der Schule heim und hat erzählt: ›Also heut hat der Lehrer gesagt, alle Leute seien unzufrieden. Und da hab' ich gesagt: Nein, das ist doch nicht wahr, wir sind doch zufrieden.‹ Und wir waren damals wirklich arm dran, auf dem Dorf, eine mickrige Notwohnung, nie Geld gehabt zu mehr als dem Notwendigsten so grad. Dass sie das gesagt hat, war mir wie ein Geschenk. Und später (*die Tochter hat einen Arzt geheiratet*) war sie mit der ganzen Familie im Ärztezentrum bei Straßburg, das zur psychiatrischen Klinik gehört. Die Frauen der Ärzte haben sich mal so ausgesprochen, ihr seelisches Gleichgewicht ein bisschen getestet. Und meine Tochter hat gesagt: ›Ich bin eigentlich eine von den wenigen, die im seelischen Gleichgewicht ist.‹«

Wofür die Mütter ganz besonders dankbar und worauf sie auch stolz sind, ist die gute Verbindung zu ihren Kindern, die nicht abgerissen ist. Auch wenn sie nicht in einem Hause wohnen wie Gertrud K. mit zweien ihrer Kinder, blieb bei den meisten die Beziehung sehr eng. Die Geborgenheit einer vollständigen Familie, die sie selber als Kriegswitwen entbehren mussten, genießen sie jetzt in den Familien ihrer Kinder und freuen sich ihrer Enkel und z.T. schon Urenkel. Diese Gegenwart ist für viele so fordernd und erfüllend, dass ihnen darüber die Beschäftigung mit ihrer Vergangenheit unwesentlich

erscheint. Das konnte ich aus manchen Äußerungen dieser heutigen Großmütter und Urgroßmütter zu meinem Vorhaben entnehmen.

Aber gerade diese Frage interessiert die Historikerin besonders. Was hat Gertrud K., die doch zwei Weltkriege erlebt hat, von diesen Erlebnissen an ihre
Kinder und Enkel weitergegeben? Als Deutsche in Luxemburg fühlte sie sich
von der Politik im NS-Deutschland kaum tangiert, aber ihr Mann war Angehöriger der deutschen Wehrmacht. Was hat sie, was haben die anderen Mütter ihren Kindern über diese Zeit erzählt? Welche Lehren haben sie ihnen vermittelt? Wir werden diese Fragen im letzten Kapitel des dritten Teils aufgreifen,
wo es um das Gespräch zwischen den Generationen geht.

Die Mütter dieser unvollständigen Nachkriegsfamilien haben alle Ansprüche auf Selbstverwirklichung, was immer das heißen mochte, zurückgestellt,
wenn sie daran überhaupt dachten. Aus der Sicht mancher psychologischer
Schulen mag das als fragwürdige Opferhaltung erscheinen. Und die daraus
erwachsenen Ansprüche an die Kinder, die den Erwartungen ihrer Mütter ja
entsprechen mussten, mögen in ihren Augen für beide Teile nicht bekömm-
lich gewesen sein.[36] Aber aus der Sicht der Frauen selbst und der Kinder, die
ich gesprochen habe, sind Stolz und Dankbarkeit vorherrschend – und es steht
einer Historikerin nicht an, sie zu schmälern oder daran herumzukritteln. Einige kritische Stimmen unter den Frauen selbst sollen aber doch nicht unterdrückt werden:

ILSE-MARIA D. (1932): Sie beschreibt, wie ihre Mutter sich vollkommen aufgezehrt
habe in der Sorge und Arbeit für ihre Kinder, und fährt fort: »Das tut mir eigentlich
sehr leid, und ich sehe, dass so was einfach nicht passieren darf, dass Frauen dann
nur in ihren Kindern aufgehen und sich für die Kinder aufgeben. Denn dann erwarten sie auch zuviel von den Kindern. Die sollen das alles, was sie ihnen gegeben
haben, auch zurückgeben.«

MAGDALENE B. (1917): »Ich glaube, dass das meine Kinder auch besser machen, sich
nicht so verausgaben für ihre Kinder. Weil man den Kindern auch gar keinen Gefallen tut. Das habe ich wahrscheinlich auch falsch gemacht, das haben meine Kinder
auch nicht so richtig gelernt. Sie haben die Auseinandersetzung von Eltern nicht mitgekriegt, dass Eltern nicht immer gleicher Meinung sind und bei der Mutter einfach
alles den Vorrang hat, was die Kinder brauchen. Immer Zeit und Geld und einfach
alles... Ich habe den Kindern nicht von Anfang an ihre Pflichten deutlich gemacht.
Wenn sie nicht mochten, hab' ich sie gehen lassen. Statt zu sagen: ›Wenn du es nicht
machst, dann geschieht es nicht.‹ Wenn eine Frau alleine sich darum bemühen muss,
um eine geistige, um eine geistliche und um die körperliche Erziehung sich kümmern muss und um den Haushalt, es ist viel für eine Mutter allein... Es ist sehr, sehr
viel.«

Niemand wird allerdings in der Tatsache, dass die Mütter offenbar ganz gut ohne die Väter zurechtgekommen sind, eine positive Nachwirkung des Krieges sehen wollen oder ein Plädoyer für alleinerziehende Mütter. Sie alle waren – aber sie *mussten* es sein – in Grenzen durchaus emanzipierte Frauen.[37]

Kann man generell sagen, dass der Krieg die Emanzipation der Frauen befördert hat und dass dies womöglich eine wichtige Langzeitfolge des Krieges war?

Brachte der Krieg einen Emanzipationsschub?

Die Frage hat viele Facetten und sollte nicht verengt werden auf den Gesichtspunkt der Berufstätigkeit.[38]

Emanzipation von der Vorherrschaft der Männer müsste bedeuten: Gleiche Rechte und gleiches Ansehen auf allen Gebieten des privaten und öffentlichen Lebens; die Möglichkeit, einen selbstbestimmten Lebensplan zu verfolgen, auf eigenen Füßen stehen zu können. Emanzipationsfördernd wären demnach alle Fortschritte in dieser Richtung, aber auch der Wille der Frauen selbst, den Emanzipationsprozess voranzutreiben und emanzipatorische Energie an die nächste Generation, besonders an die Töchter, weiterzugeben.

In welcher Richtung hat nun der Krieg gewirkt?

Ohne Frage haben die Leistungen im und unmittelbar nach dem Krieg das *Selbstbewusstsein* der Frauen gestärkt und ihnen zusätzliche *Kompetenzen* vermittelt. Die Frauen sind an ihren Aufgaben gewachsen, und sie zeigten sich ihnen gewachsen. Alles bisher Gesagte belegt das. Ob sie das Durchkommen bzw. Überleben zu Hause organisierten, ob sie unter schwierigsten Bedingungen berufstätig waren, kriegsdienstverpflichtet, ob sie Evakuierung, Bombenbedrohung, Besetzung, Flucht, Vertreibung, Zwangsarbeit und Verschleppung durchstanden, die Lasten des Wiederaufbaus mittrugen, die Kinder großzogen, vielfach ohne männliche Hilfe, überall »standen sie ihre Frau«, wuchsen über sich selbst hinaus und wurden sich ihrer Kraft bewusst. Junge Mädchen wurden aus der Obhut des Elternhauses frühzeitig in neue Umgebungen und neue Pflichten gestellt; sie lernten Neues und entwickelten neue Fähigkeiten, sei es als Kriegsdienstverpflichtete in Lazaretten, als Wehrmachtshelferinnen, in der Rüstungsindustrie, als Straßenbahnschaffnerinnen, aber auch im Arbeitsdienst, im »Osteinsatz«.

Ließen sich dieses neue Selbstbewusstsein und die vermehrten Kompetenzen aber ummünzen in mehr gesellschaftlichen Einfluss, in mehr Gleichberechtigung und Ansehen im Geschlechterverhältnis?

Im *innerfamiliären Bereich* hat sich die gewachsene Selbständigkeit der Frauen gewiss ausgewirkt.[39] Dass sie aber zu einer partnerschaftlichen Organisation der Ehe- und Familiengemeinschaft geführt hat, lässt sich aus meinen Befunden nicht herleiten. Der Mann blieb das »Haupt der Familie« überall da, wo nicht schon vor dem Krieg alles gemeinsam entschieden wurde. Das jedoch waren Ausnahmen. Sicher gab es vermehrt Reibungen, wie wir bereits gesehen haben[40], die Frauen riskierten auch mehr offene Worte. Schließlich gab es Frauen, die ihren Männern den Laufpass gaben, weil sie sich nicht mehr unterordnen wollten; aber die weitaus meisten Frauen ordneten sich wieder mehr oder weniger unter »um des lieben Friedens«, um des Zusammenhalts der Familie willen. Dies war der Hintergrund für die restaurative Wendung, die die Frauen- und Familienpolitik in der Nachkriegszeit nahm.[41] Die Gegenwehr der Frauen war längst nicht stark genug, um die verwässerte Form des Gleichberechtigungsgesetzes von 1957 zu verhindern.[42] Dieses Gesetz änderte im Grunde kaum etwas am Vorrang des Mannes in der Familie: Er bestimmte weiterhin über Wohnsitz, Kindererziehung und Berufstätigkeit seiner Frau.

Im *gesellschaftlichen Leben* und in der Öffentlichkeit bestimmten weiterhin die Männer über das Ansehen der Frauen. Die zahlreichen Diskriminierungen alleinstehender oder allein erscheinender Frauen auf Behörden und Ämtern, in Lokalen und Ausbildungsstätten, von denen Frauen erzählen, sprechen nicht für Gleichrangigkeit im öffentlichen Bewusstsein. Die höhere Geltung der Männer wurde auch jungen Mädchen in der Ausbildung immer wieder vor Augen geführt, nicht nur, weil die aus dem Krieg Zurückgekehrten älter waren.

ANGELIKA H. (1926) besuchte nach dem Krieg die pädagogische Hochschule: »Da kamen sie ja aus allen Jahrgängen, und da waren ja dann Oberleutnants und waren Familienväter und waren alles mögliche, also von Lebenserfahrung, von Reife usw., eine unheimliche Bandbreite, und man hat sich selber ... wieder so als Mädi gefühlt, während die anderen, an denen hat man doch raufgeguckt, die waren an der Front ... man hat sich in 'ne minderwertige Rolle hineinversetzt gefühlt, während man vorher doch ja seinen Mann gestellt hatte.«

SIBYLLE H. (1923), damals Studentin, nach dem Krieg schon in einem höheren Semester: »Nun war's ja so, dass eben doch unheimlich viele Männer zuströmten, die also nun fünf, sechs Jahre Soldat gespielt hatten und nun studieren wollten, mit Recht. Und die waren zum Teil eben, weiß ich, Hauptmann oder Major und Familienväter, Mitte dreißig, erwachsene Männer, und die kamen nun an die Uni. Und die Professoren, die waren selig. Also dass die Uni ursprünglich 'ne Männergesellschaft war, das hab' ich, als ich anfing, nicht gemerkt... Und insofern kann man sagen, im Krieg

anzufangen zu studieren, war für Frauen durchaus nicht unangenehm... Also, da war
ein ungeheurer Umschwung – ich merkte, wie die aufblühten, wenn die dann wieder so im Kreis einer gewissen Denkweise und Lebensauffassung (*eben von Männern*)
waren.«

Wie stand es nun aber mit den *Berufs- und Aufstiegschancen* der Frauen im
Krieg und nach dem Krieg? Die Auswertung von 420 beruflichen Laufbah-
nen ergibt aus meinem Material folgendes Bild: Die Weichen für den Ausbil-
dungs- und Berufsweg wurden bei den meisten Frauen der Jahrgänge zwischen 1900 und den frühen 20er Jahren schon längst vor dem Krieg gestellt,
in erster Linie durch die Eltern, vor allem durch den Vater. Aber auch später
noch blieben die Eltern sehr bestimmend. Dabei spielte der soziale Status eine
große, wenn auch nicht die ausschlaggebende Rolle. Mädchen aus einfachen
Verhältnissen hatten kaum Aussicht auf eine Ausbildung über die Volksschule
hinaus, auch wenn sie begabte Schülerinnen waren, gute Zeugnisse hatten und
sogar der Lehrer oder Pfarrer ein gutes Wort für sie einlegten. Wenn sie nicht
im Hause gebraucht wurden, mussten sie »in Stellung gehen«, d. h. Dienstmädchen oder Magd werden.[43] Oft mussten sie alles Geld daheim abliefern
oder behielten nur ein kleines Taschengeld. Wie eingebunden diese Frauen
in die herrschende Rollenzuweisung waren, an denen dann auch der Krieg
kaum etwas änderte, sei durch einige Beispiele illustriert:

Hermine L. (1914) z. B. musste schon mit 11 Jahren als Hausmädchen arbeiten, Gänse hüten, Holz reinholen usw. und bekam im Monat 9 Mark, die
sie daheim abgeben musste.

Wenn die Mutter krank wurde oder starb, mussten die Töchter einspringen. Luise P.'s (1909) Mutter starb, als sie 12 1/2 Jahre alt war. Sie war zwar
die Jüngste, aber das einzige Mädchen im Haus. So musste sie zuerst neben
der Schule und dann ausschließlich für ihren Vater und die Brüder sorgen.
Auch wenn Verwandte oder alte Eltern zu pflegen waren, war dies selbstver-
ständliche Aufgabe der Mädchen. Bauerntöchter wurden im Sommer daheim
gebraucht, allenfalls im Winter durften sie Näh- und Hauswirtschaftskurse
besuchen.

Arme Eltern konnten das Schulgeld für weiterführende Schulen nicht bezahlen. Die wirtschaftliche Lage, die sich mit der Inflation 1923, der Weltwirtschaftskrise 1929 und der späteren Kriegswirtschaft der Nationalsozialisten
kaum verbessern konnte, wirkte sich ganz entscheidend auf die Ausbildungs-
chancen von Mädchen aus. Gerade an ihnen wurde am ehesten gespart. Auch
eine Lehrzeit, bei der man nichts verdiente und noch draufzahlen musste, kam
nicht in Frage –

LUCIE O. (1916): »Ich bin eines von zehn Kindern. Als ich 1932 aus der Volksschule entlassen wurde, war es mit Lehrstellen genauso schlecht wie heute. Man konnte lernen, aber man bekam kein Geld, das konnten die Eltern nicht, da sie bei den Bauern sehr wenig Geld bekamen (*offenbar waren sie Landarbeiter*). Als Kinder mussten wir in den Ferien bei den Bauern arbeiten. Also ging ich nach meiner Schulentlassung in den Haushalt, es war ein Bauer, von morgens 6 bis abends 10 Uhr für 10.- Mark im Monat. Dann ging ich in eine Metzgerei. Drei Tage stand ich da in der Waschküche. Da war ich bald ein Jahr. Dann kam ich zu einem Bauern mit Wirtschaft. Da war der Tag von morgens 5 bis nachts 12 Uhr. Lohn: 25.- Mark. Dann kam ich zu Herrschaften. Da musste ich alles machen: Kochen, Putzen, Kindermädchen, dann war der Lohn etwas besser, 35.- Mark.«

ELSE W. (1924): »Ich bin am Land aufgewachsen. Wir waren insgesamt vier Geschwister. Ich hab' nur Volksschulbildung. Mein Vater war bei der Post und hat fürs Finanzamt in den umliegenden Ortschaften die Steuer eingezogen und dann mit dem Finanzamt verrechnet. In der Schule war ich an und für sich ganz gut, und der Lehrer hat meinem Vater und meiner Mutter geraten, sie sollten mich doch unbedingt auf 'ne Schule schicken. Da war dann in Walldürn 'ne Handelsschule. Erst waren meine Eltern nicht sehr dafür, aber dann hat man sich's doch überlegt, ich durfte die Handelsschule besuchen. Dann hab' ich noch mal einen kleinen Bruder bekommen, ein Nachkömmling. Und ehe meine Karriere anfing, war sie auch beendet. Meine Mutter brauchte mich, wir hatten auch 'ne kleine Landwirtschaft noch nebenher. Die letzten drei Wochen konnte ich die Schule nicht mehr besuchen, weil meine Mutter im Wochenbett war. – Meine jüngere Schwester war zehn Jahre jünger als ich – da war nichts drin. Dann war ich zu Hause die ganze Zeit.«

Aber auch in den »besseren Kreisen«, wo der finanzielle Rahmen etwas weiter war, hatten in der Regel die Brüder den Vortritt, wenn das Geld nicht für die Ausbildung aller Kinder reichte.

GERTRUD H. (1910), ihr Vater war Diplomingenieur: »Meine drei Brüder machten Abitur und studierten, wir zwei Mädel hatten ›mittlere Reife‹ und *durften* (Hervorhebung durch die Verf.) weibliche Berufe erlernen.« Sie z. B. wurde Kindergärtnerin.

Viele Väter, nicht selten unterstützt durch die Mütter, waren der Auffassung, dass ein »Mädchen ja doch heiratet«. So wurde den Töchtern höchstens die »mittlere Reife« und danach eine Ausbildung zugestanden, die sie dann später in der Familie würden verwenden können. Das bedeutete für die jungen Mädchen Frauenarbeitsschule, also die Ausbildung in Kochen, Nähen, Hauswirtschaft, Säuglings- und Krankenpflege, in besseren Fällen noch die Ausbildung zur Volksschullehrerin über das Lehrerinnenseminar. In Geschäftshäusern erwarteten die Eltern oft, dass die Töchter sich »fürs Geschäft« ausbilden ließen, auch wenn sie sich nicht sonderlich dafür interessierten.

»Fortschrittlich« denkende Eltern billigten – wenn es die Mittel erlaubten –
ihren Töchtern eine kaufmännische Ausbildung zu oder eine Ausbildung zur
Büroangestellten. Oft meldeten Väter ihre Töchter, ohne sie überhaupt zu fragen, in einer Handelsschule oder einer ähnlichen Institution an. Das Abitur
war für Mädchen schon die Ausnahme, danach kam dann aber höchstens noch
der Beruf der Lehrerin in Frage. Andere Studiengänge waren eine Seltenheit.

ANNI K. (1919): Der Vater war Klempner von Beruf, konnte aber wegen einer Kriegs-
verletzung im Ersten Weltkrieg den Beruf nicht mehr ausüben und wurde auf Büroarbeit umgeschult, in der er es bis zum Obersekretär bei der Reichsbahn brachte. Die
Tochter durfte das Lyzeum und die Studienanstalt in Schwerin besuchen. Das Schulgeld wurde ihr wegen »Würdigkeit und Bedürftigkeit« erlassen.
    »Wie mich das geplagt hat, immer im Betragen ein ›sehr gut‹ haben zu müssen,
die schulischen Leistungen mussten ja auch mindestens über dem Durchschnitt liegen. Nach dem 11. Schuljahr meldete mein Vater mich gegen meinen Wunsch ab und
bei der höheren Handelsschule an, weil er befürchtete, ich wolle studieren. Das hatte er für meinen Bruder vorgesehen, der aber nur handwerklich begabt war. Ich hatte
eigentlich vor, auf der Handelsschule zu streiken, mochte es meiner Mutter aber nicht
antun, weil auch hier das Schulgeld nach dem o.a. (*oben angeführten*) Prinzip erlassen wurde. Ich bestand die Prüfung mit ›sehr gut‹ und bekam auch gleich eine Stelle
im Büro. Ich hatte Lehrerin werden wollen, so machte mir die Tätigkeit überhaupt
keinen Spaß. Und als mein Mann, den ich beim Skilaufen im Riesengebirge kennengelernt hatte, vorschlug zu heiraten, konnte mir dies nur recht sein.«

Die eigenen Berufswünsche der meisten Mädchen dieser Jahrgänge, aber auch
noch der Altersgruppen, die im Krieg und danach ihre Ausbildung begannen,
bewegten sich innerhalb der als »fraulich« eingeschätzten Berufe: Krankenschwester, Kindergärtnerin, Lehrerin, Schneiderin, Krankengymnastin, Friseuse
(wobei die Friseuse als nicht ganz solide angesehen wurde), auch noch Aus-
landskorrespondentin, weil Mädchen eine besondere Sprachbegabung zugeschrieben wurde. Nur selten wagten sich Mädchen mit hochfliegenden Träumen in den künstlerischen (Mode-Designerin, Schauspielerin, Musikstudium),
künstlerisch-literarischen oder technisch-gestalterischen Bereich (Bibliotheka-
rin, Architektin).
    Die Frauen, deren Ausbildung in die Zeit des Dritten Reiches fiel, wurden
durch das Regime teils gefördert, teils behindert, wobei ich keine schlüssigen
Angaben darüber machen kann, was im Blick auf die gesamte Berufslandschaft
überwog. Auch in diesem Zusammenhang müssen die wirklich Verfolgten und
Ausgegrenzten außer Betracht bleiben. Doch gab es auch eine Reihe von Benachteiligungen für »arische« deutsche Mädchen: Immer wieder berichteten
mir Frauen, dass sie für eine bestimmte Ausbildung keine Zulassung erhiel-

ten, und zwar aus verschiedenen Gründen: weil sie Frauen waren, weil sie in keiner NS-Organisation, also nicht »braun« genug waren, weil sie aus der Landwirtschaft stammten und dort festgehalten werden sollten. Bekannt ist, dass in den ersten Jahren des Dritten Reiches nur 10 % der Mädchen eines Abiturjahrgangs zum Studium zugelassen wurden. Diese Zulassungsbeschränkung betraf aber nur einen kleinen Teil der Mädchen und wurde überdies schon bald aufgehoben.[44] Im Krieg waren dann Mädchen an den Universitäten wieder hoch willkommen. Aber es gab andere, weniger bekannte Behinderungen:

MARIE LUISE S. (1914) bekam 1934 nach dem damals noch freiwilligen Arbeitsdienst das Hochschulreifezeugnis. Sie wollte Apothekerin werden: »Nur 1 % der Bewerber für den Apothekerberuf durften Frauen sein. Ich gehörte aber zu diesen 1 % und bekam in Offenburg eine Stelle zugewiesen. Der Apotheker sagte aber ironisch: ›Wir stellen keine Frauen ein.‹ Ich war konsterniert.«

GERTRUD W. (1914) war vor 1933 Mitglied der Sozialistischen Arbeiterjugend und des Sozialistischen Schülerbundes. Die Eltern waren Sozialdemokraten. Sie wollte Ägyptologie studieren:
»1934 machte ich Abitur. Dabei kam es zu eine Gesinnungsprüfung durch ein Lehrerkollegium, dem eine Nazigröße in brauner Uniform präsidierte. Ich wurde gefragt, weshalb ich nicht im BDM sei, und ich erwiderte: ›aus weltanschaulichen Gründen.‹ Ich wurde vom Studium an deutschen Universitäten ausgeschlossen und bekam natürlich keinen Pass, um ins Ausland zu gehen. Nachträglich bemühte ich mich nochmals um das erforderliche ›Zeugnis zur Hochschulreife‹, vergebens.«

EVA M. (1926) versuchte 1941 in der Frauenfachschule anzukommen, machte auch die Aufnahmeprüfung, erhielt aber keinen Bescheid:
»Ja, aber als ’45 dann war, hat meine Volksschullehrerin, die mir mal sehr zugetan war, die hat mir gesagt: ›Also, heute kann ich dir das erzählen, aber damals wär’s sehr gefährlich gewesen. Du bist nicht durch die Prüfung gefallen, aber der Schulleiter von der Volksschule, der befragt wurde und der befürworten sollte oder nicht, also nach seinem Gutdünken, der hatte geschrieben: ›Die Aufnahme ist zu verweigern wegen der politischen Unzuverlässigkeit der Eltern.‹ Das hab’ ich erst dann erfahren.«

ILSE L. (1921): »1936 war meine Schulentlassung aus unserer Volksschule im Dorf. Meine Eltern hatten eine Schmiede und eine kleine Landwirtschaft. Natürlich wollte ich, auch im Sinne meiner Eltern, einen Beruf erlernen… Also ging mein Vater mit mir nach X. zum Arbeitsamt wegen einer Lehrstelle mit folgender Antwort: ›Ihre Tochter ist vom Land und bleibt auf dem Land. Gleich im Dorf sucht ein Bauer Hilfe für Kuhstall und Feld.‹ Bald darauf holte sich Vater abermals ein ›Nein‹. – Ich blieb also zu Hause, bis ich vom 1.10.39 – 1.4.40 im RAD war.«

Andere junge Frauen nützten die (nur in heutiger Sicht fragwürdigen) Möglichkeiten, die das NS-Regime ihnen bot. Später ermöglichte der Krieg Ausbildungen, die sie sonst nicht erhalten hätten.

HANNELORE W. (1935): »Meine Mutter ging während des Krieges zur Luftwaffe als Nachrichtenhelferin und erfüllte sich somit den Jugendwunsch nach einer Büroausbildung. Sie blieb dort bis Kriegsende.«

MARIA T. (1920) wurde »Braune Schwester«: »Früher haben die (*Herrschaften*) die Mädchen vom Bayrischen Wald ganz billig gekriegt, die haben um ein paar Pfennige gearbeitet. Und dann kam KdF, das hat das alles verdorben, weil da die Mädchen ins Leben hinausgekommen sind, die waren nimmer so hilflos, wenn sie aus der Schule gekommen sind... Ich wollte Krankenschwester werden, weil meine zwei Schwestern sind Klosterfrauen. Da war der einzige Weg dann, ›Braune Schwester‹ zu werden... Ich hab' eigentlich nicht dürfen, ich hab' gesagt, ich geh. Ich habe es heimlich gemacht. Habe es einfach gemacht. War damals was Besonderes, war nicht so einfach, dass man vom Land in die Stadt geht. Man hat auch Blitzmädel bei der Wehrmacht werden können. Eine andere Möglichkeit hat's da nicht gegeben.«

MARIA B. (1924), der Tochter eines Gast- und Landwirts, vier Geschwister, wurde während des Krieges die Ausbildung zur Lehrerin der landwirtschaftlichen Hauswirtschaft ermöglicht, obwohl sie nur Volksschulbildung hatte. Sie musste eine Aufnahmeprüfung machen und den Nachweis arischer Abstammung erbringen. Die Abschlussprüfung konnte wegen der totalen Ausbombung der Schule nicht zu Ende geführt werden.

Es gab zahlreiche Berufsförderungsmaßnahmen der Deutschen Arbeitsfront, Berufswettkämpfe, Fortbildungskurse. Sehr häufig wurde mir davon nicht berichtet, gelegentlich wohl auch aus Scham zuzugeben, man habe durch das Regime auch Vorteile gehabt.

Es gab nun ganz neue Karrieren für Frauen als BDM-Führerinnen, RAD-Führerinnen, KHD-Lagerleiterinnen, Rote-Kreuz-Schwestern, Wehrmachts- und Stabshelferinnen, Dolmetscherinnen in Kriegsgefangenenlagern.[45]

In all diesen Positionen haben sie Neues dazugelernt, sind auch selbständiger geworden:

GERTRAUD K. (1924): »Ich habe halbtags in der Rüstung gearbeitet, und für mich ist das bis heute ein großer Wert gewesen. Ich hab' an der Fräsmaschine gestanden. Mir macht niemand was vor, was Bandarbeit heißt, und ich bin in der Abnahme gewesen, wo es auf Millimeter ankam.« Und von ihrer Mutter sagt sie (der Vater war den ganzen Krieg über fort): »Durch den Krieg sind die Frauen sehr selbständig geworden.«

Insgesamt aber wurden junge Mädchen und Frauen, deren Ausbildung in die Kriegs- und unmittelbare Nachkriegszeit fiel, in ihrem beruflichen Fortkom-

men stark behindert, besonders diejenigen, die anspruchsvollere Berufsziele
anstrebten. Die Ausbildung verzögerte sich durch Arbeitsdienst und Kriegshilfsdienst, durch alle möglichen anderen Kriegsdienstverpflichtungen.[46] In den
Wirren des Kriegsendes und der Nachkriegszeit und nicht zuletzt durch die
Auswirkungen der Währungsreform zerschlugen sich nicht wenige Berufspläne. In der Landwirtschaft mussten Mädchen auch die gefallenen oder gefangenen Söhne ersetzen und so auf eine eigene Ausbildung verzichten.

Beispielhaft steht das Schicksal der ANTONIE F. (1923). Ihr Vater war Landwirt, Gast-
wirt und Brauer: »Über meinen Werdegang ist nicht viel zu berichten. Alle Berufswünsche und Zukunftspläne haben sich durch die Umstände der Nachkriegszeit von
selbst erledigt... Ich hatte den Wunsch, das Schneiderhandwerk zu erlernen. Ich wollte
mal die Frauen schön anziehen. Es ist alles anders gekommen.

Der markanteste Einschnitt in meinem Leben waren hauptsächlich die Nachkriegsjahre, weil da in unserer Familie so viele Hoffnungen zerstört wurden. Auch meine
eigene Zukunft. Mein Jugendfreund fiel noch in den letzten Tagen des Krieges. Er
war 22, ich 21 Jahre alt. Von meinen drei Brüdern keine Nachricht. Sie waren in
Gefangenschaft. Der erste kam krank aus amerikanischer Gefangenschaft heim, der
zweite nach viereinhalb Jahren russischer Gefangenschaft als einer der letzten von
drüben. Der jüngste war vermisst und blieb es zehn Jahre lang. Dann kam die Todes-
nachricht: In russischer Gefangenschaft an Typhus gestorben... Durch das jahrzehntelange Kriegsleiden, das sich mein ältester Bruder zugezogen hat, hat es bei uns kein
normales Leben gegeben, denn er sollte den väterlichen Betrieb übernehmen. Leider
hat mein Vater viel gekränkelt und war oft nicht einsatzfähig. So musste ich meinem
Vater den Sohn ersetzen, und das 14 Jahre lang. Dabei war ich nur ein schmächtiges
Mädchen. Man musste noch alles mit der Hand erledigen. Die Technisierung in der
Landwirtschaft kam bei uns erst Anfang der 60er Jahre. Da fiel dann in der Außen-
arbeit viel schwere Arbeit für die Frauen weg.

Freiheit gab es für mich nicht. Ich war mit Arbeit ausgelastet bis zum Geht-Nicht-
Mehr. 1959 war mein Bruder endlich gesundheitlich soweit hergestellt, dass er den
väterlichen Betrieb übernehmen und heiraten konnte. Nun war ich ohne Beruf und
ohne Familie. Ich habe dann eben gearbeitet, um mir meinen Lebensunterhalt zu
verdienen. Doch mein Leben blieb ohne Inhalt und ohne Ziel. – Heute bin ich Rentnerin, arbeite aber noch immer, um mir zu meiner kleinen Rente etwas dazuzuverdienen.«

Nach dem Krieg waren erneut Zulassungsbeschränkungen zum Studium ein
Hindernis. Die zurückkehrenden Männer wurden bevorzugt und die Nicht-
anerkennung von kriegsbedingten Abschlussprüfungen, z. B. des sogenannten Notabiturs, bereiteten vielen Berufsplänen ein Ende.[47]

Frauen, die im Krieg dienstverpflichtet gewesen waren, empfanden diese
Verpflichtung mehr oder weniger als Fron. In den besonders verhassten Rü-

stungsfabriken und auch sonst waren sie fast nur in untergeordneten Positionen beschäftigt gewesen, vielfach nur angelernt und ohne Aufstiegschancen. Frauen waren auch während des Kriegs im Vergleich zu den Männern unterbezahlt. Ausnahmen waren Beschäftigungen bei der Bahn, Straßenbahn, Reichspost oder den Stadtwerken.[48] Es verwundert deshalb nicht, dass sie froh waren, diese Tätigkeiten aufgeben zu können. So gut sie auch die Männer ersetzten, fühlten sie sich doch vielfach überlastet und überfordert.[49]

ANNEMARIE G. (1915): »Meine Mutter war damals noch berufstätig bis Anfang der 50er Jahre, und die sagte mir eines Tages, als ich mal zu Hause war: ›Gott sei Dank, Herr Müller ist wieder da!‹ Die war in einem großen Pforzheimer Betrieb in der Lohnbuchhaltung. Da wurde ihr Kollege eingezogen, und sie stand dann mit einem Lehrmädchen allein. Zunächst war das ihr eine ungeheure Erleichterung, dass nun der Kollege wieder da war.«

Anders konnte es bei den Frauen aussehen, die im Krieg einen höheren beruflichen Status erreicht hatten als in »normalen Zeiten«. So fühlten sich Arbeiterinnen, wenn sie einen Sekretärinnenposten erlangt hatten, aufgewertet, auch wenn sie keineswegs eine Gleichrangigkeit mit den Männern erreicht hatten.[50] Die Frauen, die während des Krieges beruflich aufstiegen, verdankten dies weniger der Tatsache des Krieges und der Abwesenheit der Männer als vielmehr ihrer besonderen Qualifikation und Tüchtigkeit. Sie hätten ähnliche Positionen auch in Friedenszeiten besetzt.

Die überwältigende Mehrzahl der Frauen akzeptierte das Leitbild »Frau und Mutter« weiterhin voll und ganz. Das gilt auch für die damals noch jungen Mädchen der Jahrgänge 1925 und jünger, die noch vor oder in der Berufsausbildung standen. Sehr häufig brachen sie sogar die Ausbildung ab, wenn sie heirateten, oder sie warteten mit der Eheschließung bis zum Ende der Ausbildung, übten dann aber den Beruf nicht mehr aus, spätestens dann nicht mehr, wenn Kinder kamen. Selbst promovierte Frauen verhielten sich so. Ganz rare Ausnahmen waren bis mindestens in die 60er Jahre hinein Frauen, die auch noch mit Kindern voll berufstätig blieben. Erst wenn die Kinder aus dem Haus oder »aus dem Gröbsten heraus« waren, stiegen sie wieder ins Berufsleben ein, wenn sie nicht noch die Pflege alter Eltern übernahmen.[51] Dies gilt uneingeschränkt für die bürgerlichen Kreise, in denen das Einkommen des Mannes für die Familie ausreichte.[52] In Kleinbürger- oder Arbeiterfamilien waren die Frauen vielfach gezwungen zu arbeiten, selbst wenn sie Kinder hatten, weil das Wirtschaftsgeld nicht ausreichte, weil die Ausbildung der Kinder oder der Wunsch nach einem etwas besseren, immer noch bescheidenen Lebensstandard sie dazu trieben.[53] Aber wer nicht arbeiten musste, arbeitete nicht. Die Frauen hatten es ja erlebt, wie schwer es war, außerhäusliche Erwerbstätigkeit mit den Pflichten in Haushalt und Familie zu verbinden, besonders dann, wenn auch nach der Rückkehr des Mannes von partnerschaftlicher Arbeitsteilung, von Erleichterungen durch Kinderbetreuung, bezahltem Hausarbeitstag und modernen Haushaltmaschinen kaum die Rede sein konnte.

Wenn sie überhaupt überschüssige Energien hatten, investierten die nicht erwerbstätigen Frauen sie in vielfältige ehrenamtliche Tätigkeiten karitativer, kirchlicher, sozialer, selten politischer Art, aber auch dann nur, wenn es nicht auf Kosten von Ehe und Familie ging. Eine Sonderstellung nahmen die sogenannten mithelfenden Familienangehörigen ein, in Geschäftshäusern, auch in Arztpraxen oder Büros Selbständiger. Aber das war auch schon vor dem Kriege so.

Die Frauen aber, die verdienen mussten, haben nach dem Krieg ganz erheblich zum Wirtschaftsaufschwung beigetragen[54], im Grunde mehr als die Männer, weil sie ja die Doppel- und Dreifachbelastung auf sich nehmen mussten. Den möglichen Zuwachs an Unabhängigkeit mussten sie also teuer bezahlen.

Frauen mit oder ohne Kinder, die durch den Krieg alleingeblieben waren, machten oft erstaunliche Karrieren, aber es waren »erzwungene Karrieren«, die nicht in ihrem ursprünglichen Lebensplan vorgesehen waren.

Im Arbeitsleben der Bäuerinnen änderte sich durch den Krieg und nach dem Krieg nichts; sie arbeiteten mit der gleichen Intensität mit wie schon immer. Für die alleinstehenden Bäuerinnen wurde die Arbeit noch schwerer. Erst mit den 60er Jahren hielt die Technik Einzug auch in die Landwirtschaft und nahm ihnen die härtesten körperlichen Anstrengungen ab.

An den Benachteiligungen der Frauen im Berufsleben hat der Krieg nichts geändert. Weder in der Entlohnung für gleiche Arbeit noch in den Anstellungs- und Aufstiegsbedingungen brachte er einen Fortschritt für die Frauen. Noch 1957 erhielten Frauen bei gleicher Arbeit nur 60-70 % der Männerlöhne.

Wenig beachtet wird, dass Frauen, die nach dem Krieg ältere Angehörige zu versorgen hatten oder in »Schwestern- bzw. Frauenhaushalten« den Haushalt führten, keinerlei Versorgungsansprüche für diese ihre wichtige Tätigkeit erwarben. Von meinen Gesprächspartnerinnen wurde das beobachtet, zugleich die falsche Bescheidenheit dieser selbstlosen »Haushälterinnen«: »Die haben das nicht rausgehängt«, meinte dazu Ursula H. (1919).

Insgesamt hat also der Krieg die Möglichkeit der Selbstverwirklichung der Frauen im und durch den Beruf nicht gefördert, sieht man von den erzwungenen Karrieren und zusätzlichen Qualifikationen ab, die durch Tätigkeiten im Krieg und/oder Führungsstellungen im RAD und BDM erworben werden konnten. Neben den Behinderungen durch Kriegseinwirkungen und Eingriffen des Regimes lag der Hauptgrund dafür im Bewusstsein der Frauen selbst, die in ihrer Mehrzahl den Beruf immer noch als Übergang zur »eigentlichen«, der Hausfrauen- und Mutterrolle, sahen. Diese Sichtweise wurde ihnen nicht nur von außen durch konservative und kirchliche Ideologen aufoktroyiert; sie war vielmehr seit Generationen eingewurzelt und verinnerlicht. Die NS-Ideologie hat sie darin noch bestärkt. Dass die nationalsozialistische Praxis in dieser Frage widersprüchlich war und dass auf die anfängliche Phase, die Frauen möglichst von der Berufstätigkeit abzuhalten, ab etwa 1935 die Erwerbstätigkeit sogar unter Druck erzwungen wurde, besonders während des Krieges, änderte nichts an der grundsätzlichen Auffassung – insbesondere auch Hitlers – von der »Wesensbestimmung« der Frau als Hausfrau, Kameradin des Mannes und vor allem als Mutter vieler »erbgesunder« Kinder. – Die Erwerbstätigkeit war nur als notwendiges Übel einer Übergangszeit, eben der Kriegsvorbereitungs- und Kriegsführungszeit, gedacht.

Wenn Klaus-Jörg Ruhl seine Studie zur Berufstätigkeit der Frau in der Nachkriegszeit »Verordnete Unterordnung« betitelt[55], so möchte ich aus der Perspektive der Frauen selbst den Titel erweitern: »Verordnete *und* freiwillige Unterordnung«. Beides verschränkte sich unauflöslich und verstärkte sich gegenseitig.

Was haben nun die Frauen längerfristig aus den Erfahrungen ihrer verordneten und freiwilligen Unterordnung nach der relativen Selbständigkeit des Krieges gelernt? In welchem Sinne haben die Mütter ihre Töchter erzogen, haben sie einen Beitrag geleistet zum sich langsam verändernden gesellschaftlichen Bewusstsein zur Rolle der Frauen in der Gesellschaft? Gingen und gehen von ihnen emanzipatorische Impulse aus?

Kriegserfahrungen und Einstellung der Frauen zur Emanzipation

Wenn man *heute* nach der Einstellung der Frauen zur Emanzipation fragt[56], so sind die Antworten selbstverständlich durch die inzwischen jahrzehntelange öffentliche Diskussion um die Stellung und Rolle der Frau in der Gesellschaft geprägt, ebenso durch die unter Umständen schon in die Vorkriegszeit fallenden Erfahrungen der eigenen Jugend und ihre späteren Erfahrungen. Der Begriff »Emanzipation« selbst wäre für die meisten noch in der Kriegs- und unmittelbaren Nachkriegszeit unverständlich gewesen. Der unmittelbare Zusammenhang ihrer heutigen Einstellung mit den Kriegserfahrungen ist aus der Fülle der Einwirkungen schwer zu isolieren. Dennoch stellen ihn die Frauen oft selbst ganz bewusst her, oder er lässt sich ihren Äußerungen entnehmen.

Die meisten Kommentare beziehen sich auf die *Vereinbarkeit von Familie und Erwerbstätigkeit*. Erst in zweiter Linie und in recht allgemeiner Form geht es um die Abschaffung der noch bestehenden Benachteiligungen im Arbeitsleben und in der politischen Mitwirkung.

Es ist nicht verwunderlich, dass die meisten Frauen, natürlich besonders die älteren Jahrgänge, die zum mindesten seit der Verheiratung nicht berufstätig waren, nach wie vor der Meinung sind, die *Rolle der Hausfrau und Mutter* sei *die wichtigste* für eine Frau:

AGATHE A. (1920): »Die wichtigste Rolle der Frau ist die der Hausfrau und Mutter. Es ist selbstverständlich, dass der Mann nach Möglichkeit mithilft. Für mich ist die Frau gleichberechtigt, aber nicht gleichartig. Dies wird immer wieder zu Schwierigkeiten führen, wenn wir versuchen, den Mann nachzuahmen. Ich weiß sehr um die daraus entstehende Not und sehe es auch bei Töchtern und Enkelin. Wir haben schon viele Stunden darüber diskutiert, aber keine fertige Lösung gefunden.«

ELEONORE V. (1924): »Die wichtigste Rolle der Frau ist und bleibt die der Hausfrau und Mutter! Nur ein Volk mit gesunden, intakten Familien kann auf Dauer bestehen! In diesem Sinne hätte ich auch meine Kinder erzogen!«

In Äußerungen wie diesen wirken die anerzogenen Wertevorstellungen nach, die sich ja ungebrochen gehalten hatten und auch in der Zeit des Nationalsozialismus vollends ideologisch »überhöht« worden waren.[57] In anderen Ausführungen kommt eine Abneigung gegen »Emanzen« zum Ausdruck: »Die Frau solle ihre Weiblichkeit bewahren.« Das ist bis in einzelne von den Frauen gebrauchte Wendungen hinein nachweisbar: »Die Frau als Hüterin des Herdes« (so die Äußerung einer noch im Kaiserreich aufgewachsenen Frau), »Die Frau ist gleichberechtigt, aber nicht gleichartig«, »Nur ein Volk mit gesunden, intakten Familien kann auf Dauer bestehen.«

Manche Frauen sagen, gleichsam entschuldigend, sie seien eben »altmodisch« geblieben. Sie würden ihr ganzes zurückliegendes Leben entwerten, wenn sie etwas anderes sagten. Zum anderen ist dies eine Gegenwehr gegen die Diskriminierung in der Öffentlichkeit als »Nur-Hausfrau«. Es wäre falsch, dieses stolz bekundete Selbstwertgefühl rein defensiv zu interpretieren. Die Frauen beharren auf der Auffassung, man könne auch als Hausfrau gleichberechtigt sein, und viele fügen hinzu, sie hätten sich nie unterdrückt gefühlt.

Bezeichnend ist, was dazu die einfache Landfrau Klara W. sagt: »Ich war gleichberechtigt in meinem Reich... Das andere hat mich nicht so sehr interessiert.«

Die Sicherheit, mit der das »erfüllte und gleichberechtigte Leben« der Hausfrau und Mutter verbal vertreten wird, hat jedoch Schwachstellen. Da sind einmal die Einschränkungen, die sie selber im Rückblick auf ihr Leben machen und die verräterisch sind. Darin enthüllen sich (bei aller Betonung der Partnerschaftlichkeit) eine doch empfundene Abhängigkeit vom Mann in finanzieller und anderer Hinsicht und der Wunsch, gerne auch noch etwas anderes gemacht zu haben, wozu dann aber »keine Gelegenheit war«. Es geht um die mangelnde Selbständigkeit, die manche als durchaus bequem empfanden und die ihnen erst als Witwe unangenehm bewusst wurde. Wenn Frauen sagen, sie hätten »hinter dem Rücken des Mannes« doch manches bewirken können, oder Wendungen gebrauchen wie »Eine kluge Frau ist immer gleichberechtigt«, so zeigt das, wie wenig selbstverständlich die gleichen Rechte in Wirklichkeit waren:

WALTRAUD G. (1926): »Die Rolle der Frau und Mutter finde ich immer noch sehr wichtig. Die Frau sollte aber keinesfalls in Abhängigkeit zum Mann stehen, sondern seine gleichberechtigte Partnerin sein, aber es ist halt schwierig, wenn sie kein eigenes Einkommen hat, in der Zeit der Kindererziehung.«

ELISABETH M. (1918): »Als das Wort ›Gleichberechtigung‹ in Erscheinung trat, sagte mein Mann: ›In einer Ehe, die in Ordnung ist, bedarf es keiner Gleichberechtigung, sie besteht automatisch.‹ Ich habe meinen Mann gern gewähren lassen, seine Ratschläge waren immer fantastisch. Er hat sich um alles gekümmert. Da er 18 Jahre älter war als ich (*er ist 1970 gestorben*), war ich froh und glücklich darüber, dass er alles so fabelhaft für unsere Söhne und für mich geregelt hat.«

HANNELORE H. (1925) machte Abitur, hat aber ihr Studium wegen ihrer Heirat 1946 abgebrochen und bekam fünf Kinder. Der Mann kam schwerverwundet aus dem Krieg, übernahm nach einer Lehre das Ingenieurbüro seiner Eltern:
»Ich würde von mir aus eine Ausweitung von Halbtagsstellen sehr befürworten. Wenn ich könnte, hätte ich so was bestimmt gemacht. Aber ich habe das Geschäft im Haus, das kommt für mich nicht in Frage... Wir haben 22 Jahre mit den Schwiegereltern zusammengelebt, bis die dann auch im Hause gestorben sind. Da war schon einiges. Wir haben uns gegenseitig sehr geholfen, aber bis zum Ende waren wir dann auch zusammen. Und letztlich war ich dann auch wieder zu alt. Da mein Mann selbständig ist, wäre es für mich nicht möglich gewesen.«

Besonders gebildete Frauen heben hervor, dass man sich ja auch als Hausfrau und Mutter »geistig fit« halten könne und müsse. Man könne seine brachliegenden Fähigkeiten in ehrenamtliche Tätigkeiten einbringen, soweit es die

Familienpflichten erlaubten. Auch hierin sehe ich ein indirektes Eingeständnis von Verzicht und Entbehrung. Haus und Kinder allein füllten die Frauen eben doch nicht aus.

Ein wichtiges Korrektiv für die Selbstbewertung der älteren Frauen ist in der Betrachtung von außen die Sicht der Töchter. Aus deren Stellungnahmen sprechen erhebliche Zweifel an der geäußerten Befriedigung, die Haushalt und Kinder allein ihren Müttern vermittelt haben sollen.

Der beste Beweis dafür, dass die Mütter ihre eigene Lebensform nicht für die bestmögliche halten, ist, dass sie fast ausnahmslos alles darangesetzt haben, ihren Töchtern eine qualifizierte Berufsausbildung zuteil werden zu lassen, auch gegen den Widerstand der Väter.[58]

ANTONIE F. (1923): »Die Mädchen müssten unbedingt einen Beruf haben, damit sie nicht auf den allein seligmachenden Mann angewiesen sind. Es soll nicht der Zwang zum Heiraten dahinterstehen.«

LORE B. (1923): »Ich finde, eine Berufsausbildung muss eine Frau haben. Wie sie sich dann entscheidet, na, das ist was anderes. Aber ich meine, sie kann ja auch mal darauf angewiesen sein. Das war ja im Krieg sehr häufig der Fall, dass die jungen Frauen darauf angewiesen waren, ihre Kinder großzuziehen und zu ernähren.«

Bei Lore B. wird die Kriegserfahrung auch direkt angesprochen. Der Krieg hatte deutlich vor Augen gestellt, wie schnell es geschehen konnte, dass eine Frau auf eigenen Füßen stehen musste.

Wir haben das auf den ersten Blick etwas idealisierte Bild, das die Kriegs- und Nachkriegsmütter von ihrem Leben in Haus und Familie zeichnen, etwas relativiert. Dennoch erlaubt das nicht, das Insisitieren auf den hohen Wert dieser Lebensform als Relikt einer patriarchalischen Erziehung zur Unterordnung der Frau, als einen ins Denken und Gefühlsleben eingebauten Mechanismus zur Fortschreibung ihrer Unterdrückung zu interpretieren.[59] Nahezu alle Frauen betonen die besonders *große Verantwortung der Mütter für ihre Kinder,* schon deshalb, weil sie es sind, die die Kinder bekommen.[60] Fast alle sind der Ansicht, dass die Kinder, besonders die kleineren, ihre Mutter brauchen.

ISA P. (1910): »Das richtige Maß zu finden, ist in allen Dingen schwer, auch in der jetzigen Frauenbewegung, die jetzt doch grad so hochgespielt wird. Und ich mein', nicht immer zum Guten. Ich finde einfach, kleine Kinder, die brauchen eine Mutter daheim, wenn sie heimkommen.«

JOHANNA I. (1913): »Übertriebene Gleichberechtigung der Frau lehne ich ab. Die Mutter gehört zu den Kindern, sie ist Mittelpunkt der Familie. Einer muss ausgleichen, zurückstehen können – wenn nötig, einspringen können. Was ist überhaupt Selbstverwirklichung? Ich meine, ich hätte mit meinen fünf Kindern mein Leben gut ausgefüllt, sie sind alle Naturwissenschaftler in den verschiedensten Berufen, auch in der Forschung. Ich habe fünf liebe Schwiegerkinder, 11 Enkelkinder (3-22 Jahre), und in den Familien ist auch die Mutter nur mit kleinen Nebenbeschäftigungen tätig – und die Kinder wachsen in gesunder Atmosphäre auf.«

ELISABETH V. (1905): »Kinder brauchen Zuwendung, und das ist nicht gewährleistet, wenn die Mutter die verhältnismäßig kurze Zeit, die sie für das Kind zur Verfügung hat, nur mit Hetze erledigt. Als ich nach dem Krieg bzw. nach der Währungsreform gezwungen war, anstrengend zu arbeiten, und für mein Kind während dieser Zeit keine zufriedenstellende Unterbringung in der Ruinenstadt Heilbronn fand, ist mir mein Kind entglitten.«

HANNELORE H. (1925): »Die Kinder brauchen die Mutter. Und die Kinder, wenn sie 14 sind, brauchen die Eltern, Vater oder Mutter, die älteren, das ist besonders wichtig. Damit sie einen Halt haben und nicht den Eltern entgleiten. Denn ich sehe es auch bei meiner Tochter, die Lehrerin ist, die hat vier Kinder. Sie hat nebenher unterrichtet, Bildungswerk und Volkshochschule usw., die aber sagt, ich kann das nur vormittags machen, wenn die Kinder in der Schule sind. Ich muss da sein.«

In der Verantwortung für die Kinder sehen diese Frauen denn auch das größte Problem für eine volle Gleichberechtigung der Frau. In die feministische Diskussion oder in die Diskussion mit den Töchtern bringen die Mütter der Kriegs- und Nachkriegszeit aus ihrer Lebenserfahrung eine sehr realistische Wahrnehmung der Probleme bei der Verbindung von Familie und Beruf ein. Sie sind mit Recht skeptisch gegen einfache Lösungen. Manche geben zu, überhaupt keine Lösung zu haben.

Zu diesem Punkt wäre die Meinung der ostdeutschen Frauen, von denen die meisten gearbeitet haben, aufschlussreich. Selbst die wenigen Stellungnahmen, die ich habe, sprechen sich nicht eindeutig dafür oder dagegen aus. Zwei gegensätzliche Stimmen seien zitiert:

CHARLOTTE P. (1919), Pfarrfrau, sechs Kinder: »In der DDR standen Frauen alle Berufe offen, sofern diese für die Volkswirtschaft nötig waren. Die Bezahlung für gleiche Arbeit war für Männer und Frauen gleich. Es hatten auch alle Arbeit. Eine Familie konnte auch schwerlich von einem Einkommen leben. Ich weiß nur nicht, ob das ein Gewinn für die Frauen ist, ihre Kinder anderen zur Erziehung zu überlassen und selbst einer anderen Arbeit nachzugehen. Und wieso verwirklicht sich eine Frau, wenn sie fremde Kinder betreut und ihre eigenen anderen überlässt? Und ist nicht der Alltag einer Mutter zu Hause vielfältiger und abwechslungsreicher als etwa der einer Arbeiterin an der Maschine? Ich denke, dass eine Mutter mindestens bis zum vollendeten 2. Lebensjahr der Kinder zu Hause sein sollte und danach noch einige Jahre nur teilbeschäftigt sein. Dass es sich negativ auswirkt, wenn Kinder zu wenig Zuwendung erfuhren, ist doch wohl erwiesen. Wenn einer Frau der Beruf wichtiger ist als Kinder, so sollte sie keine haben. Ich hatte von Jugend an das Lebensziel, für andere da zu sein, besonders für Kinder, am liebsten für eigene. Und ich denke, ich habe ein gutes Leben gehabt, trotz manches Seufzers und mancher Träne ob der vielen Wäsche, des vielen Schmutzes, der zu beseitigen war, damals noch ohne Hilfsmittel in einem alten, unbequemen Haus. Ich habe mir trotz allem Zeit genommen, mit den Kindern zu spielen, zu singen, ihr Interesse für Kunst zu wecken. Dazu kamen viele Kontakte und später Aufgaben in der Gemeinde. Die Stellung der Frauen in Ost und West war wohl gegensätzlich: Hier sollten oder mussten sie arbeiten im Beruf, dort sollten sie es nicht. Der Mittelweg ist wohl der beste. Wichtig ist: Anerkennung jeder Arbeit – auch durch gleiche Bezahlung.«

HELGA S. (1931): »Diese Frage ist nicht ganz einfach zu beantworten. Ich kenne eigentlich niemand mit der ›Drei großen K-Einstellung‹ (Kinder, Küche, Kirche). In meinem Bekanntenkreis arbeiteten alle Frauen, die in der DDR studiert haben, an ihrem Beruf hängen, was daraus gemacht haben. Das alles schließt ja Familiensinn, Dasein für die Familie, gut und liebevoll erzogene Kinder nicht aus. Dass diese Frauen (das kann man erst jetzt beurteilen) bei unseren schwierigen Lebensumständen, wo man nach nötigen Kleinigkeiten oft x-mal rennen musste, viel, viel mehr geleistet haben als die westdeutschen Frauen, das steht wohl außer Zweifel.«

Die von mir befragten Frauen sind – und das trifft besonders für christlich gebundene Frauen zu – sehr skeptisch gegen die in ihren Augen zu starke Betonung der »Selbstverwirklichung« durch feministisch eingestellte jüngere Frauen:

DOROTHEA B. (1922) wollte, nachdem ihr Bräutigam gefallen war, nicht mehr heiraten, sondern in die Mission als Hebamme: »Wenn ich schon keine Kinder kriegen würde, wollte ich wenigstens anderen Menschen helfen, Kinder zu kriegen.«

Sie hat dann aber doch noch geheiratet und bekam sieben Kinder: »Wir sind eine ganz, ganz glückliche Familie. Das ist es jetzt in unserer Zeit, was mir so leid tut, dass Frauen nicht mehr erkennen, was für ein Wert es ist, ein Kind zu haben und ein Kind ins Leben zu erziehen, ein Leben vorbereiten, dass das verlorengegangen ist, trotz der Emanzipation (*sie meint: wegen der Emanzipation*). Sie sagen, sie möchten selbständig werden, Selbstverwirklichung! Aber ist das Selbstverwirklichung?«

MARIA V. (1901), Psychologin, unverheiratet, hat sich selbst spät aus ihrem sehr engen pietistischen Elternhaus emanzipiert: »Ein Kind empfangen, austragen, gebären, aufziehen, das erfüllt doch eine Frau, nein, das schiebt man alles weg. Und ich sag manchen jüngeren Frauen: ›Ihr seid doch die Hüterin des Herdes, was Reicheres gibt's doch nicht. Seid doch für das da.‹«

ELISABETH R. (1926): »Ich finde einfach, ich muss mir klar sein, möchte ich in erster Linie für eine Familie da sein, dass die Familie in sich gefestigt ihr Dasein haben kann, oder will ich mich selbst verwirklichen? Setze ich mein eigenes Ich über das Du? Weil das scheußliche Wort ›Ich‹ so betont wird, das stört mich. Ich hab' schon zu meinen Kindern gesagt: ›Sag nicht immer Ich und sag auch mal Du.‹ Auch die ganzen Ehen, die nicht gut gehen, wenn die statt ›Ich‹ ›Du‹ sagen würden, wäre vieles besser. Ich halte nicht so viel von den Emanzen, gar nicht so viel.«

In der realistischen Einschätzung der Schwierigkeiten treffen sich die »Nur-Hausfrauen« mit denen, die die Doppelbelastung, ob freiwillig oder gezwungenermaßen, auf sich genommen haben. Sie alle erzählen, wie schwer es war, das durchzuhalten. Dennoch empfinden sie Genugtuung darüber, es ohne Mann geschafft zu haben und unabhängig gewesen zu sein. Viele räumen aber ein, dass es gar nicht gegangen wäre, wenn nicht eine Mutter oder Schwiegermutter sich um die Kinder gekümmert hätte.[61]

In der Auseinandersetzung dieser Frauen mit der heutigen Frauengeneration ergibt sich aus allen diesen Erfahrungen das Eintreten für individuelle Lösungen und das grundsätzliche Offenhalten beider Optionen:

Elisabeth S. (1914), 1939 zum Dr. phil. promoviert, heiratete 1944 einen Architekten und war seither nicht mehr berufstätig: »Ich verfolge diese ganze ›Selbstverwirklichungskampagne‹ sehr interessiert. Man hat ja genug Anschauungsmaterial um sich! Das Problem ist für mich heute, wie können die Frauen Familie und Beruf vereinbaren, und ich freue mich immer, wenn ich auf ein gelungenes Beispiel treffe. Es gibt wohl nur individuelle Lösungen. Eine Frau ohne Familie finde ich traurig. Jedenfalls sollte jedes Mädchen heute einen Beruf lernen. Und ich finde, man muss jungen Müttern mit Kindern sehr viel mehr helfen und sie unterstützen, dass sie auch noch zu sich selbst kommen. Ich versuche das in meinem Umkreis.«

Margrit H. (1924): »Ich habe meine Töchter so erzogen, dass sie jederzeit bereit sind, sowohl Mutter sein zu können als auch ihren eigenen Lebensunterhalt zu verdienen. Und das machen sie auch mehr oder wenigerso. Und das ist eben dann die individuelle Variante, die da jede hat.«

Ilse S. (1920), ihr Mann ist vermisst. Sie hat zwei Söhne, war als Büroleiterin eines Verkaufsbüros berufstätig: »›Selbstverwirklichung‹ finde ich falsch. Als ob eine Friseuse, wenn sie acht Stunden lang Kundinnen die Köpfe wäscht, sich selbst verwirklicht oder etwa eine Arbeiterin! Nur in ganz wenigen Fällen kann man wirklich von Berufen aus Berufung sprechen. Und hier sind dann meistens die materiellen Voraussetzungen gegeben, dass das auch geht, mit Hilfe und Kinderversorgung. Ich selbst habe meinen Beruf gern gehabt, aber ich hätte ihn liebend gern an den Nagel gehängt und wäre nur Hausfrau und Mutter gewesen, wenn ich gekonnt hätte. Meinen beiden Schwiegertöchtern geht das genauso. Also, bei der großen Mehrzahl der Frauen trifft das Gerede von der Selbstverwirklichung durch den Beruf einfach nicht zu.«

Der Weg individueller Lösungen erfordert aber in den Augen der meisten in jedem Fall eine Aufwertung der Hausfrauenrolle, eigene Renten, aber auch Erleichterungen für die berufstätige Mutter, z. B. in der Kinderbetreuung.

Dazu müssen kommen mehr Möglichkeiten der Teilzeitarbeit, der beruflichen Weiterbildung während der Unterbrechungszeiten, mehr Partnerschaftlichkeit in der Hausarbeit und Kindererziehung. Die maschinellen Hilfsmittel für den Haushalt werden als große Erleichterung gewürdigt. Die Frauen machen dazu differenzierte Vorschläge, die verraten, dass eine ganze Reihe dieser alten Frauen sich viele Gedanken über diese Frage machten und machen. Das mit der Absicht, ihre Töchter zu beraten, aber auch die öffentliche Meinungsbildung mitzubestimmen. Die radikalsten unter ihnen – das ist gleichwohl eine verschwindende Zahl – argumentieren fast wie junge Feministinnen. Sie wollen, dass den Frauen nicht länger die »Halbierung ihres gesellschaftlichen Menschseins«[62] zugemutet wird, also die Beschränkung auf die häusliche Sphäre, und wehren sich dagegen, dem Mann die »gesellschaftliche Tätigkeit« zu überlassen. Ein bemerkenswertes Beispiel ist ADDY W. (1907), einer meiner ältesten Gesprächspartnerinnen, die vor ihrer Verheiratung erfolgreich berufstätig war, dann acht Kinder großgezogen hat. Sie ist vielleicht eine Ausnahmefrau, aber nicht die einzige ihrer Art:

»Ich fühle mich gleichberechtigt, habe mich von jeher so gefühlt und bin auch stets von meiner Umwelt und von meiner Familie als gleichberechtigt geachtet worden, unabhängig von der Existenz der entsprechenden Norm im Grundgesetz.

Soll indessen die Gleichberechtigung der Frau Allgemeingut werden, so erscheint mir ein hierauf abgestelltes Gesetzeswerk – welcher Art immer – als nicht ausreichend. Vielmehr kommt es entscheidend darauf an, dass Frauen selbst durch ihr Wissen, ihr Einfühlungsvermögen, ihr Können und durch ihre aktive Argumentation sowie Betätigung auf die allgemeine gesellschaftspolitische Entwicklung so nachhaltig Einfluss ausüben können, dass ihnen die widerstrebende Männerwelt die Gleichberechtigung schließlich zugestehen muss. Warum machen Frauen die Wahl der Abgeordneten-Kandidaten in öffentlichen Versammlungen nicht gezielt davon abhängig, dass sich die Kandidaten, so sie gewählt werden sollten, in den Orts-, Kreis-, Landesparlamenten und im Bundestag tatsächlich für die Herbeiführung der Gleichberechtigung der Frau auf *allen* Gebieten, einschließlich der Arbeitswelt, einsetzen? Warum wählen Frauen nicht bewusst Frauen als Abgeordnete? Von diesen Überlegungen und taktischen Maßnahmen braucht die Rolle der Frau als Hausfrau und Mutter in keiner Weise berührt zu werden. In diesem Sinne habe ich meine Töchter und Söhne mit Erfolg erzogen und wirke so auch – soweit möglich – auf meine Enkelkinder ein.«

Die meisten beschränken sich auf ziemlich allgemeine Forderungen nach mehr Gleichberechtigung, ohne sich selbst dafür öffentlich zu engagieren.

Wenige meiner Gesprächspartnerinnen waren oder sind Mitglieder in Frauenverbänden, Parteien, Gewerkschaften. Einige wenige arbeiten in der Hausfrauengewerkschaft. Jedoch erwog eine sogar die Gründung einer Frauenpartei. »Es müssen mehr Frauen in die Politik!« Diesen Satz hörte ich zwar oft, aber dass sie selbst davon angesprochen gewesen sein könnten, entgeht den weitaus meisten. Heute fühlen sie sich zu alt. Dafür reichten Zeit und Kraft nicht. Und in der Tat steckt darin ja ein Dilemma der Frauenbewegung: Um mehr Zeit und Kraft, auch für öffentliche Aufgaben, zu erstreiten, müssten Frauen mehr Zeit und Kraft einsetzen, die sie aber unter den real existierenden Bedingungen nicht hatten und nicht haben. Dass die Nachkriegsverhältnisse dafür besonders ungeeignet waren, liegt auf der Hand.

Den Kampf um die Gleichberechtigung effektiver zu führen, überließen und überlassen die weitaus meisten Frauen der Kriegsgenerationen ihren Töchtern und Enkelinnen.[63]

Zusammenfassung

Deutsche Nachkriegsgeschichte umfasst in den Geschichtsbüchern vor allem die Entstehung der deutschen Teilung, den Aufbau der Demokratie in Westdeutschland, der kommunistischen Diktatur in Ostdeutschland, den wirtschaftlichen Wiederaufbau, die Eingliederung der Flüchtlinge und Vertriebenen. Zerstörungen und Kriegsverluste bilden den Hintergrund für den erstaunlich raschen Aufschwung, für das deutsche Wirtschaftswunder. Mangelerscheinungen und Entbehrungen der Bevölkerung scheinen seit der Währungsreform überwunden; die »Jagd nach Wohlstand und der Konsumrausch« habe danach die Deutschen ergriffen und sie die Vergangenheit rasch verdrängen lassen. Aus einer solchen Betrachtung fallen die Erfahrungen der Frauen entweder ganz heraus oder sie entsprechen den Erfahrungen der vielen, die im Zweiten Weltkrieg Hab und Gut, den Partner, die Heimat, vielfach auch die Gesundheit verloren haben. Diesen Frauen hat der Zweite Weltkrieg nicht nur sechs Jahre ihres Lebens fast übermenschliche Belastungen zugemutet; die Belastungen endeten keineswegs 1945, auch nicht 1948 mit der Währungsreform. Sie mussten sich noch lange täglich abrackern, um nur das lebensnotwendige Auskommen zu sichern und den Kindern eine Ausbildung zu ermöglichen. Das »Wirtschaftswunder« ging an den meisten von ihnen lange Zeit vorüber; sie lebten bis ins Alter oder bis zu ihrem Tod vielfach in bescheidenen Verhältnissen. Für viele der Älteren kamen die »besseren Zeiten« zu spät.

Aber nicht nur materiell blieben diejenigen, die im Krieg am meisten gelitten hatten, benachteiligt. Noch schlimmer waren andere Kriegsfolgen, an denen sie lange zu tragen hatten und zum Teil heute noch tragen: gesundheitliche Schäden körperlicher und seelischer Art, Ängste, Trauer, Einsamkeit und Heimweh. Der ganze zweite Band meiner Dokumentation ist diesen Langzeitfolgen nachgegangen. Nur die Stimmen der Frauen selbst können zum Ausdruck bringen, was sie getragen, gelitten und geleistet haben. Zu den Langzeitleistungen gehören besonders die Erziehung und Ausbildung der Kinder in vaterlosen Familien, die sie erstaunlich gut meisterten.

Weil sie sich selbst nicht genügend Gehör verschaffen wollten oder konnten, wurden ihnen nur der fragwürdige Dank aus Sonntagsreden von Politikern zuteil. Dies offenbart nicht nur die späte und spärliche Kriegsopferversorgung, die wir aus der Perspektive der Frauen zeigten[64], sondern auch die bis heute ausgebliebene Gleichberechtigung in allen Lebensbereichen. Die Frauen beklagen dies in ihrer Mehrzahl, verkennen dabei aber ihr eigenes fehlendes Engagement dafür. Ohne die schweigende Duldung ihrer Benachteiligungen durch die überwiegende Mehrheit der Frauen hätten sich diese nicht so lange und z.T. bis heute halten können.

Bei den damals jungen Mädchen haben Kriegs- und Nachkriegszeit die Berufsausbildung und -planung im ganzen eher behindert als gefördert. Dem Zuwachs an neuen Qualifikationen stand der größere Verlust an Lebenszeit durch den Kriegseinsatz und die Kriegseinwirkungen gegenüber. Viele Berufspläne und -wünsche mussten begraben werden.

Bei allen Frauen bewirkten das sicherlich gewachsene Selbstbewusstsein und die im Krieg neu erworbenen Fähigkeiten keine wirkliche Veränderung ihrer Stellung in der Familie, ihres gesellschaftlichen Ansehens, ihrer öffentlichen Rechte oder ihrer Berufslaufbahnen.

Die Mehrzahl der Frauen, die während des Krieges gearbeitet hatten oder arbeiten mussten, gaben diese Tätigkeit auf, wenn sie konnten, weil sie immer noch die Rolle als Hausfrau und Mutter als die einer Frau »wesensgemäße« empfanden, weil die Arbeit, zu der sie kriegsdienstverpflichtet gewesen waren, sie nicht befriedigt, ihnen keine Aufstiegschancen eröffnet und sie vor allem zu sehr belastet hatte. Gerade nach der ungeheuren Anspannung und den Ausnahmebedingungen des Krieges sehnten sie sich nach einem »normalen« Leben, möglichst in einer intakten Familie. So stand folgende Äußerung einer Zeitzeugin bezeichnenderweise als Motto über einer Ausstellung zum Nachkriegsalltag der Frauen: »Wir wollten endlich leben!«.[65] Es trifft die Stimmungslage vieler meiner Gesprächspartnerinnen genau.[66] Die »Verdrängungsthese« muss deshalb aus den Erkenntnissen der vorgelegten Zeugnisse modifiziert werden: Sie betraf kaum Frauen, deren Lebensunterhalt durch den Mann gesichert war. Die »Verdrängung«, d. h. die Arbeitslosigkeit, traf besonders die Frauen hart, die aufs Verdienen oder Mitverdienen angewiesen waren. Dass Frauen weiterhin beruflich benachteiligt blieben, steht auf einem anderen Blatt. Die verwunderte Frage junger Frauen von heute (unter ihnen auch Frauenforscherinnen), warum sich die Frauen, die doch im Krieg »ihren Mann«, sprich: »ihre Frau« gestanden hätten, sich nach dem Krieg wieder ins zweite Glied zurückdrängen und sich auf ihre Hausfrauen- und Mutterrolle beschränken ließen, stößt bei den meisten Frauen dieser Generationen ins Leere. Sie *wollten* gar nicht ins erste Glied treten, sie sahen in der Erwerbstätigkeit nicht unbedingt ein Stück Selbstverwirklichung, sondern litten eher unter der Doppelbelastung und zusätzlich noch unter einem schlechten Gewissen, weil sie sich in beiden Bereichen nicht vollwertig fühlten.

Haben diese Kriegs- und Nachkriegsmütter deshalb eher hemmend auf den Emanzipationsprozess der nachwachsenden Frauengenerationen gewirkt? So einfach lässt sich das nicht behaupten. Zwar haben sie sicher ihr eigenes Frauenideal bewusst oder unbewusst an ihre Töchter weitergegeben, dennoch haben sie ihren Töchtern auch die entscheidende Voraussetzung zur Gleichberechtigung mitgegeben: eine qualifizierte Berufsausbildung. Dies war eine der wichtigsten Lektionen, die der Krieg sie gelehrt hatte: Eine Frau muss auf eigenen Füßen stehen können. Erst dadurch konnten die Töchter überhaupt neue weibliche Lebensentwürfe ins Auge fassen. Indirekt wurden die Töchter von ihren Müttern auch dadurch auf diesem Weg vorangebracht, dass sie am Leben ihrer Mütter auch das Unbefriedigende eines einseitigen Weiblichkeitsideals vorgeführt bekamen. Die Mütter wiederum erwiesen sich als lernfähig. Sie konnten ihre eigene Erfahrung mit den Möglichkeiten und Erfahrungen der Töchter vergleichen, sie konnten sich mit ihnen auseinandersetzen. So steht die von mir befragte Frauengeneration der Frauenbewegung aufgeschlossen gegenüber und tritt viel stärker als kurz nach dem Krieg für die volle Gleichberechtigung ein. Dennoch sind diese Frauen – bis auf wenige Ausnahmen – keine radikalen Feministinnen geworden, und dies nicht einfach, weil sie zu alt sind. Sie bringen in die feministische Debatte um die Emanzipation aus ihren Erfahrungen zwei Positionen ein, die nicht leichthin als »altmodisch« abgetan werden können: die feste Überzeugung von der besonderen Verantwortung der Mütter für ihre Kinder und die realistische Wahrnehmung der Probleme im Zusammenhang mit einer unbeschränkten Selbstbestimmung. Sie hegen tiefbegründeten Zweifel an Selbstverwirklichungsidealen, hinter denen sich in ihren Augen oft purer Egoismus verbirgt. Dagegen setzen sie die Überzeugung vom Wert des Dienstes an anderen, was nicht heißt, dass sie die eigene Aufopferung für das Erstrebenswerte halten. Sie könnten damit in die Auseinandersetzung um die Emanzipation der Frauen ein Problembewusstsein einbringen, an dem es zuweilen fehlt.

Ihre Beteiligung an dieser Auseinandersetzung beschränkt sich jedoch vornehmlich auf die Familie oder auf Frauenkreise. Nur wenige fühlten und fühlen sich berufen, politisch für mehr Gleichberechtigung zu streiten, und auch dies nicht nur aus Altersgründen. Sie fühlen sich meist immer noch nicht kompetent genug oder möchten »die Politik« lieber anderen überlassen, aber nicht mehr nur den Männern. Wenn viele dieser Frauen sagen: »Es müssen mehr Frauen in die Politik«, dann steckt darin auch ein tiefes Misstrauen gegen die »Männerpolitik«. Hatte denn nicht diese Politik auch in den schrecklichen Krieg geführt mit allen seinen Leiden?

Die Frage, was sie selbst zur Kriegsverhütung hätten beitragen können und künftig beitragen könnten, wird den ganzen Teil B dieses Bandes durchziehen und im vorletzten Kapitel: »Nie wieder Krieg!«, ausführlich zu behandeln sein.

Teil B

Das Verhältnis zum National-
sozialismus und zum Krieg

KAPITEL 1

»Für mich war es eine schöne Zeit.«

Die Faszination des Nationalsozialismus und Hitlers

Am schwersten zu verstehen ist für die Nachkriegsgenerationen wohl der Zusammenhang zwischen einem brutalen und unmenschlichen Krieg, den Biografien der eigenen Mütter und Großmütter und der gleichzeitigen Begeisterung für jene, die Millionen von Toten und andere Verbrechen zu verantworten haben. Wie passt das zusammen: dort der mörderische Krieg, hier die Aussage: »Für mich war es eine schöne Zeit«, oder: dort unendliches menschliches Leid, hier der Satz: »Ich war begeistert«?. Mir wurde in den Gesprächen mit den Frauen schnell deutlich, dass die beiden Sätze nicht untrennbar zusammengehören. Nur bei einem Teil der damals jungen Mädchen lesen sie sich so: »Für mich war es eine schöne Zeit, *weil* ich begeistert war«, für andere hat die »schöne Zeit« nichts mit dem Nationalsozialismus zu tun. Betrachten wir die Aussagen also nacheinander.

Der Krieg und die eigene Biografie

Dass der Krieg für die Frauen eine leidvolle und entbehrungsreiche Zeit war, scheint für heutige Betrachter festzustehen. Auch die Frauen antworten zunächst so. Fragt man aber, in welche Zeit ihres Lebens besonders schöne oder gar die schönsten Erlebnisse fallen, wird man eines anderen belehrt. Für viele Frauen, vor allem die jüngeren, fallen diese schönen Erlebnisse gerade in die Kriegszeit, und sie waren schön – *trotz* des Krieges.[1] Das heutige Bild vom Leben im Krieg wird zu stark von seiner katastrophalen Endphase bestimmt, und dieses Katastrophenbild überlagert die für viele recht normalen ersten Kriegsjahre. Solange der Krieg nicht allzu hart in das eigene Leben eingriff, solange die Bomben nicht das eigene Haus trafen, nicht nahe Angehörige oder Freunde fielen, so lange war das Privatleben wenig tangiert von den Kriegsereignissen. Trotz gewisser materieller Einschränkungen, z. B. Rationierung von Lebensmitteln und Kleidung, Verdunklung und gelegentlichen Fliegeralarmen konnte man ein »normales« Leben führen. Das wird oftmals bezeugt. Dazu kommt, dass besonders für die Jüngeren diese Zeit eben ihre Jugend gewesen ist, deren Glanz vieles überstrahlt, in der materielle Einschränkungen weniger zählen und die wohl auch in der Erinnerung noch etwas verklärter erscheint.

ELISABETH S. (1914): »Die Kriegszeit war für mich persönlich eine erlebnisreiche, z.T. schöne Zeit. Man war eben jung. Mit fortschreitendem Kriegsgeschehen wuchs natürlich die Angst vor Bombenangriffen und allem, was man auf sich zukommen sah.«

INGE G. (1922): »Aber es ist schon ein sehr intensives Leben gewesen. Man hat es, weil man jung war, mit einer gewissen Leichtigkeit gemeistert und war in der Familie drin, musste die Heimat nicht verlassen. Das war anders als bei den Soldaten.«

Die schönen oder schönsten Erlebnisse kreisen immer um dieselben Bereiche. An allererster Stelle stehen die *menschlichen Beziehungen*, je nach Alter der Frauen Schwärmereien, nicht nur für junge Männer, auch für Lehrerinnen, BDM- und Arbeitsdienstführerinnen, Freundschaften, erste Flirts, erste ernsthafte Liebesbeziehungen, feste Partnerbindungen; man lese die Tagebücher und die selbstverfassten Lebenserinnerungen.[2] Mir scheint dieser Bereich zentral für Frauen gewesen zu sein; er hat die Gedanken und Träume weitaus am meisten beschäftigt. Und die Frauen sagen es auch:

BERTE B. (1917): »Es war meine schönste Zeit, trotz allem. Ich war glücklich verheiratet. Ich war jung und glücklich mit meinem Mann.«

VILMA STURM (1912): »Sechs Jahre Krieg mitten im schönsten Frauenleben. Deshalb übertönten die Liebesgeschichten den Waffenlärm (…) Bis zuletzt lebte ich für mich und meine Angelegenheiten… Ich war einfach eine Bürgerliche, die ihr Privatleben hatte.«[3]

GERDA ZORN (1920): »Solange er (*ihr Verlobter Henry*) noch in Berlin bei der Flak war, lebten wir trotz Krieg im 7. Himmel.« Im Oktober kam Henry nach Russland: »Von nun an waren die Briefe mein eigentliches Leben – alles andere wurde nur noch äußerlich wahrgenommen. Die nächtlichen Bombenangriffe, die Tag- und Nachtarbeit, die himmelschreiend schlechte Ernährung, das Elend ringsumher. Meine Tante war bereits zum zweitenmal ausgebombt. Sogar der Selbstmord meines Onkels ließ mich ziemlich kalt.«[4]

Für die verheirateten Frauen sind ebenso wichtig die Kinder. Das Wohlergehen der Kinder entschied über das Wohlergehen der Mütter. Von verschiedenen Müttern, die wegen der Bombengefahr mit ihren Kindern aufs Land gingen oder evakuiert wurden, habe ich erfahren, dass dies – trotz der Sorge um die Väter – für sie eine schöne Zeit war.[5]

Für die unverheirateten berufstätigen Frauen stand der *Beruf* im Vordergrund. Die damals junge Lehrerin (Frieda L., 1917) war Jahrzehnte später in ihrem Gespräch mit mir noch ganz erfüllt von ihren ersten Erfahrungen im Beruf, wie sie unter ganz schwierigen Umständen und allein in den abgelegensten Dörfern den Schulunterricht in Gang brachte und Erfolg und Anerkennung erntete:[6] »Für mich war diese ganze schwierige Zeit wohl der Höhepunkt in meiner Berufstätigkeit. Verstehen Sie das?« Ähnliches war von anderen Frauen zu hören:

URSULA S. (1916) leitete in Berlin eine Kindertagesstätte. Trotz der Bedrohungen und Bombenschäden schreibt sie von dieser Tätigkeit: »… bis heute die schönste Zeit meines Lebens.«

HANNELORE W. (1935) sagt über sich und ihre Mutter (1908): »Ich empfand den Krieg persönlich als ganz erträglich. Meine Mutter ebenfalls, da er ihr gleichzeitig den Berufswunsch (*Büroarbeit bei der Luftwaffe*) erfüllte.« Die Mutter hatte als Mädchen unter sechs Geschwistern nicht lernen dürfen und keine Ausbildung erhalten.

ANNELIESE B. (1906) fand ebenfalls so viel Bestätigung und Befriedigung in ihrem Berufsleben (sie avancierte zur Leiterin eines hauswirtschaftlichen Seminars), dass sie in ihren Aufzeichnungen für Freunde und Verwandte, die sie in ihrem 80. Lebensjahr verfasste, in zwei Durchgängen erzählt. Im ersten und ihr persönlich offenkundig wichtigsten schildert sie gleichsam neutral diese erfolgreiche und schöne Berufstätigkeit, im zweiten, nachgeschobenen, beleuchtet sie das Ganze aus der politischen und aus der Kriegsperspektive.

MAGDALENE S. (1925), die seit 1942 in Ellwangen auf der Sparkasse arbeitete, tat in ihrer Erzählung den ganzen Krieg in *einem* Satz ab: »Dann haben wir halt geschafft die ganzen Jahre, Spaß gehabt. Und dann kamen 1945 die Amerikaner.«

MARIA V. (1901) durfte gleich nach dem Krieg eine Ausbildung zur Psychotherapeutin beginnen unter den widrigsten äußeren Umständen, als Stuttgart noch in Schutt und Asche lag. Sie sagt voller Begeisterung: »Es war wunderbar!«, weil sie in diesen Umständen hatte helfen können und weil sie aus der furchtbaren Enge ihres Elternhauses endlich hinausgekommen ist. Dagegen zählten die mehr als beengten Nachkriegsverhältnisse wenig.

Wenn »einfache« Frauen und Mädchen davon sprechen, dass der Krieg für sie ihre beruflich schönste Zeit war, dann war das nicht trotz, sondern wegen des Krieges so. Sie durften Tätigkeiten ausüben und Verantwortung übernehmen, die sie im Frieden nicht hätten ausüben und übernehmen können. Deshalb gehören ihre Zeugnisse in einen anderen Zusammenhang.[7]

Für Schülerinnen und Studentinnen waren ebenfalls Schule und Studium weit interessanter und bewegender als »Waffenlärm« und Krieg. Erfolg und Misserfolg waren wichtiger und entschieden darüber, wie glücklich oder unglücklich sie sich fühlten. Darüber vergaßen sie vieles andere.

Die eigene »*Innerlichkeit*« war gerade für junge Mädchen entscheidend für Glück und Schmerz, nicht nur die allgemein menschlichen und die Geschlechterbeziehungen, sondern die eigene innere Entwicklung, die Reifung, die Suche nach Lebenssinn, religiöse Eindrücke und Einbrüche, »Erweckungserlebnisse«, Selbstfindungsprozesse hatten ein größeres Gewicht als äußere Umstände.

Der Krieg konnte sogar – und auch das gehört zu den schwer auflösbaren Widersprüchen im Bewusstsein von Frauen der Kriegsgeneration – zeit- oder momentweise das *Lebensgefühl* steigern, trotz seines objektiven Grauens. Damit ist nicht nur die Begeisterung über die anfänglichen Siegesmeldungen gemeint. Die Propaganda wurde nicht müde, die »Größe der Zeit« zu beschwören, und dieses Pathos verfehlte seine Wirkung besonders auf die jungen Mädchen nicht. Es waren die schmissigen, »zackigen« Soldatenlieder und vor allem die von heute aus gesehen kitschigen Schlager, die mitreißen und dem Leben einen Schein von sentimentaler Tiefe verleihen konnten. Bis heute üben sie auf manche Frauen einen magischen Reiz aus, obwohl sie doch untrennbar mit der schrecklichen Kriegswirklichkeit verbunden waren: »Lili Marleen«, »Heimat, deine Sterne«, »Ich weiß, es wird einmal ein Wunder geschehn« und wie sie alle heißen. Das sonntägliche »Wunschkonzert« war ein Stück Lebensersatz und ein Stück Lebenssteigerung in einem.[8] Bei der Lektüre von Walter Flex: »Der Wanderer zwischen beiden Welten« und von Rilkes »Cornet« berauschten sich viele junge Mädchen am Soldatischen.[9] Sie schrieben Kriegs- und Heldengedichte in ihre Spruchsammlungen, sammelten Postkarten ihrer umschwärmten Helden wie heute Mädchen von ihren Pop- und Sport-Stars und bildeten ihre Männerideale nach ihnen. D. h., sie lebten in einer »unwirklichen Kriegswelt«, die mit der grausamen und entsetzlichen Kriegswirklichkeit so gut wie gar nichts zu tun hatte. Dass sie in all dem auch Opfer einer massiven Indoktrinierung waren, ist heute offenkundig, konnte aber von ihnen damals kaum durchschaut werden. Interessant ist, dass es heute Töchter gibt, die ihre Mütter fast um deren inhaltsreiches Leben von damals beneiden:

GERTRUD S. (1915) fand ihr damaliges Leben schön – trotz des Krieges. Ihr Vater war 1939 gestorben, ihr Bruder im Krieg, er kam wieder. 1943 verlobte sie sich mit einem unterschenkelamputierten Mann, 1945 heirateten sie: »Für mich war die Heimat einfach ein wunderschönes Fleckchen Erde. Vom Persönlichen her, von der Schule her, Freundschaften, Elternhaus, alles. Ich habe jeden Tag begrüßt und immer schön gefunden. Und alles mit der Mutter zusammen erlebt. Ich in meinem Beruf als Krankengymnastin und meine Mutter auf ihrem Posten, das Haus versorgt, das Haus verwahrt, mit ihren Flüchtlingen, denen hat sie's schön gemacht… Es wurde sogar mal von meiner Tochter die Äußerung gemacht: ›Was habt ihr eigentlich für ein aufregendes und viel inhaltsreicheres Leben geführt, als wir es tun.‹ Dorothee sagte: ›Meine Zeit, was habt ihr alles erlebt!‹«

Andere waren dankbar im Gefühl einer noch verbleibenden, »geschenkten« Zeit und genossen jeden Tag und jede Stunde angesichts der Bedrohung doppelt.

ANNI K. (1919), Schwerin: »Die Zeit bis 1944 war – gemessen an dem, was nachher kam – geruhsam. Meine Eltern hatten einen schönen Garten, den meine Mutter und ich versorgten, ebenso wie die eigenen Hühner und Kaninchen. Mein Vater, der im 1. Weltkrieg einen Bauchschuss erhalten hatte, übernahm Heimataufgaben: Im Büro vertrat er einberufene Kollegen, außer dem Luftschutz. Er hatte wenig Zeit für Familie und Garten. Meine Mutter und ich genossen die Zeit bewusst, war uns doch klar, dass sie nie wiederkommen würde.«

Es konnte auch sein, und es wurde im Kriegsverlauf immer mehr so, dass Schönes und Schweres, Glück und Schmerz ganz dicht beieinanderlagen, nebeneinander hergingen.[10] Das bringt Ilse S. (1919) zum Ausdruck, wenn sie sagt: »Es war meine schönste *und* schlimmste Zeit.« Und Irmgard W. (1917): »Es war eine ›schlimm-schöne‹ Zeit.« Die »verlorenen Jahre«[11] haben mir nur wenige bestätigt. Diese wenigen gehören zu den schon etwas älteren Jahrgängen. So etwa

GERTRUD M. (1913): »Für mich war der Krieg eine verlorene Zeit. De facto boxte ich mich durch diese Zeit, so gut es ging.« Sie bekam keine Zulassung zum Studium, weil sie – wie sie sagt – keiner Nazi-Organisation angehörte. Um der Rüstungsfabrik zu entgehen, meldete sie sich als Sekretärin zur Luftwaffe, wo sie gerade als Frau höchst unangenehme Erfahrungen machte.

K. B. (1919): »Von unserer Jugend haben wir doch nicht viel gehabt: Da war Krieg, gab es Bombenangriffe, waren die Männer weit fort, gab es Hunger und Flucht. Es waren harte Zeiten, und wir mussten sehen, wie wir durchkamen.«[12]

ELSE R. (1924): »Der Krieg hat uns um unsere unbekümmerte Jugend gebracht.«

Bei genauerer Betrachtung der Zeugnisse sind diese ganz negativen Urteile sehr oft erst aus der Rückschau und aus dem Vergleich mit den Möglichkeiten heutiger Jugendlicher entstanden. Damit sollen keineswegs die Lasten, Leiden und Leistungen, die der Krieg mit sich brachte und die in Band II ausführlich dargestellt wurden, verharmlost werden. Aber einer völligen Entwertung ihres damaligen Lebens würden die allermeisten Frauen nicht zustimmen.

Doch war dieser Krieg unlösbar verbunden mit dem NS-Regime. Er war die logische Folge der NS-Ideologie und die schauerliche Krönung seiner Praxis. Konnten Frauen, die sagen: »Es war eine schöne Zeit« von den verbrecherischen Seiten einfach absehen? Wie konnten viele sogar sagen: »Ich war begeistert«? Nicht nur der zweite Teil dieses Kapitels, sondern alle folgenden Kapitel dieses dritten Bandes suchen auf diese Frage eine Antwort.

Die Faszination des Nationalsozialismus

Was war so begeisternd für viele Mädchen an der Hitlerjugend, an anderen NS-Organisationen?[13] An dieser Stelle – wie in meiner gesamten Arbeit – geht es nicht um Geschichte, Organisation, Zielsetzung und Selbstdarstellung des BDM, sondern lediglich um die »Innenansicht«, genauer: die »Erinnerungsansicht« der Betroffenen selbst, die sich nicht überall mit der Interpretation in der genannten Literatur deckt. Man muss selbstverständlich auch die Vorkriegsjahre berücksichtigen, denn der Krieg änderte nichts Grundlegendes.

Erst seit den 80er Jahren erscheinen vermehrt Autobiografien von Frauen, die sich zu ihrer Begeisterung für die NS-Zeit bekennen. Eine Pionierin war Melita Maschmann mit ihrem Buch »Fazit. Mein Weg in der Hitlerjugend.« Es wurde 1979 als Taschenbuch neu aufgelegt und von Helga Grebing mit einem Nachwort versehen, das M. Maschmann charakterlich abwertet und ihrem Beispiel Repräsentativität abspricht. Inzwischen ist sie aber von anderen, die ebensowenig als ich- und charakterschwach abzuqualifizieren sind, bestätigt worden. Von sehr vielen Leserinnen unter meinen Gesprächspartnerinnen wurde mir versichert, wie stark sie diese Bücher beeindruckt haben und wie sehr sie sich darin wiedererkannten. Besonders oft werden Renate Finckh, Margarete Hannsmann, Carola Stern, Eva Sternheim-Peters genannt. Die nachfolgenden Ausführungen können nur eine knappe Zusammenfassung bieten und sie durch einige wenige Zeugnisse ergänzen.[14]

Ich ordne die Erinnerungen nach der Bedeutung, die sie für die damals begeisterten Frauen hatten:

An allererster Stelle stehen die *Lieder*. Sie waren keineswegs alle primitiv oder barbarisch, sondern stammten zum großen Teil aus der Jugend- und der Singbewegung, wurden schon vor 1933 gesungen und werden heute noch gesungen.[15] Die Frauen können sie z.T. bis heute noch auswendig und singen sie immer noch, teils mit schlechtem Gewissen.[16]

Die Lehrerin ELFRIEDE W. (1926) schrieb für ihre Schülerinnen (1982):

»Besonders empfänglich war ich auch für Lieder. Ob da ein Vogel sang oder meine Mutter ihre Arbeit mit einem Volkslied begleitete, beides gefiel mir. So war es eigentlich kein Wunder, sondern folgerichtig, was in der Schule geschah, als wir das Lied lernten: ›Nun ade, du mein lieb Heimatland…‹ Ich weinte bitterlich. Befragt von dem ratlosen Lehrer, gab ich schluchzend Antwort: ›Der Mann tut mir so leid.‹«

Mit ihren Liedern haben sich dann die faschistischen Machthaber schnell bei mir eingeschlichen. Ihre Lieder waren, psychologisch gesehen, so geschickt, so verführerisch. Ich weiß, dass es vielen so erging wie mir, und es ist wichtig für die uns heute nicht verstehende Nachwelt, dass eben die Nazis bei weitem nicht sofort und für jeden erkennbar böse Menschen waren.

Was ist schlecht am folgenden Text?

> Von allen blauen Hügeln
> reitet der Tag ins Land.
> Er reitet mit wehenden Zügeln,
> er reitet mit weiter Hand.

Nichts ist schlecht! Es ist eine gute Naturschilderung des erwachenden Tages, eine Morgenstimmung. So begann es also: Man bot etwas Neutrales, etwas allen Verständliches, Gutes.

Bald folgten solche Lieder:

> Deutschland, heiliges Wort
> du voll Unendlichkeit.
> Über die Zeiten fort
> seist du gebenedeit.

Natürlich stolperten wir über den letzten Ausdruck. Aber im übrigen war der Text für uns richtig. Unsere Vaterlandsliebe war Chauvinismus in höchster Potenz. Dass es andere Staaten mit gleichen Rechten und andere Menschen mit demselben Gefühl für ihr Land geben könnte, lag für uns weitab. ›Deutschland über alles‹ war die Devise.

Der nächste Schritt hieß: Für dieses Land Opfer bringen, es in schwerer Zeit nicht verraten, das Leben ›auf den Altar des Vaterlandes‹ legen:

> Nichts kann uns rauben
> Liebe und Glauben
> zu unserem Land…
> Mögen wir sterben,
> unseren Erben
> bleibt dann die Pflicht,
> es zu erhalten
> und zu gestalten:
> Deutschland stirbt nicht!

Diese Zeilen hafteten in meinem Gehirn und in meinem Herzen wie eingemeißelt. Mit ihnen bekritzelte ich eine Postkarte an meine Mutter, als ich im Januar 1945, eingekeilt zwischen Flüchtlingen, auf einem Bahnhof in Ostoberschlesien saß. Die Karte kam nie an. Meine Flucht gelang. Aber bis ich mich von den Liedern und Texten endgültig trennte, das brauchte längere Zeit.

Mit Grauen denke ich heute an die Strophe, die wir im Reichsarbeitsdienst grölten. Ich schäme mich, die Zeilen niederzuschreiben. Damals sang ich mit, keine Spur von Nachdenken über den Inhalt, kein Atemzug Pause für das Gefühl:

> Schmeißt sie raus, die ganze Judenbande!
> Schmeißt sie raus aus unserm Vaterlande!
> Schickt sie wieder nach Jerusalem,
> doch haut'n erst die Beine ab,
> sonst komm'se wieder hem!

Wo war er geblieben, der Satz: ›Der Mann tut mir so leid‹?«

EVA ZELLER (1923): »Man hat uns eine Sprache gegeben, die gesungen werden kann, und dies ist die allerwirksamste Beeinflussung; das unverschließbare Ohr ist wehrloser als das Auge.«[17]

Die *Gemeinschaft* und *Kameradschaft*, die bei manchen Frauen bis heute gehalten hat und in gelegentlichen Treffen erneuert wird, ist das zweitwichtigste, das positiv erinnert wird. Dazu gehörte auch das Zusammensein mit Mädchen aus allen Volksschichten, das Erlebnis der Volksgemeinschaft im kleinen, eingebettet in die große Volksgemeinschaft aller Deutschen.

INGE G. (1922): »Das ganze Gemeinschaftserlebnis im BDM, in der Schule, im Arbeitsdienst, das war für mich ein ungemein positives Erlebnis... Das Politische trat etwas in den Hintergrund, obwohl man es natürlich mit politischen Zitaten und Gedichten usw. zu tun hatte. Aber du bist ein Glied einer Gemeinschaft, für die bist du da, und die ist auch für dich wieder da. Das war eigentlich das wesentliche Erlebnis dabei. Und das war nicht negativ.«

Die Pflege des Liedgutes war ein Teil des »*Kulturbetriebs*«[18], der in allen NS-Organisationen eine große Rolle spielte und in der Rangordnung der Erinnerungen an das Begeisternde an dritter Stelle steht. Dazu gehörten Volkstanz, Pflege des Brauchtums, Heimatkunde, die Musik, die teils auf hohem Niveau ausgeübt wurde, besonders in den Spielscharen und Bannorchestern. Elternabende wurden künstlerisch gestaltet, Theateraufführungen für die Dorf- und Stadtbevölkerung einstudiert. Filme, besonders Kulturfilme, sind als künstlerisch wertvoll und schön im Gedächtnis geblieben.[19]

Die Zeltlager und besonders die *Fahrten* kreuz und quer durch Deutschland, zu Fuß oder mit dem Rad, die nicht nur Abenteuer waren, sondern den

Sinn für die Natur und die Kunstschätze weckten und bildeten, fanden alle schön.

Damit setzten die Nationalsozialisten auf breiter Basis fort, was im Wandervogel begonnen worden war. Für viele Mädchen war dies die erste und einzige Möglichkeit, dem Alltagstrott und der Enge zu entrinnen und die Luft der »großen weiten Welt« zu atmen. Und wieder verdichtete sich das Erleben in der Erinnerung in dem Lied, das fast alle gesungen haben und an das sich alle erinnern:

> »Wir sind durch Deutschland gefahren,
> vom Meer bis zum Alpenschnee,
> wir haben noch Wind in den Haaren,
> den Wind von den Bergen und Seen.
>
> In den Ohren das Brausen vom Strome,
> der Wälder raunenden Sang,
> das Geläut von den Glocken der Dome,
> der Felder Lerchengesang.
>
> In den Augen das Leuchten der Sterne,
> das Flimmern der Heidsonnenglut.
> Und tief in der Seele das Ferne,
> das Sehnen, das nimmermehr ruht.«[20]

Feste und *Feiern* wurden von der Hitlerjugend und im Arbeitsdienst gekonnt und gut gestaltet, z. B. Mai- und Erntefeiern, auch Mütterehrungen. Manche Frauen erinnern sich noch an die »schönen und erhebenden« Fahnenappelle beim RAD. Eine stille, bescheidene, aufopferungsvolle pensionierte OP-Schwester sagte: »Tut mir leid – da könnte ich mich heute noch begeistern. Für junge Menschen finde ich das grandios.«

Die nationalsozialistischen Großveranstaltungen konnten für viele erhebend und begeisternd sein. Jugendliche, die das heute nicht mehr nachvollziehen können, mögen sich die Stimmung bei großen Rock- und Pop-Konzerten vergegenwärtigen. Nur war damals nicht der Genuss, das Sich-Selbst-Ausleben und das Aufgehen in der Masse der Zweck, sondern das Gefühl der Zusammengehörigkeit und der Hingabe an eine große Sache, die Deutschland hieß.

MARIANNE B. (1920): »Ich war so begeistert von der ganzen Atmosphäre, die ich in Berlin ja ständig miterlebte, z. B. die Olympiade, die Maifeiern, Hitlers Geburtstag, Besuch des Duce, Achse Berlin-Rom. Was auch immer war, wir bekamen schulfrei, und in unserer BDM-Uniform fuhren wir nach Berlin, und ich stand mitten in einem riesigen Haufen vor der Reichskanzlei, stundenlang, und habe mitgebrüllt: ›Lieber Führer, komme bald, sonst werden uns die Beine kalt!‹ Und war hysterisch beim Schreien und Rufen und Jubeln.«

Basteln und *Werken* spielten eine große Rolle und boten viele Anregungen für diejenigen, die sich für Kunsthandwerkliches interessierten. Die Schulungshefte sind voll von Vorschlägen, wie man (besonders im Krieg) mit bescheidenen Mitteln Hübsches und Brauchbares herstellen konnte. Dies tat man auch nicht nur für sich selbst, sondern meist im Rahmen einer Hilfsaktion. Den jungen Mädchen wurden *Aufgaben* gestellt, bei denen sie sich voll engagieren konnten: Sammeln von Heilkräutern und allen Arten von Altmaterial, Basteln für das Winterhilfswerk, Ernteeinsätze, Osteinsätze, karitative Tätigkeiten aller Art, Lazarett- und Verwundeteneinsätze, Rotes Kreuz usw.. Man fühlte sich gefordert und gebraucht, fühlte sich als nützliches Glied der großen Volksgemeinschaft. Ein Herdengefühl konnte schon deshalb nicht aufkommen, weil es immer und überall das Prinzip der Auslese »der Besten« gab, die besonders ausgezeichnet wurden, Führungsaufgaben mit großer Verantwortung bekamen und darauf auch entsprechend stolz waren. Das Vorbild vieler ausgezeichneter Führerinnen spornte an. Der Übergang von privaten Tätigkeiten zu nationalsozialistisch gesteuerten Aktionen war fließend.

Der Bericht von RENATE G. (1928), damals Jungmädel, über ihren Lazarett-Einsatz am 29.11.1942 kann für uns heute in besonderer, fast makabrer Weise zeigen, wie z. B. ein Einsatz für Kriegsverwundete als rein menschliche, »frohmachende« Tat empfunden wurde, losgelöst von jeder politischen Implikation. Keinem der Jungmädel wäre auch nur der geringste Zweifel daran gekommen, dass diese Verwundeten »für Deutschland« litten. Es sei deshalb als Beispiel im Wortlaut zitiert:

»Leise gibt Inge den Ton an, und dann setzen die Jungmädel ein, erst noch zögernd: ›Bald nun ist Weihnachtszeit, fröhliche Zeit.‹ Die Mädel werden immer sicherer, und den Schluss jubeln sie schon: ›Jetzt ist der Weihnachtsmann gar nimmer weit.‹ Die Soldaten liegen mit großen, glänzenden Augen in ihren Betten. Sie denken an daheim. ›Horch nur, der Alte steht draußen vorm Tor, mit seinem Schimmel, so steht er davor.‹ Wie glücklich der blutjunge Schütze dort lächelt! Er denkt wohl an seine Mutter, an seine Kinderzeit. Oder träumt er von Lebkuchen und Äpfeln, von einem heimlichen Blick ins Weihnachtszimmer? Seine Augen leuchten wie die eines Kindes, das seinen Herzenswunsch erfüllt sieht. Der Sanitätsgefreite in Zimmer 34 ist bei seiner Frau, seinen Kindern vielleicht. Hell blinkt der schmale Goldreif an seiner Rechten. Sogar ›Bubi‹, der uns vorher immer nachgelaufen ist und bettelte: ›Kommt doch bestimmt noch mal in Zimmer 33‹, liegt ganz still da. Er sieht verträumt zur Decke. An was mag er denken? ›Pfeffernuss, Äpfelchen, Mandeln, Korinth, alles das schenkt er dem guten Kind‹ singen die Jungmädel. Dann teilen sie ihre Gaben aus: Brötle, ein paar Zigaretten, einen Apfel für jeden. Dann gehen sie wieder. Zum Abschied geben sie jedem Soldaten die Hand. ›Kommt bald wieder‹ bitten die Verwundeten.

Auf der Heimfahrt sind die Mädel so froh. Es ist so schön, diese Augen zum Strahlen zu bringen, den Männern Freude zu geben, die für Deutschland gelitten.«

Je nach Neigung und Talent nehmen *Sport* und Geländespiel, überhaupt Spiele aller Art, in der Wertschätzung der Frauen einen größeren oder geringeren Raum ein. Sportliche junge Mädchen hatten die besten Chancen, ihrer Begabung entsprechend ausgebildet und gefördert zu werden. Im Gegensatz zu der männlichen Hitlerjugend wurde aber im BDM keine paramilitärische Ausbildung betrieben.

Wie es im Sport um die Ermittlung »der Besten« ging, so wurden auf allen Gebieten *Wettkämpfe* durchgeführt. Es gab musische Wettbewerbe und Berufswettkämpfe, an die vor allem die damals Erfolgreichen gerne zurückdenken. So wurden Begeisterungsfähigkeit und Idealismus der jungen Mädchen geweckt und ausgenutzt, aus heutiger Sicht missbraucht, denn es waren gerade die begeisterungsfähigsten, leistungsfähigsten und -willigsten, die sich nicht unbedingt und in erster Linie von der NS-Ideologie, sondern von den großen Möglichkeiten und dem Zusammenhalt der damaligen Jugendkultur mitreißen ließen.

MARIANNE B. (1920): »Es war so viel dabei, was Begeisterung erweckte und auch begeisterungswürdig war, möchte ich sagen. Und Begeisterung haben können, ist ja etwas sehr Schönes, weil es ja die tiefen Gefühlswelten, die in einem sind, zum Klingen bringt. Es ist nur so, auch heute, wenn ich an mich denke, ich bin immer noch begeisterungsfähig, aber ich habe nun guterweise inzwischen gelernt, diese Begeisterung auch verstandesmäßig untermauern zu können. Während die Begeisterung eines jungen Menschen ja leicht zu unkritischem Überschäumen neigt, und das wurde ausgenutzt. Die Begeisterung eben für Vaterland und Volk und Natur und Sonnenwende, das war doch etwas, was einen sehr positiven Hintergrund auch hatte.«

Einige weitere positive und anziehende Seiten, die nicht den Autobiografien zu entnehmen sind, die aber in den Gesprächen und persönlichen Dokumenten aus jener Zeit deutlich werden, müssen noch genannt werden. Sie schufen die Bedingungen dafür, dass die Faszination sich auf die Mädchen voll auswirken konnte:

Der »Dienst« (so hießen bezeichnenderweise die Veranstaltungen der Hitlerjugend) war im BDM insgesamt anders organisiert und hatte andere Inhalte als der »Dienst« der Jungen. Für beide Geschlechter wurde viel aus der Jugendbewegung und aus der Bündischen Jugend übernommen. Bei beiden waren die Führer meist nur zwei bis drei Jahre älter als die Geführten, bei den Mädchen waren es meist Gymnasiastinnen, bei den Jungen weniger Gymnasiasten. Aber die Hauptunterschiede waren: Bei den Mädchen gab es keinen Wehrsport[21] und auch keine »harte politische Schulung«, vor allem kaum direkte Judenhetze.[22] Man braucht dazu nur *einen* Jahrgang des BDM-Jahrbuchs »Wir Mädel« durchzusehen.[23] Dabei ist festzustellen, was die Erinne-

rung vieler Frauen bestätigt: Im Inhaltsverzeichnis finden sich große Kapitelüberschriften. Im Kapitel »Zum Zeitgeschehen« stehen nur ganz wenige politische Nachrichten, so etwa zum 20. April (»Führers Geburtstag«), zum Waffenstillstand in Frankreich (beides ganz kurz gefasst), daneben noch einiges
über den Kriegseinsatz, aber auch nicht viel. Den weitaus größten Teil des
Buches nehmen die folgenden Kapitel ein: Erzählungen, Kunst, Wissen, Berufe und Berufsausbildung, Heimat, Brauchtum, Natur, Tiergeschichten,
Sport, Wandern, Mode, Handarbeiten, Basteleien, Auslandsdeutsche, kleine
Berichte aus dem befreundeten Ausland, Gedichte, Sprüche und viele Fotos.
Man findet erstaunlicherweise *keine* Rassenlehre, *keinen* Antisemitismus. Der
Krieg ist im Grunde sehr fern. Die NS-Ideologie ist unterschwellig in vielem
nachweisbar, aber sehr fein dosiert, sehr versteckt und immer mit alter deutscher Tradition und Geschichte verbunden. Nichts ist abstoßend grob. Überdies hatten die Führerinnen einen sehr großen Freiraum. Die Schulungshefte waren Anregung, nicht Vorschrift.[24]

In der NS-Frauenschaft ging es ganz ähnlich »unpolitisch« zu, jedenfalls
nach den Erinnerungen der Frauen.[25] Im Mittelpunkt standen dort die hauswirtschaftlichen und sozialen Aufgaben. Viele Frauen holten sich Tips und
Ratschläge für die eigene Haushaltführung, oder es wurde für die Soldaten
gestrickt, genäht und gebastelt.

Die Mutter von Fritz Krohmer erzählt ihrem Buben am Kriegsbeginn (*also nicht erst
heute!*), wofür sie als Frauenschaftsleiterin zuständig war, »dass sie Näh- und Koch-
kurse zu organisieren und für das Winterhilfswerk zu sammeln hat, dass sie dafür
Sorge tragen muss, dass arme und einsame Menschen ausreichend mit Kohle, Holz
und Lebensmitteln versorgt werden. Und dass sie Päckchen packt für Waisen und
Kriegsgefangene«[26].

Im Gegensatz zur Hitlerjugend (ab 1936, endgültig Pflicht ab 1939) bestand
kein Zwang, in die NS-Frauenschaft oder in das Frauenwerk einzutreten. Und
tatsächlich trat die weit überwiegende Mehrheit der Frauen gar nicht ein.[27] Das
konnte ihnen das Gefühl geben, nicht unter politischem Zwang oder Druck
zu stehen.

Die »Überführung« der Jugendverbände in die Hitlerjugend, der Frauen-
verbände und der Vereine in die NS-Frauenschaft oder andere NS-Organisationen fiel manchen gar nicht auf, weil sich in ihren Augen inhaltlich so gut
wie nichts änderte und sie deshalb gar nicht merkten, wie ihre Begeisterung
zu ganz anderen Zwecken instrumentalisiert werden sollte.

HANNA L. (1919): »Inzwischen war aus dem ›Frauenverein‹ eine ›Frauenschaft‹ geworden, mit dem einfachen Unterschied, dass nun auch die einfachen Frauen dabei waren.«

MARIANNE B. (1920): »Der Wandervogel wurde dann vom BDM übernommen, als geschlossene Gruppe. Letztlich haben wir im selben Stil unsere Fahrten und Heimabende gestaltet, auch nicht begutachtet, ob wir das nun im Sinne ›des Führers‹ machten. Wir haben eigentlich genauso weitergelebt wie bisher.«

ILSE B. (1920): »Ich war beim Alpenverein. Wir sind dann immer noch für die Sektion Schwaben gewandert. Da hieß es wohl, das wird jetzt von HJ und BDM übernommen, aber im Grunde genommen haben wir da unsere Ausfahrten unter uns gemacht. Auf einmal gab es Gaumeisterschaften, es hat halt ein bissle einen anderen Namen gehabt.«

URSULA H. (1919) war im Krieg als Kindergärtnerin in einem Heim für erholungsbedürftige Kinder mit einer Schwester und einer frommen Diakonisse zusammen: »Die Frauenschaftsabende wurden von Schwestern mit veranstaltet, man sang da auch Choräle.« Sie sagt dann weiter: »Es war eine schleichende Infiltrierung mit NS-Gedankengut, so dass man es gar nicht merkte.«

Es liegt nahe, bei der Betonung des »Unpolitischen« starke Verdrängungsmechanismen zu vermuten. Dennoch geht man nicht fehl in der Annahme, dass die politische Indoktrinierung eher schleichend und unterschwellig in die Köpfe und Herzen transportiert wurde und schon damals nicht im Mittelpunkt des Jungmädel- und BDM-Dienstes stand. Dafür sprechen die Zeugnisse in den persönlichen Dokumenten aus jener Zeit selbst.[28] Die Mädchen sollten auf gleichsam unpolitische Weise politisiert werden, aber die meisten Führerinnen nahmen es damit nicht so genau.[29]

Die Anziehungskraft der NS-Jugendorganisationen hatte viel mit dem Freiheitsdrang der Jugendlichen zu tun. In der Rückschau wird oft ganz einfach die Freiheit von zu Hause, insbesondere von der strengen Fuchtel der Mutter oder engherziger Eltern erwähnt.

So sagt HANNE S. (1914): »Was mir gefallen hat: Ich war halt ein jugendbewegter Mensch, und mein Vater war ein Pietist. Man hat zu keinem Turnverein gedurft, zu keinem Tanz, die Tanzstunde hab' ich mir mit Teufels Gewalt erkämpfen müssen. Erst als ich mal so 20 war und hab meinen Mann kennengelernt, erst da hab ich mich in der Landjugend entfalten können.«

MARGRIT H. (1924): »Ich war begeistertes BDM-Mädel. Ich wurde traditionell im alten Offiziersstil erzogen und habe dadurch (durch den BDM) einige Freiheiten bekommen, weil ich dann z. B. sagen konnte: ›Ich muss aber heute abend in den BDM.‹ Denn das hat es sonst nicht gegeben, dass ich abends rausdurfte.«

Für Mädchen war es damals nicht selbstverständlich, alleine oder in Gesellschaft von Gleichaltrigen etwas zu unternehmen, ihren Horizont zu erweitern, etwas zu lernen und zu erleben. Besonders Mädchen aus armen

Verhältnissen und Landmädchen konnten von dem Angebot des BDM profitieren.

Julie B. (1917), die zweitjüngste von zehn Geschwistern (sieben Mädchen, drei Jungen), die in äußerst beengten Verhältnissen lebte (der Vater war Kaufmann, mit dem es aber »immer rückwärts ging«). Sie wurde gleich nach der Volksschule in eine Lehre gesteckt, obwohl sie gerne weitergelernt hätte, ihre Schwestern waren z.T. Dienstmädchen. Für sie war der BDM ein kostenloses Angebot sinnvoller und erfreulicher Betätigungen: »Später gingen wir dann in den BDM, für alles andere fehlte ja das Geld.«

Ursula Philipps, damals im Range einer JM-Gruppenführerin, studierte ab dem Sommersemester 1939 an der Hochschule für Musikerziehung in Berlin-Charlottenburg. In den Semesterferien nahm sie als verantwortliche Führerin an einem vierzehntägigen Sommerlager in Kellenhusen an der Ostsee teil:
    »Die etwa 30 Mädel, 14-18 Jahre alt ... sollten sozusagen einen ›Aktivurlaub‹ machen: Schwimmen, Singen, Zeichnen und Basteln standen auf der Tagesordnung, und die Stadtmädchen, die teilweise noch keine Ferien in der Natur gemacht hatten, lernten Pflanzen, Vögel und andere Tiere kennen, wenn wir auf unseren ›Entdeckungsgängen‹ über das Land zogen.«[30]

Else R. (1924): »Was uns gefallen hat, war, dass wir nun auf dem Dorf mehr Zugang zum Sport hatten. Allerdings waren unsere Möglichkeiten eingeschränkt. Die Wettkämpfe (heute Bundesjugendspiele) fanden auf der Straße (Laufen) und auf Wiesen (Ballspiele, Sprünge) statt. Wir Mädchen hatten auch lange keine Sportbekleidung, wir liefen und hopsten halt in unseren Röcken. Geräteturnen war nicht möglich, wir hatten keine Einrichtung dazu – ein ehemaliger Schafstall war dann die erste Turnhalle.«

Margarete B. (1929) wollte so gerne aufs Gymnasium, aber davon wollte der Vater nichts wissen: »Kochen und Nähen lernen, das sei wichtiger für eine Frau. Ich glaub, das ist, warum ich dann so gerne in den Dienst gegangen bin und dort das erlebt hab, was ich in einer höheren Schule (*gehabt hätte*), einfach noch was lernen, irgendwie ging ich dann einfach gerne in den Dienst.«

Beengend für viele Mädchen war, dass sie nicht den Beruf ergreifen durften, den sie gerne gewählt hätten, weil das für ein Mädchen entweder gar nicht zur Diskussion stand oder unbezahlbar war. BDM und RAD boten dagegen vielfältige Möglichkeiten der Weiterbildung. Und das gerade *nicht*, wie man nach der NS-Frauenideologie annehmen möchte – einengend auf die Vorbereitung zur Hausfrau und Mutter, sondern vielfältig und auf fast allen Gebieten in Lehrgängen oder auf Sportschulen. Die Führerinnenschulen schulten nicht nur in der Menschenführung, sondern vermittelten viele praktische und theoretische Kenntnisse und Fähigkeiten. Führerin-Sein und Erfolgserlebnisse im Umgang mit Jüngeren steigerten Selbstwertgefühl und Selbständigkeit. Von den Jüngeren angeschwärmt zu werden, eine »pfundige« Führerin zu sein, konnte ein Mädchen schon mit Stolz erfüllen. Viele Frauen sagen, dass ihnen dies alles in ihren späteren Berufen und in ihrem späteren Leben zugute gekommen sei.

Man könnte schließlich auch umgekehrt fragen: Welche Mädchen gingen nicht gern zu den Jungmädeln oder in den BDM, wenn doch so vieles dafür sprach? Die Gründe liegen kaum in prinzipieller Gegnerschaft, obwohl es diese zweifellos auch bei Jugendlichen gab, wenn die Eltern dagegen waren. Aber in den meisten Fällen waren es keine politischen Gründe. Es ist also genauer zu fragen: Warum übte die geschilderte Faszination auf manche keine Wirkung aus? Aus meinen Befragungen ergibt sich folgendes Bild: Vor allem war es eine Sache der Veranlagung und des Temperaments. Meist waren es Einzelgängerinnen, introvertierte Typen, starke Individualistinnen, die sich nicht gerne einem Gruppenzwang unterwarfen, oder einfach solche, denen »die ganze Sache nicht lag«.

Hildegard G. (1915): »Ich bin so an der Grenze gewesen, dass ich nicht zum BDM musste. Das hat nichts mit Politik zu tun gehabt bei mir, sondern ich bin ein Einzelkind gewesen. War immer viel allein, und da konnt' ich das einfach nicht, wenn die da so marschiert sind, das ist einfach etwas gewesen, was mir nicht gelegen ist. Das hat mit Politik nichts zu tun gehabt.«

Dann gab es auch die Kritischen, denen einfach das Niveau der Führerinnen zu niedrig war oder denen überhaupt die Führerinnen nicht gefielen. Deshalb empfanden sie die Veranstaltungen als langweilig, als Zeitvergeudung. Von vielen damaligen Gymnasiastinnen hörte ich, dass sie es vorzogen, als Führerinnen bei den Jungmädeln zu bleiben oder eine FA-Schar (Führerinnen-Anwärterinnen-Schar) zu leiten, als zum BDM überzuwechseln. Der BDM scheint für diese etwas anspruchsvolleren Mädchen ein eher »blöder Verein« gewesen zu sein.

Annelies W. (1922): »Der BDM war damals so ein bisschen (*stockt*), die älteren hatten nicht mehr diesen Druck, die konnten sich viel mehr entziehen ab 14. Und die, die drin waren, waren für uns ganz blöde Ziegen. Ich weiß nicht, warum ... auch nachher hat sich das noch erhalten bis zu meiner Schwester, dass die alle mit 14 versuchten, jetzt nicht in den BDM überführt zu werden, sondern bei den Jungmädeln zu bleiben. Und da wurde man Führerin. Das war irgendwie das Bessere, das Attraktivere.«

Umgekehrt gab es auch Führerinnen, die sich schwer durchsetzten, die bei ihren Mädeln nicht beliebt waren. Diese empfanden den Dienst als Last und hängten ihn so bald wie möglich an den Nagel. Vorbehalte hatten auch die unsportlichen, unmusikalischen Mädchen, die nicht gerne sangen, sowie grundsätzliche Kritikaster, denen überhaupt nichts passte, dann aber auch bequeme oder auch ganz nüchterne, wenig begeisterungsfähige, oder schließlich frühreife Mädchen, die auf Männer und Lebensgenuss aus waren. Die Geschlechterbeziehungen der JM- und BDM-Mädchen und vor allem der Führerinnen waren vorwiegend schwärmerisch, puritanisch bis prüde, gemäß Walter Flex: »Rein bleiben und reif werden...«

Abstoßend wirkte auf manche gerade auch das Laute, das »Zackige«, das »Massenhafte« der Veranstaltungen im BDM, was auch solche störte, die doch gerne dabei waren; sie nahmen es dann eben um des Positiven willen in Kauf.

Es gab nicht wenige, die von zu Hause aus nicht zu den Veranstaltungen des BDM durften, das aber wieder nur teilweise aus politischen Gründen, wenn die Mädchen aus streng katholischem oder pietistisch-frommem Milieu und aus oppositionellen Arbeiterkreisen stammten. Diese Mädchen litten häufig darunter, haderten mit ihren Eltern, empfanden es als Zumutung, Außenseiter sein zu müssen. Für die Mädchen auf dem Lande war »Zum-BDM-Gehen« ein Luxus, weil sie zur Arbeit gebraucht wurden.

MARGRET G. (1927): »Die Mädchen aus bäuerlichen Häusern kamen immer zu spät, weil sie vorher beim Füttern des Viehs helfen mussten. Was auf dem Land bei den Jungmädeln und im BDM geboten wurde, war weit unter dem Niveau der Veranstaltungen in den Städten, auch den Kleinstädten.«

Die Bäuerin BERTA H. (1914): »Wie meine Tochter zum BDM hat müssen ... kam die BDM-Führerin. Ham mer gesagt: ›Da braucht sie eine Uniform, braucht ein neues Paar Schuhe. Wenn sie von der Schul heimkommt, hat sie nasse Schuh, da muss sie die Schuh zuerst trocknen. Wenn Sie ein Paar Schuhe bringen! Dann brauch ich jemand, wenn ich zum Einkaufen geh für die Kleinen. Ich wohn im zweiten Stock; ich kann die drei Buben nicht alleweil mitnehmen. Und dann brauch ich noch jemand, der meinen Buben die Strümpf flickt. Meine Tochter muss nämlich arbeiten. Wenn Sie mir das alles zusammenbringen, was ich da brauch, dann steht eigentlich nichts mehr im Wege.‹ Dann ist sie gegangen, gekommen ist sie nimmer.«

MARTHA B. (1919), Tochter eines Landwirts, zehn Geschwister: »I han oimal (einmal) zum BDM gehe wolle, zu einer Tanzveranstaltung, und bin au gange (gegangen). Und wie i hoimkomme be (heimgekommen bin), isch mei Mutter obe an der Stiege g'stande mit 'me Stecke (einem Stecken), und da han i Streich kriegt, i hätt nämlich in Stall solle.«

ANNELIESE W. (1922) hat als JM-Führerin die »passive Resistenz« von Bauern erlebt, so deutet sie das Fernhalten der Mädchen vom Dienst. Sie bekam immer wieder zu hören:

»Du hast es ja gut, aber meine muss schaffen... Ein weiterer Ausdruck von Eltern, die die Kinder nicht gehen lassen wollten, war: ›Die muss Kinder hüten.‹ Das stimmte auch. Das waren immer ein Haufen Kinder, ob von denen oder den anderen – ›die muss Kinder hüten...‹. Und man konnte dem nichts entgegensetzen. Ich schon gar nicht, die als eine galt, die nicht Kinder hüten und nicht schaffen musste.«

In manchen Fällen konnten oder wollten die Eltern die Uniform nicht bezahlen, und die Mädchen genierten sich, nicht in Uniform oder nur in einer behelfsmäßigen zu erscheinen.[31]

Wer wegblieb, entschuldigt oder auch nicht, musste von Seiten des BDM kaum mit Zwangsmaßnahmen rechnen. »Auf dem Lande war es überhaupt nicht so streng mit der Kontrolle« (Erika N., 1924). Nicht wenige drückten sich mit Erfolg und auf die Dauer, ohne deshalb belangt zu werden. Mir ist nur *ein* Fall bekannt geworden, dass ein Mädchen mit Gewalt, evtl. mit der Polizei, zum BDM- oder JM-Dienst geholt wurde (Gerda O.).[32] Manche fühlten sich allerdings unter Druck gesetzt. Anneliese K. (1923) erzählt, dass sie im Turnverein gesagt bekam, sie dürfe nicht mehr kommen, wenn sie nicht in der HJ sei. In der Lehre (1938) habe man 12 Tage Urlaub bekommen, wenn man aber in ein Lager von der HJ gegangen ist, habe man 18 Tage bekommen.

Wenn heute eine Frau sagt, sie sei nicht bei den Jungmädeln und im BDM gewesen und sich das als eine Art Widerstand gutschreibt, so muss man schon genauer nach den Gründen forschen, relativ selten war es politische Gegnerschaft. Die weitaus meisten jungen Mädchen aber waren begeistert, und die Beispiele haben deutlich gemacht, warum das so war.

Wie steht es nun aber mit dem Jubel und der Begeisterung für »den Führer«, die man in so vielen Wochenschauen und auf Fotografien von Frauen um Hitler sehen kann?

Die Faszination Hitlers

In Wochenschaubildern und Fotografien aus der NS-Zeit fallen oft die bis zur Hysterie verzückten Gesichter von Frauen auf. Sie werden immer wieder als Beweis für die besinnungslose Verfallenheit gerade der Frauen an Hitler aufgeführt. Und hier melden sich auch gleich starke Zweifel an Oral History. Werden Frauen das heute zugeben? Besteht nicht gerade in diesem Punkt zu viel Scham, ein Erzähl-Tabu, an das man nur schwer herankommt? Ich habe die

Erfahrung gemacht: Man kommt heran. Die Frauen schämen sich nicht mehr zuzugeben, was sie damals gefühlt haben, und manchmal waren es nur Augenblicke, in denen sich eine Frau mitreißen ließ. Es klingt viel Irrationales aus den Erzählungen:

Die Bäuerin HEDWIG B. (1920): »Es war ja ein Rausch!«

BERTE B. (1917): »Ich war nie besonders für den Hitler, nie, obwohl, das muss ich sagen, wo er in Stuttgart war, habe ich im Büro freigekriegt, und da bin ich mittags heimgelaufen von der Gymnasiumstraße über den Schlossplatz. Auf einmal sind da die Leute so gestanden, da kommt der Hitler, und da bin ich halt auch stehengeblieben. Und ich war *gegen* ihn eingestellt, aber der fährt vorbei, steht in dem Auto drin und hebt seine Hand, und alles brüllt ›Heil‹, und ich hab' mitgebrüllt. Es hat einen mitgerissen. Also, das sag ich ehrlich. Mein Mann und seine Eltern waren dagegen, mein Schwiegervater war eingesperrt.«

ILSE S. (1920), die heute durchaus Abstand hat zu ihrem damaligen Verhalten: »Ich habe Hitler einmal gesehen, war wie gelähmt, hätte ihm die Hand geben können, vermochte es nicht, so fasziniert war ich.«

Eine andere, heute sehr kritisch eingestellte Frau (INGE R., 1924): »Und diese Stimme, wenn ich die heute höre, rührt in mir eine Saite an, das kann ich gar nicht beschreiben. Das ist rein emotional. Und dieses Gefühl bleibt.«

WENDELGARD VON STADEN, die zusammen mit ihrer Mutter später KZ-Häftlingen half im KZ, das auf ihrem Gutsland eingerichtet worden war, beschreibt eine Begegnung mit Hitler aus dem Jahre 1932. Damals war sie allerdings erst 12 Jahre alt, aber ähnlich wie ihr ist es auch vielen Älteren ergangen:

»Ich stand hinter der Absperrung am Mittelgang der Halle. Vor uns war eine große Tribüne aufgebaut, auf der sich die Würdenträger von Staat und Partei versammelten. Darunter standen Gruppen mit Fanfaren und Fahnen. In der Halle griff die Erregung um sich. Draußen hörte man Jubel aufbrausen, wie Wellen, die näher rollen. Die Fanfaren begannen zu blasen: ›Jugend, Jugend, Jugend kennt keine Gefahren....‹ Der Jubel draußen wurde zum Sturm. Die Absperrungsmannschaften richteten sich aus und nahmen Haltung an. Es wurde atemlos still in der Halle. Dann hörte man den Badenweiler-Marsch, Kommandos erklangen, Scheinwerfer warfen ein grelles Licht auf die Decke der Halle. Ich drückte mein Gesicht an dem Arm des SA-Mannes vor mir vorbei und konnte den Gang zum Eingang hinuntersehen. Auf ihm näherte sich eine Gruppe von Männern. Ein paar Schritte vor ihnen, der Führer. Donnernder Jubel ›Heil, Heil!‹ begleitete ihn rechts und links aus den Reihen, in denen die Menschen grüßend mit erhobenem Arm standen. Auf einmal war er gerade vor mir. Ich sah das Braunhemd und den Schulterriemen, der Arm war zum Gruß angewinkelt, dunkles Haar fiel ihm in die Stirn. Er sah geradeaus, an allen vorbei. Es schien, als würde er niemand sehen. Die Augen waren ganz blau. Ich wollte schreien, aber ich konnte nicht. Meine Stimme versagte. Ich sah den langsam Schreitenden in den hohen Stiefeln, und ich sah die Augen. Es schien, als würden sie im Blau schwimmen. Dann war es vorbei. Als der Führer auf die Tribüne stieg und am Rednerpult stand, wurde es still in der Halle. Tausende sangen das ›Deutschlandlied‹ und ›Die Fahne hoch‹ zum Schmettern der Fanfaren. Unbeweglich standen die SA-Leute rechts und links den Mittelgang hinunter. Als unser Auto spät in der Nacht zum Hof einbog, konnte ich noch immer kein Wort herausbringen. Was meine Mutter sagte, das wollte ich nicht hören. Mein Gemüt war aufgewühlt. Ich schwor in meinem Herzen, dass ich für den Führer sterben würde, wenn er es wollte. Und ich träumte von dem langsam schreitenden Mann mit den Augen, die auf etwas gerichtet waren, was niemand sah.«

Wie aus diesem Bericht sehr deutlich wird, trug zu der Faszination Hitlers ganz wesentlich der ganze äußere Rahmen bei. Ohne die bekannte und sehr wirkungsvolle Inszenierung hätte es diese Massensuggestion kaum gegeben. Fehlte der entsprechende Rahmen, ließ die Wirkung Hitlers stark nach. Dafür *ein* Beispiel von vielen, die mir erzählt wurden:

ELFRIEDE W. (1926), die ein begeistertes Jungmädel war: »Ich habe Hitler bei der Einweihung der Autobahnbrücke Weißensand (etwa 1937) gesehen... Wir standen aber außerhalb der offiziellen Begrüßungsstrecke. Als das Auto kam, Hitler *saß* bereits, stand also nicht mehr mit erhobenem Arm, blieb uns allen das ›Heil!‹ im Halse stecken, so düster, ja finster war sein Blick. (Nach '45 erfuhr ich, dass Hitler in solchen Fällen – Menschen außerhalb der öffentlichen ›Jubelstrecken‹ – große Angst vor Attentaten gehabt haben soll).

Wendelgard von Staden ist durch ihre Mutter und durch die schockierende Entdeckung des KZ-Außenlagers auf dem Boden ihres Gutes aus ihrem Traum geweckt worden. Bei manchen hielt er an bis zum Ende und darüber hinaus. Die Hitlerverehrung nahm zum Teil pseudoreligiöse und erotische Züge an:

RENATE G. (1928) kann heute noch – allerdings mit großem inneren Abstand, mit Ironie – das Gedicht zitieren, das sie damals oft aufgesagt und in ihr Spruchbuch geschrieben hat:

>»Vor Dir, mein Führer
>Und mögen tausend Menschen vor Dir stehn,
>so fühlt doch jeder Deinen Blick allein
>und denkt, es muss für ihn die Stunde sein,
>und du willst tief in seine Seele sehn.
>Denn in Minuten, wo Du bei uns weilst,
>erschließen wir Dir gerne jedes Tor,
>und die Gedanken heben wir empor,
>dass Du an ihnen besserst und sie feilst.

Du bist so gütig und Du bist so groß,
Du bist so stark und bist unendlich rein.
Wir legen gerne ohne jeden Schein
vor Dir die Einfalt unserer Herzen bloß.
Denn keiner ging noch unbeschenkt von Dir,
traf ihn nur einmal Deiner Augen Strahl.
Wir wissen, Du verkündest jedes Mal:
Ich bin bei euch und ihr gehört zu mir.«

Aus: »Das Lied der Getreuen«

LORE E. (1922): »Das Verhältnis zu Hitler war wie zu einem Familienangehörigen, dem man Dank schuldet und zu dem man mit Respekt aufblickt. Sein Bild hing über dem Bett und im Wohnzimmer. Eine Gestalt, die uns aus dem Dreck herausgeholt hat.«

Sie und andere erzählen, dass 1945 Großmütter weinten, weil »der Führer tot war, er war doch die ganze Hoffnung«[33]. Traud R. (1911) war bei einer Großveranstaltung in Berlin und hat die Massenhysterie erlebt. Sie hat Frauen gesehen, die Hitler die Schuhe geküsst haben. Erotische Phantasien werden selten, und dann natürlich über andere berichtet. Frau S. (1914) zitierte eine »ganz liebe Frau, deren Mann Rechtsanwalt war: ›Ich wünsche mir von Adolf Hitler ein Kind‹«.

TRUDE Z. (1915): »Der Onkel war ein sehr guter Arzt und dessen Frau war Gau-Frauenschaftsleiterin. Die war derartig ... dass man gesagt hat, die spinnt. Zu mir hat sie immer bloß gesagt: ›Hat er nicht Augen wie Bergseen?‹ Ich mein, wir haben über die M.M. gelacht. War 'ne gute Seele, hat gemeint, es sei ihre Aufgabe da (*bei den Nationalsozialisten*). Während meine Mutter eine Freundin hatte, die Anthroposophin war und die noch mehr dagegen war wie wir.«

WILHELMINE H. (1921): »Wir haben in Langenaltheim eine alte Kollegin gehabt, die war so alt wie meine Mutter, Jahrgang '86... Hat auch familiäre Schwierigkeiten gehabt. Sie hat auf den Führer gebaut. Der Führer, der beschützt sie. Und in ihrem Zimmer, da hat sie da, wo früher der Herrgottswinkel war, eine Führerbüste gehabt und die Hakenkreuzfahne. Die war fanatisch bis dortnaus. Und manche vermuten, dass auf ihre Denunziation hin jemand eingezogen worden ist, weil sie nicht genug gegeben haben beim Winterhilfswerk...«. Nach dem Zusammenbruch habe, so berichtet Wilhelmine H., diese Frau den Verstand verloren.

All das hat es gegeben, und die orgiastischen Eruptionen und Gefühlsausbrüche, wie sie die NS-Wochenschauen zeigen, mussten nicht gestellt werden. Ob es allerdings speziell die Frauen waren, die Hitler anhimmelten, sei dahingestellt. Ich habe da eher Zweifel. Man darf in diesem Punkt nicht noch einmal der NS-Propaganda auf den Leim gehen, so als habe es nur jubelnde und hingerissene Frauen gegeben. Wenn ich alles zusammennehme, was mir Frauen berichtet haben und was ihre Biografien und biografischen Aufzeichnungen aus der Zeit selbst offenbaren, dann muss ich zu dem Schluss kommen, dass es doch wohl nur eine Minderheit von Frauen war, die bis zur völligen Selbstvergessenheit und Selbstaufgabe von Hitler fasziniert war. Bei den meisten waren es punktuelle oder vorübergehende Gefühlsaufwallungen, eine partielle Begeisterung, die einem härter werdenden Alltag im Krieg nicht standhielten und einer zunehmenden Ernüchterung bis zum Kriegsende weichen mussten. Bei manchen wechselten Zweifel und Glauben-Wollen, dass »der Führer doch noch einen Ausweg finden würde«.[34] Vor allem geben die Wochenschaubilder keinen Beweis für die ungeteilte Zustimmung zur NS-Ideologie und ihrer Praktizierung. Bedenkenswert ist in diesem Zusammenhang auch das Zeugnis einer Siebenbürger Deutschen, die zur Krankenschwesternausbildung nach Stuttgart kam und enttäuscht darüber war, dass hier die Begeisterung längst nicht so groß war wie unter ihren Landsleuten in Rumänien (Irmtraud B., 1917).[35] Viele, die Hitler persönlich gesehen haben, ließ er völlig kalt. Es gibt auch drastische Meinungen von Frauen über Hitler, ganz gewöhnlichen Frauen, die keine Widerstandskämpferinnen waren und sich insgesamt angepasst verhielten. Gertraud L. (1928) hörte ihre Mutter am Kriegsende sagen: »Wie kann dieser Mann eigentlich noch *eine* Nacht ruhig schlafen?« Margret G. (1927) hat noch den Satz einer Tante im Ohr: »Der Hitler, der ist ja vom Wahn betupft!« und Dorothea B. (1922) zitiert ihre Großmutter: »Der Hitler, das ist der Antichrist.«

Wie unterschiedlich und insgesamt doch wohl eher skeptisch die Haltung vieler, besonders der älteren Frauen war, und zwar schon vor dem Krieg, zeigt die Ansprache von Frida Reiniger zum 40jährigen Jubiläum ihres Lehrerinnenexamens im Kreise ihrer Kursgenossinnen im Mai 1939 in Bad Boll. Sie bezieht sich auf die vorausgehenden Rundbriefe. Zwar wird Hitler nicht explizit genannt, aber er ist unzweifelhaft an erster Stelle gemeint, denn er war der Exponent der NS-Bewegung: »Das große Erleben unserer Tage geht auch durch alle Berichte. Diese spiegeln die unterschiedliche Einstellung von uns wider. Mit aller Deutlichkeit geht dies durch unsere vollgeschriebenen Blätter: frohes Bejahen, neutrales Durchleben, zweifelnde Fragen und häufig das Bewusstsein, nichts tun zu können.«[36]

Auch die Begeisterung von jungen Mädchen war nicht ungeteilt. Ihr Bild des Nationalsozialismus bekam früh Risse und Sprünge, wie wir im folgenden Kapitel sehen werden.

Wie viele waren führerhörig und wie lange? Bei wie vielen mischten sich Zweifel und Begeisterung? Wie viele waren gar nicht anfällig für den Füh-

rer-Mythos, ja sogar seine erklärten Gegnerinnen? Es wird wohl kaum je möglich sein, exakte Zahlen zu nennen.[37] Es ist aber wichtig zu sehen, dass es nicht
die Frauen insgesamt waren, die besinnungslos und durchgehend Hitlers Faszination erlagen. Im Krieg schwand die Zustimmung eines großen Teiles der
Frauen rasch dahin. Wenn Kershaw SD-Berichte aus der 2. Jahreshälfte 1944
heranzieht, die zeigen, dass der Hitler-Mythos am Ende des Krieges gebrochen war, so gibt es Anhaltspunkte, dass es bei vielen Frauen schon sehr viel
früher dazu gekommen war. Frauen jubelten Hitler bis zum Krieg nicht zuletzt deshalb zu, weil er »alles ohne Blutvergießen« schaffte. Als das Blutvergießen schreckliche Formen annahm und sie ihre eigenen Brüder, Söhne und
Männer opfern mussten, gab es bei den Frauen kaum noch Begeisterung, nur
noch Durchhalten und Pflichterfüllung[38]. Es war nicht »Führergläubigkeit«,
was sie durchhalten ließ, sondern Überlebenswille und weil es keine Alternative für sie gab. Auch hier sollte man zwischen Männern und Frauen unterscheiden. Es waren Männer, z. B. Generäle, Feldmarschälle, Gauleiter usw.,
die an den Schalthebeln saßen und Einfluss gehabt hätten, den Krieg früher
zu beenden. Frauen hatten einen solchen Einfluss nicht. Sie »funktionierten«
zwar, weil ihnen gar nichts anderes übrig blieb, aber im Verlauf des Krieges je
länger desto weniger mit innerer Zustimmung, abgesehen von den ganz fa-
natisierten jungen Mädchen. Dennoch hat es bis zum Schluss auch unter den
traditionsgemäß autoritätsgläubigen älteren Frauen ein gewisses Vertrauen zum
»Führer«, für sie gleichsam ein genialer »Über-Mann«, gegeben, dem alles gelang. Es hat auch in sich widersprüchliche Haltungen besonders bei manchen
christlichen Frauen gegeben.[39] Ist diese Faszination heute endgültig gebrochen?
Diese Frage muss uns in einem späteren Kapitel noch beschäftigen.[40]

KAPITEL 2

»Wir waren jung und kannten nichts anderes.«

Die Hitlerjugend-Generation

In der Literatur wird häufig der Ausdruck »Hitlerjugend-Generation« gebraucht.[1] Damit sind die Jungen und Mädchen gemeint, die den größten Teil ihrer Kindheit und Jugend während des Dritten Reiches verbracht haben, also die Jahrgänge von etwa 1920 bis in die frühen dreißiger Jahre. Sie sind zweifellos der Beeinflussung durch den Nationalsozialismus in den Jugendorganisationen und in der Schule am stärksten ausgesetzt gewesen. Seit 1936 war die Hitlerjugend Staatsjugend, d. h., es war schwierig, nicht einzutreten. Und doch kam es vor, wenn auch selten und gegen großen Druck. Mehrere Mädchen erzählten, sie hätten mehrmals die Schule gewechselt, um dem BDM-Dienst zu entgehen, Brigitte P. (1927) sogar achtmal. 1939 wurde der »Dienst« unbedingte Pflicht für alle, d. h. ab dem Jahrgang 1929 konnte sich nun kein Mädchen mehr entziehen. Es scheint, als habe es für die Mädchen und Frauen dieser Jahrgänge keine Alternative zum Nationalsozialismus gegeben, und als sei die »Verführung« durch ihn ihr unausweichliches Schicksal gewesen, weshalb sie auch keine Verantwortung und Schuld für das Geschehene treffen könne. Folgerichtig fielen bei der »Entnazifizierung« diese Jahrgänge generell unter die Jugendamnestie, wenn sich einzelne nicht zu sehr als JM- oder BDM-Führerinnen exponiert hatten.

Ich habe den Satz: »Ich war damals viel zu jung, um mir eine eigene politische Meinung zu bilden« von sehr vielen Gesprächspartnerinnen gehört. Vieles spricht dafür, dass er die Wahrheit und die Situation vieler Frauen und Mädchen trifft. Hört man aber den einzelnen genau zu, dann bekommt man Zweifel am totalen Zugriff des Regimes, dann bekommt der geschlossene nationalsozialistische »Käfig«, in dem diese Jugend angeblich eingesperrt war, Bruchstellen.[2]

Die wichtigsten Sozialisationsinstanzen waren Elternhaus, einschließlich Verwandten- und Freundeskreis, Schule, Hitlerjugend und die Kirche. Über die Hitlerjugend wurde schon im vorangehenden Kapitel gesprochen, die anderen Instanzen gilt es nun genauer zu betrachten. Darüber hinaus muss man sich das kulturelle und geistige Klima der damaligen Zeit vergegenwärtigen und auch die Informationsmöglichkeiten außerhalb der gesteuerten und manipulierten prüfen.

Elternhaus, Verwandte, Freunde und Berufskollegen

Das Elternhaus war der Ort, an dem Kinder und Jugendliche am stärksten geprägt wurden. Dazu zählen auch die wichtigsten Bezugspersonen im Verwandten- und Freundeskreis. Der autoritäre Erziehungsstil war vorherrschend, wenngleich bei meinen Zeitzeuginnen nicht so durchgehend wie vermutet. Im allgemeinen aber standen Erziehung zu offener Diskussion und Kritikfähigkeit nicht auf dem Programm. Dennoch war das Zuhause der Kinder und Jugendlichen keineswegs einheitlich braun gefärbt. Man sollte nicht vergessen, dass Hitler in freien Wahlen nie mehr als ein starkes Drittel der Deutschen hinter sich brachte. Der Rest war, wenn nicht so kompromisslos antinazistisch wie die Kommunisten und ein großer Teil der Sozialdemokratie, so doch keinesfalls völlig gleichgeschaltet, selbst wenn viele Hitler wegen seiner Erfolge immer mehr zuneigten. Junge Mädchen aus überzeugt sozialistischen Elternhäusern wussten, wie die Eltern standen, auch wenn diese sich aus Vorsicht politisch bedeckt hielten. Es gab neben den politischen vor allem religiöse Gründe für die Ablehnung des Nationalsozialismus. Ganz entschiedene Christen standen meist in größerer Distanz zu ihm[3], selbst wenn sie später im Krieg die »Verteidigung des Vaterlandes« für ihre Pflicht hielten. Oft war die Abgrenzung zum Nationalsozialismus nicht klar und scharf; die Grenzen zwischen deutschnationaler und nationalsozialistischer Gesinnung verschwammen, so dass manches gut gefunden wurde, anderes Anstoß erregte[4]. Erstaunlich oft ging der Bruch quer durch die Familien. Der eine Elternteil konnte »dafür« sein, der andere »dagegen«, wenn auch sehr selten im offenen oder aktiven Widerstand. Großväter und Großmütter hatten außerdem oft ihre eigenen und divergierenden Ansichten.

Einen ganz krassen Fall schilderte mir HERTA B. (1933): Der Großvater war alter Sozialdemokrat, Großmutter und Mutter waren sehr christlich und der Vater war bei der SS. Die Mutter stand immer dazwischen und versuchte auszugleichen. Den größten Einfluss auf das Kind übte der Großvater aus, denn er hatte Zeit für Herta und sie hatte Zeit, ihm zuzuhören. Trotzdem war sie begeistertes Jungmädel, aber was der Großvater sagte, grub sich tief in sie ein und bildete einen »Widerhaken«.

ELSE R. (1924) ist ein nicht untypisches Beispiel für die unterschiedlichen Einflüsse, die sich bei einem jungen Mädchen kreuzen konnten: Ihre Eltern waren positiv zum Nationalsozialismus eingestellt: »PG (*Parteigenosse*) – war niemand, Kirchgänger waren sie immer.« Von ihrer zwei Jahre älteren Schwester, die bei einer Behörde beschäftigt war, hörte sie, dass es auch andere Einstellungen zum Nationalsozialismus gab. Dort waren nämlich anderweitig von ihrem Amt suspendierte Leute (ein Bürgermeister, ein Landrat) angestellt, und dies unter dem Schutz des Behördenchefs, der das »goldene Parteiabzeichen« trug. Sie hielten mit ihrer Meinung nicht hinter dem Berg: »Ein Gruß hieß z. B. ›Heil Hitler und Grüß Gott für Andersgläubige‹.« Den Einfluss des Jungmädeldienstes, zu dem sie »automatisch« kam, bezeichnet sie als durchaus »ländlich«: »Den ›Führer‹ solcher Gruppen, der gewagt hätte, z. B. das Fehlen beim Dienst zu reklamieren, den hätte ich sehen mögen, wenn das vielleicht ein Bauernbub war, der zu Hause helfen musste.« Der Lehrer allerdings war total »nazistisch«, und in der Schule wurde sie »in den Nationalsozialismus hineinerzogen«, denn der Lehrer war auf dem Land »eine Respektsperson«.

Auch CHRISTA B. (1933) spürte als Kind die großen Spannungen in der Familie: »In unserer Familie war so eine Kluft. Meine Großmutter war eine sehr christliche Frau, und die war absolut gegen die Nazis. Die hat mir Bücher gegeben, damit ich nicht in dieses Fahrwasser hineinkomme. Mein Vater, der war überhaupt nicht christlich, im Gegenteil, aber Nazi war er bestimmt nicht, der war also mehr in der Richtung von meiner Großmutter. Und meine Mutter war total begeistert. Aber sie haben nicht gestritten, als Kind hat mich das nicht interessiert. Vor den Kindern hat man nicht gestritten. Meinem Vater seine Schwester, die war auch mehr so christlich und neutral. Die war mit einem Mann verheiratet, das war ein schrecklicher Nazi. Den kann ich mir immer nur in Uniform denken, SA. Der hat dafür gesorgt, dass seine beiden Söhne diese Nazi-Einweihung bekamen. Ich erinnere mich noch, wie ich bei der Konfirmation von meinem jüngeren Vetter war, und der Onkel in der SA-Uniform und meine Großmutter! Großmutter war todunglücklich. Die Jungen waren begeistert.«

ELSBETH J. (1909) in einem Brief, den sie mir am 18.11.1994 schrieb: »Meine Eltern … waren immer gefährdet, mein Vater war an seinem 70. Geburtstag im Gefängnis! (Er kam zwar bald wieder frei, stand aber immer unter Beobachtung.) Die Familie meines Mannes war hitlergläubig, ohne in der Partei zu sein (außer einem Schwager). So hatten wir einen Familien-Rundbrief, den wir wegen unserer Einträge versteckten – nach 1945 versteckten wir die Briefe wegen der anderen Einträge!«

Von Diskussionen, »Politisieren« im Verwandten- und Freundeskreis wird bei aller Betonung, dass »man vorsichtig sein musste«, oft berichtet. Sie hinterließen Spuren in den Köpfen der Mädchen, besonders wenn kritische Stimmen von solchen Menschen kamen, die sie schätzten.

WALTRAUD G. (1926): »Ich habe öfter gehört, wenn mein Vater mit guten Freunden sprach: ›Das können doch unsere Generäle nicht zulassen, dass dieser Verrückte Deutschland so kaputtmacht!‹«

Auch wenn im Familienkreis nicht offen diskutiert wurde, aus Angst, sich und die Kinder zu gefährden[5], wussten die Jugendlichen doch ziemlich genau Bescheid darüber, was die Familienmitglieder dachten. Es konnte sein, dass der elterliche Einfluss stärker war als der der Hitlerjugend, auch wenn die Kinder das nicht unbedingt positiv empfanden.

RENATE B. (1925), Tochter eines dezidiert christlichen Arztes und einer Mutter, die diese Überzeugung teilte: »Die kritische Einstellung meiner Eltern kam aus ihrer kirchlichen Bindung. Wir haben es als Kinder manchmal als Zumutung empfunden, wenn wir nicht in die Jugendfilmstunde gehen durften, sondern mit den Eltern zum Gottesdienst, Gesangbuch in der Hand.«

EVA M. (1926): »... zu Hause wurde erzählt, was es alles Schlimmes gibt und wie bösartig das alles ist, und ihr werdet schon sehen, was ihr davon habt, und wer weiß, was da noch alles kommt. Es ist ja viel schlimmer gekommen, als die Eltern gesagt haben, und das will doch kein Kind hören, wie schlimm das alles ist. Dieses Kind erlebt täglich Singen, Sport, Wandern, Fröhlichsein und mit anderen Kindern zusammen sein, und alle waren dabei.«

ELISABETH R. (1926): »Und die Oma, die am 20. April Geburtstag hatte, wo immer eine HJ-Veranstaltung auf der Adolf-Hitler-Kampfbahn (*heute Gottlieb-Daimler-Stadion in Stuttgart-Bad Cannstatt*) war. Ja, und dann hat die Großmutter uns immer untersagen wollen, dass wir in unserer Uniform zu ihrem Geburtstag kommen, und da haben wir dann einmal zu ihr gesagt: ›Ja Oma, dann können wir eben nimmer zu Deinem Geburtstag kommen.‹ Also, so war man halt doch.«

Eher selten wird es wohl gewesen sein, dass es Eltern vermochten, ihr Haus geradezu zu einer »Festung« gegen die braune Flut zu machen, wie das Hiltgunt Zassenhaus in ihrem Elternhaus erfuhr.[6] Ihr Vater war Direktor einer höheren Mädchenschule gewesen und 1933 wegen seiner Gesinnung entlassen worden. Aber nicht alle Familien, die unter dem Regime zu leiden hatten, konnten ihre Kinder dadurch gegen das Regime immun machen, wiewohl ihr Einfluss sich sicher auswirkte. Auch wenn die Kinder sich nicht nach ihren Eltern ausgerichtet haben, gerieten sie doch in einen inneren Zwiespalt zwischen Elternhaus und Hitlerjugend, und zwar um so mehr, je enger und vertrauensvoller das Verhältnis zu den Eltern war. Die Meinung der Eltern bzw. der Großeltern konnte nicht völlig ignoriert werden, sie wirkte manchmal unterirdisch weiter und machte zumindest unsicher. Es konnte auch sein, dass der Freundeskreis maßgebender wurde als das Elternhaus. Elisabeth Hartnagel, die Schwester von Sophie Scholl, berichtete mir von Gisela Schertling, die

zum Kreis der »Weißen Rose« gehörte, dass sie aus einem nazistischen Elternhaus stammte. Sie war mit Sophie im Arbeitsdienst, und Sophie habe es in
einem Brief erstaunlich gefunden, dass jemand aus einem solchen Elternhaus
sich solch eine Unabhängigkeit geschaffen habe. Ähnlich Ilse Strasser, die in
einer kommunistisch/sozialistischen Gruppe Heimat fand, während Eltern
und Schwestern begeistert von Hitler waren.[7]

Schule

Ist es dem nationalsozialistischen Regime gelungen, die Schule »gleichzuschalten«? Der Lehrkörper wurde von nicht-arischen Lehrern »gesäubert«, auch die
Lehrpläne, die Schulbücher, das Gemeinschaftsleben in der Schule wurden
im Geist der »neuen Zeit« gestaltet. Das alles ist dokumentarisch belegt und
in der Literatur herausgearbeitet worden.[8] Schaut man sich allein die Schulbücher an, die sich vereinzelt noch im Besitz meiner Zeitzeuginnen befanden, dann ist die massive Indoktrinierung mit Händen zu greifen. Die Ideologie ist oft raffiniert verpackt, oft aber auch plump und von heute aus gesehen
unerträglich. In allen Fächern sollte der Unterricht ganz auf diese neue Ideologie ausgerichtet sein. Besonders krass zeigte sich das im Geschichtsunterricht, wo noch bis zuletzt Begeisterung für den heroischen Untergang der Go-
tenkönige Totila und Teja geweckt werden sollte und auch konnte, als Vorbild
für den eigenen »heroischen Untergang«, den die Führung vom Volk erwartete. Die Gestalt Friedrichs des Großen, der dem Untergang trotzte, stand
leuchtend und beherrschend vor vielen jungen Menschen, auch Mädchen, wie
mir oft bezeugt wurde, noch verklärt durch die Preußenfilme.[9] Im Weltanschauungsunterricht, der an die Stelle des Religionsunterrichts getreten war,
wurde Walter Flex' »Der Wanderer zwischen beiden Welten« fast zur Bibel,
besonders für Mädchen. Schulaufsätze und Tagebucheintragungen beweisen
zweifelsfrei die starke Infiltration mit NS-Gedankengut durch die Schule und
durch solche Lehrer, für die die Mädchen schwärmten. Zuweilen aber kam es
auch zum Zwiespalt zwischen Schule und Elternhaus.

Aber in Wirklichkeit war die Schule nicht völlig gleichgeschaltet, das kann
man ebenfalls den persönlichen Dokumenten und den Erinnerungen der
Schülerinnen entnehmen. So schreibt Emmy Frey, selbst eine Lehrerin, die sich
nicht gleichschalten ließ und deren Schülerinnen das wussten und bezeugen:
»Das Hitler-System verzichtete darauf, *musste* darauf verzichten, den Schulunterricht wirklich ›gleichzuschalten‹. Es besaß unter seinen ›echten‹ Anhän-

gern schlechterdings zu wenig Leute, die die Funktionen der hinauszuwerfenden Lehrer und ihrer höheren Vorgesetzten hätten übernehmen können.«[10]

Ihre Schülerin LENELOTTE B. (1915) wurde später politisch tätig und langjähriges Mitglied des Deutschen Bundestags. Zum Gedächtnis an ihre Lehrerin Emmy Frey sagte sie am 25.2.1989, fünf Monate nach ihrem Tod:

»Als ich durch meine politische Tätigkeit wieder öfter nach Stuttgart kam, war es immer das wichtigste für mich, Emmy aufzusuchen, mit ihr zu reden. – Und dann kam ganz bald ihre Frage: ›Wie habt ihr, meine älteren Schülerinnen, eigentlich meine Haltung während der Nazizeit empfunden? Hätte ich sagen müssen, was ich wirklich dachte?‹ Das wäre wohl ihr natürlicher Impuls gewesen zu sagen, dass sie Hitler verachtete, dass sie mit ihm eine Schreckensherrschaft heraufziehen sah. Aber was wäre geschehen, wenn sie gesprochen hätte? Es hätte sie nicht nur den Beruf gekostet, nein, ziemlich sicher auch die Freiheit und das Leben. Das wusste sie, und sie sagte, das sei nicht der Grund gewesen, warum sie geschwiegen habe. Sie hatte es sich klar gemacht, dass sie niemandem geholfen und nichts verhindert hätte; sie hat aber helfen wollen, wirken wollen für uns. Sie wollte Lehrerin bleiben und versuchen, uns einen inneren Freiraum zu geben und zu erhalten gegen all die gebotenen Zwänge, die die Menschen immer stärker einengten. Das ist ihr gelungen. Ich zum Beispiel habe ihre Haltung als bedeutsame Hilfe, als Bestätigung eigener unklarer Gedanken empfunden. Nie allerdings wurde offen über ein Für oder Gegen gesprochen, und doch entstand eine innere Übereinstimmung, aus der ich in weiterem Zusammenhang Sicherheit bezogen habe. Und die konnte man in jenen Jahren brauchen, in denen unter all dem von außen auferlegten Zwang sich die eigene Persönlichkeit erst formen sollte.

Emmy Frey hat also keinen Widerstand geleistet, wie ihn heute Lebende, die jene Zeit nicht kannten, von den Damaligen erwarten. Nein. Sie hat nichts *dagegen* getan. Und doch hat sie alles dagegen getan mit ihrem Denken und Lehren! Aber sie empfand Schuld, und sie hat sich mit diesem Schuldgefühl bis in ihre letzten Jahre herumgeschlagen.«

Fast jede Frau erzählte von Lehrern und Lehrerinnen, von denen alle Schüler wussten, dass sie »dagegen«, also zumindest dem Regime gegenüber kritisch eingestellt waren. Es gibt viele Zeugnisse, dass Lehrer z. B. den Hitler-Gruß vermieden oder beiläufig absolvierten[11], dass sie den Unterricht mit einem Spruch begannen, der nicht unbedingt zur Hingabe an den Führer ermunterte, oder sogar mit einem Gebet.

RENATE B. (1925): »Jeden Tag, wenn er (*der christliche Lehrer*) die erste Stunde begann, ließ er zum Beten aufstehen. Ein Morgengebet in der Stunde zu sprechen in einem Gymnasium! Das war etwas, was natürlich Hohn und Spott herausforderte, auf der anderen Seite aber auch Bewunderung! Die Schülerinnen, die im BDM engagiert waren, z.T. führend, die blieben dann sitzen, machten ihre Bemerkungen darüber, aber ob einer mitbetete oder nicht, das war ihm egal. Später hat er dann darauf

verzichtet, aufstehen zu lassen, hat einfach gesagt: ›Ich spreche jetzt das Morgengebet – und er sprach das Morgengebet.‹

I: *Hat ihn niemand angezeigt?*

B: Das weiß ich nicht, was er da eventuell an Attacken auszuhalten hatte, es wurde
nie darüber gesprochen. Er war nun einer von den alten Lehrern. Der Bestand an
Lehrern war ja so geschrumpft, dass man wirklich keine mehr hätte entbehren können. Außer seiner betont christlichen Einstellung war er sicher kein betonter An-
tifaschist. Er hat sich zu seiner Haltung bekannt, und darin lag ja allein schon
genug Regimekritik. Punktuell gab es ganz standhafte Menschen – und das hat
uns als junge Menschen sehr beeindruckt. Man war ja zwiegespalten. Dass er auf
der einen Seite eine Art komische Figur war, keine Ausstrahlung, die junge Menschen begeistern konnte und junge Menschen auf den gleichen Weg locken konnte, aber Bewunderung und Respekt waren ihm von vielen sicher.«

ROSE R. (1923) erzählt von ihrer Schulleiterin am Hölderlin-Gymnasium in Stuttgart, Frau Wendel, es sei für die Schülerinnen klar erkennbar gewesen, dass sie eindeutig gegen den Nationalsozialismus eingestellt war. Sie gab Mädchen, die das wollten, freiwillig und ohne Bezahlung Griechischunterricht, der ja für Mädchen damals
nicht vorgesehen war: »Es waren sieben Mädchen. In diesem Kreise wurde auch viel
über Politik ›geschimpft‹. Frau Wendel sagte: ›Wenn wir weiter so sprechen, dann kommen wir alle nach Dachau!‹«

SYBIL GRÄFIN SCHÖNFELDT beschreibt in ihrem Buch »Sonderappell« die Schuler-
fahrung des Mädchens Charlotte (hinter der sie sich selbst verbirgt): »Ihre Geschichts-
lehrerin hatte gelassen erklärt: ›Ich verstehe nichts von den Themen, die auf euren
Lehrplänen stehen, und ich glaube, über den Lebenslauf des Führers und die Geschichte der Partei erfahrt ihr genügend in euren Dienstagnachmittagen im BDM.
Wir wollen uns statt dessen lieber um das kümmern, was bei euch offenbar bisher
vernachlässigt worden ist: um das Zeitalter der Aufklärung.«[12]

Wie Lehrer Zeichen des Widerstandes setzten und den »aufrechten Gang«
praktizierten, ist in einem großen Oral-History-Projekt von Lutz van Dick
dargestellt worden, dessen Publikation in den Beginn meiner eigenen Recherchen fiel.[13]

Es kam natürlich sehr auf die Schulleitung an, wie weit Andersdenkende
geduldet und geschützt wurden, und da wird nicht selten einem Schulleiter
oder einer Schulleiterin bescheinigt, er oder sie seien zwar selbst überzeugte
Nationalsozialisten gewesen, hätten aber Kollegen und Kolleginnen toleriert
und gedeckt, die nicht überzeugt waren.

Von der Cäcilienschule in Berlin-Wilmersdorf berichtet die damalige Lehrerin ANNA
ENCKE[14] in einem Gutachten vom 20.7.1969: »Die Schule galt bei der nationalsozialistischen Behörde als eine reaktionäre Anstalt, die sich dem Zeitgeist nicht genügend
öffnete. So wurde z. B. der gesamte Religionsunterricht von Mitgliedern der ›Beken-

nenden Kirche‹, den Gegnern der ›Deutschen Christen‹, gegeben. In dem Kollegium von rund 30 Lehrern und Lehrerinnen waren nur 10 % Parteimitglieder. Dieser Stand der Schule hielt sich, weil die leitende Oberstudienrätin und die vorgesetzte Oberschulrätin, eine mutige und in der Menschenbehandlung sehr geschickte Frau, ihn deckte und schützte.«[15]

SUSANNE HIRZEL, die zum Kreis der »Weißen Rose« gehörte und das humanistische Humboldtgymnasium in Ulm besuchte, erzählt, dass es in diesem Gymnasium zwei Lehrerzimmer gab, »das eine pro und das andere contra«.
»I: *Und das wussten die auch voneinander?*
H: Ja.
I: *Und haben auch geduldet, dass es ein Zimmer contra gab?*
H: Ja *(lacht)*.«

Aus diesem Gymnasium sind noch weitere Mitglieder der »Weißen Rose « hervorgegangen: Susannes Bruder Hans Hirzel, ferner Heinz Brenner, Franz Müller, Heiner Guder.

Einige Frauen haben mir erzählt, dass sie durch das Vorbild und den Unterrichtsstil solcher Lehrer und Lehrerinnen zum ersten Mal in ihren NS-Überzeugungen erschüttert wurden. Auch wenn die Schülerinnen nicht gleich Konsequenzen zogen, hat dieses Vorbild sie für ihr ganzes späteres Leben geprägt. Einige sagten aber auch, dass sie diese »Zeichen«, die kritische Lehrer aussandten, erst sehr viel später in der Rückschau erkannt hätten.

GUNHILD H. (1925) stellte erst nach vielen Jahren fest, dass eine Lehrerin 1943 mit ihnen im Englischunterricht ein Buch gelesen hatte, das 1933 wegen seiner »wehrkraftzersetzenden Tendenz« verboten worden war.[16]

Schülerinnen haben andererseits erlebt, dass viele gute und geachtete Lehrer und Lehrerinnen entlassen wurden, weil sie nicht »arisch« waren. Eine sagt: »Das war ein großer Schock für uns. So richtig kapiert haben wir das ›Warum‹ damals nicht« (Marie-Luise S., 1914). Aber das waren Steine des Anstoßes für die Mädchen, durch die sie spürten, dass da etwas nicht stimmte.

Nicht zu vergessen ist, dass es immer noch Privatschulen oder Schulen mit einem besonderen Status gab, die sich abschirmen konnten gegen den Einfluss des Nationalsozialismus.

MARLIES FLESCH-THEBESIUS berichtet von einer Privatschule in Frankfurt (deren Namen sie nicht nennt), die vorbehaltlos nichtarische Schülerinnen akzeptierte: »Das lag vor allem an der Direktorin, die bekannt war für ihre dezidiert antinationalsozialistische Haltung. Wie es Frau Heisterbergk schaffte, trotzdem das Dritte Reich zu überstehen, grenzt ans Wunderbare. Sie war eine mutige Frau, dazu liebenswürdig, geistesgegenwärtig und konnte diplomatisch sein.«[17]

HANNELORE SCHMIDT (1919), die Frau des Altbundeskanzlers, besuchte mit ihrem späteren Mann die Lichtwarkschule in Hamburg, der beide viel verdanken. Sie beschreibt die Schule als eine Insel, die nicht in die damalige Zeit, die Nazi-Zeit, passte.[18]

INGE STOLTEN (1921), die eine Staatliche Aufbauschule in Hamburg besuchte: »Meine langjährige Klassenlehrerin machte aus ihrer Gegnerschaft zum Dritten Reich kein Hehl. Der Geschichtslehrer beendete das Unterrichtspensum vor Hitlers Machtergreifung. Und unser Zeichenlehrer führte uns in die Ausstellung ›Entartete Kunst‹, um uns die Werke bedeutender Maler und Bildhauer im Original zu zeigen. Nie mussten wir einen Aufsatz über das nationalsozialistische ›Gedankengut‹ schreiben, wie es damals sonst üblich war. Wurde einmal so ein Thema aufgegriffen, gab es ein anderes, unverfängliches zur Auswahl.«[19]

Und LORE E. (1922) berichtet von einem adligen Damenstift in ihrem Heimatort Altenburg, dessen Schülerinnen nicht zum BDM gingen, was allgemein toleriert wurde.

Es sollte jedoch beachtet werden, dass auch regimekritische Lehrer im Krieg ihre kritische Haltung hintanstellten und ihren Schülerinnen und Schülern Kampf- und Siegeswillen zu vermitteln suchten, nicht nur in ihrem Unterricht, sondern auch in Feierstunden und Briefen.[20]

Kirche

Die Rolle der Kirche für die Sozialisation der jungen Mädchen ist schwierig zu beschreiben. Über das Schwanken der beiden großen Kirchen zwischen Anpassung und Resistenz, den Grad ihrer Gleichschaltung ist schon viel geschrieben worden.[21] Hier geht es darum, wie die Zeitzeuginnen als junge Mädchen damals den Einfluss ihrer Kirche auf ihre Einstellung zum Nationalsozialismus erlebt haben. Die meisten empfanden die Haltung der Kirche als zweideutig.[22] Es gibt Fälle, ich habe das vor allem von katholischen Frauen gehört, in denen die Pfarrer und Bischöfe, mit denen sie es zu tun hatten, eindeutig Position bezogen und dadurch eine klare Orientierung gegen den Nationalsozialismus bewirkten. Auf dem Lande kam es sehr darauf an, wo der Ortsgeistliche stand. In katholischen Gegenden hatte er großen Einfluss auf die Bevölkerung. Die Mädchen hielten dann trotz Verbots an ihren katholischen Jugendorganisationen fest, versammelten sich in Privatwohnungen und organisierten andere Treffs der katholischen Jugend.[23] Auf evangelischer Seite gab es ebenso weiterhin Mädchenkreise und Jungscharen, in denen keineswegs nur Bibelarbeit betrieben wurde.

So erzählt RUTH STÖFFLER (1922), Tochter des Pfarrers von Köngen in Württemberg:

»Ich weiß noch, wie meine Mutter von einer Sitzung des Mädchenwerks aus Stuttgart zurückkam und sagte, die Frau Lumpp (*die leitende Vorsitzende*) habe ihr einen Zettel rübergereicht: ›Jetzt sind alle Freizeiten für Jugendliche verboten.‹ Da hat meine Mutter einen Zettel zurückgeschickt: ›Dann müssen wir sie halt in unsere Pfarrhäuser einladen.‹ Sie haben sich dann noch am gleichen Abend getroffen und das beschlossen. Meine Mutter hat gesagt: ›Sie geben mir die Adressen von den Mädchen, und ich lad sie zu mir nach Haus ein, persönlich: Liebe Lore, willst du nicht acht Tage bei uns verbringen? Agnes Lumpp wird auch hier sein...‹ Und dann wussten die, um was es sich handelt, weil Agnes Lumpp bekannt war.«

Die Interviewerin, eine junge Theologin, kommentiert: Die Bekanntheit der Veranstaltungen, denen der Name PAULA (für Pfarrhauseinladung) gegeben wird, und mit ihr die Zahl der Teilnehmerinnen, steigt ständig. Neben den PAULAs gibt es die Pfingstmontagstreffen in Köngen. Dazu Ruth Stöffler: »Da kamen Mädchen – beim letzten Mal (1944) waren es 1500 – mit den Rädern aus ganz Württemberg! Es hat einfach gut getan, mit soviel Gleichgesinnten zusammen zu sein. Da hat der Landesjugendpfarrer Müller die Bibelarbeit gehalten, Jugendmusikwart Stern hat mit uns gesungen, meine Mutter hat ein Lebensbild erzählt, und mein Vater hat Lichtbilder gezeigt. Alles fand in der Kirche statt. Nur die Suppe, die wir in großen Kesseln gekocht hatten, weil das Brot damals sehr knapp war, wurde in unserem Haus eingenommen. Wir haben dafür fünf Zimmer ausgeräumt, aus Wirtschaften Teller und Besteck geliehen und große Tische gedeckt, so dass je 200 Mädchen auf einmal essen konnten.«[24]

Andererseits gab es Erfahrungen mit Pfarrern der »Deutschen Christen«, die in Uniform predigten und Konfirmanden in Uniform konfirmierten (Margarete B., 1929). Das dürften eher Ausnahmen gewesen sein, wie aus den Berichten meiner Gewährsfrauen hervorgeht.

Im allgemeinen verhielten sich die Kirchen so, dass »Kirchlich-Sein« und »Nationalsozialistisch-Sein« gut zusammengingen. Viele erlebten, dass zu Beginn des Dritten Reiches ihre kirchlichen Jugendorganisationen geschlossen der Hitlerjugend beitraten, es war ein »nahtloser Übergang« (z. B. Hildegard S., 1921). Bis 1936 war der HJ-Dienst noch freiwillig.

EMY H. (1918): »Ich ging noch geschlossen mit meiner ganzen Gruppe in die Kirche. Bei der kirchlichen Trauung des Bannführers (1934) sang die Spielschar.« Ein Fähnleinführer (HJ-Führer, dem etwa 160 Pimpfe unterstanden) konnte zugleich Organist in der Kirche sein.

ELISABETH S. (1897): »Die kirchlichen Jugendkreise wurden in die HJ überführt. Man tat weiter, was man vorher gemacht hatte, wenn auch unter einem andren Etikett. So haben z. B. die Jungen und Mädchen der HJ im Pfarrhaus unten Puppenbettchen

gebastelt, und ich fand diese Wohlfahrtsaufgaben gut. Es lief meistens trotzdem unter evangelischem Vorzeichen weiter. Weil es dieselben Kinder und Leiter waren.«

Es war also gerade nicht so, wie es der Vorsitzende des Volksgerichtshofes Roland Freisler dem Widerstandskämpfer James von Moltke vorhielt: »Eines haben das Christentum und der Nationalsozialismus gemeinsam. Sie fordern den
ganzen Menschen.« Die Kirche begnügte sich mit dem *halben* Menschen. Ein
Mädchen konnte z. B. montags in den Kirchenchor gehen, dienstags in den
christlichen Mädchenkreis, donnerstags den Jungmädeldienst als Führerin leiten, freitags als Helferin die Vorbereitung für den Kindergottesdienst besuchen,
samstags JM-Führerinnendienst haben und sonntags beim Kindergottesdienst
helfen, ohne dass das als unverträglich angesehen wurde.[25] Auch von Weih-
nachtsfeiern wird erzählt, in denen christliche und NS-Lieder gesungen wurden.[26] Ilse S. (1926) erinnert sich an Veranstaltungen bei den Jungmädeln: »Da
ist man an Weihnachten als Engelchen angezogen, ist man zu den alten Menschen gegangen und hat da gesungen, christliche Weihnachtslieder natürlich,
frei durch die Straße, da hat einen doch niemand abgehalten ... Sonntags sind
wir in die Kirche gegangen oder in den Konfirmandenunterricht.« Das alles
schloss sich nicht aus, obwohl es sich eigentlich hätte ausschließen müssen.

Im Laufe der Zeit wurde dann von der Hitlerjugend aus die kirchliche Betätigung eingeschränkt und die kirchliche Jugendarbeit behindert, aber eine
nicht hauptamtliche JM-Führerin wurde bis zum Ende des »Dritten Reiches«
nicht genötigt, ihre Tätigkeiten in der Kirche aufzugeben, weder von der
NSDAP noch von der Kirche. Nur einige wenige Fälle wurden mir bekannt,
in denen die Partei eine Entscheidung verlangte. Auf der anderen Seite konnte eine mit einem Theologiestudenten verlobte junge Frau wie Ingeborg G.
(1922) sich noch 1941 überlegen, ob sie nicht Arbeitsdienstführerin werden
sollte. Viele junge Mädchen erlebten allerdings, dass die Hitlerjugend und die
Partei bestrebt waren, sie vom Kirchenbesuch abzuhalten, besonders im Arbeitsdienst, wo sie unter der Kontrolle der Lagerleiterinnen standen. Druck
und Schikanen waren alltäglich.

ANGELIKA H. (1926) hat das sehr deutlich empfunden. Sie lebte, wie sie sagte, in einer »sehr katholischen Stadt«: »Also mein Gewissen hätt's net zugelassen, nicht in
die Kirche zu gehen. Und dann gab's Fronleichnamsprozession, da sind also nur wenige von der Klasse mitgegangen, und wir sind vorbeigezogen am sogenannten Bann,
das war also der Sitz dieser Jugendorganisation. Und die haben mit dem Fernglas von
oben runtergeguckt, wer da mitgeht. Da waren mir natürlich ohne Uniform, aber die
Gesichter waren bekannt...
Ja man war eigentlich innerlich immer in der komischen Lage, du machst bei
einem mit, was du net ganz verantworten kannst, und du machst genauso beim an-

deren mit, und was ist jetzt das Rechte? – Und dann vielleicht noch des ... ehe das Abitur kam, hat's geheißen, also nur der kann das Abitur machen, der da in dieses Reichsausbildungslager der Hitlerjugend in den Sommerferien geht, und da war's zur nächsten katholischen Kirche, waren's also vier Stunden Gehweg und von dorther also unmöglich hinzukommen. Und Sonntagmorgen war nach der Fahnenhissung also dieser Appell dann – ist ein wunderschöner strahlender Morgen gewesen und sehr patente Führerinnen, die ausgebildet waren in einer Hochschule der Partei in Leipzig, glaub ich, und dies war ein großer Vortrag, zu Füßen also, wie gesagt, des ganze schwäbische Unterland, herrlicher Morgen. ›Und entweder ihr seid die letzten, die an dem alten Christengott festhalten, oder ihr seid die ersten, die in die neue Zukunft schreiten.‹ Und mit achtzehn Jahren wollte man natürlich nicht zu den letzten, zu den Ausgestorbenen gehören.

Und vielleicht auch noch die ... Schikane: Man war also in diesem Ausbildungslager, von der ganzen Klasse, von zwölf Mädchen war jede in ein anderes geschickt worden, so dass man also nicht sich mit jemand besprechen konnte und sein Herz ausschütten konnte oder sagen konnte, des gefällt mir und des gefällt mir net, sondern man hat sehr viel mit sich selber rumgetragen. Und ich weiß noch, wie ich heimgekommen bin, meiner Freundin ging's ähnlich, wir ham gesagt, jetzt müsst mer also sechs Wochen lang mindestens die Bibel lesen, eh man wieder in die Kirche gehen kann.«

Aber es kam vor, dass Hitlerjugend und Kirche zu einem »modus vivendi« zwischen Dienst und Kirchenbesuch fanden: z. B. wurde der Teilnahme an HJ-Veranstaltungen von der Kirche nichts in den Weg gelegt, wenn andererseits die HJ-Führung davor einen Messebesuch (auch in Uniform) tolerierte. Wie häufig derartige Fälle waren, war natürlich nicht zu ermitteln.

Im Gottesdienst wurde für »Führer, Volk und Vaterland« und für den Sieg gebetet. Die Predigten, auch von Pfarrern, von denen man später erfuhr, dass sie eigentlich »dagegen« waren, waren unpolitisch, d. h. die meisten hielten sich bedeckt und neutral. Gleichzeitig konnte niemand verborgen bleiben, dass Judenverfolgung und deutsches Herrenmenschentum sich nicht mit dem Evangelium vertrugen. Dass das Regime in seinem Kern antikirchlich und antichristlich war, wurde immer deutlicher. In vielen Familien rechnete man nach einem Sieg mit einer Christenverfolgung. Die Kirche gab den jungen Menschen also keine klare Orientierung, aber sie schützte sie doch vor der totalen Vereinnahmung durch den Nationalsozialismus. Wenn es eines Tages zum Schwur gekommen wäre, Hitler oder Jesus?, hätte das für viele eine Zerreißprobe bedeutet, von der sich schwer sagen lässt, wie sie ausgegangen wäre. Auf jeden Fall war die christliche Erziehung ein Unsicherheitsfaktor für den NS-Staat, und die jungen Menschen waren nicht so restlos verfügbar, wie er es gerne gewollt hätte und auch behauptete.

Besonders starke Impulse zur Gegenwehr gingen von manchen Pfarrern und Theologen aus, deren Haltung eindeutig war und die dafür auch zu leiden hatten. Als Beispiel für Württemberg wurde mir immer wieder der Theologe Helmut Thielicke genannt, von dem man wusste, dass er nur in Württemberg predigen durfte, und dessen Predigten an verschiedenen Orten, besonders in Stuttgart, tiefe Spuren hinterließen. Die Studentengemeinden waren oft ein Ort geistiger und geistlicher Resistenz. Von Tübingen wurde mir das mehrfach von damaligen Studentinnen berichtet. Auch einzelne Gemeindepfarrer wurden namentlich hervorgehoben.[27] Viele junge Mädchen hatten, teils auch über ihre Eltern, engen Kontakt zur Bekennenden Kirche.

Den größten Teil ihrer Zeit verbrachten die allermeisten jungen Mädchen im Elternhaus, im Freundes- und Bekanntenkreis, in Schule und Kirche. Der »Dienst« in der Hitlerjugend beanspruchte im allgemeinen nur einen, höchstens zwei Nachmittage in der Woche. Hinzu kamen für Führerinnen der »Führerinnendienst« an einem Abend der Woche, gelegentliche »Einsätze« wie Lazarettsingen, Sammeln; seltener waren Lager, Schulungstage oder -wochen, Sportwettkämpfe. Verglichen mit den anderen Lebenskreisen nahm die Hitlerjugend einen bescheidenen Platz ein. Das wird oft übersehen, denn die Autobiografien der Begeisterten sind meist von hauptamtlichen oder besonders engagierten Führerinnen geschrieben, bei denen der Dienst Beruf und/oder Berufung war. Es war für die gewöhnlichen Jungmädel oder BDM-Mädchen nicht allzu schwer und risikoreich, den Dienst zu schwänzen oder sich überhaupt zu drücken.[28] Die geballten Kriegseinsätze, die in der Literatur über die Hitlerjugend aufgeführt werden, täuschen ebenfalls. Sie waren zum Teil lokal begrenzt und betrafen keineswegs alle. Gegen Kriegsende ließen sich solche Einsätze immer weniger kontrollieren. Arbeit in der Rüstungsindustrie, im Arbeitsdienst oder im Kriegshilfsdienst hatte nichts mehr mit der Hitlerjugend zu tun und war – außer im RAD – wenig ideologisch ausgerichtet. Damit soll die Bedeutung der Hitlerjugend für die Sozialisation der jungen Mädchen nicht heruntergespielt werden. Sie war zweifellos groß, denn die meisten waren davon begeistert, wie wir in Kapitel 1 gesehen haben. Aber Hitler hatte allen Grund, den Einfluss der anderen Sozialisationsinstanzen zu fürchten, und er wusste, warum er »seine Jugend« diesen so weit wie möglich entziehen wollte. Die im Zusammenhang mit der Jugenderziehung oft zitierte Passage aus der Rede Hitlers vom 4. 12. 1938 vor der Reichenberger Hitlerjugend, die mit dem Satz endet: »...und sie werden nicht mehr frei ihr ganzes Leben«[29] blieb nur Programm und wurde nicht Wirklichkeit.

Kulturelles Umfeld

Eine ebenso wichtige Rolle für das Lebensgefühl und die Lebensanschauungen der jungen Mädchen wie die bisher genannten Instanzen spielte das gesamte geistige und kulturelle Klima der damaligen Zeit. Doch das, was man den »Zeitgeist« nennt, ist durch Oral History nur schwer zu ermitteln, denn er war so selbstverständlich wie die Luft, die man atmete. Ich kann in diesem Zusammenhang wieder auf das Buch von Eva Sternheim-Peters verweisen, die es wirklich verstanden hat, diesem »Geist« Gestalt zu verleihen. Auch die Biografien des ersten Teils und andere bereits veröffentlichte Autobiografien lassen einiges davon spüren.[30] Hier müssen Stichworte genügen, die auch in den Erzählungen der Frauen häufig genannt werden: Die große Stimmung des Aufbruchs, ja fast der Auferstehung aus der Misere der letzten Weimarer Jahre, Arbeit und Brot, Ruhe und Ordnung, Volksgemeinschaft, das Gefühl der Jugend, gebraucht zu werden für den Aufbau des »neuen Deutschland«, das Gefühl, dass die große Mehrheit, auch der Künstler und Wissenschaftler, der Professoren und Lehrer, hinter der nationalsozialistischen Bewegung steht. Und im Krieg dann zuerst die begeisternden Siege und danach das trotzige Durchhalten und die Pflicht, für das Vaterland alles zu opfern.

Die Bedeutung der NS-Propaganda für die Formung des Zeitgeistes kann nicht überschätzt werden. Sie ist schon eingehend untersucht worden.[31] Ich habe mit meinen Fragen: »Wie wirkte der Nationalsozialismus auf Ihr Leben ein? Fühlten Sie sich durch Propaganda ›berieselt‹, ›erfasst?‹« jämmerlich Schiffbruch erlitten. Fast niemand wusste mit diesen Fragen etwas anzufangen. Aber dann ging mir auf, dass ja gerade dies das Gekonnte, ja Geniale an dieser Propaganda war, dass man gar nicht mehr merkte, wie man unablässig berieselt wurde. Diese Dauerinfiltration drang gleichsam durch die Poren der Haut. Ich musste schon genauer nachhaken, z. B. mit Fragen wie: »Welche Bücher haben Sie gelesen, welche standen im heimischen Bücherschrank, welche Lieder wurden gesungen, an welche Filme können Sie sich erinnern, welche Radiosendungen haben Sie besonders gerne gehört? Welche Bilder haben Sie zu Hause aufgehängt?«. Genannt wurde dann: Im Radio das »Wunschkonzert« und »Schatzkästlein«, an Büchern »Volk ohne Raum« und »Der Wanderer zwischen beiden Welten« von Walter Flex, bei den Filmen die Preußenfilme, der Olympia-Film von Leni Riefenstahl und »Triumph des Willens«, ein Film über den Reichsparteitag von 1934, und noch viele andere. Diese Namen und Titel erwähnten nahezu alle Zeitzeuginnen. Bei den bildenden Künsten waren es immer wieder die Uta von Naumburg, der Bamberger Reiter, Dürers »Ritter, Tod und Teufel«, die von den Nationalsozialisten als typisch

»germanisch« gepriesen wurden. Obwohl vieles davon politisch und ideologisch unverdächtig ist, so transportierte dennoch fast alles in manchmal äußerlich »unpolitischem«, sehr oft künstlerisch hochstehendem Gewande die erwünschte politische Botschaft.

Mir scheint, dass trotz vieler Untersuchungen über die NS-Propaganda eine systematische Analyse dieser ständigen »Alltagsbegleiter« noch aussteht.

Die anonyme Zeitzeugin aus Berlin: »War ich selber dafür? Dagegen? Ich war jedenfalls mittendrin und habe die Luft eingeatmet, die uns umgab und die uns färbte, auch wenn wir es nicht wollten.«[32]

FRIEDA L. (1917): »Das ist so langsam gesteigert worden; man hat keine andere Luft mehr atmen können. Dann ist es einem gar nicht so aufgefallen.«

Selbstverständlich waren junge Menschen, junge Mädchen diesen Beeinflussungen, die sich nicht in erster Linie an den Verstand, sondern an das Gefühl, ja sogar an das Unterbewusste richteten, fast hilflos ausgeliefert. Diese Prägungen gingen tiefer als die direkte Indoktrination mit der kruden NS-Ideologie, von der darum auch wenig in Erinnerung blieb.

Aber waren diese kulturellen Prägungen wirklich so gefährlich? Zerstörten sie das Gefühl für Menschlichkeit und Menschenwürde? Machten sie verfügbar für die inhumane Praxis des Nationalsozialismus? Darauf gibt es aus den Gesprächen keine direkte Antwort. Hier helfen die Tagebücher weiter und die zahlreichen »Spruchbücher«, von denen schon öfters die Rede war, auch die Bilder, die man einander schenkte, und die Liederbücher, aus denen man sang. Und da zeigt sich etwas Erstaunliches: Hier stehen Goethe neben Adolf Hitler, Matthias Claudius neben Goebbels, Peter Rosegger neben Dietrich Eckart, Pestalozzi neben Gorch Fock. In die »Spruchbücher« schrieben junge Mädchen, was sie besonders beeindruckte und was sie für wichtig hielten. Sie schöpften daraus auch für ihre Heimabende. In diesen Spruchbüchern, von denen mir eine ganze Reihe zur Einsicht überlassen wurden, konnte ich unter den Zitaten kein einziges finden, das menschenverachtend gewesen wäre.

Es finden sich die immer wiederkehrenden, z.T. schon jahrhundertealten Aufrufe zum Tod fürs Vaterland, vom Opfer des eigenen Lebens, zu Pflichterfüllung, Tapferkeit, Selbstbeherrschung, Gehorsam. All dies ist keine Erfindung des Nationalsozialismus. Die jungen Frauen eigneten sich das an, was sie mit ihrem inneren Wertesystem vereinbaren konnten, das aus verschiedenen Erziehungsquellen gespeist und aufgebaut wurde. Es findet sich in diesen Eintragungen keine Spur von Brutalisierung, eher eine Neigung zu pathetischen Worten, wenn nicht zu hohler Phrase, zu schwärmerischen Aufschwüngen, zu pubertärer Übersteigerung neben der Orientierung an zeitlos gültigen humanen Werten aus dem ganzen deutschen, auch christlichen und antiken Kulturerbe. Gerade diese *Mischung* von Echtem und Hochkarätigem mit falschem Pathos und nur scheinbarer Tiefe ist bezeichnend für die Spruch- und Tagebücher, z.T. auch für die Briefe. Diese Dokumente zeugen von der Geisteswelt, in der die jungen Mädchen, zumindest aus den gebildeteren Schichten, damals lebten. Besonders, wenn sie selbst geistig rege, bildungs- beflissen und von hohem ethischem Anspruch waren, konnten sie in ihren Wer- tekosmos eklektisch auch Versatzstücke der NS-Weltanschauung integrieren. Das gilt aber gerade nicht für die Kernpunkte, die Rassenideologie und die Weltherrschaftspläne (nirgends kommt auch nur ein Schimmer von Anti- semitismus vor, allerhöchstens der Stolz auf das Deutsch-Sein, vielleicht ein gewisses Überlegenheitsgefühl als Deutsche). Das alles lässt den Schluss zu, dass die nationalsozialistische Ideologie in ihrem Kern überhaupt nicht durch- schaut wurde und damals von jungen Mädchen selbständig nicht durchschaut werden konnte. Was sie übernahmen, ließ sich einpassen in die besten Tradi- tionen abendländischen Denkens, der Philosophen von Plato bis Kant und Schopenhauer, Pascal und Kierkegaard. Die Ideale dieser Mädchen sind sehr hoch und groß, sie richten sich auf das »Wahre«, »Gute« und »Schöne« schlechthin. Allerdings ist kennzeichnend, dass diese Begriffe für sie unscharf bleiben, weil sie so vieles meinen können. Vor allem werden sie nicht befragt nach ihren konkreten, auch politischen Ausdeutungsmöglichkeiten. Sie blei- ben im Kontext des politisch Unverbindlichen. »Wille«, »Pflicht«, »Kampf«, »Recht«, »Freiheit«, »das Reich«, ja selbst ein Begriff wie »Gott« kann mit vie- len, teils widersprüchlichen Inhalten gefüllt werden. Sie in eine praktische poli- tische Wirklichkeit zu übersetzen, dazu fehlte den jungen Mädchen jegliches staatsbürgerliche Rüstzeug; woher sollten sie es auch haben? Deshalb konn- ten und können alle diese Sprüche und Zitate auch nach 1945 weiter gespro- chen und verwendet werden.

Die Zitate behalten ihre Berechtigung, wenn man sie richtig interpretiert und nicht missbraucht. Es steht fast nichts darin, was man aus demokratischen oder humanistischen Gründen restlos tilgen müsste. Selbst die Hitlerzitate in diesen Spruchbüchern könnten passieren. Wären sie nicht mit seinem Namen versehen, würde man sie ihm nicht unbedingt zuschreiben, gewiss auch kei- nem der Großen. Aber als halbwegs zutreffend, wenn auch manchmal vage, könnten sie jede Gesinnungsprüfung überstehen. Als ein Beispiel stehe das folgende Hitlerzitat: »In der Hingabe des eigenen Lebens für die Existenz der Gemeinschaft liegt die Krönung allen Opfersinns. Gerade unsere deutsche Sprache aber besitzt ein Wort, das in herrlicher Weise das Handeln nach die- sem Sinn bezeichnet: Pflichterfüllung. Das heißt nicht sich selbst genügen, sondern der Allgemeinheit dienen! Dies ist Pflicht!«. Das klingt wie ein Plagiat eines Ausspruchs Friedrichs des Großen, der »der erste Diener seines Staates« sein wollte: »Es ist nicht nötig, dass ich lebe, wohl aber, dass ich meine Pflicht tue.« Ähnliches findet sich bei Friedrichs Vorbild, dem römischen Kaiser Marc Aurel, und wurde von den Mädchen in ihre Tage- und Spruchbücher übernommen.[33] Es mischt sich also nicht »Wahres« und »Falsches« in diesen Spruchsammlungen, sondern es mischen sich sehr viel Erstrangiges, manches Mittelmäßiges, wenig völlig Niveauloses. Ähnliches könnte man auch anhand der Bilder und Lieder zeigen. Dass diese »Mixtur« zustande kommen konnte, gehört zu den Meisterleistungen der NS-Propaganda. Dies war mit eine Voraussetzung dafür, dass sie auf Jugendliche so begeisternd wirken konnte. Im Bild ausgedrückt: Die jungen Mädchen begeisterten sich für einen Popanz, der es verstand, sich die Kleider des Kulturerbes umzuhängen und sein wahres Gesicht zu verhüllen. Als das Gesicht sich enthüllte, erlitten viele einen Schock. Daraus ergab sich aber auch ein Problem für die Auseinandersetzung mit der Vergangenheit: Es musste 1945 fast nichts einzelnes widerrufen werden. Viele Mädchen begnügten sich denn auch damit, nur das Vorzeichen zu wechseln und fragten nicht danach, wie es kommen konnte, dass so viel Wertvolles schrecklich missbraucht werden konnte und sie selbst dafür so blind waren.

Solange das Regime existierte, tat es alles, den Blick auf sein wahres Gesicht zu verstellen. Aber dies gelang nicht ganz.

Bruchstellen im »Informationskäfig«

Wenn viele damals junge Mädchen sagten, dass sie damals »nichts anders kannten«, so meinen sie damit auch, dass sie von objektiven Informationen abgeschnitten waren, dass sie nur zu hören und zu sehen bekamen, was dem NS-Regime genehm war. Es gab keine Pressefreiheit, keine freie Wissenschaft und Lehre, wenig Kontakte zum Ausland, weil die Reisefreiheit eingeschränkt war und sich die meisten Menschen Auslandsreisen nicht leisten konnten. Das Fernsehen war noch kaum entwickelt, und mit Kriegsbeginn wurde auch das Abhören ausländischer Sender verboten. Die Mädchen waren also förmlich eingesperrt in einen »Informationskäfig«.

Den meisten fehlte der Blick »von außen«. Die wenigen, die ins Ausland reisen konnten, waren im allgemeinen viel kritischer und skeptischer.

ELISABETH M. (1920) ist von 1932-1936 (also 12- bis 16jährig) bei katholischen Nonnen einer französischen Kongregation im Elsass erzogen worden. Von dieser Zeit sagt sie: »Als wichtigstes habe ich mitgenommen von jenseits der deutschen Grenzen einen klaren Blick auf die Entwicklung des NS-Staates, sonst wäre ich sicher BDM-Gauführerin geworden.«

Die wenigsten meiner Zeitzeuginnen kannten damals verbotene Bücher oder Bilder der »entarteten Kunst«. Bei den älteren Frauen waren besonders diejenigen recht resistent gegen den Nationalsozialismus, die eben diese verbotenen Bücher und die verfemte Kunst kannten und liebten. Auch wenn im Krieg das Abhören von »Feindsendern« als todeswürdiges Verbrechen galt, haben viele Menschen ausländische Sender gehört. Dem eigenen Informationssystem wurde nicht getraut. Auch die jungen Mädchen bekamen das mit und merkten zum mindesten, dass es für die Machthaber etwas zu verbergen gab und das an der feindlichen »Greuelhetze« vielleicht doch etwas dran war, wenn sie doch manchen Erwachsenen, vielleicht sogar ihren Eltern so wichtig war.

Es fehlte den jungen Mädchen überdies völlig die Kenntnis und das Verständnis demokratischer Einrichtungen, Prinzipien und Normen, und damit fehlten ihnen die Maßstäbe für politische Freiheit. Am Prinzip des »Führerstaates« fanden sie nichts Verwerfliches, weil sie nichts anderes kannten. Dennoch gab es auch hier Verunsicherungen.

Verunsicherungen durch persönliche Erlebnisse

Die Verunsicherungen im politischen und gesellschaftlichen Weltbild entstanden durch persönliche Erlebnisse, nicht durch theoretische Überlegungen. Fast jede Zeitzeugin erzählte mir von solchen Erlebnissen, die sie irritierten, ja erschütterten. Sie konnten sie damals vielleicht noch nicht richtig deuten, versuchten sie zu verdrängen und konnten sie doch bis heute nicht loswerden.[34] Selbst eine Frau wie Renate Finckh, die sich im Rückblick als »150prozentige Hitleranhängerin« bezeichnet, berichtet in einem Interview[35] von verstörenden Erlebnissen, die sie z.T. bis heute verfolgen, die aber damals noch keine Umorientierung in ihr bewirkten, weil die psychischen und geistigen Abwehrmechanismen der Indoktrinierung noch funktionierten. Gerade in diesem Interview wird deutlich, dass da, wo schreiende Unmenschlichkeit ihr *persönlich* begegnete, sie tief getroffen war, während sie auf allgemeine Maßnahmen »gegen die Juden«, »gegen die russischen Untermenschen« gefühlskalt reagierte. Die nationalsozialistische Erziehung brachte es fertig, die menschliche Mitleidensfähigkeit zu beschädigen. Am erfolgreichsten waren die Nationalsozialisten damit im Krieg, in dem »harte Maßnahmen gegen Volksfeinde« besonders gerechtfertigt erschienen, aber sie brachten es nicht fertig, das Mitgefühl völlig abzutöten. Zweifel und »dumpfe Abwehr« waren auch bei dieser scheinbar völlig Überzeugten vorhanden; sie mussten unterdrückt werden. Renate Finckh spricht von einem »Ersatzgewissen«, das sie sich zugelegt hatte. Sie erzählt aber auch von Menschen unter ihren Lehrerinnen, die sie durch ihre andere Denk- und Argumentationsweise beunruhigten. Und sie meint: »Niemand kann heute sagen, dass er nicht mit Andersdenkenden in Berührung gekommen ist. Es war möglich, bis zum Schluss, aber man musste auch bereit sein, die Denkanstöße aufzunehmen. Ich war es damals nicht. Die Saat hat erst später gekeimt, viel später...«[36]

Ganz anders reagierte ANNELIES B. (1925), die nur ein Jahr älter ist als Renate Finckh, die Jungmädel-Scharführerin war und von ihrem begeisterten Mitmachen erzählt, obwohl die Mutter eher reserviert war und die Großeltern väterlicherseits sozialdemokratisch eingestellt blieben. Vom Vater, der gewerkschaftlich organisiert war, musste sich die Mutter scheiden lassen, weil er in der Zeit der Arbeitslosigkeit zum Alkoholiker geworden war. Die Großeltern blieben aber weiterhin für sie wichtige Bezugspersonen. In ihrem Haus wohnte ein jüdisches Ehepaar mit einem kleinen Hund. Sie erzählt, wie sie die langsame Ausgrenzung dieser ihr lieben Menschen erlebte und nicht begreifen konnte, dass sie mit diesen Juden nicht mehr sprechen sollte:

»Das war für mich eigentlich niederschmetternd, dass ich meine menschliche Zuneigung nicht mehr normal artikulieren konnte Menschen gegenüber, mit denen ich meine Kinderjahre verbracht habe. Auch mit dem netten Hund und so, wenn die Gassi gingen, und wir haben geredet miteinander, und ich habe ein Bonbon gekriegt, und das sollte nun alles nicht sein. Ich musste die meiden, oder sie mieden mich, um mich zu schützen. Das ging alles in meinen kleinen Kopf überhaupt nicht rein. Das Schrecklichste war eigentlich, als Großvater dann sagte, dass immer mehr Juden abgeholt würden, so war der gängige Ausdruck, und ich dann tatsächlich eines Tages erlebte, wie ein LKW vorfuhr und diese beiden alten Herrschaften wohnten in der dritten Etage, wurden also von vier SA-Männern, die mit ihren Stiefeln die Treppe hochpolterten, wie die Wahnsinnigen gegen die Tür pochten, und dann wurden sie abgeführt, auf diesen LKW geladen und fuhren weg, ich habe sie nie wieder gesehen. Ich war fassungslos (Pause). Und deswegen war meine Ablehnung oder innere Gegenwehr gegen dieses Regime eigentlich immer stärker geworden oder die Kenntnisnahme all der Dinge, die geschahen, wurde tiefgründiger. Ich hatte mich sicher in den jüngeren Jahren von allen neuen Errungenschaften, die es für uns Jugendliche gab, und sozialen Verbesserungen, die zweifelsohne waren, einlullen lassen und habe alles andere einfach nicht zur Kenntnis genommen. Ich war genug beschäftigt mit all dem, was ich in meinem frohen Jungmädchenleben und in der Schule zu bewältigen hatte, aber diese Augenblicke mit den beiden, diesem jüdischen Ehepaar, war so mit ein Anfang, doch etwas gründlicher über manche propagandistischen Dinge nachzudenken.«

Der Grund für die so unterschiedliche Wirkung schockierender Erlebnisse auf Renate Finckh und Anneliese B. liegt in der ganz persönlichen Beziehung von Anneliese B. zu den verfolgten Menschen. Auch wenn Anneliese B. nicht demonstrativ ihr Führerinnenamt niederlegte, sie wurde nachdenklicher und kritischer. Was die persönliche Bekanntschaft der Frauen mit den Verfolgten bedeutete, wird später noch deutlicher werden.[37]

Das bestätigt auch LORE B. (1923): »Meine beste Freundin war Jüdin, Bibby Alsberg aus Mannheim. Und noch so zwei oder drei... Und wie das dann kam, wie die Juden geprügelt wurden, diese Kinder, diese Mädchen auf der Straße, wie sie mir nachgeschrien haben, weil ich eben mit denen zusammen war, mir nachgerufen haben ›Judensau‹, da war eigentlich meine Begeisterung für dieses Regime nicht mehr weit her.«

Lore B.'s Vater war im Ersten Weltkrieg aktiver Offizier gewesen und trat dann schon 1928 aus Überzeugung der NSDAP bei. Die Mutter »hat sowieso immer und überall gegen das Regime gesprochen«. Wie die Tochter meint, konnte der Vater durch seine Linientreue verhindern, dass der Mutter wegen ihrer offenen Äußerungen Schlimmes passierte. Aber selbst dieser »alte Kämpfer« hatte jüdische Freunde, ehemalige Kriegskameraden, Offiziere, die für ihn genau so gute Deutsche waren wie er. Eine Zeitlang hat die Familie jüdische Freunde beherbergt, bis diese auswandern konnten. Lore B. selbst sagt, sie sei »weder – noch« gewesen, aber unter dem Eindruck der erlebten Verfolgung ihrer jüdischen Freundinnen neigte sie doch mehr und mehr auf die Seite der Mutter. Das Beispiel dieser Familie belegt einmal mehr, wie schwer es ist, klare Abgrenzungen zwischen Regimegegnern und Regimeanhängern zu ziehen und welch verschiedenen Einflüssen die jungen Mädchen ausgesetzt sein konnten.

Manche erlebten Verhaftungen von Angehörigen, Freunden und Nachbarn und die Angst um die Verhafteten. Auch was vom Widerstand an die Öffentlichkeit drang, wenn auch in verzerrter Deutung, hat manche aufhorchen lassen.

HANNELORE S. (1927), auch sie eine Jungmädelführerin: »Nach dem 20. Juli war man fassungslos. Da ist mir wohl zum ersten Mal das Gefühl gekommen, da sind Menschen nicht damit einverstanden, wie das bei uns läuft.«

MARGRIT H. (1924), sie war gerade auf einer Lagerschule, als sie vom Attentat am 20. Juli 1944 erfuhr: »Als ich die Nachrichten hörte, und es kam die Bemerkung, dass es eine kleine Gruppe von Aufständischen gewesen sei, da war die Überlegung bei mir, dass das nicht so eine kleine Gruppe sein müsse. Und ich habe es bedauert, dass das schief gegangen ist. Aber aus vagen Gründen. Ich kann nicht sagen, dass ich zum Widerstand bereit gewesen wäre, ganz bestimmt nicht. Aber da war ich schon so weit, dass ich das akzeptiert habe und bedauert habe, dass es misslungen ist. Und ich erinnere mich noch stark, als der Goerdeler dann verraten wurde, als die Meldung kam, die Frau hieß Helene Schwärzel, ich werde den Namen nie vergessen. Das ging mir so durch und durch, dass ich es nicht verstehen konnte, wie die Frau den Goerdeler anzeigen konnte. Da ging mir dann schon durch den Sinn: Selig sind, die Verfolgung leiden um der Gerechtigkeit willen. Ich habe ja da nur in Schlagworten gedacht, das wurde einem ja so eingetrichtert. Da bin ich schon so weit gewesen, dass ich das immerhin still für mich gedacht habe. Ich habe immer nur so zusammengeengt gesessen und habe mir die Nachrichten angehört. Und wir haben auf der Lagerschule natürlich politische Schulung gehabt. Es wurde darüber gesprochen. Und da habe ich mich nicht mehr gerührt.«

Beispiele mutigen und anständigen Verhaltens konnten durchaus Vorbilder sein, die im Bewusstsein eines Mädchens etwas in Bewegung brachten:

MARGRIT H. (1924) war 1942 im Ernteeinsatz in der Messkircher Gegend: »Da war ich bei einem Bauern, einem sehr intelligenten Mann. Der hat mir eine große Lektion Menschlichkeit beigebracht, gleich am ersten Tag. Er hatte einen jugoslawischen Kriegsgefangenen als Arbeiter zugeteilt. Wir hatten eingetrichtert bekommen, dass man mit denen nicht an einem Tisch essen darf. Die Familien, in denen die Gefangenen am Tisch mitsitzen, sind strikt anzuzeigen. Und ich komme also in die Küche, und der Kriegsgefangene sitzt da mit am Tisch und isst und guckt mich erwartungsvoll an, und ich erstarre zunächst einmal zur Salzsäule. Habe ich mir krampfhaft überlegt, was ich machen soll. Sagte der Bauer: ›Ja, ja, ich weiß, dass das verboten ist und dass ihr gesagt bekommen habt, dass ihr anzeigen sollt. Bitte, du kannst es tun, aber wer bei mir im Haus arbeitet, der isst auch bei mir…‹ Erst durch diesen Bauern in Messkirch ist bei mir so ein bisschen Überlegung in Gang gekommen, dass man auch vieles anders sehen kann. Aber nur ein bisschen.«

Erst gegen Kriegsende bekommt sie entscheidende Anstöße, unter denen ihre NS-Weltanschauung immer mehr abbröckelt: Sie bedauert, dass das Attentat auf Hitler fehlschlägt, im Zug erzählt ihr ein SS-Offizier wie unter Zwang, was er in Warschau an deutschen Verbrechen erlebt hatte. Sie kann dieses Wissen noch einige Zeit wegschieben und vergessen. Doch dann sieht sie auf ihrer langen Wanderung von Österreich nach Hause zum ersten Mal KZ-Häftlinge. Das »warf sie völlig um«, wie sie sagte.

Nur von damals ganz jungen Mädchen hörte ich, dass das natürliche Mitempfinden tatsächlich völlig erstickt wurde. Hannelore H. (1933) sah Fremdarbeiterinnen barfuß im Winter und sagte: »Es hat mich damals nicht berührt.« So schottete sie sich auch gegen Gerüchte ab und glaubte über die Niederlage hinaus noch an den Sieg. Sie stellte noch am 20. April 1945, an »Führers Geburtstag«, Blumen an das Hitlerbild im Wohnzimmer. Aber für die meisten kamen schon vor dem Erwachen von den »großen Täuschungen« Wecksignale, die sie zwar nach außen hin noch lange zu überhören schienen, die sie aber beunruhigten, wenn nicht verstörten.

Man kann kaum von einer totalen Vereinnahmung der jungen Mädchen der Jahrgänge von etwa 1920 bis in die frühen 30er Jahre reden, von Ausnahmen (meist unter den hauptamtlichen Führerinnen) abgesehen. Es gab keine »BDM- oder Jungmädel-Generation«. Das Regime hatte weder genügend Zeit noch die Möglichkeit, Kinder von der Wiege oder vom Kindergarten an völlig in den Griff zu bekommen. Ob bei den Jungen und jungen Männern die Sammelbezeichnung »Hitlerjugendgeneration« eher zutrifft, muss ich allerdings offenlassen.

Charakteristisch für diese Mädchenjahrgänge, insbesondere aus der bürgerlichen Mittelschicht[38], scheint mir vielmehr ein allgemein entwicklungsbedingtes schwärmerisches und gefühlsbetontes idealistisches Streben nach dem »Wahren, Guten und Schönen«, das man – irrtümlicherweise – auch im Nationalsozialismus zu finden glaubte. Aber gleichzeitig gab es Skrupel und Verunsicherungen durch andere Sozialisationsinstanzen und Erlebnisse. Schließlich durchliefen manche Mädchen auch einfach einen inneren Reifungsprozess, der sie aus der Sache »herauswachsen« ließ, natürlich auch, weil die Sache schiefging. Rotraut J. (1924), hauptamtliche Ringführerin, machte am Ende des Krieges nicht mehr mit, »hielt die Stellung nicht«, wie vom Bannführer befohlen, der sich selbst abgesetzt hatte. Sie sagte: »Ich streife das Ganze ab, es war für mich vorbei.« Manche fällten schon früher eine klare Entscheidung:

So z.B. GODULA BUCHRUCKER: Käthe Buchrucker (1912) und ihr Mann waren Mitglieder der kirchlich-theologischen Sozietät in Württemberg und lehnten als solche den Nationalsozialismus ab. Ihre beiden ältesten Stieftöchter gerieten in Konflikte. Sie konnten sich nicht aus der NS-Jugendarbeit heraushalten, andererseits wurden ihnen im Elternhaus grundlegend andere Werte vermittelt: »Das älteste Mädchen, Godula, hat uns Vorwürfe gemacht: ›Wie soll ich das nur aushalten! In der Schule lerne ich das, und ihr zu Hause seid zu allem immer negativ eingestellt.‹«[39] Godula entschied sich klar; sie ging nach Berlin und ließ sich von Gollwitzer, einem überzeugten Mann der Bekennenden Kirche, konfirmieren.

Viele vollzogen den Bruch auch am Ende des Krieges noch nicht, sondern hielten starke Spannungen aus bis hin zu einem quasi schizophrenen Leben, ohne dass diese Gespaltenheit des Bewusstseins sie damals schon übermäßig gequält hätte. Aus der Rückschau ist vielen dieser Zwiespalt unbegreiflich.[40] Angelika H. (1926), die sich gleichzeitig der katholischen Jugend und der Hitlerjugend zugehörig fühlte, spricht für viele, wenn sie pointiert sagt: »Also immer wieder – ich sag ja – die Auseinandersetzung (*lacht*): hier Meister Eckhart in Braun – und dort die andere Seite in Schwarz. Und das ist ja schon Komik genug.«

KAPITEL 3

»Ich war ganz unpolitisch.« oder »Wir taten einfach unsere Pflicht.«

Das Private und das Öffentliche

Wenn ich nicht ausdrücklich nachgefragt hätte, hätten nicht viele Frauen über ihre damalige politische Haltung und ihre Einstellung zum Nationalsozialismus und zum Krieg gesprochen. Diejenigen, die das Thema von sich aus anschnitten, waren meist ehemalige Jungmädel- oder BDM-Führerinnen.

Die Frauen erzählten mir von ihrer Familie, ihrer Arbeit, den Einschränkungen durch den Krieg, den Bedrohungen, der Angst um Angehörige, von Bomben usw.. Das ist nicht unbedingt ein Zeichen der Verdrängung ihrer »Nazi-Vergangenheit«, sondern der politische Rahmen, die Ursachen und Ziele der damaligen Politik waren für sie einfach vorhanden und wurden nicht weiter befragt; sie mussten eben hingenommen werden, ob sie nun Erfreuliches brachten oder Beängstigendes und Bedrückendes. Dafür gibt es viele Beweise in Tagebüchern und Briefen.

Nehmen wir als ein Beispiel Gerda F. (1917), die für ihren vermissten Mann, dem sie seit Anfang 1943 nicht mehr schreiben kann, aufzeichnet, was sie bewegt und was sie erlebt. Es handelt sich also um ein Mittelding zwischen Tagebuch und Brief, nicht der Zensur unterworfen und deshalb ohne Einschränkung das ihr Wichtigste enthaltend. Sie schreibt über den Fliegerschaden und die Sorge, wo die Eltern nach der Zerstörung ihrer Wohnung noch unterkommen können. Sie berichtet über Familienfeiern, Weihnachten, über ihre Sehnsucht nach ihrem Mann, über den Garten, über Krankheiten, die Entwicklung des Kindes, wer sich mit wem schlecht verträgt, wer ein Kind bekommt, wie man eine Säuglingsschwester vermitteln kann, von alten Bekannten, von Verwandten, dann immer wieder von Kinderkrankheiten, über die Nachbarinnen und deren Arbeitsverpflichtung bzw. Arbeitsunwilligkeit usw.. Alle Berichte bleiben im familiären, privaten, nachbarschaftlichen Rahmen. Kein Wort von Politik! Man mag das als »engen Horizont« bezeichnen, es war der Horizont der meisten Frauen. »Es war eine etwas kleine Welt«, meint Hannelore H. (1925). Diese Frauen geben heute auch nicht etwa vor, »schon immer dagegen gewesen zu sein«, noch wollen sie verbergen und vertuschen, was sie gut fanden. Sie sagen dazu einfach: »Ich war ganz unpolitisch« oder: »Wir haben zu Hause (und auch sonst) nicht über Politik gesprochen.«[1] Oft wird noch hinzugefügt: »Meine Mutter war *ganz* unpolitisch« und »Wir taten einfach unsere Pflicht«.

Einschränkend muss gesagt werden: Das gilt für den Großteil der bürgerlichen Frauen, dagegen nicht für jene, die SPD-orientiert waren. Die Frauen, die sozialdemokratisch oder kommunistisch organisiert gewesen waren, hielten zumeist an ihren Überzeugungen fest und waren gegen Hitler in Wort und oft auch in der Tat, wenn auch die meisten sich mehr oder weniger anpassten. Und sie bekunden diese Haltung mit Stolz. Eine klare antinationalsozialistische Haltung beweisen und bezeugen auch diejenigen, die aus verschiedenen Gründen Repressalien durch das Regime ausgesetzt waren.[2] Die Masse der Arbeiterinnen war ebenso »unpolitisch« wie die bürgerlichen Frauen, was durch verschiedene Zeugnisse belegt werden kann.

Die Wendung »Ich war ganz unpolitisch« gebrauchen meist gebildetere Frauen, bei den »einfachen« ist sie aus der Art ihres Erzählens abzulesen, d. h., sie sprechen gar nicht von »Politik«. Lutz Niethammer, der bei seinen Interviews auf solche Frauen traf, nennt diese Haltung »ein irritierendes Verharren in quasi unschuldiger Verantwortungslosigkeit«.[3]
Wir müssen genauer nachfragen: Was meinen die Frauen mit diesen Sätzen, was steckt in und hinter diesen Aussagen, teils ausgesprochen, teils aber auch von den Frauen selbst nicht durchschaut, wie ist sie zu erklären? Wir verstehen unter »Politik« öffentliches Handeln in verschiedenen Bereichen, das auf Durchsetzung bestimmter Vorstellungen und Ziele gerichtet ist. Es werden verschiedene Bereiche unterschieden, z. B. Innen- und Außenpolitik, Wirtschafts- und Sozialpolitik. Dazu gehört auch die Verbreitung von Ideologie und Propaganda.

Erscheinungsformen der Trennung von Privatem und Öffentlichem

Wenn eine Frau sagt: »Ich war ganz unpolitisch«, so meint sie denn auch zuerst: Hauptinhalt des Lebens war *das Private*, was für sie bedeutete: das Persönliche, die Familie, die menschlichen Beziehungen, der Beruf, der Alltag. Selbst wenn Frauen hauptamtlich bei der Hitlerjugend tätig waren oder ein anderes öffentliches Amt innehatten, überwogen wohl bei den meisten in ihren Gedanken und Bemühungen die menschlichen Beziehungen im weitesten Sinne.[4] Die politischen Ereignisse und Zusammenhänge interessierten nur am Rande, wenn sie nicht ganz unmittelbar in das eigene Leben eingriffen (also z. B. Höhe der Lebensmittelrationen, Trennung und Verlust von Angehörigen, Ausbombung, Flucht, Vertreibung). Kaum eine Frau wird z. B. den exakten Kriegsverlauf oder die Rassengesetze aus dem Gedächtnis rekonstruieren können, kaum eine erinnert sich an zusammenhängende Passagen aus Hitlerreden. Oft trifft man auf geradezu unglaubliche Unkenntnis von Ursachen und Verlauf des Krieges.[5] Diese Dinge werden nicht erinnert, weil sie schon damals nicht bis zum wirklichen Erleben vordrangen, sie blieben äußerlich.[6]

Die Tage waren ausgefüllt mit Alltagsarbeit, Alltagssorgen, Alltagsfreuden. Am Anfang des »Dritten Reiches« schienen ja die Lebensumstände besser zu werden.[7] Im Verlauf des Krieges aber kamen zu der ungeheuren Arbeitsbelastung, allein Essen, Wohnen, Heizung, Kleidung zu organisieren, noch die ständige Sorge um die Männer an der Front, die Lebensbedrohung durch Bomben und Tiefflieger, später durch Besetzung, Flucht und Vertreibung; es ging für die meisten zunehmend um die Rettung der nackten Existenz. Die Lasten, Leistungen und Leiden, die wir in Band II und in Band III (Teil A) kennengelernt haben, absorbierten alle Gedanken und Kräfte. »Zu mehr hat es nicht gereicht«, sagt Annelies N.[8], oder auch Lisel D. (1912), die fragt: »Ob wir eine Zeitung hatten? Ob wir Radio hatten? Ich weiß es nicht mehr. Ich war mit Arbeit so zugedeckt und lebte in dem Bewusstsein, der Führer macht's schon richtig. Ich habe hier meinen Mann/meine Frau zu stehen.«

Es lag den Frauen aber auch an privaten Nischen, kleinen Vergnügungen, persönlichen Freuden, Freunden, Liebesbeziehungen, Geselligkeit oder Festen, die man sich trotz des Krieges nicht nehmen ließ. Auf Unterhaltung und Vergnügen in Kino, Konzerten, Theater, Radio legte auch die Regierung aus guten Gründen bis zum Ende großen Wert. Der letzte Film, den die UFA im Auftrag von Goebbels drehte, der aber nicht mehr gezeigt werden konnte, trägt denn auch den bezeichnenden Titel »Das Leben geht weiter«. Wir haben gesehen, dass auch die offizielle Frauenzeitschrift, die »NS-Frauenwarte«, auf die unpolitische Frau zugeschnitten war und eine Normalität des Lebens vorgaukelte, die es in Wirklichkeit längst nicht mehr gab, wenn es sie je gegeben hatte.[9] Die Prädominanz des Privaten, selbst noch am Kriegsende und inmitten der widrigsten Umstände, beleuchten schlaglichtartig die Kalendernotizen der 17jährigen LIESELOTTE G. (1927):

»25.2.1945: Mutti und Margit sind krank. Kino mit Inge. Opfergang. Mitten raus wegen Alarm.

28.2.: Alarm. Kino: Opfergang – Alarm! – Opfergang. Paul mit Mädel gesehen. Wird aus Berlin wegkommen. Kuchen gebacken.

3.3.: Mein Geburtstag. Alarm!

4.3.: Geburtstag gefeiert (…) Herrlich! Nachts 2 Uhr Alarm.

5.3.: Fliegeralarm! Zwischenstück der Tasche angefangen«…[10]

Die Herausgeberinnen Ingrid Hammer und Susanne zur Nieden bemerken zu diesen Notizen und zu den 16 Tagebüchern, die sie gelesen und ausgewertet haben: »Letztlich hat uns gleichermaßen erschreckt und berührt, unter welch furchtbaren Umständen Menschen ihre Träume von Glück, Erfolg, Anerkennung und Liebe neben und mit den Verhältnissen eigensinnig weiterverfolgen können.«[11]

Wo Mädchen und Frauen mit *politischen Institutionen und Organisationen* zusammentrafen, da interessierte mehr, was dies für sie persönlich bedeutete und an Chancen eröffnete als der Inhalt des dort Gebotenen und die politischen Zielsetzungen. Wenn sich junge Menschen vor dem »Dienst« in der Hitlerjugend drückten, dann meist nicht aus oppositionellen Gründen, sondern aus Bequemlichkeit, weil es Freizeit kostete, die man anderweitig besser nutzen konnte. Wenn Mädchen gern zum BDM oder zum RAD gingen, dann nicht wegen der Ideologie, sondern z. B., weil sie dadurch einmal von zu Hause wegkamen und etwas anderes sahen, tun und lernen konnten als üblich.[12] Sie wurden Führerinnen, weil ihnen Führungsaufgaben lagen, weil sie sich dabei auch bestätigt fühlten, Erfolgserlebnisse hatten, gerne mit Kindern und Jugendlichen arbeiteten und feierten. Teilweise waren sie einfach »hängengeblieben«, wissend, dass sie sonst wenig Chancen auf dem Arbeitsmarkt hatten, während sich ihnen dort Perspektiven auftaten und sie relativ gut verdienten. Sie konnten reisen und sich weiterbilden, sich durchaus Vorteile für ihre spätere Ausbildung und Karriere erhoffen. Weniger bei BDM-Führerinnen als bei RAD-Führerinnen hat auch das Gefühl, Macht über andere ausüben zu können, eine Rolle gespielt.

Allein die Persönlichkeit und Wesensart von BDM- und RAD-Führerinnen waren entscheidend dafür, ob man als Mädchen in der NS-Organisation gerne dabei war oder nicht, und nicht das, was sie bei der Schulung und im Heimabend erzählten. Allein die Art, wie z. B. ein Geschichtslehrer den Geschichtsunterricht gab, war entscheidend, nicht der Inhalt. Hitlerreden anhören zu müssen, wurde meist als langweilig empfunden. Diejenigen, die Hitler persönlich gesehen haben, waren beeindruckt oder unbeeindruckt von seinen Augen, seiner Ausstrahlung und weil er eben »der Führer« war, nicht etwa wegen seiner Weltanschauung und seines politischen Programms.[13] »Mein Kampf« wurde ja bekanntlich von fast niemandem gelesen, das gilt auch und besonders für Frauen. Frauen interessierten sich kaum für Rassen- und Lebensraumideologie, sie haben meist vergessen (nicht verdrängt!), was sie in Schulungen und Heimnachmittagen gehört haben, d. h., ihre Vorstellungen von der »nationalsozialistischen Weltanschauung« waren äußerst vage, und zwar nicht erst nach so langer Zeit, sondern schon damals.

Zu welch geradezu absurd-witzigen Vorstellungen es dabei kommen konnte, zeigt eine Passage des Interviews mit HEDWIG S. (1914), die von einer Lehrstunde in Rassenkunde berichtet:

»S: Da sind wir also untersucht worden, also ich war dinarisch z. B. ...

I: *Was bedeutete das?*

S: Ja, das bedeutet also ein Teil südlich und ein Teil nördlich war ich, weil ich blonde Haare gehabt hab' und helle Augen, aber sonst hab' ich doch einen dinarischen Einschlag.

I: *Und was war das ›sonst‹?*

S: Also ich war eben nicht ganz arisch, net *(lacht)*.

I: *Und mit welcher Begründung?*

S: Ja, so ist man einfach da ausgewertet worden oder wie man sagt.

I: *Wo war die Untersuchung?*

S: Ha, die war irgendwo, das weiß ich auch nicht mehr ... im Gesundheitsamt oder so wo ...«

Alle diese »politischen« Vorstellungen, sofern sie überhaupt verstanden wurden, blieben rein theoretisch, zumal – wie viele Frauen bezeugen – keine ausgesprochene Rassenhetze in den Heimabenden betrieben wurde.[14] Es wundert auch nicht, dass sie nur eine sehr verschwommene Vorstellung von der NS-Frauenideologie hatten und deren Implikationen nicht einmal für sich selbst durchschauten. Wenn ich sie nach dem NS-Frauenideal fragte, dann hörte ich meist: »Groß und blond und blauäugig.« Und sie erinnern sich an Bilder von Frauen mit langen blonden Zöpfen. Dazu kam dann häufig noch der Satz: »Die deutsche Frau raucht nicht, die deutsche Frau schminkt sich nicht«, und wenn ich etwas nachbohrte: »Ja, sie soll viele Kinder haben, dem Führer viele Kinder schenken.« Eine Frau schreibt sogar: »Die Frau, die kein Kind hatte, war ein ›bevölkerungspolitischer Blindgänger‹, also nichts wert.« (Antonie F., 1923) »Eine gute Hausfrau und Mutter sollte sie sein.« Dass sie ihre Söhne freudig dem Führer opfern sollten, lehnten die meisten Frauen schon damals ab. Es wurde sich dennoch kaum eine bewusst, dass die NS-

Frauenideologie auf eine totale Entmündigung der Frau hinauslief[15] – und viele wissen es bis heute nicht. Manche jungen Mädchen grämten sich allerdings und hatten Minderwertigkeits- und Angstgefühle, wenn sie sich allzusehr von dem »nordisch-germanischen« Typ unterschieden.

EVA M. (1926): »Und da hatte ich neben mir ein Mädchen sitzen mit blonden Zöpfen und blauen Augen und – ein nettes Mädchen –, aber ich hatte das alles nicht. Es gab ja noch andere Rassen, die auch noch geduldet waren, vor allem die dinarische Rasse, weil ja Hitler zu der dinarischen Rasse gehörte, nämlich kurzschädig, schmalgesichtig, vielleicht braun-, aber vielleicht auch blauäugig. Ich glaube, Hitler hatte blaue Augen, weiß ich gar nicht mehr. Das war die nächste, die auch noch gut war, dann war die ostische Rasse, baltisch und ostbaltisch, und die waren dann so slawisch gemischt, und die hatten so runde Gesichter und runde Köpfe und runde Augen und manchmal rothaarig und grünäugig. Und damit die Kinder das richtig lernen, da hatte derjenige, der so aussah, aufzustehen, also ich auch. ›Guckt sie euch an, das ist kein nordisches Mädchen. Was ist daran, na ja, die hat ›nen runden Kopf und die hat grüne Augen‹ ... Das begeistert natürlich. Gleichzeitig, es war etwa zeitgleich, es hatte zwar nicht unmittelbar was damit zu tun, aber die Angst davor, die man bekam, vielleicht jüdisches Blut in sich zu haben... Meine Mutter hatte eine ziemlich beachtliche, stark gebogene Nase, und ihr Vater, mein Großvater auch, und ich hatte einen Onkel, der sah sehr jüdisch aus... Ich hab nicht Angst gehabt um den Onkel, so egoistisch war ich. Ich hab um mich selber Angst gehabt. Und wenn wir dann die Führerrede hörten zum Beispiel, wo man so viele Stunden Zeit hatte, jeden so anzugucken, auch so von der Seite, da hab ich gedacht ... (*unverständliche Wortfolge*) ... es kann auch Einbildung gewesen sein, wenn man solche Befürchtungen hat ... da hab ich manche schlaflose Nacht gehabt, und meine Schwester, die hatte so eine schöne gerade Nase. Die kann gar nicht ermessen, wie schlimm das mir gegangen ist.«

Kurios, aber bedeutsam an diesem Bericht ist, dass Eva M. nicht etwa den Inhalt der Führerreden aufmerksam verfolgt, sondern von Befürchtungen gequält wird, die zwar aus einer vagen Kenntnis der Ideologie resultieren, in diesem Fall sie aber ganz persönlich und existentiell betrafen. Hätte sie die NS-Ideologie wirklich zur Kenntnis genommen, wären ihr die Ängste erspart geblieben, denn sie war ja nach deren Definition keinesfalls jüdisch.

Was meine Zeitzeuginnen von der NS-Frauenideologie mitbekommen haben, wird heute meist mit einem Anflug von Spott und Ironie wiedergegeben, und schon damals nahmen die meisten vieles davon nicht recht ernst, zumal sich die Schauspielerinnen in den UFA-Filmen fröhlich weiter schminkten und sehr anders und viel attraktiver aussahen als etwa die »hausbackene« Reichsfrauenschaftsführerin Gertrud Scholtz-Klink mit ihrer Gretchenfrisur und dem »treudeutschen Dirndl-Look« (Äußerungen von befragten Frauen). Über das »Erbhofbäuerinnenmäßige« mokierten sich schon damals diejenigen, die schick sein wollten. Den Landfrauen und den völkisch beeinflussten, »natürlichen« und »echten« Frauen imponierte hingegen gerade dies.

Nur wenige wussten, was der »Lebensborn«[16] war, und wenn doch, kannten sie diese Organisation nur sehr entfernt und vom Hörensagen. Nur eine unter den von mir Befragten ist mit ihm persönlich in Berührung gekommen, nur wenige haben über Freundinnen oder Bekannte von dieser Einrichtung gehört. Diese Seite der NS-Ideologie, die Tendenz zur Polygamie des Mannes im Konzept des neu zu schaffenden »Herrenmenschen« und der Lebensraumideologie, wurde keineswegs an die große Glocke gehängt.[17] Zum »Unpolitisch-Sein« gehörte also, dass die Frauen die Ideologie in ihrem Inhalt und in ihren Konsequenzen nicht oder nur oberflächlich zur Kenntnis nahmen. Das wurde natürlich stark begünstigt durch die Art, wie diese Ideologie verpackt und verbreitet wurde.

Viele, die sich auf die NS-Bewegung einließen, die begeistert mitmarschierten und die Lieder mitsangen, waren vor allem begeistert von der *Inszenierung*, dem »Theaterzauber«, den die nationalsozialistische Führung meisterhaft beherrschte; der ideologische Gehalt des Stückes, das da gespielt wurde, blieb den meisten verborgen. »Die schönen Lieder, die gehen einem jetzt noch unter die Haut«, das sagen sehr viele. Wenn die Frauen das nicht als »politisch« empfanden, so steckt darin schon eine gehörige Portion Selbsttäuschung oder eher Gedankenlosigkeit. Heute wundern sich die meisten, dass sie nicht gemerkt haben, was es eigentlich hieß, wenn man sang: »Wir werden weitermarschieren, bis alles in Scherben fällt, denn heute hört[18] uns Deutschland und morgen die ganze Welt« oder das Lied der Hitlerjugend:

> »Unsre Fahne flattert uns voran,
> unsre Fahne ist die neue Zeit,
> und die Fahne führt uns in die Ewigkeit,
> ja, die Fahne ist mehr als der Tod.«

Was das für eine Fahne war, und ob einen eine Fahne in die Ewigkeit führen kann und mehr sein kann als der Tod, darüber wurde nicht nachgedacht. Allein die erhabenen Worte »Fahne«, »Ewigkeit« und »Tod« übten eine magische Suggestionskraft aus, zusammen mit der mitreißenden Melodie, den Fanfaren, dem Erlebnis des gemeinsamen Singens mit Fackeln und unter Sternen. Das war es, was viele erfüllte und verzauberte, nicht unbedingt der Inhalt dessen, was sie sangen.

BARBARA K. (1928): »Mir ging es jedenfalls so, wenn da solche Feiern waren, dann war mir das auch unheimlich feierlich (*spricht enthusiastisch*), oh, es überlief mich immer so heiß und kalt … das fand ich einfach so erhebend und so umwerfend und so

... oh, das war das Höchste überhaupt, wenn so was passierte. Da ging man so ganz glückselig nach Hause...«

Else W. (1924): »Ich war bei den Jungmädeln, da haben wir uns jeden Sonntag getroffen. Im nachhinein betrachtet, waren es politische Schulungen, was wir damals allerdings nicht wussten... Eine Art Jugendkreis, aber nur sehr politisch angehaucht, was wir eigentlich gar nicht wahrgenommen haben.«

Wenn Inhalte der politischen Ideologie begeisterten, dann waren sie sehr allgemein und idealistisch – vage, kulminierend in »Deutschlands Größe«, »großer Zukunft« oder »Volksgemeinschaft«, aber dahinter stand keine konkrete Vorstellung von einer außen- und innenpolitischen Gesamtordnung. Die wenigsten stellten sich die aus heutiger Sicht selbstverständlichen Fragen: Wie genau sollte das funktionieren? Und auf wessen Kosten?

Auch bei den älteren Frauen, die in der NS-Frauenschaft oder im NS-Frauenwerk Mitglieder waren, stand nicht das Politische im Vordergrund. Wesentlich war vielmehr nach dem Zeugnis solcher Frauen die Freude an der Gemeinschaft, am Erzählen, an karitativen Tätigkeiten, den praktischen Ratschlägen für Haus, Garten, Familie.

Nur etwa 20% der damals erwachsenen Frauen waren in einer Parteiorganisation, und sie führen diese *Nicht-Mitgliedschaft* immer an als Beweis für ihr Unpolitisch-Sein.[19] Als Beleg für eine grundsätzliche Opposition kann dieses Argument natürlich nicht dienen. Dazu muss man wissen, dass es erst ab 1939 Pflicht wurde, in die Hitlerjugend einzutreten. Wer damals schon über 18 Jahre alt war, also ab Jahrgang 1921 und älter, wurde nicht mehr gezwungen. Von »Zwang« zu reden, ist aus diesen und anderen Gründen fraglich, wie wir in Kapitel 1 dieses Bandes gesehen haben. In die Partei einzutreten, wurde ohnehin niemand gezwungen, ebenfalls nicht in die NS-Frauenschaft oder andere NS-Organisationen. Zwar wurde bisweilen Druck ausgeübt, oder junge Mädchen mit 17 oder 18 Jahren wurden als BDM-Führerinnen, z.T. ohne ihr Wissen, automatisch in die Partei überführt. Hausfrauen – und das waren die meisten älteren Frauen – konnten sich dem Eintritt viel besser entziehen als Berufstätige und Männer, die dabei ihr Fortkommen riskierten. Frauen konnten sich immer auf Überlastung durch Haus- und Familienarbeit berufen, was sie häufig taten. Sie handelten dabei meist nicht aus innerer Gegnerschaft, sondern einfach, weil sie keine Zeit und keine Lust dazu hatten. So sagt Ursula S. (1912) stellvertretend für viele: »Mit der NS-Frauenschaft, da bin ich auch rumgekommen, weil ich gesagt habe, ich habe im Geschäft noch abzuwickeln, habe die Kinder, und ich kann nicht. Hat man eben 5.- Mark in die Büchse gesteckt, da waren sie wieder zufrieden.« Manche traten pro forma in eine NS-Organisation ein, ohne je eine Veranstaltung zu besuchen. Deshalb kann man aus der alleinigen Mitgliedschaft auf keine besondere Aktivität im NS-Sinn schließen.

Nicht nur diese Distanz zu politischen Organisationen verstehen heute noch viele als Leben »jenseits von Politik«, sondern oft ausdrücklich *ihr soziales Engagement,* bei dem es einfach um Helfen, um Mitmenschen ging, um die »Volksgemeinschaft«, wie man damals sagte. »Dienst« hießen ja die Veranstaltungen der Hitlerjugend, es hieß Reichsarbeits»dienst«, Kriegshilfs»dienst«, und viele Organisationen enthielten in ihrem Namen das Wort »Hilfe«, wie eben Kriegs»hilfs«dienst, Erntehilfe, Winterhilfswerk, Hilfswerk für Mutter und Kind. Und das Wort »Einsatz« war eines der wichtigsten im Zusammenhang mit solchen Aktionen: Ernteeinsatz, Osteinsatz, Kriegseinsatz usw.. Viele Frauen setzten sich wirklich ein, bis an die Grenze ihrer Kraft und darüber hinaus. Sie betrachteten diese ihre »Einsätze« und Hilfsdienste als eine rein menschliche Angelegenheit, zu der man aus Anstand – man sagte damals auch »aus Idealismus« – einfach verpflichtet war. Und die davon profitierten, nahmen diese Hilfen gerne an, auch wenn sie von politischen Organisationen getragen waren, die sie vielleicht missbilligten. Wofür man sich einsetzte und was dieser Einsatz letztlich bedeutete, darüber genauer nachzudenken, ersparte man sich. Gertraud L. (1928) sagt aus der Sicht von heute: »Wie oft haben wir unsere Sonntagvormittage geopfert, um mit der Spielschar im Lazarett für die Verwundeten zu singen. Aber warum die dort liegen mussten, für welches Ziel sie gekämpft hatten, das zu fragen, kam uns gar nicht in den Sinn.« Die Aktivitäten konnten von vielem ablenken. Margarete F. (1918): »Dadurch, dass man aktiv war, hat man das Geschehen gar nicht so an sich herangelassen, man hat ja was getan.« Erstaunlich ist, wie sich dieser Pflichtgedanke noch ganz bis zum Kriegsende gehalten hat.[20]

Als Pflichterfüllung, ungeachtet des Systems, betrachteten dann auch viele Frauen ihre Leistungen im Krieg, wie wir noch sehen werden. Der Krieg wurde von den meisten als ein Verhängnis betrachtet, das über das Vaterland hereingebrochen war und in dem es nun galt, das Vaterland mit allen Kräften zu verteidigen und dafür auch die schwersten Opfer zu bringen. Das war ein moralischer Imperativ, jenseits von aller NS-Politik. Diese psychologische und moralische *Trennung von Regime und Krieg,* obwohl beides doch untrennbar zusammenhing, und die fast völlige Blindheit gegenüber den wahren Ursachen des Krieges sind kaum zu erklären. Hier trifft die meisterhaft verschleiernde NS-Propaganda zusammen mit einem tief verwurzelten Vaterlands- und Pflichtgedanken bei einem Großteil des Volkes, selbst unter den Regimegegnern. Deshalb können Frauen subjektiv ehrlich über ihre Rolle im Krieg sagen: »Wir taten einfach unsere Pflicht.« Die Pflicht wurde als sehr schwer empfunden: »Aber damals, als der Krieg war, glauben Sie mir, die Frauen, die haben nur gebetet:›Hoffentlich kommen unsere Männer gesund wieder zurück.‹ Und alles andere war zweitrangig.« (Erika K., 1906) Hilde A. fügt hinzu: »Man ist nun mal da hineingeführt worden, jetzt musst du eben das bestehen und leben, wie dir's aufgetragen ist. Auflehnen hätte man sich ja nicht können, gegen den Strom schwimmen.«

Die Trennung von »rein menschlich« und »politisch«, von »privat« und »öffentlich« stellte sich für die Frauen noch anders dar: »Ich war *privat anständig*. Ich habe in meinem persönlichen Umkreis nichts Unrechtes und Verwerfliches getan«. Gerhild U. (1924), die als Funkerin bei der Luftnachrichtentruppe eingesetzt war: »Ich versuchte, meiner christlichen Überzeugung nach zu leben, mit Kameradinnen und Vorgesetzten in gutem Einvernehmen zu sein, meine Aufgabe als Funkerin bei der Luftnachrichtentruppe zu erfüllen und private Interessen, so gut es ging, zu pflegen.« Manche fügen hinzu: »Ich habe anderen geholfen, wo ich nur konnte.« Und das ist ja in der Tat in vielen Fällen so gewesen, dass gerade Frauen sehr viel Hilfe geleistet haben, Verfolgten, Zwangsarbeiter und Kriegsgefangene mit eingeschlossen, einfach aus menschlichem Mitgefühl heraus. Das wird immer wieder, auch von NS-Gegnern und NS-Opfern, bezeugt. Die private Hilfe gewann hier – selbst wenn das gar nicht beabsichtigt war – politische Bedeutung. Aber es waren – gemessen an der Gesamtbevölkerung – wenige, die nicht weggesehen haben.

Spätestens an dieser Stelle wird bei den meisten Zeitzeuginnen die Trennung von »privat« und »öffentlich« brüchig, weil das in der Öffentlichkeit verursachte Unrecht in die angeblich heile Privatsphäre einbrach, und hier wird das Unpolitisch-Sein nicht selten zu einem Unpolitisch-Sein-Wollen, zu einer bewussten und beabsichtigten Abschirmung gegen die belastende, nicht geheure, die private Seelenruhe bedrohende »Politik«.

Die Frauen hielten sich die Politik auch deshalb vom Leibe, weil sie spürten, gerüchteweise erfuhren oder selbst sahen, dass da manches »nicht in Ordnung« war. Das soll in den folgenden Kapiteln näher untersucht werden. Trude S. (1910) spricht von einem »Sich-Einigeln«. Sie widmete sich bewusst »künstlerischen und anderen Dingen« und ihren (verlässlichen) Freunden. Frauen dämpften politischen Streit innerhalb der Familie, rieten zu Zurückhaltung und »Stillsein«.[21] Andere sprechen vom »Sich-aus-allem-Raushalten«, wieder andere distanzierten sich schon damals von den »Nazis«, obwohl sie keinen Widerstand leisteten. Schlimmes taten »die Nazis«, sie selbst hatten damit nichts zu tun. So berichtet Katharina S. (1922) von einem Polen, der ein Verhältnis zu einem deutschen Mädchen hatte: »Die Nazis haben den Polen gehängt, die Polen mussten alle zugucken.« Aber sie selbst ebenso wie die gesamte Dorfbevölkerung hatten, wie sie betont, keinen Anteil daran. Verräterisch in diesem Zusammenhang ist auch der häufige Gebrauch distanzierender persönlicher Pronomen: »die«, »sie«, »die da oben«.

Verwurzelung im traditionellen Frauenbild

Alle diese Verhaltensweisen passten in das traditionelle Frauenbild. Die Frauen verhielten sich so, wie das von ihnen im »bürgerlichen Zeitalter« erwartet wurde: Politik war Männersache, davon verstanden Frauen nichts, da hatten sie sich herauszuhalten. Diese Erziehung begann schon im Elternhaus. Zur Kritik den Erwachsenen gegenüber wurden die Mädchen nicht erzogen. Dorothea D. (1924) sagt im Zusammenhang damit, dass ihr Vater »dafür«, Verwandte »dagegen« waren, sie selbst aber keinen eigenen politischen Standpunkt gewinnen konnte: »Ich hab nicht nachgefragt, warum. Man stellte auch nicht irgend etwas in Frage, was die Großen so quasi vorlebten.«

Die älteren Frauen hatten ihre Schulzeit noch im Kaiserreich verbracht, die Jahrgänge von etwa 1912 bis 1925 noch ganz oder zum Teil in der Weimarer Republik, in der ihnen eine höchstens formale Staatsbürgerkunde und nicht gerade das Musterbeispiel einer funktionierenden Demokratie geboten worden war, die jüngeren hatten nur noch die nationalsozialistische Auffassung von politischer Gestaltung des öffentlichen Lebens kennengelernt. Erst 1919 war das Frauenwahlrecht eingeführt worden. Es gab nur 13 Jahre die Möglichkeit einer demokratischen Wahl, die nur die Jahrgänge 1899 und älter voll ausschöpfen konnten. Für die späteren Jahrgänge reduzierte sich der Wahlzeitraum mehr und mehr. Der Jahrgang 1912 konnte gerade noch ein- oder zweimal demokratisch wählen, die jüngeren erstmalig in der Zeit der Bundesrepublik. Wer nicht aus einem politisch orientierten Elternhaus mit demokratischer bzw. sozialdemokratischer Tradition stammte, hatte keine Maßstäbe für politische Institutionen und politische Arbeit.

Die bürgerliche Vorstellung von der unpolitischen Frau wurde stark von den Kirchen und Frauenvereinen unterstützt und befestigt. Die Untersuchung von Claudia Koonz arbeitet das besonders klar heraus.[22] Und Christel Beilmann schreibt in der Auseinandersetzung mit ihrer katholischen Mädchenerziehung: »Uns fehlte das Rüstzeug für die Beurteilung der politischen Situation, wir hatten keine Kriterien dafür, wir waren auf die Meinungsbildung durch die Kirche beschränkt, wir übernahmen auch ihre Feindbilder. Wir waren in der hierarchischen Struktur der Kirche aufgewachsen, und unsere Mentalität war von ihr geprägt. Diese hierarchisch bestimmte Mentalität war ein weiterer Grund dafür, demokratische Gedanken nicht zu denken, Widerstand gegen die Staatsgewalt nicht zu leisten.« Sie zählt auf, was sie alles damals nicht kennenlernten: Jugendbewegung, Frauenbewegung, Frieden als politische Kategorie, die Bekennende Kirche, politischen Widerstand von Katholiken, Kapitalismus, Freiheit als politische Forderung, Demokratie/Weimarer Republik, ›Die Moderne‹, Bücherverbrennung, Entartete Kunst, Jesus von Nazareth.«[23] Ganz ähnliches lässt sich auch für die evangelischen Mädchen sagen, auch wenn sie vielleicht mehr erfuhren von der Bekennenden Kirche und von Jesus von Nazareth. Und ganz allgemein formuliert es Frieda L. (1917) und spricht dabei für die älteren Jahrgänge: »Heut wär' ich da viel, viel sensibler gegen diese verkappte Ideologie. Wir waren nicht so kritisch geschult.« Für Arbeiterinnen, die nicht stark in die von ihren Männern vertretenen politischen Ansichten eingebunden waren, war es noch schwieriger, sich eine eigene Meinung zu bilden, waren doch schon ihre Ausbildungsmöglichkeiten sehr gering und ihre Arbeitslast übermäßig groß.[24]

Aus der anerzogenen *Anerkennung männlich-hierarchischer Autorität* in der Politik erwuchs das blinde und naive Vertrauen, das viele Frauen »dem Führer« als »Über-Mann« entgegenbrachten. »Der Führer wird es schon machen« oder »Wenn das der Führer wüsste« waren häufig geäußerte Vertrauensbezeugungen besonders unter den älteren Frauen. Die Führerverehrung damaliger Großmütter lässt sich auf die Traditionslinie: Kaiser – Hindenburg – Hitler zurückführen.

Dass die Frauen nicht automatisch die politischen Meinungen ihrer Männer teilten, geht aus vielen Berichten von Frauen, auch von Töchtern über ihre Mütter, hervor. Trotz anerzogener politischer Autoritätsgläubigkeit hatten viele Frauen Vorbehalte gegenüber Hitler und dem Nationalsozialismus, manchmal rein gefühlsmäßig (sie mochten das »Rabaukentum« nicht, wie sie z. B. sagten), häufiger aus religiösen Gründen, d. h., der Pfarrer oder die Bibel waren für sie stärkere Autoritäten als der Staat und Hitler. Aber auch sie sahen keine andere Möglichkeit als still zu dulden, was »die da oben« beschlossen und über sie verhängten.[25] Von ganz selbständigen politischen Überzeugungen, die sich dann auch in entsprechenden Taten äußerten, habe ich nur selten gehört.

Bemerkenswert ist in diesem Zusammenhang, dass selbst die Frauen der Männer des 20. Juli 1944 von sich sagten, sie seien zunächst »unpolitisch« gewesen und erst durch ihre Männer sozusagen politisch aufgeweckt worden.[26] Nina von Stauffenberg, die Frau des Attentäters Claus Schenk Graf von Stauffenberg, erläutert das so: »Politik hat mich eigentlich nicht interessiert. Man hat die Zeitung gelesen, über dieses und jenes gesprochen, aber tangiert hat es mich nicht. Ich hatte ein Baby und dann eine wachsende Kinderschar. Die Dinge passierten, aber es hat mich nicht in erster Linie beschäftigt.«[27] Als dann die Folgen des Attentats sie ganz persönlich betrafen, gewann sie ein neues Verhältnis zur Politik. Ihr und den anderen Ausnahmefrauen, die mit dem männlichen Widerstand verbunden waren, steht die viel größere Gruppe von Frauen gegenüber, die von niemandem politisch »aufgeweckt« wurde, im Gegenteil, sie sind eingeschläfert worden.

Der *Nationalsozialismus* hat diese bürgerliche Vorstellung von der *unpolitischen Frau* übernommen und noch *intensiviert.* Nur scheinbar stand dazu im Widerspruch, dass Frauen zunehmend als Arbeitskräfte gebraucht und in politische Funktionen eingebunden wurden. Die außerhäuslichen Tätigkeiten wurden entweder als kriegsbedingte Übergangserscheinungen oder als Tätigkeitsfelder für Unverheiratete betrachtet. Frauen, die öffentliche Führungspositionen bekleideten oder als Handlangerinnen bei den verbrecherischen Aktionen des Regimes mitwirkten, waren meist unverheiratet. Ihre »eigentliche Bestimmung« und mit der höchsten Weihe versehen blieb die »Hausfrau und Mutter«[28]. Deshalb gerieten viele Frauen auch gar nicht in Konflikt mit der ihnen anerzogenen und von ihnen internalisierten Wertewelt. Es wurde ihnen kein Bruch mit ihrem herkömmlichen Frauenverständnis zugemutet, im Gegenteil. Die Hochschätzung der Hausfrau, der Mutterkult[29], die Betonung der »Andersartigkeit« der Frau und nicht zuletzt die Bekundung, dass man sie von der »schmutzigen Politik« fernhalten wollte, das alles konnte voll akzeptiert werden.

Die Bäuerinnen scheinen mir insgesamt in politischer Hinsicht noch mehr in ihre traditionelle Rolle eingespannt geblieben zu sein als die bürgerlichen Frauen. Sie wurden vom Politischen kaum tangiert. Die Aufwertung des »Reichsnährstandes« wertete auch sie mit auf, und das tat ihnen gut.[30]

KLARA W. (1926) erinnert sich: »Ich hab oft mit dem Großvater geschwätzt. Und der hat gesagt: ›So gut wie im Dritten Reich ist's der Landwirtschaft noch nie gegangen.‹ Die haben wirklich für einen gesorgt. Es gab Versicherungen, Entschädigungen, auch Versicherungen fürs Vieh. Der Bauer hatte einen Stellenwert, nicht wie jetzt. Und in der Schule haben wir gelernt: die Landwirtschaft braucht man. Die Bevölkerung muss sich selbst ernähren können. Das war dem Hitler sein Prinzip. Wenn's Krieg gibt!«

Dass die Förderung der Landwirtschaft und das Autarkiestreben ein Teil von Hitlers Kriegsvorbereitungsprogramm war, klingt in den letzten Worten an, wird aber nicht ursächlich verknüpft. Aber auch bei den Bäuerinnen konnte vor allem eine klare christliche Glaubensüberzeugung zur inneren Gegnerschaft führen.

Die Schwestern EMMA F. (1920) und LENI S. (1924) berichten davon:

»S: Da haben wir gesagt: ›Das ist der Antichrist.‹
F: Ja, das haben wir gesagt. Weil er ja das verworfen hat, alles, das ist einfach gegen die Bibel gewesen.«

Politische Implikationen des »Unpolitisch-Seins«

Es ist wahr, durch ihre ihnen auferlegte und von ihnen innerlich angenommene Distanz zur Politik blieb die überwältigende Mehrzahl der Frauen vor der unmittelbaren Beteiligung an den großen Verbrechen des Nationalsozialismus bewahrt. Sie waren nicht direkt an den Mordaktionen beteiligt, wenn man von den »Täterinnen im engeren Sinne«, den KZ-Aufseherinnen, Ärztinnen, Fürsorgerinnen in den »Euthanasie«-Aktionen und anderen in der Mordmaschinerie direkt mitwirkenden Frauen absieht. Die Frage, ob sie zu ähnlichen Verbrechen wie die Männer fähig gewesen wären, wenn sie die entsprechenden Möglichkeiten gehabt hätten, ist kaum zu beantworten und scheint mir historisch unfruchtbar zu sein. Wichtig ist hingegen festzuhalten, dass die überwältigende Mehrzahl der Frauen gerade durch ihr »Unpolitisch-Sein« das System stützte und damit auch die Verbrechen möglich machte. Und gerade diesen Zusammenhang durchschauten sie damals nicht. Dass Unpolitisch-Sein in Wirklichkeit hochpolitisch ist, das war ihnen nicht bewusst. Die Frage bleibt: Ist es ihnen heute bewusst? Sind die Frauen politisch aufgewacht, aufgeweckt worden durch ihre Erfahrungen im Krieg und in der unmittelbaren Nachkriegszeit? Darauf suchen die Kapitel 9 und 10 Antworten.

Nur in scheinbarem Gegensatz zu den bisher aufgezeigten Ergebnissen steht die subjektive Erfahrung einer Reihe von jüngeren Frauen, die Eva Sternheim-Peters so beschreibt: »Niemals wieder hat E. sich so stark als politisch handelndes, verantwortliches Wesen gefühlt wie damals.«[31] Wie ist das zu erklären? Natürlich war das Leben – wie in allen Diktaturen – von Politik besonders stark durchdrungen. Man spricht ja nicht umsonst von einem »totalitären System«, das den *ganzen* Menschen forderte. Und viele Jugendliche hatten das begeisternde Gefühl, sich auch ganz einsetzen zu können, eine Aufgabe zu haben, das »neue Deutschland« mitzugestalten. Und da es nur *einen* politischen Willen gab, den von oben gesetzten, konnte man, wenn man sich mit diesem Willen im Einklang befand, auch tatsächlich das Gefühl haben, dass man als einzelne etwas bewirkte, dass jeder einzelne zählte. In der eigenen Aktivität im Sinne der NS-Zielsetzungen konnte man sich deshalb politisch mächtig fühlen. Man konnte sich sogar mit einem »höheren Sittengesetz« bei diesen seinen politischen Aktivitäten im Einklang fühlen. Einige Frauen haben unabhängig voneinander die Verse Fichtes zitiert:

> »Und handeln sollst du so, als hinge
> von dir und deinem Tun allein
> das Schicksal ab der deutschen Dinge
> und die Verantwortung wär dein!«[32]

Bei der Mehrzahl der Frauen ist dem Nationalsozialismus der totale Zugriff jedoch *nicht* geglückt. Dies ist die andere Seite des Unpolitisch-Seins, die nicht übersehen werden darf. Die meisten Frauen entsprachen nicht dem Bild, das die Propaganda von der »deutschen Frau« zeichnete, und füllten die Rollen nicht aus, die das System ihnen zugedacht hatte. Sie erfüllten nicht ihr »Geburtensoll« und schenkten die Kinder, die sie bekamen, nicht »dem Führer«, sondern sich selbst und ihrer eigenen Familie, oder wussten schlicht nicht, wie man Kinder verhütete. Sie drängten sich nicht in Massen und mit Begeisterung zum Kriegsdienst in den Rüstungsfabriken und zu anderen Kriegsdienstverpflichtungen. Sie empfanden nicht »stolze Trauer« und brachten ihre Männer, Söhne und Brüder nicht »freudigen Herzens« als »Heldenmütter« Führer, Volk und Vaterland zum Opfer, sondern litten und warteten sehnlichst auf das Ende des Schreckens. Sie ließen sich nicht bis zum Ende des Krieges auf ein verzerrt gezeichnetes »Feindbild« festlegen, sondern waren offen für eigene und menschliche Erfahrungen mit den Besatzern, und sie waren bereit zu einer Revision des Feindbildes, wenn die Besatzer sich entsprechend verhielten. Sie sagten sich in ihrer großen Mehrzahl nicht vom christlichen Glauben los und erzogen weiterhin ihre Kinder in christlichem Geist. In den entsprechenden vorangegangenen Kapiteln dürfte das hinlänglich deutlich geworden sein. Das alles mündete freilich nicht in aktiven Widerstand, aber in diesen Verweigerungen, in diesem Desinteresse an den politischen Zielsetzungen und ideologischen Vorgaben, in diesem Rückzug in das Private steckte ein Stück Resistenz gegen die Zumutungen des Regimes. Im eigensinnigen Festhalten an den privaten Wünschen, an den persönlichen Träumen und Lebensplänen, an den individuellen Vorstellungen von Glück und Lebenserfüllung verweigerten sich die Frauen der Reduzierung auf eine zugeschriebene Rolle in einem System, das sie letztlich zu funktionierenden und gleichgeschalteten Kollektivwesen machen wollte.[33]

KAPITEL 4

Teil I

»Wir haben doch nichts gewusst.«
Die Verfolgten in der Wahrnehmung
der anderen

Frauen, die sagten: »Wir haben *nichts* gewusst« und dies auch auf Nachfragen nicht einschränkten, sagen die Unwahrheit, oder sie haben sehr erfolgreich verdrängt oder vergessen. Vielfach habe ich festgestellt, dass dieser Satz einfach eine unpräzise Aussage ist, dass mit dem »nichts« die planmäßige Ermordung der Juden durch Vergasen in den Vernichtungslagern gemeint ist. Ich habe des öfteren eine Diskrepanz zwischen Gesagtem und Gemeintem festgestellt. Die Frauen sprechen nicht druckreif, oft fehlt ihnen auch der angemessene Ausdruck. Durch geduldiges Nachfragen und dadurch, dass man einzelne fragwürdige Sätze in den Erzählzusammenhang stellt, lässt sich diese Diskrepanz meist auflösen. Es erscheint mir daher unseriös, jeden einzelnen Satz, jedes Wort der Interviewpartnerin auf die Goldwaage zu legen oder überzuinterpretieren. Es kann z. B. sogar sein, dass Frauen sagen, sie hätten von Konzentrationslagern (KZ) lange nichts gewusst, aber kurz danach von »irgendwelchen Lagern« sprechen:

EVA L. (1919): »Ich erinnere mich genau, das glaubt einem von den Jungen heut niemand, dass ...1944 in Luxemburg irgend jemand die Bezeichnung erwähnte ›KZ‹, und ich sagte: ›Was ist denn das?‹ Das glaubt einem heute niemand, dass wir das nicht erfahren haben, nicht alle, manche wussten das natürlich. Wir wussten wohl, als das Dritte Reich anfing, dass sie da ein paar, die wir kannten als typische Kommunisten, dass sie die da irgendwo in der Nähe in so ein Lager gesperrt haben; manche kamen da aber wieder raus...Ich hab wohl mal, da hat jemand erzählt, ja die Frau Sowieso, die hat da über die Nazis geschimpft und die ist eingesperrt worden, und ich weiß, dass ich dachte, ha, das ist ganz recht, da kann man auch nicht darüber schimpfen, noch 1938 vielleicht. Es war eigentlich erst im Krieg, dass ich kritisch wurde.«

Manche sagen auch: ›Ich habe von KZ nichts oder sehr lange nichts gewusst‹, und es bleibt unklar, ob sie nicht mit KZ nur die Vernichtungslager meinen.

Auch hier muss man also zunächst klären. Nach sorgfältiger Analyse des Erzählten ergibt sich dann ein viel differenzierteres Bild des Wissens oder Nicht-Wissens von den damaligen Verfolgungen und Verbrechen. Wenn man nachfragt, kommt sehr viel zutage, auch viel Selbstkritisches. Aber auch spontan haben mir viele Frauen über ihre Erlebnisse mit Kriegsgefangenen, mit Behinderten, Zwangsarbeitern und Juden erzählt.[1] Zur Kontrolle der Erinnerungen kommen auch Verfolgte zu Wort. Natürlich ist bei diesem sehr belastenden Thema besonders mit Verformungen und Überformungen des Erinnerten zu rechnen.[2] Das Erkenntnisinteresse in diesem Oral-History-Projekt ist ein weitergehendes als bei Kempowski in seiner Umfrage: »Haben Sie davon gewusst?«[3] Seine Frage ist, wie er in der Einleitung sagt, »uninquisitorisch«. Die näheren Umstände der Befragung und die Auswahl der Befragten werden nicht mitgeteilt. Waren es zufällige Passanten, und war es nur diese eine Frage? Kempowski konstatiert: »Nach dem ersten schroffen ›Nein‹ gab man mir dann freimütig das preis, was man sich in einer notwendig vollbrachten Denkarbeit zum Abruf zurechtgelegt hatte.« Auf diese Weise verbleibt der Befrager tatsächlich weithin auf der Stufe der »zurechtgelegten« Klischeeantworten. Erst die Analyse der konkreten Lebenszusammenhänge der Befragten und ihres konkreten Verhaltens in der Zeit des »Dritten Reiches« kann näher an das wirklich Gewusste heranführen. Nur wenige bei Kempowski erzählen, was sie faktisch gesehen und erlebt haben. Diese Aussagen können als authentisch im Sinne der OH-Forschung gelten und werden in meiner Auswertung mit berücksichtigt.[4]

Es sind wirklich nur einzelne, die auf dem »nichts« beharren, aber immerhin, es gibt sie.

Einige, auch nicht sehr viele, geben auf Nachfrage dann doch zu: »Ja, gerüchteweise, aber das haben wir doch nicht geglaubt.« Sie wechseln dann aber meist ganz schnell das Thema. Oder sie sagen: »Ja, das mit den Juden, das hätte der Hitler nicht machen sollen, das war nicht in Ordnung«, gehen dann z. B. dazu über, auf die »Verbrechen der anderen« hinzuweisen, etwa auf die Bombardierung Dresdens, die Behandlung deutscher Kriegsgefangener oder auf die Vertreibung der Deutschen aus den Ostgebieten. Am Duktus ihres Sprechens wird offenbar, dass hier etwas sehr Unangenehmes rasch zugedeckt werden soll.

Juden und Konzentrationslager

Kann man also annehmen, dass jeder denkende und sehende Mensch wusste, dass es »Lager« gab, so ist nicht ganz einfach zu ermitteln, was, wann und wieviel eine Frau von den Judenverfolgungen gewusst und wie sie sich dazu verhalten hat. Wir müssen daher Schritt für Schritt vorgehen:

Was alle gesehen haben (müssten) und Reaktionen darauf

Die weitaus meisten der von mir befragten Frauen geben zu, dass sie natürlich gewusst haben, was damals in aller Öffentlichkeit geschah. Die Verfolgungen von Andersdenkenden und von Juden waren ihnen allen bekannt. Von Konzentrationslagern konnte man – mindestens am Anfang – in den Zeitungen lesen, allerdings wurde dabei meist von »Schutzhaft« geschrieben und gesprochen. Die Lager werden z.T. bis heute nicht als KZ bezeichnet, sondern die Frauen sprechen von »Internierungslagern«, »Arbeitserziehungslagern« oder einfach von »Lagern«. Die Wendung: »Pass auf, sonst kommst du nach Dachau«, war in Süddeutschland in aller Munde, das Lager Kuhberg bei Ulm habe ich sogar in einer Kinderzeichnung von damals abgebildet gesehen. Boykotte gegen Juden und der Pogrom vom November 1938 waren unübersehbar. Wie verhielten sich die Frauen zu diesen konkreten Anzeichen und Ereignissen?

Am Anfang waren die Erklärungen schnell zu finden: Das sind Gegner des »neuen Deutschland«, »Jede Regierung hat das Recht, ihre Gegner einzusperren«, »Das wird sich geben«, »Wo gehobelt wird, fallen Späne«. An Beispielen aus der näheren Umgebung werden »Kommunisten« (die ja vorher schon immer »randaliert« hatten – die Kommunistenfurcht war im Bürgertum weit verbreitet – »Arbeitsscheue« (»Der X, der sollte dort das Schaffen lernen«), »Asoziale« oder eben tatsächliche »Verbrecher« und »Kriminelle« genannt.

STEFANIE B. (1918): »Aus Dillingen kamen in der Zeit bis 1939 (später weiß ich es nicht) drei oder vier chronisch Arbeitsscheue nach Dachau, damals sprach niemand von ›KZ‹. Nach spätestens einem Jahr waren sie zurück, und von da ab arbeiteten sie, vielleicht zum erstenmal in ihrem Leben.«

Nur wer selber in seinem Verwandten-, Freundes- und Bekanntenkreis erleben musste, wie Menschen eingesperrt und misshandelt wurden, machte sich von vornherein keine Illusionen über den Charakter des Regimes. Wie bekannt, war dies eine Minderheit, die in bürgerlichen Kreisen kaum vertreten war.

Über die Wahrnehmung und Nichtwahrnehmung der allmählichen Einengung des jüdischen Lebensraumes soll im zweiten Teil dieses Kapitels gesprochen werden.

Was stellte man sich unter »Schutzhaft«, Lagern und KZ vor? Das waren nach Meinung der Frauen Gefängnisse, in denen es sicher nicht sanft zuging. Aber was dort wirklich mit Menschen gemacht wurde, das konnten sich die Frauen nicht vorstellen. Wer die Zurückgekommenen zu Gesicht bekam, konnte sich jedoch einiges denken. Das deuten diejenigen an, die in ihrer Umgebung solche entlassenen Häftlinge kannten. Immer wieder aber fügen sie hinzu: »Die da wieder rauskamen, die durften ja nichts sagen. Die haben geschwiegen wie das Grab, sonst wären sie ja gleich wieder hineingekommen.« Also hütete man sich, genauer nachzufragen.

Die in der Landwirtschaft beschäftigte KATHARINA S. (1922) hat sogar erlebt, dass ein Jude seine Foltermale gezeigt hat. In ihrem Dorf lebte der Schuh-K., den man so nannte, weil er ein Schuhgeschäft hatte:

»Den hat man auch fortgetan in der Reichskristallnacht da. Das war 1938... Und den hat man ja dann auch in so Dinger hineingespannt, der hat nachher seine Füße sehen lassen vom Foltern her... Arbeitslager oder wie haben sie das geheißen?« Sie hat damals keine sonderlichen Regungen gezeigt, obwohl sie selbst, wie sie sagt, nicht so böse gewesen wäre, und sie fügt hinzu: »Da ist man so aufgehetzt gewesen, so dumm aufgehetzt.«

Andererseits haben nicht einmal alle diejenigen, deren Verwandte im KZ saßen, eine konkrete Vorstellung davon gehabt, wie es dort zuging, z. B. Maria H. (1922), deren Tante Maria Grollmuß im KZ Ravensbrück verstarb.[5]

GERDA ZORN (1920): »Als ich ihn (*ihren Verlobten Henry*) später (*also wohl gegen Ende des Krieges*) fragte, ob man nicht etwas gegen die ganze Nazibande tun könne, sagte er wie Vater, abwarten, still sein, das Fragen und Reden bringe mich noch mal ins Konzentrationslager. Dieses Wort war ein ständiges Damoklesschwert, das über allen hing, die nicht konform gingen. Aber, was es wirklich bedeutete, wie es wirklich darin aussah, in einem KZ, das wusste keiner von uns. Man wusste nur, am besten das Wort gar nicht erst aussprechen.«[6]

Im Krieg gab es erst recht scheinbar plausible Erklärungen. Margret B. (1927) formuliert in geradezu klassischer Weise, was viele sich damals zurechtlegten. Sie hatte eine Freundin, deren Onkel ein KZ leitete: »Viel wussten wir damals nicht darüber, hielten es, wie die Allgemeinheit, für Lager, wie sie in Kriegszeiten in allen Ländern üblich sind, um gefährdende Elemente festzusetzen. Die Inhaftierten mussten viel arbeiten, hieß es, und würden oft schlecht behandelt. Leider nichts Ungewöhnliches. Jeder Erwachsene war im Krieg arbeitsverpflichtet mit endlosen Sonderschichten; Hunger erlitten wir seit Jahren, bei der Wehrmacht mussten die Soldaten viel Grausamkeit erdulden und ihr Leben lassen, dazu starben täglich Zivilisten auf schrecklichste Art im Bombenhagel. Eine böse Zeit für alle.«

Bei jedem Gespräch fragte ich nach jüdischen Bekannten oder Freunden und was aus denen geworden sei. Relativ selten war es, dass eine Frau persönlich überhaupt keine Juden kannte. Aber »irgendwie« haben sie den Kontakt verloren. Unausgesprochen steht dahinter: manchmal ohne eigenes Zutun, manchmal aber auch mit eigenem Zutun, d. h. durch Distanzierung. Mit Erleichterung wird von Auswanderung berichtet: Sie gingen »mit Sack und Pack«, »konnten alles mitnehmen«. Oder es heißt: »Ich weiß nicht mehr, wohin...« oder »Der und der, die und die sind fortgekommen« oder »Die hat man geholt«. Auch von Selbstmorden wird berichtet. Wohin sind sie wohl gekommen? Auf diese Frage gab es meist vage Antworten: »Irgendwo nach Osten« oder »ins Ausland«, und »dass sie nicht wiederkommen, das hat man geahnt, gewusst« wird immer wieder hinzugesetzt.[7]

Nur ganz wenige haben erlebt, dass ihre Nachbarn abgeholt wurden. Das liegt sicher einmal an meiner Auswahl von Gesprächspartnerinnen. Die bürgerlichen Frauen wohnten sehr häufig in Gegenden, wo es nicht so viele Regimegegner gab und eher wohlhabende Juden, die zum großen Teil noch rechtzeitig emigrieren konnten.[8] Zum anderen wurden ja die Juden zunehmend an bestimmten Orten konzentriert, in »Judenhäusern«, und von ihrer »arischen Umgebung« immer mehr isoliert. Aber viele entwickelten eine Meisterschaft im Wegsehen.

Inge Deutschkron berichtet, wie es war, als ihre Tante und ihr Onkel abgeholt wurden: »Wir waren ohne Stern. Außer uns schien niemand auf der Straße zu sein. Es war seltsam, wie die Berliner solchen Aktionen zu entgehen verstanden, die sich in ihrer Stadt zutrugen. Wie viele von ihnen hinter den Vorhängen standen, ließ sich nur raten. Manchmal sahen wir, wie ein Kopf dahinter plötzlich verschwand.«[9]

Gerti Spies erzählt, wie sich ihre Nachbarn benahmen, als sie am 17. Juli 1942 die Nachricht von ihrer am nächsten Tag bevorstehenden Deportation erhielt: »Im ersten Stock wohnten doch so freundliche Leute. Sie grüßten uns sogar immer noch. Gewiss würden sie mich telefonieren lassen. Meinen eigenen Apparat hatte man mir ja genommen. Ich läutete. Läutete nochmals. Ach so – es war schon nach zehn. Eine nächtliche Störung. Aber jetzt hörte ich Schritte. Gott sei Dank. Der Hausherr öffnete. ›Verzeihung‹, sagte ich, ›ich würde Sie sehr bitten, ob ich mal telefonieren darf.‹ Er sah mich an, sprach kein Wort – vielleicht fand er mich ungezogen? Ich musste erklären, sein Herz gewinnen. Ich überwand mich: ›Ich – ich komme weg – mit Transport – ich – ‹. Da schüttelte der Mann den Kopf, sah mich traurig an und schloss seine Tür. – Ich lief ins Freie. Hier war alles verdunkelt. Es war ja Krieg, und die Stadt lag in tiefer

Finsternis. Leise begann es zu regnen. Ich sprach einen Fremden an und bat ihn, mir in einer Zelle zu leuchten. Er wollte wissen, warum. Ich erzählte ihm, er erschrak, leuchtete mir und floh. Vor meinem Schicksal? Vor seinem Gewissen?«[10]

RENATE HARPPRECHT, eine Überlebende von Auschwitz, erinnert sich noch an ganz andere Reaktionen. Sie schildert, wie sich die Breslauer benahmen, »als die Deportationen anfingen und man die Trecks von den alten und nicht so alten Leuten mit ihren Päckchen auf dem Rücken in die Sammellager schlürfen sah, mit welcher Häme die Leute am Straßenrand standen und dreckige Bemerkungen machten, das vergisst man nicht«[11].

INGE DEUTSCHKRON berichtet über die letzten Massendeportationen von Berliner Juden und das Verhalten der Leute auf der Straße, der Männer wie der Frauen: »Am nächsten Morgen sah man Polizeiwagen durch die Straßen Berlins rasen. Wenn sie vor einem Haus hielten, stürzten Beamte in Zivil und Uniform heraus, rannten hinein und führten jemanden ab, setzten ihn in den Wagen und fuhren schnell weiter zum nächsten Haus. Sie holten die letzten Juden ab, die sich noch in Berlin befanden. Sie holten sie aus ihren Wohnungen und aus den Fabriken, wo immer sie sie fanden. Und sie nahmen sie mit, so wie sie waren – im Schlafanzug, im Arbeitskittel, ohne Mantel. Vom Fenster sah ich sie, sehe ich sie noch heute, wie sie – in ihrem Erschrecken wie erstarrt – von Polizeibeamten, SS-Leuten, Zivilbeamten in die Wagen gestoßen wurden. ›Schnell, schnell!‹, so trieb man sie an. Die Polizeiwagen nahmen sie auf, fuhren davon, kehrten leer zurück. Überall waren sie zu sehen. Die Leute auf der Straße blieben stehen, flüsterten miteinander. Dann gingen sie rasch wieder auseinander, gingen zurück in ihr schützendes Haus. Hinter den Fenstervorhängen schauten sie verstohlen auf die Straße und beobachteten das Geschehene.«[12]

Nicht nur für TRAUD R. (1911), sondern auch für andere Frauen und Mädchen, die so etwas miterleben mussten, war es ein ganz schlimmes Erlebnis:

»Ich hab' ein Erlebnis, was ganz schlimm war. In meiner Straße in Berlin an der Ecke war so ein kleiner – wie nennt man, nannte man so Läden (*Pause*), also die hatten so Garn und ein bisschen Stoff und so, aber einen kleinen. Die Knöpfe und alles kriegten wir dort.
I: *Textilladen? Kurzwaren?*
R: Ja, also jedenfalls, es war ein älteres jüdisches Paar, das wohnte bei uns im Haus. Und eines Tages war bei uns ein entsetzlicher Krach auf den Treppen und Geschrei (*flüstert*) und weiß nicht was. Und ich geh raus und sag: ›Was ist denn hier los?‹ Und da sagt einer zu mir: ›Die holen die Juden ab‹ (*flüsternd*). Also das war entsetzlich! Da haben sie diese, dies alte Ehepaar da mitgenommen, nich. Und das war also mein ... das war für mich ein ganz, ganz schlimmes Erlebnis. Man hatte schon immer so was gehört, na ja, nach der Kristallnacht sowieso war man schon sehr skeptisch geworden – und es stimmte auch, die ham sie dann abgeholt (*die ganze Passage mit gepresster Stimme*). Und wenn man fragte – ich hab mal den Gauleiter (*sie meint wohl den Ortsgruppenleiter*) gefragt: ›Was, was soll denn das?‹

›Ach‹, sagte er, ›denen passiert nichts. Die müssen nur mal richtig arbeiten lernen und so.‹ Was man alles glaubte: die sind ja nur Schmarotzer, und die haben uns ausgenommen und in der Form – sollte man immer besänftigt werden. Ich habe es nicht kapiert, aber... (*winkt ab*).

I: *Hat man das denn damals geglaubt, dass die in Arbeitslager kommen und dass sie irgendwann wieder zurückkommen?*

R: Das war ja die Parole, die ausgegeben wurde, denn die Nazis da oben, die haben ja ... die waren sich ihres Volkes nicht so ganz sicher. Wenn das nun, dass man die vergast, das ist wohl am Anfang auch nicht gleich geschehen, aber... Das kann ich schwören, man sagt immer heute, wir wollen nicht die Wahrheit sagen – ich hätte die Wahrheit gesagt, wenn ich das gewusst hätte. Es hätte mich ja noch mehr aufgebracht. Aber gut, dass ich nicht richtig gewusst habe, vielleicht hätte ich dann doch dummes Zeug gemacht, ich ...

I: *Es hätte gefährlich werden können.*

R: Es hätte gefährlich werden können. Aber mir hat das auch schon genügt.«

Angesichts solcher widersprüchlichen Aussagen muss offen bleiben, wie viele mit Gleichgültigkeit, wie viele mit Unbehagen und Abscheu auf die Deportationen reagiert haben, wie viele sich aus Angst und einem Gefühl der Ohnmacht zurückgezogen haben.[13] Offen bleibt auch, ob Frauen sich grundsätzlich anders verhalten haben als Männer. Sicher scheint mir nach vielen glaubwürdigen Zeugnissen, dass Häme und Schadenfreude selten waren. Viele halfen sich heraus mit gedanklicher und emotionaler Distanzierung: »Es wird schon nicht so schlimm werden« oder »Am besten nicht weiter darüber nachdenken«. Heute können es viele nicht mehr verstehen, dass sie nicht weiter nachgedacht haben.

Sehr genau hat sich die gläubige Katholikin CHRISTEL BEILMANN (1921) mit ihrem »Nichtwissen« auseinandergesetzt: »Wir wussten, dass es Konzentrationslager gab. Genaue Kenntnis davon hatten wir nicht – unser ständiger Mangel, Fakten nicht zu kennen. Unsere Meinung über KZ ging in Richtung Arbeitslager. Über deren Berechtigung, wer da mit wem zusammengesperrt war, wie die Inhaftierten behandelt wurden, wer sie kommandierte – Genaueres wussten wir nicht. KZ waren Einrichtungen der Nationalsozialisten hinter den Mauern unseres Ghettos, sie waren zu fürchten. Von uns war keiner dort. Ganz von ungefähr hatten wir gehört, Franz Steber, der Reichsführer der Sturmschar, sei im KZ, aber ebenso ungefähr hatten wir mitbekommen, er sei dort, weil er Verbindung mit Kommunisten aufgenommen habe, und das war für uns schon anrüchig, das sanktionierte den Aufenthalt schon ein wenig. Insgesamt kam die Kunde (für uns) sozusagen aus der Gerüchteküche, in die wir manches verschoben, was wir nicht wahrhaben wollten, die Prüfung entfiel. So existierten die Konzentrationslager mehr vom Hörensagen, kaum in unserer Kenntnis.

Wir wussten und einige sahen es auch, dass Menschen wegtransportiert wurden, mit denen wir bis dahin friedlich – aber mit Vorurteilen – zusammenlebten (›dreckige Juden, Halsabschneider; Rotblau – Polackenfrau, polnische Wirtschaft; die Zigeuner kommen, holt die Kinder rein‹). Sie waren weg, weg aus unserem Gesichtskreis. Wir haben uns über den weiteren Weg der Eisenbahntransporte von Menschen keine Gedanken gemacht. Sie waren abgefahren, in ein vages Dunkel gefahren. Es gab keine Nachrichten über sie. Es war nicht opportun, über sie zu sprechen. Es gab in zunehmendem Maße schlimme Gerüchte über die Zustände in den Lagern. Man traute ihnen besser nicht. Nach ihrer Stichhaltigkeit zu forschen, lag wieder außerhalb unserer moralischen und intellektuellen Fähigkeiten.«[14]

Was viele gehört und gesehen haben (müssten) und Reaktionen darauf

Gar nicht wenige aber wussten nachweislich mehr, als was alle sahen und als »dass sie weggekommen sind«. Sie haben erniedrigende Behandlung von Häftlingen und von Juden oder deren jämmerliches Aussehen außerhalb der KZ selbst gesehen. Die Außenlager der großen Stammlager waren ja dicht gesät über ganz Deutschland. Häftlinge erschienen auch in der Öffentlichkeit: Sie mussten z. B. beim Aufräumen von Bombenschäden und beim Bergen von Leichen helfen. Einige berichten, dass sie Häftlingen begegnet sind, dass sie Transporte und Misshandlungen gesehen haben. Diese Begegnungen fanden in aller Öffentlichkeit statt, so dass viele ähnliches gesehen haben müssen. Es muss hier also eine Verdrängung größeren Ausmaßes stattgefunden haben.

Die in der eigenen Gärtnerei tätige KLARA W. (1926) konnte von ihrem Dachbodenfenster in einem kleinen schwäbischen Dorf in ein »Arbeitsbesserungslager« (ihre Formulierung) hineinsehen: »Das Lager war bei uns in der Burg drin. Das war ursprünglich Besitz meiner Großeltern. War ein großes Gebäude, wurde im Dritten Reich beschlagnahmt. Da waren solche, die in der Fabrik geschafft haben, die es vielleicht mit Ausländern gehabt haben, oder sie haben sich vor dem Schaffen gedrückt. Ruckizucki sind die daher gekommen. Oder jemand hat sie angezeigt. Wenn sie öffentlich etwas gesagt haben, sind sie gleich dahergekommen. Und dann sind sie arg, arg schlecht behandelt worden. Ich hab dann zum Wachtmeister etwas Blödes gesagt. Ich wollte den Wachtmeister nicht beleidigen und hab gesagt: ›Meint ihr, das ist recht, was ihr da macht?‹ oder so ähnlich. Hat mein Vater nachher gesagt: ›Wie kannst auch du so dumm rausschwätzen!‹ Der Wachmann, das war ein älterer, der war wirklich gut, aber wenn er spitzig gewesen wär, der hätt mich da reinbringen können. Ausländer sind auch viel dagewesen. Ostarbeiterinnen von Russland – und wenn die sich etwas zuschulden kommen lassen haben! Meistens ist montags und dienstags der Transport gekommen mit dem Zug, und dann sind sie hinaufgeführt worden, und wir haben ja drunter gewohnt, und dann sind wir auf die Bühne (Dachboden) hinauf und haben hinausgeguckt zum Bühnenfenster, und da haben wir gerade hineingesehen in den Raum, wo sie zuerst verhört worden sind. Und da war so ein SS-Führer, und der hat die Mädchen ›heruntergelassen‹ nach Strich und Faden und geschrien, und dann haben sie einen Schurz gekriegt, so einen grauen Schurz, und ein Kopftuch, und dann sind sie in die Fabrik geführt worden und haben dort schaffen müssen. Und zum Schluss ist es etwas besser geworden, da hat man Mädchen von dort holen können zum Schaffen, die sich gut geführt haben, die durften in den Außendienst. Da haben sie sich gefreut, da haben sie auch was zum Essen gekriegt. Aber da hat man sollen nix mit denen schwätzen. Da hat man sich ganz arg in acht nehmen müssen. Das war schon damals eine grausige Zeit. Der hat sogar die Mädchen stehen lassen, oft die ganze Nacht, die wurden schon fürchterlich drangsaliert.«

Maria T. (1920), die als »Braune Schwester« in Flossenbürg war: »Ich war alle Tage dort. Da hast du die Sträflinge gesehen, die haben gearbeitet, haben Sprengungen gemacht und alles mögliche. Und hast gehört, wie die geschrien haben, die Armen. Und die SS, was sich die alles geleistet haben, aber du hast ja nix machen können. Was hätte man denn machen können? Die Frauen waren doch auch oft so. Die SS-Offiziere, das waren ja wirklich robuste Menschen. Die haben Häuser gehabt, dort oben, und haben da gelebt in Luxus. Da ist sehr viel vorgekommen, was nicht schön war, in den SS-Familien. Das war auch sehr selten, dass da eine harmonische Familie war. Die SS-Leute, die da beieinander waren, die waren ja auch aus allen Schichten, aber die meisten solche, die eigentlich schon die Gewalt wollen haben. Ein anderer hat das nicht freiwillig gemacht. Und jeder hat sich auch dafür nicht hergegeben. Du hast nicht mitmachen müssen. Und am allerschlimmsten waren eigentlich die Kapos aus den eigenen Reihen. Die haben geschrien, obwohl sie alle die gleiche Kleidung anhatten, die haben sich aufgeführt wie Wahnsinnige... Die Bewohner von Flossenbürg haben das alles mitgekriegt. Die Elendszüge, die sind doch vom Bahnhof gekommen, die haben ja kaum mehr gehen können, die sind ja umgefallen, das hast du alles miterlebt... Wir haben welche in Haidelfing (*ihrem Heimatort*) gehabt, zuletzt. Wenn man denen ein paar Kartoffel hingelegt hat auf den Weg, dann hat der SS-Führer oder wer der war, der hat dich gleich so geschimpft, ihr werd's eingesperrt; denen hast du keine Kartoffel geben gedurft... Und da haben wir alle wohl mal Nudeln oder so was hingeschoben, aber wehe, er hätt's gesehen. Das ganze Elend war einem allmählich schon alltäglich. Man hat's mitgenommen, weil's ja überall war, das Elend... Die Vernichtung? Das haben wir nicht gewusst. Die sind ja weggestorben so.«

An der Erzählung dieser einfachen Landfrau ist mehreres bemerkenswert: Tagtäglich hat sie und hat die ganze Dorfbevölkerung »das Elend« gesehen. Es wurde alltäglich und wird in das »allgemeine Elend« des Krieges eingefügt.

Sie macht – mit Recht – keinen großen Unterschied zwischen »gewöhnlichen« KZ und Vernichtungslagern: »Die sind ja weggestorben so.« Die Gewalt gegen diese wehrlosen Menschen wurde nicht von der Mehrheit gebilligt. Die SS kommt nicht gut weg, aber auch die Kapos nicht, obwohl sie nicht bedenkt, unter welchem Druck gerade diese Menschen standen. Sie macht auch keinen Unterschied zwischen Männern und Frauen im Aufsichtspersonal. Sie und andere machten schwache Versuche, ein wenig zu helfen, aber angesichts der Machtverhältnisse blieb ihnen nur Resignation.

Maria T. und ihr Umfeld haben die Behandlung der Häftlinge in Flossenbürg selbst gesehen. Und angesichts der zahlreichen Lager auf deutschem Boden müssen viele ähnliches gesehen haben. Eine mindestens ebenso große Anzahl hat von Ermordungen in den Lagern und unter der Zivilbevölkerung der besetzten Ostgebiete gehört. Es kam ihnen z. B. von Freundinnen zu Ohren, die im sogenannten Osteinsatz im »Warthegau« oder im Generalgouvernement waren, oder sie waren sogar selbst dort.[15]

ELFRIEDE W. (1926): »In Laurahütte bei Kattowitz – also wenige Kilometer von Auschwitz – sah ich (im Dezember 1944) als Schulhelferin im Kriegshilfsdienst einen Trupp Gefangener, die schlurfend, kaum noch laufen könnend, die Straße entlang gingen, scharf bewacht von Soldaten. Ich dachte, es seien Zuchthäusler und muss wohl zu lang hingesehen haben, denn eine Altlehrerin herrschte mich an: ›Ein guter Deutscher dreht sich weg, wenn solche kommen!‹ ›Solche‹. Leider bin ich diesem Ausdruck nicht nachgegangen und wusste wirklich nichts von Auschwitz.«

Aber selbst unter diesen Mädchen, die so nahe am Ort des Geschehens waren, gab es ganz Naive, die in Briefen sogar über Ghettos schreiben, als sei das etwas Normales. Manche registrierten zwar das Elend und empfanden dabei Unbehagen, auch Mitleid, ohne jedoch das ganze System in Frage zu stellen. Anderen ging erst viel später auf, was sie da gehört und gesehen hatten.

URSULA PHILIPPS (1920) kam im Juni 1942 nach Lodz in ein Schulungslager. Dort sah sie auch das Ghetto. Vom Kreisleiter oder einem anderen Parteiführer wurden die Teilnehmerinnen in beschönigender, verlogener Weise über das Ghetto »aufgeklärt«. Dort lebten angeblich die Juden wie in einer Kleinstadt für sich, wie ehedem in der Geschichte, und verwalteten sich selbst. Ihren eigenen Eindruck beschreibt sie so:
»Das abgesperrte Gebiet, in dem das Ghetto lag und aus dem keiner herauskonnte und in das niemand hineindurfte, war von einer Hochstraße durchzogen, über die eine Straßenbahn fuhr. Als wir in ihr den Stadtteil durchquerten, bot sich uns ein trostloser, grauer Anblick: Die Häuser und Straßen wirkten schmutzig und unaufgeräumt, die Menschen träge, schlecht gekleidet. Ich dachte in aller Naivität: Wie anders würde es hier aussehen, wenn Deutsche in diesen Straßen wohnen würden, es würde Ordnung herrschen, die Menschen würden freudig ihrer Arbeit nachgehen. Der Gedanke, dass ein unfreies Leben nur Hoffnungslosigkeit und Gleichgültigkeit erzeugen kann, kam mir nicht in den Sinn; ebensowenig habe ich daran gedacht, dass viele dieser Familien ihre Heimat hatten aufgeben müssen. In Hamburg hatte ich nie gesehen, dass Juden abtransportiert worden waren. So saß ich mit einem unbehaglichen Gefühl in der Straßenbahn. Ich konnte das Ghetto nie mehr vergessen.«[16]

ELISABETH M. (1918) war in der Distriktsverwaltung in Warschau tätig: »In Warschau war für die Deutschen Gelegenheit, mit der Straßenbahn durch das Ghetto zu fahren (ohne Halt). Es war schlimm, wie ausgehungert die Kinder und Erwachsenen aussahen, wie sie am Straßenrand saßen, wie zusammengepfercht sie dort leben mussten. In der Grundstücksverwaltung war auch ein Pole beschäftigt, der für sämtliche männlichen Arbeiter zuständig war (Schlosser, Schreiner usw.). Mehrmals am Tag kam er in unser Büro, um etwas zu besprechen. Er sprach perfekt Deutsch und war ein sehr sympathischer Mann. Eines Tages hieß es, dass er von der Gestapo verhaftet worden sei, weil er angeschwärzt und als Jude identifiziert wurde. Er kam also direkt ins Ghetto, wir haben nie wieder von ihm gehört. Es war uns allen zum Weinen zumute. Noch heute sehe ich sein Gesicht und sein nettes Wesen vor mir. Was mit den Juden später geschah, haben wir nie erfahren, obwohl wir so nahe am ›Geschehen‹ waren.« Obwohl sie so viel wusste und sah und auch persönliches Mitgefühl zeigte, hinterfragte sie die Einrichtung des Ghettos und auch wohl die Behandlung dieses einen Juden nicht und wurde nicht an der deutschen Verwaltung im besetzten Polen irre, wie ihr vollständiger Bericht zeigt. Diesen »unangenehmen Teil« klammerte sie aus ihrem im übrigen »interessanten« und »erlebnisreichen« Aufenthalt in Warschau einfach aus.

Der Ringführerin ROTRAUT J. (1924) tauchten erst in der Rückschau Szenen aus dem Gedächtnis auf, die sie nicht mehr losgelassen haben. Auch sie war im »Osteinsatz«, um deutschen Umsiedlern zu helfen:

»Dann ist noch etwas passiert, was mir heut noch nachgeht. Da waren zwei deutsche SD-Leute im Dorf und haben diese Umsiedler betreut, also so eine Art Wehrübungen mit ihnen gemacht. Die waren abkommandiert. Ich wusste damals nicht, woher. Heut weiß ich's. Die kamen von Treblinka. Die haben davon erzählt, war mir kein Begriff... Ich muss nochmals vorne anfangen. Ich kam in das Dorf, und die Leute waren vor 14 Tagen neu angesiedelt in den Dörfern von Polen, und dann bekam ich die Order, ich musste mit dem Wagen mit dem Bürgermeister, war ein Bessarabier, in die Stadt Lublin und Kleider für die Leute holen. Und musste aufschreiben, Sense, und was sie brauchen. Ein Riesen-, Riesenlager, und ich hatte meine Riesenliste. Und das war auch meine Aufgabe, das aufzunehmen, hab mir all diese Gebrauchsgegenstände geholt, und da hab ich an die Stiefel hingeguckt. Da waren Berge, Berge von Stiefeln, immer zusammengeknüpft, und Kleider und Mäntel, und ich hab das immer für die Größe rausgesondert. Da kamen mir – das weiß ich noch wie heute, ich war 19 –, da kamen mir seidene Hemden in die Hand, und ich dachte noch, welche Idioten aus dem Reich schicken das in den Osten? Da waren ja die Spendenaktionen mit warmen Sachen usw.. Ich hatte also gedacht, das ist die Spende nach Polen. Und ich hab' mir auch ein Paar Stiefel, die nicht ganz zusammengepasst haben, rausgesucht. Und später war mir klar, dass das aus dem KZ kam, von Juden. Das hat mich schier umgebracht später.

Das waren haushohe Berge Stiefel, ich hab mir keine Gedanken gemacht! Und das hat mich jahrelang geschlaucht. Wieso hast du da nicht drüber nachgedacht?

Und dann waren da die zwei SD-Leute im gleichen Haus wie ich untergebracht. Die waren nachts auf Wache, tags haben die geschlafen. Und dann haben die sich gegenseitig, na ja, wohl so'n bissel großgetan, und da hatte einer ein Feuerzeug – und sehen Sie, wenn ich das –, ich weiß fast nichts mehr, aber nicht umsonst weiß ich diese Dinge noch – ein Feuerzeug in der Hand gehabt, und hat so gemacht (*sie zeigt, wie er es hochgeworfen hat*) und gesagt: ›Das hab ich so 'ner schönen Jüdin abgenommen.‹ Und dann hab ich gefragt: ›Wieso? Warum?‹ Und dann war Schweigen. Aber ich hab nicht nachgeforscht, was war, oder überhaupt überlegt. Aber wenn ich irgendwo kombiniert hätte oder willens gewesen wäre, mehr zu wissen... Meine Mutter hat dann später gesagt: ›Du *wolltest* das nicht wissen!‹«

Insgesamt scheint es selbst diesen Frauen gelungen zu sein, »abzuschalten«, sich nicht weiter von diesen Eindrücken quälen zu lassen. Gertraud K. (1924) kam im Generalgouvernement mit SS-Leuten in Berührung, die gesagt haben: »Wir machen eine Razzia.« Ihre Reaktion: »Ich hab mir's nicht ausgemalt.« Ob sie noch mehr gesehen hat, sagt sie nicht.

Auch Männer, Brüder, Söhne müssen als Soldaten viel gesehen haben.[17] Davon sickerte einiges in die Feldpostbriefe ein – trotz Zensur. Erschreckend ist der z.T. schnoddrige Ton, in dem von solchen »Aktionen« als offenbar unumgänglicher »Kriegsmaßnahme« berichtet wird, aber auch die krampfhafte, ja verzweifelte Suche nach deren Sinn.[18]

CHRISTEL BEILMANN (1921) zitiert den Brief eines Soldaten aus ihrem katholischen Jugendkreis, datiert Lodz, den 15.11.1939: »Die Polen sind nun ziemlich ruhig geworden, dafür sind die Juden umso gehässiger. Breit machen dürfen sie sich allerdings nicht mehr. Über die Hauptstraße, die einzige ›Straße‹, dürfen sie nicht gehen, und derartige Scherze mehr, über die man schlecht schreiben kann. Ab und zu werden auf öffentlichem Markt Juden aufgehangen, die bei Preissteigerungen aufgegriffen worden sind.«

In dem Rundbuch des Abiturjahrgangs 1940 der ›Adolf-Hitler-Oberschule‹ Böblingen schreibt Hans am 1.11.1941 (er schreibt von sich in der 3. Person): »Nun wandert er in den Bergen seiner Schwäbischen Alb und trinkt das Leben. Hinter ihm liegt das Grauen des russischen Krieges. Er hat mitgeholfen, Menschen zu töten, er stand mit kalter Stirn und totem Herzen an dem offenen Grab erschossener Juden, und er wankte nicht bei dem Brodem von Blut und Aas...«. Aber auch dieser kritische junge Mann, einer der ganz wenigen, die Remarques und Arnold Zweigs verbotene Anti-Kriegsbücher gelesen haben, fährt fort: »Das war! Und er lebt und ist zu Hause, und jetzt erst weiß er, für was sie kämpfen, all die vielen, Russland hat es ihm gezeigt. Ja, für das, dass er jetzt hier sein kann, zu Hause, für seine Heimat, für seine Menschen hat er alles gelitten. Für das Leben, das Sein des Volkes.« In den späteren Briefen schreibt er, dass sie »übermenschlich schweigen« müssen, nicht nur gegenüber »meinen Männern, sondern der Heimat gegenüber, die fern dieser Last, der Last des Halb-Wissens, Halb-Ahnens ihren Tag lebt«[19].

Annelies N. (1920): »Ich meine, es war 1942, als mein Schwager Hermann uns in seinem Urlaub in Weil der Stadt besuchte. Da erzählte er u.a., dass in der Nähe seiner Stellung an der Ostfront immer wieder eine Schießerei zu hören gewesen sei. Mit einem Kameraden zusammen sei er der Schießerei nachgegangen. Durch einen hohen Stacheldrahtzaun hätten sie mitangesehen, wie Menschen an den Rand einer Grube vortreten mussten, niederknien, und abgeknallt wurden, Genickschüsse. – Sofort sei ein SS-Mann vor den beiden gestanden, habe ihre Personalien aufgenommen, gedroht, wenn sie *ein* Sterbenswörtchen von dem, was sie gesehen hätten, verlauten ließen, ging's ihnen an den Kragen. Sie mussten sofort umkehren. Ich muss gestehen, dass ich diesen Bericht – obwohl er mich tief bewegt hat – wieder vergaß bei all dem vielen, was täglich auf mich einstürmte.«[20]

Trude S. (1910): »Meine Nachbarn waren harmlose Menschen. Einmal kam ein Nachbar völlig verstört und erzählte unter dem strengsten Siegel der Verschwiegenheit – er war Fahrer beim Rundfunk –, dass er gesehen hätte, wie man in einem polnischen Dorf sämtliche Juden, Frauen, Kinder, alte Leute in der Synagoge zusammengetrieben hätte und das Gebäude dann angezündet hat. Das wurde gefilmt!! Von den Vernichtungslagern hörte ich erst nach dem Krieg.«

Immer wieder erzählten Frauen, dass SS-Männer ihnen bei irgendwelchen Gelegenheiten und manchmal, ohne sie genauer zu kennen, »beichteten«, »wie unter einer Zwangsneurose« sagte eine Frau. Sie konnten es nicht mehr länger für sich behalten, was sie gesehen und getan hatten. Die Frauen waren schockiert, konnten es nicht glauben, schoben es ganz schnell weg, vergaßen es. Erst viel später erinnerten sie sich wieder daran, dass ihnen ja »alles« erzählt worden war.

Leni Immer (1915): »In jener Zeit (*1942*) hatte ich ein Erlebnis, das mich nie wieder losgelassen hat. Während einer Eisenbahnfahrt saß ich alleine mit einer jungen Frau in einem schmutzigen Abteil. Sie war traurig und weinte. Plötzlich schien sie einen Entschluss zu fassen, richtete sich auf und sah mich an. Sie sagte: ›Wir beide sind hier allein. Sie kennen mich nicht, und ich kenne Sie nicht. Ich muss Ihnen etwas sagen, was niemand wissen darf. Mein Mann war bis jetzt in Polen im Einsatz. Er ist Mitglied der SS und Soldat. Wissen Sie, was dort geschieht? Da werden Juden getötet. Man sperrt sie in die Synagogen ein und wirft Brandsätze durch die Fenster. Alle kommen um, Männer, Frauen und Kinder, sogar die Säuglinge in den Armen der Mütter. Neulich haben sie Hunderte in eine enge Schlucht geführt und zu beiden Seiten Dynamit gezündet, so dass die Erdmassen die Menschen unter sich begruben. Können Sie sich das vorstellen?‹ Ich sah die Frau voller Entsetzen an. Sie fuhr fort: ›Woher ich das weiß? Mein Mann spricht nachts im Schlaf. Wenn ich ihn dann wecke, erzählt er mir, was sie dort tun müssen. Und jetzt fahre ich zu ihm ins Lazarett. Er hat sich in der Kälte eine Lungenentzündung geholt. Ich habe solche Angst vor dem Wiedersehen. Wie kann ich ihn umarmen und küssen – er ist doch ein Mörder, der Vater meiner Kinder – ein Mörder…‹«[21]

Eine Frau berichtete, eine Freundin habe einen Bruder an der Front gehabt, der schickte Bilder mit Gräben, wo man Menschen gesehen hat, die versucht haben, hochzuklettern (Irene K.,1920). Immer wieder wird von Soldaten und Offizieren, die von der Front in Urlaub kamen, folgender Satz überliefert: »Wenn wir das büßen müssen, was wir dort der Bevölkerung antun, dann gnade uns Gott!«[22]

MARGARETE F. (1918) hörte es von ihrem eigenen Bräutigam, der in Serbien als Offizier stationiert war und sich ausdrücklich bei seinen Erzählungen als Täter mit einschließt: »Der hat zu mir gesagt: ›Margarete, wenn das so weitergeht, dann müssen wir den Krieg verlieren, diese Ungerechtigkeiten, die wir machen, das kann nicht sein.‹ Und er war mit Leib und Seele Offizier. Er hat auch erzählt, wie sich die Leute um die Erschießungskommandos reißen.«

Trotzdem hat mich erstaunt, dass mir allzu viele Frauen beteuerten, *ihre* Männer hätten nichts erzählt und nichts mit der Sache zu tun gehabt.[23] Neben diesen direkten Beweisen gibt es Indizien, dass zum mindesten ein »untergründiges Wissen« weiter verbreitet war, als es viele Frauen heute wahrhaben wollen.

Wenn immer wieder Frauen sich erinnern, auf Bahnhöfen Judentransporte gesehen zu haben und mit Häftlingen aus Konzentrationslagern auf die eine oder andere Art in Berührung gekommen zu sein, dann ist es höchst wahrscheinlich, dass auch noch andere dasselbe oder mehr gesehen und erlebt haben.

Gegen Kriegsende, als die Lager aufgelöst wurden und Heere von Häftlingen auf »Todesmärschen« durch Deutschland getrieben wurden, war es fast unmöglich, sie nicht zu sehen. Und davon berichteten mir auch viele.[24]

Wenn es vorkommt, dass eine Frau, die in einem Dorf wohnt, Angst hat, mir ihre Erlebnisse mit KZ-Häftlingen zu erzählen, weil sie dort heute noch als »Nestbeschmutzerin« angesehen werden könnte, dann zeigt das, wie viele davon wissen, dass da etwas »Schmutziges« gewesen ist. Dass »man« sich zutiefst beunruhigt fühlte durch das, was man selbst gesehen hat oder was so durchsickerte, auch wenn man es aus seinen Gedanken verbannen wollte, zeigt sich auch an der Angst, was »nachher«, d. h. nach Ende des Krieges, mit »uns« geschehen würde. Diese Angst wurde nicht nur von der Propaganda erzeugt (»Es geht um Sein oder Nichtsein«), es war auch nicht einfach die Angst der Verlierer vor den Siegern, es war die Angst, dass dieser Krieg eben doch kein »normaler« Krieg gewesen war und die Deutschen doch mehr auf dem Kerbholz hatten als eine militärische Niederlage.[25] Es gelang auch in diesem Punkt der NS-Führung nicht, die Menschen vor jeder unerwünschten Information völlig abzuschirmen. Der Käfig war nicht dicht genug. Vielleicht sollte er es auch gar nicht sein. Dazu bemerkte Hannah Arendt: »Denn während das deutsche Volk nicht über alle Verbrechen der Nazis informiert und sogar vorsätzlich über deren genaue Art in Unwissenheit gehalten wurde, hatten die Nazis doch dafür gesorgt, dass jeder Deutsche von irgendeiner schrecklichen Geschichte wusste. Er brauchte also gar nicht alle in seinem Namen verübten Untaten genau zu kennen, um zu begreifen, dass er zum Komplizen eines unsäglichen Verbrechers gemacht worden war.«[26]

Wie aber reagierten die Frauen, die »mehr« wussten oder ahnten als das, was jeder sehen und wissen konnte? Es überrascht der Befund, dass sie sich kaum anders als die anderen dazu stellten. Falls sie nicht selber mit dem Elend der Verfolgten konfrontiert wurden und nur aus zweiter Hand etwas erfuhren, schien ihnen das nicht sonderlich nahezugehen, sie vor allem nicht dauerhaft zu beunruhigen. Sie flüchteten sich in schon bekannte Gedankenkonstruktionen: Wer weiß, was an den Gerüchten dran ist? Sie beschwichtigten sich selbst mit den Sätzen: Ich selbst bin ja nicht beteiligt, und was kann ich machen? Oder einfach: Man machte sich weiter keine Gedanken darüber. Diese Gedankenlosigkeit scheint mir die vorherrschende Haltung gewesen zu sein. Wer den Kriegsalltag der meisten Frauen bedenkt, den wir in Band II kennengelernt haben, wird eine Frau wie Annelies N. verstehen, wenn sie sagt: »Viel weiter hinaus habe ich einfach auch die Kräfte nicht gehabt.« Sie macht es sich damit keineswegs leicht, denn sie empfindet heute dieses Versäumnis deutlich als ein Stück Schuld.

MATHILDE E. (1902): »Ich muss sagen, große Kopfschmerzen haben wir uns darüber gar nicht gemacht, weil jeder so mit sich zu tun hatte.«

MAGDA B. (1919): »Ich fand das alles natürlich schlimm, habe es teils geglaubt, teils nicht so richtig geglaubt, aber da ist heute bei mir wie ein Schleier davor. Die Tatsache, dass Krieg ist und dass man sich um die liebsten Angehörigen so furchtbar sorgt, stand so sehr im Vordergrund, da war man restlos drauf fixiert jeden Tag: Ist Post da, ist Post da, weiß man was? Aus der Klasse meines Bruders sind zwei zurückgekommen, Jahrgang '21. Da war man beschäftigt.«

VILMA STURM, die sich in ihrem ganzen späteren Leben ebenfalls kritisch mit ihrer damaligen Haltung auseinandersetzte: »Ich habe nicht widerstanden. Ich habe nicht nur keinen Juden versteckt – ich habe mich nicht einmal gekümmert, was wohl aus denen geworden war, die ich gekannt hatte, ich habe nicht einmal nach ihnen gefragt. Und wenn es auch Angst war – es war mindestens ebensoviel Gleichgültigkeit, die solche Nachfrage verhinderte.«[27]

In der Studie von Ingrid Hammer und Susanne zur Nieden, die 16 Tagebücher von Männern und Frauen untersuchten, fanden sich nur drei Randbemerkungen, das Schicksal der jüdischen Bevölkerung betreffend.[28] Auch ich fand in den mir zur Verfügung stehenden Tagebüchern keine entsprechenden Notizen.[29] Die Frauen haben sich demnach mit diesem Thema nicht besonders beschäftigt. Weder Hass noch Mitgefühl scheinen sie stark und vor allem nachhaltig bewegt zu haben.

Und da, wo sie unmittelbar mit den Leidenden selbst zusammentrafen oder sich mit ihnen innerlich befassten, trifft man in ihren Zeugnissen auf Gedanken dieser Art: »Wenn das der Führer wüsste!« oder »Der Führer weiß davon nichts«. Oder man sucht andere Erklärungen, bei denen man sich beruhigen kann: Eine Frau erzählte, sie habe Transportwagen gesehen, in denen Juden transportiert wurden, und in ähnlichen Wagen seien Kriegstransporte mit deutschen Soldaten an die Front befördert worden (die Frage ist angebracht, ob das wirklich die gleichen Viehwaggons waren), da habe sie sich gesagt: »Warum soll's denen besser gehen als unseren Soldaten.« Man schloss daraus: Es ist eben Krieg. Da nimmt man manches »Außergewöhnliche« hin.[30]

HULDA G. (1898), gläubige Christin, bezieht sich in einem Brief vom 22.3.1942 an ihren in Russland stehenden Sohn Günther auf einen Vortrag von Gertrud Bäumer: »Es wurde mir in jenem Vortrag ... so recht bewusst, wie weit die heutige Kriegsführung vom christlichen Ideal, das es auch im Krieg geben kann, entfernt ist, im Gedanken an den gefangenen Feind und die Zivilisten. Dass einem ein deutscher Soldat höher steht im Notfall als ein russischer Zivilist, ist in Ordnung. ›C'est la guerre‹, das sage da auch ich. Aber es geschehen ja da hüben und drüben entsetzliche Dinge, über die man nicht tiefer nachdenken kann.«

Nur vereinzelt gab es Reaktionen wie die von einem ganz einfachen damaligen Dienstmädchen, die sagte: »Ich hab einen Transport gesehen. Und ich hab geheult.« (Maria L., 1906)

Eine Hausfrau (1925): »Man hat manchmal auf den Bahnhöfen Züge gesehen, Waggons mit Schlitzen. Da konnte man Menschenköpfe sehen. Man hat's gesehen, es hat einen geschaudert.«[31]

Besonders auffallend ist die Gedanken- und Fühllosigkeit junger Mädchen, die teils auf jugendliche Unwissenheit, teils auf die verinnerlichte Rassenideologie, teils auf die Gewöhnung an Gewalt vor und während des Krieges zurückzuführen ist.[32] Sie haben schon früh Lieder gesungen, die sie hätten schaudern machen müssen, wenn sie ihren Sinn bedacht hätten. Elfriede W. (1926) sang, ohne sich dabei etwas zu denken: »Schmeißt sie raus, die ganze Judenbande...«[33]

LORE E. (1922) äußerte, nach der »Kristallnacht« befragt: »Wir sind als Hitlerjugend-Kinder (*sie war damals immerhin 16*) um den Marktbrunnen rummarschiert und haben gesungen (*singt vor*): ›Herr, gib uns unsern Moses wieder, auf dass er seine Glaubensbrüder führ in das gelobte Land‹, haben furchtbar gelacht und uns nix darunter vorstellen können. Genau so wie ›Zwei Knaben stiegen auf einen Turm, der eine hatte einen Bandelwurm...‹. Ja, so Juxlieder. Das war gedankenlos. Ich möcht nicht sagen, dass da 'ne Schuld von uns drinliegt. Das war jugendliche Gedankenlosigkeit. Ich wär nie drauf gekommen, solche Bemerkungen zu Hause zu machen...« Die Eltern waren stramme Nationalsozialisten, hätten aber Lore E. zufolge solche Entgleisungen der Tochter nicht geduldet.

Die Bildberichterstatterin Liselotte ORGEL-PURPER (1918) schreibt am 15.10.1941 an ihren Mann ganz ohne Kommentar, dass in der Villa eines millionenreichen Juden in Prag eine Führerinnenschule eröffnet sei.[34] Sie findet das ganz in Ordnung.

Andere vom Nationalsozialismus verfolgte Gruppen

Juden und Kommunisten waren bekanntlich nicht die einzigen, die verfolgt und drangsaliert wurden, sondern auch andere Oppositionelle oder »Minderwertige«, in der Sprache der Nationalsozialisten. Dazu gehörten alle Regimegegner, Behinderte, sozial Deklassierte, sogenannte Asoziale, Homosexuelle, Sinti und Roma. Mit Kriegsbeginn teilten dieses Los die Kriegsgefangenen und die Zivilbevölkerung in den besetzten Ländern, besonders die »slawischen Untermenschen« in Polen und in der Sowjetunion.

Was wurde von diesen Verfolgungen wahrgenommen, und wie verhielten sich die Frauen dazu? Am deutlichsten und kritischsten wurde die sogenannte *Euthanasieaktion*[35] registriert. Fast jede Frau konnte von Menschen aus ihrem Bekannten- und Verwandtenkreis berichten, die in Anstalten »plötzlich verstorben« sind, an »Lungenentzündung« oder ähnlichen »Krankheiten«, von denen sie dann wussten, dass sie »gestorben worden sind«, so drückten sich einige aus. Manchen Familien gelang es, ihre Angehörigen nach Hause zu holen und sie so vor dem Tod zu retten. Nicht wenige haben die Lastwagen gesehen, in denen die Behinderten zu ihrer Tötung abtransportiert wurden. Eine Frau berichtet, die Opfer hätten laut »Mörder, Mörder!« geschrien. Manche der behinderten Menschen selbst haben den Angehörigen gegenüber ihre Angst ausgedrückt:

HERTA B. (1933) sieht mit ihrer Mutter ein Lastauto mit Behinderten abfahren und beobachtet ihre Mutter: »Ich hab immer die Stimmung meiner Mutter gespürt. Sie hat ein Gesicht gemacht, als ob ein fürchterliches Unglück geschehen sei...Sie hätte nicht trauriger sein können, wenn ein Kind gestorben wäre.«

Die Pfarrfrau MAGDALENE B. (1917) erzählte ihrem Mann, als er auf Urlaub kam, von Bekannten, von denen man wisse, dass sie umgebracht worden seien: »Die Angehörigen haben die Nachricht bekommen, sie seien verstorben, reihenweise... Man hat es erfahren, dass die getötet wurden (*durch Gerüchte*), da hat man die Urnen bekommen, manchmal sogar zwei Urnen. Wie ich das erzählt hab', da war er so erregt und bös und wütend und ist ihm schwer gefallen, dann wieder rauszugehen. Das war ein ganz großer Einschnitt und auch ein Aufwachen, was eigentlich geschieht. Da hat er gesagt: ›Und dafür soll ich jetzt wieder raus und den Kopf hinhalten.‹«

Die meisten der von mir befragten Frauen haben diese Morde verurteilt, besonders in kirchlichen Kreisen. Die Kirche hat offiziell protestiert; am bekanntesten wurde der Protest des Bischofs von Münster, Graf Galen, der Hitler zur Einstellung der Aktion genötigt hat. Dies ist ein herausragendes Beispiel dafür, was offener und mutiger Einspruch von Bischöfen bewirken konnte und macht die Verantwortung der Institution Kirche noch deutlicher.[36]

Verständnis für die »Tötung lebensunwerten Lebens« gab es dann, wenn Frauen annehmen konnten oder wollten, »es sei besser für alle gewesen«, und das waren nicht einmal vereinzelte Fälle. Behinderte wurden damals noch vielfach als Makel für die Familie empfunden. Man hat sie deshalb z.T. selbst versteckt gehalten und auch freiwillig in die Hände der Euthanasie-Ärzte gegeben.

DOROTHEA D. (1924) erzählt vom Bruder einer Klassenkameradin: »Man hat das etwas unter dem Tisch gehalten, weil das damals noch nicht so üblich war, dass man von behinderten Geschwistern gesprochen hat. Die hat man eher noch so – heute hat man dazu eine ganz andere Einstellung – als Makel empfunden.«

Bei diesem Thema vermute ich auch Verschleierungen der damals herrschenden Auffassungen. »Sozialhygienische« Denkweisen waren schon vor Hitler verbreitet, die heutige Sensibilisierung Behinderten gegenüber war viel weniger ausgeprägt. Propaganda (etwa der Tendenzfilm »Ich klage an«) und Rassenlehre, der hohe Rang, der der körperlichen und geistigen Gesundheit eingeräumt wurde, taten besonders bei den jungen Mädchen ihre Wirkung. Was INGE G. (1922) zur Frage nach ihrer Einstellung zur Euthanasie unumwunden zugibt, scheint mir keine Einzelmeinung gewesen zu sein:

»Da kann ich eine ganz harte, klare Aussage machen, insofern, als ich im Arbeitsdienst in der jetzigen psychiatrischen Landesklinik in Weinsberg war. Da war für den Arbeitsdienst ein Haus geräumt. Wir hatten um uns herum die Kranken. Wir waren aber auch in der Anstaltsküche mit tätig... Es gab Häuser, um die hohe Zäune waren, man sah die Kranken innen herabhängen und irren, wie das Bild in so einer Klinik ist. Die Wärter und Wärterinnen haben manchmal mit uns einen Schwatz gemacht. Sie sagten, die ganz Schlimmen seien schon weggebracht worden, und ich muss ehrlich sagen, ich habe mir darunter nichts vorgestellt (*verbessert sich*), habe ich mir nun darunter vorgestellt, dass sie eingeschläfert wurden oder nicht? Ich weiß es nicht. Auf jeden Fall hatte ich als 18jährige das Gefühl, wenn die eingeschläfert worden sind und weg sind, ist ihnen nur was Gutes getan worden. So beeindruckt war man von diesen schrecklichen Bildern, die man da doch gesehen hat.«

Auch hier verhielt es sich so wie bei vielen anderen: Wenn eine Familie nicht unmittelbar betroffen oder streng religiös gebunden war oder den Protest der Kirchen vernommen und ernstgenommen hat, »ließ man die Aktion eben laufen«.

MARGARETE F. (1918): »Und das wusste man, die Euthanasiesachen, also das war mir klar, das wusste man, da war Hoheneck (*sie meint wahrscheinlich die Anstalt Grafeneck in Württemberg*), da sagte man, die sind in den Kamin hinaufgekommen. Aber das wusste man deutlich. Aber da sagte man, das sind ja lauter Kranke, Schwerkranke, Irre und so; das hat man irgendwie eben laufen lassen. Man hat sich gesagt, ha no, das ist vielleicht gut, dass die nicht mehr da sind...«

ROSWITHA N. (1924): »Wir haben auch so einen Fall in der Familie gehabt. Die Frau war schizophren, also kein Familienmitglied, sondern war die Frau eines Vetters von meinem Vater, und das hat bei der dann plötzlich angefangen, und die kam nach Weinsberg (*in die Psychiatrie*). Und die ... war jahrelang in Weinsberg, das ist ja immer so, dass Schizophrene, das sind ja so Schübe, und dann war sie wieder ganz normal und hat in der Küche geschafft und hat ab und zu heimgeschrieben. Wir haben das dann immer bloß durch unsere anderen Verwandten erfahren. Und dann hat sie geschrieben, sie kämen alle fort, und die täten sie umbringen, das wusste sie, das wusste sie ganz gewiss. Und dann kam vielleicht nach vier Wochen eine Todesurkunde, sie ist an Lungenentzündung gestorben.
I: *Wie hat denn die Familie darauf reagiert?*
N: Wissen Sie, die war mindestens zwanzig Jahre schon in Weinsberg. Für die war das kein so großer Schock... Das war bekannt, dass die also alle umgebracht werden. Und viele haben gesagt, nur weg mit denen, mit dem Volk, gell, viele haben das gesagt. Die sind, die sind, die kosten uns nur Geld, und die kosten den Staat bloß Geld und so, gell. Das haben arg viele gesagt.«[37]

Zur *Zwangssterilisation*[38] habe ich lediglich von zwei Frauen etwas genauere Aussagen, von der Juristin Erika H. (1914), die damals am Erbgesundheitsgericht beschäftigt war, und ihrer Gesprächspartnerin Hannelore S. (1924):

ERIKA H.: »Am Erbgesundheitsgericht ging's um Sterilisation, nicht um Tötung.

HANNELORE S.: Und hast du innerlich das für gut geheißen? Wenn Menschen, die nun irgendeine geistige Krankheit gehabt haben, sterilisiert wurden?
H: Verurteilt habe ich es nicht, dazu ist erstens zu viel Propaganda gemacht worden, und zweitens hat man auf gut badisch dann doch manchmal gesagt: Wie gut, dass

des (*Ausdruck unverständlich*) keine Kinder kriegt. Also bitte, ich arbeite ja heute auch im Behindertenmilieu, und es ist ein Thema, das ein bisschen tabu ist. Einerseits sollen sie Lebensfreude auch auf dem Gebiet haben, andererseits ist es natürlich sehr gefährlich auch, also Frau S. hat uns neulich einen Vortrag gehalten, und da hat sie als eine der erschütternden Erfahrungen den Eheschluss von zwei Behinderten mitgeteilt, und da kam ein Kind und – (*stockt*)

S: Und war das auch behindert?

H: Nein, das war zum Glück normal. Aber die wussten gar nicht, was sie mit der Puppe anfangen sollten, die haben es weder gefüttert noch gewickelt noch sonst irgendwas. Man hat es schleunigst ihnen weggenommen und in Pflege gegeben, und weißt du, das ist zwar eine ganz neue Erfahrung, aber sie ist damals ja auch schon gemacht worden. Also – (*stockt*) die Sterilisation ist nicht unbedingt eine unmenschliche Handlung. Liegt aber auch früher als der Krieg. Und nachher, wie die Tötung gekommen ist, das ist mit Sicherheit eine unmenschliche Handlung.

S: Das würde ich auch so sehen. Also ich persönlich habe auch die Sterilisationen nicht für so schlecht gehalten, wenn es wirklich geistige Krankheiten waren, die weitergegeben hätten werden können.«

Ich vermag nicht zu beurteilen, inwieweit die Einstellung dieser beiden Frauen repräsentativ ist. Die spärlichen sonstigen Andeutungen zu diesem Thema weisen aber in dieselbe Richtung.

Relativ aufmerksam wahrgenommen wurde die Behandlung der *Zwangsarbeiter*. Viele wussten nicht, so unglaubwürdig das heute erscheint, dass es sich bei »ihren« Fremdarbeitern überwiegend nicht um freiwillig Gekommene handelte. Manche wissen es bis heute noch nicht und sprechen gar von »Gastarbeitern«. Wenn solche Frauen der Ansicht sind, dass der oder jener, die oder jene freiwillig gekommen seien, so trifft das teilweise auf Franzosen zu, 1941 auch noch auf Ukrainer und Weißrussen, nicht aber auf Russen und Menschen aus späteren Deportationen, die nicht anders als barbarisch und demütigend zu bezeichnen sind.[39]

Sehr genau unterscheidet WALTRAUD G. (1926) verschiedene Gruppen mit verschiedenem Status: »Auf dem elterlichen Hof hatten wir polnische und russische Zivilarbeiter. Wir brauchten ihre Arbeitskraft im Krieg dringend, und wir behandelten sie gut. Im Laufe der Jahre kam man sich auch menschlich näher. Aber dass diese Leute bei Nacht und Nebel aus ihren Häusern geholt wurden und dass sie auf der Straße ein Kennzeichen, ein großes P oder Ost tragen mussten, fanden wir auch schrecklich. Zwangsarbeiter aus der Ukraine brauchten kein Kennzeichen zu tragen und erhielten auch mehr Lebensmittel- und Kleiderkarten. Anders war es mit den französischen Kriegsgefangenen im Dorf. Das Verhältnis war sehr gut. Je weiter die Franzosen von Frankreich weg waren, je verständnisvoller wurden sie behandelt. Sicher, sie mussten und wollten ja auch arbeiten, und sie unterstanden der Aufsicht...

Ich glaube, niemand sah in ihnen einen Feind. Sie waren arme, bedauernswerte Opfer des Krieges, von der anderen Seite zwar, die wohl noch länger auf ihre Heimkehr warten mussten. Manches Mädchen hätte wohl ganz gerne mit ihnen angebändelt, das war aber verboten.«

Eine ganze Reihe von Frauen erzählt, dass sie »Fremdarbeiter« (es wird dabei nicht immer klar, welche Kategorie sie meinen) gelegentlich zur Arbeit bei sich angestellt und sie dann ordentlich verpflegt und behandelt haben.

Barbara K. (1928): »Ich habe böse Erinnerungen an das letzte halbe Jahr des Krieges: Die Schulen wurden geschlossen. Wir mussten auch noch in die Rüstungsbetriebe. Ich kam aufs Büro. Hätten auch in den Rüstungsbetrieben keine Arbeit mehr für uns gehabt. Ich war im Lohnbüro. Hatte mit Franzosen zu tun und Polen, Belgiern, holländischen Frauen und russischen Frauen. Am schlechtesten in diesem Betrieb hatten es die Russen. Sie bekamen ganz schlechtes Essen. Wir hatten einen riesengroßen Garten, da kamen die Russen am Wochenende, boten sich zur Arbeit an. Mutter kochte ihnen einen Riesenpott Essen und Brot, die haben dafür gearbeitet, schwere Arbeit! Sie bekamen auch ein paar Zigaretten.«

Die Bäuerinnen Emma F. (1920) und Leni F. (1924) zeigten eine ca. 6 cm hohe geschnitzte Holzfigur: »Und dann hat's auch Russen gehabt. Zu meinen Schwiegerleuten sind Russen gekommen, und die Frau hat das gemacht und gesagt: ›Um a Stück Brot.‹ Und jetzt heben wir das auf.«

Dass die Fremdarbeiter auf dem Lande bei den Bauernfamilien am Tisch mitessen durften, war fast die Regel, obwohl es verboten war. Sehr häufig wird das gute Verhältnis hervorgehoben und auch beglaubigt durch das Verhalten der Zwangsarbeiter nach Bombenangriffen, wo sie oft freundschaftlich geholfen haben, und bei der Besetzung.

Beate S. (1917): »Die ganze Zeit, bis alles zerstört war, kamen die immer. Waren ziemlich frei; wir hatten kein Feindgefühl. Wenn ich morgens zur Arbeit ging, und die haben Dächer gedeckt, dann pfiffen die, die kannten uns. In der Küche haben sie immer gegessen, da gab es immer Kartoffel, weil's nichts anderes gab, Kartoffel und Quark usw.. Was halt da war, das wurde immer redlich geteilt. Haben allen geholfen, auch den Nachbarn, haben auch alles saubergemacht.«

Junge Russinnen und Ukrainerinnen, die in Haushalten eingesetzt waren, wurden von den Hausfrauen meist menschlich behandelt, so behaupten die Hausfrauen. Nachprüfbar wäre das erst, wenn man die Fremdarbeiterinnen selbst hörte.[40] Ganz sicher wird es sehr auf die einzelnen Familien angekommen sein. Gerade zu den Zwangsarbeiterinnen müsste noch viel mehr geforscht werden, müssten die überlebenden Opfer detailliert befragt werden. Mir sind bisher nur wenige und begrenzte Forschungen bekannt.[41]

Nach dem Krieg haben die Fremdarbeiter dann oft ihre Arbeitgeber vor Plünderungen und Belästigungen durch andere Displaced Persons (wie man sie nach dem Krieg bis zu ihrer Repatriierung nannte)[42] oder durch Besatzungssoldaten geschützt. Viele hielten lang, teils lebenslang Kontakt zu »ihren« Franzosen, vereinzelt sogar zu »ihren« Polen. Manche erzählen ganze »Romane« über diese anhaltend freundschaftlichen Beziehungen. Man hat fast den Eindruck, dass bereits in diesem Sich-Kennenlernen im Krieg der Grundstein für die deutsch-französische Freundschaft gelegt wurde. Das »Volk« hüben und drüben begann sich von ihnen anerzogenen Feindbildern zu distanzieren. »Cette guerre n'est pas la nôtre«, sagte einer.

HERMINE SCHMID (ca. 1880) in einem Brief vom 17.4.1943 (*sie hatte eine große Landwirtschaft*): »Außer unseren Polen haben wir noch 20 französische Gefangene. Wir sind mit allen sehr zufrieden. Durch diese Menschen habe ich eine ganz andere Einstellung zu unseren ›Feinden‹ bekommen. Bei guter Behandlung arbeiten alle Kriegsgefangenen auch ohne jede Aufsicht zu unserer vollen Zufriedenheit. Sie essen mit uns zusammen, was eigentlich verboten ist.«[43]

Aber die Behandlung war nicht immer gut, wie es diese Zeugnisse nahezulegen scheinen. Von den dunklen Seiten der Zwangsarbeit erfährt man wieder nur indirekt:

GERTRUD S. (1915) absolvierte ein Hauswirtschaftslehrjahr auf einem Gutshof mit einer »150%igen Gutsfrau«: »Man musste immer etwas auf der Hut sein. Vor allen Dingen bei langen Gesprächen mit den russischen Gefangenen! Es war auch so, dass die so wahnsinnig schlecht verköstigt wurden. Mir taten diese Menschen leid, wenn die da so mit ihrem Blechnapf in die Küche kamen, und wir füllten denen jeden Tag das gleiche ein, immer diese Pellkartoffeln und eine Soße, die eigentlich nur aus Mehl und Wasser bestand. Ich steckte denen ab und zu mal auch einen Apfel zu oder gab einen Schlag mehr Schmalz hinein. Oder es kamen auch manchmal Frauen auf den Hof, die ein Baby erwarteten: ›Haben Sie nicht ein bisschen Gemüse?‹ Und ich musste natürlich zu meiner Herrin. ›Das brauchen wir selbst!‹ Aber dann habe ich aus lauter Zorn dann doch eine Kohlrabi genommen und habe das denn der Frau in die Tasche gesteckt. Da habe ich das Gefühl gehabt, jetzt heißt es hier irgendwie helfen.«

Gertrud S. und andere Frauen haben viel geholfen.[44] Zu den Racheakten der Zwangsarbeiter, die nach dem Krieg immer wieder vorkamen, wird meist Verständnis geäußert, weil die Behandlung vorher schlecht gewesen sei. Meist richteten sich die Racheakte gegen deutsche Männer, die von polnischen oder russischen Zwangsarbeitern umgebracht wurden.

Junge Frauen haben beim Kriegshilfsdienst in Munitionsfabriken und anderen kriegswichtigen Betrieben mit Zwangsarbeitern und Zwangsarbeiterinnen zusammengearbeitet oder waren in derselben Fabrik in einer anderen Abteilung. Nicht überall wurden sie besonders unterdrückt, schikaniert oder misshandelt. Es wurde, besonders unter Frauen, auch Solidarität geübt.[45]

ROSWITHA N. (1924) war kriegsdienstverpflichtet in einer kleinen Firma in Stuttgart, wo vorwiegend Russen arbeiteten. Sie erzählt, dass sie guten Kontakt zu ihnen hatte und dass da keine Unterschiede gemacht wurden: »Das Arbeitsverhältnis war hervorragend.

I: *Haben Sie irgendwas gehört, dass die sich beklagt haben, dass sie hergebracht wurden?*
N: Nie, nie. Im Gegenteil, man hatte manchmal den Eindruck, die fühlten sich hier pudelwohl, denen ging es nicht besser und nicht schlechter wie uns. Die haben da oben, ich weiß nicht, ob sie den Herderplatz kennen, da ist jetzt ein Kinder ... das Vereinsheim von dem Sportplatz, und da war das Russenlager.
I: *Sind die dann geschlossen immer...*
N: Ach wo, die sind morgens..., denen bin ich oft begegnet am Botnanger Sattel, und dann sind wir miteinander ins Geschäft gelaufen.
I: *Haben die irgendwie das nahende Ende des Krieges kommentiert?*
N: Ja... ja, sie haben schon gesagt, mit dem Hitler geht es aus, aber was uns dann blüht, das wissen wir auch nicht. Das war die große Sorge... Was Stalin mit uns macht, das war die große Sorge.«[46]

TRUDE Z. (1915), die in der Firma Bosch in der Abteilung für ausländische Arbeitskräfte als Sekretärin arbeitete (sie lobt ihren Chef sehr für seinen Einsatz): »Ich weiß, die Russinnen, die haben immer so geweint. Haben ewig keine Post von zu Hause bekommen. Und da war eine Frau, Ellen Cremer, die hat laut gesagt: ›Helft doch den Leuten, die Mädels haben so wenig zu essen...‹ Sie kamen bewacht, wurden zur Arbeit getrieben. Krankenbaracken gab es. Sie haben es sicher auch schlecht gehabt, aber bestimmt nicht so schlecht wie bei anderen Firmen. Bei Daimler war es ganz schlecht.«

Aber es wurde auch brutale Behandlung durch Bewacher und Aufpasserinnen mit Empörung beobachtet. Als Beispiel sei an die Erfahrungen von Else W. (1924) erinnert, die schon berichtet und kommentiert wurden. Eingeprägt hat sich auch, dass Zwangsarbeiter nicht in die Luftschutzkeller und -bunker durften.

Manche rassistischen Feindbilder wurden korrigiert:

ROSWITHA N. (1924): »Ich habe ja, wo ich dahin (*in den Betrieb*) gekommen bin, die Russen als Halbwilde angesehen, so hat man uns die Russen erklärt. Ich habe nicht gewusst, dass die zählen können.
I: *War das eine Überraschung für Sie, wie die Russen sind?*
N: Totale Überraschung. Ich habe, die habe ich für, für Halbwilde angesehen. Und das waren die besten Menschen, die es gibt. Und mit denen hat man sich prima unterhalten können und auch über den Krieg gesprochen, gell.«

Aber auch solche Frauen, die keinen näheren Kontakt zu Zwangsarbeitern hatten, machten ihre Beobachtungen und z.T. schockierenden Erfahrungen. Ein schreckliches Schicksal erzählt Ida Ehre:

Als sie aus dem Gefängnis Fuhlsbüttel entlassen wurde, schenkten ihr die Mitgefangenen kleine Andenken: »Zwei der Präsente habe ich noch heute. Eines begleitet mich überall hin, auf jede Reise. Ich bekam es von einer Russin, die von einem deutschen Soldaten geschwängert worden war. Sie hatte in einer Munitionsfabrik gearbeitet, sollte in Fuhlsbüttel nur noch das Kind bekommen und dann nach Auschwitz transportiert werden. Sie schenkte mir einen Becher, der aus einem Schrapnell geformt war: ›Da, trinken Sie oft daraus.‹«[47]

Oft ist bei den Frauen die Rede von russischen *Kriegsgefangenen*, die nicht in einem persönlichen Arbeitsverhältnis standen. Ihr elender Zustand wurde beobachtet und als entsetzlich bezeichnet. Von dem wahren Ausmaß des Vernichtungsfeldzugs gegen die Sowjetunion, der das Massensterben russischer Kriegsgefangener in Kauf nahm, hatten und haben die befragten Frauen zum größten Teil keine Vorstellung.[48] Auch hier ist anzunehmen, dass viele verdrängt haben. Zu berücksichtigen ist jedoch, dass die Kriegsgefangenenlager im allgemeinen nicht in der Nähe von Wohngebieten lagen; man suchte die Bevölkerung so gut wie möglich von den Vorgängen abzuschirmen. Aber was die Frauen gesehen haben und berichten, ist aussagekräftig genug:

DORIS W. (1920) arbeitete als Laborantin in Breslau: »Die kriegsgefangenen Russen haben alle in der Grube gearbeitet, und ich konnte durchs Laborfenster sehen, wenn Schichtwechsel war. Da kamen die Russen und gingen in diesen fürchterlichen – das war wie ein Misthaufen vor der Küche, wo sie die verfaulten Rüben..., da stürzten sich diese armen Menschen da auf diese – ich muss wirklich sagen – auf diesen Misthaufen und suchten sich raus, was noch irgend zu verschlingen war, muss ich schon sagen. Auch das war entsetzlich!«

KATHARINA S. (1922), kurz nach der Besetzung durch die Amerikaner überfielen ehemals gefangene Russen ihr Bauernhaus: »Die sind hinten rein in die Küche, und man hat so Hagermehl angemacht gehabt für die Schweine, gell, und die haben den ganzen Kübel ausgegessen, den Saukübel, den Schweinekübel haben die ausgegessen, so haben die Hunger gehabt!«

UTA M. (1932): »Einmal am Bahnhof erlebte ich die erschütternde Geschichte mit den russischen Kriegsgefangenen, wird mir lebenslänglich nachgehen. Diese Russen – so was von ausgemergelt, wandelnde Skelette. Die Russen haben sich vor den Schülern einfach auf die Knie gelassen, haben gebettelt, ob einer noch ein Vesperbrot hatte. Es gab Bauernburschen, die hatten es noch. Das gaben die dem Aufseher. Mit dem Brot hat er einen Russen auf den Knien vor sich hergelockt bis hinter eine Mauer. Dort hörte man allerhand Töne, hat ihn geschlagen, oder ich weiß nicht. Das war wie ein Spiel, das muss öfters vorgekommen sein.«

MARGARETE F. (1918):

»I: *Gab es eigentlich in Weilimdorf Kriegsgefangene oder Fremdarbeiter, die eingesetzt wurden?*

F: Ja, Russen. Die wurden im Wald eingesetzt. Also da sind sie mir zum ersten Mal begegnet. Die Baracken müssen da gewesen sein, wo heute das Industriegebiet ist. Da haben wir keine Fühlung gehabt mit denen. Irgendwo war ich naiv und habe da sechs Bretter vor dem Kopf gehabt, denn erkannt habe ich das alles nicht. Die haben mir furchtbar leid getan, aber wir waren ja selber so dran, wir haben ja auch Hunger gehabt.

I: *Leid getan, meinen Sie, weil sie so verhungert oder so elend aussahen?*

F: Weil sie in der Kälte haben schaffen müssen. Wir hatten da die Genehmigung bekommen, dass wir Holz auflesen können… Man hat einfach was gebraucht. Man hat ja gefroren, weiß wie. Da sind uns die begegnet. Sonst hat man gar keinen Kontakt gehabt. Man hat die von weitem gesehen, so in der Gruppe. Die mussten auch Bäume fällen und hart arbeiten. Man hat dann schon gedacht, jetzt sind die von daheim fort, aber weiter hat man… (*verstummt*). Man hat auch echt wirklich nichts gewusst. Aber wahrscheinlich auch, weil man nicht nachgefragt hat.«

THUSNELDA L. (1920): »Man sah auch Kolonnen junger Russinnen durch die Stadt marschieren, was die Beobachter mit Schrecken und Trauer erfüllte, und manche weinten vor Mitleid. Diese Mädchen wurden aber vielfach in Krankenhäusern oder als Hausgehilfinnen eingesetzt.«

Dieses Sehen und Doch-nicht-Sehen, Mitleid haben und das Mitleid wegschieben, weil man keine Möglichkeit zur Hilfe sah, weil man keine persönliche Beziehung zu den Geknechteten hatte und selbst schlecht dran war, scheint mir gegenüber allen unterdrückten und verfolgten Minderheiten im Krieg die am weitesten verbreitete Verhaltensweise gewesen zu sein.

Ähnlich wie die Behandlung der Kriegsgefangenen und Zwangsarbeiter waren vielen Frauen die Verbrechen an der polnischen und russischen *Zivilbevölkerung*[49] nicht unbekannt, wie wir gesehen haben. Bei den unbestimmten Berichten über das, was »im Osten« geschah, sind ja keineswegs nur Juden gemeint, sondern es wird immer wieder deutlich, dass sich die Aktionen auch gegen die Zivilbevölkerung richteten. Dafür noch ein eindeutiges Beispiel:

ELISABETH D. (1899): »Dann kam mal ein Freund von uns aus Russland zurück, ein junger Freund, und sagte: ›Also ich sagte zu meiner Frau, wir können nie Kinder bekommen. Was da in Russland passiert, muss wieder über unsere Kinder kommen…‹

I: *Aber der hat auch nicht konkret erzählt, dass er Erschießungen gesehen hat?*

D: Doch, dass ganze Dorfbevölkerungen sozusagen ausgerottet wurden.«[50]

Das ganze Ausmaß der »Behandlung« der »slawischen Untermenschen« war und ist wohl bis heute unbekannt. Zwanzig Millionen Menschen kamen in der damaligen Sowjetunion im Krieg um, darunter waren 10 Millionen Ziviltote. Es hätte in den meisten meiner Gespräche zu weit geführt, die Frauen nach Details der nationalsozialistischen Eroberungspolitik in Osteuropa zu befragen. Doch ist anzunehmen, dass ihnen wie vielen anderen Menschen die klare Zielsetzung dieser Politik unbekannt blieb: die Versklavung der osteuropäischen Völker, wie sie im »Generalplan Ost« oder auch in Himmlers Posener Rede eindeutig formuliert wurde.[51]

Manche sind ohne Wissen geneigt, die Übergriffe der Wehrmacht oder der SS auf die osteuropäische Zivilbevölkerung als Reaktion auf Partisanenangriffe zu betrachten. Doch zeigen sie in dieser ihrer Beurteilung Unsicherheit, wo die Grenze zwischen dem militärisch Notwendigen, dem völkerrechtlich zu Tolerierenden einerseits und Kriegsverbrechen andererseits zu ziehen sei. Sie äußern zumeist ein gewisses Verständnis für »Vergeltungsmaßnahmen« gegenüber Partisanen, ohne natürlich eine klare Vorstellung von der Art und der völkerrechtlichen Berechtigung dieser Maßnahmen zu haben.

Ganz unwissend, wohl auch aus Gleichgültigkeit und wegen vieler Vorurteile, zeigten sich die Frauen gegenüber dem Vorgehen gegen die sogenannten *Asozialen*. Hier konnte die Regierung sogar auf Verständnis rechnen, wie die Berichte von Fürsorgerinnen zeigen, die nicht nur aus Gehorsam, sondern mit Eifer solche »Asoziale« aufspürten und meldeten. Nach den herrschenden Moralvorstellungen hatte der Staat das Recht, die Gesellschaft vor diesen »kriminellen Volksschädlingen« zu schützen und sie an der Vermehrung zu hindern. Ich bin mir fast sicher, dass es – würde man unter den älteren Frauen eine unverfängliche Befragung mit entsprechender Fragestellung durchführen – immer noch eine Mehrheit für ein »strenges Durchgreifen« des Staates gegenüber »solchen Typen« gäbe, denn fast jede Frau hob hervor, dass damals noch »Ruhe und Ordnung herrschten« und Frauen vor Belästigung und Kriminalität sicher waren, dass man als Frau ohne Angst abends allein ausgehen konnte, auch in einen dunklen Wald, und dass es keine Rauschgiftsüchtigen gegeben habe.[52]

Über die Sinti und Roma, damals nur als *Zigeuner* tituliert, sagte von sich aus keine Frau auch nur ein einziges Wort. Bei ausdrücklicher Nachfrage kam zutage, dass man damals überhaupt nichts von ihrem Schicksal wusste, sich auch nicht dafür interessierte. Die alten Urteile und Vorurteile bestehen vermutlich bis heute bei den meisten Frauen fort. Das zeigen folgende Beispiele:

WALTRAUD G. (1926): »Von Zigeunern wurde schon mal gar nicht gesprochen; ich könnte mich nicht erinnern; sie waren nun nicht mehr auf der Landstraße zu sehen. Man fragte nicht nach ihnen.«

ILSE S. (1929): »Mit den Zigeunern war es so, wie es Reinhard Mey besingt, man ging ins Haus und schloss die Türe.«

IRMGARD W. (1917): »Von Zigeunern wusste ich nur, dass wenn sie in die Kleinstadt kamen, ich nicht allein draußen sein sollte und sie mit Spitzen kamen und auch aus der Hand lasen. Sehr gern sah man sie nicht, kam wohl auch nicht oft vor.«

Nur eine Frau hat eine Szene aus ihrer Kindheit in Erinnerung: DORIS G. (1937) erzählt: »Gegenüber von uns waren drei Wingerterhäusle (*Weinberghäuschen*). Und in dem einen, direkt gegenüber von uns, haben unten im Parterre Zigeuner gewohnt. Da kann ich mich noch entsinnen, wie die raus haben müssen. Abgeholt wurden. Da stand ein Lastwagen vor der Tür, und da haben sie den Hausrat hinaufgeschmissen. Ich hab das Gefühl gehabt: Warum schmeißen sie das alles hinauf und nicht ordentlich wie sonst bei einem Umzug?«

Planmäßige Ermordung der Juden (»Endlösung«)

Wie viele der Frauen haben von der planmäßigen und systematischen Ermordung der Juden durch Massaker und Massenerschießungen und durch fabrikmäßige Massenvergasungen gewusst? Unter meinen Interviewpartnerinnen befand sich keine, die in diese Vorgänge eingeweiht, die zu entsprechenden Stellen in Verbindung gestanden oder deren Angehörige direkt in die Verbrechen verwickelt waren. Fast keine von ihnen will davon auch nur entfernt etwas erahnt haben. Meine Zeitzeuginnen können sich zudem auf unverdächtige Zeugen berufen, wie z.B. auf Juden selbst, die das Schlimmste nicht wussten:

Die schon mehrfach zitierte Hitlergegnerin, die Pfarrfrau ELISABETH D. (1899), berichtet von der Sekretärin ihres Mannes: »...eine alte Jüdin, die treulich jeden Tag kam; sie war halb blind, aber sie kam jeden Tag und hat Schreibmaschine geschrieben. Da ist es uns nicht geglückt (*sie zu retten*), weil weder sie noch wir wussten, was es eigentlich bedeutet (*die Verbringung in den Osten, die sie in einem Gespräch zuvor angedeutet hatte*).
I: *Ist sie gleich mit dem ersten Transport weggekommen?*
D: Ich weiß es nicht, aber wahrscheinlich nicht der erste, aber man hatte noch keinen Begriff davon. Sie sagte damals noch: ›Also, ich bin jetzt eigentlich ganz beruhigt. Wir werden dort in ...‹
I: *Kam sie nach Theresienstadt?*
D: Ja, vielleicht war es Theresienstadt... (*sie zitiert aus der Erinnerung*). ›Wir werden dort sozusagen unser Ghetto bekommen, wie das früher auch war in Polen oder

irgendwo und werden dort nach unserer Art leben können.‹ Wir haben ihr dann
noch warme Sachen, was man eben konnte, mitgegeben, und sie fuhr eigentlich
ganz fröhlich weg. Und erst viel später haben wir dann gehört, sie soll an einer
Lungenentzündung gestorben sein.«

Es gibt Zeugnisse, dass selbst Juden, die sich schon auf dem Transport nach
Auschwitz befanden, nicht wussten, was ihnen bevorstand. Nahezu unfassbar
scheint es aus heutiger Sicht, wenn Ruth Elias in ihrer Autobiografie schreibt,
als sie in Auschwitz angekommen war, habe ihr der Name des Ortes nichts
gesagt. Sie habe selbst noch nicht an die Realität des Vernichtungslagers geglaubt, als sie die Gasöfen sah.[53] Der scharfe Beobachter Victor Klemperer, der
zwar von »Vernichtung durch Arbeit«, von Massenerschießungen weiß und
berichtet, erfährt von der »planmäßigen Vergasung« von 1 1/2 Millionen Juden in Auschwitz erst am 29.1.1945.[54]
Auch von oppositionellen Frauen gibt es glaubwürdige Aussagen solcher
Ahnungslosigkeit:

ROSWITHA FRÖHLICH reflektiert das Tagebuch ihrer Mutter: »Bis zu diesem Zeitpunkt (*sie nennt den 22.4.1945 mit Goebbels' letzter Rede, zwei Tage nach ›Führers‹ Geburtstag und acht Tage vor Hitlers Selbstmord*), an dem sich die ersten Nachrichten über
die Massenvernichtungslager verbreiteten, war es Hitler und seinen Leuten offenbar
wirklich gelungen, geheimzuhalten. Sogar vor Leuten wie meinen Eltern, die ›das
System gehasst‹ hatten.«[55]

KÄTHE BUCHRUCKER (1912), die durch die »Kirchlich-theologische Sozietät in Württemberg« Verbindung zu Widerstandskreisen hatte: »Wir haben wirklich erst nach dem
Krieg erfahren, dass die Leute aus Theresienstadt systematisch nach Auschwitz transportiert wurden. Ich habe nicht gewusst, dass sie in Auschwitz sofort selektiert wurden. Wir haben wohl gewusst, dass Auschwitz etwas ganz Furchtbares ist, aber nicht,
dass es ein systematisches Vernichtungslager war. Ganz zum Schluss haben wir auch
von Gasvernichtung gehört. Aber man hat es immer nicht für möglich gehalten. Dass
in Berlin die kleinen Kinder in Omnibusse geladen wurden und durch Auspuffgase
vergiftet wurden, haben wir gehört. Solche Sachen haben wir schon gewusst. Aber
wie schrecklich diese Lager waren, das haben wir nicht gewusst.«[56]

Dennoch glaube ich aus meinen Befragungen zuverlässige Indizien zu haben,
dass auch über dieses dunkelste Kapitel mehr nach außen drang als heute erinnert wird oder erinnert werden will. Gertraud L. erzählt z. B. von einem
Brieffreund, einem Luftwaffenhelfer (Jg. 1928), der, allerdings erst Ende 1944,
nahe bei Auschwitz stationiert war. Er hat gewusst, was sich dort abspielte,
und erzählte seinen Eltern davon, obwohl ihm und seinen Kameraden bei
Strafe des Erschießens verboten worden war, darüber auch nur ein Wort zu
sagen.[57] Es ist höchst wahrscheinlich, dass auch die anderen zum mindesten

ihren Eltern davon erzählt haben. Gertraud L.'s Mann, ebenfalls Luftwaffen-helfer des Jahrgangs 1928, erinnert sich ganz deutlich daran, dass unter den Kameraden beim Duschen eine regelmäßig gebrauchte Wendung war: »Wirf mir einen Judenknochen (= Seife) herüber!«[58] Auch Roswitha N. (1924) be-stätigt, dass man schon damals von »Judenseife« gesprochen hat:

»Also da haben wir so Seifen gehabt, die waren so hart wie Stein, wie Zement, da war Sand drin, ohne Zweifel, das waren sie nicht. Aber diese leichten, die sind oben geschwommen, und die sind ganz schnell verbraucht gewesen, das waren sie, unter Garantie, unter Garantie.«

Einzelne – wohl durch die Zensur gerutschte – Feldpostbriefe sprechen ganz offen von der Judenvernichtung.[59] Eine Frau, die im Warthegau tätig war, ver-sichert, sie habe gewusst, was in den Vernichtungslagern passierte.

Damalige Kinder erinnern sich, dass sie Ohrenzeugen wurden, als Solda-ten von »Verbrennen« und »Vernichten« von Juden berichteten:

Eine namentlich nicht genannte Frau, die damals ein Kind war, erzählt vom abend-lichen Zusammensitzen beim Zubereiten von Wolle, die von eigenen Schafen stamm-te: »Es sind noch andere Leute in der Küche, Nachbarn, ein Soldat auf Urlaub…Da höre ich im abendlichen Halbdunkel den Soldaten sagen: ›…und da sind dicke Rohre, aus denen läuft das Fett heraus.‹ Mir wird übel. Diese Worte sind mir noch heute in den Ohren. Ich war damals 4 oder 5 Jahre alt und wusste, dass von Menschen die Rede war, die verbrannt wurden, und dass diese Menschen Juden waren. Heute noch wird mir beim Geruch von Wollfett übel.«[60]

Nicht zu vergessen sind in diesem Zusammenhang die Flugblätter der Ge-schwister Scholl, die schon 1942 den Massenmord anprangerten.[61]

Schon die erbarmungslose Verfolgung und Hinrichtung dieser jungen Stu-denten zeigt, dass die Mörder selbst äußerst bestrebt waren, diesen »letzten Akt« der planmäßigen und millionenfachen Ermordung so geheim wie mög-lich zu halten. Deshalb wurden die Vernichtungslager allesamt in das besetzte Polen, vor allem in den östlichsten Teil, das Generalgouvernement, verlegt. Den Juden wurde erlaubt, Gepäck und Gebrauchsgegenstände und sogar Arbeits-gerät mitzunehmen, damit sie an eine »Ansiedlung im Osten« glauben sollten und keine Panik riskiert wurde. Man glaubte – sicher zu Recht – den Deut-schen in ihrer übergroßen Mehrheit dies (noch?) nicht zumuten zu können[62], während es offenbar den Polen und auch anderen »Fremdvölkischen«, aber auch deutschen Soldaten zumutbar war.[63] Ernst Klee geht im Zusammenhang mit Massenerschießungen so weit, von »Hinrichtungs-Tourismus« zu sprechen.

Wie viele oder wie wenige zu welchem Zeitpunkt von dieser letzten Stufe der Judenverfolgung wussten, wird nicht endgültig zu klären sein. Vermutungen einer kollektiven Verdrängung sind ernst zu nehmen, aber es müssen Vermutungen bleiben. Ich neige nach meinen Zeugnissen eher dazu zu glauben, dass es ein verhältnismäßig kleiner Bruchteil gewesen ist, der die *ganze* Wahrheit schon vor 1945 wusste. Wie auch immer, zur eigenen Entlastung taugt dieses Nichtwissen nicht, denn was man wissen konnte und mit Sicherheit auch wusste, war genug.[64]

Dazu kamen noch andere Quellen, aus denen man hätte entnehmen können, was sich der nationalsozialistische Staat, allen voran Hitler, zum Ziel gesetzt hatte, und was er von allem Anfang an in die Tat umzusetzen begann. Die beste und wichtigste ist Hitlers Buch »Mein Kampf«. Es ist bekannt und kaum verständlich, dass so wenige Deutsche dieses Buch gelesen haben. Unter den befragten Frauen waren es nur einzelne. Diese einzelnen aber, die das Buch von Anfang bis Ende gelesen haben, waren immun gegen Hitler. Es sind zwar allesamt kritische Köpfe gewesen, aber es ist nicht so, dass sie sich in ihrer ohnehin schon ablehnenden Haltung durch die Lektüre des Buches nur bestätigen ließen, nein, sie wurden erst durch die Lektüre sehend. Sie konnten alles, was sie seit 1933 wahrnahmen, hörten und erlebten, in seiner Bedeutung in das Gesamtkonzept, das sie aus diesem Buch kannten, richtig einordnen und bewerten. Hitlers Propaganda konnte ihnen nicht so leicht etwas vormachen.

GERTRAUD L. (1928): »Ich sehe aber noch meine Mutter in unserem Wohnzimmer sitzen und ›Mein Kampf‹ lesen und höre sie ausrufen: ›Was Hitler hier mit den Juden vorhat, ist Sünde!‹ Und immer wieder sagte sie: ›Unser Herr Jesus war auch ein Jude.‹ Sie war eine sehr gläubige Frau. Diese Meinung vertrat sie übrigens öffentlich, und keiner hat sie angezeigt.«

Es gab als weitere wichtige Quelle die ausländischen Sender, die öfter gehört wurden, als ich angenommen habe.[65] Relativ viele berichteten, dass sie mit der Decke über dem Kopf regelmäßig die Schweiz (Beromünster) oder BBC gehört haben, wenn auch mit Herzklopfen.

RENATE D. (1915): »Wir haben das Gerät immer auf den Boden gestellt und ganz leise und haben uns auf den Boden gelegt und gehorcht. Weil man den Eindruck gehabt hat, da kriegt man die Wahrheit gesagt, und sonst wird man bloß angelogen. Also das haben *sehr* viele Leute gemacht. Man hat nicht gewagt, selbst mit den besten Bekannten darüber zu reden, weil man nicht wusste, was es für Folgen hatte.«

Aber längst nicht alle haben den grausamen Nachrichten wirklich geglaubt.[66] Eine Elsässerin (Irene K., 1920) sagt zu solchen Nachrichten: »Die Leute können nicht sagen, sie haben nichts gewusst, das stimmt einfach nicht.« Sie selbst hörte Auslandsender, die berichteten, dass Juden planmäßig vernichtet wurden. Die meisten hielten diese Nachrichten über die deutschen Verbrechen für »Greuelhetze«, so wurden die »Feindnachrichten« von der NS-Propaganda genannt, und erinnerten an die Greuelmärchen, die schon im Ersten Weltkrieg über die »deutschen Hunnen« verbreitet worden waren.[67] Eine Frau hat Flugblätter gefunden, auf denen von deutschen Greueltaten berichtet wurde, von Juden »so unbestimmte Dinge«, wie sie sich ausdrückt. Aber die Reaktionen waren: »So etwas tun Deutsche nicht«, »Es ist unvorstellbar und kann nicht wahr sein«. Nicht einmal fotografischen Beweisen und Augenzeugen wurde geglaubt. Auch solche, die mit jüdischen Menschen in Verbindung standen, ja selbst untergetauchte Juden, konnten die ganze Wahrheit nicht fassen.

Thea H. (1906): »Und ich habe lange nichts gewusst von Buchenwald und von den Vernichtungslagern, bis auf einmal … dann kam ein Soldat … der kam in Urlaub. Und der zeigte draußen im Betrieb, er war Lagerist, und zeigte Bilder von Übeltaten. Damals war ich noch auf dem Standpunkt, das gibt's nicht, das machen Deutsche nicht! Und wollte die Bilder nicht sehen. Und dann später hab ich mich daran erinnert, er hatte recht! Das war die Wahrheit! Ich wollte sie nicht erkennen.«

Röschen H. (1913): »Die Wahrheit erfuhren wir erst 1944, als ein Freund uns besuchte, der an Auschwitz vorbeigefahren war und sie von dortigen Bewohnern erfuhr. Wir waren fassungslos! Wirklich geglaubt haben wir es erst anhand der Bilder von den Leichenbergen, die die Alliierten in den KZ vorfanden.«

Gertrud W. (1914), eine Sozialdemokratin und Hitlergegnerin, blieb mit einer ihrer jüdischen Freundinnen noch im Krieg und bis nach Treblinka im Briefwechsel, bis der letzte Brief von ihr zurückkam mit dem Vermerk, die Korrespondenz zu unterlassen: »Allerdings, so weit ging meine Vorstellung nicht, dass Hitler die Juden in Millionen umbringen würde. Als sie (*ihre Freunde*) deportiert wurden, dachten wir, sie müssten im Osten in Munitionsfabriken arbeiten. Die grausame Wahrheit erfuhren wir erst nach dem Krieg.«

Gerade die besonders rechtschaffenen, in behütetem und bürgerlich-anständigem Umfeld lebenden Frauen und Mädchen konnten sich Gemeinheiten und Verbrechen dieses Ausmaßes kaum vorstellen; sie lagen außerhalb ihres Denkvermögens.

Die in Berlin im Untergrund lebende deutsche Jüdin Inge Deutschkron: »Über BBC hörten wir im November 1942 das erste Mal von Vergasungen und Erschießungen. Wir konnten und wollten es nicht glauben… Das wahre Ausmaß des Entsetzlichen erfuhr auch sie erst nach dem Krieg.«[68]

Es liegt auf der Hand, dass sich in diesem »Nicht-Hören und Nicht-Glauben-Wollen« auch etwas von der grundsätzlichen Einstellung zum Regime manifestiert. Die Einverstandenen, die damit ja auch irgendwie Komplizinnen waren, sträubten sich gegen unangenehme Wahrheiten, nahmen von vorneherein bewusst oder unbewusst selektiv nur das wahr, was zu ihrem zustimmenden Weltbild passte. Die Zweifelnden oder gar Gegnerinnen waren hingegen sehr viel offener für das, was ihrer oppositionellen Einstellung entsprach. Die Verfolgten andererseits wollten das Ungeheuerliche nicht wahrhaben, das ihnen drohte.

An ausländische Zeitungen, die schon vor Kriegsende von der Judenvernichtung berichteten, kamen die wenigsten heran. Aber selbst diese Meldungen gingen über das Vorstellungsvermögen hinaus.[69]

Häufig wurden verräterische Gespräche und Nachrichten bewusst abgeblockt aus Angst vor dem Entsetzlichen, das sich da enthüllen könnte. Lore E. (1927) berichtet vom Besuch eines Freundes ihres Vaters, der von der Front in Urlaub gekommen war. Sie hört ihn noch sagen: »Manchmal vergeht einem da ja der Glaube an die Menschheit...« Er wechselte aber sofort das Thema, als er merkte, dass die Familie nicht im Bilde war und – so muss ich hinzufügen – wohl auch nicht ins Bild gesetzt werden wollte. Man wollte nicht hören.

HANNELORE S.: »Über die Gründe und Ursachen des Krieges, über den ›Führer‹ und seine Wahnsinnsbefehle hörte man wohl hie und da: Ungenaues, heimlich, von ausländischen Sendern, von heimgekehrten Soldaten, von Andersdenkenden, denen man am liebsten den Mund zugehalten hätte, um nicht Böses in irgendeiner undefinierbaren und unvorhersehbaren Form heraufzubeschwören.«

ELFRIEDE S. (1921), die im Warthegau als Lehrerin eingesetzt war, hörte manches über Deportationen und Vernichtungen. An ihren mühsamen Formulierungen beim Erzählen zeigt sich noch heute, wie das für die eigene Psyche Bedrohliche abgewehrt wurde: »Da war eine junge Frau, die war in Hohensalza beschäftigt, und die kam immer wieder am Wochenende und die hat uns dann auch erzählt, dass in Warschau die Juden evakuiert worden sind, dass die umgebracht worden sind... Man konnte sich das gar nicht vorstellen, und sie hat's auch bloß so ... nicht öffentlich erzählt, sondern auch bloß so im Gespräch, wenn man vielleicht zu zweit und so war. Und so manches, was halt in der Zeit schlecht war, und irgendwie, eine Vorstellung davon hat man sich, hat man sich so gar nicht machen können, weil man das ... weil das ... weil man nicht wahrhaben wollte, was nicht..., weil nicht sein ... weil man sich's nicht vorstellen konnte, wollte man's nicht wahrhaben irgendwie.«

So stark auch die Abwehrmechanismen waren, die man aufbaute, so war doch der antihumane Kern der nationalsozialistischen Ideologie und Praxis stets präsent und durchdrang das ganze öffentliche Leben, auch wenn sie raffiniert »verkauft« und die wahren Absichten verschleiert wurden. Man kann vermuten, dass gerade deshalb die Anstrengung, das Schlimme nicht glauben zu wollen, so groß war, weil man es im tiefsten Herzen eigentlich für möglich hielt und glauben musste. Aus der Sicht von heute ist es kaum begreiflich, dass erwachsene Frauen das damals nicht erkannten. Eine öffentliche Verordnung gegen »Volksschädlinge«, eine der »großen« Hitlerreden[70], ein Film wie »Jud Süß« oder der Film und die Wanderausstellung »Der Ewige Jude«, ein Exemplar des »Stürmer« oder auch nur die Tageszeitung, genau gelesen, wo auffallend oft vom »Endkampf« gegen das Judentum die Rede ist, alle die Schilder an Geschäften und Gaststätten »Juden unerwünscht«, die Sprechchöre »Juda verrecke!« hätten die Augen öffnen müssen.

Ich wähle nur *ein* Beispiel, das besonders Frauen hätte ansprechen müssen. Im »Feierraum« in Böblingen und sicher auch anderswo, in dem unter anderem standesamtliche Ehen geschlossen wurden, hingen an der Chorwand die »Zehn Gebote der Gattenwahl«. Da war öffentlich zu lesen:

»5. Wähle als Deutscher nur einen Gatten gleichen oder nordischen Blutes.
Wo Eigenschaft zu Eigenschaft passt, herrscht Gleichklang. Wo ungleiche Rassen sich mischen, gibt es einen Missklang. Mischungen nicht zueinander passender Rassen führen im Leben der Menschen und Völker zu Entartung und Untergang. Desto schneller, je weniger die Rasseneigenschaften zueinander passen. Hüte Dich vorm Niedergang, halte Dich vom Minderwertigen fern. Glück ist nur bei Gleichgearteten möglich. Was bedeutet nordisches Blut? Die Geschichte lehrt, dass unsere germanischen Vorfahren dem Wunschbild des nordischen Menschen im hohen Maße entsprachen. Die nordische Rasse ist nach allen Forschungen die für die Menschheit und ihre Entwicklung wertvollste Rasse. Das deutsche Volk enthält noch einen sehr erheblichen Bestandteil nordischen Blutes. Jeder Deutsche hat daran mehr oder weniger Teil. Diesen Anteil zu erhalten und zu vermehren ist heilige Pflicht. Wer sein Blut mit Minderrassigen mischt, wird zum Verbrecher an seinem Volk.«

Auch hier ist nicht von Vernichtung die Rede, sondern von Absonderung von den »Minderwertigen« und von der Züchtung der »Höherwertigen«. Aber die logische Konsequenz musste sich geradezu aufdrängen: »Minderwertige« sind aus dem »Volkskörper« zu entfernen, am besten auszurotten.

Lasen die Frauen derartiges nie? Was hörten, lasen, sahen sie? Fehlte ihnen die Phantasie für solche abgründigen Deutungen?

Wie viele sind es, die es heute nicht begreifen und sich nicht verzeihen können, dass sie damals offenbar »seelenblind« waren? Wir werden darauf in Kapitel 9 zurückkommen. Welche persönlichen Erfahrungen machten sie mit Juden, welche Auffassung hatten sie von ihnen? Waren sie Antisemitinnen?

Teil II
Anmerkungen zum deutschen Antisemitismus aus erfahrungsgeschichtlicher Sicht

Die Geschichte des deutschen Antisemitismus zwischen 1933 und 1945 ist nicht das Thema dieser Arbeit. Im folgenden wird lediglich danach gefragt, wieweit und in welchen Formen sich Antisemitismus im Bewusstsein der Frauen spiegelt, mit denen ich gesprochen habe. Auch wenn gerade hier in besonderem Maße mit Schönfärberei und Retuschen gerechnet werden muss, berechtigt eine genaue Beachtung konkreter Erlebnisse und charakteristischen Sprachgebrauchs doch zu einigen Anmerkungen aus erfahrungsgeschichtlicher Sicht.

Die Frauen unterschieden und unterscheiden in ihren Erzählungen zwischen »Deutschen« und »Juden« und sprechen nicht etwa von »Deutschen jüdischen (oder mosaischen) Glaubens« oder einfach von »deutschen Juden«. Dieser Sprachgebrauch verrät, dass auch in ihrem Bewusstsein die Assimilierung nicht so weit fortgeschritten war, dass diese Unterscheidung überflüssig wurde. Andererseits versichern viele, sie hätten erst durch die 1933 einsetzende Diskriminierung der Juden gemerkt, dass der eine oder andere unter ihren Bekannten jüdischer Herkunft war. Das ist um so glaubwürdiger, als ja bekanntlich viele deutsche Juden von sich sagen, sie hätten sich ganz als Deutsche gefühlt und seien erst durch die Verfolgungen »zu Juden gemacht worden«.

In den persönlichen Erlebnissen der Frauen zeigt sich denn auch sehr deutlich diese weit fortgeschrittene, aber eben doch nicht vollständige Integration der deutschen Juden in die deutsche Gesellschaft.

Persönliche Erfahrungen und Einstellungen

Die meisten meiner Zeitzeuginnen und durchschnittlichen Deutschen haben Juden persönlich gekannt. Unter ihnen hat kaum jemand schlechte oder andere Erfahrungen mit Juden gemacht, als man sie mit Menschen überhaupt macht. Viele haben gern, gut und preiswert in jüdischen Geschäften eingekauft, auch über die Restriktionen der Nazis seit 1933 hinaus. Jüdische Ärzte werden ihrer Tüchtigkeit wegen gelobt, oft weil sie Arme umsonst behandelt haben oder jüdische Geschäftsleute Verständnis gezeigt hätten für kinderreiche Familien. Immer wieder werden Erlebnisse erzählt, wo Frauen von ihren jüdischen Mitbürgern geholfen wurde. Es werden auch sehr persönliche Erlebnisse erzählt, die von einer guten und engen Beziehung zu Juden sprechen, denen man selbst viel verdankte. Dies gilt besonders für Frauen, die in jüdischen Häusern gearbeitet hatten und in jüdischen Haushalten »in Stellung« gewesen waren. Damalige Schülerinnen erinnern sich fast immer gern an ihre jüdischen Klassenkameradinnen, damalige Kinder fanden es selbstverständlich, mit anderen jüdischen Kindern zu spielen und gutnachbarschaftlich zusammenzuleben. Man habe die Juden nicht als »fremd« oder »andersartig« empfunden.

MATHILDE E. (1902): »Also ich persönlich hab' mit einem Judenjungen meine ganze Kindheit verbracht, und zwar hieß die Firma, wo mein Vater war, Salomon, das waren natürlich Juden, aber mit dem Sohn Salomon habe ich eine prachtvolle Jugend verbracht. Der gehörte zu der Familie des Inhabers, und auch dessen Mutter hat uns immer eingeladen, war also ein richtiges Kinderverhältnis. Ich wusste überhaupt gar nicht, dass Juden unterschiedlich von uns sind. Das war für mich ein nachbarlicher Freund; wir haben prachtvoll miteinander im Garten gespielt, also, das war für mich nichts Besonderes oder was Schlechtes.« Dieser Kinderfreund »geriet ihr allerdings später irgendwie aus den Augen«.

ELISABETH S. (1914): »In unserer gemischt konfessionellen Klasse im Gymnasium waren auch acht jüdische Mitschülerinnen, die wir z.T. ob ihrer Klugheit und Reife bewunderten. Wir hatten eine selbstverständlich tolerante Einstellung ihnen gegenüber, kamen nie auf die Idee, dass sie etwas Besonderes wären. Als unsere liebe Nachbarin in S., die wir seit Kindertagen kannten, auf einmal mit einem gelben Stern gehen musste, erfuhren wir zum ersten Mal, dass sie Jüdin war (getaufte). Für uns blieb sie die Gleiche wie immer. Was diese Menschen innerlich durchgemacht haben, haben wir uns damals wohl nicht klar gemacht.«

Vielleicht werden derartige Erlebnisse deshalb so gerne erzählt, weil man sein persönlich gutes Verhältnis zu Juden herausstreichen und damit die persönliche Unschuld an den schrecklichen Aktionen gegen die Juden bekunden will im Sinne von: ›Ich habe mit der ganzen Sache nichts zu tun gehabt‹, oder: ›Wenn es nach mir gegangen wäre, wäre das alles nicht passiert.‹

Ganz sicher gibt es Mitteilungsbarrieren. Eine genaue Interpretation der Erzählungen enthüllt manche Widersprüche zwischen ausdrücklich betontem Wohlwollen oder »Neutralität« gegenüber Juden und versteckten Vorbehalten, wenn nicht gar Ablehnung. Wieder treffen wir auf schwer entwirrbare Gemengelagen, über die sich die einzelnen wahrscheinlich selbst niemals ganz klar geworden sind. Vermutlich ist aus heutiger Sicht manches in den Berichten geglättet.

Ein nicht untypisches Beispiel ist IRMA R. (1915), die als Krankenschwester beim Roten Kreuz einen höheren Rang bekleidete. Sie betonte, dass sie persönlich nichts gegen Juden hatte, trotzdem gab sie Unterricht in Rassenlehre, obwohl ihr bewusst war, dass es »da hauptsächlich gegen die Juden geht«. Sie erzählte dann im weiteren Verlauf des Gesprächs von Juden, die in den Augen der Bauern Viehhändler und Betrüger waren, und distanziert sich nur insoweit, als sie sagt: »Ich war neutral. Mich ham doch so Sachen nicht interessiert.«

IRMGARD S. (1913), wie Irma R. aus gutbürgerlichem Haus: »Ich hatte persönlich keine Abneigung. Aber man hatte das Gefühl, die Juden machen sich breit.« Schon vor Hitler galt in den deutschnationalen Kreisen, in denen Irmgard S. aufwuchs: Man kauft nicht bei Juden.

MARIA T. (1920): »Wir haben gewusst, wie die Geschäfte in Straubing zerstört worden sind. Damals hat man das nicht so schlecht gefunden, weil das lauter Bauernfänger waren. Die haben den Bauern was geliehen, wo die schlechte Zeit war, und dann haben sie die Höfe auseinandergerissen und alles verkauft, und so waren die nicht beliebt. Und da hat man das nicht so schlecht gefunden. Aber die Greuel hinterher…«

CLARA VON ARNIM berichtet von einem Familientag, von dem die Familie schon 1931 ein Familienmitglied ausschloss, der eine Jüdin geheiratet hatte. Nicht alle standen dahinter. Clara v. Arnim selber half später auch Juden, aber von Auschwitz und dem, was dort geschah, hatte sie dennoch keine Ahnung.[1]

Verbreitet war schon zu Beginn des »Dritten Reiches« ein »antisemitisches Gefühl«, wie eine Frau sich ausdrückt, etwas schwer Bestimmbares, kaum exakt Benennbares.

Bei dem immer wieder beobachteten grausamen Verhalten von Kindern und Jugendlichen gegenüber jüdischen Kindern schlug natürlich die Einstellung der Eltern und anderer Erwachsener durch, systematisch öffentlich ausgestreute Parolen taten ebenfalls ihre Wirkung. Hier decouvrierte sich Antisemitismus in besonders gemeiner Weise; aber es wird darüber wie so oft nur von »anderen« berichtet, von denen sich das eigene Verhalten abhob.

BARBARA K. (1928), deren Eltern eine zwiespältige Haltung zu Juden hatten: »Ich habe mich nicht vom Antisemitismus anstecken lassen, spielte mit Wolfgang, einem jüdischen Jungen. Das ging bis etwa 1938. Dann hieß es in der Schule offiziell: Ihr dürft nicht mit Juden spielen, Strafen wurden angedroht. Anfang '39 kam uns einmal ein bekanntes Jungmädel entgegen, grüßte uns mit ›Heil Hitler‹, und wir haben uns angeguckt. Da drehte die sich um und stellte uns zur Rede, warum wir mit Juden spielen. Wolfgang hat sie ausgelacht, was will sie denn? ›Ja, aber du bist 'ne Judensau!‹ und hat ihm eine geknallt. Das hat mich sehr berührt. ›K. kauft beim Juden‹, das haben mir zwei Mädchen so in meinem Alter oder etwas älter immer zugeflüstert bis zum Ende des Krieges, wenn ich ihnen auf der Straße begegnete. Sicher Mädchen aus 150%igen Elternhäusern. Hat mich wahnsinnig beschäftigt. Warum? Jüdische Geschäfte gab es schon nicht mehr. Ich fühlte mich herausgefordert und gekränkt. Neid oder Hassgefühle von deren Eltern her wohl. Das sind die Erinnerungen, die mich immer beschäftigten.« Der Spruch ›K. kauft beim Juden‹ stand einmal an Barbara K.'s Elternhaus. Ihre Mutter kaufte damals tatsächlich noch bei Juden, als dies schon verpönt war, »weil sie sich dort besonders gut bedient fühlte, und auch aus purer Opposition. Mutter war wirklich gegen Hitler«.

ELFRIEDE W. (1926): »In meiner frühen Oberschulzeit (ich war in Quinta, 1937) hatten wir einen Judenjungen in der Sexta, der zu Appellen keine Uniform trug, in der Aula an der Rückwand mit vor dem Gesicht verschränkten Armen stand, um die Knüffe, Schläge und Speichel abzuwehren; zu solchen Taten forderte ein HJ-Führer an der Aulatür auf. Der Junge tat mir sehr leid, weiter nichts.«

MARGRIT H. (1924) und ihr Vetter bezogen von ihrer Mutter eine Tracht Prügel, weil sie einen jüdischen Kaufmann geärgert hatten.

Nur einmal erzählte eine Frau (im Beisein einer Bekannten) von »nicht so netten« jüdischen Mitschülerinnen, die bei einer Lehrerin um ihre Zensur feilschten, und apostrophierte dieses Verhalten als »typisch jüdisch« mit den Worten: »Das ist einfach in der Mentalität drin.« (Maria E., 1912)

TILLY H. (1908) sagt über das allgemeine Verhältnis zu jüdischen Mitbürgern eher abfällig: »Gehandelt haben sie ja alle, geschafft hat ja keiner… Alle so Geschäfte.« Zwischendurch flicht sie ein, dass sie ihre ganze Aussteuer »von Juden« hatte: »Da haben wir heute noch davon.«

In ähnlichem Tonfall werden Erlebnisse erzählt, die Vater oder Großvater mit »Viehjuden« (*Viehhändlern*) auf dem Land hatten. Erna B. (1914), die aus Bessarabien stammt, sagte von Juden: »Da wusste man, dass man übers Ohr gehauen wird.« Dagegen gibt es ganz detaillierte Erzählungen über korrekte jüdische Viehhändler.

Die unbestechliche Bäuerin EMMA F. (1920) erzählt von einem solchen aus dem württembergischen Dorf Buttenhausen, mit dem auch ihr Vater gehandelt hat: »Und da hat ein Nachbar gewohnt und der hat einen Gaul von ihm gekauft und hat ihm das Geld gegeben in der Inflation '23. Und da hat er (*der Jude*) zu meinem Vater gesagt: ›Am nächsten Tag hab ich nicht mal mehr einen Laib Brot kaufen können um das Geld, was der Gaul gekostet hat.‹ So war's dort. Und die sind gut gewesen, hat mein Vater gesagt, die Juden, die haben so viel den Bauern geholfen. Und die (*sie meint die Nazis*) haben gesagt, die täten die Leut unterdrücken, das ist alles verlogen gewesen, 's ist nicht wahr gewesen. Weil man's ja selber verlebt hat mit den Juden, wo man geschafft hat, muss man sagen, die sind gut gewesen.«

Die Erzählungen, nimmt man alles in allem, erlauben das Fazit: Es hat solche und solche unter den Juden gegeben, sie waren nicht besser und nicht schlechter als wir, womit eigentlich normal menschliches Verhalten beschrieben wird. Aber Misstrauen, das eben auch jüdischen Geschäftsleuten gegenüber vorhanden war, konnte, wie eine Frau richtig bemerkte, von der NS-Propaganda gezielt auf »die Juden« gelenkt und diese dann zu Sündenböcken gestempelt werden. Subjektive Einzelerlebnisse wurden und werden vor diesem Hintergrund nur allzuleicht verallgemeinert. Nach einer sehr ungenauen Erzählung rief eine meiner Gesprächspartnerinnen aus (sie bat mich vorher, das Mikrofon abzustellen): »Ich habe Juden immer gehasst, und ich hasse sie immer noch. Ich habe noch nie einen ehrlichen Juden kennengelernt. Schon als Kind ist mir eingebleut worden: Die Saujuden!« Außer dem schwer nachprüfbaren Erlebnis mit einem Viehhändler waren keine Gründe für diesen Hass zu ermitteln. Es handelt sich also um ein irrationales »Gefühl«, verwurzelt wiederum in dem letztlich unerklärlichen Phänomen von langer Dauer, das Antisemitismus heißt und rational offenbar nicht angegangen und aufgeklärt werden kann. Es sollte zu denken geben, dass selbst in Auschwitz für die »Politischen« Juden auch »der letzte Dreck« waren, wie es Ruth Klüger erlebt hat.[2]

Man muss sich allerdings davor hüten, jede unfreundliche Erinnerung an Juden als Antisemitismus zu deuten. Es spricht vielmehr oft für ein ganz normales Verhältnis zu Juden, mit denen man eben – wie mit anderen Menschen auch – positive *und* negative Erfahrungen machte. Ein zu penetrant zur Schau getragener Philosemitismus kann eher die Kehrseite eines latenten Antisemitismus sein. Z. B. können sich in lobenden Äußerungen, wie: »Sie waren und sind eben besonders intelligent«, die ich öfter hörte, antijüdische Vorbehalte und geheime Angst vor ihnen verbergen. Viele, die Juden unter Einsatz ihres Lebens halfen, sie z. B. bei sich versteckten, haben durchaus nicht jede Kritik an ihren Schützlingen unterdrückt.

Das alles ist nur menschlich, und dass es in Frage gestellt werden muss, hat allein mit den Verbrechen und der unmenschlichen Brutalität der Judenverfolgungen seit 1933 zu tun. Ein bezeichnendes Beispiel unter meinen Gesprächspartnerinnen ist die Bäuerin Lydia S. (1911). Ihr Schwager hatte eine jüdische Frau. Er war Lehrer und ließ sich nicht scheiden, wurde entlassen und zeitweise eingesperrt. Die Familie S. nahm die Frau bei sich auf und brachte sie so durch den Krieg. Die Familie S. war in dem kleinen Ort so angesehen, dass niemand sich getraut hätte, gegen sie etwas zu unternehmen, auch wegen der Jüdin nicht, so bestätigten andere Lauffener Frauen. Auch das hat es gegeben! Lydia S. hat bis heute keine gute Meinung von dieser Schwägerin. Nach dem großen Angriff auf Lauffen habe sie nur ihren zusammengeschmolzenen Schmuck betrauert, es sei ihr ganz gleichgültig gewesen, dass Frau S. selbst schwer am Kopf verletzt worden war.

Unter christlichen Frauen war damals noch eine andere Einstellung anzutreffen: »Juden haben den Heiland ans Kreuz geschlagen, das ist nun die Strafe dafür.«

HULDA G. (1898) schreibt am 27.7.1941 ihrem Sohn ins Feld (sie berichtet von einer Predigt): »Mir wurde auf einmal klar, dass der Jude, der einstige Träger der Gottesidee, nun der Träger des Satans ist, weil er Gottes Gnade verscherzt hat und sich immer mehr von Gott entfernt hat.«

Viele Gemeindeglieder wurden verunsichert durch die nicht eindeutige Haltung der Kirchen in der Judenfrage. Es gab keinen kirchlichen Protest nach der »Kristallnacht«, wie bekannt.[3] Selbst die Bekennende Kirche schwieg zu den Nürnberger Gesetzen. Es gab auch keinen öffentlichen amtskirchlichen Protest gegen den Massenmord an den Juden, weder von evangelischer noch von katholischer Seite, obwohl die Kirchenleitungen nachweislich informiert waren. Wohl aber gab es Tausende von »einfachen Pfarrern« und ihren Frauen, Mönchen, Nonnen, Gläubigen, die mutig Widerstand leisteten oder Juden halfen. Aber die Masse der Gläubigen erhielt auch hier keine klare Orientierung.

VILMA STURM: »Zwar war ich aufgewachsen in dem Glauben, dass alle Menschen Brüder sind, und gleich in ihrem Wert vor den Augen ihres himmlischen Vaters. Doch jene Stelle in der Karfreitagsliturgie, jenes Wort von den ›perfiden Juden‹, die den Gottessohn ans Kreuz geschlagen hatten – ich hatte sie zu oft gebetet, um nicht von dem Wort ›perfide‹ infiziert zu sein wie von einem Krankheitserreger.«[4]

CHRISTEL BEILMANN analysiert sorgfältig die Haltung der katholischen Kirche zum Judentum und zur »Judenfrage«, wie sie ihr als junger, gläubiger Katholikin begegnete, und kommt zu dem bitteren Schluss: »Die Juden waren bei ›uns‹ im katholischen Milieu nicht vorhanden, obwohl wir mit ihnen im normalen Leben durchaus zu tun hatten... Kein Bischof tritt für die Juden ein. Die kirchliche Behörde produziert angesichts dieser Ungeheuerlichkeiten Katechismuswahrheiten, die vom Juden vor 1900 Jahren reden und helfen sollen, den Vorwurf zu entkräften, das Christentum sei artfremd. ›Juda verrecke!‹ schreien die Nationalsozialisten. Die Kirche – und wir – hören die alttestamentliche Frage: Wo ist Dein Bruder? nicht. Die Juden wurden erschlagen, die Juden verreckten.«[5]

ANNELIES N. (1914): »Wir hatten im Stuttgarter BK (*Bibelkreis*) eine zum evangelischen Glauben übergetretene Jüdin, Fräulein B.. Von Freizeiten kannte ich sie gut und konnte es nicht fassen, als ich hörte, dass beim Abendmahl einige BK-lerinnen vom Altar wieder zurückgetreten waren, als sie B. unter den Abendmahlsgästen erkannt hätten. Dafür hätten sich aber spontan andere neben sie gestellt. Sie habe bitterlich geweint und hat sich von da an ganz zurückgezogen. Der Verhaftung ist sie leider nicht entgangen.«[6]

HILDEGARD L. (1889) äußert sich kritisch über die Haltung des Landesbischofs Wurm gegenüber dem Oberlenninger Pfarrer Julius von Jan, der von der Kanzel gegen den Pogrom vom 9. November 1938 gepredigt hatte. Er wurde eingesperrt, misshandelt und aus dem Amt gewiesen. Wurm deckte ihn nicht.[7]

Obwohl unter meinen Zeitzeuginnen latenter und offener Antisemitismus vorhanden war, lässt sich nicht mit Sicherheit sagen, wie verbreitet und wie virulent er war und bis zu welchen Konsequenzen den Juden gegenüber er zu gehen bereit war. Ich neige eher dazu anzunehmen, dass bei der Mehrheit zwar gewisse Vorbehalte vorhanden waren, auch eine Bereitschaft, gewisse Einschränkungen des jüdischen Lebensraums zu tolerieren, wenn nicht zu befürworten, aber ein vehementer, »eliminatorischer« Judenhass, der die Vernichtung von Menschenleben gebilligt hätte, kann bei der großen Mehrzahl meiner Gesprächspartnerinnen ausgeschlossen werden. Dafür fanden sich nicht die geringsten Indizien. Daniel J. Goldhagen, der »*den* Deutschen« einen solchen »eliminatorischen Antisemitismus« unterstellt, bleibt den Beweis dafür schuldig. Er muss selbst zugeben, dass er fast nur den politischen und kulturellen Eliten nachgespürt hat und hält es folgerichtig für wichtig, »ganz gewöhnliche Meinungsumfragen« durchzuführen.[8] Meine Befragungen haben zwar nicht die Beweiskraft von statistisch abgesicherten Meinungsforschungen, erlauben aber begründete Rückschlüsse auf die Einstellungen einer großen Zahl durchschnittlicher deutscher Frauen. Selbst wenn man den Erzählungen und Äußerungen misstraut, gibt es weitere indirekte Hinweise. Wenn in Briefen und Tagebüchern kaum von Juden die Rede ist, dann deutet das nicht nur auf eine Fühllosigkeit gegenüber den Opfern hin, sondern auch auf ein Fehlen von Enthusiasmus über die Verfolgungen.

In dieselbe Richtung weisen auch Beobachtungen zur wöchentlichen Frauenseite des »Völkischen Beobachters«. In Christina Burghardts Untersuchung über einen Jahrgang der Zeitung, und zwar den Jahrgang 1938, das Jahr der Synagogenverbrennung, findet sich überhaupt kein Wort über Juden, Judenpolitik und noch viel weniger über die Vorgänge vom 9. November.[9] Auch wenn in der Zeitung selbst der Tenor antisemitisch war, glaubten die Nazis doch nicht, den Frauen diese ganz konkreten Auswirkungen der NS-Judenpolitik annehmbar machen zu können; die meisten Frauen hätten wohl kein Verständnis dafür gehabt. Ähnliches gilt für das Jungmädel- und BDM-Schulungsmaterial. Dort findet sich zwar manches über die »Reinhaltung der Rasse«, und »der Jude« wird als ein Wesen hingestellt, mit dem sich ein deutsches Mädchen nicht einlässt, aber zu Ausschreitungen und Gewaltakten gegen Juden wird nirgends aufgefordert. Die blutrünstigen antisemitischen Lieder wurden zwar (eher vereinzelt) gesungen, aber in einem offiziellen Liederbuch sind sie nicht zu finden. Vielleicht vertraute man hier auf die Langzeitwirkung der Rassenlehre in Schule und allgemeiner Propaganda, auf den öffentlich allerorten brutal propagierten Antisemitismus, aber eine gewisse Vorsicht gerade gegenüber Mädchen und Frauen ist doch nicht zu verkennen.

Manche legten sich eine eigene Erklärung zurecht: ›Die Juden, die ich persönlich kenne, die sind nicht so, wie sie Hitler und die NS-Rassenlehre hinstellen, aber das Weltjudentum ist etwas, das man fürchten muss.‹ Dieser »abstrakte Antisemitismus« konnte in Einzelfällen zu grotesken Verhaltensweisen führen, wie sie etwa BRIGITTE H. (1923) von ihrer Familie erzählt. Ihre Erzählung steht im Zusammenhang mit einem Luftschutzstollen, in den Juden eigentlich überhaupt nicht hineindurften:

»Da war der Fall der Jüdin, die meine Eltern immer ein bisschen betreut haben, auch zu Nichtkriegszeiten, obwohl, das muss ich sagen, wir alle in der Familie von dem schädlichen Einfluss des Judentums auf unser Volk immer überzeugt waren und auch meinen Eltern das immer bewusst war, aber sie haben das nicht so weit getrieben, dass sie so menschliche Fragen damit in Verbindung brachten, dass sie sagten: Sie ist Jüdin, die hat da nichts verloren. Man hat trotzdem gesagt, sie ist ein Mensch wie wir und ist hilfsbedürftig, und das ist selbstverständlich, dass man ihr hilft.«

Das »Weltjudentum« als abstrakte Größe, als mythische Konstruktion, als »geheimer Drahtzieher«, dem man alle Schuld an der erlebten Misere anhängen konnte, so etwa die Niederlage im Ersten Weltkrieg, die Inflation von 1923, die Weltwirtschaftskrise, den bedrohlichen Bolschewismus, den unheimlichen Kapitalismus, ja sogar einen neuen Krieg.[10] Hier übernahmen die Frauen natürlich die traditionellen und tief in die Geschichte zurückreichenden Denkweisen des Antisemitismus, verbunden mit dem relativ jungen, rassistisch untermauerten Antisemitismus, ohne sie mit ihren persönlichen Erfahrungen zusammenbringen zu können.

DOROTHEA D. (1924): »Zu uns nach Hause kam eine Jüdin zu Besuch, die von sich aus gesagt hat: ›Ich kann Sie jetzt nicht mehr besuchen, weil ich Sie nicht in Gefahr bringen möchte.‹ Ich habe das damals nicht richtig verstanden, warum. Das war so eine Diskrepanz zwischen dem, was man über die Hitlerjugend einerseits gehört hat, dass die so schlimm sind, und andererseits diese Jüdin, die eine so liebe und nette Frau war, das kriegte ich nicht zusammen. Aber ich habe mir damals mit dreizehn oder vierzehn auch nicht allzu viel Gedanken darüber gemacht. Die Juden, von denen man da gesagt gekriegt hat, das war irgendwie so etwas Fernes, so eine Art abstrakter Begriff.«

EVA L. (1919), deren Vater Studienrat war, auf die Frage, ob sie sich an die »Kristallnacht« erinnern könne: »Ja, wenig, wir sind in Cannstatt da vorbeigegangen, ach ja, die Synagoge ist abgebrannt, und da soll heut nacht was gewesen sein, und da haben sie von den Juden alles verbrannt. Wissen Sie, das war für uns immer…man hat uns ja nun immer erzählt, die Juden sind schuld an unserem Unglück, warum eigentlich, ich mein, man hat uns gesagt, die sind Händler, machen große Geschäfte und die sind an allem schuld. Es war diese Propaganda, kann man sich heut nimmer vorstellen, dass man das geglaubt hat. Man hat gedacht, ach Gott, der einzelne, der tut mir eigentlich leid, oder: das war doch eigentlich nicht nötig, denen ihre Kirche abzubrennen, sie hätten sie ja schließen können, aber man hat es im Grund richtig gefunden.

I: *Persönlich haben Sie keine Juden gekannt?*

L: Nein, nein, in der Schule einzelne, und die sind ja so nacheinander, waren großenteils doch aus Familien, die rechtzeitig gegangen sind, etwa nach England, Amerika… Die Eltern hatten auch eine befreundete Familie, aber die sind dann alle z.T. '33 weg, '34, alle plötzlich weg. Und wie wir dann sagten, warum kommen eigentlich die T.'s nicht mehr? Ja, die sind jetzt nicht mehr hier, die sind nach Amerika, fertig. Aber das eigentliche Problem, das haben wir überhaupt nicht verstanden. Wir haben verstanden, also Juden können wir nicht brauchen, die machen mit uns Geschäfte, die betrügen uns, belügen uns, es klingt merkwürdig, aber…«

Wahrnehmung der Einengung des jüdischen Lebensraumes

Von Anfang an hätten die allmähliche Einengung des jüdischen Lebensraumes und die zunehmende Entrechtung für jeden aufmerksamen Zeitgenossen klar erkennbar sein müssen. Maßnahmen gegen die Juden wurden ja zunächst gar nicht geheimgehalten, steigerten sich aber ständig und wurden immer weniger öffentlich gemacht.[11]

Diese Maßnahmen lassen sich in folgenden Gruppen zusammenfassen:

– Entfernung aus dem normalen Berufsleben;
– Isolierung von Freunden und Bekannten, von Informationsquellen, vom kulturellen Leben;

- Pauperisierung durch fortlaufende Kürzung der Einkommen, Konfiszierung von Eigentum, Steuern, Abgaben, Ablieferungen von Wertgegenständen u.a.;
- Drücken der materiellen Lebensgrundlagen unter das Existenzminimum in Verpflegung, Wohnung, Heizung, Hygiene;
- Verpflichtung zu Zwangsarbeiten;
- Entzug elementarer Menschenrechte durch Beschneidung der Bewegungsfreiheit, Ausgehverbote, willkürliche Freiheitsberaubung, Haussuchungen, Misshandlungen, Beraubungen, schließlich die Deportation in Vernichtungslagers;
- Öffentliche Diskriminierungen und Demütigungen durch Hetze, Anpöbelungen, Beschimpfungen, Brandmarkung durch Judenstern u.a.;

Von den Reaktionen auf Konzentrationslager und Deportationen wurde schon im ersten Teil dieses Kapitels gesprochen. Wie aber nahmen die Frauen die fortlaufende Entrechtung und Verfolgung bis hin zu diesem letzten Akt wahr? Wie verhielten sie sich dazu? Wie bei allem, was die Machthaber unternahmen, war die schleichende Steigerung der Entrechtung und Verfolgung das teuflische Prinzip, das z.T. auch von den Betroffenen selbst nicht durchschaut wurde.

Dass alle diese Maßnahmen zusammengenommen auf eine Vernichtung der Existenz vor der rein physischen Vernichtung hinausliefen, wird von den meisten Frauen nicht realisiert, in dieser schrecklichen Geballtheit kommen sie in ihrer Wahrnehmung nicht vor, und nur wenige gehen genauer darauf ein.[12]

MATHILDE WOLFF-MÖNCKEBERG (1879) in den nicht abgeschickten Briefen an ihre im Ausland lebenden Kinder am 12.1.1941: »Ich glaube kaum, dass Ihr Euch vorstellen könnt, wie das Leben der *Nicht*arier sich hier abspielt! Auf ihren Lebensmittelkarten steht ein großes J (Jude), um sie sofort zu kennzeichnen, und hinter ihrem Vornamen steht bei Frauen Sarah und bei Männern Israel. Zusatzlebensmittel wie Kaffee, Tee, Schokolade bekommen sie nie, und eine Kleiderkarte wird ihnen nicht zuerteilt. Nach 7 1/2 (*halb acht*) dürfen sie nicht mehr auf die Straße, Telefon und Radio sind ihnen genommen, und an fast allen Geschäften und Gaststätten steht: ›Juden nicht erwünscht.‹ Es ist so empörend, so über alle Maßen niederträchtig, dass ich schamrot werde, wenn ich es aufschreibe. Und doch sollt Ihr und Eure Kinder es wissen, wie man sich hier in Deutschland zur Zeit unserer jetzigen Regierung benommen hat. Ihr werdet es nicht fassen, dass wir ›andern‹ das mitangesehen haben, ohne ein Wort zu sagen. Und viel, viel Schlimmeres ist noch passiert. Viele sind von ihnen aus dem Leben gegangen, weil sie die Schmach nicht ertragen konnten. Wie Räuber und Aasgeier ist man über ihr Eigentum hergefallen, ehrliche Namen sind geschändet, und *gute* Deutsche sind zu Tausenden und Tausenden vertrieben.«[13]

So genau wie diese Frau haben wenige hingesehen. Von wenigen wird Armut und Hunger registriert, und zwar von solchen, die zeitweilig mit Juden im Haus zusammenwohnten und einen gewissen Kontakt aufrechterhielten.

JULIE M. (1902), in dem grossen Apothekerhaus, in dem sie wohnte, wohnten auch Juden. Die Apotheke gehörte einem Juden, der aber frühzeitig verstorben war. Seine Witwe hatte die Apotheke verpachtet. Bei diesem Pächter war Julie M. Säuglingsschwester für den einzigen Buben. Die Witwe erschien anfangs immer wieder, wohl, um ihre Pacht abzuholen, emigrierte aber dann. Von ihrem weiteren Schicksal ist nichts bekannt. Auch die anderen jüdischen Bewohner »sind eines Tages weg gewesen«. Sie hat nichts mehr von ihnen erfahren.

»Als der Judenstern kam, da haben die sich dann fast nicht mehr aus dem Haus getraut. Die durften ja vor allen Dingen auch nicht in die Markthalle... Und da ist es mir dann erst so richtig aufgegangen, was eigentlich los ist... Und die Frau G. (die Frau des Apothekers) sagte eines Tages beim Mittagessen, sie habe heute ein Netz voll Gemüse und Äpfel in der Markthalle gekauft und es denen vor die Tür gelegt... Ja, die durften ja auch kein Gemüse kaufen. Nichts, die hätte man ja direkt ausgehungert. Und ich muss sagen, später habe ich mich wundern müssen, dass mir das alles so unbegreiflich war, ich konnte gar nicht glauben, dass es so etwas gibt... Die anderen Hausleute haben das dann anscheinend auch gemacht, denen Gemüse und Obst gebracht. In Bäckereien durften sie ja einkaufen, aber in der Markthalle eben nicht. Da wusste man, da geht man an die Nerven der Menschen. Ja, und da war noch eine Schneiderei im Haus, ich weiß nicht mehr, wie die geheißen haben, aber die haben denen alle etwas vor die Türe gelegt, und kein Mensch hat geschwätzt.«

HANNELORE W. (1935), deren Mutter mit einer Jüdin recht eng verbunden war: »Mit vier Jahren wusste ich, dass es KZ gab, die Dachau, Buchenwald oder anders hießen, und dass dort Juden gefangengehalten wurden. Wir wohnten damals bei einer Frau, deren Mann Jude war und der in einem der KZ war.«

Hannelore W. beobachtet, wie eingeschränkt die Lebensverhältnisse für diese Frau und ihre Tochter waren: »Sie und ihre Tochter gingen nirgends hin, es war nicht gern gesehen, sie wurden auch geschnitten und verachtet wegen der jüdischen Ehe. Bekannte und ein paar Freunde kamen zu ihnen. Sie hielten sich mit Frisieren über Wasser, also kamen ein paar Kundinnen aus ihrer Nachbarschaft... Ab und zu kamen Freunde sich verabschieden, nachdem lange Gespräche geführt worden waren. Erst später erfuhr ich, dass das alles Juden aus dem Freundeskreis waren, die sich noch rechtzeitig absetzten.«

Zu den wenigen Menschen, die um die jüdische Situation wussten, gehörten auch die Helferinnen, die Juden mit Lebensmitteln und Kleidern unterstützten. Durch ihre heimlichen Besuche bekamen sie Einblick in die elenden Lebensumstände. Sie wussten, weil sie halfen, und sie halfen, weil sie wussten.

Von vielen erinnert werden lediglich vier Komplexe: Die *Emigration*, die *Isolierung*, die *diskriminierende Behandlung von Juden in der Öffentlichkeit* (besonders die Boykotte und der Judenstern) und der *Synagogenbrand*.
Mit meist sichtlicher Erleichterung wird von meinen Zeitzeuginnen berichtet, dass Juden noch rechtzeitig *emigrieren* konnten. Diese Erleichterung kann
ganz unterschiedliche Gründe haben. Einmal ist es sicher Freude darüber, dass
diesen Menschen viel erspart geblieben ist und dass ihr Leben gerettet wurde.
Es kann aber darin auch eine Zustimmung zur »Zurückdrängung des jüdischen Einflusses« in Deutschland liegen. Schließlich wird in ihrer Emigration noch, weil die Auswanderung in der Regel den wohlhabenden Juden
gelang, eine Bestätigung gesehen, dass es den Juden in Deutschland doch verhältnismäßig gut ging, weil sie ja »alles mitnehmen konnten«, »mit Sack und
Pack« gegangen sind, wie einige sagen. Fast alle stellten sich das Emigranten-
schicksal als etwas relativ Komfortables vor, nicht in seiner ganzen Schwere
als Ausgetriebenwerden aus der Heimat in ein völlig ungewisses und meist
schweres Leben in der Fremde, ganz abgesehen von den finanziellen Einbußen, ja unter Umständen dem finanziellen Ruin und dem sozialen Abstieg,
die damit verbunden waren.
Ganz selten wird ausgesprochen, dass man selbst oder jemand anderes sich
an Juden bereichert, eine leerstehende jüdische Wohnung bezogen, ein Geschäft von Juden übernommen hat.[14]

MARIANNE B. (1906): »Bis '39, wenn man sich hat einrichten müssen, hatte man viele
Möglichkeiten, weil die ganzen Möbel, die unzerstörten, die von den Juden dageblie-
ben sind... Das war im Hintergrund ein ganz großer Markt, vor allem Antiquitäten.«

RENATE N. als Kind (1936): »Meine Eltern haben nie darüber gesprochen, dass Juden vernichtet werden oder Zigeuner. Es wurde schon mal von ihnen gesprochen,
aber ich habe nie gehört, dass die gefangen oder abtransportiert wurden, das habe ich
nie persönlich mitgekriegt. Nicht erfahren, was mit denen geschieht. Nur einmal kann
ich mich lebhaft erinnern. Da haben wir noch in der ...Str. gewohnt, und meine Eltern hatten dann schon die neue Wohnung sich angeschaut gehabt, angemietet gehabt, in die wir nachher einziehen sollten. Die ist aber erst hergerichtet worden, bevor wir eingezogen sind. Leergemacht, dann hergerichtet, renoviert usw.. Während
diese Arbeiten gemacht wurden, da war ich in der leeren Wohnung drin. Da waren
Handwerker... Ich schaute zum Fenster raus, da stand am Zaun ein Mädchen in
meinem Alter, begrüßte mich, interessierte sich auch für mich, sie wohnte im Haus
weiter oben. Die hat mir erzählt, da seien Juden in dieser Wohnung dringewesen.
Da war ich interessiert. Ich hatte nie vorher Juden gesehen.
I: *Wissen Sie noch, in welchem Jahr das war?*
N: Das war 1942. Ganz genau weiß ich das Datum nicht mehr. Es muss schon 1942
   gewesen sein, denn im März 1943 ist mein Bruder geboren, da waren wir schon

längst eingezogen. 1941 ist meine Schwester geboren, da waren wir noch nicht dort. Das Mädchen hat mir erzählt, in jedem Zimmer hätte eine ganze Familie gewohnt, und man hätte immer gesagt, die seien so schmutzig, aber das war ja kein Wunder. Die haben ja auch nie Seife zu kaufen gekriegt usw.. Solche Sachen hat die mir erzählt... Da habe ich zum ersten Mal bewusst so etwas gehört. Da habe ich meine Mutter nachher gefragt, aber ich weiß nicht mehr, was die gesagt hat.«

ANNELIESE K. (1923): »Bei uns hat's viele Juden gegeben. Haben billig verkaufen müssen, war plötzlich ein neuer Besitzer drin.«

INGE DEUTSCHKRON berichtet, wie ein Gestapobeamter mit seiner Frau sich aus der Wohnung des deportierten wohlhabenden Juden Dr. Conrad Cohen in Berlin warme Sachen, Daunendecken usw. herausholte. »Nimm, was du tragen kannst«, sagte er zu ihr.[15]

Eine Marburgerin: »Als ich das Geschäft hier unten hatte, das hatte ich von einem jüdischen Herrn, der wohnte noch in der ersten Etage, ganz allein, die Kinder waren in Amerika, und ich hab ihn immer mal gegrüßt. Und eines Tages war er nicht mehr da.«[16]

Von der *Isolierung* war in den Berichten schon mehrfach die Rede. Bekannte kamen nicht mehr zu Besuch, Deutsche durften nicht mehr zu ihren jüdischen Hausärzten, und diese kamen nicht mehr ins Haus. Viele Juden brachen von sich aus die Beziehungen ab, um ihre »arischen« Freunde nicht zu gefährden. Aber auch die »Arier« selbst distanzierten sich, eher aus Angst, Unannehmlichkeiten zu bekommen, als weil sie den antisemitischen Parolen glaubten, geschweige denn sie auf ihre Freunde und Bekannten anwandten. Typische Wendungen in diesem Zusammenhang sind: »Wir haben uns irgendwie aus den Augen verloren«, »Ich glaube, die sind ausgewandert«, oder – wenn es um entfernter Bekannte geht – »Die sind dann weggekommen« oder auch »Ich habe gehört, der oder die hat sich das Leben genommen«. Häufig sprechen damals junge Mädchen von ihren jüdischen Klassenkameradinnen, die plötzlich vom Unterricht ausgeschlossen wurden. Die Reaktionen darauf reichen von ehrlichem Entsetzen über Unverständnis bis zu heute bedauerter Gleichgültigkeit:

ROSE R. (1923): »In unserer Klasse waren zwei jüdische Schülerinnen, eine Renate S., Professorentochter, die andere ein blondes, blauäugiges Geigerlein. Die sind am Montag nach dem 9. November 1938 herausgeholt worden aus der Schule, um 11 Uhr rum, mitten aus dem Unterricht. Das habe ich so furchtbar schrecklich empfunden, dass ich mit geballten Fäusten heimgekommen bin. Warum müssen gerade die Jüdinnen weggehen und diese ›Sau-Arier‹, die so frech waren, die bleiben da?«

INGE G. (1922): »Es (*die Maßnahmen gegen die Juden*) kam mir schon als Unrecht zum Bewusstsein, aber nicht in der Härte, wie es wohl hätte sein müssen im Grund.

Denn es war ja schon '38 in der Schule. Wir hatten fünf Jüdinnen in der Klasse, die von einem Tag auf den anderen nicht mehr gekommen sind nach der ›Kristallnacht‹. Aber um es ganz ehrlich zu sagen, es hat sich nicht sehr viel in mir gerührt.«

Die Lehrerin RENATE D. (1915): »Es gab bei uns zwei Schülerinnen. Die eine war die Lotte N., die könnte ich Ihnen heute noch malen, hab' sie besonders ins Herz geschlossen gehabt. Und eines Tages musste ich beim Chef vorreiten, und der hat mir gesagt, die Jüdinnen dürften nicht mehr den Turnunterricht und nicht mehr den Schwimmunterricht besuchen (das war etwa '42). Und ich hatte die Aufgabe, das den Mädchen beizubringen. Dann hab' ich mich anfänglich geweigert, ich fände das sehr grausam. Und ich musste es eben doch machen. Das ist mir in meinem ganzen Berufsleben am schwersten gefallen. Und auch die Klasse hat sehr negativ darauf reagiert. Die haben das nicht verstanden. Aber es war ja nichts zu machen. Und in der Freistunde mussten die dann Aufsätze schreiben. Die waren vielleicht drei Jahre in der Klasse und waren gute Schülerinnen und nette Mädchen. Also, das war eine ganz traurige Sache.«

HILDEGARD G. (1915): »Die jüdischen Bürger, die da mit dem Stern laufen mussten, die haben wir natürlich alle gekannt. Wir hatten sehr viele jüdische reiche, gute Kunden gehabt. Da hat man halt auch nur so erzählt. Die sind, die Reichen alle, die sind mit ihren großen Containern gegangen. Die konnten ja Verschiedenes mitnehmen. Das sind so große Kisten gewesen wie unser kleines Zimmer drin.

Aber die Leute, die hat man ja gesehen, die waren schon sehr bedrückt. Ich hab' es nicht verstehen können, dass man diese Menschen so plagt. Wir haben hier ein kleines Warenhaus gehabt. Die Leute haben W. geheißen. Und haben da vorne gewohnt, das Haus steht heut noch. Dann sagt meine Mutter, sie hätte die W.'s getroffen in der Straßenbahn und dann hätte sie ein paar Worte mit ihnen gesprochen, und dann seien sie weggerückt und wollten gar nicht sich mit meiner Mutter unterhalten, die haben Angst gehabt, dass meine Mutter – hat sie so erschüttert. Für sie war das selbstverständlich. Von denen hat man eines Tages nichts mehr gehört. Die sind sicher nicht so reich gewesen, dass sie sich haben absetzen können. Die sind sicher in ein Lager gekommen und sind dann nimmer heimgekommen, muss man annehmen. Sonst haben wir keine jüdischen Mitbürger gehabt da in der Nähe.
I: *Wie haben sie das empfunden, wie da die Geschäfte zerstört wurden?*
G: Fassungslos ist man dagestanden, fassungslos. Man konnte das einfach nicht begreifen, warum. Man hätte ja nichts machen oder sagen können. Wenn man die Geschichten liest von den Leuten, die sich eingesetzt haben, die sind ja nirgends durchgekommen, das war so eine Macht, die einen so überrollt hat, dass man da, wenn man so klein war, gar nichts machen konnte. Sicher gab's Menschen, die anderen vielleicht Unterschlupf gegeben haben, Menschen versteckt haben, aber das sind Einzelfälle gewesen.«

ELISABETH R. (1926): »Einschneidend war für mich, wie der Judenstern getragen werden musste, weil die beste Freundin meiner Schwester war eine Jüdin... Die wurde aber dann mit ihrem Bruder zusammen in die Schweiz gebracht. Der Vater ist gestorben, die Mutter musste den Judenstern tragen. Und da wurde aber von unseren Eltern sehr, sehr, sehr großer Wert darauf gelegt: ›Wenn ihr Frau H. seht, sagt ihr Grüß Gott!‹ Also nicht, dass wir uns da vorbeischleichen. Meine Eltern haben das sehr abgelehnt.« Was aus der Frau wurde, erwähnt sie nicht.

Die bedrückte und bedrückende Lage, die *Diskriminierung* der Juden kam vielen bei einzelnen Begegnungen zum Bewusstsein. Sie haben diese Bilder nicht vergessen, holten sie aber erst später, z.T. auch erst während des Erzählens, aus ihrem Gedächtnis wieder hervor:

IRMGARD B. (1923) spricht von einem Schlüsselerlebnis, das sie 1942 hatte, dem sie aber nicht weiter nachhing. Sie war in einem Laden mit zwei ärmlich gekleideten Leuten. Die Ladeninhaberin fragte aber *sie* nach ihren Wünschen. Irmgard deutete auf die beiden alten Leute und sagte: »Die sind zuerst dran.« Da winkte die Ladeninhaberin ab und zeigte auf ein Schild: »Juden werden hier nicht bedient.« Sie erzählt weiter:

»Ich drehte mich um und sah, man sah das erst beim genauen Hinsehen, denn die Leute standen mit Absicht etwas seitlich, den Judenstern. Ich hab' mich so geschämt und hab' gedacht: Jetzt steh ich junges Ding da und werd' da bedient. Das war für mich das erste Mal, also wirklich das erste Mal, dass ich gedacht hab': Da kann doch was nicht stimmen. Das kann doch nicht richtig sein. Die haben so armselig ausgeschaut und so bemitleidenswert. Aber war wieder dann vorbei.«

MARGRET G. (1927): »Herr Dr. Ascher war ein gelehrter und angesehener Bürger der Stadt Mühlacker, wo er mit seiner Familie die Zeit des Nationalsozialismus erlebte und überlebte. Da seine Frau Schweizerin war, wurde er vor dem Schlimmsten bewahrt, jedoch verlor er sein Amt als Schulleiter des Mädchengymnasiums in Pforzheim und durfte keine ihm entsprechende Arbeit ausführen. Wenn wir morgens vom Bahnhof zur Schule gingen, sahen wir auswärtigen Schüler ihn oft die breite Straße kehren, in der er wohnte. Ich weiß, dass dieser Anblick mich bedrückte, weil ich die Demütigung spürte. Wir haben nicht weggesehen, vielleicht sogar scheu gegrüßt. Ich habe nie einen von uns Halbwüchsigen eine spöttische Bemerkung machen hören. Die beiden Töchter, also ›Halbarierinnen‹, gingen in dieselbe Schule wie wir und gehörten wie jeder andere selbstverständlich zur Gemeinschaft ihrer Klasse. Ich kann mir nicht denken, dass sie von Lehrern oder Mitschülern irgendwie gedrückt worden wären.«

Nachweislich haben auch viele Juden anfängliche Ausschreitungen als Auswüchse heruntergespielt; sie hofften, dass sie sich von selbst wieder legen würden. Viele Juden rechneten mit einer Klimaverbesserung, und wenige konnten sich vorstellen, was dann wirklich mit ihnen geschah. Man muss für die späteren Jahre bedenken, dass nach 1938, als der spontane Volkszorn beim Synagogenbrand ausgeblieben war, alle einschränkenden Verfügungen geheim waren, nur den mit ihrer Durchführung betrauten Organen und den Betroffenen selbst bekanntgegeben wurden, so dass weite Volkskreise davon kaum etwas erfuhren. Man muss ferner bedenken, dass die Juden in Deutschland relativ dünn gesät lebten, ausgenommen in manchen Großstädten oder in einzelnen Gemeinden. Von den im Deutschen Reich 1933 lebenden rund 500 000 Juden emigrierten über die Hälfte. Es kam, ganz grob gerechnet, im Durchschnitt auf 3000 Deutsche ein jüdischer Mitbürger. 1939 wohnten 90 % aller deutschen Juden in nur 200 Gemeinden. 1941 lebte nahezu die Hälfte aller noch in Deutschland verbliebenen Juden in Berlin. Ganz entscheidend aber war, dass die Juden durch die stufenweise Entrechtung allmählich dem Gesichtskreis der deutschen Bevölkerung entrückt wurden. In der letzten Etappe der Judenverfolgung vor der Deportation wurden die meisten Juden in »Judenhäusern« zusammengefasst und von der »arischen« Bevölkerung tunlichst getrennt, so dass fast kein Kontakt mehr bestand. Sie waren auch aus dem normalen Arbeitsprozess so gut wie ausgeschlossen und gingen aus Angst und wegen der Reglementierungen kaum mehr aus ihren Wohnungen. Sehr viele Juden »verschwanden« so aus dem Gesichtskreis der Bevölkerung noch vor ihrer Deportation.

Gewollt war das, was mit den Juden geschah, von der übergroßen Mehrheit der Frauen gewiss nicht. Aber es wurde eben hingenommen. Natürlich fragen die darauf angesprochenen Frauen immer zurück, und dies kam schon in den angeführten Erlebnisberichten zum Ausdruck: Was hätten wir denn machen können? (Auf diese Frage wird im Zusammenhang in Kapitel 6 einzugehen sein.)

Es wurde hingenommen mit zunehmendem Unbehagen, auch mit schlechtem Gewissen, mit dem Bewusstsein, hier geschieht etwas, was nicht in Ordnung ist, hier geschieht Menschen schweres Unrecht. Das gilt besonders für die Frauen, die die Ereignisse während der »*Reichskristallnacht*« vom 9. November 1938, die ja in aller Öffentlichkeit stattfanden, miterleben mussten. Fast alle, die irgendwie damit in Berührung kamen, waren empört, verstört, wütend. Keine Frau unter denen, die ich gesprochen habe, hat sich gebrüstet, bei den Zerstörungen mitgewirkt haben, wie sie es mir von Männern, auch unter den näheren Verwandten, berichtet haben. Selbst diejenigen, die damit einverstanden waren, dass der »jüdische Einfluss«, was immer sie darunter verstanden, zurückgedrängt werden sollte, fanden in naiver Einfalt: »So geht das ja nun nicht.«[17] Nur ein Zeugnis habe ich von einem glaubwürdigen Augenzeugen, der gesehen hat, wie in der Gemeinde Freudental in Württemberg, in der besonders viele Juden lebten, Frauen mit Triumphgeschrei Kultgegenstände aus der zerstörten Synagoge schleppten. Es ist nicht auszuschließen, dass es anderenorts ähnliches Verhalten von Frauen gab[18]. Auch hier wären weitere lokale Studien aufschlussreich. Die mir zugänglichen sind widersprüchlich, in ihrer Mehrzahl bestätigen sie nicht Genugtuung und Schadenfreude, sondern eher das Gegenteil.[19]

Die Nachrichten von Selbstmorden jüdischer Bekannter haben längst nicht alle Frauen kalt gelassen. Vielen haben sie zu denken gegeben, und sie haben sie sehr bewegt. So erzählt z. B. Irmgard E. (1915), deren Familie den jüdischen Chef ihres Vaters nach dem Pogrom acht Tage beherbergte: »Er war aus seiner vollständig demolierten Wohnung zu uns geflohen. Die Großmutter einer Nachbarsfreundin nahm sich das Leben, um nicht ins KZ zu kommen.«

ANNELIESE F. (1916): »Meine Mutter war als junges Mädchen bei einer reichen jüdischen Familie in Stellung. Sie traf eines Tages eine der Schwestern, die den Judenstern trug. Mutter frug, wie es ihr geht. Sie sagte: ›Amalie, Sie dürfen nicht mit mir sprechen‹, aber Mutter tat es doch und erfuhr, dass es ihnen gelungen sei, ihr Töchterchen nach England zu schicken. Dann erfuhr meine Mutter noch, dass sich die andere Schwester in der Badewanne ertränkt hatte. Mutter kam ganz aufgelöst nach Hause, weinte und erzählte, dass die Männer im Ersten Weltkrieg doch mitgekämpft hätten und gute Deutsche wären. Warum machen die das, das kann einfach kein Glück bringen. Ich habe keine Möglichkeit zur Hilfe gesehen. Meine frühere Chefin (*eine Jüdin*) war schon lange nicht mehr hier, und sonst kannte ich keine Juden persönlich.«

Versuche des Protestes und der Hilfeleistung

Für das Verhalten der Frauen war vor allem die *persönliche* Berührung mit Unrecht und Untaten bestimmend. Sie reagierten darauf oft empfindlich, nicht dagegen bei bloßen Gerüchten aus zweiter Hand. Manche machten in solchen Situationen ihrem Herzen auch spontan Luft, schreckten aber dann auch wieder zurück, wenn sie glaubten, zu viel zu riskieren. Typisch ist das Verhalten einer Marburgerin:

»Wir wohnten in der Ockershäuser Allee, gegenüber war ein Garten …, da sah ich auf einmal ein altes Männlein so raufgehen. Es war ein Jude, der wohnte in Ockershausen. Ganz alt, D. hieß er. Und er zog so'n Handwagen mit Gras oder sowas, Abfälle, die er für seine Ziege oder was brauchte. Da waren dort ein paar Hitlerjungen, ich kannte sie. Haben eine große Rolle gespielt, gerade so Fähnleinführer oder was. Die ha'm den Mann da fertiggemacht, den Wagen umgekippt und so. Da konnte einem das, ich riss das Fenster auf und habe losgeschrien: ›Lasst doch den Mann gehen, schämt ihr euch nicht. Was soll das, ich komme gleich runter!‹ Und schon kriegte ich einen Wink, ich sollt' mich da raushalten.«[20]

Eine Frau berichtet in einem anderen Beispiel, sie habe Häftlinge auf dem Bahnhof in Cannstatt gesehen, habe aber nicht den Mut gehabt, den Wachmann zu fragen, was die Leute verbrochen haben. Sie erinnert sich aber an die Reaktion einer Passantin: »Denen sieht man an, dass sie Verbrecher sind.«

Frauen haben gesehen, wie Juden geschlagen wurden, haben sich aber nicht getraut, etwas zu unternehmen oder auch nur zu sagen. (Emma F., 1920 und Leni S., 1924). Hildegard S. (1914) sieht einen Aufseher, wie er Häftlinge anschreit, stellt ihn zur Rede. Ihr Mann ist aus Angst vor Konsequenzen entsetzt. Und sie sagt: »Und trotzdem konnte man im ganzen nichts machen, nur Kartoffel, ein Stückle Brot oder etwas hinlegen, das haben manche getan.« Sie selbst behauptet von sich nicht, es getan zu haben. Maria H. (1922) trifft während des Krieges auf einem Spaziergang mit dem Kinderwagen auf einen Zug elender Menschen, einer wurde ohnmächtig. Sie wollte helfen. Der Bewacher bedrohte sie mit dem Gewehr. Erst Jahre später wurde ihr klar, dass das KZ-Häftlinge waren.

Die Machthaber mussten mit Gewaltandrohung, Einschüchterung, Angsterzeugung arbeiten. Das allein ist ein Beweis, dass das natürliche Mitempfinden der Bevölkerung sich nicht einfach totschlagen ließ, dass sich ein fanatischer Antisemitismus nicht erzeugen ließ, auch nicht durch fortgesetzte Propaganda und Hetze.[21] Manche ließen sich nicht einschüchtern. Es gab viele Hilfeleistungen und Solidaritätsbekundungen aus rein menschlichem Empfinden heraus: Man kaufte und verkaufte so lange wie möglich weiter bei Juden und an Juden. Dabei blieb man einfach seinen Gewohnheiten treu, weil sie sich bewährt hatten und man einander kannte. Deshalb stießen die Boykotte zumeist auf Unverständnis und Ablehnung. Man ließ jüdischen Bekannten Lebensmittel und Kleidung zukommen, man grüßte sie auf der Straße, besuchte sie, hielt den Kontakt zu jüdischen Bekannten aufrecht, übersah den Judenstern geflissentlich, verhalf Juden zur Emigration, bewahrte abzuliefernde Gegenstände auf (»Aufbewarier«). Die sehr beherzte GRETEL D. (1903) hat eine Zeitlang ein »Judenbüble« bei sich beherbergt.

Sie wohnte in einem Haus, wo Juden wohnten, und kam mit ihnen gut aus, obwohl ihr Mann in der Partei war. Im Haus wohnte auch ein Pfarrer. Am 1. Advent *(Jahr ungenannt)* wurde an ihr Haus ganz groß gemalt: »Hier wohnen Judenknechte.« Dasselbe stand an der Glastür des Pfarrers. Und sie putzte das weg. Niemand hat sie aufgehalten. Sie musste aber später auf Druck der Partei die Wohnung wechseln. Der alte Herr W., ihr Hausgenosse, der eine kleine Fabrik hatte, kam in Untersuchungshaft. Man sollte mit ihnen nicht verkehren.

Sie berichtet: »Ich hab mich nicht abhalten lassen. Ich vergesse gar nie, wie der alte Herr W. in der Allee saß auf einem Bänkle, und ich bin mit meinem Dieter des

Wegs gekommen, und dann hab ich gesagt: ›Darf ich mich zu Ihnen ein bissle setzen?‹ Hat er gesagt: ›Nein, Frau D., das ist zu gewagt.‹ Dann sage ich: ›Was ist gewagt?‹ ›Wenn Sie da hersitzen.‹ Sag ich: ›Für Sie oder für mich?‹. Sie setzte sich dann
zu ihm.

I: *Das haben wohl nicht viele gemacht?*

D: Doch, mehr als bekannt war. Da möchte ich die Bevölkerung in Schutz nehmen.
Die anderen sind beinahe einzeln dagestanden im Verhältnis zur Bevölkerung.
Der Herr W. durfte ja nicht zum Friseur gehen, dann ist der Friseur zu ihm ins
Haus gekommen. W.'s konnten nach England auswandern. Durften gewisse Sachen mitnehmen. Da kam das Zollamt und hat die Sachen abgeschrieben, natürlich die guten Sachen abgeschrieben, und die anderen Sachen wurden in Kisten
verladen. Und das war ganz erschütternd. Die Männer, die den Umzug gemacht
haben, die haben doch immer wieder ein gutes Stück hineingeschoben und was
anderes wieder rausgelassen. Und die haben gesagt: ›Warten Sie nur, was wir da
machen. Das ist ja nicht das erste Mal, dass wir Juden umziehen.‹ Also, daraus
sehen Sie, dass die Bevölkerung im Grunde anders eingestellt war. Der Zollbe-
amte, der alles nachprüfen musste, hätte um ein Haar einen Krach gemacht. Er
hat getobt, er macht die Kisten wieder auf. Dann bin ich zu ihm hingelaufen und
hab' gesagt: ›Das müssen Sie büßen. Wenn es nicht heute ist, dann kann's sein in
zehn Jahren, aber Sie müssen's büßen!‹ Sagt er, ob ich wüsste, was ich da grad
gesagt hätte. Dann hab' ich gesagt: ›Sehr bewusst hab' ich das gesagt.‹ Dann hat
er aber nicht aufgemacht. Der alte Herr W., als er sich von uns verabschiedet hat,
hat gesagt: ›Seien Sie vorsichtig.‹ Von dem Tag hat man auch Angst gekriegt, da
ist immer ein kleines bisschen die Angst mit einem gegangen.«

Die Freundin von Ursula von Kardorff, genannt »Bärchen«, versorgte viele untergetauchte Juden. Dazu bemerkt URSULA v. K. am 28.12.1942 in ihrem Tagebuch: »Sie
hat eine Art Organisation geschaffen. Erstaunlich, wie viele Leute ihr Geld und Nahrungsmittel zur Verfügung stellen, denen ich das im allgemeinen nicht zugetraut hätte.
Vielleicht wollen sie sich damit von ihrem Gewissen loskaufen. Etwas anderes sind
unsere Besuche schließlich auch nicht. Wirklich helfen kann man doch nicht. Wohin sie eigentlich alle geschafft werden, ist nicht herauszukommen. Mich überkam
Trauer.«[22]

Es gibt völlig glaubwürdige Zeugnisse über erfahrene Unterstützung von jüdischen Verfolgten selbst.[23]

Wenn diese Beispiele aufs Ganze gesehen auch nur punktuelle Hilfeleistungen gegenüber der generellen Gedankenlosigkeit und Gleichgültigkeit waren,
so sollten sie nicht vergessen werden. Diese Frauen waren mit Sicherheit keine Antisemitinnen.

Antisemitismus heute?

Und heute, nachdem die Ermordung des größten Teils aller europäischen Juden seit Jahrzehnten bekannt ist[24], die Ermordung durch Deutsche, an der auch deutsche Frauen direkt beteiligt waren und die fast alle deutschen Frauen geschehen ließen, wie stehen sie heute dazu? Ist bei den Frauen vom Antisemitismus etwas übriggeblieben?[25]

Studien wie jene von Rainer Erb, die er 1991 veröffentlicht hat und die sich auf Umfragen der Jahre 1986, 1987 und 1989 stützen, weisen einen Anteil von etwa 15 % Antisemiten in der Bevölkerung aus. Bei den 16 - 29jährigen 9 %, bei den über 60jährigen 27 %.[26] Ich kann für die Ergebnisse meiner Befragungen keine Repräsentativität beanspruchen und keine exakten quantitativen Aussagen machen, wohl aber beschreiben, welche Einstellungen mir unter der immerhin großen Zahl der befragten Zeitzeuginnen begegnet sind.

Unter meinen Gesprächspartnerinnen habe ich keine Frau angetroffen, die alles einfach leugnet und überhaupt nichts von den Verbrechen zur Kenntnis genommen hat. Aber es gibt immer noch viele, die das ganze Ausmaß des Verbrechens nicht glauben. Manche misstrauen der immer wieder genannten Zahl von »sechs Millionen«. Sie glauben, dass eine kleinere Zahl das Verbrechen mindern könnte. Man darf dennoch nicht alle Zweifel an der Zahl als zynischen Versuch der Relativierung geißeln. Es gibt ein berechtigtes Interesse an Genauigkeit in der Geschichtsforschung.

Nun ist festzustellen, dass es inzwischen genügend zuverlässige Informationsquellen gibt. Diese werden aber längst nicht von allen, auch nicht in der popularisierten Form der Medien, genützt. Vielmehr besteht bei nicht wenigen die Neigung, sich statt dessen aus zwielichtigen und nachweislich falschen Informationsquellen zu bedienen, Gerüchte und Relativierungen begierig da aufzuschnappen, wo sich scheinbare Entlastungsmomente bieten. Aus solchen Quellen werden dann Sätze wie diese zitiert: »XY war selbst als Bewacher in Dachau. Dort gab es keine Gasöfen, da ist niemand vergast worden.« Dahinter könnte man Zweifel heraushören, ob es dann überhaupt Gasöfen gegeben hat. Oder: »Ich habe gehört, die Vernichtungslager wurden erst nach dem Krieg von den Feinden aufgebaut«, oder: »Die Engländer im Burenkrieg haben die Konzentrationslager erfunden, nicht wir«, oder: »Anderswo gibt es noch einen viel rabiateren Antisemitismus, z. B. in Polen, in Russland, in den USA« und: »Die anderen Länder, die wollten ja die Juden auch nicht.«[27] Oder schließlich: »So und so viele Juden haben überlebt – wo kommen die alle plötzlich her, wenn sie doch alle vernichtet worden sein sollen?«. Frauen, die so sprechen, haben sich auch durch Fernsehsendungen wie »Holocaust« oder »Shoah« oder

»Der Tod ist ein Meister aus Deutschland« nicht umstimmen lassen, wenn sie
sie überhaupt gesehen haben. Es gibt solche, die immer noch der Meinung
sind, wer im Konzentrationslager saß, habe es irgendwie auch verdient gehabt.[28]
Sie haben niemals Bücher von überlebenden Opfern gelesen.[29] Es fiel mir
schwer, von Frauen, die das alles nicht wirklich zur Kenntnis genommen haben, die zitierten Sätze oder Sätze wie den folgenden anzuhören: »Und die
Judengeschichte, die durfte nicht passieren ... in der Form durfte das nicht
passieren.« Bei manchen wird auch nicht klar, ob sie diese »Judengeschichte«
eher als einen Fehler Hitlers ansehen denn als ein Verbrechen. Oder eine solche Erzählpassage (wir sprachen über die unmittelbare Nachkriegszeit): »Es
war furchtbar! Vorher war alles gut und schön, und wir haben wunderbar gelebt, und wir haben auch nicht irgendwas von Juden oder so mitgekriegt. Bei
uns gab es *eine* jüdische Familie. Der Mann war Arzt. Und den haben wir jeden Tag gesehen, wenn er spazierenging mit seinem Hund, wir haben da gar
nicht, das war für uns ein Mann wie jeder andere auch. Ich kann mich also an
irgendwelche Sachen überhaupt nicht erinnern, ich weiß nur, dass er sich eines Tages das Leben genommen hat.«

Dass die emotionale Kälte und Distanz zu den Opfern bis heute anhält,
war mir ein erschreckendes Erlebnis. Aber es waren doch nur wenige, von denen ich sie erfahren musste, wohl nicht die Mehrheit der Deutschen, wie Ralph
Giordano in seinem Buch »Die zweite Schuld. Von der Last Deutscher zu sein«
unterstellt.[30]

Wie die Schuld tatsächlich verarbeitet oder nicht verarbeitet wurde, darüber
kann man sich nur in sorgfältiger Ausdifferenzierung ein angemessenes und
gerechtes Urteil verschaffen. Der Versuch dazu wird in den Kapiteln 8, 9 und 11
unternommen. Soviel schon hier: Sehr viele Frauen haben sehr gelitten, als sie
nach dem Krieg von den entsetzlichen Verbrechen erfuhren. Viele erzählten,
dass sie »völlig deprimiert und verzweifelt« waren, dass sie sich geschämt haben.

Gibt es heute unter den Frauen, die Zeitgenossinnen der Judenvernichtung
waren, in der Mehrheit davon aber nur weniges gerüchteweise oder gar nichts
wussten, noch Antisemitismus? Ich habe zuvor eine Frau erwähnt, die mir
offen erklärte: »Ich habe Juden immer gehasst, und ich hasse sie immer noch.«
Das war ein Einzelfall.

Aber es gibt noch Beispiele für verdeckten Antisemitismus. Schon die Art,
wie von der damaligen Einschätzung der Juden (z. B. sie waren reich, hatten
einen zu großen Einfluß usw.) erzählt wird, lässt darauf schließen, dass er nicht
korrigiert wurde. Auch hier trifft man auf Widersprüche in ein und derselben
Frau. Es kann sein, dass eine Frau das damalige Unrecht an den Juden vollkommen einsieht und tief bedauert, auch persönliche Konsequenzen daraus gezo-

gen hat und dennoch in derartigen Wendungen klar antijüdische Affekte verrät.

Ein latenter Antisemitismus kann sich hinter der Kritik am Staate Israel und seiner Behandlung der Palästinenser verstecken, wiewohl man sich hüten muss, jede Kritik an der Regierungspolitik Israels als Antisemitismus zu interpretieren. Er kann sich zudem in manchen eingestreuten, fast unwillkürlichen Randbemerkungen wie den folgenden äußern: »Die ganzen Kriegsverbrecherprozesse, die sind ja auch ein jüdischer Racheakt gewesen.« Oder wenn die einseitige Berichterstattung über das Dritte Reich gerügt wird, klingt das so: »Ich weiß nicht, ist das nun amerikanisch oder jüdisch gesteuert?«.

Spuren von Antisemitismus aber finden sich auch in harmlos erscheinenden Verhaltensweisen, Empfindungen und Redeweisen, die die Frauen z.T. gedankenlos gebrauchen, über die sie aber heute selbst erschrecken, so, wenn sie immer noch von »Deutschen«, »Juden« und »Halbjuden« sprechen.

Brigitte H. (1923): »Aber so die Grundeinstellung, das werfen mir meine Kinder heute noch vor, die sagen immer, du bist halt antisemitisch geprägt und aufgewachsen. Nicht, dass ich die Juden hasse deswegen oder dass ich sie als minderwertig angucke, aber ich denke halt immer, sie sind uns fremd, und das steckt mir heute noch drin. Wenn von meinen Kindern heute eines käme und würde sagen, ich habe einen Freund und der ist Jude, und wir wollen heiraten, dann würde ich sagen: ›Gibt es denn das?‹ Mir geht es im Grunde schon so, wenn ich jetzt denken würde, sie wollten einen Ägypter oder einen Inder, nicht bloß wegen Glaubensdingen, sondern rein von der Rasse her, also das sitzt bei mir schon noch irgendwo drin. Ich müsste damit fertig werden, wenn das heute so wäre, aber ich könnte das nie verstehen.«

Elisabeth K. (1919): »Aber das, was die Nazi-Propaganda in uns jungen Menschen angerichtet hat, lässt sich nicht ungeschehen machen. Ich erlebe jedesmal mit Entsetzen, dass ich jeden jüdischen Namen, der bei einem Film im Vor- oder Nachspann erscheint, registriere; zwar ohne Wertung, aber der Gedanke, dass das ein jüdischer Name ist, drängt sich einfach in mein Bewusstsein.«

So gut wie gar nicht verfolgt habe ich die weiteren Beziehungen zu Überlebenden oder Emigrierten nach 1945. Nur in wenigen Fällen wurde mir von wieder geknüpften Kontakten und von einer Aussprache über die Zeit erzählt.[31] Außer Betracht blieben auch die Wiedergutmachungsleistungen und die Einstellungen der Frauen dazu. Sie hätten weitere Aufschlüsse über noch vorhandene antisemitische Relikte geben können.

Beängstigend für die Gegenwart und Zukunft sind diese Relikte bei den heute alten Frauen der Kriegsgenerationen nicht. Aber es ist erschreckend genug, dass es sie nach den Erfahrungen des Holocaust noch gibt. Noch erschreckender und gespenstischer erscheint mir, dass der Holocaust möglich war, obwohl es bei der überwältigenden Mehrheit der deutschen Zeitgenossinnen keinen eliminatorischen Judenhass gegeben hat.

KAPITEL 5

»Man hat gelernt, den Mund zu halten.«

Angst, Druck, Denunziation

Die Zeitzeugin Marlies Flesch-Thebesius gibt ihrem Buch über das Leben ihrer Familie im Dritten Reich den Titel: »Hauptsache Schweigen«[1], und eine meiner Gesprächspartnerinnen, Ilse S. (1921), überschreibt ihre schriftlichen Erinnerungen: »Um des lieben Friedens willen – sei still!«[2]. Man könnte aus meinen vielen Gesprächen mit Frauen weitere Sätze hinzufügen: »Pass auf, sonst kommst du nach Dachau oder ins KZ!«. »Die Menschen haben nicht echt geredet miteinander.« »Man wollte und durfte nicht auffallen.« »Man musste arg vorsichtig sein.« »Man musste schon aufpassen.«

Diese Äußerungen sind untrügliche Indikatoren für dreierlei:

1. Frauen haben zum mindesten *eines* gewusst: Man darf nicht offen reden, ohne etwas zu riskieren. Daraus musste eigentlich jede schließen und tat das auch, wenn sie sich nicht völlig täuschen ließ: Wir leben in einer *unnormalen*, eigentlich bösen Zeit.

2. Wenn derlei Äußerungen in aller Munde waren und so oft gebraucht wurden, dann kann es mit der einhelligen und ungeteilten Begeisterung für den Nationalsozialismus nicht so weit her gewesen sein. Es muss auch viel Kritik, Unwillen, Meckerei, Schimpferei, Vorbehalte und Zweifel gegeben haben.

3. Offenbar funktionierte der Überwachungsapparat des NS-Regimes sehr gut. Er brauchte kein lückenloses Netz von Mitarbeitern wie der berüchtigte spätere DDR-Staatssicherheitsdienst[3], denn jeder misstraute fast jedem anderen Volksgenossen. Eltern misstrauten ihren Kindern, Kinder misstrauten ihren Eltern oder hatten Angst um ihre Eltern, Angst vor dem »Verpfiffenwerden«, Angst vor dem Zugriff der Gestapo, Angst vor dem Konzentrationslager. Diese Ängste waren allgegenwärtig.

Klima der Angst

Von diesem allgemeinen Klima der Angst berichteten mir sehr viele Frauen:

RÖSCHEN H. (1913): »Angst beherrschte so das ganze Leben, dass selbst bei vier Stunden langem Stehen um einen Liter Brühe in langer Frauenschlange kein Wort geredet wurde.«

CHARLOTTE P. (1925): »Ich war enttäuscht, dass das Attentat auf Hitler (*sie meint den 20. Juli 1944*) nicht geglückt ist und entsetzt von den Urteilen des Volksgerichtshofes. Aber ich glaube, ich konnte mit niemandem offen darüber reden. Man hat wohl niemandem restlos getraut.«

Frau Kleine: »Immer unter dem Wort ›Psst!‹, das war das Wort in Deutschland; ›Psst!‹ konnte man auch auf den Wänden lesen, an Plakaten; ›Feind hört mit.‹ Man hatte also zu schweigen.«[4]

HILTGUNT ZASSENHAUS spürte den Klimawechsel schon 1933, als sie in den Sommerferien Dänemark besuchte: »Zwar verstand ich kein Dänisch, aber ich spürte, dass zwischen ihnen kein ›Vorhang‹ fiel, wenn sie miteinander sprachen. Auch den ›deutschen Blick‹ gab es nicht, jene gewisse Kopfbewegung, das Sich-nach-rechts-und links-Umsehen, ob man auch nicht belauscht werde, jenes eisige Schweigen, das oft genug die einzige Antwort war.«[5]

Hiltgunt Zassenhaus steht nicht in dem Verdacht, aus der Rückschau zu übertreiben oder im nachhinein eine Schutzbehauptung für die eigene Feigheit zu benötigen (sie hat trotz ihrer eigenen Angst zum Widerstand gefunden). Andere Frauen aus dem Widerstand bestätigen diese allgemeine Stimmungslage in NS-Deutschland.[6] Natürlich konnte nicht jedes offene oder kritische Wort geahndet werden, aber Beispiele, dass so und so oft »nichts passierte«, sind kein Argument gegen die Gefährlichkeit solcher Äußerungen, denn es hätte ebensogut »etwas passieren« können. Sehr treffend hat man Terrorsysteme beschrieben als Systeme, in denen nicht fortwährend Gewalt angewendet, sondern fortwährend Angst vor der Gewaltanwendung erzeugt wird.

Dass die Angst begründet war, zeigen Beispiele, wie man wegen lächerlicher Dinge und spontaner Unbedachtheit viel riskierte.[7] Doch ist zu berücksichtigen, dass es örtlich außerordentlich verschieden war, wie hart durchgegriffen wurde. Viel hing vom jeweiligen Ortsgruppenleiter, den örtlichen Polizeibeamten oder der Gesamteinstellung der örtlichen Bevölkerung ab. Auch das wurde in den Gesprächen immer wieder betont. Die lokalen Unterschiede könnten nur durch eine Fülle orts- und regionalgeschichtlicher Studien erhellt werden:

LYDIA V. (1910): »Kinderreiche Familien bekamen in der Schule z. B. Gemüsedosen, und da war jedesmal ein Bild dabei, Führer, Goebbels, Göring usw.. Und ein Schulkamerad von mir, der war auch verheiratet und hatte Kinder, und einer von den Jungs sagt: ›Wir haben schon Goebbels und Göring auf'm Klo hängen, jetzt fehlt uns bloß noch der Hitler.‹ Der Mann ist abgeholt worden und nie wiedergekommen. Da kamen zwei Nazis und fragten, ob sie mal die Toilette sehen dürften, und was weiß die Frau schon...«

REGINA J. (1906) wurde bei der Gestapo vorgeladen, weil sie in einem Feldpostbrief offen von ihren Sorgen und Nöten geschrieben hatte.

MARIANNE M. (1921) wurde ebenfalls zur Gestapo zitiert wegen »Feindbegünstigung«. Was hatte sie getan? Sie war in Belgien in einem Büro von Bosch beschäftigt. Ihre Mutter hatte ihrer belgischen Kollegin ein Päckchen mit Backwerk geschickt. Diese Kollegin hat darüber an Verwandte in Brasilien berichtet!!

Auch wenn eine Vorladung bei der Gestapo noch nicht Gefängnis oder Konzentrationslager bedeutete, sie genügte als Schreckschuss.

Wie eingeschüchtert auch schon Schulkinder waren, zeigt ein Erlebnis von MARGARETE B. (1929): Nach einem Fliegerangriff haben die Engländer viele Flugblätter über Böblingen abgeworfen. Die Schüler mussten sie am nächsten Morgen mit dem Lehrer auflesen: »Und dann hat er gesagt: ›Die Flugblätter werden aufgelesen ohne Besehen und ohne zu lesen.‹

I: *Und hat sich keiner getraut, sie zu lesen?*

B: Sie, nein, ich hab eins aufgehoben, aber das lag so mit dem Bild nach oben. Und da hab ich gesehen, dass ein Skelett drauf war. Aber ich hab' mir gar nix drunter vorstellen können, ich hab mich auch gar nicht getraut, das irgend jemand zu sagen. Glauben Sie, erst nach dem Krieg hab' ich das meiner Mutter gesagt – hab' mich gar nicht getraut.«

Der vielfältige Druck, der ausgeübt wurde, erzeugte Angst und Unsicherheit. Wer z. B. mit »Verdächtigen« oder gar schon »Abgeholten« Kontakt hatte, war selber verdächtig und höchst gefährdet:

GERTRUD MÜLLER, die einzige Frau in meiner Auswahl von Zeitzeuginnen, die selbst im Konzentrationslager (Ravensbrück) saß: »Die Wohnung ist ständig beobachtet worden, und alle Freunde, die nicht wussten, dass wir verhaftet sind und uns besuchen wollten, wurden alle verhaftet ohne Ausnahme. Wir waren nachher so annähernd 40 Leute, die alle verhaftet waren... Und die Frau, die Hausbesitzerin, war eine sehr liebe Frau. Die wurde damals auch verhaftet, genau wie ihr einer Sohn. Und sie ist auch im Gefängnis Schorndorf verstorben.«

ELISABETH M. (1919) wusste, dass der Vater einer Schulfreundin, Direktor einer Schule, 1934 ins Konzentrationslager Buchenwald kam. Die meisten Mitschülerinnen zogen sich von den »verfemten« Töchtern zurück.

Auch wenn unter meinen Gesprächspartnerinnen so gut wie keine im Konzentrationslager oder im Gefängnis gewesen war, mussten es doch eine ganze Reihe von ihnen miterleben, dass nahe Angehörige vor die Gestapo zitiert, daraufhin kürzer oder länger eingesperrt waren oder bei ihnen Haussuchungen durchgeführt wurden. Das traf besonders diejenigen, die zu den Sozialdemokraten oder Kommunisten gehört hatten, als bekennende Christen aufgefallen waren oder der Verbindung zu Widerstandskreisen verdächtigt wurden. Die ganze Familie bangte dann immer mit.

ELISABETH D. (1899), Frau des wegen seiner regimekritischen Haltung bekannten Stuttgarter Pfarrers:
»I: *Sind Sie selber, Sie und Ihr Mann, auch verhört worden von der Gestapo?*
D: Ja, mein Mann oft.
I: *Was waren da die Anlässe?*
D: Gerade irgendwas, was so ein Ortsgruppenleiter in der Predigt beanstandet hatte, oder sonst etwas, wenn man sich nicht vorsichtig ausgedrückt hatte, dann wurde man halt angezeigt. Aber eigenartigerweise haben sie ihn immer wieder freigelassen. Gerade in Rohr, da gab es eine Zeit, wo ich morgens immer ganz unruhig schlief, weil man wusste, wenn die Gartentorklinke um 5 Uhr morgens geht, das bedeutet meistens, jetzt wird er geholt.
I: *So früh kamen die?*
D: Ja, die wollten halt doch kein Aufsehen erregen. Aber, wie gesagt, bei ihm ist es bei Verhören geblieben.«
Sie gibt aber auch eine Erklärung für diese glimpfliche Behandlung: Ein einflussreicher Nationalsozialist deckte seinen früheren Lehrer aus Anhänglichkeit.

ELSBETH J. (1909), Tochter des Regimekritikers Theodor Bäuerle. Er war Gründungsdirektor der Volkshochschule Stuttgart, Leiter der Volksbildungsarbeit in Württemberg und nach dem Krieg Kultusminister.
»Vater war von vornherein dezidierter Antinazi. Er war auch an seinem 60. Geburtstag von der Gestapo in Gefangenschaft, das hat uns natürlich geprägt... Ein alter Parteigenosse von Vater hat sich in Berlin für ihn eingesetzt, sonst wäre er wahrscheinlich nicht nach zehn Tagen schon wieder herausgekommen... Es war merkwürdig, dass er wegen seiner inneren Haltung nicht so sehr da behelligt worden ist. Aber es ging ihm damals sehr schlecht. Er hat sicher 20 kg abgenommen... Wir hatten große Sorge um die Eltern. Fanden es ein Wunder, dass er nicht im Zusammenhang mit dem 20. Juli 1944 eingesperrt worden ist.«

Druck wurde permanent und in vielfältiger Weise ausgeübt, immer darauf ausgerichtet, eine »stromlinienförmige Volksgemeinschaft« zu erzeugen. Davon, wie sich die Frauen zur »Erfassung« und zur Einreihung in die verschiedenen NS-Organisationen verhielten, war schon die Rede[8], ebenso von der Berufslenkung, die oft der freien Entscheidung der Mädchen zuwiderlief, von den Dienstverpflichtungen.[9] Viele damalige Schülerinnen empfanden das An-hören-Müssen von »Führerreden« in der Schule als langweilig und lästig; auch das Abkommandiert-Werden zu Kundgebungen mit oft stundenlangem Ste-hen wurde keineswegs immer als erhebend, sondern zuweilen eher als Zu-mutung empfunden.

RENATE D. (1915) war damals Schülerin in einem Lehrerseminar: »Da ist man ge-zwungen worden, bei Aufmärschen mitzulaufen, also z. B. 1. Mai, und dann ist ge-nau Buch geführt worden, wer dabei war und wer nicht. Und wir haben das meist so gemacht, dass wir bis zur Hälfte mitgegangen sind, und dann haben wir versucht aus-zureißen. Aber das ist manchmal auch entdeckt worden. Also die Aufmärsche waren furchtbar.«

Die fortgesetzten Sammlungen für das Winterhilfswerk oder andere Zwecke stießen längst nicht bei allen auf frohen Opfersinn, sondern konnten die Fa-milienkasse erheblich belasten. »Eine Mark bei 42.- Mark Wochenlohn, das war schon viel!« (Elfriede S., 1921)

Bei alledem war es schwierig, sich zu drücken, wenn man nicht unange-nehm auffallen wollte. Je nach Blockwart, Zellenleiter und Umgebung muss-te man mit mehr oder weniger Repressalien rechnen. Trotzdem wurden alle die Gebote und Verbote, von denen das ganze Leben durchzogen war, auf viel-fältige Weise umgangen, versuchten Frauen sich Nischen der Freiheit und Selbstbestimmung zu schaffen und zu bewahren.[10] Aber der Druck war stän-dig spürbar und erzeugte Angst.

Keine Angst hatten und nicht bespitzelt fühlten sich nur die, die vollkom-men angepasst waren oder sowieso nie über Politik sprachen und sich über-haupt keinerlei Gedanken machten. Ich habe solche Frauen unter Bäuerin-nen gefunden, die ohnehin eine große Distanz zu allem »Politischen« hatten, und ich fand sie unter damals jungen und begeisterten BDM-Führerinnen. Angstlos waren wenige. Dabei kann man nicht sagen, dass der Grad der Angst, den eine Frau empfand, dem Grad der Unangepasstheit entsprach. Ängstliche Typen konnten unbegründete Ängste haben, andererseits hatten die, die be-sonders viel riskierten, oft weniger Angst, bekämpften oder überwanden sie. Das Umgekehrte trifft aber sicher zu: Wer gar keine Angst zu haben brauchte, verhielt sich völlig linientreu, wobei eine solche Frau sich gelegentliches Mek-kern oder partielle Kritik sogar leisten konnte, denn sie erbrachte so viele Be-weise ihrer Loyalität, dass sie im allgemeinen schon von daher geschützt war.[11]

Wie verhielt es sich aber nun mit dem »Schweigen«, mit dem »Mund-Hal-ten«? Es bedeutete damals durchaus nicht immer dasselbe, sondern es gab Ab-stufungen im kommunikativen Verhalten.

Schweigen? Abstufungen im kommunikativen Verhalten

Keinesfalls wurde immer und überall geschwiegen, es gab Widerrede und Protest in verschiedener Form. Diese verschiedenen Formen und Abstufungen sollen der Übersichtlichkeit wegen in idealtypischer Anordnung beschrieben werden:

Es gab bei meinen Zeitzeuginnen das *totale Schweigen* über alle politischen Themen, selbst innerhalb der Familie. Hilde H. (1919): »Politik war tabu, einfach tabu!« – so oder ähnlich lauten viele ihrer Aussagen. Von Frauen wurde nach der Überzeugung der Männer ganz besonders erwartet, dass sie schwiegen. Von Politik verstanden sie ohnehin nichts. Die Mädchen wurden auch in diesem Sinne erzogen.[12]

So haben Frauen sich oft ihr Teil gedacht, aber nicht gewagt sich zu äußern, selbst ihrem Mann gegenüber nicht. »Das ist nicht recht«, war das spontane Gefühl bei Hilde S. (1909) bei den Judenverfolgungen, aber ihrem Mann gegenüber, der Ortsgruppenleiter war, sagte sie nichts. »Still sein«, »In nichts hineinkommen«, diese Haltung war bei Frauen weit verbreitet. »So haben wir damals gelernt, den Mund zu halten.« (Frieda L., 1917)

Manche Frauen waren von Berufs wegen und unter Eid zum Schweigen verpflichtet, z. B. die Stabs- und Nachrichtenhelferinnen. Auch wenn sie Schlimmes miterlebten, durften sie nicht einmal untereinander darüber sprechen. So bekam z. B. Ilse S. als Stabshelferin in Belgrad Bilder von Kriegsberichterstattern, die »Partisanenerschießungen« minutiös fotografierten. Sie ist vereidigt worden, Stillschweigen zu wahren. Sie erstarrt. Und sie sieht persönlich in Belgrad erhängte »Partisanen«. Noch heute quält sie das Bild, aber sie durfte zu niemandem darüber reden. So blieben viele allein mit ihren Skrupeln, ihrem Unrechtsgefühl und ihrem Entsetzen und fraßen es in sich hinein. Diese innere Unehrlichkeit konnte bis zur Persönlichkeitsspaltung gehen. Sie lebten gegen ihr Gewissen.

Die Regel im kommunikativen Verhalten war aber das *vorsichtige Sich-Abtasten*. Wem kann man vertrauen? Wem kann man was sagen, was nicht? Selbst im Freundeskreis war man nicht sicher vor Denunziationen.

Die vorhin zitierte Gertrud Müller, einzige Frau in den mir zugänglich gemachten Interviews, die als dezidierte Antifaschistin in mehreren Gefängnissen saß, zuletzt im KZ Ravensbrück, betont, und das bestätigten auch viele andere Frauen, dass man am ehesten denen trauen konnte, mit denen man schon vor 1933 politisch verbunden war, aber selbst auf diese, überhaupt auf Freunde und Kollegen, war kein unbedingter Verlass:

»Aber es war auf einmal auch so eine Psychose, dass man ›Heil Hitler‹ gebrüllt hat. Man musste auch manchmal staunen, wer zur SA, zur SS oder in die NSDAP eintrat und auf einmal in einer Uniform vor einem stand … ja nun, die Menschen hatten ja zuletzt Angst bekommen. Sie wussten ja, da und dort ist wieder einer verhaftet, abgeholt worden. Und dann die Angst, dass sie ja nichts sagen bei den Bombenangriffen.«

CLARA S. (1910): »Und dann weiß ich noch aus meiner Studienzeit, so '35, als das Dritte Reich schon angefangen hatte, da war mal eine Diskussion nach einem Vortrag. Der Vortrag hat eigentlich einen mir sehr vertrauten Studentenkreis angesprochen, beinahe kein öffentlicher, sondern einer fast für einen Freundeskreis. In der Diskussion hab' ich den Ausdruck ›Sau-Nazi‹ gebraucht, das war ja geschmacklos. Drei Tage später wurde ich auf die Gestapo gerufen, und es wurde mir gesagt, ich sei jetzt unter Beobachtung.
I: *Haben Sie das vor dem Redner gesagt?*
S: Nein, die Diskussion war nachher, ohne Redner.
I: *Dann muss Sie jemand aus dem vertrauten Studentenkreis angezeigt haben.*
S: Offensichtlich.«

HERMINE STEINER (1914), wie die vorhin erwähnte Elsbeth J. (1909) Tochter von Theodor Bäuerle, einem Verbindungsmann zwischen dem Industriellen Robert Bosch und Carl Goerdeler (beide im Widerstand), sprach davon, dass es selbst unter Mitarbeitern und Mitarbeiterinnen im Boschkreis Misstrauen gab. Ihr Vater erzählte einmal ganz niedergeschlagen, wie er zu einem Treffen kam und kurz vor der Tür gerade noch hörte, wie gesagt wurde: »Jetzt wird es aber Zeit, dass wir uns allmählich vom Bäuerle und Adler absetzen.« Hermine Steiner ist überzeugt:
»Für die Leute hätte mein Vater die Hand ins Feuer gelegt.« Und nach dem missglückten Attentat vom 20. Juli hat sie auf Bitte ihres Vaters Carl Goerdeler in ihrer Wohnung kurz Unterschlupf angeboten (den er aber nicht mehr in Anspruch nehmen konnte; er wurde vorher gefasst). Rückblickend meint sie:
»Es war dumm, dass ich meinen Schwiegereltern nicht gesagt habe, dass eventuell der Goerdeler in meiner Wohnung ist, aber mein Schwiegervater war beim Luftschutz, er war kein besonders narreter (*fanatischer*) Nazi, aber hat sich schon sehr gefreut an seiner Uniform. Er war so ein alter Zwölfender. Da hätte ich nichts sagen dürfen. Da hätt' ich wirklich Angst haben müssen.«[13]

»Man musste jedes Wort auf die Goldwaage legen.« (Liddy T., 1906) Wilhelmine H. (1921) kriegt heute noch das »Herzbumpern«, wenn sie vor der Rektoratstür ihres alten »braunen« Direktors steht: »Du darfst dich nicht verplappern!«. Marianne M. (1921) wagte es erst nach Wochen, nachdem sie ein schreckliches Erlebnis von Judenverfolgung gehabt hatte, mit ihrer Freundin über die »entsetzliche Seelenlast« zu sprechen, über ihren Hass auf die Regierung, über ihren Wunsch, Deutschland solle endlich kapitulieren. Noch nach dem Krieg sagt M. zu ihrer Freundin Ilse S., sie hätte sie angezeigt, wenn sie gewusst hätte, dass Ilse mit anderen Soldaten heimlich Moskauer Rundfunk hörte.

Selbst im engsten Familienkreis »hielt man die Kinder raus«, nicht immer aus Misstrauen, viel eher, weil man Angst hatte, dass sie sich in kindlicher Unvorsichtigkeit verplapperten. Maria H. (1922) meinte dazu: »Wo Feindsender gehört werden und im ›guten Zimmer‹ Papst-Enzykliken vervielfältigt werden, da hält man die Kinder raus.« Trotzdem blieb den Kindern die Einstellung ihrer Eltern nicht verborgen. Mir ist kein Fall berichtet worden, dass Töchter ihre Eltern verraten hätten, wohl aber der Fall eines Sohnes, der seinen Vater ins Konzentrationslager brachte und bis heute nicht darüber reden kann. Aber auch umgekehrt brachten es die Kinder und Jugendlichen meist nicht fertig, über sie Bedrückendes mit ihren Eltern zu reden, selbst wenn sie die kritische Haltung der Eltern kannten:

ANNELIESE W. (1921) erwähnt wiederholt, dass sie am Benehmen des Vaters gut ablesen konnte, dass er »mit der Politik nicht einverstanden war«, aber es wurde darüber im Familienkreise nicht gesprochen. Als sie später von jungen Juristen, die sie ins Vertrauen zogen, Fälle von politischer Verfolgung erzählt bekam und von dem, was in den KZ geschah, sprach sie mit ihren Eltern nicht darüber: »Hab' aber erstaunlicherweise zu meinen Eltern das nicht gesagt. Ich hab' da nicht gesagt: ›Hört mal, habt ihr das gehört?‹ oder so.«

Man erkannte – trotz der einen oder anderen Fehleinschätzung und Enttäuschung – doch ziemlich bald, wem man vertrauen konnte und wem nicht. Die Frauen können nicht genau beschreiben, woran man Gleichgesinnte erkannte. Oft genügte ein einziges Wort, eine Geste, ein Lächeln:

ANNELIESE W. (1921) las in einem Lokal, in dem sie regelmäßig zu Mittag aß, die mitgebrachte Frankfurter Allgemeine Zeitung; als diese schon verboten war, die Deutsche Allgemeine Zeitung. Da setzten sich einige junge Juristen vom Amtsgericht zu ihr; sie hätten an der Zeitung gesehen, »wes Geistes Kind sie sei«. Und dann haben sie offen geredet.

Solch ein offenes Reden-Können war befreiend. So berichtet BRIGITTE P. (1927), die in einem Kreis des Stuttgarter Pfarrers Rudi Daur verkehrte: »Es war, als ob die Leute ganz andere Gesichter hatten, als ob man in eine andere Welt gekommen wäre.«

Es gab Lehrerinnen, die den Drahtseilakt fertigbrachten, genau so viel nicht zu sagen, dass sie nicht aus ihrem Beruf herausflogen, und genau so viel zu sagen, dass ihre Schülerinnen merkten, wo sie standen, und dass es noch etwas anderes gab als die NS-Weltanschauung. Sie konnten offenbar Vertrauen in ihre Schülerinnen setzen, ein Zeichen, dass bei einem sehr guten persönlichen Verhältnis die Kommunikation noch funktionierte, auch wenn sie erschwert war und der Tarnungen bedurfte. Dabei hatten diese Lehrerinnen auch Glück, wie sie selbst zugeben. Es kam auf den jeweiligen Schulleiter an, auch auf die örtlichen Parteifunktionäre, auf die Menschen in ihrem Umkreis überhaupt.

Angesichts des vorherrschenden Klimas der Angst und des Wegtauchens wird dennoch erstaunlich oft von *Auseinandersetzungen und Streit* in den Familien, im näheren Freundeskreis, aber auch unter Bekannten berichtet. Die Frauen waren längst nicht immer derselben Meinung wie ihre Männer, und unter den Familienangehörigen und Verwandten gab es oft erhebliche Differenzen. Häufig waren Frauen skeptischer, aber auch ängstlicher, sehr auf den Familienfrieden bedacht, ausgleichend, bremsend oder uninteressiert. Sie hatten einfach Angst um ihre Männer, um den Ernährer, um die Familie. Erika N. (1924) über ihre Mutter: »Sie hat halt immer gütigen müssen beim Vater... Wir haben furchtbare Angst gehabt um den Vater.« Und Luise P. (1909) sagte öfters zu ihrem Mann: »Sag nicht so viel, sonst kommst du auch fort.«

GERDA ZORN: »Mein Vater legte sich mit allen Verwandten an. Bei jeder Familienfeier wurde politisiert. Er sagte: ›Hitler wird Krieg machen – was meint ihr denn, was wir bei Borsig bauen?‹ Die Onkel sagten: ›Sei froh, dass du endlich Arbeit hast, es geht aufwärts mit unserem Volk.‹ Er sagte: ›Mit Kanonen statt Butter.‹ Zum Schluss schrien alle durcheinander, das heißt die Männer, die Frauen kümmerten sich ums Essen, deckten den Tisch, wuschen das Geschirr ab. Ich hörte dem politischen Streit gern zu und fand, dass mein Vater die beste Figur machte. Seine Argumente waren auch meine.«[14]

URSULA VON KARDORFF schreibt nach einem offenen Gespräch mit Hasso von Etzdorf, der Verbindungsmann des Auswärtigen Amtes zum Oberkommando der Wehrmacht war, in ihr Tagebuch (23.1.1944): »...er ist, weiß der Himmel, nicht der erste, der so offen war. Vorsicht ist gut, aber man kann auch an Vorsicht ersticken. Und wenn alle Gespräche dieser Art der Gestapo bekannt würden, dann wäre Berlin entvölkert, und nicht nur Berlin.«[15]

Häufiger gab es Frauen, die ein *offenes Wort* riskierten. Oft entlud sich die innere Wut oder Empörung spontan und – erschrocken über ihre eigene Unachtsamkeit – machten sie dann gleich wieder Rückzieher. Offene Proteste waren Ausnahmen, und sie bewirkten in ihrer Vereinzelung auch nicht viel, meistens gar nichts. Keineswegs kann man darin schon Widerständigkeit sehen. Die echten Widerständler stuften solche Ausbrüche eher als kontraproduktiv ein. Dennoch sind die Beispiele offener Meinungsäußerungen ein Beweis, dass es dem NS-Staat nicht gelang, das spontane Mitgefühl und das Gerechtigkeitsempfinden völlig zu ersticken. Wenn solche Proteste nicht geahndet wurden, hatten die Frauen einfach Glück oder jemanden, der sie deckte.

So sagt Lore B. (1923): »Meine Mutter hat offen immer und überall gegen das Regime gesprochen. Vielleicht hat der Vater als alter Parteigenosse (er war schon 1928 in die NSDAP eingetreten) sie vor Schlimmerem bewahrt.«

Hin und wieder wurden an Schulen und Universitäten *Signale des Protestes* laut. Mir wurde berichtet, dass an der Universität Tübingen im Rahmen von Diskussionsabenden offene Kritik geäußert wurde.

Die damalige Studentin ANNELIESE H. (1909) erinnert sich: »Und immer wieder kam es vor, dass Professoren ein Wort oder einen Witz riskierten, und dann haben die Studenten getrampelt. Das waren Kundgebungen da.« Dieselbe Anneliese H. wurde von einer Kommilitonin denunziert, als sie sie über die NS-Verbrechen aufklärte und u.a. äußerte: »Wir sind moralisch nicht berechtigt zum Sieg wegen unserer Greueltaten im Osten.« Sie wurde noch im Februar 1945 von der Universität Tübingen relegiert.

Freilich waren das sehr ohnmächtige und politisch folgenlose Kundgebungen. Dennoch sollte man nicht vergessen, dass die Geschwister Scholl ihre letzte Flugblattaktion im Lichthof der Münchener Universität starteten, weil sie glaubten, das würde zu einem Massenprotest führen. Sie hatten kurz vorher erlebt, dass die Studenten offen gegen den Gauleiter protestiert hatten, der die Studentinnen aufgefordert hatte, statt zu studieren lieber dem Führer ein Kind zu schenken. Sie haben das Protestpotential überschätzt, aber sie haben erlebt, dass es vorhanden war. Dies erfuhr ich in einem Gespräch mit der Schwester und dem Freund von Sophie Scholl, Elisabeth und Fritz Hartnagel.

Nach schweren Bombenangriffen und gegen Ende des Krieges wurde in der Bevölkerung immer allgemeiner und offener geschimpft. Eine große Rolle als »Blitzableiter« spielten die *politischen Witze*. Über ihre allgemeine Funktion im Dritten Reich hat Hans-Jochen Gamm Grundlegendes gesagt und eine Fülle von Witzen (371) sachkundig kommentiert.[16] In den Erzählungen der Frauen wird zwar häufig erwähnt, dass viele Witze umliefen, aber nur relativ wenige wurden mir erzählt:

TRUDE Z. (1915): »Was ist der schwierigste Beruf heute? Der Zahnarzt. Kein Mensch darf den Mund aufmachen.

Was ist ähnlich bei der Straßenbahn und der Partei: 1. Das Sprechen mit dem Führer ist verboten, 2. Bei Bedarf werden auch alte Anhänger hervorgeholt. Und dann gab es das Plakat ›Kohlenklau‹, das hieß nur: Dr. Ley nachts um halb drei.«

ANNELIESE H. (1909): »Sirenen wurden von den Studenten als ›Hitlerschalmei‹ bezeichnet.«

ERIKA H. (1914): »Witze haben wir alle erzählt, ausgezeichnete Witze, die unter Umständen den Kopf gekostet hätten ... z. B. »Der Göring sammelt Witze, und man kriegt dafür entweder drei Mark oder drei Jahre.«

LISA DE BOOR vermerkt Mitte Juni 1943, nach der Vernichtung von Wuppertal durch feindliche Bomber, in ihrem Tagebuch: »Ein grimmiger Humor sagt, dass Churchill den Radiergummi fand und benützt, den Hitler verlor und mit dem er die englischen Städte ausradieren wollte.« Oder: »V 1 = Versager 1.«[17]

Aus diesen wenigen Beispielen lässt sich nicht schließen, dass die Frauen die Witze vergessen haben, denn ich habe nicht ausdrücklich nachgefragt, und die Zeit für das Gespräch war insgesamt sehr knapp, so dass es oft einfach bei der Feststellung blieb: »Es wurden sehr viele Witze erzählt damals.« Ich bin sicher, dass jede Frau die Beispielsammlung durch eigene Erinnerungen erweitern könnte, das hat sich bei weiteren Gesprächen herausgestellt.[18] Mein Material erlaubt keine Rückschlüsse darauf, ob es eine spezifisch weibliche »Witz-Subkultur« und einen spezifisch weiblichen Umgang mit Witzen gegeben hat. Die Zusammenhänge, in denen meine Zeitzeuginnen die Witze erwähnen, bestätigen aber den Kern von Gamms Befunden: Sie waren ein Ventil für zum mindesten partielle und während des Krieges zunehmende Unzufriedenheit – und diese war verbreiteter und heftiger, als es die Propaganda von der angeblich »geschlossen hinter dem Führer stehenden Volksgemeinschaft« vorspiegelte. Sie waren gefährlich, denn die schon erwähnten Warnungen: »Halte den Mund, sonst kommst du ins KZ!« waren gerade beim Erzählen von Witzen stets präsent. Und immer wieder schließt sich daran ein Beispiel mit diesen Konsequenzen aus der näheren Umgebung. Dass bei weitem nicht jeder, der einen politischen Witz erzählte, gefährdet war, liegt auf der Hand. Dazu erzählten viel zu viele solche Witze, und es kam auf die »politische Zuverlässigkeit« im ganzen an. Aber auch hier gilt, wie bei allen nicht konformen Äußerungen, dass es eben die Unsicherheit war, wann und wen es treffen konnte, die die Angst erzeugte. Die Witze waren aber letztendlich auch nur eine ohnmächtige, politisch folgenlose Ersatz-Reaktion für wirklichen Widerstand. Die Witze wurden erzählt, belacht, oft bitter belacht, aber man »funktionierte« doch im Sinne des Systems, selbst noch in aussichtsloser Lage. Nicht zu funktionieren hätte allerdings die Bereitschaft zu vollem Lebensrisiko bedeutet.[19]

Sicher war dieser permanente Zwang, unter dem sich viele Frauen damals befanden, nicht offen und frei reden zu können, sich verstellen zu müssen, nicht aufzufallen, für viele sehr belastend. Er konnte zu einer Art »Doppelleben«, einer Art »innerer Emigration«, ja zu einer Deformierung der Persönlichkeit führen, wie es z. B. die erwähnte Ilse S. empfunden hat, oder zum mindesten zu innerer Verunsicherung, zum »Zwiespalt«, wie ihn selbst anscheinend angepasste BDM-Führerinnen bezeugen.

Was aber waren das für Frauen, die auf der anderen Seite standen, auf der Seite des Überwachungsapparates? Führten nicht auch diese Frauen ein Dop-

pelleben: eines als »nette, harmlose Nachbarin« und eines als Spitzel und Denunziantin?

Spitzel und Denunziantinnen

Wie viele Frauen waren unter ihnen? Keine hat von sich selbst dergleichen
erzählt oder auch nur angedeutet. Hier stößt man wieder an Grenzen der Oral
History: Fast niemand redet offen schlecht über sich selbst. Das ganz Gemei-
ne, Schäbige erzählt keine von sich, höchstwahrscheinlich melden sich solche
Frauen schon gar nicht zum Gespräch. Wieder ist man auf Zeugnisse über
»andere« angewiesen. Und diese kommen fast in jedem Gespräch vor. Stereo-
type Wendungen in diesem Zusammenhang sind: »Ich hatte eine Kollegin, die
…«, oder: »Es wohnten Leute im Haus, vor denen musste man sich in acht
nehmen«, oder: »Wir hatten Verwandte, das waren fürchterliche Nazi, da musste man vorsichtig sein.«

Die Frauenforschung, die sich in letzter Zeit besonders auf die Suche nach
den »Täterinnen« im Nationalsozialismus gemacht hat, hat einiges auch auf
diesem Felde zutage gefördert.[20]

In den persönlichen Gesprächen wurden nicht eigens und besonders Frau-
en als solche, die denunziert haben, hervorgehoben, aber die Frauen wurden
auch keineswegs ausgenommen. Neuere Untersuchungen haben gezeigt, dass
Frauen unter den Denunzianten in der Minderheit waren.[21] Über die Motive
kann man nur Vermutungen anstellen. Die Literatur und die betroffenen Zeitzeuginnen können sich verschiedenartige Beweggründe vorstellen:

1. Es war relativ risikolos, jemanden anzuzeigen, da kein ordentliches Gerichtsverfahren drohte, das sich gegen die Denunziantin hätte auswirken
   können. Man konnte also mit geringem Einsatz eine unheimliche Macht
   über das Leben anderer Menschen ausüben. Schon allein die Drohung mit
   einer Anzeige verlieh Macht und konnte einschüchtern.

2. Man konnte Nachbarn oder Kollegen, die einem unsympathisch waren oder
   die man beneidete, eins auswischen oder sich von ihrer Bestrafung Vorteile
   erhoffen.

3. Man konnte sich »lieb Kind« bei der Partei machen und mit Belohnung
   für sich selbst rechnen.

4. Man bezeugte seine »aufrechte Gesinnung« und war so selbst eher gegen
   evtl. Denunziationen durch andere gefeit.

5. Man musste sich selbst nicht »die Hände schmutzig machen«, sondern konnte es dem »Apparat« überlassen, die Strafe zuzumessen und auszuführen.
6. Es konnte tatsächlich auch der fanatische Glaube dahinterstehen, dass man »Volksschädlinge« unschädlich machen müsse. Man konnte sich dabei selbst für ebenso ehrenwert halten wie einer, der der Polizei Hinweise für die Verbrechensbekämpfung gibt.
7. Schließlich kann auch einfach Geltungssucht eine Rolle gespielt haben, wie das bei Helene Schwärzel, die den Widerstandskämpfer Carl Goerdeler ans Messer geliefert hat, der Fall gewesen zu sein scheint.[22]

Es mögen im Einzelfall verschiedene Motive zusammengespielt haben; letztlich ergründen lassen sie sich nur schwer. Leicht durchschaubar, aber um so erschreckender ist der Fall, den Ida Ehre erzählt:

Sie traf im Gefängnis in Fuhlsbüttel »eine ganz blonde Frau, die war evangelisch, hatte im Kirchenchor gesungen. Ich fragte sie: ›Wie kommen Sie hier herein? Was machen Sie hier?‹ – ›Ich bin Jüdin von Geburt, aber ich wurde sofort getauft. Mein Mann ist Lehrer, und man hatte in unserer Kirche einen Chor zusammengestellt. Ich habe eine gute Stimme, und da habe ich mitgesungen. Jahrelang schon. Neben mir war eine Frau, die wollte immer die Soli singen, aber ich habe sie bekommen. Sie hat mich angezeigt, dass ich eigentlich Jüdin bin.‹«[23]

Wie sind aber die beiden folgenden Fälle zu erklären?

Ingeborg Hecht erzählt, dass ihr Vater, der Jude Felix Hecht, von Damen eines Altersheimes angezeigt wurde, als er seine Kinder aus seiner geschiedenen Ehe mit einer »arischen« Frau besuchte. Er kam daraufhin ins Gefängnis Fuhlsbüttel. Was hat die Damen des Altersheims dazu bewogen? Ralph Giordano fragt in seinem Vorwort zu Ingeborg Hechts Buch mit Recht: »Wo sind sie später geblieben, die zahllosen Denunzianten (*und Denunziantinnen*) von damals? Jene Flut, die 1936 im Hamburger Stadthaus, als ich dort verhört wurde, einen Gestapomann, wenn auch im Sinne eines pronazistischen Loyalitätsbeweises, zu dem Geständnis hinriss: ›Wir werden ihrer einfach nicht mehr Herr!‹«[24]

Was hat die Büroangestellte von Vater Scholl dazu getrieben, ihn Anfang 1942 zu fragen, was er von der Kriegsentwicklung halte, um ihn daraufhin anzuzeigen, weil er geantwortet hatte, er halte den Krieg für verloren; Hitler sei für ihn die größte Gottesgeißel der Menschheit. Er wurde wegen »Heimtücke« zu vier Monaten Haft verurteilt, wie mir Elisabeth Hartnagel, seine Tochter, sagte. Nur die alten Damen des Altersheims und die Büroangestellte von Vater Scholl könnten ihre Motive verraten. Sie werden es nicht tun oder haben ihr Geheimnis längst mit ins Grab genommen.

Es wäre aber falsch, aus der Menge der Denunziationen auf ebenso viele Loyalitätsbeweise zu schließen. Eher umgekehrt verrät die Fülle dessen, was es offenbar an Regimekritik, »defätistischen« Äußerungen, Verunglimpfungen der Partei und ihrer Würdenträger, Abhören von Feindsendern oder anderem regimewidrigen Verhalten zu denunzieren gab, dass es die gleichgeschaltete Volksgemeinschaft niemals gegeben hat. Ganz aus den Fingern saugen konnten sich die Denunzianten und Denunziantinnen ihre Anzeigen nicht, denn es mussten doch immerhin Zeugen bzw. einigermaßen glaubhafte Beweise beigebracht werden.

Gerade bei Frauen scheinen die persönlichen Gründe eine besonders große Rolle gespielt zu haben: persönliche Streitigkeiten, Missgunst und Neid, persönliche Vorteile.[25]

LISA DE BOOR berichtet von zwei Fällen:
»3. Juni 1942: Die alten Lehrerinnen J. und St. werden wegen Hörens von Feindsendern zu fünf und anderthalb Jahren Zuchthaus verurteilt; eine bei ihnen wohnende Studentin zeigte sie der Gestapo an.
5.2.1943: Archivrat Dr. Schäfer, zweiundsiebzig Jahre alt, bekommt zweieinhalb Jahre Zuchthaus (Abhören des Feindsenders), seine ebenso alte Frau anderthalb Jahre. Das polnische Dienstmädchen hat die Anzeige gemacht.«[26]

Fühlte sich die Studentin schikaniert? War sie regimehörig? Welche Vorteile erhoffte sich das Dienstmädchen? Wurde sie schlecht behandelt? Wollte sie sich an den Deutschen rächen? Die Einzelfälle zeigen, wie schwer es für die Historikerin ist, Motive aufzuklären.

Die Tragweite ihrer Anzeigen, die oft zu Gefängnishaft, ins Konzentrationslager oder gar zum Tod führten, müsste den meisten Denunziantinnen bewusst gewesen sein, weil ihnen genug Beispiele vor Augen standen, auch wenn sie es sich nicht weiter ausmalten, was mit den Leuten geschah, die dann »fortkamen«, wie Frauen es sehr häufig im Zusammenhang mit beobachteten Denunziationen formulieren.

Es ist schwer vorstellbar, dass eine normale Frau dazu fähig war, Nachbarn, Bekannte, Kollegen wegen schierer Nichtigkeiten buchstäblich ans Messer zu liefern, aber keine Forschung über Frauen im Dritten Reich und im Zweiten Weltkrieg kann die Augen davor verschließen, dass es sie massenhaft gegeben hat. Meine Zeitzeuginnen Isa P. und Maria E. meinen, und ihrer Meinung sind die meisten, dass es Spitzel fast in jedem Hause gab.

Denunziation ist zwar ein besonders tristes und deprimierendes Kapitel in der Geschichte des Dritten Reiches. Sie spielte in dieser Zeit gerade im Zusammenhang mit der Judenverfolgung eine verhängnisvolle Rolle. Die Angst, denunziert zu werden, hing wie ein Damoklesschwert über allen Helfern und

Helferinnen und machte für Juden das Untertauchen zu einem fast unerträglichen Risiko. Dennoch sollte man sich vor Augen halten, dass es sich hierbei nicht um ein spezifisches Phänomen des NS-Regimes handelt. Denunziation trat und tritt in der Geschichte überall da auf, wo die politischen Rahmenbedingungen sie begünstigen, vor allem in Diktaturen, die auf Terror und Angsterzeugung angewiesen sind und ein entsprechendes Überwachungssystem brauchen, wo rechtsstaatliche Einrichtungen, ordentliche Gerichtsverfahren und der Schutz der Menschenrechte außer Kraft gesetzt sind. Auch in Ausnahme- und Umbruchsituationen blüht die Denunziation. So war sie in der Besatzungszeit ebenfalls an der Tagesordnung. Wahrscheinlich haben z.T. dieselben Menschen, die andere bei der NSDAP angeschwärzt hatten, dasselbe den Besatzern gegenüber getan, und wenn es nur deshalb war, um von der eigenen Vergangenheit abzulenken und sich wiederum auf Kosten anderer Vorteile zu verschaffen. Auch davon wurde mir öfters berichtet. Ich vermute, dass es einen besonderen Menschentyp, einen Frauentyp gibt, der unter den Bedingungen eines repressiven Systems zur Denunziation neigt und fähig ist, ein Menschentyp, dem die Verachtung seiner Mitmenschen sicher ist. Er muss deshalb das Licht scheuen, auch die Aufklärung durch Oral History. Doch kann Oral History auch in diesem Bereich das Aktenstudium ergänzen, weil sie in die private Sphäre, in Familien- und Nachbarschaftsgeschichten führt, die Denunziationen begünstigen und durch amtliche Vernehmungsprotokolle allein nicht rekonstruiert werden können.

KAPITEL 6

»Was hätten wir denn machen können?«

Möglichkeiten und Grenzen von Widerstand

Vielen Frauen geht gar nicht auf, dass sie *beides* nicht zugleich behaupten können: »Wir haben doch nichts gewusst« und »Was hätten wir denn machen können«? Wer *nichts* gewusst hat, hatte auch keine Veranlassung, *etwas dagegen* zu unternehmen. Der Satz: »Was hätten wir denn machen können?« verrät vielmehr untrüglich, dass sie das Gefühl hatten oder wussten, da geschieht Unrecht, da geht es nicht mit rechten Dingen zu, und dass sie ihr Gewissen damit beschwichtigten, dass »man« ja doch nichts machen könne. Für die Begeisterten stellte sich diese Frage nicht. Sie wird relevant für die, die angeben, »eigentlich« immer dagegen gewesen zu sein.[1]

Konnte »man« wirklich nichts machen? Dazu muss man die Handlungsspielräume der Frauen ausloten und ihre verschiedenen Verhaltensweisen betrachten. Ich fasse die Möglichkeiten abgestuft nach dem Grad des Nonkonformismus zusammen. Dabei wähle ich bewusst die Bezeichnungen »Nonkonformismus« oder »regimewidriges Verhalten« und spreche nicht von Widerstand, unter dem ich weiterhin nur Formen des aktiven Widerstandes mit dem Ziel, das Regime zu stürzen, verstehen will. Solche Frauen erschienen während meiner Forschungsarbeit nur am Rande. Nur *eine* Frau saß selbst im Konzentrationslager.[2] Doch stieß ich immer wieder auf Verbindungen zu Menschen, die wegen ihres politischen und aktiven Widerstandes verfolgt wurden. Deshalb werden dazu auch einige Anmerkungen gemacht. Es geht nicht um eine Begriffsklärung von »Widerstand«[3] und nicht um die Klassifizierung weiblicher Handlungen und Verhaltensweisen nach einem begrifflichen Schema, sondern es geht um deren Beschreibung nach ihren eigenen Erzählungen und Lebensgeschichten, abgestuft nach dem Grade der Risikobereitschaft. Eine trennscharfe Ordnung lässt sich dabei nicht herstellen, denn es gehört zu den Kennzeichen des nationalsozialistischen Regimes, dass das Risiko niemals im voraus abzuschätzen war. Es konnte unter Umständen schon eine einzige »defätistische« Äußerung eine Frau ins Gefängnis, ja zum Tode bringen[4]; es konnte auf der anderen Seite relativ gefahrlos sein, ausländische Sender zu hören oder sogar jüdische Verwandte zu beherbergen, wenn die Nachbarschaft und das Dorfklima samt Bürgermeister und NS-Funktionären solche Handlungen deckten.[5] Gerade diese Unberechenbarkeit schüchterte ein und schuf das Klima der Angst, das im vorangehenden Kapitel beschrieben wurde. Dennoch lässt sich – aufs Ganze gesehen – eine Grobeinteilung nach der Größe der Gefahr für die Frauen und der Gefahreneinschätzung des Regimes machen. Die Übergänge sind fließend. Dabei ziehe ich die Grenzen nicht so eng, dass nur das zählt, was Menschen unmittelbar geholfen oder dem Regime direkt geschadet hat[6], sondern beziehe »Widerdenken«, »Widerreden« und »Widerhandeln«[7] in das Spektrum nonkonformen Verhaltens mit ein, denn ein totalitäres Regime kann sich auf die Dauer nicht halten, wenn es ihm nicht gelingt, all dies auszumerzen. Das wussten die Machthaber selbst nur allzu gut, sonst hätten sie nicht solche Anstrengungen unternommen, jede Art von Abweichung, und erschien sie auch noch so geringfügig, zu unterbinden. Selbst Briefe und Tagebücher, denen Menschen ihr Geheimstes anvertrauten, konnten, wenn sie in die falschen Hände fielen, ein Grund zur Verfolgung sein.[8]

Gerade für dieses breite Spektrum regimewidrigen Verhaltens ist Oral History eine unentbehrliche Quelle. Polizei- und Gerichtsakten verzerren die Wirklichkeit in doppelter Weise: Sie dokumentieren entweder zu wenig oder zu viel. Auf der einen Seite erfassen sie nur einen Ausschnitt, nämlich die den Behörden durch gezielte Ermittlungen oder Denunziationen zur Kenntnis gebrachten Fälle. Andererseits können die beurkundeten Fallbeispiele auch nur zufällige »Ausrutscher« von Menschen gewesen sein, die sich ganz überwiegend systemkonform, ja möglicherweise überangepasst verhielten. Es reichte ja schon, von einem missgünstigen Nachbarn mit fadenscheinigen Begründungen denunziert zu werden.[9]

Oral History kann den wahren Einstellungen und Verhaltensweisen einer breiten Mehrheit viel eher auf die Spur kommen. Je detaillierter und umfassender sie ansetzt, desto besser. Nur darf sie den heutigen Beteuerungen und Selbstdarstellungen nicht umstandslos vertrauen. Bei diesem Thema gilt im besonderen Maße: Bewertungen des eigenen Verhaltens durch Zeitzeugen zählen nur so viel, wie durch die Lebensgeschichten, durch entsprechende Handlungen beglaubigt wird.[10]

Nonkonformes Verhalten

Vom *Schweigen* und *Kuschen* wurde schon im letzten Kapitel gesprochen. Das war bei Frauen die von ihrer Erziehung her eingeübte Haltung. Sie wagten als Mädchen nicht, ihre Mütter und Väter zu befragen, wenn sie ein ungutes Gefühl hatten, wenn sie Augen- und Ohrenzeugen von Unrecht wurden. Die Ehefrauen vermieden es, »Unfrieden« zu stiften. Innerlich dagegen gewesen zu sein und nur aus Angst geschwiegen zu haben, ist allerdings eine Behauptung, die nicht nachprüfbar ist. Die ganz insgeheime Gegnerschaft kann füglich bezweifelt werden. Ein sicheres Indiz sind dagegen Berichte von Schikanen und Leiden, die das persönliche Leben beeinträchtigten, auch wenn sie nicht in Gefängnis, Konzentrationslager oder Tod führten. Davon wurde mir oft erzählt und wird im folgenden zu reden sein.

Es werden doch alle Frauen sagen, sie seien eigentlich dagegen gewesen, wurde mir während meiner Arbeit von Kollegen und Bekannten vorgehalten. Natürlich haben das viele gesagt, aber nicht so viele, wie ich selbst anfangs befürchtet hatte. Sie konnten es mir auch kaum vortäuschen, denn ihre Biografien sprachen ihre eigene Sprache. Viele Frauen monierten selbst, dass sehr viele Menschen nachher gesagt hätten, sie seien immer dagegen gewesen. Davon sei aber damals nichts zu merken gewesen, sie hätten die Betreffenden ja damals gekannt. So sind auch die Zeugnisse der Bekannten und Freunde ein wertvolles Korrektiv.

Eine relativ häufige Verhaltensweise war, auf *Distanz zum Regime* zu gehen und sich vor NS-Verpflichtungen zu drücken, wo immer es ging. Die Mehrheit der alten Eliten, der alte Adel z. B., hat sich gesellschaftlich nicht mit »den Nazis« eingelassen, allein deshalb, weil sie ihnen zu vulgär waren. Das kann man Autobiografien aus entsprechenden Kreisen entnehmen.[11] Das bedeutete aber nicht, dass sie sich automatisch dem Widerstand angeschlossen hätten mit dem Ziel, das Regime zu stürzen. Das tat nur eine verschwindende Minderheit.

Für die breite Masse der Frauen gab es durchaus Möglichkeiten, sich vor Verpflichtungen zu drücken, z. B. vor dem BDM-Dienst oder vor dem Eintritt in die Partei. Zwar war der auf sie ausgeübte Druck unterschiedlich groß, aber über ernste Sanktionen berichtete keine Frau. Druck äußerte sich z. B. so, dass im Zeugnis eines Mädchens stand: »War nicht im BDM.« Diese Mädchen mussten vor 1939 an Sonderunterricht teilnehmen, ab 1939 war der Dienst Pflicht. Aus der Anfangsphase des Dritten Reiches berichtet Dorothea B. (1922): Von etwa 500 Mädchen ihrer Mädchenrealschule hätten zehn oder zwölf an diesem Sonderunterricht teilgenommen. Lore E. (1922) erzählt von einem Damenstift in ihrer Heimatstadt Altenburg, das ein Internat für adlige Mädchen unterhielt. Diese Mädchen gingen nicht zum BDM. In der Spielschar von Gertraud L. (1928)[12] schwänzten regelmäßig 20 bis 25 % der Mädchen. Sie wäre nie auf die Idee gekommen, ihre Mädchen auch nur zu mahnen, sondern grämte sich nur, dass sie offenbar nicht »pfundig« genug war, und der »Dienst« daher für die Schwänzer unattraktiv. Wie weit diese von ihren Eltern, möglicherweise aus politischen Gründen, zurückgehalten wurden, hat sie sich selbst niemals gefragt. Auffallend viele Zeitzeuginnen berichteten, dass sie sich mit oder ohne Begründung einfach vom BDM zurückgezogen haben, ohne nachteilige Folgen.[13] Auch zur Führerinnenlaufbahn wurde niemand gezwungen, wenn auch von verschiedenen Stellen und häufig Überredungsversuche unternommen wurden.

Hausfrauen und Mütter kamen viel eher um die Mitgliedschaft in der NS-Frauenschaft herum als die Männer um die Partei, weil sie erstens keine Karriere riskierten und zweitens immer Überlastung durch Hausarbeit und Kinder vorschützen konnten. Sehr selten haben Frauen offen und mit politischen Gründen abgelehnt.

Zu den sehr seltenen Fällen gehört RUTH B. (1919): Als die Frauenschaftsleiterin sie anwerben wollte, sagte sie: »Frau S., ich komme mit fliegenden Fahnen, sobald der Führer seinen Kampf gegen die Kirche aufgibt.« Zu einer solchen Begründung gehörte schon etwas Mut.

Mädchen wichen dem Arbeitsdienst aus, indem sie sich zum Roten Kreuz oder ähnlichen vermeintlich »unpolitischen« Organisationen meldeten; sie entgingen so dem Kriegshilfsdienst oder anderen Kriegsdienstverpflichtungen. Summarisch drückt es Rose R. (1923) so aus: »Wir haben nirgends mitgemacht und haben darauf gewartet, dass es vorübergeht und dass man überlebt… Aber irgendwo habe ich das Gefühl, wir sind auf einer mittleren Schiene gewesen.«

Bei den meisten lässt sich schwer entscheiden, ob dieses Fernbleiben aus Gegnerschaft gegen das Regime geschah oder einfach aus Bequemlichkeit und allgemeinem Desinteresse. Bei manchen war es eben die »mittlere Schiene«, das halbe Paktieren. So z. B. bei Anneliese K. (1913), die über ihre Mitgliedschaft im NS-Studentenbund während ihrer Studienzeit sagt: »Zu dieser Gruppe von Studenten und Menschen mochte ich nicht gehören. Ich tendierte zur anderen Seite, aber da hab' ich mich auch nicht engagiert.« Sie meldete sich dann aber zum Landdienst, »weil ich etwas für die Allgemeinheit tun wollte. Man wollte halt auch dazugehören, irgendwie nicht so abseits stehen«. Dieses Hin- und Herlavieren scheint mir für viele charakteristisch. Als Beweis für prinzipielle Gegnerschaft genügt dieses Sich-Abseits-Halten allein nicht. Großes Heldentum gehörte im allgemeinen nicht dazu.

Frauen, deren Männer sich weigerten, in die Partei einzutreten und sich auch sonst nicht systemkonform verhielten, mussten unter Umständen schwer unter den Folgen für sich und die ganze Familie leiden. Auch davon wird zwar berichtet, doch dabei ist nicht allen Frauen klar, dass von den Männern niemand zum Eintritt in die Partei gezwungen wurde. Sie hatten allerdings abzuwägen, dass sie damit ihr berufliches Fortkommen aufs Spiel setzten oder mit anderen Repressalien rechnen mussten.

ELISABETH U. (1905): »Wir waren keine Nazis. Wir mussten nur die Folgen tragen. Obwohl mein Mann kriegsuntauglich geschrieben war, holte man ihn an die Front, als sein Chef im Büro gerade verreist war (noch am 12. April 1945), und er ist dann auch gefallen. Dies war eine Denunziation, weil mein Mann regelmäßig in die Kirche ging und die Parteizugehörigkeit verweigerte.«

Auch wenn das Sich-Abseits-Halten nicht identisch sein musste mit Widerständigkeit, konnte es durchaus auf der Grenze liegen zu einer Art »*inneren Emigration*«. Unter diesem Begriff fasse ich vielfältige Beispiele von Handlungen und Verhaltensweisen zusammen, deren Motive und Risiken im Einzelfall sehr verschieden sein konnten. Es lässt sich schwer entscheiden, ob allgemeines Desinteresse, Verweigerung, passiver Widerstand oder offener Protest die Triebfedern waren; dies alles lag vielfach eng beisammen. Man konnte z. B. Bestimmungen und Verordnungen einfach unterlaufen, sich nicht an sie halten, etwa ostentativ nicht mit »Heil Hitler« grüßen oder den Gruß verstümmeln, was durchaus ein Signal war und auch so verstanden wurde. Trude Z. (1915), die das praktizierte, bemerkt dazu: »Ob einer ›Drei Liter‹ oder ›Heil Hitler‹ gesagt hat, das hat man ja nicht gehört.« Die Eingeweihten wussten aber Bescheid. Was das Verweigern des Hitlergrußes einem in der Öffentlichkeit einbringen konnte, erzählt Else G. (1915):

ELSE G.'s Vater war als Sozialdemokrat 6 Monate eingesperrt, und sie selbst war aktives Mitglied der SPD-Jugendorganisation gewesen. Sie besuchte während des Krieges mit ihrem Mann ein Konzert in der Stuttgarter Liederhalle, dirigiert von Furtwängler: »Am Ende stimmte das Orchester das Deutschlandlied und anschließend das Horst-Wessel-Lied an. Alles stand auf und erhob die Hand zum Hitlergruß, mein Mann und ich natürlich nicht. Wir hörten es um uns herum zischeln: ›Werft sie raus, das sind Kommunisten!‹ Und als wir am Ende der Gesänge dem Ausgang zustreben wollten, wurden wir aufgehalten, geohrfeigt, beschimpft und bespuckt und konnten uns nur durch rasche Flucht retten. Es war unser letzter Konzertbesuch.«

Elisabeth W. (1906) und andere beflaggten bei Siegesmeldungen der Wehrmacht das Haus nicht mit der Hakenkreuzfahne. Elisabeth W. wurde deshalb von einem politischen Leiter in der Nachbarschaft mehrfach bedroht. Sehr viele Menschen hörten ausländische Sender, d. h., sie entzogen sich dem Informationsmonopol der Partei. Bäuerinnen ließen Fremdarbeiter mit am Tisch essen und unterhielten sich mit ihnen, obwohl jeder Kontakt über das Arbeitstechnische hinaus untersagt war. Alle, die in jüdischen Läden einkauften oder Juden auf der Straße grüßten und sie besuchten, waren widerständig. Sie mussten dafür Schikanen und Druck aushalten, z. B. die Inschrift auf dem Haus: »Hier wohnen Judenknechte« oder »K. kauft bei Juden«. Manche nahmen in der Schule oder in der Berufslaufbahn Benachteiligungen in Kauf, weil sie politisch nicht zuverlässig erschienen. Irmgard E. (1915) z. B. wurde wegen fehlender »Braunfärbung« (sie war aktiv in der Bekennenden Kirche) nicht in die Hochschule für Lehrerbildung aufgenommen; Johanna H. bekam kein Ehestandsdarlehen, weil sie nicht im BDM war. Eine andere wurde beruflich heruntergestuft, weil sie in keine NS-Organisation eintrat.[14] Zu den Verweigerungen gehörte der Widerstand gegen den Krankenmord, der schon darin bestehen konnte, dass man gefährdete Verwandte heimholte, was sie allein rettete. Nicht wenige Frauen haben das getan.[15] Besonders im kirchlich-christlichen Bereich kam es zu zahlreichen regimewidrigen Handlungsweisen: Schon im Arbeitsdienst die Bibel lesen und den Gottesdienst besuchen, war eine Herausforderung. Wer sich ostentativ zur Bekennenden Kirche hielt[16], Unterschriften gegen die Strafversetzung eines kritischen Pfarrers sammelte, den Weltanschauungsunterricht sabotierte oder dem Lehrer widersprach, als er den Pogrom vom 9. November 1938 rechtfertigte, der zeigte klar, dass er mit der Grundtendenz der nationalsozialistischen Ideologie nicht einverstanden war. Mutig verhielten sich auch die, die es wagten, mit Juden auf der Straße zu sprechen, sie zu besuchen.[17] Von vielen Frauen wurden mir solche Handlungen und Haltungen berichtet.

Aber auch bei Verweigerungen sollte man nicht überall grundsätzliche Gegnerschaft oder gar Widerstand vermuten. Nicht jeder, der einmal meckerte, politische Witze erzählte, die Hakenkreuzfahne nicht heraushängte, sich weigerte, etwas fürs Winterhilfswerk zu spenden oder für die NSV zu arbeiten, stand damit schon im Widerstand, im Gegenteil. Wer sich das leisten konnte, ohne dass ihm etwas passierte, war in der Regel im großen und ganzen linientreu. Die echten Widerstandskämpfer mussten sich durch möglichste Unauffälligkeit tarnen.

Zur geistigen Resistenz gehörte im letzten Grund auch das Festhalten am christlichen Glauben. Viele Mütter (und Väter) erzogen ihre Kinder weiterhin in christlichem Geist. So berichtet ein Jungscharleiter, der selbst als solcher in der Illegalität oder Halblegalität arbeitete: »Es gab Mütter, die an die schon bestehenden christlichen Jungschargruppenführer die Bitte richteten, für ihre Söhne am Ort eine christliche Jungschar einzurichten. Die christlichen Jungscharen trafen sich unter Tarnung, unternahmen Fahrten usw., alles unter ständiger Bedrohung durch die Gestapo.«[18]

Frauen widerstanden auch dem Druck, der auf sie ausgeübt werden konnte, aus der Kirche auszutreten.

Helga S. (1933): »Meine Mutter bekam 1942 Besuch von der Frauenschaftsleiterin. Meine Mutter diskutierte sehr heftig mit ihr, sie war auch aufs höchste erregt, und ich hab noch heute ganz deutlich vor Augen, wie sie die Bibel und Hitlers ›Mein Kampf‹ in der Hand hielt. Nach längerer Zeit war die Diskussion beendet. Später, als wir darauf zu sprechen kamen, meine Mutter und ich, ahnte ich, was damals eigentlich war, und ich erfuhr, dass es um den Kirchenaustritt ging. Und meine Mutter war eine sehr streitbare Person, eine Frau, die ihr Leben auf einem christlichen Fundament aufgebaut hatte, hat den Kirchenaustritt verweigert, mit Erfolg. Sie war sehr hart, sie war unerbittlich, und diese Dame ist dann auch unverrichteter Dinge seinerzeit abgezogen. Allerdings hatte meine Mutter auf der Parteileitung keinen guten Ruf. Sie hat mir später mal gesagt, dass sie eigentlich darauf gefasst war, dass die Gestapo oder irgend jemand kommt und sie verhaftet. Durch ihre Gerechtigkeit, Offenheit ... Sie war wohl eine große Gegnerin des Dritten Reiches. Ein Wunder, dass ich meine Mutter in der Zeit nicht verloren habe.«

Es gehörte auch Mut dazu, wenn eine Frau, die im evangelischen Gemeindedienst tätig war, an die Frauen ihres Bezirks schrieb (1944): »Liebe Frauen, die Richtungsweiser der Zeit weisen weg von Jesus, da tragen wir christlichen Mütter und Frauen eine ungeheure Verantwortung. Nicht immer werden wir ihr gerecht.« (Hulda G., 1889) Dieses Festhalten am Glauben war ein eingebauter Sprengsatz bei aller äußeren Angepasstheit. In der Familie von Gertraud L. z. B. war allen klar: Wenn Hitler den Krieg gewinnt, kommt eine Christenverfolgung. Sie selbst hatte ihr Schlüsselerlebnis bei einer Führerinnenschulung 1944:

»Da hielt ein Schulungsredner zwei Bücher in die Höhe, in der Linken die Bibel, in der Rechten ›Mein Kampf‹, und rief, indem er die Bibel schwenkte: ›Dieses Judenbuch wird untergehen!‹ Und schrie, indem er ›Mein Kampf‹ hochhielt: ›Und dieses Buch wird ewig bestehen!‹. Da sagte es in mir laut und deutlich ›Nein!‹. Aber ich sagte dieses ›Nein‹ nicht laut.«[19]

So wie bei Gertraud L. waren bei den meisten Christen Halbheiten und moralische Widersprüchlichkeiten die Regel: ein wenig Verweigerung (meist innerlich), ein teilweises Paktieren, Taktieren und Nachgeben, wenn auch unter Gewissensbissen, im alten Untertanengeist.[20]

Ein beschämendes, aber nicht untypisches Beispiel erzählt CORDELIA EDWARDSON über ihren Ausschluss aus dem Verein katholischer Mädchen, dem sie als getaufte Jüdin angehörte: »Als sie (*sie erzählt von sich in der dritten Person*) eines Abends bei der bewunderten Leiterin eingeladen wird, ist sie sehr stolz über die ungewöhnliche Ehre, die ihr widerfährt. Auf dem Tisch stehen Kerzen und Kuchen, an der Wand hängt die für gewisse deutsche Jungmädchenzimmer obligatorische, sentimentale Totenmaske ›Die Unbekannte aus der Seine‹, und auf der Kommode steht eine kunstgewerbliche Madonnenfigur. Es ist sehr stimmungsvoll, im Verein Katholischer Mädchen ist man sehr für Stimmung. Die junge Frau bemüht sich um das Mädchen, ist freundlich und beschützend wie eine ältere Schwester und sehr verlegen. Das Mädchen müsse verstehen, es sei tief bedauerlich und tue ihr sehr weh, aber es gebe keine Wahl. Falls man entdeckte, dass man Mitglieder habe, die den Judenstern tragen, würden die Behörden den Verein auflösen, also sei es wohl das beste, das Mädchen komme nicht mehr zu den Versammlungen. ›Du kennst doch unsere Losung: Einer für alle und alle für einen.‹ Eine schwindlige Sekunde lang denkt das Mädchen, dass es jetzt vielleicht an der Zeit wäre für ›Alle für einen‹, verwirft diesen ketzerischen Gedanken aber sofort wieder. Wenn jemand geopfert werden, jemand das Boot verlassen muss, dann ist sie es selbstverständlich, sie, die Auserkorene, sie, die Auserwählte. Sie nimmt das Heiligenbild entgegen, das die Leiterin ihr zum Abschied schenkt, erträgt ihre tränenreiche Umarmung und schluckt die eigenen Tränen hinunter. Aber sie legte das Heiligenbild nie, wie es üblich war, in ihr Messbuch – es ging irgendwann verloren.«[21]

Ebenso typisch erscheint mir dafür auch folgende Passage in den Lebenserinnerungen von ANNELIESE B. (1906), die sie in ihrem 80. Lebensjahr für ihre Familie verfasste. Sie war in der Zeit des Nationalsozialismus Lehrerin am hauswirtschaftlichen Seminar in Kirchheim/Teck: »Auch in Kirchheim stand das öffentliche Leben schon sehr in seinem (*sie spricht vorher vom ›Tausendjährigen Reich‹*) Zeichen, und das Seminar hatte sich seiner Tendenz immer mehr anzupassen. Wie schon einmal erwähnt, hatten wir als Lehrerinnen ja eigentlich die Aufgabe, unsere Schülerinnen in entsprechendem Geist zu erziehen. Ich hatte in früheren Jahren schon einmal versucht, Hitlers ›Mein Kampf‹ zu lesen, war aber in dem Kapitel über die Propaganda ablehnend stecken geblieben. Nach der erfolgten ›Machtergreifung‹ hatte ich es als meine Pflicht angesehen, dieses Standardwerk doch wieder vorzunehmen. Ich strich mir die Stellen an, die ich guten Gewissens für unsere Unterrichtsaufgaben für verwendbar glaubte. Aber es war mir immer ungemütlich dabei. Es sollte ja auch in jeder Wohnung ein Hitlerbild hängen. Hätte unsere Mutter, der in ihrem guten Zutrauen ja die Augen gehalten waren und die sich vom ›Führer‹ tatsächliche Verbesserungen versprach, es mir nicht geschenkt, ich wäre nur schwer dazu gekommen. Ich ließ meinerseits als Zutat zu diesem mir unwillkommenen Wandschmuck zwei Bilder von Großvaters alter Kirche und von der Kapelle unseres Vaters rahmen und hängte sie ebenfalls auf. Sie hängen noch heute in meinem Wohnzimmer und erinnern mich dankbar an die Tradition, in die wir hineinwachsen durften. Denn die größte Schwierigkeit machte mir zu allen Zeiten die völlige Ignorierung, ja geradezu Ablehnung und Verhöhnung des christlichen Glaubens, die mehr und mehr auch ins tägliche Leben umzusetzen versucht wurde.«

Aber nicht nur überzeugte Christen taktierten. Mehr oder weniger mussten das alle vom Nationalsozialismus nicht Überzeugten tun, wenn sie nicht unter die Räder kommen wollten. Es wäre zu einfach, ihnen deshalb fehlendes Rückgrat und Feigheit vorwerfen zu wollen. So ist es verständlich, dass Anneliese H. (1909), die ihrer offenen Rede wegen von einer Kommilitonin denunziert und von der Universität relegiert wurde, in ihre Doktorarbeit »ein bisschen Rassenpsychologie einschleuste« (die sie dann nach dem Krieg wieder »rausgeschmissen« hat. In einem anderen Fall zeigt Elisabeth Siegel die Verstrickungen ihrer Kollegin und Freundin Bertha Ramsauer auf, die ihr reformpädagogisches Lebenswerk zu retten suchte, indem sie es der NS-Frauenschaft unterstellte. Elisabeth Siegel über sie: »Sie musste ein geschicktes Spiel spielen. Sie hätte auch die Wahl gehabt, sich ins Privatleben zurückzuziehen.« Und sie spricht von einem »Balanceakt« und wirbt um Verständnis dafür. Es hat noch viele andere solcher Balanceakte gegeben.

ELSE G. (1915), die vor 1933 aktives Mitglied bei der SPD-Jugendorganisation gewesen war, sagt über die Zeit nach Hitlers Machtantritt: »Privat hatte ich damals meine kaufmännische Ausbildung beendet und 1934 eine Anstellung bekommen. Ich bekam rasch zu spüren, dass sich die Auswirkungen des neuen Regimes bis ins Privat- und Berufsleben erstreckten. Es begann jetzt für mich eine Zeit vieler kleiner Proteste, die aus heutiger Sicht vielleicht nichtig erscheinen, aber damals doch einige Risiken bargen. So war der Deutsche Gruß ›Heil Hitler‹ Pflicht, am Telefon, im Betrieb und am Ende jeden Geschäftsbriefes. Es gelang mir, einiges hinzunehmen, nicht aber, meine Kolleginnen und Kollegen beim Kommen und Gehen mit dem Deutschen Gruß zu begrüßen. Prompt wurde ich beim Chef denunziert. Nachdem ich auch noch bei den wöchentlich stattfindenden Betriebsappellen nicht den Arm zum Hitlergruß erhob und auch das Horst-Wessel-Lied verweigerte, stellte mich der Chef des Hauses zur Rede und drohte mir mit Kündigung. Ich konnte ihm klarmachen, dass ich lieber arbeitslos wäre als zu kapitulieren – wie ich es nannte –, und fand bei ihm Verständnis, ja, er sagte mir sogar, dass er ein liberaler Demokrat gewesen sei und jetzt als Betriebsinhaber mit den Wölfen heulen müsse. Ich habe mich dann so durchgemogelt, mit Murmel-Murmel und Verschwinden, wenn es irgend ging. Bei den Kolleginnen und Kollegen hieß es nur: Sie spinnt wieder ... Kleine Proteste meinerseits waren während dieser Zeit Verweigerung des Eintritts in die Frauenschaft und die Deutsche Arbeitsfront, Ablehnung der Beschlagnahme eines Zimmers unserer Wohnung, was immer mit persönlichen Schikanen verbunden war. Aber verglichen mit dem, was auch während des Krieges an Widerstand geleistet wurde, ich erinnere an die ›Weiße Rose‹ der Geschwister Scholl, in Stuttgart die Gruppe Schlotterbeck und die sogenannte 3. Front, die Aktion des 20. Juli 1944, waren das kleine persönliche Proteste, mit denen man sich manchmal wieder Luft verschaffen musste.«

Dass auch der Rückzug ins »Private«, das ostentative »Unpolitisch-Sein«, das Festhalten an den persönlichen Lebensentwürfen, die persönliche Familienplanung ein großes Stück Resistenz gegen den Totalitätsanspruch des Regimes bedeutete, haben wir in Kapitel 3 herausgearbeitet.

Es gab auch relativ spektakuläre Verweigerungen. So weigerten sich einige Frauen, das Mutterkreuz anzunehmen:

RUTH LOAH (1933): »Ende der dreißiger Jahre sollte sie (*ihre Mutter*) das ›Mutterkreuz‹ bekommen. Sie wurde auf irgendeine Dienststelle zitiert und erfuhr, dass sie sehr stolz darauf sein könne, dieses Kreuz zu tragen, zum Dank dafür, dass sie dem Deutschen Reich so viele Kinder geboren habe. Meine Mutter war empört und erwiderte, dass sie die Kinder nicht für Hitler geboren hätte, sondern weil sie selbst sie gewollt habe. Und dass sie das ›Mutterkreuz‹ niemals tragen würde. Man hat sie einen ganzen Tag festgehalten und verhört.«[22]

Manche nahmen das Mutterkreuz auch an und warfen es heimlich fort oder trugen es nie, was natürlich weniger spektakulär war, so z. B. die Mutter von Margarete B. (1929), aber sie setzt hinzu: »Manche waren schon stolz darauf.« Anderen diente das goldene Mutterkreuz (für acht Kinder) zur Deckung, z. B. der Mutter von Dorothea B. (1922).

Auch andere Symbole des Nationalsozialismus wurden für die Frauen zum Symbol ihrer persönlichen Opposition: Johanna H. z. B. warf »Mein Kampf« sofort nach der standesamtlichen Trauung in den Fluss, übrigens ohne Wissen ihres Mannes.

Alle diese Verhaltensweisen bargen noch keine allzu großen Risiken, aber natürlich immer Unsicherheiten, wie an den Beispielen abzulesen ist. Aber solange man nicht zu sehr auffiel, konnte man auf Nachsicht und auch auf Lücken im Überwachungsapparat hoffen. Es gibt Beispiele, dass Bestechung der maßgeblichen Organe möglich war und dass Frauen sie nutzten. Herta B. (1933) erzählt von ihrem Großvater: »Es hätte ihn damals den Kopf kosten können, wenn ich das weitererzählt hätte, dass er sagte, dass wir den Krieg verlieren. Und warum er nicht angezeigt wurde? Weil die Großmutter ›geschmiert‹ hat.« Doch bei allen Beispielen gilt es, sich immer vor Augen zu halten – und viele Berichte haben dies schon gezeigt –, dass auch lächerliche Verstöße schwerwiegende Folgen haben konnten.

Schon wesentlich *weiter wagten sich* diejenigen *vor*, die sich zwar äußerlich tarnten und Kompromisse eingingen, dabei aber mit ziemlicher Sicherheit Gefängnis, wenn nicht Schlimmeres riskierten. Dabei kam bei den Frauen neben der Angst um sich selbst noch die Angst um die Kinder hinzu, die sie lähmte, denn die Kinder wären ja ohne ihre Mütter ganz hilflos gewesen.

Es gibt Frauen, die davon sprechen, ihre Tarnung sei so weit gegangen, dass sie in die Partei eintraten, um anderen helfen oder sie decken zu können. Das kann natürlich eine Schutzbehauptung sein, die an der Biografie überprüft werden muss. Bei einigen Frauen halte ich die Aussage für glaubwürdig: So erzählt z. B. die deutsche Jüdin Ida Ehre in ihrem autobiografischen Bericht von einer Frau Walter, die stellvertretende Frauenschaftsleiterin von Uhlenhorst war, um ihren Mann, einen Freimaurer, zu schützen. Sie vermietete dann auch Ida Ehre und deren Mann eine Wohnung, obwohl sie wusste, wer sie waren. Ich kenne einige ähnliche Beispiele. Natürlich gab es auch »faule Kompromisse«, z. B. bei Lehrerinnen, die »zum Schein« mitmachten.[23] »Zum Schein Mitmachen« hieß ja, dass sie junge Menschen im Sinne des Nationalsozialismus beeinflussten. Auch wenn sie das taten, um etwa eine jüdische Freundin zu decken, war der Kompromiss »faul«, denn sie trugen eine besondere Verantwortung für die jungen Menschen. Aber es gab unter den Lehrerinnen auch andere, die ihren Schülerinnen und Schülern klare Orientierungen vermittelten, obwohl sie nicht offen protestierten. Von ihnen war schon in Kapitel 2 die Rede.[24] Wo es für die Schüler offenkundig war, dass die oder jene unter dem Regime zu leiden hatten, war ihr Zeugnis besonders eindrücklich.

So war z. B. bei CLARA S. (1910) bekannt, dass sie sich in Auseinandersetzungen mit einem Parteiredner eingelassen hatte und deshalb strafversetzt worden war, ihre Widerrede auch nicht zurücknahm, obwohl sie jedes Jahr bei der Behörde einbestellt wurde, um zu widerrufen und ihren Widerruf durch Übernahme einer Parteifunktion zu bekräftigen. Erst dann würde sie eine ständige Stelle bekommen.

Frauen wie Clara S. setzten bei ihren Schülerinnen Zeichen, aber sie lebten in ständiger Gefahr. Ihr Beispiel zeigt, wie gefährlich es sein konnte, sich mit Parteifunktionären überhaupt in Diskussionen einzulassen, die NS-Ideologie in Frage zu stellen. Dennoch haben das manche Frauen gewagt:

ROSE R. (1923): »Ich war noch einmal im Kriegseinsatz…im Kinderheim. Da waren sehr viele NSV-Leute. Die Cousine von Werner Bergengruen, die hatte auf dem Schürzenbändel das Parteiabzeichen, und es war da entsprechend. Und abends mussten wir immer zusammensitzen und Strümpfe flicken, das ging oft bis weit in die Nacht, und da haben wir halt diskutiert mit anderen Kindergärtnerinnen, es war so ein richtiger Nachtdebattierklub. Und als ich 1945 im Februar noch einmal dort war und einen Besuch gemacht habe, da hat mich die Büroleiterin empfangen und hat gefragt: ›Ja, glaubst du denn jetzt immer noch an deinen Gott?‹. Und da habe ich gesagt: ›Ja, aber jetzt doch erst recht. An was wollt ihr denn noch glauben, wenn's alles vorbei ist?‹. Also, überall, wo ich war, war das auch klar, wo ich steh, aber mir ist nix passiert. Das ist für mich nachträglich ein Wunder. Wenn irgendein böswilliger Mensch mich wegen irgend etwas angezeigt hätte, hätte ich auch in irgendeinem KZ verschwinden können. Wie viele andere, die sicher weniger gemacht haben und weniger offen geredet haben. Man hat eben auch Glück haben können. Man ist nicht verfolgt gewesen, obgleich man keineswegs sich bemüht hat, brav zu sein. Das ist das Merkwürdige.«

Wir haben gesehen, dass schon Menschen, die sich weiterhin zur Kirche hielten und ihrem christlichen Glauben treu blieben, dem Regime ein Dorn im Auge sein mussten. In weit größere Gefahr begaben sich diejenigen, die selbst kirchliche Jugendarbeit im Untergrund organisierten. Katholische Frauen berichteten, dass sie ihre Jugendkreise in Privathäusern hielten, evangelische Freizeiten wurden als Privateinladungen in Pfarrhäusern getarnt. Sogar konspirative Tätigkeiten wurden ausgeübt –

ELISABETH M. (1919): »Bischöfliche und päpstliche Rundschreiben wurden durch zuverlässige Kuriere unter der Hand weitergegeben. Verbotene Banner trugen wir unter weiten Röcken um den Leib gewickelt hin und zurück zu Veranstaltungen... Bei der Reinschrift der zu verbietenden katholischen Jugendverbände in der NS-Zentrale wurde der JKDF (Jugendbund des Katholischen Deutschen Frauenbundes) übersehen. Wir schlossen uns also hier an, zumal es dort noch ein richtiges ›Heim‹ (Hedwig-Dransfeld-Haus) in Bendorf/Rh. gab, von wo weiterführende Informationen, nicht nur auf religiösem Gebiet, sondern auch im musischen, gesamtkulturellen, ja sogar politischen Bereich ausgegeben wurden. Wir sind damals mit unserer Arbeit wirklich in die Tiefe gestiegen. Wir hatten immer vor Augen, dass die deutsche Jugend nach dem Krieg große Aufgaben haben würde.«[25]

Kirchliche Wallfahrten konnten den Charakter offenen Protestes annehmen.[26]

Es gab auch außerhalb des kirchlichen Raumes Jugendgruppen und Jugendcliquen, die als Ausdrucksformen jugendlichen Protestes gegen die Gleichschaltung der Hitlerjugend gewertet werden müssen. Hier muss ich auf die Literatur verweisen.[27] Es haben viele Frauen und Mädchen daran teilgenommen, dennoch ist dies Kapitel noch nicht speziell für junge Frauen untersucht. Unter meinen Gesprächspartnerinnen gehörte keine einer solchen Gruppe oder Clique an. Auch über Sabotageakte und aus Kreisen von offen Streikenden oder Demonstrierenden habe ich nur wenige Zeugnisse[28]. Annelies N. (1914) erzählt, dass sie an einer Kundgebung vor dem Hause des württembergischen Landesbischofs Wurm teilgenommen hat. Als der württembergische Landesbischof Theophil Wurm wegen angeblicher finanzieller Unregelmäßigkeiten von der Reichskirchenführung abgesetzt werden sollte, gab es massive Proteste. Vor Wurms Wohnung versammelten sich am 14. und 21. Oktober 1934 mehrere Tausend Menschen.[29] Diese Handlungen gingen über

»nonkonformes Verhalten« hinaus und bedeuteten schon aktiven Widerstand. Unter der großen Mehrheit der »Durchschnittsfrauen«, mit denen ich mich in dieser Arbeit befasst habe, gab es diese Widerstandskämpferinnen nicht. Über Sabotageakte am Ende des Krieges, wie z. B. Hilfe zur Desertion deutscher Soldaten, Verhinderung sinnloser Verteidigung u.a. wurde schon in Band II berichtet.[30] Selbst wenn diese Handlungen weniger gegen das zusammenbrechende nationalsozialistische Regime als für das eigene Überleben und das Leben deutscher Soldaten riskiert wurden, so erforderten sie doch Mut und waren Akte des Widerstandes.

Besonders charakteristisch für weibliches nonkonformes Verhalten sind die vielen *menschlichen Hilfeleistungen* für Verfolgte, von denen nicht nur die Helferinnen selbst berichten, sondern die von denen, die die Hilfe empfangen haben, vielfach bezeugt werden. Über das teilweise gute Verhältnis zu *Kriegsgefangenen und Fremdarbeitern*, besonders auf dem Lande, das sich zuweilen über den Krieg hinaus fortsetzte, wurde schon in Kapitel 4 gesprochen.[31] Fast alle meine Gewährsfrauen haben mir erzählt, dass sie sich keineswegs an das Verbot der strengen Absonderung von »Fremdvölkischen« hielten, dass sie zusammen am Tisch aßen, sie menschlich behandelten, ja in näheren menschlichen Kontakt zu ihnen kamen, auch wenn man sich bei den überzeugten Nazis dadurch missliebig machte.[32]

LORE B. (1923), die auf einem Gutshof als Praktikantin arbeitete: »Das waren ja nun Menschen aus dem Osten. Das waren die ersten, die ich überhaupt kennengelernt habe. Die ersten waren Polen. Das waren plötzlich Menschen wie wir alle. Vor allen Dingen waren es Menschen, die genau so Angst hatten um ihre Frauen, ihre Freundinnen, um ihre Kinder. Die konnten auch ein bisschen Deutsch, haben ganz offen darüber gesprochen. Man kam sich menschlich da sehr nahe.«

Wenn heute immer wieder Frauen erzählen, sie hätten Kriegsgefangenen (oder auch KZ-Häftlingen) Brot zugesteckt, so mag man mit Recht misstrauisch sein und dies für eine gängige, im nachhinein konstruierte Floskel halten, welche die eigene Anständigkeit beweisen soll. Aber die Situationen, die Aktionen sind oft so konkret und individuell, die Personen so glaubwürdig, dass kaum generelle Zweifel angebracht sind. Und es war keineswegs immer nur die sprichwörtliche »Scheibe Brot«, um die es ging. Weil diese alltäglichen Hilfeleistungen von Frauen noch kaum dokumentiert sind, sollen sie durch mehrere Beispiele belegt werden. Auch dies ist nur eine kleine Auswahl aus den zahlreichen, die mir berichtet wurden.

ELISABETH W. (1906) wurde die Einlieferung in ein KZ angedroht, als sie 1941/42 mehrfach Brot an in ihrer Nähe vorbeiziehende sowjetische Kriegsgefangene verteilte.

LORE B. (1923) über ihre Mutter, die sie als unerschrockene Regimegegnerin schildert:

»I: *Im Haus oder in Ihrer Nähe haben Sie keine Fremdarbeiter, Kriegsgefangene oder so gehabt?*

B: Auf der Straße doch. Da hat man sie gesehen. Aber da hat eigentlich keiner mehr gewagt, sich ihnen zu nähern oder ihnen mal was zu geben, außer meiner Mutter. Die hat dann einfach einmal ein Brot genommen und hat denen dann so eine Scheibe in die Tasche gesteckt, aber das war gefährlich.«

ELISE B. (1907) spendete ihrem Bäcker Lebensmittelkarten (*weil sie so viele Kinder hatte, kam sie gut zurecht*), damit dieser an Weihnachten den russischen Zwangsarbeiterinnen ein Lebkuchenherz backen konnte.

ELSE R. (1924) sagt von ihrer Mutter, sie sei stets hilfsbereit gewesen beim Erkennen irgendeiner Not in ihrem Umfeld: »Eine russische Gruppe war mal zur Kartoffelernte bei Mutter – mit Wachmann. Dieser maulte, als Mutter mit einem Rieseneintopf die Mannen versorgte. Sie meinte nur unerschrocken, die Leute müssen schaffen und deshalb auch essen.«

ERNA M. (1925), auch über ihre Mutter: »Wir haben Ecke Esslinger- und Wagnerstraße eine Gaststätte gehabt. Das war für den Mann (*sie meint einen Zwangsarbeiter*) der Vorteil, da hat das Haus zwei Eingänge gehabt. Man konnte von der Esslinger Straße rein, und unser Eingang war von der Wagnerstraße. Und da wir sonntags nach dem Essen das Geschäft immer drei Stunden geschlossen hatten, sind die immer schon ein bisschen ums Haus rumgelaufen und haben geguckt, ob jetzt der Letzte draußen ist. Dann sind die in der Esslinger Straße reingekommen, so haben es unsere Nachbarn nicht gesehen. Die Esslinger Straße war eine breitere Straße und war belebter.

I: *Wie haben Sie die kennengelernt?*

M: Das ist die Frage, das weiß ich auch nicht, die sind auf einmal aufgetaucht.

I: *Wie viele waren das?*

M: Das war für meine Begriffe damals ein älterer Mann. Der hat dann immer wieder ein paar Junge mitgebracht.

I: *Nicht immer die gleichen?*

M: Nicht immer die gleichen, meistens kam so ein ganz Hellblonder mit, dann hab' ich das Gefühl gehabt, wie wenn er auch Halbwüchsige mitgebracht hätte... Ich weiß auch gar nicht, ob er nicht mal meiner Mutter gesagt hat, dass die Frau von ihm, er hatte noch eine Frau... Sie müssen in einer Schule gewohnt haben, in einer Turnhalle in Stuttgart-Ost. Es war ja eine schwere Verständigung. Es müssen Polen gewesen sein... Die Verständigung war gleich null. Und mein Vater war beim SHD, Sicherheits- und Hilfsdienst. Meine Mutter hat es ihm, so glaube ich, ein bisschen verheimlicht, um ihn nicht in Schwierigkeiten zu bringen... Sie bekamen dann immer einen Kommisbrotlaib mit. Und dann haben sie Essen gekriegt, da war halt niemand da. Dann sind sie da, das Essen, so immer zwei, drei...

Aber ein Älterer hat diesen Ring meiner Mutter gegeben (*zeigt den Ring*). Und ich seh es noch, meine Mutter ist in der Küche gestanden und hat gesagt, das will sie nicht. Weil man dachte, es kommt noch schlimmer, und was hat der Mann schon. Er hat einen Ehering, den kann er einmal verschenken. Das ist mir erst jetzt gekommen, dass er dann gesagt hat, die Frau will das. Also seine Frau, dann hat er gesagt, es soll für mich sein. Und dann war meine Mutter so, dass sie, also das ist jetzt gefühlsmäßig, jetzt soll es für die Tochter sein, da kann ich nicht nein sagen. Weil man eben auch der Frau was mitgegeben hat ... zu essen, und dann hat meine Mutter ihr Wäsche geschickt, das weiß ich noch. Eine warme Weste, mal eine Bluse, das hab ich halt so mitgekriegt, und was zum Zudecken, eine Dek-ke oder was. Ich meine immer, er hätte gesagt, sie hätten noch ein kleines Kind... Dann hat meine Mutter, wo es Winter geworden ist, eine Wolldecke geschickt. Und ich glaube, auch ein Kopfkissen.

I: *Haben Sie je mit Ihrer Mutter über den Grund gesprochen, warum sie das gemacht hat?*

M: Wissen Sie, meine Mutter war immer ein bisschen sozial eingestellt... Also bei meiner Mutter war es einfach, die Not von den Leuten mit ihren Mitteln zu lindern.«

Ruth P. (1926): »Ich bin dann '43 in diese Landwirtschaft gegangen. Und da waren eben Ausländer. Ich habe dort nichts gegen die unternommen, dass ich denen Schaden zugefügt habe. Im Gegenteil. Da war einer dabei, der hatte ganz, ganz schlimme Füße. Die hatten immer nur Holzschuhe an. Da lief er schon immer so schwer. Das war ein kleiner dicker Franzose. Und der Opa, den wir dort hatten, der hatte richtige schöne Lederschuhe. Dann hab' ich meiner Chefin, meiner Lehrfrau, gesagt, ich sag: ›Sie müssten mal mit runterkommen. Der hat heut mittag...‹ Wir mussten das Essen runterbringen. ›Jetzt hat der da die Füße, was der für Füße hat.‹ Da sagt sie: ›Da stehn ja von dem Opa – ich glaube, der Opa war da schon gestorben – die Stiefel da oben.‹ Die waren auch nicht zum Schnüren, die hatten so wie die Kinderhausschuhe, so 'ne Platte so drüber, die sagte: ›Na, ich werd' mal ein Paar raussuchen. Aber das darf keiner wissen.‹ Alle sahen, dass der nachher diese Lederschuhe anhatte, hat aber auch keiner was dagegen gesagt. Da, muss ich sagen, da hab ich auch keine Schuldgefühle, weil ich da keinem was getan habe.«

Hannelore Schmidt (1913): »Am nächsten Abend hörte ich in der Dämmerung ein leises Klopfen am Fenster und ein Flüstern: ›Frau, Brot.‹ Erschrocken frage ich meine Mutter, was das sei. ›Polnische oder russische Zwangsarbeiter‹, sagte sie. ›Bist du da ganz sicher?‹. Als ich darauf das schmale, blasse Gesicht sah, wusste ich, dass das Stück Brot für diesen Menschen wichtiger war als für uns. ›Es kommt häufiger mal einer, wenn es dunkel geworden ist‹, sagte meine Mutter ruhig.«[33]

Lisa de Boor in ihren Tagebuchaufzeichnungen: »17.12.44: Täglich kommen in der Dämmerung zwei russische Arbeiterinnen, Anja und Olga aus Nikolajew, und holen sich ein Stück Brot bei uns. Liebe, verschlafene östliche Gesichter, vermummt mit dicken Kopftüchern... Ich will geben, solange wir selbst etwas haben. Schließlich kann ich immer noch Kartoffeln kochen für den Hunger.

22.12.: Die beiden russischen Mädchen kommen fast täglich, essen sich satt an Kartoffeln und wärmen sich leiblich und seelisch. Sie sind ganz zutraulich zu mir, und als sie heute fortgingen, fand ich einen Zwanzig-Mark-Schein, heimlich hingelegt als Bezahlung. Rührend von diesen Kindern und schauerlich beleuchtend unsere Geldentwertung: Was sollen die Mädchen mit dem Papier machen, das sie verdienen?

20./21. Januar 1945: Ein hübsches Erlebnis: In der Bahnhofstraße begegneten mir letzthin die beiden Russinnen, die oft abends zum Sattessen zu uns kommen. Sie warfen mich fast um bei der stürmisch-frohen Begrüßung, umarmten mich vor den befremdet zuschauenden Passanten. Was für herzenswarme Kinder sind das, mir wird die Seele immer weit, wenn wir uns sehen.«[34]

Beachtenswert ist, dass die Passanten offenbar Lisa de Boor nicht anzeigten.

INGRID MÜLLER-MÜNCH, die Dolmetscherin im Majdanek-Prozess, zitiert eine Martel Schaschlynet, eine Deutsche aus Oberschlesien: »Ich weiß z. B. noch, dass wir in unserer Heimatstadt russische Kriegsgefangene hatten, die an den Straßen Kanalarbeiten verrichten mussten. Die sahen wirklich aus wie wilde Tiere. Nachher sahen ja unsere Soldaten auch so aus. Aber wir dachten damals, es sind typische Russen, und Russen sehen alle so aus. Wenn wir an denen vorbeigingen, mussten wir Kinder immer ein Päckchen mitnehmen. Wenn dann der Aufseher mal nicht in der Nähe war, warfen wir das den Arbeitern zu. Da war immer was zu essen drin. Das war zwar ein Tropfen auf dem heißen Stein. Aber man machte das, obwohl man auch nazistisch beeinflusst war. Aus Menschlichkeit.«[35]

HANNELORE W. (1935): »Meine Großmutter hatte als eine Art Kriegsdienstverpflichtung es übernommen, für Fremdarbeiter zu kochen. In einem riesigen Topf bereitete sie täglich mittags einen schmackhaften Eintopf und am Sonntag etwas mit Fleisch vor. Um 13 Uhr kamen die zugeteilten etwa acht Polen dann. Ein Russe war auch dabei, der sich sehr reserviert verhielt, nie lachte, manchmal weinte, ein junger Mann, etwa 26 Jahre alt. Meine Großmutter unterhielt sich sehr wohl mit ihnen, der Russe antwortete aber nicht, höchstens durch Kopfnicken oder -schütteln. Da meine Großmutter aus Bromberg stammte und in Posen später lebte, konnte sie ein paar polnische Brocken. Die Polen waren zugänglicher. Wir durften mit ihnen nicht an einem Tisch sitzen! Wir aßen vorher, aber soviel ich weiß, meistens dasselbe wie sie... Es gab in meiner Heimatstadt ein Gefangenenlager für Zivilgefangene, ich glaube, die Fremdarbeiter wohnten auch dort. U.a. war da ein zwölfjähriger Junge, der mit seiner fünfjährigen Schwester auf unserem Rodelberg mit einem uralten Schlitten fuhr. Wir Kinder machten ihm freundlich Platz. Meine Mutter packte ein paar Kleidungsstücke, die mir nicht mehr passten, zusammen und gab es dem Jungen mit. Einmal gingen wir an dem Lager vorüber, da stand zufällig dieser Junge (ich glaube, das waren die einzigen Kinder, andere habe ich nie gesehen). Meine Mutter hatte ein paar Stücke Rührkuchen in der Tasche, die ihr eigentlich meine Großmutter geschenkt hatte. Mitmal sagte sie zu mir: ›Wollen wir dem Jungen nicht ein Stück schenken? Sicher werden sie keinen Kuchen im Lager bekommen.‹ Sie reichte es ihm durch den Maschendrahtzaun, der Junge schnappte es und lief glückstrahlend damit davon. Kurze Zeit später kam seine Mutter, eine kleine verhärmte Frau, eilig daher und bedankte sich mit einem Schwall polnischer Worte und gefühlvoller Gesten bei uns. Meine Mutter lachte sie an und war sehr gerührt. Freundlich grüßend gingen wir dann weiter und freuten uns über die großartige Idee. Diese Haltung behielten wir dann bei. Die »Mittagspolen« bekamen manch eine alte Unterhose meines Vaters oder ein Paar Sokken, viel hatten wir selbst nicht. Dann wurde ein Zivilgefangener bei meiner Großmutter eingewiesen, ein Franzose. Unter dem Dach stand ein Zimmerchen leer, der Untermieter, der es eigentlich bewohnte, war an der Front. Mein Vater war zu der Zeit u.k. gestellt... Obwohl verboten, luden wir diesen Franzosen, einen Mann in den Vierzigern, sonntags zum Kaffee ein, mein Vater wollte seine Sprachkenntnisse ausbauen. Alles lief auch prima, der Franzose kam jeden Sonntag und aß besonders gern den Streuselkuchen meiner Mutter, unter den Streuseln war eine Schicht Marmelade, darunter ein Mürbeteig. Die Männer zogen sich dann in den zweiten Raum zurück, und man hörte durch die Tür angeregte Unterhaltungen und Gelächter. Die Besuche hörten auf, als mein Vater wieder an die Front musste.«

LORE E. (1922) arbeitete als Lehrling in einer Apotheke, sie zeigt Fotos: »Das ist ein jugoslawischer Kriegsgefangener, Serbe. Wurde morgens vom Wachmann gebracht und abends wieder abgeholt. Fühlte sich bei uns sehr wohl, weil wir ihn als Menschen behandelten. Wenn wir also einen Kuchen spendierten, wenn einer Geburtstag hatte, dann kriegte der auch sein Stück mit.
I: *Konnte der Deutsch?*
E: Ja, der hatte die Mittelschule besucht, war Postmeister in Serbien, hier ist er auf allen Fotos mit drauf, der gehörte dazu.
I: *Obwohl das verboten war.*
E: Ja, es war streng verboten, aber der gehörte dazu. Nach der Besetzung war er da, um sie vor Plünderungen zu bewahren.«

JULIE M. (1902) hatte ein besonderes Erlebnis: Sie hatte versucht, aus der zerbombten Apotheke, wo sie arbeitete, noch etwas zu retten, fand u.a. Zucker und Malzextrakt in Dosen und Büchsen. Und auf dem Heimweg: »...da kommt plötzlich so eine Frau runter, eine kleine, armselige, dürftig aussehende Frau, und die kommt so auf mich zu, und die hat so angedeutet, sie will mir helfen tragen. Ich hatte es schon schwer. Und dann habe ich die so angeschaut und habe gedacht: Ach, du armes Wesen, du willst auch noch helfen tragen. Ich habe nicht gewusst, woher sie kam. Aber ihre Sprache war nicht Spanisch und nicht Italienisch, ich habe gedacht, das ist ein Russenweible. Das hat sich dann auch rausgestellt. Jedenfalls war sie auch eine Gefangene, was weiß ich. Und dann hat sie mir geholfen und hat am liebsten alles allein tragen wollen. Dann sind wir heimgekommen. Dann habe ich sie mit raufgenommen. Und meine Mutter saß in der Küche, im Zimmer konnte man nicht heizen... Und da saß meine Mutter im Mantel und was weiß ich. Und dann sind wir da reingekommen. Ich sagte noch zu meiner Mutter: ›Die Frau hat mir geholfen, das alles herauszutragen, ich füll ihr eine Tüte Zucker ab.‹ Und dann hat meine Mutter gesagt: ›Das reicht uns immer noch‹, ich soll das nur machen. Ich habe so eine Tüte abgefüllt, ich seh' es heute noch. Ich hab' erst gucken müssen, wo ich eine finde. Und eine Dose Malzextrakt. Dann ist die Frau auf den Boden gekniet und hat meiner Mutter die Hände geküsst . Und war tränenüberströmt, dann hat sie herausgebracht (*spricht langsam*): ›Russe, Kind krank.‹ Also ich habe aufpassen müssen, dass ich es verstanden habe, aber so hieß es. Und jetzt war die Verbindung Zucker und die Dose, dass das für das Kind ist. Ich bin mit ihr die Treppe hinunter und habe ihr gezeigt, wie sie wieder laufen muss stadteinwärts.«

An diesen und anderen Erzählungen ist Verschiedenes bemerkenswert: Auch die Frauen und Kinder, die das Los der kriegsgefangenen oder zwangsverschleppten Männer teilten oder teilen mussten, treten ins Blickfeld. Ihre verzweifelte Lage spiegelt sich in einigen Berichten. Übereinstimmend wird freundliches und hilfsbereites Verhalten für »gefährlich« gehalten; wer half, tat dies heimlich. Es können also nicht allzuviele »Helferinnen« gewesen sein. Sie mussten sich in einer insgesamt feindlichen Umgebung tarnen. Trotzdem ist beachtlich, wie viele sich doch über das allen bekannte Verbot hinwegsetzten. Als Motiv wird meist schlicht »Menschlichkeit«, »menschliches Mitempfinden« angegeben. Und nicht alle Helferinnen wurden durch die von ihnen sehr aufmerksam wahrgenommenen Unmenschlichkeiten grundsätzlich in ihrem Gehorsam gegenüber dem System, das diese Unmenschlichkeiten verursachte, erschüttert. Interessanterweise sind die, die solche Hilfeleistungen riskierten, nicht ernsthaft belangt worden, jedenfalls habe ich nichts davon erfahren.[36] Manche riskierten aber noch mehr:

MARTHA L. (1914) versteckte einmal einen Kriegsgefangenen einige Tage (über das Woher und Wohin ist nichts gesagt): »Ja, die Kriegsgefangenen. Die waren ja auch von aller Herren Länder da. Ich hab' sie immer behandelt, hab' mir gedacht … wenn du die gut behandelst, dann hoff ich doch, dass andere gute Leute auch deinen Mann gut behandeln. Und das hat sich nachher (*nach dem Krieg*) alles bestätigt, weißt du! Und dann kamen welche nachher an und dann haben die so oft gesagt: ›Du Schoorle, du gut!‹ Und dann haben sie auch bedauert, dass mein Mann gefallen ist … und einen alten Mann hatte ich noch bei mir (*sie springt wieder zurück in die Kriegszeit*) … ein *alter* Mann … und der hat so geweint und der hat an meine Tür geklopft, abends. Ach, hab' ich bei mir gedacht (*sehr stockend*), ich darf nich, ich darf nich, sonst schießen die mich auch tot. Ich darf nicht, ich darf nicht! Ach, hab' ich mir gedacht (*leise*), so ein alter Mann war das schon. Ach, hab' ich mir gedacht, nun ist ja auch nichts mehr zu verlieren. Na ja (*ernst*), und dann hab' ich ihn versteckt auf dem Heuboden… Und dann hab' ich ihm gegeben zu essen, und der hat gegessen, hat gegessen, der konnte gar nicht mehr aufhören, weil er so ausgehungert war, und hab' ihm eine Milch abgekocht und so ... und drei Tage hab' ich ihn durchgeschleust ... hab' ihm einen Eimer hingestellt und ... Ich war *froh, froh, froh*, wie er wieder weg war...«

Den wohl erstaunlichsten Fall erzählte mir eine bessarabiendeutsche Bäuerin, die im Warthegau angesiedelt wurde und einen polnischen Knecht anstellte, ihr Mann war im Feld. Dieser Knecht entpuppte sich als der vertriebene Eigentümer des Hofes. Sie arbeiteten gut zusammen, und der »Knecht« und alle seine polnischen Helfer wurden von gleich zu gleich behandelt. Diese Bäuerin wurde sogar von der SS zur Rede gestellt wegen dieses ihres guten Umgangs mit den »Polacken«. Sie ließ sich überhaupt nicht einschüchtern, sondern erklärte, wenn die Leute arbeiteten, müssten sie auch essen und gut behandelt werden. Als sie dann im Winter 1945 vor den Russen floh, begleitete der Sohn des Polen sie, bis sie sicher war. »Ohne ihn hätten wir's nicht geschafft.« Sie hat sich später noch mit diesen Polen getroffen.

Frau B. war nicht die einzige Frau, die so handelte. In den Fluchtberichten der Dokumentation über die Vertreibung der Deutschen[37] und in Berichten meiner Zeitzeuginnen wird immer wieder erzählt, dass Polen oder Ukrainer die deutschen Frauen begleiteten. Sie hätten es nicht getan, wenn sie nicht zuvor menschlich behandelt worden wären.

Frauen haben auch *Juden* geholfen. Unter meinen Gesprächspartnerinnen waren einige, die von konkreten eigenen Hilfeleistungen oder von Hilfeleistungen ihrer Mütter berichteten. Weitere sind aus Autobiografien deutscher Frauen zu entnehmen. Die weit überwiegende Zahl aber stammt aus Berichten der Verfolgten selbst und aus lokalgeschichtlichen Untersuchungen, die wiederum auf Zeugnissen von Betroffenen fußen[38]. In Akten und Dokumenten ist kaum etwas von dieser verborgenen Hilfe verzeichnet, weshalb es nicht verwundert, dass das Wissen darüber so lange verborgen oder doch kaum beachtet geblieben ist.[39] Unter meinen Gesprächspartnerinnen waren keine Jüdinnen oder andere Verfolgte des Nationalsozialismus. Aus deren Erzählungen lässt sich jedoch einiges über das Verhalten und die Hilfe zahlloser deutscher Frauen herauslesen. Deshalb greife ich auf verschiedene besonders charakteristische und bereits veröffentlichte Zeugnisse zurück. In den neueren Untersuchungen werden fast nur Helfer und Helferinnen gewürdigt, die Juden vor der »Endlösung« retteten, d. h. also, sie vor der Deportation aus Deutschland, die im Herbst 1941 begann, versteckten und versorgten. Noch gar nicht systematisch untersucht ist hilfreiches Verhalten und Unterstützung aus der deutschen Bevölkerung vom Beginn der Verfolgungen, also von 1933, an. Auch wenn es in den ersten Jahren des Nationalsozialismus nicht um Lebensrettung ging, erforderte jede Art von Solidaritätsbezeugung gegenüber Juden Mut und war ermutigend für die Verfolgten. Die Einschränkung des jüdischen Lebensraumes begann mit Hitlers Machtantritt und steigerte sich planmäßig. Die Ausnahmegesetze seit dem Pogrom von 1938 wurden aber vor der Öffentlichkeit weithin verborgen gehalten. Jede materielle Hilfe und jede Freundlichkeit war für die Betroffenen von Bedeutung. Einiges davon wurde schon im 4. Kapitel angesprochen, soll hier aber ergänzt und in einen größeren Zusammenhang gestellt werden.

Zu den am häufigsten erwähnten Aktionen gehört, dass Frauen weiterhin und solange wie möglich (etwa bis zur Rassengesetzgebung von 1935) in jüdischen Geschäften einkauften, und dies durchaus nicht vorwiegend aus Caritas, sondern weil sie sich gut und preiswert bedient fühlten. Sie mussten sich öffentliche Anprangerungen und Anpöbelungen gefallen lassen. Immer wieder wurden auch an Juden Lebensmittel oder anderes verkauft, auf die sie nach den Verordnungen seit den 40er Jahren keinen Anspruch mehr hatten, z. B. Obst und Gemüse, Süßigkeiten, Rauchwaren, zuweilen heimlich oder bei Nacht; oder Freunde und Nachbarn kauften für Juden ein, auch wenn allen Beteiligten klar war, dass diese Einkäufe für Juden getätigt wurden.

INGE DEUTSCHKRON: »Die jüdische Bevölkerung Berlins hatte fast ausnahmslos alles, was ihr nach den Lebensmittelkarten versagt bleiben sollte. Berliner Mitbürger sorgten dafür.«

»Das ›Hohelied‹ dieser braven Menschen, die ungeachtet der Gefahr, von Nazi-Mitbürgern denunziert zu werden, ihren jüdischen Kunden wenigstens auf diese Weise zur Seite standen, wird nie geschrieben werden, weil diejenigen, die es tun könnten, nicht mehr am Leben sind.«[40]

Seit April 1942 war Juden der Besuch von »Ariern« in deren Wohnungen verboten. Deutsche, die mit Juden Umgang hatten, brachten sich selbst und ihre jüdischen Freunde oder Bekannten in Gefahr. Dennoch ließen nicht alle den Kontakt abreißen, besuchten sie so lange wie möglich, z.T. auch im Schutz der Dunkelheit, grüßten sie und unterhielten sich mit ihnen auf offener Straße.[41]

BRIGITTE P. (1927): »Ich bin immer mal in ein Haus geschickt worden von meiner Mutter. Und die Anweisung war nur: ›Nicht reingehen, läuten und das abgeben.‹ Und die wussten, woher das kommt.«

Nicht wenige spendeten Lebensmittel und Kleidung.

So berichtet FRANCES HENRY über die zwölf Juden von insgesamt 150, die 1933 noch in Sobernheim, ihrem Heimatort, in fünf Wohnungen völlig isoliert lebten: »Alle fünf Wohnungen wurden regelmäßig am späten Abend von freundlichen Nachbarn aufgesucht, die Lebensmittel brachten und manchmal auch ein Weilchen blieben, weil sie wussten, wie isoliert und einsam die Juden waren. Die Bäckerstochter Irmgard berichtet, dass ihre Mutter oft bei den jüdischen Nachbarn blieb, ›nur für eine halbe Stunde, um mit ihnen zu plaudern. Sie waren so allein‹.«[42]

Es wurden auch wertvolle Gegenstände aus jüdischem Besitz verwahrt, damit sie nicht beschlagnahmt werden konnten. »Aufbewarier« wurden diese Menschen von den Juden genannt:

FRANCES HENRY erzählt, wie ihre emigrierte Tante 1963 ihr Elternhaus in Sobernheim besucht, auf eine alte Mieterin trifft und von ihr Gebetbücher ausgehändigt bekommt, die ihr Großvater am Morgen seiner Deportation dieser Mitbewohnerin anvertraut hatte für seine Kinder, die vielleicht einmal nach Sobernheim zurückkämen. »Meine Tante war sehr bewegt, da es sich um Gebetbücher handelte, die viele Generationen in der Familie gewesen waren. Die Mieterin hatte sie während der ganzen Jahre heimlich aufbewahrt, als allein schon der Besitz hebräischer Bücher eine Anklage gegen sie zur Folge gehabt hätte. Vielleicht war dies nur eine kleine Tat, aber sie führte zur Wiederentdeckung von Brücken, die große emotionale Bedeutung für meine Familie hatte.«[43]

Es gab auch andere, wenig bekannte Unterstützungsaktionen:

URSULA S. (1916) leitete eine Kindertagesstätte in Berlin-Lichterfelde, in das sie auch jüdische Kinder aufnahm, und sie schreibt dazu in Stichworten von »immer mehr Angst vor der Verfolgung und dem Entdecktwerden, aber unter dem Gehorsam Gott gegenüber und dem Bewusstsein seiner Sendung«.

LISA DE BOOR über ihre Freundin Clotilde von Schuh, Tagebucheintrag vom 22. Juni 1943: »Brief von Clotilde aus Berlin. Sie versorgte noch immer in ihrem Sammellager heimlich jüdische Kinder, die sie liebhatte, mit Weißbrot und Spielzeug. Jetzt wurden auch diese Kinder nach Osten abtransportiert. Clotilde konnte sich trotz SS auf dem Bahnhof einschleichen, die Kinder winkten ihr verstohlen aus den Fenstern und spielten ihr auf geschenkten Flöten zum Abschied den Choral ›Harre, meine Seele‹. Es ist alles herzzerreißend schwer.«[44]

ELSA R. (1910) arbeitete als Ärztin im Robert-Bosch-Krankenhaus in Stuttgart:
»I: *Haben Sie denn in Stuttgart während Ihrer Robert-Bosch-Zeit politisch gearbeitet?*
R: (*leise*): Nein, das wollte man gar nicht. Nein, insofern … also wir hatten im Robert-Bosch-Krankenhaus Juden in Behandlung, von denen wir das wussten, die aber bei uns ihren Stern abnehmen durften. Wir haben die so unter der Hand versorgt, tadellos… Was hab ich der alten Jüdin für Krankheiten angehängt. Aber sie ist doch nachher geholt worden … sie ist noch nach Theresienstadt … Es sind mehrere, die wir solange bei uns so, so rumgemacht haben, bis sie dann im letzten Vierteljahr nur noch nach Theresienstadt kamen…« Sie meint damit, dass die Juden nicht mehr direkt in die Vernichtungslager transportiert werden konnten.

INGE DEUTSCHKRON: »Wie auch andere Juden hatte ich gelegentlich sehr erfreuliche Erlebnisse. Ich erinnere mich, wie Unbekannte in der Untergrundbahn oder auf der Straße, meist im dichten Gewühl der Großstadt, ganz nahe an mich herantraten und mir etwas in die Manteltasche steckten, während sie in eine andere Richtung schauten. Manchmal war es ein Apfel, ein anderes Mal Fleischmarken, Dinge, die Juden offiziell nicht erhielten. Dennoch, der ›Judenstern‹ schuf eine diskriminierende Isolation. Ich hatte das Gefühl, eine Maske vor dem Gesicht zu tragen. Es gab Menschen, die mich mit Hass ansahen; es gab andere, deren Blicke Sympathie verrieten, und wieder andere schauten spontan weg.«[45]

Am weitaus gefährlichsten war das Verstecken und Versorgen von Juden für kürzere oder längere Zeit. Nur ganz wenige meiner Zeitzeuginnen waren daran beteiligt, darunter vor allem Pfarrfrauen.[46]

Am genauesten und differenziertesten schildert Inge Deutschkron in ihrem schon mehrfach zitierten Buch »Ich trug den gelben Stern« ihr Leben und Überleben im Untergrund, das sie der Hilfe »arischer« Menschen verdankte, unter ihnen waren auch nicht wenige Frauen.

Der nachmals berühmte Showmaster HANS ROSENTHAL wurde von drei Berliner Frauen versteckt. Er schreibt in seiner Autobiografie: »Wenn ich heute auf mein Leben zurückblicke, so waren es diese drei Frauen aus der Kolonie ›Dreieinigkeit‹ (einer Laubenkolonie im Osten Berlins) – Frau Jauch, Frau Schönebeck und Frau Harndt –, deren Hilfe es mir bis heute möglich gemacht hat, nach dieser für uns jüdische Menschen so furchtbaren Zeit unbefangen in Deutschland zu leben, mich als Deutscher zu fühlen, ohne Hass ein Bürger dieses Landes zu sein. Denn diese Frauen hatten ihr Leben für mich gewagt. Ich war nicht mit ihnen verwandt. Sie hatten mich gar nicht oder nur flüchtig gekannt. Ich hätte ihnen gleichgültig sein können.«[47]

Und noch einmal berichtet FRANCES HENRY, deren Vater, ein Arzt, nach der ›Kristallnacht‹ nach Dachau verbracht wurde: »Da wir fürchteten, auch weggebracht zu werden, hielten Mutter und ich uns in der Wohnung eines wohlwollenden Nachbarn auf, und wann immer wir ein Geräusch hörten, versteckten wir uns in einem Wandschrank. Während dieser Zeit überlebten meine Mutter und ich dank der Hilfe unserer alten Waschfrau, Frau Schmidt, die jeden Tag einen Korb mit Lebensmitteln bei uns zurückließ. Diese Frau hatte einige Jahre für meine Eltern gearbeitet und wollte nicht zulassen, dass die Frau des ›Herrn Doktor‹ leiden sollte. Ihre beiden Söhne waren bei der SS und hätten ihre Mutter sicher angezeigt, hätten sie erfahren, dass sie Juden half.«[48]

Die Helferinnen stammten aus allen sozialen Schichten.[49] In der Regel waren es einzelne Frauen, die halfen. Netzwerke von Frauen zur Hilfe der verfolgten und bedrohten Juden waren selten. Doch es gab sie, besonders kirchlicher Art, so die »Hilfsnetze katholischer Frauen für verfolgte Juden«[50]. Aber auch evangelische Pfarrhäuser und Kreise der Bekennenden Kirche halfen zusammen, um Juden zu verstecken und ihnen zu beizustehen.[51] Die vorhin erwähnten Pfarrfrauen gehörten dazu.

Alle diese Netzwerke sind noch nicht genügend erforscht und werden wohl kaum noch erforscht werden können, weil die Beteiligten aussterben und diese

Art von Hilfe alles andere als organisiert oder irgendwie institutionalisiert sein konnte und deshalb kaum dokumentarische Spuren hinterlassen hat. Stellvertretend sei aus einem solchen Netzwerk SUSANNE WITTE zitiert, die die Mutter ihrer deportierten Freundin zweieinhalb Jahre bei sich versteckt gehalten hat:

»Ein junger Priester, der das wusste, kam eines Tages und sagte: ›Hören Sie, es ist Gefahr im Verzuge, ich bringe Ihre Jüdin schnell hier gegenüber zu jemandem, die ist un-... die ist nicht verdächtig – inzwischen kam aber zu mir schon die Nachforschung. Die durchsuchten meine ganze Wohnung – zum Glück hatte dieser Geistliche meine einzelne Frau Kirschbaum schon woanders hingebracht, so dass die also schon in Sicherheit war, bei mir war nichts zu finden, der hatte auch den Koffer – zum Glück! – mitgenommen, so dass die also durch alle meine Schränke und alles gucken konnten, es war also nichts Verdächtiges da. – Das war – so eng war der Kontakt zu der Gemeinde, so dass man also immer, in jedem Augenblick, wusste, da kommt dir jemand zu Hilfe – auch ernährungsmäßig, denn wir hatten ja nur die eine Karte, die eine Lebensmittelkarte, die reichte nicht hinten und vorne, und da wurde ich dann von einigen aus der Gemeinde, die brachten mir etwa Sachen, und die Frau Kirschbaum und ich kochten dann mit dem wenigen, was wir hatten.«[52]

Diese Hilfsnetze, aber auch einzelne Frauen, verhalfen Juden auch zur Emigration oder zur Flucht, das oft in letzter Minute. Elfriede Loew (1881) erwähnt im Bericht ihrer Flucht mit ihrer Schwiegertochter von Berlin in die Schweiz im August 1942 insgesamt dreizehn Frauen, die ihnen auf ihrem Fluchtweg halfen, vom Gewähren von Quartieren, Bereitstellen von Geld, Beschaffen von Fahrkarten bis zum Befördern des Gepäcks und anderen Hilfen.[53] Ein herausragendes Beispiel für Einzelinitiative ist die Gräfin Maltzan, die in einer Nacht bis zu 20 Juden bei sich beherbergte und sie in jeder Weise unterstützte.[54]

Ein wohl einmaliger Fall in Deutschland dürfte die Baronin von Neurath sein. Auf dem Gelände des Neurathschen Gutes bei Vaihingen/Enz in Württemberg wurde an einer verborgenen Stelle im Sommer 1944 das Lager »Wiesengrund« eröffnet, in das schließlich KZ-Häftlinge von überallher zur Arbeit »an neuen Waffen« eingeliefert wurden. Der Baronin und ihrer Tochter gingen die Augen auf, als sich die Gefangenen eines Tages wie wilde Tiere auf die Kartoffeln stürzten, die sie für sie gekocht hatten. Von dem Tage an halfen sie diesen Häftlingen mit allen verfügbaren Mitteln. Die Tochter Wendelgard hat diese Erlebnisse und Hilfsaktionen in einem Buch festgehalten.[55]

Oral History kann die Frage nach dem Umfang der Hilfeleistungen nicht beantworten, auch wenn noch viel mehr – vor allem lokalhistorisch – geforscht würde. Mir scheint es aber auch unzulässig, besonders die individuellen, möglicherweise auch nur punktuellen Aktionen als unbedeutend abzutun[56] oder als »sentimentale Gesten, die ja nicht halfen«[57]. Sicher haben diese Hilfeleistungen den Tod von Millionen Juden nicht verhindern können, aber sie haben vielen das Leben gerettet[58] und sie haben vielen das bedrängte und elende Leben vielleicht ein wenig erträglicher gemacht. Dabei sind es gerade die Frauen, die viel riskiert haben, die immer wieder ihre eigene Leistung herunterspielen und sagen: »Alles das war viel zu wenig« (so z. B. Elisabeth B., 1907, die in ihrem Pfarrhaus am Ende des Krieges noch Juden versteckte). Es mag auch sein, dass manche »Geschichten« nach 1945 zur eigenen Entlastung erzählt, wenn nicht erfunden wurden. Die Glaubwürdigkeit der Verfolgten selbst kann schwerlich angezweifelt werden. Und gerade ihr Zeugnis wiegt schwer. Frances Henry sagt in der Einleitung zu ihrer Untersuchung über ihren Heimatort Sobernheim: »Vielleicht ist einer der interessantesten Aspekte dieses Buches der Beweis für viele Akte der Nächstenliebe, Güte und Schutz, die jüdische Bürger durch ihre deutschen Nachbarn erfahren haben. Hätte es nicht nichtjüdische Nachbarn gegeben, die unter Gefahr für ihr eigenes Leben und ihre Sicherheit bestimmten Personen geholfen hätten, würden weit mehr Menschen aus dieser Stadt in der ›Endlösung‹ zugrunde gegangen sein. Die freundlichen Taten waren ... keine bedeutenden; sie bestanden aus der Versorgung mit Lebensmittelpaketen, Hilfen bei der Reparatur von in der Kristallnacht zertrümmerten Möbeln, aus der Weigerung, die Nazis über jüdischen Familien geleistete Hilfe zu informieren, und dergleichen mehr. Dies zeigt, dass ein gewisses Maß an Menschlichkeit in der Durchschnittsbevölkerung verblieben war ... Ich halte es ... für notwendig, eine Perspektive zu eröffnen, die glaubhaft darstellt, dass es selbst in der schrecklichsten Periode der ganzen Geschichte einige Menschen gab, die sich barmherzig, freundlich und loyal zu ihren Nachbarn verhielten und die, um mit den Worten einer alten Frau zu sprechen, ›anständige Leute‹ waren.«[59] Gerade ihre Recherchen in ihrer kleinen Heimatstadt, wie die zahlreichen genannten Zeugnisse, belegen auch, wie wichtig Hilfeleistungen von *einzelnen* für den *einzelnen* gefährdeten Juden waren, dass es also keineswegs nur die größeren Netzwerke waren, die etwas bewirkten.

Eva Fogelmann interessierte vor allem die individualpsychologische Frage: Was verwandelte einen Zuschauer in einen Retter? Sie zieht aus ihren zahlreichen Gesprächen das Fazit: »Bewusstwerdung über die ausweglose Lage des Opfers, Empathie und situative Bedingungen, die rettendes Eingreifen ermöglichen.«[60] Aus den mir zugänglichen Zeugnissen und Interviews kann ich diesen Befund voll bestätigen, wenngleich ich nur ganz wenige Frauen gesprochen habe, die nachhaltig und unter Einsatz ihres eigenen Lebens geholfen haben. Aber auch für die »kleinen, leiseren Hilfen« war das Sich-Hineinversetzen-Können in die Lage der Leidenden die Grundvoraussetzung. Und dies

war nur dann der Fall, wenn Frauen unmittelbar mit Leidenden zusammenkamen, das Unrecht direkt vor Augen hatten, sich persönlich herausgefordert
fühlten. Eine Frau sagte über ihre Mutter – und das scheint mir auch für andere bezeichnend :»Die hat immer zu den Schwachen gehalten.« Besonders
da, wo man den einzelnen Menschen kannte, fühlte man sich verpflichtet, etwas für ihn zu tun. Deshalb waren es immer wieder »einfache« Frauen, ehemalige Dienstboten, Waschfrauen, Aufwartefrauen, die »ihren Juden« die Treue
hielten. Oder es waren eben Nachbarn oder bekannte Familien, zumal in kleineren Orten.[61] Sie vermochten durch den Nebel der Propaganda hindurch die
Menschen als Menschen zu sehen und nicht als »Staatsfeinde« und »Volksschädlinge«. Empathie war besonders bei solchen zu finden, die selber unter
dem Regime gelitten hatten oder litten. Die von Constanze Hegebusch-Weißenbacher befragten Frauen meinten, worauf es damals angekommen sei und
heute noch ankomme, sei eine »eigene Einstellung zur Welt«, die sich nicht
der Mehrheit beuge, sondern die den Mut habe, gegen den Strom zu schwimmen. Immer gehörte dazu eine Portion Zivilcourage, die in schlichter mensch-
licher Anständigkeit und einem intakten Gewissen gründete.[62] Helferinnen
und Retterinnen waren eo ipso schärfste Gegnerinnen des Regimes, auch wenn
sie sich nicht am aktiven Widerstand beteiligten.

Der Blick auf die Helferinnen darf um der historischen Wahrheit willen
nicht fehlen; keinesfalls kann er der kollektiven Entlastung dienen. Im Gegenteil. *Dass* solche Hilfeleistungen überhaupt nötig geworden sind, dass sie
lebensgefährlich waren, ist das eigentliche Skandalon, denn es beweist, dass
die überwiegende Mehrheit auch der deutschen Frauen die Ausgrenzung, Diffamierung und Verfolgung hinnahm und dass ein nicht zu geringer Teil sie
billigte, wenn nicht unterstützte. Die Hilfeleistungen widerlegen auch den
Satz: »Man konnte ja doch nichts machen.«

Genau so viel wie die, die Juden halfen, nämlich ihr Leben, riskierten diejenigen, die sich zum *aktiven Widerstand* entschlossen. Darunter sollen Handlungen verstanden werden, die direkt auf den Sturz des Regimes hinarbeite-
ten oder offenen und grundsätzlichen Protest ausdrückten. Dies waren meist
nicht Einzelaktionen, sondern Gruppenaktivitäten innerhalb verschiedener
Milieus und Netzwerke. Der aktive Widerstand von Frauen ist nicht mein
Thema. Es gibt darüber auch Literatur.[63]

Wohl aber habe ich mit Frauen gesprochen oder von ihnen in ihren autobiografischen Aufzeichnungen gelesen, die auf irgendeine Weise mit deutschen
politisch Verfolgten zusammenkamen, ihnen halfen oder die in der Verwandtschaft, ihrem Freundeskreis von solchem Widerstand wussten, ihn billigten,
deckten oder sogar unterstützten, auch z.T. selbst darunter zu leiden hatten.

ELSA R. (1910), die vorher schon erwähnte Ärztin am Robert-Bosch-Krankenhaus in Stuttgart, erzählt darüber: »… wir haben doch manche Verfolgte gehabt, die aber auch nicht alles erzählten, aber man merkte so … von den Bosch-Angestellten, wie hie und da eine hohe Persönlichkeit bei uns *(war)*, die sicher irgendwie nur sichergestellt werden musste, verstehen Sie. Aber die hatten natürlich furchtbare Krankheiten. Wissen Sie, so etwas sprach man nicht aus. Man wusste das, man fühlte das, man reagierte sofort darauf…«

GERTRUD W. (1914) war Mitglied der SAJ *(Sozialistische Arbeiterjugend)* gewesen: »Im Freundeskreis waren Regime-Gegner. Einer der Freunde war nach Gefängnishaft zeitweilig bei uns ›untergetaucht‹, landete dann bei der berüchtigten Bewährungskompanie 999 *(Einheit, in der politisch Missliebige oder Vorbestrafte zur »Frontbewährung« eingesetzt wurden und zumeist umkamen).*

CHRISTABEL BIELENBERG, deren Mann Peter Bielenberg in die Aktionen des 20. Juli verwickelt und eingesperrt wurde, suchte mit ihren Kindern Zuflucht in dem kleinen Schwarzwalddorf Rohrbach. Sie schildert die insgesamt freundliche Aufnahme, vor allem aber die Adlerwirtin:

»Für mich aber zählte vor allem unsere Wirtin, Frau Muckle, eine rundliche kleine Witwe mit dünn gewordenem schwarzem Haar und klugen braunen Augen, die ihre Verachtung für die Nazis und deren Untaten bald zu erkennen gab. Sie von ›selle Kerrli‹ reden zu hören, war allein schon eine Lektion in Widerstand. Sie ernährte uns und sorgte für uns, so gut sie konnte, wie eine rechte Wirtin, und wurde mir bald eine wirkliche Freundin.«[64]

Christabel Bielenberg widmet ihr lang nach dem Krieg geschriebenes Buch: »Es war ein weiter Weg nach Munny House« der Bevölkerung von Rohrbach, ohne die sie nicht überlebt hätte.[65]

MARIA E. (1912) und ISA P. (1910) unterstützten MARIA HOFFMANN, die Briefe gegen Goebbels verbreitete. Maria Hoffmann war Sekretärin des Dompfarrers Kraus in Eichstätt. Als Goebbels die katholische Kirche in seinen Vorträgen immer wieder scharf angriff, verfasste der Dompfarrer einen Anti-Brief, der als »Goebbels-Brief« bekannt wurde und ungeheure Verbreitung in ganz Deutschland fand. An der Verbreitung war Maria Hoffmann, zunächst und ganz kurz selbst vom Nationalsozialismus angetan, maßgeblich beteiligt. Sie wurde verhaftet, schlimmen Verhören unterworfen. Sie wurde krank und in ein Krankenhaus überführt. Von dort wurde sie dann von guten Freunden entführt und bis zum Ende des Krieges in einer Irrenanstalt in Bayern versteckt:

E: »Ich seh' sie noch, wenn da etwas gegen Pfarrer angeschlagen war in der Eberhardskirche *(Stuttgart)*, hat sie's runtergerissen. Und zwar in der Uniform …

P: Und da hat sich immer eine ganze Mädchentraube um sie gebildet, und die anderen konnten es gar nicht fassen, dass jemand so viel Mut hat.

E: Und später, da hab ich von ihr erfahren, dass es ihr auch wirtschaftlich ein bissle schlecht geht, und hab dann Geld überwiesen zur Veröffentlichung dieser Briefe.«

Isa P., die Maria Hoffmann bei einer Gelegenheit rechtzeitig vor der Gestapo warnen konnte, wurde ebenfalls von der Gestapo verhört, kam aber glimpflich davon; sie wurde nicht eingesperrt.

DOROTHEA B.'s (1923) Brüder druckten Flugblätter: »Meine Brüder, die haben oben in der Dachkammer einen Druckapparat (*gehabt*), den hat mein älterer Bruder besorgt, der war ja Kaufmann. Die haben da immer Druckereien gemacht, also gegen das Regime. Das war eine ganz gefährliche Sache. Und die haben gesagt: ›Geh naus, geh naus!‹, wenn ich da oben sein wollte, ›ab!‹ Und ich hab' gesagt: ›Ich weiß, aber ich sag doch nichts!‹ Das war für mich als Mädchen, ich war sehr temperamentvoll (*lacht*), ich hab' da so richtig den kämpferischen Mut gekriegt zu der ganzen Sache. Der Herr B. war ein Milchhändler in Ludwigsburg, und der hat mit Juden, wie's eben üblich war, gehandelt. Daraufhin wurde er mit einem Schild ›Blödes Judenschwein‹ oder so ähnlich ausgestellt. Der Dekan D. hat sich für ihn eingesetzt, und der wurde auch deshalb, wurden miteinander durch die Straße getrieben mit SA und so ... Die SA hat ... ein Plakat gemalt mit dem Dekan, der sitzt auf einem Esel und hat einen Heiligenschein – und drunter geschrieben: So ist unser Dekan. Und zwar hat er in einem Religionsunterricht geäußert, Jesus sei damals mit einem Esel als Führer eingeritten und nicht wie heute mit Mercedes und Standarte, so oder ähnlich. Da muss ihn jemand angezeigt haben. Da haben meine Brüder ein Gegenplakat gemacht und haben in der Nacht die Plakate der SA zugeklebt mit ihren goldenen Worten, ein passendes Wort (*sie erinnert sich nicht an den Wortlaut*). Das war eine ganz gefährliche Sache, ja. Das haben sie auch gewusst.«

MILLY RUTH, die Sekretärin im Reichsjustizministerium, die die letzten Briefe von Berthold Stauffenberg und Schulenburg vernichten sollte, schrieb sie zuvor ab, so dass die Frauen sie später bekamen. Dazu Charlotte von der Schulenburg: »Eine Frau wie Milly Ruth, die dafür hätte hingerichtet werden können, macht vieles andere gut.«[66]

MARIA IMMA MACK (1924), die gegen Ende des Krieges in der Gemeinschaft der Armen Schulschwestern in Freising lebte, kam fast zufällig mit dem KZ Dachau und dem furchtbaren Schicksal der Häftlinge in Berührung, als sie gebeten wurde, dort Pflanzen abzuholen. Bald begriff sie, was hinter den Mauern vor sich ging und in welche Gefahr sie sich selbst durch ihre Besuche brachte. Trotzdem nahm sie Woche für Woche den Weg von Freising nach Dachau auf sich, brachte Brot, Trost und Verbindung zur Außenwelt.[67]

Frauen spendeten für die Angehörigen Verfolgter, ließen gefährliche Akten verschwinden bzw. fanden geniale Verstecke. Wenn man alle diese Zeugnisse sammelt, wird deutlich, dass auch der aktive Widerstand die verschiedensten Formen annehmen konnte, nicht auf die Aktivisten in vorderster Front beschränkt war, sondern einen breiten unterstützenden Hintergrund hatte, von dem Frauen ein nicht unwesentlicher Teil waren.

Die erwähnten Frauen, die aktiven Widerstand unterstützten, sind nur ein sehr kleiner Teil der *vergessenen Frauen des aktiven Widerstandes.* Sie stehen zwar außerhalb des von mir untersuchten Personenkreises, aber auf die auffällige Forschungslücke soll doch in diesem Zusammenhang hingewiesen werden. Es gibt bisher noch keine Untersuchungen über die Zeuginnen Jehovas, die ernsten Bibelforscherinnen, wie sie sich nannten, Frauen von Deserteuren, Frauen von KZ-Häftlingen und alle die vielen »stillen Helferinnen« verschiedener männlicher Widerstandsgruppen.[68]

Am erstaunlichsten und schwer begreiflich ist, dass selbst Frauen der beiden spektakulärsten und bekanntesten Widerstandsaktionen, der »Weißen Rose« und des 20. Juli 1944, so lange vergessen waren und z.T. bis heute vergessen sind. Erst 1992 erschien das Buch von Dorothee von Meding, das die Gespräche mit elf Frauen von maßgeblich am Attentat beteiligten Männern aufzeichnet. In seinem Vorwort zitiert Klemens von Klemperer den Hinweis von Gräfin Yorck, dass die Männer, »was sie getan haben, nicht ohne ihre Frauen hätten tun können, waren sie doch alle von der Liebe und Gemeinsamkeit abhängig«[69]. Aus den Gesprächen wird der Anteil der Frauen greifbar, der besondere weibliche Beitrag, den sie leisteten, auch wenn sie in das Attentat selbst z.T. gar nicht eingeweiht waren. Sie mussten den Widerstand im Alltag absichern. Gerade diesen unauffälligen, langfristigen weiblichen Strategien nachzugehen, wäre lohnend.[70] Es ist Dorothee von Meding voll zuzustimmen, wenn sie sagt: »Das Opfer der Frauen war nicht weniger groß als das der Männer.«[71]

Bei einer Ausstellung über die »Weiße Rose« im Jahre 1992 in Stuttgart fiel mir auf, dass zu diesem Widerstandskreis ja nicht nur die eine Frau Sophie Scholl gehörte, sondern auch andere, deren Namen heute keiner mehr kennt, die kaum öffentlich gewürdigt wurden: Susanne Hirzel[72], Traute Lafrenz, Gisela Schertling, Katharina Schüddekopf, Lieselotte Dreyfeldt, Marie-Luise Jahn. Sie alle standen vor dem Volksgerichtshof und dem Ankläger Freisler. Sie alle entgingen nur knapp dem Tod.[73]

Diese aktiven Widerstandskämpferinnen waren eine verschwindende Minderheit. Gerade ihr Beispiel benützen viele Zeitzeuginnen als Bestätigung dafür, dass »man« nichts tun konnte. Daran ist richtig, dass das Risiko um so höher war, je mehr man wagte, und dass offener Protest und offener Widerstand das Leben kosten konnte. Wer wollte es den Frauen verdenken, wenn sie sagten: »So war man nicht, dass man sich ans Messer geliefert hat«, oder: »Ich hatte nicht das Zeug zum Märtyrer oder Helden«, oder: »So etwas wäre einem Selbstmord gleichgekommen«. Viele sagen, sie hätten vom aktiven Widerstand nichts gewusst, abgesehen von den Geschwistern Scholl und dem 20. Juli. Manchen ist die Erleichterung darüber anzumerken.

Besonders Landfrauen betonen entweder ihre ländliche Abgeschiedenheit oder ihre Einflusslosigkeit. Der Unterschied in der allgemeinen Lage der Frauen gegenüber den Männern, was Informationen und Einflussmöglichkeiten angeht, sollte nicht übersehen werden. Für Männer lässt sich generell sagen: Je höher die Position war, desto mehr wussten sie, und desto geringer war ihr persönliches Risiko, wenn sie etwas dagegen unternahmen. So saß z. B. kein einziger katholischer Bischof oder evangelischer Landesbischof im KZ, kein General wurde vor dem 20. Juli 1944 hingerichtet. Frauen waren kaum in den höheren Positionen vertreten. Wieweit die Ehefrauen der ranghohen Männer eingeweiht waren, ist nicht bekannt.

Nur, dass es unterhalb der Schwelle des sicheren Lebensrisikos manche Möglichkeiten zu helfen gegeben hat und viele Frauen eben doch »etwas« und nicht »nichts« getan haben, bleibt ausgeblendet. Wieviel für eine Frau möglich war und wieviel nicht, kann jede einzelne nur vor sich selbst und ihrem Gewissen beantworten. Erstaunt hat mich, dass auf meine Frage: »Welche Möglichkeiten zur Hilfe haben Sie gesehen, genützt?« nur sehr wenige eine Antwort geben konnten und dass ich von kaum einer Frau einen Fall von unterlassener Hilfeleistung erzählt bekam. Sicher gibt es hier blinde Flecken in der Erinnerung.

Die meisten sind auch heute noch der Meinung, dass sie an ihrem Verhalten damals nichts hätten ändern können. Es gibt nur wenige Ausnahmen, und auch hier fiel mir auf, dass wiederum diejenigen, die damals sogar recht mutig waren, ihr Verhalten heute kritisch betrachten:

MARIANNE M. (1921), die für die Firma Bosch in Belgien arbeitete, wurde von der Gestapo wegen »Feindbegünstigung« vorgeladen. »Da ich glaubte, man habe meine Post geöffnet, war ich sicher, dass es mir an den Kragen ging. Auf dem Weg zu meinem Verhör dachte ich mir eine großartige Rede aus. Wenn sie mich schon verurteilten, sollten sie wenigstens meine Meinung hören. Als ich dann erfuhr, welch ein harmloses, ja lächerliches Delikt ich begangen hatte, verflog mein ganzes Heldentum.« Und die Frage, wie sie ihr ganz allgemeines Verhalten von damals heute beurteilt, beantwortet sie nur mit *einem* Wort: »Feige«.

RÖSCHEN H. (1913) stand der SPD nahe. Ihr erster Freund kam ins Zuchthaus wegen nächtlichen Plakatklebens. Sie selbst hat gegen Hitler gestimmt. Sie sagt, dass sie feige war, aber »ich hatte nicht den Mut, wie Tausende andere, Frauen und Männer, mit vollem Bewusstsein Folter und Tod auf mich zu nehmen, zumal Aussicht auf Wirkung so gut wie keine war bei *der* Hypnotisierung der Massen!«.

ELFRIEDE W. (1926): »Vielleicht hätte ich anders gekonnt, aber ich habe doch gar nicht anders gewollt, ich war verblendet wie viele andere auch. Daraus erwächst zunächst das Schuldgefühl, nie gründlich nachgedacht zu haben. Aber auch für unterlassene Hilfe fühle ich mich in mehreren Fällen schuldig.«

EVA ZELLER wurde einmal in einem überfüllten Zug von einem »Kettenhund« (*Wehrmachtspolizei*) angehalten, eine Ostarbeiterin auf die Toilette zu begleiten und zu bewachen:

»Gut, ich mache das schon. Ich ziehe die Tür hinter uns zu. Nicht den Riegel vorschieben, brüllt es von draußen. Zwei wildfremde Frauen in einem engen Kabuff. Die eine hat gottsjämmerlichen Durchfall. Die andere, Schwangere, dreht ihr den Rücken zu, steht mit dem Gesicht zum blinden Fenster. Frau, flüstert die eine, du Frau, bitte. Ich drehe mich um. Die Frau nestelt an ihren Röcken und hält mir ein ganz klein gefaltetes Papier hin. Du Frau, bitte. Ich soll den Zettel verschwinden lassen, aber wohin, um Gottes willen; in was werde ich da hineingezogen? In meinem Zustand. Frau bitte. Sie schlagen schon mit der Faust gegen die Tür. Rauskommen! Sie können mich durchsuchen, das können sie, im Ernstfall könnte eine Polizistin eine Leibesvisitation vornehmen. Vielleicht wird ein Ernstfall daraus. Der Zettel hat die Größe eines hartkantigen Sahnebonbons. Ich stecke ihn in den Mund. Etwas Besseres fällt mir nicht ein in diesem panikerfüllten Augenblick. Rauskommen! Jede Sekunde, die wir länger bleiben, machen wir uns verdächtig. Ich habe mehr Angst als Vaterlandsliebe. Ich habe ebensoviel Angst wie Erbarmen. Erbarmen, ein Wort, das die Frau auf dem Klo nicht in deutscher Sprache kennt; ein Wort, das die deutsche Sprache nicht mehr kennt. Rauskommen! Diese Momentaufnahme im Klo mit einer Belichtungszeit von vierzig Jahren. Das Bild ist total überbelichtet, das heulende Elend, das auf dem Klo kauert, nicht mehr zu erkennen, die Schwangere nicht in ihrer Ratlosigkeit. Du Frau, bitte. Ich hätte sie berühren sollen, ihr Gesicht, ihre Schulter, zum Zeichen dafür, dass ich ... dass ich was ... Mein bisschen nachträgliches Erbarmen hat niemandem geholfen. Mein bisschen nachträglicher Ungehorsam hat niemandem geholfen. Ich hätte sie berühren sollen. Ich habe sie nicht berührt. Was man die vorherrschenden Verhältnisse nennt – diese vorherrschenden Verhältnisse sind erdrückend, an welcher Stelle hätte ich sie ändern könne? An dieser einen vielleicht, indem ich das verweinte Gesicht gestreichelt hätte? Wann endlich wage ich zu wissen, was ich doch weiß? Den Zettel wenigstens habe ich genommen, ja. In den Mund genommen. Eine Reflexbewegung. Die Kettenhunde vor der Tür.«[74]

Wie viele Frauen haben ähnliche Situationen erlebt oder sich durch Wegsehen und Weghören davor bewahrt, in solche zu geraten? Wie viele haben solche Erlebnisse vergessen oder verdrängt? Auffallend ist, dass gerade Frauen, die viel gewagt haben, oft Verständnis aufbringen für diejenigen, denen der Mut dazu fehlte. Gleichzeitig ist es ihnen unbegreiflich, dass nicht mehr unter dem Zwang gelitten wurde.

CLARA S. (1910), deren eigenes mutiges Verhalten schon mehrmals erwähnt wurde[75]: »Ich habe in der ganzen Nazizeit unheimlich unter dem gelitten, wie gut die Menschen hier in Deutschland die Unfreiheit verkraftet haben. Die Freiheit, auch die Freiheit der Persönlichkeit, Gesinnungsfreiheit, Denkfreiheit, dass die so unter den Schlitten gekommen sind und die Unfreiheit so akzeptiert worden ist...«.

Aber auch die Frauen, die geholfen haben und sich nicht völlig gleichschalten ließen, haben Kompromisse gemacht, verständliche und faule. Wir stoßen hier wieder auf *Widersprüche im Verhalten*. Mischungen aus Trägheit, opportunistischer Anpassung und punktuellem Aufbegehren. Es gab solche, die einzelnes kritisierten, aber mit der politischen Gesamtrichtung der Entwicklung durchaus einverstanden waren, deren Grundstimmung aber je nach Lage zwischen Zustimmung und Ablehnung wechselte. Es gab Frauen, die sich meist systemkonform, dann wieder nicht konform verhielten; die z. B. dem Vater in seiner Arbeit als Pfarrer in der Bekennenden Kirche halfen und gleichzeitig Jungmädel-Gruppenführerinnen waren; die stramm hinter ihrem Mann, der Pfarrer der Deutschen Christen war, standen und doch »menschlich sehr nett« zu der Pfarrfamilie aus der Bekennenden Kirche waren, mit der sie im gleichen Hause lebten; die Zwangsarbeitern oder Juden halfen und dennoch in ihrer nationalsozialistischen Einstellung nicht wankend wurden. Es gab solche, die für Hitler waren, aber gegen das Anzünden von Synagogen, die einzelnen Juden halfen und doch fanden, dass »das Judentum« gefährlich sei; die Feindsender hörten und doch an die Wunderwaffe glaubten; die den Krieg schrecklich und sinnlos fanden und doch ungeheuer stolz waren auf die militärischen Beförderungen und Auszeichnungen ihrer Männer; die einen ihrer Söhne »in stolzer Trauer« für Führer, Volk und Vaterland opferten und den anderen als »krank« ins Bett steckten, damit er nicht am Schluss noch eingezogen wurde. Es gab solche, die gegen Hitler waren, aber für einen deutschen Sieg; die Fremdarbeitern halfen, aber den Widerstand gegen das unmenschliche System schärfstens missbilligten; die Juden versteckten und nicht verhindern konnten, dass die Söhne begeistert bei der SS waren; die vom Widerstand wussten, ihn billigten und niemand verrieten, aber sich selbst abseits hielten. Es gab viele, die manchmal »etwas« dagegen taten, aber meistens wenig oder nichts.

Warum sich die einzelnen Frauen so und nicht anders verhielten, könnte nur auf dem Hintergrund der einzelnen Lebensgeschichten genauer nachgezeichnet und erklärt werden. Die Frage lässt sich nicht allgemein beantworten. Aber gerade durch die Methoden von Oral History ist es möglich, an solch nicht-geradliniges Verhalten heranzukommen. Eine gute Interview- und Biografieforschung kann die Brüche sichtbar machen.[76]

Fritz Hartnagel, der Freund von Sophie Scholl, sagte, als wir über Sophie sprachen: »Wir alle machen Kompromisse, Sophie machte keine.« Wer hat das Recht, andere mit diesem absoluten Maßstab zu messen?

Die meisten Deutschen, darunter auch die meisten Frauen, lassen sich als Mitläufer klassifizieren, und sie blieben es bis zum Ende. Aber rundum begeistert und allezeit sind die Frauen in ihrer Mehrzahl nicht mitgelaufen.[77]

Wir haben mit den bisher aufgezeigten Verhaltensweisen noch nicht die ganze Bandbreite von Verhaltensweisen abgedeckt. Der Satz: »Was hätten wir denn machen können?« kann ablenken von der Tatsache, dass viele Frauen eben nicht nur nichts oder wenig gegen das System, sondern mehr *für* das System getan haben, als für ihr eigenes ungestörtes Leben nötig war. Es gab nicht nur die Nonkonformen, die Mitläufer, sondern auch die Über-Angepassten.

Überangepasstes Verhalten, Täterinnen

Von den begeisterten Anhängerinnen des Nationalsozialismus haben wir in Kapitel 1 dieses Bandes (Teil B) schon gesprochen, danach von den jugendlichen Idealisten. Es ist verhältnismäßig leicht, zumal nach über 50 Jahren, Begeisterung und Idealismus zuzugeben, ist doch verführte, missbrauchte, getäuschte Begeisterung nichts, dessen man sich wirklich schämen müsste. Wir haben in Band II gesehen, dass schon das bloße »Funktionieren« der Frauen in ihrem Alltag, in Beruf und Familie ambivalent war. Je besser sie für ihre Familie sorgten und an ihrem Arbeitsplatz »ihre Pflicht taten«, desto besser stützten sie das nationalsozialistische Herrschaftssytem und unterstützten sie den Krieg.

Dies gilt in besonderem Maße für die, die mehr taten, als sie ihrer Familie schuldig waren, die mehr taten als einfach »ihre Pflicht«, die sich über das Private hinaus einsetzten, durchaus im Sinne des Gemeinwohls. Man könnte versucht sein, einfach alle Mitglieder von NS-Frauenorganisationen zu den besonderen Aktivistinnen zu zählen. Das wären schätzungsweise 6 bis 9 Millionen Frauen.[78] Die Zahl allein besagt aber wenig, denn sehr viele Frauen waren nur nominelle Mitglieder, zahlten Beiträge, absolvierten nur ein Minimalprogramm und entzogen sich zusätzlichen Verpflichtungen. Viele aber leisteten mehr, als unbedingt verlangt war. Dazu gehörten z. B. die ehrenamtlichen *Helferinnen* in den NS-Wohlfahrtsorganisationen, besonders in der Frauenschaft, im Frauenwerk oder der NS-Volkswohlfahrt. Obwohl man annehmen kann, dass diese Frauen mehr oder weniger überzeugte Nationalsozialistinnen waren, setzten sie sich nicht unbedingt in erster Linie für die Ideen des Nationalsozialismus oder für »den Führer« ein, sondern für ihre Mitmenschen.[79] Ganz besonders opferreich war ihr Dienst im Krieg, während und nach Bombenangriffen oder bei der Evakuierung und Kinderlandverschickung, später bei der Flucht. Viele Frauen erwähnen solche Helferinnen dankbar. Aber nur wenige erzählen von einer eigenen aktiven Rolle, möglicherweise, um nicht selbst in den Verdacht einer allzu großen Nähe zum Regime zu geraten. Am ehesten sprechen Frauen, die damals jüngere Mädchen waren, von Einsätzen im Roten Kreuz oder auf Bahnhöfen und erzählen Schülerinnen von Verpflichtungen, nach Angriffen bei der Beseitigung von Bombenschäden zu helfen.

Auf fast völliges Schweigen trifft man bei denen, die ein Übriges taten, und zwar aus anderen Motiven. An sie kommt man mit Oral History nur sehr schwer heran. Zugegeben wird noch *Opportunismus*. Eine Geschäftsfrau bekannte freimütig, sie habe es wegen des Geschäftes für nötig gehalten, in die Partei einzutreten, ihr Fähnchen nach dem Wind zu hängen. Eine andere sagte: »Wir haben halt auf zwei Schultern Wasser getragen.« Frieda L. (1917) erinnert sich: »Auch Mutter konnte sich nicht völlig versagen, obwohl sie nicht dafür war. Man war im Ort bekannt, hatte ein gewisses Ansehen, man hatte ein Geschäft.«

Doch schuldig geworden sind und gemein gehandelt haben in den Frauenerzählungen meist nur »die anderen«. Hier ist Vorsicht am Platze. Sicher war und ist hier Verdrängung im Spiel in Bezug auf die eigene Rolle. Die Erzählungen über »andere« sind jedoch so eindringlich, dass sie Aufschluss geben können über Verhaltensweisen, zu denen Frauen durchaus fähig waren. Erinnert sei an die brutale Behandlung von Ostarbeiterinnen in der Rüstungsindustrie durch weibliche Aufseherinnen, an Beispiele, wie sich Frauen an konfisziertem jüdischen Eigentum bereichert haben, an Denunziantinnen. Diese Frauen sind nicht mehr nur zu den Mitläuferinnen oder den Überangepassten zu rechnen, sondern zum Kreis der *Täterinnen*, denn sie beteiligten sich aktiv an Diskriminierungen, Beleidigungen und Quälereien unschuldiger Menschen. Es lässt sich durch Oral History schwer ausmachen, wie groß dieser Kreis war. Vermutlich ist er in meiner Arbeit unterbelichtet.

Wie schon in der Einleitung gesagt, habe ich die Täterinnen im engeren Sinne nicht in meine Arbeit einbezogen. Ich verstehe darunter diejenigen Frauen, die sich neben und in ihrer regulären Tätigkeit direkt für die Ausgrenzung und Ausmerzung von »Minderwertigen« einspannen ließen. Man könnte sie auch »berufsmäßige Täterinnen« nennen. Doch soll dieser Kreis wenigstens umrissen werden: Dazu gehörten die KZ-Aufseherinnen, KZ-Ärztinnen, die sich an Menschenversuchen beteiligten, die Krankenschwestern, die bei den Euthanasieaktionen mitwirkten, die Fürsorgerinnen, die die zu Sterilisierenden aussuchten und sie zur Sterilisation brachten, Ärztinnen, die bei der Zwangssterilisation mitwirkten, aber auch Sozialarbeiterinnen der Gemeinden, der Inneren Mission und der NS-Volkswohlfahrt, die die Gesundheitsbehörden mit Anzeigen, auch über zu Sterilisierende, versorgten. Dazu gehörten ferner Frauen, die in verschiedenen Aufgabenbereichen bei der Gestapo oder bei der SS arbeiteten. Natürlich haben auch NS-Funktionärinnen große Verantwortung auf sich geladen ebenso wie die Frauen von NS-Funktionären, die Autorinnen der Frauenpresse, Schriftstellerinnen und Lehrerinnen, die das NS-Gedankengut aktiv verbreiten halfen und manche andere.

Die Frauenforschung hat sich seit den 80er Jahren intensiver diesem Thema der »Täterinnen« zugewandt.[80] Nach allem, was die Untersuchungen bisher ergeben haben, handelte es sich um ganz normale, durchschnittliche Hausfrauen, Berufstätige, Studentinnen, Auszubildende, die sich um diese Posten bewarben oder schon vor 1933 in diesen Stellen arbeiteten. Mit den Methoden der Oral History wäre es nur sehr schwer und mit großer Anstrengung und methodischer Akribie möglich, hier etwas tiefer zu loten.[81] Inzwischen dürfte es dafür ohnehin zu spät sein. Um aber wenigstens einen Eindruck davon zu bekommen, welche Verhaltensweisen in diesen Kreisen auch unter Frauen ganz offenbar als normal galten, und zwar mitten in Deutschland und ohne irgendwelchen Druck von Vorgesetzten, soll wenigstens das Beispiel von Else Behrend-Rosenfeld angeführt werden, deren Buch sich durch eine außerordentliche Fairness in der Beurteilung der deutschen Bevölkerung auszeichnet.

ELSE BEHREND-ROSENFELD arbeitete damals in einem jüdischen Altersheim und betreute die Bewohner bis zu ihrer Deportation: »Bald darauf wurde mir die Ankunft der Gestapobeamten gemeldet, bestehend aus vier Männern und zwei Frauen. Ich zeigte ihnen die für die Arbeit vorbereiteten Räume. Aber sie zeigten wenig Interesse dafür, sondern wünschten das Stück Garten zu sehen, das uns die Klosterfrauen überlassen hatten und von dem sie höchst befriedigt waren. ›Lassen Sie uns Liegestühle herausschaffen und Ihren Hausmeister ein Fässchen Bier holen!‹, war die mich etwas verblüffende Anweisung, die ich erhielt. Wunderliche Welt! Drinnen im Hause die fünfundzwanzig Menschen, die ihrer Durchsuchung harrten, ehe sie von allem, was ihnen lieb war, Abschied nehmen mussten, hier im Garten die sechs unbekümmert lachenden und schwatzenden Beamten, die, ohne einen Gedanken an ihre Opfer zu verschwenden, nur daran dachten, wie sie es sich wohl sein lassen könnten! Hermann schleppte das Fässchen Bier herbei, und bald konnten wir schon von weitem die vergnügt sich gehenlassenden Männer hören, hin und wieder unterbrochen von einem hellen Frauenlachen. Die beiden Frauen, jung und hübsch und gut gekleidet, machten mir einen sehr unangenehmen Eindruck. Dass sie sich mit den Männern draußen so laut und ungeniert vergnügten, verstärkte meine Abneigung noch. Erst gegen elf Uhr, als das Fässchen bis zur Neige geleert war, gingen sie alle an ihre Arbeit. Sie fassten nicht gerade sanft zu, auch die Frauen hatte ich richtig eingeschätzt, sie behandelten unsere Leute entsetzlich schlecht. Sogar Frau Rosen, die Frau des Schwerkriegsbeschädigten, kam mit rotgeweinten Augen wieder aus dem Zimmer, in dem die Frauen walteten. ›Ich musste eine Leibesvisitation über mich ergehen lassen‹, berichtet sie mir, ›aber das wäre nicht so schlimm gewesen, wenn die Frauen nicht so hässliche Reden dabei geführt hätten. Sie haben mich nicht angeredet, sondern ihre Befehle mir nur kurz zugeschrien und im übrigen zueinander über mich gesprochen, mit Worten, die stachen und mir wehtun sollten. Ich ärgerte mich über mich, dass ich meine Tränen vor ihnen nicht zurückhalten konnte. Und was sie mir alles genommen haben! Selbst einen Teil meiner Wäsche, die ich trug, und auch ein Kleid, das ich übergezogen hatte.«[82]

Gewiss ist dies ein recht harmloses Beispiel im Vergleich zu dem, was Frauen anderen Frauen etwa in den Konzentrationslagern angetan haben. Es zeigt jedoch, dass sich die Frauen, wenn sie denn in ähnlichen Funktionen tätig waren wie Männer, sich nicht grundsätzlich von den Männer zu unterscheiden schienen.[83] Wer aber eine Antwort auf die Frage: »Was hätten wir denn machen können?« finden will, der muss zur Kenntnis nehmen, was Frauen wirklich verbrochen haben und wozu sie fähig waren und unter veränderten Umständen vielleicht heute noch fähig sind. Aber man muss auf der anderen Seite ebenso zur Kenntnis nehmen, dass dies bei weitem nicht die Mehrheit der deutschen Frauen war.

Die Ohnmachtsformel »Was hätten wir denn machen können?« überspielt zudem die Tatsache, dass die Nationalsozialisten ja nicht von heute auf morgen fest im Sattel saßen und nicht von allem Anfang an Widerstand ein tödliches Wagnis bedeutete. Es wird z. B. vergessen, dass es vor der festen Etablierung des Systems und besonders *vor* 1933 für die einzelne Frau die Möglichkeit gegeben hätte, Hitler stoppen zu helfen, dass die Komplizenschaft bei mindestens einem Drittel der Frauen bis vor den Machtantritt Hitlers zurückreicht. 37,3 % der Deutschen haben Hitler in freien Wahlen gewählt, etwa ebenso viele Frauen wie Männer[84], nicht mehr, aber auch nicht weniger. Ich habe es leider versäumt, meine Frauen zu fragen, ob sie Hitler gewählt haben. Einige, und zwar vorwiegend solche aus sozialdemokratischen Kreisen, betonten von sich aus, sie hätten ihn nicht gewählt. Einige, die damals junge Mädchen waren, hoben hervor, dass sie vor 1933 noch gar nicht wahlberechtigt waren. Zu ihnen gehörte der größere Teil meiner Interviewpartnerinnen. Und während der für die Nationalsozialisten immer noch prekären Phase der ersten Jahre ihrer Regierung ließen sich die verschiedenen Frauenvereine nahezu widerstandslos »gleichschalten«.[85]

Gradmesser für den eigenen Konformismus: Damalige und heutige Beurteilung des Widerstands

Ein ziemlich verlässlicher Gradmesser für die eigene Einstellung zum Nationalsozialismus damals und heute ist die Reaktion auf das, was vom aktiven Widerstand bekannt wurde.

Für den Widerstand von links, besonders von Kommunisten, gab es in bürgerlichen Kreisen kaum Verständnis, geschweige denn Würdigung. Wenn ich Frauen danach fragte, was sie von Verfolgungen und Konzentrationslagern wussten, dann erzählten sie mir oft, dass da »irgendwelche Leute« weggebracht wurden, und fügten bei: »Das waren, glaube ich, Kommunisten.« Solche Verfolgungen und Verhaftungen regten in den bürgerlichen bäuerlichen Kreisen keine Frau auf und scheint sie auch heute nicht aufzuregen. Das waren Staatsfeinde, die man mit Recht einsperrte.

Die Oppositionellen aus dem Bürgertum waren dagegen für diejenigen, die selbst reserviert und kritisch eingestellt waren, damals schon Märtyrer und Helden. Für manche war das, was sie über die Geschwister Scholl und den 20. Juli 1944 hörten, ein erstes Signal. Es ist in diesem Zusammenhang bemerkenswert, dass die Nationalsozialisten davon absahen, gegen die Geschwister Scholl einen öffentlichen Schauprozess zu führen und sie öffentlich hinzurichten, wie ursprünglich geplant. Man fürchtete, die Reaktion der Bevölkerung könnte nicht so ausfallen wie gewünscht – und dies mit Recht (dies bestätigte mir auch Elisabeth Hartnagel, die Schwester von Sophie Scholl). Es ist gewiss, dass von diesem Widerstand eine für das System unheimliche Wirkung ausging. Von den Geschwistern Scholl drang nur Weniges und Unklares an die breitere Öffentlichkeit, wie mir die Frauen sagten, aber nicht vertuscht werden konnte das Attentat vom 20. Juli 1944. Obwohl alles getan wurde, die Attentäter und ihren Kreis als »ehrgeizige und ehrlose Offiziersclique« zu diffamieren und zu erniedrigen, bewirkten diese Männer in manchen jungen Mädchen und Frauen eine (vielleicht erste) ernsthafte Erschütterung ihres bisher blinden Glaubens: »Wenn es solche Männer gab, die das taten, dann konnte etwas in Deutschland nicht stimmen«, sagte Eva L..

In Kapitel 2 haben wir schon davon gesprochen, dass derartige Erlebnisse zu Rissen im geschlossenen Weltbild führten. Ruth P. (1926): »Das Stauffenberg-Attentat: Da fing es schon an abzubröckeln. Ein klein bisschen. Aber der politische Einfluss der Umgebung war oft stärker.« Viele haben spontan bedauert, dass das Attentat missglückte. Sie sehnten nichts mehr herbei als das Ende des Krieges – und sei es um den Preis des »Führermordes«. Eine hauptamtliche Ringführerin erzählte mir dazu folgende Episode: Sie befand sich auf einem Jungmädelführerinnenlager, als die Nachricht eintraf. Und sie ertappte sich selbst dabei, dass sie dachte:»Es wäre gar keine schlechte Lösung gewesen.« (Rotraut J., 1924) Und sie fährt fort:»Und da bin ich über mich selbst erschrocken. Es war nur eine Sekunde: Mein Gott, Führerschnur, und du stehst da und denkst, es wär' gar keine schlechte Lösung.« Eine andere reagierte verunsichert, wenn auch das Attentat in Zeiten des »Existenzkampfes« missbilligend. Die Mehrheit der von mir befragten Frauen teilte damals die verordnete offizielle Version: Das sind Vaterlandsverräter, die der kämpfenden Front in den Rücken gefallen sind. Sehr häufig war auch bei diesem Thema wieder ein zwiespältiges Gefühl: Einerseits die zerschlagene Hoffnung auf ein rasches Kriegsende, andererseits die Erleichterung, dass »der Führer« überlebt hatte, weil man ihm immer noch zutraute, eine wunderbare Wendung herbeizuführen. Für manche frommen Frauen war es ein zusätzlicher Beweis, dass Hitler »die Vorsehung« behütet hatte.

Bis heute gibt es unter den befragten Frauen noch keine eindeutige und einhellige Neubewertung des deutschen Widerstandes. Sein ganzes Ausmaß, seine Zielsetzungen, die vielen vergeblichen Versuche, Hitler zu beseitigen, besonders der Widerstand von links, von Kommunisten und Sozialisten wurde den wenigsten Frauen bekannt und konnte deshalb weder reflektiert noch angemessen gewürdigt werden. Gerade die Frauen, die sagen: »Ich habe damals nichts« vom Widerstand gewusst und gehört« (abgesehen vom 20. Juli 1944), haben sich auch weiterhin kaum bemüht, etwas Genaueres darüber zu erfahren. Hartnäckig hat sich bei nicht wenigen die Auffassung von den »Landesverrätern« gehalten. Hinzu gesellt sich dann meist noch der Vorwurf, Stauffenberg sei ja zu feige gewesen, Hitler persönlich zu erschießen. Hier hat sich ein völlig formales, militärisch-positivistisches Rechtsdenken erhalten, das von großer Unkenntnis der Zusammenhänge zeugt. Die Frauen der hingerichteten Widerstandskämpfer haben diese Haltung persönlich oft schmerzlich zu spüren bekommen, denn für viele waren und blieben sie eben die Frauen von »Verrätern«[86], und ihre Kinder durften als »arme Verräterkinder« bezeichnet werden (so ein Lehrer gegenüber der Tochter eines Hingerichteten).[87] Marianne Meyer-Krahmer, die Tochter des führenden Widerstandskämpfers Carl Goerdeler, wurde kurz nach dem Krieg als Lehrerin am Königin-Charlotte-Gymnasium in Stuttgart skeptisch begrüßt und »misstrauisch beäugt«[88]. Dass diejenigen, die die Zeit aufrecht durchgestanden hatten, den vielen, die sich mehr als angepasst verhalten hatten, »weil man ja nichts machen konnte«, ein ständiger Vorwurf waren und schon deshalb nicht aufgewertet wurden, liegt auf der Hand. So musste z. B. Clara S. (1910), die in meiner Arbeit immer wieder zitierte widerständige Lehrerin, nach dem Krieg noch längere Zeit auf ihre volle Rehabilitation warten.

Viel von diesem zutiefst unehrlichen Umgang mit dem deutschen Widerstand ist bis heute noch in der Haltung einiger meiner Zeitzeuginnen zu finden. Deshalb noch ein Wort dazu: Es gehörte und gehört zur politischen Kultur – besser gesagt Unkultur – der Bundesrepublik, sich einerseits vor dem Ausland mit dem Widerstand zu brüsten: Seht her, so schlecht waren wir Deutschen doch nicht, und gleichzeitig die Wiedergutmachung an den Hinterbliebenen hinzuschleppen.[89] Und bis heute geht man immer noch nicht ab von der Teilung zwischen »guten«, d. h. bürgerlichen, und »schlechten«, d. h. linken Widerstandskämpfern, man scheut sich nicht, den militärischen Widerstand zu loben und gleichzeitig auch diejenigen unter den hohen Militärs zu würdigen, die sich nicht zum Widerstand durchringen konnten, angeblich, weil sie den Landesverrat fürchteten.

Im Privatleben mancher Zeitzeuginnen sieht der Umgang mit dem Widerstand harmloser, aber nicht weniger unehrlich aus. Sie »borgen« sich solche aus ihrer eigenen Verwandtschaft, die in irgendeiner Weise widerständig waren, um sich selbst damit in ein Licht zu rücken, in das sie nicht gehören, weil sie nämlich selbst ganz linientreu waren. Ich habe mehrere solche Fälle kennengelernt. Oder sie hielten als Lehrerinnen begeisterte und begeisternde Schulstunden über den deutschen Widerstand und klammerten sich selbst und ihr eigenes Verhalten damals aus. Oder sie bedienen sich der Hingerichteten als Beweis dafür, dass es gar keine andere Möglichkeit gab als mitzumachen. Oder sie feiern die Geschwister Scholl und bedenken nicht, dass diese, lebten sie heute noch, möglicherweise in einem anderen Lager stünden als sie selbst, nämlich im Lager der Anwälte für Menschenrechte bei uns und überall auf der Welt.

Wer es wirklich ehrlich meint mit der Bewunderung der Widerstandskämpfer, der dürfte sie nicht nur als Beweis für die Lebensgefährlichkeit des Widerstands benutzen und noch viel weniger als Alibi für eigenes Versagen, sondern der müsste sich von ihnen fragen lassen: Was hast du damals getan? Konntest du wirklich nichts tun? Und was tust du heute?

KAPITEL 7

»Es war nicht alles schlecht, besonders am Anfang…«

Hitlers »Janusgesicht«

Es gibt eine berühmte Karikatur von Hitler. Sie erschien schon am 2. Januar 1933 in der französischen Zeitschrift »Le Rampart«. Sie zeigt Hitler als Doppelgestalt mit einem Janusgesicht. Auf der einen Seite den zivilen Hitler im Frack als Biedermann und mit der Friedenstaube auf der Hand, auf der anderen Seite den Hitler in Uniform und Stahlhelm, mit weit aufgerissenem Mund, mit ausgestrecktem Arm, das Gewehr in der Hand, das eine gestiefelte Bein im Paradeschritt, statt des anderen einen Säbel. Was der Karikaturist damit sagen wollte, ist klar: Hitler redet öffentlich vom Frieden, in Wirklichkeit bereitet er heimlich schon den Krieg vor. Hitler hat ein Janusgesicht, es ist ihm nicht zu trauen. Diese Hellsichtigkeit ist erstaunlich. Die meisten Deutschen, die meisten Frauen, die ich gesprochen habe, hatten sie nicht.

Wenn es Stimmen gab, die schon vor dem Machtantritt voraussagten, Hitler, das bedeutet Krieg, dann waren es meist Männer und fast immer solche aus dem linken Lager, Sozialdemokraten und Kommunisten – und die Frauen erzählen von Vätern und Großvätern, die das sagten, denen sie aber nicht glaubten.

Die meisten Frauen sahen damals zunächst das, was anders und in ihren Augen besser wurde. Und da sind es immer wieder drei Erfahrungen, die sie anführen und ganz konkret schildern und belegen, und zwar in dieser Reihenfolge: die Schaffung von Arbeit und Brot, Ruhe und Ordnung und das steigende Ansehen Deutschlands. Ich will die drei wichtigsten Positiva in den Frauenerinnerungen an den Nationalsozialismus in derselben Reihenfolge darstellen. Dabei geht es wiederum nicht darum, das von heute aus klar erkennbare Janusgesicht Hitlers, das sich auch in der nationalsozialistischen Arbeits-, Innen- und Außenpolitik zeigte, zu beschreiben, sondern um die damaligen Erfahrungen der Frauen, die dem »Biedermann« glaubten und das andere Gesicht nicht wahrnahmen, vielleicht zum Teil auch nicht wahrnehmen wollten.

Die drei wichtigsten Gründe für die Anziehungskraft des Nationalsozialismus

Hitler brachte *Arbeit und Brot*.[1] Was die Weltwirtschaftskrise seit 1929 und die »6 Millionen Arbeitslose« an persönlicher Not mit sich brachten, das haben viele meiner Zeitzeuginnen am eigenen Leibe, in der eigenen Familie, bitter erlebt. Ich greife nur einige Beispiele aus der Fülle heraus. Sie machen erst begreiflich, was es bedeutete, dass die Menschen wieder eine Perspektive sahen, als Hitler mit seiner Arbeitsbeschaffungspolitik deutlichen Erfolg hatte.

HILDE H. (1914) musste für einen Textilbetrieb die Ratenzahlungen einsammeln, zu den Leuten in die Wohnung gehen: »Da sind die Leut zwischen elf und zwölf, da lagen die noch im Bett, na sagte se (sagten sie): ›Ja, wissen Sie, wir können uns kein Frühstück leisten, na bleibt mr halt im Bett, na hat mr net so Hunger.«

FRIEDA L. (1917): »Mein Elternhaus war eigentlich unpolitisch gewesen, vorher, aber diese Jahre der Deflation (*sie meint die Zeit der Weltwirtschaftskrise am Beginn der 30er Jahre*) haben für einen Geschäftsmann ungeheuren Verlust bedeutet. Mein Vater hat im Jahr '30 gesagt: ›Ich muss mich vergrößern, das hat keinen Sinn…‹. An unserer Familie hingen noch verschiedene Menschen: Die Großmutter war noch da, die Schwester des Vaters, ein Mündel meines Vaters, also das war alles in der Familie und sollte versorgt werden, und diese Pflichten hat man ernstgenommen. Der Geschäftsrückgang war eben da so stark. Wir haben eigentlich ein Vermögen verloren in den Jahren '30 bis '33, weil wir die Waren teilweise, also wir hatten Textilien, Glas und Porzellan, Aussteuerartikel, alles, wir hatten sehr viel Wolle, zentnerweise teuer eingekauft und mussten es nachher billiger verkaufen, als man's selbst eingekauft hat wegen der Deflation. Und dann hat mein Vater gesagt, wie es im Sommer '33 und Herbst '33 und im Winter *etwas* aufwärts ging, wie die Bauern wieder mal etwas kaufen konnten und auch *bezahlen* konnten, einen Meter Schurzstoff zu 1,10 Mark, wie's da keine Tränen gegeben hat, weil sie 1,10 bezahlen mussten, um sich eine Trägerschürze schneidern zu können, da hat er gesagt: ›So, jetzt weiß ich wenigstens wieder, dass ich euch durchbringe, und wenn das schon so ist – und das verdanke ich denen, die da jetzt dran sind –, dann muss man sie auch unterstützen.‹ So war das. So war das. Also, ich weiß es noch ganz genau. Man hat es für *unmoralisch* gehalten. Man kann sich doch nicht da entziehen! – Wie gesagt, in diesen Jahren vor '33 wusste man nicht, ob man noch weitermachen könnte. Ich erinnere mich, ich habe als Mädchen, als Schülerin, die noch in die Volksschule ging, hab ich immer im Som mer, wenn die Eltern auf dem Feld waren, da musste ich den Laden versehen, und wenn die Mutter abends heimgekommen ist, war ihre erste Frage: ›War jemand da? Wieviel hast eingenommen?‹. Und dann habe ich gezählt, und dann konnte es sein, an manchen Tagen 8,50 RM. Und dann hat sie gesagt: ›Wie soll das weitergehen?‹. So sah es doch aus für uns! Und wenn es dann nachher 20.- oder 30.- Mark Einnahmen waren. Wir hatten ja selber noch unsere Nahrung von den Äckern, das hat man gebraucht, und man hat dann auch den Garten gehabt und hat noch ein Schwein aufgefüttert und hat eine Kuh eine Zeitlang gehabt, um einfach überhaupt überleben zu können. Und man musste doch ein Warenlager da haben, das man bezahlen musste... Ich will nur erklären. Es ging den Bauern damals so miserabel, und wir haben das an erster Stelle gespürt als Kaufleute, weil nichts mehr zu verkaufen war und nur noch das Buch vollgeschrieben war, wenn was verkauft wurde (*sie meint: Die Schulden der Kunden wurden angeschrieben*).

ANNELIESE B. (1925): »Was für uns Kinder belastend war, war in der Zeit vor der Machtübernahme einmal die Arbeitslosigkeit, die sehr, sehr viele Väter meiner Klassenkameraden und Freundinnen betraf, wo es immer doch ziemliche Schicksale gab, die einfach dadurch bedingt waren und auf die Fröhlichkeit und Unbeschwertheit sich ausgewirkt haben. Dann fanden wir, sicher nicht alleine, dieses Bettlertum ganz schrecklich. Wenn ich z. B. alleine zu Hause war, ich hatte also strikte Anweisungen, nicht aufzumachen, die Kette musste vorgelegt werden, und man wurde durch diese ständigen Vorhaltungen und Vorsichtsmaßnahmen richtig in die Angst getrieben, dass nun wieder irgendein Bettler vor der Tür steht... Man musste vorsichtig sein, das hatten wir Kinder auch begriffen. Dann war für mich das Asyl, die Obdachlosigkeit vieler Menschen sehr schlimm. Aus eigenem Erleben weiß ich das für einen Obdachlosen, einen sehr lieben Onkel, würde ich für mich sagen, verwundet, also beinamputiert, aus dem Ersten Weltkrieg, den hatten wir in unserem Haus oben auf dem Bodenpodest beherbergt, würde ich sagen. Im stillen Einverständnis zog er also abends auf seine Matratze, die ihm hingelegt worden war, und verschwand dann morgens auch wieder aus dem Haus. Wir kannten ihn alle, er roch nicht sehr appetitlich und war auch entsprechend ungepflegt... Und als nun die Nationalsozialisten die Macht hatten, war ja schlagartig vieles weg, viele bekamen wieder Arbeit, waren dadurch glücklich und froh, und es kehrte wieder Zuversicht und Hoffnung in die Familien ein, die Bettler waren verschwunden und die Obdachlosen waren verschwunden. Ich habe mich oft später gefragt, wohin sind sie so schnell verschwunden?
I: *Zum Beispiel auch der gute Onkel?*
B: Ja, gerade dieser liebe Onkel.«

ERIKA H. (1914): »Ich seh' heut noch die Bilder einer alten Wochenschau, wo Arbeitslose, die also wirklich nur noch Haut auf den Knochen hatten, an der Gulaschkanone standen, und das prägt sich schon ein. Da hab ich mir gesagt: O ja, wenn die wieder Arbeit kriegen! Und ich hab' ja aus einer Familie und einem Beruf gestammt, nämlich aus der Druckerei, der es furchtbar dreckig ging. Und dann plötzlich waren auch Aufträge da. Es war ein wirtschaftlicher Aufschwung.«

IRMGARD S. (1913): »Da ich aus einem sehr behüteten Elternhaus kam, hat mich ganz stark das Ende der Weimarer Republik mit der Arbeitslosigkeit beeindruckt, und ich erinnere mich an eine Wanderung mit meinem Vater, wo wir sehr viel junge Leute getroffen hatten, die alle arbeitslos herumlungerten. Konnte ich mir gar nicht vorstellen, weil ich aus einem ganz anderen Lebenskreis kam, dass da nun so viel arme, arbeitslose Menschen in unserem Land, in unserer weiteren Umgebung lebten.« Sie trat noch vor 1933 dem freiwilligen Arbeitsdienst des Jungdeutschen Ordens bei, wo sie die Wirtschaftsleitung übernahm: »Ich bin dann nach Oeynhausen in dieses Lager von jungen Männern gegangen, Arbeitern, arbeitslosen Maurern, Schlossern usw.. Da waren wir in Oeynhausen in einer Wellblechbude untergebracht, wo etwa (ich schätze) 24 junge Leute alle in einem Raum gewohnt haben. Die Küche war höchst primitiv mit einem großen Waschkessel. Morgens habe ich ihnen Stullen gestrichen, dass diese Leute Brot mitkriegten, und abends um 5 Uhr kamen sie nach Hause, und da gab es ein Eintopfessen. Höchst bescheiden, wenn ich mich nicht irre, kriegten wir 80 Pfennig pro Tag und Kopf zum Verpflegen. Da hat mich das gerührt, wie diese jungen Leute zwischen 18 und 22 Jahren um mich herum um diesen großen Kochtopf herumstanden, mir halfen beim Ausschöpfen und dabei doch ihre Not klagten. In jeder Hinsicht: Sie konnten nichts unternehmen. Das, was wir heute Disco nennen, da konnten die jungen Leute nicht hingehen, weil sie kein Geld hatten und auch sehr deprimiert waren. Zum großen Teil erzählten sie aus ihren Elternhäusern, dass die Väter wegen der Arbeitslosigkeit zum Trinken gekommen sind.
I: *Dann war das für Sie eigentlich der große Einschnitt in Ihrem Leben? (Irmgard S. wurde später hauptamtliche Arbeitsdienstführerin).*
S: Ja, ich würde es heute als ein wichtiges Schlüsselerlebnis ansehen.«

ANNE R. (1910): »Mein Vater war da absolut nicht dafür, absolut nicht (*sie meint für Hitler*). Aber man hat ja nicht vorausgesehen, wie sich das auswirkt. Es war so: Es war ja die Zeit des größten Tiefstandes, die Arbeitslosigkeit war ja riesengroß. In meiner Familie waren drei von meinen Geschwistern arbeitslos. Und mein Bruder und meine Schwester, die haben Adressen geschrieben, Stück für einen Pfennig, damals. Denn die Arbeitslosenunterstützung war ja so minimal! Und das war ja die Chance für den Hitler! Die Riesenarbeitslosigkeit und die Verzweiflung, wie das überhaupt alles weitergehen soll, das war ja seine Chance, und man kann nicht verurteilen die Leute, die damals die NSDAP gewählt haben, weil die gehofft haben, jetzt kommt was Neues und jetzt wird's irgendwie besser. Und er hat ja dann die Leute von der Straße weggebracht in den Arbeitsdienst. Die jungen Männer, die sind alle einberufen worden zum Straßenbau. Das hat ja keiner gewusst, dass das alles gemacht wird im Hinblick auf den kommenden Krieg! Die Schiffe, die gebaut worden sind, dann sind KdF-Reisen gemacht worden, die Leute waren begeistert! Die sind doch wenigstens einmal herausgekommen, haben was gesehen... Und am Anfang hat man ja gar nicht gewusst, was für eine verbrecherische Regierung das ist. Erst mit der Judensache, wie das angefangen hat, das konnte man ja nicht billigen.«

ILSE L. (1908) schreibt sehr knapp: »Inflation und Arbeitslosigkeit des Vaters, da die Bank, an der er gearbeitet hatte, während des Krieges pleite ging. Kurzzeitige Beschäftigung an anderen Banken. Ab 1925 ohne Beschäftigung. Dadurch wohl viel bedingt Krankheit der Mutter. Deren Tod 1923. 1934 bekam Vater nach neunjähriger Arbeitslosigkeit wieder Arbeit an der Devisenstelle beim Finanzamt.«

ELSE R. (1924): »Mein Vater war vor 1933 arbeitslos. Und dann bekam der Vater Arbeit, das hat die ganze Haltung der Eltern entscheidend beeinflusst. Ein Ausspruch meiner Mutter aus schlechten Zeiten, wörtlich: ›Ich wäre mit dem Vater bis ans Ende der Welt gegangen, wenn ich gewusst hätte, dort gibt es Arbeit.‹«

Auch der Bauernstand litt unter der Wirtschaftskrise und hatte mit Strukturproblemen zu kämpfen. Auch wenn es bei vielen nicht um die nackte Existenz ging, brachte ihnen die NS-Landwirtschaftspolitik zunächst Vorteile. Die Beispiele zeigen auch, dass »Arbeit und Brot« für die Menschen nicht allein eine materielle Seite hatte, sondern ebenso eine psychologische; die Wertschätzung ihrer Arbeit war entscheidend für das Selbstwertgefühl.

Die Bäuerinnen unter meinen Gesprächspartnerinnen empfanden die Hochschätzung des Bauerntums als sehr positiv. »Der Hitler, der hat ja seine Baure g'holfe«, sagt KATHARINA S. (1922). Und sie erzählt weiter:

»Am erste Mai, da hat ma noch d'Maibaum g'hett. Und no hat ma drumherum, der BDM oder d'Jungmädel, hent (*haben*) Reigen gemacht, drumrum. Und na hat ma so aus Waschseide, hen mir da so Kloider (*Kleider*) g'hett. Und des waret schöne Dinger, und da sen mir ganz stolz g'wese da. Und na hat ma müsse die Häuser schmücke. Da mitte drin hat ma d'Maibaum g'hett, da unten. Und no hat ma d'Häuser g'schmückt, oifach in die Fenschterläde so Wedel (*Zweige*) zammebunde (*zusammengebunden*), was es halt scho am erste Mai gebe hat. Und no, wenn d'Ernte vorbei war, hat ma au a Erntedankfescht g'macht. Und da hen ma no Baurekloider ag'hett (*angehabt*), und jede an Korb mit so Früchte und Sach drin… Da hat ma müsse Gedichte sage. Da ka i mir des no so gut merke, da hat ma g'sagt: ›Drum bleib uns auch der Bauernstand von allen hochgeehrt, weil jedes Volk in jedem Land von Bauern wird ernährt.‹«

MARGARETHE A. (1917) beschreibt als einen großen Einschnitt in ihrer Biografie das Jahr 1933, die Machtübernahme der NSDAP: »Die soziale Lage im Land verbesserte sich zusehends. Die Menschen bekamen Arbeit, es wurden Straßen und Autobahnen gebaut. Für die Landwirtschaft gab es Marktordnungen, die Preise wurden stabil, das Erbhofgesetz geschaffen. Wir sahen zuversichtlich in die Zukunft.«

KLARA W. (1926): »Ich hab' oft mit dem Großvater geschwätzt. Er hat gesagt: ›So gut wie im 3. Reich ist es der Landwirtschaft noch nie gegangen.‹ Der Nationalsozialismus war schon recht gewesen, bis zum Krieg. Das war vorher schon recht. Es war mehr Gleichberechtigung, da hat jeder etwas gegolten, jeder hat was werden können… Der Hitler ist hingekommen, weil die Zeit damals so schlecht war.«

Am eingehendsten MARTHA F. (1914): »Bei uns in der Landwirtschaft wurde es auch besser. Die Milchgenossenschaft wurde 1934 gegründet, und man konnte seine ganze Milch abliefern. Man hatte am Monatsende plötzlich Geld, mit dem man etwas anfangen konnte. Nicht bloß die paar Pfennige, die man von seinen Milchleuten bekam. Statt 15 Pfennige für den Liter Milch bekam man jetzt 25-30 Pfennige. Die Weingärtnergenossenschaft wurde 1935 gegründet und musste 1936 gleich vergrößert werden. Fast alle Betriebe wurden dann Mitglied, weil der Endauszahlungspreis entschieden höher war, als die Wirte vorher bezahlten. Der Preis für die Frühkartoffeln stand schon im April fest. Egal, ob es dann viel oder wenig gab. Beregnungsanlagen kannte man dort noch nicht. Ebenso stand der Preis für Weizen und Gerste schon fest. Der Kartoffelpreis wurde dann immer jede Woche dem Ernteergebnis angepasst. Meist ließ man die Kartoffeln ein paar Tage länger wachsen, wegen der Größe des Ertrages. Es gab aber keine so großen Erträge wie heute, weil der Kunstdünger sehr teuer war… Wir Bauern arbeiteten und sparten und wurden auch nicht belästigt. Der Reichsnährstand, wie wir hießen, wurde vielleicht nie so geschätzt, war aber ein angesehener Beruf. Wir brauchten nicht zur Partei oder NS-Frauenschaft. Wir durften immer arbeiten, ob die Regierung schwarz-rot-grün war oder braun wie damals.«

Hier wurde Politik für Frauen »materiell« und persönlich erfahrbar, und hier erlebten sie, dass es für die meisten aufwärts ging. Dass die Arbeitsmarktpolitik letztlich unproduktiv war, dass die Wirtschaftspolitik eine Politik von Bankrotteuren war und in den Krieg führen musste, war für sie undurchschaubar und das interessierte sie auch nicht.[2]

»Hitler brachte *Ruhe und Ordnung*«, das war die zweitwichtigste Aussage der Frauen zu diesem Thema. Nach den Krawallen der letzten Weimarer Jahre war das beruhigend. Vor allem verschwanden die Kommunisten von den Straßen. Von vielen« wurde die »bolschewistische Gefahr« als real empfunden. Schläger und Rabauken schienen fast immer nur die »Roten« gewesen zu sein, kaum die »Braunen«. Die standen für Disziplin und Zucht. Hier scheint mir eine propagandagesteuerte selektive Wahrnehmung stattgefunden zu haben und noch nachzuwirken. Der »Kommunist« war ein alter Bürgerschreck, mit dem ließ sich trefflich Angst machen. Gerade bei kirchlich geprägten Frauen war dies Gefühl besonders stark, war doch für die Kirchen der atheistische Bolschewismus der Feind Nr. 1.[3] Dass eine Frau damals unbehelligt und ohne Angst zu jeder Tages- und Nachtzeit in jeder beliebigen Gegend unterwegs sein konnte, wurde so oft gerühmt, dass ich auf Beispiele verzichte. Was die Kehrseite dieser Sicherheit war, die brutale Unterdrückung jeglicher Opposition und aller in den Augen der Machthaber »zweifelhaften Elemente«, machten sich damals nur wenige klar, nahmen es auch nur am Rande wahr.[4]

ANNELIES N. (1914) schreibt in ihren Erinnerungen für ihre Kinder und Enkel: »Der 1. Mai – Weltfeiertag – besteht ja schon seit Ende des letzten Jahrhunderts. Alle Betriebe, kleine und große, und die Parteien marschierten im 1.-Mai-Umzug mit. Die größte Gruppe waren in Ludwigsburg, wo ich bis zu meiner Verheiratung lebte, die Kommunisten. Die Frauen marschierten in roten Badeanzügen, die Männer in roten Badehosen mit. Das war ein schrecklicher Anblick. In Berlin muss es dasselbe gewesen sein, wie mir jemand erzählte, der 1931/32 dort studierte. Irgendwann marschierte die SA in ihren braunen Hemden mit, die sich dagegen sehr vorteilhaft ausnahm.«[5]

IRMGARD W. (1917): »Manches fanden wir gut, vor allem, dass es endlich keine Krawalle mehr gab; Überfälle, Einbrüche usw. nahmen ab ... die vielen Bettler verschwanden; es wurde gearbeitet, und alles war sauber.«

EMILIE H. (1918): »Ich hatte oft Angst auf dem Schulweg. Wir kamen da am Arbeitsamt vorbei, Ecke Alleen- und Seestraße, und da standen immer Leute morgens in schwarzen Anzügen mit dem roten Strickle rum, vor denen hab’ ich mich gefürchtet. Man hat gewusst, das sind die radikalen Kommunisten. Das war nachher nicht mehr da.«

Eine der wenigen, die die braunen Schlägerbanden abstoßender fand als die roten, ist ANNELIESE B. (1925): »Ja, und da waren natürlich ganz entsetzlich und ständig sich zuspitzend diese fürchterlichen Propagandawellen und Demonstrationen, diese grölenden Horden, die in Straßenkämpfe ausarteten. Häuser waren beschmiert und mit Plakaten bekleistert, und ich muss sagen, dass, wenn ich mir die Bilder jetzt so vor Augen halte, dass ich diese am besten ausgestatteten LKW’s mit den grölenden Horden in Uniform, dass ich die am meisten verabscheute. Das waren die SA-Männer, ja, die ekelhaft aussahen mit ihren Schirmmützen und den wehenden Fahnen und diesen Liedern, die so gewalttätig klangen, da lauthals durch die Straßen brüllten. Das war erschreckend. Ja, überall klirrten die Fensterscheiben, es gab Tote und Verletzte auf den Straßen, und die Gegenfront sah man eigentlich nur dann hinter Barrikaden, selbsterrichteten Barrikaden; also die Oberhand in dieser Kampfsituation lag schon sehr auf der Seite der Nationalsozialisten, und ich bin nicht befugt, über Recht oder Unrecht hier zu streiten. Ich würde sagen, sie waren einfach die besser ausgestatteten und die mächtigeren schon zu der Zeit, wo sich das so zuspitzte. Dass sie damit nun Sympathien ernten konnten, ich würde von mir aus sagen, nein, diese Uniformmänner waren für mich ein Grauen auch später noch.« Anneliese B. lebte in der sowjetisch besetzten Zone, der späteren DDR. Möglicherweise ist ihre Wahrnehmung auch durch die kommunistisch gefärbte Brille beeinflusst. Jedenfalls war auch sie damals froh, dass die »Nazis« Ordnung schafften. Natürlich bewunderten die bürgerlichen Frauen die Schlägertrupps der SA meistens auch nicht, aber sie hielten sie für eine Kampftruppe, die, wenn auch auf wenig sympathische Weise, für Ordnung sorgte.

An dritter Stelle unter den positiven Erfahrungen meiner Zeitzeuginnen mit dem Nationalsozialismus steht das *steigende Ansehen Deutschlands*. Hitler schickte sich an, »die Fesseln des Schanddiktats von Versailles« zu zerreißen.

Dieser nationale Aufstieg wurde von den bürgerlichen Frauen zusammen mit ihren Männern mit Stolz und Genugtuung erlebt. Fast in jedem Gespräch spielten die »Demütigung von Versailles« und vor allem die materiellen Folgen eine wichtige Rolle. Inflation und Weltwirtschaftskrise werden als direkte Folge von Versailles gesehen, obwohl sie das objektiv nur zum Teil waren.

Für mich als Geschichtsdidaktikerin hat sich der Einfluss des Geschichtsbildes und des Geschichtsunterrichtes auf politische Gesinnung niemals so eklatant manifestiert wie in diesem Beispiel. Ohne dass ich danach fragte, sprachen fast alle Frauen davon. Auch hier erübrigen sich Einzelbeispiele. Dass die Revision von Versailles nicht das Ziel der Hitlerschen Außenpolitik war, sondern das »Großgermanische Weltreich«, die Versklavung der Ostvölker und die Vernichtung der Juden, das konnte man zwar in »Mein Kampf« lesen, aber dass es Regierungsprogramm war, das wussten 1933 die höchsten Militärs und einige wichtige Industrielle. Die »Frau auf der Straße« konnte das nicht wissen. Sie konnte nicht wissen, »worauf das alles hinauslief«.

Es gelang Hitler ja auch lange Zeit, das Ausland über seine wahren Absichten zu täuschen. Viele bekannte Zeitzeugen sagen, man habe die »schleichende Machtergreifung« und die wahren Ziele Hitlers am Anfang nicht durchschauen und glauben können.

IDA EHRE (1900), die berühmte Schauspielerin und deutsche Jüdin: »Keiner kann sich heute mehr vorstellen, wie das damals war mit den Nazis. Das ging schleichend, ganz langsam, nicht plötzlich. Das hat der Hitler ja wohl auch gewusst, dass er seine Ideen nur schrittweise umsetzen kann. Denn ich glaube, wenn gleich alles, was in seinem Buch stand, umgesetzt worden wäre, dann hätten die Bürger revoltiert, weil sie nicht für möglich gehalten hätten, dass es das gibt.«[6]

Wie das Beispiel von Ida Ehre zeigt, waren überraschenderweise selbst manche Juden, die sich als gute Deutsche fühlten, zunächst von Hitler angetan, vor allem wegen seiner nationalen Erfolge. Annemarie K. (1927) berichtet von einem Schüler ihres Vaters, der Jude war und sich in seinem Abituraufsatz begeistert über den Nationalsozialismus ausließ. Auch die Familie von Marlies Flesch-Thebesius, deren Vater Halbjude war, erwartete zunächst von Hitler Gutes. Es war eine fast von allen empfundene »Stimmung des Aufbruchs« (so Addy W. 1907). Es ist bekannt, dass unter den späteren Widerstandskämpfern manche am Beginn begeistert waren; wir wissen es von Stauffenberg, den Geschwistern Scholl und anderen. Fast die einzig Klarsichtigen von allem Anfang an waren auch die Todfeinde Hitlers von Anfang an: die Sozialisten und Kommunisten. Und selbst viele unter ihnen, die Parteiverboten und Verfolgungen ausgesetzt waren, ließen sich von den Erfolgen beeindrucken und zum Teil gewinnen, wenn auch nicht völlig vereinnahmen.[7]

Neben diesen drei wichtigsten Erfolgen des Regimes ist noch ein vierter, ganz frauenspezifischer Aspekt indirekt erschließbar: die Aufwertung der Frau und Mutter, die Hochschätzung der Familie.

Aufwertung der deutschen Frau und Mutter und der Familie

Die Nationalsozialisten haben zweifellos viel für die Familie getan, wenn auch nur für die »arische« und sozial und politisch einwandfreie, und dazu gehörten die meisten meiner Zeitzeuginnen. Viele erwähnen zustimmend die sozialen Hilfeleistungen der Frauenschaft, der NS-Volkswohlfahrt und ihrer Organisationen, vor allem die Organisationen »Mutter und Kind« und »Kraft durch Freude«, durch die viele zum ersten Mal in ihrem Leben in Urlaub fahren konnten, das Ehestandsdarlehen[8], Freiplätze an Schulen für Kinder mittelloser Eltern, Siedlungshäuser für Arbeiter, Säuglings- und Mütterstationen für die Frauen, Fortbildungskurse in Gesundheits- und Krankenpflege, Haushaltführung. Die Arbeit dieser Organisationen für die Frauen ist meines Erachtens noch nicht objektiv registriert und aufgearbeitet worden.[9] Allein die Daten, die genannt werden, sind beeindruckend: »Die NSV-Organisation ›Mutter und Kind‹ hatte 1938 25 000 Beratungsstellen, und mehr als 10 Mio. Frauen hatten sie bis dahin in Anspruch genommen.«[10] »1941 gab es 517 Mütterschulen verschiedener Art, darunter 12 Bräuteschulen und Heimmütterschulen.«[11] »1944 gab es 32 000 Tagesheimstätten für Kinder, die sich um 1,2 Millionen Kinder kümmerten (zehnmal so hoch wie in den USA).«[12] Die Monatsschrift »Die Frau« hatte 1937/38 eine Rubrik »Zur Lage der deutschen Frau«; dort wurde berichtet, dass die NSV »in den vergangenen Jahren rund 219 000 Mütter in Mütterheimen aufgenommen hat. Ferner sind bis jetzt rund 27 000 Hilfs- und Beratungsstellen der NSV für ›Mutter und Kind‹ errichtet worden. In ihm haben 8 1/2 Millionen Volksgenossen Rat und Hilfe gefunden.[13] Der unermüdlichen Arbeit dieser Stellen ist es in erster Linie zu danken, wenn der Prozentsatz der Säuglingssterblichkeit in Deutschland von 7,9 % im Jahre 1932 auf 6,6 % 1936 gesenkt werden konnte. Damit sind dem deutschen Volk 140 000 Kinder erhalten geblieben ... Im Rahmen der Kindererholungsfürsorge der NSV sind bisher 2 1/2 Mio. Kinder verschickt worden. Die Zahl der Mitarbeiter der NSV ist auf 1 1/4 Mio. freiwilliger Helfer angewachsen, die Zahl der Mitglieder auf 8 Mio.. Insgesamt sind 2200 Schwesternstationen der NS-Schwesternschaft neu errichtet worden, in denen bisher rund 2 1/2 Mio. Menschen Rat und Hilfe zuteil wurden. Die NSV sieht die Einrichtung weiterer Schwesternstationen als eine ihrer wichtigsten Aufgaben während der nächsten Jahre an«[14].

Mit Recht wird in der Literatur die inhumane Intention hinter allen diesen Fürsorgemaßnahmen herausgestellt und angeprangert.[15] Gewiss war der gesamte Fürsorgeapparat darauf abgestellt, der »Auslese« und »Ausmerze« zu dienen, das ist den Programmen und Anweisungen für uns heute unschwer zu entnehmen. Und kritischen Frauen, die in diesem Apparat tätig waren, blieb das auch nicht ganz verborgen.

RENATE B. (1925) wurde aus gesundheitlichen Gründen nicht zum Arbeitsdienst eingezogen, sondern machte eine Art soziales Jahr bei der NSV: »Alle Leute, die auf dieser Dienststelle arbeiteten, waren überzeugte Nazis, die anderen waren mehr oder weniger zufällig dahin gekommen und machten halt ihre Arbeit. Die sogenannten Schulungen nahm niemand recht ernst … ich habe aber da ein Stückchen Sozialarbeit kennengelernt, das hat mich doch mitgeprägt… Was gemacht wurde, fand ich z.T. sehr wirkungsvoll, z. B. dass Säuglings- und Mütterstationen übers Land aufgebaut wurden. Was mir Unbehagen verursachte, das waren die Berichte, die eintrafen über die, wo Hilfen angebracht wären, dass da eine große Rolle spielte, wie die politische Einstellung war. Kinderreiche Familie war nicht gleich kinderreiche Familie, sondern da wurden Unterschiede gemacht… Es war schon das Bemühen, dies als eine Art stiller Propaganda für das Regime zu machen.«

Was aber bei einer solchen Betrachtungsweise von den Zielsetzungen her und der Praxis gegenüber einer unerwünschten Minderheit verlorengeht, ist die Perspektive der *Mehrzahl* der Frauen, die sich durch diese in ihrem Alltagsleben spürbare Fürsorge aufgehoben fühlten und eben darum gar keinen Grund sahen, nach den dahinterstehenden Absichten zu fahnden.[16] Wenn allgemein gesagt wird, der Nationalsozialismus habe durch Terror und Propaganda geherrscht, so müssen als die dritte Säule seiner Macht (gerade über die Frauen) die sozialen Wohlfahrtsleistungen hinzugezählt werden.

ANNELIES N. (1914): »Für junge Eheleute war … ein zinsloses Ehestandsdarlehen vom RM 1000.- eingeführt worden. Bei jedem Kind durften 250.- RM abgeschrieben werden. Das war eine schöne Hilfe… Ab 1924 wurde die Winterhilfswerkssammlung durchgeführt, ich meine monatlich. Dazu war die ganze Hitlerjugend eingesetzt. Für die Spender gab es meistens kleine Holzfigürle; die waren wirklich nett, z.T. im Erzgebirge hergestellt. Aber auch sonst wurden Arbeitslose herangezogen zur Fertigung von WHW-Ansteckern aller Art. Dazuhin wurde in den Wintermonaten (*einmal monatlich*) sonntags in einigen großen Sälen, wie z. B. im Ratskeller und Bahnhotel, Eintopfessen durchgeführt. Josef Goebbels hielt mitreißende, feurige Einladungsreden dazu. Alle waren eingeladen. Diejenigen, die zu Hause essen wollten, wurden aufgefordert, auch Eintopf zu essen und das dabei Ersparte abzuliefern. Bei den Essensausgaben, bei denen wir reihum zum Mithelfen eingeteilt waren, wurde immer wieder ein Lied von (*sie meint wohl eher ›über‹*) Josef Goebbels gesungen. Den Refrain weiß ich nur noch: ›und der Josef Goebbels rennt immer durch den Saal: Eintopfgericht, Eintopfgericht, wer will nochmal?‹«[17].

KATHARINA S. (1922): »Ja, und no hat ma bei uns dahoim g'baut, a Haus baut, gell, a neues Haus baut. Und no hat ma natürlich Schulde g'hett (*gehabt*), gell. Wie's halt so war. Und no, wie no der Hitler, des System komme ischt, und du bisch da in Schulde komme, und mein Vater war bei der SA. Und no isch ja des Winterhilfswerk komme, und no hen mir dortmols da Kloider (*Kleider*) kriegt.
I: *Was heißt das, Winterhilfswerk?*
S: Winterhilfswerk? Ja, halt so, da hat ma vorher eig'sammelt, da hat ma Kloider g'spendet, die Leut, die oifach (*einfach*) Kloider g'hett hen, die hen Kloider g'spendet, und des isch na elles (*alles*) in 'nem Raum aufbewahrt worde, der Größe nach und elles (*alles*). Und da ham mir dürfe, da isch ma mit uns au nogange (*hingegangen*), i han dortmals an Mantel kriegt. Und ... und no hat ma denkt, dass des System gar net so schlecht isch.«

Gerade auf diesen praktischen Feldern standen die politischen Implikationen für die Mehrzahl der Frauen völlig im Hintergrund. Auch in den NS-Frauenzeitschriften dominierten Themen aus Hauswirtschaft, Hausgestaltung, Kunst und Kultur, Festen und Brauchtum.[18] Für heutige kritische Leser ist die politische Absicht leicht zu erkennen, die Frauen damals empfanden sie nicht als aufdringlich oder anstößig, weil sie sich in den gewohnten und vertrauten Kulturmustern präsentierten.

Die Nationalsozialisten arbeiteten mit subtilen Mitteln der Belohnung und öffentlichen Ehrungen, denen sie durchaus eine bedeutende Symbolkraft geben konnten. So schmeichelten die zahlreichen Ehrungen (Mutterkreuz, Mütterfeiern usw.) den meisten Frauen. Und selbst wenn sich manche über die Verleihung des Mutterkreuzes lustig machten und von »Stutenprämierung« gesprochen wurde, die meisten empfanden doch einen gewissen Stolz, auch wenn sie es nicht trugen, aus Opposition oder aus Bescheidenheit. Rotraut J. (1925): »Diese Verleihung vom Mutterkreuz hat man mitgemacht, und das hat eingeleuchtet. Warum soll man nicht eine Mutter ehren, die fünf Kinder aufzieht?« Die Kehrseite dieser Ehrung, nämlich die »Ausmerze« oder Sterilisation derer, die nicht für würdig befunden wurden, überhaupt Kinder zu haben, wurde nicht gesehen oder auch weggeschoben. Relativ wenige Frauen im Verhältnis zur weiblichen Gesamtbevölkerung verspürten unmittelbare berufliche Benachteiligungen. Davon waren vor allem Akademikerinnen, Beamtinnen und studierwillige Mädchen betroffen, die ihren Beruf aufgeben mussten

oder nicht studieren durften.[19] Aber das waren in den Augen der großen Mehrzahl ihrer Geschlechtsgenossinnen ohnehin verdächtige »Emanzen« und nicht
nachahmenswerte »Blaustrümpfe« ohne weiblichen Charme und ohne Fraulichkeit.

Dass die »Mütterlichkeit« im Dienste der rassenideologischen Ziele der Partei und Hitlers stand, haben die Frauen meist nicht durchschaut. Sicher war
das hausbackene und deutschtümelnde Frauenbild, das etwa die Reichsfrauenschaftsführerin Gertrud Scholtz-Klink verkörperte, damals nicht unbedingt
das Idealbild für alle, gegen die Hochschätzung der Mutter hatte niemand etwas, genausowenig wie etwa gegen eine kameradschaftliche Ehe. Im Grunde
entsprachen viele der von den Nationalsozialisten proklamierten Grundsätze
für das Frauen-, Ehe- und Familienleben überkommenen bürgerlichen Vorstellungen, in denen viele Frauen aufgewachsen waren und die nun gleichsam
mit einer höheren Weihe versehen und sogar heroisiert wurden.

Dass die Frauen zunehmend als Arbeitskräfte gebraucht wurden und die
praktische Politik des Nationalsozialismus immer mehr in Widerspruch zur
postulierten Hausfrauen- und Mutterrolle geriet, wurde wohl bemerkt, aber
als kriegsbedingte Übergangserscheinung gewertet, was sie auch von offizieller Seite nur sein sollte.

MARIANNE B. (1920): »Also das Frauenbild, das doch uns Mädchen der damaligen
Generation vorgezeichnet wurde, eben Kameradin des Mannes zu sein, ihm zur Seite
zu stehen, sein Hintergrund zu sein, der es ihm leicht macht, den Kampf im beruflichen Leben zu führen, und ein gemütliches Heim zu schaffen, Kinder zu haben
und der Mittelpunkt oder der geistige Hintergrund für die Familie zu sein, in dieser
ähnlichen Art hab' ich das ja auch in meinem Elternhaus empfunden. Es war eine
sehr glückliche Kindheit, die ich hatte, und ein sehr harmonisches Familienleben.
Und dieses Bild, so etwa, entsprach dem, wie es auch propagiert wurde und das ich
akzeptierte.«

ELEONORE F. (1924): »Nach der NS-Ideologie sollte die Frau in erster Linie für ihre
Familie da sein, sie sollte ihren Kindern eine gute Mutter und zugleich Vorbild sein,
sparsam wirtschaften können, nicht rauchen und gesund an Leib und Seele sein. Dies
alles finde ich noch heute als solide Grundlage für eine Familie.«

AGATHE A. (1920), deren Vater im Kirchenkampf an exponierter Stelle stand: »Von
den Frauen wurde erwartet, dass sie ihr Vaterland lieben, kinderfreundlich sind und
bereit, Opfer zu bringen. – Das war doch richtig und normal – bis heute.«

INGEBORG S. (1928): »Die (die Frauen) wurden doch damals so dargestellt, als wären
sie unfehlbar, als wären sie kämpferisch, das waren ja eigentlich gute Eigenschaften.
Gute Mutter und was nicht alles. Das war ja nichts Schlechtes, was man uns da vorgespielt hat.«

Volksgemeinschaft

Einen weiteren sehr hohen positiven Stellenwert hat in der Erinnerung der Frauen die Erfahrung der Volksgemeinschaft.

Viele geraten geradezu ins Schwärmen und sagen sogar, dass sie diese Zeit eben um dieser Erfahrung willen nicht missen möchten.[20]

Von dem Erlebnis der Aufhebung der Standesschranken in BDM und Arbeitsdienst wurde schon gesprochen.[21]

Um Missverständnisse zu vermeiden, sei vorausgeschickt, dass die »Volksgemeinschaft« im Nationalsozialismus definiert wurde als »Gemeinschaft derer, die dazugehörten«. Dazugehörig waren und fühlten sich die meisten deutschen Frauen. Die Ausgegrenzten, Verfolgten waren eine Minderheit, wenn auch eine beträchtliche. Die schon in der Einleitung genannten Zahlen der weiblichen Opfer, allein unter der deutschen Bevölkerung, sollen an dieser Stelle nochmals ins Gedächtnis gerufen werden: Frauen stellten etwa die Hälfte der Opfer der nationalsozialistischen Rassenpolitik. Die wichtigsten Gruppen darunter waren: rund 200 000 vertriebene deutsch-jüdische Frauen, rund 100 000 ermordete deutsch-jüdische Frauen, eine unbekannte Anzahl von Frauen, denen das Heiraten verweigert wurde, vermutlich 70 000 bis 80 000 weibliche Opfer des Krankenmordes. Dazu kommen noch rund 200 000 sterilisierte Frauen jeglicher ethnischer Zugehörigkeit.[22] Der Kreis der Bedrohten war natürlich noch weit größer. Allein die Abtreibungs-, die Sterilisations- und »Eindeutschungs«praxis kann eine Vorstellung davon vermitteln, wie willkürlich über Menschen und über Leben und Tod entschieden wurde.[23] Das eigentlich Beunruhigende und Bedrohliche war, dass die Bestimmungsmacht darüber, wer zur »Volksgemeinschaft« gehörte und wer nicht, in den Händen einer kleinen Gruppe von Menschen lag, die sich selbst als Elite definierte und sich anmaßte, Menschen nach ihrer »Wertigkeit« einzustufen. Die Kriterien waren weithin willkürlich und widersprüchlich. Selbst wer »Jude« war, konnte nach nationalsozialistisch-rassischen Kriterien nicht eindeutig bestimmt werden. Es gab viele Juden, die geradezu wie Idealverkörperungen »nordischer Menschen« aussahen. Ebenso ließ sich psychische und physische Gesundheit nicht wissenschaftlich bestimmen. Noch viel weniger konnte ›asoziales Verhalten‹ objektiv festgelegt werden. Die selbsternannte NS-Elite hatte mit ihrer Definitionsmacht über »Volksgenossen« und »Volks- bzw. Artfremde« ein flexibles Instrument in der Hand, um über Schicksal und Leben von Menschen zu verfügen – und dies der NS-Ideologie zufolge bis in alle Zukunft, denn es war nicht auszuschließen und lag z. B. in den Phantasien Himmlers und seiner Helfershelfer, dass Menschenzüchtung und -ausrottung nach dem

»Endsieg« fortgeführt werden sollten. Und dies dann nicht nur unter den Deutschen, sondern noch viel mehr unter den unterworfenen Völkern. Dieser makabre und mörderische Hintergrund der Volksgemeinschaftsideologie wurde von keiner meiner Gesprächspartnerinnen auch nur andeutungsweise angesprochen; er wurde damals von ihnen in seinen letzten Konsequenzen wohl noch nicht einmal erahnt.

Wenn meine Zeitzeuginnen von »Volksgemeinschaft« sprechen, dann meinen sie Erfahrungen, die sie selbst in ihrem persönlichen Umkreis der »guten und dazugehörigen Deutschen« machten. Auffallend oft betonen sie, dass »man damals viel mehr zusammengehalten habe«, dass »einer dem anderen viel mehr geholfen habe als heute«, dass es keine »extremen sozialen Gegensätze gegeben hat«. Sicher ist dabei der bei älteren Menschen häufig zu beobachtende verklärende Blick auf die Vergangenheit, auf ihre eigene Jugend und ihre besten Frauenjahre in Rechnung zu stellen. Trotzdem: Die Zeugnisse stammen von so verschiedenartigen Frauen so verschiedenen Alters und verschiedener Grundhaltung (keineswegs nur von damals Begeisterten), aus so verschiedenen Situationen und werden von den Frauen selbst fast immer verallgemeinert, dass man sie nicht ignorieren kann:

LORE E. (1922): »Wenn es auch ein falscher Karren war und ein falscher Kutscher drauf, aber wir haben alle mit einer Einigkeit an dem Karren gezogen, die für mich kaum zu erklären ist.«

FRIEDA L. (1917) erzählt von Sammelaktionen im Lehrerinnenseminar: »Bei den meisten von uns war eine Bereitschaft und eine Freude, dass wir nicht mehr ganz so abgeschlossen waren, und auch eine Freude daran, was das Wort ›Volksgenosse‹ sagen sollte, uns gesagt hat, dass man sich solidarisiert hat auch gerade mit den Armen.«

ROSWITHA N. (1929): »…und arme Leute in dem Sinne hat es auch nicht mehr gegeben im Dritten Reich, das kann man nicht sagen. Das hat sich so eingependelt, in einem gewissen Niveau, das war, das muss ich sagen, das war eigentlich ein Vorzug, das hat sich dann auf die späteren Jahre ausgewirkt, während zum Beispiel in England … der Unterschied zwischen Arbeitern und den Angestellten immer noch ziemlich groß ist, hat sich das bei uns angeglichen, und das ist, das ist bestimmt auch mit ein Verdienst vom Dritten Reich; man kann sagen, was man will, gell. Man hat… aber es hat auch gewisse Vorzüge gehabt, man war gleich.«

GRETEL D. (1903): »So war die Zeit – wie wollen wir sagen – oft kameradschaftlich. Da waren die Leute verbundener. Man sagt ja immer: ›Not lehrt beten‹ und kettet aneinander. Man ist hineingestellt worden, und jetzt musst du eben mit der Zeit leben. Auch die Arbeiter, die noch da waren. Was immer die an Hilfeleistungen machen konnten, das ist gemacht worden.«

HILDE H. (1914) spricht über die Zeit der Bombenangriffe: »Und dann ist der eine zum anderen gekommen. Manchmal sind die einzelnen Leute gekommen mit Päckle, was sie noch gerettet haben, ja, wir sind ausgebombt, können wir bei euch nicht einmal vorerst unterkommen und so, und das hat man natürlich immer irgendwie möglich gemacht, bis sie vielleicht was Besseres gefunden haben, also man hat ... da war viel eher eine Gemeinschaft. Heut kennen sie im nächsten Haus die Leute nimmer. Aber dort hat man sich gekannt. Und ist auch zusammengestanden. Da hat man einmal kein Wasser gehabt, dann hat man kein Gas gehabt, man hat sich immer gegenseitig geholfen. Und das, ich mein, das war irgendwie schön.«

HANNELORE S. (1927): »Im allgemeinen würde ich es auch so sehen, dass Menschen mehr zusammengehalten haben, sich auch geholfen haben. Diesen Egoismus, diesen Konkurrenzkampf, den hat es damals wohl noch nicht so gegeben.«

MARIANNE PEYINGHAUS, Lehrerin in Ostpreußen, schreibt am 2.3.1943 an ihre Eltern in Köln: »Alle diese jungen Frauen hier haben ihre eigenen Sorgen: Ihre Männer stehen an der Front, Brüder und Vettern sind oftmals gefallen, so helfen sie sich gegenseitig und unterstützen sich – also mir imponiert das! Ich finde sie stark.«[24]

Dennoch darf man sich von solchen positiven Äußerungen nicht täuschen lassen. Es stehen ihnen zu viele gegenteilige Erfahrungen gegenüber, die – zusammengenommen – das Bild von der funktionierenden Volksgemeinschaft zweifelhaft erscheinen lassen, und zwar um so mehr, je länger der Krieg dauerte. Dass die offiziellen Aufrufe zum »Zusammenstehen«, zum »Durchhalten«, zum »letzten gemeinsamen Opfer für Deutschland« immer mehr verhallten, dass die »politische Volksgemeinschaft« längst nicht mehr bestand und nur noch aus Angst vor Fanatikern in den eigenen Reihen und vor der Rache des Feindes durchgehalten wurde, wird aus fast jedem Kapitel des zweiten Bandes dieser Arbeit über das Alltagsleben im Krieg deutlich: Bei der materiellen Versorgung versuchte sich der Stärkere auf Kosten des Schwächeren Vorteile zu verschaffen; häufig war der Stärkere gleichzeitig der sozial Bessergestellte. Man kann keinesfalls von einer Solidargemeinschaft zwischen Städtern und Bauern sprechen: Übervorteilung und Diebstahl waren keine Seltenheit.

Kaum jemand drängte sich zu den Kriegsdienstverpflichtungen zur Stärkung der Volksgemeinschaft, im Gegenteil, Frauen entzogen sich, wo immer sie konnten, besonders der Rüstungsindustrie; die größte Last lag auf den Unterschichten. Die soziale Kluft war auch in der Arbeitsbelastung groß. Selbstverständlich hoffte jeder, was z. B. Erika K. mit entwaffnender Ehrlichkeit zugibt, dass die Bomben die anderen Häuser treffen möchten. In lebensbedrohenden Situationen kümmerte man sich vorwiegend um sich selbst oder höchstens noch um die allernächsten Angehörigen. Es kam nicht selten vor, dass in den teilweise ausgebombten Häusern geplündert und entwendet wurde, dass Evakuierte bestohlen wurden oder selbst stahlen. Den Evakuierten und Flüchtlingen begegneten längst nicht alle der verschont Gebliebenen als »Volksgenossen«; sie waren überaus lästige Eindringlinge. Flüchtlinge und Vertriebene ihrerseits hielten sich schadlos an denen, die »alles behalten hatten«. Frieda E. (1920) kommentiert dies mit Verständnis: »Man hat, wenn man alles verloren hat, auch nicht mehr unterscheiden können, was ist mein und was ist dein…«. In den tumultuarischen Szenen bei der Plünderung von Wehrmachtsdepots und Verpflegungslagern am Ende des Krieges zählten nur die eigenen Ellenbogen. Auf der Flucht selbst galt weithin die Devise: Rette sich, wer kann!

Als es Jahre später nach der Währungsreform von einem Tag zum anderen beinahe alles zu kaufen gab, öffnete dies vielen schlagartig die Augen über den wahren Charakter der Volksgemeinschaft. Viele dieser Waren mussten schon während des Krieges gehortet worden sein.

Am schärfsten aber widersprach der Idee der Volksgemeinschaft das Klima der Angst und des Misstrauens. Spitzel und Denunzianten verbargen sich hinter Nachbarn und Freunden. »Man konnte keinem trauen«, sagen die meisten. Und wenn Denunzianten vorgaben oder es vielleicht selber glaubten, sie denunzierten ja nur diejenigen, die es nicht wert waren, Volksgenossen zu sein, so zeigt das die ganze Pervertierung, macht offenbar, dass sie sich zu willigen Handlangern derer machen ließen, die bestimmen konnten, wer Volksgenosse war und wer nicht.

Wie reimen sich nun diese widersprüchlichen Erfahrungen und Befunde zusammen? Wenn man die einzelnen Zeugnisse genauer analysiert, dann lässt sich ein gemeinsamer Nenner finden: Es war Hitler gelungen, die Illusion der Volksgemeinschaft zu erzeugen, indem er im Bewusstsein der Frauen die Klassenschranken aufhob oder milderte. Dass sie in Wirklichkeit weiter bestanden, zeigen nicht nur die erwähnten Beispiele, sondern das hat nicht zuletzt die Forschung erwiesen.[25] Dass aber trotz der großen Unterschiede in der deutschen Bevölkerung und vielen Spannungen psychologisch der Eindruck erweckt werden konnte, alle Deutschen seien gleich und gleich viel wert, gehört zu den Meisterleistungen der Propaganda, die bis heute ihre Wirkung nicht eingebüßt hat.

Festzuhalten bleibt: Es gab nicht *die* grosse »Volksgemeinschaft des Führers«, aber es gab Solidargemeinschaften der verschiedensten Art: Innerhalb der Familie, unter den Freunden, den Verwandten (besonders den weiblichen, deren Männer im Feld waren) und zwischen den Generationen, besonders zwischen Töchtern, Müttern und Großmüttern, die einander aushalfen und stützten, wo sie nur konnten. Es gab »Kellergemeinschaften«, Hausgemeinschaften, Nachbarschaften oder Dorfgemeinschaften in kleinen Orten, wo jeder jeden kannte. Dabei handelte es sich – gerade im Krieg – um Not- und Schicksalsgemeinschaften. Man saß miteinander in einem Boot. Man half den anderen, weil man sich auch von den anderen Hilfe erwartete, man war schlechterdings aufeinander angewiesen. So schreibt Annemarie Z. (1908) ihrem Mann am 17.3.1944, nachdem sie ihm erzählt hatte, wie sie nach einem Fliegerangriff den Nachbarn geholfen hat: »… es ist schon auch recht, wenn die Leute wissen, dass man hilft, denn wer weiß, ob man nicht selber auch einmal darauf angewiesen ist.« Und Ilse S. (1920) sagt: »Es war halt wie immer: eine Hand wäscht die andere; jeder hat halt seinen Vorteil gesucht und dabei gesehen, welche Vorteile er evtl. von anderen haben kann.«

Darüber hinaus wurde wohl nicht mehr Hilfe erwiesen oder verweigert als in anderen Zeiten auch. Es geschah aus denselben Motiven, etwa aus ethischer oder religiöser Verpflichtung oder aus Mitleid. Dazu passt, dass von den Zeitzeuginnen immer wieder hervorgehoben wird, besonders »arme« oder »einfache« Leute hätten geholfen, solche, die selbst Schweres durchgemacht hatten. Zu der niemals sehr zahlreichen Gruppe der Helfer gehören auch die ehrenamtlichen und freiwilligen Mitarbeiterinnen des Roten Kreuzes, der NSV, des BDM, auf die wir immer wieder gestoßen sind.[26] Sie lebten »Volksgemeinschaft« bis zum Ende vor, gewiss in idealistischer Verblendung, aber dennoch segensreich für die, die auf ihre Hilfe angewiesen waren.

Dass diese Hilfswilligkeit nicht »ein Werk des Führers« war, wird indirekt dadurch bestätigt, dass die erwähnten Not- und Schicksalsgemeinschaften sich über den Krieg hinaus bewährten. Sibylle Meyer und Eva Schulze heben besonders die Solidargemeinschaften unter Frauen hervor[27], die man ebenfalls unter die Notgemeinschaften subsumieren kann. Andere Gemeinschaften traten im Verlaufe des Krieges und danach hinzu, so z. B. unter den Vertriebenen, den zur Zwangsarbeit Verschleppten.[28] Es verwundert deshalb auch nicht, wenn Frauen das Ende dieser solidarischen Beziehungen mit den »besseren Zeiten« in Verbindung bringen. Hilfswilligkeit war nun einfach nicht mehr so nötig wie in den »schweren Zeiten«. Dass die größere Kälte gegenüber den Mitmenschen dann auch einherging mit der größeren Anonymität der modernen Industriegesellschaft und der Aufsteigermentalität der Wirtschaftswunderjahre, wird immer wieder angedeutet. Dass Solidarität und Mitmenschlichkeit Werte sind, auf die eine moderne Gesellschaft nicht verzichten kann, empfinden sie deutlich. Auch wenn sie die »alten Zeiten« idealisieren, die »braunen Zeiten« wünscht sich kaum eine mehr zurück.

Weitere positiv eingeschätzte Seiten

Die positiven Erinnerungen meiner Zeitzeuginnen aus der Zeit des Nationalsozialismus reichen noch weiter. Bedeutung gewinnen im Rückblick noch vielfältige Erfahrungen, die sich nur schwer zu einem Gesamtbild zusammenfügen lassen, die ihnen aber wichtig waren und sind.

Dazu gehören die sozialen Dienste, Pflichtjahr und Arbeitsdienst, gerade auch für Mädchen. Viele finden, dies täte den jungen Mädchen von heute auch gut. Man könnte es ja kürzer machen. Manche meinen, vielleicht eher auf freiwilliger Basis. Einig sind sich fast alle Frauen in der Forderung: »Man sollte die Jugend mehr zum Helfen erziehen« (so Helene H., 1923).

AGATHE A. (1920), Pfarrfrau: »Es ist schade, dass gute Dinge des NS-Regimes verdammt werden. Unter der Jugend war mehr Ordnung. Die heutige Freiheit wird von vielen Heranwachsenden missbraucht. Arbeitslose Jugendliche dürfte es nicht geben, die müssten im Arbeitsdienst untergebracht werden oder Mädel im Haushaltsjahr.«

CHARLOTTE P. (1925), Pfarrfrau aus Bautzen: »Ein soziales Jahr hielte ich für gut, um den jüngeren Mädchen die Augen zu öffnen für fremde Probleme und sie zu aktivieren, auch mal für andere tätig zu werden.«

Differenziert urteilt RENATE B. (1925):
»I: *Wie würden Sie das bewerten, dass junge Mädchen so etwas machen müssten, entweder Arbeitsdienst oder soziales Jahr? Halten Sie das prinzipiell für gut?*
B: Ich würde das für alle für eine Erweiterung des Blickfeldes halten; zur Durchführung möchte ich aber Kritisches sagen: Es sollte nicht zu Lasten der späteren Ausbildung gehen. Grundsätzlich ja, mit der Möglichkeit, junge Frauen, die heiraten und selbst Familie haben, selbstverständlich auszunehmen, und für solche, die eine lange Ausbildung haben, die Möglichkeit, das aufzuteilen. Mich hat als junges Mädchen sehr beschäftigt: Wie komme ich voran, und ich musste jetzt hier ein Jahr lang zubringen (*sie absolvierte aus gesundheitlichen Gründen statt des Arbeitsdienstes eine Art soziales Jahr bei der NSV*), auch mit unsinnigen Sachen. Ich musste montags stundenlang sitzen, wenn Winterhilfssammlung gewesen war, die Durchschnitte der einzelnen Ortsgruppen ausrechnen. Solche Sachen haben mich geärgert.«

Ebenso EVA L. (1919), selbst lange Jahre ehrenamtlich im Kinderschutzbund tätig: »Also, ich würde auf jeden Fall so was wie einen Arbeitsdienst und ein Pflichtjahr, also vielleicht nicht zwangsweise, das liegt einem ja nun gar nicht mehr, aber mit entsprechender Manipulation oder so anbieten, auf jeden Fall. Auch für Arbeitslose mehr Angebote in dieser Art, wie sie damals waren, und ich würde Arbeitsdienst einführen auf Kosten von Militär natürlich. Ich würde also durchaus sagen, wenn man mal in einer Gemeinschaft ist mit anderen (wobei sie ja Sportvereine und dergleichen haben, das ist klar), das schadet nichts, und irgendwelche Hilfeleistungen, z. B. Umweltschutz usw.. Ich würde es bestimmt nicht für 1 1/2 Jahre wollen, aber ich würde anbieten, macht das doch einmal, es schadet euch nichts.«

Nach der Meinung sehr vieler Zeitzeuginnen sollte es überhaupt für die Jugend wieder Aufgaben geben, die sie begeistern und ausfüllen. Der Jugend fehle es an »Idealen«, deshalb gebe es so viele »Ausgeflippte«, Drogensüchtige usw.. Ingeborg G. (1922): »Das Gemeinschaftsleben – die jungen Leute, irgendwo suchen sie's ja. Heute suchen sie's in den Diskos.« Deshalb werden für die Gegenwart noch die zahlreichen berufsfördernden Maßnahmen für junge Mädchen lobend erwähnt.[29]

Dass das *Nationalgefühl* damals ausartete in Herrenmenschenwahn und blinden Fremdenhass, sehen alle Frauen. Dass aber viele junge Menschen heute überhaupt kein Nationalgefühl mehr haben, schmerzt sie. Sie wollen ein »normales« Verhältnis zu ihrer Nation haben dürfen wie andere Nationen auch. Dazu gehört für manche der Wunsch, die jungen Leute möchten wieder deutsche Volkslieder kennen und singen und die deutsche Kultur mehr pflegen, nicht nur die ausländische. Fremdenhass oder gar rassistische Überheblichkeit habe ich bei wenigen meiner Zeitzeuginnen gefunden. Im Gegenteil, die Erfahrung des Krieges lehrte sie, dass Völkerverständigung eine der wichtigsten Aufgaben für das menschliche Zusammenleben und nicht zuletzt für die Kindererziehung ist. Das ist eine Einsicht, die in den folgenden Kapiteln noch mehr Glaubwürdigkeit gewinnen wird.

Es lassen sich aus Band II auch noch andere Erfahrungen zusammenfassen, die von manchen positiv bewertet wurden und die in den Augen der Frauen bis in die heutige Zeit lehrreich sein könnten, wenn man davon absieht, dass sie von den Nationalsozialisten für ihre inhumanen Ziele instrumentalisiert und pervertiert wurden. Sie stehen allesamt in einer älteren Tradition, z. B. der Reformbewegung. So muten z. B. die Grundsätze für eine gesunde und sparsame Lebensführung heute wieder ganz modern an. Fett- und fleischarm essen, überhaupt eine Ernährung reich an heimischem Gemüse, Kräutern, Wildkräutern, Energiesparen (damals hieß es: »Der Kohlenklau geht um«), Ressourcenverwertung und Recycling (damals hieß es: »Kampf dem Verderb« und »Altmaterialsammlung«), Gesundheitspflege (»Du trägst Verantwortung für einen gesunden Körper«, Sport und Hygiene).

Renate G. (1928): »Ich kann mich noch an einen Heimabend erinnern: ›Du hast die Pflicht, gesund zu sein.‹ Und da denke ich heute oft dran.«

Hannelore H. (1925): »Ich weiß ... dass ich heute manchmal denke, Herrgott, wie könnt ihr das Obst auf dem Baum verkommen lassen! Hättet ihr nicht eine Jugendgruppe, die das erntet und ins Altersheim brächte? Das steckt drin (*sie meint: von damals*).«

Schwieriger ist es zweifellos mit dem Punkt »Ruhe und Ordnung«. Alle bezeichnen es als schlimm, dass eine Frau heute nicht mehr unbesorgt allein ausgehen könne, wie sie sagen, oft nicht einmal am hellichten Tage. Sie überlegen offen, ob das nur mit Hitlerschen Methoden zu ändern wäre und um den
Preis der Diktatur. Darüber gehen die Meinungen auseinander. Hier misstrau-
en die meisten einer solchen Patentlösung. Dennoch ist der Ruf nach einem
»stärkeren Staat« unüberhörbar. Und das Misstrauen gegen manche Ausländer und »Asylanten« ist weit verbreitet.

Ganz vereinzelt haben Frauen offen heraus gesagt: »Damals war es besser
als heute.« Sie geben damit zu, dass sie – mit geringen Abstrichen – Nationalsozialistinnen geblieben sind.

Widersprüchliche Einstellungen

Wie sich in den Handlungs- und Verhaltensweisen der Frauen, die wir im sechsten Kapitel kennengelernt haben, Widersprüchlichkeiten zeigten, so ist auch
die Einstellung zum Nationalsozialismus selbst bei ein und derselben Frau
nicht eindeutig. Irritierend ist immer wieder, dass in vielen Äußerungen meiner Zeitzeuginnen Unvereinbares unvermittelt nebeneinander gestellt wird.

So in einem Brief von ROSA T. (1910): »Der einfache Bürger hatte auch keine Angst
haben müssen! Allerdings war es dann so, als Adolf die Macht übernahm, dass der
eigene Sohn seinen Vater anzeigte und ihn auf den Heuberg (*ein Konzentrationslager
in Württemberg*) usw. brachte. Auch die Judenverfolgung war eine ganz schlimme Sache. Aber er hat Wort gehalten! Er gab allen Menschen Arbeit und Brot. Er brachte
die Menschen von der Straße weg. Er gründete die HJ und den RAD. Aber jeder
Mensch konnte zu jeder Tages- und Nachtzeit auf die Straße gehen, und es ist ihnen
nichts passiert. Solches Gesindel lief nicht rum. Ich muss nochmals betonen, ich selber war nie ein Nazi, war immer SPD, aber nie eingeschrieben, nur immer Mitläufer. Ich habe 1924, wo die Anfänge der Parteigründung (*sie meint die NSDAP*) waren,
einen ganzen Monat für Essen und 10.- Mark Monatslohn gearbeitet.«

Bei vielen Frauen änderten sich ihre Meinungen im Verlauf der zwölfjähri-
gen Herrschaft der Nationalsozialisten. Bei ihnen verflog die rauschhafte Auf-
bruchstimmung schnell, nicht erst mit der sich abzeichnenden Niederlage.
Nicht wenige erwähnen die »Judenpolitik« als etwas, was sie sehr abstieß, oder
sie hatten andere Schlüsselerlebnisse, die ihnen die Augen öffneten.[30] Viele
waren und blieben sehr unsicher in ihrer Beurteilung. Teils konnten sie das
Janusgesicht Hitlers nicht erkennen, teils wollten sie es auch nicht. Es konnte

sein, dass eine Frau aus nationalen Gründen für Hitler war, aus religiösen gegen ihn. So Hilde A. (1910): »Wir sind sehr national erzogen worden. Und wenn der Hitler nicht gegen die Kirche gewesen wäre, ich glaube, ich wäre auch ein Nazi geworden.« Die meisten Frauen wehren sich dagegen, dass »man alles von damals runtermacht« (Renate G., 1928). Es bleibt zu fragen: Ist in *allen* Fällen wirklich die »gute Seite« nur die Kehrseite der »schlechten«? Sicher nicht, denn über ein soziales Jahr für Mädchen ließe sich auch in einer Demokratie reden; über Wege zu mehr innerer Sicherheit streiten auch demokratische Parteien. Die Befragten wehren sich auch dagegen, »dass man uns den Vorwurf macht, wir hätten von Anfang an wissen müssen, wohin das führt«. (Hannelore S., 1927)

ELSE W. (1924), auch ihre Familie hatte unter Arbeitslosigkeit gelitten und den Nationalsozialismus zunächst freudig begrüßt: »Wer hätte gedacht, dass das auf diese Art und Weise endet?«.

ERIKA K. (1906), die auch froh war, dass ihr Mann durch das Dritte Reich wieder Arbeit bekam: »Dass sich das nachher so infernalisch entwickelt, das wussten wir damals nicht.«

In den zeitgeschichtlichen Diskussionen der Gegenwart werden immer wieder verschiedene Umfragen aus der unmittelbaren Nachkriegszeit zitiert, die beweisen sollen, dass das deutsche Volk weiter am Nationalsozialismus hänge, wenn nicht gar in seiner Mehrheit oder doch zu einem hohen Prozentsatz nationalsozialistisch eingestellt war oder noch ist. Ihre Fragestellungen sind aber viel zu pauschal und die Schlussfolgerungen voreilig. Das ist eine Gefahr vieler nur mit quantifizierenden Methoden und standardisierten Fragen arbeitenden Umfragen. Es wird nicht genügend differenziert, und die Antworten können nicht begründet werden. Wenn z. B. viele zustimmten, dass der Nationalsozialismus der Idee nach gut und nur in der Ausführung schlecht gewesen sei (nach einer amerikanischen Umfrage von 1945 waren es 50 %), so ist damit noch lange nicht erwiesen, dass sie die gesamte Ideologie guthießen oder dass sie diese überhaupt kennen. »Zustimmung« kann z. B. einfach die Übereinstimmung mit den Sinngehalten der Begriffe »national« und »sozial« bedeuten, wie das in meinen Gesprächen immer wieder geschah. Wenn meine Zeitzeuginnen die Ausführung der nationalsozialistischen Politik schlecht finden, dann ist damit nicht gesagt, ob sie das aus dem verlorenen Krieg herleiten oder ob sie meinen, dass schon mit dem Beginn der NS-Herrschaft die politische Praxis teilweise oder ganz schlecht war. Die meisten Frauen sind wohl der Ansicht, die wir in diesem Kapitel herausgearbeitet haben: Es war nicht *alles* schlecht. Oder es steckt darin immer noch die Ratlosigkeit, die Else

Richter (1924), deren Vater 1933 endlich Arbeit bekam, so ausdrückt: »Wie konnte sich das anfangs als gut Empfundene so ins Böse verwandeln?«.

Wer aber wirklich ohne Wenn und Aber heute noch findet: »Der Nationalsozialismus war gut als Idee, nur in der Ausführung schlecht«, oder wer sagen kann: »Bis zum Krieg lebten wir gut, den Krieg hätte er nicht anfangen sollen« (oder sogar: »hätten die anderen nicht anfangen sollen«) oder: »Das mit den Juden, das war nicht in Ordnung«, der hat das wahre Gesicht Hitlers nicht erkannt. Unter meinen Gesprächspartnerinnen waren das verschwindend wenige. Wer es aber unterlässt, das freundliche und zivile Gesicht Hitlers, so wie es den meisten deutschen Frauen am Anfang seiner Herrschaft erschien, zu beschreiben, der beraubt sich der Möglichkeit, seine Anziehungskraft zu erklären.

KAPITEL 8

»Warum immer nur wir?
Wir haben genug gebüßt.«

Unfähigkeit zu trauern?

Welche Gefühle und Gedanken haben die Frauen bewegt, als sie nach 1945 die ganze schreckliche Wahrheit über die deutschen Verbrechen gegen die Menschlichkeit erfuhren?
Für viele war es ein Schock. Sie konnten es zunächst nicht glauben, dass Deutsche dazu fähig gewesen sein sollten. Aber es gab kein Ausweichen.
Zunächst trat so etwas wie Lähmung ein; bei vielen hielt sie lange Zeit an.[1]

ROSWITHA N. (1924) spricht von einer »emotionalen Sperre«: »Wissen Sie, ja, das war es, der Schock kommt, aber erst viel später. Wir waren ja froh, dass wir diese schrecklichen Angriffe und das alles auch überstanden haben, da hat man gar nicht so ... Da war man so abgehärtet. Da war man so maßlos hart, das kann man sich überhaupt nicht mehr vorstellen.« Und dann erzählt sie von einem schrecklichen traumatischen Erlebnis nach einem Angriff.

Es ist sicher nicht richtig zu behaupten, »die Deutschen« hätten nach dem Kriege nichts Eiligeres zu tun gehabt, als zu verdrängen, unter den Teppich zu kehren und zur Tagesordnung, sprich: zum Wirtschaftsaufbau, überzugehen, und ihnen die »Unfähigkeit zu Trauern« zu bescheinigen.[2] Das trifft für die Mehrheit der von mir befragten Frauen nicht zu. Zunächst wurde fast alle Kraft gebraucht, um überhaupt zu überleben, vom »Wirtschaftswunder« konnte damals niemand auch nur träumen, und die Frauen trugen bei diesem täglichen Überlebenskampf die schwerste Last.[3] Nahezu alle waren erschüttert über das, was sie über die Verfolgungen und Massenmorde zu hören und in Filmen zu sehen bekamen. Die Phantasie reichte nicht aus, um sich das alles auch nur annähernd vorzustellen. Irgendwie mussten sie damit fertig werden, aber es war ein langer Prozess, und im Laufe von Jahren haben sich bestimmte »Bewältigungsmuster« herausgebildet, die noch keineswegs erstarrt sind zu Rechtfertigungsfloskeln, sondern sich mit dem zeitlichen Abstand immer noch wandeln. Ich gliedere wieder nach Gruppen, je nach der Intensität der Auseinandersetzung, wobei eine trennscharfe Klassifizierung unmöglich ist. Im Verhalten der Frauen mischen sich viele Elemente, sie sind schwer entwirrbar. Die Prüfsteine Trauer und Schuldgefühl (bzw. Schamgefühl) sind zu vage. Hier wie in den Ausführungen zum Thema »Vergangenheitsbewältigung« im nächsten Kapitel lasse ich mich von folgenden vier Kriterien leiten:

1. Die Anerkennung der unstrittigen Ergebnisse der historischen Wissenschaft über die Verfolgungs- und Vernichtungspolitik. Damit verbunden die Anerkennung der historischen Schuld des deutschen Volkes, zu dem man gehört und für dessen Handlungen jeder Deutsche haftet.
2. Die Ehrlichkeit seiner eigenen Lebensgeschichte gegenüber. In diese Kategorie passt das Wort »Schuld«, d. h., es geht um die ehrliche Beantwortung der Frage nach der persönlichen Schuld.
3. Die emotionale Erschütterung angesichts der unleugbaren Befunde, die sich auch mit dem Wort »Trauerarbeit« fassen lässt.
4. Die Konsequenzen für das politische Bewusstsein und die weitere Lebensführung, d. h. die Bemühungen, jede heutige Form von Menschenrechtsverletzungen nach besten Kräften verhindern zu helfen.

Im Grunde bedingt eins das andere. Ein verbales Eingeständnis der Schuld oder der Trauer, das folgenlos bleibt, kann nicht echt sein. Es ist sehr schwierig, Betroffenheit zu messen. Nach dem Film »Holocaust« schien es Ende der 70er Jahre so etwas wie eine »kollektive Betroffenheit« gegeben zu haben.[4] Diese Betroffenheit ist rasch verflogen, ohne sichtbare Spuren zu hinterlassen. Kaum eine Frau erwähnte diesen Film. Es bleibt im Grunde nur *ein* sicherer Anhaltspunkt, nämlich die Konsequenzen, die ein »Betroffener« für sein weiteres Leben zieht.

Drei Beispiele aus den Gesprächen:

HERTA B. (1933), also am Kriegsende erst zwölf Jahre alt, aber sehr wach, wie das gesamte Gespräch mit ihr zeigte, erzählt von ihrer ausgedehnten Lektüre über die deutschen Greueltaten: »Nächtelang hab' ich das gelesen und war total entsetzt, was *die* alles gemacht haben. Also mit den Juden und so…«. Sie konnte sich nicht zu den Tätern zählen, denn sie war ja damals noch ein Kind. Die weitere Biografie lässt erkennen, dass diese Frau Folgerungen aus ihrer Erschütterung gezogen hat. Sie hat den ernsthaften Versuch gemacht, eine »Frauenpartei« zu gründen, um der kriegerischen Politik der Männer, wie sie meinte, ein Ende zu bereiten.

ROTRAUT J. (1924): »Ich hätte nie, nie geglaubt, dass das ein ganzes Volk … dass es die Ausmaße mit den Juden waren. Das ist mir erst richtig klar geworden nach dem Krieg, und das hat mich also schier umgebracht, zwei Jahre, wirklich! Ich hab' mir

Bücher geholt und Bücher geholt und nachgelesen.« Die spätere Lebensgeschichte dieser Frau zeigt, dass sie sich nie mehr vor irgendeinen Karren spannen ließ, aber sehr aufmerksam und verantwortungsvoll das Zeitgeschehen verfolgt und sich, wo immer sie kann, für Menschen engagiert.

LIESELOTTE S. (1921) kam nicht darüber hinweg, dass sie einmal gedacht hat beim Anblick einer Häftlingskolonne: »Warum schießen die die nicht einfach tot?«. Damals war sie ein ganz einfaches Dienstmädchen mit fast keiner Schulbildung. Später bildete sie sich selbst weiter, fand zu sich selbst und leidet heute noch unter diesem Erlebnis: »Dass ich das gedacht habe ... können Sie sich das vorstellen?«. Diese Frau war seither nie mehr und in keiner Situation bereit, so oder so ähnlich zu denken.[5]

Aber das sind schon Beispiele aus der Gruppe derer, die wirklich getrauert haben.

Die erste Gruppe umfasst jedoch diejenigen, die am weitesten von jeglicher Trauerarbeit entfernt sind:

Die Unbelehrbaren

Die bis heute Unbelehrbaren bilden die weitaus kleinste Gruppe.

ILSE S. (1920) erzählte von einem Treffen ehemaliger Nachrichtenhelferinnen, an dem sie kurz vor unserem Gespräch teilgenommen hatte. Es hatte ihr gezeigt, dass es auch unter diesen im allgemeinen stark in den Nationalsozialismus involvierten Frauen nur eine Minderheit der »Ewiggestrigen« gibt:

»Zweimal im Jahr treffen sich die ehemaligen Nachrichtenhelferinnen. Das war bis jetzt immer ein freundschaftliches Treffen, ›ohne Politik‹. Diejenige, die es das letzte Mal in Bayern organisiert hat, ist Schatzmeisterin der Republikaner. Hat das Treffen umfunktioniert und manipuliert. Wir sollten einen Marsch zum Kriegerdenkmal machen. Da weigerten sich die meisten. Einige gingen aber mit und sangen dort ›Ich hatt' einen Kameraden‹. Im Fernsehen wurde das ausgeschlachtet in einer Sendung von Günther Jauch in RTL. Er glossierte sie als ›Kriegsomas‹, die den Krieg noch nachträglich gewinnen wollten, oder so ähnlich. Jetzt hören diese Treffen auf. Die meisten wollen sich so nicht manipulieren und vor den rechten Karren spannen lassen.«[6]

Diese Unbelehrbaren gab es unter meinen Gesprächspartnerinnen nur vereinzelt. Sie lehnen jedwede deutsche Schuld ab. Sie räumen zwar »Übergriffe« gegen Juden und gegen die Zivilbevölkerung in den besetzten Gebieten ein, erklären sie aber als »kriegsnotwendige« Maßnahmen bzw., was die Juden betrifft, als kriegsbedingt unvermeidbare Begleiterscheinungen einer an sich berechtigten »Umsiedlung«. Sie leugnen aber eine planmäßige Vernichtungspolitik. Diese Frauen beziehen sich auf Publikationen fragwürdiger Verlage (z. B. Grabert, Schweizer Verlag Eidgenos) und halten die ganze »Judengeschichte«, wie sie sagen, für »maßlos aufgebauscht« und zugleich für ein Mittel der Sieger, die Deutschen auf Dauer niederzuhalten. Nicht zuletzt sei dies aber eine Aktion des Staates Israel, um uns Deutsche immer weiter zu »erpressen«.

Da kommt es zu Aussagen wie der folgenden von ILSE S. (1929). Sie glaubt nicht, dass die Juden absichtlich oder systematisch getötet wurden. Gleichzeitig sagt sie, »dass sie *wahrscheinlich (spricht betont)* getötet wurden, glaube ich doch«. Sie ist heute der Meinung, »dass die Juden zu viel Kapital aus der Verfolgung schlagen und noch auf Jahrhunderte schlagen werden. Diese Verfolgung ergab eine enorme Aufwertung der Juden«. Sie ist nicht die einzige, die so denkt, auch wenn ihre Meinungsgenossinnen sich meist zurückhaltender ausdrücken.

Hier hat der alte Antisemitismus überlebt, obwohl es nur noch wenige Juden in Deutschland gibt.[7] Dieser Antisemitismus haftet an dem Phantom »Weltjudentum« oder wendet sich gegen den Staat Israel. (Dabei soll nochmals betont werden, dass nicht jede Kritik am Staate Israel als Zeichen der Unbelehrbarkeit und als Ungeheuerlichkeit gedeutet werden darf, die einem Deutschen als Deutschem nicht zustehen.)

Diese Gruppe der Unbelehrbaren lässt keine Gelegenheit aus, alles aufzuzählen und nichts von dem auszulassen, wo Deutschen übel mitgespielt wurde, während sie über die deutschen Untaten relativ unbeschwert und schnell hinweggeht oder vermeidet, sie beim richtigen Namen zu nennen. Diese Frauen wollen sich auch nicht belehren lassen. Sie schalten den Fernseher ab, wenn Filme über das Dritte Reich gesendet werden, sie lesen keine Zeitzeugnisse von Verfolgten, sie nehmen die seriösen Forschungsergebnisse nicht zur Kenntnis. Nur um den Preis des »Abschaltens« können sie ihre Seelenruhe und ihre Selbstzufriedenheit bewahren. Es sind zugleich diejenigen, die am lautesten nach dem »Schlußstrich« unter die »Vergangenheitsbewältigung« rufen, ohne überhaupt je damit angefangen zu haben, sich mit ihr auseinanderzusetzen.[8] Ich traf einige Male auf fast unglaubliche Unkenntnis oder ein zum Selbstschutz konstruiertes Nicht-zur-Kenntnis-Nehmen-Wollen. Das absurdeste Beispiel:

»Die Dinge gegen die Juden, die hat ja die SA gemacht. Mein Mann bei der SS hat sich nichts zuschulden kommen lassen.« Nicht nur dieser Satz, die ganze Erzählung zeigt deutlich, dass da keine Aufarbeitung stattgefunden hat. Meine Gesprächspartnerin erinnert sich sehr genau an das, was sie bei der Flucht erlitten hat, aber »die Juden, und was mit ihnen geschah«, das ist im Grunde so fern, als hätte es auf einem anderen Stern stattgefunden. »Es war nicht ganz in Ordnung« ist der einzige Kommentar.

Die Verbrechen der anderen

Die zweite, relativ große Gruppe leugnet nicht die Verfolgungs- und Vernichtungspolitik, wenn auch da und dort Zweifel am Ausmaß, vor allem an den »6 Millionen« jüdischen Opfern des Nationalsozialismus geäußert werden. Man erkennt zwar eine historische Schuld der Deutschen an, führt aber sofort Hinweise auf die Verbrechen der anderen an, z. B. die Bombenangriffe auf die deutsche Zivilbevölkerung (Dresden als Symbol), die Besatzungsgreuel, besonders die der Roten Armee, die Behandlung deutscher Kriegsgefangener, die Vertreibung.[9]

MARIE-LUISE S. (1914): »Es ist sicher nicht richtig, dass immer nur die Verbrechen des Besiegten aufgezeigt werden; der Sieger sollte so ehrlich sein und auch zeigen, was er verbrochen hat.« Sie spricht damit vielen Frauen aus dem Herzen.

Es werden auch »Parallelen« aus Geschichte und Gegenwart gesucht, z. B. die Ausrottung der Indianer durch die Amerikaner, die amerikanische Kriegführung gegen Vietnam, die Behandlung der Palästinenser durch Israel.

HANNA L. (1919): »Zeit meines Lebens hat es auf unserem Globus unzählige Kriege gegeben und Brutalitäten und Unmenschlichkeiten, und das lehrt uns auch die Weltgeschichte, und kein Volk hat sich je dafür entschuldigt. In den anderen Völkern ist der Nationalstolz sehr groß und wichtig und ganz selbstverständlich. Nur wir sind immer die Bösen. Die neueste Geschichte bestätigt es wieder.«

»Als wir eines Tages am Arc de Triomphe im Stern standen und ich das riesige Bauwerk mit Muße betrachten konnte, kam mir die Erinnerung an die unzähligen Menschenleben, die die Revolution und die napoleonischen Kriege in ganz Europa gekostet haben und mit welchem Fiasko das alles geendet hat! Wenn ich das alles mit unseren ›zwölf Jahren‹ vergleiche? Der Unterschied scheint mir nur der ›Arc de Triomphe‹ zu sein.«

Dieser Verweis auf die Verbrechen und Handlungen der anderen kann drei Funktionen haben, und diese Funktionen sind in den Biografien sorgfältig zu unterscheiden: Einmal – und das wird meist fälschlich für alle angenommen, die so reden – kann damit eine *Relativierung der eigenen Schuld* beabsichtigt sein. In diesem Zusammenhang fällt dann auch das Wort von der »Nestbeschmutzung«. Das geht dann meist einher mit einer Außerachtlassung von Ursachen und Folgen. Was den Deutschen angetan wurde, muss zum größten Teil als eine Reaktion auf das gesehen werden, was die Deutschen zuvor den anderen angetan hatten. Es ist aber auch so, dass Menschen das Schlimme, das sie am eigenen Leibe erlebt und mit eigenen Augen gesehen haben, viel stärker empfinden als das Schlimme, das anderen widerfahren ist. Zwar waren Deutsche, Angehörige des eigenen Volkes, die Täter, aber bei wenigen gehörten die eigenen Angehörigen zum engeren Täterkreis. Wer damals bestialische Racheakte der Sieger durchleiden oder in nächster Umgebung mitansehen musste, war davon unvergleichlich berührter als durch die Medienberichterstattung über die Verbrechen der Deutschen an Juden und an den Ostvölkern Jahre und Jahrzehnte danach. Getrauert wurde viel von Frauen, während und nach dem Krieg, aber zunächst und zutiefst um die eigenen Verluste und Opfer. Wer wollte ihnen das verdenken? Die Einsicht in das Leiden der anderen kam erst später. Bei vielen Frauen hat sich mit dieser Einsicht dann auch Trauer eingestellt.[10] Ein Hindernis, sich das Ursache-Folge-Verhältnis klarzumachen, liegt darin, dass in der Hauptsache nicht die, welche die Folgen zu tragen hatten, sie auch aktiv und bewusst verursacht hatten. Die eigentlichen »großen« Täter konnten sich in vielen Fällen retten, nicht nur ihre Haut, sondern oft auch ihre Position; und über die, die am wenigsten schuldig waren, die Frauen und Kinder, brachen die Folgen auf eine so mörderische Weise herein, auf eine Weise, die in keinem Verhältnis stand zur eigenen, vergleichsweise unbedeutenden Mittäterschaft. Im Zusammenhang mit den Ausschreitungen der Polen, insbesondere der polnischen Milizen, nachdem die Gebiete unter polnische Verwaltung gestellt worden waren, konstatiert auch die große Dokumentation über die Vertreibung: »Es begann damit ein neues furchtbares Kapitel der grausamen Verfolgung vieler Menschen, die, obwohl persönlich meist unschuldig, für das büßen mussten, was während der Kriegsjahre im Namen Deutschlands an Polen oder polnischen Juden begangen worden war… Die schweren Misshandlungen und die Zugrunderichtung von zahlreichen Deutschen in Lagern und Gefängnissen unter dem Vorwand von Sühne- und Strafmaßnahmen waren ein grobes Unrecht, auch wenn dieser oder jener der Inhaftierten wirklich verantwortlich für Vergehen an Polen oder polnischen Juden gewesen ist. Die Masse der Betroffenen war zweifellos unschuldig.«[11]

Viele Deutsche erlebten wie Gertrud L. (1910), die mit drei kleinen Kindern in dänische Internierungslager kam, menschliche Hilfe, aber auch brutale Behandlung: »Ja, beinahe konnten wir annehmen, wir Frauen, Kinder und Greise wären an dem verlorenen Krieg schuld und müssten es nun büßen.« Wir haben an vielen Beispielen und Erzählungen gesehen, wie die Folgen auch über die hereinbrachen, die überhaupt keine Schuld trifft, z. B. Menschen aus der Batschka, dem Banat, aus Sowjetrussland, nur weil sie Deutsche waren. Frauen, die diese ihnen völlig unverhältnismäßig und grausam erscheinende Rache erleben mussten, plädieren für Gerechtigkeit. Es ergibt sich daraus die zweite Funktion des Hinweises auf die Verbrechen der anderen, nämlich die Überzeugung, dass das Mitgefühl für das Leiden der einen Seite nicht das Mitgefühl für das Leiden der anderen Seite verhindern muss, dass *Empathie* vielmehr *unteilbar* ist. Das zeigen z. B. die Tagebucheintragungen von Marianne Peyinghaus vom 20. Mai 1945:

»Lange habe ich nicht mehr schreiben können. Die furchtbaren Ereignisse haben mich gelähmt. Das Ungeheuerliche, das wir von den KZ-Lagern hörten – ich wollte es nicht glauben. Das Grauen geht über all meine Vorstellungen. Wer kann sich so Teuflisches ausdenken? Ich kann es nicht verarbeiten. Und nun die Greuelmeldungen aus Böhmen! Als der Krieg am 8. Mai endete, begann hier das Schreckliche. Mordlust eines ganzen Volkes, Mord an unschuldigen Frauen, Mord an Kindern. Den Flüchtenden steht das Entsetzen im Gesicht. Es ist mir, als ob ich gelebt werde – in einer mir fremden Welt. Was hier im Osten unschuldigen Menschen geschehen ist und geschieht, verfolgt mich Tag und Nacht.«[12]

URSULA VON KARDORFF, die gewiss nicht zur Verharmlosung der Nazi-Greuel neigt, am 12.3.1945 in ihrem Tagebuch: »Man hört grausige Schilderungen aus Dresden. Zehntausende von Toten, da die Stadt mit Flüchtlingen aus dem Osten überfüllt war. Die Lebenden nur noch damit beschäftigt, aus den Trümmern Leichen zu bergen. Die Engländer rühmten sich speziell, so viele Flüchtlinge getroffen zu haben. Eine Barbarei, die sich nicht mehr sonderlich von der unseren unterscheidet. Flüchtlinge, Alte, Mütter und Kinder mit Sprengbomben und Phosphorregen zu überschütten, sie zu verbrennen, zu verstümmeln und zu ersticken – das ist unmenschlich.«[13]

So kann der Verweis auf Untaten »der anderen« die Verantwortung für eigene Schuld durchaus einschließen. Die Verantwortung für die eigene Schuld zu übernehmen heißt ja nicht zwangsläufig, blind zu werden für die Schuld anderer. Bei manchen Frauen hat sich gerade durch das Entsetzen über den Genozid an den europäischen Juden eine historische Sensibilität ausgebildet für frühere und spätere Menschenrechtsverletzungen, die ihnen ebenso schrecklich erscheinen, ohne dass damit die Besonderheit und Einmaligkeit der Judenvernichtung geleugnet würde. Was früher im Geschichtsunterricht oder in Geschichtsbüchern einfach kalt und »objektiv« registriert und zur Kenntnis genommen wurde, bekommt jetzt eine moralische Dimension, und diese moralische Dimension kann nicht erst und nicht allein bei Hitler geltend gemacht werden.

Dass Menschen so etwas tun konnten und immer noch tun! Frauen wurden aus ihrer gutbürgerlichen Rechtlichkeit und behüteten Welt aufgeschreckt. Wenn das möglich war, dann war zu zweifeln an der Güte des Menschen über-

haupt. Viele kamen sich vor, als hätten sie bis dahin in einem Glashaus gelebt. In der hilflosen Formulierung »Das war eine ganz böse Zeit!« zeigt sich
keineswegs einfach die Verharmlosung des Grauenhaften, sondern die Hilf-
losigkeit vor dem Unvorstellbaren. Wenn daraus in der späteren Biografie eine
Wachheit folgt, »schlimme Dinge« nicht einfach hinzunehmen, so ist das ein
Anzeichen für erfolgreiche Trauerarbeit.

Das *Insistieren auf der »ganzen« historischen Wahrheit* erfüllt eine wichtige,
dritte Funktion und ist als solches legitim. Es sollte nicht gleich als Ablenkungs-
manöver gedeutet werden. Der Wunsch nach Objektivität und Gerechtigkeit
war bei fast allen Frauen stark. Viele bemängelten die »einseitige Berichterstattung in den Medien«, den »einseitigen Geschichtsunterricht« ihrer Kinder
und Enkel, der zu einseitigen Pauschalurteilen geführt und nichts erklärt habe.

MARIANNE B. (1920): »Oft ist eine Nuance in einem Satz, die ein Abgleiten in etwas
Widerliches ist. So empfinde ich es auch oft bei Sendungen und Filmen über das Dritte Reich, dass diese Verallgemeinerung, dass *jeder* Soldat oder *jeder* SS-Mann eigentlich die Bestie in Person war, das ist eine Verallgemeinerung, die ich auch heute noch
ablehnen muss. Nein, das stimmt nicht (*betont*).«

MAGDALENE B. (1924): »Die Bearbeitung der NS-Zeit in den Medien heute empfinde ich als einseitige Berichterstattung. Natürlich soll man nicht aufhören zu mahnen, damit sich ein solches Unheil nicht wiederholt. Aber nicht nur ausschließlich
uns unsere Schuld, unsere große Schuld vorhalten. Der Anfang dieser Greueltaten
ging von uns aus. Aber was geschah mit den zigtausend deportierten Deutschen nach
Russland, erschlagen in Polen (aus unserem Freundeskreis), verschleppt, gefoltert im
Osten. Heute erst werden Massengräber gefunden mit unzählbaren Toten, die erst
nach dem Krieg hingemordet wurden. Warum misstraut man auch unseren Kindern?«

IRMGARD S. (1913), ehemalige Maiden-Hauptführerin: »Ich finde, mit den Juden-
pogromen (*sie spricht immer von »Pogromen«, auch wenn sie Verfolgung und Ermordung
meint*) haben wir eine so große Schuld auf uns geladen, dass es mir sehr schwer fällt,
die Berichterstattung nur einseitig zu finden. Aber es ist richtig, dass man natürlich
auch mal gelegentlich darüber berichten muss, wie unsere Deutschen vertrieben
worden sind. Aber wir waren ja die Anfänger. Ich wünschte durchaus, dass auch mal
deutlicher über die Vertreibung etwas kommt, aber ich kann nur wiederholen, die Vertreibung wäre ja wahrscheinlich nicht erfolgt, hätten wir nicht einmal den Angriffskrieg und diese schreckliche Judenverfolgung begangen.«

MARIA V. (1902), angesprochen auf die Frage, ob man nicht auch die Schuld der anderen zeigen müsse: »Ja, aber wir können nicht Buße tun für die anderen, nur für
unsere.«

Zum Geschichtsunterricht nach dem Kriege und bis heute sagt ILSE S. (1929): »Es
war bis jetzt keine Aufarbeitung der NS-Zeit, sondern nur eine Verurteilung.«

HANNELORE H. (1925) hat den Unterricht von 5 Kindern mitbekommen: »Vielleicht einzelne Ereignisse (wurden dargestellt), aber eben nur Ereignisse hingestellt, bewertet vielleicht. Aber eben das, was fehlt, ist diese Atmosphäre, aus der heraus das alles entstanden ist. Das fehlte doch sehr.«

Die älteren Lehrer hätten die Zeit auch einfach ausgelassen, beklagen manche, und die jüngeren hätten halt »keine Ahnung davon, wie es damals wirklich war«. Auffällig dabei war allerdings, wie wenig sich die Frauen für die Geschichtsbücher und den Geschichtsunterricht ihrer Kinder und Enkel interessiert haben.

ELISABETH U. (1905) fordert eine grundsätzliche Revision des Geschichtsbildes. Sie selbst hatte keine »höhere Bildung«, ihr Mann war als Sanitätsoffizier seit April 1945 vermisst: »Ich glaube, dass im Geschichtsunterricht zu wenig präzise auf die Vergangenheit eingegangen wird. Desgleichen meine ich, dass die Geschichtsbücher geändert werden müssen. Einen Karl den Großen, Alexander den Großen, Friedrich den Großen etc., etc. darf es nicht mehr geben. Wodurch haben sie ihre Größe verdient, doch nur durch andauernde Siege, denen verheerende *Kriege* vorausgegangen sind. Ich glaube, dass der Beiname »der Große« nur dem gebührt, der Friedensstifter und Friedenserhalter ist.«

Nur das Beharren auf der »ganzen«, genauer: einer umfassenderen Wahrheit kann dazu befähigen, bei allem Unrecht, dessen Zeuge man wird oder das man aus der Vergangenheit kennenlernt, nachzufragen, wie es möglich wurde, welche historischen, psychologischen, ja anthropologischen Umstände und Gegebenheiten Menschen zu Bestien oder kalten Funktionären in einem Vernichtungsapparat, gleich welcher Couleur, werden lassen. »Wozu der Mensch fähig ist, das erfährt er durch Geschichte«, sagte Wilhelm Dilthey. So sehr es darum gehen muss, die Mechanismen und Bedingungen zu ergründen, welche die Vernichtung der europäischen Juden durch Deutsche und ihre Helfershelfer aus anderen Nationen[14] möglich gemacht haben, so wichtig ist es auch, die Voraussetzungen und Bedingungen zu analysieren, die andere Verbrechen gegen die Menschlichkeit möglich gemacht haben und noch möglich machen. Die Verteufelung eines angeblich besonderen deutschen Volkscharakters verstellt die Erkenntnis des »Potentials der Unmenschlichkeit«[15], das sich in vielerlei Gestalt und unabhängig von der Nationalität manifestiert.[16]

HANNELORE H. (1925) warnt in diesem Sinne: »Es geschieht so viel Unrecht woanders auch, dass – ich will damit nicht sagen, dass unser Unrecht damit gemildert würde – das bleibt stehen. Aber es geschieht so viel Unrecht auf der Welt, dass ich manchmal denke, liebe Leute, passet mal auf euch auf! Es ist so leicht, auf uns herumzuhacken!«

Die zweite Gruppe, also die Gruppe derer, die auf die Verbrechen der anderen hinweisen, besteht also – streng genommen – aus drei Untergruppen: den Relativiererinnen, den durch den Wahrheitsschock Sensibilisierten und den ohne Scheuklappen Wahrheitssuchenden, um ähnliches verhindern helfen zu können. Sensibilisierte und Wahrheitssuchende sind teilweise identisch. Ich kann nicht mit Sicherheit entscheiden, wie sich die Gewichte verteilen. Die Relativiererinnen zum Zwecke der eigenen Entlastung scheinen mir in der Minderheit zu sein. Den Sensibilisierten und den Wahrheitssuchenden kann man »Trauerarbeit« beim bösesten Willen nicht absprechen, auch wenn sie in ihren Äußerungen keine großen Emotionen zeigen.

Ablehnung der Kollektivschuld

Die meisten Frauen finden es ungerecht, ein ganzes Volk ohne Ansehen der Person an den Pranger zu stellen. Hannelore S. (1927) beklagt: »Für Millionen Menschen bestand die einzige Schuld nur darin, Deutsche zu sein.« Wir haben es hier mit einem verletzten Gerechtigkeitsgefühl zu tun.

WILMA P. (1921): »In den ersten Jahren nach dem Krieg sind mein zweiter Mann und ich mit den Kindern, mit der Tochter sind wir in die Schweiz gefahren mit einem Mannheimer Tierärzteehepaar und deren Sohn. Und da hatten wir keine Unterkunft bekommen. Wir sind in eine Dependance des Hotels verlegt worden, das war alles sehr schön, und es war ein schöner Urlaub. Gegen Ende hatte der Hausbesitzer Malheur im Stall und hörte, dass mein Mann Tierarzt war. Hat ihn gebeten, nach einem Rind zu sehen, er hatte keinen Tierarzt bekommen können. Und mein Mann hat das gemacht, hat kein Geld dafür verlangt. Dafür hat uns die Familie zu sich an den Mittagstisch eingeladen. War ich doch irgendwie beschämt, dass er meinte: ›Man sollte nicht glauben, dass Sie und Ihre Familie Deutsche sind.‹ Und da sagte ich: ›Ja, warum das?‹. Und dann kam das, diese ganzen Verbrechen. Und da habe ich gedacht: Die Ausländer glauben, das wir alle quasi einverstanden mit diesen Verbrechen waren. Und das ist das, wogegen ich mich auflehne.«

Aber auch bei ihrer Ablehnung der Kollektivschuld gilt es zu unterscheiden. Die einen sagen: »Ich habe persönlich nichts Unrechtes getan, deshalb habe ich mit der ganzen Sache nichts zu tun und lehne also auch jede kollektive Haftung ab.« Das bedeutet z. B.: »Ich bin persönlich nicht bereit, irgendwelche Wiedergutmachungsleistungen zu erbringen und möchte auch von niemandem beschuldigt werden.« Diese Auffassung kann sich auch folgendermaßen anhören:

GERHILD U. (1924): »Ich habe '33 nicht wählen dürfen, ich habe '39 nicht wählen dürfen, ich habe auch '45 nicht wählen dürfen, also, das geht mich alles gar nichts an. Und von wegen Kollektivschuld! Ich spring glatt einem ins Gesicht, wenn der mir sagt: ›Du bist schuld.‹«

MARIA L. (1906): »Ich habe nichts Unrechtes getan. Ich war nie in der Partei.«

Andere sagen: ›Ich bin mir privat keines Unrechts bewusst, sehe aber ein, dass ich als Deutsche zwar nicht im juristischen Sinn schuldig bin, aber die Verantwortung trage und daher mithafte für das, was im Namen des deutschen Volkes geschehen ist, und ich bin bereit, mich dieser Verantwortung zu stellen.‹ Dazu gehört auch die Bereitschaft, Wiedergutmachungsleistungen mitzutragen. Einfach nur eine persönliche Schuld einzugestehen, wäre pure Heuchelei und Lüge.

WALTRAUD G. (1925): »Früher hab' ich mich ganz arg gewehrt gegen die Pauschalschuld. Das fällt mir vielleicht jetzt noch schwer. Ich hab' mich schon ein bissle geändert. Ich kann mich nicht einfach raushalten.«

DOROTHEA D. (1924): »Ich persönlich fühle mich nicht schuldig für die Verbrechen, die im Dritten Reich begangen worden sind, aber ich kann mich nicht herausnehmen und sagen, ich habe da nicht dazugehört.«

ELISABETH R. (1926): »Wir haben im weiteren Bekanntenkreis einen Fall, der war zum Tod verurteilt, weil der an der Judenvernichtung beteiligt war, der war ... höherer SS-Offizier. Aber da ist die Schwester, aus lauter Liebe, die tut das heut noch immer etwas bagatellisieren. Das finde ich unmöglich. Wir müssen damit leben und unsere Kinder auch und jedenfalls die nächste Generation nochmal. Dass wir das so, dass wir das gemacht haben! Das sagt mein Mann immer, der Krieg, dass der gekommen ist, das war schlimm genug, aber dass im deutschen Namen, dass wir das gemacht haben, das haben wir oft gesagt, also die Schande, die kann uns keiner abnehmen. Da muss ich auch sagen, das ist schlimm.«

Zu dieser letzten Gruppe, der Gruppe derer, die Kollektivschuld und persönliche Schuld ablehnen, sich aber aus der Kollektivhaftung nicht herausnehmen, zählen die meisten der noch jüngeren Frauen. Die subjektive Ehrlichkeit zu überprüfen, ist durch Oral History fast unmöglich. Wo eine Frau, vielleicht noch als junges Mädchen, in Situationen gewesen ist, in denen sie hätte helfen können und versagt hat, kann nur sie selbst entscheiden. Wer wollte aber einer Frau den Vorwurf machen, dass sie ihr Leben nicht riskiert hat? Mir ist es unmöglich, diesen rigorosen Maßstab anzulegen, denn sonst wären alle Deutschen ausnahmslos schuldig, einfach, weil sie überlebt haben. Dieser Auffassung der persönlichen und kollektiven Schuld der Deutschen bin ich nur ein einziges Mal begegnet, und zwar bei Hoimar von Ditfurth: »Schuldig sind wir, weil wir unser Leben nicht riskiert haben.«[17] Rechnet man aber als Schuld nur das an, was unterhalb der Schwelle des Lebensrisikos an Menschlichkeit unterlassen oder an Unmenschlichkeit begangen wurde, so kann eigentlich nur jede einzelne Frau sich selbst ehrlich Rechenschaft über das Maß ihrer Schuld ablegen. Ich habe als Grundlage nur das, was mir berichtet wurde, aber ich neige dazu – auch wieder aus dem Lebenszusammenhang der einzelnen Frau heraus – zu glauben, wenn eine Zeitzeugin sagt: »Ich habe persönlich niemandem Unrecht getan.« Je jünger sie ist, desto glaubhafter ist diese Äußerung, wobei Jugend allein als Begründung nicht ausreicht, dass man es nicht besser wissen und machen konnte.[18] Auch den Älteren muss ich es abnehmen, wenn sie sagen: »Was hätte ich denn machen können oder sollen?« und meinen, »ohne mich selbst und meine Kinder in Gefahr zu bringen?«

Zusammenfassend für eine differenzierte Ablehnung der Kollektivschuld sei abschließend zitiert, was Mathilde Wolff-Mönckeberg einem englischen Offizier gegenüber äußerte. Sie spricht damit dem Kreis von Frauen aus dem Herzen, der sich äußerlich den Verhältnissen angepasst hat, ohne damit einverstanden gewesen zu sein. Das war gewiss nicht die Mehrheit, aber auch nicht eine gerade kleine Gruppe:

»… und so sagte ich ihm, dass die Engländer im Unrecht seien, wenn sie sich einbilden, wir *alle* seien schuld an dem jetzigen Desaster und müssten *alle* für die Untaten unserer Naziregierung büßen. Ich schilderte ihm unsere Lage: Wir hassten die Regierung von Anfang an, jeden Tag mehr, aber es war glatt unmöglich, gegen die Nazi anzugehen, bespitzelt, wie wir von allen Seiten waren, Telefongespräche wurden abgehört, hinter und neben einem konnte derjenige stehen, der uns denunzieren wollte. Es kostete sofort den Kopf oder das KZ. Wir haben die ganzen Jahre treu zu den Nicht-Ariern gehalten und nie einen Hehl daraus gemacht, Vater hat Vorträge über England gehalten und *niemals* etwas gesagt, was er nicht voll und ganz vor seinem Gewissen verantworten konnte. Etwas andres konnten wir nicht tun. Ich persönlich habe nie den Arm hochgehoben, und musste ich ›Heil Hitler‹ sagen, habe ich ganz etwas andres geflüstert! Ich glaube, ich wäre zu einem Morde fähig gewesen, um diesen Schuft aus der Welt zu schaffen. Es waren 6 Jahre der Qual und des Grauens nach jeder Richtung, eine gesteigerte Sklaverei! Und jetzt bringt die ersehnte Freiheit uns nur Verachtung, Hass, Unterdrückung und neuen Hunger!«[19]

Frauen wie Mathilde Wolff-Mönckeberg hatten keinen Grund für persönliche Schuldgefühle und persönliche Trauerarbeit. Wie viele mit ganz reinem Gewissen ihrer persönlichen Vergangenheit gegenüberstehen können, lässt sich von einer Historikerin nicht entscheiden. Sie kann nur Formen des Umgangs mit der Vergangenheit und Erinnerung aufzeigen und auf Widersprüche, Unwahrheiten und mögliche Selbsttäuschungen hinweisen.

Selbstanklagen

In ihrem Umgang mit der Vergangenheit fällt eine vierte Gruppe von Frauen auf, die Selbstkritik üben und vor der Selbstanklage nicht haltmachen. Diese Frauen klagen sich selbst der Gedankenlosigkeit, der Gleichgültigkeit und der Feigheit an. Es sind dies sehr wenige. Z. B. schrieb eine Frau auf meine Frage: »Wie beurteilen Sie ihre eigene Haltung damals?« lapidar nur das Wort: »feige« (Marianne M., 1921). Anne E. (1920) bekennt: »Wir sind den Weg des allergeringsten Widerstandes gegangen.« Und Vilma Sturm (1912) gesteht offen: »Gleichgültigkeit ist das Wort, dessen ich mich anzuklagen habe.«[20]

Manche schämen sich über die Gedankenlosigkeit, mit der sie damals Lieder schlimmsten Inhalts mitgesungen haben, über ihren »Hurra-Patriotismus«, auch darüber, dass sie junge Menschen für die so schlechte Sache begeistert haben, obwohl viele das Schlechte daran damals kaum durchschauen konnten. Oder sie machen es sich zum Vorwurf, dass sie es nicht besser durchschaut haben, dass sie die warnenden Signale nicht ernster genommen haben, dass sie ihr Mitgefühl haben abstumpfen lassen.

Wenn Frauen so sprechen, dann meinen sie nicht, dass sie sich hätten opfern müssen; sie meinen, dass sie die Möglichkeiten, etwas zu verändern, sich zu verweigern oder zu helfen, nicht genützt haben, dass die Handlungsspielräume unterhalb der Schwelle des Lebensrisikos größer waren, als die meisten heute wahrhaben wollen. Die Frage: »Was hätten wir denn machen können?«, über die wir bereits gesprochen haben, kann wiederum nur individuell und von Fall zu Fall beantwortet werden: Wo genau war ich feige, wo ich es nicht unbedingt hätte zu sein brauchen? Wann genau war ich gedankenlos, opportunistisch? Was habe ich bei mir selbst zu beklagen? Wie hätte meine persönliche Trauerarbeit auszusehen? Von außen, also auch durch die Methoden der Oral History, sind diese Fragen nicht zu entscheiden.

Auffallend bei meinen Befragungen war, dass gerade diejenigen, die schon während der Zeit des Nationalsozialismus relativ selbständig dachten und sogar einiges riskiert haben, dazu neigen, sich als feige zu betrachten und bedauern, sich nicht mehr engagiert zu haben. Eine solche Selbstkritik üben sogar jene Frauen, deren persönlich anständiges Verhalten während des Dritten Reiches von anderen bezeugt wird. Die Frauen dieser Gruppe arbeiten heute ausnahmslos aktiv für Frieden, Gerechtigkeit und Menschenrechte oder engagieren sich sozial. Ihr waches Gewissen ist ihnen geblieben.

Einordnung des Satzes: »Wir haben genug gebüßt.«

In welche der genannten Gruppen sind nun die Frauen einzuordnen, die sagen: »Wir haben genug gebüßt«?

An dieser Frage zeigt sich erneut, dass einzelne Aussagen von Frauen nicht aus ihrer Biografie gerissen und als »absolut« betrachtet werden dürfen, denn auch hier kann sehr Verschiedenes gemeint sein:

Die Äußerung kann bedeuten, dass »die Leiden, die der Krieg über die deutsche Bevölkerung gebracht hat, den Leiden der Opfer als gleichwertig entgegengehalten werden«. So Erna Proskauer, eine jüdische Rechtsanwältin, die diese Haltung bei ihrer Rückkehr nach Berlin erlebte und sie (mit Recht) als höchst unangebracht empfindet.[21] Die bis heute unbelehrbaren Frauen und die Relativiererinnen sprachen so.

Steht der Wunsch nach einem »Schlußstrich« dahinter, dann müsste wiederum genau geprüft werden, welche Art der Auseinandersetzung diesem Wunsch vorausgegangen ist. Das wird uns im folgenden Kapitel beschäftigen. Es kann aber auch gemeint sein: »Wir sind wirklich hart bestraft worden für das Unrecht, das auch in unserem Namen geschehen ist.« Wenn das 50 Jahre nach dem Krieg eine Frau sagt, deren Lebensschicksal so hart war, nur weil sie Deutsche war, und die an den Folgen eines von ihr höchstens minimal verschuldeten Krieges ein Leben lang zu leiden hatte und sich tapfer durchgeschlagen hat, dann ist dieser Satz verständlich und keineswegs als »Unbußfertigkeit« zu betrachten. Erinnert sei in diesem Zusammenhang nur an die Ausgebombten, die Frauen, die Angehörige an der Front und durch Bombenangriffe verloren haben und selbst schauerliche Bombenangriffe durchstehen mussten, an die Flüchtlinge und Vertriebenen, an die Frauen, die ihre kriegsversehrten Männer ein Leben lang versorgten und pflegten, an die durch den Krieg Alleingebliebenen, an die Zwangsverschleppten, an die physisch und psychisch dauerhaft Geschädigten, diejenigen, die außerhalb der deutschen Grenzen lebten und einfach wegen ihrer Zugehörigkeit zur deutschen Volksgruppe verfolgt und ermordet wurden, aber auch an die vielen, die das »gewöhnliche« Schicksal einer Kriegerwitwe teilten. Wer sich alle diese Schicksale, wie wir sie in den Erzählungen des zweiten Bandes kennengelernt haben, vergegenwärtigt, der wird es nicht unbillig finden können, dass Frauen heute immer noch auch um diese ihre eigenen Verluste trauern. Sie trauern um beides, um ihre eigenen Verluste und um die Schmerzen, die dieser Krieg anderen zugefügt hat. Auch Trauerarbeit ist letztlich unteilbar.

Benachteiligungen deutscher Frauen durch das Regime

Schließlich gibt es noch einen ganz anderen Aspekt. Nicht wenige Frauen fühlen sich als »Opfer« des NS-Regimes, auch wenn sie nicht als Jüdinnen, Widerstandskämpferinnen, Zwangssterilisierte, angeblich Asoziale gelitten haben, sondern einfach, weil sie Frauen waren. Die Frauenforschung hat diese »Opferrolle« der Frauen im Nationalsozialismus zunächst überstark betont.[22] Dies wurde mit Recht von anderen Forscherinnen scharf kritisiert.[23] Der Begriff des »Opfers« verwischt die Grenze zwischen Benachteiligungen mit z.T. schwerwiegenden Eingriffen in das persönliche Leben der Frauen auf der einen Seite und den als »minderwertig« eingestuften Verfolgten und »Auszumerzenden« auf der anderen Seite. Wirkliche Opfer waren die letzteren. Ich möchte auch keiner Selbststilisierung deutscher Frauen zu »Opfern« das Wort reden. Dennoch ist verständlich, dass manche dieser Frauen sich durch den Nationalsozialismus an Leib und Leben geschädigt fühlen. Und das nicht allein durch die Leiden, die der von Hitler und seinen Helfershelfern angezettelte Krieg über sie gebracht hat, sondern in vielen anderen Bereichen. Dass die NS-Ideologie den Frauen die Rolle von Befehlsempfängerinnen in allen möglichen Rollen, vor allem aber in der Hausfrauen- und Mutterrolle, zugedacht hatte, wurde schon mehrfach betont. Es geht hier daneben noch um die Erinnerung an ganz konkrete Benachteiligungen und Bedrückungen, die wir aus den Erzählungen der Frauen herauslesen konnten und die durch genauere Studien noch besser belegt werden müssten. Dazu gehören z. B. die Akademikerinnen, die aus ihren Berufen entfernt wurden[24], studierwillige Frauen, die – zumindest zunächst – keinen Studienplatz bekamen, Frauen, die in ihrer Berufslaufbahn durch Nationalsozialismus und Krieg behindert wurden, Bäuerinnen, die durch das Erbhofgesetz benachteiligt wurden, Frauen, die von verschiedenen Stellen unter Druck gesetzt wurden, »dem Führer ein Kind zu schenken«, und schmerzhafte und gefährliche Eingriffe über sich ergehen lassen mussten. Manche Frauen sind an solchen Eingriffen gestorben. Schließlich Frauen, die mehr oder weniger gezwungen ein »Lebensborn-Kind« bekamen und in jeder Weise geschädigt blieben.

Es sei nochmals betont: Auch wenn diese Benachteiligungen und Quälereien nicht mit dem Schicksal der todgeweihten und darum wirklichen Opfer des Regimes verglichen werden können, sie sollten nicht ganz vergessen werden.

KAPITEL 9

»Es muss einmal Schluss sein.«

Vergangenheitsbewältigung

Der Satz »Es muss einmal Schluss sein« wird häufig zitiert als Beweis für die fehlende Bereitschaft »der Deutschen« zur Vergangenheitsbewältigung.

Der Begriff »Vergangenheitsbewältigung« wurde mit Recht oft kritisiert. Er ist unglücklich gewählt und irreführend. Vergangenheit lässt sich nicht »bewältigen«, zum einen, weil sie sich nicht ungeschehen machen lässt, und zum anderen, weil man sie nicht vom eigenen Leben abtrennen und begraben kann, als sei sie nicht gewesen. Sie wirkt fort, solange man lebt, ob man es will oder nicht, ob man es weiß oder nicht.

Es ist also zu fragen, was die Frauen zum Ausdruck bringen wollen, wenn sie in der Tat häufig den Schlußstrich fordern. Vieles, was schon in den vorausgegangenen Kapiteln dieses Bandes zur Sprache gekommen ist, soll nochmals gebündelt werden. Dabei sind die zentralen Fragen, um die es hier geht: Wie sind die Frauen mit ihrer Vergangenheit als Zeitgenossinnen des Dritten Reiches umgegangen? Wie verlief der Prozess der Auseinandersetzung, was hat ihn behindert, was befördert? Wie stark hat der Nationalsozialismus ihr Leben geprägt?[1]

Umgang mit der NS-Vergangenheit

Um hier zu einer nachvollziehbaren Beschreibung zu kommen, braucht man Analysekriterien. Eine vollständige Auseinandersetzung müsste sich auf *drei Ebenen* vollziehen. Mit voreiligen und billigen Schulderklärungen ist es nicht getan:

1. Das erste Analysekriterium fragt nach Art und Grad der rationalen Aufarbeitung. Ehe man Schuld *bekennt*, muss man sie *erkannt* haben.[2] Das würde für die Zeitzeuginnen einmal bedeuten, die Wahrheit, soweit sie die seriöse historische Forschung ermittelt hat, anzuerkennen und nicht weiter Geschichtsfälschungen aufzusitzen. Das bedeutet nicht, dass die Frauen die wissenschaftliche Literatur in extenso gelesen haben sollten, dass sie alle geschichtlichen Daten des Dritten Reiches und des Weltkrieges wissen müssten, aber sie sollten sich klar sein über die wesentlichen Punkte, den Charakter des nationalsozialistischen Regimes und die deutsche Verantwortung für den Krieg und die Verbrechen. Zum anderen bedeutet rationale Aufarbeitung intellektuelle Ehrlichkeit gegenüber sich selbst, d. h., sich der eigenen, subjektiven Wahrheit zu stellen, soweit man sich überhaupt erinnern und selbst kennen kann, sich also nicht bewusst belügen, sich und anderen, auch z. B. mir als Historikerin, nicht absichtlich etwas vorzumachen.[3] Sich seine eigene Wahrheit eingestehen, könnte bedeuten, sich an bewusstes Wegsehen, unterlassene Hilfeleistungen, Schweigen aus Feigheit, vielleicht sogar an niederträchtiges Verhalten zu erinnern, die Erinnerung zuzulassen. Es könnte darüber hinaus bedeuten, dass man eigene fortbestehende Prägungen durch die nationalsozialistische Ideologie erkennt. Was empfinde ich z. B. heute, wenn ich Lieder von damals höre, die ich gerne gesungen habe, wenn ich Filme sehe, für die ich geschwärmt habe? Wo sind meine Ansichten und Gefühle noch vom NS-Gedankengut infiziert? Es bedeutet nicht, seine eigene Jugend und sein in der damaligen Wahrnehmung schön und richtig gelebtes Leben zurückzunehmen, wohl aber, heute eine kritische Distanz dazu zu haben. Mit den Worten von Marianne B. (1920): »Es geht mir heute noch so, wenn ich einen Film sehe, Parteitag oder so, dass ich dann durch die Musik, die einheitliche Begeisterung – und diese ganzen Schwingungen übertragen sich ja –, dass das etwas in mir auslöst, dass ich sage, ja, aus der damaligen Sicht konnte ich gar nicht anders. Insofern verurteile ich heute alles, was manipuliert. Ich sage aber auch: Es gehören zwei dazu, einer der's tut, und einer, der sich manipulieren lässt. Bloß wir – damit meine ich mich und mein Umfeld – haben es nicht mitgekriegt, wie stark wir manipuliert wurden.«

2. Das zweite zentrale Analysekriterium fragt nach der emotionalen Verarbeitung der NS-Vergangenheit. Das in zweifacher Hinsicht: Wenn man die Wahrheit der NS-Verbrechen wirklich an sich herankommen lässt, sich das eigentlich Unvorstellbare auch nur in Ansätzen konkret vorzustellen versucht, dann führt das unweigerlich zu Entsetzen und emotionaler Verstörung. Zahlreiche Autoren haben »den Deutschen« die emotionale Kälte gegenüber den Opfern

vorgeworfen und ihnen die »Unfähigkeit zu trauern« bescheinigt. Davon war schon im vorhergehenden Kapitel die Rede. Die Trauerarbeit kann nicht nur in der Trauer darüber bestehen, was »andere« angerichtet haben, sondern schließt die Frage nach der eigenen Beteiligung ein.

3. Das dritte Analysekriterium fragt nach den praktischen Konsequenzen aus der eigenen Vergangenheit: Trauerarbeit muss über die rationale und emotionale Aufarbeitung der NS-Vergangenheit hinausführen. Wenn ich als Zeitzeugin etwas wirklich beklage und meine eigene Rolle als Mitverursacherin erkenne, kann ich nicht in Emotionen steckenbleiben, sondern muss mit allen Kräften versuchen zu verhindern, dass so etwas oder ähnlich Unmenschliches wieder geschehen kann. Welche Lehren haben die Frauen aus ihrem eigenen Verhalten während der Zeit des Nationalsozialismus gezogen?

Die drei durch die Analysekriterien bezeichneten Ebenen bedingen einander. Die erste ist die notwendige Voraussetzung für die zweite, die zweite wieder die notwendige Voraussetzung für die dritte. Wer z. B. die Wahrheit über die Ermordung der meisten europäischen Juden nicht zur Kenntnis nimmt oder sie grundsätzlich bezweifelt und sich hinter dem Streit um die genaue Zahl der Getöteten versteckt, der blockt alle weiteren Möglichkeiten zu einer Auseinandersetzung ab. Die kurzschlussartige Argumentationskette verläuft dann so: Wenn das nicht stimmt, werden wir grundsätzlich belogen, waren die Nazis gar nicht so schlimm, brauche ich mir auch keine besonderen Vorwürfe zu machen, wenn ich damals gejubelt habe, kann ich zur Tagesordnung übergehen und brauche keine Konsequenzen aus meinem damaligen Verhalten zu ziehen.

Gibt es tatsächlich Frauen, die so oder ähnlich argumentieren? Es gibt sie, wenn auch vereinzelt. Wir haben in den vorangegangenen Kapiteln schon einiges dazu gesagt. Hier folgt nochmals eine Zusammenfassung verschiedener Grade und Formen der Auseinandersetzung in einem allgemeineren Rahmen, nicht nur bezogen auf die Judenverfolgungen. Es gibt immer noch offene und verkappte Nationalsozialistinnen in unserer Gesellschaft (ob mehr Männer als Frauen, vermag ich nicht zu sagen), und wo ich mit solchen gesprochen habe, bin ich ihnen eigentlich dankbar, dass sie mir nichts vorgemacht haben. Natürlich habe ich dazu auch Zeugnisse von anderen Frauen, die diese Haltungen ihrer Zeitgenossinnen scharf kritisieren –

LIESELOTTE S. (1920): »Ich kann's verstehen, dass es Frauen gibt, die sagen, es war meine schönste Zeit. Da war ich BDM-Führerin, sonst war ich Dienstmädchen, da war ich was.... Aber die beten jetzt noch Hitler an. Die haben noch Hitlerbilder, ja, die haben sich überhaupt nicht weiterentwickelt, die denken nicht nach. Jetzt, unbedingt jetzt wollen sie wieder so einen Mann wie Hitler haben, der Ordnung macht.«[4]

Aus der Beobachtung von Lieselotte S. lässt sich schließen, dass jene Frauen vermutlich ihre Einstellung an ihre Kinder und Enkel weitergegeben haben.

Es gibt auch solche, die das Unangenehme an dieser Zeit einfach aus ihrem Leben gestrichen haben wollen, die jeden Ansatz von Selbstkritik ablehnen und etwa sagen: »Ich habe mit der ganzen Sache nichts zu tun gehabt.« Sie begründen das entweder mit ihrer Jugend, mit der Tatsache, dass sie nicht in der Partei waren, Hitler nicht gewählt haben, sich überhaupt nicht für Politik interessierten, mit der »Entnazifizierung«, aus der sie als »unbelastet« hervorgegangen sind. Sie übersehen dabei, dass sie z. B. schon durch ihren Kriegseinsatz, durch ihre Tätigkeit im RAD, durch ihre ganze Arbeit, ihr »Funktionieren«, durch ihre glatte Angepasstheit dem System gedient haben, und dass die »Jugend« allein kein Alibi sein kann, wenngleich natürlich mit wachsendem Lebensalter die Fähigkeit zu Einsicht und Kritik hätte wachsen können. Frauen, die viel mit anderen etwa gleichaltrigen oder älteren Frauen zu tun haben, z. B. in Altersheimen, in der Frauenarbeit, bei anderen ehrenamtlichen Tätigkeiten, oder die einen größeren Bekanntenkreis haben, sagten, dass viele wenig oder gar nicht »umerzogen« seien. Hildegard L. (1907), die aus ihrem »Unpolitisch-Sein« gründlich und völlig herausgefunden hat und später sogar zur Leiterin der evangelischen Frauenarbeit in Deutschland aufgestiegen ist, sagte über ihre Arbeit mit älteren Frauen: »Die meisten haben ja nichts verarbeitet. Sie leben weiter in den Tag hinein!«.

Ich kann mich nicht auf Quantifizierungen einlassen. Wohl aber kann ich aus den vielen Gesprächen mit meinen Zeitzeuginnen auf das wesentliche Problem der Bewertung des Umgangs der Deutschen mit ihrer NS-Vergangenheit hinweisen: Es liegt in der allzu groben Schematisierung und Einteilung eines deutschen Kollektivs, das es so nicht gegeben hat. Weder gibt es »die Deutschen« noch »die Nazis«. Nicht erfasst werden damit diejenigen, in denen sich – auch widersprüchlich – die verschiedensten Strebungen, Motive und Verhaltensweisen mischten, wie ich es immer wieder zu beschreiben versuchte. Und das war wohl die Mehrheit. Alle Pauschalurteile über die Deutschen, auch über die Frauen, sind anfechtbar. Nur die unbequeme Mühe des Differenzierens kann die Vieldeutigkeiten und Schattierungen, die »Gemengelagen« (Alf Lüdtke) ans Licht bringen. Die neueren Forschungen zur Frauengeschichte versuchen das mehr und mehr. Es gibt verschiedene Grade und Formen der Auseinandersetzung, so wie es verschiedene Grade und Formen der Anpassung und des Mitmachens gegeben hat, und es wäre falsch, nur zu unterscheiden zwischen »Bußfertigen« und »verstockten Unbußfertigen«. Bei

den weitaus meisten Frauen verlief und verläuft die Auseinandersetzung viel
diffuser, voller Widersprüche und Ungereimtheiten, die eine genauere Beschreibung und Klassifizierung schwer machen.[5] Was fängt man z. B. mit der
folgenden Erzählpassage an –

MAGDALENA S. (1925): »Die haben sich bei der Entnazifizierung allerhand geleistet.
Bei uns in Pfahlheim einen zum Bürgermeister gemacht, der war wohl mal Bauer,
hat den Hof runtergewirtschaftet, hat seine Frau geschlagen. Der kam ins KZ. Wir
alle haben gesagt: Das geschieht dem recht. Das war das erste Mal, dass ich etwas
von KZ gehört habe. Meine Freundin hat einen Nervenzusammenbruch gekriegt, als
sie das von den KZ erfahren hat. Ich hab' immer Angst gehabt um die Mutter, weil
die immer dagegengesprochen hat. Aber es ging ja nicht anders, da musste man ja
mitmachen. Da war noch was los. Heute macht das die Gemeinde (*sie meint: Jugendarbeit*), damals hieß es halt HJ.«

Hier geht alles durcheinander: Rechtfertigung und versteckte Begeisterung (da
war noch was los, man musste ja mitmachen), Eskapismus (die Freundin hat
gelitten), Angst um die Mutter, die dagegen war und der sie doch wiederum
recht geben musste. Erinnert Magdalena S. KZ als Erziehungsanstalten und
sonst nichts?

Auf derart Verwirrendes und Unvereinbares bin ich oft gestoßen. Es gibt
z. B. Frauen, die immer noch nicht so recht an die Schuld Deutschlands am
Ausbruch des Zweiten Weltkriegs glauben. Sie misstrauen zudem der Zahl der
Ermordeten, aber empfinden trotzdem Scham und Schuld darüber, dass sie
sich damals nicht mehr Gedanken darüber gemacht haben, was z. B. mit den
Juden geschah, und die heute vehement gegen jedes Anzeichen von Antisemitismus auftreten.

Es gibt solche, die erschüttert waren bis zum Nervenzusammenbruch, als
sie von den Verbrechen gegen die Juden erfuhren, die bei dem Film »Holocaust« geweint haben und die heute doch wenig tun, um Menschenrechtsverletzungen verhindern zu helfen. Es gibt schließlich solche, die keine Emotionen zeigen, wenn sie heute über diese Dinge sprechen, die auch wenig über
die Zeit gelesen haben, die aber selbstverständlich für Wiedergutmachungsleistungen an alle Opfer des Regimes eintreten, wohl wissend, dass es keine
Wiedergutmachung geben kann. Unter ihnen sind nicht wenige, die sich
privat oder in Gruppen, etwa bei Amnesty International, für ihre schwächeren Mitmenschen oder in der Friedensbewegung engagieren. Und es gibt solche, die damals nicht nur mitgelaufen, sondern voranmarschiert sind, z. B.
als Bannmädelführerin, die bis heute keine persönlichen Schuldgefühle haben, die sich aber nach dem Krieg aktiv an der Politik beteiligten, z. B. als Ge-
meinderätin oder sich auch außerhalb von politischen Gremien für die Poli-

tik mitverantwortlich fühlen. In vielen Autobiografien von Frauen findet man alle drei Ebenen der Beschäftigung und Auseinandersetzung mit der Vergangenheit.

Anstatt nun den vergeblichen Versuch zu machen, diesen Widersprüchen in den Biografien der einzelnen Frauen nachzugehen und sie aus den Lebensgeschichten selbst aufzulösen und zu erklären, möchte ich nochmals die leitmotivischen »Standardsätze«, welche die Kapitelüberschriften dieses dritten Bandes bilden, unter die Lupe nehmen und beschreiben, wie die gegenwärtige Einstellung und Praxis der Frauen sich zu ihnen verhalten. Im letzten Kapitel wurde gezeigt, wie Frauen mit der »emotionalen Seite«, mit der »Trauerarbeit« über die Verbrechen des Nationalsozialisten und mit dem Vorwurf der Kollektivschuld umgegangen sind.

Der Satz, der von den Frauen am häufigsten zitiert wurde und als Herzstück ihrer Argumentation über ihre Rolle während der Zeit des Nationalsozialismus angesehen werden kann, ist: »*Ich war ganz unpolitisch.*« Ich denke, aus den vielen Berichten meiner Zeitzeuginnen wurde eines besonders deutlich: Die Mehrzahl der von mir befragten Frauen ist unpolitisch geblieben. Oft beschrieben wurde schon der Rückzug ins Private nach dem Krieg. Für die Frauen trifft eher zu: sie *verharrten* im Privaten. Zunächst einfach, weil sie überleben wollten, aber auch aus Enttäuschung über den Nationalsozialismus und die nachträgliche Diffamierung des eigenen missbrauchten Idealismus, durch die als ungerecht empfundene »Entnazifizierung«, oder einfach, weil sie mit Familie, Beruf, Ausbildung usw. ausgefüllt waren, oder schließlich aus schlechtem Gewissen. Die jüngeren, die nie eine Demokratie als politische Praxis erlebt hatten, konnten sich ein politisches Tätigsein im demokratischen Sinn gar nicht vorstellen. Die kritischen unter ihnen setzten eher auf eine geistig-moralische Erneuerung als auf Veränderung durch Politik.[6] Bezeichnend dafür scheint mir zu sein, was MARGRET G. (1927), damals Oberstufenschülerin, erzählte:

Sie habe sich ein Gedicht abgeschrieben, das sie später im autobiografischen Buch von Wendelgard von Staden fand. Diese hatte es sich von einer Behördentür abgetrennt, weil es auch ihrem Lebensgefühl entsprach. Es handelt sich um ein Gedicht von Ernst Wiechert:

> Es geht ein Pflüger über Land,
> der pflügt mit kühler Greisenhand
> die Schönheit unsrer Erden.
> Und über Land und Dorf und Krug
> führt schweigend er den Schicksalspflug,
> vor dem zu Staub wir werden.

Rings um ihn still die Wälder stehn,
rings um ihn still die Ströme gehn,
und alle Sterne schweigen.
Wie haben wir doch zugebracht
wie ein Geschwätz bei Tag und Nacht,
so Lachen wie Weinen.

Nun lassen Habe wir und Haus
wir ziehen unsre Schuhe aus
und gehn mit nackten Füßen.
Wir säten Tod und säten Qual
auf unsren Stirnen brennt das Mal.
Wir büßen.

Und führ uns heut – und für und für
durchs hohe Gras vor unsrer Tür
die Füße aller Armen.
Und gib, dass es uns niemals fehlt
an dem, wonach ihr Herz sich sehnt -
ein Stückchen Brot
und viel Erbarmen.

Dieser Rückbezug auf »innere Werte« war besonders charakteristisch für bürger-liche junge Mädchen. Tagebücher und Erinnerungen belegen, dass unter den jungen Frauen überwiegend »Lebensfragen« heiß diskutiert wurden, nicht ei-gentlich Fragen des politischen Neuaufbaus. Das wurzelte nicht nur im immer noch geltenden Rollenverständnis der Frau, sondern auch in völliger Unkenntnis demokratischer Einrichtungen, ihrer Funktionsweisen und ihrer Bedeutung.

Für Frauen, die sich durch den Nationalsozialismus in ihrem damals als politisch verstandenen Engagement grausam missbraucht und getäuscht fühl-ten, kam bis weit in die Nachkriegszeit der auch öfter beschriebene »Ohne-Mich-Standpunkt« hinzu. Sie wollten sich nie wieder in eine politische Sa-che hineinziehen lassen, nie wieder in eine Partei eintreten. Rotraut J. (1924) erzählte, dass sie nacheinander von allen Parteien bekniet worden sei, für den Gemeinderat zu kandidieren; sie habe immer abgelehnt: »Das einzige Über-bleibsel (*sie meint: aus der NS-Zeit, in der sie hauptamtliche Jungmädelringfüh-rerin war*) ist, dass ich nicht mehr bereit bin, für irgend etwas – die skeptische Generation, sagt der Schelsky – irgendeiner Partei beizutreten oder zu sagen: Das ist richtig und das ist falsch... Ich bin unsicher, ich weiß nicht, was recht ist... Ich sage meine Meinung offen, aber ich sag nie mehr ja oder nein.« Darin liegt eine grundsätzliche Skepsis gegen alle politischen Lehren und Program-me, aber auch Personen: »Nie mehr felsenfeste, unerschütterliche Wahrheiten glauben und verbreiten«, wie es Rotraut J. selbst zusammenfasst. Diese Haltung macht immun gegenüber jeder Art dogmatischer Ideologie und ist schon eine wichtige Voraussetzung für das Funktionieren einer pluralistischen Demokratie. Aber sie reicht nicht aus, um politisch etwas zu bewirken.

Die Tatsache, dass das Beharren im »Unpolitischen« damals wie heute in Wirklichkeit eminent politisch ist, bleibt den meisten Frauen weiterhin verborgen. Dass sie sich damit erneut zu einer mehr oder weniger verfügbaren Masse degradieren lassen, ist ihnen meist nicht bewusst, und wenn, dann geht der schon bekannte Satz »Was hätten wir denn machen können?« nahtlos über in das Präsens: »Was können wir denn machen?«. Hilde S. (1909): »Nein, man kann nichts machen ... der einzelne – man muss es halt nehmen, wie's kommt.« Solche Sätze besagen: Das alte Ohnmachtsgefühl herrscht weiter vor, obwohl persönliches Engagement heute ohne größeres Risiko möglich ist. Es ist möglich zu protestieren, zu demonstrieren, sich an Bürgerinitiativen zu beteiligen oder in Parteien mitzuarbeiten. Es ist wahr, dass in unserem demokratischen Staat nicht leicht etwas bewegt werden kann, aber die Hoffnung darauf aufzugeben, hieße, die Demokratie aufzugeben. Frauen wie Hilde S. sind sich vielleicht solcher Folgen gar nicht bewusst. Dass ihre Neigung, sich von der Politik fernzuhalten, durch Krieg und Nationalsozialismus eher zu- als abgenommen hat, scheint mir sicher. Aber es gibt Ausnahmen. Zunächst wurden ja auch Frauen im öffentlichen Leben und in der politischen Arbeit kaum akzeptiert.[7] Später wurden ihre Aussichten allmählich besser, und ich habe unter meinen Gesprächspartnerinnen auch Stadt-, Gemeinde- und Kirchengemeinderätinnen getroffen (allerdings wenige gemessen an der Population dieser Jahrgänge). Gar nicht so wenige finden sich indessen in Bürgerinitiativen oder anderen öffentlichen und halböffentlichen Betätigungsfeldern, unter den Verfassern von Leserzuschriften und Schreiben an Politiker.

Es verwundert ja nicht, dass z. B. die Frauen der Männer des 20. Juli sich später fast alle öffentlich engagiert haben. Clarita von Trott drückt es in ihrem Interview mit Dorothee von Meding so aus: »Sie (*die Widerstandskämpfer*) hatten keinen Erfolg. Aber sie setzten Maßstäbe. In mancher Hinsicht empfinde ich sie als geistige Weggenossen derjenigen, die die Welt heute gegenüber tödlichen Gefahren wachrütteln wollen.«[8] Es geht nicht nur um die Wachsamkeit gegenüber der Gefahr von Menschenrechtsverletzungen, von Rechtsextremismus oder gar einer neuen Diktatur, sondern es geht auch um Wachsamkeit gegenüber den anderen großen Gefahren, die der Erde und dem Leben drohen. Dies ist das eigentliche Vermächtnis des deutschen Widerstands. »Wo stünden Hans und Sophie Scholl heute?«, fragte ich Fritz Hartnagel, den Freund Sophies, und er antwortete, ohne zu zögern: »bei der Friedensbewegung.«

Einige empfinden stark, dass sie in der Gegenwart in einer ähnlichen Schizophrenie leben, in der sie während der Zeit des Nationalsozialismus gelebt haben, z. B. GERTRUD H. (1929):

»Ich behaupte, es ist heute – nicht gleich, nichts ist gleich –, aber wie wir leben, wie wir z. B. jetzt hier heizen. Und dabei haben wir doch die Klimakatastrophe vor Augen. Wir allein lassen jedes Jahr 18 Tonnen in die Luft (*ihr Mann leitet ein Mädcheninternat*). Wie wir doch so gerne leben, wie wir leben, und eigentlich wissen, das können wir nicht. Ich kann mich doch jetzt nicht die ganze Zeit einschränken. Die Schere im Kopf ist aktiv, auch heute.«

ELISABETH K. (1919), die in verschiedenen Bereichen, auch ehrenamtlich, tätig ist: »Weil ich einfach die Vergangenheit nicht verdrängen will und mich nicht noch einmal fragen lassen will, wo warst du, als sich die Katastrophe anbahnte, versuche ich heute, wo wir protestieren dürfen, überall dort aktiv zu werden, wo etwas bewegt werden muss, z. B. bei den Seniorenblockaden in Mutlangen. Ich habe eine Gruppe ›Natur in Gefahr‹ ins Leben gerufen, die sich aktiv an der Renaturierung gefährdeter Hänge im Gebirge beteiligt. Außerdem spiele ich bei einem Frauenkabarett ›Die Beißzange‹ mit und versuche auch dort, Anstöße zu geben und zu Toleranz und Kritik aufzurufen.«

MARLIES FLESCH-THEBESIUS: »Ich bin zu einem politischen Menschen geworden… Ich versuche, Unrecht beim Namen zu nennen.«[9]

Wenn man den Standpunkt vertritt, Unpolitisch-Sein sei schon ein Politikum, so muss man auf den ersten Blick unpolitisch scheinende Haltungen und Handlungen auf ihren *indirekten Beitrag zur Politik* abklopfen. So betrachtet, haben Frauen durchaus ihre indirekten positiven politischen Beiträge geleistet, nicht zuletzt aus den Erfahrungen mit Nationalsozialismus und Krieg. Die meisten haben sich zwar weiterhin auf ihre überkommene Rolle als Hausfrau und Mutter beschränkt, aber dort oft ihre Möglichkeiten bewusst ergriffen. Sie haben in den mitmenschlichen Beziehungen und in der Kindererziehung ihre Domäne gesehen und dort – wie das nicht nur sie sagen, sondern wie die Kinder beweisen und bestätigen – ihre Kinder zu Friedfertigkeit und zum Abbau von Feindbildern erzogen, manche auch ganz bewusst zu politischer Wachheit und Kritikfähigkeit.[10]

ADDY W. (1907) hat, wie sie sagte, ihre acht Kinder zur »Denkfreiheit« erzogen: »Diese Denkfreiheit haben meine Kinder übernommen; das hat sogar dahin geführt, dass teilweise konträre politische Auffassungen von meinen Kindern vertreten werden, so indessen, dass der Verband unserer Familie, die aufbauend denkt, gewahrt bleibt.«

Eine weitere Lehre aus ihrer Vergangenheit ist, dass sie ihren Kindern, insbesondere den Töchtern, eine gute Berufsausbildung ermöglicht haben, weil sie

selbst erfahren haben, wie es ist, wenn man plötzlich alleine dasteht, und weil
sie wollten, dass die Töchter selbstbewusster und unabhängiger werden, als
sie selbst es waren. Wir haben in Teil A dieses Bandes gesehen, wie wichtig
die Erziehung der Kinder den Müttern nach dem Krieg war. Darüber berichten sie voll Stolz.[11]

Die meisten jüngeren Frauen der Kriegsgenerationen wählten bevorzugt
solche Berufe, die schon immer als typisch »weiblich« angesehen wurden. Besonders viele übernahmen pädagogische Tätigkeiten, wurden Lehrerinnen, lei-
teten Kinderheime und haben hier in der staatsbürgerlichen Erziehung be-
wusstseinsbildend gewirkt, aber auch in ihrem ganzen Unterricht und in ihrer
Art, mit den Kindern umzugehen.[12]

ANNELIESE B. (1906) war nach dem Krieg Direktorin der hauswirtschaftlichen Schulen Stuttgarts, gab auch »Gegenwartskunde«. Dazu schreibt sie in ihren Erinnerungen: »Es war ein sehr steiniger Boden, auf dem ich hier ein wenig zu ackern und das
meist sehr unbearbeitete Land ein wenig aufzulockern versuchte. Ich habe dabei wohl
jedes Jahr an einen kurzen Zeitungsabschnitt erinnert, den Erich Kästner zum Tage
der 20. Wiederkehr der durch die Nazis veranstalteten Verbrennungen der damals
unliebsamen Bücher schrieb und dem er die Überschrift gab: ›Warum ich damals nicht
geschrien habe.‹ Er beschrieb darin, wie unmöglich es sei, eine bereits errichtete Diktatur zu bekämpfen, weil sie die Widerstand Leistenden lediglich beseitigen würde,
und wie notwendig es darum sei, ihr Einhalt zu gebieten, während sie noch erst im
Entstehen sei. Er gebrauchte dabei das treffende Beispiel, das ich wieder und wieder
weitergegeben habe: ›Einen Schneeball kann man zertreten, eine Lawine nicht‹, und
forderte damit zur rechtzeitigen Wachsamkeit auf. Wer wie wir erlebt hat, wie schnell
aus dem unzertretenen Schneeball eine alles begrabende Lawine werden kann, kann
diese Mahnung zum steten Wachsein nicht ernst genug nehmen. Deshalb versuchte
ich mit meinem nur sehr kümmerlichen Bemühen um das Wecken des nötigen Interesses an den allgemeinen Fragen ein wenig beizutragen.«

Wenn wir weiter – dem dritten Analysekriterium folgend – nach den praktischen Konsequenzen fragen, die Frauen aus ihrer Vergangenheit in der NS-
Zeit gezogen haben, und in diesem Abschnitt herausstellen, dass die alte Ohnmachtshaltung längst nicht von allen Frauen beibehalten wurde, dann lassen
sich dafür noch mehr Belege anführen:

Nicht zu vergessen sind die Schriftstellerinnen und Künstlerinnen, die mit
ihren Werken auch für eine demokratische und friedliche Zukunft wirken wollten. Das ist das Anliegen fast aller Autobiografien aus jener Zeit, der veröffentlichten und der unveröffentlichten.

Nicht zu vergessen schließlich die vielen ehrenamtlichen Tätigkeiten, die
nicht wenige Frauen übernahmen und z.T. immer noch ausüben, vor allem
Tätigkeiten für Kinder, alte Menschen, Kranke und Hilfsbedürftige. Dazu

werden sie nicht allein durch ihre Kriegserfahrungen getrieben, aber diese Erfahrungen haben sie sensibler gemacht für die Not anderer.[13] Altenarbeit und Arbeit in Verbänden wurde von manchen Frauen bewusst auch staatsbürgerlich erziehend betrieben.

Wie stehen die Frauen heute zu den übrigen Sätzen, mit denen sie ihre Haltung in der Zeit des Nationalsozialismus beschreiben? Sie können als Messlatte für ihre Art der Auseinandersetzung mit der Vergangenheit dienen. Über »Antisemitismus heute« wurde schon gesprochen. Der Auseinandersetzung mit dem Krieg ist das folgende Kapitel gewidmet. Betrachten wir nun die verbliebenen Standardsätze:

Wer heute zu seiner Begeisterung von damals steht und offen zugibt: *»Ich war begeistert«,* diese Begeisterung also nicht wegretuschiert, obwohl es einem bis heute eher schadet als nützt, so zu reden, einen eher in ein dubioses Licht rückt als aufwertet, der hat schon ein Stück Auseinandersetzung mit seiner Vergangenheit geleistet; freilich kann intellektuelle Ehrlichkeit nur der erste Schritt sein. Weitere, in unseren Analysekriterien bezeichnete Schritte müssen folgen. Misstrauen ist allerdings denen gegenüber angebracht, die schon immer dagegen gewesen sein wollen oder die ihre »braune« Vergangenheit mit Schweigen übergehen.

ROTRAUT J. (1924), selber ehemals hauptamtliche Ringführerin, die sehr klar zu ihrer Vergangenheit steht und sich heute unmißverständlich gegen sie abgrenzt, berichtete von einem Abend zur Feier des 70. Geburtstages einer Bekannten Gudrun X. Gudrun erzählte aus ihrem Leben. Sie erwähnte eine Verwandte, die im Kirchenkampf stand, einen Onkel, der im KZ saß. Dass sie selbst JM-Gruppenführerin in ihrer Heimatstadt war und mit ihrer Gruppe sogar in einem Jahr Reichssiegerin geworden war, davon kein Wort, obwohl jeder das wusste.

Unmittelbar nach dem Krieg war eine solche Haltung noch verständlich. Heute sollte das nicht mehr nötig sein. In den Gesprächen entlarvten sich solche Unschuldsbehauptungen relativ schnell, weil sie meist nicht durch entsprechende Handlungen gedeckt waren.

Wer unter den Zeitzeuginnen den Satz heute noch ohne Distanz sagen kann und dabei stehenbleibt, hat aus der Vergangenheit nichts gelernt. So geradeheraus wird er kaum geäußert, aber ein genauerer Blick auf die erzählte Lebensgeschichte bringt es doch oft zutage. Wenn die Schwerpunkte der Erzählung auf der Begeisterung von damals liegen und eine Frau wiederholt auf diese »schönen Erlebnisse« zurückkommt, wenn sie immer noch begeistert und kritiklos von den regelmäßigen Treffen ehemaliger Arbeitsmaiden, Führerinnen, Nachrichtenhelferinnen schwärmt und Anfragen an diese Treffen als Angriff abwehrt, dann ist das meist ein sicheres Indiz dafür, dass diese Zeitzeugin eine kritische Aufarbeitung der Vergangenheit abwehrt. Es gab in meinen Gesprächen mehrere solche Fälle.

Ähnlich ist es, wenn eine Frau heute noch ohne die geringsten Skrupel von sich sagt: »*Ich war jung und kannte nichts anderes*«, ohne sich ehrlich zu fragen, ob sie wirklich nichts wissen und merken konnte, so gebraucht sie diesen Topos nach wie vor als bequeme Schutzbehauptung. Mit Oral History lässt sich der Wahrheitsgehalt nur dann falsifizieren, wenn man sehr genau auf Bruchstellen und inhaltliche Widersprüche achtet.

Schließlich gilt das auch bei dem Satz »*Wir haben doch nichts gewusst*«. Hier lässt sich aus den Lebensgeschichten nicht mit Sicherheit schließen, wieviel eine Frau damals tatsächlich gewusst hat, wissen konnte, wissen wollte. Über das hinaus, was in Kapitel 4 dazu gesagt wurde, stellt sich die Frage, ob die Frauen daraus die Konsequenz gezogen haben, die Wahrheit heute wissen zu wollen, und zwar in doppelter Hinsicht. Einmal im Blick auf die Vergangenheit: Wollen sie überhaupt die historische Wahrheit erfahren? Informieren sie sich darüber? Und zweitens: Suchen sie heute nach möglichst umfassender und objektiver Information zu politischen Fragen, oder beziehen sie ihre Kenntnisse ungeprüft von ihren Männern, aus den Urteilen und Vorurteilen ihrer Umgebung, aus selektiver und zufälliger Lektüre, oder sind sie nach wie vor uninteressiert an der Geschichte ihrer Zeit? Haben sie den Mut, sich ihres eigenen Verstandes zu bedienen und zu einem eigenen Urteil zu kommen? Ich habe nach vielen Gesprächen erhebliche Zweifel daran. Dies ist keine Sache des Bildungsniveaus, sondern eher des Willens und des Interesses.

»*Man hat gelernt, den Mund zu halten.*« Ist in der Gegenwart Zivilcourage unter den Frauen verbreiteter als zur Zeit des Nationalsozialismus? Obwohl sie weit weniger oder fast gar nichts kostet und der unmittelbarste Weg zu politischer Einmischung ist, traf ich immer wieder auf Anzeichen der alten Neigung, sich aus allem herauszuhalten, nur in nichts hineinkommen zu wollen. Dafür sprach bei manchen schon die Angst vor der Tonkassette, die Befürchtung, es könnte etwas aus ihrer Erzählung gegen sie verwendet werden, es könnte sie in ein schlechtes Licht rücken, bei wem auch immer. Und bei den Frauen, die sich weigerten, überhaupt mit mir über ihre Vergangenheit zu sprechen – es waren nur wenige –, mag neben manchen anderen Gründen auch dies eine Rolle gespielt haben: Man hat gelernt, den Mund zu halten.

»*Es war nicht alles schlecht.*« Wenn Zeitzeuginnen das heute so sagen und damals so empfunden haben, so ist das aus den Zeitumständen zu erklären. Es wäre grundfalsch, bei einer historischen Analyse diese subjektiven Urteile und Erfahrungen nicht zu berücksichtigen bzw. ihre Artikulation zu unterbinden, denn sie erklären ja mit die Anziehungskraft des Nationalsozialismus. Und es ist auch berechtigt, wenn Frauen auf Mißstände heute hinweisen und sie mit damaligen Erfahrungen vergleichen. Aber wenn sie nicht sehen oder sehen wollen, dass alle diese »positiven Errungenschaften« eben die Kehrseite ein und derselben Medaille waren, dass sie nicht zu trennen sind von der verbrecherischen Politik des Nationalsozialismus, dann setzen sie sich doch dem Verdacht aus, diese »guten Seiten« als Rechtfertigung für die gesamte Zeit und ihre eigene Verstrickung darin zu benutzen.

Das gleiche gilt für den Satz: »*Warum immer nur wir? Wir haben genug gebüßt.*« Die Anmahnung der *ganzen Wahrheit* ist ein legitimes Bedürfnis, aber wenn die Vergehen und Verbrechen der anderen zur Aufrechnung benützt werden, zur Relativierung des Versagens des eigenen Volkes, von dem man selbst ein Teil ist, ob man will oder nicht, dann hat das natürlich nichts mit Aufarbeitung der eigenen Vergangenheit zu tun.

Gewiss können die Frauen als Zeitzeuginnen erwarten, dass ihre eigenen Leiden ernstgenommen und dargestellt werden, aber dass damit irgend etwas von den Leiden, die Deutsche anderen zugefügt haben, gebüßt sein könnte, ist eine Ausflucht. Die Balance zwischen dem Nationalgefühl, das durch den Nationalsozialismus schwer beschädigt worden ist, und der vorurteilslosen Wahrnehmung und Achtung des und der »Fremden« haben viele Frauen nicht gefunden. Die jüngeren haben z. T. zugunsten von Europäer- und Weltbürgertum jedes Nationalgefühl über Bord geworfen, die älteren halten daran fest. Viele Relikte von Vorurteilen gegenüber »den anderen« sind übriggeblieben. Aber diese Vorurteile reichen weit hinter die NS-Zeit zurück. Die sehr häufig geäußerte Bemerkung, »man dürfe doch nicht fortgesetzt das eigene Nest beschmutzen«, kann, aber muss nicht mit einer generellen Abwehr von Schuld verbunden sein. Das haben wir im vorangegangen Kapitel gezeigt.

Welches Fazit lässt sich aus dem Gesagten ziehen? Kann und »*muss einmal Schluss sein*«? Wer wirklich Schluss machen will mit der Verarbeitung der Vergangenheit, der muss zum mindesten einen Anfang damit gemacht haben. Ich habe in den Gesprächen mit den Zeitzeuginnen festgestellt, dass diejenigen, die am lautesten nach dem »Schlußstrich« riefen, entweder überhaupt niemals damit angefangen hatten, sich ernsthaft auseinanderzusetzen. Das mag aus Gedankenlosigkeit oder aus Angst, ihrer eigenen Mit-Verantwortlichkeit zu begegnen, geschehen sein, oder sie sind dabei auf halbem Wege steckengeblieben. Dagegen sagen diejenigen, die sich am intensivsten mit ihrer Vergangenheit beschäftigt haben, meist: »Es ist längst noch nicht alles geklärt, geschweige denn erklärt. Es muss alles ans Licht kommen, die ganze Wahrheit. Und erst, wenn alle sie begriffen haben, könnte Schluss sein.« Dieses aus

Frauenmeinungen zusammengesetzte synthetische Zitat gibt eine breite Stimmungslage der Kriegsgenerationen wieder.

Eine Rückschau, die nur aus Anklage der älteren Generationen besteht oder die nur um ihrer selbst willen betrieben wird, ist unfruchtbar. Sie bekämpft das vergangene Böse, anstatt das gegenwärtige Böse zu bekämpfen. Einen Schlußstrich unter diese Art der Rückschau wünschen sich viele Frauen. Warum aber ist der Prozess der Auseinandersetzung bei den Frauen so unterschiedlich verlaufen? Was hat ihn befördert, wodurch wurde er behindert?

Was hat die Auseinandersetzung behindert, was hat sie befördert?

Man könnte es sich sehr einfach machen und sagen: Das schlechte Gewissen hat die Frauen dazu geführt, möglichst rasch und möglichst vollständig zu verdrängen und zu verleugnen, um sich dann an die angebotenen Erklärungsmuster zu klammern, die allesamt zur Rechtfertigung von »den Deutschen« erfunden wurden. Das aber ist zu einfach. Auch hier – wie überall – müssen wir genauer hinsehen.

Behindert haben die Beschäftigung mit der Vergangenheit zunächst die *Nachkriegsverhältnisse*, die ganz besonders den Frauen noch weniger Zeit und Kraft für politische Gedanken- und Trauerarbeit ließen als die Kriegszeit selbst. Es ging zunächst um nichts anderes als ums Überleben, danach um ein einigermaßen auskömmliches Leben, und das für viele Frauen, besonders die Kriegerwitwen, bis weit in die 50er Jahre hinein.[14]

In äußerster Zuspitzung zeigt Ruth Andreas-Friedrich, die die Nachkriegsjahre in Berlin verbrachte, wie verzweifelt die Stimmung der Bevölkerung war. Im Mai 1947 glaubte man sogar an einen neuen Krieg der Westalliierten gegen die Sowjetunion: »Die gleichen Menschen, die noch vor drei Jahren lieber Schuhsohlen kauen als auch nur einen Tag länger den Jammer der Bombenangriffe aushalten wollten, sprechen heute von einem neuen Krieg als dem einzig möglichen Ausweg. Aus der Mühsal des Schlangestehens, der Monotonie des Grützeessens, den Ungerechtigkeiten der Entnazifizierung, der Sinnlosigkeit der Fragebogen, der Enttäuschung über die Alliierten, der hoffnungslosen Verfahrenheit unserer gesamten Nachkriegssituation. Seit langem hat man aufgehört, danach zu fragen, durch welche Umstände wir in diese Situation geraten sind, sich daran zu erinnern, wie Deutschland aussah, als Hitler kam und als Hitler ging. Heute, am 5. Mai 1947, ist Hitler zwei Jahre tot. Und was ihm folgte, erscheint den Erben seines Zusammenbruchs so unerträglich, dass sie bereit sind, jedes Ende mit Schrecken diesem Schrecken ohne Ende vorzuziehen. Lieber Krieg. Lieber Schuhsohlen kauen als noch länger diesen sinnlosen Schlamassel.«[15]

Zuvor hatte schon das Verhalten der Besatzer nicht gerade zu einer differenzierten Beschäftigung mit der Vergangenheit ermutigt. Besonders das Verhalten der Roten Armee war für viele nicht besser als das, was sie nun von den Verbrechen der Nazis erfuhren.

Für die Begeisterten, vor allem die Jungen, war das Kriegsende ein Bruch. Viele haben diese Leere, diesen Zusammenbruch all dessen, woran sie geglaubt hatten, beschrieben.[16] Die anfängliche »Treue- und Trotzhaltung«, z. B. der jungen Frau, die den amerikanischen Besatzungssoldaten entgegenschleuderte: »Wir lieben unseren Führer« (Angelika H., 1926), ist bei nicht wenigen in eine *geistig-moralische Lähmung* übergegangen. Es hat sehr lange gedauert, bis sie sich ihrer eigenen Geschichte kritisch stellen wollten.

BARBARA K. (1928): »Ich habe eine Zeitlang Tagebuch geführt, als die Nürnberger Prozesse waren. Im Tagebuch habe ich dann immer Eintragungen gemacht, dass ich entsetzt war, dass man ›verdienstvolle Heerführer‹, solche tapferen Soldaten, verurteilt hat. Habe die Prozesse nicht in ihrer ganzen Tragweite erfasst. Das hat drei, vier, fünf Jahre gedauert, bis Anfang der 50er Jahre.«

EVA M. (1926): »Also, wie ich diese ganze schreckliche Geschichte, nicht nur ich, sondern alle, die so jung waren wie ich damals, dieses ganzen schrecklichen Betruges inne wurde, da wollten wir nichts mehr hören und nichts mehr sehen und auch nichts mehr lesen.«

Vom Gegenteil wurde mir eher selten berichtet, dass nämlich gleich nach dem Krieg intensiv mit Freunden über die Vergangenheit gesprochen und gestritten worden sei, und dies dann meist kurze Zeit später – Margrit H. (1924) spricht von einem halben Jahr – eingeschlafen sei. Das trifft eher auf intellektuelle Kreise und Studentinnen zu. Die große Mehrzahl der Frauen hat diese vor allem in politischen und überregionalen Zeitschriften geführte tiefgründige und abstrakte Schulddebatte nicht mitbekommen.[17]

Hinderlich wirkte sich bei all dem das *politische Gesamtklima* der Nachkriegszeit aus, der ganze verfehlte Versuch der »Entnazifizierung« und »Umerziehung«. Ein irritierender Widerspruch war dabei kennzeichnend für den öffentlichen Umgang mit der Nazizeit, auch im Bewusstsein der Frauen: Einerseits gab es den »großen Frieden mit den Tätern«, wie ihn z. B. Ralph Giordano in späteren Jahren bitter beschreibt, indem er zahlreiche Einzeluntersuchungen zusammenfasst.[18] Andererseits war es die »Kollektivschuld-Anklage«, welche die meisten Frauen für sich nicht akzeptieren konnten, und die denunzierende Verteufelung alles dessen, was nur entfernt oder auch gar nichts

mit dem Nationalsozialismus zu tun hatte.[19] Dazu gehörten (um ihren Erinnerungen zu folgen) z. B. Fernsehsendungen über die Hitlerjugend als pri-
mitivem Rabaukenverein, die Porträtierung von Führern und Führerinnen als
Sadisten und verkorksten Charakteren. Das beinhaltete Pauschalbeschuldigun-
gen von Parteigenossen und Hexenjagden auf viele kleine »Täter«.

Es gab und gibt z.T. bis heute so etwas wie eine verordnete Vergangenheitsbewältigung, die nicht juristisch oder institutionell gesteuert ist, die aber all
das nicht an die Öffentlichkeit dringen lässt, was sich nicht stromlinienförmig
in die geläufigen Denkraster einpassen lässt.[20] Geschichtsunterricht über die
neueste Zeit durfte nach Direktiven der Besatzungsmächte in den ersten Nachkriegsjahren nicht stattfinden; später wurde vielfach aus Zeitmangel oder aus
politischer Besorgnis die NS-Zeit übergangen oder in rein verdammender und
nicht erklärender Art behandelt. Zu viele Pädagogen und Funktionsträger, die
mit dem Nationalsozialismus in Verbindung gestanden hatten, waren weiterhin auf ihrem Posten und verhinderten nicht selten eine kritische Auseinandersetzung.[21]

Behindert hat die Auseinandersetzung bei vielen Frauen dann späterhin ihr
Hang zum Privaten, ihr *Desinteresse an Politik* und Geschichte, eingeschlossen ihrer eigenen Geschichte. All das hatte sie zuvor nicht interessiert und interessierte sie auch jetzt nicht. Sie fühlten sich einfach nicht betroffen. Ein fast
erschreckendes, aber nicht untypisches Beispiel ist Josefine Baudis:

> Sie nennt ihr Buch einen »Dialog mit der Vergangenheit«. Ihr Mann war Minderbe-
> lasteter und arbeitslos: »Jetzt erst erinnerten wir uns an die Bewerbung, die noch un-
> erledigt bei der Zahnradfabrik lag. Jetzt müsste eigentlich die Möglichkeit bestehen,
> dass Paul eingestellt würde, denn die ›Entnazifizierung‹ war ja schon vor einigen
> Monaten durchgeführt worden. Paul musste fünfhundert Reichsmark bezahlen, und
> damit war diese Angelegenheit erledigt.« Sie kümmerte sich dann selbst um die An-
> stellung und sagt: »Vielleicht war ich deshalb so tapfer, weil mir als Frau und mit
> einem dritten Kind unter dem Herzen unsere Not viel härter im Genick saß als Paul.«
> Die »Sache des Nationalsozialismus«, der »Dialog mit der Vergangenheit« war mit
> der »Entnazifizierung« erledigt. Das war bei vielen Frauen so.[22]

Ganz stark ausgeprägt war dieses Gefühl bei den Landfrauen. Die politischen
»Strömungen« gingen gleichsam über sie hinweg. Solche Zeitzeuginnen sa-
gen heute: »Wie es kommt, muss man's nehmen« und haben höchstens die
Schlussfolgerung gezogen: »Nur selber in nix mehr neikomme«, wie es eine
Bäuerin ausdrückte.

Den Durchschnittsfrauen mit ihren Lasten, Leistungen und Leiden wurde
ja auch kaum Beachtung geschenkt, weder in der Wissenschaft noch in den
Medien. Da lag für sie die Schlussfolgerung nahe: Was da auf der öffentlichen

Bühne als »Leben im Dritten Reich« gezeigt wird, das hat mit meinem persönlichen Leben wenig oder kaum etwas zu tun. Die Frauen wurden zudem durch ihre Männer und Kinder im allgemeinen nicht dazu ermutigt, über ihr Leben zu sprechen. Die Männer sind weithin stumm geblieben und haben ihren Frauen kaum etwas von ihren Kriegserlebnissen erzählt.[23] Politik und Krieg waren in den meisten Familien kein Gesprächsthema. Die Kinder der Nachkriegszeit wuchsen in dieser politisch *unwahrhaftigen und denunziatorischen Atmosphäre* auf. Sie hatten kein Interesse an den Erlebnissen der älteren Generationen, die sie ja für rabenschwarz und heuchlerisch halten mussten, eben für eine Generation von »Tätern«, deren faule Rechtfertigungen sie sich nicht anhören mochten. Der daraus resultierende moralische Rigorismus und die angemaßte Besserwisserei der jungen Generation hat eine klärende Aufarbeitung bei den Müttern und Großmüttern zusätzlich erschwert.[24]

Behindert wurde schließlich eine rationale und historische Auseinandersetzung mit der eigenen Rolle in der NS-Zeit durch eine verbreitete *»christliche«* *Haltung,* die sich schematisch so charakterisieren lässt: Sie haben selbst nichts Verbrecherisches oder auch nur Negatives getan, meinten es immer gut mit den Menschen, haben immer ihre »Christenpflicht« getan und mehr, waren gute Mütter ihrer Kinder und brachten die Opfer, die von ihnen verlangt wurden. Sie waren nicht politisch, sie waren einfach »fromm«. Sie fühlten sich auch als »Sünder«, das aber in einem geistlichen, nicht in einem politischen Sinn.

Dazu sagt CHRISTEL BEILMANN, die aktive Katholikin, selbstkritisch (dasselbe trifft auch für viele evangelische Frauen zu): »Und so haben wir nach 1945 weitergemacht mit dem gleichen Rüstzeug, mit unerschüttert gebliebenem Glauben, mit unseren überkommenen Wertvorstellungen, mit unserer Alles-hat-einen-Sinn-Gewissheit, unserer Selbsteinschätzung, zu Hohem berufen zu sein als Katholiken und als Deutsche.«[25]

Was konnte nach diesen vielen Hindernissen zu einer Auseinandersetzung mit der NS-Vergangenheit führen, wodurch wurde der Prozess der Umorientierung, des Lernens, der Wahrheitssuche *befördert?*

Bei den Frauen waren es meist *Menschen,* die glaubwürdige Orientierungen anzubieten hatten, vor allem durch Kreise, in denen intensiv diskutiert und auch Zukunftsaufgaben angepackt wurden. Nicht zu unterschätzen ist der Einfluss des Ehemanns, dem ich aber nicht systematisch nachgegangen bin. Aber auch die *Lektüre* war hilfreich, vor allem für bürgerliche Frauen, die gerne und viel lasen. Immer wieder sagten Frauen, wie viel ihnen die Autobiografien von Melita Maschmann und Renate Finckh bedeuteten, wie sie sich darin wiederfinden konnten. Die meisten dieser Bücher von Frauen, die vom

Nationalsozialismus begeistert waren, erschienen aber erst in den 80er Jahren. Gertraud K. (1924): »Wir waren arm dran. Man brauchte Menschen oder Literatur, allein konnte man's nicht.« Natürlich werden auch *Radio- und Fernsehsendungen,* ebenso wie Filme erinnert, die die Augen öffneten.[26]

Nur wenige sind auch durch *Reisen*, etwa in die Sowjetunion, aufgeklärt worden über die Leiden, die den Völkern dort zugefügt worden waren.

Mütter, die die Schweigebarriere überspringen und ihren *Kindern* ehrlich erklären wollten, wie das alles möglich gewesen war, mussten zuvor selbst gründlich nachgedacht haben. Einige Frauen haben mir berichtet, dass ihre Kinder ihnen in solchen Diskussionen und Auseinandersetzungen nichts geschenkt hätten und sie dies gezwungen habe, sich genaue Rechenschaft abzulegen. Für die Lehrerinnen, besonders die Geschichtslehrerinnen, waren die Schüler eine ständige Herausforderung. Sie mussten gefasst sein auf die Frage: »Und was haben Sie damals gemacht?«.

Insgesamt haben sehr verschiedene Anstöße zusammengewirkt, wodurch sich der gesamte Prozess nicht mehr exakt rekonstruieren lässt. Meist dauerte er lange und ist z.T. bis heute nicht zu Ende gekommen.[27]

Wo alle diese Hilfen und Anstöße fehlten, nahmen die Frauen, wenn es denn nötig war, ihre Zuflucht zu den angebotenen Stereotypen, die wir kennengelernt haben. Sie eigneten sie sich an, ohne sie zu befragen, oder sie setzten an die Stelle historischer Erkenntnis allgemeine Lebens- und Spruchweisheiten des gesunden Menschenverstandes, z. B.: »Wenn zwei sich streiten, ist niemals nur einer alleine schuld« (zur Kriegsschuld), oder: »Es gibt überhaupt nichts, was einfach nur schlecht ist« (zum Nationalsozialismus insgesamt), oder: »Es gibt überall und immer gute und schlechte Menschen« (zum Verhalten der Besatzer, zu den Nationalsozialisten insgesamt).

Wenn wir nun aber festgestellt haben, dass es offenbar sehr viele Frauen gibt (eine genauere Quantifizierung ist auch hier nicht möglich), die ihre NS-Vergangenheit nicht oder (nach unseren Kriterien) nur sehr unzulänglich verarbeitet haben und mehr oder weniger leicht zur Tagesordnung übergegangen sind, dann müsste doch eine logische Folgerung sein, dass es noch sehr viele verkappte Nazis unter ihnen gibt, nicht nur die wenigen, von denen ich am Anfang dieses Kapitels sprach. Eine solche Folgerung ist falsch. Die Berichte meiner Zeitzeuginnen haben eine viel größere Vielschichtigkeit und Differenz aufgezeigt, als ein solcher Schluss nahelegt. Zudem überschätzt diese Folgerung den Einfluss des Nationalsozialismus und der Kriegserfahrungen auf die jungen Mädchen und Frauen bei weitem.

Prägekraft des Nationalsozialismus

Um Missverständnissen vorzubeugen: Es ist überhaupt nicht anzuzweifeln, dass der Krieg das *äußere* Leben der Frauen ganz entscheidend beeinflusst hat. Das Leben fast aller Frauen wäre in normalen Zeiten ganz gewiss anders verlaufen. Anders ist es bei der »inneren Biografie«. Damit ist ihre innere Entwicklung gemeint, die Entwicklung ihrer Wertewelt, der Hauptantriebskräfte und der Zielsetzungen ihrer Lebensführung.

Man kann heute bei manchen Autoren lesen, der Nationalsozialismus habe die damals erwachsenen Menschen psychisch deformiert, habe ihre Persönlichkeit in ihrem humanen Kern zerstört[28], und nur die hartnäckige Verdrängung und Leugnung der eigenen Verstrickung habe es ihnen ermöglicht, weiterhin aktionsfähig zu bleiben.[29] Auch die pauschal abqualifizierende Rede von den »Täterinnen« weist in dieselbe Richtung.

Gerade die Methode von Oral History, die sich den Biografien der einzelnen zuwendet und über punktuelle Interviews hinaus die Lebensgeschichten längerfristig verfolgt, wie es mir in sehr vielen Fällen möglich war, ist geeignet, solche Thesen zu überprüfen. Sie sind nach meinen Erfahrungen nicht haltbar.

Ohne dass ich den Fragen nach den Ursachen längerfristiger Veränderungen im Wertesystem, dem Wandel von Mentalitäten oder gar dem »kollektiven Unbewussten« in dieser Arbeit nachgehen kann, lassen sich doch zur Prägekraft des Nationalsozialismus einige Ergebnisse festhalten:

Dass der Einfluss des Nationalsozialismus selbst auf die jungen Mädchen oft in starker Konkurrenz zu anderen Einflüssen, vor allem von Elternhaus, Schule und Kirche, stand und dass man deshalb kaum von einer völlig »gleichgeschalteten Hitlerjugendgeneration« sprechen kann, wurde schon in Kapitel 2 herausgearbeitet. Dass das allgemeine Desinteresse der Frauen an Politik gleichzeitig eine Schranke gegen den totalen Zugriff des Regimes war, zeigte das dritte Kapitel. Die ideologische Vereinnahmung der Frauen gelang nicht. Ich bezweifle daher ganz allgemein eine starke Prägekraft des Nationalsozialismus und der Kriegserfahrung auf die Grundstruktur der Persönlichkeit der Frauen und ihre fundamentale Wertewelt. Dabei berufe ich mich nicht auf Theorien und Erkenntnisse der Individualpsychologie, sondern auf die Eindrücke aus den Gesprächen und auf Langzeitbeobachtungen der Lebensgeschichten. Ich fand dabei immer mehr bestätigt, was Goethe in seinen »Urworten« so ausgedrückt hat:

> »Und keine Zeit und keine Macht zerstückelt
> Geprägte Form, die lebend sich entwickelt.«

Was verstehe ich unter der Persönlichkeitsstruktur oder dem Wesenskern? Auch dies kann und will ich nicht einer Theorie gemäß fassen, sondern bescheidener umschreiben als Hauptantriebskraft und Kompass des eigenen Lebensentwurfs. Dazu gehören auch die tiefsten Werte, denen sich eine Frau verpflichtet fühlt. Es geht also um die Frage nach Kontinuität oder Bruch der »inneren Biografie«.

Meine Beobachtungen haben mir gezeigt, dass sich zwar viele Anschauungen geändert haben, auch viele Lebensgewohnheiten, die Kritikfähigkeit u.U. mit dem Älterwerden zugenommen hat, dass sich die Grundstruktur aber nicht geändert hat. Natürlich kann ich mir nicht anmaßen, meine weit über 300 Gesprächspartnerinnen in ihrem oben beschriebenen Kern erfasst zu haben, aber ich kann bestimmte Ausdrucksformen bezeichnen, in denen sich dieser »Kern« manifestiert.

Mit einigen wenigen Beispielen möchte ich meine These belegen, dass der Nationalsozialismus keinen Bruch der »inneren Biografie« bewirkte. Ich greife dabei vor allem auf die Biografien in Band I zurück:

Die pragmatische und tüchtige Geschäftsfrau Mathilde W., der »das Geschäft« (neben der Familie) das Wichtigste im Leben war, ist heute noch mit über 80 Jahren im Geschäft tätig. Sie wäre auch in die Partei eingetreten, wenn das für das Geschäft günstig gewesen wäre; aber im übrigen hat sie die NS-Ideologie kaum gestreift.

Da ist die Frau, die von sich sagte: »Ich habe damals mein Bestes gegeben« (Eva L., 1919). Der Einsatz für andere Menschen ist die Hauptantriebskraft ihres Lebens. In Hitlerjugend und Arbeitsdienst hatte sie Aufgaben gefunden, die sie gefordert haben, und noch heute stellt sie sich in zahlreichen Ehrenämtern und Aktivitäten für die Gemeinschaft Aufgaben, die sie ausfüllen.

Oder die Familienmutter Annelies N. (1906), deren wichtigster Bezugspunkt damals schon Ehe und Familie war und die sie so ausfüllten, dass sie die politischen Geschehnisse nur am Rande wahrnahm, ist heute noch völlig zentriert auf Familie und Enkel, obzwar politisch wacher und kritischer.

Ein Leitmotiv im Leben von Frauen kann auch die Aufsteigermentalität sein, die Zielstrebigkeit zu lernen und weiterzukommen. Dafür steht die Biografie von Ella K. (1921). Diese Leitlinie hielt sich durch, und der Nationalsozialismus hat sie nur insoweit interessiert, als er ihr Chancen für das eigene Fortkommen eröffnete.

Oder denken wir an die Bäuerin Maria K. (1908), die ihren Lebenssinn im »Schaffen« für ihre Kinder sah. Tüchtig und »schaffig« ist sie geblieben, damals und heute ohne politischen »Ballast«.

Schließlich die damalige Jungmädelführerin Gertraud L. (1928), die den Pflichtgedanken zutiefst verinnerlicht und mit ihrem christlichen Glauben verschmolzen hatte: Sie blieb diesen Grundwerten treu, nun aber nicht mehr im Dienste des Nationalsozialismus, sondern in ihrem Beruf und in ihrer Familie.

Meine Erfahrung, dass der Persönlichkeitskern durch den Nationalsozialismus nicht »umgeprägt«, geschweige denn deformiert wurde, wird durch andere Zeugnisse bestätigt:

GERTRAUD L. (1928): »Nach 40 Jahren traf sich unser Abiturjahrgang (Abitur 1948) wieder, und wir mussten alle feststellen: Wir sind zwar älter geworden, manche waren grau, dicker als früher, sahen überhaupt etwas anders aus, aber sie waren dieselben geblieben. Keine ist aus ihrer Rolle herausgefallen, aus keiner ist etwas geworden, was sich niemand hätte vorstellen können. Alle haben sozusagen ›ihre Bestimmung‹ erfüllt, und dies unabhängig von ihren glücklichen oder unglücklichen Schicksalen.«

Die eben zitierte EVA L. (1919) sagt über ihren großen Bekanntenkreis: »Es ist eigentlich niemand auf Grund der falschen Erziehung ... missraten. Es ist aus allen was Ordentliches geworden... Sie sind größtenteils, größtenteils sehr einsichtig, haben dazugelernt.«

Auch in den Rundbriefen deutscher Lehrerinnen 1899 – 1968 schreiben die Kurskameradinnen der Jahrgänge um 1879 zwar ihre Kriegserlebnisse nieder (die Rundbücher 1908 bis 1938 sind verlorengegangen), bei vielen wird auch recht deutlich, wie sie zu Hitler stehen, aber das berührt in keiner Weise ihr Gespräch untereinander. Nach 1945 ist davon überhaupt nicht mehr die Rede, ein Zeichen für fast völlig fehlende Auseinandersetzung, aber ein Zeichen auch, dass für ihre persönlichen Beziehungen und für das, was ihr Leben wirklich ausfüllte, diese politische Dimension peripher war und sie sich gegenseitig als die Freundinnen und Menschen sehen konnten, die sie ohne Nationalsozialismus gewesen waren und trotz des Nationalsozialismus im Kern geblieben sind.[30]

In dem Buch von Marie Lammers über Lebenswege in Ost- und Westdeutschland sagt eine Frau namens Ines (der Nachname wird nicht mitgeteilt) über ein Klassentreffen nach mehr als 40 Jahren: »Ich glaube, in Äußerlichkeiten werde ich mich verändert haben, aber im Wesen bin ich immer die gleiche geblieben, die ich war, und so habe ich auch die meisten anderen empfunden.«[31]

Auch für die Jüngeren scheint mir die Prägung durch die Primärsozialisation im Kindesalter viel stärker gewirkt zu haben, und hier wurden gerade von den Müttern alte, nicht vom Nationalsozialismus erfundene Denk- und Verhaltensmuster tradiert.[32] Manches, was heute in ihren Erzählungen »faschistoid« klingen mag, z. B. die hohe Wertschätzung des Pflichtgedankens, der Mutterrolle, der Nation, hat viel weiter in die Vergangenheit zurückreichende Wurzeln.

Bei den damals ganz Jungen überrascht sogar der fast bruchlose Übergang zu einem Leben, das ähnliche Grundmuster zeigt wie ihr Leben im Nationalsozialismus, nur die Vorzeichen wechselten.

Maria T. (1931): Jungmädelschaftführerin, fährt ohne irgendwelche Skrupel bei ihrer Erzählung über die Zeit nach 1945 fort: »Und dann hatte ich Gruppenarbeit für katholische Mädchen.« In ihrem Zimmer »machte« der Kaplan, den sie sehr verehrte, einem jungen SS-Mann »den SS-Stempel weg, so dass er ruhig heimlaufen konnte«.

Hannelore H. (1932), begeistertes Jungmädel, wechselte zur evangelischen Jugend und sagt: »Ich bin wieder in eine Gemeinschaft gekommen, die anders herum gepolt war.«

Nicht wenige Frauen erzählten mir ihre Lebensgeschichte als eine Ich-Findungs-Geschichte, ein Zu-Sich-Selbst-Kommen, ein Aufwachen. In diesem Selbstfindungsprozess waren die zwölf Jahre des Nationalsozialismus zwar eine wichtige, aber nicht alles entscheidende Zeit. Die Schlüsselerlebnisse waren nicht abhängig von politischen Zäsuren und hatten mit der NS-Politik nur bedingt zu tun. Wichtiger waren z. B. das Sich-Lösen vom Elternhaus, von zu beengenden patriarchalischen und mütterlichen Bindungen, Schul- und Universitätserfahrungen, der eigene Reifungsprozess, Partnerbeziehungen, Freundschaften und nicht zuletzt religiöse Erlebnisse. Man kann also sagen: Die entscheidenden Weichenstellungen für die »innere Biografie« einer Frau gingen nicht vom Dritten Reich aus, sondern lagen davor oder danach oder auch verquickt mit der NS-Ideologie. Widersprechen muss ich Ralph Giordano also, wenn er in seinem Buch »Die Zweite Schuld«[33] den »irreparablen Verlust der humanen Orientierung« als eine seiner Hauptthesen glaubt konstatieren zu müssen. Das müsste für den engeren Kreis der »Täterinnen« und der Frauen von »Tätern« geprüft werden. Für die überwiegende Mehrheit der »Durchschnittsfrauen«, mit denen ich es in meiner Arbeit zu tun hatte, ist das *so* auszuschließen.

Noch etwas weiteres gilt es zu bedenken: Fairerweise kann man von diesen Frauen nicht erwarten, dass sie für eine Politik »Vergangenheitsbewältigung« leisten sollen, die in ihren Augen Männersache war. Der NS-Staat war ein Männerstaat. Die große Politik, die Feldzüge, die Aktionen im rückwärtigen Frontgebiet wurden fast nur von Männern ausgeführt. Dass auch Frauen dabei assistierten, ist wahr.[34] Aber es waren verhältnismäßig wenige, und diese befanden sich in Abhängigkeit von männlichen Vorgesetzten. Damit soll ihre Verantwortung nicht geleugnet werden. Noch viel weniger soll der indirekte Beitrag der Frauen zur Kriegführung bestritten werden. Die Ambivalenz ihrer Leistungen wurde in Band II mehrfach thematisiert. Aber der Vernichtungsapparat wurde von Männern erdacht und organisiert. Damit sollen keine Fronten aufgebaut und auch keiner »Gnade der weiblichen Geburt« (Karin Walser) das Wort geredet werden. Dennoch dürfen die Unterschiede nicht einfach übersehen werden. Keine meiner Gesprächspartnerinnen hat übrigens auf diese Unterschiede hingewiesen und sich hinter ihrer Weiblichkeit verschanzt. Aber Historiker sollten Differenzen registrieren, wenn über die Vergangenheit gesprochen wird. Die Vergangenheiten der Männer waren andere als die der Frauen, also muss auch die Auseinandersetzung der Frauen mit ihrer Vergangenheit eine andere sein als die der Männer.

KAPITEL 10

»Nie wieder Krieg!«

Krieg als Schicksal?

Die Kriegserfahrung bis 1945

Kriegsbeginn

Der Krieg war von Anfang an das Ziel der nationalsozialistischen Politik. Aber Hitler hat es verstanden, seine Absichten hinter Friedensreden zu verstecken und dem deutschen Volk wie auch dem Ausland vorzumachen, es gehe ihm lediglich um die Revision von Versailles. Unter Berufung auf das Selbstbestimmungsrecht der Völker gelang ihm ein Erfolg nach dem anderen: von der Besetzung des Rheinlands (1936) über den »Anschluss« Österreichs (1938), die Angliederung des Sudetenlandes (1938), des Memelgebietes (1939) bis zur Besetzung der Resttschechei und ihrer Proklamierung zum »Reichsprotektorat Böhmen und Mähren« (März 1939).

Fast alle meiner Zeitzeuginnen waren überwältigt von diesen Erfolgen. Die unmittelbaren Zeugnisse aus der damaligen Zeit sind noch enthusiastischer als die Erinnerungen, die durch den nachfolgenden Krieg überschattet und entwertet wurden. Aus den Rundbriefen deutscher Lehrerinnen:

EMMA LEBER, geb. Knies (ca. 1878) am 23.10.1938: »Eine ungemein sorgenvolle, aber auch hoffnungsfrohe Zeit liegt hinter uns. Welche Gnade ist doch unserem Führer vom Herrgott verliehen, dass er uns so führen kann. Alle seine Erfolge hat er ohne Blutvergießen erreicht. Und was wird Hitler noch alles erreichen!«[1]

Das ist der Tenor fast aller Briefe. Besonders, dass diese Annektionen und militärischen Besetzungen »ohne Blutvergießen« abliefen, wird immer wieder mit Erleichterung und Bewunderung betont.

Aus dem Tagebuch von LENI H. (1893) am 12.3.1938: »Anschluss Österreichs. Großes *historisches* Ereignis. Wir sind so glücklich, dieses Weltgeschehen miterlebt zu haben. Wir sind uns bewusst der Größe dieser Zeit; wir glauben unbedingt an den Führer, an seine Sendung, an seine Genialität, an die Lauterkeit seines Wollens. Wir haben als Zeitgenossen das Glück, sein Vorbild in unseren Alltag hineinstellen zu können.«
15.3.1938: »Schon um 6 Uhr verlas Goebbels eine Proklamation des Führers, dass unsere Truppen Böhmen und Mähren besetzen, um den Frieden in Mitteleuropa zu gewährleisten. Man steht stumm und ergriffen vor der Größe unseres Führers.«
30.9.1938: »Heute früh 7 Uhr brachte das Radio, dass die 4 Staatsmänner (Hitler, Mussolini, Chamberlain, Daladier) durch ihre Beschlüsse den Frieden gesichert haben. Wir marschieren ein in der Tschechei ... Wir leben alle auf, um einen großen Druck befreit.«
3.5.1939: »Es sieht ernst aus in der Politik. Polen stellt Forderungen an uns, die wir nicht erfüllen können. Man muss immer wieder mit Krieg rechnen. Ich persönlich habe mir durch all die Ereignisse der letzten Jahre den Gedanken an Wunder angeeignet. Wer hätte gedacht, dass unser Führer die Fragen Böhmen, Mähren, Österreich so reibungslos lösen würde. Warum soll ihm das nicht auch in Zukunft gelingen?«

UTA M. (1932), die als Kind den Einmarsch deutscher Truppen ins Sudetenland miterlebt hat: »Diese Freude, die kann sich eigentlich kein Mensch ausmalen, die wir hatten, dass wir wieder Deutsche wurden... Bei Hohenelbe war über die Straße ein Transparent gespannt: ›Nun danket alle Gott. Heil Hitler!‹«

Trotz aller politischen Erfolge Hitlers war die Besorgnis vor einem möglichen Krieg ständig präsent und wurde bei jeder Krise belastender, besonders bei Frauen, die wehrpflichtige Männer und Söhne hatten. Das spiegelt sich in den Briefen aus jenen Tagen sehr deutlich.

MATHILDE RÖMER (ca. 1878) am 9.8.1939 aus Bad Godesberg nach dem Besuch Chamberlains mitten in der Sudetenkrise: »Am Tage nach dem Treffen musste auch mein Sohn Rudolf uns verlassen. Er war zur Fliegertruppe einberufen. Wie froh waren wir, als er schon wenige Tage später wieder bei uns war. Anstatt in den Krieg zu ziehen, sollte er – stellvertretend für seine Schule – im Haus der Flieger in Berlin den ›Prandtl-Preis‹ empfangen. Wie schön wäre es, wenn sich derartige Ängste immer so schnell wieder auflösten!«[2].

Im Laufe des August 1939 warf der Krieg immer deutlicher seine Schatten voraus.[3] Die ersten Gestellungsbefehle ergingen, Luftschutzübungen wurden angeordnet. Die Kriegsvorbereitungen hatten schon viele Jahre zuvor auf wirtschaftlichem und militärischem Gebiet begonnen, auch Frauen mussten den »Ernstfall« schon früh proben:

LENELOTTE B. (1915): »Seit 1935 studierte ich die Fächer Deutsch, Englisch und Geschichte. Wir Studentinnen mussten kriegsvorbereitende Kurse machen – wir fanden das ein bisschen verrückt, aber an Krieg und bevorstehende Gefahr mochten wir eigentlich doch nicht denken. Wir lernten Kohl- und Fischgerichte kochen, denn Kohl und Fisch würden wohl auch in Notzeiten zu haben sein; wir lernten Nachrichten durchgeben, erste Hilfe, wir wurden durch harten Sport leistungsgedrillt und lernten Schießen!«

BERTA KUSENBERG (ca. 1878) schreibt am 28.8.1939 aus Sterkrade: »Wieder erhalte ich das Rundbuch in einem Moment höchster politischer Spannung. Man ist unfähig, an etwas anderes zu denken als an die Kriegsgefahr.

Auf der Autobahn hört man den ganzen Tag und auch die ganze Nacht ununterbrochen das gleichmäßige rollende Geräusch der Militärtransporte. Fast aus jeder Familie ist der Sohn, der Vater oder der Ehemann zum Militär geholt worden. Zwar laufen noch die Verhandlungen, und man hofft und hofft. Wenn doch die Feindmächte endlich den unseligen Versailler Vertrag annullieren würden. Warum begreifen sie nicht, dass das einmal begangene Unrecht am deutschen Volk endlich wiedergutgemacht werden sollte?... Die Sorge um uns Alte ist klein im Verhältnis zur Sorge um unsere Söhne. Unser Ältester befindet sich als Marineoffizier schon auf seinem Kriegsschiff. Die zwei jüngeren Söhne haben zwar noch nicht gedient, aber sie müssen in Kürze mit ihrer Einberufung rechnen. Bestimmt werden sie ihr Studium unterbrechen müssen, für wie lange? Hedes Mann ist – Gott sei Dank – nur innendiensttauglich. Er wird deshalb in der Heimat eingesetzt werden...

Mein Sohn Herbert, der uns – von Hamburg kommend – noch einen Kurzbesuch abstatten konnte, schilderte erschütternde Szenen, die sich bei der Evakuierung der friesischen Inseln abspielten. Alles drängte in die Züge, die so überfüllt waren, dass er sieben Stunden auf der Ziehharmonika zwischen zwei Waggons stehend zubrachte. Wie gerne würde ich Euch etwas von meinen Enkeln – von ihrem netten Geplauder – berichten. Aber das wird mir heute doch nicht gelingen. Allzusehr ist man mit den Gedanken beim drohenden Krieg. Bis morgen müssen wir auch unseren Luftschutzkeller noch ausbauen. Was sollen wir für Vorräte in den Keller bringen? Unser Platz ist sehr begrenzt. Sind Decken wichtiger als Lebensmittel? Alle solche Gedanken gehen in mir um. Hoffentlich herrscht bei meinem nächsten Bericht wieder tiefer Friede, und all die schweren Gedanken waren überflüssig.«[4]

Nur die ganz jungen Mädchen empfanden bei diesen immer offensichtlicheren Kriegsvorbereitungen so etwas wie Spannung und Abenteuer, kannten sie ja Kriege nur aus ihren Geschichtsbüchern. Sie waren stolz, »in einer großen Zeit« zu leben oder sie erwarteten Ungewöhnliches.

INGE R. (1924): »Als am 1.9. der Krieg ausbrach, wir hatten damals ein Mädchen, weil Mutter krank war, da fing die an zu weinen. Sie hatte einen Verlobten, der ist dann gleich zu Beginn des Russlandfeldzugs gefallen. Ich hab's nicht begriffen, warum sie weinte. Schon vor dem Krieg hatten wir Probeluftalarm und mussten mit Gasmasken üben. Wir hatten Angst vor Gaskrieg. Die ersten drei Nächte fand ich es sehr romantisch. Damit ich schnell rennen konnte, bin ich die drei Nächte im Sportanzug ins Bett gegangen. Tatsächlich waren die ersten drei Nächte Alarm. Von der vierten Nacht an zog ich wieder den Pyjama an. Ich dachte, da wird ein Lager aufgeschlagen und fand das furchtbar romantisch. Die Romantik verging dann sehr schnell... Wir hatten damals schon nicht genug Butter. Am Essen haben wir vom ersten Tag an den Krieg gemerkt. Am 3. September kam die englische Kriegserklärung übers Radio. Da war es totenstill und bedrückt. Diesen Schock weiß ich noch wie jetzt. Man hat weitergegessen, keiner hat gesprochen.«

Als der Krieg tatsächlich am 1. September 1939 »ausbrach«, waren die Reaktionen sehr unterschiedlich: Manche fühlten sich einfach in ihren privaten Unternehmungen gestört. Maria H. (1922) z. B. ärgerte sich, dass wegen des Kriegsbeginns die Tanzstunde ausfiel, und sie sagt: »Man war mit sich und seiner Welt beschäftigt.« Viele junge Mädchen empfanden ähnlich. Sie interessierten sich nach wie vor nicht für »Politik« und konnten sich überhaupt nicht vorstellen, was ihnen bevorstand.

Die erwachsenen Frauen aber, besonders diejenigen, die schon den Ersten Weltkrieg erlebt hatten – und dazu gehören z. B. die zitierten Frauen der Rundbriefe – waren von banger Sorge und schlimmen Vorahnungen erfüllt. Sie erinnerten sich an den Hunger und die Not, vereinzelt sogar an Bomben, vor allem aber an die Trennung von den Männern.

GRETEL D. (1903): »Ich vergesse gar nie, wie wir nachts liegen, und auf einmal heißt's: ›Aufmachen, Stellungsbefehl!‹. Aber nicht bei uns, in der Nachbarschaft: ›Stellungsbefehl!‹. Das vergesse ich gar nicht, mir kommen auch jetzt noch schier die Tränen. Ich vergesse gar nicht, wie ich furchtbar geweint habe. Weil ich ja den Ersten Weltkrieg noch erlebt habe. Wie mein Vater von sechs Kindern geholt worden ist. Er hat einrücken müssen, 1914, und ich sehe heute noch, wie mein Vater auf dem Pferd hinausgeritten ist, und das Pferd hat so gescheut, und wir Kinder sind alle so dagestanden. Und da habe ich (*bei Beginn des Zweiten Weltkrieges*) zu meinem Mann gesagt: ›Geht denn der alte Tanz wieder an? Das ist ja grauenhaft!‹«.

FRIEDA E. (1920) war damals »in Stellung« bei einem Oberregierungsrat: »Und dann hat's halt am e schöne Morge g'heiße: Es isch Krieg. No isch der Herr d'Stege (*die Treppe*) nauf und hat seiner Frau g'sagt: ›Mutti, 's isch Krieg.‹ Aber so wie die Frau über ihre Kinder nei (*hinein*) geweint hat an dem Morge, des werd i nie vergesse. An jedes Bettle isch se. Ja, wisset se (*wissen Sie*), die Alte hend g'wisst (*haben gewusst*), was Krieg heißt, ja die hent's g'wisst. Mei Mutter hat immer g'sagt, wenn man die Name g'hört hat von die Städte von Frankreich und au von Russland, sie hat grad de Eindruck g'hett (*gehabt*), es sei erscht gestern g'we (*gewesen*), vom Ersten Weltkrieg. Und ...ja, und no secht (*sagt*) die Frau: ›Machet Se die Schublad auf in der Kommode.‹ Da waren alle Verdunklungsvorhänge drinne, die waren genäht und fertig. Heut nehm i an, dass der Mann eher davo (*davon*) g'wusst hat.«[5]

Aus den Zeugnissen ist zu sehen, typisch an dem Brief von Berta Kusenberg und den Tagebuchnotizen von Leni H., dass es offenbar der nationalsozialistischen Propaganda wiederum gelungen war, die Schuld »den Feinden« zuzuschieben, ging es doch bei dem Angriff auf Polen offiziell um den »Korridor«[6] und Danzig, ein auch im Versailler »Diktat« abgetrenntes, angeblich rein deutsches Gebiet. Dabei schienen Hitlers Forderungen maßvoll. In den Zeitungen und im Rundfunk wurden Berichte von »bestialischen Greueltaten« der Polen an der deutschen Bevölkerung in die Welt gesetzt und geglaubt. Keine Frau konnte damals wissen, was Hitler in einer Besprechung mit den Oberbefehlshabern der Wehrmacht in der Reichskanzlei am 23. Mai 1939 geäußert hatte: »Danzig ist nicht das Objekt, um das es geht. Es handelt sich für uns um die Erweiterung des Lebensraumes im Osten...«[7]. Ebensowenig wussten sie, dass Goebbels der Presse vorgeschrieben hatte, Greueltaten an der deutschen Bevölkerung durch Polen groß aufzumachen, um die polenfeindliche Stimmung in der Bevölkerung anzuheizen.[8] Die meisten Frauen, besonders in christlichen Kreisen, glaubten immer noch, dass »die Obrigkeit« sie doch nicht derart belügen könne.

CHARLOTTE P. (1925), deren Eltern fromme Pietisten waren: »Meine Eltern hielten es nicht für möglich, dass eine Regierung falsche Meldungen verbreiten lassen könnte.«

So wurde der Krieg von fast allen Frauen als gerechter Krieg empfunden; sie glaubten der offiziellen Version. Sie lässt sich zusammengefasst sehr gut in einem Schulbuch für »Landmädel« aus dem Jahre 1941 nachlesen.

»Das verstümmelte Deutschland war nach sechsjähriger Friedensarbeit des Führers zum Großdeutschen Reich emporgewachsen. Bis zum Ausbruch des Krieges stieg es nach seinem Flächenraum von 47000 qkm auf 635000, der Volkszahl nach stieg es von 66 auf 88 Millionen. England und Frankreich waren demgegenüber bestrebt, den weiteren Aufstieg zu hemmen, das Deutsche Reich einzukreisen und es wieder seiner Macht zu berauben, wenn sich die Gelegenheit dazu böte. Überall in der Welt bemühten sie sich um Bundesgenossen gegen Deutschland. Besonders Polen sollte für ihre eigennützigen Zwecke eingespannt werden. Der Führer war stets bestrebt, mit Polen in Frieden zu leben. Er suchte Polen zu bewegen, Danzig unter die deutsche Oberhoheit zu stellen und uns einen schmalen Landstreifen als Durchgang durch den Korridor abzutreten. Das waren die geringsten Forderungen, die überhaupt nur gestellt werden konnten. Polen verschloss sich diesem Entgegenkommen. Es begann noch mehr als bisher das Deutschtum zu drangsalieren, so dass der Führer zu den Waffen greifen musste.«[9]

Die Wirkung des Geschichtsunterrichts auf die Einstellung zum Krieg darf nicht unterschätzt werden. Alte Einkreisungsängste, alte Feindbilder aus dem

Ersten Weltkrieg werden hier beschworen, England als Hauptschuldiger, der Polen aufhetzt. Und exakt so spiegelt es sich in den Erinnerungen von Frauen.

LORE E. (1922): »Wir glaubten uns von der ganzen Welt verfolgt. Aber das haben die Deutschen, glaube ich, schon lange. Denn mein Vater besaß ein Bilderbuch aus seiner Kindheit: Der deutsche Michel in einem Garten, und rund um den Zaun der Franzos', der Engländer, der Amerikaner und der Russ' mit den entsprechenden Kopfbedeckungen als Kinder, die ihn bespuckten und beschimpften, und zum Schluss blieb dem Michel nichts anderes übrig, als sie der Reihe nach zu verdreschen.«

Den Jüngeren leuchtete auch die These vom »Volk ohne Raum« ein.

HANNELORE S. (1927): »Man hat uns immer klargemacht, dass das deutsche Volk Raum braucht. Ich weiß nicht, ob ich mir damals vorgestellt habe, dass wir in luftleere Räume vorgerückt sind, das weiß ich nicht mehr, aber der Korridor schien mir berechtigt.«

Oder sie sahen den Krieg als letzte Bewährungsprobe, in der man sich noch einmal gegen eine »Welt von Feinden« behaupten musste.

EVA L. (1919): »Wir haben ... den Krieg nicht mit Begeisterung aufgenommen, sondern hatten das Gefühl, ... das muss halt nun nochmals sein, und dann gewinnen wir natürlich, und dann fängt also das goldene Zeitalter an, so ähnlich hat man gedacht.«[10]

So ließ sich das seit dem verlorenen Ersten Weltkrieg in weiten Kreisen herrschende Geschichtsbewusstsein mühelos mit nationalsozialistischem Gedankengut verschmelzen. Auch wenn von den Zeitzeuginnen – zumindest heute – nicht ausdrücklich die NS-Terminologie vom »Schicksalskampf unseres Volkes«, vom »uns aufgezwungenen Krieg«, vom »Kampf um Sein oder Nichtsein« verwendet wird, so wurden die Vorstellungen inhaltlich doch von vielen, besonders den Jüngeren, geteilt.

Hinzu kam – wie schon im Ersten Weltkrieg – die Hoffnung auf einen kurzen Krieg.

KLARA W. (1926): »Damals hat man gemeint, in einem halben Jahr ist alles vorbei.«

Aber die meisten Frauen legten sich die Vorgänge nicht einmal so genau zurecht, sondern machten sich überhaupt keine Gedanken über die Kriegsursachen, noch suchten sie nach Verantwortlichen. Der Krieg war für sie einfach ein Schicksalsschlag, er »brach aus« wie ein Unwetter oder wie eine »verheerende Seuche«, wie sich eine Frau ausdrückte. Nach solchen sehr verbreiteten Vorstellungen ist der Krieg etwas, was einem von außen widerfährt, zustößt, an dem man selbst gar keinen aktiven Anteil hat. Die Verantwortlichkeit wird vernebelt in Wendungen wie »notwendiges Übel«, »eine Tragödie«, »eine grauenhafte, unbegreifliche Katastrophe«, auch zurückgeführt auf eine »unbegreifliche Veranlagung der menschlichen Natur«.

LISELOTTE ORGEL-PURPER (1918) in einem Brief an ihren Mann im Feld vom 16.12.1943: »Dieser ewige Wahn, der über der Menschheit seit Jahrtausenden hängt. Und immer Vernichtung und keine Antwort auf die Frage: Wozu?. Immer hat man Gründe zur Hand gehabt, aber waren es Gründe? Stand der Gewinn jemals im Verhältnis zu den Opfern?. Die Menschen sind von einem Wahn befallen, und sie ruhen und ruhen nicht, bis sie sich selbst zerfleischt haben.«[11]

Die Frauen fanden sich unter Bangen und Hoffen einfach damit ab, dass ihre Söhne, Männer und Brüder »einrücken« mussten. Es war schon immer so gewesen. Was hätten sie auch machen können, hielten sie mir in den Gesprächen entgegen, wenn wir auf dieses Thema zu sprechen kamen.

ANNELIESE W. (1921): »In unserer Generation einen Mann nicht in den Krieg gehen zu lassen oder einen Vater oder einen Bruder, das ist so was von absurd ... weiß ich gar nicht, was anderes dafür zu sagen, als dass es einfach absurd ist.«

Bemerkenswert ist, dass sich die Einstellung zur Politik mit Kriegsbeginn auch bei denen änderte, die dem Regime kritisch gegenüberstanden. Sie trennten jetzt die nationalsozialistische Herrschaft vom Vaterland. Dass beides sich in dieser Situation nicht trennen ließ, wurde nicht erkannt. Für diese nur national, nicht nationalsozialistisch denkenden Menschen ging es jetzt nicht mehr um die Treue zum Nationalsozialismus, die sie ablehnten, sondern um die Treue zu Deutschland. Jetzt hatten jeder Mann und jede Frau ihre Pflicht zu tun und das Vaterland zu verteidigen.[12] Dies fanden auch viele, die den Krieg nicht einmal als gerecht betrachten konnten.

ANNELIES N. (1906) berichtet von der Einberufung ihres Verlobten, den sie zu Anfang des Krieges heiratete: »Man hat schon gewusst, dass es ein ungerechter Krieg ist. Er hat seine Pflicht getan, aber er fand den Krieg sehr ungerecht.«[13]

VILMA STURM (1912) in ihrer Autobiografie: »Die Partei war nicht Deutschland, sie war ein ziemlich widerwärtiges Instrument, um Deutschlands Herrlichkeit nach der Versailler Schmach wiederherzustellen.«[14]

RUTH B. (1919) arbeitete als Schwester in einem Lazarett: »Die Offiziere betrachteten ihr Soldatsein als Verpflichtung dem Vaterland gegenüber. Ich kann mich nicht entsinnen, dass einer dieser Herren, auch die älteren nicht, begeistert von Hitler sprachen.«

Und DOROTHEA B. (1922), die als überzeugte Christin eigentlich gegen Hitler und gegen das Töten eingestellt war, wurde bald nach Kriegsbeginn Krankenschwester und freute sich, dass sie »rauskommt ins Feld und da Verwundete pflegen darf«.

Die beiden großen christlichen Kirchen bestärkten die Menschen in dieser Gesinnung. Die Gläubigen wurden jetzt erst recht zu treuer Pflichterfüllung dem Staat gegenüber angehalten. Zahllose Predigten und Hirtenbriefe zeugen davon. In den Gottesdiensten wurde für den Sieg der deutschen Waffen gebetet.[15]

ANKE GEIGER zitiert einen Brief des Vorstandsvorsitzenden des Deutschen Evangelischen Frauenbundes vom 5. September 1939, der am 25. September im Frauenbund Nürnberg verlesen wurde und sich auf den Kriegsbeginn beziehen lässt: »Lasst uns nicht verstehen wollen, sondern Gottes Prüfung standhalten.«[16]

In den kirchlichen Mädchenkreisen wurde fast niemals von Politik gesprochen, erst recht nicht vom Krieg, und wenn, dann eben nur in der Form, dass jede an ihrem Platz jetzt treu ihre Aufgaben zu erfüllen habe, auch und gerade in dieser »schweren Zeit«.

Christel Beilmann (1921) arbeitet in ihrer reichen autobiografischen Sammlung von Briefen, Berichten, Dokumenten diese Sinngebung des Krieges in den lebendigen katholischen Kirchenkreisen, besonders unter der Jugend, sehr klar und kritisch heraus.[17] So ging es in der katholischen Jugend darum, diesen Krieg zu bestehen, damit nachher etwas Neues, eine neue christliche Ordnung, entstehen könne. Man sollte sich bereit und fähig halten, an diesem Wiederaufbau mitzuwirken und das Schwere auf sich nehmen, um seine Seele zu läutern. Für diese Jugendlichen war der Krieg – wenn auch in einem besonderen geistlichen Sinn – eine Bewährungsprobe. Wo Recht, wo Unrecht lag, wurde nicht analysiert.

Pfarrer trösteten die Menschen in ihrer Trauer um Vermisste und Gefallene, aber die Ursachen und die Verursacher dieser Trauer kamen nicht in den Blick.[18] Es gab sogar Kriegsbegeisterung, was selten vermutet wird.

LIESELOTTE S. (1921) schildert folgende Szene: »Als der Krieg ausgebrochen ist, war ich 18 Jahre, da war ich auch Dienstmädchen. Das war früher so, wenn man arm war, da war ja Arbeitslosigkeit, und auf dem tiefsten Land gab's keine andere Möglichkeit. Und da bin ich im Harz gewesen, in Hahnenklee, da war ich Zimmermädchen. Da waren zwei alte Damen, die hatten so eine Pension. Und ich weiß noch, ich hab' da im Wohnzimmer Staub gesaugt, eine von denen hatte ihr Radio angestellt, und auf einmal, die war außer Rand und Band: ›Jetzt schießen wir zurück, wir schießen zurück, jetzt ist Krieg!‹. Die war so voller Freude, das war eine alte Frau, vielleicht so über 50. Ich war 18 Jahre. Und ich hab' das gehört, das hat überhaupt nicht, ich weiß gar nicht, wie ich da war, gar nicht betroffen gemacht und nichts. Der Krieg war ja weit weg. Und dass wir zurückschießen, das alles, das hab' ich ja geglaubt!«[19].

Waren die beiden alten Damen ein Einzelfall? Wohl nicht. Aber ich kann aus meinen Gesprächen nicht beurteilen, wie häufig derartige Reaktionen waren.

Es ist das einzige Mal, dass mir Freude über den Kriegsausbruch berichtet wurde.

Weitaus die meisten empfanden keine Kriegsbegeisterung; das ist so oft bezeugt, dass kein Zweifel daran möglich ist.[20] Wohl aber gab es eine geradezu »irrationale Treue zum Militär«. So formuliert es Marlies Flesch-Thebesius in ihrer Autobiografie. Sie bezieht sich auf ihren Vater und ihren Onkel, die beide Juden waren (der Vater war Offizier im Ersten Weltkrieg gewesen), und beide – »trotz allen erlittenen Unrechts und ungeachtet ihrer besseren Einsicht« – waren und blieben deutschnational gesinnt. Sie wünschten den Sieg Deutschlands, obwohl sie doch den Sieg Hitlers unmöglich wünschen konnten.[21]

ANNEMARIE K. (1927) erzählt von ihrem Onkel, der begeisterter Soldat war und sich zur »Bekennenden Kirche« zählte: »Er ist in die Partei eingetreten und in die Reiter-SA, weil er so gerne reiten lernen wollte. Aus beiden ist er herausgeflogen, weil er nicht ›braun‹ genug war, er konnte deshalb nicht Offizier werden. Er war ganz gewiss gegen den Hitler, für den Sieg war er trotzdem.«

Viele Frauen erzählen ähnliches von ihren Männern, Vätern und Verwandten. Ob sie deren Meinung immer geteilt haben? Elfriede L. (1916) trifft den Kern dieses Verhältnisses zu Militär und Krieg. Zuerst erzählt sie von ihrem Vater, einem Prälaten, der ganz auf der Seite der Bekennenden Kirche stand, »aber es war selbstverständlich für ihn, dass seine Söhne in den Krieg gehen und das Vaterland verteidigen«. Und sie fügt hinzu: »Und alle drei hat er verloren. Auch mein Mann ging selbstverständlich. Auch er ist vermisst. Die Frauen haben eben gelitten. Aber man hat – auch im Frauenkreis – nie gegen den Staat und gegen den Krieg gesprochen. Das tat man nicht. Da war man doch zu obrigkeitshörig.«

Aber die Frauen litten nicht nur. Besonders bei den bürgerlichen Frauen gibt es einen schwer auflösbaren, irrationalen Widerspruch, der sich nur aus der genaueren Betrachtung der Lebensgeschichten erschließt. Nicht wenige waren stolz auf »ihre Soldaten«. Einerseits fürchteten und verdammten sie den Krieg, und andererseits ließ der Anblick ihrer »Kriegshelden« ihr Herz höher schlagen.

HULDA G. (1889) hatte ihren ersten Freund, einen U-Boot-Offizier, im Ersten Weltkrieg verloren. Trotzdem wollte sie, dass mindestens einer ihrer beiden Söhne Offizier werden sollte. In ihrem Schlafzimmer hing das Bild des gefallenen Freundes aus dem Ersten Weltkrieg über dem Ehebett.

Die Mutter von Lore E., LENI H. (1893), die so schlimme Erinnerungen an den Ersten Weltkrieg hatte und sie an ihre Tochter weitergab, tat gleichzeitig alles, damit ihr Sohn Fliegeroffizier werden konnte. Er musste schon als Kind eine Zahnspange tragen, weil er sonst nicht Pilot werden konnte. Der Sohn kam von seinem fünften Feindflug über England nicht mehr zurück.[22]

RUTH B. (1919), zeitweise Sekretärin bei einem Pfarrer, der vorübergehend in Ge-stapo-Haft saß. Sie war gegen das Regime eingestellt, hörte auch Feindsender. Trotz-dem zählt sie in ihren nach dem Krieg geschriebenen Erinnerungen voll Stolz die Auszeichnungen ihres Mannes, eines Theologen, auf: »Rolla hatte inzwischen das Eiserne Kreuz erster und zweiter Klasse, 2 Verdienstorden und den für den Winter-feldzug, wo viele Soldaten erfroren sind oder Glieder einbüßten.« Nicht lange nach dieser Niederschrift fand auch ihr Mann Rolla den Tod in Russland.[23]

Die Einstellung zum Krieg bei MARTHE N. (1909) scheint ganz klar. Sie bezog sich in ihrer Erzählung auf ein Plakat von 1932: »Wer Hitler wählt, wählt den Krieg!«. Der Krieg war – nach ihren Worten – für sie etwas Schreckliches; er war in ihren Augen auch nicht zu gewinnen. Trotzdem heiratete sie 1942 einen Luftwaffenoffi-zier, und zwar einen Berufsoffizier.

MARGARETE E. (1893) beklagt die großen und schweren Opfer, die der Krieg fordert; gleichzeitig wünscht sie, dass »das stolze England auch einmal fühlt, wie es ist, wenn man Schläg' kriegt«[24].

HULDA G. (1889) an ihren Sohn Günther am 18.5.1941: »Wir können Euch nur im-mer in Gottes Hand legen und sonst eine tapfere Soldatenmutter sein, wenn auch das Herz manchmal bangt und sorgt.«

Das Dilemma, zwar »gegen Hitler«, aber »für Deutschland« zu sein, wurde von den kritischen Frauen selbst empfunden und ausgesprochen:

BEATE N. (1914) bringt den Zwiespalt zum Ausdruck, in dem sich patriotisch ge-sinnte Nicht-Nationalsozialisten befanden: »Und das Schlimmste war eigentlich bei diesem Krieg, dass man immer nicht wusste: Ist es besser, wir verlieren ihn, oder ist es anders besser? Das wusste man wirklich nicht.«

Die allermeisten hofften auf einen deutschen Sieg, besonders, als es seit 1941 nach der Kriegserklärung an die Sowjetunion um die »Verteidigung gegen den Bolschewismus« ging. Dass Hitler die Sowjetunion überfallen hatte und nicht umgekehrt, wurde, wie schon 1939 beim Angriff auf Polen, natürlich von der Propaganda vernebelt.

ERIKA S. (1911), die auf Grund ihrer Stellung einen recht guten Einblick in die Poli-tik hatte, sagte: »Ich war überzeugt, dass die Reichsregierung den Krieg vorbereitete, aber ich bin nicht mehr sicher, ob man nicht vielleicht doch dachte, es sei vielleicht eine Vorbeugung gegen Angriffe von anderer Seite, besonders dann gegen die Sowjet-union.«

HULDA G. (1889) an ihren Sohn Günther am 17. Juli 1941: »Der Sowjetstaat ... ist ein Teufel ... Heute haben wir eine feine Predigt von Pl. gehört über die Macht des Bösen, die einem ja in Russland handgreiflich entgegentritt.«

Diesen tief verwurzelten Antibolschewismus konnte Hitler jederzeit für seine Pläne mobilisieren.

Nur ganz wenige haben von allem Anfang an die wahren Ziele Hitlers hinter der Fassade der Friedensliebe und des »Vorkämpfers gegen den Bolschewismus« erkannt. Das waren dezidierte Regimegegner, vor allem Sozialdemokraten oder Kommunisten. Für sie bedeutete Hitler Krieg, so wie es ja auch die Parteien in den Wahlkämpfen gegen Hitler proklamiert und auf ihre Wahlplakate gemalt hatten.

In der Familie von ANNELIESE B. (ein Großelternpaar war sozialdemokratisch) hieß es schon bald nach der Machtübernahme: »Hitler bedeutet Krieg, das war ein gängiger Slogan, der in vieler Munde war, laut nicht, aber hinter vorgehaltener Hand, und das habe ich auch oft im Elternhaus gehört.«

HILDE H. (1914) erzählt über ihren Vater: »Er hat auch unter dem Krieg sehr gelitten, weil er hat ja von Anfang an, als der Hitler es dann doch g'schafft hat, dass er Kanzler worden isch, hat er scho immer g'sagt, das gibt Krieg, da isch gar nix zu machen.
I: *Und Ihr Vater war durch die Erfahrung vom Ersten Weltkrieg gegen Krieg?*
H: Ja, sowieso! Sowieso, ja, ja, da war er also Pazifist *(spricht immer leiser)* durch und durch, er war ja au *(auch)* Buchdrucker, die Buchdrucker waret ja Sozialdemokraten, net *(nicht)*, und er war da au *(auch)* ein eingeschriebenes Mitglied also, er hat – und da hat er ja leider Gottes recht behalten, net, und des hot'n *(hat ihn)* no *(dann)* seelisch au sehr mitg'nomme *(mitgenommen)*.«

Von einer Zeitzeugin hörte ich, dass sie schon im März 1940 von ihrem Onkel, der in Polen war, erfuhr, dass der »polnische Überfall« auf den deutschen Sender Gleiwitz ein Betrug war.

MARIANNE M. (1921): »Und da erzählte mein Onkel, nicht die Polen hätten uns, sondern wir hätten sie überfallen. Er hatte polnische Soldaten gesehen, die völlig verstört und überrascht in Unterhosen aus der Kaserne liefen.«

Gerade für überzeugte Sozialdemokraten war der innere Zwiespalt besonders schlimm, weil sie Hitlers Geschichtslügen und seine wahren Ziele durchschauten.

GERTRUD W. (1914): »Mein zukünftiger Mann zog in einen Krieg, den wir zu verlieren wünschten, weil wir darin die einzige Möglichkeit der Befreiung von Hitler sahen. Wir waren innerlich zerrissen. Ich litt sehr unter dieser Situation: auf der einen Seite setzte mein Lebenskamerad sein Leben ein, auf der anderen Seite wünschte ich, dass der Krieg verloren geht. Ich gehöre noch zu der Generation, die einmal Plakate kleben halfen: Wer Hitler wählt, wählt den Krieg.«

Aber diese kritischen Stimmen unter den Zeitzeuginnen sind selten, und die Frauen haben auch nicht versucht, kritischer zu erscheinen, als sie damals waren.

Glaube an den Sieg?

Meine Zeitzeuginnen schätzten zu Beginn des Krieges die Siegeschancen überwiegend als gut ein. Skeptische Kommentare hörte ich selten aus den Gesprächen heraus, und kritische Äußerungen kamen wiederum nur von denen, die damals von Anfang an gezweifelt hatten.

HERTA B. (1933): »In unserer Familie gab es eine Besonderheit. Mein Großvater mütterlicherseits war Sozialdemokrat. Er war schon beim Boxeraufstand in China gewesen als junger Mann, war auch schon in den USA gewesen als Schiffsschlosser, eine Weile in Chicago, war schon draußen in der Welt. Ziemlich am Anfang hat er eine Landkarte aufgeschlagen und zu mir gesagt: ›Schau her, so klein ist Deutschland, und so groß ist USA und England und Frankreich und Russland. Wir können die tapfersten Soldaten der Welt haben, es ist ausgeschlossen, dass wir den Krieg gewinnen.‹« Sie hat ihm das zwar nicht unbedingt geglaubt, sie war ja noch ein Kind, aber sie war dann später »nicht so überrascht«, wie sie mir sagte, »dass es schief ging«.

Als aber nacheinander die Siegesmeldungen eintrafen, wurden auch Zurückhaltendere euphorisch.

ANNE E. (1920): »Aber wenn dann so die Fanfaren (*die im Rundfunk die Sondermeldungen ankündigten*) erklungen sind, dann hat man schon geglaubt.«

ANNELIESE W. (1921): »Der Kriegsausbruch, das war noch negativ durch meinen Vater, der also ganz deprimiert war und ›Das kann nicht gut gehen‹ gesagt hat… Und dann kam der Frankreichfeldzug… Und ich vergesse nie, da war ich in der Schule gesessen … und da hat eine die Tür aufgerissen und reingeschrien: ›Paris ist gefallen!‹. Und die Tür wieder zugeschmissen und ist ins nächste Zimmer. Und das hat uns schon fasziniert. Wissen Sie, ›Paris ist gefallen‹, das höre ich direkt noch. Weil das auch so irrsinnig schnell ging und weil das so ein anderer Fall für uns war als die Polen, vom Weltkrieg her…«

In den Rundbriefen deutscher Lehrerinnen lässt sich sehr gut verfolgen, welchen Illusionen damals auch reife und gebildete Frauen (alle um 1879 geboren), die schon den Ersten Weltkrieg als Erwachsene erlebt hatten, anhingen:

HERMINE SCHMID am 27.5.1940 (während des Frankreichfeldzugs): »Wie werden wir dann später den Frieden genießen. Der Führer wird ihn bestimmt so gestalten, dass vorerst kein neuer Krieg mehr entsteht.«

MARIA SCHNEIDER am 11.8.1940 (nach dem Sieg über Frankreich): »Unsere tapferen Truppen haben bis jetzt Polen, Norwegen, Dänemark, Holland, Belgien und Frankreich bezwungen. Elsass-Lothringen und damit Straßburg ist wieder deutsch. Jetzt kommt die Entscheidung gegen unseren letzten Feind, gegen England. Das wird der schwerste Kampf werden. Dann müssen die Grenzen der Staaten neu festgelegt werden, und es kommt zu einem ewigen Frieden.«[25]

So klingen fast alle Briefe, von einigen kritischen Stimmen, die sich aber nur sehr leise äußern, abgesehen. Aber unüberhörbar ist, dass hinter allem eine große Friedenssehnsucht steht, damit die eigenen Söhne, Schwiegersöhne oder andere nahestehenden Menschen nicht in Gefahr kommen. Man kann aus diesen Briefen auch herauslesen, wie froh die Frauen waren, wenn ihre eigenen Verwandten aus irgendeinem Grunde nicht »kriegsverwendungsfähig« waren.

AGNES SCHWARZ am 24.8.1941: »In was für einer traurigen Welt leben wir doch! Eine Mutter und eine Ehefrau freuen sich heute, wenn der Sohn oder der Ehemann eine Verletzung oder einen ›Heimatschuss‹ bekommt und dann nicht mehr an die Front kommt.«[26]

Manchen wurde es unheimlich, als nach dem Feldzug gegen Polen, der Besetzung Dänemarks und Norwegens und dem »Blitzkrieg gegen Frankreich« weiter Land um Land besetzt wurde: »Ist denn der größenwahnsinnig geworden?«, »Kann der nicht genug kriegen?«, »Die siegen sich tot!« – das sind einige der immer wieder geäußerten Stimmen, hinter denen schon Zweifel an einem guten Ausgang des Krieges stehen.

ANNELIESE K. (1923): »Man hat gehofft, dass nach Frankreich der Krieg vorbei ist. Man hat aber gewusst, England ist noch da, und Amerika ist noch da, und da ist schon Skepsis aufgekommen.«

Die Wende in der Stimmung brachte der 22. Juni 1941, der Einmarsch in die Sowjetunion. Fast allen Frauen hat sich tief eingeprägt, was sie bei der Nachricht empfunden haben. Auch wenn die meisten heute den Kriegsverlauf im einzelnen kaum mehr rekapitulieren können, von diesem Ereignis erzählen fast alle, und viele erinnern sich an das genaue Datum und dass es ein Sonntagmorgen war.

INGE R. (1924): »Am 22.6. stand ich als erste auf in der Familie, ging ans Radio. Da kam eine Sondermeldung: ›Unsere Truppen marschieren in Russland ein!‹. Da habe ich einen Schüttelfrost bekommen; es war eigenartig, obwohl ich nichts davon verstand. Ich hatte eine eigenartige Vision: Wie wenn ich auf der Karte von Europa stehen würde und nach Osten blicken würde, und unsere Truppen marschieren und ergießen sich in einen riesigen Trichter, der immer weiter wird, aber ins Dunkle, sie verschwinden. Da kam mir der Spruch: Kinder, lernt Russisch, es kommen russische Zeiten. Es war ein Schock. Am nächsten Tag habe ich angefangen, Russisch zu lernen.«

WILMA P. (1931): »Ich kann mich erinnern, eines Sonntagmorgens kommt meine Mutti zu mir in mein Schlafzimmer, so um 7 Uhr. Die Sonne schien. ›Wilma, wir haben Russland den Krieg erklärt.‹ Und da sagte ich: ›Mutti, jetzt haben wir den Krieg verloren.‹«

MARGARETE F. (1918): »Ich weiß noch, als wir mit Russland in den Krieg getreten sind, das war an einem Sonntagmorgen, ich war noch im Bett, und auf einmal habe ich meine Mutter bitterlich schluchzen hören, und ich dachte, um Gottes willen, was ist jetzt los, und ich bin dann rausgegangen, und da sagte sie: ›Wir haben Krieg mit Russland, der Krieg ist verloren.‹ Und dann habe ich noch mit meiner Mutter geschimpft und gesagt: ›Jetzt sei doch nicht so pessimistisch.‹ Dann hat sie gesagt: ›Das geht uns genau wie dem Napoleon, da geht man vor, und nachher können wir nicht mehr zurück.‹ Und so war es ja auch. Also, ein einfacher Mensch hat's dann gewusst. Und der Glaube war dann natürlich sehr unterhöhlt.«

Die Parallele zu Napoleon wurde schon damals sehr oft gezogen.

Gertraud L.'s Mutter (1892), die Wolgadeutsche war: »Hat denn der Hitler eine Ahnung, wie groß Russland ist?«

Dass das keine vom Kriegsausgang her rekonstruierten Erinnerungen sind, beweisen die Briefe von damals:

INGEBORG G. (1922) schreibt an ihren Verlobten aus dem Arbeitsdienst am 22. Juni 1941: »Es war ein harter Schlag auf unsere fröhliche und unbeschwerte Stimmung, denn keiner von uns hätte mehr an diese Möglichkeit geglaubt. Fast fällt mir das Schreiben schwer, denn ich habe die schreckliche Nachricht noch gar nicht verarbeitet … ich kann es noch nicht fassen, was da über uns hereinbricht. Wir waren gerade heute so glücklich, so völlig unbeschwert und frohen Mutes, als die Schreckensnachricht wie eine Bombe über unseren Gemütern platzte.«

Dennoch überwog bis Stalingrad noch die Siegeszuversicht, die sich in Einzelfällen bis zur Vermessenheit steigern konnte. Dieselbe Wilma P., die mit dem Beginn des Russlandfeldzugs den Krieg für verloren hielt, machte auf ihrer Hochzeitsreise Siegespläne mit ihrem Mann: »Wir haben nachher unser Schloss am Schwarzen Meer.« Ihr Mann fand in Russland sein Grab.

Eigenartigerweise ist die wenige Monate später erfolgende Kriegserklärung an die USA am 11. Dezember 1941 in den Erinnerungen der Frauen kein vergleichbar einschneidendes Datum. Das hängt wohl damit zusammen, dass die meisten von Anfang an mit einer Unterstützung Englands durch Amerika gerechnet hatten – und dass es Hitler wiederum geschickt verstand, die Schuld am Krieg den USA zuzuschieben. Vielen Frauen ist bis heute nicht klar, dass es Hitler war, der den USA den Krieg erklärte; sie ziehen unbesehen die Parallele zum Ersten Weltkrieg, in dem tatsächlich die USA dem Deutschen Kaiserreich den Krieg erklärt hatten.

Den entscheidenden Wendepunkt markiert dagegen Stalingrad im Herbst und Winter 1942/43.[27] Von da an war die Stimmung schwankend zwischen Hoffnung und Zweifel, Niedergeschlagenheit und Glaube, dass »der Führer« doch noch einen Ausweg finden werde. Natürlich glaubten auch viele Frauen an die Wunderwaffen und geben das heute offen zu. Aber mehr und mehr war dies ein krampfhaftes Glauben-Wollen gegen die zunehmende innere Unsicherheit und Angst.[28]

ROTRAUT J. (1924): »In meinem Bewusstsein war eigentlich Resignation, aber irgendwie doch: Es müsste doch eigentlich noch was geben. Ich war da auch hin- und hergerissen.«

Obwohl der Krieg von immer mehr Frauen als »unselig« oder auch als »sinnloses Morden« empfunden wurde, konnten sich viele das Ende doch nur als einen deutschen Sieg vorstellen und waren auch weiterhin bereit, Opfer dafür zu bringen. Dafür wieder Beispiele aus den Rundbriefen deutscher Lehrerinnen:

KLARA GRÜNVOGEL am 18.11.1941: »In der Welt ist zur Zeit großes Leid. Wie viele Mütter müssen um ihre gefallenen Söhne weinen. Und immer noch nicht hat das sinnlose Morden ein Ende, und ist auch kein Ende abzusehen.«

OTTILIE KRIMMEL am 23.8.1942: »Alle Eure Berichte beginnen mit den Kriegsereignissen, und viele enden mit der Hoffnung auf baldigen Sieg. Mehrere haben schon Söhne, Schwiegersöhne und Enkel in diesem unseligen Morden verloren.«

OTTILIE LANGBEIN schreibt am 4.3.1943 über Stalingrad: »Es war die bisher schwerste Niederlage. Jetzt sollen neue Armeen aufgestellt werden, um diesen Verlust auszugleichen. Wieviel Opfer wird dieser Krieg noch von uns Müttern fordern?«

HERMINE SCHMID am 17.4.1943: »Jetzt spüren auch wir Frauen und die Kinder die Schrecken des Krieges durch die ständigen Bombardierungen. Mein Neffe schrieb mir neulich aus dem Osten – er hat am Ilmensee den Rückzug mitgemacht –, das Schlimmste für die Frontsoldaten seien die Luftangriffe auf unsere Städte. In seiner Einheit sind viele Rheinländer, die durch die Heimatbriefe erfahren, wie zermürbend diese ständigen Luftangriffe für die Angehörigen sind. Noch ist das Ende nicht abzusehen. Oft denke ich, dass die Technik nur dazu da ist, immer neue und schrecklichere Waffen zu erfinden.«

MARIA SCHNEIDER am 5. Juni 1943: »Schwere Wolken ziehen über unser Vaterland. Große Opfer hat das nun bald vierjährige Ringen die kriegführenden Völker bisher gekostet. Stalingrad, Afrika! Und immer noch erweitert sich der Kampfraum, und kein Ende ist abzusehen.«[29]

Die »Mörder« bleiben seltsam anonym. Es ist, als würde ein Moloch auf unabsehbare Zeit immer neue Opfer fordern. Eine Solidarität der Mütter gibt es nur im Leid. Die Technik wird entpersönlicht und funktioniert gleichsam selbsttätig.

Spätestens seit 1943 demonstrierten die zunehmenden Bombenangriffe immer deutlicher die Überlegenheit der Alliierten und untergruben den Glauben an den Sieg.

INGEBORG S. (1928): »Nachdem wir diese ganzen Zerstörungen erlebt haben, haben wir gesagt, wir sind machtlos. Wir haben da nicht mehr an den Sieg geglaubt.«[30]

Ob Frauen früher oder gar öfter am Sieg gezweifelt haben als Männer, kann wohl nicht entschieden werden. Zahlreiche Beispiele legen das aber nahe. Frauen beziehen sich dabei auch auf Informationen aus ihrem Bekanntenkreis. Ein deutlicher Unterschied kann zwischen der Stimmung an der Front und in der Heimat festgestellt werden. In vielen Feldpostbriefen ist nachweisbar, wieviel skeptischer die Frauen daheim die Lage beurteilten als die Soldaten an der Front.[31]

ISA P. (1910) erlebte das auch bei Fronturlaubern, die dem Regime an sich kritisch gegenüberstanden, und sie hat auch eine Erklärung dafür: »Die Manipulierbarkeit der Soldaten ist wirklich interessant … Bei den Beispielen, die ich erlebt habe, waren diese Soldaten keineswegs hitlerbegeistert und erst recht nicht hitlerhörig. Aber sie brachten immer wieder zum Ausdruck: Wir müssen gewinnen. Sie haben es nicht verkraftet, jeden Tag ihren Kopf hinhalten zu müssen für eine unnütze, schlechte, ja teuflische Sache. Die Goebbels-Propaganda hat diese Situation ausgenützt. Schon kurze Zeit, nachdem diese Soldaten wieder daheim und in ihrem Kreis waren, sprachen sie wieder anders und lehnten Hitler und den Krieg völlig ab.«[32]

Es ist sicher zu bedenken, dass bei den Männern dieses »Umsonst« schwerer wog als bei den Frauen, denn sie haben den Krieg *aktiv* geführt, die Frauen haben ihn *passiv* erlitten. Sie versuchten, ihn eben durchzustehen, für sich und ihre Kinder so erträglich wie möglich zu machen. Margrit H. (1924), ihr Mann glaubte noch über das Ende hinaus an den Sieg: »Er hat das nicht glauben können, dass das so zu Ende ist. Dass er sich hat kaputtschießen lassen für so ein Ende.«

An Siegeshoffnungen klammerten sich unter den Frauen vor allem diejenigen, die sich völlig mit dem Regime identifizierten und keine andere Zukunft für sich sahen. Das waren hauptsächlich jüngere Frauen und junge Mädchen. Für sie schien mit einer Niederlage einfach »alles aus« zu sein. Ihrem Empfinden entsprach das eigentlich jede Logik entbehrende Goebbels-Wort: »Wir werden siegen, weil wir siegen müssen.«[33]

Zweifel nach außen dringen zu lassen, war gefährlich; deshalb können Feldpostbriefe keine ganz zuverlässige Quelle sein. Aber wenn man lernt, zwischen den Zeilen zu lesen, kommt auch schon versteckten skeptischen Bemerkungen mehr Gewicht zu, und die wurden im Verlauf des Krieges zunehmend geäußert und verstanden, in Briefen wie in Gesprächen.

Clara von Arnim (1909) sprach mit ihrem Arzt, der ihr riet, eine Operation vornehmen zu lassen: »Wir wissen nicht, was für schwere Zeiten auf uns zukommen werden. Machen Sie's jetzt gleich, dann haben Sie noch ein Jahr, um sich zu erholen.« Und sie fährt fort: »Das war Ende 1942. Die Nachkriegsgeneration kann sich gar nicht vorstellen, welche Bedeutung in so einfachen, aber ahnungsvollen Worten lag. Wir alle waren ja verpflichtet, an den deutschen Endsieg zu glauben. Zweifel daran zu äußern, war ein todeswürdiges Verbrechen. Doch viele unter uns wollten schon gar nicht mehr, dass dieses Nazideutschland siegte und damit die Schreckensherrschaft endlos weiterging. Es gab so etwas wie eine stumme Solidarität der ›Defätisten‹. Wenn sich jemand zu äußern wagte wie Dr. Grundmann, war man geradezu dankbar dafür, neben sich einen Menschen zu wissen, der ebenso dachte wie man selbst.«[34]

Die »Defätisten« waren gewiss eine Minderheit, aber eine wachsende. Nicht jede Frau hatte solch ein »Aha-Erlebnis«. Die Mehrzahl glitt allmählich in Resignation ab, wenn nicht gar in eine Untergangsstimmung. Die Stimmungslage in der zweiten Kriegshälfte veranschaulichen Auszüge aus den Briefen von Mathilde Wolff-Mönckeberg (1879):

Am 14. Juni 1942: »Es ist *nicht* wahr, was immer in den Zeitungen steht, dass das deutsche Volk in ruhiger Zuversicht hinter seinem Führer steht. Es brodelt und droht in der Tiefe, Frauen jammern, Männer fluchen, und alle nehmen an, dass *noch* so ein Winter mit noch weniger zu essen nicht ertragen wird, dass es dann zu einer Katastrophe im Lande kommt.«

Gegen Ende 1943: »Das Bild dieses 5. Kriegswinters ist ein viel, viel düstereres, gar nicht mit den anderen zu vergleichen! Zu der äußeren Zerstörung kommt die innere, die sich auf fast allen Gesichtern malt, die Mutlosigkeit, die passive, dumpfe Apathie. Beinahe alle wissen genau, dass alles, was in den Zeitungen und im Radio in großen Tönen gesagt wird, Bluff und hohler Quatsch ist, und bei den großen Reden hören die wenigsten hin.«

Am 23. Dezember 1944: »Warum ich so lange schweig? Weil dieser 6. Kriegswinter so ungeheuer dunkel ist, dass man alle Initiative verliert, darüber zu berichten. Es ist alles so aussichtslos, und es hat keinen Zweck, immer zu wiederholen, dass man es satt hat, dass man keine Geduld mehr hat, dass es ein ›Scheiß-Dreck‹ ist, wie neulich ein Soldat hinter mir an der Post sagte.«

Am 20.4.1945: »Ich war heute schon um 7 1/2 auf der Straße, um mich für tiefge-
kühltes Gemüse anzustellen, und es glückte mir wirklich, als eine der ersten 3 Pake-
te Apfelmus zu ergattern. Es war noch sehr morgendlich frisch, und wir standen ver-
froren vor einem kleinen Kellerladen am Langenkamp, und dann kommt man immer
ganz von selbst ins Gespräch mit allerhand Frauen. Bei allen dieselbe Müdigkeit und
derselbe dringende Wunsch nach möglichst baldiger Beendigung dieses fürchterlichen
Krieges, von Siegesfreudigkeit und Nazibegeisterung nirgends auch nur eine Spur.
Verrückt finden die meisten das Ganze, viele *verbrecherisch*. Fast alle haben traurige
Erfahrungen gemacht und sehnen sich nur nach Ruhe, nach einem normalen, fried-
lichen Dasein.«

INGEBORG G. (1922) notiert am 1.2.1945 in ihr Tagebuch: »Der ganze Krieg eine
Wahnsinnstat, ruhmvoll sollen wir untergehen.«

LISA DE BOOR, Tagebucheintrag vom 7. / 8.12.1944: »Zum Tee bin ich mit anderen
Frauen bei R. eingeladen... Es gibt nur ein einziges Thema, die Kriegsmüdigkeit aller Menschen...«. Am 24.2.1945: »›Ach, wenn es doch nur rascher ginge!‹, das hört
man täglich.«[35]

Erstaunlich ist, dass trotzdem der nationalsozialistische Apparat und die deutsche Bevölkerung bis zum Ende funktionierten. Es sei nur an die vielen erinnert, die bis zum Schluss stundenlange Wege über Trümmer auf sich nahmen,
um zur Arbeit zu erscheinen, selbst wenn es nur noch sinnlose Beschäftigung
war.[36] Fast bis zur Kapitulation klappte die Lebensmittelversorgung gerade
noch ausreichend, wurden wie selbstverständlich noch Prüfungen und Wettbewerbe durchgeführt, Mädchen zum Arbeitsdienst und zu Lehrgängen eingezogen usw.. Zu diesem Funktionieren trugen zu einem großen Teil die Frau-
en bei, denn alle nur irgendwie abkömmlichen Männer waren zu diesem
Zeitpunkt eingezogen. Noch am 1. Mai 1945, mitten in den Kämpfen, konnte man in Berlin (und sicher auch in anderen noch unbesetzten Orten) Kin-
derfunk und Ratschläge für die Hausfrau hören, bis schließlich der Strom endgültig ausfiel.

GERDA F. (1917) schreibt in ihren Aufzeichnungen für ihren vermissten Mann im
April 1945: »Du kannst Dir vielleicht denken, dass ich sonst kein großes Interesse
mehr an militärischen Nachrichten – Räumungen, Frontverkürzungen usw. – habe.
Ich warte nur eben auf das Ende, tu meine Pflicht im Beruf, daheim und wo es nötig
ist, vertrau nach wie vor auf die Zukunft und steh mit beiden Beinen fest im Alltag.«

Die Frauen taten also bis zum bitteren Ende »ihre Pflicht«. Das hat mehrere
Gründe. Die Angst vor der Gestapo war es nicht allein. Mindestens ebenso
stark war der tief eingewurzelte Pflichtgedanke und der nie ernstlich in Frage
gestellte Gehorsam gegenüber der »Obrigkeit«, wer sie auch sei, und dem »Vaterland«, was es auch damals noch war und wer auch immer es anführte. Diese

Pflichtmoral überdeckt allerdings noch etwas anderes: eine untergründige Angst vor dem unvorstellbaren Ende. Brigitte H. (1923): »Dass nach dem Krieg noch ein Zivil- oder Privatleben möglich sein würde, hat man sich nicht vorstellen können, für solche, die für den Nationalsozialismus waren.« Darin mischten sich das unterdrückte Wissen und Ahnungen um schreckliche Verbrechen, die im deutschen Namen geschehen waren.[37] Darauf musste eine unausdenkbare Vergeltung der Sieger, insbesondere der »asiatischen Horden« aus dem Osten folgen. Hinzu kam die Trauer um den »Untergang des Vaterlandes«, der unvermeidlich mit der Niederlage verbunden zu sein schien. All dies wollte man – wider alle Vernunft – einfach nicht akzeptieren. Die Opfer, die gebracht worden waren – wohlgemerkt die eigenen, nicht die der Verfolgten –, konnten doch nicht umsonst gewesen sein. Der wichtigste Grund für das Durchhalten war aber bei den meisten Frauen der pure Überlebenswille. Sich aufzulehnen hatte keinerlei Erfolgsaussicht, es hätte lediglich die Chance vermindert, davonzukommen. Bei wachsender Angst und Hoffnungslosigkeit war die vorherrschende Stimmung ein »dumpfes Warten auf das Ende«. (Inge R. 1924)

ALIDA M. (1914): »Der Wehrmachtsbericht spricht von taktischen, geordneten Rückzügen, droht aber weiter mit der Wunderwaffe, die uns noch zum Sieg verhelfen soll. Aber wer glaubt schon noch daran? Es ist uns vollkommen gleichgültig geworden, ob Sieg oder Niederlage. Nur Schluss mit dem Morden soll sein!«.

Nur wenige ganz Verbohrte, darunter vor allem jüngere Frauen und Mädchen, hofften noch, sogar über die Besetzung des eigenen Wohnortes hinaus, auf »irgendein Wunder«, »irgendeine Vergeltung«. Der Tod Hitlers wurde allerdings von den meisten teilnahmslos zur Kenntnis genommen. Wenige trauerten wirklich, viele hielten den Selbstmord für feige.[38]

Mit den sinnlosen Evakuierungsbefehlen der letzten Kriegswochen war dann die Grenze des Gehorsams bei den allermeisten erreicht. Das Verhalten richtete sich fortan fast ausschließlich auf das eigene Überleben. Der Volkssturm, der traurige Anblick der zurückflutenden deutschen Wehrmachtsreste und der Gefangenen und die Aufrufe zur Partisanentätigkeit im »Werwolf« waren nicht dazu angetan, noch Hoffnungen zu wecken. In vielen Fällen verhinderten Frauen sinnlose Verteidigung.[39]

Kriegsende: Befreiung oder Zusammenbruch?

Den mit der Besetzung verbundenen Belastungen stand natürlich die Erleichterung darüber gegenüber, dass der Krieg nun endlich zu Ende war. Es wurde nicht mehr gekämpft, es fielen keine Bomben mehr, man konnte endlich wieder ausschlafen, man brauchte nicht mehr zu verdunkeln, und die Angehörigen bei der Wehrmacht standen nicht mehr in unmittelbarer Lebensgefahr. Aber darf man diese allgemeine Erleichterung, ja Freude, schon als Gefühl der *Befreiung* bezeichnen? Ich meine nicht. Hier gilt es, sehr genau zu differenzieren.

Es liegt auf der Hand, dass die Regimegegner und Verfolgten sich befreit fühlten. Die Einstellung zum Kriegsende kann geradezu ein Indiz für die Einstellung zum Dritten Reich sein. Es ist selbst in der Art des Erzählens nach all den Jahren noch greifbar. Zeitzeuginnen, welche die Zeit des Nationalsozialismus insgesamt gut und schön fanden, abgesehen natürlich vom Krieg (der für sie dann auch irgendwie ein »Betriebsunfall« oder nach wie vor etwas »uns Aufgezwungenes« war), offenbaren nicht nur in den ersten spontanen Reaktionen auf den Einmarsch der Alliierten ihre Gefühle[40], sondern neigen auch dazu, die Übergriffe und Greueltaten der Besatzer besonders stark zu betonen, selbst wenn sie nicht unmittelbar davon betroffen waren; sie kommen in ihren Erzählungen immer wieder darauf zurück, und sie lehnen ganz folgerichtig und ehrlich die Bezeichnung »Befreiung« vehement ab.

Aber diese Ablehnung teilen auch Frauen, die niemals begeisterte Anhängerinnen des Regimes gewesen waren und auch viel Kritik in Wort und Tat geübt hatten, wenn sie sich auch äußerlich angepasst verhielten. Für diese große Zahl von Frauen hing das Erlebnis des Kriegsendes ganz wesentlich davon ab, wie sie selbst die Besatzer erlebten. Eine Frau, die Schreckliches erdulden musste, konnte ihre Peiniger kaum »Befreier« nennen. Aber selbst das gab es, weil die Besatzer bei ihrem Einmarsch zumeist keinen Unterschied zwischen »Nazis« und »Nichtnazis« machten. So konnte es sein, dass eine Frau zwar die »Befreier« verachtete, weil sie auch als Verfolgte unter ihnen persönlich zu leiden hatte, aber doch den Zusammenbruch des Zwangssystems als Befreiung begrüßte. Den meisten der so schwer Betroffenen war das nicht möglich. Für sie erschwerte das oft brutale und unmenschliche Verhalten der Sieger eine angemessene Auseinandersetzung in doppelter Weise: Ihnen erschienen die Sieger nicht besser als die besiegten Deutschen, was immer diese auch getan hatten, und sie konnten darüber hinaus nicht einsehen, warum ausgerechnet sie für Verbrechen büßen sollten, die zwar »im deutschen Namen«, aber doch nicht durch sie verübt worden waren.[41]

Allgemein hing der Gemütszustand der Frauen von den Lebensumständen ab, in die sie durch den Krieg versetzt worden waren. Wer alles verloren hatte, buchstäblich vor dem Nichts stand, wer – womöglich mit kleinen Kindern – allein geblieben war oder um das Schicksal des Ehemanns und Vaters

bangen musste, wer als Flüchtling irgendwo auf der Straße lag, eine neue Bleibe suchen musste, der konnte nicht über eine »Befreiung« jubeln. Für diese
Frauen hörten die schweren Belastungen nicht auf, sie veränderten sich nur.
Nicht wenigen stand das Schlimmste noch bevor: Gefangenschaft, Verschleppung oder das Leben unter russischer und polnischer Herrschaft mit schließlicher Vertreibung aus der angestammten Heimat.[42] Für ausnahmslos alle
Frauen ging der tägliche Überlebens- und Existenzkampf weiter, wurde womöglich noch härter.[43]

Die Schriftstellerin INGEBORG DREWITZ, die das Kriegsende in Berlin erlebte, beschrieb die Situation so: »Nein, wir hatten keine Zeit, aufzuatmen, denn überlebt hatten wir noch nicht. Der Sommer der Seuchen, die Winter der Erfrierungen standen
uns noch bevor, aber das wussten wir nicht und hatten auch keine Zeit, uns davor zu
fürchten, denn es ging um den nächsten Tag, um Feuerholz, um Wasser, um Rüben
oder Kartoffeln, um Brot womöglich. Lebensmittelkarten wurden erst wenige Tage
nach dem 8. Mai verteilt.«[44]

Und selbst ihre Schriftstellerkollegin LUISE RINSER, die als Verfolgte das Ende herbeigesehnt hatte, schreibt: »Wir waren alle zu müde, zu verhungert, zu arm, um uns
noch freuen oder auch trauern zu können. Nichts als dies: Kein Krieg mehr.«[45]

Das Kriegsende war also für viele kein entscheidender Einschnitt; manche
wussten am 8. Mai 1945 nicht einmal, dass der Krieg zu Ende war, waren abgeschnitten von jeder Information. Das gilt vor allem für die, die sich irgendwo auf der Flucht befanden oder unter entsetzlichen Besatzungsgreueln zu
leiden hatten, insbesondere in den Ostgebieten[46]. Das Datum der Kapitulation markiert in vielen Lebensgeschichten keine tiefe Zäsur, was wir weiter unten noch genauer zeigen werden. Für alle diese Frauen stellte sich die Alternative »Befreiung oder Zusammenbruch« kaum. Keiner der beiden Begriffe
beschreibt ihre tatsächliche Befindlichkeit. Die Kapitulation der deutschen
Wehrmacht und der Zusammenbruch des Dritten Reiches war für sie angesichts ihrer existentiellen persönlichen Probleme ein Randproblem Sie sahen
mit Erleichterung das Ende der Kriegshandlungen und blickten mit Bangen
und Hoffen in eine völlig ungewisse Zukunft, die sie weiterhin zu meistern
hatten und meistern wollten. Es gibt auch Stimmen einer unbändigen Lebensfreude, einer ganz elementaren Freude über das neu geschenkte Leben jenseits aller Politik und jenseits der tristen äußeren Situation.

THALITTA F. (1920) in ihren Aufzeichnungen über diese Tage: »Eines Nachmittags
vernahm ich auf der Haustreppe wunderlichen Klang. Zögernd stieg ich hinab: Stille ringsum – allein aus der Küche des Unterstocks drang Radiomusik. Nicht Märsche, nicht Reden wie sonst, nein, lang vermisste Melodien! Ich lauschte Takten aus

Beethovens Neunter Symphonie und setzte mich auf die Stufen. Jedes Motiv fiel in mich hinein, fand Echo und stillte Hunger nach Verlorengeglaubtem. ›Freude, schöner Götterfunken ... Alle Menschen werden Brüder, wo dein sanfter Flügel weilt!‹. Erschüttert saß ich auf der Stiege, keines Entschlusses mächtig, als die Musik verhallte. Ich achtete nicht auf die Tagesbotschaft. Meiner Andacht schienen Worte belanglos. Plötzlich erwachte ich – fing einen Satz auf – unfasslich –, da hieß es ›Waffenstillstand!‹. Ich weiß nicht, wie ich die Treppe heraufkam – umarmte Mutter, ergriff das Kind. Zeitenwende! Weltenwende! Wir mussten uns mitteilen, dem ganzen Hause, dem Dorf und der Straße! Was auch geschehen würde, wir könnten es tragen, wenn nur Friede war – Friede!«.

WALLY M. (1924): »Nach dem ständigen Bomben – und Kanonendonner, besonders der letzten Kriegswochen, war die Stille wohltuend. Doch das erste Gewitter nach dem Ende des Krieges werde ich nie vergessen. Ich stellte mich ins Freie und genoss den Donner, der ja nur von einem Gewitter kam und von dem uns nichts passieren konnte. Ich nahm ihn in mich auf wie einen tröstlichen Gruß des Himmels nach all der Zerstörung, die von Menschen angerichtet worden war.«

ERNA N. (1902): »Ein erschöpftes und verängstigtes Heer von Wehrlosen kroch wieder ans Licht: Aus Hoch- und Erdbunkern, aus abgestützten Kellern und lächerlichen Splittergräben. Man hielt blasse Gesichter der Frühlingssonne entgegen, ohne den Himmel nach Flugzeugen abzusuchen! Man wagte wieder, sich auszuziehen, wenn man schlafen ging! Man zündete Feuer im Herd an und kochte warmes Mittagessen, woraus auch immer! Ein sehr bescheidenes Glück? Ein ganz unfassbares Glück!«.

Viele Frauen heben hervor, es habe selten ein so schönes Frühjahr in der Natur gegeben wie 1945. In den Reaktionen auf das Kriegsende sind Unterschiede zwischen den Generationen und zwischen sozialen Schichten zu beobachten. Für die jungen, noch unverheirateten Mädchen, die von der nationalsozialistischen Ideologie stärker durchdrungen waren, bedeutete der »Untergang Deutschlands«, wie sie sagen, fast einen psychischen Zusammenbruch. »Mir brach eine Welt zusammen«, sagen viele von ihnen. Sie fielen gewissermaßen »ins Leere«, fühlten sich »lahmgelegt«, wie sie sich auch ausdrücken. Als mit der Zeit immer deutlicher offenbar wurde, was dieses »Deutschland«, an das sie geglaubt hatten, das der höchste Wert in ihrem Leben gewesen war, an Schuld auf sich geladen hatte, war für viele der Schock zunächst fast unüberwindbar. Für längere Zeit oder gar für immer aus der Bahn geworfen wurden jedoch nur verhältnismäßig wenige, vor allem solche, die hauptamtlich beim BDM oder sonst bei der NSDAP beschäftigt gewesen waren.

Für die meisten war das Kriegsende wohl zunächst ein Schlusspunkt, weil sie nicht über eine Niederlage hinausdenken konnten, aber zugleich barg diese persönliche »Stunde Null« auch die Chance für einen Anfang: »Bis jetzt haben wir's überlebt«, sagte eine; »jetzt geht das Leben weiter«, könnte man hinzufügen. Für die meisten traten ihr berufliches Fortkommen und ihre persönliche Lebensgestaltung bald wieder in den Vordergrund. Die Engagierten unter ihnen engagierten sich anderweitig. Der anfängliche Schock mündete nicht zwangsläufig in eine Aufarbeitung der Vergangenheit.[47]

Bei den reiferen Frauen spielte die Schichtzugehörigkeit eine große Rolle. Frauen aus dem Bildungsbürgertum empfanden die »nationale Schmach«, während Frauen der unteren Schichten davon relativ wenig berührt waren. Das wurde schon aus ihrer raschen Bereitschaft, mit dem »Feind« zu »fraternisieren«, deutlich[48], womit sie sich die Verachtung der »höheren Töchter« und »besseren Leute« zuzogen. Aber auch für einen großen Teil der national geprägten und gesinnten Frauen traf die Alternative »Befreiung oder Zusammenbruch« nicht zu. Für sie galt vielmehr: Zusammenbruch *und* Befreiung. Ihr Empfinden zu Niederlage und Kriegsende war zwiespältig. Vorherrschend war wohl die Trauer um das zerstörte, geschlagene und von Feinden besetzte Vaterland und über die Vergeblichkeit der gebrachten Opfer. »Es war alles umsonst«, sagten viele. Und man konnte ja noch nicht voraussehen, was von den Siegern vielleicht noch alles drohte. Ein Wiederaufbau, auf den wir heute zurückblicken, war gänzlich unvorstellbar. Zur Trauer um die ideellen und materiellen Verluste kam die Scham über die offenbar werdenden deutschen Verbrechen, die nicht mehr zu bezweifeln waren. Die ersten Erschütterungen erlebten die Frauen, wenn sie Besatzungssoldaten begegneten, deren Angehörige durch die Nationalsozialisten ermordet worden waren, wenn ihnen die Besatzer von den Untaten erzählten oder wenn sie mit KZ-Häftlingen konfrontiert wurden.[49] In diese Grundstimmung mischte sich das schon beschriebene Gefühl der Erleichterung über das Ende der unmittelbaren Lebensbedrohung. Nur bei wenigen deutschen »Durchschnittsfrauen« kam das Gefühl hinzu, nun keine Angst mehr vor Zwangsmaßnahmen des Regimes haben zu müssen, vor allem wieder frei reden zu können.

MATHILDE WOLFF-MÖNCKEBERG (1879) notierte am 6.5.1945 in ihr Tagebuch: »Unsere Gefühle sind ganz zerrissen: *Genugtuung,* dass die Verhassten ihr gerechtes Schicksal erreicht hat und sie büßen, endlich büßen müssen für all ihre Schandtaten und Gemeinheiten und ihr frohlockendes Triumphieren über all ihre Gegner; gar nicht zu realisierende *Erleichterung,* dass wir in gewissem Sinne doch wieder freie Menschen werden sollen, dass es bald keine Terrorangriffe, keine Bomben, keine Bunker, kein Kellerhausen, keine schlaflosen Nächte, kein gehetztes Packen und Kramen mehr geben wird, und – eine große *Traurigkeit,* die alles überwiegt, um unser armes, gequältes und zermartertes und zerstückeltes Vaterland, unser Deutschland, das uns nun nicht mehr gehört, genau wie unser einst so stolzes, freies Hamburg, das jetzt einen englischen Kommandanten bekommt.«

MARIA E. (1912): »Ich muss sagen, das war für mich der größte Zwiespalt meines Lebens, wo der Amerikaner gekommen ist, wo man gesagt hat, man wird befreit, man darf wieder sprechen, aber an das hab' ich gedacht, wieviel Menschen ihr Leben lassen mussten, wie Heilbronn ausgesehen hat... Und dann noch, ich wusste ja zu der Zeit gar nicht, wo mein Mann ist, lebt er noch, lebt er nicht? ...«

WILHELMINE H. (1921), die das Kriegsende als Lehrerin in Dietfurt erlebte: »Das Kriegsende haben wir zunächst als eine ungeheure Befreiung empfunden: Zu Ende der Luftkrieg, die Beschießung und die Angst vor der SS. Zuletzt hatten wir diese als schlimmere Feinde empfunden als die Amis! Zu Ende auch der Druck der Partei, den wir als Nichtparteimitglieder schlimmer empfunden hatten als solche, die mit der NS-Weltanschauung konform gingen. Zu Ende die Muss-Appelle, die Drohung, die über dem Lande lag, schon allein bei dem Wort KZ! Aber unter welchen Opfern war uns diese Freiheit zuteil geworden! So erfüllte auch tiefe Trauer unser Herz. An die Zukunft wagte man nicht zu denken. Wie gut, dass jeder Tag seine eigenen Pflichten hat!«.

Längst nicht alle Frauen haben bis heute den damals empfundenen Zwiespalt aufgearbeitet und kamen zu einer eindeutigen Bewertung; viele blieben darin stecken.[50] Wer unter diesen Frauen auch rückblickend *nur* von Zusammenbruch reden kann, muss sich die Frage nach seiner Einstellung zum Nationalsozialismus und zum Krieg gefallen lassen.

Um die Bedeutungsgehalte der Kriegserfahrung von Frauen wirklich zu verstehen, sind aber noch zwei frauenspezifische Aspekte zusammenfassend zu beachten: einmal die besondere Qualität ihres Kriegserlebens im Gegensatz zu dem der Männer, und zum anderen das, was ich die individuelle Periodisierung des Krieges nennen will.

Die besondere Kriegserfahrung der Frauen: »Front« und »Heimatfront«

Das Kriegserleben der Frauen hatte eine grundsätzlich andere Qualität als das der Männer. Frauen waren keine Soldaten, sie haben im Krieg nicht getötet, von wenigen Ausnahmen abgesehen.[51] Sie bekamen auch so gut wie nie Eiserne Kreuze für das Töten verliehen wie Männer, die ihre Orden übrigens heute noch tragen dürfen.[52] Sie hatten kein »Fronterlebnis« und sie haben heute auch keine Traditionsvereine und Traditionstreffen, keine Publikationen über ihre Taten im Kriege. Allerdings gibt es Treffen von Nachrichten- und Stabshelferinnen, von denen mir berichtet wurde.

Männer, die an der Front das »Soldatenhandwerk« ausübten, mussten das Risiko dieses »Handwerks« einkalkulieren. Frauen haben die Kriegshandlungen in Gestalt von Bomben, von Tiefliegerangriffen, von Überrollt-Werden auf der Flucht, von Besatzerübergriffen auch am eigenen Leibe erlebt. Es erging ihnen nicht weniger schlimm, oft schlimmer als den Männern an der Front, denn sie waren ihrer Situation hilf- und wehrlos ausgeliefert. Sie konnten nicht zurückschlagen, sie waren Opfer ohne heroische Verklärung und Heldenverehrung. Als am Ende des Krieges »Front« und »Heimatfront« zusammenfielen, weil der Krieg sich auf deutschem Boden abspielte, standen die Soldaten immer noch in der militärischen Befehls- und Versorgungsstruktur, sollten und konnten »kämpfen«, während die Frauen auf sich allein gestellt waren und das militärische Geschehen mehr oder weniger passiv erdulden mussten. Sie hatten zwar eine größere Überlebenschance, aber sie mussten weit öfter den Verlust von Angehörigen ertragen als umgekehrt. Es gab viel mehr kriegsbedingt alleingebliebene Frauen als Männer.[53]

Während die Männer in ihren Urlauben sich eine ungefähre Vorstellung vom Leben an der »Heimatfront« machen konnten, haben Frauen sich die »Front« nur unzulänglich vorstellen können; besonders für die jüngeren war die Front unwirklich und fern. Auch wenn Jungmädel und BDM-Mädel bei Lazaretteinsätzen oder auch als Rot-Kreuz-Helferinnen unmittelbar mit den Frontopfern zusammenkamen und die Leiden und Schmerzen der Schwerverwundeten und Verstümmelten sahen, blieb das äußerlich, wenn es nicht unmittelbar die eigenen Angehörigen betraf.[54] Auch die Feldpostbriefe enthielten nicht die ganze Wahrheit, und die Phantasie der Frauen reichte nicht aus, sie sich aus den Andeutungen konkret vorzustellen. Und erst recht konnten sie sich kein Bild machen vom Töten und Abschlachten. Das Töten-Müssen im Krieg war kaum ein Thema, nicht einmal zwischen Ehegatten. Es scheint darüber bei den Frauen keine inneren Konflikte gegeben zu haben. Töten und Getötetwerden, das war selbstverständlich mit dem Krieg verbunden und wurde von niemandem in Frage gestellt, auch nicht von den Kirchen.

MARGARETE F. (1918) erzählte von einem russisch-amerikanischen Fernsehfilm, den sie kurz vor dem Interview (1988) angeschaut hatte. Sie war im Krieg Fotografin gewesen: »Da habe ich zum ersten Mal gesehen, was Krieg überhaupt ist, denn die Soldaten (*auf den Bildern, die sie gesehen hat*) waren ja sehr fröhlich, die hatten auch immer ihre Weiber da in Frankreich, und die sind da splitternackt im Meer rumgehopft. Solche Bilder haben wir halt gesehen. Wir haben auf den Bildern lauter vergnügte Soldaten gesehen. Also, man stellte sich den Krieg nicht so schlimm vor. Und als ich dann jetzt das sah, wo da die Leichen nebeneinander lagen, und das alles… (*Abbruch*). Natürlich ist auch einmal einer gekommen auf Besuch, es hat ja auch noch andere Männer gegeben, und (*man*) hat die gefragt: ›Ha, wie geht es dir denn?‹. Und dann hat er gesagt: ›Ha, im Krieg ist es so, entweder ich oder der andere, und dann verschieß ich natürlich lieber... (*Abbruch, Ergänzung: den anderen*). Ich habe so und so viele Franzosen verschossen.‹ Und da ist man natürlich dann abgerückt, weil das hat einem dann nicht so gefallen. Obwohl ein Krieg eigentlich ja so ist.«

Wie aber verhielten sich die Frauen, die von der Wehrmacht beschäftigt wurden, die das »Soldatenhandwerk« zwar nicht selbst ausübten, aber Augenzeuginnen von dessen Ausübung wurden, auch gegenüber »Partisanen« und Zivilisten? Bei den Sensibelsten von ihnen führte das unbeabsichtigte und unverarbeitete Hineinverstricktsein in Töten und Verbrechen, wenn auch nur als Mitwisserin, fast zur Persönlichkeitsspaltung.[55]

Auf der anderen Seite habe ich Zeugnisse von völliger Fühllosigkeit gegenüber den Feinden. Dass junge Mädchen genauso zum Töten abgerichtet werden können wie junge Männer, zeigen die Berichte von Flakhelferinnen.[56] Irgendwo dazwischen mögen die meisten gestanden sein.[57]

Wenn es den Frauen schon sehr schwer fiel, sich ein Bild vom wirklichen Krieg draußen an der Front zu machen und sich das Kriegserleben ihrer nahen Angehörigen realistisch vorzustellen, so lag ihnen das Mitgefühl für das Leid der Feinde und ihrer Frauen und Mütter fast völlig fern. Ganz selten gibt es Belege dafür, dass Frauen ernsthaft versuchten, sich »den Feind« als Menschen vorzustellen.

Zu den Ausnahmen gehört TRUDE S. (1910): »1939 kurz vor der Geburt meines ersten Kindes brach der Krieg aus. Ich war verzweifelt. Leben geben in einer Zeit, die so sinnlos Leben zerstörte. Die Bomber flogen über unser Haus (wir lebten in Breslau und hatten am Stadtrand ein kleines Haus) nach Warschau. Im Radio Siegesnachrichten und Jubel über Jubel. Ich dachte immer nur an die Frauen, die vielleicht in der gleichen Situation wie ich waren, an Kinder und Hilflose. Ich habe mich so geschämt für unser Volk.« Sie stand der SPD nahe, lehnte den Krieg ab; ihre Familie hatte unter Verfolgung durch das Regime zu leiden.

Wenn von den Frauen gelegentlich Mitleid geäußert wird, hört es sich an wie eine Floskel, die sehr schnell wieder überdeckt wird durch die bejahte Notwendigkeit, »sich zu wehren« und »den Feind« mit allen Mitteln zu bekämpfen.

MARIANNE PEYINGHAUS (1920) am 11.2.1944 in einem Brief an ihre Eltern; ihr Bruder hat ihr erzählt, wie er einen russischen Panzer »geknackt« hat: »Für das Panzerknacken stehen ihm 14 Tage Sonderurlaub zu. Ich jedoch war froh, Wolfgang neben mir zu sehen und ihn zu fühlen. Aber ich dachte auch voll Trauer an die armen jungen Menschen, die in dem Panzer sterben mussten.«[58]

Ein Musterbeispiel für die logisch nicht zu vereinbarende Einstellung von religiösem Glauben und Kriegsführung gerade bei besonders frommen Frauen sind die Tagebücher von MARGARETE E..[59] Erstaunlich oft finden sich bei ihr Eintragungen der

Empathie mit den Menschen in Polen, in Frankreich, in England, selbst in Russland. Aber ebenso oft äußert sie den Wunsch nach »starken Schlägen« gegen die Feinde, damit die eigenen Opfer nicht umsonst waren.

Und die Pfarrfrau CHARLOTTE P. (1925) berichtete mir im gleichen Zusammenhang über die Lektüre eines Tagebuches. Es stammt von der Mutter einer Bekannten (Jahrgang 1897), die Mann und Sohn im Krieg verloren hat: »Für mich war erstaunlich: dass eine gebildete, feinsinnige, naturverbunden lebende Familie den Krieg so hingenommen hat. Es ist auch eine christliche Familie. Die beiden noch lebenden Kinder sind Pastorin und Pfarrer. Es findet sich keine Bemerkung, ob sie sich Gedanken machen über den Sinn und die Verantwortbarkeit dieses Krieges. Man freut sich über die Auszeichnungen des Sohnes, aber dass Tapferkeit hier Not und Tod auf der anderen Seite bedeutet, das kommt nicht ins Blickfeld. Ich habe mich zuerst auch gefreut über ›Sondermeldungen‹, über versenkte Schiffe, zerstörte Städte (des ›Feindes‹), Verluste auf der anderen Seite. Später musste ich immer daran denken, dass das auch Söhne von Müttern waren, die diese mit Liebe und unter Opfern großgezogen hatten, Väter, die eine Familie verwaist zurückließen. Ich finde in den Aufzeichnungen keine Anklage gegen die deutsche Regierung, die diesen Krieg ohne Rücksicht weiterführt.«

Charakteristisch für die Äußerungen nahezu aller Zeitzeuginnen ist, dass der Blick fast ausschließlich auf das eigene Volk und das eigene Schicksal gerichtet blieb. Eine Bilanz der Kriegsverluste der von Deutschland besetzten Länder und Völker wurde nicht gezogen. Über die Verbrechen an den Juden wurden die Deutschen nach dem Krieg zwar alsbald aufgeklärt, doch über die Leiden, die sie anderen Völkern zugefügt hatten, besonders den Völkern der Sowjetunion, blieben sie weithin unaufgeklärt. Das hing mit der Entstehung des Kalten Krieges zusammen, aber sicherlich auch mit den Erfahrungen, die viele Frauen gerade mit der sowjetischen Besatzungsarmee gemacht hatten.[60]

In dieser Ausblendung deutscher Verbrechen gegenüber der Sowjetunion verschmolzen die überkommene Furcht vor dem Bolschewismus, eigene traumatische Erlebnisse, die Goebbels'sche Propaganda und die neu geschürte und bestärkte Kommunistenfurcht im Zeichen der Konfrontation der Blöcke. Es war das einzige Feindbild, das nach dem Zweiten Weltkrieg noch für lange Zeit, bei vielen bis zum Untergang des Kommunismus und darüber hinaus, konserviert wurde.

Individuelle Periodisierung des Krieges: »Normalität« und »Katastrophenzeit«

Durch die Erzählungen der Frauen wird fassbar, dass die Periodisierungen der eigenen Lebenszeit sich nicht mit der offiziellen Chronologie decken. Beginn und Ende des Krieges fallen für die einzelne Frau nicht mit dem 1. September 1939 und mit dem 8. Mai 1945 zusammen. Und die Phasen des Krieges sind für sie nicht identisch mit den Phasen der Wehrmachts- und Diplomatiegeschichte.

Die Zeit des Zweiten Weltkriegs zerfiel vielmehr für die Frauen in ganz individuell bemessene Zeitabschnitte, und dabei in der Regel in einen fast als »normal« empfundenen und einen »katastrophalen«. Die persönlichen Zäsuren richten sich nach der Intensität, mit welcher der Krieg in das ganz persönliche Leben eingriff und es veränderte. Der 1. September 1939 und der 8. Mai 1945 sind für die wenigsten Lebenswendepunkte gewesen. Lebensmittelkarten, Verdunklung, Luftschutzübungen wurden am Anfang nicht als besonders gravierend empfunden, zumal man in den Jahren und Monaten vor dem Krieg schon langsam auf derartiges eingestimmt worden war.

Das private Leben ging zunächst seinen gewohnten Gang ohne erhebliche Einschränkungen. Wir haben gesehen, wie dieses Privatleben für die Frauen viel wichtiger war als der Krieg und warum sogar manche sagen konnten: »Für mich war es eine schöne Zeit.«[61]

ANNA J. (1912): »Vom Krieg verspürten wir wenig, mit Ausnahme der Verdunklung der Fenster am Abend und der Einführung von Lebensmittelkarten. Mein Mann ging in seinem Beruf auf, und zu Hause hatten wir viel Freude mit unseren beiden Mädchen Annemarie und Helga. Als jedoch auch mein lieber Mann am 1. Juni 1943 in den Krieg einrücken musste, kam mir erst so richtig zum Bewusstsein, dass ja Krieg war, obwohl die Front weit weg war.«

Die Frauen blieben, im Gegensatz zu den Soldaten, die sich auf ganz fremde Umwelten einstellen mussten, in ihrer gewohnten Umwelt, zum mindesten bis zur Evakuierung und Flucht, die auch nur einen Teil trafen. Besonders für Bäuerinnen war der Krieg kein besonderer Einschnitt, solange Angehörige nicht eingezogen wurden. Und auch danach änderte sich an dem gewohnten Alltag wenig. »Wir haben halt immer schaffen müssen, jetzt noch ein bissle mehr«, sagten mir viele Landfrauen.

Das Regime tat alles, um den Schein der »Normalität« aufrechtzuerhalten. Es gab weiter allerlei Vergnügungen, Freizeitangebote, Reiseangebote u.a.[62] Der Krieg war fern, selbst als die ersten Gefallenenmeldungen kamen.

Charakteristisch sind die Aufzeichnungen von HANNA L. (1919). Sie schildert, wie ihr Leben nach Kriegsausbruch genau so weiterging wie zuvor mit Veranstaltungen, Arbeit (sie lernte in einer Webschule und war Mitglied der BDM-Spielschar), Einladungen, Berlinbesuch usw.. Und dann steht unvermittelt in ihren Aufzeichnungen: »Nach all diesem Schönen kam wieder eine traurige Nachricht – mein geliebter Friedel war beim Rheinübergang im Mai (*1940*) gefallen. Ich konnte ihn nicht einmal mehr meinen Eltern vorstellen – es blieben mir nur seine bezaubernden Briefe.« Danach wieder fast ohne Übergang: »Im Juli fuhr die Familie P. (*das sind Bekannte von ihr*) in ihr Sommerhaus an die Ostsee.«

Nur wo nahe Angehörige an die Front mussten, bedeutete das einen tiefen Einschnitt. Die Sorge um die Männer, Söhne, Brüder, Freunde »im Feld«, später um die Vermissten und die Trauer um die Gefallenen, war das, was *alle* Frauen in Deutschland teilten. Fast alle hatten Verluste zu beklagen, nur wenige Frauen keine, zum mindesten nicht in ihrer näheren Verwandtschaft.

Im übrigen waren die Belastungen und Opfer sehr unterschiedlich, ebenso die Übergänge vom »normalen« Leben zum Leben in und mit der Katastrophe. Die regionalen Unterschiede waren sehr groß. Insgesamt waren die Lebensverhältnisse im östlichen, mehr agrarischen Deutschland, besonders in Ostpreußen oder in Schlesien, bis zur Flucht nahezu friedensmäßig. Und im allgemeinen war es auf dem Lande friedlicher als in den Städten. Viele verloren all ihr Hab und Gut und schwebten jahrelang in fast täglicher Angst um Leib und Leben und die Sicherheit ihrer Kinder. Andere lebten fast ungestört von Fliegern und Bomben in einer beinahe ländlichen Idylle. Die einen mussten hungern oder lebten an der Grenze des Hungerns, andere konnten sich bis zum Ende satt essen, einigen wenigen fehlte es an fast gar nichts.

Viele mussten Heimat und gewohnte Umgebung aufgeben, unvorstellbare Strapazen auf der winterlichen Flucht durchstehen, anderen war es vergönnt, in ihrer Heimat zu bleiben und sich in ihrem Wohnraum kaum einschränken zu müssen. Das »Nur-Katastrophenbild« vom Krieg trifft für das Leben der vielen verschiedenen Frauen nicht zu. Ein besonders augenfälliges, geradezu klassisches Beispiel, wie Frauen ihre Biografie gliedern, ist Anni K..

Anni K. (1919) gliedert ihre Lebensabschnitte:
1. – 10. Lebensjahr: Kinderzeit (1919 – 1929)
10. – 20. Lebensjahr: Schulausbildung, am Ende Eheschließung (1929 – 39)
20. – 30. Lebensjahr: Krieg, Kinder (zwei) Nachkriegszeit, Flüchtling (aus Schwerin, SBZ, nach Schleswig-Holstein), Ehescheidung (*der Mann ließ die Familie im Stich*) (39 – 49)
30. – 40. Lebensjahr: Berufstätigkeit, weitere eigene Ausbildung (nebenberuflich für die Inspektorenlaufbahn), Ausbildung der Kinder, Sorge für die Eltern (49 – 59)
40. – 50. Lebensjahr: Auflösung der Großfamilie nach dem Tod der Mutter, Vater und Kinder verlassen das Nest (59 – 69)
50. – 60. Lebensjahr: Ich kann über Zeit und Geld verfügen und holte große Reisen nach – als Bildungsreisen (69 – 79)
60. – 70. Lebensjahr: Im Ruhestand, Reisen zu den Kindern und eintägige Museumsreisen (79 – 89).

Wenn auch nicht in so genau abgemessenen Dekaden und ohne entsprechende große Bildungsreisen, werden dieselben Einschnitte auch bei anderen Frau-
en immer wieder durch dieselben Erlebnisse gesetzt: Familie, Ausbildung, Beruf, Sorge für ältere Familienangehörige.

Nach diesem Schema gliedern sich sehr viele Erzählungen meiner Zeitzeuginnen. Sie gruppieren sich um die tiefgreifenden persönlichen und familiären Ereignisse, nicht um die Daten der »großen Politik« und der Geschichtsbücher.

Positive Erfahrungen im Rückblick auf den Krieg

Es mag unstatthaft erscheinen, auch nur ein Gran Positives an dieser Zeit voll
Grauen, Verbrechen und Tod finden zu wollen. Aber die Erinnerungen der
Frauen sprechen eine andere Sprache. Ebensowenig wie sich die relative und
zeitweise Normalität dieser Zeit leugnen lässt, ebensowenig lassen sich positive Erinnerungen an diese Zeit streichen.[63] Nicht immer formulieren die Frau-
en diesen persönlichen Gewinn ausdrücklich, aber aus ihren Erzählungen geht
doch manches recht klar hervor.

Junge Frauen und Mädchen haben durch ihre Erfahrungen beim BDM, im
Arbeits- und Kriegshilfsdienst oder als Schwestern in Lazaretten und beim
Roten Kreuz Qualitäten und Kompetenzen in Menschenführung und Organisation entwickelt, die sie als wohlbehütete und in den Grenzen des damals
für Mädchen Ziemlichen nicht entwickelt hätten. Sie haben Freiheiten genossen und Verantwortung übernommen, die ihnen sonst nicht gewährt und zugetraut worden wären. Auch wenn man das Vorzeichen, unter dem das alles
stand, zutiefst missbilligt, so konnten die Fähigkeiten später genutzt werden,
doch unter anderem Vorzeichen. Das sagen viele Frauen nicht nur, ihre späteren Lebensgeschichten beweisen es.

Im Krieg haben Frauen dadurch, dass sie ganz auf sich selbst gestellt waren und männliche Tätigkeiten und Verantwortung übernehmen mussten,
Ausbombung, Evakuierung und Flucht meisterten, an Selbstbewusstsein, Selbständigkeit, guter Arbeitsorganisation und eigener Lebensgestaltung gewonnen. Die Frauen verbuchen das als persönliches Plus, auch wenn ihr Einfluss
und ihr Ansehen in Familie und Öffentlichkeit nicht in entsprechendem Maße
durch ihre Leistungen im Krieg wuchsen. Von einem Emanzipationsschub
durch den Krieg kann kaum die Rede sein.[64]

Im Klassenrundbrief Dresdner Abiturientinnen der Jahrgänge 1907-1909 schreibt
ULLA am 25. Oktober 1955: »Wenn man all so Eure Schicksale liest, dann füllt

sich (jedenfalls mir) das Herz mit Stolz über die Tüchtigkeit unserer deutschen Frauen.«[65]

IRMGARD SCHÜDDEKOPF schreibt als Fazit ihres Beitrags über Krieg und Nachkriegszeit: »… für mich wurde es, fast wagt man es nicht zu sagen, eine lebensvolle, ja glückhafte Zeit. Und erst im Nachhinein so erkannt, ziemlich später… Selbst war die Frau! Immer selbständiger, erfinderischer konnte, ja musste sie sein.«[66]

Aber wenn manche Frauen sogar sagen, dass sie diese Zeit »trotz allem nicht missen möchten«, dann meinen sie noch andere, viel simpler scheinende Auswirkungen: Sie haben gelernt, mit wenigem auszukommen und zu sparen. Sie stellen keine Ansprüche an immer noch mehr Komfort und immer noch höheren Lebensstandard, sie ertragen keine Verschwendung und werfen Dinge nicht einfach weg. Sie passen eigentlich nicht in unsere Wegwerfgesellschaft. Diese Frauen neigen nicht dazu, Energie und Ressourcen zu vergeuden.

ROSE H. (1913): »Essensreste wegwerfen kann ich heute noch nicht, mit Wasser und Strom spare ich, was sich ›recyceln‹ lässt, sammle ich.«

Sie sind dankbar für das, was sie haben. Sie wissen es zu schätzen, wenn sie ein warmes Bett haben und nicht nachts durch Sirenen aus dem Schlaf gerissen werden. Gewiss, durch diese Anspruchslosigkeit haben sie sich mit schäbigen Hinterbliebenenrenten abspeisen lassen und ohne entsprechende Entlohnung einen großen Teil des Wiederaufbaus getragen. Ohne ihre Arbeit hätte es kein deutsches Wirtschaftswunder gegeben. Sie wollen keinen Dank dafür, nur, es sollte überhaupt bemerkt werden.

Diese Frauen sind deshalb allergisch gegen materielle Undankbarkeit und gegen überzogene Ansprüche der jüngeren Generationen. Das hat freilich auch das Gespräch zwischen den Generationen erschwert.[67] Die Jungen wollten sich nicht immer vorhalten lassen, wie gut sie es hatten und haben. Aber dass in der Bescheidung auch etwas Positives liegen kann, könnten sie nach Meinung der Zeitzeuginnen von ihren Müttern, inzwischen Großmüttern, lernen.

Die Frauen, die den Krieg durchgestanden haben, scheinen – nach ihren eigenen Zeugnissen – auch nicht so schnell zu resignieren. Sie haben gelernt, auch in schweren Situationen und unter schwersten Belastungen nicht aufzugeben.

M. W. (1916), die im Altersheim lebt: »Ich bin immer wieder erstaunt, wie die meisten in den Altersheimen mit ihrer Situation fertig werden. Ich habe wenige getroffen, die resignieren oder negativ eingestellt sind. Diese Kriegsgeneration wurde früh an Verluste gewöhnt und hat gelernt, sie zu tragen.«[68]

GUNHILD H. (1925) im Zusammenhang mit sehr turbulenten Kriegserfahrungen: »...und daher kommt auch mein Mut, dass ich den Kindern immer sage: Man geht nicht so schnell unter, wie man meint, so schnell geht man nicht unter. Es gibt Situationen, wo man sich nicht vorstellen kann, wie's weitergeht, und trotzdem geht's weiter.«

TRUDE S. (1910), die eine schreckliche Flucht mit kleinen Kindern durchgestanden hat: »Ich habe einen Prozeß der Bewährung und der Reife erlebt.«[69] So ähnlich reden viele.

Die Frauen der Kriegsgeneration haben – wie sie sagen – in den schweren Zeiten viel Solidarität erlebt und geübt. Gewiss, es hat auch Denunziationen, Hartherzigkeit und Fühllosigkeit selbst unter »Volksgenossinnen« gegeben, von den vielen Menschen, die zu den »Nicht-Volksgenossinnen« gehörten, ganz zu schweigen. Es liegt ein wenig Nostalgie darin, wenn ich immer wieder gehört habe: »Damals hat man einander noch viel mehr geholfen.« Aber es war schon etwas dran an der größeren Hilfsbereitschaft, auch wenn sie wenig mit der von den Nationalsozialisten proklamierten Ideologie von der Volksgemeinschaft zu tun hatte.[70]

Alle diese Erinnerungen könnten missdeutet werden. Sie erscheinen problematisch als »positive Erfahrungen *durch* den Krieg«, weil sie den Eindruck erwecken könnten, als sei dadurch dieser Krieg legitimiert, oder banaler: als hätte »diese schwere Zeit« doch auch »ihr Gutes gehabt.« Aber so wenig man etwa Solschenizyn unterstellen würde, er habe den Archipel Gulag verharmlost oder gar legitimiert, wenn er sagte, er möchte die Erfahrung trotz allem nicht missen, so wenig wird man unterstellen dürfen, die Frauen würden mit diesen »positiven Erfahrungen« den Zweiten Weltkrieg verharmlosen oder gar legitimieren. Wenn es dafür noch eines Beweises bedarf, so liegt er in dem leidenschaftlichen Wunsch aller Frauen, mit denen ich gesprochen habe: »Nie wieder Krieg!«.

Die Auseinandersetzung mit dem Krieg nach 1945

Feindbilder

Eva Sternheim-Peters widmet in ihrem Buch »Die Zeit der großen Täuschungen« ein ganzes Kapitel den »Freunden und Feinden«.[71] Sie schildert darin anschaulich die Selbst- und Fremdwahrnehmung der Deutschen, insbesondere des deutschnationalen Mittelstandes. Keinen Zweifel läßt sie an dem deut-

schen Überlegenheitsgefühl gegenüber allen anderen Nationen, und sie zeigt
sehr genau die oft tiefverwurzelten Vorurteile gegenüber den späteren Kriegs-
feinden, aber auch gegenüber den Verbündeten auf. Wie weit solche Einstellungen von den Frauen geteilt wurden, müsste im einzelnen untersucht werden. Ich habe mich nicht ausdrücklich danach erkundigt. Wohl aber lässt sich
aus den Lebensgeschichten eines mit Sicherheit schließen: Wo immer es persönliche Verbindungen von Frauen zum Ausland gegeben hat, seien es verwandtschaftliche oder freundschaftliche, z. B. durch eigene Auslandsaufenthalte, ließ sich schwer Hass erzeugen, weder im Krieg noch nachher.

ADDY W. (1907): »Ich hatte während des Ersten Weltkriegs die Bombenabwürfe auf
Köln erlebt, anschließend die Zeit der Besetzung Kölns und des Rheinlands. In dieser Besatzungszeit erschienen belgische Offiziere in unserer elterlichen Wohnung. Es
waren Vettern meiner Mutter. Es stellte sich heraus, dass diese Offiziere und deutsche Angehörige unserer Familie in derselben Schlacht gegeneinander gekämpft hatten. Dieses Ereignis hat mich nachhaltig beeindruckt.«

Trotzdem wurden die im Ersten und noch stärker die im Zweiten Weltkrieg
verordneten Feindbilder übernommen, wenn auch gleichsam abstrakt. Die
Frauen dachten dann nicht mehr an die ihnen bekannten einzelnen Menschen
im Ausland, sondern sprachen jetzt von Kollektiven: »Der Engländer«, »Der
Franzose«, »Der Russe«.

LORE E. (1922) erzählt von ihrer Mutter, die als junges Mädchen in Frankreich in
Pension gewesen war. »Als 1914 der Krieg ausbrach, konnte sie sich überhaupt nicht
vorstellen, dass ihr Bruder jetzt auf die Franzosen, die sie in Dijon liebgewonnen hatte,
schießt.« Trotzdem geschah es, und sie war im Ersten wie auch im Zweiten Weltkrieg überzeugt, dass Frankreich der »Erbfeind« war.

Es kam auch vor, dass jahrelange Brieffreundschaften abrupt aufgekündigt
wurden, als der Krieg begann, nicht nur von deutscher, sondern auch von der
anderen Seite.

Eine Sonderstellung unter den Feinden haben die Osteuropäer. Frauen, die
als Minderheiten, etwa im Baltikum, in Polen, in der Tschechoslowakei, in
Rumänien gelebt hatten, empfanden in der Regel zwar keinen Hass gegenüber den Staatsvölkern, hatten aber Unterdrückung und Benachteiligungen
erleben müssen und fühlten sich insgesamt als »etwas Besseres«.

Trotzdem sind selbst unter der Herrenmenschen-Politik der Machthaber
auch schlichte menschliche Bindungen gewachsen, die sich im und noch nach
dem Krieg bewährt haben.[72] Inwieweit sich die Feindbilder unter dem unmittelbaren Eindruck der Besetzung und den Erfahrungen mit den Besatzern ge-
wandelt haben, zeigten wir im zweiten Band.[73] Im ganzen hat der Eiserne Vor-

hang im Gefolge des Kalten Krieges dafür gesorgt, dass gerade gegenüber Osteuropa Feindbilder und Vorurteile nur schwer revidierbar waren. Während es nach dem Westen zunehmend Kontakte gab, die im Laufe der Zeit und besonders bei den nachwachsenden Generationen nationalistische Stereotypen mehr und mehr auflösten, blieben sie gegenüber allem, was jenseits von Oder und Neiße lag, erhalten. Von den älteren Frauen, denen von den sowjetischen Besatzungstruppen Schlimmes angetan worden war, blieben einige unversöhnlich.

Ein besonders prononciertes Beispiel für diese Unversöhnlichkeit ist LIDDY T. (1906): »Diese Scheißrussen, auf deutsch jesagt. Meine Großmutter is 'ne jeborene Russin, eine jeborene von Meinowski, aber die war nicht so. Aber die Russen, die bei uns eingedrungen sind, das waren Schweinehunde. Und ich sage, heute sind die jenau so, der Russe ist immer falsch jewesen. Immer.
I: *Und was denken Sie über die Polen?*
T: Na, die Polen noch viel mehr. Mein Vater hat die sich damals während des Krieges holen müssen, noch vor dem Krieg, da war ich noch ein Kind, in die Lokomotivfabrik von O. und K., und dass die faul wie die Sünde waren. Beim Brükkenbauen waren sie faul, ich weiß das von meinem Onkel.«

ERIKA S. (1912), deren Mann im Osten gefallen ist, sich aber wahrscheinlich selbst den Todesschuss gegeben hat, um nicht in Gefangenschaft zu geraten, erklärte: »Nach dem Erlebten sind die Russen heute noch meine Feinde; ich kann nicht vergessen.«

Ich habe mit meinen Befragungen 1988, also nach Gorbatschows Machtantritt, begonnen. Alle Frauen äußerten Erleichterung über »Glasnost« und »Perestroika«, waren angetan von Gorbatschow, aber bei vielen war immer noch leises oder auch lautes Misstrauen »dem Russen« gegenüber herauszuhören.

MARGRIT H. (1924): »Der Russe strebt trotzdem (*gemeint ist: trotz Gorbatschow*) eine Weltherrschaft an. Das glaube ich schon. Denn das zieht sich wie ein roter Faden durch die russische Geschichte, dass sie immer auf Expansionsdrang sind.«

Immer wieder – und das gilt gegenüber allen Nationen – wurde zwischen »Regierung« und »Volk« unterschieden. Die Kernaussage lautete: »Es sind die Regierungen, die den Krieg wollen und verursachen – die Völker wollen keine Kriege.« Dass aber im Zweiten Weltkrieg nicht alle Regierungen über einen Kamm geschert werden konnten und dass die Völker, und damit sie selbst, sich immer aufs neue für Kriege mobilisieren lassen, wurde von den meisten nicht problematisiert.

Heutige Haltung zur Kriegsschuld und zum Kriegsverlauf, Sinngebung des Krieges

So ist der Zweite Weltkrieg für die meisten Frauen »Hitlers Krieg«. Nur vereinzelt gab es Stimmen, die immer noch England und den Westmächten die Schuld oder eine Mitschuld zuschieben.[74] Immer noch spielt die Erinnerung an den Versailler Vertrag als Ursache für Hitlers Erfolg und damit auch für den Krieg eine ausschlaggebende Rolle. Sie haben ihr Geschichtsbild nicht revidiert, obwohl die historische Wissenschaft inzwischen festgestellt hat, dass die Revision von Versailles 1939 fast vollständig abgeschlossen war und der Korridor auch auf friedlichem Wege zu haben gewesen wäre. Es spuken auch immer noch Vorstellungen von »Englands Wirtschaftsneid« in den Köpfen, ebenso Vorstellungen vom Präventivkrieg gegenüber der Sowjetunion, obwohl sie nicht belegbar sind.

ILSE S. (1926): »Es steht eindeutig fest, dass England schuld ist am Ausbruch dieses Krieges, den hat der Churchill gewollt, und man wollte den Krieg, da war der Hitler noch in den Windeln.« Sie berief sich dabei auf eine Publikation aus dem Schweizer Verlag Eidgenos.

WALTRAUD G. (1926): »Aus meiner Sicht war Hitler der Haupt- aber nicht der Alleinschuldige. Auch Churchill wollte diesen Krieg. Er hasste nicht nur die Nazis, sondern auch die Deutschen allgemein. Er sah in Deutschland eine gefährliche Konkurrenz auf dem Weltmarkt. Er heizte die polnische chauvinistische Regierung an, machte ihnen Versprechungen, sie zu unterstützen. Die polnische Regierung war gegenüber Deutschlands vorgebrachten Wünschen ganz kompromisslos. Ostpreußen befand sich damals in einer Insellage wie später Berlin. Über einen Korridor hätte man doch verhandeln können.« Diese Version der Zeitzeugin unterscheidet sich kaum von nationalsozialistischen Verlautbarungen. Wieso sie Hitler dennoch für den Hauptschuldigen hält, ist unerfindlich und wohl nur ein Lippenbekenntnis zur offiziellen heutigen Auffassung.

Ähnlich dezidierte irrige Meinungen zum Kriegsausbruch hörte ich auch von einigen Männern, die bei den Interviews dabei waren. Frauen äußerten sich fast immer vorsichtiger und unsicherer. Viele halten sich in solchen historischen Fragen, so wesentlich sie auch für ihr eigenes Leben sind, gegenüber ihren Männern oder überhaupt den Männern gegenüber immer noch für nicht kompetent.

Die meisten aber erkennen heute an, dass dieser Krieg ein deutscher Angriffskrieg war. Das deutsche Volk und damit sie selbst werden fast durchgehend nur als Opfer dieses »wahnsinnigen Krieges« gesehen. Nur wenige räumen eine Mitverantwortung des deutschen Volkes ein.

HANNELORE W. (1918): »Wir haben den Krieg fast alle mit angezettelt und auch verloren, einen ganz besonders erbarmungslosen und widerwärtigen Krieg von unserer Seite.«

Immer wieder traf ich bei den Zeitzeuginnen auf Unkenntnis von entscheidenden Fakten des Kriegsverlaufs und der Kriegsziele Hitlers; z. B. Aussagen wie: »Amerika hätte nicht eingreifen dürfen«, obwohl bekanntlich Deutschland am 11. Dezember 1941 den USA den Krieg erklärt und zuvor durch seine aggressive Politik die Welt herausgefordert hatte[75], oder »Russland hätte er nicht angreifen dürfen«, obwohl der Angriff auf die Sowjetunion der Kern von Hitlers Kriegszielen war. Oder: »Man hat sich ja gegen den Bolschewismus verteidigen müssen«, obwohl eine solche Verteidigung ohne den Überfall auf die Sowjetunion gar nicht nötig gewesen wäre. Oder: »Die Wunderwaffen waren ja schon in greifbarer Nähe«, obwohl davon gar keine Rede sein kann. Derartige Äußerungen zeugen nicht nur von Unkenntnis, sondern auch vom Festhalten-Wollen an dem Wahn, Deutschland hätte den Krieg vielleicht doch noch gewinnen können, oder der Krieg habe einen Schein des Rechts gehabt.

Besonders ausgeprägt ist bei den Frauen die Parteinahme für die deutsche Wehrmacht, vor allem wenn eigene Familienangehörige in der Wehrmacht waren. Nur ganz wenige erzählten, dass ihre Männer »schlimme Dinge« (konkreter wurden nur einzelne) gesehen haben oder selbst darin verwickelt waren.[76] Die meisten wehren Derartiges vehement ab mit der Begründung: »Er hat nie etwas davon erzählt«, oder einfach: »Ich weiß sicher, dass er nichts damit zu tun hatte.« Beweise dafür oder dagegen gibt es nicht. Manchen Frauen ging die Verstrickung der eigenen Männer in Schreckliches, aber auch die menschliche Verkrüppelung durch den Krieg, erst nachträglich und bei der nochmaligen Lektüre der Feldpostbriefe auf, die sie Jahrzehnte später aus einem kritischen Blickwinkel lesen konnten.

MAGDALENE B. (1917): »Auch der eigene Mann, wie er so erzählt, dass nach einer bestimmten Zeit keine Gefangenen mehr gemacht werden durften, so schauerlich, wenn man sich das durchdenkt (*sehr erregt*), dass ein Mensch einfach nicht mehr klar denken kann, dass das eine schöne Landschaft ist, die wird nur unter dem Aspekt gesehen, wie kann ich den Feind kriegen, wie kann ich mich verstecken, wo kann ich mein Maschinengewehr hinstellen, schauerlich, unmenschliche Verkrüppelung. Oder wenn sie dann Russen kennenlernen, Frauen, die ihnen helfen, wie freundlich die oft waren, und die Männer und die Kinder, die müssen sie kaputtmachen!«.

Dass dieser Krieg nicht vom nationalsozialistischen Regime zu trennen ist, dass die Jahre 1933-1945 zusammengehören, wird von vielen immer noch nicht realisiert. Sie trennen die »guten Jahre« bis 1939 von dem »unseligen Krieg«. »Wenn er den Krieg nicht angefangen hätte...« wird häufig bedauernd gesagt und hinzugefügt, »dann wäre alles gut gewesen«. Nicht wenige meinen immer noch, der Krieg sei ein »Fehler« gewesen, Hitlers größter, wenn nicht sein einziger Fehler. Wenige sehen ein: Der Krieg war ein Verbrechen. Noch weniger erkennen: Er war ein schon in Hitlers Weltanschauung angelegtes Verbrechen. Es wird dabei auch nicht bedacht, dass man selbst zum mindesten ein Rädchen in der funktionierenden Kriegsmaschinerie war. Dafür zwei bezeichnende Beispiele aus dem schon zitierten »Klassenrundbrief« einer Dresdner Abiturientinnenklasse.

In ihrem ersten Brief vom Dezember 1953 gibt RUNE (1908) einen Rückblick: »Von 1930-1939 ging das Leben sehr schön und man konnte sich seines Lebens freuen, mir ging es gut, die Kinder gediehen und ich vertrug mich glänzend mit meinem Ehegemahl!... 1939 kam der unselige Krieg, aber auch da ging es uns noch gut, mein Mann war immer u.k. und auch sonst hatten wir politisch nichts auszustehen. 13. Februar 1945 – in dieser Nacht verlor ich alles, was ich besaß –, nur blieben wir alle gesund am Leben, nur standen wir mit dem, was wir auf dem Leibe hatten, vor den rauchenden Trümmern unseres Hauses.«[77]

Und RIKE (1908) am 14.3.1954: »Bis 1939 lebten wir so glücklich, und dann kam der entsetzliche Krieg.«

Welchen Sinn Frauen, die den Zweiten Weltkrieg erlebt haben, diesem Krieg heute zumessen, lässt sich kaum durch allgemeine Fragen herausfinden. Alle sind sich allzu schnell darin einig, dass Krieg etwas Schreckliches, Sinnloses, Verwerfliches ist und dass dies besonders für den Zweiten Weltkrieg gilt. Etwas von der wirklichen Sinngebung wurde schon im religiös oder psychologisch begründeten Glauben an die »Bewährung auch in schweren Zeiten« sichtbar. Noch deutlicher offenbarte sie sich aber in den Antworten, die ich auf meine spezielle Frage erhielt: Wie soll man heute der Toten des Zweiten Weltkriegs gedenken? Ich fragte noch konkreter:

– Soll man Kriegsgräber pflegen?
– Soll man Gedenktafeln an oder in Kirchen anbringen?
  Wenn ja, welchen Text würden Sie sich wünschen?
– Soll man Kriegerdenkmäler aufstellen? Wenn ja, welchen Text und welche Gestaltung würden Sie sich wünschen?[78]

Die Antworten fielen im allgemeinen seltsam vage und mehrdeutig aus. Der Kriegstod bleibt bei den meisten etwas zu Ehrendes, ein »Heldentod«, ein »Opfer fürs Vaterland«, »für die Heimat«, »für uns«. Für gläubige Frauen bleibt er etwas unbegreiflich Schweres, aber von Gott Zugemutetes. Krieg wurde von jeher so mystifiziert, dass es bis heute schwerfällt, seinen Sinn zu befragen.

Christliche Frauen halten bereitwillig an den Sinndeutungen fest, die ihnen die Kirchen bieten, schon in den Trauergottesdiensten boten[79] und in ihren Gedenktafeln festschreiben. Sie lassen sich am besten in zwei immer wieder-kehrenden Texten fassen, in dem oft zitierten Gedicht von Siegfried Goes: »Alle, die gefallen in Meer und Land,/sind, Herr, gefallen in deine Hand.« und der Bibelstelle: »Niemand hat größere Liebe denn die, dass er sein Leben lässt für seine Freunde.« (Joh. 15, 13)

Andere sehen zwar ein, dass die Männer ihr Leben einer verwerflichen Sa-che geopfert haben, sprechen die Toten aber von jeder Verantwortung dafür frei, weil sie subjektiv ehrlich an die Verteidigung der Heimat glaubten oder gezwungen wurden zu kämpfen. Deshalb gebühre ihnen allen unterschieds-los, Freunden wie Feinden, Respekt und Trauer und Dank. Immer wieder kommt der Vorschlag, Zahlen und Namen der deutschen Kriegstoten oder der Weltkriegsverluste insgesamt zu nennen. Einige empfinden den Tod ihrer An-gehörigen als sinnlos, aber nur, weil der Krieg am Ende verlorenging. Nur we-nige spüren einen tiefen Zwiespalt oder sind ratlos: Wie soll man zum Aus-druck bringen, dass hier junge Männer schrecklich missbraucht wurden und dass sie sich haben missbrauchen lassen? Und fast keine der Frauen stellt an sich selbst die Frage: Habe ich vielleicht auch etwas dazu beigetragen, dass mein Sohn, mein Mann sich so haben missbrauchen lassen?

So bleibt dieser Krieg, ja der Krieg überhaupt, letztlich unaufgearbeitet, er bleibt weiter in mystischen Nebel gehüllt. Er bleibt, wie wir schon bei den Stimmen zum Kriegsbeginn hörten, eine Katastrophe, eine Tragödie, ein Un-wetter, aber eben doch etwas, das – leider – zum menschlichen Leben gehört und eben seine Opfer fordert.

Nur die kleine Minderheit von Frauen, die sich entschlossen hat, den Krieg nicht mehr als eine Schicksalsnotwendigkeit hinzunehmen, sondern sich für seine Abschaffung in Wort und Tat einsetzt, hat auch eine ganz klare Hal-tung zum Kriegstod und zur Sinndeutung des Krieges.

MARIANNE M. (1921) macht folgenden Vorschlag zur Gestaltung eines Kriegerdenk-mals: »Nicht ästhetisch-heldisch, sondern den grauenvollen, schmutzigen Tod dar-stellend. Mein Textvorschlag wäre: ›Kein Mensch, so mächtig er sein mag, hat das Recht, junge Männer in den Tod zu schicken.‹«

MAGDALENE B. (1917): »Ich hab' in der Todesanzeige für meinen Mann geschrie-ben: ›Fürs Vaterland!‹. Das war doch nicht fürs Vaterland. Das war doch bloß ein Un-glück!«. Aus dem Erzählzusammenhang wird deutlich, dass sie nicht ein blindes Fa-tum meint, sondern ein von Menschen, von deutschen Menschen verschuldetes Unglück.

Wege zur Kriegsverhinderung

Einig sind sich alle Frauen in dem leidenschaftlichen Wunsch: Nie wieder Krieg!. Sie wünschen damit nicht nur, dass sie selbst und ihre Kinder vor einem Krieg verschont werden mögen, sondern sie beklagen und verurteilen aus ganzem und empörtem Herzen alle Kriege, die es seither in der Welt gegeben hat und noch gibt. Differenzen ergeben sich allerdings in den Wegen und Möglichkeiten, die sie sehen, um Kriege zu verhindern.

Die meisten verharren in der alten unpolitischen – dabei hochpolitischen – Ohnmachtshaltung: »Wir können ja doch nichts machen.« Sie drückt sich schon in der Formulierung des Wunsches aus: »Möge den Kindern ein solches Schicksal erspart bleiben!«, »Möge der Himmel uns vor einem nächsten Krieg bewahren!«.

ANTONIE F. (1923): »Krieg oder Frieden. Die Entscheidung liegt bei einer Handvoll der Mächtigen. Was können wir da tun? Wir konnten auch den 2. Weltkrieg nicht verhindern.«

Damit unterstützen sie, gewollt oder ungewollt, die jeweils herrschende Linie, getreu dem alten Obrigkeitsdenken: »Die Regierung muss es ja wissen, und sie wird es schon machen.« Dabei können sie ja auch guten Gewissens von unserer bundesrepublikanischen demokratischen Regierung annehmen, dass für sie die Friedenserhaltung ein vorrangiges Ziel ist. Die lange und anhaltende Friedensperiode für Deutschland nach dem Ende des Zweiten Weltkriegs bestärkte sie in diesem Vertrauen. Und die fortwährenden Kriege in aller Welt gehen »uns« eigentlich nichts an und werden mit Vorwürfen an »die anderen« und gleichzeitiger Distanz von der Verantwortung hingenommen: »Schrecklich, dass *die* so etwas machen müssen!«.

LIDDY T. (1906) zum Golfkrieg, der gerade zur Zeit der Befragung stattfand: »Ich habe immer jesagt, warum muss Krieg sein? Ich habe ihn als Kind durchgemacht und das zweitemal als erwachsener Mensch. Warum muss das sein? Warum muss das sein? Aber wir haben auch niemals eine Antwort darauf jekriegt. Das sind hirnverbrannte Menschen, die das machen müssen.«

Wenngleich sich die meisten Frauen für die »große Politik« nach wie vor nicht zuständig fühlten und fühlen, haben viele von ihnen in ihrem privaten Bereich einiges für Völkerverständigung und Friedenssicherung getan. Sie haben ihre Kinder z. B. zu Achtung und Respekt vor anderen Völkern erzogen, haben ihnen Schüler- und Studentenaustausch, Auslandsaufenthalte ermöglicht und sie dazu ermutigt.

INGEBORG S. (1928): »Wir haben festgestellt, gerade durch diese Schüleraustausche mit den Franzosen, dass da sehr viel aus dem Weg geräumt werden konnte, denn z. B. hat ja unser Sohn einen Partner gehabt, dessen Cousine sich auch dieser Partnerschaft angeschlossen hat. Ihr Vater war schwer verletzt im letzten Krieg durch die Deutschen und war ein Deutschenhasser. Durch diesen Schüleraustausch sind dann seine Töchter zu uns gekommen und haben bei uns Weihnachten verlebt und waren so beeindruckt von dem deutschen Weihnachten. Haben dann das nach Hause getragen, da haben die Eltern dann gesagt: ›Ja, wir haben die Deutschen ja ganz anders eingeschätzt.‹ Dann haben die unsere Söhne eingeladen, und dann waren die bei diesem sogenannten Deutschenhasser. Das ist so eine nette Freundschaft geworden. Die Eltern haben uns geschrieben, wir sollen auch hinkommen. Also ich finde, dass durch die Bevölkerung auf diese Weise viel beigetragen werden kann, dasselbe ist jetzt mit dem Osten. Da haben wir auch festgestellt, dass gerade die Russen, die wir bei uns hatten, dass die eine ganz falsche Vorstellung von unserer Bevölkerung haben. Dass die also jetzt ganz glücklich waren, dass wir Menschen sind, mit denen man umgehen kann, und dass wir keine arroganten Herrenmenschen usw. sind, wie es ihnen durch die Medien erzählt wird. Da finde ich, kann die Bevölkerung viel beitragen.«

Sie haben gegen jede Glorifizierung von Krieg gewirkt.

LORE B. (1923): »Ich habe drei Töchter und drei Enkel. Bei der Erziehung der Kinder, da fiel mir eigentlich zum ersten Mal auf, wie furchtbar wir vom Krieg geprägt sind. Also, sobald ein Kriegsfilm kam, das habe ich sicher falsch gemacht, der Krieg war für mich ein solches Entsetzen, und sobald irgendwas vom Krieg im Radio kam, im Fernsehen kam, ich habe die Kinder genommen und habe sie dahin gesetzt: ›Lest das, hört das!‹. So ist der Krieg. Ihr könnt es Euch nicht schrecklich genug vorstellen. Nie mehr Krieg! So was darf nie mehr vorkommen. Vielleicht war es zu viel. Aber sie stehen dem auch ganz ablehnend gegenüber. Das ist nicht negativ zu sehen.«

MAGDALENE B. (1917): »Ich versuche die Feldpostbriefe meines vermissten Mannes für meine Kinder aufzuheben, dass die sehen, dass die ganze Glorifizierung von Krieg falsch ist, dass man mit Krieg nie irgend etwas erreichen kann, das ist so eine schaurige Verniedlichung, was Krieg bedeutet hat, das ist nur Schreckliches, nur Einander-Verletzen!«.

Sie führten und führen einen Kampf gegen Kriegsspielzeug, obwohl sie wissen, dass der Aggressionstrieb auch ohne dies stark ist und sich Bahn bricht.

ANNELIESE B. (1906) erinnerte sich noch gut an die große Rolle von Kriegsspielzeug in ihrer Kindheit während des Ersten Weltkriegs. Sie schreibt: »Aber auch an damals so hoch im Kurs stehenden Soldatenspielen beteiligte ich mich. Ich erinnere mich noch an groß angelegte Schlachten, die auf dem freigeräumten Fußboden des Kinderzimmers mit Ludwigs (*ihres Bruders*) Soldaten durchgeführt wurden. Eine besondere Sensation war der schnelle Wechsel von Hell und Dunkel, der durch das Ziehen an den mit Bindfaden verlängerten ›Ein‹- und ›Aus‹-Strängen der Gaslampe herbeigeführt wurde, was natürlich den empfindlichen sogenannten Gasstrümpfen nicht sonderlich gut bekam. Es war ja Kriegszeit, und alles Kriegsgeschehen schlug sich sehr in unserem Spielen nieder. Wie viele Lazarettzüge habe ich damals auf dem Papier eingerichtet! Ich bekam sogar zu Weihnachten mal eine Schwesternhaube und eine Schwesternschürze. Die Jungen hatten ja auch alle ihre Helme und andere Uniformstücke. Solches Spielen wurde von den Erwachsenen in der damals weit verbreiteten Gedankenlosigkeit durch das Schenken des heute mit Recht verpönten Kriegsspielzeugs kräftig unterstützt.

Um sich mit uns zu beschäftigen, goss Mutter mit uns Bleisoldaten, ein höchst interessantes Unternehmen. Das Blei wurde mit Hilfe eines Spirituskochers geschmolzen und vorsichtig in entsprechende Formen gefüllt. Nach dem Erkalten wurden die Soldaten bunt angemalt; ich sehe die roten Franzosenkäppi heute noch deutlich vor mir. Außerdem gab es natürlich unzählige flache Blechsoldaten und auch solche aus Papiermaché. Wir hatten sogar einen Hindenburg und einen Kaiser Wilhelm II., auch Kavallerie, deren Reiter mit ihren eingefügten Nadeln auf die Pferde gesetzt wurden... Heute bin ich natürlich ein ausgesprochener Gegner allen Kriegsspielzeugs.«

Die Frauen verurteilen Gewalt im Fernsehen, auf Videos und in Computerspielen und haben versucht und versuchen, ihre Kinder und Enkel davon fernzuhalten, soweit ihr Einfluss reicht.[80]

Vergleichsweise wenige Frauen haben ganz konsequent ihre Söhne zu Wehrdienstverweigerern erzogen und auch bei ihren Enkeln darauf hingewirkt. Das waren in der Hauptsache diejenigen, die sich gleichzeitig öffentlich engagierten. Nur wenige Frauen treten öffentlich für die Erhaltung des Friedens ein. Es wäre interessant, statistisch genau zu erfassen, wie viele Frauen der Kriegsgenerationen in den verschiedenen Organisationen und Kreisen der Friedensbewegung tätig wurden, wie viele Sympathisantinnen und zahlende Mitglieder es gab und gibt, wie viele wie oft an Demonstrationen teilgenommen, wie viele z. B. in Mutlangen blockiert oder in anderer Weise zivilen Ungehorsam praktiziert haben, wie viele von deutschen Gerichten zu welchen Strafen verurteilt worden sind. Daraus ließe sich präzise ablesen, wieweit Frauen ihre Kriegserfahrungen in unmittelbares politisches Engagement für den Frieden umgesetzt haben.

Ich habe unter den von mir befragten Frauen Vertreterinnen aller dieser Gruppen kennengelernt. Wie zu erwarten, war die Gruppe der Sympathisantinnen am größten, größer, als ich vermutet hatte, und die Gruppe der »Ungehorsamen« die kleinste. Es gibt auch eine recht große Gruppe, die ich als »schwankende Sympathisantinnen« bezeichnen möchte, d. h., sie drückten ihr grundsätzliches Einverständnis mit den Zielen der Friedensbewegung aus, wollten eigentlich gerne dazugehören, konnten sich aber nicht so recht dazu entschließen, sich genauer damit zu befassen oder sich darauf einzulassen; manche fühlten sich zu alt oder zu ungeeignet, öffentlich aufzutreten, andere hatten und haben einfach keine Zeit.

Dabei gab und gibt es innerhalb der Friedensbewegung keineswegs nur radikale Pazifisten, sondern auch Anhänger einer Politik der »kleinen Schritte« bis zum Endziel der vollständigen Abrüstung mit Beibehaltung einer Art »Weltpolizei« etwa unter der Schirmherrschaft der UNO. Über solche Zielsetzungen und überhaupt über die Methoden des gewaltfreien Widerstandes, der Konversion von Rüstungsgütern in die Produktion von zivilen Gütern, über präventive Strategien zur Vermeidung von Gewalt wissen nur wenige Frauen Bescheid. Ganz allgemein und unverbindlich sprechen sich die meisten gegen Waffenexporte aus, ohne sich an Aktionen dagegen zu beteiligen. Selbstverständlich sind sie auch für Abrüstung, aber ohne konkrete Schritte dafür zu kennen oder zu tun. Verbreitet ist vielmehr eine mehr pauschale Beurteilung der Friedensbewegung. Diese ist manchmal verbunden mit großen Vorbehalten allgemeiner Art, die allesamt darauf hinauslaufen, man müsse sich wehren können und die Friedensbewegung sei wirklichkeitsfremd oder man laufe dabei Gefahr, sich vor einen ideologischen Karren spannen zu lassen. Einige sehen den Militärdienst als »gute Schule« an, die »manchem nicht schadet«.

Die radikalen Pazifistinnen, die gänzlich »ohne Rüstung leben« wollen (so der Name einer christlichen Friedensorganisation in Baden-Württemberg), sind eine verschwindende Minderheit. Unter ihnen befindet sich das Häuflein meiner Zeitzeuginnen, das auch an Blockaden teilgenommen und vor Gericht gestanden hat.

Ganz allgemein hoffen manche meiner Gesprächspartnerinnen auch auf mehr Beteiligung von Frauen an der Politik, weil sie glauben, dass Frauen eine »friedfertige Politik« machen würden, ausgehend von der Annahme einer friedfertigeren weiblichen Natur.

HERTA B. (1933) ging sogar mit dem Gedanken um, eine Frauenpartei zu gründen: »Frauen sind mehr an Menschen interessiert, vor allem an ihren Kindern und Enkeln… Frauen haben die Phantasie, sich das Leiden wirklich vorzustellen… Für die zwischenmenschlichen Beziehungen sind die Frauen zuständig.«[81]

Woher kommen diese unterschiedlichen Haltungen? Für mich war es überraschend, dass sie nicht direkt mit den Kriegserfahrungen zusammenhängen.

Diejenigen, die objektiv am meisten durch den Krieg zu leiden hatten, sind nicht unbedingt die konsequentesten Pazifistinnen oder die Aktivsten in der

Friedensbewegung und umgekehrt. Es scheint, als hätten die Frauen aus dem Krieg für ihre politische Einstellung zum Krieg nichts gelernt. Vielmehr blieben für viele die alten Deutungsmuster bestehen, auf die wir immer wieder gestoßen sind: Krieg ist zwar etwas Entsetzliches, aber Unvermeidliches –

IRMINGARD M. (1920): »Je gedrängter die Welt, desto mehr Reibungsflächen, die in radikale Situationen abgleiten. Ein Mittel dagegen? Ich weiß es nicht.«

Krieg ist etwas ewig Menschliches:

ANGELIKA H. (1926): »Ja sicher, im Grunde meines Herzens, ich möcht's ja auch (*dass es friedliche Koexistenz gibt*), schön wär's! Aber zum Schluss geht's auf Kain und Abel zurück, der hat auch schon seinen Bruder erschlagen. Und das wird … in der Weltgeschichte immer so bleiben. Weil's ja mit dem Menschen zu tun hat, und der Mensch eben die Macht hat, seinen Bruder umzubringen.«

Frauen übertragen besonders gern Erfahrungen aus dem privaten, mitmenschlichen Bereich in die Politik:

AGATHE A. (1920): »Krieg wird es immer geben. Er fängt in den Familien an und wirkt sich in die Völker aus. Ich kann mir einen dauerhaften Frieden nur vorstellen, wenn jeder einzelne jedes der zehn Gebote Gottes hält. Leider ist das Utopie.«

HANNELORE H. (1925): »Ich glaube nicht, dass der Krieg aufhört, denn ›Es kann der Frömmste nicht in Frieden leben, wenn es dem bösen Nachbarn nicht gefällt.‹«

Dazu kommen noch weitere klischeehafte und schicksalhafte Vorstellungen wie: Krieg wird von »den Oberen« gemacht und die »kleinen Leute müssen's ausbaden«. Oder: Krieg ist im Ratschluss Gottes beschlossen oder ein Gericht Gottes, auch etwas, was an Gottes Güte zweifeln lässt. Echten und ewigen Frieden kann nur Gott schenken. Für alle Menschen wird es ihn erst am Ende der Zeiten geben. Besonders die letztere apokalyptische Weltsicht traf ich bei vielen christlichen Frauen an.

Mit solchen allgemeinen Urteilen, auch und gerade mit den religiös unterbauten, ersparen sich die Frauen die Frage nach den jeweiligen historischen Ursachen der Kriege, die man kennen muss, um Kriegen entgegenzuwirken. Hier stößt man auf die schwierigste, am tiefsten wirkende Ambivalenz der Frauenerfahrungen. Diese Ambivalenz in ihren Handlungen und Wertvorstellungen im und zum Zweiten Weltkrieg, die schon in Band II immer wieder berührt wurde, lässt sich nun allgemein so fassen: Die meisten der von mir befragten Frauen, vor allem der bürgerlichen, waren fest verankert im christlichen Glauben. Befragt und unbefragt sprachen fast alle davon, dass ihnen dieser Glaube die Kraft gegeben habe, alle Schwierigkeiten durchzustehen und nicht zu verzweifeln. Aber gerade diese Kraftquelle verhinderte bei den meisten gleichzeitig das Aufbegehren gegen das, was sie letztlich als von Gott geschickt und auferlegt empfanden, verhinderte die Frage nach den politisch und menschlich Verantwortlichen und der eigenen Verantwortung. Nur bei einer Minderheit führte gerade ihr Glaube zu einer entschiedenen Gegnerschaft oder mindestens zu weitestmöglicher innerer und äußerer Distanz und zur Bereitschaft, Verfolgten, auch Deserteuren, im eigenen Umkreis zu helfen. Hier sei eine prominente Frau aus dem Kreisauer Kreis zitiert, Freya von Moltke: »In schwerer Zeit wurde ihnen (den Kreisauern) bewusst, welche revolutionäre Glaubens- und Lebenskraft in der Lehre dieses Mannes aus Palästina auch heute noch steckt. Ja, das möchte ich so stehen lassen.«[82]

Unter meinen Zeitzeuginnen gab es wenige, die sich durch den Glauben dazu aufgerufen fühlten, Widerstand zu leisten. Die meisten wurden durch ihn nicht politisch aktiviert, sondern eher zu passivem Hinnehmen und Erleiden motiviert. Wem aber so der Krieg allein zu einer passiven Bewährungsprobe im Glauben wurde, der entkleidete ihn letztlich auch seiner nicht zu ertragenden Schrecklichkeit, lähmte die natürliche menschliche Regung, sich mit allen Kräften gegen ihn, und wenn das nicht möglich war, so doch gegen einen neuen Krieg rechtzeitig zu wehren.[83]

Fragt man diejenigen, die sich heute zur Friedensbewegung zählen, sie unterstützen und auch öffentlich für die Friedenserhaltung arbeiten, wie sie dazu gekommen sind, so bekommt man verschiedene Antworten. Alle geben an, dass das Kriegserlebnis selbst eine wichtige Rolle gespielt habe.

ELSE G. (1915): »Als Brandbomben und Luftminen während des Krieges meine Wohnung zerstörten, ich mit einem zwei Wochen alten Säugling verschüttet über zwei Stunden im Keller war, konnte ich nur denken: Wenn ich diesen Krieg überlebe, werde ich alles tun und mitarbeiten, weitere Kriege zu verhindern. Damals entstand, wenn man es so nennen will, mein pazifistischer Fundamentalismus.«

Die berühmte Schauspielerin IDA EHRE (1900) stellt diesen Zusammenhang sehr eindrucksvoll her: »Ich bin in den letzten Jahren häufig gefragt worden, warum ich mich in der Friedensbewegung engagiere, ich ließe mich da ›vor einen Karren spannen.‹ So ein Unsinn! Vor den Karren spannen lasse ich mich nur als ›Mutter Courage‹, allerdings nicht, weil ich von dem überzeugt bin, was sie tut, sondern weil man sich vor einen Karren werfen muss, den man mit Überzeugung zieht. Den Karren der Freiheit ziehe ich in der Tat mit Überzeugung. Frieden geht ja auch mir selbst über alles, er gibt Kraft und Ausdauer. Ich meine, dass wir, die wir schon einiges hinter uns haben, den jungen Menschen immer wieder dieses Gefühl klarmachen, verständlich machen müssen. Ich rede gern mit jungen Leuten darüber, und ich glaube, dass sie mir glauben, weil ich eine sogenannte weiße Weste habe. Man hat mir vorgeworfen, ich wollte mit den Kommunisten mitmachen, als ich 1983 im St.-Pauli-Stadion zweimal vor jeweils 25 000 Menschen Wolfgang Borcherts ›Sag nein!‹ gelesen habe.

Ich habe nur gelacht und gesagt: ›Sie scheinen den Begriff Frieden nicht zu kennen. Sie wissen nicht, dass jeder halbwegs vernünftige Mensch dieses Gefühl in sich haben muss – oder müsste. Finden Sie, dass Massengräber etwas Wunderbares sind? Was hat das mit Kommunismus zu tun? Alle Völker, Chinesen und Italiener, Franzosen, Amerikaner, egal, wer immer es sein mag, sollten sich die Hände reichen. Man kann doch nur aufbauen im Frieden, im Krieg zerstört man. Muss man denn die Welt immer erst niederreißen, um aufbauen zu können? Jeder, der diese Zeit damals miterlebt hat, muss doch eigentlich so denken. Aber es ist nun einmal so: Bei manch einem muss erst das eigene Haus abbrennen, ehe er zur Besinnung kommt.«[84]

Aus ihren Lebensgeschichten nach 1945 kann man aber noch andere, wahrscheinlich bei den meisten ausschlaggebendere Gründe entnehmen: Fast immer haben sie Menschen kennengelernt oder sind auf Organisationen und Gruppen gestoßen, mehr oder weniger zufällig, die wegweisend für sie waren. Manchmal war es der Ehemann, zuweilen waren es Freunde. Das Zusammenarbeiten in der Gruppe, die gemeinsamen Aktionen waren und sind eine wichtige Antriebskraft. Bei manchen, besonders bei jüngeren Frauen, ist auch ein Stück »Aktionismus« dabei, die Lust am Besonderen, der Hauch des Konspirativen, was wieder andere zurückhält oder eher abstößt.[85] Einige sind zu ihrer Ablehnung von Rüstung und Gewalt durch Lektüre und eigenes Nachdenken gekommen. Sie kamen zu der Überzeugung, dass Krieg heute kein Mittel der Politik mehr sein kann und dass Krieg keine Probleme löst. Auch der Zweite Weltkrieg hätte sich in ihren Augen auf andere Weise verhindern lassen, nämlich durch rechtzeitige Verhinderung der Diktatur Hitlers. Mit Pazifisten hätte er jedenfalls seinen Krieg nicht führen können. Sie sehen auch in der Aufrüstung kein Mittel, den Frieden zu erhalten, sondern setzen auf andere Wege, um Gewaltanwendung zu verhindern.

Sicher haben bei den meisten mehrere Anstöße zusammengewirkt. Auch wenn man das objektive Kriegsgeschick als direktes Movens für die heutigen Haltungen und Handlungen zur Kriegsverhinderung relativieren muss, das subjektive Kriegserleben spielt gewiss eine nicht zu unterschätzende Rolle. Subjektives Leiden am Krieg ist nicht messbar. Man kann den Frauen, die trotz schwerer Verluste im Krieg heute keine Mitglieder der Friedensbewegung sind, gewiss nicht vorwerfen, sie hätten nicht genug unter dem Krieg gelitten. Sicher ist aber: Ohne Mitleidensfähigkeit ist ein nachdrückliches und dauerhaftes Eintreten für den Frieden undenkbar. Bei den Frauen, die sich heute aktiv für die Friedenserhaltung engagieren, speist sich ihre Mitleidensfähigkeit nicht unwesentlich aus ihren eigenen leidvollen Kriegserfahrungen.

KAPITEL 11

»Wer die Zeit nicht miterlebt hat, kann sich das gar nicht vorstellen.«

Das Gespräch zwischen den Generationen

Das Gespräch zwischen den Generationen über die Zeit des Nationalsozialismus und des Krieges hat kaum stattgefunden. In der Literatur wird dafür vor allem die Generation der »Täter« haftbar gemacht, die ihre Schuld nicht eingestehen wollten und deshalb mit ihrem hartnäckigen Schweigen eine »zweite Schuld« auf sich geladen haben, die die Nachwachsenden belastete und noch belastet.[1]

Aus meinen jahrelangen Gesprächen mit sehr vielen Frauen und aus meiner Tätigkeit als Ausbilderin von Geschichtslehrern, bei der ich mit Tausenden von Schülern und Hunderten von Studenten über die Auseinandersetzung mit dem Nationalsozialismus in den Familien und im privaten Umfeld gesprochen habe[2], muss ich das Schweigen zwar bestätigen, habe aber bei den Frauen sehr verschiedene Gründe dafür gefunden. Ingrid Vesper und Andrea Weber charakterisieren die Gesprächskonstellation folgendermaßen: »Immer wieder die gleiche Erzählsituation: Auf der einen Seite stehen die Kinder und Enkelkinder, die wissen wollen, wie ihre Angehörigen sich in dieser Zeit verhalten haben; ihnen gegenüber die Eltern und Großeltern, die nur sehr zögernd auf hartnäckige Nachfragen erzählen. Diese Konstellation gehört mittlerweile schon fast zu den Klischees, die mit dem Thema ›Gespräche über den Nationalsozialismus in der Familie‹ verbunden sind.«[3] Dieses Klischeebild ist zu einfach, es ist selbst erklärungsbedürftig. Warum war es so schwer für die Mütter, mit ihren Töchtern und Söhnen über ihr Leben in der Zeit des Nationalsozialismus und des Krieges zu sprechen? Zuerst soll nach den Gesprächsblockaden gefragt werden. Aus den Gründen für das misslungene Gespräch erschließen sich von selbst die Bedingungen für ein geglücktes Gespräch.

Gesprächsblockaden

Was immer über das »große Schweigen« gesagt und geschrieben wurde, es fehlt fast durchgehend die Unterscheidung zwischen dem Schweigen der Männer und Väter und dem der Frauen und Mütter. Beides ist von besonderer Qualität und hat, zumindest teilweise, verschiedene Ursachen. Erstaunlich oft hörte ich von meinen Zeitzeuginnen den Satz: »Meine Kinder haben sich *nicht* für mein Leben *interessiert*.« Für manche dieser Frauen war die Möglichkeit, mit mir darüber zu sprechen, fast eine Befreiung: Endlich interessiert sich jemand für das, was *ich* erlebt habe, will es wirklich wissen, findet es sogar wichtig für die Geschichte!

BERTE B. (1917): »Die Jugend will gar nichts wissen. ›Ach hör doch auf mit dem alten Kruscht (*Zeug*)!‹ sagen sie.«

FRIEDA E. (1920): »Meine Kinder wisset von meinem Leben eigentlich nix.«

LINA F. (1920): »Die Junge, die hen (*haben*) kein Interesse. Jetzt wird gelebt, jetzt isch alles vorbei. Aus, so isch's.«

HILDE A. (1910): »… und wenn wir was erzählt haben, sie haben auch nur mit halbem Ohr hingehört. Das war ihnen auch gar nicht so interessant… Und wenn man mal was erzählt hat, dann ist das da nein und da naus.«

Selbst ELISABETH S. (1897), die älteste Frau unter meinen Interviewpartnerinnen, die aus eigenem Erleben so viel überblickt wie selten jemand, sagte, als ich sie fragte, ob sie nie daran gedacht habe, ihre Memoiren zu schreiben: »Ich habe immer das Gefühl, dass das meine Leute gar nicht so interessiert.«

Die Zeugnisse stammen nahezu alle aus Familien, in denen die Eltern ein gutes Verhältnis zu ihren Kindern hatten und haben und wo es kaum etwas zu vertuschen gab. Um so erstaunlicher ist es, dass selbst in einem solchen Umfeld kein Interesse für die Erfahrungen der Mütter vorhanden war.

Es ist klar, dass *unmittelbar nach dem Krieg* andere Dinge vordringlicher waren als die Rückschau. Fast alle Kräfte waren für den Kampf ums nackte *Überleben* anzuspannen; die Familien waren vielfach auseinandergerissen, das Schicksal der Männer und Väter oft noch ungewiss. Die Kinder standen entweder selbst noch unter der Last des Überstandenen und der schweren Nachkriegszeit oder waren einfach zu klein, um Fragen zu stellen.

In späterer Zeit in den 50er und 60er Jahren stellte sich zwischen den Generationen ein typisches Generationsproblem ein: Kinder und *Jugendliche* wollen zu allen Zeiten zunächst ihr *eigenes Leben* leben, sind zukunftsorientiert und – von wenigen ausgesprochen historisch Interessierten abgesehen – nicht an Vergangenheit interessiert, am wenigsten an der unmittelbar zurückliegenden der Eltern. Mir scheint das ein normaler psychologischer Befund, der nichts mit der Epoche des Nationalsozialismus und seines Krieges zu tun haben muss. Ein frappierender, fast unglaublicher Beleg war für mich folgendes Erlebnis: Ich sprach mit Susanne Zeller-Hirzel, die zum Widerstandskreis um die Geschwister Scholl gehörte, vor Freislers Volksgerichtshof stand und nur knapp dem Tode entging. Am Schluss fragte ich sie: »Und was haben Sie Ihren Kindern von dem allem erzählt?« – Antwort: »Nichts. Die haben sich nicht dafür interessiert.« Sie fügte noch hinzu: »Mein Sohn interessiert sich hauptsächlich für Musik.«

Hinter dem Schweigen ist also nicht gleich ein Schweigen aus schlechtem Gewissen zu vermuten. Selbstverständlich aber hatten es die, die nichts verbergen mussten, die selbst aufrecht geblieben waren oder gar verfolgt wurden, leichter, ein offenes Gespräch zu führen. Aber das waren wenige. Die meisten waren mehr oder weniger »mitgelaufen« oder hatten sich angepasst, und von dieser Mehrheit ist hier die Rede.

In vielen Familien wurde nach dem Krieg einfach die alte Gepflogenheit beibehalten, dass *über Politik* und erlebte Geschichte *nicht gesprochen* wurde. Am wenigsten wurde dies von den Frauen erwartet[4]. Es gab auch nur wenig Erfreuliches zu erzählen. Der Schrecken und der *Schmerz* waren noch zu *groß*. Man wollte auch einfach vergessen, neu anfangen und die Kinder nicht erneut belasten. Ich fragte Erika K. (1906): »Sind Ihre Kinder und Enkel interessiert gewesen an der Zeit, haben Sie davon erzählt?«. Und sie sagte: »Ja nun, meine eigenen zwei ältesten Kinder haben ja teils noch miterlebt. Uta schreit heute noch manchmal auf …, wenn sie hört, dass ein Panzer rollt, im Traum, hat mir mein Schwiegersohn gesagt. Also irgendwie hat das Kind doch etwas mitbekommen, aber wir haben später vermieden, davon zu sprechen. Ich habe es verdrängt, ich muss Ihnen ehrlich sagen, ich hab's verdrängt. Es waren schwere Jahre.« Ich erlebte es häufig, dass Frauen heute noch nicht über die schrecklichen Erlebnisse im Krieg sprechen oder schreiben konnten, über Vergewaltigungen, Bombennächte, in denen sie Grausiges hatten durchmachen müssen. Wie hätten sie kurz nach dem Krieg und unter dem unmittelbaren Eindruck des eben Überstandenen reden können?

Ulla Roberts zitiert Inge S., eine Tochter, die versucht, sich in ihre Eltern hineinzuversetzen: »Mir ist … noch einmal klargeworden, dass meine Eltern damals bei Kriegsende gerade mal fünfundzwanzig Jahre alt, also selbst noch unerfahrene Menschen waren. Aus- und umgesiedelt von Bessarabien nach Sachsen, von dort nach Polen auf polnische Bauernhöfe geschickt, zu harter landwirtschaftlicher Arbeit, danach geflohen in den Westen. Sie konnten psychisch damit gar nicht fertig werden, mit diesem Verlust aller sozialer Bindungen, sie waren total entwurzelt. Ich denke, meine Mutter und mein Vater hätten selbst jemanden gebraucht, der mit ihnen spricht, sie unterstützend begleitet hätte bei ihrer Erinnerungsarbeit. Mit mir und auch untereinander konnten sie nicht darüber sprechen.«[5]

Und was hätten Mütter außerdem noch »Interessantes« zu berichten gehabt aus ihrem Hausfrauenleben? Etwas anderes war es bei den Vätern, die an der Front gewesen waren. Was sie erzählten und nicht erzählten, hat uns schon beschäftigt.[6] Also schwiegen die Mütter lieber.

Dazu kam die *öffentliche Aufarbeitung der Vergangenheit,* von der ja schon mehrfach die Rede war[7]. In der Schule, im Geschichtsunterricht der Kinder, in den Medien und Büchern ging es ja im wesentlichen um die Schuld »der Deutschen«, also auch der Mütter und Frauen. Und im übrigen handelte dieser Unterricht von der »großen Politik«, der Diplomatie- und Militärgeschichte, der Ideologie, der Wirtschaft im allgemeinen, später um Strukturgeschichte, nicht um das »einfache Volk« und seine Erfahrungsgeschichte. Es fehlten für die eigene Geschichte auch vielfach die Differenzierungen; es wurde pauschal abgeurteilt.

Else S. (1920) sagt: »Da wuchsen die Kinder heran. Nun ging die Auseinandersetzung erst richtig los. Ich glaube heute, dass in den fünfziger und sechziger Jahren die Berichterstattung und der Unterricht in den Schulen sehr einseitig waren. Es wurde überhaupt nicht darüber gesprochen, wie wirtschaftlich schlecht es den meisten Deutschen vor der Machtergreifung Hitlers gegangen war und mit welchen Methoden so langsam das ganze Leben durchnazifiziert wurde. Es wurde auch nicht klar gesagt, dass das Militär ja eine uralte deutsche Tradition hatte usw.. Auch wurden niemals die Greuel der Siegermächte angeprangert. Wir waren die Bösen, basta. Unsere Kinder haben uns unser Unwissen an den geschehenen Dingen nie geglaubt, und wir hatten es sehr schwer, anderweitig glaubwürdig zu erscheinen.«

Wie wenig gerade Darstellungen im Fernsehen in der unmittelbaren Nachkriegszeit zur Aufklärung und Erklärung beizutragen vermochten, zeigt etwa die Wirkung, die eine solche Sendung 1964 auf die siebzehnjährige Sabine Reichel hervorbrachte. Sie überschreibt das Kapitel, in dem sie darüber berichtet: »Warum habt ihr euch nicht totgelacht?«. In Wirklichkeit war die NS-Propaganda für die Zeitgenossen alles andere als lächerlich. Ihr ganzes Buch ist ein Negativbeispiel pauschaler Verdammung. Statt zu versuchen, Gespräche mit der älteren Generation zu führen, veranstaltet sie Verhöre.[8] Spätere Fernsehsendungen über das Dritte Reich bemühten sich um Objektivität und Verstehen, blendeten aber nach wie vor die Perspektive der Frauen fast vollständig aus.

Die Mütter fühlten sich unter Rechtfertigungsdruck.[9] Wenn die Kinder überhaupt fragten, dann: »Wie konntet ihr…?«, »Warum habt ihr nichts dagegen getan?«. Es war außerordentlich schwierig, darauf mit wenigen Sätzen zu antworten, z. B. das ganze Klima der Angst, des Bedrohtseins und das daraus folgende Kuschen, Schweigen, Sich-Wegducken, Kompromisse-Schließen den Kindern vorstellbar zu machen. Das *Leben in einer Diktatur* ist für junge Menschen, die in einer freiheitlichen Demokratie aufgewachsen sind und leben, schwer vermittelbar. Wie schwer dies war, zeigt das Beispiel der Engländerin Christabel Bielenberg, die – mit einem Deutschen aus den Kreisen des Widerstands verheiratet – die Kriegsjahre in Deutschland verbrachte und in außerordentlich objektiver und fairer Weise darüber berichtet. Sie musste nach dem Krieg selbst unter zuhörenden Geschichtswissenschaftlern in Oxford die Erfahrung machen: »Niemand konnte verstehen, wie es sich anfühlte, in einer Diktatur zu leben, es sei denn, er hätte es am eigenen Leib erfahren.«[10] Und noch viel schwerer war es, verständlich zu machen oder auch nur auszusprechen, dass sie begeistert waren von der nationalsozialistischen »Bewegung«, dass sie vieles daran gut fanden, dass sie Hoffnungen auf Hitler setzten, dass die Männer und sie selbst in gutem Glauben an einen Verteidigungskrieg tapfer gekämpft und durchgehalten hatten.

Die Frauen fühlten sich von ihren Kindern und von allen Seiten auf die Anklagebank gesetzt. Wenn sie antworteten, dann eben mit den allgemeinen Sätzen, mit denen wir die Kapitel in diesem dritten Band überschrieben haben und an denen ja immer auch etwas Wahres ist: »Wir haben doch nichts gewusst!«, »Was hätten wir denn machen können?«, »Wir waren jung und kannten nichts anderes.«, »Es war nicht alles schlecht.«, »Warum immer nur wir?«, »Endlich muss einmal Schluss sein!«. Und hauptsächlich und mit größtem Nachdruck wurde der Satz ausgesprochen, der diesem Buch seinen Titel gab und den fast alle Frauen so oder ähnlich formulierten: »Wer die Zeit nicht miterlebt hat, kann sich das gar nicht vorstellen, kann uns gar nicht verstehen.« Dieser Satz trifft natürlich objektiv nicht zu, denn sonst dürfte es nur Geschichtsschreibung von Zeitgenossen geben. So wollen die Frauen auch gar nicht verstanden werden. In ihm drückt sich aber – wenn auch überspitzt – die Schwierigkeit aus, die Realität von damals vorstellbar zu machen, gleichzeitig aber auch die Aufforderung an die Historiker, es dennoch so gut wie möglich zu versuchen.

Diese oft im Affekt und aus tiefer innerer Unsicherheit geäußerten Formeln mussten natürlich auf die Söhne und Töchter provozierend wirken, und so schaukelten sich Anklagen und hilflose Erklärungs- und Rechtfertigungsversuche gegenseitig hoch. Das wurde mir von meinen Zeitzeuginnen öfters geschildert. Dazu kamen zwischen Eltern und Kindern die bekannten *Generationsspannungen*. Die Eltern erwarten Respekt und Liebe von ihren Kindern und haben kaum die innere Größe und Nüchternheit, sachlich zu reagieren, wenn sie sich kritisiert oder gar in ihrem Charakter angezweifelt fühlen. Die Kinder, die in der Zeit der Selbstfindung und im natürlichen Ablösungsprozess ohnehin oft in starker Spannung zu ihren Eltern stehen (Söhne meist zu den Vätern, Töchter meist zu den Müttern), fühlen sich in ihrer Kritik, die sie ohnehin schon an den Eltern haben, noch bestärkt durch die »Mittäterschaft« der Eltern im Nationalsozialismus. Das musste zwangsläufig zu schweren Auseinandersetzungen führen, die mir in vielen Fällen berichtet wurden, und zum endlichen Verstummen.

Und gerade, wenn die Kinder ihre Eltern liebten und achteten, scheuten sie sich, Fragen zu stellen, die für die Eltern vielleicht unbequem gewesen wären oder die etwas ans Licht gebracht hätten, das das Bild der geliebten Eltern hätte verdunkeln und damit auch das Selbstbild gefährden können[11].

Dazu berichet ULLA ROBERTS über eine kritische Freundin, mit der sie ein Gespräch führte und die rückblickend meinte: »Wir haben nach 1968 zwar Fragen gestellt zur NS-Vergangenheit der Eltern – aber wir haben so gefragt, dass sie gar nicht antworten konnten. Und wir wollten es trotz der Fragen auch gar nicht so genau wissen. Hätten wir denn fragen können, den Vater, der an der Ostfront war: ›Hast du auch an Gräben gestanden, als standrechtliche Erschießungen stattfanden?‹. Darauf hätten sie uns gar nicht antworten können! Das können wir heute so betrachten. Und wir – auch die Kritischen, Politischen unter uns, wollten nicht mit Einzelheiten aus den Kriegserlebnissen konfrontiert werden, weil es psychisch schwer zu ertragen gewesen wäre, die ganze Wahrheit über das Verhalten der Eltern im Nationalsozialismus zu erfahren.«

Dazu kommt bei den Müttern noch die *Kränkung*, die sie empfinden mussten, wenn alles das, was sie *gelitten* und *geleistet* hatten, vor allem auch für die Familie und für die Kinder, gar nicht gewürdigt, nicht einmal *wahrgenommen* wurde. Wie sollten die Kinder auch darauf kommen, wenn der Kriegsalltag der Frauen in den öffentlichen Diskursen und in der Geschichtswissenschaft kein Thema war und auch in ihren Geschichtsbüchern nicht vorkam. Annelies N. (1920), »Also die Jugend dürfte manchmal wohl ein bissle mehr hören von der Zeit. Es kommt wenig vom Volk. Es ist mehr von … ja, da kommen Kriege, aber eigentlich hört man sehr wenig vom Volk, was die durchgemacht haben und für Lasten getragen haben.«[12] Wer nie im Keller gesessen hat, während das Haus einzustürzen drohte oder einstürzte, wer nicht selbst Todesnachrichten von der Front, von nächsten Angehörigen selbst bekommen hat, nicht den Besitz, die Heimat verloren hat, wer nicht Hunger gelitten, die Kälte nicht am eigenen Leib verspürt hat, wer sich nicht Tag um Tag um das Lebensnotwendige abgerackert hat, den Wiederaufbau unter schwierigsten

Umständen bewerkstelligt und alle Entbehrungen ertragen hat, wer nichts von dem allem durchgemacht hat, der kann sich das in der Tat gar nicht vorstellen. Wenn die Mütter nur andeutungsweise von den »schweren Zeiten« erzählten, dann wollten die Söhne und Töchter das nicht vorgehalten bekommen. Sie hörten einen verdeckten, manchmal auch offenen Vorwurf heraus: ›Ihr habt es doch so gut! Warum seid ihr nicht dankbarer?‹, oder: ›Warum strengt ihr euch nicht *mehr* an?‹. Eine Frau, die wirklich Unglaubliches geleistet hat, sagte: »Die Kinder glauben's einfach nicht. Mein Sohn sagte: ›Mutter, mach keine solche story!‹«. (Erika N., 1924)[13]

Die meisten Frauen äußern sich gar nicht über diese Nicht-Anerkennung ihrer Leistung, aber sie haben recht, wenn sie sich dagegen wehren, dass nicht ihr ganzes Leben ernstgenommen wird. Und sie können auch nicht alles, was schön und begeisternd für sie war, einfach verleugnen und in sich totschlagen. Sie müssten ganze Bücher schreiben, um zu erklären und sich verständlich zu machen. Für sie haben stellvertretend Frauen geschrieben wie Renate Finckh, Melita Maschmann, Eva Sternheim-Peters, Carola Stern u.a.. Doch diese Bücher kamen für die meisten Frauen zu spät; sie konnten ihnen für die Auseinandersetzung mit ihren Kindern nicht mehr helfen.[14] Wie viele Frauen aber können selbst Bücher schreiben, haben dazu die schriftstellerische Gabe und die Zeit? Und wie viele Frauen können ihre Lebensgeschichte sozusagen auf zwei Ebenen erzählen, wie es etwa Eva Sternheim-Peters vermag, nämlich auf der Ebene der damals Lebenden und auf der Ebene des heute Gewussten? Immerhin haben sich nicht wenige Mütter daran versucht, für ihre Kinder etwas aus ihren Erinnerungen aufzuschreiben. Aber das geschah oft recht spät. Die *Selbstreflexion* wird dabei fast ganz vernachlässigt. Bei vielen ist diese Fähigkeit – wie ich mehrmals aufgezeigt habe – auch wenig entwickelt worden.

Die Mütter empfinden die Anklage der Jüngeren auch deshalb als ungerecht, weil sie der Meinung sind, die Töchter hätten sich in ihrer Situation kaum anders verhalten und sich ebensowenig zu Märtyrern gemacht. Immer wieder bringen die Frauen das zum Ausdruck. In ihrem drastischen Schwäbisch sagte eine Frau ihrer Interviewerin, einer Studentin, ins Gesicht: »Ihr wäret genau so neidappt (*hineingetappt*) damals.« (Hildegard B., 1923) Einige Frauen fragten ihre Kinder: »Was tut ihr? Und was könnt ihr bewirken? Was werdet ihr euren Enkeln sagen, wenn die euch fragen: Warum habt ihr weltweit jeden Tag 40000 Kinder verhungern lassen? Warum habt ihr zugelassen, dass Waffen zum Morden in alle Welt verkauft wurden, warum habt ihr nichts getan, um unsere Wälder, Flüsse und Meere und unsere Luft zu retten? Ihr hättet ja noch nicht einmal Gefängnis riskiert, viel weniger euer

Leben, und ihr wusstet darüber ganz genau Bescheid, nicht nur ungefähr und vom Hörensagen, sondern ihr bekamt alles, was darüber zu wissen nötig war, jeden Tag zum Abendessen per Fernsehen in eure Wohnzimmer serviert!«. So ähnlich sprachen Frauen, die heute politisch wach und engagiert sind. Das ist aber nur dann für die Jüngeren glaubwürdig, wenn sie merken, dass ihre Mütter sich damit nicht reinwaschen, sondern sie nur etwas von ihrem hohen Ross herunterholen wollen.

ELSE W. (1924) hat mit ihren beiden heranwachsenden Söhnen sehr viel über Krieg und Nationalsozialismus diskutiert. W.'s Vater war PG gewesen, ihr Mann war schwerversehrt und schon gestorben, als ihre beiden Söhne im diskussionsfähigen Alter waren; sie selbst gibt offen zu, begeistert im BDM gewesen zu sein:

»Es wurden ja da diese Atomkraftwerke gebaut, und da sind ja beide sehr, sehr, sehr dagegen. Es hat keiner meiner Söhne Wehrdienst geleistet; sie haben beide Ersatzdienst gemacht… Mein Mann war kriegsversehrt, und dadurch ist ihnen dies irgendwie immer vor Augen gewesen – und mein Bruder war gefallen – und immer und immer wieder hat man darüber gesprochen… Mein Sohn hat sich das so vorgestellt, wie das ist, wenn man einen Menschen – auch im Kriegsfalle – erschießt. Man nimmt der Frau den Mann, den Kindern den Vater – und das hat ihn eben geprägt. Man hat demonstriert *(gegen die Atomkraftwerke)*. Man hat ja damals diese Menschenkette gebildet *(sie meint die Menschenkette von Stuttgart nach Neu-Ulm gegen die Stationierung der Pershing II-Raketen am 22.10.1983)*. Auch da waren sie gewesen. Dann hab ich mal, als wir mal beisammen saßen, hab ich gesagt:… Schaut mal, wir leben jetzt praktisch in einer Demokratie; es werden überall diese Atomkraftwerke gebaut. Man weiß genau, wie gefährlich das ist. Die Menschen wehren sich dagegen. Ihr geht auf die Straße, die Mütter mit Kindern und die Väter, die Kirche, Politiker, alle sind sie dagegen. Man demonstriert hier, man demonstriert dort – und was geschieht? Überhaupt nichts. Euch werden mal eure Kinder dieselben Vorwürfe machen, die ihr mir gemacht habt: ›Ihr habt das doch gewusst … ihr habt das doch gewusst, ja wieso seid ihr… ?‹ Und da ist noch etwas: Ihr habt heute das Recht zu demonstrieren, damals konnte es niemand, weil es eine Diktatur war, vielleicht denkt ihr mal an mich. Und da haben sie mich beide …, da waren sie sehr betroffen, und da haben sie gesagt: ›Ja, Mutter, so weit haben wir nicht gedacht.‹«

Ingrid Hammer und Susanne zur Nieden, die Herausgeberinnen von 16 Tagebüchern aus der Zeit des Zweiten Weltkriegs, schreiben in ihrem Vorwort: »Je näher uns die Tagebuchfiguren kamen, desto schwieriger wurde es allerdings, mit grundsätzlichen Fragen der Moral und des Gewissens an sie heranzutreten, ohne gleichzeitig diese Fragen an uns selbst zu stellen. Zeitweilig waren wir verschluckt von der Erkenntnis, dass wir uns wenig von denen unterschieden, die wir noch vor nicht allzu langer Zeit als ›Mitläufer‹ von uns ferngehalten hatten. Wir mussten nur den Standpunkt des Beobachters ein wenig hinaus-

S.: Das ging um das Thema Widerstand. Die ganzen Pforzheimer, die da waren, biedere Leut und von der Kirche und Sozialdemokraten. Da hat sie eben gesagt, wir hätten hier in Pforzheim keinen Widerstand geleistet. Da war ich also doch etwas empört und hab gesagt, ich hätte nur das Leben einer Pfarrfrau geführt und hätte viel Besuch gehabt. Mein Mann hatte viele Freunde, ganz linke Sozialisten, aber natürlich auch einen Sturmbannführer. Ich hätte auch das nichtarische Patenkind aufgenommen, ich hätte also doch versucht, als anständiger Mensch das Dritte Reich zu überleben oder so. Und die hat mich runtergeputzt, dass das gar kein Widerstand war. Sagte ich: Entschuldigen Sie mal, ich habe mich um meine vier kleinen Kinder gedreht, dass die angezogen waren und was zu essen hatten, dass man also aufs Land ging und Kartoffel holte – was sollte man sonst tun? Ich hab' nichts vom Widerstand gewusst. Das glauben die einem ja nicht. Sie war ja eben an der Quelle und wir doch nicht. Dann kam am nächsten Tag der Zeitungsbericht, und was stand drin: Frau Elisabeth S. gab zu, dass sie feige war.«

Auf dieser Grundlage konnte ein Gespräch nicht gelingen. Mit ihren eigenen Kindern hatte Frau S. in dieser Hinsicht keine Probleme. (Eine ihrer Töchter war längere Zeit Vorsitzende des Landesfrauenrats in Württemberg.) Wo immer ein echtes Gespräch zwischen Müttern und Kindern möglich war, hat es beiden Seiten bei der Auseinandersetzung mit der NS-Vergangenheit ungemein geholfen.

Mit der Enkelgeneration scheint das Gespräch besser in Gang zu kommen. Der zeitliche Abstand ist größer, die Eltern-Kind-Spannungen fehlen. Aber dieses Gespräch entsteht meist nur aus allgemeinem Geschichtsinteresse der Enkel. Die Großeltern sind für sie so etwas wie Relikte aus einer längst vergangenen Zeit; als politische Personen sind sie fast abgeschrieben. Ihre Erzählungen haben für die Enkel fast etwas Museales und greifen in das eigene Leben kaum ein. Dennoch sind sie wertvoll.[19]

Die Söhne und Töchter haben oft erst zurückgefragt oder die richtigen Fragen gefunden, als sie selbst Kinder hatten. Oder sie mussten bedauernd feststellen, nicht oder zu wenig gefragt zu haben, solange die Eltern noch am Leben waren. Das ist nicht mehr nachzuholen. Die damals 40- und 50jährigen waren, als ich 1988 mit meiner Arbeit begann, schon hoch in den 80er und 90ern; die meisten leben heute, in der zweiten Hälfte des Jahres 1998, nicht mehr. Dazu sagt Martha Mamozai (und meint damit auch die Frauenforschung): »Wir haben die historische Chance verpasst, unsere Mütter und Großmütter zu befragen, die zu jener Zeit junge erwachsene Frauen waren. Es war zu lange Zeit nicht unsere Geschichte.«[20]

Anmerkungen

KAPITEL 1
Zusammenkommen – Zusammenleben

1 Vgl. dazu die letzten Kapitel in Band II, »Flucht«, »Zwangsarbeit – Verschleppung – Vertreibung« und das Kapitel 6, »Evakuierung, Kinderlandverschickung«.

2 Bereits im Sommer und Herbst 1945 wurden die innerhalb Deutschlands befindlichen Kriegsgefangenenlager der Alliierten aufgelöst, und 1946 begann die Heimführung der deutschen Kriegsgefangenen auch aus dem Ausland. Im Frühjahr 1947 befanden sich noch 2,3 Millionen Kriegsgefangene in alliierten Händen, knapp 900 000 von ihnen in sowjetischer Kriegsgefangenschaft. Zwischen 9 und 10 Millionen ehemaliger Soldaten kehrten danach in den ersten beiden Nachkriegsjahren zurück. 1947 folgten 350 000, 1948 eine halbe Million und 1949 weitere 280 000. (»Wirtschaft und Statistik«, 1. Jg., 1949/50, S. 385. Zit. nach Merith Niehuss in »Klassenbuch« [753], S. 303)

3 Die Suche dauert bis heute an. Mit der staatlichen Registrierung 1950 konnte eine erste Bilanz der Vermisstensituation aufgestellt werden: Wehrmachtsverschollene: 1 762 188; verschollene Zivilgefangene: 425 518; Kindersuchfälle: 298 571.

Ungewissheit besteht nach der Registrierung vom 30.6.1995 noch über: Wehrmachtsverschollene: 1 243 592; verschollene Zivilgefangene: 170 615; Kindersuchfälle: 4674.

Da neuerdings auch die Archive der GUS-Staaten zugänglich sind, wird diese Chance zur Klärung vieler bisher verborgener Schicksalswege genützt. Aber noch heute erreichen den Suchdienst jährlich 2000-3000 Suchanträge, die bisher nicht bekannt waren. (Vgl. DRK 50 Jahre Suchdienst. Hrsg. v. Generalsekretariat des DRK. Friedrich-Ebert-Allee 71, 53113 Bonn.)

4 Vgl. ihren Bericht in Band II, Kapitel 9, »Flucht«.

5 Eine sehr verwickelte, schwierige Interzonenreise beschreibt auch Margret Boveri [737], S. 303-317. Bei Lieselott Diem klappte erst der dritte Versuch im September 1945, von Ostberlin zu ihren Kindern nach Hamburg zu gelangen und sie nach Hause zurückzubringen. Sie versteckten sich bei der Rückfahrt nach Berlin mit Hilfe von deutschen Eisenbahnern in einem mit Korn beladenen Waggon. Beim Halt an der Grenze klopften die Russen Waggon für Waggon ab und ließen auch einige öffnen. Sie hatten Glück. (Lieselott Diem [394], S. 100 – 102)

6 Vgl. Ursula von Kardoff: Berliner Aufzeichnungen, [755], S. 306.

7 So erzählt Ingeborg S. (1928), dass sie nach dem Abitur, 1947(!), von einer Tante nach Sylt eingeladen war. Sie brauchte für die Fahrt von Stuttgart zwei Tage und zwei Nächte. »Wir kamen
   kaum in den Zug. Wir sind durch die Fenster eingestiegen.«

8 Oft waren es Zufälle, durch die man zu einem Treffpunkt kam, durch Adressen, die man irgendwo ausgetauscht hatte. So erzählt Alice Marchewski (in: Ludwig Stark: Danach [643], S. 266),
   dass sie Ludwigsburg als Familien-Anlaufstelle gewählt haben, weil auf dem Grundstück des Vaters in Ostpreußen Militär gelegen war, unter denen ein Ludwigsburger Kraftfahrer war. Dieser
   Kraftfahrer hat ihnen – für den Fall der Flucht – seine Adresse gegeben. Sie hatten keine Verwandten im Reichsgebiet. Solche Adressen verhalfen auch dazu, aus der sowjetischen Zone in
   den Westen zu kommen. Man gab an, dass man zum Mann oder zu nahen Verwandten wollte.

9 Vgl. Ruth Andreas-Friedrich: Schauplatz Berlin, [735], S. 113, 117, 133.

10 Vgl. Mathilde Wolff-Mönckeberg: Briefe, die sie nicht erreichten [782], S. 215.

11 Vgl. Band II, Kapitel 10, »Zwangsarbeit – Verschleppung – Vertreibung« und die Biografie von
   Ilse-Marie K. in Band I.

12 Vgl. dazu auch die Lebensgeschichte der Marianne G. in Band II, Kapitel 10, »Zwangsarbeit –
   Verschleppung – Vertreibung«.

13 Vgl. Band II, Kapitel 4, »Nachrichten«, Stichwort »Vermisst«.

14 Zu den längerfristigen Auswirkungen auf die Familien, besonders auf das Geschlechterverhältnis, die Arbeits- und Machtverteilung, siehe die Untersuchung von Sibylle Meyer/Eva Schulze:
   Auswirkungen des II. Weltkrieges auf Familien [616]. Gerade bei diesem Thema müsste die fast
   ausschließlich weibliche Perspektive durch die Sicht der heimkehrenden Männer ergänzt werden. Wie stark waren sie durch die Kriegserlebnisse geprägt? Wie weit haben sich die verrohen-
   de Wirkung des Krieges oder die Nachwirkungen starrer militärischer Befehlsstrukturen auf die
   Familien ausgewirkt? Welche besonderen Überlebenstechniken hatten sie entwickelt und versuchten sie nun anzuwenden?

15 Zuerst wurden die Kranken und Gebrechlichen aus der Gefangenschaft entlassen, so dass 1946
   nur 16 % der Heimkehrer arbeitsfähig waren. (Nach Alexander von Plato: Nachkriegsgesellschaft
   [173], S. 12.)

16 Dass es das gegeben hat und Männer über tatsächliche oder nur vermutete »Seitensprünge« und/
   oder Vergewaltigungen nicht hinweggekommen sind, ist oft bezeugt. Vgl. z. B. Helke Sander/
   Barbara Johr: Befreier und Befreite [322]; Gabriele Rosenthal: »Als der Krieg kam...« [632],
   S. 186; Susanne Meyer/Eva Schulze: Auswirkungen des II. Weltkrieges auf Familien [616] oder
   auch Band II, Kapitel 8, »Besetzung«.

17 Wie Töchter die Heimkehr der Väter erlebten, schildern z. B. Ingeborg Bruns: Als Vater aus dem
   Krieg heimkehrte [527]; Ulla Roberts (Hrsg.): Starke Mütter, ferne Väter [628]; Vgl. auch den
   Bericht von Gitta Heye (1933) in: Rita Bake, »Aber wir müssen zusammenbleiben« [570], S. 84.
   Auf die veränderte Rolle von Kindern im Krieg und in der Nachkriegszeit, die weit über ihr Al-
   ter hinausgehenden Anforderungen, die Gewöhnung an Frauenhaushalte und die Bedeutung der
   Kriegserfahrungen für ihr Leben kann ich nicht eingehen. Erst in diesem größeren Zusammen-
   hang wären die Reaktionen der Kinder auf die Heimkunft der Väter befriedigend einzuordnen.

18 Vgl. Meyer/Schulze: Auswirkungen des II. Weltkrieges auf Familien [616].

19 Natürlich gab es auch Partnerschaften, die von Anfang an von der Gleichrangigkeit und Gleichberechtigung der Ehepartner ausgegangen waren, wie manche meiner Gewährsfrauen betonen.
   Inwieweit das eine schöne Formel war, die die Realität verdeckte, kann ich nicht nachprüfen. In
   Gesprächen, bei denen die Ehemänner anwesend waren (ich konnte und wollte sie nicht ausschließen), war die »Machtverteilung« augenblicklich spür- und wahrnehmbar. Sehr häufig do-
   minierte der Mann – es ging ja auch um »Geschichte« und »Politik«, Gebiete, auf denen Frauen
   sich bis heute in ihren eigenen Urteilen gegenüber den Männern unsicher fühlen, erstaunlicherweise auch in den Gesprächen mit mir, in denen es doch gerade um ihre eigene Geschichte ging.
   Ähnliches hat auch Marlies Kutsch beobachtet: »Bei einigen wenigen Frauen geht die Identifi-
   zierung über den Ehemann so weit, dass sie ›ihre‹ Geschichte erzählen, indem sie fast ausschließlich von Ausbildung, Beruf, Versetzung, beruflichen Schwierigkeiten ihres Mannes berichten und

offensichtlich ganz selbstverständlich unterstellen, dass ihr Schicksal auf diese Weise erkennbar wird.« (Vgl. Marlies Kutsch: Frauenschicksale aus der Kriegs- und Nachkriegszeit [605], S. 10.)

20 Bei Kriegsende lebten in Deutschland 7,3 Millionen mehr Frauen als Männer. Grob geschätzt kamen auf zwei Männer drei Frauen. Dabei sind besonders viele Männer im heiratsfähigen Alter gefallen: Im Alter von 20-25: 45 %; im Alter von 25-30: 56 %; im Alter von 30-35: 36 %; im Alter von 35-40: 29 %. (Zahlen nach Ausstellung Göppingen [709], S. 73).

In Bonn kamen auf jeden ledigen Bonner fast zwei ledige Bonnerinnen über 20 Jahre (nach Susanne Fuchs: Frauen bewältigen den Neuaufbau [677], S. 8.)

21 Es ist sicher richtig, wie Susanne Meyer/Eva Schulze in ihrer Untersuchung (vgl. Zahlen nach dies.: Von Liebe sprach damals keiner [614]) hervorheben, dass Frauen jetzt kompetenter waren, z. B. in Fragen der Familienfinanzen, der notwendigen Anschaffungen, in der Berufsausbildung der Kinder, besonders der Töchter, dass sie auch argumentationsfreudiger wurden, sich sicher auch vielfach durchsetzten. Aber aus den relativ wenigen Interviews generalisierende Schlüsse auf eine Veränderung von ehelichen Macht- und Entscheidungsstrukturen auf Grund ihrer Kriegserfahrungen abzuleiten, scheint mir nicht zwingend. Ihre Belege zeigen, dass es immer darauf ankam, den Mann zu überzeugen, *gegen* seinen Willen waren die Entscheidungen nach wie vor nicht durchsetzbar. Allein ein Zahlenvergleich zwischen angeschafften Autos und angeschafften Waschmaschinen noch in den 60er Jahren zeigt, dass der Wunsch des Mannes nach dem Motorrad und dem Auto in den weitaus meisten Fällen *zuerst* verwirklicht wurde, und die vollautomatische Waschmaschine, *die* große Entlastung für die Hausfrau, für viele erst später kam. 1962/63 hatten von insgesamt 174091 Haushalten 47462 einen Personenkraftwagen, aber nur 44113 eine Waschmaschine, eine vollautomatische nur 15053 und nur 4647 eine Tiefkühltruhe, 360 eine Geschirrspülmaschine, 23127 ein Mixgerät, 1895 einen Heimbügler (nach Angaben des Statistischen Bundesamtes [808]). Am hartnäckigsten und erfolgreichsten waren die Frauen sicher in der Frage der Berufsausbildung der Kinder, besonders der Töchter. Hier ist auch nach meinen Unterlagen der Zusammenhang mit der Kriegs- und Nachkriegserfahrung der Frauen unübersehbar. Der Wunsch nach einer guten Berufsausbildung, auch der Töchter, war für Männer nach ihren eigenen Kriegserfahrungen einzusehen, selbst wenn es dann immer noch die Söhne waren, die Priorität genossen, besonders bei knappen Ressourcen.

Wie weit der Krieg und die Kriegserfahrungen insgesamt zur Emanzipation der Frauen beigetragen haben, wird in Kapitel 3, »Nachwirkungen«, Stichwort »Brachte der Krieg einen Emanzipationsschub?« erörtert werden.

22 Im Bundesgebiet wurden im November 1950 über 2,01 Millionen Kriegsbeschädigte des 1. und 2. Weltkriegs registriert. Davon waren ca. 1,5 Millionen zu 30 % und mehr in ihrer Erwerbstätigkeit beeinträchtigt. (Zahlen nach Sibylle Meyer/Eva Schulze: Von Liebe sprach damals keiner [614], S. 126.)

23 Helmut Schmidt u.a. (Hrsg.): Kindheit und Jugend unter Hitler [456], S. 66 f.

24 Vgl. Ursula von Kardorff: Berliner Aufzeichnungen [755], S. 279.

25 Vgl. die Biografie von Ella K. in Band I.

26 1947 betrug die Scheidungsrate in den westlichen Besatzungszonen 16,8 auf 10 000 Einwohner/innen (nach Alexander von Plato: Nachkriegsjahre und Bundesrepublik Deutschland [173], S. 25). Umfassend zu diesem ganzen Thema: Barbara Willenbacher: Zerrüttung und Bewährung der Nachkriegsfamilie [347], S. 595-618.

27 Den juristischen Kommentar verdanke ich Dr. Gerhard Richter, der sich dabei auf die folgende Literatur stützt: Gernhuber/Coester-Waltjen: Lehrbuch des Familienrechts, 4. Aufl. 1994, § 24 IV, S. 280 ff.; Münch/Komm/Rebmann: Familienrecht I, 3. Aufl. 1993, Einl. 212 ff.

28 Bei weitem nicht alle! Dass auch Frauen ihre Männer »abserviert« haben (Ella K. im Gespräch v. 4.5.1993) und auch Männer Gründe hatten, sich von ihren Frauen zu trennen, steht außer Frage.

29 Das bleibt fraglich, besonders wenn man bedenkt, dass ihr Mann zur Partisanenbekämpfung in Jugoslawien eingesetzt war.

30 Siehe dazu Band II, Kapitel 4, »Nachrichten«, Stichwort »Vermisst«.

EXKURS
Was haben Männer vom Krieg erzählt?

1 Vgl. Hans Joachim Schröder: Die gestohlenen Jahre [639]; Klaus Vondung: Kriegserlebnis [918]; Ludger Tekampe: Kriegserzählungen [647]; Jochen Pfeifer: Der deutsche Kriegsroman 1945-1960 [171]; Gabriele Rosenthal: Die Hitlerjugend-Generation [629]; dies., »... Wenn alles in Scherben fällt...« [631]; dies., Leben mit der soldatischen Vergangenheit in zwei Weltkriegen [630]; Fritz Schütze: Kollektive Verlaufskurve oder kollektiver Wandlungsprozess [640]; Ingrid Vesper/ Andrea Weber: Familien-Geschichten [649].

2 Bestätigt werde ich in meiner Beobachtung auch durch die Interviews von Ingeborg Bruns: Als Vater aus dem Krieg heimkehrte [527]. So auch Hans Joachim Schröder: »Das Resümee ist erlaubt, die Jahre des Zweiten Weltkriegs bleiben in den Alltagsgesprächen der unteren Bevölkerungsschichten Deutschlands weitgehend unberührt und unartikuliert.« (Die gestohlenen Jahre, [639], S. 281) In Büchern oder Filmen scheint es dagegen leichter gewesen zu sein, über das wirkliche Kriegsleben zu sprechen, als mit der eigenen Frau und den eigenen Kindern. Dazu auch Ulla Roberts: Starke Mütter – ferne Väter [628], S. 103; Gabriele von Arnim: Das große Schweigen [25], S. 153.

3 Ihr gefallener Bruder, der sehr unter dem Krieg gelitten hat, hat im Urlaub einige Male von den Schrecknissen des Krieges gesprochen.

4 In einem mitgeschickten Heft, das ihr Mann für seine Kinder und Enkel aufgeschrieben hat, schreibt er: »Euch Kindern und Enkeln hab' ich immer wieder Kriegserlebnisse erzählen müssen, den Kleinen bis heute. Dabei geht es um Freud und Leid, Tiefen und Höhen, Bewahrung und Wunder.«

Anzumerken ist, dass Herr A. – und mit ihm seine Frau – die deutsche Kriegsschuld am Zweiten Weltkrieg ablehnt und der Meinung ist, Frankreich habe Deutschland am 10.5.1940 den Krieg erklärt, darauf sei der Gegenangriff erfolgt.

5 Vgl. die Biografien von Mathilde W. und Maria K. in Band I.

6 So der Titel der Habilitationsschrift von Hans Joachim Schröder [639]. Sie fußt auf Befragungen von Hamburger Mannschaftssoldaten.

7 Die Zeitschrift »Alte Kameraden«, Unabhängige Zeitschrift Deutscher Soldaten. Redaktion Tübinger Straße 23, Stuttgart, erscheint seit 1951 monatlich. Wie schon der Blick auf ein einziges Exemplar (37. Jg. Nr. 5, Mai 1989), das mir von einem Gesprächspartner überlassen wurde, verrät, vermittelt sie ein fragwürdiges, z.T. grob falsches Geschichtsbild (z. B. kein klares Bekenntnis zur deutschen Kriegsschuld), ein makelloses Bild der deutschen Wehrmacht im Zweiten Weltkrieg, eine ungebrochene Wertschätzung militärischer Tugenden und Leistungen und bejaht die Aufrüstung. In der Rubrik »Soldaten schreiben für Soldaten« zeigt sich sehr deutlich der Stil, in dem Männer im Kameradenkreis vom Krieg sprechen und wie sie sich selbst sehen wollen: Es geht um lauter Heldentaten, um »Auftrag erfüllen«, um »tadellose Zusammenarbeit«, um alle Details militärischer Operationen usw.

8 Zu Flucht und Vertreibung siehe die Kapitel 9 und 10 in Band II. Die beiden Begriffe haben sich im Laufe der Zeit verschliffen; die Bezeichnung »Flüchtling« hat sich als Sammelbegriff sowohl bei der Bevölkerung als auch in der wissenschaftlichen Literatur durchgesetzt.

9 Zu den Zahlen: »Die Volkszählung von 1946 wies insgesamt 6,5 Millionen Vertriebene aus ehemals deutschen Gebieten aus, sowie 3,6 Millionen Deutsche, die aus dem übrigen Osteuropa gekommen waren. Insgesamt war im Jahr 1946 in der sowjetischen Zone jeder 5. Einwohner zugewandert, in der amerikanischen jeder 6. und in der britischen jeder 7. Einwohner« (zit. nach Merith Niehuss in: Klassenbuch [753], S. 302). Beachtenswert ist, dass die sowjetische Zone die meisten Flüchtlinge aufgenommen hat, die französische zunächst gar keine.

Für Stuttgart z. B. weist die Statistik noch für 1947 folgende Verteilung aus: 47 % der Flüchtlinge waren Frauen, 37 % Männer, 21 % Kinder.

10 Schon am Ende der Kapitel 9, »Flucht«, und 10, »Zwangsarbeit – Verschleppung – Vertreibung«,

(Band II) war von der wenig herzlichen Aufnahme durch die Einheimischen in den Aufnahmegebieten die Rede.

11 Darüber gibt es genügend Literatur, z. B. die Standarduntersuchung von Marion Frantzioch: Die Vertriebenen [80]. Auf autobiografische Zeugnisse und Oral History hat die Autorin verzichtet.

Die Perspektive der Betroffenen wird einbezogen in dem von Marion Frantzioch/Odo Ratza/ Günter Reichert herausgegebenen Ausstellungskatalog: 40 Jahre Arbeit für Deutschland [672]. Die subjektive Seite geschichtlicher Erinnerung, allerdings nicht auf Frauen konzentriert, untersucht auch Alexander von Plato in: Fremde Heimat. Zur Integration von Flüchtlingen... [624]. Der historische Blick und der Blickwinkel der Frauen, auch noch aus der Rückschau, verbieten es, die Schwierigkeiten des Einlebens über der sicher imponierenden Integrationsleistung herunterzuspielen.

12 Der erste Teil von Anna J.'s Bericht handelt von ihrer Zeit in der SBZ und zeigt etwas von den womöglich noch schlimmeren und chaotischen Verhältnissen dort. Dagegen habe ich einige sehr positive Berichte über die Aufnahme von Flüchtlingen in Ostfriesland.

13 »Flüchtlingslager zählten bis weit in die 1950er Jahre hinein überall zum Landschaftsbild des Stadtrandes. Noch im Oktober 1949 gab es allein in Bayern 465 staatliche Flüchtlingslager mit über 94 000 Insassen. Das letzte Lager wurde in diesem Bundesland erst am 1. Juli 1963 aufgelöst.« (Vgl. Albrecht Lehmann: Im Fremden ungewollt zuhaus [607], S. 57.)

14 Wie Frau J. es schaffte, ihren Kindern eine gute Ausbildung zu ermöglichen, siehe folgendes Kapitel. Über die gesundheitlichen Nachwirkungen siehe Kapitel 3, »Nachwirkungen«.

15 Theoretisch bestand ein Wohnungsgesetz, das im März 1946 von den Alliierten (zum mindesten in der amerikanischen Zone) erlassen worden war. Es billigte »jeder natürlichen Person über 14 Jahre« einen Anspruch auf 4 Quadratmeter Wohnraum zu. (Nach »Frauenschicksale...« [676])

16 Klaus-Jörg Ruhl spricht von einer Art »moderne(m) Sklavenhandel« mit Flüchtlingsfrauen. Verordnete Unterordnung [317], S. 52.

17 Nach Aussage von Frau W. anlässlich der Veranstaltung »Flüchtlingsfrauen« am 18.5.1995 in Stuttgart.

18 LZ für polit. Bildung Baden-Württ.: 50 Jahre danach [606], S. 92.

19 Vgl. Ludwig Stark (Hrsg.): Danach [643], S. 275, 278.

20 Dieser besonders vulgäre Ausdruck ist im bayerischen Dialekt nicht im Wortsinn zu nehmen, sondern eine gängige Wendung des Abscheus und der Verachtung. Manchen mag es mit dem berühmten »Schwäbischen Gruß« nicht anders ergangen sein als Hanna L.'s Mutter: »Sie ging die Dorfstraße entlang, eine andere Frau vor ihr, und da schreit doch eine aus dem Fernster: ›Ja, leck mi no am Arsch, du lebsch au no?‹« Dabei muss man wissen, dass diese Wendung – wie sich hier zeigt – durchaus freundlich-kumpelhaft gemeint sein kann.

21 Als »Preußen« galten in Bayern mehr oder weniger alle Nicht-Bayern, zum mindesten alle Menschen, die nördlich der Mainlinie lebten oder gelebt hatten.

22 Das Schicksal der Auslandsdeutschen in den östlichen Ländern ist bis heute der Mehrheit der Deutschen unbekannt. Das beweist die Einstellung zu den Spätaussiedlern, die umstandslos mit Ausländern und Asylbewerbern in einen Topf geworfen werden.

Sabina K. aus Bessarabien fühlte sich verletzt, als sie in einem württembergischen Dorf in radebrechendem Deutsch angesprochen wurde, als ob sie kein Deutsch könnte. (Vgl. »Frauenschicksale«, [676])

23 Es ist nur zu verständlich, dass die Leistungen aus dem Lastenausgleich vielen Einheimischen als zu hoch, den Flüchtlingen als zu niedrig erschienen. Eine vollkommen gerechte Lösung zu finden, war kaum möglich. Was sie in der Praxis die einen kostete und den anderen einbrachte, wird an einigen Beispielen im folgenden Kapitel verdeutlicht. Hier geht es um die mentale Seite und die Erfahrung, dass hilfreich gemeinte und auch materiell hilfreich wirkende gesetzliche Maßnahmen die Integration einerseits erleichtert, andererseits erschwert haben.

24 Vgl. »Frauenschicksale...« [676].

25 Vgl. ebd. [676].

26 Allein die Zahlen für den Zuzug von Flüchtlingen nach Stuttgart und Umgebung können einen

Eindruck vermitteln: Waren es im Juli 1946 noch 5000, so zählte man im April 1947 schon 13 708 und im Dezember 1948 schließlich 25 307.

Im September 1945 wurde ein Zuzugsverbot für Stuttgart erlassen. Für das Jahr 1945 liegen deshalb keine Zahlen vor. Das Zuzugsverbot konnte offensichtlich nicht aufrechterhalten werden. 1950 hatte Stuttgart 250 000 Einwohner, davon 12,5 % Heimatvertriebene. In Stuttgart waren es noch verhältnismäßig wenige, da die Stadt zu etwa zwei Dritteln zerstört oder stark beschädigt war. In den umliegenden Landkreisen Böblingen, Nürtingen, Esslingen, Ludwigsburg gab es bis zu 26 % Flüchtlinge.

27 In: Albrecht Lehmann, Im Fremden ungewollt zuhaus [607], S. 51.

28 So Lutz Niethammer: »Hinterher merkt man...« [620], S. 46: »Es geht um eine regressive Utopie, die Beschütztheit und Einfachheit der kindlichen Umwelt. Gibt der Magnet ›Familie‹ in der Heimat den Rückkehrreisen eine alle Hindernisse überwindende Kraft und macht sie zum Abenteuer mit Perspektive, so bedeutet die Heimkehr das individuelle Ende des Krieges und damit auch das Ende einer Bewegung, von der man offenbar bei aller Anstrengung innerlich auch getragen wurde. Am individuellen Ende des Krieges fallen die meisten aus ihren Wunschbildern dann in einen Alltag ohne Perspektive, eine verwandtschaftliche Zwangsgemeinschaft ohne ›Familienleben‹, eine Anstrengung aller Kräfte ohne Fortkommen.«

29 Vgl. ebd. [620], S. 54.

30 Auch Lutz Niethammer benützt diesen Ausdruck. Vgl. ebd., S. 54.

31 Sibylle Meyer/Eva Schulze, die das annehmen, haben in ihrem Oral-History-Projekt: Auswirkungen des II. Weltkriegs auf Familien [616], weithin Frauen der Unterschicht und der unteren Mittelschicht befragt.

32 Sie war ja auch durch die öffentliche Meinung, das Rechtssystem, die Kirchen und zuletzt noch durch die NS-Ideologie fest in ihnen verankert.

33 Dazu besonders Teil B, Kapitel 10, »Nie wieder Krieg!«. Nicht einmal das tägliche Zusammenleben mit einem schwer Kriegsbeschädigten vermochte diese Einstellung zum Krieg grundlegend zu revidieren. Nur *eine* Frau erzählte, dass ihre Söhne durch ihren versehrten Vater zu Pazifisten geworden sind.

34 Dies war schon nach dem Ersten Weltkrieg so gewesen, wie aus Erzählungen von Frauen von ihren Vätern, Brüdern und Männern, die ihn noch mitgemacht haben, hervorgeht.

35 Diese Tendenz beobachtete am deutlichsten Albrecht Lehmann bei Einheimischen und bei Flüchtlingen in seinem Buch »Im Fremden ungewollt zuhaus« [607], S. 36. Die Berichte der Frauen über die Anfangsjahre enthalten davon wenig.

36 Die Frage, wie sich die Flüchtlinge ihrerseits gegen die später nachrückenden Fremden verhielten, z. B. gegen Ausländer, Asylbewerber, Aussiedler, wäre untersuchenswert. Nach meinen – allerdings nicht quantitativ belegbaren – Eindrücken sind sie nicht gastfreundlicher als damals die Einheimischen, sondern tendieren eher zu einer noch rigoroseren Abschottung, rechnen ihre eigene primitive Unterbringung und Verpflegung bei der Aufnahme den Fremden vor, »die es doch so viel besser haben«.

KAPITEL 2
Neuanfang

1 Alle Zahlen nach Eva Jantzen/Merith Niehuss (Hrsg.): Das Klassenbuch [753], S. 305 f.

2 Z. B. 1985 in der berühmten Rede des damaligen Bundespräsidenten Richard von Weizsäcker zum 40. Jahrestag des 8. Mai 1945: »Am Ende des Krieges haben sie (*die Frauen*) als erste und ohne Aussicht auf eine gesicherte Zukunft Hand angelegt, um wieder einen Stein auf den anderen zu setzen, die Trümmerfrauen in Berlin und überall.«

3 Vgl. Literaturverzeichnis, Sparte »Regional- und Lokalgeschichte« und Band II, Kapitel 2, »Arbeit«, Anm. 1.

4 Bei meinen Befragungen erreichte ich meist nur noch Frauen, die am Kriegsende etwa 35 bis 40 Jahre alt waren. Frauen, die in der unmittelbaren Nachkriegszeit in die Politik gingen, waren meist älter.

5 Diese Zitate wurden in der »Berliner Morgenpost« am 13. März 1977 abgedruckt ohne Nachweis der Quellen. Die Zeitungsausgabe wurde mir von einer Frau, Lieselotte U., zur Verfügung gestellt.

6 Vgl. die Biografie von Marie K. in Band I.

7 Man vergleiche dazu die Schilderungen des Weihnachtsfestes 1945 von Maria L., Hannelore W. und von Weihnachten 1951 von Ilse-Marie K. in den beiden vorausgegangenen Kapiteln und in der Biografie von Ilse-Marie K. in Band I.

8 Mindestens ein Drittel der Nachkriegsfamilien lebte ohne Vater. (Nach Klaus-Jörg Ruhl: Verordnete Unterordnung [317], S. 131)

9 Die Zahl umfasst Soldaten und Zivilpersonen. Noch 1960 betrug die Zahl der »versorgungsberechtigten« Kriegsbeschädigten 1,3 Millionen (nach Alexander von Plato: Nachkriegsgesellschaft [173], S. 12).

10 Vgl. dazu Kapitel 13, »Nachwirkungen« und Biografie von Ilse-Marie K. in Band I.

11 Als Beispiel die Sätze des Wohlfahrtsamtes Göppingen:

	Juni 1945	Ab Febr. 1947
Haushaltsvorstand	RM 40,00	RM 35,00
Haushaltsangehörige über 16 Jahre	RM 32,00	RM 25,00
Haushaltsangehörige unter 16 Jahre	RM 20,00	RM 16,00

Demnach erhielt eine Frau, deren Mann gefallen oder vermisst war, mit zwei kleinen Kindern RM 110,00 (einschließlich Mietbewilligung), ab Februar 1947: RM 97,00 (vor Kriegsende hatte sie RM 253,00 erhalten).
(Nach Claudia Liebenau-Meyer: Göppinger Frauen in der Zeit nach dem Zweiten Weltkrieg [706], S. 39 f.)
In der SBZ erhielten Kriegerwitwen keine oder nur sehr wenig Unterstützung.

12 Abgesehen wird von den Arbeitsverpflichtungen, zu denen Frauen wegen ihrer Zugehörigkeit zur NSDAP oder durch Verfügung der Besatzungsmächte herangezogen wurden. Diese Verfügungen folgten keinem durchschaubaren Gesamtplan und waren meist kurzfristig. Es gab die Verfügung Nr. 3 des Alliierten Kontrollrats vom Januar 1946, wonach Frauen von 15-50 Jahren, die keine andere Person und keine Kinder zu versorgen hatten, registriert und – wo erforderlich – zur Arbeit herangezogen werden sollten. Ohne Registrierung gab es keine Lebensmittelkarten. Aber diese Verfügung wurde nicht konsequent und überall durchgeführt. Vereinzelt wurde mir davon berichtet. (Vgl. auch Nori Möding: Die Stunde der Frauen, in: Martin Broszat u.a. (Hrsg.): Von Stalingrad zur Währungsreform [55], S. 622.)
In der SBZ scheint die Arbeitsverpflichtung rigoroser durchgesetzt worden zu sein. Mir wurden verschiedene Fälle berichtet. Zu Berlin vgl. Eva Schulze/Susanne Meyer: Wie wir das alles geschafft haben [615]: »Die Arbeitskräfte, die für die Demontage und auch zur Trümmerbeseitigung benötigt wurden, verpflichtete man durch Zwangsverordnung und willkürliche Razzien zum Einsatz. Außerdem kam es in Berlin zu Arbeitseinsätzen für politisch Belastete. Darüber hinaus mussten Frauen für ihre Männer oder Töchter für ihre Väter, die Parteiangehörige gewesen waren, Zwangsarbeiten verrichten.« (S. 70) Dies wird nicht nur von Berlin, sondern auch von den meisten anderen Orten berichtet.
Von der Zwangsarbeit, zu denen die Russen, Polen und Tschechen viele Frauen verschleppten, war schon in Band II, Kapitel 9, die Rede.

13 Vgl. Klaus-Jörg Ruhl: »In den Jahren 1946 und 1947 gehörten die Trümmerfrauen und die Frauen am Bau zum alltäglichen Bild in den Ruhrgebietsstädten. Aber insgesamt waren gerade 0,27 % der berufstätigen Frauen in der Trümmerbeseitigung sowie im Bau- und Baunebengewerbe, in den Bauberufen und in der Berufsgruppe Steingewinnung und -verarbeitung beschäftigt.« Ruhl

spricht hier jedoch nur von Nordrhein-Westfalen. (Vgl. ders.: Verordnete Unterordnung [317], S. 35.)

14 Vgl. besonders Gabriele Jenk: Steine gegen Brot [416]; Sibylle Meyer/Eva Schulze: Wie wir das alles geschafft haben [615], besonders die Geschichte der Frau W., Jg. 1922, S. 52 ff.; Josefine Baudis: Josefine, eine Trümmerfrau [524]; Klaus-Jörg Ruhl: Frauen in der Nachkriegszeit [806]; ders.: Verordnete Unterordnung [317]. Eindrucksvoll schildert die mit einem Deutschen verheiratete Engländerin Christabel Bielenberg eine Begegnung mit Berliner Trümmerfrauen, in: Es war ein weiter Weg nach Munny House, S. 139-144.

15 In: Gabriele Jenk: Steine gegen Brot, [416], S. 28.

16 Dazu auch Band II, Kapitel 1: »Nachkriegszeit« und im vorliegenden Band, Kapitel 1, »Zusammenkommen – Zusammenleben«, Stichwort »Zusammenleben mit Flüchtlingen«.

17 Siehe auch Band II, Kapitel 8, »Besetzung«, Stichwort »Besondere Beziehungen der Frauen zu den Siegern«.

18 Zit. nach Helena Klostermann: Alter als Herausforderung, [601], S. 57 f.

19 Erinnert sei an die Flüchtlingsfrauen Anna J., die »Fleckerl-Hausschuhe« herstellte, und Hannelore W., die Puppen bastelte (Kapitel 1). Vgl. auch schon Band II, Kapitel 1, »Nachkriegszeit«, wobei es dort hauptsächlich um den Erwerb von Lebensmitteln ging, hier aber auch um Geld, um die Existenzsicherung überhaupt.

20 Ich kann nur bestätigen, was Sibylle Meyer und Eva Schulze schreiben: »Die Liste der Gegenstände, die Frauen fertigten, scheint endlos. Es gab Frauen, die z. B. aus Abfallstoffen Puppen für die Alliierten nähten, aus aufgeribbelter Wolle Strümpfe strickten, Schuhe herstellten oder aus alten Kleidern und Militärstoffen neue Kleidungsstücke nähten.« (Vgl. Sibylle Meyer/Eva Schulze: Wie wir das alles geschafft haben [615], S. 100.)

21 Vgl. ebd., S. 101.

22 Vgl. Charlotte Heinritz (Hrsg.): Der Klassenrundbrief [749].

23 Zit. nach Helena Klostermann: Alter als Herausforderung, [601], S. 142.

24 Was Hanna L. als »Hungerlohn« bezeichnet, war fürstlich im Vergleich zu den Kriegsopferrenten.

25 Vgl. ihre Erzählung in Band II, Kapitel 1, »Nachkriegszeit«, Stichwort »Heizen und Kälte«.

26 Eine Frau in Berlin [742].

27 Bruno Schonig: Krisenerfahrung und pädagogisches Engagement [638].

28 In: H. Jansen (Hrsg.): Freundschaft über sieben Jahrzehnte, [752], S. 237 f. Maria Schneider blieb Oberstudiendirektorin bis zu ihrem 71. Geburtstag. Auch im Ruhestand unterrichtete sie weiter. An ihrer alten Schule übernahm sie Vertretungen, und an der Volkshochschule wurde sie Lehrkraft für Englisch und Französisch.

29 Gebräuchliche Abkürzung: Napola. Dies waren Internatsoberschulen, die zur Hochschulreife führten. Sie widmeten sich in besonderer Weise der Erziehung der Schüler in nationalsozialistischem Geist.

30 Vgl. die Biografie von Gertraud L. in Band I.

31 Über Lernen im Krieg wurde schon in Band II, Kapitel 2, »Arbeit«, Stichwort »Arbeitsalltage im Krieg« berichtet.

32 Das Bundesausbildungsförderungsgesetz wurde erst am 26.8.1971 erlassen.

33 Eva Sternheim-Peters gibt zu dieser kuriosen Wortschöpfung folgende Erklärung: »›Fringsen‹ nannte man damals die Aneignung lebenswichtiger Nahrungsmittel oder Gebrauchsgegenstände durch Bedürftige, sofern das Genommene im Überfluss vorhanden und nicht freiwillig geteilt wurde. Angesichts der Hartherzigkeit vieler seiner Glaubensgenossen hatte der damalige Erzbischof von Köln, Joseph Kardinal Frings, für dieses Delikt pauschale Absolution erteilt.«

34 Eva Sternheim-Peters: Von der Hochschulreife zum Hauptdiplom. Ein weiblicher Bildungsweg in Krieg und Nachkriegszeit. Unveröffentlichtes Manuskript, S. 11-13, gekürzt.

35 Vgl. Helena Klostermann: Alter als Herausforderung, [601], S. 65. Vgl. auch die Biografie von Ilse-Marie K. in Band I.

36 Da fast keine dieser Frauen mehr am Leben war, als ich meine Arbeit begann, habe ich keine unmittelbaren Zeugnisse mehr von ihnen, mit Ausnahme des Tagebuchs von Margarete E. (vgl.

ihre Biografie in Band I). Die Töchter dieser Frauen haben mit großem Respekt von ihnen erzählt.

Auch Sibylle Meyer/Eva Schulze betonen in diesem Zusammenhang stark das »soziale Netzwerk« für Frauen und deren »Funktion der materiellen und emotionalen Unterstützung bei Haus- und Erwerbsarbeit«. Und sie schlussfolgern: »Der Zusammenhalt beruhte überwiegend auf dem Kontakt zwischen den älteren Frauen und ihren verheirateten Töchtern. Aber auch Beziehungen zu anderen weiblichen Verwandten, Freundinnen, Nachbarinnen und Kolleginnen waren in unserem Sample häufig.« (Auswirkungen des II. Weltkriegs auf Familien [616], S. 345 f.)

37 Ich kann in diesem Rahmen leider keine detaillierte Interpretation exemplarischer Tage- und Spruchbücher vorlegen, sondern nur einige Ergebnisse resümieren. Das frappierendste Beispiel waren für mich Gedichte, die internierte BDM-Führerinnen im Lager Hammelburg füreinander aus dem Gedächtnis aufschrieben. Irmgard B., ehemalige Bannmädelführerin, hat sie noch in ihrem Besitz und mir zur Verfügung gestellt. Sie sind in schöner Form eingebunden, natürlich mit Mitteln, wie man sie eben im Lager auftreiben konnte. Es ist die bekannte *klassische* Lyrik: Storm, Goethe, Nietzsche, Hebbel, Eichendorff, Mörike, v. Ebner-Eschenbach, Schiller. Auch kurze Sprüche der Klassiker, wie sie im Dritten Reich massenhaft in den Schulungsheften standen. Die Bücherschränke wurden – abgesehen von schon äußerlich erkennbarer NS-Literatur – nicht »gesäubert«. Freya Stephan-Kühn, selbst eine Jugendbuchautorin, bemerkt dazu: »Viele Autorinnen und Autoren setzten ihre Produktion nach dem Krieg nahtlos fort. Ihre Bücher wurden, z.T. geringfügig bearbeitet, weiter verbreitet.« (Referat auf der Tagung: »Medien und Methoden im Geschichtsunterricht« am 17.3.1993 in Bad Urach, Manuskript)

38 In diesem Punkt stimme ich Susanne zur Nieden zu, glaube aber, dass diese jungen Menschen, die gar keine Maßstäbe für »das Politische«, keine Ausbildung und Kenntnisse in Demokratie und demokratischer Verantwortung hatten, diese Auseinandersetzung so unmittelbar nach dem Krieg noch nicht führen konnten. Das war ein langer Weg. Melita Maschmanns Autobiografie, immerhin schon 1962 erschienen, und Eva Sternheim-Peters' »subjektives Geschichtsbuch«, Anfang der 80er Jahre vollendet, aber erst 1987 erschienen, führen diesen mühsamen Prozess der Aufarbeitung eindrücklich vor Augen. Vgl. zur Nieden: Alltag im Ausnahmezustand, [768]. Mehr zu dieser Frage in Teil B, Kapitel 9, »Es muss einmal Schluss sein«.

39 Man kann natürlich nicht sagen, dass die Zeit des Nationalsozialismus für sie eine »kulturelle Wüste« gewesen sei. Vgl. dazu Teil B, Kapitel 1: »Für mich war es eine schöne Zeit.«, und in Band II, Kapitel 7, »Freizeit, Feste, Kultur…?«

40 Das hängt sicher auch damit zusammen, dass ich das breite Unterschichtenmilieu, besonders die jungen Arbeiterinnen, auch das Dorfmilieu mit seinem Vereinswesen, zu wenig erfasst habe. (Für das letztere besonders Albrecht Lehmann: Im Fremden ungewollt zuhaus [607], S. 51 f.) Doch scheint mir die Antwort, die mir eine Bauerntochter auf meine briefliche Anfrage nach Kulturerlebnissen nach dem Krieg gab, charakteristisch zu sein. Sie erwähnt als besondere Ereignisse die Glockenweihe und die Firmung und schreibt dann in Stichworten: »Keine Kulturerlebnisse, weil auf dem Land nichts derartiges angeboten wurde und wir auch während des Krieges und nachher schwere Arbeit zu leisten hatten.« (Brief vom November 1994, ohne genaueres Datum)

41 Wie groß gerade die Verantwortung der Kirchen für das Geschehen war und wie wenig »intakt« sie geblieben war, sollten erst spätere Forschungen für alle, die die Wahrheit wissen wollten, ans Licht bringen. Vgl. z. B. die Forschungen von Klaus Scholder: Die Kirche und das Dritte Reich [186] und Eberhard Röhm/Jörg Thierfelder (Bearb.): Evangelische Kirche zwischen Kreuz und Hakenkreuz [177]. Aus der Sicht einer damals in der katholischen Jugendarbeit engagierten jungen Frau, der auch in dieser Arbeit mehrfach zitierten Christel Beilmann: Eine katholische Jugend in Gottes und dem Dritten Reich [382].

42 Anne Egerter: Denn der andere – das bist du! [392], S. 81, 85.

43 Vgl. auch das Zeugnis von Gertraud K.

44 Tage des Überlebens, [737], S. 147 f.

45 Inhaltlich wird sich der gesamte Teil B mit diesen Themen befassen, besonders die Kapitel 9 und 10.

46 Unter Entnazifizierung versteht man Aktionen der Alliierten zur Erfüllung des im Potsdamer Abkommen gefassten Beschlusses: »Alle Mitglieder der nazistischen Partei, welche mehr als nominell an ihrer Tätigkeit teilgenommen haben«, seien aus Staat und führenden Positionen in der Wirtschaft zu entfernen. Die Entnazifizierung wurde in den Besatzungszonen unterschiedlich gehandhabt, am schärfsten in der amerikanischen Besatzungszone. In der SBZ diente sie auch als Hebel der gesellschaftlichen Umwälzung. Man kann verschiedene Einzelaktionen unterscheiden:
1. Unmittelbar nach dem Einmarsch nahmen die Alliierten zahlreiche Verhaftungen, Internierungen, Vermögensbeschlagnahmen, Kontrollen und Entlassungen aus dem Dienst vor.
2. In der amerikanischen Zone waren Fragebögen mit 131 Fragen auszufüllen, die detailliert über die politische Vergangenheit des einzelnen Auskunft geben sollten.
3. Die amerikanische Militärregierung beauftragte 1946 die deutschen Behörden mit dem Vollzug der Entnazifizierung. Es kam zu den sogenannten Spruchkammerverfahren: In Stadt- und Landkreisen wurden »Spruchkammern« eingerichtet mit öffentlichen Klägern und Berufungskammern als 2. Instanz, geleitet jeweils von Personen, die eine Befähigung zum Richteramt oder zum höheren Verwaltungsdienst nachweisen mussten. Jeder Deutsche über 18 Jahre hatte einen Meldebogen auszufüllen. Nach Prüfung jedes einzelnen Falles erfolgte eine Einstufung in eine der fünf Kategorien: Hauptschuldige, Belastete (Aktivisten, Militaristen, Nutznießer), Minderbelastete (die vor ihrer endgültigen Einstufung eine 2 – 3jährige Bewährungsfrist auf sich nehmen mussten), Mitläufer und Entlastete. Als Sühnemaßnahmen wurden verhängt: Einweisung in ein Arbeitslager (mindestens 2, höchstens 10 Jahre), die Einziehung von Vermögen, Sonderabgaben aus den laufenden Einnahmen zugunsten eines Wiedergutmachungsfonds, Verlust von Pensionsansprüchen, Ausschluss von öffentlichen Ämtern, Berufsverbote u.a.. Jugendliche ab Jahrgang 1919 fielen nach dem Gesetz über die Amnestie der Jugend vom 6.8.1946 unter die sogenannte Jugendamnestie. Von insgesamt 3,6 Millionen vor Spruchkammern in den Westzonen untersuchten Fällen wurden 1167 als Hauptschuldige eingestuft, 23000 als Belastete, 150000 als Minderbelastete, über eine Million als Mitläufer und 1,2 Millionen als Entlastete.
47 Z. B. Klaus-Dietmar Henke/Hans Woller (Hrsg.): Politische Säuberung in Europa. Die Abrechnung mit Faschismus und Kollaboration nach dem Zweiten Weltkrieg [110]; Volker Dotterweich: Die »Entnazifizierung«, in: Josef Becker/Theo Stammen/Peter Waldmann (Hrsg.): Vorgeschichte der Bundesrepublik Deutschland [64]; Lutz Niethammer: Entnazifizierung, in: Carola Stern u.a. (Hrsg.): Lexikon zur Geschichte und Politik im 20. Jahrhundert [161]; Klaus-Dietmar Henke: Musste die Entnazifizierung scheitern? [109].
48 Leider müssen die Vorgänge um den politischen Neubeginn in der sowjetisch besetzten Zone aus der Perspektive von Frauen ganz außer acht gelassen werden, ein weiteres dringendes Forschungsdesiderat.
49 Ein Bann, Verwaltungseinheit der Hitlerjugend, entsprach etwa der Größe eines Landkreises. Einer Bannmädelführerin unterstanden etwa 3000 Jungmädel im Alter von 10 bis 14 Jahren und 3000 BDM-Mädel im Alter von 14 bis 21 Jahren.
50 Orts- und Personennamen sind verschlüsselt.
51 Davon erzählt sie – ohne sich über die Implikationen klar zu sein – selbst im Zusammenhang mit ihrem Erlebnis mit zwei farbigen Amerikanern auf der Fahrt ins Internierungslager, vgl. Band II, Kapitel 8, »Besetzung«, Stichwort »Die Amerikaner«.
52 Vgl. ihre Biografie in Band I.
53 Damit befasst sich Teil B dieses Bandes, besonders die Kapitel 9-11.
54 Darin, dass sie als ursprünglich »Hauptschuldige« später unter die Jugendamnestie fiel, dürfte sie fast einzigartig sein.
55 Vgl. die Zahlen in Anm. 46.
56 Sie haben dabei nicht nur sich selbst im Auge, sondern auch ihre Männer, Verwandte und Bekannte.
57 Beachtenswert ist, dass selbst die an einer Schonung von Nazis gewiss nicht interessierte deutsche Jüdin Ruth Klüger zu einem vernichtenden Urteil kommt: »Ich mochte die Amis nicht be-

sonders. Dass ihr Entnazifizierungsprogramm korrupt und inkompetent war, konnte auch eine Vierzehnjährige mit bloßem Auge sehen.«

58 Vgl. Ruth Andreas-Friedrich: Schauplatz Berlin, [735], S. 146 f.

59 Die Entnazifizierung wurde dann v.a. aus politischen Gründen abgebrochen (Beginn des Kalten Krieges), so dass viele Verfahren, besonders gegen die Hauptschuldigen, nicht mehr durchgeführt wurden. Aber auch dieser »Friede mit den großen Tätern« wird von einigen Frauen angesprochen und ist sicher von vielen bemerkt worden. Vgl. z. B. Hannelore W. (1933), allerdings auch aus ihrem später angeeigneten Wissen und ihrer Beobachtung bis heute: »Bei der Verfolgung der Naziverbrecher führt die Bundesrepublik eine sehr zarte Hand. Immer wieder spürt jemand diesen oder jenen auf, der die letzten 40 Jahre in Ruhe und Harmonie mit sich und seiner Umwelt gelebt hat, oft noch mit einer guten Pension. Dann wird er vor Gericht gestellt und sofort wieder ausgesetzt wegen Krankheit und Herzbeschwerden. Derselbe hatte zur Zeit seiner Untaten keineswegs Herz- oder sonstige Beschwerden, ließ sie auch ganz bestimmt nicht bei seinen Opfern gelten. Zu guter Letzt verlässt er dann das Gericht als freier Mann. Das ist der wirkliche Skandal.« Stimmen wie diesen stehen aber ungleich mehr Äußerungen entgegen, die wollen, »dass einmal Schluss sei«. Dazu genauer Teil B, Kapitel 9, »Es muss einmal Schluss sein«.

60 In diesen Zusammenhang gehört auch, dass Frauen immer wieder berichten, sie hätten ihren Männern oder Freunden die SS-Tätowierungen »weggemacht«, weil sie nicht einsehen konnten, dass die ganze SS als »verbrecherische Organisation »galt, ohne dass dem einzelnen konkrete Schuld nachgewiesen wurde.

61 Die laute und undifferenzierte Proklamierung der »Kollektivschuld«, die eigentlich im Widerspruch steht zu den viel feineren Unterscheidungen in den Spruchkammerverfahren, und die Tendenz in der öffentlichen Diskussion, die ja auch stark unter dem Druck der Sieger stand, nur »schwarze Nazis« und »weiße Widerstandskämpfer« zu unterscheiden, hat sicher dazu beigetragen. Es hat Jahre, wenn nicht Jahrzehnte gedauert, bis sich die historische Forschung von dieser vereinfachten Sicht freigemacht und mit der Erforschung von Handlungsspielräumen und konkreten Verhaltensweisen im realen Alltag begonnen hat. Stimmen, die schon sehr früh dafür plädierten, nicht einfach abzustempeln, sondern zu analysieren, finden sich unter den relativ bald nach dem Krieg publizierten Tagebüchern und autobiografischen Zeugnissen, z. B. bei Margret Boveri, Ursula von Kardorff, Christabel Bielenberg (Als ich Deutsche war [383]: darin die sehr verständnisvoll gezeichnete Geschichte des kleinen Blockwarts Oskar Neisse, S. 51-60). Immerhin haben Fragebogenaktionen und Spruchkammerverfahren in ihrem Bemühen um möglichst umfassende Durchleuchtung der Vergangenheit des einzelnen, trotz viel Spott über die nachweislichen Unzulänglichkeiten, weit weniger Erbitterung hervorgerufen als die Kollektivschuldthese. Dazu die Kapitel 8 und 9 in Teil B.

62 Vgl. Eva Jantzen/Merith Niehuss (Hrsg.): Das Klassenbuch, [753], S. 188.

63 Vgl. Ursula von Kardorff: Berliner Aufzeichnungen, [755], S. 273.

64 Vgl. Eva Sternheim-Peters: Von der Hochschule zum Hauptdiplom, [473], S. 6. Nicht ohne Grund avancierte Ernst von Salomons schonungslose, wenn auch z.T. überzogene Kritik in seinem Buch »Der Fragebogen« [915] zum Bestseller.

65 In dieser Beobachtung fühle ich mich bestätigt durch Alf Lüdtke: »Coming to Terms with the Past« [147], S. 549.

66 Über Denunziationen während des Dritten Reiches vgl. Teil B, Kapitel 5, »Man hat gelernt, den Mund zu halten«.

67 Vgl. Eine Frau in Berlin, [742], S. 223 f.

68 Bekannt ist, wie zögernd und schleppend die »Wiedergutmachung« in Gang kam und dass manche Gruppen bis heute davon ausgeschlossen blieben, z. B. die Zwangssterilisierten, die Deserteure, die Zwangsarbeiter. Aber auch die »Frauen des 20. Juli« erzählen, wie kümmerlich ihre Versorgungslage noch lange nach dem Krieg war. Vgl. Dorothee von Meding: Mit dem Mut des Herzens [609]. Weitere umfassende Recherchen aus der Perspektive der Betroffenen wären angebracht.

69 Es gibt eine Reihe von Einzeluntersuchungen zu den »Frauen der ersten Stunde«, zu einzelnen

herausragenden Politikerinnen, zu den Frauenausschüssen, auch lokale Studien und örtliche Aus-stellungsbegleitliteratur (siehe Literaturverzeichnis). Besonders zu erwähnen: Andrea Hauser: Alle Frauen unter einem Hut? Zur Geschichte des Stuttgarter Frauenausschusses [280]; dies.: Frauenöffentlichkeit in Stuttgart nach 1945 – Gegenpol oder hilflos im Abseits? [279]; Elke Schül-ler: »Neue, andere Menschen, andere Frauen?« Kommunalpolitikerinnen in Hessen 1945-1956; Birgit Meyer: »Wenn ich gebraucht werde, dann bin ich da.« Frauen in der Politik von der Nach-kriegszeit bis heute [302]; Nori Möding: Die Stunde der Frauen? [305]. Für Baden hat Barbara Guttmann ein großes Projekt in Arbeit, das 1998 erscheinen soll.

70 Nori Möding: Die Stunde der Frauen? [305], S. 623 f.: »Man kann annehmen, dass es vielleicht 8 % politisch und konfessionell organisierter Frauen gab (*diese Zahl betrifft eigentlich nur Bayern, wird aber auf die drei Westzonen übertragen*). Sie nennt weiter folgende Zahlen: Mitglied einer po-litischen Partei war nur 1 % der weiblichen Wahlberechtigten. In Frauenverbänden waren 1952 (!) über eine Million Frauen organisiert, dazu noch 1,3 Millionen im DGB oder DAG. Verbände, die vor allem oder z.T. staatsbürgerliche Ziele hatten, hatten fast 300 000 weibliche Mitglieder. 1948 waren von etwa 100 Ministern nur 2 Frauen, von 1878 Landtagsabgeordneten nur 208 Frauen. Erst 1983 wurde mit 9,8 % erstmals der Frauenanteil von 1919 bei den Parlamentarierinnen im Bundestag überschritten.

71 Vgl. auch den auf Interviews fußenden Beitrag von Margot Schmidt: Im Vorzimmer. Arbeitsver-hältnisse von Sekretärinnen und Sachbearbeiterinnen bei Thyssen nach dem Krieg, in: Lutz Niet-hammer: »Hinterher merkt man....« [620], bes. S. 191 f.

72 Vgl. Teil B, Kapitel 3, »Ich war ganz unpolitisch«.

73 Sie fielen – altersbedingt – bis auf Ausnahmen aus dem Kreis derer heraus, die ich befragen konn-te.

74 Vgl. Gabriele Strecker: Überleben ist nicht genug, [478], S. 112.

75 Ausnahmen unter den jüngeren Frauen hat es natürlich gegeben, vor allem unter den regimekri-tischen, so z. B. Hildegard Hamm-Brücher (1921), die von sich berichtet, dass sie gleich in die Politik einsteigen und am demokratischen Neuaufbau teilnehmen wollte. Sie schreibt aber auch, dass sie unheimliches Glück hatte, gleich von den Amerikanern als Mitarbeiterin an der »Neuen Zeitung« engagiert zu werden. Deshalb hat sie auch nicht hungern müssen. Außerdem hatte sie gerade ihr Studium in Chemie mit der Promotion abgeschlossen. (In: Hans Sarkowicz, Hrsg.: »Als der Krieg zu Ende war« [454], S. 171-177.)

76 Notwendig wäre ein Studium der Archive von Institutionen, die mit solchen sozialen und Hilfs-aufgaben befasst waren. Bisherige Veröffentlichungen arbeiten den Anteil der Frauen nicht ge-nügend heraus. Selbstverständlich kann man alle diese außerhäuslichen Arbeiten als »politische Frauenarbeit« auffassen. Wir haben immer wieder herausgearbeitet, dass es auch keine stringen-te Abgrenzung zwischen der Hausarbeit und politischer Arbeit gibt, letztlich hat alles politische Bedeutung und Auswirkungen. Mir erscheint es aber doch sinnvoll, zum Zwecke der leichteren Verständigung den Politikbegriff nicht zu überdehnen und so z. B. die ehrenamtliche soziale Ar-beit von der politischen Betätigung im engeren Sinn, also in Regierung und Verwaltung, die auf Machtgewinn zwecks Durchsetzung bestimmter Interessen gerichtet ist, zu unterscheiden. Die Frauen selbst fassten diese ihre Arbeiten innerhalb der Wohlfahrtsverbände nicht als »politisch« auf. Dass sie damit ihre eigene Leistung für die Behebung der Versorgungsnöte nach dem Krieg herunterspielen bzw. selbst gar nicht in ihrer Bedeutung erkennen, steht auf einem anderen Blatt.

77 Vgl. dazu Teil B, Kapitel 2, »Wir waren jung und kannten nichts anderes«.

78 Das berühmte »Stuttgarter Schuldbekenntnis« ist euphemistisch abgefasst und verdeckt eher das Ausmaß des Paktierens mit dem System, das ja auch erst nach und nach erforscht wurde, vgl. Anm. 41. Für den Antisemitismus namhafter Kirchenmänner bringt Daniel J. Goldhagen erdrük-kende Belege. (Vgl. ders.: Hitlers willige Vollstrecker [94], S. 137 ff.)

79 Selbstverständlich soll damit nicht die Leistung der Frauen, die zusammen mit dem Mann für die Kindererziehung sorgten, geschmälert werden. Dass die alleinstehenden Frauen es besonders schwer hatten, wird niemand bezweifeln.

80 Besonders deutlich wird das z. B. in der Biografie von Annelies N. in Band I.

KAPITEL 3
Nachwirkungen

1 Vgl. dazu auch die Biografien von Annelies N. und Margarete E. in Band I.

2 »Insgesamt soll es 1,5 - 2 Millionen Kriegswitwen gegeben haben. Die Zahl der Witwen und Witwer betrug 1960 noch 1,1 Millionen, der Waisen 500 000 und der Eltern, deren Sohn oder Söhne gefallen waren, 800 000.« (Vgl. Alexander von Plato: Nachkriegsgesellschaft [173], S. 13) Nach Barbara Willenbacher »wuchs ungefähr ein Viertel aller Kinder nach dem Zweiten Weltkrieg ohne Vater auf, der in der Mehrzahl der Fälle gefallen oder vermisst war«. (Vgl. Zerrüttung und Bewährung der Nachkriegs-Familie [347], S. 602.)

3 Vgl. Klaus-Jörg Ruhl: Verordnete Unterordnung [317].

4 Vgl. Ruth Andreas-Friedrich: Schauplatz Berlin [735], S. 46.

5 Vgl. dazu schon Band II, Kapitel 1, »Nachkriegszeit«, Stichwort »Wohnungsnot«.

6 Dies wird auch durch die Statistik belegt, vgl. Kapitel 1, Anm. 21.

7 Vgl. schon Kapitel 2, »Neuanfang«.

8 Vgl. auch die Lebensgeschichte der Marianne G. in Band II, Kapitel 10, »Zwangsarbeit – Verschleppung – Vertreibung«.

9 Eine Reihe von Lebensmitteln war lange Zeit noch rationiert. »Der entscheidende Durchbruch in der Versorgung gelang mit dem Jahr 1950. Vom 1.Januar an gab es wieder Brot und Nährmittel im freien Verkauf – nur für Zucker mussten jetzt noch Marken abgegeben werden.« (Vgl. Rainer Gries: Die Rationen-Gesellschaft [96], S. 332.)

10 Vgl. Kapitel 2, »Neuanfang«.

11 Die Lebenshaltungskosten für einen Vier-Personen-Haushalt erhöhten sich im 2. Halbjahr 1948 gegenüber dem ersten um 17 %, während die Bruttolöhne nur um 5,5 % stiegen. Nahrungs- und Genussmittel verteuerten sich zwischen Mai 1948 und Frühjahr 1949 durchschnittlich um 33 %. »War eine Frau der alleinverdienende Haushaltsvorstand, so sank der Durchschnittsverdienst (*gemessen an der Kaufkraft*) erheblich ab und lag nicht selten unter dem Existenzminimum.« (Nach Klaus-Jörg Ruhl: Verordnete Unterordnung [317], S. 86, 90.)

12 Vgl. Eva Sternheim-Peters: Von der Hochschulreife zum Hauptdiplom. Ein weiblicher Bildungsweg in Krieg und Nachkriegszeit, unveröffentlichtes Manuskript, S. 12.

13 Vgl. Josefine. Eine Trümmerfrau, [524], S. 154.

14 Nach Ute Frevert: Frauen-Geschichte… [825], S. 266.

15 Die Rentenversicherung wurde in der DDR durch den Freien Deutschen Gewerkschaftsbund durchgeführt, der aber nicht bereit war, Versicherungsunterlagen herauszugeben. Die Schicksale der Frauen, die in der SBZ bzw. DDR lebten, konnte ich – wie schon gesagt – nur in kleiner Zahl berücksichtigen. Es gab dort weder ein Kriegsopferrecht noch beamtenrechtliche Regelungen. Bestand kein Anspruch auf Hinterbliebenenrente aus der Sozialversicherung, so waren die Frauen auf die allgemeine Fürsorge angewiesen.

16 Dies wurde sehr klar, als ich eine Reihe von Fällen mit dem jahrelang im VdK an führender Stelle tätigen Waldemar Brümmendorf durchsprach. Zwar haben sich viele Frauen im VdK organisiert, denn etwa die Hälfte der Mitglieder dieses Verbandes waren Frauen, viele arbeiteten auch erfolgreich an verantwortlicher Stelle mit. Doch vielen Tausenden hätte zu einem besseren Auskommen verholfen werden können, wenn sie sich entsprechend informiert hätten.

17 Vgl. auch die Lebensgeschichte von Ilse-Marie K. in Band I.

18 Nach Rita Bake: »Aber wir müssen zusammenbleiben…« [570], S. 31 f. – Vgl. auch ihren Bericht in Band II, Kapitel 5, »Bomben«.

19 Das Gesetz von 1986 betraf nur die rentenberechtigten Frauen, d. h. Frauen, die mindestens fünf Jahre gearbeitet oder mindestens fünf Kinder hatten (1 Kind zählte also so viel wie ein Jahr Erwerbstätigkeit). Alle anderen Frauen müssen vom Einkommen bzw. der Altersversorgung ihrer Männer oder von der Hinterbliebenenversorgung leben. Bis 1986 bekamen diese rentenberechtigten Frauen zu ihrer Rente pro Kind noch eine Zusatzleistung von zunächst 20.- DM, die dann

langsam auf etwas über 30.- DM gesteigert wurde. Ab 1986 sollten Frauen, die nach dem
31.12.1921 geboren waren (also die damals 65jährigen und jüngere), je Kind eine Erziehungs-
zeit von einem Jahr (in den neunziger Jahren auf drei Jahre ausgedehnt) auf die Rente angerechnet bekommen (als ob sie für das eine Jahr für 75 % des Durchschnittsverdienstes aller Ver-
sicherten Beiträge bezahlt hätten). Für die älteren Frauen galt weiterhin die bisherige Regelung.
Die neue Regelung bedeutete nicht unbedingt eine Verbesserung für die einzelne Frau. Die Empörung sei sachlich deshalb eigentlich unverständlich und mache sich subjektiv wohl an folgenden Punkten fest:
1. Der grundsätzlichen, wenn auch nicht in allen Fällen zutreffenden Auffassung, dass die neue
   Regelung vorteilhafter sei als die alte (möglicherweise haben die Frauen Fälle vor Augen, wo
   das so ist, und verallgemeinern unzulässigerweise) und – verbunden damit – dass die Jüngeren bevorzugt würden, während doch die Älteren die Hauptlast des Krieges getragen haben.
2. Die ganze Regelung war an die Renten gebunden und führte den Frauen, die nicht rentenbe-
   rechtigt waren, weil sie nicht erwerbstätig waren oder weniger als fünf Kinder hatten, ihre
   Benachteiligung noch einmal drastisch vor Augen. Eine Frau, die z. B. vier Kinder großgezogen hatte und immer oder fast immer »Nur-Hausfrau« bzw. weniger als vier Jahre berufstätig
   war, konnte diese Benachteiligung schwer verstehen.
Diese sachlichen Auskünfte und die Beurteilung verdanke ich Herrn Waldemar Brümmendorf,
dem Landesverbandsvorsitzenden und Hauptgeschäftsführer a.D. des VdK (Verband der Kriegs-
und Wehrdienstopfer, Behinderten und Rentner Deutschland e.V.) Rheinland/Pfalz.
     In seinem »Trümmerfrauenurteil« von 1992 stellte das Bundesverfassungsgericht allgemein
die Benachteiligung der Frauen und vor allem der Mütter bei der Altersversorgung fest.
     Nach Auskunft des Verbands deutscher Rentenversicherungsträger betrug noch 1996 die
Durchschnittsrente einer Frau 793. – DM, während Männer mit einer durchschnittlichen Mo-
natsrente von 1793.- DM rechnen können.
20 Vgl. dazu auch die Biografie von Ilse-Marie K. in Band I.
21 Nur in ganz bestimmten, eklatanten Fällen wurden solche Defekte als kriegsbedingt von den Versorgungsämtern anerkannt und entschädigt, so z. B. Verletzungen durch Bomben, gesundheitliche Schäden durch Verschleppung und Misshandlungen. Vergewaltigungsopfer mussten ganz
   massive körperliche Verletzungen, wie z. B. den Verlust der Gebärmutter, nachweisen. Gesundheitliche Beeinträchtigungen durch Schwerstarbeit, dauernde Überlastung, Hunger usw. waren
   überhaupt nicht messbar und konnten auch nicht geltend gemacht werden. Dies stellen auch Sibylle Meyer/Eva Schulze fest, in: »Von Liebe sprach damals keiner« [614], S. 188 f.
22 Vgl. auch die Biografien von Annelies N. und Margareta M. in Band I. Sibylle Meyer/Eva Schulze zufolge haben Frauen bewusst auf eine erneute Heirat verzichtet und andersartige Wohn- und
   Beziehungsformen, die sich in der Kriegs- und Nachkriegssituation gebildet hatten (meist Haushalte mit weiteren Familienangehörigen oder Verwandten), vorgezogen, da diese ihnen Berufstätigkeit und finanzielle Unabhängigkeit ermöglichten. (Vgl. Auswirkungen des II. Weltkriegs auf
   Familien, [616], S. 353 f.) Ich kann für einige meiner Frauen bestätigen, dass sie sehr gut z. B.
   mit ihren Schwiegermüttern zusammen gelebt haben und nicht darauf aus waren, »irgend jemand« zu heiraten, aber ein Ersatz für eine »richtige Familie« war es für sie nicht.
23 Lutz Niethammer berichtet z. B. über Frau Eger und ihr traumatisches Erlebnis des Todes ihres
   Mannes: »Die Kriegerwitwe kann ihr Trauma in den Haltestrukturen des Alltags in der Familie
   und im Kollegenkreis zurückdämmen, aber nicht überwinden, und in Krisenzeiten bricht es wieder hervor und verfestigt sich zu schubartigen Umnachtungen und macht sie einsam und kli-
   nikabhängig.« (Vgl. Lutz Niethammer u.a.: Die volkseigene Erfahrung [622], S. 410).
     Selbstverständlich war auch in meinen Fällen die Überwindung der Kriegstraumata abhän-
gig von den Umständen ihres weiteren Lebens und von ihrem gesellschaftlichen Umfeld. Frau-
en, die daran zerbrochen sind und in psychiatrischen Kliniken endeten, habe ich nicht gesprochen; wie viele es waren, wird man wohl nie herausfinden. Die Frauen schöpften aber Kraft und
Widerstandsfähigkeit gegen die Verzweiflung und Zerstörung ihrer Persönlichkeit aus verschiedenen Quellen. Sie weisen immer wieder auf die Kinder und religiöse Bindungen hin.

Rita Bake kommt nach den Gesprächen, die sie mit Hamburger Frauen über die Bombennächte geführt hat, ebenfalls zu dem Ergebnis: »So ist also unsere Gesellschaft auch im Frieden und auch 50 Jahre danach immer noch geprägt von den traumatischen Erlebnissen im 2. Weltkrieg.« (Vgl. Rita Bake: »Aber wir müssen zusammenbleiben« [570], S. 9.)

24 Maria L.: Nun war ich Witwe, [428], S. 28.

25 Vgl. Kapitel 1, »Zusammenkommen – Zusammenleben«, Stichwort »Zusammenleben mit den heimgekehrten Männern«.

26 Vgl. ihren Bericht in Band II, Kapitel 9, »Flucht«.

27 Vgl. ihren Bericht über ihre mehr als behelfsmäßige Behausung in Band II, Kapitel 1, »Nachkriegszeit«, Stichwort »Wohnungsnot«.

28 Siehe ihre Berichte in den vorangehenden Kapiteln 1, »Zusammenkommen – Zusammenleben«, Stichwort »Zusammenleben mit Flüchtlingen« und 2, »Neuanfang«.

29 Dazu auch Sibylle Meyer/Eva Schulze: »Wie wir das alles geschafft haben« [615], S. 134.

30 Auf eine andere Art sozialer Diskriminierung macht in einem ähnlichen Zusammenhang Albrecht Lehmann aufmerksam: Er berichtet über zwei Fallbeispiele von durch grauenvolle Kriegserlebnisse aus der Bahn geworfenen jungen Mädchen, die diffamiert und in »Bewahrhäusern der Gefährdetenfürsorge« eingewiesen wurden. Die Fallbeispiele stammen aus einer Dissertation aus dem Jahre 1955, in der diese »Verwahrlosung« mitleidslos und ohne Verständnis für das vorausgegangene Schicksal »wissenschaftlich« und gleichzeitig abwertend dargestellt wird. (Albrecht Lehmann: Im Fremden ungewollt zuhaus [607], S. 153-158.)

31 Vgl. Kapitel 2, »Neuanfang«, Stichwort »Ausbildungsbedingungen«.

32 Vgl. die Zahlen in Anm. 2. Eine Untersuchung der Auswirkungen des Krieges auf die damaligen Kinder aus deren Sicht steht noch aus. Von Nervenschäden, Schreikrämpfen, Asthma von nicht ausgeheilter Bronchitis als Folge der Flucht berichteten mir die Mütter. Wiederum sollten nicht nur die körperlichen, sondern auch die seelischen Beschädigungen berücksichtigt werden. Folgende Forschungsfragen wären von Interesse: Wie haben Kinder, die ohne Vater aufwachsen mussten, in reinen Frauenhaushalten ihre Kindheit empfunden, was haben sie entbehrt oder auch nicht entbehrt? Welchen sozialen Diskriminierungen waren sie ausgesetzt (zu solchen siehe Albrecht Lehmann: Im Fremden ungewollt zuhaus [607], S. 67f.)? Wie haben sie die Verstrickung ihrer Eltern, besonders ihrer Mütter, in das NS-System erlebt, und wie haben sie mit den Müttern bzw. den Eltern über diese Zeit gesprochen?

»Töchter-Fragen« von Lerke Gravenhorst, Carmen Tatschmurat betreffen nur eine kleine Zahl von sehr intellektuellen Töchtern und befassen sich zu verengt mit der Schuld- oder Mitschuld-Frage.(Vgl. Gravenhorst/Tatschmurat: »Töchter-Fragen«, [218])

Es gibt Untersuchungen über die Schulleistungen von Flüchtlingskindern, z. B. führt Barbara Willenbacher aus: »Vertriebenenkinder wiesen trotz ungünstiger Lebensverhältnisse und des hohen Anteils unvollständiger Familien bessere Schulleistungen auf als die einheimischen Kinder und gingen sogar überproportional häufig auf weiterführende Schulen, deren Besuch vielfach durch die Heimarbeit der Mutter finanziert wurde.« (Zerrüttung und Bewährung der Nachkriegsfamilie, [347], S. 616)

33 Vgl. die Biografien von Annelies N., Maria K., Margareta M., Ella K. in Band I.'

34 Der große Wert, den gerade die alleinerziehenden Mütter der Berufsausbildung ihrer Kinder, besonders auch der Mädchen, zumaßen, hat also zwei lebensgeschichtliche Wurzeln: den Krieg, der sie des Ernährers beraubte, und die eigene Jugenderfahrung, die ihnen keine Berufsausbildung ermöglichte.

35 Die warme, geborgene und anregende Atmosphäre, die viele dieser Mütter ihren Kindern zu Hause bereiteten, kann durch Worte nicht recht vermittelt werden. In zahlreichen Nachkriegsausstellungen ist zu besichtigen, was sie z. B. alles, auch an »Unnützlichem«, für ihre Kinder selbst anfertigten, weil es ja nichts zu kaufen gab oder sie zu arm waren, sich derartiges zu leisten, z. B. viel phantasievolles Spielzeug, Puppen, Puppenstuben, Bilderbücher, Kasperlefiguren usw.

36 Große Vorbehalte gegen eine Idealisierung der Familienbeziehungen meldet Dörte Westernhagen an. Ob allerdings die von ihr angeführten Beispiele wie das Uwe Barschels dazu taugen, das

Versagen von Kriegerwitwen in der Erziehung allgemein zu postulieren, scheint mir mehr als fraglich. (Dörte Westernhagen, in Konrad Brendler und Günter Rexilius (Hrsg.): Drei Generationen im Schatten der NS-Vergangenheit [50], S. 47.)

37 Aufschlussreich wäre es, aus der Sicht der Kinder den Erziehungsstil dieser alleinerziehenden Mütter mit dem ihrer Altersgenossen aus Vollfamilien zu vergleichen. War die Erziehung freier, weniger autoritär? Wie hoch war z. B. der Anteil der »68er« an Mädchen und Jungen, die aus vaterlosen Familien kamen? Haben diese Mütter vielleicht auch durch einen freieren Erziehungsstil zur Emanzipation ihrer Töchter beigetragen?

38 Eine Übersicht zur Rolle und Stellung der Frau seit Kriegsende auf dem Gebiet der alten Bundesrepublik und der alten DDR gibt Gisela Helwig u.a. (Hrsg.): Frauen in Deutschland 1945-1992 [836].

39 Anne-Katrin Einfeldt hebt z. B. bei den Hausfrauen aus dem Bergarbeitermilieu besonders die bessere Organisation des Haushalts und die effizientere Nutzung von Zeit und Geld als Ertrag ihrer Kriegserfahrungen hervor. (Vgl. Anne-Kathrin Einfeldt: Zwischen alten Werten und neuen Chancen [583], S. 149-190.)

40 Vgl. Kapitel 1, »Zusammenkommen – Zusammenleben«.

41 Nach der Durchsetzung des Gleichberechtigungsgrundsatzes in Art. 3, Abs. 2 des Grundgesetzes, die vor allem der sozialdemokratischen Parlamentarierin Elisabeth Selbert zu verdanken war, folgte erst in der weiteren Gesetzgebung 1957, 1969 und 1970 die rechtliche Ausfüllung dieses Grundsatzes. Näheres dazu bei Gisela Helwig u.a. (Hrsg.): Frauen in Deutschland 1945-1992 [836], S. 79 ff. Mit Recht meint Ute Frevert: »*Dass* die Gleichberechtigung von Männern und Frauen 1949 überhaupt in den Grundrechtekatalog aufgenommen wurde, hing möglicherweise eng mit der Erfahrung der Kriegs- und Nachkriegszeit zusammen, als Frauen ohne Männer zurechtkommen mussten und ihre Selbständigkeit täglich unter Beweis stellten.« (Frauen-Geschichte [825], S. 267) Insofern kann man mit Barbara Willenbacher den Zweiten Weltkrieg als »Schrittmacher der Gleichberechtigung der Frauen« bezeichnen. Aber nur eine kleine Elite von Frauen hat daraus politisches und gesellschaftliches Kapital geschlagen. Die große Mehrheit der von mir befragten »unpolitischen« Frauen verharrte im wesentlichen in den alten Vorstellungen über die Rollen von Mann und Frau. Eine grundsätzliche Wende bahnte sich erst mit der zunehmenden Erwerbstätigkeit von Frauen in den 50er und 60er Jahren an. Sie kann nicht mehr als Kriegsfolge gewertet werden. (Vgl. Barbara Willenbacher: Zerrüttung und Bewährung der Nachkriegs-Familie [347]).

42 Selbst die politischen Frauen, die sich z. B. in den überparteilichen Frauenausschüssen zusammenfanden, verstanden ihren politischen Einsatz nur am Rande als Einsatz für mehr Gleichberechtigung der Frauen. Dies wird durch lokale Studien belegt, z. B. Susanne Fuchs: Frauen bewältigen den Neuaufbau [677], zu den Bonner Verhältnissen: »Die von den Frauen in keiner Weise in Frage gestellte Kontinuität der Geschlechterideologie determinierte den erneuten Ausschluss der Frauen aus der Öffentlichkeit.« (Vgl. Susanne Fuchs: Frauen bewältigen den Neuaufbau [677], S. 69) Das Ansehen der Männer hatte durch den verlorenen Krieg – zunächst jedenfalls – nicht gelitten. Eine ganz vereinzelte Stimme, die allerdings beansprucht, für alle Frauen zu sprechen, ist die der anonymen »Frau in Berlin« [742], S. 53: »Immer wieder bemerke ich in diesen Tagen, dass sich mein Gefühl, das Gefühl aller Frauen den Männern gegenüber ändert. Sie tun uns leid, erscheinen uns so kümmerlich und kraftlos. Das schwächliche Geschlecht. Das schwächliche Geschlecht. Das schwächliche Geschlecht. Eine Art von Kollektiv-Enttäuschung bereitet sich unter der Oberfläche bei den Frauen vor.« Ich habe in meinen Gesprächen nichts dergleichen gehört. Erst später – im Zusammenhang mit der Diskussion um die Emanzipation – erlebte ich Misstrauen gegenüber den »Männern, die die Politik (schlecht!) machen.«

43 Vgl. beispielhaft die Biografie von Lieselotte S. in Band I.

44 Vgl. Irmgard Weyrather: Numerus Clausus für Frauen [346]; Gisela Bock: Ganz normale Frauen [346], S. 264.

45 Vgl. Band II, Kapitel 2, »Arbeit«.

46 Vgl. Band II, Kapitel 2, »Arbeit«, Stichwort »Kriegsdienstverpflichtungen«.

47 Vgl. Kapitel 2, »Neuanfang«, Stichwort »Ausbildungsbedingungen«.

48 Nach Dörte Winkler: Frauenarbeit im Dritten Reich [350], S. 164 f. Dass Frauen im Krieg kaum berufliche Aufstiegsmöglichkeiten hatten, belegt auch die Arbeit von Doris Schubert, [326].

49 In der Zeit vor der Währungsreform lohnte sich, wie oft betont wird, die Erwerbstätigkeit ohnehin nicht, weil mit dem Verdienten die Schwarzmarktpreise bei weitem nicht bezahlt werden konnten und es sich als vorteilhafter erwies, Kraft und Zeit für die halblegale Beschaffung oder eigene Produktion von Lebensmitteln, Kleidung und Heizmaterial einzusetzen.

50 Vgl. Lutz Niethammer u.a.: »Hinterher merkt man...« [620], S. 11). Vgl. auch die Biografie von Lieselotte S. in Band I und die Erzählungen von Erika N. in Band II, Kapitel 2, »Arbeit«.

51 Vgl. auch die Biografie von Gunhild H. in Band I.

52 Das konstatiert auch Charlotte Heinritz in »Der Klassenrundbrief« [749], S. 10: »Bis auf eine, ... die unverheiratet bleibt, heiraten alle in den Jahren von 1930-1942. Nur eine führt ihren Betrieb (Schuh- und Schnellbesohlanstalt) auch nach ihrer Eheschließung weiter; die anderen geben mit der Heirat ihre Berufstätigkeit auf – ›das war natürlich, das tat man‹, antwortete mir Renate Albrecht auf meine Frage, und auch in den einzelnen Briefen wird dieser Schritt wohl erwähnt, aber weder bedauert noch erklärt – es war einfach so.«

53 Dass diese Frauen keine besonders guten Aussichten auf dem Arbeitsmarkt hatten, sobald die Arbeit knapp wurde, zumal sie oft nicht qualifiziert waren oder in industriearmen Gegenden lebten (bes. Flüchtlingsfrauen), auch gegenüber Männern benachteiligt wurden, arbeitet Klaus-Jörg Ruhl: Verordnete Unterordnung [317], an vielen Stellen heraus, besonders S. 291, 298 f., 300, 332 ff.

54 So stellt der Bericht der Bundesregierung über die Situation der Frau in Beruf, Familie und Gesellschaft fest: »Der rasche Wiederaufbau der deutschen Wirtschaft nach dem Kriege und die hohen Wachstumsraten des BSP wären ohne die absolute und relativ steigende Beschäftigung von Frauen in diesem Umfang nicht möglich gewesen.« (Zit. nach Karin Jurcyk: Frauenarbeit und Frauenrolle, [287], S. 83)

55 Klaus-Jörg Ruhl: Verordnete Unterordnung [317].

56 Ich habe immer ausdrücklich danach gefragt. Dabei interessierten mich folgende Aspekte: Glauben Sie, dass der Krieg den Frauen mehr Gleichberechtigung gebracht hat? Wie stehen Sie heute grundsätzlich zur Gleichberechtigung der Frau? Hat der Krieg Ihre Einstellung verändert? In welchem Sinne würden Sie Ihre Kinder und Enkel(innen) erziehen wollen?

57 Arbeiterinnen, die ich gesprochen habe, unterschieden sich darin nicht grundsätzlich. Lutz Niethammer erklärt die zunächst befremdlich erscheinende mehrheitliche relative Zufriedenheit von Bergarbeiter-Hausfrauen mit ihrem Los nach dem Krieg mit folgenden Gründen:
»Faschismus und Krieg haben ihnen Erweiterungen und Qualifikationen gebracht (im beruflichen und öffentlichen Bereich), die sie zur Veränderung der Hausarbeit und der Erziehung einsetzen konnten. Dadurch erwirtschafteten sie größere Dispositionsspielräume für die Familie und zogen Befriedigung aus der Schaffung und Auswirkung dieser privaten Verfügungsmacht im kleinen.« (»Hinterher merkt man...« [620], S. 11) Dazu kam dann noch der wirtschaftliche Aufschwung.

58 Wie erfolgreich sie dabei waren, zeigt die Entwicklung. Im Südwesten z. B. hatte 1990 nur jede 10. Frau zwischen 25 und 35 Jahren keine abgeschlossene Berufsausbildung gegenüber einem Drittel ihrer Mütter, der damals über 65jährigen Frauen, also der Kriegsgeneration. Doch wurden i.a. die Söhne immer noch im der Ausbildung bevorzugt. Das konnten – oder wollten? – die Mütter nicht verhindern.

59 So z. B. Frigga Haug: Erinnerungsarbeit [911].

60 Man kann, wie es neuere feministische Psychologinnen tun, in dieser Betonung der Verantwortung für die Kinder eine Internalisierung des »patriarchalischen Tricks« sehen, die Mütter für alle Erziehungsfehler und Fehlentwicklungen der Kinder haftbar zu machen, um sie damit um so sicherer ans Haus zu binden. So nachzulesen bei Christa Rohde-Dachser in »Expedition in den Kontinent Weiblichkeit...« [914], besonders im Kapitel: »Der Platz der Mutter in der Theorie der Psychoanalyse«. Damit würde man aber der Selbsterfahrung der Mutter-Kind-Beziehung nicht gerecht. Die meisten der Frauen, die ich gesprochen habe, wollen damit keineswegs die Väter und die Gesellschaft aus ihrer Mitverantwortung für die Kinder entlassen.

61 In dieser Rolle finden sie sich nun teilweise selber wieder. Sie stellen sich ihren Töchtern und Schwiegertöchtern, die berufstätig sind, zur Verfügung und betreuen die Enkelkinder.

62 Vgl. Frigga Haug: Erinnerungsarbeit [911], S. 202.

63 Vgl. dazu auch die Untersuchungen von Angelika Burger/Gerlinde Seidenspinner: Töchter und Mütter [820], bes. S. 128 f. Dort wird jedoch nicht der Zusammenhang herausgearbeitet zwischen den Kriegserfahrungen der Mütter und dem, was sie daraus durch ihr eigenes Vorbild und ihre Erziehung an die Töchter weitergegeben haben.

64 Eine allgemeine und genaue Untersuchung wäre überfällig.

65 Vgl. Göppinger Frauenalltag nach '45 [709].

66 Hier scheint mir ein großer Unterschied zu den englischen Frauen zu bestehen. In England war der Wunsch der Frauen, nach den Kriegserfahrungen und der relativen Selbständigkeit im Krieg, der Enge des Hausfrauendaseins zu entrinnen, sehr ausgeprägt, auch wenn die offizielle Politik die herkömmliche Rollenverteilung beibehalten wollte. »Out of the cage« überschreiben Gail Brayborn/Penny Summerfield ihre Untersuchung über Erfahrungen von Frauen in zwei Weltkriegen [214]. Die deutschen Frauen fühlten sich kaum »im Käfig«.

TEIL B

DAS VERHÄLTNIS ZUM NATIONALSOZIALISMUS UND ZUM KRIEG

KAPITEL 1
»Für mich war es eine schöne Zeit.«

1 Zum Verhältnis von offizieller und individueller Periodisierung sowie für positiv eingeschätzte Kriegserfahrungen und persönlichen Gewinn aus dem Krieg vgl. Kapitel 10, »Nie wieder Krieg!«.

2 Vgl. im Literaturverzeichnis die veröffentlichten und unveröffentlichten Lebenserinnerungen. Oral History allein kann hier leicht in die Irre führen. Nach ihren Erlebnissen und Erfahrungen im Krieg befragt, tendieren die Frauen dazu, nur ganz eng themenbezogen zu erzählen, d. h. hauptsächlich die unmittelbaren Kriegseinwirkungen herauszuheben und das »normale Leben« zu unterschlagen. Dagegen sind die Tagebücher und auch die selbstverfassten Erinnerungen zuverlässiger auf die ganze, den einzelnen Frauen persönlich wichtige Wirklichkeit bezogen. Hier wird die enge Durchdringung von persönlichem Leben und Kriegseinwirkungen, aber auch das spezifische Gewicht beider bestimmbar.

3 Achtzig Jahre Krieg und Frieden [481], S. 26, 74. Ähnlich Marlies Flesch-Thebesius: Hauptsache Schweigen [402], S. 112 ff.

4 Vgl. Annemarie Fabian u.a.: Der alltägliche Faschismus [399], S. 51.

5 Vgl. Band II, Kapitel 6, »Evakuierung…«.

6 Vgl. ihre Erzählung in Band II, Kapitel 2, »Arbeit«.

7 Vgl. den Bericht von Erika N. in Band II, Kapitel 2, »Arbeit« und die Biografie von Lieselotte S. in Band I. »Beruflich war es meine schönste Zeit«, sagte sie.

8 Vgl. auch Band II, Kapitel 7, »Freizeit, Feste, Kultur…«, Stichwort »Kulturelle Veranstaltungen« (Radio).

9 Christel Beilmann stellt fest, dass ihre Feldpostausgabe von Walter Flex' Buch, erworben am 12.1.1943, aus der Auflage 868000 stammt – trotz Papiermangels! Vgl. Christel Beilmann: Eine katholische Jugend in Gottes und dem Dritten Reich [382], S. 173.

10 Vgl. dazu besonders Band II, Kapitel 7, »Freizeit, Feste…«.

11 Vgl. Klaus-Jörg Ruhl: »Unsere verlorenen Jahre« [805].

12 Vgl. Helena Klostermann: Alter als Herausforderung [601], S. 107.

13 Unter dem Stichwort »Faszination des Nationalsozialismus« geht es hier vor allem um die Faszination des Nationalsozialismus für junge Mädchen. In den Kapiteln 6, »Was hätten wir denn machen können?«, und Kapitel 7, »Es war nicht alles schlecht…«, kommen dann besonders die reiferen Frauen mit dem, was sie am Nationalsozialismus anzog, zu Wort.

14 Vgl. Literaturverzeichnis, Sparte »Autobiografische Zeugnisse«.

Diese Zusammenfassung kann kaum Neues bringen, aber sie bekräftigt aus der Sicht der vielen Frauen, mit denen ich gesprochen habe, die genannten Autobiografien. Wer wirklich etwas von der Faszination verspüren will, die damals die nationalsozialistische »Bewegung« auf junge Menschen, junge Mädchen, ausübte, der muss diese Bücher lesen.

15 Man sehe sich einschlägige Liederbücher an und vergleiche etwa das amtliche Liederbuch des BDM, »Wir Mädel singen« mit dem »Zupfgeigenhansel«, einem wichtigen Liederbuch der Jugendbewegung, und der »Fontäne«, dem heute verbreiteten Liederbuch des Evangelischen Jugendwerks in Württemberg.

16 Das Repertoire war erstaunlich groß und ist es z.T. bis heute geblieben. Vgl. Biografien von Gunhild H. und Gertraud L. in Band I. Gertraud L. führte Buch über die Liedsätze, die sie – zum großen Teil mehrstimmig – beherrschte. (Sie besitzt es noch. Bezeichnend ist, dass sie es erst nach dem Krieg anlegte, dabei anstandslos alle Lieder aus dem BDM mit übernahm, auch unter dem Stichwort »Vaterland und Soldatenlieder!) Es enthält etwa 350 Liedsätze und Lieder!

Gabriele Kinz analysiert ausführlich das Liedgut des BDM, gestützt auf das amtliche Liederbuch »Wir Mädel singen«. Die 2. Ausgabe von 1938 hatte eine Auflage von 1 200 000 Stück. (Der Bund deutscher Mädel [288], S. 180-200.)

17 Vgl. Eva Zeller: Nein und Amen [569], S. 156.

18 Der größtenteils gleichgeschaltete nationalsozialistische »Kulturbetrieb« lieh sich viel von der Jugendbewegung aus, die gleichfalls die kirchliche Jugendarbeit beeinflusst hatte, so dass sich diese kulturellen Bereiche sehr glichen. Christel Beilmann: »Es gab damals so etwas wie ein gemeinsames Grundgefühl unter einem großen Teil der bürgerlichen Jugend, das man mit den Schlagworten wie ›Echtheit‹ (gegen ›Kitsch‹), ›Kameradschaft‹, ›Deutschtum‹, ›Naturverbundenheit‹ bezeichnen könnte und das sich der Nationalsozialismus zunutze machen konnte. Lieder, Sprüche, Bilder ähnelten oder deckten sich z.T.«. Vgl. Christel Beilmann: Eine katholische Jugend in Gottes und dem Dritten Reich [382], S. 96.

19 Vgl. Band II, Kapitel 7, »Freizeit…«.

20 Auch dieses Lied stammt nicht von den Nationalsozialisten, sondern ist in Text und Melodie viel älter und nur mündlich überliefert.

21 Allerdings berichtete eine BDM-Gruppenführerin (Anneliese F., 1916), dass sie schon 1934 mit anderen BDM-Führerinnen nach Berlin zur Reichsluftschutzschule zu einem Lehrgang geschickt wurde: »Dort wurden wir im Bekämpfen von Brandbomben, in einem Kriechgang gegen Gasangriffe usw. ausgebildet. Wir waren 60 Mädchen und 200 Männer (Polizeichefs)… Damals hieß es schon, wir müssen uns im Falle eines Angriffs verteidigen können.«

Im BDM wurden »kampfbetonte Lieder … untersagt, nächtliches Zelten für Mädchen in fast allen Reichsgebieten verboten, Marschieren für Mädchen stark eingeschränkt, ›männliche militärische Umgangsformen mädchengemäß‹ umgewandelt.« (Vgl. Martin Klaus: Mädchenerziehung [289], S. 238)

22 Sieht man von den Liedern ab, die z. B. Elfriede W. zitiert, die aber ganz gedankenlos gesungen wurden, ähnlich wie das berüchtigte Lied: »Wir werden weitermarschieren, bis alles in Scherben fällt…«

23 Eine Frau überließ mir aus ihrem persönlichen Archiv den Jahrgang 1940.

24 Vgl. die Biografien von Gunhild H. und Gertraud L. in Band I.

25 Vgl. die Analyse einer Ausgabe der »NS-Frauenwarte« in Band II, Kapitel 7, »Freizeit…«.

26 Vgl. Fritz Krohmer: Verwischte Spuren [426], S. 35.

27 Vgl. Kapitel 3, »Ich war ganz unpolitisch«. Hier decken sich meine Ergebnisse mit Jill Stephenson: The Nazi Organisation of Women [334], S. 17-19.

28 Vgl. dazu die Biografien von Gunhild H. und Gertraud L. in Band I. Diesen Eindruck verstärken die vielen Rundbriefe aus damaliger Zeit, selbstverfasste Berichtsbücher, z. B. Gunhild H.'s RAD-Tagebuch.

Über die inhaltliche Seite dieser Indoktrinierung, besonders die Benützung und den Missbrauch eines großen, auch christlichen kulturellen Erbes durch den Nationalsozialismus vgl. Kapitel 2, Teil B.

29 Gabriele Kinz rechnet, dass nur zwei Prozent der Mitglieder der HJ ausgebildete Führungskräfte waren. Schon daraus wird m.E. klar, dass der totale Zugriff auf die Jugend scheitern musste. Sie nimmt an, dass es einen »bis ins Detail reglementierten Ablauf des ›Dienstes‹ gab, der keinen Spielraum für Spontaneität und Entwicklung ließ«. (Vgl. Gabriele Kinz: Der Bund Deutscher Mädel [288], S. 141) Dem widersprechen die Erfahrungen der Betroffenen.

30 Vgl. Helmut Schmidt (Hrsg.): Kindheit und Jugend unter Hitler [456], S. 131.

31 Die Einstellung zur Uniform war unterschiedlich. Viele hatten keinen sehnlicheren Wunsch als die Uniform, andere (wenige) mochten sie oder Teile davon nicht. Es war übrigens nicht ganz unüblich, besonders bei den Spielscharen, in Zivil zum Dienst zu erscheinen.

32 Ines erzählt, dass Mädchen mit Polizeibegleitung von den Führerinnen zum Dienst abgeholt wurden, vor allem aus Arbeiterhäusern. Sie berichtet aber auch, dass die Arbeiter bei solchen Gelegenheiten kein Blatt vor den Mund nahmen. Vgl. Marie Lammers: Lebenswege in Ost- und Westdeutschland [429], S. 275.

33 Von ganz anderen Reaktionen berichtet Ursula von Kardorff. Sie schreibt am 2.5.1945 in ihr Tagebuch (sie ist zu dieser Zeit nicht in Berlin, sondern in Jettingen): »Als ich heute einigen Leuten von Hitlers Tod erzählte, sahen sie mich gleichgültig an: ›So? Endlich! Leider zu spät.‹ Dann gingen sie zu ihrem Tagesprogramm über. – Den Menschen hier ist es völlig gleichgültig, ob Hitler, der einst so vergötterte, geliebte Führer, noch lebt oder schon tot ist. Er hat seine Rolle ausgespielt. Millionen starben durch ihn – nun wird sein Tod von Millionen nicht betrauert.« (Vgl. Ursula von Kardorff: Berliner Aufzeichnungen [755], S. 261 f.)

34 Vgl. Kapitel 10, »Nie wieder Krieg!«, Stichwort »Glaube an den Sieg?«.

35 Unter den Auslandsdeutschen war generell die Begeisterung sehr groß, ganz besonders bei den Sudetendeutschen.

36 Vgl. H. Jansen (Hrsg.): Freundschaft über sieben Jahrzehnte [752], S. 162.

37 Die bisher eingehendsten Untersuchungen über den »Hitler-Mythos« stammen von Ian Kershaw [126; 127]. Allerdings unterscheidet er nicht grundsätzlich zwischen Männern und Frauen. Er zitiert Huldigungsbriefe von Frauen aus den Jahren 1935 und meint, Frauen schienen bei derartigen Briefen überrepräsentiert gewesen zu sein, ohne dies empirisch belegen zu können (vgl. Ian Kershaw: Hitlers Popularität, in: Hans Mommsen u.a.: Herrschaftsalltag im Dritten Reich [127], S. 33). Er meint aber zu Recht: »Über das Ausmaß der Rezeption des von der Propaganda gemalten Hitler-Bildes lassen sich keine präzisen Angaben machen.« (Vgl. ebd., S. 33)

Auch Walter Kempowski kann keine zuverlässigen quantitativen Aussagen über die Reaktionen von Frauen und Männern aus seinen Befragungen herausfiltrieren. Insgesamt reagierten die von ihm befragten Männer genau so irrational wie Frauen. Diesen Zeugnissen kann man jedoch entnehmen, was nicht verwunderlich ist und meinen Beobachtungen entspricht, dass ganz allgemein jüngere Menschen fasziniert waren als ältere. Sie waren ja auch konditioniert, in Hitler einen großen Mann zu sehen.

38 Vgl. in Band II die Kapitel 4, »Nachrichten«, 5, »Bomben«, 8, »Besetzung«, Stichwort »Die letzten Kriegstage« und in diesem Band, Teil B, das Kapitel 10, »Nie wieder Krieg!«, die Stichworte »Kriegsbeginn« und »Glaube an den Sieg?«.

39 Beispielhaft dafür ist die Biografie von Margarete E. in Band I: Sie ist eigentlich (zieht man die Eintragungen seit dem Auftreten des Nationalsozialismus hinzu) gegen Hitler (weil er gegen das Christentum ist), gleichzeitig hebt sie ihn ab von den »Herren um ihn herum«. Er spielt auch in ihrer Vorstellung eine abgehobene Sonderrolle, und sie traut ihm fast übernatürliche Kräfte zu: »Der Hitler hat noch immer einen Ausweg gefunden.«

40 Vgl. Kapitel 9, »Es muss einmal Schluss sein«.

KAPITEL 2
»Wir waren jung und kannten nichts anderes.«

1 So z. B. bei Gabriele Rosenthal: Die Hitlerjugend-Generation [629].

2 Auch die Biografie von Gertraud L. in Band I stellt eine allzu bequeme Selbsteinschätzung in Frage.

3 Vgl. Kapitel 3, »Ich war ganz unpolitisch«, und Kapitel 10, »Nie wieder Krieg!«.

4 Zu diesem Für und Wider vgl. 7, »Es war nicht alles schlecht«, Kapitel 4, »Wir haben doch nichts gewusst«, und Kapitel 6, »Was hätten wir denn machen können?«.

5 Vgl. Kapitel 5, »Man hat gelernt, den Mund zu halten.«

6 Siehe den autobiografischen Bericht von Hiltgunt Zassenhaus: Ein Baum blüht im November [493].

7 Vgl. Ilse Strasser im Gespräch mit Charles Schüddekopf, in: Annemarie Fabian, Der alltägliche Faschismus [399], S. 200 f.

8 Etwa: Wilfried Breyvogel/Thomas Lohmann: Schulalltag im Nationalsozialismus [51]; Reinhard Dithmar (Hrsg.): Schule und Unterricht im Dritten Reich [62]; Kurt-Ingo Flessau: Schule der Diktatur [75]; Elke Nyssen: Schule im Nationalsozialismus [164]; Geert Platner u.a. (Hrsg.): Schule im Dritten Reich [172].

9 Siehe Band II, Kapitel 7, »Freizeit...«, Stichwort »Kulturelle Veranstaltungen« (Kino). Vgl. auch die Biografie von Gertraud L. in Band I.

10 Vgl. Wiltrud Bülz (Hrsg.): Alltag im 3. Reich [387], S. 86.

11 So z. B. Eva Sternheim-Peters: »Manche Lehrer verstanden es, den ihnen zu Beginn des Unterrichts abverlangten Hitlergruß durch besondere Betonung zu ironisieren oder auch mit direkt folgenden beiläufigen Bemerkungen wie unabsichtlich zu entwerten (Heil Hitler, wo waren wir stehengeblieben?), so dass jeder merkte, ob sie ›dafür‹ oder ›dagegen‹ waren.« (Vgl. Sternheim-Peters: Die Zeit der großen Täuschungen [472], S. 246)

12 Vgl. Sybill Gräfin Schönfeldt: Sonderappell [559], S. 9.

13 Vgl. Lutz van Dick: Oppositionelles Lehrerverhalten 1933-1945 [580]. Vgl. dazu auch die Untersuchung von Horst Gies: Geschichtsunterricht unter der Diktatur Hitlers [90]. Gerd Nixdorf: Politisierung und Neutralisierung der Schule in der NS-Zeit [163] äußert sich mit Recht kritisch zu der Möglichkeit, die damalige Schulwirklichkeit allein aus Interviews von ehemaligen Schülern und Lehrern zu erschließen und plädiert für die Heranziehung weiterer Quellen. Die Untersuchungen von Lutz van Dick und Gies berücksichtigen Schuldokumente der verschiedensten Art und können nachweisen, dass die völlige Gleichschaltung der Schule nicht gelungen ist. Das entspricht auch meinen Beobachtungen, die sich neben den Aussagen der Frauen auf Tagebücher und Schulhefte stützen. Auch wenn »die« Schule kein starkes Gegengewicht gegen die offiziellen und gewünschten Einflüsse war, so hat doch eine Reihe von Lehrerinnen und Lehrern in einer Anzahl von Schulen eine stärkere und nachhaltigere Gegenwirkung ausgeübt, als es die Rede von der »Gleichschaltung« vermuten lässt. Erst eine weitgespannte lokalgeschichtliche Forschung könnte über den Grad von Anpassung und Widerstand genauere Auskunft geben.

14 Siehe den Bericht von Elfriede B. in Band II, Kapitel 6, »Evakuierung, Kinderlandverschickung«.

15 Persönliches Dokument bei Elfriede B. (1927). Vgl. ihren Bericht in Band II, Kapitel 6, »Evakuierung, Kinderlandverschickung«.

16 Es handelt sich um das Drama von Robert C. Sheriff »Journey's End« (1929). Vgl. ihre Biografie in Band I.

17 Vgl. Marlies Flesch-Thebesius: Hauptsache Schweigen [402], S. 82.

18 Vgl. Helmut Schmidt u.a. (Hrsg.): Kindheit und Jugend unter Hitler [456], S. 82.

19 Vgl. »Ich kann mich an den Tag von Hitlers ›Machtergreifung‹ nicht erinnern« [474], S. 92.

20 Vgl. z. B. Geschichtswerkstatt am Goldberg-Gymnasium Sindelfingen [680], S. 15, 17. Dazu auch die Untersuchung von Horst Gies: Geschichtsunterricht unter der Diktatur Hitlers [90].

21 Vgl. z. B. die Arbeiten von Klaus Scholder [186], Eberhard Röhm [177], Kurt Meier [151 a].

22 Eine sehr genaue, tiefschürfende, auf zahlreiche Dokumente gestützte Analyse des Verhältnisses von katholischer Kirche und Drittem Reich, wie sie es selbst als junge überzeugte Katholikin erlebt hat, gibt Christel Beilmann in ihrem autobiografischen Bericht [382]. Aus ihren Zeugnissen und Dokumenten geht hervor, was sich mir auch in den Gesprächen mit Katholikinnen so darstellte: Vor allem bereiteten sich die jungen Menschen vor auf die »Zeit danach«. Während der Zeit der Herrschaft gegen das Regime zu arbeiten, erschien zwecklos, wenn nicht unchristlich.

23 Vgl. Band II, Kapitel 7, »Freizeit...«, Stichwort »Kulturelle Veranstaltungen« (kirchliches Leben).

24 Tübinger Projektgruppe »Frauen im Kirchenkampf« [485], S. 139 f. Siehe auch Käte Brandt: Steine gab's und immer Brot [256].

25 Vgl. die Biografie von Gertraud L. in Band I.

26 Vgl. Marianne Peyinghaus: Stille Jahre in Gertlauken [772], S. 110.

27 In Stuttgart waren das besonders der Pfarrer Rudi Daur und der spätere Studentenpfarrer von Tübingen, Hans Stroh. Dora G. (1927) berichtet, Klassenkameradinnen hätten nach der Konfirmation, als der Religionsunterricht in der Schule abgeschafft wurde, Pfarrer Daur um weiteren privaten Religionsunterricht gebeten: »Das war ein solcher Erfolg, dass selbst die Mädels, die bereits aus der Kirche ausgetreten waren, aus nazistischen Gründen mit in den Religionsunterricht kamen. – Das war kein Schulunterricht, sondern wirklich eine Aussprache und offene Auseinandersetzungen mit Religionsfragen, mit Lebensfragen.« Ähnliche spontane Kreise scharten sich auch anderswo um besonders charismatische Pfarrer oder Jugendleiter, ohne dass deshalb ein offener Konflikt mit der Hitlerjugend entstand.

28 Vgl. dazu Kapitel 1, »Für mich war es eine schöne Zeit.«, und die Biografie von Gertraud L. in Band I. Immer wieder berichteten Frauen, dass sie zwar Jungmädel waren, aber nach der Schulentlassung »irgendwie herausfielen« oder von der Hitlerjugend nicht mehr belangt wurden. Es wäre interessant zu wissen, wie viele tatsächlich regelmäßig und von Anfang bis Ende an den Veranstaltungen der Hitlerjugend teilnahmen.

29 Die Passage der Hitlerrede lautet ausführlich zitiert: »Diese Jugend, die lernt ja nichts anderes als deutsch denken, deutsch handeln! Und wenn diese Knaben mit 10 Jahren in unsere Organisation hineinkommen und dort zum erstenmal überhaupt eine frische Luft bekommen und fühlen, dann kommen sie vier Jahre später vom Jungvolk in die Hitlerjugend, und dort behalten wir sie wieder vier Jahre. Und dann geben wir sie erst recht nicht zurück in die Hände unserer alten Klassen- und Standeserzeuger (Lachen), sondern dann nehmen wir sie sofort in die Partei, in die Arbeitsfront, in die SA oder in die SS, in das NSKK usw.. Und wenn sie dort zwei Jahre oder eineinhalb Jahre sind und noch nicht ganze Nationalsozialisten geworden sein sollten (Lachen), dann kommen sie in den Arbeitsdienst und werden dort wieder 6 und 7 Monate geschliffen, alles mit einem Symbol, dem deutschen Spaten (Beifall). Und was dann nach 6 oder 7 Monaten noch an Klassenbewusstsein oder Standesdünkel da oder da noch vorhanden sein sollte, das übernimmt dann die Wehrmacht zur weiteren Behandlung auf zwei Jahre (Beifall), und wenn sie nach zwei, drei oder vier Jahren zurückkehren, dann nehmen wir sie, damit sie auf keinen Fall rückfällig werden, sofort wieder in die SA, SS usw., und sie werden nicht mehr frei ihr ganzes Leben. (...)« (Nach: Lautarchiv des Deutschen Rundfunks, Nr. C 1326)

30 Verwiesen sei auch auf Eva Zellers autobiografische Romane, z. B. über die »Geräuschkulisse« der damaligen Zeit, die über den Volksempfänger dauernd präsent war. Vgl. dies.: »Nein und Amen« [569], S. 82f.

31 Vgl. z. B. Hans-Jochen Gamm: Der braune Kult [85]; Hans Ulrich Thamer: Verführung und Gewalt [196].

32 Vgl. Eine Frau in Berlin [742], S. 196.

33 Vgl. z. B. die Biografie von Gertraud L. in Band I.

34 Vgl. dazu auch Kapitel 4, »Wir haben doch nichts gewusst.« und die Biografie von Lieselotte S. in Band I.

35 In: Annemarie Fabian u.a.: Der alltägliche Faschismus [399], S. 72-77. Zu Renate Finckhs autobiografischen Romanen vgl. [401], [536], [537].

36 In ihrem jüngsten autobiografischen Buch, einer sehr dichten, sich selbst nirgends schonenden Auseinandersetzung mit ihren Prägungen durch den Nationalsozialismus geht sie den Erlebnissen nach, die sie aus ihrer blinden Gläubigkeit hätten reißen müssen. So blindgläubig waren aber längst nicht alle Mädchen, und diese große Mehrzahl wurde stark oder doch empfindlich berührt durch solche Erlebnisse. Vgl. Renate Finckh: »Nachwuchs« [537], S. 84 f.

37 Besonders in den Kapiteln 4, »Wir haben doch nichts gewusst«, und 6, »Was hätten wir denn machen können?«.

38 Ich muss erneut darauf hinweisen, dass wir hauptsächlich von Mädchen aus bürgerlichem Milieu gesprochen haben, die in meiner Quellensammlung überrepräsentiert sind. Aber aus zahlreichen Bemerkungen und Andeutungen meiner Gesprächspartnerinnen und aus der autobiografischen Literatur ist zu erschließen, dass junge Mädchen aus Arbeiterkreisen viel weniger anfällig für die NS-Ideologie waren, schon von ihren Elternhäusern her. Sie schwänzten den Dienst überproportional häufig und interessierten sich wenig für politische Schulung.

39 Vgl. Tübinger Projektgruppe »Frauen im Kirchenkampf« [485], S. 129.

40 Oft wurde von »gespaltenem Bewusstsein«, von »Zwiespalt«, von »Schizophrenie« (Biografie von Gertraud L. in Band I) gesprochen. Emmi Meixner-Wülker betitelt ihre autobiografischen Aufzeichnungen [436] mit dem Wort »Zwiespalt«. Die ganze Jugend der Schülerin Lilo G. ist durchzogen von der Spannung zwischen dem sozialdemokratischen Elternhaus und der angeschwärmten deutschnationalen Lehrerin und Offiziersgattin. (Vgl. Ingrid Hammer/Susanne zur Nieden: Sehr selten habe ich geweint [747], bes. S. 316)

KAPITEL 3
»Ich war ganz unpolitisch.«

1 Auffallend ist, wie oft dieser Satz in autobiografischen Zeugnissen, auch von Männern, über ihre Mütter vorkommt, z. B. Helmut Schmidt: »Meine Mutter, 1890 geboren, blieb bis zum Ende ihres Lebens vollkommen unpolitisch, ich glaube, sie hielt politisch Lied für ein garstig Lied. Wahrscheinlich hat ihr Vater sie noch in jener Denktradition des 19. Jahrhunderts erzogen, nach welcher Frauen keine eigene Meinung zu haben hatten.« (Vgl. Helmut Schmidt u.a.: Kindheit und Jugend unter Hitler [456], S. 193 f.)
   Politisch wache, d. h. vor allem SPD-orientierte junge Frauen, bestätigen immer wieder das politische Desinteresse der Frauen, so z. B. Anni Kienast: »Die meisten interessierten sich nicht für die politischen Verhältnisse und Vorgänge. Vor allem die Frauen kümmerten sich nicht um Politik.« (Vgl. dies.: »...und noch heute meine ich, dass ich bestimmt geschossen hätte.« [597], S. 26)

2 Vgl. die Literatur zum aktiven Frauenwiderstand, der nicht Thema meiner Arbeit ist, im Literaturverzeichnis. Zu anderen Formen der Resistenz und des regimewidrigen Verhaltens Kapitel 6, »Was hätten wir denn machen können?«.

3 Vgl. Lutz Niethammer u.a.: Die volkseigene Erfahrung [622], S. 144.

4 Vgl. auch Kapitel 1, »Für mich war es eine schöne Zeit.«

5 Vgl. Kapitel 10, »Nie wieder Krieg!«.

6 Deshalb ist nicht unbedingt »Verdrängung« zu vermuten, wenn Frauen sich heute nicht mehr an politische Inhalte z. B. im Jungmädeldienst, beim BDM oder in der Frauenschaft erinnern. Es kann sich um wirkliches Vergessen handeln. Die neurologische Forschung hat z. B. herausgearbeitet, dass sowohl Reizüberflutung als auch zu schwache Reize, die vom Nervensystem sozusagen gar nicht bis zur Erlebnisebene durchgelassen werden, in der Erinnerung überhaupt nicht stattgefunden haben. Es ist anzunehmen, dass eine als langweilig empfundene politische Schulung schon damals gar nicht gespeichert wurde.

7 Vgl. Kapitel 7, »Es war nicht alles schlecht.«

8 Vgl. ihre Biografie in Band I.

9 Vgl. Band II, Kapitel 7, »Freizeit…«, Exkurs: Analyse eines Heftes der »NS-Frauenwarte«.

10 »Rede von Adolf Hitler. Abends Strümpfe gestopft.« Kalendernotizen einer 17jährigen zum Kriegs-ende, in: Ingrid Hammer/Susanne zur Nieden (Hrsg.): Sehr selten habe ich geweint [747], S. 445 f. – Zu dem absurden Nebeneinander von »Normalem« und »Anormalem« siehe auch Schlussbetrachtung zu Band II, Kapitel 7, »Freizeit…«.

11 Vgl. Ingrid Hammer, Susanne zur Nieden: »Sehr selten habe ich geweint« [747], S. 445 f. – Ich kann dies aus meinen Dokumenten und Gesprächen nur bestätigen. Diese »eigene Welt« ist sehr deutlich ausgeprägt auch in den Autobiografien bzw. Romanen mit autobiografischem Charak-ter, etwa bei Vilma Sturm und Eva Zeller (vgl. Literaturverzeichnis).
   Ursula Philipps, die als Studentin in einem Berliner Rüstungsbetrieb Arbeiterinnen vertrat, die Familienmütter waren, über die Gespräche: »Es ging ums Kino, um den Freund oder die Freundin, um ›Schwoof‹, wie man in Berlin sagte, und natürlich ums Essen.« In: Helmut Schmidt u.a.: Kindheit und Jugend unter Hitler [456], S. 136, Anm. 1.

12 Vgl. auch Kapitel 1, »Für mich war es eine schöne Zeit.«

13 Über Reichweite und Tiefe der Hitlerbegeisterung von Frauen siehe Kapitel 1, »Für mich war es eine schöne Zeit.«, Stichwort »Die Faszination Hitlers«.

14 Was sie selbst mit Juden und anderen als »minderwertig« eingestuften Menschen erlebten und wie sie sich dazu verhielten, vgl. Kapitel 4, »Wir haben doch nichts gewusst.«

15 Vgl. dazu z. B. Frauengruppe Faschismusforschung: Mutterkreuz und Arbeitsbuch [216]; De-mokratische Fraueninitiative (Hrsg.): Frauen im Faschismus [215]; Ute Benz (Hrsg.): Frauen im Nationalsozialismus [211].

16 Vgl. Band II, Kapitel 3, »Trennung«, Exkurs: Lebensborn.

17 Vgl. die Verlautbarungen Bormanns und Himmlers in Band II, Kapitel 3, »Trennung«.

18 Der Streit um die Vorsilbe »ge-«, also *gehört* statt hört, ist im Textzusammenhang von geringer Relevanz, sorgte aber bei meinen Gesprächspartnerinnen für große Aufregung. Beide Fassungen wurden gesungen.

19 »Nach den Angaben von Gertrud Scholtz-Klink waren 1941 immerhin von den ca. 30 Millionen deutscher Frauen über 18 Jahren ca. 6 Millionen, d. h. jede 5. Frau, in der NS-Frauenschaft oder im NS-Frauenwerk organisatorisch erfasst.« (Nach Ute Benz (Hrsg.).: Frauen im Nationalsozia-lismus [211], S. 14) »Am 1. März 1939 hatte sie (*die NS-Frauenschaft*) 2, 3 Millionen Frauen als Mitglieder.« (Vgl. ebd., S. 15)

20 Elfriede S. (1921) fuhr im Januar 1945 noch zurück in den Warthegau, um ihr Amt als Schulhel-ferin wieder anzutreten. Dabei wurden dort schon Vorbereitungen für die Flucht getroffen: »Ich wollte die mir liebgewordenen Menschen nicht enttäuschen, sie nicht im Stich lassen.« Ähnli-ches taten viele aus vergleichbarer Gesinnung, vgl. dazu Band II, Kapitel 2, »Arbeit«, Kapitel 5, »Bomben«, Kapitel 8, »Besetzung«.

21 Siehe Kapitel 5, »Man hat gelernt, den Mund zu halten.«

22 Vgl. Claudia Koonz: Mothers in the Fatherland [220]. Ähnliche Aussagen von Zeitzeugen in Ru-dolf Pörtner (Hrsg.): Kindheit im Kaiserreich [445].

23 Vgl. Christel Beilmann. Eine katholische Jugend in Gottes und dem Dritten Reich [382], S. 365.

24 Vgl. dazu Band II, Kapitel 2, »Arbeit«.

25 Siehe dazu Kapitel 5, »Man hat gelernt, den Mund zu halten«, und Kapitel 6, »Was hätten wir denn machen können?«.

26 Vgl. Dorothee von Meding: Mit dem Mut des Herzens [609], S. 173.

27 Vgl. ebd., S. 27.

28 Zu Recht wendet sich Gisela Bock in ihrem Aufsatz »Ganz normale Frauen« [255] gegen die Auf-fassung, die Nationalsozialisten hätten die Frauen auf Kinder, Küche, Kirche beschränkt, und die Frauen seien deshalb nicht verantwortlich für den Nationalsozialismus. Als Entlastungsar-gument taugt diese Rollenbeschreibung nicht. Die Ähnlichkeit von Frauen und Männern bei der Mitwirkung an den nationalsozialistischen Untaten ist nicht zu bestreiten. Dennoch war diese

Mitwirkung nicht ihre primäre und eigentliche Rolle, wenn man die Ideologie ernst nimmt. Selbstverständlich hatten auch die Frauen in erster Linie Nationalsozialistinnen zu sein und erst in zweiter Linie Hausfrau und Mutter. Sie hatten sich den Zwecken des Regimes zu fügen und Hilfs- und Handlangerdienste zu leisten, hatten mitzuwirken an allen Aktionen, bei denen sie im Sinne des Staates gebraucht wurden. Folglich waren sie auch verantwortlich für ihr Tun.

29 Vgl. Irmgard Weyrather: Muttertag und Mutterkreuz [345].

30 Vgl. dazu auch Kapitel 7, »Es war nicht alle schlecht.« Gerade für die Bauerntöchter, die von zu Hause sehr streng gehalten wurden, vor allem aber arbeiten mussten, eröffnete die Hitlerjugend ganz neue Freizeitmöglichkeiten, siehe Kapitel 1, »Für mich war es eine schöne Zeit.«

31 Vgl. Eva Sternheim-Peters: Die Zeit der großen Täuschungen [472], S. 86.

32 Es handelt sich um das Motto des im Dritten Reich am weitesten verbreiteten Gedichtbuchs aus dem bekannten Verlag Moritz Diesterweg: »O Deutschland hoch in Ehren«. Eine Auswahl deutscher Gedichte für die heranwachsende Jugend, besorgt von Oberregierungsrat Peter Kolb. Mir liegt die 7. Aufl., Frankfurt 1933, vor. Das Buch wurde schon in der Weimarer Republik benützt.

33 Ich befinde mich hier in Übereinstimmung mit Jill Stephenson: The Nazi Organisation of Women [334], S. 18: (*Im allgemeinen waren deutsche Frauen*) »contrary to the popular view, peculiarly resistant to National Socialism, and probably, because of their relative inaccessibility, much more resistant than men.«

Ich möchte aber auf Grund meiner Recherchen stärker die Ambivalenzen in der Haltung und im Verhalten von Frauen in ihrem gesamten Kriegsalltag hervorheben.

KAPITEL 4, TEIL I
»Wir haben doch nichts gewusst.«

1 Wegen der oft fehlenden Präzision in den Aussagen und der Komplexität und Brisanz des Themas werden in diesem Kapitel mehr Frauen wörtlich zitiert als in diesem dritten Band sonst üblich. Ich kann nicht bestätigen, was Benigna Schönhagen feststellt: »… das Ausblenden der Opfer aus der Wahrnehmung und dem Gedächtnis, das Ausblenden der Verfolgung aus der Erinnerung.« Vgl. Benigna Schönhagen (Hrsg.): Nationalsozialismus in Tübingen [719], S. 10.

2 Franziska Becker und Utz Jeggle spüren in ihrer Untersuchung den verschiedenen Formen nach, wie das Gedächtnis fatale Ereignisse modelliert, um ein unbelastetes Weiterleben zu garantieren. Utz Jeggle illustriert das sehr scharfsinnig an den Geschichten über den Viehhändler Harry Kahn, der 1945 nach dem Aufenthalt in elf Konzentrationslagern ins Dorf Baisingen zurückkehrte, und an weiteren Fallbeispielen. (Vgl. Franziska Becker/Utz Jeggle: Im Dorf erzählen [572])

Im Text gehe ich jeweils an den Stellen darauf ein, wo Frauen sich durch ein solches »Modellieren« höchstwahrscheinlich vor Schuldgefühlen schützen wollen, denke aber nicht, dass man den historischen Wahrheitsgehalt des von ihnen Erinnerten grundsätzlich bezweifeln muss. Weiteres zum Problem von »Aggregatzuständen der Ausblendung« und Ausblendungsbedingungen bei Fritz Schütze: Kollektive Verlaufskurve oder kollektiver Wandlungsprozess [640], bes. S. 96-100, 109.

3 Vgl. Walter Kempowski: Haben Sie davon gewusst? [596].

4 Den etwa 100 Antworten von Frauen auf Kempowskis Frage lassen sich einige Muster damaliger und heutiger Einstellung zur Judenverfolgung entnehmen, die auch ich beobachtet habe und die im folgenden ausgeführt werden, z. B. das fast erleichterte Betonen des fehlenden persönlichen Kontakts, das Weghören, um nicht in etwas Unangenehmes verwickelt zu werden, das Abschieben des Schrecklichen, die Gedankenlosigkeit, das Herunterspielen des Geschehenen.

5 Vgl. Marja Kubašec: Sterne über dem Abgrund [552].

6 Vgl. Gerda Zorn: Mein alltäglicher Faschismus [494], S. 51.

7 Zu diesem Sprachgebrauch vgl. auch: »Eine Heimatkunde«, Nationalsozialismus im Landkreis Tübingen [668], S. 41 f.

8 Obwohl es meines Wissens keine statistischen Angaben über die soziale Lage der jüdischen Emigranten gibt, legen es doch eine Fülle von Zeugnissen, lokalen Studien und die Einwanderungsbestimmungen nahe, dass es vor allem wohlhabendere Juden geschafft haben, rechtzeitig zu emigrieren. Eine gute Analyse eines konkreten Falles, warum Juden *nicht* emigrieren konnten, gibt Resi Weglein: Als Krankenschwester im KZ Theresienstadt [523], S. 182.

Auch von anderen jüdischen Exilierten wird dies immer wieder erwähnt, z. B. Ruth Klüger: »... ohne Geld konnte man nicht auswandern. In allen Ländern der Welt waren die armen Juden noch weniger willkommen als die wohlhabenden.« (Vgl. Ruth Klüger: Weiter leben [512], S. 13f.) Inge Deutschkron: »Die Auswanderungsmöglichkeiten wurden immer geringer. Immer mehr Staaten schlossen ihre Pforten oder stellten unerfüllbare Bedingungen – hohe Geldsummen, Verwandte ersten Grades als Bürger und Bürgen.« (Vgl. Inge Deutschkron: Ich trug den gelben Stern [497], S. 44)

Die Vorstellung vieler Deutscher, es habe nur wohlhabende Juden gegeben, die ich bei meinen Frauen nicht selten antraf, ist allerdings ein grobes Fehlurteil, ein Erzeugnis des Antisemitismus und der Propaganda.

9 Vgl. Inge Deutschkron: Ich trug den gelben Stern [497], S. 106.

10 Vgl. Gerti Spies: Drei Jahre Theresienstadt [521], S. 33 f.

11 Zit. nach Gabriele von Arnim: Das große Schweigen [25], S. 185.

12 Vgl. Inge Deutschkron: Ich trug den gelben Stern [497], S. 128.

13 Vgl. Kapitel 6, »Was hätten wir denn machen können?«.

14 Vgl. Christel Beilmann: Eine katholische Jugend in Gottes und dem Dritten Reich [382], S. 316.

15 Nach Gabriele Kinz waren 1940 1400, 1942 16092 Führerinnen und BDM-Mädchen im Osteinsatz tätig, insgesamt von 1940-1943 mit über 40000 mehr als sechsmal so viele Mädchen wie Jungen. (Vgl. Der Bund Deutscher Mädel [288], S. 83)

16 Vgl. Helmut Schmidt u.a. (Hrsg.): Kindheit und Jugend unter Hitler [456], S. 138.

17 Zu den Verstrickungen der deutschen Wehrmacht in die Kriegsverbrechen vgl. z. B. Ernst Klee u.a.: Gott mit uns [130]; Hannes Heer/Klaus Naumann (Hrsg.): Vernichtungskrieg [102]. Ein knappes Resümee bietet Manfred Messerschmidt: Harte Sühne am Judentum [151], S. 113-128.

18 Vgl. Christel Beilmann: Eine katholische Jugend in Gottes und dem Dritten Reich [382], S. 302 f.

19 Vgl. Geschichtswerkstatt Sindelfingen: »Restloser, verzehrender Einsatz für Deutschland« [680], S. 41, 74.

20 Vgl. ihre Biografie in Band I.

21 Vgl. Leni Immer: Meine Jugend im Kirchenkampf [415], S. 140 f.

22 Auch Ernst Klee erwähnt ähnliche Äußerungen von Zeugen schlimmer Vernichtungsaktionen. (Vgl. Ernst Klee u.a.: »Schöne Zeiten« [128], S. 49 f.)

23 Was Männer vom Krieg erzählten, siehe Band II, Kapitel 3, »Trennung«, Stichwort »Urlaubszeiten« und im vorliegenden Band, Teil A, Kapitel 1, »Zusammenkommen...«, Exkurs: Was haben Männer vom Krieg erzählt?

24 Vgl. Band II, Kapitel 8, »Besetzung«, Stichwort »Andere Bedrohungen und Erfahrungen«.

25 Dazu eine bezeichnende Szene aus den »Berichten über den ›Sondereinsatz Berlin‹ Oktober 1944 – April 1945 (als Ersatz für die im Sommer 1944 eingestellten regelmäßigen ›Meldungen aus dem Reich‹), zitiert nach Hans-Dieter Schäfer (Hrsg.): Berlin im Zweiten Weltkrieg [455], S. 247 f. In einer Berliner Straßenbahn nehmen Frauen Partei für einen Italiener, der einer deutschen Frau seinen Platz nicht räumte mit der Bemerkung, er habe ja auch bezahlt: »Er könne doch auch nichts dafür, dass er hier sei, und habe doch genau so in den Krieg müssen wie die deutschen Männer auch. Man müsse doch menschlich bleiben, denn wir hätten doch schon genug Schuld auf uns geladen durch die Juden- und Polenbehandlung, die man uns noch heimzahlen werde.«

26 Vgl. Hannah Arendt: Besuch in Deutschland [24], S. 49.

27 Vgl. Vilma Sturm: Achtzig Jahre Krieg und Frieden [481], S. 73 f.

28 Vgl. Ingrid Hammer/Susanne zur Nieden: Sehr selten habe ich geweint [747], S. 11.

29 Möglicherweise reicht die Zahl der Tagebücher für eine generalisierende Aussage nicht aus. Dass es Tagebücher gibt, die sich mit den Verbrechen des Nationalsozialismus schon während seiner Herrschaft auseinandersetzen (allerdings ist mir kein Frauentagebuch dieser Art bekannt), beweist das Beispiel von Karl Dürkefälden (1902). Er führt sehr genau über die verbrecherische Politik der Nationalsozialisten Buch und ist erstaunlich gut informiert. Darüber berichtet Herbert Obenaus: Haben sie wirklich nichts gewusst? [770].

30 Dazu Peter Knoch: »Ich vermute, dass die Bereitschaft zum Ertragen immer neuer Schrecken und Leiden im eigenen Kriegsalltag zugleich die Bereitschaft in den Menschen förderte, die Demütigungen, die Diskriminierungen, das Leid und die für uns unbegreifliche massenhafte Vernichtung der Behinderten, der Zigeuner, der Homosexuellen, der Zeugen Jehovas und der Juden hinzunehmen.« (Vgl. Peter Knoch (Hrsg.): Kriegsalltag... [602], S. 241)

31 Vgl. Walter Kempowski: Haben Sie davon gewusst? [596], S. 100.

32 Vgl. die Biografie von Lieselotte S. in Band I. Sie kann ihre damalige Stumpfheit heute nicht mehr verstehen, sie beschreibt sich als einen hochsensiblen Menschen. Erklärlich wird ihr Verhalten aus ihrer Lebensgeschichte. Sie hatte ein so furchtbar schweres Leben, war von den Eltern nicht angenommen, wurde brutal ausgenützt, vergewaltigt und hatte keine Möglichkeit zu lernen. Sie hatte keine Kraft in ihrem seelischen Haushalt für Mitleid mit »Fremden«.

33 Vgl. ihren Bericht in Kapitel 1, »Für mich war es eine schöne Zeit«.

34 Vgl. Lieselotte Orgel-Purper: Willst du meine Witwe werden? [771], S. 46.

35 Im Jahre 1940 bis zum August 1941 wurden 80000 bis 100000 Menschen durch willfährige Ärzte getötet, bis Kriegsende weitere etwa 20000 bis 30000 Menschen (Nach Hans-Jürgen Eitner: Hitlers Deutsche [69], S. 224). Hinzuzufügen ist: auch mit der Hilfe von willfährigen Ärztinnen, Schwestern und Pflegerinnen. Vgl. dazu besonders Angelika Ebbinghaus: Opfer und Täterinnen [533].

36 Claudia Koonz hebt hervor, dass viele Briefe und Proteste von Frauen an ihre Kirchenleitungen gegangen waren. (Vgl. Claudia Koonz: Mothers in the Fatherland [220])

37 »Selbst bei der Ermordung von älteren behinderten Kindern wurden die Eltern manchmal um ihr Einverständnis gebeten, oder sie baten sogar – unter dem Einfluss der Propaganda – selber um die Tötung ihrer Kinder.« Vgl. Götz Aly (Hrsg.): Aktion T 4 1939-1945 [22], S. 217.

38 Zu den allgemeinen Fakten dieser Maßnahme der NS-Rassenpolitik vgl. Gisela Bock: Zwangssterilisation im Nationalsozialismus [252]. »Langfristig sollten knapp eineinhalb Millionen Menschen sterilisiert werden. Insgesamt etwa eine Million Menschen wurden der neugeschaffenen Sterilisationsbürokratie als ›minderwertig‹ gemeldet, rund 400000 wurden sterilisiert, und einige Tausend starben infolge des Eingriffs, in der Mehrzahl Frauen.« (Vgl. Gisela Bock: Ganz normale Frauen [255], S. 249)

39 Vgl. dazu besonders Ulrich Herbert: Europa und der »Reichseinsatz« [112]. Insgesamt lag die Zahl der während des Krieges zum Reichseinsatz nach Deutschland gebrachten ausländischen Arbeitskräfte bei etwa 9,5 Millionen. Dazu zählen aber auch Kriegsgefangene (1944 etwa 1/3 der Arbeitskräfte). 1944/45 ist jede 4. Arbeitskraft ein zur Arbeit in Deutschland gezwungener Ausländer oder Kriegsgefangener, in der Landwirtschaft fast jede zweite. Das Durchschnittsalter lag zwischen 20 und 24 Jahren. Ein Drittel waren Frauen, bei den zivilen Arbeitskräften aus Polen und der Sowjetunion über 50 Prozent, die meisten von ihnen unter 20 Jahren. Insgesamt gab es im Reich über 30000 Fremdarbeiterlager. Herbert betont die großen Unterschiede in der Behandlung. Am besten ging es den Arbeitern aus den besetzten Westgebieten, am schlechtesten den »Ostarbeitern«, den Russen. Er betont auch die großen Unterschiede von Betrieb zu Betrieb, von Lager zu Lager. Im selben Band werden auch freundliche und solidarische Beziehungen zu Polen, Franzosen, insgesamt in der Landwirtschaft, dargestellt, was die Erzählungen vieler Frauen bestätigt.

40 Ruth Klüger meldet mit Recht Zweifel an dieser schönfärberischen Art an, sich in Deutschland an diese Menschen zu erinnern (Weiter leben [512], S. 157f.). Dazu auch Hans-Dieter Schäfer (Hrsg.): Berlin im Zweiten Weltkrieg [455], S. 238. Auf manche Fremdarbeiterinnen trifft die Bezeichnung »Haussklavinnen« zu.

41 Lokalgeschichtlich wird in den letzten Jahren mehr und mehr darüber geforscht, z. B. Josef Seubert: Von Auschwitz nach Calw [722]; Johanna Seebacher: »Vor Maschinen stelle ich keine deutschen Frauen.« [331]; Jolanta Radwanska-Altman: »Zwangsbonnerinnen« [710].
Bekannt wurde mir auch eine Veranstaltung der katholischen Akademie in Freiburg vom 19.10.1995, auf der Prof. Dr. Kirill Cistow von der Akademie der Wissenschaften St. Petersburg ein Referat hielt unter dem Titel: »Leiden und Sehnsüchte von Ostarbeiterinnen und Ostarbeitern in Deutschland im Spiegel ihrer Briefe«.
In Sammlungen von Überlebensgeschichten gibt es auch Geschichten von Ostarbeiterinnen, z. B. Ulrike Jureit/Karin Orth: Überlebensgeschichten. Gespräche mit Überlebenden des KZ-Neuengamme, in: KZ-Gedenkstätte Neuengamme (Hrsg.). Hamburg 1994, S. 16-43.
Eine aufschlussreiche Untersuchung stammt von Annekatrein Mendel: Zwangsarbeit im Kinderzimmer [610], in der sie Interviews mit ehemaligen Zwangsarbeiterinnen und deutschen Familien darstellt. Ihr Ergebnis, zusammengefasst: Die Verschleppung selbst war ein brutales Unrecht, die Arbeit war für die Mädchen meist viel zu schwer, aber die Behandlung in den Familien in der Regel ordentlich, oft menschlich, wenn es sich nicht um fanatische Nationalsozialisten oder besonders bösartige Menschen handelte.

42 Zu den Displaced Persons siehe Band II, Kapitel 8, »Besetzung«, Stichwort »Andere Bedrohungen und Erfahrungen«.

43 Vgl. H. Jansen (Hrsg.): Freundschaft über sieben Jahrzehnte [752], S. 203.

44 Dazu Näheres in Kapitel 6, »Was hätten wir denn machen können?«.

45 Vgl. den Bericht von Else W. in Band II, Kapitel 2, »Arbeit«.

46 Die Furcht vor der »Repatriierung« war berechtigt. Die meisten der überlebenden Kriegsgefangenen und Zwangsarbeiter, Menschen, die irgendwie mit dem Westen in Berührung gekommen waren, verschwanden in Stalins Archipel Gulag.

47 Vgl. Ida Ehre: Gott hat einen größeren Kopf, mein Kind [500], S. 23. – Nicht wenige Zwangsarbeiterinnen landeten auch im KZ und wurden an Firmen »ausgeliehen«, wo sie unter unmenschlichen Bedingungen arbeiten mussten. Vgl. Angelika Ebbinghaus: Opfer und Täterinnen [533], S. 321.

48 Christian Streit: Keine Kameraden [194a)]. Insgesamt kamen bis Kriegsende von den etwa 5,7 Millionen sowjetischer Kriegsgefangener 3,5 Millionen ums Leben. Die meisten durch Hunger oder durch Seuchen (vor allem durch Fleckfieber).

49 Über das Verhalten von Deutschen in den übrigen besetzten Ländern habe ich nur vereinzelte Berichte, die keine allgemeineren Aussagen erlauben. Von der Ausplünderung dieser Länder war schon in Band II, Kapitel 1, »Durchkommen«, die Rede.

50 Auch aus Feldpostbriefen wussten viele über vieles Bescheid, vgl. etwa den Briefwechsel von Liselotte Orgel-Purper mit ihrem Verlobten, dann Ehemann, im Feld [771].

51 Aus dem »Generalplan Ost« des Reichssicherheitshauptamtes (1941/42): »Wir müssen in den betreffenden Gebieten eine bewusst negative Bevölkerungspolitik treiben... Man sollte die Einrichtung von Abtreibungsinstituten durchaus fördern. Man kann z. B. Hebammen oder Feldscherinnen zu Abtreiberinnen ausbilden... Die freiwillige Sterilisierung ist gleichfalls zu propagieren. Die Säuglingssterblichkeit darf nicht bekämpft werden. Auch Aufklärung der Mütter über Säuglingsfürsorge und Kinderkrankheiten darf nicht erfolgen... Dass man bei systematischer Anwendung der oben dargelegten Mittel erhebliche Erfolge in der Schwächung des russischen Volkskörpers erzielen wird können, liegt auf der Hand... An einer völligen biologischen Vernichtung des Russentums können wir jedenfalls so lange kein Interesse haben, als wir nicht selbst in der Lage sind, mit unseren Menschen den Raum zu füllen... Unser Ziel bei der Durchführung dieser Maßnahmen ist nur, das Russentum so zu schwächen, dass es uns nicht mehr durch die Masse seiner Menschen überwuchern kann...« (Zit. nach Wolfgang Marienfeld: Konferenzen über Deutschland... [802], S. 11 f.)
Aus Himmlers Posener Rede vor SS-Gruppenführern (4.10.1943): »Ein Grundsatz muss für den SS-Mann absolut gelten: ehrlich, anständig, treu und kameradschaftlich haben wir zu Angehörigen unseres eigenen Blutes zu sein und zu sonst niemandem. Wie es den Russen geht,

wie es den Tschechen geht, ist mir total gleichgültig. Das, was in den Völkern an gutem Blut unserer Art vorhanden ist, werden wir uns holen, indem wir ihnen, wenn notwendig, die Kinder rauben und sie bei uns großziehen. Ob die anderen Völker im Wohlstand leben oder ob sie verrecken vor Hunger, das interessiert mich nur soweit, als wir sie als Sklaven für unsere Kultur brauchen, anders interessiert mich das nicht. Ob bei dem Bau eines Panzergrabens 10000 russische Weiber an Entkräftung umfallen oder nicht, interessiert mich nur insoweit, als der Panzergraben für Deutschland fertig wird. Wir werden niemals roh und herzlos sein, wo es nicht sein muss, das ist klar. Wir Deutschen, die wir als einzige auf der Welt eine anständige Einstellung zum Tier haben, werden ja auch zu diesen Menschentieren eine anständige Einstellung einnehmen...«. (Zit. nach Hans Buchheim: Befehl und Gehorsam [59], S. 289 ff.)

Das erste Dokument war damals geheim, Himmlers Rede war zum mindesten in SS-Kreisen bekannt.

52 Vgl. dazu auch Kapitel 7, »Es war nicht alles schlecht...«.

53 Vgl. Ruth Elias: Die Hoffnung erhielt mich am Leben [498], S. 133, 141. Ähnlich Lucille Eichengreen: Von Asche zum Leben [501], S. 115; Else Behrend-Rosenfeld: Ich stand nicht allein [496], bes. S. 268. Ebenso die Aufzeichnung von Edith Reifenberg in Ute Benz: Frauen im Nationalsozialismus [211], S. 212. Resi Weglein betont, dass selbst in Theresienstadt »die Gaskammern ein Geheimnis blieben«, zum mindesten bis zum Dezember 1944 (Als Krankenschwester in Theresienstadt [523], S. 56, Anm. 2). In ihrer Untersuchung über die Kleinstadt Sobernheim schreibt Frances Henry: »Der Inhalt der aus der Schweiz in die Vereinigten Staaten geschmuggelten Berichte (*über die ›Endlösung*‹) wurde auf Geheiß der jüdischen Führer der Öffentlichkeit nicht bekannt gegeben, weil man vermutlich an deren Glaubwürdigkeit zweifelte. So erfuhren die amerikanischen Juden erst Mitte der vierziger Jahre das ganze Ausmaß der ›Endlösung‹.« (Vgl. Nachbarn und Opfer [688] S. 181.)

54 Vgl. Victor Klemperer: Ich will Zeugnis ablegen bis zum letzten [756].

55 Vgl. Roswitha Fröhlich: »Gestern abend kam der Befehl« [743], S. 37.

56 Vgl. Tübinger Projektgruppe »Frauen im Kirchenkampf«: Im Dunstkreis der rauchenden Brüder [485], S. 130 f.

57 Vgl. ihre Biografie in Band I.

58 Entsprechend berichtet der ehemalige Luftwaffenhelfer Rolf Schörken von der »Vorstellung von etwas Unheimlichem, das sich im Osten ereignete und das sich in Witzen über die RIF-Kriegsseife (›Ruhe in Frieden‹) oder in Phantasien über U-Boot-Abdichtungen aus jüdischem Frauenhaar dunkel Bahn brach«. (Vgl. Rolf Schörken: Luftwaffenhelfer und Drittes Reich [187], S. 127)

59 So erwähnt Ernst Klee Briefe von SS-Leuten, die in den Sonderkommandos mitgewirkt haben, an ihre Frauen. (Vgl. Ernst Klee u.a.: »Schöne Zeiten« [128], S. 154 ff.) Frauen haben auch ihre Männer an ihren Einsatzorten besucht. Männer zeigten ihren Frauen Fotos von Judenmassakern, obwohl das verboten war und bestraft werden konnte.

60 Vgl. Ingeborg Bruns: Als Vater aus dem Krieg heimkehrte [527], S. 185.

61 Aus dem Flugblatt II der Weißen Rose vom Frühjahr oder Sommer 1942 (eine genauere Datierung ist nicht möglich): »...die Tatsache, dass seit der Eroberung Polens *dreihunderttausend* Juden in diesem Land auf bestialische Art ermordet worden sind. Hier sehen wir das fürchterlichste Verbrechen an der Würde des Menschen, ein Verbrechen, dem sich kein ähnliches in der ganzen Menschengeschichte an die Seite stellen kann... Wozu wir dies Ihnen alles erzählen, da Sie es schon selbst wissen, wenn nicht dieses, so andere gleich schwere Verbrechen des fürchterlichen Untermenschentums?« (Zit. nach Heinrich Siefken (Hrsg.): Die Weiße Rose und ihre Flugblätter [189], S. 23 f.)

Ab Oktober 1941 rollten die Züge in Richtung Auschwitz, das am 23. September »eröffnet worden war«. Wolfgang Gerlach in Jörg Wollenberg: »Niemand war dabei und keiner hat's gewusst« [205], S. 102: »Der politische Widerstand war von Anfang an über die Deportationen informiert, und damit hatten bekenntniskirchliche Kreise, soweit sie Kontakt zur Opposition unterhielten, ebenfalls volle Kenntnis.«

62 Vgl. auch die Beobachtungen von Inge Deutschkron: »Die Deportationszüge fuhren nun vom

Bahnhof Grunewald ab, weil einige Berliner am Lehrter Bahnhof Zeugen der ersten Deportationen geworden waren und nicht unbedingt zustimmende Bemerkungen gemacht hatten.« (Vgl. Inge Deutschkron: Ich trug den gelben Stern [497], S. 106)

63 Vgl. Ernst Klee u.a.: »Schöne Zeiten« [128].

64 Eva Sternheim-Peters in ihrem »subjektiven Geschichtsbuch«: »Niemand wagte es, sich einzugestehen, dass der eigene ›harmlose‹, jede Gewalt verabscheuende Antisemitismus, die eigene ›verantwortungsbewusste‹ Erörterung der ›Judenfrage‹, die eigene Zustimmung zur Verdrängung deutscher Juden aus Presse, Theater, Literatur, Beamtentum und Militär, Wirtschaft und Wissenschaft den Weg für den fabrikmäßigen Massenmord an jüdischen Männern, Frauen und Kindern freigegeben hatte. Millionen in Deutschland behaupteten (zu Recht): ›Das haben wir nicht gewollt‹ und verleugneten (zu Unrecht) den eigenen Beitrag am Nichtgewollten.« (Vgl. dies.: Die Zeit der großen Täuschungen [472], S. 146.)

65 Hans Joachim Schröder bestätigt das. (Die gestohlenen Jahre [639], S. 384 f.) Nach Hans-Jürgen Eitner hatten 1939 etwa 70 % der Haushalte ein eigenes Radio, dreimal mehr als 1932. (Hitlers Deutsche [69], S. 301) Aber die Zahlen müssen nach Gegenden sehr differiert haben. So stellt Thomas Schnabel fest: »Nur etwas mehr als jeder 3. Haushalt in Württemberg hatte ein Radio, in Baden knapp 45 %.« (Formen des Widerstandes im Südwesten 1933-45 [185])

In dem schwäbischen Dorf Dürrenzimmern etwa funktionierte die Informationsvermittlung folgendermaßen: »Die Verbindung zur großen weiten Welt stellt, neben der Zeitung, ein einziges Radio her. Dieser Volksempfänger stand im Wohnzimmer der Familie Kohler ... und wurde bei besonderen Anlässen auf den Fenstersims gestellt, damit die halbe Dorfbevölkerung, welche sich auf der Straße versammelt hatte, die neuesten Nachrichten anhören konnte. Z. B. 1936 die olympischen Spiele in Berlin und später dann die Kriegsgeschehnisse.« (Dürrenzimmern: Chronik [667], S. 207)

66 Dennoch waren die »Feindsender« ein Unsicherheitsfaktor für das Regime und das Abhören stand seit Kriegsbeginn unter Todesstrafe. Diese Sender hatten wahrscheinlich trotzdem eine größere Wirkung, als man allgemein annimmt, vor allem im Krieg, als sie den Glauben an den »Endsieg« untergraben halfen.

Der Londoner Rundfunk brachte am 21. Juni 1941 die erste Nachricht über den Massenmord an den europäischen Juden (nach Herbert Obenaus: Haben sie wirklich nichts gewusst? [770], S. 29).

67 Das Misstrauen gegenüber der »Feindpropaganda« wurde übrigens noch genährt durch das Misstrauen gegenüber der eigenen. Viele haben zum mindesten unterschwellig gespürt, dass sie angelogen wurden. Die Einschränkung der Pressefreiheit wurde stark empfunden. Man hielt aber auch die feindliche Presse für manipuliert.

68 Vgl. Inge Deutschkron: Ich trug den gelben Stern [497], S. 107, 198.

69 Ursula von Kardorff las, allerdings erst gegen Ende des Krieges, im »Journal de Genève« von der planmäßigen Vergasung und Verbrennung in Auschwitz, einen Bericht von zwei entflohenen Tschechen (Tagebuchnotiz vom 7.12.1944). Auch sie konnte es nicht glauben. »Das kann einfach nicht möglich sein. So viehisch können selbst die brutalsten Fanatiker nicht sein.«

70 Aber diese heute viel zitierten Hitlerreden und öffentlichen Verlautbarungen waren auch wieder nicht so eindeutig, dass jeder Zeitgenosse die ganze Wahrheit hätte erkennen müssen. Etwa die Rede vor dem Reichstag am 30.1.1939, in der es heißt:

»Und eines möchte ich an diesem vielleicht nicht nur für uns Deutsche denkwürdigen Tag nun aussprechen: Ich bin in meinem Leben sehr oft Prophet gewesen und wurde meistens ausgelacht. In der Zeit meines Kampfes um die Macht war es in erster Linie das jüdische Volk, das nur mit Gelächter meine Prophezeiungen hinnahm, ich würde einmal in Deutschland die Führung des Staates und damit des ganzen Volkes übernehmen und dann unter vielen anderen auch das jüdische Problem zur Lösung bringen. Ich glaube, dass dieses schallende Gelächter dem Judentum in Deutschland unterdes wohl schon in der Kehle erstickt ist. Ich will heute wieder ein Prophet sein: Wenn es dem internationalen Finanzjudentum innerhalb und außerhalb Europas gelingen sollte, die Völker noch einmal in einen Weltkrieg zu stürzen, dann wird das Ergebnis nicht die Bolschewisierung der Erde und damit der Sieg des Judentums sein, sondern die Vernichtung der jüdischen Rasse in Europa.«

Bei dieser Rede ist jedoch zu fragen, ob diese verschlüsselte Drohung wörtlich genommen wurde, bzw., ob man die »Ausrottung« nicht für eine maßlos übertriebene Ankündigung für ferne Zeiten, vielleicht »nach dem Sieg« hielt. Wenn Siegfried Maruhn in »Die Zeit« vom 26.5.1995 in seinem Beitrag: »Das deutsche Volk war eingeweiht« einen Leitartikel von Goebbels in »Das Reich« vom 16. November 1941 als klaren Beweis dafür zitiert, dass hier in unüberbietbarer Deutlichkeit von dem sich vollziehenden Vernichtungsprozess jedem, der lesen konnte, mitgeteilt wurde, dann ist doch zu bedenken, dass in der Sprache des Dritten Reiches und besonders im Krieg die Wörter »vernichten«, »ausrotten« so inflationär gebraucht wurden, dass man sie nicht unbedingt für bare Münze nahm. Viktor Klemperer berichtet, dass die Drohung mit der »Ausrottung des Juden« in Hitlerreden während des Krieges stereotyp war. Keine meiner Frauen brachte die Rede darauf. Vergessen? Verdrängt? Oder eben so selbstverständlich für das ganze Klima dieser zwölf Jahre?

KAPITEL 4, TEIL II
Anmerkungen zum deutschen Antisemitismus aus erfahrungsgeschichtlicher Sicht

1 Vgl. Clara von Arnim: Der grüne Baum des Lebens [379], S. 189 ff.

Eva Sternheim-Peters, deren Vater Studienrat war, beschreibt in ihrem subjektiven Geschichtsbuch im 3. Kapitel die antisemitische Atmosphäre, von der sie schon als Kind umgeben war, in der Verwandtschaft, in der Schule, im Religionsunterricht.

2 Vgl. Ruth Klüger: Weiter leben [512], S. 136 f.

3 Erschreckende antisemitische Äußerungen (selbst von namhaften Theologen der Bekennenden Kirche) und Ergebenheitsadressen an Hitler zitiert Wolfgang Gerlach: Als die Zeugen schwiegen, in: Jörg Wollenberg, »Niemand war dabei und keiner hat's gewusst« [205], S. 94 ff.

Erdrückende Belege aus beiden christlichen Kirchen bringt auch Goldhagen: Hitlers willige Vollstrecker [94], S. 137 ff.

4 Vgl. Vilma Sturm: Achtzig Jahre Krieg und Frieden [481], S. 75.

5 Vgl. Christel Beilmann: Eine katholische Jugend in Gottes und dem Dritten Reich [382], S. 302.

6 Alice von Salomon, die 1914 zum Protestantismus übergetreten war und die erste Schule für Sozialarbeit in Berlin gegründet hatte, wurde von ihren engsten evangelischen Freundinnen im Stich gelassen.

7 Der württembergische Landesbischof Wurm war der erste, der 1940 offiziell gegen die Euthanasie protestierte. Später protestierte er nochmals, auch gegen die Judenverfolgung. Doch gleichzeitig gibt es von ihm auch antisemitische Äußerungen. Die Mehrheit des Stuttgarter Pfarrkonvents missbilligte den einzigen offenen Protest in Württemberg von der Kanzel durch Pfarrer Julius von Jan in Oberlennigen in seiner Bußtagspredigt 1938 (nach Hans Stroh: Juden und Christen ... schwierige Partner. Stuttgart 1983, S. 67).

8 Daniel J. Goldhagen: Hitlers willige Vollstrecker [94], S. 68. – Zu einer differenzierten Beurteilung kommt David Bankier: Die öffentliche Meinung im Hitler-Staat [27].

Hans Mommsen/Dieter Obst: Die Reaktion der deutschen Bevölkerung auf die Verfolgung der Juden 1933-1943, in: Hans Mommsen u.a. (Hrsg.), Herrschaftsalltag im Dritten Reich [155], stützen sich stark auf Berichte der Sozialdemokratischen Partei Deutschlands (SOPADE) und Berichte des Sicherheitsdienstes und sprechen nur allgemein von »Bevölkerung«. Für Frauen gilt z. B. kaum ihre folgende Beobachtung: »Eine grundsätzliche Ablehnung und Verurteilung des

Antisemitismus gab es in der Regel nicht. Vielmehr standen die Auswirkungen der antisemitischen Aktionen auf die ›arische‹ Bevölkerung im Vordergrund der Kritik. Antisemitische Aktionen wurden abgelehnt, weil sie die eigenen ökonomischen Interessen tangierten oder die öffentliche Ordnung zu gefährden schienen.« (Vgl. ebd., S. 381) Wo Frauen Kritik übten, galt sie zumeist der Unmenschlichkeit der Maßnahmen. Zuzustimmen ist den Autoren in der Forderung nach regionaler Differenzierung. Es fehlt hier noch an breitgestreuten Untersuchungen.

9 Vgl. Christina Burghardt: Die deutsche Frau. Küchenmagd, Zuchtsau, Leibeigene im III. Reich [260].

10 Diesen perfiden Schachzug Hitlerscher Propaganda, der seine Wirkung nicht verfehlte, erwähnt Eva Sternheim-Peters (vgl. dies. [472], S. 33). Hitler stellte die Juden als »Kriegstreiber« hin. Er verwendete also die Friedenssehnsucht der Menschen zur Erzeugung von Antisemitismus. Im Krieg selbst verfing die Propaganda, die den Juden die Schuld in die Schuhe schieben wollte, um die Volksstimmung für das »rücksichtslose Vorgehen« zu mobilisieren, nicht mehr, jedenfalls erzeugte sie keinen Hass gegenüber den noch zurückgebliebenen Juden im eigenen Land. Zu elend war ihre Lage, um sie noch gefährlich erscheinen zu lassen. Eher hielt sich bei den befragten Frauen vereinzelt eine nebelhafte Vorstellung von »jüdischen Drahtziehern« in Amerika oder sonst irgendwo in der Welt.

11 Ungemein eindringlich und genau hat zuletzt Victor Klemperer die antijüdischen Maßnahmen Schritt für Schritt beschrieben. Im zweiten Band seiner Tagebücher stellt er am 2. Juni 1942 allein 31 Verordnungen zusammen, die ihn persönlich ... und mit ihm die anderen Juden ... betrafen. (vgl. ders.: Ich will Zeugnis ablegen bis zum letzten [756], S. 107 f.) Vgl. auch Ingeborg Hecht, die entlang dem »Sonderrecht für Juden im NS-Staat« ihre Familienchronik schrieb. (Als unsichtbare Mauern wuchsen [503])

12 Gerade aus Victor Klemperers Tagebüchern geht klar hervor, dass auch wohlmeinende NS-feindliche Deutsche sich kein zutreffendes Bild von den immer zahlreicheren Beschränkungen jüdischen Lebens machen konnten.

13 Vgl. Mathilde Wolff-Mönckeberg: Briefe, die sie nicht erreichten [782], S. 38.

14 Vgl. dazu Brigitte Scheiger: »Ich bitte um baldige Arisierung der Wohnung...« [324], S. 175-196. Es ist ganz klar, dass dies ein besonders peinlicher Punkt ist, über den niemand gerne spricht. Vgl. auch Jörg Friedrich in Jörg Wollenberg: Niemand war dabei und keiner hat's gewusst [205], S. 199 f. In diese systematisch organisierte Ausplünderung der Juden waren viele Verwaltungsbeamte und Privatleute verwickelt, natürlich auch deren Frauen. Friedrich stellt aber fest, dass über die Arisierung jüdischer Betriebe noch nicht genügend bekannt ist. Nach seinen Beispielen waren die Hauptprofiteure doch wohl größere Firmen, die Nazi-Elite und staatliche Stellen.

15 Vgl. Inge Deutschkron: Ich trug den gelben Stern [497], S. 102.

16 Vgl. Alltagsleben im Krieg [656], S. 58.

17 Vgl. Eva Sternheim-Peters: Die Zeit der großen Täuschungen [472], S. 164.

18 Lucille Eichengreen erlebte, wie Deutsche nach der »Kristallnacht« in Hamburg dabeistanden und lachten (vgl. dies.: Von Asche zum Leben [501], S. 37). Es werden wohl auch Frauen darunter gewesen sein.

Dass es auch unter Frauen ausgesprochen sadistische Typen gab und gibt, steht außer Frage. Walter Kempowski berichtet von Freundinnen von SS-Männern, die grausige Szenen offenbar mit Genuß beobachtet haben. (Vgl. Walter Kempowski: Haben Sie davon gewusst [596], S. 73, 76). Und es gibt unzählige Erfahrungen von Verfolgten mit KZ-Aufseherinnen, die an Grausamkeit in nichts hinter den Männern zurückstanden. Aber hier geraten wir in den engeren Kreis der Täter und Täterinnen, der außerhalb meiner Nachforschungen geblieben ist.

Auch die Beispiele, die Goldhagen bringt, betreffen Frauen von Offizieren des Polizeibataillons 101, die mit ihren Frauen zusammenlebten, nämlich Leutnant Brand und Hauptmann Wohlauf. Die Frauen nahmen zuschauend teil an einer bis zwei größeren Aktionen. (Vgl. Daniel Goldhagen: Hitlers willige Vollstrecker [94], S. 287 ff.) Doch solche Frauen standen außerhalb meines Untersuchungsfeldes.

19 Die im folgenden zitierten Studien sprechen zwar selten explizit von Frauen, doch sind Frauen

hier mit einzubeziehen. Z. B. Walter Struwe: Aufstieg und Herrschaft des Nationalsozialismus in einer industriellen.Kleinstadt [727], S. 394 f.: »Die Zeugnisse aus Osterode weisen deutlich auf die weitverbreitete Empörung hin, und zwar nicht einfach über die Zerstörung von Eigentum und die mit den Unruhen verbundenen Gefahren, sondern im wesentlichen über das, was anderen Menschen hier angetan wurde. Damit soll nicht geleugnet werden, dass einige Leute willkürlich an den Plünderungen teilnahmen. Ebensowenig soll damit bestritten werden, dass ausgeprägte antijüdische Ansichten in Osterode verbreitet waren.« Struwe betont ebenfalls, dass die persönliche Bekanntschaft für das Mitgefühl bestimmend war. Eine Frau äußerte in einem Interview: »Das tut einem leid, weil man die Leute gekannt hat. Das ist nicht so einfach [damit klarzukommen].« Eines der Opfer erinnert sich, dass nur wenige Leute, »noch keine zehn«, sich trauten zu helfen.

Axel Eggebrecht für Berlin: »Die Berliner waren entsetzt über die sog. ›Reichskristallnacht‹. Da waren nur ganz wenige Leute begeistert.« (Vgl. Axel Eggebrecht: Es gab in Berlin Menschen, die bereit waren zu helfen. Aus einem Interview, in: Jörg Wollenberg: »Niemand war dabei und keiner hat's gewusst« [205], S. 63.) Vgl. auch Ursula von Kardorffs Reaktion in ihrem Tagebuch »Berliner Aufzeichnungen« [755], S. 66.

Ähnliches berichtet ... allerdings über die »Bevölkerung« im allgemeinen ... ein britischer Journalist, der in Essen lebte: »Ich habe in den letzten Wochen mit vielen Leuten, nicht allein im Ruhrgebiet, sondern auch in Hamburg, Köln und Berlin gesprochen, und alle ohne Ausnahme waren über die Maßnahmen entsetzt.« Die Terrorhandlungen hätten bei vielen Augenzeugen spontane Protestreaktionen hervorgerufen, Frauen hätten geweint ... so der britische Journalist weiter in seinem Bericht ... »als sie mir erzählten, was sie gesehen hatten. Mehr als einmal habe ich den Satz ›Ich schäme mich, ein Deutscher zu sein‹, aussprechen hören.« (Zit. nach Hans Mommsen/Dieter Obst: Die Reaktion der deutschen Bevölkerung auf die Verfolgung der Juden 1933-1943, in: Hans Mommsen u.a. (Hrsg.), Herrschaftsalltag im Dritten Reich [155], S. 391) Vgl. zu diesem Thema auch Kapitel 6, »Was hätten wir denn machen können?«.

20 Vgl. Alltagsleben im Krieg [656], S. 39.

21 Dies bestätigen auch Victor Klemperers Tagebücher (Ich will Zeugnis ablegen bis zum letzten [756]). Er konstatiert den fehlenden »wilden Antisemitismus« der Bevölkerung. Es gab keine Pogromstimmungen. Zwar erlebt er viel gemeines und demütigendes Verhalten, aber auch immer wieder freundliches, besonders von Frauen.

22 Vgl. Ursula von Kardoff: Berliner Aufzeichnungen [755], S. 21 f.

23 Besonders viele Zeugnisse bringt Else Behrend-Rosenfeld in ihren tagebuchähnlichen Aufzeichnungen über das Leben einer Jüdin in Deutschland 1933-1944, als ihr noch die Flucht in die Schweiz gelang. Sie kommt zu einer sehr fairen und abgewogenen Beurteilung des Verhaltens der deutschen Bevölkerung. (Behrend-Rosenfeld: Ich stand nicht allein [496], S. 264 f.) Näheres dazu in Kapitel 6, »Was hätten wir denn machen können?«. Ebenso berichtet Hertha Nathorff in ihren Tagebuchaufzeichnungen am 20.10.1937 [767] von unterschiedlichen Verhaltensweisen, freundlichen und enttäuschenden. Viele Menschen hielten zu ihr, manche verrieten sie aber auch. Sie notiert aber auch den Druck, unter dem viele Deutsche standen, z. B. »Die Menschen sind scheu, verbittert, verängstigt«. (Vgl. Das Tagebuch der Hertha Nathorff [767], S. 99)

24 »Die länderübergreifende Bilanz ergibt ein Minimum von 5,29 Mio. und ein Maximum von über 6 Mio. ermordeter Menschen.« (Vgl. Gerhard Hirschfeld und Irina Renz (Hrsg.): Besiegt und befreit... [413], S. 9)

25 Sehr ernstzunehmen sind Lucille Eichengreens beunruhigende Erfahrungen von Antisemitismus, »ausgedrückt in trügerischen Formen«, die sie bei einem Deutschlandbesuch 1991 machte. Ich kann allerdings nicht beurteilen, wie repräsentativ sie im einzelnen besonders für die Frauen, die den Krieg erlebt haben, sind. Sie differenziert nicht nach Alter und Geschlechtszugehörigkeit. Bei den Überlebenden des Holocaust könnte auch eine – nur allzu verständliche – Überempfindlichkeit zu dem enttäuschenden Fazit führen, das sie gibt. (Vgl. Lucille Eichengreen: Von Asche zum Leben [501], S. 242 f.)

26 Vgl. Rainer Erb: Antisemitismus wegen Auschwitz in der jungen Generation? [70], S. 208.

27 Es ist richtig, dass die restriktiven Einwanderungsbestimmungen der meisten Länder vielen an sich ausreisewilligen Juden das Leben kosteten. Das Verhalten des Auslands zur »Judenfrage« und zum Holocaust ist nicht Gegenstand meiner Arbeit. Es wird aber in vielen Autobiografien von Jüdinnen scharf kritisiert, z. B. bei Inge Deutschkron [497], Ruth Klüger [512]. Als Entlastungsargument von Deutschen taugt es nicht.

28 In solchen Meinungen spiegelt sich ein realer Erfahrungskern, nämlich das Verhalten mancher KZ-Häftlinge, die nach der Befreiung auch Ausschreitungen begingen oder sich an der deutschen Zivilbevölkerung rächten, vgl. Band II, Kapitel 8, »Besetzung«, Stichwort »Andere Bedrohungen und Erfahrungen«. Dies bestärkte die Vorurteile, die die NS-Propaganda über unterschiedslos alle KZ-Häftlinge verbreitet hatte, sie seien Verbrecher.

29 Vgl. Literaturverzeichnis, Rubrik »Autobiografische Aufzeichnungen von Verfolgten«.

30 So der Titel eines Buches von Ralph Giordano [92]. Ruth Klüger meint, dass in der deutschen Bevölkerung der »Judenhass unterschwellig geworden war«. (Vgl. dies.: Weiter leben [512], S. 193) Es gibt ihn sicher, und das grundsätzliche Misstrauen der Überlebenden ist mehr als verständlich; doch scheint es mir gegenüber der überwältigenden Mehrheit, besonders der Frauen, übertrieben.

31 Es gibt darunter ergreifende Geschichten von Verzeihen und Versöhnung. Sie verdienten, in einer besonderen Arbeit dargestellt zu werden.

KAPITEL 5
»Man hat gelernt, den Mund zu halten.«

1 Vgl. Marlies Flesch-Thebesius: Hauptsache Schweigen [402].

2 Ihre Autobiografie wird voraussichtlich 1998 im Aufbau-Verlag erscheinen.

3 Die Zahlen zum Vergleich: Die Gestapo hatte 32000 Mitarbeiter bei einer damaligen Bevölkerung von 80 Millionen Deutschen, die Stasi 97000 Mitglieder bei einer DDR-Bevölkerung von 16 Millionen Deutschen. Neben den 97000 festangestellten verfügte die Stasi außerdem noch über 120000 inoffizielle Mitarbeiter. Daraus aber darauf zu schließen, die DDR sei der weitaus schlimmere Überwachungsstaat gewesen, wäre falsch. Das NS-Regime hatte einen solchen kostspieligen und aufgeblähten Apparat gar nicht nötig, denn einmal organisierte es die Überwachung der Menschen mindestens so effektiv durch das System der ehrenamtlichen Block- und Zellenleiter, und zum anderen konnte es sich offenbar auf die Wachsamkeit und »Zuträgerschaft« der »Volksgenossen und Volksgenossinnen« verlassen. Auch die verschiedenen Parteiorganisationen riefen ihre Mitglieder fortgesetzt zur »Wachsamkeit« auf.

4 Vgl. Helke Sander/Barbara Johr: Befreier und Befreite [322], S. 166.

5 Vgl. Hiltgunt Zassenhaus: Ein Baum blüht im November [493], S. 22.

6 Z. B. Fritz und Elisabeth Hartnagel, der Freund und die Schwester von Sophie Scholl. Auch die Engländerin Christabel Bielenberg, die während des Krieges in Deutschland lebte, als Frau des deutschen Juristen und zum Widerstand gehörenden Peter Bielenberg, spricht in ihrem Buch: »Als ich Deutsche war« [383], immer wieder davon.

7 Formal-rechtlich abgesichert war die Bestrafung solcher öffentlicher Äußerungen durch das sogenannte Heimtücke-Gesetz vom Dezember 1934. Es bedrohte jeden, der »öffentlich gehässige, hetzerische oder von niedriger Gesinnung zeugende Äußerungen über leitende Persönlichkeiten des Staates oder der NSDAP, über ihre Anordnungen oder die von ihnen geschaffenen Einrichtungen« machte, mit Gefängnisstrafe, sofern die Äußerungen geeignet wären, »das Vertrauen des Volkes zur politischen Führung zu untergraben«. Dass damit kein Anspruch auf ein ordentliches Gerichtsverfahren einherging und die Strafen auch über Inhaftierung im Gefängnis hinausgehen konnten, bis zu KZ und Tod, war jedem bekannt.

Hinzu kam im Krieg das Gesetz gegen die Zersetzung der Wehrkraft, in dem unter Strafe gestellt wird, »wer ... öffentlich den Willen des deutschen oder verbündeten Volkes zur wehrhaften Selbstbehauptung zu lähmen oder zu zersetzen sucht. Öffentlich im Sinne dieser Bestimmung handelt auch, wer sich gegenüber einer unbestimmten Anzahl von Personen nacheinander zersetzend äußert oder wer sich zwar an einen bestimmten Kreis wendet, aber damit rechnet, dass seine Äußerungen in die Öffentlichkeit dringen«. In diesem Kontext gehört auch das Verbot des Abhörens feindlicher Sender, das mit Gefängnis, KZ oder sogar Tod geahndet werden konnte. Victor Klemperer berichtet von »täglichen Verurteilungen« gerade wegen dieses Deliktes. (Ich will Zeugnis ablegen bis zum letzten [756], S. 511, 11.2.1940)

8 Vgl. dazu die ersten drei Kapitel, besonders Kapitel 3, »Ich war ganz unpolitisch.«

9 Vgl. dazu Band II, Kapitel 2, »Arbeit« und im vorliegenden Band, Teil A, Kapitel 3, »Nachwirkungen«, Stichwort »Nachwirkungen (gescheiterte Berufspläne)«.

10 Vgl. dazu Kapitel 3, »Ich war ganz unpolitisch.«

11 So waren folgende meiner Fragen an die Zeitzeuginnen ein recht zuverlässiger Indikator für die Regimetreue einer Frau: »Wie stark griff das NS-Regime in Ihr Leben ein? Fühlten Sie sich überwacht, bespitzelt (Angst, offen zu reden), berieselt durch Propaganda, ›erfasst‹? Wurden Sie verfolgt, schikaniert, warum?«. Wer sie alle mit einem uneingeschränkten »Nein« beantwortete – und das waren immerhin nicht wenige –, war vollständig angepasst, auch wenn in anderen Zusammenhängen etwas anderes vorgegeben wurde. Allerdings war dies nicht die »überwiegende Mehrheit«, wie Eva Sternheim-Peters annimmt (Die Zeit der großen Täuschungen [472], S. 239). Die allermeisten merkten schon damals, dass sie in einem Ausnahmezustand lebten und sich vorsehen mussten. Sie konnten es durch zahlreiche Erfahrungen belegen.

12 Siehe dazu bes. Kapitel 3, »Ich war ganz unpolitisch.«

13 Zitiert nach Tübinger Projektgruppe »Frauen im Kirchenkampf« [485], S. 168 f.

14 Vgl. Gerda Zorn: Mein alltäglicher Faschismus [494], S. 39.

15 Vgl. Ursula von Kardoff: Berliner Aufzeichnungen [755], S. 107.

16 Vgl. Hans-Jochen Gamm: Der Flüsterwitz im Dritten Reich [87]. Viele weitere Witze, die im Volk umliefen, zitiert Victor Klemperer: Ich will Zeugnis ablegen bis zum letzten [756], z. B. Band 1: S. 173, 578, 615, 645, 657; Band 2: S. 423, 513, 566, 623, 627, 633.

17 Vgl. Lisa de Boor: Tagebuchblätter [736], S. 144.

18 Auch Eva Sternheim-Peters führt zahlreiche Witze auf. (Vgl. dies.: Die Zeit der großen Täuschungen [472], S. 245-247)

19 Vgl. dazu besonders das Kapitel 6, »Was hätten wir denn machen können?«.

20 Dazu die Untersuchungen von Angelika Ebbinghaus: Opfer und Täterinnen [533]; Helga Schubert: Judasfrauen [327] (kritische Besprechung von Sigrid Weigel in »Feministische Studien«, Heft 1, 1992, S. 121-130); Inge Marßolek: Die Denunziantin [300]; Martha Mamozai: Komplizinnen [299]; Claudia Heyne: Täterinnen [219]; Katrin Dördelmann: »Aus einer gewissen Empörung heraus habe ich nun Anzeige erstattet.« [267]; Benjamin Eckstein/Elmar Welter: Denunziation: ein Element der NS-Frauenöffentlichkeit [269]; Robert Gellately: »In den Klauen der Gestapo« [88]. Gellately weist in diesem Aufsatz zu Recht darauf hin, dass Ausmaß und Motive der Denunziation noch nicht genau erforscht sind.

21 »Der Frauenanteil lag – je nach Stichprobe – zwischen 12 und 29 Prozent. Der weibliche Anteil an den Opfern lag zwischen 9 und 20 Prozent.« Vgl. Gisela Diewald-Kerkmann: Politische Denunziation – eine ›weibliche Domäne‹? Männer und Frauen unter Denunzianten und ihren Opfern, in: 1999. Zeitschrift für Sozialgeschichte des 20. und 21. Jahrhunderts 11, H. 2 (1996), S. 11-35. Hier zit. nach Gisela Bock: Ganz normale Frauen [255], S. 255.

22 Vgl. das Buch von Inge Marßolek: Die Denunziantin [300].

23 Vgl. Ida Ehre: Gott hat einen größeren Kopf, mein Kind [500], S. 130.

24 Vgl. Ingeborg Hecht: Als unsichtbare Mauern wuchsen [503], S. 14.

25 Dies wird besonders durch die Literatur (vgl. Anm. 20) nahegelegt, deckt sich aber auch mit meinen Beobachtungen. Katrin Dördelmann stellt in ihrer Untersuchung von über 54 Kölner Fällen bei Frauen »das weitgehende Fehlen politischer Motivationen« fest: »Denunziationen waren

für viele ›Volksgenossinnen‹ ein Mittel neben anderen, eigene Interessen durchzusetzen, sie wurden in der Regel nicht aus politischer Überzeugung begangen.« (Vgl. Katrin Dördelmann: »Aus einer gewissen Empörung heraus...« [267], S. 199, 201)
26 Vgl. Lisa de Boor: Tagebuchblätter [736], S. 131.

KAPITEL 6
»Was hätten wir denn machen können?«

1 Ich kann Eva Sternheim-Peters nicht zustimmen, wenn sie meint, der Satz »Was hätten wir denn machen können?« sei lediglich provoziert durch die anklägerischen Fragen der Nachgeborenen (»Warum warst du nicht im Widerstand?«) und habe im damaligen Bewusstsein der Mehrheit keine Rolle gespielt, weil »nur eine Minderheit des deutschen Volkes über die Grundvoraussetzung für Widerstand verfügte, nämlich: Einsicht in die Unmenschlichkeit des Systems«. (Vgl. Eva Sternheim-Peters: Die Zeit der großen Täuschungen [472], S. 251) Wie in Kapitel 4 gezeigt wurde, haben die meisten, wenn nicht alle, doch genug von den dunklen Seiten des Systems gewusst, haben sich also schon damals innerlich damit auseinandersetzen müssen und sich zumeist mit der eigenen Ohnmacht abgefunden, um nicht Märtyrer zu werden, was ihnen gewiss nicht zu verdenken ist. Dieses Kapitel versucht Handlungsmöglichkeiten aufzuzeigen, die unter der Schwelle des Lebensrisikos lagen und von vielen praktiziert wurden.
2 Es ist die Antifaschistin Gertrud Müller, von der schon mehrmals die Rede war.
3 Unter den zahlreichen Definitionen und Umschreibungen von Widerstand leuchtet besonders ein: Detlev Peukert, Beiträge zum Thema Widerstand 17 [169], S. 25. Dort skizziert er eine Skala abweichenden Verhaltens:

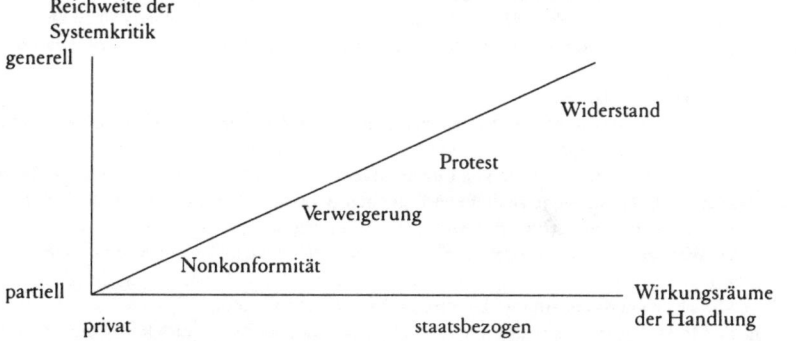

Er kommt zu dem Fazit: »Als Widerstand würden wir in dieser langen Skala abweichenden Verhaltens dann jene Verhaltensformen bezeichnen, in denen das NS-Regime als Ganzes abgelehnt wurde und Maßnahmen zur Vorbereitung des Sturzes des NS-Regimes im Rahmen der Handlungsmöglichkeiten des jeweils einzelnen Subjekts getroffen wurden.« Auch der Begriff der »Resistenz«, wie ihn Martin Broszat umschreibt, ist hilfreich: »Wirksame Abwehr, Begrenzung, Eindämmung der NS-Herrschaft oder ihres Anspruchs.« (Vgl. Martin Broszat: Resistenz und Widerstand [54], S. 697)
4 Vgl. den Bericht von Ilse-Maria D. in Band II, Kapitel 8, »Besetzung«. Die Gesamteinschätzung einer Person durch die Partei spielte naturgemäß eine große Rolle.
5 Vgl. Lydia S. in Band II, Kapitel 4. Else R. (1924): »Im übrigen hat eine jüdische Frau mit ihren

beiden Kindern das Kriegsende in Pleidelsheim (*kleiner Ort bei Ludwigsburg in Württemberg*) über-lebt, nachdem sie sehr gefährdet war. Hier hat vor allem der Bürgermeister die Hand darüber gehalten, und die Einheimischen wussten davon.« Sie betont, dass es in diesem Dorf keinen Frem-denhass gegeben habe.

6 Claudia Koonz lässt »geistigen Widerstand« nicht gelten, so z. B. nicht den von Margret Boveri, Ricarda Huch und Käthe Kollwitz. »They *did* nothing and protected no one.« (Vgl. Claudia Koonz: Mütter im Vaterland [220], S. 316-318)

7 Dieser Begriff findet sich bei Lutz van Dick: Oppositionelles Lehrerverhalten 1933-1945 [580], S. 35.

8 Dafür ist Victor Klemperers Angst um seine Tagebücher (vgl. ders.: Ich will Zeugnis ablegen bis zum letzten [756]) und um seine Frau, die in Abständen die Tagebücher in ein sicher scheinen-des Versteck brachte, ein beredtes Zeugnis. Diese Tat der »arischen« Eva Klemperer war ein mu-tiger Akt des Widerstandes, obwohl er niemand direkt half und das System nicht direkt gefähr-dete. Freilich war Victor Klemperer als Jude besonders bedroht.

9 Deshalb sind auch Zahlen von Festgenommenen kein zuverlässiger Maßstab für Art und Stärke des Widerstands. So wird geschätzt, dass etwa 1 Million Deutsche bis zum Kriegsbeginn aus politi-schen Gründen für längere oder kürzere Zeit festgenommen wurden. Darunter sollen 15-20 % Frauen gewesen sein, die meisten von ihnen aus der Arbeiterbewegung (nach Maruta Schmidt/ Gabi Dietz: Frauen unterm Hakenkreuz [233], S. 162). Unter meinen Zeitzeuginnen waren nicht wenige bei der Gestapo vorgeladen, saßen sogar kürzer oder länger in Haft, ohne dass sie durchge-hend und ernsthaft widerständig gewesen wären. Und die meisten der Frauen, die im Kleinen und Großen Hilfe leisteten, sogar Juden versteckten, entgingen der Festnahme. Unter den zehn von Martin Broszat ausgewählten und aus den Akten rekonstruierten Geschichten individuellen Wi-derstandes ist leider keine Frau. Vgl. Martin Broszat u.a.: Bayern in der NS-Zeit [662], Band VI.

10 Den Missbrauch des Widerstandsbegriffs nach 1945 geißelt Eva Sternheim-Peters mit Recht sar-kastisch. Ihre von ihr selbst ironisch entworfene »Widerstandsakte« wird natürlich durch ihre ei-gene Biografie widerlegt. Die kleinen Abweichungen vom normgerechten Verhalten taten ihrer Begeisterung für das System keinen Abbruch; sie gefährdete weder sich noch andere damit, weil ihre Systemtreue offenkundig war. (Die Zeit der großen Täuschungen [472], S. 257-260)

11 Z. B. Clara von Arnim: »In konservativen Kreisen galt die Mehrzahl der Nazigrößen als zu vul-gär, um sie überhaupt einer Kenntnisnahme für würdig zu erachten.« (Vgl. Der grüne Baum des Lebens [379], S. 194.)

12 Vgl. ihre Biografie in Band I.

13 Dies bestätigt auch Martin Klaus: Mädchenerziehung zur Zeit der faschistischen Herrschaft in Deutschland [289], S. 273 ff.

14 Über berufliche Benachteiligungen von jungen Mädchen wegen ihrer oder ihrer Eltern Haltung zum Nationalsozialismus siehe auch im vorliegenden Band, Teil A, Kapitel 3, »Nachwirkungen«, Stichwort »Nachwirkungen (Berufs- und Aufstiegschancen)«.

15 Vgl. auch Wolfgang Franz Werner: »Euthanasie« und Widerstand in der Rheinprovinz [731], S. 88 ff.

16 Wie gefährlich schon das allein sein konnte, darüber sprachen beteiligte Frauen in einer Sendung S2 am 10.7.1994. Nicht wenige bekamen es mit der Gestapo zu tun, wurden in Untersuchungs-haft genommen, mit KZ bedroht.

17 Vgl. Kapitel 4, Teil II: »Anmerkungen zum deutschen Antisemitismus aus erfahrungsgeschicht-licher Sicht«, die Berichte von Gretel D. und Barbara K.. Dorts. auch Berichte über Hilfeleistun-gen.

18 Vgl. Walter Wanner: In der Höhle des Löwen [489], S. 88 ff. Aber Wanner weiß auch von ängstli-chen Müttern, die ihre Söhne von der Jungschar abhielten. (Vgl. ebd., S. 92 f.)

19 Vgl. ihre Biografie in Band I.

20 Sehr genau beschreibt und analysiert Christel Beilmann die Stellung der katholischen Jugend im Nationalsozialismus: »Wir standen eindeutig unter dem Kreuz, keineswegs unter dem Ha-kenkreuz. Aber dieses ›Kreuz‹ = Katholische Kirche war seinerseits nicht eindeutig gegen das

Hakenkreuz aufgestanden.« (Vgl. dies.: Eine katholische Jugend in Gottes und dem Dritten Reich [382], S. 307) Die Institution Kirche, das »katholische Milieu« ist in ihren Augen schuldig geworden, und sie fühlt sich daran mitschuldig. Ähnliches könnte Gertraud L. auch für das »protestantische Milieu« sagen.

21 Vgl. Cordelia Edwardson: Gebranntes Kind sucht das Feuer [499], S. 56 f.

22 Vgl. Helmut Schmidt (Hrsg.): Kindheit und Jugend unter Hitler [456], S. 186.

23 Ein solches Beispiel berichtet Hiltgunt Zassenhaus in ihrem Buch »Ein Baum blüht im November« [493] S. 9.

24 Vgl. Kapitel 2, »Wir waren jung und kannten nichts anderes«. Ingeborg Hecht nennt viele Beispiele, besonders auch ihre Klassenlehrerin Elisabeth Flügge, und sagt: »Diese Frau hat ihr Leben riskiert.« (Vgl. Ingeborg Hecht: Als unsichtbare Mauern wuchsen [503], S. 57)

25 Vgl. aber die kritischen Einwände von Christel Beilmann.

26 Über die Wallfahrten nach Kevelaer berichtet Johannes-Dieter Steinert: Dazu heißt es, dass besonders viele Frauen 1942 dabei waren, »hauptsächlich junge Mädchen, die teilweise auf Rädern oder in geschlossenen Gruppen nach Kevelaer gekommen waren. Nach dem Gottesdienst wurde Bischof Galen von der Menge mit anhaltenden Heilrufen begrüßt. Es bildeten sich Sprechchöre, die nach dem Bischof riefen. In einer Ansprache an die vor dem Hause versammelten Gläubigen forderte er sie auf, in Treue zu ihrem Glauben zu stehen, wenn es ihnen auch von anderer Seite sehr schwer gemacht würde«. (Vgl. Johannes-Dieter Steinert: Gnadenbild und Hakenkreuz [726], S. 87)

27 Besonders Siegfried Breyvogel (Hrsg.): Piraten, Swings und Junge Garde. Jugendwiderstand im Nationalsozialismus [52]; ders.: Jugendliche Widerstandsformen [53]. Martin Klaus: »Mädchenerziehung zur Zeit der faschistischen Herrschaft in Deutschland« [289] erwähnt Mädchen in den Jugendcliquen, S. 280-282.

28 Es muss sie verbreitet gegeben haben, vgl. den Aufsatz von Sibyl Milton: Deutsche und deutschjüdische Frauen als Verfolgte des NS-Staates [298], besonders S. 18-20. Es handelt sich aber hier um Streiks von Verfolgten, mit denen ich mich in dieser Arbeit nicht befasse.

Über die spektakulärste erfolgreiche Frauendemonstration in der Geschichte des Dritten Reiches liegt inzwischen eine Untersuchung in der Art eines »biografischen Tatsachenromans« vor: Gernot Jochheim: Frauenprotest in der Rosenstraße [362 a]. Im Frühjahr 1943 protestierten in Berlin eine Woche lang Hunderte von Menschen, überwiegend nichtjüdische Frauen, gegen die Verhaftung und drohende Deportation ihrer jüdischen Partner und Kinder (es handelte sich um 1500 Personen). Sie ließen sich weder durch die Gestapo noch durch SS einschüchtern und erreichten die Freilassung. Die wissenschaftliche Klärung aller damit zusammenhängenden Fragen steht noch aus. Aus frauenhistorischer Perspektive wäre besonders zu fragen, wie die Solidarisierung der Frauen zustande kam, welche individuellen Lebensvoraussetzungen und -erfahrungen vorangingen, welche Kommunikations- und Gruppenprozesse sich dabei abspielten und welches die Gründe für den Erfolg waren. Sicher ist, dass diese Frauen, die Juden geheiratet hatten und sich – trotz Verfolgung, unter der auch sie litten – nicht von ihren Männern getrennt hatten, besonders standhafte Persönlichkeiten waren, die dem Regime feindlich gegenüberstanden und überdies ihre Liebsten in Todesgefahr wussten. Sie befanden sich in einer Ausnahmesituation. So kann dieser Protest kaum als ein Beispiel dafür gelten, dass derartige Aktionen auch sonst möglich gewesen wären.

Ruth Andreas-Friedrich notiert dazu am 7.3.1943 in ihr Tagebuch: »In der Rosenstraße rebellieren die Frauen. Fordern drohend die Freilassung ihrer Männer. ›Privilegierte sollen in die Volksgemeinschaft eingegliedert werden‹, entscheidet am Montagnachmittag das Hauptquartier der SS. Wen das Zufallsglück traf, einen nichtjüdischen Partner geheiratet zu haben, der darf sein Bündel schnüren und nach Hause gehen. Die anderen werden in Güterzüge verladen und abtransportiert. In unbekannter Richtung – mit unbekanntem Ziel.« (Vgl. Ruth Andreas-Friedrich: Der Schattenmann [734], S. 104)

29 Vgl. Tübinger Projektgruppe »Frauen im Kirchenkampf« [485], S. 24.

30 Vgl. Band II, Kapitel 8, »Besetzung«, Stichwort »Die letzten Kriegstage«.

31 Kapitel 4, »Wir haben doch nichts gewusst«, Stichwort »Andere vom Nationalsozialismus verfolgte Gruppen«.
32 Über Liebesbeziehungen zu »Fremdvölkischen« vgl. Band II, Kapitel 3, »Trennung«, Stichwort »Alleinsein (Beziehungen zu Fremdarbeitern und Kriegsgefangenen)«.
33 Vgl. Helmut Schmidt (Hrsg.): Kindheit und Jugend unter Hitler [456], S. 61.
34 Vgl. Lisa de Boor: Tagebuchblätter [736], S. 213-215, 223.
35 Vgl. Ingrid Müller-Münch: Die Frauen von Majdanek [308], S. 136.
36 Ursula von Kardorff erwähnt in ihrem Tagebuch am 31.12.1943 allerdings den Freund ihres Vaters: »Papas Freund Diezelsky ging zum Begräbnis eines seiner Ostarbeiter auf seinem Pommerschen Gut. Daraufhin wurde er am nächsten Tag verhaftet. Seit Monaten sitzt er im Zuchthaus.« (Vgl. dies.: Berliner Aufzeichnungen [755], S. 98)
37 Vgl. Dokumentation der Vertreibung der Deutschen aus Ost-Mitteleuropa [788].
38 Vgl. Literaturliste »Autobiografische Zeugnisse von Verfolgten«. Für Juden sind besonders ergiebig: Inge Deutschkron, Ich trug den gelben Stern [497]; Frances Henry, Nachbarn und Opfer [688]); Else Behrend-Rosenfeld, Ich stand nicht allein [496].

Eva Fogelmann hat in verschiedenen Ländern Europas nach Lebensrettern im Angesicht des Holocaust gesucht und mit ihnen Gespräche geführt, darunter auch mit der Baronin von Neurath. (Wir waren keine Helden [538])

Victor Klemperer notiert in seinen Tagebüchern auch minutiös das Verhalten von Deutschen gegenüber Juden, besonders dasjenige, das ihm selbst widerfuhr. Er berichtet von vielen Freundlichkeiten, aber auch von rüdem und gemeinem Verhalten. Letzteres begegnete ihm besonders von Hitlerjungen, Kindern, auch Männern, seltener von Frauen. Am 31.1.1941 notiert er: »Frau Katz (eine Mitbewohnerin im Judenhaus) sagte neulich: ›Jeder Jude hat seinen arischen Engel.‹« Dennoch lässt er keinen Zweifel an der Mitschuld der großen Mehrheit. Bitter verzeichnet er auch, dass schon pure Anständigkeit als nicht selbstverständlich erlebt wird. (Ich will Zeugnis ablegen bis zum letzten [756])

Leonard Gross: »Wie Juden in Berlin die Nazizeit überlebten« [590] berichtet an vielen Stellen über Hilfsaktionen von Frauen.

39 Der Film »Schindlers Liste« erst hat einer breiteren Öffentlichkeit die Augen dafür geöffnet, dass es möglicherweise viele »große und kleine Schindlers« gab. Der Verdacht, dass diese Geschichten »verdrängt werden, weil ihre Taten ein Vorwurf an alle ist, die passiv blieben« (so Thomas Kleine-Brockhoff und Dirk Kurbjuweit in »Die Zeit« vom 1. April 1994), ist sicher begründet (vgl. dazu auch meine Beobachtungen über den Umgang mit dem deutschen Widerstand in diesem Kapitel). Die Ausblendung dieses Aspekts könnte aber auch andere Gründe haben: Diese Geschichten passten nicht in das Bild vom »hässlichen Deutschen«, sie legten vielmehr Zeugnis ab von einem »anderen Deutschland«, das mehr als nur die aktiven Widerstandskämpfer umfasste. Hinzu kommt, dass unter den vielen »kleinen Helfern« besonders viele Frauen waren, deren Taten auch hier nicht als geschichtswürdig angesehen werden.

In der israelischen Gedenkstätte Yad Vashem werden Menschen, die Juden vor dem Holocaust gerettet haben, als »Gerechte unter den Völkern« mit einem Baum geehrt. Insgesamt sind es 11 800 Menschen, darunter 276 Deutsche. Längst nicht alle sind dort verzeichnet, und natürlich die vielen nicht, die keine unmittelbar lebensrettende Hilfe leisteten.

Die meisten Publikationen zu diesem Thema sind jüngeren Datums. Erst 1994 erschien Eric Silver: Sie waren stille Helden [561]; 1995 der Bericht von Eva Fogelmann [538]. Voraus gingen Einzelstudien, z.B. 1957 Kurt R. Grossmann: Die unbesungenen Helden [541]; 1964 Michael Horbach: So überlebten sie den Holocaust [545]; 1996 Inge Deutschkron: Sie blieben im Schatten [532]. Erwähnenswert ist noch, dass die Berliner Historikerin Martina Voigt seit einigen Jahren an einer Studie über »Flucht und Hilfe in Berlin« arbeitet.
40 Vgl. Inge Deutschkron: Ich trug den gelben Stern [497], S. 61 f.
41 Vgl. Kapitel 4 und dort besonders die Erzählung von Gretel D.. Oft waren es die Juden selbst, die aus Angst die Verbindungen abbrachen, weil ihnen ja ungleich härtere Strafen drohten als den »Ariern«.

42 Vgl. Frances Henry: Nachbarn und Opfer [688], S. 129.
43 Vgl. ebd., S. 131.
44 Vgl. Lisa de Boor: Tagebuchblätter [736], S. 145 f.
45 Vgl. Inge Deutschkron: Ich trug den gelben Stern [497], S. 87.
46 Vgl. dazu Max Krakauer: Lichter im Dunkel [365]. Das jüdische Ehepaar Krakauer wurde zwischen Januar und April 1945 durch 66 Häuser (darunter 34 württembergische Pfarrhäuser) quer durch Deutschland geschleust und überlebte. Die Namen der Helfer werden im Buch ausdrücklich auf S. 132 – 136 genannt. Dazu auch: Tübinger Projektgruppe »Frauen im Kirchenkampf«: Im Dunstkreis der rauchenden Brüder [485].
47 Vgl. Hans Rosenthal: Zwei Leben in Deutschland [452], S. 79 f.
48 Vgl. Frances Henry: Nachbarn und Opfer [688], S. 20.
49 In dem Fernsehfilm von Constanze Hegebusch-Weißenbacher »Stärker als die Angst« vom 20.7.1992 (Bayerischer Rundfunk) werden auch Frauen erwähnt, die Juden versteckt haben. Einer der noch lebenden jüdischen Zeitzeugen, der eine illegale Judenorganisation in Berlin gegründet hatte, um untergetauchte Kinder und Jugendliche zu retten, sagte: Die Helfer waren in der Mehrzahl Frauen aus den verschiedensten sozialen Schichten. Er bezeichnete sie als »Engel«. Es wurden die Namen von Elisabeth Abegg, Hedwig Göring, Frau Lange, Inge Kanitz, Johanna Lehmann, Frau Borckmann genannt.
50 Weder die Akten dieser privaten Hilfsnetze noch die der halblegalen Einrichtungen im kirchlich-christlichen Milieu sind bisher systematisch erforscht. In einem Feature des Deutschlandfunks vom 8. November 1988 (»... Dass das Menschen waren, nicht Steine«. Hilfsnetze katholischer Frauen für verfolgte Juden im Dritten Reich) nennt die Autorin Brigitte Oleschinski folgende Namen von Frauen, mit denen sie gesprochen hat. Sie verdienen es, bewahrt zu werden: Susanne Witte, Sozialfürsorgerin in Berlin; Grete Borgmann, die mit ihrem Mann zusammen im Zentralverband des katholischen Caritas-Verbandes in Freiburg arbeitete; Margarete Sommer, promovierte Volkswirtin, die fast ihr gesamtes Berufsleben in der katholischen Sozialarbeit tätig war, seit 1941 im Hilfswerk beim bischöflichen Ordinariat Berlin. In ihrem Nachlass finden sich rund 3000 Einzelfallakten über die Betreuung verfolgter Juden 1938-49, die noch nicht ausgewertet sind. Am bekanntesten ist Gertrud Luckner geworden, die in der Freiburger Caritaszentrale das Referat für Verfolgtenfürsorge leitete und wegen ihrer Hilfe für Juden bis 1945 ins KZ Ravensbrück kam. Zu berücksichtigen ist, dass diese Hilfsnetze sich zwar vorwiegend, aber nicht ausschließlich um getaufte katholische Juden kümmerten.
51 Über den Bruderring informiert Joachim Scherrieble [715], S. 302: »Der Bruderring war eine im Verborgenen arbeitende Organisation und bestand im wesentlichen aus württembergischen Pfarrfamilien und deren Vertrauten. Diese beherbergten untergetauchte jüdische Flüchtlinge oder vermittelten ihnen weitere Fluchtquartiere.«
   Über eine kleine Gruppe Dahlemer Frauen berichtet Marlies Flesch-Thebesius [402], S. 120 f. In einer Sendung S2-Kultur vom 10.7.1994 über Frauen in der Bekennenden Kirche wird eine Reihe von Frauen genannt, die Juden geholfen und dafür gelitten haben, z.B. Katharina Staritz, die über 100 Juden zur Auswanderung verhalf, mit gefälschten Papieren, teils durch Bestechung; Marianne Prause, die Lebensmittel für Juden sammelte; Gertrud Staeben, die 5 KZ-Häftlingen zur Flucht verhalf; Elsi v. Steck, die in Dahlem immer wieder Juden versteckte. Sie sagte: »Als die Männer zurückkamen, waren wir ›weg vom Fenster‹. Die Rolle und der Beitrag der Frauen sind untergegangen.«
52 Brigitte Oleschinski: »... Dass das Menschen waren, nicht Steine«. Hilfsnetze katholischer Frauen für verfolgte Juden im Dritten Reich. Feature, gesendet am 8.11.1988 im Deutschlandfunk. Sendemanuskript, S. 26 f.
53 Vgl. Ute Benz: Frauen im Nationalsozialismus [211], S. 228 f.
54 Vgl. ihre Autobiografie: Schlage die Trommel und fürchte dich nicht [433].
55 Vgl. Wendelgard von Staden: Nacht über dem Tal [468].
56 Peter Hüttenberger billigt der »individualpsychologischen Reduktion«, der Oral-History-Forschungen erliegen, keinen großen historischen Erkenntnisgewinn zu. Er meint, dass die einzelnen Zeit-

zeugen sich »nur noch an Einzelhandlungen erinnern. Ihnen ist dabei jedoch selten bewusst, dass Helfen ein kompliziertes Geflecht von psychologischen Leistungen und materiellen Maßnahmen darstellt, die sich durchweg über eine längere Zeit hinziehen und die nur bei einem bestimmten Umfeld möglich sind. Zeitzeugen können die Akte der Hilfe gewöhnlich nur individualisierend rekonstruieren, obgleich die Helfer – bis auf Ausnahmen – vor dem Hintergrund einer zumindest informellen Gemeinschaft handelten, ja nur mit deren Rückendeckung und Beistand selbst etwas bewerkstelligen konnten.« (Vgl. ders.: Solidarität der Gegner [119], S. 65 f.) So wichtig die genauere Rekonstruktion dieser größeren Hilfswerke ist, so wichtig ist um der historischen Wahrheit willen die Aufzeichnung individueller Hilfeleistungen. Auch wenn sie nur einzelnen zugute kamen und vielleicht nur kurzzeitig halfen, es waren Akte der Menschenliebe und der Widerständigkeit, die schwer wiegen.

57 So ein Urteil von Ruth Klüger. Die Szene, von der sie erzählt, in der ein Unbekannter ihr, dem Kind mit dem Judenstern, in der Stadtbahn eine Orange in die Hand drückt, ist dazu angetan, dieses Gefühl in ihr hervorzurufen. Und ganz sicher konnten derartige Gesten »billig« sein und auf den Empfänger demütigend wirken, aber sie entwerten nicht die zahlreichen, für die Helfer keineswegs »billigen« und für die Empfänger wirklich hilfreichen Bezeugungen der Solidarität. Vgl. Ruth Klüger: Weiter leben [512], S. 50 f.

58 Zu den Zahlen: 20 000 Juden überlebten den Krieg in Deutschland: 15 000 – 17 000 ohne unterzutauchen, die meisten davon in »Mischehen« mit nichtjüdischen Partnern, und 3000 – 5000, die untergetaucht waren, die meisten davon in Berlin. Geschätzte Zahlen für Berlin schwanken zwischen 1400 und 2000. Viermal mehr hatten versucht, sich zu verstecken, wurden aber von der Gestapo entdeckt. (Nach Eberhard Jäckel u.a. (Hrsg.): Enzyklopädie des Holocaust [122], S. 342)

Wenn man annimmt, dass jeder untergetauchte Jude mehrere Nichtjuden als Helfer brauchte (Kurt R. Grossmann meint, dass illegal lebende Juden manchmal 20-30 verschiedene Quartiere benötigten; vgl. ders.: Die unbesungenen Helden [541]), wenn man weiter bedenkt, dass auch Juden in »Mischehen« in äußerster Bedrängnis und in ständiger Angst vor der Deportation lebten und ohne Hilfe von außen hätten verhungern müssen, dann kommt man auf eine größere Zahl von Helfern als bisher allgemein angenommen wird. Gemessen an der Gesamtbevölkerung ist das immer noch eine kleine Minderheit. Dabei ist jedoch in Rechnung zu stellen, dass die große Mehrheit der Juden sich auf wenige Großstädte konzentrierte, vor allem auf Berlin, und dass beim Beginn der Massendeportationen nur noch 164 000 Juden in Deutschland lebten (von im Jahre 1933 ca. 540 000 »Geltungsjuden«, die nach rassistischen Merkmalen als Juden galten). So wird verständlich, dass immer weniger deutsche Frauen in unmittelbaren Kontakt mit Juden kamen und – zum mindesten in dieser Endphase – ihre persönliche Hilfsbereitschaft kaum noch herausgefordert war.

59 Vgl. Frances Henry: Nachbarn und Opfer [688], S. 30.

60 Vgl. Eva Fogelmann: »Wir waren keine Helden« [538], S. 294.

61 Frances Henry: »Vor allem viele Frauen (*die mit Juden gut zusammengelebt hatten*) konnten die Gründe für die restriktiven Maßnahmen gegen die Juden nicht verstehen. ›Sie waren ein Teil von uns, sie hatten hier gelebt, wir sind zusammen aufgewachsen, ... ›Was haben sie uns jemals getan?‹, war eine oft wiederholte Frage.« (Vgl. dies.: Nachbarn und Opfer [688], S. 123)

62 Eva Fogelmann spricht von »Werten und Überzeugungen der Persönlichkeit, die im Innersten einer Person wurzeln. Dieser Kern der Persönlichkeit, der in der Kindheit geprägt wird, kam während des Holocaust in einem Rettungsakt zum Ausdruck und wirkte auch in den Nachkriegsjahren fort.« (Wir waren keine Helden [538], S. 16) Sie konnte auch keine signifikanten Unterschiede zwischen Frauen und Männern feststellen. Frauen seien ebenso heldenhaft gewesen wie Männer, ihre tapferen Taten seien aber nach dem Krieg nicht wahrgenommen worden.

Elke Fröhlich spricht im Zusammenhang mit Widerstandshandlungen von »persönlicher Sensibilität« und moralischer »Nervosität«. (Vgl. Martin Broszat u.a. (Hrsg.): Bayern in der NS-Zeit, Einleitung zu Band VI, S. 21.)

63 Vgl. Literaturverzeichnis, Rubrik »Widerstand von Frauen«. Weil ich so gut wie keine deutschen

Verfolgten interviewt habe, ist mir nur sporadisch bekannt geworden, wie sie ihre Umwelt erlebt haben, wer ihnen geholfen hat. Ihre Perspektive fehlt. Am wenigsten konnten Frauen aus dem kommunistischen und sozialistischen Lager mit Solidarität bei den bürgerlich-konservativ-christlichen Frauen rechnen. Dafür ist das Tagebuch der Lina Haag ein erschütterndes Beispiel. Als Sozialdemokraten verdächtigte, sich nicht-konform verhaltende Menschen mussten damit rechnen, öffentlich angepöbelt zu werden.

64 Vgl. Christabel Bielenberg: Als ich Deutsche war [383], S. 133 f.

65 Vgl. Christabel Bielenberg: Es war ein weiter Weg nach Munny House [384], S. 6.

66 Vgl. Dorothee von Meding: Mit dem Mut des Herzens [609], S. 220.

67 So die Provinzoberin der A. Schulschwestern v.U.L.Fr. Brigitta Wex in ihrem Geleitwort zu Imma Macks autobiografischem Bericht über ihre Fahrten zur Plantage des KZ Dachau von Mai 1944 – April 1945 unter dem Titel »Warum ich Azaleen liebe«. In ihrer Bescheidenheit hat sie erst auf Bitten 1988 ihre Erlebnisse aufgezeichnet; vgl. Imma Mack: Warum ich Azaleen liebe [432].

68 Einige unter meinen Zeitzeuginnen haben am Kriegsende Deserteure mit Zivilkleidern ausgestattet und sie versteckt. (Vgl. Band II, Kapitel 8, »Besetzung«, Stichwort »Die letzten Kriegstage«)

69 Vgl. Dorothee von Meding: Mit dem Mut des Herzens [366], S. 11.

70 Claudia Koonz nennt einige der gerade für Frauen leichteren Tarnungen: Sie konnten Kommunikationsnetze unauffälliger knüpfen, indem sie sich z. B. am Nachmittag zu »Kaffee und Kuchen« trafen. Sie konnten Papier in vielen kleinen Läden einkaufen und es in Kinderwägen verstecken. Sie nennt Carola Karg, die als »Schwangere« illegales Material transportierte, oder Gertrud Staewen, die ihr Mutterkreuz Jüdinnen anheftete und sie mit ihren eigenen oder fremden Kindern über die Grenze brachte. Sie nennt auch Beispiele von Frauen, die ins Exil gingen und von dort Flüchtlingen halfen. (Vgl. Claudia Koonz: Mütter im Vaterland [220], S. 318 ff., S. 326 ff.)

71 Vgl. Dorothee von Meding: Mit dem Mut des Herzens [366], S. 27.

72 Mit Susanne Hirzel habe ich 1989 gesprochen. Eine Würdigung ihrer Person würde über den Rahmen dieser Arbeit hinausgehen.

73 Hierbei ist wiederum bezeichnend, wie die Leistungen der Frauen ausgeblendet werden. Über Willy Graf gibt es zahlreiche Publikationen, aber keine über seine Schwester Anneliese, die seine engste Vertraute war.

Im gleichen Tenor schreibt Walter Jens in seinem einleitenden Essay zu den Briefen und Aufzeichnungen von Willi Graf: »Die Frauen waren, mit Ausnahme von Sophie, bei den entscheidenden Gesprächen und Aktionen nicht mit von der Partie. Wenn die Entscheidungen fielen, blieben die Männerbündler unter sich.« (Vgl. Anneliese Knoop-Graf/Inge Jens (Hrsg.): Willi Graf. Briefe und Aufzeichnungen [757], S. 23 f.) Dieses Statement verkennt aber, ähnlich wie bei den »Männern des 20. Juli«, den außerordentlich wichtigen emotionalen und moralischen Beitrag der mit ihnen eng verbundenen Frauen.

74 Vgl. Eva Zeller: Nein und Amen [569], S. 232 f.

75 Vgl. Band II, Kapitel 6, »Evakuierung« und Kapitel 2, »Wir waren jung und kannten nichts anderes«.

76 Bei Widerstandskämpferinnen scheint es schwieriger, die Selbststilisierung durch Gespräche aufzubrechen. Dies ist die Beobachtung von Christel Wickert, die aus den Vernehmungsprotokollen ein nicht eindeutig heroisierendes Bild gewonnen hat. Sie plädiert dafür, ein realistisches Bild des Widerstandes mit seinen Widersprüchen zu zeichnen. (Vgl. Christl Wickert: Frauen im Hintergrund... [376])

Auch die verfolgte Ida Ehre erlebte mehrmals bei ihren Begegnungen mit Deutschen »dieses Ineinanderfließen von schwarz und weiß«. (Gott hat einen größeren Kopf, mein Kind [500], S. 136)

Ähnlich Ruth Klüger: »Wie aber, fragt mich ein jüngerer Freund, konnte meine Mutter überhaupt darauf kommen, eine Nazisympathisantin als Hauslehrerin anzustellen? Ich antworte, es war nicht so leicht, Nazis von Nichtnazis wie Kraut und Rüben zu unterscheiden. Überzeugungen waren ungefestigt, Stimmungen schwankten, Sympathisanten von heute konnten schon morgen Gegner sein und umgekehrt.« (Vgl. Ruth Klüger: Weiter leben [512], S. 15)

Auch die von Ulla Roberts interviewten Töchter konstatieren die »Widersprüchlichkeit in Gesinnung und Verhalten ihrer Mütter und andrer Frauen, die gegenüber den von den Nazis aus der Gesellschaft ausgegrenzten Gruppen durchaus Mitmenschlichkeit und Hilfsbereitschaft zeigen konnten – bei gleichzeitiger Führer-Verehrung und Führer-Ergebenheit.« (Starke Mütter, ferne Väter [628]), S. 59)

Was Alf Lüdtke über Arbeiter sagt, kann genauso für Frauen in ihrem Verhältnis zum NS-Regime gelten. Er meint, die Frage nach Opposition oder Integration führe in die Irre. Es »mischten sich Formen des Akzeptierens mit denen des Ausweichens oder Vermeidens. Zustimmung konnte mit Widersetzlichkeit oder Distanz wechseln«. (Ehre der Arbeit [13], S. 360)

77 Vgl. dazu bes. auch die Kapitel 1, »Für mich war es eine schöne Zeit«, Kapitel 10, »Nie wieder Krieg!« und in Band II, Kapitel 4 »Nachrichten«, Kapitel 5, »Bomben«. Sehr zutreffend scheint mir das Urteil von Hiltgunt Zassenhaus, die Mehrheit der Deutschen (*das gilt besonders auch für die Frauen*) habe »früher oder später dem Druck nachgegeben ... – nicht etwa aus Überzeugung, sondern weil sie keine Überzeugung hatten.« (Vgl. dies.: Ein Baum blüht im November [493], S. 261)

78 So die Schätzung von Claudia Koontz, zit. bei Claudia Heyne: Täterinnen [219], S. 152.

79 Dass dabei Handlangerdienste bei der Umsetzung der NS-Rassenideologie geleistet wurden, ist von Frauenforscherinnen deutlich herausgestellt worden, z.B. bei Angelika Ebbinghaus: Opfer und Täterinnen [533]; Claudia Heyne: Täterinnen [219]; Lerke Gravenhorst/Carmen Tatschmurat: Töchter-Fragen [218]; Gisela Bock: Ganz normale Frauen [255]; Susanne Asche: »...keine ungünstige Beeinflussung der deutschen Frau...« [658]; Insa Eschebach: SS-Aufseherinnen des Frauenkonzentrationslagers Ravensbrück [502]. Eine gute und kritische Zusammenfassung der Kontroverse über die Rolle der Frauen im NS-Staat nach dem Stand am Beginn der 90er Jahre bietet Adelheid von Saldern: Opfer oder (Mit-)Täterinnen? [323 a]. Sie plädiert dafür, »die Gemengelage von Opfer und Mittäterschaft unter Einschluss von etwaigen frauenspezifischen Komponenten« zu suchen. »Die Suche nach solchen Gemengelagen...ist deshalb besonders fruchtbar, weil hierbei nicht nur die Komplexität der Frauen als Subjekte samt ihren Handlungsweisen ins Blickfeld gerät, sondern auch die Komplexität subjektiver Reaktionen auf NS-politische Entscheidungen und Verhaltensformen ausgeleuchtet wird.« (S. 101) Genau dafür sind Biografieforschung und Oral History unentbehrliche Methoden. Wichtig sind in diesem Zusammenhang auch die Beiträge von Dagmar Reese: Frauen im Nationalsozialismus [230] und Juliane Jacobi in »Feministische Studien«, Heft 1, 1992. Beide plädieren für mehr und genauere empirische Forschung, auch unter Einbeziehung der betroffenen Frauen bzw. ihrer Autobiografien.

80 Vgl. Anm. 79.

81 Unerreichtes und auch nicht mehr erreichbares Beispiel ist nach wie vor Gitta Serenys Buch über Franz Stangl, den Kommandanten von Treblinka: Am Abgrund [641].

82 Vgl. Else Behrend-Rosenfeld: Ich stand nicht allein [496], S. 176 f.

83 Gisela Bock versucht das Problem folgendermaßen zu fassen: »Die quantitative Differenz wird gleichsam aufgewogen durch die qualitative Ähnlichkeit der Verantwortung, die Identität der Motive, Einstellungen und Handlungen der Täter beiderlei Geschlechts.« (Ganz normale Frauen [255], S. 258) Dafür sprechen auch zahlreiche autobiografische Zeugnisse von verfolgten Frauen (vgl. Literaturverzeichnis). Trotzdem erscheint mir die Erfahrung und Beobachtung von Ruth Klüger bedenkenswert: »Über die Grausamkeit der Aufseherinnen wird viel geredet und wenig geforscht. Nicht dass man sie in Schutz nehmen soll, aber sie werden überschätzt. Sie kamen aus kleinen Verhältnissen, und man steckte sie in Uniformen, denn irgendwas mussten sie ja tragen und natürlich nicht Zivil für diesen Dienst in Arbeitslager und KZ. Ich glaube, auf Grund dessen, was ich gelesen, gehört und selbst erfahren habe, dass sie im Durchschnitt weniger brutal waren als die Männer, und wenn man sie heute in gleichem Maße wie die Männer verurteilt, so dient ein solches Urteil als Alibi für die eigentlichen Verantwortlichen. Solche Überlegungen stoßen allerdings auf hartnäckigen, manchmal sogar auf empörten Widerspruch. Man wendet ein, Nazi-Frauen hatten einfach weniger Gelegenheit, Verbrechen zu begehen als Männer. Bleibt noch immer die Tatsache, dass die deutschen Frauen, sogar die Nazi-Frauen, nachprüfbar weniger ver-

brochen haben als die Männer. ... In Ermangelung von exaktem Material stelle ich die These auf, dass es in den Frauenlagern im Durchschnitt weniger brutal zuging als in den Männerlagern.« (Vgl. Ruth Klüger: Weiter leben [512], S. 145 f.) Ich vermag dazu kein Urteil abzugeben, denn die große Mehrheit der Frauen, der meine Untersuchungen gelten, gehörte nicht zu diesem engeren Kreis der Täterinnen.

84 Dazu das grundlegende Werk von Jürgen W. Falter, Hitlers Wähler [72].

85 Vgl. Claudia Koonz: Mütter im Vaterland [220].

86 So Marion Gräfin Yorck von Wartenburg, Charlotte von der Schulenburg, in: Dorothee von Meding: Mit dem Mut des Herzens [609], S. 206, 235.

87 Vgl. Dorothee von Meding: Mit dem Mut des Herzens [609], S. 29.

88 Vgl. Gustav Trampe (Hrsg.): Die Stunde Null [484], S. 116.

89 Dafür bringt das Buch von Dorothee von Meding beschämende Beispiele. (Mit dem Mut des Herzens [609]. Weitere Beispiele von anderen Frauen können angeführt werden: Marianne Meyer-Kramer, die Tochter des berühmten Widerstandskämpfers Carl Goerdelers, berichtet, dass ihre Mutter erst nach 5 Jahren eine Pensionszahlung und die Schwester eine Waisenrente erhielten (in: Gustav Trampe (Hrsg.): Die Stunde Null [484], S. 112 f.). Emmy Meixner-Wülker (1927), deren Vater als Regimegegner im Zuchthaus umgekommen war, schreibt: »Die Verfolgten hatten zu beweisen, dass sie Opfer waren, und viele Richter standen auf der Seite der ehemaligen Verfolger.« Ihre Mutter, die auch zeitweilig eingesperrt gewesen und für die Dauer ihres Lebens davon krank geworden war, bekam nach langen Prozessen erst 1956 einen Vergleich, der ihr monatlich 200.- DM Rente zusprach, elf Jahre nach Kriegsende! Der Vater wurde nie vollständig rehabilitiert. Hingegen gelang es dem Nazi-Bürgermeister von Eppstein, Hermann Müller, der ihren Vater ans Messer geliefert hatte, als »Unbelasteter« aus dem Spruchkammerverfahren hervorzugehen. (Vgl. Meixner-Wülker: Zwiespalt [436], S. 105 f.,109 f.)

KAPITEL 7
»Es war nicht alles schlecht, besonders am Anfang...«

1 Wie stark und geschickt gerade die symbolträchtigen Begriffe »Arbeit« (»Ehre der Arbeit«, »Schönheit der Arbeit«) und »Brot« (als Symbol des auskömmlichen und lebenswerten Lebens) von den Nationalsozialisten besetzt und eingesetzt wurden und Zustimmung unter der Arbeiterschaft (sicher auch der Arbeiterfrauen) fanden, zeigt Alf Lüdtke sehr genau in seinem Buch: Eigen-Sinn [14], besonders S. 283-335. Ebenfalls Alf Lüdtke: Wo blieb die »rote Glut« [146]. Unter meinen Gesprächspartnerinnen waren zu wenige Industriearbeiterinnen, so dass deren speziell weibliche Erfahrungen am Arbeitsplatz nicht gebührend berücksichtigt werden konnten. Vgl. dazu aber Dörte Winkler: Frauenarbeit im Dritten Reich [350], bes. S. 67-70, 77-81, 154-159.
   Weitere eindrückliche Beispiele für die Not der Arbeitslosigkeit in ihrem persönlichen Umkreis bringt Eva Sternheim-Peters in Kapitel II ihres autobiografischen Buches: Die Zeit der großen Täuschungen [472].

2 Bezeichnenderweise kommt der sonst viel zitierte Autobahnbau in den Erzählungen fast nur dann vor, wenn die eigene Familie oder die Verwandtschaft davon profitierte. Einige sprachen allgemeiner von »Arbeitsbeschaffungsmaßnahmen«, aber das blieb blass.

3 Dazu auch Christel Beilmann: »Sie (die Kirche) sah nur die eine große Gefahr, vor der sie Angst hatte: den Bolschewismus und alles, was nach ihrer Meinung dazu gehörte – Atheismus, Marxismus, Rationalismus, Freimaurertum –, und letztlich auch das Judentum. Für die Kirche war das die Welt des Teufels, die gegen die Kirche, gegen Gott also, zum Kampf angetreten war.« (Vgl. Christel Beilmann: Eine katholische Jugend in Gottes und dem Dritten Reich [382], S. 274)

4 Vgl. dazu Kapitel 4, »Wir haben doch nichts gewusst.«

5 Vgl. ihre Biografie in Band I.
6 Vgl. Ida Ehre: Gott hat einen größeren Kopf, mein Kind [500], S. 111 f.
7 Dazu besonders Alf Lüdtke: Wo blieb die »rote Glut«? [146]; Lutz Niethammer (Hrsg.): »Die Jahre weiß man nicht, wo man die heute hinsetzen soll« [618]; Klaus Wisotzky: Zwischen Integration und Opposition [204].
8 Das Ehestandsdarlehen von RM 1000.- wurde Frauen gewährt, die ihre Arbeit aufgaben und sich verpflichteten, »eine Tätigkeit als Arbeitnehmerin so lange nicht wieder aufzunehmen, als der künftige Ehemann Einkünfte von mehr als 125.- RM monatlich bezieht und das Ehestandsdarlehen nicht restlos getilgt ist«. Von 1933-37 wurden 700 000 Ehestandsdarlehen gewährt. Es konnte »abgekindert« werden. Für jedes Kind gab es 250.- RM Nachlass. 1937 wurde das Arbeitsverbot für die Frauen, die ein Ehestandsdarlehen erhalten hatten, aufgehoben. (Nach Karin Jurcyk: Frauenarbeit und Frauenrolle... [287], S. 66) Das Darlehen war an rassische, politische, gesundheitliche Voraussetzungen gebunden, so dass es auch als Werkzeug der NS-Volkstumspolitik und »Rassehygiene« diente. Dieser Aspekt wird deutlich herausgearbeitet von Ulrike Eichborn: »Dem Mann den Arbeitsplatz, der Frau Heim, Herd und Kinder« [271].
9 Dies bemängelt auch Eva Sternheim-Peters: Die Zeit der großen Täuschungen [472], S. 67.
10 Vgl. Jill Stephenson: Women in Nazi Society [235], S. 45.
11 Vgl. Ute Benz: Frauen im Nationalsozialismus [211], S. 29.
12 Vgl. Leila J. Rupp: Mobilizing Women for War [318], S.71.
13 Die Zahlen differieren etwas im Vergleich zu Jill Stephenson, da aber die Selbstdarstellung einerseits nach oben, andererseits nach unten abweicht, dürfte sie im ganzen recht verlässlich sein.
14 Zit. nach Adelheid Gräfin zu Castell Rüdenhausen [60], S. 229.
15 So z. B. Gabriele Czarnowski: Familienpolitik als Geschlechterpolitik [262]; Susanna Dammer: Kinder, Küche, Kriegsarbeit [265]; Ute Benz: Frauen im Nationalsozialismus [211], S. 28-36. Von den angeführten Dokumenten sind die meisten offiziellen Partei-Verlautbarungen bzw. deren Propagandaschriften entnommen. So unentbehrlich die Kenntnis der Intentionen der Nationalsozialisten ist, für die realen Erfahrungen der Mehrzahl der deutschen Frauen genügt sie nicht, genügen auch die wenigen ausgewählten Briefe und Zeitzeugnisse nicht. Von den Familien- und frauenfreundlichen Maßnahmen werden nur das Ehestandsdarlehen erwähnt und seine »rassehygienischen« Hintergründe betont. Dass es für die Mehrheit diese »rassehygienischen« Probleme gar nicht gab und diese daher recht froh war an Darlehen angesichts der wirtschaftlich schwierigen Lage, wird nicht berücksichtigt.
    Positiv hervorzuheben ist die gründliche Arbeit von Carola Sachse: Betriebliche Sozialpolitik [321]. Sie arbeitet sehr genau die betriebswirtschaftliche und NS-politische Funktion von Betriebsfürsorge heraus, aber es werden ebenso die konkreten Maßnahmen sehr detailliert dargestellt. Leider gibt es kaum Hinweise darauf, wie diese Maßnahmen auf die Arbeiterinnen wirkten. Dass die Disziplinierungsziele nicht erreicht wurden, lässt darauf schließen, dass die Bemühungen in diesem Sinne nicht sehr wirkungsvoll waren.
    Eine nützliche knappe Zusammenfassung der Wohlfahrtsmaßnahmen bei Bernd Jürgen Wendt: Deutschland 1933 – 1945 [200], S. 243 ff.
16 Ich stimme Hans-Dieter Schäfer zu, wenn er sagt: »Noch dominiert jedoch die Anschauung, das 3. Reich habe seine Herrschaft vornehmlich durch Repressionsorgane gesichert. Diese Blickweise isoliert den Nationalsozialismus von der modernen Wohlfahrtsgesellschaft; ihre Mechanismen waren es gerade, welche die Kraft schwächten, unerträgliche gesellschaftliche Bedingungen zu erkennen.« (Vgl. Hans-Dieter Schäfer (Hrsg.): Berlin im Zweiten Weltkrieg [455], S. 11)
17 Vgl. ihre Biografie in Band I.
18 Vgl. die Analyse eines Heftes der NS-Frauenwarte in Band II, Kapitel 7, »Freizeit....«, Stichwort »Private Freizeit (Exkurs: Frauenwarte)«.
19 In welcher Weise Frauen in ihrem beruflichen Werdegang durch das Regime behindert (oder auch gefördert wurden) siehe Teil A dieses Bandes, Kapitel 3, »Nachwirkungen«, Stichwort »Nachwirkungen (berufliches Leben)«.
20 Sehr stark betont diese Seite an vielen Stellen ihres Buches Eva Sternheim-Peters, die von sich

sagt, sie sei wegen der Volksgemeinschaft zur überzeugten Nationalsozialistin geworden. (Vgl. dies.: Die Zeit der großen Täuschungen [472], z. B. S. 53, 93-95, 116-118).

21 Vgl. Kapitel 1, »Für mich war es eine schöne Zeit« und Band II, Kapitel 2, »Arbeit«, Stichwort »Dienstverpflichtungen (Arbeitsdienst)«.

22 Nach Gisela Bock: Frauen und Geschlechterbeziehungen in der nationalsozialistischen Rassenpolitik [253], S. 130.

23 Vgl. Gisela Bock: Zwangssterilisation im Nationalsozialismus [252]; Gabriele Czarnowski: Frauen in der nationalsozialistischen Bevölkerungs- und Rassenpolitik [262].

24 Vgl. Marianne Peyinghaus: Stille Jahre in Gertlauken [772], S. 86 f.

25 Vgl. z. B. Wolfgang Zorn: Handbuch der deutschen Wirtschafts- und Sozialgeschichte, Bd. 2 [18].

26 Vgl. Band II, Kapitel 2, »Arbeit«, Stichwort »Dienstverpflichtungen und freiwillige Kriegsdienste (ehrenamtliche Tätigkeiten)« und Kapitel 6, »Was hätten wir denn machen können?«, Stichwort »Überangepasstes Verhalten«.

27 Vgl. Sibylle Meyer/Eva Schulze: Auswirkungen des II. Weltkriegs auf Familien [616], bes. S. 300. In dem Buch von Gabriele Jenk bestreiten die Frauen die Solidarität unter Frauen immer wieder: »Wenn heute die Leute immer erzählen, da wär ein großer Zusammenhalt gewesen, kann ich nur lachen. Jeder war sich selbst der Nächste, und auf Kinder wurde kein bisschen Rücksicht genommen.« (Vgl. Gabriele Jenk: Steine gegen Brot [416], S. 132)

28 Vgl. Band II, Kapitel 10, »Zwangsarbeit – Verschleppung – Vertreibung«.

29 Dieser Sichtweise stehen freilich die berufshemmenden Eingriffe entgegen, nicht nur für Studierwillige und für »Doppelverdiener« bzw. Frauen in akademischen Berufen. Auch sonst war die gewünschte Berufswahl nicht immer garantiert. Vgl. dazu besonders Teil A dieses Bandes, Kapitel 3, »Nachwirkungen«, Stichwort »Nachwirkungen (Berufs- und Aufstiegschancen)«.

30 Vgl. besonders die Kapitel 2, »Wir waren jung und kannten nichts anderes« und 4, »Wir haben doch nichts gewusst.«

KAPITEL 8
»Warum immer nur wir? Wir haben genug gebüsst.«

1 Es ist deshalb auch nicht verwunderlich, dass Susanne zur Nieden keine Niederschläge von Trauerarbeit in den Tagebüchern aus der unmittelbaren Nachkriegszeit findet. Vgl. Susanne zur Nieden (Hrsg.): Alltag im Ausnahmezustand [768], S. 171 f. Die wirkliche Wahrnehmung und die Auseinandersetzung mit dem fast Unfassbaren brauchten ihre Zeit.

2 So z. B. Ralph Giordano: Die zweite Schuld [92], und: Wie kann diese Generation eigentlich noch atmen? [93]; Alexander und Margarete Mitscherlich: Die Unfähigkeit zu trauern [153]. Es gibt zahlreiche andere Autoren, die einen ähnlichen emotionalen Defekt feststellen, z. B. Hannah Arendt, Theodor W. Adorno, auch Inge Deutschkron, die im Untergrund in Deutschland überlebt hatte.

3 Siehe dazu in Band II, Kapitel 1, »Durchkommen und Überleben«; sowie im vorliegenden Band, Teil A, die Kapitel 2, »Neuanfang«, und 3, »Nachwirkungen«.

4 Eine Auswahl der zahlreichen Zuschriften aus dem großen Kreis der Zuschauer wurde in einem Sammelband herausgegeben unter der Überschrift: »Eine Nation ist betroffen.« Vgl. Peter Märtesheimer/Ivo Frenzel: Im Kreuzfeuer: Der Fernsehfilm »Holocaust«. Eine Nation ist betroffen [148].

5 Vgl. ihre Biografie in Band I.

6 Aus dem Gedächtnis aufgezeichnet nach Gespräch am 5.11.1993.

7 Vgl. Kapitel 4, Teil II, »Anmerkungen zum deutschen Antisemitismus aus erfahrungsgeschichtlicher Sicht«.

8 Dazu Näheres in Kapitel 9, »Es muss einmal Schluss sein.«

9 Sehr wenige fühlen sich selbst als ungerecht behandelte Opfer der Entnazifizierung oder bekla-

gen, »was sie nach 1945 haben durchmachen müssen«. Sie empören sich dann meist darüber, dass »Leute eingesperrt wurden, die vorher nichts getan haben«, ohne dass es sie sonderlich kümmert, wie viele vorher unschuldig eingesperrt, gequält und getötet worden waren.

10 Dazu schon Anm. 1. Bei der Beurteilung über die Fähigkeit oder Unfähigkeit zu trauern muss unterschieden werden zwischen der Einstellung bei oder kurz nach Kriegsende und der heutigen Einstellung. Susanne zur Nieden kritisiert in den Tagebüchern der unmittelbaren Nachkriegszeit »die schwer nachvollziehbare Selbstbezogenheit«, die nur die eigenen Leiden beklage: »Aus heutiger Sicht verwundert die Einseitigkeit solcher Klagen, bei der die Verfasserinnen – trotz des Wissens um die deutschen Verbrechen – sich stets als ›Opfer‹ und die eigentlich Geschädigten präsentieren.« (Vgl. Susanne zur Nieden (Hrsg.): Alltag im Ausnahmezustand [768], S. 197; ebenso Gabriele Rosenthal: »Als der Krieg kam...« [632], S. 43 u.ö.) In diesen Urteilen wird verkannt, dass die Wahrheit über den Charakter dieses Krieges und die deutschen Verbrechen, auch und besonders der Wehrmacht, erst im Laufe der Zeit wissenschaftlich herausgearbeitet wurde. Viele fühlten sich mit Recht als missbrauchte Opfer eines großen Täuschungsmanövers; die Einsicht in die eigene schuldhafte Verstrickung erforderte eine längere Aufarbeitung, die oft erst Jahre später begann. Deshalb ist die Einbeziehung der ganzen Lebensgeschichte wichtig.

11 Vgl. Dokumentation der Vertreibung der Deutschen aus Ost-Mitteleuropa [788], 110 f. E.

12 Vgl. Marianne Peyinghaus: Stille Jahre in Gertlauken [772], S. 206.

13 Vgl. Ursula von Kardorff: Berliner Aufzeichnungen [755], S. 245.

14 Es ist z. B. nicht allgemein bekannt, dass in den KZ und Vernichtungslagern viele Autochthone aus den besetzten Ostgebieten tätig waren. Ebensowenig bekannt ist, wie der Antisemitismus nach dem Kriege in Polen weiterlebte, wie die überlebenden Juden und Retterinnen und Retter von Juden bedroht und verfolgt wurden. Davon berichtet z. B. Eva Fogelmann: »Wir waren keine Helden« [538], in ihrem Nachkriegskapitel S. 267 ff. Ähnliche Erfahrungen schildert Alicia Appleman in ihren Erinnerungen: Überleben, um Zeugnis zu geben [495].

15 So der Untertitel einer bedenkenswerten Studie von Hans Askenasy: Sind wir alle Nazis? [26].

16 Dazu die ausgezeichneten Ausführungen von Hannah Arendt: »Organisierte Schuld« [23], bes. S. 341-344.

17 Vgl. Hoimar von Ditfurth: Innenansichten eines Artgenossen [910a)], S. 224.

18 Vgl. dazu Kapitel 2, »Wir waren jung und kannten nichts anderes«, und die Biografie von Gertraud L. in Band I.

19 Am 30.6.1945 in einem Brief an ihre Kinder, die z.T. in England lebten. Vgl. Mathilde Wolff-Mönckeberg: Briefe, die sie nicht erreichten [782], S. 183.

20 Vgl. Vilma Sturm: Achtzig Jahre Krieg und Frieden [481], S. 73.

21 Vgl. Erna Proskauer: Wege und Umwege [516], S. 122.

22 Z. B. Frauengruppe Faschismusforschung: Mutterkreuz und Arbeitsbuch; Maruta Schmidt/Gabi Dietz (Hrsg.): Frauen unterm Hakenkreuz [233].

23 Vgl. dazu besonders die kritischen Beiträge bei Lerke Gravenhorst/Carmen Tatschmurat: Töchter-Fragen [218]. Annemarie Tröger macht darauf aufmerksam, dass der »Opfer-Status« den Frauen in einer langen historischen Tradition gleichsam auf den Leib geschrieben, ihnen als etwas ihrem Wesen Gemäßes eingeredet und von ihnen angenommen wurde. Dieser Opfer-Status ermöglichte ihnen, sich vor der Verantwortung für den Nationalsozialismus zu drücken: »Women have been victimized, as a group, throughout history. Religions have built female victimization into a positive ideology of self-sacrifice as the highest virtue of womanhood, and fascism thrived on a secularized version of female sacrifice. Thus, the image of the victim is an integral part of woman's cultural and social identity. It is not surprising, therefore, that symbolic vicitmization is much more obvious in women's interviews than in men's. Pleading ›not guilty‹ in all political matters is their favourite answer when they are confronted with their role in the rise of fascism.« (Vgl. German Women's Memories of World War II [341], S. 299) Ich weiß nicht, auf wie viele Interviews Annemarie Tröger sich stützt. So allgemein gilt das für die Frauen nicht, obwohl die Neigung dazu zweifellos da ist. Vgl. die Kapitel 3, »Ich war ganz unpolitisch« und 9, »Es muss einmal Schluss sein.«

24 Genaueres dazu s. Rita R. Thalmann: Zwischen Mutterkreuz und Rüstungsbetrieb [237], S. 201 f.

KAPITEL 9
»Es muss einmal Schluss sein.«

1 Den spezifischen Umgang von Frauen aus der ehemaligen DDR mit der nationalsozialistischen Vergangenheit zu untersuchen, wäre ein sehr wichtiges Thema, ist hier aber nicht zu leisten, ebensowenig, wie sich bei ihnen die Erfahrungen im Nationalsozialismus auf ihre Einstellung zum »Sozialismus« ausgewirkt haben und wie sie sich heute mit ihren beiden Vergangenheiten in zwei Diktaturen auseinandersetzen.

2 Diese Formulierung verdanke ich Wolfgang Gerlach: Er kritisiert das Stuttgarter Schuldbekenntnis der evangelischen Kirche von 1945: »Dort wird in hehren Komparativen generalisierend eine Schuld *be*kannt, ehe sie wirklich *er*kannt war.« (Vgl. Wolfgang Gerlach: Als die Zeugen schwiegen [89], S. 105)

3 Mit den Methoden der Geschichtsforschung, auch denen der Oral History, lässt sich dieser inneren Wahrheit eines Menschen schwer beikommen, dazu bedürfte es der Hilfe von Psychologen. Der Historiker kann aber indirekt darauf schließen, indem er die Handlungen ermittelt und beschreibt, die aus der Introspektion, falls sie ehrlich war, notwendig folgen müssten, vgl. die Analysekriterien, die wir in diesem Kapitel entwickeln.

4 Vgl. ihre Biografie in Band I.

5 Es ist sicher richtig, wenn z. B. Gabriele Rosenthal aus den Lebensgeschichten der drei von ihr interviewten Frauen herausgelesen hat, dass das »Dritte Reich« darin noch gegenwärtiger ist, als den Frauen selbst bewusst ist. Dennoch scheint mir die verallgemeinernde Bewertung, als habe eine Auseinandersetzung so gut wie nicht stattgefunden, schon auf Grund der schmalen Basis nicht haltbar. (Vgl. Gabriele Rosenthal (Hrsg.): »Als der Krieg kam…« [632])

6 Diesen Rückbezug auf »innere Werte und Idealismus« in Aufsätzen von Abiturientinnen findet auch Rolf Schörken: Jugend 1945 [637], S. 31.

7 Vgl. Teil A, Kapitel 2, »Neuanfang«, Stichwort »Frauen und politischer Neubeginn«.

8 Vgl. Dorothee von Meding: Mit dem Mut des Herzens [609], S. 187 f.

9 Vgl. Marlies Flesch-Thebesius: Hauptsache Schweigen [402], S. 159.

10 Genaueres über die Einstellung zur Kriegsverhinderung und zum Engagement dafür, vgl. Kapitel 10, »Nie wieder Krieg!«

11 Vgl. besonders Teil A, Kapitel 3, »Nachwirkungen«, Stichwort »Nachwirkungen (Erziehung und Ausbildung der Kinder)«.

12 Vgl. das Beispiel Clara S. in Teil A, Kapitel 2, »Neuanfang«, Stichwort »Frauen und politischer Neubeginn«.

13 Vgl. dazu besonders Teil A, Kapitel 2, »Neuanfang«, Stichwort »Ehrenamtliche Tätigkeiten«.

14 Vgl. dazu in Band II die Kapitel 1, »Durchkommen und Überleben«; Kapitel 8, »Besetzung«; in diesem Band Teil A, Kapitel 2, »Neuanfang«; Kapitel 3, »Nachwirkungen«.

15 Vgl. Ruth Andreas-Friedrich: Schauplatz Berlin [735], Tagebucheintrag vom 5. Mai 1947, S. 187.

16 Vgl. Band II, Kapitel 8, »Besetzung« und die Autobiografien im Literaturverzeichnis.

17 Eine gute Zusammenfassung dieser Schulddebatte bietet Barbro Eberan: Luther? Friedrich ›der Große‹?…[67]. Besonders bekannt auch Karl Jaspers: Die Schuldfrage [124] und Theodor W. Adorno: Was bedeutet Aufarbeitung der Vergangenheit? [19].

18 Vgl. Ralph Giordano: Die Zweite Schuld. Von der Last, Deutscher zu sein [92].

19 Vgl. Kapitel 8, »Warum immer nur wir?«. Barbro Eberan weist auf Diskussionen in der politischen Zeitschrift »Frankfurter Hefte« hin: »Schon im ersten Heft – April 1946 – stellt Eugen Kogon fest, dass die Kollektivschuldanklage ihren Zweck, die Deutschen zur Erkenntnis der wahren Ursachen ihrer Niederlage zu führen, verfehlt habe. (*Er sagt*): ›Das spricht nicht so sehr gegen das deutsche Volk als gegen das angewandte pädagogische Mittel… Die ›Schock-Politik‹ hat nicht die Kräfte des deutschen Gewissens geweckt, sondern die Kräfte der Abwehr gegen die Beschuldigungen, für die nationalsozialistischen Schandtaten in Bausch und Bogen mitverantwortlich zu sein.‹« Den von Kogon beschriebenen Sachverhalt konnte ich auch bei meinen Zeitzeugin-

nen feststellen. Ihre Abwehr gegen pauschale Schuldzuweisungen hat sich im Laufe der Jahre, mit dem Abstand vom Krieg und vom Nationalsozialismus, noch verstärkt.

20 Vgl. dazu Kapitel 1, »Für mich war es eine schöne Zeit«; Kapitel 6, »Es war nicht alles schlecht«; Kapitel 8, »Warum immer nur wir?«.

21 Eva Sternheim-Peters macht mit Recht darauf aufmerksam, dass an den Universitäten »Rassehygieniker« weiter lehrten, so dass eine kritische Auseinandersetzung mit dem Rassenantisemitismus, dem Sozialdarwinismus lange nicht möglich war, weil eine wissenschaftliche Aufarbeitung und Kritik noch gar nicht vorliegen konnte. Alle diese irrigen, pseudowissenschaftlichen Vorstellungen und Lehrmeinungen gab es ja schon vor Hitler – und sie hielten sich über den Zusammenbruch des Dritten Reiches hinaus. Wie sollte sich da die »einfache« Studentin und erst recht eine »einfache« Frau, die diese Lehren geglaubt hatte, ein Urteil über die Verwerflichkeit all dessen bilden können? (Nach Eva Sternheim-Peters: Von der Hochschulreife zum Hauptdiplom. Ein weiblicher Bildungsweg in Krieg und Nachkriegszeit, unveröffentlichtes Manuskript, S. 10)

22 Vgl. Josefine Baudis: Josefine, eine Trümmerfrau [524], S. 157. Vgl. dazu auch Teil A, Kapitel 2, »Neuanfang«, Stichwort »Frauen und politischer Neubeginn (Entnazifizierung)«.

23 Vgl. Teil A, Kapitel 1, »Zusammenkommen – Zusammenleben«, Exkurs: Was haben Männer vom Krieg erzählt?

24 Dazu das folgende Kapitel 11, »Wer die Zeit nicht miterlebt hat...«

25 Vgl. Christel Beilmann: Eine katholische Jugend in Gottes und dem Dritten Reich [382], S. 345. Vgl. auch die Biografie von Margarete E. in Band I.

26 Der Film »Holocaust« spielte dabei aber eher eine untergeordnete Rolle. Geäußert wurde von den Zeitzeuginnen oft Kritik an der Einseitigkeit solcher Sendungen, vgl. Kapitel 8, »Warum immer nur wir?«. Insgesamt fiel mir auf, dass von der riesigen Fülle an Büchern über diese Zeit, vor allem gut lesbare und eindrückliche Biografien und Autobiografien von Frauen, auch von Verfolgten, den Zeitzeuginnen relativ wenig bekannt ist. Viele sagten auch, sie möchten sich solche Filme nicht ansehen und solche Bücher nicht lesen, es rege sie zu sehr auf. Dies ist zweifellos ein Stück Eskapismus.

27 Ein besonders eindrucksvolles, weil öffentlich gewordenes Beispiel ist Renate Finckh, die sich bis heute in bisher drei Büchern immer aufs neue damit abquält, mit ihrer Vergangenheit ins reine zu kommen.

28 So z. B. Ralph Giordano. Er spricht von denen, die sich mit dem Nationalsozialismus eingelassen haben, als von Menschen, die »zu gründlich in ihrem humanen Kern zerstört worden (sind), um je damit fertig werden zu können«. (Vgl. Ralph Giordano: Die zweite Schuld [92], S. 16)

29 So z. B. Sigrid Matzik: Ursula Borke..., in: Gabriele Rosenthal: Als der Krieg kam... [632], S. 79.

30 Vgl. H. Jansen (Hrsg.): Freundschaft über sieben Jahrzehnte [752]. Die erstaunliche Kontinuität im Frauenleben unseres Jahrhunderts bestätigt auch Rolf Schörken: »Die bürgerlichen Normen haben sich ohne ernsthafte Anfechtungen sehr selbstverständlich durch die Katastrophe durchgehalten... Der hier gemeinte bürgerliche Lebenszuschnitt birgt in sich metaphysische Momente: Lebenssinn, Bestätigung, Trost in der Familie und in einer Ordnung, die einen vor Schlimmerm bewahrt, umgeben von den Menschen, die man liebgewonnen hat. Die historische Kraft einer so verstandenen bürgerlichen Ordnung ist ungeheuer, eine Art Stifterscher ›sanfter Gewalt‹ gegenüber der reißenden Kraft politischer Ereignisse.« (Vgl. Rolf Schörken: Besprechung des Buches »Der Klassenrundbrief« [775]) Schörken schreibt dies in einer Besprechung eines Briefwechsels von Schülerinnen des Abschlussjahrgangs 1925 der Altstädter höheren Mädchenschule in Dresden. Der Briefwechsel wurde von 1953 bis 1989 geführt. Die Frauen gehörten bis auf wenige Ausnahmen dem Geburtsjahrgang 1908 an. (Vgl. Charlotte Heinritz (Hrsg.): Der Klassenrundbrief [449]).

31 Vgl. Maria Lammers: Lebenswege in Ost- und Westdeutschland [429], S. 294.

32 Zu ähnlichen Ergebnissen kommt Rolf Schörken in seiner Untersuchung über das Selbstbild und Weltbild von Abiturienten der Jahrgänge 1921-1929, darunter fünf Frauen: »Der ›unauffällige‹ Unterbau der nationalsozialistischen Ideologie, der selber älter als der Nationalsozialismus und auch gar nicht als spezifisch nationalsozialistisch erkennbar ist, hat das Jahr 1945 in vielen Ein-

zelmomenten überlebt.« (Vgl. Rolf Schörken: Jugend 1945 [637], S. 149) Ich kann das für die Mehrzahl der von mir befragten bürgerlichen Frauen voll bestätigen. In dieser Untersuchung wurde immer wieder auf solche überkommenen Denkmuster hingewiesen.

33 Ralph Giordano: Die Zweite Schuld [92]. Ähnlich auch in seinem Buch: Wie kann diese Generation eigentlich noch atmen? [93].

34 Vgl. Kapitel 6, »Was hätten wir denn machen können?«, Stichwort »Überangepasstes Verhalten«.

KAPITEL 10
»Nie wieder Krieg!«

1 Vgl. H. Jansen (Hrsg.): Freundschaft über sieben Jahrzehnte [752], S. 147.

2 Vgl. ebd., S. 166.

3 Vgl. dazu auch den Beitrag von Bettina Bab: »Frauen helfen siegen« [243], bes. S. 68.

4 Vgl. H. Jansen (Hrsg.): Freundschaft über sieben Jahrzehnte [752], S. 167.

5 Bruno Schonig thematisiert die Erfahrungen Berliner Lehrerinnen und Lehrer nach ihren autobiografischen Zeugnissen: »Auf den Beginn des von den Nationalsozialisten initiierten 2. Weltkriegs im September 1939 reagieren einige unserer Erzählerinnen – die Lehrer thematisieren dieses Thema nicht – mit Entsetzen und Weinen, andere mit Krankheit... Sie haben den 1. Weltkrieg erlebt und reagieren mit der Erinnerung an dessen Schrecken auf die kommenden Kriegsereignisse.« Es sind Lehrerinnen der Jahrgänge 1894 – 1910. Vgl. Bruno Schonig: Krisenerfahrung und pädagogisches Engagement [638], S. 129; vgl. auch Band II, Kapitel 1, »Durchkommen«.

6 So wurde der Gebietsstreifen (die alte Provinz Westpreußen) genannt, der im Vertrag von Versailles 1919 an den wieder errichteten polnischen Staat abgetreten werden musste und Ostpreußen vom Reichsgebiet abtrennte.

7 Zit. nach Karl Dietrich Erdmann: Die Zeit der Weltkriege [71], S. 499.

8 Goebbels Anweisung Nr. 923 vom 29.8.1939: »Nach wie vor müssen die Polen-Greuel die entscheidende Aufmachung bleiben. Es kommt darauf an, nach drinnen und draußen klarzustellen, dass die deutsche Haltung fest ist. Was das Volk oder das Ausland von den Polen-Greueln glaubt oder nicht, ist unwichtig. Entscheidend ist, dass diese letzte Phase des Nervenkriegs nicht von Deutschland verloren werden darf.« (Zit. nach Gottfried Niedhart (Hrsg.): Kriegsbeginn 1939 [160], S. 87 f.)

9 Vgl. »Das Landmädel«. Arbeitsbuch für Schülerinnen landwirtschaftlicher Berufsschulen v. Gabriele Krüger und Maria Müller-Kemter. Hermann Schroedel-Verlag, Halle a. d. Saale 1943, S. 57. Das Buch befindet sich bei den persönlichen Dokumenten einer Landfrau.

10 Eva Sternheim-Peters: »... in der Propaganda der letzten Kriegsjahre ging es um eine neue, endgültige, gerechte Weltordnung unter der weisen und gütigen Führung Großdeutschlands. Eine Zukunftsvision, die ihre Wirkung auch im Golfkrieg, nun unter der weisen und gütigen Führung der amerikanischen Supermacht nicht verfehlte.« (Vgl. dies.: Die Zeit der großen Täuschungen [472], S. 26)

11 Vgl. Liselotte Orgel-Purper: Willst du meine Witwe werden? [771], S. 122. Vgl. auch die Biografie von Margarete E. in Band I.

12 Dies arbeitet auch Eva Sternheim-Peters sehr anschaulich heraus. (Vgl.: Die Zeit der großen Täuschungen [472], S. 351 f.)

13 Vgl. die Biografie von Annelies N. in Band I.

14 Vgl. Vilma Sturm: Barfuß auf Asphalt [480], S. 169.

15 Christel Beilmann zitiert aus Reden des Bischofs von Münster, Clemens August Graf von Galen. (Vgl.: Eine katholische Jugend in Gottes und dem Dritten Reich [382], S. 224, 307)

Zahlreiche weitere anschauliche Beispiele u. a. auch in der Ausstellung der Württ. Landeskirche »Mit Gott für Volk und Vaterland« [707].

16 Vgl. Deutscher Evangelischer Frauenbund, Ortsverband Nürnberg: Zeitgefangen [666], S. 12.
17 Christel Beilmann zitiert ausführlich aus privaten Briefen, aus Hirtenbriefen, Soldatengebetbüchern. (Vgl.: Eine katholische Jugend in Gottes und dem Dritten Reich [382])
18 Vgl. auch Band II, Kapitel 4 »Nachrichten«.
19 Vgl. die Biografie von Lieselotte S. in Band I.
20 Dass auch die Vorstellung von der das ganze Volk erfüllenden rauschhaften Begeisterung am Beginn des Ersten Weltkriegs eine Geschichtslegende ist, ist unlängst durch eine Feinanalyse auf lokalgeschichtlicher Grundlage und durch Heranziehung von Zeitzeugen und persönlichen Dokumenten nachgewiesen worden. (Vgl. Michael Stöcker: Augusterlebnis 1914 in Darmstadt [17]). Dieser Befund deckt sich mit den Erinnerungen meiner älteren Gesprächspartnerinnen, die sich noch an den August 1914 erinnern. Stöcker demonstriert eindrücklich den Wert von sorgfältig recherchierten Zeitzeugnissen. 1997 ist eine Studie erschienen, die anhand von Feldpostbriefen »einfacher Leute« ebensowenig Kriegsbegeisterung feststellen kann: Gerhard Hirschfeld u.a. (Hrsg.): Kriegserfahrungen [8].
21 Vgl. Marlies Flesch-Thebesius: Hauptsache Schweigen [402], S. 75 f.
22 Vgl. auch Band II, Kapitel 3, »Trennung« und Kapitel 4, »Nachrichten«. Diese Widersprüchlichkeit zwischen Kriegsangst und militärischer Begeisterung fanden auch Ingrid Hammer/Susanne zur Nieden in den von ihnen untersuchten Tagebüchern. (Vgl. dies.: Sehr selten habe ich geweint [747], S. 9 f.)
23 Dass manche Männer sich zu besonders gefährlichen Einsätzen meldeten, um ausgezeichnet zu werden, erwähnt Hans Joachim Schröder: Die gestohlenen Jahre [639], S. 569. Es erscheint mir nicht abwegig anzunehmen, dass sie damit auch den Mädchen und Frauen imponieren wollten. Vgl. auch Eva Sternheim-Peters: Die Zeit der großen Täuschungen [472], S. 355.
24 Vgl. Biografie von Margarete E. in Band I, Tagebucheintrag vom 12.6.1940.
25 Vgl. H. Jansen: Freundschaft über sieben Jahrzehnte [752], S. 180.
26 Vgl. ebd., S. 191. Vgl. auch Band II, Kapitel 4, »Nachrichten«.
27 Am 2. Februar 1943 kapitulierte die 6. Armee. Von den mehr als 300 000 eingeschlossenen Soldaten gingen nur noch 91 000 in sowjetische Kriegsgefangenschaft. Von ihnen überlebten nur wenige Tausend.
28 Dieses Hin- und Hergerissensein zwischen Glauben-Wollen und Hoffnungslosigkeit und auch die größere Skepsis der Frau lassen sich gut an dem Briefwechsel zwischen Liselotte Orgel-Purper (1918) und ihrem Mann verfolgen; vgl. Liselotte Orgel-Purper: Willst du meine Witwe werden? [771].
29 Vgl. H. Jansen (Hrsg.): Freundschaft über sieben Jahrzehnte [752], S. 193, 199, 202-204.
30 Zu den Reaktionen ausführlicher Band II, Kapitel 5, »Bomben«.
31 Vgl. Kapitel 3, »Trennung«, Stichwort »Schreiben – Feldpost«.
32 Detlev Vogel betont in seiner Analyse von Feldpostbriefen, dass der Glaube an den Endsieg bei den Soldaten überwog. Vgl. Detlev Vogel: »Aber man muss halt gehn…« [777]. Zu den Frauenbriefen werden diesbezüglich keine Angaben gemacht.
Ortwin Buchbender/Reinhold Sterz fanden in den weit überwiegend von Männern verfassten Feldpostbriefen »1944 noch einmal das große Hoffen auf die Entscheidung im Westen und die Wunderwaffen, bis das ganze Ausmaß der Niederlage bewusst wurde«. Vgl. Ortwin Buchbender/Reinhold Sterz (Hrsg.): Das andere Gesicht des Krieges [740], S. 10.
Ursula von Kardorff am 8.11.1942 (sie hatte im englischen Sender von der Landung alliierter Truppen in Nordafrika gehört): »In diesem Moment wurde mir klar, dass beide Brüder nicht mehr an den Sieg glauben. Ich fühlte es deutlich. Die meisten, die von der Front kommen, sind anders, sie kennen nur ihren Abschnitt und haben keine Übersicht über das Ganze – stehen dem Berliner Pessimismus befremdet oder sogar ärgerlich gegenüber.« (Vgl. Ursula von Kardoff: Berliner Aufzeichnungen [755], S. 12)
33 Dass es Frauen gegeben hat, die sich freiwillig zu Todeseinsätzen gemeldet haben, wurde mir nicht berichtet. So nach Hans-Jürgen Eitner: Hitlers Deutsche [69], S. 512. Er nennt aber keine Zahlen.

34 Vgl. Clara von Arnim: Der grüne Baum des Lebens [379], S. 176.

35 Vgl. Lisa de Boor: Tagebuchblätter [736], S. 212, 230.

36 Vgl. Band II, Kapitel 5, »Bomben«, Stichwort »Großangriffe«.

37 Vgl. Kapitel 4, »Wir haben doch nichts gewusst«, und Kapitel 6, »Was hätten wir denn machen können?«.

38 Zum »Hitler-Mythos« bei den Frauen, vgl. Teil B, Kapitel 1, »Für mich war es eine schöne Zeit«.

39 Vgl. dazu Band II, Kapitel 8, »Besetzung«, Stichwort »Die letzten Kriegstage«.

40 Vgl. Band II, Kapitel 8, »Besetzung«, Stichworte »Die Franzosen, »Die Amerikaner«, »Die Russen«.

41 Vgl. dazu auch Kapitel 8, »Warum immer nur wir?«.

42 Vgl. Band II, Kapitel 10, »Zwangsarbeit – Verschleppung – Vertreibung«.

43 Vgl. Band II, Kapitel 1, »Durchkommen und Überleben«; Teil A, Kapitel 1, »Zusammenkommen« sowie Kapitel 2, »Neuanfang«.

44 Vgl. Ingeborg Drewitz: Gestern war Heute [530], S. 77.

45 Vgl. Werner Filmer/Heribert Schwan (Hrsg.): Mensch, der Krieg ist aus [400], S. 293.

46 Im sowjetisch verwalteten Teil Ostpreußens erfuhren manche erst im Herbst 1945 vom Waffenstillstand und vom Ende des Krieges. Manche erhielten erst 1946 wieder Post von ihren Angehörigen aus Mittel- und Westdeutschland. (Vgl. Die Vertreibung der deutschen Bevölkerung aus den Gebieten östlich der Oder-Neiße [788], 89 E)

47 Vgl. Kapitel 9, »Es muss einmal Schluss sein«.

48 Vgl. Band II, Kapitel 8, »Besetzung«, Stichwort »Besondere Beziehungen der Frauen zu den Siegern«.

49 Vgl. Band II, Kapitel 8, »Besetzung«, Stichwort »Andere Bedrohungen und Erfahrungen«.

50 Vgl. Kapitel 9, »Es muss einmal Schluss sein.«

51 Die Wehrmachtshelferinnen waren Zivilangestellte ohne militärischen Status. Erst Ende Februar 1945 befahl Hitler die Aufstellung eines Frauenbataillons. Im März 1945 gestattete das Oberkommando der Wehrmacht Frauen und Mädchen die Bedienung von »Handfeuerwaffen und Panzerfäusten für den persönlichen Schutz«. Über weibliche Kämpferinnen ist nur wenig und Ungenaues zu berichten: »In den letzten Kriegsmonaten haben ... manche von ihnen *(den Wehrmachtshelferinnen)* mit der Waffe gekämpft.« (Vgl. Cordula Koepcke: Frauen im Wehrdienst [423], S. 76.) Genauere Angaben fehlen, ebenso Genaueres über den militärischen Einsatz von Flakhelferinnen. Es hat auch eine weibliche SS gegeben, die am Schluss des Krieges noch in die Kampfhandlungen eingriff.

52 Die Fliegerin Hanna Reitsch bekam für ihre Testflüge als Auszeichnung das EK II (Eisernes Kreuz zweiter Klasse). Auch Wehrmachtshelferinnen konnten im letzten Kriegsjahr das Eiserne Kreuz erhalten; vgl. Karl Heinz Jahnke: Hitlers letztes Aufgebot [123], S. 154. – Kriegsverdienstkreuze wurden auch an Frauen verliehen.

53 Zur Trauerarbeit der Frauen und zu ihrem Umgang mit dem Kriegstod, vgl. Band II, Kapitel 4, »Nachrichten«.

54 Vgl. dazu Band II, Kapitel 3, »Trennung« und Teil A, Kapitel 1, »Zusammenkommen – Zusammenleben«.

55 Vgl. die für 1998 angekündigte Biografie der Stabshelferin Ilse S., die zu meinen Interviewpartnerinnen gehörte.

56 Vgl. Ute Benz: Frauen im Nationalsozialismus [211], S. 201-209.

57 Das Verhältnis von Frauen zur Zivilbevölkerung in den besetzten Ländern und die gegenseitige Perspektive konnte ich gar nicht beachten. Dies muss einer eigenen Untersuchung vorbehalten bleiben.

58 Vgl. Marianne Peyinghaus: Stille Jahre in Gertlauken [772], S. 149.

59 Vgl. die Biografie von Margarete E. in Band I.

60 Vgl. Band II, Kapitel 8, »Besetzung«, Stichworte »Die Russen« und »Vergewaltigungen«.

61 Vgl. Kapitel 3, »Ich war ganz unpolitisch« und Kapitel 1, »Für mich war es eine schöne Zeit. Ich war begeistert«.

62 Vgl. Band II, Kapitel 7, »Freizeit...«.

63 Es lassen sich drei Teilbereiche unterscheiden, die in drei verschiedenen Kapiteln zur Sprache kommen: 1. Die positiven Erinnerungen, die die Frauen *trotz* des Krieges an die Jahre 1939 – 1945 haben, weil es z. B. eine persönlich beglückende Zeit für sie war. Davon war im ersten Kapitel dieses Teils die Rede. 2. Die Seiten am Nationalsozialismus, die sie allgemein als positiv, z.T. als heute nachahmenswert ansehen. Sie waren Thema von Kapitel 7. 3. Der Gewinn, den sie gerade *durch* die und *aus* den Kriegserfahrungen für ihr späteres Leben gezogen haben. Dieser dritte Punkt soll uns in diesem Zusammenhang beschäftigen.

64 Vgl. Teil A, Kapitel 3, »Nachwirkungen«, Stichwort »Brachte der Krieg einen Emanzipationsschub?«.

65 Vgl. Charlotte Heinritz (Hrsg.): Der Klassenrundbrief [749], S. 86.

66 Vgl. Irmgard Schüddekopf: Kartoffelklöße und Kaninchenbraten [460], S. 31.

67 Vgl. Kapitel 11, »Wer die Zeit nicht miterlebt hat, kann sich das gar nicht vorstellen«.

68 Vgl. Helena Klostermann: Alter als Herausforderung [601], S. 145.

69 Vgl. den Fluchtbericht von Trude S. in Band II, Kapitel 9, »Flucht«.

70 Genaueres dazu in Kapitel 5, »Man hat gelernt, den Mund zu halten«, und Kapitel 7, »Es war nicht alles schlecht«. Dass diese »Volksgemeinschaft« viele Menschen zu »Nicht-Volksgenossen« stempelte und unmenschlich behandelte, wird dabei gerne aus den Augen verloren, aber keineswegs von allen.

71 Vgl. Eva Sternheim Peters: Die Zeit der großen Täuschungen [472], S. 266-350.

72 Vgl. Band II, Kapitel 8, »Besetzung«, Stichwort »Andere Bedrohungen und Erfahrungen« und Kapitel 9, »Flucht«.

73 Vgl. Band II, Kapitel 8, »Besetzung«, Stichwort »Revision des Feindbildes?«.

74 Auch in dieser Frage tendieren Frauen dazu, die allgemeine Lebensweisheit »Niemals ist einer allein schuld« auf die Politik anzuwenden.

75 Dass Roosevelt schon vorher ohne Kriegserklärung die Alliierten massiv unterstützt hatte, konnte von der Propaganda als »Angriff auf Deutschland« interpretiert werden. In Wirklichkeit antwortete der amerikanische Präsident damit auf Hitlers aggressive Politik, die alle freien Staaten der Welt bedrohte.

76 Vgl. Kapitel 4, »Wir haben doch nichts gewusst«.

77 Vgl. Charlotte Heinritz (Hrsg.): Der Klassenrundbrief [749], S. 46.

78 Diese letzten drei konkreten Fragen waren nicht in meinem ursprünglichen Fragenkatalog enthalten. Sie wurden erst nachträglich und nur einer Auswahl von etwa 40 Frauen mündlich oder schriftlich gestellt. Es waren Frauen, die selbst Kriegstote zu beklagen haben und deren Erzählungen besonders ergiebig waren.

79 Vgl. Band II, Kapitel 4, »Nachrichten«, Stichwort »Gefallen«. Sie stehen den Trauergottesdiensten und Trauerpredigten von damals kritiklos gegenüber.

80 Kritische Töchter betonen aber, dass die Mütter der Kriegsgeneration oft einen ganz anderen Einfluss auf sie ausgeübt haben: »Wir wurden mit sanftem, aber nachhaltigem Druck zu Tugenden verpflichtet, die der Bewährung an der ›Heimatfront‹ dienten: zum mädchenhaften Bravsein, zum zähen Durchhalten, zum unbedingten Gehorsam und schließlich zum verzichtfreudigen und stolzen Opfertum.« (Vgl. Barbara Rohr: Die allmähliche Schärfung des weiblichen Blicks [450], S. 35) Wie weit die Mütter ihre eigenen Vorstellungen von »Weiblichkeit« und »Männlichkeit« – teils sicher unbewusst – an ihre Kinder weitergegeben haben, muss offenbleiben. Wir haben auf die Ambivalenzen in den Leistungen der Frauen im Krieg im zweiten Band immer wieder hingewiesen. Sie spielten gewiß auch in die Kindererziehung hinein. Die Bedeutung der Kriegs- und Nachkriegsmütter für die Identitätsfindung der Töchter arbeitet Ulla Roberts in ihrer Studie »Starke Mütter – ferne Väter« [628] heraus.

81 In einer neuerlichen Studie spricht sich Horst-Eberhard Richter ähnlich über Frauen aus: Umgang mit Angst [913 a], S. 299 ff.

82 Vgl. Dorothee von Meding: Mit dem Mut des Herzens [609], S. 138.

83 Diese bei christlichen Frauen sehr häufig anzutreffende, subjektiv ehrliche Antwort auf die Fra-

ge, wie sie das alles durchgehalten und geschafft haben, würde der französische Philosoph und Sozialwissenschaftler Michel Foucault als einen typischen »Diskurs des Repressionsmechanismus« bezeichnen. So wurden Frauen »funktionstüchtig« gemacht für die Macht. Für mich bleibt die Ambivalenz nicht auflösbar: Der Glaube hat Leben geschützt und erhalten, gleichzeitig aber erlaubt, dass Leben geopfert werden konnte.

84 Vgl. Ida Ehre: Gott hat einen größeren Kopf, mein Kind [500], S. 27 f.

85 Sehr deutlich konnte ich das bei den Frauen der Heilbronner Friedensgruppe beobachten, die zusammen das Anti-Kriegsbuch »Heimatfront« [408] verfasst haben.

KAPITEL 11
»Wer die Zeit nicht miterlebt hat, kann sich das gar nicht vorstellen.«

1 Vgl. Ralph Giordano: Die zweite Schuld oder Von der Last, Deutscher zu sein [92]; Gabriele von Arnim: Das große Schweigen [25]; Helm Stierlin: Der Dialog zwischen den Generationen über die Nazizeit [194]; Jürgen Müller-Hohagen: Verleugnet, verdrängt, verschwiegen [159]. Müller-Hohagens Erfahrungen aus der Sicht des Psychoanalytikers und Psychotherapeuten zeigen deutlich die Grenzen, die der Historikerin bei ihren OH-Recherchen gesetzt sind, sie zeigen aber auch die verstörenden seelischen Nachwirkungen des Schweigens zwischen den Generationen bei Kindern und Enkeln der Zeitgenossen. Allerdings befasste sich Hohagen fast ausschließlich mit besonders belasteten Schicksalen.

2 Eine wichtige Quelle sind auch die Briefe, die Ralph Giordano auf sein Buch »Die Zweite Schuld« [92] bekommen hat und die in Auswahl in einem Folgeband veröffentlicht worden sind unter dem Titel »Wie kann diese Generation eigentlich noch atmen« [93].
Welche Art von Dialog es über diese Zeit zwischen beteiligten Lehrerinnen und nachwachsenden Schülerinnen, Dozentinnen und Studentinnen gegeben hat, ob es ihn überhaupt gegeben hat, ist noch kaum erforscht. (Ansätze dazu in Birgit Rommelspacher: Schuldlos – Schuldig? [314])

3 Vgl. Ingrid Vesper/Andrea Weber: Familien-Geschichten [649], S. 88.

4 Vgl. dazu auch Kapitel 3, »Ich war ganz unpolitisch.«

5 Vgl. Ulla Roberts: Starke Mütter – ferne Väter [628], S. 152.

6 Vgl. Teil A, Kapitel 1, »Zusammenkommen – Zusammenleben«, Exkurs: Was Männer vom Krieg erzählten.

7 Vgl. Kapitel 8, »Warum immer nur wir?«; Kapitel 9, »Es muss einmal Schluss sein.«

8 Vgl. Sabine Reichel: Zwischen Trümmern und Träumen [626].

9 Ingrid Vesper/Andrea Weber meinen: »Wie unterschiedlich auch immer jede einzelne die Kriegszeit erlebt hat, die Mütter können sich als ›unschuldige Opfer‹ eines brutalen Krieges fühlen, der sie mit extremen Situationen von Lebensgefahr, Gewalt und Tod konfrontiert hat. Sie können über ihre Kriegserlebnisse erzählen, ohne ihr Verhalten rechtfertigen zu müssen.« (Vgl. dies.: Familien-Geschichten [649], S. 71) Dass Frauen sich gerne in der Opferrolle sehen wollen, trifft sicher zu. Nur: Die Töchter nahmen und nehmen sie ihnen nicht ab, nicht einmal da, wo sie wirklich Opfer waren. Sie bewunderten und bemitleideten ihre Mütter in der Regel nicht, ja sie gingen über ihr Leben einfach hinweg und stellten ihre inquisitorischen Fragen, als hätte es die unvorstellbaren Kriegsbelastungen gar nicht gegeben. Das beweist die neuere feministische Diskussion noch nachträglich. Die Mütter standen – ebenso wie die Väter – fast immer unter Rechtfertigungsdruck.
Bemerkenswert ist allerdings, dass die literarische Auseinandersetzung der Söhne und Töchter mit ihren Müttern fast gar nicht stattgefunden hat, während es zahlreiche Bücher von Söh-

nen und Töchtern über ihre Väter gibt, z. B. von Christoph Meckel, Peter Härtling, Elisabeth Plessen, Ruth Rehmann. Renate Finckh hat sich in romanhafter Form dem Leben ihrer Mutter genähert: Das bittere Lächeln [537].

10 Vgl. Christabel Bielenberg: Es war ein weiter Weg nach Munny House [384], S. 253; vgl. dazu auch besonders die Kapitel 5, »Man hat gelernt, den Mund zu halten« und Kapitel 6: »Was hätten wir denn machen können?«.

11 Vgl. Ulla Roberts: Starke Mütter – ferne Väter [628], S. 140.

12 Vgl. ihre Biografie in Band I.

13 Die Geschichte von Erika N. im Band II, Kapitel 2, »Arbeit«, Stichwort »Dienstverpflichtungen und freiwillige Kriegsdienste«. – Die Mütter gelten nach wie vor als wenig geschichtsmächtig, zu Unrecht, wie ich meine.

14 Dennoch sind diese Bücher von unschätzbarem Wert, weil die Autorinnen etwas vom »Zeitgeist« zu vermitteln vermögen, weil sie erklären und nicht undifferenziert verurteilen, weil sie ehrlich sich selbst und den Lesern Rechenschaft darüber ablegen, wie weit und warum sie »mitmachten«.

15 Vgl. Ingrid Hammer/Susanne zur Nieden (Hrsg.): Sehr selten habe ich geweint. [747], S. 11.

16 Vgl. Gabriele von Arnim: Das große Schweigen [25], S. 6.

17 Vgl. besonders das Kapitel 7, »Es war nicht alles schlecht.«

18 Vgl. Ursula Aumüller-Roske: Die Nationalpolitischen Erziehungsanstalten... [242], S. 236.

19 Dazu auch Ulla Roberts: Starke Mütter – ferne Väter [628], S. 25.

20 Vgl. Martha Mamozai: Komplizinnen [299], S. 117 f.

Glossar

Arbeitsbuch (Arbeitspass)
Ab dem 26.2.1935 gesetzlich vorgeschriebenes Dokument zum Arbeitsnachweis. Das Buch wurde dem Arbeitgeber übergeben, die Arbeitsämter führten Buch über alle Eintragungen, um den Arbeitseinsatz bzw. die Dienstverpflichtung zu koordinieren und »Arbeitsscheue« zu ermitteln.

Arbeitsfront: s. Deutsche Arbeitsfront (DAF)

Bannmädelführerin: s. Bund Deutscher Mädel (BDM)

Bekennende Kirche
Die Bekennende Kirche entstand 1933 innerhalb der Deutschen Evangelischen Kirche als Akt des Widerstandes verschiedener kirchlicher Gruppen gegen die Vereinnahmung der evangelischen Kirche durch den Nationalsozialismus und die Deutschen Christen. Die 1934 nach Barmen einberufene Reichssynode bekannte sich als die eine legale Deutsche Evangelische Kirche. Bekannteste und führende Vertreter: Martin Niemöller, Dietrich Bonhoeffer, Karl Barth (in die Schweiz emigriert). Trotz Spannungen und Rissen innerhalb der Bekennenden Kirche hatte sie einen starken Rückhalt an der Basis der Gemeinden unter Beteiligung engagierter Laien.

Besatzungszonen
Deutschland wurde nach Ende des Zweiten Weltkrieges in vier Besatzungszonen aufgeteilt, die jeweils unter der Kontrolle einer der Besatzungsmächte (USA, UdSSR, GB, Frankreich) standen. Berlin wurde dementsprechend in vier Sektoren aufgeteilt.

Blockleiter: s. NSDAP

Bündische Jugend: s. Jugendbewegung

Bund Deutscher Mädel (BDM)
Teilorganisation der Hitlerjugend (HJ) für 14- bis 18jährige. Die 10- bis 14jährigen wurden im Jungmädelbund erfaßt. Ziel war die Erziehung der jungen Mädchen im

Geiste des Nationalsozialismus. Der Verband gliederte sich in Mädelschaft, -schar (4 Mädelschaften), -gruppe (4 M.scharen), -ring (3-5 M.gruppen), Untergau (später Bann) (4-8 M.ringe) und Obergau (später Gebiet) (10-30 Untergaue). An der Spitze stand die Reichsjugendführung mit der BDM-Reichsreferentin. Die Führerinnen waren wenig älter als die Geführten und zum größten Teil nebenamtlich tätig (sehr oft Schülerinnen). Für die 18- bis 21jährigen schloss sich die freiwillige Mitgliedschaft im BDM-Werk »Glaube und Schönheit« an. Es gab Sondereinheiten wie die Spielscharen, die sich hauptsächlich mit Singen und Laienspiel beschäftigten. Die hauptamtlichen BDM-Führerinnen wurden auf Führerinnenschulen (Gau- oder Reichsführerinnenschulen) ausgebildet.

Care-Pakete
Die Hilfsorganisation CARE (Cooperative for American Remittances to Europe) wurde am 28. 11. 1945 von religiösen Gruppierungen, Gewerkschaften, Firmen und Wohltätigkeitsorganisationen zur Linderung der Not in Europa nach dem Krieg gegründet. Die Bundesrepublik erhielt bis 1960 (Berlin West bis 1963) Hilfssendungen von CARE.

Christbäume
Umgangssprachliche Bezeichung für Leuchtmunition, die die Flugzeuge abwarfen, um das zu bombardierende Gebiet zu markieren.

Deutsche Arbeitsfront (DAF)
Von den Nationalsozialisten nach Zerschlagung der Gewerkschaften am 10. Mai 1933 gegründete Einheitsorganisation aller »Arbeiter der Stirn und der Faust« zur Betreuung und Kontrolle der Bevölkerung in Beruf und Freizeit. Mit ca. 23 Mio. Mitgliedern war die DAF die größte NS-Massenorganisation mit eigenen Wirtschaftsunternehmen wie Wohnungsbau, Verlagen, Banken, Werften und einem Automobilwerk (Volkswagen).

Deutsche Christen (DC)
1932 offiziell gegründete protestantische Kirchenbewegung. Von der NSDAP protegiert, gelangten die DC nach den Kirchenwahlen vom 23. 7. 1933 in den meisten Landeskirchen an die Macht. Hauptkennzeichen der DC-Theologie waren die völkischrassische Inkulturierung von Kirche und Verkündigung einschließlich der »Entjudung« des Christentums und die religiöse Überhöhung des Politischen. Gestoppt wurde die »braune Kirchenrevolution« durch innere Krisen, Umorientierung der NS-Religionspolitik und den Widerstand der Bekennenden Kirche.

Deutsches Frauenwerk: s. NS-Frauenschaft

Dienstverpflichtungen
Ab dem 22.6.1938 konnte jeder Deutsche befristet für »Aufgaben besonderer staatspolitischer Bedeutung« herangezogen werden, besonders zu kriegswirtschaftlichen Zwecken. Ab dem 1. 1. 1939 mussten alle unverheirateten Mädchen unter 25 Jahren vor Eintritt in die Berufstätigkeit ein Pflichtjahr ableisten, in der Regel in einer kin-

derreichen Familie oder auf dem Lande (»Landjahr«). Ab 1943 wurden laut Melde-pflichtverordnung im Zusammenhang mit der Proklamierung des »totalen Krieges« alle Frauen zwischen 17 und 45 Jahren zur Meldung für Aufgaben der Reichsvertei-digung aufgerufen, im Juli 1944 wurde die Meldepflicht auf 50 Jahre heraufgesetzt.

Studentinnen konnten während der Semesterferien zu den verschiedensten Arbei-ten (v.a. Fabrik, Ernte, Siedlungsprojekte) eingesetzt werden, ab September 1944 wur-den diejenigen, die nur wenige Semester studiert hatten, zum Kriegseinsatz auf den verschiedensten Gebieten verpflichtet. S. auch Reichsarbeitsdienst, Kriegshilfsdienst.

Displaced Persons (DP)
Ausländische Fremd- und Zwangsarbeiter, die während des Zweiten Weltkriegs nach Deutschland zwangsverschleppt worden waren, ferner in der Rüstungsindustrie und in der Landwirtschaft eingesetzte ausländische Kriegsgefangene. Nach Kriegsende wurden die DP in Lagern zusammengefasst zwecks Rückführung in ihre Heimat-länder. Die geschätzte Gesamtzahl der DP beläuft sich auf rund 10, 8 Mio, davon befanden sich auf Reichsgebiet am 13. 8. 45 noch etwa 2,4 Mio.

Ehrenkreuz der Deutschen Mutter
Am 16. 12. 1938 von Hitler für kinderreiche Frauen eingeführtes Ehrenzeichen. Das goldene gab es für Mütter mit 8 und mehr Kindern, das silberne für 6 und 7, das bronzene für 4 oder 5 Kinder. Der Orden trug ein Hakenkreuz in der Mitte und die Schriftumrandung: »Das Kind adelt die Mutter«. Es konnte am Band um den Hals oder als Anstecker getragen werden. Das Mutterkreuz sollten nur »würdige, deutsch-blütige, erbtüchtige« Mütter, nicht jedoch Mütter »asozialer Großfamilien« erhalten.

Ehestandsdarlehen
Bis 1937 arbeitsmarktpolitische Maßnahme, da es nur Frauen gewährt wurde, die ihre Erwerbstätigkeit aufgaben. Gleichzeitig bevölkerungspolitisches Instrument zur Zeu-gung möglichst vieler »erbgesunder« Nachkommen. Das Darlehen war an rassische, politische, gesundheitliche Voraussetzungen gebunden, so dass es auch als Werkzeug der NS-Volkstumspolitik und »Rassenhygiene« diente. Das Ehestandsdarlehen von RM 1000,- konnte »abgekindert« werden. Für jedes Kind gab es 250,- RM Nachlass. Von 1933 – 37 wurden 700 000 Ehestandsdarlehen gewährt.

»Eiserner Vorhang«
Von Churchill 1946 geprägtes politisches Schlagwort zur Kennzeichnung der Maß-nahmen und Methoden, mit denen die UdSSR ihren Herrschafts- und Einflussbe-reich im Zeichen des beginnenden kalten Krieges gegenüber der westlichen Welt her-metisch abzuriegeln versuchte.

Entnazifizierung
Aktionen der Alliierten nach 1945 zur Erfüllung des im Potsdamer Abkommen ge-fassten Beschlusses, »alle Mitglieder der nazistischen Partei, welche mehr als nomi-nell an ihrer Tätigkeit teilgenommen haben«, aus staatlichen, wirtschaftlichen und kulturellen Schlüsselstellungen zu entfernen. Die Maßnahmen umfaßten Verhaftun-

gen, Internierungen, Vermögensbeschlagnahmen, Kontrollen und Entlassungen aus dem Dienst.

In der amerikanischen Zone waren Fragebögen mit 131 Fragen zur politischen Vergangenheit auszufüllen. 1946 beauftragte die amerikanische Militärregierung die deutschen Behörden mit dem Vollzug der Entnazifizierung: In Stadt- und Landkreisen wurden »Spruchkammern« eingerichtet. Jeder Deutsche über 18 Jahre hatte einen Meldebogen auszufüllen und wurde in eine der fünf Kategorien Hauptschuldige, Belastete (Aktivisten, Militaristen, Nutznießer), Minderbelastete, Mitläufer und Entlastete eingestuft. Sanktionen waren u.a.: Einweisung in ein Arbeitslager, Vermögenseinzug, Berufsverbot, Sonderabgaben zugunsten eines Wiedergutmachungsfonds, Verlust von Pensionsansprüchen u.a. Jugendliche ab Jahrgang 1919 fielen unter die sogenannte Jugendamnestie. Von insgesamt 3,6 Millionen in den Westzonen untersuchten Fällen wurden 1167 als Hauptschuldige eingestuft, 23 000 als Belastete, 150 000 als Minderbelastete, über eine Million als Mitläufer und 1,2 Millionen als Entlastete.

Die Entnazifizierung wurde dann v.a. aus politischen Gründen abgebrochen (Beginn des kalten Krieges), so dass viele Verfahren, besonders gegen die Hauptschuldigen, nicht mehr durchgeführt wurden.

Erbhof
Mit dem Reichserbhofgesetz von 1933 trat das Anerbrecht in Kraft, das die Vererbung des bäuerlichen Besitzes an einen einzigen, »reinrassigen« Erben vorschrieb. Durch die unteilbaren Erbhöfe sollte die »nordische Rasse« erhalten und gepflegt werden.

European Recovery Program (Marshallplan)
Auf Vorschlag von US-Aussenminister G.C. Marshall seit 1948 durchgeführtes amerikanisches Hilfsprogramm für die im Zweiten Weltkrieg zerstörten Länder Westeuropas durch Sachlieferungen und Kredite. Die BRD und Berlin West erhielten bis Ende 1957 ca. 1,7 Mrd. US-$. Die UdSSR lehnte die Teilnahme an dem Programm ab.

Evakuierung
Die Evakuierung wurde Personen dringend empfohlen, die im Bombenkriegsgebiet lebten und dort nicht berufstätig waren. Es stand den zu Evakuierenden frei, zu Verwandten zu gehen oder in die jeweils für eine Stadt bestimmten Aufnahmegebiete. Die Evakuierungsversuche am Kriegsende, besonders aus den Ostgebieten, kamen z.T. viel zu spät und mündeten in chaotische, ungeordnete Flucht.

Feindsender
Auf das Abhören ausländischer Sender stand im Krieg die Todesstrafe. Trotzdem war es verbreitet. Vor allem wurden Radio Beromünster (Schweiz) und BBC (London) gehört.

Fragebogen: s. Entnazifizierung

Frauenschaft: s. NS-Frauenschaft

Fraternisierungsverbot
Es war den Angehörigen der amerikanischen Besatzungsarmee offiziell verboten, mit Deutschen Kontakt aufzunehmen und zu sprechen. Das Sprechverbot wurde im August 1945 aufgehoben.

Generalgouvernement
Bezeichnung für die besetzten, doch nicht in das Deutsche Reich oder die UdSSR eingegliederten zentralpolnischen Gebiete.

Gestapo (Geheime Staatspolizei)
Im April 1933 gegründete politische Polizei zur Bekämpfung politischer Vergehen und Verbrechen, die gegen das NS-Regime gerichtet waren. Die Gestapo verhängte »Schutzhaft« in Gefängnissen und Konzentrationslagern, konnte – ungebunden an Recht und Gesetz – Häftlinge terrorisieren, foltern und ermorden. Sie verfügte über eigene Arbeitserziehungslager und war für die Bewachung von Zwangsarbeitern und Kriegsgefangenen zuständig. Mit ihren Einsatzgruppen beteiligte sich die Gestapo an der Ghettoisierung und Deportation der Juden. Der Internationale Militärgerichtshof in Nürnberg erklärte die Gestapo zur verbrecherischen Organisation.

Glaube und Schönheit: s. Bund Deutscher Mädel (BDM)

Gleichschaltung
Bezeichnung für die Maßnahmen der Nationalsozialisten zur Ausschaltung von Personen, Institutionen und Organisationen, die der Durchsetzung des NS-Führerstaates entgegenstanden: Beseitigung bzw. Aushöhlung des Föderalismus, des Parteiensystems, des Parlamentarismus und aller demokratischen Einrichtungen; Ausrichtug des geistigen und kulturellen Lebens nach der NS-Herrschaftsideologie.

Großdeutsches Reich/Großdeutschland
Zunächst informelle, von 1938-1945 offizielle nationalsozialistische Bezeichnung für das Deutsche Reich nach dem »Anschluß« Österreichs. Der Begriff wurde in der 1848er Revolution durch die »Großdeutschen« geprägt, die sich für einen staatlichen Zusammenschluß aller (geschlossen siedelnden) Deutschen in Mitteleuropa einsetzten.

Hitlerjugend (HJ)
Jugendorganisation, die seit 1936 (Durchführungsverordnung 1939) alle deutschen Jugendlichen zwischen 10 und 18 Jahren umfasste. Die Teilnahme an Veranstaltungen war Pflicht. Zweck war die »körperlich-geistige und sittliche Erziehung der Jugend« durch direkte Schulung und vielfältige Freizeitbeschäftigungen, bei den Jungen auch verstärkt vormilitärische Ausbildung. Vier Untergliederungen: Deutsches Jungvolk (DJ: 10-14jährige Jungen), Hitlerjugend i.e.S. (HJ: 14-18jährige Jungen), Jungmädelbund (JM: 10-14jährige Mädchen), Bund Deutscher Mädel (BDM: 14-18jährige Mädchen). Es gab Sondereinheiten, vor allen für Jungen, wie z.B. die Flieger-, Marine- oder Nachrichten-HJ ebenso HJ-Orchester und Spielscharen für Jungen und Mädchen.
    Der Aufbau war hierarchisch gestaffelt von kleinen Grundeinheiten, die zu immer größeren Einheiten zusammengefasst wurden (mit verschiedenen Namen für die

Untergliederungen), etwa entsprechend den regionalen Ebenen Ort, Landkreis (Bann), Land (Gebiet), Reich. Die Einheiten unterstanden jeweils einem Führer (Führerin). An der Spitze stand der Reichsjugendführer. Die Reichsreferentin für den BDM war dem Reichsjugendführer unterstellt.

Jugendbewegung
Die Jugendorganisationen der Nationalsozialisten knüpften an und zogen ihren Nutzen aus Jugendbewegungen, -bünden und -kult, die sich seit der Jahrhundertwende in Deutschland gebildet hatten. Politische, gewerkschaftliche, kirchliche und Sport-jugendverbände verbreiteten ein Gefühl des Aufbruchs, den Gedanken einer »Einheit der Jugend«, Abkehr von konservativer Politik, der »Erneuerung von Volk und Nation«. Besonders die Bündische Jugend (vor allem von Teilen der bürgerlichen Jugend getragen), in der sich verschiedene politisch und konfessionell unabhängige Bünde sammelten, vertrat eine dem NS nahestehende Weltanschauung von Führer, Gehorsam, soldatischen Tugenden und Widerstand gegen Versailles und Weimar. Sie setzte Einfachheit, Naturverbundenheit, Gemeinschaft (Wandern, Fahrt, Heimabende, Jugendfeste) und »jugendgemäße« Lebensformen an die Stelle von Stadtleben und Industriegesellschaft. Die Verbände gingen ab 1933 in die HJ ein oder wurden verboten, einige arbeiteten im Widerstand (s. Weiße Rose).

Jungmädel: s. HJ

Jungmädelspielschar: s. Bund Deutscher Mädel (BDM)

Jungvolkführer: s. Hitlerjugend

Kinderlandverschickung (KLV)
Gesundheitlich und sozial begründete Ferienreisen von Stadtkindern. Ab 1940 diente die »Erweiterte Kinderlandverschickung« der Evakuierung von Kindern aus bombengefährdeten Städten in sicherere Gebiete, z.B. nach Pommern, Schlesien, Bayern, Österreich, sogar nach Böhmen, Ungarn, Bulgarien, Südtirol, Dänemark und Lettland. Die 6- bis 10jährigen kamen zu Gasteltern, die jüngeren sollten mit ihren Müttern evakuiert werden. Die 10- bis 14jährigen Kinder wurden teilweise jahrelang in Lagern untergebracht, in der Regel ganze Schulklassen mit ihren Lehrern bzw. Lehrerinnen, und unterlagen politischer Beeinflussung, die Jungen auch paramilitärischem Drill. Organisation und Leitung oblagen der Hitlerjugend. In den Lagern wurden die Lehrer als Lagerleiter eingesetzt. Die Lehrer gestalteten den Unterricht, die HJ-Führer die Freizeit. Die Zahl der betroffenen Kinder schwankt zwischen 800 000 und 5 Millionen. Mitte 1944 begann die Rückführung der Kinder, die nicht immer ordnungsgemäß verlief.

Kohleferien
Wegen der Brennstoffknappheit im Krieg wurden die Schulen im Winter zeitweise geschlossen. Für diese Zeit bürgerte sich der Ausdruck »Kohle(n)ferien« ein. Die Schüler bekamen Hausaufgaben.

Konferenz von Potsdam: s. Potsdamer Konferenz

Konzentrationslager (KZ)
Massenlager zur Ausschaltung von politischen Gegnern und Personengruppen, die aus ideologischen, nationalistischen oder »sozialen« Gründen nicht der NS-Ideologie entsprachen. In den Konzentrationslagern wurde Zwangsarbeit (z.B. für die Rüstungsindustrie) geleistet, an den Gefangenen wurden u.a. medizinische Versuche durchgeführt. Bis 1945 wurden in den Kontentrations- und Vernichtungslagern 5-6 Mio. Juden und mindestens 500 000 nichtjüdische Häftlinge ermordet. Insgesamt existierten 22 Hauptlager mit 1200 Außenlagern und Außenkommandos im Machtbereich des NS-Staates.

Kraft durch Freude (KdF)
Unterorganisation der DAF, für die Gestaltung der Freizeit zuständig. Sie war in 5 »Ämter« gegliedert: »Feierabend« (Theateraufführungen, Konzerte u.a.), »Sportamt«, Amt »Schönheit der Arbeit« (Freizeitanlagen in den Betrieben, Aufenthaltsräume, sanitäre Anlagen, Büchereien, Schwimmbäder, Erholungsheime usw. für die Belegschaft), Amt »Reisen, Wandern und Urlaub« (Reisen in Deutschland und dem europäischen Ausland wie z.B. Madeira, ital. Küste, Norwegen mit eigener Flotte). KdF sollte den Arbeitern ein Angebot zugänglich machen, das bisher anderen gesellschaftlichen Schichten vorbehalten war, und der Regeneration der Arbeitskraft dienen.

Kriegsdienstverpflichtungen: s. Dienstverpflichtungen

Kriegshilfsdienst
Ab Mitte 1941 mussten junge Frauen nach Ableistung des Arbeitsdienstes weitere sechs Monate Kriegshilfsdienst leisten, z.B. in Dienststellen der Wehrmacht, Behörden, Krankenhäusern, Verkehrsbetrieben, in Rüstungsbetrieben oder sozialen Diensten (Kindergarten, Haushalt). Sie lebten weiterhin in Lagern und unterstanden nach wie vor dem Reichsarbeitsdienstführer. Gegen Ende des Krieges wurden sie verstärkt bei der Wehrmacht eingesetzt. Ab April 1944 wurden alle Kriegshilfsdienstmaiden notdienstverpflichtet, d.h. die Dienstzeit wurde auf 18 Monate verlängert, ab November 1944 wurde sie für unbefristet erklärt.

Kriegsopferversorgung
Vom Staat getragene Versorgungsleistungen für im Krieg Geschädigte bzw. deren Hinterbliebene. Nach der Kapitulation 1945 fielen die Versorgungsbezüge durch deutsche staatliche Stellen fort. Die erste gesetzliche Regelung für die Kriegsopfer trat am 1.2.1947 für die amerikanische Zone in Kraft. Nach zunächst uneinheitlichen Regelungen in den einzelnen Zonen wurde Ende Oktober 1950 das »Gesetz über die Versorgung der Opfer des Krieges« (BVG) verabschiedet. Die Witwen erhielten eine Grundrente von 20,- DM, höchstens jedoch 40,- DM.
    Weder in der SBZ noch in der DDR gab es eine eigene Kriegsopferversorgung (analog dem BVG). Die Witwen erhielten eine Rente aus der Sozialversicherung unter erschwerten Bedingungen, d.h. sie mussten zu 66 % erwerbsgemindert sein oder wenigstens 3 Kinder unter 6 Jahren erziehen bzw. 65 Jahre alt sein.

»Kristallnacht«/"Reichskristallnacht«
Bezeichnung für den reichsweiten Pogrom gegen die Juden in der Nacht vom 9. zum
10.11.1938 durch SA- und NSDAP-Mitglieder. Diese zerstörten und plünderten fast
alle jüdischen Synagogen, über 7 000 Geschäfte jüdischer Einzelhändler und töteten
– nach offiziellen Angaben – 91 Juden. Etwa 26 000 Juden wurden in Konzentrationslager verschleppt. Mit der »Kristallnacht« begann die forcierte Vertreibung der Juden
ins Ausland.

Lastenausgleich
Das Lastenausgleichsgesetz vom 14. 8. 1952, dem ergänzende Gesetze folgten, legte
die Rechtsgrundlage für einen Ausgleich der durch den Krieg verursachten Vermö-
gensschäden (durch Bombenschäden, Vertreibung, Flucht, Evakuierung, Währungsreform) zwischen den betroffenen und den nicht geschädigten Bevölkerungsteilen.
Die nicht oder wenig Geschädigten zahlten Lastenausgleichsabgaben in einen Lastenausgleichsfonds, der durch Zuschüsse von Bund und Ländern ergänzt wurde. Aus
diesem Fonds erhielten die Geschädigten eine prozentuale Entschädigung. Die
Hauptentschädigung setzte 1957 ein. Der Lastenausgleichsfonds wird noch über das
Jahr 2000 hinaus Leistungen erbringen.

Lebensmittelkarten
Im Rahmen eines umfassenden Rationierungssystems im Kriege berechtigten die Lebensmittelkarten zum Kauf der zugeteilten Lebensmittel. Die Zuteilungen schwankten während des Krieges erheblich (zwischen 2 435 Kalorien pro Kopf und Tag 1939/
40 und 1 671 Kalorien 1944/45). Vor Einführung der Lebensmittelkarten 1939 hatte
der Durchschnittsverbrauch bei 2 700 Kalorien gelegen. Es gab Zulagen für Schwer-,
Schwerst- und Nachtarbeit, auch für Mütter und Kinder.

Lidice
Als Vergeltung auf das Attentat auf Reinhard Heydrich (Stellvertretender Reichsprotek-
tor des Protektorats Böhmen und Mähren) wurde das Dorf in Böhmen am 10. Juni
1942 dem Erdboden gleichgemacht. Alle Männer des Dorfes (schätzungsweise 172)
und 7 Frauen wurden erschossen. Mindestens 192 Frauen wurden in das KZ Ravensbrück überführt, wo 52 starben. Etwa 98 Kinder wurden ihren Müttern fortgenom-
men, in Heime gebracht und SS-Familien zur »Eindeutschung« übergeben. Von deutscher Seite wurde gesagt, Lidice habe die Attentäter beherbergt, was sich später als
falsch herausstellte.

Luftwaffenhelferin: s. Wehrmachtshelferin

Maidenhauptführerin: s. RAD

Marshallplan: s. European Recovery Program

Militärregierung
Von Besatzungsmächten eingesetzte oberste militärische Behörde, die im besetzten
Gebiet die oberste Gewalt ausübte. In Deutschland übernahm nach der Kapitulation

der Alliierte Kontrollrat diese Funktion, der sich aus den vier Oberbefehlshabern der Alliierten zusammensetzte, die in ihrer Zone die Hoheitsgewalt hatten.

Morgenthauplan
1944 unter Roosevelt entworfener 14-Punkte-Plan des amerikanischen Finanzministers Henry Morgenthau, demzufolge Deutschland nach Ende des Zweiten Weltkrieges zum Agrarland werden sollte. Der Plan wurde von Roosevelt zurückgezogen.

Mutterkreuz: s. Ehrenkreuz der Deutschen Mutter

Notabitur
Ab September 1939 konnte Schülern und Schülerinnen der letzten (achten) Oberschulklasse bei entsprechenden Leistungen bei Einberufung zum Militär oder zu Dienstverpflichtungen das Reifezeugnis ausgestelllt werden. Ab 1942 wurde diese Regelung auf immer jüngere Schüler ausgedehnt. Nach Kriegsende wurden nach dem 1.1.1943 ausgestellte Notabiture nicht anerkannt.

NSDAP (Nationalsozialistische Deutsche Arbeiterpartei)
1919 von A. Drexler und K. Harrer zunächst als DAP gegründete rechtsradikale Partei, ab 1921 unter Vorsitz Hitlers, der mit diktatorischen Vollmachten ausgestattet war. Am 30.1.1933 wurde Hitler zum Reichskanzler ernannt; durch Gleichschaltung, Selbstauflösung und Verbot aller anderen Parteien wurde die NSDAP ab Juli 1933 die einzige zugelassene Partei im Deutschen Reich. Die Funktion der Partei beschränkte sich während des Nationalsozialismus auf die propagandistische Beeinflussung und politisch-ideologische Kontrolle der Bevölkerung. Hierzu diente die Einteilung in regional definierte Hoheitsgebiete (Block, Zelle, Ortsgruppe, Kreis, Gau, Reich), denen jeweils ein Politischer Leiter (Blockleiter, Ortsgruppenleiter, auf dem Lande der Ortsbauernführer, etc.) vorstand. Zu den angeschlossenen Verbänden zählten die NSV und die DAF. SS, SA, NS-Frauenschaft und Hitlerjugend waren Gliederungen der Partei. Damit hatte die Partei sich für nahezu jeden Lebensbereich in der Gesellschaft geeignete Organisationen zur Kontrolle und Beeinflussung der Bevölkerung geschaffen.

Die NSDAP wurde 1945 aufgelöst und verboten, das »Korps der Poltischen Leiter« 1946 wegen seiner Beteiligung an Deportationen und der Ausbeutung und Überwachung der Fremdarbeiter zur verbrecherischen Organisation erklärt.

NS-Frauenschaft (NSF)
Die einzige parteiamtliche Frauenorganisation während der Zeit des Nationalsozialismus. Sie sollte die Frauen im Sinne der nationalsozialistischen Ideologie schulen und sie praktisch auf die ihnen zugedachte Rolle als Hausfrau und Mutter vorbereiten. Dazu diente auch ein reichhaltiges kulturelles und sportliches Angebot. Während die NSF als Eliteorganisation für bewährte Frauen gedacht war, war das Deutsche Frauenwerk (DFW) für alle Frauen offen und diente als Sammelbecken für gleichgeschaltete bürgerliche Frauenvereine. Beide Organisationen waren eng miteinander verbunden. Die Gliederung entsprach der der NSDAP (Gau, Kreis, Orts-

gruppe, Zelle, Block). Seit 1934 war Gertrud Scholtz-Klink Führerin der NSF und des DFW. Die Angaben für die Mitgliederzahlen (1939) schwanken zwischen 3,3 und 4 Mio.

NSV (Nationalsozialistische Volkswohlfahrt)
1934 wurden alle vorher bestehenden Verbände der freien Wohlfahrtspflege (von Parteien, Gewerkschaften, Kirchen) der NSV unterstellt. Die Gau-, Kreis- und Ortsgruppenverbände unterstanden dem Hauptamt für Volkswohlfahrt in der NSDAP-Reichsleitung. Auch gegenüber der staatlichen Wohlfahrtspflege wurden die Rechte der NSV laufend erweitert. Die Aufgaben erstreckten sich v.a. auf Gesundheitsfürsorge, das Hilfswerk »Mutter und Kind« (Beratung, Kindergärten, Müttererholung usw.), Spenden und Sammelaktionen (am bekanntesten das Winterhilfswerk, WHW, zur Linderung der Folgen der Wirtschaftskrise). Die NSV hatte 1939 rund 11,9 Mio. Mitglieder und rund 1,25 Mio. freiwillige Helfer.

Auch die stark erweiterte betriebliche Sozialarbeit ist den nationalsozialistischen Wohlfahrtsmaßnahmen zuzurechnen. Die Fürsorge wurde nach rassenhygienischen und politischen Gesichtspunkten nur »wertvollen Volksgenossen und -genossinnen« zuteil und stand im Dienst der NS-Ziele.

NS-Wohlfahrtsverbände: s. NSV

Obergauschule: s. BDM

Organisation Todt
Die Organisation Todt (OT), benannt nach ihrem Leiter, Dr. Fritz Todt, mit weitgehenden Sondervollmachten ausgestattet, war während des Zweiten Weltkriegs für alle militärisch wichtigen Bauvorhaben zuständig, auch für Bewaffnung und Munition. Nach dem Tod von Todt 1942 übernahm Albert Speer die Nachfolge.

Ortsbauernführer: s. NSDAP

Ortsgruppenleiter: s. NSDAP

Passierschein
Nach der Besetzung Deutschlands durch die Alliierten war der Übergang zwischen den Besatzungszonen nur mit einem Passierschein möglich, der bei der Militärregierung beantragt werden mußte. Am schwierigsten war die Grenzüberschreitung nach und aus der sowjetischen Zone, für die es kaum Passierscheine gab. Illegale Grenzübergänge waren mit großen Risiken verbunden, wurden aber häufig riskiert.

Pflichtjahr: s. Dienstverpflichtungen

PG (Parteigenosse)
Bezeichnung für die Mitglieder der NSDAP.

Politischer Leiter: s. NSDAP

Potsdamer Konferenz
Konferenz der alliierten Regierungschefs (außer Frankreich) von Großbritannien, der UdSSR und den USA vom 17.7. – 2.8.45 zur Regelung der Behandlung des besiegten Deutschland. Es wurden Abmachungen getroffen über die Besetzung des Deutschen Reiches, Entnazifizierung, Entmilitarisierung, Verfolgung der Kriegsverbrecher, Dezentralisierung, Grenz- und Reparationsfragen.

RAD (Reichsarbeitsdienst)
Der Arbeitsdienst (Reichsarbeitsdienst für die weibliche Jugend, abgekürzt RAD w J) war zunächst freiwillig, wurde aber mit Gesetz vom 4. 9. 1939 verpflichtend für ledige Mädchen zwischen 17 und 25 Jahren, die weder berufstätig waren noch sich in einer Ausbildung befanden. Sie wurden für ein halbes Jahr einberufen, in Lagern zusammengefasst und bei verschiedenen Arbeiten eingesetzt. Zunächst wurden nur 100 000 Mädchen einberufen. Am Ende des Krieges waren etwa 150 000 Mädchen in über 3000 Lagern. Insgesamt haben zwischen 1933 und 1945 über 1 Mio Mädchen den weiblichen Arbeitsdienst durchlaufen. Weit überwiegend wurden sie in der Landwirtschaft eingesetzt.

Reichsführerinnenschule: s. Bund Deutscher Mädel

Ringführerin: s. Bund Deutscher Mädel

Ritterkreuz
Dritte Stufe des Eisernen Kreuzes, Kriegsauszeichnung für besondere Tapferkeit und Truppenführung im Zweiten Weltkrieg.

SA (Sturmabteilung)
Paramilitärische politische Propagandatruppe der NSDAP. 1920 als Versammlungsschutz der Partei gegründet, wurde sie besonders zur Terrorisierung politischer Gegner eingesetzt. Ab Februar 1933 konnte sie als staatlich legitimierte Hilfspolizei Verhaftungen vornehmen und richtete eigene Gefängnisse ein.

Schwarzmarkt
Zu Beginn der Nachkriegszeit bildeten sich aufgrund der schlechten Versorgungslage Schwarzmärkte, auf denen im Tausch (oft gegen Zigaretten) oder gegen viel Geld jede Ware zu bekommen war. Schwarzmarktgeschäfte waren verboten, weil sie der gerechten Bewirtschaftung und Verteilung der knappen Güter entgegenstanden. Trotz häufiger Razzien und strenger Bestrafung konnte der Schwarzmarkt bis zur Währungsreform 1948 nicht eingedämmt werden.

SED (Sozialistische Einheitspartei Deutschlands)
Hegemonialpartei in der Sowjetischen Besatzungszone durch erzwungenen Zusammenschluß der KPD und der SPD im April 1946. Zunächst waren die Ämter paritätisch mit Sozialdemokraten und Kommunisten besetzt, ab 1948 wandelte sich die SED in eine der Sowjetunion untergeordnete marxistisch-leninistische Kaderpartei.

Sicherheitsdienst der SS (SD)

Der Inlandsnachrichtendienst des Sicherheitsdienstes (SD) der SS hatte als umfassender Geheimdienst der NSDAP u.a. die Aufgabe, gewissermaßen als »Meinungsforschungsinstitut der Diktatur« ungeschminkte Stimmungs- und Lageberichte zu erstellen über die sachlichen Probleme der einzelnen Lebensgebiete und die Auswirkungen der Maßnahmen der Staatsführung auf die Bevölkerung. Die Berichte wurden von 1938 bis in die letzten Kriegswochen aus zahllosen Einzelmeldungen zusammengestellt und von Dezember 1939 bis Juni 1943 als »Meldungen aus dem Reich« bezeichnet. Sie hatten den Zweck, durch ein Überwachungs- und Spitzelsystem der Staatsführung Kenntnis des Meinungsklimas zu verschaffen, um dadurch die öffentliche Meinung besser manipulieren und Gegner bekämpfen zu können. Das System des SD überzog das ganze Reich und die besetzten Gebiete wie ein Netz. Die hauptamtlichen SD-Führer erhielten ihre Informationen von einer Vielzahl von Vertrauensleuten (V-Männer). Die Zahl der V-Leute und ehrenamtlichen Mitarbeiter wird auf rund 30 000 geschätzt.

Sondermeldung

Während des Krieges über den Rundfunk verbreitete besondere Meldungen (v.a. Siegesmeldungen), die das laufende Programm unterbrachen, eingeleitet meist durch Fanfaren und den Anfang von Franz Liszts »Les Préludes«.

Sowjetische Besatzungszone (SBZ): s. Besatzungszonen

Sperrstunden (Ausgangssperre)

Die Zeiten der Ausgangssperre nach der Besetzung differierten nach Besatzungsdauer (am Anfang waren sie länger), Jahreszeit, Besatzungszone und besonderen örtlichen Gegebenheiten. Stuttgart, das am 21. April besetzt wurde, hatte unmittelbar danach von 20.00 bis 6.30 Sperrstunde. Für Düsseldorf galten 1945 folgende Sperrstunden

Vom 1. Juli bis 14. Juli von 22.15 – 0.4.45

Vom 15. Juli bis 28. Juli von 21.00 – 03.45

Vom 29. Juli bis 11. August von 20.30 – 0.4.30

Vom 26. August bis 7. September von 20.00 – 0.5.00

SS (Schutzstaffel)

Zunächst Schutztruppe für Adolf Hitler und hohe NSDAP-Mitglieder, später unter der Führung von Heinrich Himmler zur Partei gehörige »arische« Eliteeinheit und Parteipolizei (s. SD). Hauptaufgaben waren »Ausmerze« und »Auslese«. Die SS war verantwortlich für die KZ, Ermordung und Deportation von »Nicht-Ariern«, Rasse- und Siedlungsfragen, aber auch Kampfeinsätze. Durch Kontrolle über Polizei, Gestapo und SS baute Himmler seine Machtposition aus, so daß von einem »SS-Staat« gesprochen wurde. Im Rahmen der Nürnberger Prozesse wurde die SS zur vebrecherischen Organisation erklärt.

Stabshelferin: s. Wehrmachtshelferin

»Stahlhelm«, Bund der Frontsoldaten
1918 gegründeter Interessenverband für Veteranen, der zunehmend antidemokratischen Rechtsparteien zuneigte und ab 1929 die Republik offen bekämpfte. 1933 zum Groß-teil in die SA integriert, 1935 aufgelöst.

Stalingrad
Sowjetische Stadt an der unteren Wolga mit Rüstungsindustrie und Verkehrsknoten-punkt (heute: Wolgograd). Beim Versuch der Eroberung der Stadt 1942/43 wurden die ca. 280 000 deutschen Soldaten von sowjetischen Truppen eingekesselt, ca. 150 000 fielen und 90 000 wurden gefangengenommen. Die Niederlage führte zu einer Wende des Kriegsgeschehens an der Ostfront und wirkte sich negativ auf die »Kriegsmoral« der deutschen Bevölkerung aus.

»Der Stürmer«
Antisemitische Wochenzeitung, von Julius Streicher ab 1923 herausgegeben. Er er-reichte 1944 eine Auflage von 400 000 Exemplaren. Die vulgäre und obszöne Hetz-propaganda gegen die jüdische Bevölkerung diente der Vorbereitung und Rechtferti-gung der Judenvernichtung.

Tieffliegerangriffe
Gegen Ende des Krieges, als es kaum noch eine deutsche Luftabwehr gab, flogen al-liierte Jagdbomber (im Volksmund: Jabos) zunehmend Angriffe gegen die deutsche Zivilbevölkerung, indem sie im Tiefflug aus Bordwaffen auf Eisenbahnzüge und Menschen schossen.

Todesmärsche
Besonders gegen Ende des Krieges wurden Häftlinge vieler KZ evakuiert und zu lan-gen Märschen gezwungen, auf denen ein großer Teil von ihnen ermordet wurde oder an den Strapazen starb.

Trümmerfrauen
Nach Verfügung Nr. 3 des Alliierten Kontrollrats vom Januar 1946 sollten Frauen von 15 – 50 Jahren, die keine andere Person und keine Kinder zu versorgen hatten, regi-striert und – wo erforderlich – zur Arbeit (Demontage, Trümmerbeseitigung) heran-gezogen werden. Ohne Registrierung gab es keine Lebensmittelkarten. Aber diese Ver-fügung wurde nicht konsequent und überall durchgeführt. In der SBZ scheint die Arbeitsverpflichtung rigoroser durchgesetzt worden zu sein. Die berufsmäßigen Trüm-merfrauen, die in der Trümmerbeseitigung sowie im Bau- und Baunebengewerbe tätig waren, machten aber nur einen Bruchteil der erwerbstätigen Frauen aus (in Nord-rhein-Westfalen z.B. nur 0,27%). Der Ausdruck »Trümmerfrauen« wurde im Sprach-gebrauch ausgeweitet auf alle Frauen, die in der Nachkriegszeit in irgendeiner Form Aufbauarbeit geleistet haben.

UFA (Universum-Film-Aktiengesellschaft)
Film-Produktionsgesellschaft in Potsdam-Babelsberg, gegründet 1917 zur Verbesse-rung von Qualität und Ansehen des deutschen Films und zur Stärkung der Kampf-

moral der Truppen. Nach 1933 immer stärker Mittel zur Verbreitung von NS-Propaganda (s. Wochenschau). Die Regierung kaufte 1937 anonym UFA-Aktien auf und übernahm die Kontrolle der Gesellschaft.

u.k.-gestellt
U.k.-gestellt waren Männer, die von ihren Dienststellen aus kriegswichtigen Gründen als »unabkömmlich« erklärt und daher vom Militärdienst freigestellt und nicht eingezogen wurden.

Versailles, Vertrag von
Friedensvertrag nach dem Ersten Weltkrieg, von den besiegten Deutschen unterzeichnet am 28.6.1919 in Versailles. Der Vertrag enthielt Bedingungen wie Abtretung der Kolonien, Gebietsverluste von ca. 70 000 qkm, Besetzung des Saarlandes, Entwaffnungsbestimmungen, Reparationsleistungen und den »Kriegsschuldartikel«, in dem Deutschland die alleinige Verantwortung für den Krieg und seine Folgen zugeschrieben wurde. In Deutschland wurde der Vertrag von weiten Volkskreisen als Demütigung empfunden (»Diktat von Versailles«).

Volksaufstand vom 17. Juni 1953
Arbeiteraufstand mit Streiks und Demonstrationen in der gesamten DDR. Auslöser war die Erhöhung der Normen für Industriebetriebe und Bauwirtschaft um 10 Prozent, doch die Aufständischen erhoben auch politische Forderungen wie den Rücktritt der Regierung und freie Wahlen aufgrund der politischen Willkür und der schlechten Versorgungslage. Die SED-Führung ließ den Aufstand durch sowjetische Truppen niederschlagen. Bis 1990 war der 17. Juni in der Bundesrepublik ein gesetzlicher Feiertag.

Volksdeutsche
NS-Bezeichnung für Deutsche, die außerhalb der Grenzen des Deutschen Reiches von 1937 und Österreichs vor allem in Ost- und Südosteuropa lebten und nicht die deutsche Staatsangehörigkeit besaßen. Sie waren z.T. vor Jahrhunderten ausgewandert, lebten meist in geschlossenen Siedlungsgebieten und pflegten die deutsche Sprache und Kultur. Die größten Volksgruppen lebten in der Tschechoslowakei (Sudetendeutsche), in Polen, Ungarn, Rumänien (Siebenbürgen), der Sowjetunion (Wolgadeutsche, Schwarzmeerdeutsche), im Baltikum und in Südtirol. Von 1939-1945 wurden etwa 900 000 Volksdeutsche zur »Rückwanderung« (Umsiedlung) nach Deutschland veranlasst (teils gezwungen). Die meisten wurden in den besetzten Gebieten Polens (vor allem im »Warthegau«) angesiedelt.

Volksempfänger
Radiogerät, das wegen seines niedrigen Preises für jeden erschwinglich sein sollte. 1941 besaßen 65% aller deutschen Haushalte ein Radiogerät. Der Rundfunk war für die Nationalsozialisten (v.a. Goebbels) ein wesentliches Instrument der Propaganda.

Volkssturm
Hitler verfügte am 25. September 1944 die Bildung des »Deutschen Volkssturms«, eines

Ersatzheeres, zu dem alle waffenfähigen Männer im Alter von 16 bis 60 Jahren einberufen wurden. Die Aufstellung und Führung des Volkssturms übernahmen die Gauleiter. Der Reichsführer SS Heinrich Himmler war als Befehlshaber des Ersatzheeres verantwortlich für die militärische Organisation. Er war auch der oberste militärische Befehlshaber. Am 5.4.45 wurden im feindfreien Reich der Jahrgang 1928 zur Wehrmacht einberufen und die Volkssturmpflicht auf den Jahrgang 1929 ausgedehnt. Damit wurden Hitlerjungen im Alter von 16 bis 17, mitunter auch 15 Jahren, ins Feuer geschickt.

Währungsreform
Westliche Besatzungszonen: Umstellung von Reichsmark auf Deutsche Mark am 21.6.48. Bargeld wurde im Verhältnis 10:1 (DM) umgetauscht, Sparguthaben im Verhältnis 100:6,5. Zusätzlich gab es im Tausch 1:1 pro Person DM 40,-, im August noch einmal DM 20,-; Unternehmen erhielten für jeden beschäftigten Arbeitnehmer DM 60,-.
   SBZ: Umstellung auf Deutsche Mark (Ost) vom 24.-28.6.48, ebenfalls meist durch Tausch 10:1 sowie 70,- pro Person.
   Durch die Einführung der sicheren Währung stieg sprunghaft das Angebot an Waren, die vorher nur auf dem Schwarzmarkt zu haben waren.

Wandervogel:
Gruppenbildung der deutschen Jugendbewegung, entstand ab 1896 aus einer Schülerwandergruppe und wurde zu einer über das ganze Deutsche Reich verbreiteten und in die deutschsprachigen Nachbarländer ausstrahlenden Bewegung. Der W. bildete einen eigenen Lebensstil aus mit Volkstanz und -musik, Führerauslese, besonderer Kleidung, Lagerleben, Wanderfahrten und strebte Selbsterziehung und Selbstgestaltung der jugendlichen Gemeinschaft an.

Warthegau/Reichsgau Wartheland
Die Provinz Posen fiel in der zweiten polnischen Teilung (1793) an Preußen und musste nach dem Ersten Weltkrieg wieder an Polen abgetreten werden. 1939 wurde das Gebiet von Hitler besetzt. Es wurde im Osten durch die Gebiete um Kalisch und Hohensalza ergänzt, im Westen um den 1919 an Polen abgetretenen niederschlesischen Gebietsstreifen und erhielt 1940 die Bezeichnung »Reichsgau Wartheland« (gebräuchlich war die Bezeichnung »Warthegau«). Die Reichsgrenze von 1919 war damit um 150-200 km nach Osten verlegt worden. Nach 1945 kam das Gebiet wieder zu Polen. Während des Krieges waren in die von den Deutschen besetzten Gebiete, vor allem in den Warthegau, zahlreiche Volksdeutsche umgesiedelt worden, aus dem Baltikum, aus Wolhynien, Bessarabien, der Dobrudscha, der Bukowina, der Gottschee.

Wehrmachtshelferin
Frauen konnten sich freiwillig zu Arbeiten bei der Wehrmacht melden, ab 1941 konnten sie auch im Rahmen des Kriegshilfsdienstes oder der allgemeinen Kriegsdienstverpflichtungen für Frauen verpflichtet werden. Sie waren tätig z.B. als Nachrichtenhelferin (am Telephon, Telegraph), im Flugmeldedienst, als Stabshelferin (Büroarbeiten), Flakhelferin (zunächst im Innendienst, seit 1944 auch an Geschützen und Zielgerä-

ten) oder bei der Luftwaffe. Ab Herbst 1944 konnten Frauen zu Hilfsdiensten für den Volkssturm herangezogen werden. Die Wehrmachtshelferinnen waren Zivilangestellte ohne militärischen Status. Insgesamt waren ca. 620 000 Frauen als Wehrmachtshelferinnen beschäftigt.

Weiße Rose

Studentische Widerstandsgruppe, größtenteils aus Studenten und anderen Intellektuellen (Prof. Kurt Huber) zusammengesetzt, die sich in Flugblättern gegen den Nationalsozialismus aussprach. 1943/44 wurden die meisten Mitglieder hingerichtet oder zu Freiheitsstrafen verurteilt. Bekannteste und führende Mitglieder: Sophie und Hans Scholl, Alexander Schmorell, Christoph Probst, Willi Graf (alle hingerichtet).

Werwolf

Untergrundkampf gegen die Alliierten und mit ihnen kooperierende Deutsche in schon besetzten Gebieten gegen Ende des Krieges. Die Bevölkerung, insbesondere die Jugend, wurde zu »Fememord« und Sabotageakten aufgerufen.

Westwall

Zwischen Mai 1938 und September 1939 errichtete Befestigungslinie an der deutschen Westgrenze von der Schweiz bis in den Aachener Raum (Länge ca. 630 km, über 14 000 Bunker und Unterstände). Zu den Arbeiten wurden viele Dienstverpflichtete, aber auch ca. 100 000 Pioniere und 350 000 Angehörige der Organisation Todt eingesetzt. Die Anlagen bewährten sich nicht beim Vormarsch der Alliierten.

Winterhilfswerk (WHW): s. NSV

Wochenschau

Nachrichtensendung, die in den Kinos vor dem Hauptfilm gezeigt wurde. Wurde im Laufe des Zweiten Weltkrieges immer stärker Mittel zur Massenpropaganda und Kriegsberichterstattung.

Zonengrenzen: s. Besatzungszonen

Zwangsarbeiter/innen

Insgesamt lag die Zahl der während des Krieges zum Reichseinsatz nach Deutschland gebrachten ausländischen Arbeitskräfte bei etwa 9, 5 Millionen. Dazu zählen aber auch Kriegsgefangene (1944 etwa 1/3 der Arbeitskräfte). 1944/45 war jede 4. Arbeitskraft ein zur Arbeit in Deutschland gezwungener Ausländer oder Kriegsgefangener, in der Landwirtschaft fast jeder zweite. Das Durchschnittsalter lag zwischen 20 und 24 Jahren. Ein Drittel waren Frauen, bei den zivilen Arbeitskräften aus Polen und der Sowjetunion über 50 %, die meisten von ihnen unter 20 Jahren. Insgesamt gab es im Reich über 30 000 Lager. Es gab große Unterschiede in der Behandlung. Am besten ging es den Arbeitern aus den besetzten Westgebieten, am schlechtesten den »Ostarbeitern«, den Russen. Es bestanden aber auch große Unterschiede von Betrieb zu Betrieb, von Lager zu Lager. In der Literatur werden auch freundliche und solidarische Beziehungen zu Polen, Franzosen, insbesondere in der Landwirtschaft, dargestellt.

Literaturverzeichnis

Grundlegende Literatur

1. Abelshauser, Werner: Die langen fünfziger Jahre. Wirtschaft und Gesellschaft der Bundesrepublik Deutschland 1949-1966. Düsseldorf 1987.
2. Blasius, Dirk: Ehescheidung in Deutschland 1794-1945. Scheidung und Scheidungsrecht in historischer Perspektive. Göttingen 1987.
3. Boelcke, Willi A.: Sozialgeschichte Baden-Württembergs 1800-1989. Politik, Gesellschaft, Wirtschaft. Stuttgart 1989.
4. Elias, Norbert: Studien über die Deutschen. Machtkämpfe und Habitusentwicklung im 19. und 20. Jahrhundert. Frankfurt/M. 1990.
5. Evangelisches Kirchenlexikon. 3. Aufl., Göttingen 1986.
6. Glaser, Hermann: Aus den Trümmern zur Post-Moderne. Überblick über die Kulturgeschichte der Bundesrepublik. München 1986.
7. Hausen, Karin: Familie und Familiengeschichte. In: Schieder, Wolfgang/Sellin, Volker (Hrsg.): Sozialgeschichte in Deutschland. Entwicklungen und Perspektiven im internationalen Zusammenhang. Band II: Handlungsräume des Menschen in der Geschichte. Göttingen 1986, S. 64-89.
8. Hirschfeld, Gerhard/Krumeich, Gerd/Langewiesche, Dieter/Ullmann, Hans-Peter (Hrsg.): Kriegserfahrungen. Studien zur Sozial- und Mentalitätsgeschichte des Ersten Weltkriegs. Essen 1997.
9. Jaide, Walter: Generationen eines Jahrhunderts. Wechsel der Jugendgenerationen im Jahrhunderttrend. Zur Geschichte der Jugend in Deutschland 1871-1985. Opladen 1988.
10. Kaschuba, Wolfgang: Lebenswelt und Kultur der unterbürgerlichen Schichten im 19. und 20. Jahrhundert. München 1990.
11. Kuczynski, Jürgen: Die Geschichte der Lage der Arbeiter unter dem Kapitalismus. Bd. 18: Studien zur Geschichte der Lage der Arbeiter in Deutschland. Berlin 1963.

12. Lüdtke, Alf (Hrsg.): Alltagsgeschichte. Zur Rekonstruktion historischer Erfahrungen und Lebensweisen. Frankfurt/M., New York 1989.

13. Lüdtke, Alf: Ehre der Arbeit. In: Tenfelde, Klaus (Hrsg.): Arbeiter im 20. Jahrhundert. Stuttgart 1991, S. 343-392.

14. Lüdtke, Alf: Eigen-Sinn. Fabrikalltag, Arbeitererfahrungen und Politik vom Kaiserreich bis in den Faschismus. Hamburg 1992.

15. Neuß, Raimund: Anmerkungen zu Walter Flex. Schernfeld 1992.

16. Puhle, Hans-Jürgen (Hrsg.): Bürger in der Gesellschaft der Neuzeit. Wirtschaft – Politik – Kultur. Elf Beiträge. Göttingen 1991.

17. Stöcker, Michael: Augusterlebnis 1914 in Darmstadt. Legende und Wirklichkeit. Darmstadt 1994.

18. Zorn, Wolfgang (Hrsg.): Handbuch der deutschen Wirtschafts- und Sozialgeschichte. Bd. 2: Das 19. und 20. Jahrhundert. Frankfurt/M., New York 1976.

Nationalsozialismus und Nachkriegszeit

19. Adorno, Theodor W.: Was bedeutet: Aufarbeitung der Vergangenheit? In: Ders.: Eingriffe. Neun kritische Modelle. Frankfurt/M. 1963, S. 125-146.

20. Albrecht, Gerd: Nationalsozialistische Filmpolitik. Eine soziologische Untersuchung über die Spielfilme des Dritten Reiches. Stuttgart 1969.

21. Allen, William S.: Die deutsche Öffentlichkeit und die »Reichskristallnacht« – Konflikte zwischen Werthierarchie und Propaganda im Dritten Reich. In: Peukert, Detlev/Reulecke, Jürgen (Hrsg.): [170], S. 397-412.

22. Aly, Götz (Hrsg.): Aktion T 4 1939-1945. Berlin 1987.

23. Arendt, Hannah: Organisierte Schuld. In: »Die Wandlung«, H. 4, 1945/46, S. 333-344.

24. Arendt, Hannah: Besuch in Deutschland. Berlin 1993 (1950).

25. Arnim, Gabriele von: Das große Schweigen. Von der Schwierigkeit, mit den Schatten der Vergangenheit zu leben. München 1989.

26. Askenasy, Hans: Sind wir alle Nazis? Zum Potential der Unmenschlichkeit. Frankfurt/M., New York 1979 (Secaucus, NJ 1978).

27. Bankier, David: Die öffentliche Meinung im Hitler-Staat. Die »Endlösung« und die Deutschen. Berlin 1995.

28. Bar-On, Dan: Die Last des Schweigens. Frankfurt/M., New York 1993.

29. Bartov, Omer: Hitlers Wehrmacht. Soldaten, Fanatismus und die Brutalisierung des Krieges. Reinbek bei Hamburg 1995.

30. Bartov, Omer: Deutsche Soldaten an der Ostfront. In: Borsdorf, Ulrich/Jamin, Mathilde (Hrsg.): [661], S. 148-161.

31. Becker, Josef/Stammen, Theo/Waldmann, Peter (Hrsg.): Vorgeschichte der Bundesrepublik Deutschland. Zwischen Kapitulation und Grundgesetz. 2. Aufl., München 1987.

32. Benz, Ute: Verführung und Verführbarkeit: NS-Ideologie und kindliche Disposition zur Radikalität. In: Dies./Benz, Wolfgang: [33], S. 25-39.

33. Benz, Ute/Benz, Wolfgang: Sozialisation und Traumatisierung. Kinder in der Zeit des Nationalsozialismus. Frankfurt/M. 1992.

34. Benz, Wolfgang: Die deutschen Juden und der Nationalsozialismus. In: Aus Politik und Zeitgeschichte B 43/88, S. 22-33.

35. Benz, Wolfgang (Hrsg.): Die Vertreibung der Deutschen aus dem Osten. Ursachen, Ereignisse, Folgen. Frankfurt/M. 1985.

36. Benz, Wolfgang: Kinder und Jugendliche unter der Herrschaft des Nationalsozialismus. In: Benz, Ute/Benz, Wolfgang: [33], S. 11-24.

37. Berg, Christa/Ellger-Rüttgardt, Sieglind (Hrsg.): »Du bist nichts, dein Volk ist alles«. Forschungen zum Verhältnis von Pädagogik und Nationalsozialismus. Weinheim 1991.

38. Bergmann, Werner/Erb, Rainer: Antisemitismus in der Bundesrepublik Deutschland. Ergebnisse empirischer Forschung 1946-1989. Opladen 1991.

39. Beuys, Barbara: Vergesst uns nicht. Menschen im Widerstand 1933-45. Reinbek bei Hamburg 1987.

40. Bleuel, Hans-Peter: Das saubere Reich. Theorie und Praxis des sittlichen Lebens im Dritten Reich. Bern, München 1972.

41. Bluhm, Lothar: Das Tagebuch zum Dritten Reich. Zeugnisse der Inneren Emigration. Bonn 1991.

42. Boberach, Heinz: Jugend unter Hitler. Düsseldorf 1982.

43. Boelcke, Willi A.: Der Schwarzmarkt 1945-1948. Vom Überleben nach dem Kriege. Braunschweig 1986.

44. Bohse, Jörg: Inszenierte Kriegsbegeisterung und ohnmächtiger Friedenswille. Meinungslenkung und Propaganda im Nationalsozialismus. Stuttgart 1988.

45. Bourke-White, Margaret: Deutschland, April 1945. München 1979 (orig.: Dear Fatherland, Rest Quietly: A Report on the Collapse of Hitler's »Thousand Years«. New York 1946).

46. Borst, Otto (Hrsg.): Das Dritte Reich in Baden und Württemberg (Schriftenreihe des Stuttgarter Symposions, Bd. 1). Stuttgart 1988.

47. Bracher, Karl Dietrich/Funke, Manfred/Schwarz, Hans-Peter (Hrsg.): Deutschland zwischen Krieg und Frieden. Beiträge zur Politik und Kultur im 20. Jahrhundert. Bonn 1990.

48. Bracher, Karl Dietrich/Funke, Manfred/Jacobsen, Hans-Adolf: Deutschland 1933-1945. Düsseldorf 1992.

49. Brandenburg, Hans-Christian: Die Geschichte der HJ. Wege und Irrwege einer Generation, 2. Aufl., Köln 1982 (1968).

50. Brendler, Konrad/Rexilius, Günter: Drei Generationen im Schatten der NS-Vergangenheit. Wuppertaler Sozialwissenschaftliche Studien Band 4/1991.

51. Breyvogel, Wilfried/Lohmann, Thomas: Schulalltag im Nationalsozialismus. In: Peukert, Detlev /Reulecke, Jürgen (Hrsg.): [170], S. 199-221.

52.   Breyvogel, Wilfried: Piraten, Swings und junge Garde. Jugendwiderstand im Nationalsozialismus. Bonn 1991.

53.   Breyvogel, Wilfried: Jugendliche Widerstandsformen. Vom organisierten Widerstand zur jugendlichen Alltagsopposition. In: Steinbach, Peter/Tuchel, Johannes (Hrsg.): [191], S. 426-42.

54.   Broszat, Martin: Resistenz und Widerstand. Eine Zwischenbilanz des Forschungsprojekts. In: Ders./Fröhlich, Elke/Grassmann, Anton (Hrsg.): Bayern in der NS-Zeit, Bd. 4: Herrschaft und Gesellschaft im Konflikt, Teil C. München, Wien 1981, S. 691-709.

55.   Broszat, Martin/Henke, Klaus-Dietmar/Woller, Hans (Hrsg.): Von Stalingrad zur Währungsreform. Zur Sozialgeschichte des Umbruchs in Deutschland. München 1988.

56.   Broszat, Martin/Frei, Norbert (Hrsg.): Das Dritte Reich im Überblick. Chronik. Ereignisse. Zusammenhänge. München 1989.

57.   Büttner, Ursula: Hamburg im Luftkrieg. Die politischen und wirtschaftlichen Folgen des »Unternehmens Gomorrha«. In: Hiller, Marlene P. u.a.: [116], S. 272-298.

58.   Büttner, Ursula (Hrsg.): Die Deutschen und die Judenverfolgung im Dritten Reich. Hamburg 1992.

59.   Buchheim, Hans: Die SS – Das Herrschaftsinstrument. Befehl und Gehorsam (Anatomie des SS-Staates, 1). 5. Aufl., München 1989 (Olten 1965).

59a) Carell, Paul/Böddeker, Günter: Die Gefangenen. Leben und Überleben deutscher Soldaten hinter Stacheldraht. Berlin 1990.

60.   Castell Rüdenhausen, Adelheid Gräfin zu: »Nicht mitzuleiden, mitzukämpfen sind wir da!« Nationalsozialistische Volkswohlfahrt im Gau Westfalen-Nord. In: Peukert, Detlev/Reulecke, Jürgen (Hrsg.): [170], S. 223-244.

61.   Dabel, Gerhard (Hrsg.): KLV-Lager 1940-1945. Freiburg i.B. 1981.

62.   Dithmar, Reinhard (Hrsg.): Schule und Unterricht im Dritten Reich. Neuwied 1989.

63.   Dorn, Fred/Heuer, Klaus (Hrsg.): »Ich war immer gut zu meiner Russin«: Struktur und Praxis des Zwangsarbeitssystems am Beispiel der Region Südhessen. Pfaffenweiler 1991.

64.   Dotterweich, Volker: Die »Entnazifizierung«. In: Becker, Josef u.a. (Hrsg.): [31], S. 123-61.

65.   Drewniak, Boguslaw: Der deutsche Film 1938-1945. Ein Gesamtüberblick. Düsseldorf 1987.

66.   Dussel, Konrad: Der NS-Staat und die »deutsche Kunst«. In: Bracher, Karl Dietrich u.a. (Hrsg.): [48], S. 256-272.

67.   Eberan, Barbro: Luther? Friedrich »der Große«? Wagner? Nietzsche? ... Wer war an Hitler schuld? Die Debatte um die Schuldfrage 1945-1949. 2. erw. Aufl., München 1985 (1983).

68.   Ehrentreich, Alfred: Dresdner Elegie. Schule im Krieg: Die Kinderlandverschickung im 3. Reich. Brackwede bei Bielefeld 1985.

69. Eitner, Hans-Jürgen: Hitlers Deutsche. Das Ende eines Tabus. Gernsbach 1990.

70. Erb, Rainer: Antisemitismus wegen Auschwitz in der jungen Generation? In: Brendler, Konrad/Rexilius, Günter (Hrsg.): [50], S. 204-209.

71. Erdmann, Karl Dietrich: Die Zeit der Weltkriege (Gebhardt: Handbuch der Deutschen Geschichte Bd. 4.2). 9. bearb. Aufl., Stuttgart 1976.

72. Falter, Jürgen W.: Hitlers Wähler. München 1991.

73. Faust, Anselm: Die »Reichskristallnacht«: Der Judenpogrom vom November 1938. In: Aus Politik und Zeitgeschichte B 43/88, S. 14-21.

74. Fenske, Hans: Wirtschaftliche und soziale Kriegsfolgen in den Familien von Gefallenen, Vermissten und Gefangenen. In: Volksbund Deutsche Kriegsgräberfürsorge (Hrsg.): [199], S. 19-35.

75. Flessau, Kurt-Ingo: Schule der Diktatur. Lehrpläne und Schulbücher des Nationalsozialismus. 2. Aufl., Frankfurt/M. 1984 (München 1977).

76. Focke, Harald/Reimer, Uwe: Alltag unterm Hakenkreuz. Wie die Nazis das Leben der Deutschen veränderten. Reinbek bei Hamburg 1979.

77. Focke, Harald/Reimer, Uwe: Alltag der Entrechteten. Wie die Nazis mit ihren Gegnern umgingen. Reinbek bei Hamburg 1980.

78. Focke, Harald/Strocka, Monika (Hrsg.): Alltag der Gleichgeschalteten. Wie die Nazis Kirche, Kultur, Justiz und Presse braun färbten. Reinbek bei Hamburg 1985.

79. Frantzioch, Marion/Ratza, Odo/Reichert, Günter (Hrsg.): 40 Jahre Arbeit für Deutschland – die Vertriebenen und Flüchtlinge (Ausstellungskatalog). Berlin 1989.

80. Frantzioch, Marion: Die Vertriebenen. Hemmnisse, Antriebskräfte und Wege ihrer Integration in der BRD. Berlin 1987.

81. Fröhlich, Elke: Die Herausforderung des Einzelnen. Geschichten über Widerstand und Verfolgung (Bayern in der NS-Zeit, Bd. 6, hrsg. v. Broszat, Martin/ Fröhlich, Elke). München, Wien 1983.

82. Frommann, Bruno: Reisen im Dienste politischer Zielsetzungen. Arbeiter-Reisen und »Kraft durch Freude«-Fahrten. Stuttgart 1992.

83. Fürstenau, Justus von: Entnazifizierung. Ein Kapitel deutscher Nachkriegspolitik (Politica 40). Neuwied, Berlin 1969.

84. Galinski, Dieter/Herbert, Ulrich/Lachauer, Ulla (Hrsg.): Nazis und Nachbarn. Schüler erforschen den Alltag im Nationalsozialismus. Reinbek bei Hamburg 1982.

85. Gamm, Hans-Jochen: Der braune Kult. Das Dritte Reich und seine Ersatzreligion. Ein Beitrag zur politischen Bildung. Hamburg 1962.

86. Gamm, Hans-Jochen: Führung und Verführung. Pädagogik und Nationalsozialismus. Eine Quellensammlung. Mit einer neuen Einleitung und einer Ergänzungsbibliografie. 2. erg. Aufl., Frankfurt/M., New York 1984 (München 1964).

87. Gamm, Hans-Jochen: Der Flüsterwitz im Dritten Reich. München 1993 (1963).

88. Gellately, Robert: »In den Klauen der Gestapo«: Die Bedeutung von Denunziationen für das nationalsozialistische Terrorsystem. In: Faust, Anselm (Hrsg.): [670], S. 40-49.

89. Gerlach, Wolfgang: Als die Zeugen schwiegen. Bekennende Kirche und die Juden. In: Wollenberg, Jörg (Hrsg.): [205], S. 94-112.

90. Gies, Horst: Geschichtsunterricht unter der Diktatur Hitlers. Köln 1992.

91. Giesecke, Hermann: Hitlers Pädagogen. Theorie und Praxis nationalsozialistischer Erziehung. Weinheim 1993.

92. Giordano, Ralph: Die zweite Schuld oder Von der Last, Deutscher zu sein. 2. Aufl., München 1990 (Hamburg 1987).

93. Giordano, Ralph: »Wie kann diese Generation eigentlich noch atmen?« Briefe zu dem Buch Die zweite Schuld oder Von der Last, Deutscher zu sein. Hamburg 1990.

94. Goldhagen, Daniel Jonah: Hitlers willige Vollstrecker. Ganz gewöhnliche Deutsche und der Holocaust. Berlin 1996 (New York 1996).

95. Grabitz, Helge/Bästlein, Klaus/Tuchel, Johannes (Hrsg.): Die Normalität des Verbrechens. Bilanz und Perspektiven der Forschung zu den nationalsozialistischen Gewaltverbrechen. Festschrift für Wolfgang Scheffler. Berlin 1994.

96. Gries, Rainer: Die Rationen-Gesellschaft. Versorgungskampf und Vergleichsmentalität: Leipzig, München und Köln nach dem Kriege. Münster 1991.

97. Groehler, Olaf: Bombenkrieg gegen Deutschland. Berlin 1990.

98. Grube, Frank/Richter, Gerhard: Alltag im Dritten Reich. So lebten die Deutschen 1933-1945. Hamburg 1982.

99. Grube, Frank/Richter, Gerhard: Die Schwarzmarktzeit. Deutschland zwischen 1945 und 1948. Hamburg 1979.

100. Hachtmann, Rüdiger: Industriearbeit im »Dritten Reich«. Untersuchungen zu den Lohn- und Arbeitsbedingungen in Deutschland 1933-1945 (Kritische Studien zur Geschichtswissenschaft 82). Göttingen 1989.

100a) Hamann, Brigitte: Hitlers Wien. Lehrjahre eines Diktators. 7. Aufl., München, Zürich 1997 (München 1996).

101. Hampe, Erich (Bearb.): Der zivile Luftschutz im Zweiten Weltkrieg. Dokumentation und Erfahrungsberichte über Aufbau und Einsatz. Frankfurt/M. 1963.

102. Heer, Hannes/Naumann, Klaus (Hrsg.): Vernichtungskrieg. Verbrechen der Wehrmacht 1941 bis 1944. Hamburg 1995.

103. Heer, Hannes (Hrsg.): »Stets zu erschießen sind Frauen, die in der Roten Armee dienen.« Geständnisse deutscher Kriegsgefangener über ihren Einsatz an der Ostfront. Hamburg 1995.

104. Hegele, Wolfgang: Literaturunterricht und Literarisches Leben in Deutschland (1850-1990). Historische Darstellung – Systematische Erklärung. Würzburg 1996.

105. Heiber, Beatrice/Heiber Helmut (Hrsg.): Die Rückseite des Hakenkreuzes. Absonderliches aus den Akten des Dritten Reiches. München 1993.

106. Heimannsberg, Barbara/Schmidt, Christoph (Hrsg.): Das kollektive Schweigen.

Nazivergangenheit und gebrochene Identität in der Psychotherapie. Heidelberg 1988.

107. Heinemann, Manfred (Hrsg.): Erziehung und Schulung im Dritten Reich. Bd. 2: Hochschule, Erwachsenenbildung. Stuttgart 1980.

108. Hellfeld, Matthias von /Klönne, Arno (Hrsg.): Die betrogene Generation. Jugend in Deutschland unter dem Faschismus. Quellen und Dokumente. Köln 1987 (1985).

109. Henke, Klaus-Dietmar: Musste die Entnazifizierung scheitern? Zu einer Grundfrage der Nachkriegsgeschichte. In: Galinski, Dieter (Hrsg.): Jugendliche erforschen die Nachkriegszeit. Materialien zum Schülerwettbewerb Deutsche Geschichte 1984/85. Hamburg 1984, S. 15-33.

110. Henke, Klaus-Dietmar/Woller, Hans (Hrsg.): Politische Säuberung in Europa. Die Abrechnung mit Faschismus und Kollaboration nach dem Zweiten Weltkrieg. München 1991.

111. Henkels, Walter: Alltag in Trizonesien. Fünf Jahre nach der »Stunde Null«. Bergisch-Gladbach 1988.

112. Herbert, Ulrich: Europa und der »Reichseinsatz«. Ausländische Zivilarbeiter, Kriegsgefangene und KZ-Häftlinge in Deutschland 1938-1945. Essen 1991.

113. Herbert, Ulrich/Groehler, Olaf: Zweierlei Bewältigung. Vier Beiträge über den Umgang mit der NS-Vergangenheit in den beiden deutschen Staaten. Hamburg 1992.

114. Hilberg, Raul: Die Vernichtung der europäischen Juden. 3 Bde., 2. erw. Aufl., Frankfurt/M. 1990 (Berlin 1982; Chicago 1961).

115. Hilberg, Raul: Täter, Ofper, Zuschauer. Die Vernichtung der europäischen Juden 1933-1945. Frankfurt/M. 1992 (New York 1992).

116. Hiller, Marlene P./Jäckel, Eberhard/Rohwer, Jürgen: Städte im Zweiten Weltkrieg. Ein internationaler Vergleich. Essen 1991.

117. Hoffmann, Hilmar: »Und die Fahne führt uns in die Ewigkeit«. Propaganda im NS-Film, Bd. 1. Frankfurt/M. 1988.

118. Holmsten, Georg: Kriegsalltag 1939-1945 in Deutschland (Fotografierte Zeitgeschichte). Düsseldorf 1982.

119. Hüttenberger, Peter: Solidarität der Gegner. Die Kirchen und die Arbeiterbewegung zwischen Anpassung, Abwehr und Anteilnahme. In: Faust, Anselm (Hrsg.): [670], S. 65-76.

120. Humburg, Martin: Deutsche Feldpostbriefe im Zweiten Weltkrieg – Eine Bestandsaufnahme. In: Vogel, Detlef/Wette, Wolfram (Hrsg.): [198], S. 13-16.

121. Jacobmeyer, Wolfgang: Vom Zwangsarbeiter zum heimatlosen Ausländer. Die Displaced Persons in Westdeutschland 1945-1951. Göttingen 1985.

122. Jäckel, Eberhard/Longerich, Peter/Schoeps, Julius H. (Hrsg.): Enzyklopädie des Holocaust. Die Verfolgung und Ermordung der europäischen Juden. 4 Bde., München, Zürich 1998 (1993; orig. hebr., engl. hrsg. v. Gutmann, Joseph).

123. Jahnke, Karl Heinz: Hitlers letztes Aufgebot. Deutsche Jugend im sechsten Kriegsjahr 1944/45. Essen 1993.

124. Jaspers, Karl: Die Schuldfrage. Heidelberg 1946.

125. Jeggle, Utz: In stolzer Trauer. Umgangsformen mit dem Kriegstod während des 2. Weltkriegs. In: Tübinger Beiträge zur Volkskultur (Untersuchungen des Ludwig-Uhland-Instituts der Universäität Tübingen, 69). Tübingen 1986, S. 242-259.

126. Kershaw, Ian: Der Hitler-Mythos.Volksmeinung und Propaganda im Dritten Reich. Stuttgart 1980.

127. Kershaw, Ian: Hitlers Popularität. Mythos und Realität im Dritten Reich. In: Mommsen, Hans/Willems, Susanne (Hrsg.): [155], S. 24-96.

128. Klee, Ernst/Dreßen, Willi/Rieß, Volker (Hrsg.): »Schöne Zeiten«. Judenmord aus der Sicht der Täter und Gaffer. 3. Aufl., Frankfurt/M. 1988.

129. Klee, Ernst: Die SA Jesu Christi. Die Kirche im Banne Hitlers. Frankfurt/M. 1989.

130. Klee, Ernst/Dreßen, Willi (Hrsg.): »Gott mit uns«. Der deutsche Vernichtungskrieg im Osten 1939-1945. Frankfurt/M. 1989.

131. Kleßmann, Christoph (Hrsg.): Nicht nur Hitlers Krieg. Der Zweite Weltkrieg und die Deutschen. Düsseldorf 1989.

132. Kleßmann, Christoph/Wagner, Georg (Hrsg.): Das gespaltene Land. Leben in Deutschland 1945-1990. Texte und Dokumente zur Sozialgeschichte. München 1993.

133. Klönne, Arno: Jugend im Dritten Reich. Die Hitler-Jugend und ihre Gegner. Dokumente und Analysen. Düsseldorf 1982.

134. Klose, Werner: Generation im Gleichschritt. Ein Dokumentarbericht. Neuausg., Oldenburg 1982 (1964).

135. Kogon, Eugen: Der SS-Staat. Das System der deutschen Konzentrationslager. 18. Aufl., München 1988 (1946).

136. Krimm, Herbert: Beistand. Die Tätigkeit des Hilfswerks der Evangelischen Kirchen in Deutschland für Vertriebene und Flüchtlinge nach 1945. Stuttgart 1974.

137. Kuby, Erich: Die Russen in Berlin 1945. Bern, München 1965.

138. Kuby, Erich: Das Ende des Schreckens. Dokumente des Untergangs Januar bis Mai 1945. München 1956.

139. Kunst im 3. Reich. Dokumente der Unterwerfung (Ausstellungskatalog). Bearb. v. Frankfurter Kunstverein/ Kunstgeschichtliches Institut der Universität Frankfurt. 5. Aufl., Frankfurt/M. 1976 (1975).

140. Larass, Claus: Der Zug der Kinder. KLV – die Evakuierung 5 Millionen deutscher Kinder im 2. Weltkrieg. München 1983.

140a) Leggewie, Claus/Müller, Sybille/Nungesser, Tim: »Nicht alles darf man beim Namen nennen – in Deutschland.« Skandal im Skandal: Die Bundestagsrede Philipp Jenningers zur »Kristallnacht«, in: Sozialwissenschaftliche Informationen 20 (1991), H. 2, S. 128-132.

141. Leiser, Erwin: »Deutschland erwache!« Propaganda im Film des Dritten Reiches. Reinbek bei Hamburg 1978.

142. Lilienthal, Georg: Der »Lebensborn e.V.«. Ein Instrument nationalsozialistischer Rassenpolitik. Stuttgart, New York 1992 (1985).

143. Loschütz, Gert (Hrsg.): Von deutscher Art. Was in den Köpfen derer steckte, die sich einen Führer wünschten. Ein Familienalbum vom Dachboden. Darmstadt 1982.

144. Lowry, Stephen: Pathos und Politik. Ideologie in Spielfilmen des Nationalsozialismus. Tübingen 1991.

145. Luchterhand, Elmer: Das KZ in der Kleinstadt. Erinnerungen einer Gemeinde an den unsystematischen Völkermord. In: Peukert, Detlev/Reulecke, Jürgen (Hrsg.): [170], S. 435-456.

146. Lüdtke, Alf: Wo blieb die »rote Glut«? Arbeitererfahrungen und deutscher Faschismus. In: Ders., (Hrsg.): [12], S. 224-282.

147. Lüdtke, Alf: »Coming to Terms with the Past«. Illusions of Remembering, Ways of Forgetting Nazism in West Germany. In: Journal of Modern History 65 (September 1993), S. 542-572.

148. Märtesheimer, Peter/Frenzel, Ivo: Im Kreuzfeuer: Der Fernsehfilm »Holocaust«. Eine Nation ist betroffen. Frankfurt/M. 1979.

149. Mann, Erika: Zehn Millionen Kinder – Die Erziehung der Jugend im Dritten Reich. München 1986.

150. Mason, Timothy W.: Sozialpolitik im Dritten Reich. Arbeiterklasse und Volksgemeinschaft. 2. Aufl., Opladen 1978 (1977).

151. Messerschmidt, Manfred: Harte Sühne am Judentum. Befehlswege und Wissen in der deutschen Wehrmacht. In: Wollenberg, Jörg (Hrsg.): [205], S. 113-128.

151a) Meier, Kurt: Kreuz und Hakenkreuz. Die evangelische Kirche im Dritten Reich. München 1992.

152. Michalka, Wolfgang (Hrsg.): Der Zweite Weltkrieg. Analysen, Gründzüge, Forschungsbilanz. München, Zürich 1989.

153. Mitscherlich, Alexander/Mitscherlich, Margarete: Die Unfähigkeit zu trauern. Grundlagen kollektiven Verhaltens. 23. Aufl., München 1994 (1967).

154. Mitscherlich, Margarete: Erinnerungsarbeit. Zur Pschoanalyse der Unfähigkeit zu trauern. Frankfurt/M. 1987.

155. Mommsen, Hans/Willems, Susanne (Hrsg.): Herrschaftsalltag im Dritten Reich. Studien und Texte. Düsseldorf 1988.

156. Mommsen, Hans/Obst, Dieter: Die Reaktion der deutschen Bevölkerung auf die Verfolgung der Juden 1933-1943. In: Mommsen, Hans/Willems, Susanne (Hrsg.): [155], S. 374-485.

157. Moser, Tilman: Die Unfähigkeit zu trauern: Hält die Diagnose einer Überprüfung stand? Zur psychischen Verarbeitung des Holocaust in der Bundesrepublik. In: Psyche 5/1992.

158. Mosse, George L.: Der nationalsozialistische Alltag. So lebte man unter Hitler. Königstein/Ts. 1979 (1978; London 1967).

159. Müller-Hohagen, Jürgen: Verleugnet, verdrängt, verschwiegen. Die seelischen Auswirkungen der Nazizeit. München 1988.

160. Niedhart, Gottfried (Hrsg.): Kriegsbeginn 1939. Entfesselung oder Ausbruch des Zweiten Weltkriegs? Darmstadt 1976.

161. Niethammer, Lutz: Entnazifizierung. In: Carola Stern (Hrsg.): Lexikon zur Geschichte und Politik im 20. Jahrhundert. Köln 1971, S. 213-15.

162. Niethammer, Lutz: Die Mitläuferfabrik. Die Entnazifizierung am Beispiel Bayerns. Berlin, Bonn 1982 (zuerst: Die Entnazifizierung in Bayern. Diss. Heidelberg 1971, München 1972).

163. Nixdorf, Delia/Nixdorf, Gerd: Politisierung und Neutralisierung der Schule in der NS-Zeit. In: Mommsen, Hans/Willems, Susanne (Hrsg.): [155], S. 225-260.

164. Nyssen, Elke: Schule im Nationalsozialismus. Heidelberg 1979.

165. Ottweiler, Ottwilm: Die Volksschule im Nationalsozialismus. Weinheim, Basel 1979.

166. Overesch, Manfred: Das III. Reich 1939-1945. Eine Tageschronik der Politik, Wirtschaft, Kultur. Düsseldorf 1983.

167. Pentzlin, Heinz: Die Deutschen im Dritten Reich. Nationalsozialisten – Mitläufer – Gegner. Stuttgart 1985.

168. Peukert, Detlev: Volksgenossen und Gemeinschaftsfremde. Anpassung, Ausmerzung und Aufbegehren unter dem Nationalsozialismus. Köln 1982.

169. Peukert, Detlev: Alltag unterm Nationalsozialismus (Beiträge zum Thema Widerstand 17). Berlin 1981.

170. Peukert, Detlev/Reulecke, Jürgen (Hrsg.): Die Reihen fast geschlossen. Beiträge zur Geschichte des Alltags unterm Nationalsozialismus. Wuppertal 1981.

171. Pfeifer, Jochen: Der deutsche Kriegsroman 1945-1960. Königstein/Ts. 1981.

172. Platner, Geert/Schüler der Gerhart-Hauptmann-Schule in Kassel (Hrsg.): Schule im Dritten Reich – Erziehung zum Tod? Eine Dokumentation. München 1983.

173. Plato, Alexander von: Nachkriegsgesellschaft: Erfahrungsstrukturen und »Große Politik«. (Nachkriegsjahre und Bundesrepublik Deutschland. Studienbrief 3). Tübingen 1987.

174. Prinz, Friedrich/Krauss, Marita (Hrsg.): Trümmerleben. Texte, Dokumente, Bilder aus den Münchner Nachkriegsjahren. München 1985.

175. Recker, Marie-Luise: Nationalsozialistische Sozialpolitik im Zweiten Weltkrieg. München 1985.

176. Riesenberger, Dieter (Hrsg.): Das Deutsche Rote Kreuz, Konrad Adenauer und das Kriegsgefangenenproblem. Die Rückführung der deutschen Kriegsgefangenen aus der Sowjetunion (1952-1955). Dokumentation und Kommentar. Bremen 1994.

177. Röhm, Eberhard/Thierfelder, Jörg (Bearb.): Evangelische Kirche zwischen Kreuz und Hakenkreuz. Bilder und Texte einer Ausstellung. Einführung Klaus Scholder. I.A. d. EKD. 3. Aufl., Stuttgart 1983 (1981).

178. Rosh, Lea/Jäckel, Eberhard: Der Tod ist ein Meister aus Deutschland. Deportation und Ermordung der Juden – Kollaboration und Verweigerung in Europa. Hamburg 1990.

179. Ruhl, Klaus-Jörg: Die Besatzer und die Deutschen. Amerikanische Zone 1945-1948. Düsseldorf 1980.
180. Ruhl, Klaus-Jörg (Hrsg.): Deutschland 1945. Alltag zwischen Krieg und Frieden in Berichten, Dokumenten und Bildern. Darmstadt 1984.
181. Sachße, Christoph/Tennstedt, Florian: Geschichte der Armenfürsorge in Deutschland. Bd. 3: Der Wohlfahrtsstaat im Nationalsozialismus. Stuttgart, Berlin, Köln 1992.
182. Saldern, Adelheid von: Mittelstand im »Dritten Reich«. Handwerk – Einzelhändler – Bauern. Frankfurt/M. 1979.
183. Sauer, Paul: Württemberg in der Zeit des Nationalsozialismus. Ulm 1975.
184. Schmuhl, Hans-Walter: Rassenhygiene, Nationalsozialismus, Euthanasie. Von der Verhütung zur Vernichtung »lebensunwerten Lebens« 1890 – 1945 (Kritische Studien zur Geschichtswissenschaft 75). Göttingen 1987.
185. Schnabel, Thomas (Hrsg.): Formen des Widerstandes im Südwesten 1934-1945. Scheitern und Nachwirken. Ulm 1994.
186. Scholder, Klaus: Die Kirche und das Dritte Reich. 2 Bde., Frankfurt/M., Berlin 1977 u. 1985.
187. Schörken, Rolf: Luftwaffenhelfer und III. Reich. Die Entstehung eines politischen Bewusstseins. 2. Aufl., Stuttgart 1985 (1984).
188. Schwarz, Gudrun: Die nationalsozialistischen Lager. Frankfurt/M., New York 1990.
189. Siefken, Heinrich (Hrsg.): Die Weiße Rose und ihre Flugblätter. Dokumente, Texte, Lebensbilder, Erläuterungen. Manchester, New York 1994.
190. Steinbach, Peter: Deutsche Kriegsgefangene in der Sowjetunion. Ein Beitrag zur deutsch-sowjetischen Beziehungsgeschichte. In: Aus Politik und Zeitgeschichte B 24/91, S. 37-52.
191. Steinbach, Peter/Tuchel, Johannes (Hrsg.): Widerstand gegen den Nationalsozialismus. Bonn 1994.
192. Steinert, Marlis G.: Hitlers Krieg und die Deutschen. Stimmung und Haltung der deutschen Bevölkerung im Zweiten Weltkrieg. Düsseldorf, Wien 1970.
193. Sternberger, Dolf/Storz Gerhard/Süskind, W. E.: Aus dem Wörterbuch des Unmenschen. Frankfurt, Berlin 1986 (Hamburg 1957).
194. Stierlin, Helm: Der Dialog zwischen den Generationen über die Nazizeit. In: Heimannsberg, Barbara/Schmidt, Christoph (Hrsg.): [106], S. 197-217.
194a) Streit, Christian: Keine Kameraden. Die Wehrmacht und die sowjetischen Kriegsgefangenen 1941-1945. Stuttgart 1978.
195. Sywottek, Arnold: Flüchtlingseingliederung in Westdeutschland. Stand und Probleme der Forschung. In: Aus Politik und Zeitgeschichte B 51/89, S. 38-46.
196. Thamer, Hans-Ulrich: Verführung und Gewalt. Deutschland 1933-1945. Berlin 1986.
197. Trittel, Günter J.: Hunger und Politik. Die Ernährungskrise in der Bizone (1945-1949). Frankfurt/M., New York 1990.

198. Vogel, Detlef/Wette, Wolfram (Hrsg.): Andere Helme – andere Menschen? Heimaterfahrung und Frontalltag im Zweiten Weltkrieg. Ein internationaler Vergleich. Essen 1995.

199. Volksbund Deutsche Kriegsgräberfürsorge, Landesverband Baden-Württ. (Hrsg.): Die falsche Rechnung: Was bringt der Krieg ein? (Schriftenreihe H. 7). Freiburg i.B. 1987.

200. Wendt, Bernd Jürgen: Deutschland 1933-1945: Das »Dritte Reich«. Handbuch zur Geschichte. Hannover 1995.

201. Wette, Wolfram: Militarismus und Pazifismus. Auseinandersetzung mit den deutschen Kriegen. Vorw. v. Fritz Fischer. Bremen 1991.

202. Wildt, Michael: Am Beginn der ›Konsumgesellschaft‹. Mangelerfahrung, Lebenshaltung, Wohlstandshoffnung in Westdeutschland in den fünfziger Jahren. Hamburg 1994.

203. Wischnath, Johannes Michael: Kirche in Aktion: das Evangelische Hilfswerk 1945-1957 und sein Verhältnis zu Kirche und Innerer Mission. Göttingen 1986.

204. Wisotzky, Klaus: Zwischen Integration und Opposition. Aspekte des Arbeiterverhaltens im Nationalsozialismus. In: Faust, Anselm (Hrsg): [670], S. 137-151.

205. Wollenberg, Jörg (Hrsg.): »Niemand war dabei und keiner hat's gewusst.« Die deutsche Öffentlichkeit und die Judenverfolgung 1933-1945. München 1989.

206. Zander, Wolfgang: Kinder und Jugendliche als Opfer: die traumatisierenden Einflüsse der NS-Zeit und des Zweiten Weltkriegs. In: Benz, Ute/Benz, Wolfgang (Hrsg.): [33], S. 128-140.

207. Ziemer, Gerhard: Deutscher Exodus. Vertreibung und Eingliederung von 15 Millionen Ostdeutschen. 2. Aufl., Stuttgart 1973.

208. Zolling, Peter: Zwischen Integration und Segregation. Sozialpolitik im »Dritten Reich« am Beispiel der »Nationalsozialistischen Volkswohlfahrt« in Hamburg. Frankfurt/M. 1986.

Frauen im Nationalsozialismus und in der Nachkriegszeit

Allgemeine Literatur

209. Alltag im 2. Weltkrieg. Courage, Sonderheft 3 (1980).

210. Bayer, Ingeborg (Hrsg.): Ehe alles Legende wird. Baden-Baden 1979.

211. Benz, Ute (Hrsg.): Frauen im Nationalsozialismus. Dokumente und Zeugnisse. München 1993.

212. Bloch, Ernst: Die Frau im Dritten Reich. In: Ders.: Politische Messungen, Pestzeit, Vormärz (Gesamtausgabe, Bd. 11). Frankfurt/M. 1985 (1970), S. 106-113.

213. Böhm, Ursula: Kinderkriegen und Granatendrehen: Frauen im Nationalsozialismus. In: Borries, Bodo von u.a. (Hrsg.): Sammelband Geschichtsdidaktik: Frau in der Geschichte. Düsseldorf 1986, S. 153-202.

214. Brayborn, Gail/Summerfield, Penny: Out of the Cage. Women's Experiences in Two World Wars. London 1987.

215. Demokratische Fraueninitiative (Hrsg.): Frauen im Faschismus. Wenn wir alle es nicht wollen, wird es nie wieder passieren! Hannover 1980.

216. Frauengruppe Faschismusforschung (Hrsg.): Mutterkreuz und Arbeitsbuch. Zur Geschichte der Frauen in der Weimarer Republik und im Nationalsozialismus. Frankfurt/M. 1981.

217. Friedrich-Ebert-Stiftung/Schäf-Koch, Gisela (Hrsg.): Frauen im Nationalsozialismus. Bonn 1984.

218. Gravenhorst, Lerke/Tatschmurat, Carmen (Hrsg.): Töchter-Fragen: NS-Frauengeschichte. Freiburg i.B. 1990.

219. Heyne, Claudia: Täterinnen. Zürich 1993.

220. Koonz, Claudia: Mütter im Vaterland. Frauen im Dritten Reich. Freiburg i.B. 1991 (New York 1987).

221. Hoerner, Ina: Frauen nach 1945 – Die vergessene Mehrheit. Projekte und Materialien für die Bildungsarbeit. Mülheim a.d. Ruhr 1986.

222. Klinksiek, Dorothee: Die Frau im NS-Staat (Schriftenreihe der Vierteljahrshefte für Zeitgeschichte 44). Stuttgart 1982.

223. Kübler, Sabine/Kuhn, Annette/Wirtz, Wilma: Frauen im Deutschen Faschismus 1933-1945. Franfkurt/M. 1980.

224. Kuhn Annette (Hrsg.): Frauenleben im NS-Alltag (Bonner Studien zur Frauengeschichte). Pfaffenweiler 1994.

225. Kuhn, Annette (Hrsg.): Frauen in der deutschen Nachkriegszeit. Bd. 2: Frauenpolitik 1945-1949: Quellen und Materialien. Düsseldorf 1986.

226. Lehker, Marianne: Frauen im National-Sozialismus. Wie aus Opfern Handlanger der Täter wurden – eine nötige Trauerarbeit. Frankfurt/M. 1984.

227. Mason, Tim: Zur Lage der Frauen in Deutschland 1930-1940: Wohlfahrt, Arbeit und Familie. In: Gesellschaft. Beiträge zur Marxschen Theorie 6. Frankfurt/M. 1976, S. 118-193.

228. Möding, Nori: Kriegserfahrungen von Frauen und ihre Verarbeitung. In: Borsdorf, Ulrich/Jamin, Mathilde (Hrsg.): [661], S. 50-61.

228a) Moeller, Robert G.: Geschützte Mütter. Frauen und Familien in der westdeutschen Nachkriegspolitik. München 1997.

228b) Niethammer, Ortrun (Hrsg.): Frauen und Nationalsozialismus. Historische und kulturgeschichtliche Positionen. Osnabrück 1996.

228c) Owings, Alison: Frauen. German Women Recall the Third Reich. New Brunswick, NY 1993.

229. Polm, Rita: »... neben dem Manne die andere Hälfte eines Ganzen zu sein?!« Frauen in der Nachkriegszeit. Münster/Westf. 1990.

229a) Pilgrim, Volker E.: »Du kannst mich ruhig ›Frau Hitler‹ nennen.« Frauen als Schmuck und Tarnung der NS-Herrschaft. Reinbek bei Hamburg 1994

230. Reese, Dagmar: Frauen im Nationalsozialismus: Opfer oder Täterinnen? Zu einer aktuellen Auseinandersetzung in der Frauenforschung zum National-

sozialismus. In: Berg, Christa/Ellger-Rüttgard, Sieglind (Hrsg.) [247], S. 59-73.

231. Ruhl, Klaus-Jörg (Hrsg.): Frauen in der Nachkriegszeit 1945-1963. München 1988.

232. Ruhl, Klaus-Jörg (Hrsg.): Unsere verlorenen Jahre. Frauenalltag in Kriegs- und Nachkriegszeit 1939-1949 in Berichten, Dokumenten und Bildern. Darmstadt, Neuwied 1985.

232a) Saldern, Adelheid von: Opfer oder (Mit-)Täterinnen? Kontroversen über die Rolle der Frauen im NS-Staat. In: Sozialwissenschaftliche Informationen 19 (1990), H. 3, S. 97-103.

233. Schmidt, Maruta/Dietz, Gabi (Hrsg.): Frauen unterm Hakenkreuz. Eine Dokumentation. München 1985.

234. Scholtz-Klink, Gertrud: Die Frau im Dritten Reich. Tübingen 1978.

234a) Schomburg, Petra: Frauen im Nationalsozialismus. Ein Überblick über die historische Frauenforschung und die feministische Diskussion um Verantwortung und Beteiligung von Frauen am Nationalsozialismus. In: Niethammer, Ortrun [228b)], S. 42-56.

235. Stephenson, Jill: Women in Nazi Society. London 1975.

236. Thalmann, Rita R.: Frausein im Dritten Reich. München, Wien 1984 (Paris 1982).

237. Thalmann, Rita R.: Zwischen Mutterkreuz und Rüstungsbetrieb. Zur Rolle der Frau im Dritten Reich. In: Bracher, Karl Dietrich u.a. (Hrsg.): [48], S. 198-217.

238. Thomas, Ilse (Hrsg.): »Ich hätte so gerne noch gelebt, geliebt und gearbeitet.« Frauen zwischen den Republiken 1933-1949. Bielefeld 1996.

239. Tidl, Georg: Die Frau im Nationalsozialismus. Wien 1984.

240. Westenrieder, Norbert: »Deutsche Frauen und Mädchen«. Vom Alltagsleben 1933-45 (Fotografierte Zeitgeschichte). Düsseldorf 1984.

241. Wiggershaus, Renate: Frauen unterm Nationalsozialismus. Wuppertal 1984.

Einzeldarstellungen

242. Aumüller-Roske, Ursula: Die Nationalpolitischen Erziehungsanstalten für Mädchen im »Großdeutschen Reich«. Kleine Karrieren für Frauen? In: Gravenhorst, Lerke/Tatschmurat, Carmen (Hrsg.): [218], S. 211-236.

243. Bab, Bettina: »Frauen helfen siegen«. In: Kuhn, Annette (Hrsg.): [224], S. 65-96.

244. Bajohr, Stephan: Die Hälfte der Fabrik. Geschichte der Frauenarbeit in Deutschland 1914-1945. Marburg 1979.

245. Bajohr, Stephan: Weiblicher Arbeitsdienst im »Dritten Reich«. Ein Konflikt zwischen Ideologie und Ökonomie. In: Vierteljahrshefte für Zeitgeschichte 28 (1980), H. 3, S. 331-357.

246. Benz, Wolfgang/Distel, Barbara (Red.): Frauen – Verfolgung und Widerstand (Dachauer Hefte 3). München 1993 (Dachau 1987).

247. Berg, Christa/Ellger-Rüttgardt, Sieglind (Hrsg.): »Du bist nichts, Dein Volk ist

alles.« Forschungen zum Verhältnis von Pädagogik und Nationalsozialismus. Weinheim 1991.

248. Berger, Franz Severin/Holler, Christiane: Trümmerfrauen. Alltag zwischen Hamstern und Hoffen. Wien 1994.

249. Berger, Karin: Zwischen Eintopf und Fließband: Frauenarbeit und Frauenbild im Faschismus. Österreich 1938-1945. Wien 1984.

250. Bernardoni, Claudia: Schuld – Schande – Schweigen. Was hat der Beitrag von Frauen zum Nationalsozialismus mit der Verantwortung der Nachgeborenen zu tun? In: Thomas, Ilse (Hrsg.): [238], S. 9-24.

251. Bock, Gisela: »Zum Wohle des Volkskörpers...« – Abtreibung und Sterilisation im Nationalsozialismus. In: Journal für Geschichte, H. 6, 1980, S. 58-65.

252. Bock, Gisela: Zwangssterilisation im Nationalsozialismus. Studien zur Rassenpolitik und Frauenpolitik. Opladen 1986.

253. Bock, Gisela: Frauen und Geschlechterbeziehungen in der nationalsozialistischen Rassenpolitik. In: Wobbe, Theresa (Hrsg.): [353], S. 99-133.

255. Bock, Gisela: Ganz normale Frauen. Täter, Opfer, Mitläufer und Zuschauer im Nationalsozialismus. In: Heinsohn, Kirsten u.a. (Hrsg.): [281], S. 245-277.

256. Brandt, Käte: Steine gab's und immer Brot. 75 Jahre MBK (Mädchenbibelkreis) – Geschichte und Geschichten. Bad Salzuflen 1994.

257. Brandhauer-Schöffmann, Irene/Hornung, Ela: Von der Trümmerfrau auf der Erbse. Ernährungssicherung und Überlebensarbeit in der unmittelbaren Nachkriegszeit in Wien. In: L'Homme, 1991, H. 1, S. 77-105.

258. Bromberger, Barbara/Elling, Hanna/Freyberg, Jutta/Krause-Schmidt, Ursula von: Schwestern, vergesst uns nicht. Frauen im Konzentrationslager: Moringen, Lichtenburg, Ravensbrück 1933-1945. Frankfurt/M. 1988.

259. Burchardt, Lothar: Geflüchtete, vertriebene und evakuierte Frauen im Zweiten Weltkrieg. In: Binder, Hans-Otto (Hrsg.): Frauen in den Kriegen des 20. Jahrhunderts (Tagungsbericht; Schriftenreihe des VDK, Landesverband Baden-Württemberg). Konstanz 1994, S. 52-63.

260. Burghardt, Christina: Die deutsche Frau. Küchenmagd, Zuchtsau, Leibeigene im III. Reich – Geschichte oder Gegenwart? Analysiert anhand der Seite für »Die deutsche Frau« aus dem Völkischen Beobachter, Jg. 1938 (Frauen im Faschismus 2). Münster 1978.

261. Czarnowski, Gabriele: Frauen – Staat – Medizin. Aspekte der Körperpolitik im Nationalsozialismus. In: Bennholdt-Thomsen, Veronika (Mitarb.): Frauen zwischen Auslese und Ausmerze (beiträge zur feministischen theorie und praxis 14, hrsg. v. Verein Sozialwissenschaftliche Forschung und Praxis für Frauen). Köln 1985.

262. Czarnowski, Gabriele: Familienpolitik als Geschlechterpolitik. In: Geyer-Kordesch, Johanna/Kuhn, Annette (Hrsg.): Frauenkörper, Medizin, Sexualität. Auf dem Weg zu einer neuen Sexualmoral. Düsseldorf 1986, S. 263-283.

263. Czarnowski, Gabriele: Das kontrollierte Paar. Ehe- und Sexualpolitik im Nationalsozialismus. Weinheim 1991.

264. Czarnowski, Gabriele: Frauen in der nationalsozialistischen Bevölkerungs- und Rassenpolitik. In: Thomas, Ilse (Hrsg.): [238], S. 25-40.

265. Dammer, Susanna: Kinder, Küche, Kriegsarbeit – Die Schulung der Frauen durch die NS-Frauenschaft. In: Frauengruppe Faschismusforschung (Hrsg.): [216], S. 215-245.

266. Dichtl, Gabriele: Beiträge zur Frauenheilkunde und Geburtshilfe im Dritten Reich. Diss. Heidelberg 1983.

267. Dördelmann, Katrin: »Aus einer gewissen Empörung hierüber habe ich nun Anzeige erstattet«. Verhalten und Motive von Denunziantinnen. In: Heinsohn, Kirsten u.a. (Hrsg.): [281], S. 189-205.

268. Dokumentation der Arbeitsgemeinschaft »Täterinnen im Nationalsozialismus«. Sonderausgabe des Mitgliederrundbriefs des Aktiven Museums Faschismus und Widerstand in Berlin e.V. Berlin 1992.

269. Eckstein, Benjamin/Welter, Elmar: Denunziation: ein Element der NS-Frauenöffentlichkeit. In: Kuhn, Annette (Hrsg.): [224], S. 132-145.

270. Eiber, Ludwig: Frauen in der Kriegsindustrie. Arbeitsbedingungen, Lebensumstände und Protestverhalten. In: Broszat, Martin u.a.(Hrsg.): [662]. Bd. 3: Herrschaft und Gesellschaft im Konflikt, Teil B. München 1981, S. 569-644.

271. Eichborn, Ulrike: Ehestandsdarlehen. Dem Mann den Arbeitsplatz, der Frau Heim, Herd und Kinder. In: Kuhn, Annette (Hrsg.): [224], S. 48-64.

272. Freier, Anna-Elisabeth/Kuhn, Annette (Hrsg.): »Das Schicksal Deutschlands liegt in der Hand seiner Frauen« – Frauen in der deutschen Nachkriegsgeschichte. Düsseldorf 1984.

273. Freier, Anna-Elisabeth/Kuhn, Annette/Schubert, Doris: Frauen suchen neue Formen der Selbstverwirklichung und des menschlichen Zusammenlebens. Überlegungen zur Kontinuität von Ehe und Familie 1945. In: Kuhn, Annette/Rüsen, Jörn (Hrsg.): [841].

274. Gersdorff, Ursula von: Frauen im Kriegsdienst 1914-1945. Stuttgart 1969.

275. Grimm, Susanne: Politisches Selbstverständnis – Ambivalenz und Gespaltenheit. Töchter im Generationenvergleich. In: Gravenhorst, Lerke/Tatschmurat, Carmen (Hrsg.): [218], S. 309-324.

276. Grossmann, Atina: Eine Frage des Schweigens? Die Vergewaltigung deutscher Frauen durch Besatzungssoldaten. In: Sozialwissenschaftliche Informationen 2/1990, S. 109-119.

277. Guttmann, Barbara: Frauen in der Kommunalpolitik (1945 bis 1955). Das Beispiel Karlsruhe. In: Frauen und Geschichte Baden-Württemberg (Hrsg.): Geschlecht. Macht. Arbeit. Kategorien in der historischen Frauenforschung. Tübingen 1995.

278. Hachtmann, Rüdiger: Industriearbeiterinnen in der deutschen Kriegswirtschaft 1936 bis 1944/45. In: Geschichte und Gesellschaft 1993, H. 3, S. 332-361.

279. Hauser, Andrea: Frauenöffentlichkeit in Stuttgart nach 1945 – Gegenpol oder hilflos im Abseits? In: Freier, Anna-Elisabeth/Kuhn, Anntte (Hrsg.): [272], S. 51-89.

280. Hauser, Andrea: Alle Frauen unter einen Hut? – Zur Geschichte des Stuttgarter Frauenausschusses. In: Kuhn, Annette (Hrsg.): [225], S. 102-109.

281. Heinsohn, Kirsten/Vogel, Barbara/Weckel, Ulrike (Hrsg.): Zwischen Karriere und Verfolgung. Handlungsräume von Frauen im nationalsozialistischen Deutschland (Geschichte und Geschlechter 20). Frankfurt/M., New York 1997.

282. Hillel, Marc/Henry, Clarissa: »Lebensborn e.V.« Im Namen der Rasse. Wien, Hamburg 1975 (Paris 1975).

283. Hix, Maria: Fürsorgerinnen im Dienst der Erbbiologie. In: Kuhn, Annette (Hrsg.): [224], S. 255-260.

284. Hoerning, Erika M. : Frauen als Kriegsbeute. Der Zwei-Fronten-Krieg. Beispiele aus Berlin. In: Niethammer, Lutz/Plato, Alexander von (Hrsg.): [621], S. 327-344.

285. Hohmann, Joachim S.: Frauen und Mädchen in faschistischen Lesebüchern und Fibeln. Köln 1986.

286. Jacobeit, Sigrid: Arbeits- und Lebensbedingungen der Bäuerin in Klein- und Mittelbetrieben. Ein Beitrag zur Lebensweise der Frauen auf dem Lande in der Zeit der faschistischen Diktatur des deutschen Imperialismus 1933-1939. Diss. Berlin 1979.

287. Jurcyk, Karin: Frauenarbeit und Frauenrolle – Zum Zusammenhang von Familienpolitik und Frauenerwerbstätigkeit in Deutschland 1918-1975. Frankfurt/M., München 1976.

288. Kinz, Gabriele: Der Bund Deutscher Mädel. Ein Beitrag zur außerschulischen Mädchenerziehung im Nationalsozialismus. Frankfurt/M., Bern, New York, Paris 1990.

289. Klaus, Martin: Mädchenerziehung zur Zeit der faschistischen Herrschaft in Deutschland. Der Bund Deutscher Mädel. 2 Bde., Frankfurt/M. 1983.

290. Kleiber, Lore: »Wo ihr seid, da soll die Sonne scheinen!« – Der Frauenarbeitsdienst am Ende der Weimarer Republik und im Nationalsozialismus. In: Frauengruppe Faschismusforschung (Hrsg.): [216], S. 188-214.

291. König, Martin: Die »deutsche Frau und Mutter« – Ideologie und Wirklichkeit. In: Specker, Hans Eugen (Hrsg.): [724], S. 99-127.

292. Kohler, Mathilde-Anna: »Irgendwie windet man sich durch, mit großem Unbehagen.« Dienste und Einsätze der Studentinnen an der Universität Wien 1938-1945. In: Gravenhorst, Lerke/Tatschmurat, Carmen (Hrsg.): [218], S. 237-251.

292a) Koonz, Claudia: Reaktionen katholischer und protestantischer Frauen in Deutschland auf die nationalsozialistische Sterilisierungspolitik 1933-1937. In: Siegele-Wenschkewitz, Leonore/Stuchlik, Gerda (Hrsg.): [333], S. 114-136.

293. Kuhn, Annette/Schubert, Doris: Frauen in der Nachkriegszeit und im Wirtschaftswunder 1940-1960 (Frauenalltag und Frauenbewegung im 20. Jahrhundert IV). Frankfurt/M. 1980.

294. Kuhn, Annette (Hrsg.): Frauenpolitik 1945 – 1949: [225].

295. Landschoof, Regina/Hüls, Karin: Frauensport im Faschismus. Hamburg 1985.

296. Lilienthal, Georg: Der »Lebensborn e.V.«: [142].

297. Lück, Margret: Die Frau im Männerstaat. Die gesellschaftliche Stellung der Frau im Nationalsozialismus. Eine Analyse aus pädagogischer Sicht. Frankfurt/M., Bern, Las Vegas 1979.

298. Milton, Sibyl: Deutsche und deutsch-jüdische Frauen als Verfolgte des NS-Staates. In: Benz, Wolfgang/Distel, Barbara (Hrsg.): [246], S. 3-20.

299. Mamozai, Martha: Komplizinnen. Reinbek bei Hamburg 1990.

300. Marßolek, Inge: Die Denunziantin. Die Geschichte der Helene Schwärzel 1944-1947. Bremen o.J. (1993).

301. Meyer, Beate: Anpassung, Selbstbehauptung und Verdrängung. Zum Berufsalltag zweier Mitläuferinnen im Nationalsozialismus. In: Heinsohn, Kirsten u.a. (Hrsg.): [281], S. 166-188.

302. Meyer, Birgit: »Wenn ich gebraucht werde, dann bin ich da.« Frauen in der Politik von der Nachkriegszeit bis heute. In: Nur Trümmerfrauen und Amiliebchen? Stuttgarterinnen in der Nachkriegszeit (Ausstellungsdokumentation). Hrsg. v. d. Landeshauptstadt Stuttgart (Gleichstellungsstelle) und der Bibliothek für Zeitgeschichte. Stuttgart 1996.

303. Miller, Gisela: Erziehung durch den Reichsarbeitsdienst für die weibliche Jugend (RADwJ). Ein Beitrag zur Aufklärung nach sozialistischer Erziehungsideologie. In: Heinemann, Manfred (Hrsg.): [107], S. 170-190.

304. Miller-Kipp, Gisela: Der Bund Deutscher Mädel in der HJ-Erziehung zwischen Ideologie und Herrschaftsprozess. In: Pädagogische Rundschau, Sonderheft (August), 36. Jg./1982, S. 77-105.

305. Möding, Nori: Die Stunde der Frauen? Frauen und Frauenorganisationen des bürgerlichen Lagers. In: Broszat, Martin u.a. (Hrsg.): [55], S. 619-647.

306. Moravec, Cordula: »Wir dürfen also mit Vertrauen in die Zukunft schauen.« Der Vaterländische Frauenverein Bonn-Stadt 1933-1938. In: Kuhn, Annette (Hrsg.): [224], S. 182-194.

307. Morgan, Dagmar G.: Weiblicher Arbeitsdienst in Deutschland. Darmstadt 1978.

308. Müller-Münch, Ingrid: Die Frauen von Majdanek. Vom zerstörten Leben der Opfer und der Mörderinnen. Reinbek bei Hamburg 1982.

309. Nienhaus, Ursula D.: Von der (Ohn-)Macht der Frauen. Postbeamtinnen 1933-1945. In: Gravenhorst, Lerke/ Tatschmurat, Carmen (Hrsg.): [218], S. 193-210.

310. Nissen, Ursula: Töchter-Fragen zum Widerstand. In: Gravenhorst, Lerke/ Tatschmurat, Carmen (Hrsg.): [218], S. 325-330.

310a) Perchinig, Elisabeth: Zur Einübung von Weiblichkeit im Terrorzusammenhang. Mädchenadoleszenz in der NS-Gesellschaft. München, Wien 1996.

311. Reese, Dagmar: Straff, aber nicht stramm – herb, aber nicht derb. Zur Vergesellschaftung von Mädchen durch den Bund Deutscher Mädel im sozialkulturellen Vergleich zweier Milieus. Weinheim, Basel 1989.

312. Reese, Dagmar: Verstrickung und Verantwortung. Weibliche Jugendliche in der Führung des Bundes Deutscher Mädel. In: Heinsohn, Kirsten u.a. (Hrsg.): [281], S. 206-222.

313. Roberts, Ulla: Töchterfragen zur Rolle der Frauen und starken Mütter im NS-Staat und in der Nachkriegszeit. In: Thomas, Ilse (Hrsg.): [238], S. 48-65.

314. Rommelspacher, Birgit: Schuldlos-Schuldig? Wie sich junge Frauen mit Antisemitismus auseinandersetzen. Hamburg 1995.

315. Rüdiger, Jutta: Die Hitler-Jugend und ihr Selbstverständnis im Spiegel ihrer Aufgabengebiete. Lindhorst 1983.

316. Rüdiger, Jutta: Der Bund Deutscher Mädel. Eine Richtigstellung. Lindhorst 1984.

317. Ruhl, Klaus-Jörg: Verordnete Unterordnung. Berufstätige Frauen zwischen Wirtschaftswachstum und konservativer Ideologie in der Nachkriegszeit (1945-1963). München 1994.

318. Rupp, Leila J.: Mobilizing Women for War. German and American Propaganda. Princeton, N.J. 1978.

319. Rupp, Leila J.: I Don't Call That ›Volksgemeinschaft‹. In: Berlin, Carol R./Lorett, Clara M. (Hrsg.): Women, War and Revolution. New York, London 1980, S. 37-53.

320. Sachse, Carola: Fabrik, Familie und kein Feierabend. Frauenarbeit im Nationalsozialismus. In: Gewerkschaftliche Monatshefte 1984, H. 9, S. 566-579.

321. Sachse, Carola: Betriebliche Sozialpolitik als Familienpolitik in der Weimarer Republik und im Nationalsozialismus. Mit einer Fallstudie über die Firma Siemens, Berlin. Hamburg 1987.

322. Sander, Helke/Johr, Barbara (Hrsg.): Befreier und Befreite. Krieg, Vergewaltigungen, Kinder. 2. Aufl., München 1992.

323. Schäfer, Annette: Zwischen Herd und Fließband. Frauen in der deutschen Rüstungsindustrie. In: Volksbund Deutscher Kriegsgräberfürsorge, Landesverband Baden-Württ., H. 9. Stuttgart 1994, S. 24-36.

324. Scheiger, Brigitte: »Ich bitte um baldige Arisierung der Wohnung…«. In: Wobbe, Theresa (Hrsg.): [353], S. 175-196.

325. Schmidt-Harzbach, Ingrid: Eine Woche im April; Berlin 1945; Vergewaltigung als Massenschicksal. In: Feministische Studien, 1984, H. 2, S. 51-65.

326. Schubert, Doris: Frauenarbeit 1945-1949 (= Frauen in der deutschen Nachkriegszeit, Bd. 1, hrsg. v. Annette Kuhn). Düsseldorf 1984.

327. Schubert, Helga: Judasfrauen. Zehn Fallgeschichten weiblicher Denunziation im Dritten Reich. Frankfurt/M. 1990.

328. Schupetta, Ingrid H.E.: Jeder das Ihre – Frauenerwerbstätigkeit und Einsatz von Fremdarbeitern/-arbeiterinnen im Zweiten Weltkrieg. In: Frauengruppe Faschismusforschung (Hrsg.): [216], S. 292-317.

329. Schwarz, Gudrun: Verdrängte Täterinnen. Frauen im Apparat der SS (1939-1945). In: Wobbe, Theresa (Hrsg.): [353], S. 197-227.

330. Schwarz, Gudrun: Frauen in der SS: Sippenverband und Frauenkorps. In: Heinsohn, Kirsten u.a. (Hrsg.): [281], S. 223-244.

331. Seebacher, Johanna: »Vor Maschinen stelle ich keine deutschen Frauen« (Saukkel). Ausländische Zwangsarbeiterinnen in Bonn 1939-1945. In: Kuhn, Annette (Hrsg.): [224], S. 97-131.

332. Seidler, Franz W.: Blitzmädchen. Die Geschichte der Helferinnen der deutschen Wehrmacht im Zweiten Weltkrieg. Koblenz, Bonn 1979.

333. Siegele-Wenschkewitz, Leonore/Stuchlik, Gerda (Hrsg.): Frauen und Faschismus in Europa. Der faschistische Körper (Frauen in Geschichte und Gesellschaft, Bd. 6). Pfaffenweiler 1988.

334. Stephenson, Jill: The Nazi Organisation of Women. London 1981.

335. Stephenson, Jill: Nationalsozialistischer Dienstgedanke, bürgerliche Frauen und Frauenorganisationen im Dritten Reich. In: Geschichte und Gesellschaft, 1981, H. 3/4, S. 555-571.

336. Tenner, Franziska: Ehre, Blut und Mutterschaft. Getarnt unter Nazi-Frauen heute. Berlin 1994.

337. Thomas, Ilse (Hrsg.); »Ich hätte so gerne noch gelebt, geliebt und gearbeitet«: [238].

338. Thürmer-Rohr, Christina: Aus der Täuschung in die Ent-Täuschung. Zur Mittäterschaft von Frauen. In: Dies.: Vagabundinnen. Berlin 1987, S. 38-56.

339. Traudisch, Dora: Mutterschaft mit Zuckerguß? Frauenfeindliche Propaganda im NS-Spielfilm. Pfaffenweiler 1993.

340. Tröger, Annemarie: Die Frau im wesensgemäßen Einsatz. In: Frauengruppe Faschismusforschung (Hrsg.): [216], S. 246-272.

341. Tröger, Annemarie: German Women's Memories of World War II. In: Higonnet, Margret R. u.a. (Hrsg.): Behind the Lines. Gender and the Two World Wars. New Haven, Conn., London 1987, S. 185-199.

342. Tröger, Annemarie: Between Rape and Prostitution: Survival Strategies and Chances of Emancipation for Berlin Women after World War II. In: Cooke, Blanche W./Friedländer, Judith/Kessler-Harris, Alice/Smith-Rosenberg, Carroll: Women in Culture and Politics. A Century of Change. Bloomington, Indiana 1986, S. 97-117.

343. Vechtel, Anne: Der Deutsch-Evangelische Frauenbund. Im Zwiespalt zwischen Protestantismus, Nationalsozialismus und Frauenbewegung. In: Kuhn, Annette (Hrsg.): [224], S. 204-214.

344. Vechtel, Anne: Der Katholische Deutsche Frauenbund. Katholische Frauenbewegung in Abgrenzung zu nationalsozialistischer Frauenpolitik. In: Kuhn, Annette (Hrsg.): [224], S. 195-203.

345. Weyrather, Irmgard: Muttertag und Mutterkreuz. Der Kult um die »deutsche Mutter« im Nationalsozialismus. Frankfurt/M. 1993.

346. Weyrather, Irmgard: Numerus Clausus für Frauen – Studentinnen im Nationalsozialismus. In: Frauengruppe Faschismusforschung (Hrsg.): [216], S. 131-162.

347. Willenbacher, Barbara: Zerrüttung und Bewährung der Nachkriegs-Familie. In: Broszat, Martin u.a. (Hrsg.): [55], S. 595-618.

348. Windeln, Olaf: »Die NS-Frauenschaft ist das scharf geschliffene Instrument der Partei zur Eroberung der Familie.« Die NS-Frauenorganisationen. In: Kuhn, Annette u.a. (Hrsg.): [704], S. 157-165.

349. Windaus-Walser, Karin: Gnade der weiblichen Geburt? Zum Umgang der Frauenforschung mit Nationalsozialismus und Antisemitismus. In: Feministische Studien 1988, H. 1, S. 102-115.
350. Winkler, Dörte: Frauenarbeit im »Dritten Reich«. Hamburg 1977.
351. Wittmann, Ingrid: »Echte Weiblichkeit ist ein Dienen« – Die Hausgehilfin in der Weimarer Republik und im Nationalsozialismus. In: Frauengruppe Faschismusforschung (Hrsg.): [216], S. 15-48.
352. Wittrock, Christine: Das Frauenbild in faschistischen Texten und seine Vorläufer in der bürgerlichen Frauenbewegung der 20er Jahre. Diss. Frankfurt/M. 1982.
353. Wobbe, Theresa (Hrsg.): Nach Osten. Verdeckte Spuren nationalsozialistischer Verbrechen. Frankfurt/M. 1992.

Widerstand von Frauen

354. Benz, Wolfgang/Distel, Barbara (Red.): Frauen – Verfolgung und Widerstand: [246].
355. Dertinger, Antje/Trott, Jan von: »... und lebe immer in Eurer Erinnerung«. Johanna Kirchner – eine Frau im Widerstand. Bonn 1985.
356. Elling, Hanna: Frauen im deutschen Widerstand 1933-1945. 4. Aufl., Frankfurt/M. 1986 (1978).
357. Fabian, Annemarie/Stolten, Inge/Zorn, Gerda (Hrsg.): Der alltägliche Faschismus. Frauen im Dritten Reich. Berlin, Bonn 1981.
358. Grebing, Helga/Wickert, Christl (Hrsg.): Das »andere Deutschland« im Widerstand gegen den Nationalsozialismus. Beiträge zur politischen Überwindung der nationalsozialistischen Diktatur im Exil und im Dritten Reich. Koblenz 1994.
359. Hix, Iris-Maria: Vergessener Frauenwiderstand. In: Kuhn, Annette (Hrsg.): [224], S. 146-169.
360. Hübner, Irene: Unser Widerstand. Deutsche Frauen und Männer berichten über ihren Kampf gegen die Nazis. 2. verb. Aufl., Frankfurt/M. 1984 (1982).
361. Institut für Zeitgeschichte der Universität Wien (Hrsg.): Zeitgeschichte, H. 9/10: Randformen des Widerstandes. Juni/Juli 1990.
362. Jacobeit, Sigrid/Thomas-Heinrich, Liselotte: Kreuzweg Ravensbrück. Lebensbilder antifaschistischer Widerstandskämpferinnen. Köln, Leipzig 1987.
362a) Jochheim, Gernot: Frauenprotest in der Rosenstraße. »Gebt uns unsere Männer wieder!« Berlin 1993.
363. Karg, Berta Carola: Mein Kampf gegen die braune Diktatur. In: Löwenthal, Richard/Mühlen, Patrik von zur (Hrsg.): Widerstand und Verweigerung in Deutschland 1938-1945. Berlin, Bonn 1982, S. 102-109.
364. Kopetzky, Helmut: Die andere Front: europäische Frauen in Krieg und Widerstand 1939 bis 1945. Köln 1983.
365. Krakauer, Max: Lichter im Dunkel. 8. Aufl., Stuttgart 1985 (1975).
366. Meding, Dorothee von (Hrsg.): Mit dem Mut des Herzens. Die Frauen des 20. Juli. Stuttgart 1992.

367. Reuter, Angelika/Poneleit, Barbara: Seit 1848. Frauen im Widerstand, Frauen im Faschismus 1933-1945. Münster 1977.

368. Schefer, Gitte: Wo Unterdrückung ist, da ist auch Widerstand – Frauen gegen Faschismus und Krieg. In: Frauengruppe Faschismusforschung (Hrsg.): [216], S. 273-291.

369. Schmidt, Andrea: »… mit Politik beschäftige ich mich nicht.« Frauen im Widerstand. In: Stadt ohne Frauen? Frauen in der Geschichte Mannheims, hrsg. v. der Frauenbeauftragten der Stadt Mannheim und den Autorinnen. Mannheim 1993, S. 312-328.

370. Scholl, Inge: Die Weiße Rose. Frankfurt/M. 1992 (1952).

371. Schraut, Sylvia: »Es wird der Tag kommen, an dem der Himmel wieder frei für Dich sichtbar und Dein Fuß ungehindert gehen kann.« Widerständige Frauen in Mannheim. In: Thomas, Ilse (Hrsg.): [238], S. 127-140.

372. Suhling, Lucie: Der unbekannte Widerstand. Erinnerungen. Frankfurt/M. 1980.

373. Szepansky, Gerda: Frauen leisten Widerstand: 1933-1945. Lebensgeschichten nach Interviews und Dokumenten. Frankfurt/M. 1983.

374. Wickert, Christl: Frauenwiderstand und Dissens im Kriegsalltag. In: Steinbach, Peter/Tuchel, Johannes (Hrsg.): [191], S. 411-425.

375. Wickert, Christl: Frauenwiderstand? Überlegungen zu einem vernachlässigten Thema am Beispiel Düsseldorfs und Essens. In: Faust, Anselm (Hrsg.): [670], S. 101-112.

376. Wickert, Christl: Frauen im Hintergrund – das Beispiel von Kommunistinnen und Bibelforscherinnen. In: Grebing, Helga/Wickert Christl (Hrsg.): [358], S. 200-226.

377. Zorn, Gerda/Meyer, Gertrud: Frauen gegen Hitler. Berichte aus dem Widerstand. Frankfurt/M. 1974 (Reprint Berlin 1984).

Autobiografische Zeugnisse, Erlebnisberichte

Schwerpunkt Lebensgeschichte von Frauen

378. Alltag im 2. Weltkrieg. Courage, Sonderheft 3 (1980).

379. Arnim, Clara von: Der grüne Baum des Lebens. Lebensstationen einer märkischen Gutsfrau in unserem Jahrhundert. Bern, München, Wien 1989.

380. Bechler, Margret: Warten auf Antwort. Ein deutsches Schicksal. Frankfurt/M., Berlin 1990.

381. Beckmann, Margarete: Der Weihnachtsmann hat ihr einen Vati gebracht. In: Alltag im 2. Weltkrieg [209], S. 21-25.

382. Beilmann, Christel: Eine katholische Jugend in Gottes und dem Dritten Reich. Briefe, Berichte, Gedrucktes 1930-1945. Kommentare 1988/89. Wuppertal 1989.

383. Bielenberg, Christabel: Als ich Deutsche war 1934-1945. Eine Engländerin erzählt. München 1969.

384. Bielenberg, Christabel: Es war ein weiter Weg nach Munny House. Aus dem zerstörten Nachkriegsdeutschland nach Irland. München, Zürich 1993.

385. Born, Helga: Die Vergewaltigung war noch in vollem Gange. In: Alltag im 2. Weltkrieg [209], S. 57-61.

386. Bredow, Ilse von: Deine Keile kriegste doch. Mädchen-Erinnerungen an eine verlorene Heimat. München 1981.

387. Bülz, Wiltrud (Hrsg.): Alltag im Dritten Reich. 16 Lebensberichte. Privatdruck für die Mitglieder der Stuttgarter Privatstudiengesellschaft. Gerlingen 1983.

388. Brückner, Christine: Hat der Mensch Wurzeln? Autobiographische Texte. Frankfurt/M., Berlin 1988.

389. Buck-Winkler, Renate: ...nur ein kleines Heimatschüßchen. In: Alltag im 2. Weltkrieg [209], S. 18-20.

390. Böhler-Mueller, Charlotte: Mitschuldig? 1933-45. Im Selbstverlag, Grenzach-Wyhlen 1988.

391. Casdorff, Claus Hinrich (Hrsg.): Weihnachten 1945. Ein Buch der Erinnerungen. Frankfurt/M. 1989.

392. Egerter, Anne: Denn der andere – das bist du!. Bietigheim 1994.

393. Diehl, Guida: Christ sein, heißt immer Kämpfer sein. Die Führung meines Lebens. Gießen 1958.

394. Diem, Liselott: Fliehen oder bleiben? Dramatisches Kriegsende in Berlin. Freiburg i.B. 1982.

395. Diestel, Meta: Ein Herz ist unterwegs. Nürnberg 1952.

396. Dischner, Gisela (Hrsg.): Eine stumme Generation berichtet. Frauen der dreißiger und vierziger Jahre. Frankfurt/M. 1984 (1982).

397. Dönhoff, Marion Gräfin: Namen, die keiner mehr nennt. Ostpreußen – Menschen und Geschichte. 25. Aufl., München 1995 (1964).

398. Ehrle, Gertrud (Hrsg.): Licht über dem Abgrund. Aufzeichnungen und Erlebnisse christlicher Frauen 1933-1945. Freiburg i.B. 1951.

399. Fabian, Annemarie/Stolten, Inge/Zorn, Gerda: Der alltägliche Fraschismus: [357].

400. Filmer, Werner/Schwan, Heribert (Hrsg.): Mensch, der Krieg ist aus. Zeitzeugen erinnern sich. Düsseldorf, Wien 1985.

401. Finckh, Renate: Mit uns zieht die neue Zeit. Baden-Baden 1979.

402. Flesch-Thebesius, Marlies: Hauptsache Schweigen. Ein Leben unterm Hakenkreuz. Stuttgart 1988.

403. Glaser, Hermann: Spurensuche. Deutsche Familienprosa. Freiburg i.B., Heidelberg 1981.

404. Glaser, Hermann (Hrsg.): Siegreich bis zum Untergang. Anfang und Ende des Dritten Reiches in Augenzeugenberichten. Freiburg i.B. 1983.

405. Goebel, Klaus (Hrsg.): Unter Hakenkreuz und Bombenhagel. Die Irreführung einer Generation in Beispielen und Augenzeugenberichten aus Wuppertal. Wuppertal 1989.

406. Greiffenhagen, Martin: Jahrgang 1928. Aus einem unruhigen Leben. München 1988.

407. Hannsmann, Margarete: Der helle Tag bricht an. Ein Kind wird Nazi. Hamburg 1982.

408. Heimatfront. Wir überlebten. Frauen berichten. Von der Werkstattgruppe der Frauen für Frieden/Heilbronn. Vorw. Sölle, Dorothee. Stuttgart 1985.

409. Heinisch, Elisabeth: Der Hirseberg. Düsseldorf 1980.

410. Hermand, Jost: Als Pimpf in Polen: Erweiterte Kinderlandverschickung 1940-1945. Frankfurt/M. 1993.

411. Herr, Gertrud: Inhaltsreiche Jahre. Aus dem Leben einer BdM-Führerin 1930-1945. Lausanne 1985.

412. Heymann, Lida Gustava: Erlebtes, Erschautes – Deutsche Frauen kämpfen für Freiheit, Recht und Frieden. Meisenheim 1972.

413. Hirschfeld, Gerhard/Renz, Irina (Hrsg.): Besiegt und befreit. Stimmen vom Kriegsende. Gerlingen 1995.

414. Horbelt, Rainer/Spindler, Sonja: Wie wir hamsterten, hungerten und überlebten. 10 Frauen erzählen. Erlebnisse und Dokumente. Frankfurt/M. 1983.

415. Immer, Leni: Meine Jugend im Kirchenkampf. Stuttgart 1994.

416. Jenk, Gabriele: Steine gegen Brot. Trümmerfrauen schildern den Wiederaufbau in der Nachkriegszeit. Bergisch-Gladbach 1988.

417. Jung, Jochen (Hrsg.): Vom Reich zu Österreich. Kriegsende und Nachkriegszeit in Österreich erinnert von Augen- und Ohrenzeugen. Salzburg, Wien 1983.

418. Klafki, Wolfgang (Hrsg.): Verführung, Distanzierung, Ernüchterung. Kindheit und Jugend im Nationalsozialismus. Autobiographisches aus erziehungswissenschftlicher Sicht. Weinheim 1988.

419. Klewitz, Marion: Lehrersein im Dritten Reich. Analysen lebensgeschichtlicher Erzählungen zum beruflichen Selbstverständnis. Weinheim, München 1987.

420. Knef, Hildegard: Der geschenkte Gaul. Berichte aus einem Leben. 11. Aufl., Frankfurt/M., Berlin 1991 (München, Wien, Zürich 1970).

421. Kling, Heinrich: Zeit mit Wunden. Bilder aus dem 3. Reich. Eine Ludwigsburger Jugend. Ludwigsburg 1988.

422. Koch-Heidelbauer, Emilie: Stationen meines Lebens. Horb a.N. 1989.

423. Koepcke, Cordula (Hrsg.): Frauen im Wehrdienst. Erinnerungen von Ingeborg Hecht, Ruth Henry, Christa Meves und ein aktueller Diskussionsbeitrag von Cordula Koepcke. Freiburg i.B. 1982.

424. Kötting, Elsbeth: Mein schönster Tag. In: Alltag im 2. Weltkrieg [209], S. 65-80.

425. Kopelew, Lew: Aufbewahren für alle Zeit. Hamburg 1976.

426. Krohmer, Fritz: Verwischte Spuren. Erinnerungen eines Kriegskindes 1933-45. Erdmannhausen 1992.

427. Kulturstiftung der deutschen Vertriebenen (Hrsg.): Vertreibung und Vertreibungsverbrechen 1945-1948. Bericht des Bundesarchivs vom 28. Mai 1974. Archivalien und ausgewählte Erlebnisberichte. Red. Silke Spieler. Bonn 1989.

428. L., Maria: Nun war ich Witwe. In: Alltag im 2. Weltkrieg [209], S. 26-28.

429. Lammers, Marie: Lebenswege in Ost- und Westdeutschland. Frauen aus einer Stettiner Schulklasse erzählen. Frankfurt/M. 1996.

430. Litten, Irmgard: Eine Mutter kämpft gegen Hitler. Frankfurt/M. 1984 (1947; London 1940).

431. Lüders, Marie-Elisabeth: Fürchte Dich nicht. Persönliches und Politisches aus mehr als 80 Jahren. 1878-1962. Köln 1963.

432. Mack, Maria Imma: Warum ich Azaleen liebe. 4. Aufl., St. Ottilien 1989 (1988).

433. Maltzan, Maria Gräfin von: Schlage die Trommel und fürchte Dich nicht. Erinnerungen. Berlin 1988.

434. Maschmann, Melita: Fazit. Mein Weg in der Hilterjugend. 5. Aufl., München 1983 (Stuttgart 1963).

435. Mein erstes Geld: Währungsreform 1948. Augenzeugenberichte. Freiburg i.B. 1985.

436. Meixner-Wülker, Emmy: Zwiespalt. Jugend zwischen NS-Erziehung und -Verfolgung. Hamburg 1988.

437. Mellin, Maranja: Heute haben wir wieder Sammeln. In: Alltag im 2. Weltkrieg [209], S. 7-11.

438. Mitterauer, Michael/Kloß, Peter P.: Damit es nicht verlorengeht. Autobiographische Aufzeichnungen. Köln, Weimar, Wien 1991.

439. Mitterer, Erika: Alle unsere Spiele. Frankfurt/M. 1977.

440. Morgenstern, Erika: Überleben war schwerer als sterben. Osptreußen 1944-1948. Kiel 1992.

441. Nikolay, Ruth: Mein Schutzengel war immer bei mir. Im Selbstverlag, Göttert 1993.

442. Oelmer, Käthe: Wir müssen durchhalten. In: Alltag im 2. Weltkrieg [209], S. 62-64.

443. Osborne, Ingrid: Nelken aus Chicago. Stuttgart 1994.

444. Pfaff-Henning, Hildegard: Die fliegende Hebamme. Aufgezeichnet von Sabine Völker-Kraemer. Stuttgart 1994.

445. Pörtner, Rudolf (Hrsg.): Kindheit im Kaiserreich. Düsseldorf, Wien 1987.

446. Rehmer, Gisela: Ich freute mich auf den Einsatz. In: Alltag im 2. Weltkrieg [209], S. 54-56.

447. Reinecker, Herbert: Ein Zeitbericht unter Zuhilfenahme des eigenen Lebenslaufs. Erlangen 1990.

448. Reitsch, Hanna: Fliegen. Mein Leben. Berlin 1979 (Stuttgart 1956).

449. Reitsch, Hanna: Das Unzerstörbare in meinem Leben. 5. Aufl., München 1985 (1975).

450. Rohr, Barbara: Die allmähliche Schärfung des weiblichen Blicks. Eine Bildungsgeschichte zwischen Faschismus und Frauenbewegung. Berlin 1992.

451. Ronnefeld, Gunhild: Patchwork eines Frauenlebens. Im Selbstverlag, Sonthofen 1992/93.

452. Rosenthal, Hans: Zwei Leben in Deutschland. 2. Aufl., Bergisch-Gladbach 1987 (1980).

453. Rücker, Grete: Mutter stand immer hinter mir: meine Jugend zwischen den Kriegen. Berlin 1984.

454. Sarkowicz, Hans (Hrsg.): »Als der Krieg zu Ende war«. Erinnerungen an den 8. Mai 1945. Frankfurt/M. 1995.

455. Schäfer, Hans-Dieter (Hrsg.): Berlin im Zweiten Weltkrieg. Der Untergang der Reichshauptstadt in Augenzeugenberichten. München 1991.

456. Schmidt, Helmut u.a.: Kindheit und Jugend unter Hitler. Berlin 1992.

457. Schoenberner, Gerhard (Hrsg.): Wir haben es gesehen. Augenzeugenberichte über Terror und Judenverfolgung im Dritten Reich. Hamburg 1962.

458. Schonig, Bruno: Krisenerfahrung und pädagogisches Engagement. Lebens- und berufsgeschichtliche Erfahrungen Berliner Lehrerinnen und Lehrer 1914-1961. Frankfurt/M. 1994.

459. Schüddekopf, Charles (Hrsg.): Der alltägliche Faschismus. Frauen im Dritten Reich. Berlin, Bonn 1981.

460. Schüddekopf, Irmgard: Kartoffelklöße und Kaninchenbraten. In: Alltag im 2. Weltkrieg [209], S. 29-31.

461. Schüddekopf, Irmgard: An der »Heimatfront« – Im grünen Herzen Deutschlands. In: Fabian, Annemarie u.a. (Hrsg.): [357], S. 180-193.

462. Schulze, Rainer (Hrsg.): Unruhige Zeiten. Erlebnisberichte aus dem Landkreis Celle 1945-1949. München 1990.

463. Seydelmann, Gertrud: Gefährdete Balance. Ein Leben in Hamburg 1936-1945. Hamburg 1996.

464. Sievers, Kai Detlef (Hrsg.): Friedenszeiten und Kriegsjahre im Spiegel zweier Lebenserinnerungen. Sophie und Fritz Wiechering berichten. Münster 1984.

465. Sigrid: Morgen sollst du nach Russland fliegen. In: Alltag im 2. Weltkrieg [209], S. 44-47.

466. Sölle, Dorothee: Gegenwind. Erinnerungen. 2. Aufl., Hamburg 1995.

467. Spieckermans, Anna: Als Flakwaffenhelferin im Einsatz 1944/45; ein Bericht. In: Feministische Studien 1984, H. 4, S. 27-38.

468. Staden, Wendelgard von: Nacht über dem Tal. Eine Jugend in Deutschland. Köln 1979.

469. Steinhoff, Johannes/Pichel, Peter/Showalter Dennis (Hrsg.): Deutsche im Zweiten Weltkrieg. Zeitzeugen sprechen. München 1989.

470. Stern, Carola: In den Netzen der Erinnerung. Lebensgeschichten zweier Menschen. Reinbek bei Hamburg 1986.

471. Sternheim-Peters, Eva: Brunst, Ekstase, Orgasmus: Männerphantasien zum Thema »Hitler und die Frauen«. In: Psychologie heute 1981, Nr. 7, S. 36-41.

472. Sternheim-Peters, Eva: Die Zeit der großen Täuschungen. Eine Jugend im Nationalsozialismus. 3. verb. Aufl., Bielefeld 1992 (1987).

473. Sternheim-Peters, Eva: Von der Hochschulreife zum Hauptdiplom. Ein weiblicher Bildungsweg in Kriegs- und Nachkriegszeit. Unveröffentl. Manuskript, o.O., o.J..

474. Stolten, Inge: Ich kann mich an den Tag von Hitlers »Machtergreifung« nicht erinnern. In: Fabian, Annemarie u.a. (Hrsg.): [357], S. 142-161.

475. Stolten, Inge (Hrsg.): Der Hunger nach Erfahrung. Frauen nach '45. Bonn 1981.

476. Stolten, Inge: Das alltäglich Exil. Leben zwischen Hakenkreuz und Währungs-
     reform. Berlin 1982.

477. Streckenbach-Knopf, Inge: Tag und Nacht im Keller. In: Alltag im 2. Weltkrieg
     [209], S. 48f.

478. Strecker, Gabriele: Überleben ist nicht genug. Frauen 1945-1950. Freiburg i.B.
     1981.

479. Stroh, Hans: Juden und Christen – schwierige Partner. Stuttgart 1983.

480. Sturm, Vilma: Barfuß auf Asphalt. Ein unordentlicher Lebenslauf. München
     1981.

481. Sturm, Vilma: Achtzig Jahre Krieg und Frieden. Düsseldorf 1991.

482. Suhling, Lucie: Der unbekannte Widerstand. Erinnerungen. Frankfurt/M.
     1980.

483. Terpitz, Werner: Wege aus dem Osten. Flucht und Vertreibung einer ostpreu-
     ßischen Pfarrersfamilie. München 1997.

484. Trampe, Gustav: Die Stunde Null. Erinnerungen an Kriegsende und Neuan-
     fang. Stuttgart 1995.

485. Tübinger Projektgruppe »Frauen im Kirchenkampf«: Im Dunstkreis der rau-
     chenden Brüder. Frauen im württembergischen Kirchenkampf. Tübingen 1996.

486. Uhlig, Anneliese: Rosenkavaliers Kind. Eine Frau und drei Karrieren. München
     1977.

487. Die Vertreibung der deutschen Bevölkerung aus den Gebieten östlich der Oder-
     Neiße. 3 Bde, hrsg. v. Bundesministerium für Vertriebene. Bearb. v. Schieder,
     Theodor. Bonn 1954 (Reprint München 1984, Augsburg 1994).

488. Walch, Elsbeth: Eine helle Spur. Erlebte Zeitgeschichte 1933-1946. Lahr/Ding-
     lingen 1988.

489. Wanner, Walter: In der Höhle des Löwen. Christliche Jugend im Dritten Reich.
     Erlebnisberichte. Gießen, Basel 1989.

490. Yorck von Wartenburg, Marion: Die Stärke der Stille. Erzählung eines Lebens
     aus dem Widerstand. 2. Aufl., Köln 1985 (1984).

491. Wischnewski, Waltraud: Hinter Stacheldraht. Hungern – Sterben – Überleben.
     Tatsachenbericht. Im Selbstverlag, Stuttgart o.J..

492. Wolf, Lore: Ein Leben ist viel zu wenig. Frankfurt/M. 1973.

493. Zassenhaus, Hiltgunt: Ein Baum blüht im November. Bericht aus den Jahren
     des Zweiten Weltkrieges. 2. Aufl., Hamburg 1992 (1974).

494. Zorn, Gerda: Mein alltäglicher Faschismus. In: Charles Schüddekopf (Hrsg.):
     [459], S. 32-67.

Schwerpunkt Verfolgung

495. Appleman, Alicia: Überleben, um Zeugnis zu geben. München 1992.

496. Behrend-Rosenfeld, Else R.: Ich stand nicht allein. Leben einer Jüdin in
     Deutschland 1933-1944. München 1988.

497. Deutschkron, Inge: Ich trug den gelben Stern. 4. Aufl., Köln 1983 (1978).

498. Elias, Ruth: Die Hoffnung erhielt mich am Leben. Mein Weg von Theresienstadt und Auschwitz nach Israel. 5. Aufl., München, Zürich 1991 (1988).

499. Edvardson, Cordelia: Gebranntes Kind sucht das Feuer. München 1986.

500. Ehre, Ida: Gott hat einen größeren Kopf, mein Kind. Reinbek bei Hamburg 1990 (München, Hamburg 1985).

501. Eichengreen, Lucille: Von Asche zum Leben. Erinnerungen. Hamburg 1992.

502. Eschebach, Insa: SS-Aufseherinnen des Frauenkonzentrationslagers Ravensbrück. Erinnerungen ehemaliger Häftlinge. In: Werkstatt Geschichte 13 (1996), S. 39-47.

503. Hecht, Ingeborg: Als unsichtbare Mauern wuchsen. Eine deutsche Familie unter den Nürnberger Rassegesetzen. Hamburg 1993 (1984).

504. Frankenthal, Käte: Der dreifache Fluch: Jüdin, Intellektuelle, Sozialistin. Lebenserinnerungen einer Ärztin in Deutschland und im Exil. Frankfurt/M., New York 1985 (1981).

505. Fürstenberg, Doris: Jeden Moment war dieser Tod. Interviews mit jüdischen Frauen, die Auschwitz überlebten. Düsseldorf 1986.

506. Ganor, Niza: Wo bist du, Anuschka? Die Überlebensgeschichte eines jüdischen Mädchens. München 1996.

507. Gerland, Brigitte: Die Hölle ist ganz anders. Stuttgart 1955.

508. Glas-Larsson, Margarete: Ich will reden. Tragik und Banalität des Überlebens in Theresienstadt und Auschwitz. Hrsg. und komm. v. Gerhard Botz. Wien, München 1981.

509. Gross, Leonhard: Versteckt. Wie Juden in Berlin die Nazi-Zeit überlebten. Reinbek 1983 (orig.: The Last Jews of Berlin. New York 1982).

510. Haag, Lina: Eine Handvoll Staub. Frankfurt/M. 1981 (Nürnberg 1947).

511. Hellfeld, Matthias G. von: Davongekommen! Erwachsenwerden im Holocaust. Frankfurt/M. 1990.

512. Klüger, Ruth: Weiter leben. Eine Jugend. München 1994 (Göttingen 1992).

513. Küster, Ingeborg: Es ist genug. Überlebens-Erinnerungen einer Pazifistin. Hamburg 1986.

514. Lixl-Purcell, Alexander (Hrsg.): Erinnerungen deutsch-jüdischer Frauen 1900-1990. Leipzig 1992.

515. Lundholm, Anja: Das Höllentor. Bericht einer Überlebenden. Reinbek bei Hamburg 1991 (1988).

516. Proskauer, Erna: Wege und Umwege. Erinnerungen einer Rechtsanwältin. Bearb. u. Nachw. v. Sabine Berghahn und Christl Wickert. Berlin 1989.

517. Richarz, Monika (Hrsg.): Jüdisches Leben in Deutschland (Selbstzeugnisse zur Sozialgeschichte 3). Stuttgart 1982.

518. Rosenstrauch, Hazel: Aus Nachbarn wurden Juden. Ausgrenzung und Selbstbehauptung 1933-1942. Berlin 1988.

519. Salus, Grete: Niemand, nichts – ein Jude: Theresienstadt, Auschwitz, Oederan. Darmstadt 1981.

520. Scheuer, Lisa: Vom Tode, der nicht stattfand. Theresienstadt, Auschwitz, Freiberg, Mauthausen. Eine Frau überlebt. Reinbek bei Hamburg 1983.

521. Spies, Gerty: Drei Jahre Theresienstadt. München 1984.

521a) Strauss, Lotte: Über den grünen Hügel. Erinnerungen an Deutschland. Berlin 1997.

522. Vermehren, Isa: Reise durch den letzten Akt. Ravensbrück, Buchenwald, Dachau. Neuausg. Reinbek bei Hamburg 1998 (Hamburg 1948).

523. Weglein, Resi: Als Krankenschwester im KZ Theresienstadt. Erinnerungen einer Ulmer Jüdin. Zeit- und Lebensbeschreibung von Silvester Lechner und Alfred Moos. 2. Aufl., Stuttgart 1990 (1988).

Dokumentation in literarischer Gestaltung

524. Baudis, Josefine: Josefine, eine Trümmerfrau. Ein Dialog mit der Vergangenheit. Berlin 1991.

525. Blasinski, Marianne: Marie Schlei. Vom Arbeiterkind zur Ministerin. Metzingen 1994.

526. Brückner, Christine: Überlebensgeschichten. Frankfurt/M., Berlin 1988.

527. Bruns, Ingeborg: Als Vater aus dem Krieg heimkehrte. Töchter erinnern sich. München 1991.

528. Corinth, Mine: Sechs Jahre lang. Roman einer deutschen Frau im Kriege. Konstanz 1949.

529. Bremer, Sigrid: Muckefuck und Kameradschaft. Mädchenzeit im Dritten Reich. Von der Kinderlandverschickung 1940 bis zum Studium 1946. Frankfurt/M. 1988.

530. Drewitz, Ingeborg: Gestern war Heute. Hundert Jahre Gegenwart. Düsseldorf 1980.

531. Dertinger, Antje: Frauen der ersten Stunde. Aus den Gründerjahren der Bundesrepublik. Bonn 1989.

532. Deutschkron, Inge: Sie blieben im Schatten. Ein Denkmal für »stille Helden«. Berlin 1996.

533. Ebbinghaus, Angelika: »Opfer und Täterinnen«. Frauenbiographien des Nationalsozialismus. Nördlingen 1987.

534. Engelmann, Bernt: Wie wir die Nazizeit erlebten. Göttingen 1993.

535. Engelmann, Bernt: Wir hab'n ja den Kopf noch fest auf dem Hals. Die Deutschen zwischen Stunde Null und Wirtschaftswunder. Köln 1987.

536. Finckh, Renate: Nach-Wuchs. Gerlingen 1987.

537. Finckh, Renate: Das bittere Lächeln: Roman eines Frauenlebens. Gerlingen 1993.

538. Fogelman, Eva: »Wir waren keine Helden.« Lebensretter im Angesicht des Holocaust. Motive, Geschichten, Hintergründe. Frankfurt/M., New York 1995 (orig.: Conscience & Courage. New York 1994).

539. Gallasch, Christa: Anna Haag. Pazifistin und Weltbürgerin. In: Knorr, Birgit/ Wehling, Rosemarie (Hrsg.): Frauen im deutschen Südwesten. Stuttgart 1993, S. 217-221.

540. Grisebach: Agnes-Marie: Eine Frau Jahrgang 13. Roman einer unfreiwilligen Emanzipation. Stuttgart 1988.

541. Grossmann, Kurt R.: Die unbesungenen Helden. Menschen in Deutschlands dunklen Tagen. 2. veränd. u. erg. Aufl., Berlin 1961 (1957).

542. Habe, Hans: Off Limits. Roman der Besatzung Deutschlands. München, Wien, Basel 1955.

543. Hofmann-Hege, Charlotte: Alles kann ein Herz ertragen. Die weite Lebensreise der Elisabeth Thiessen. Heilbronn 1989.

544. Hofmann-Hege, Charlotte: Eine Goldene Spur. Erinnerungen an Hans Hege. 5. Aufl., Heilbronn 1993 (1984).

545. Horbach, Michael: So überlebten sie den Holocaust. Zeugnisse der Menschlichkeit 1933-1945. 4. Aufl., München 1995 (1964).

546. Horbelt, Rainer/Spindler, Sonja: Tante Linas Kriegs-Kochbuch. Erlebnisse und Kochrezepte einer ungewöhnlichen Frau. Reinbek bei Hamburg 1985 (Frankfurt/M. 1982).

547. Kjendsli Veslemøy: Kinder der Schande. Ein »Lebensborn-Mädchen« auf der Suche nach ihrer Vergangenheit. Hamburg 1992 (Berlin 1988).

548. Klingel, Bettina/Schaber, Birgit/Spengler, Susanne/Tannert, Gabriele: Fremdarbeiter und Deutsche. Das Schicksal der Erna Brehm aus Calw. Bad Liebenzell 1984.

549. Knoop-Graf, Anneliese/Jens, Inge (Hrsg.): Will Graf. Briefe und Aufzeichnungen. Frankfurt/M. 1988.

550. Krakauer, Max: Lichter im Dunkel. Flucht und Rettung eines jüdischen Ehepaares im Dritten Reich. Hrsg. v. Otto Mörike. Vorw. Freya von Moltke. 11. Aufl., Stuttgart 1994 (1975).

551. Krockow, Christian Graf von: Die Stunde der Frauen. Bericht aus Pommern 1944-1947. Nach einer Erzählung von Libussa Fritz-Krockow. Stuttgart 1988.

552. Kubašec, Marja: Sterne über dem Abgrund. Aus dem Leben der Antifaschistin Dr. Maria Grollmuß. Bautzen 1961.

553. Lachauer, Ulla: Paradiesstraße. Lebenserinnerungen der ostpreußischen Bäuerin Lena Grigoleit. Reinbek bei Hamburg 1996.

554. Mamozai, Martha: »Komplizinnen«. Reinbek bei Hamburg 1990.

555. Michaely, Petra: Die Wandlung der Karola Martin. Kriegseindrücke eines Mädchens. Saarbrücken 1984.

556. Pausewang, Gudrun: Fern von der Rosinkawiese. Die Geschichte einer Flucht. Ravensburg 1989.

557. Pausewang, Gudrun: Wie es den Leuten von der Rosinkawiese nach dem Krieg erging. Frankfurt/M. 1996.

558. Pejsa, Jane: Matriarch of Conspiracy. Ruth von Kleist (1867-1945). Minneapolis 1991.

558a) Pilgrim, Volker Elis: »Du kannst mich ruhig ›Frau Hitler‹ nennen.« : [229a)].

559. Schönfeldt, Sybil Gräfin: Sonderappell.1945 – Ein Mädchen berichtet. 7. Aufl., München 1990 (Wien, Heidelberg 1979).

560. Schwarzer, Alice: Marion Dönhoff. Ein widerständiges Leben. Köln 1996.

561. Silver, Eric: Sie waren stille Helden. München 1994.

562. Soldan, Dieter: Klausenhof. Das Leben der Anna Soldan 1883-1947. Im Selbstverlag, Stuttgart 1994.

563. Stöffler, Erika (Hrsg.): Initiativen. Lebensbilder evangelischer Frauen. Stuttgart 1984.

564. Szepansky, Gerda: »Blitzmädel«, »Heldenmutter«, »Kriegerwitwe«. Frauenleben im Zweiten Weltkrieg. 9. Aufl., Frankfurt/M. 1997 (1986).

565. Unruh, Trude (Hrsg.): Trümmerfrauen. Biographien einer betrogenen Generation. Essen 1987.

566. Weil, Grete: Meine Schwester Antigone. Frankfurt/M. 1991 (1982).

567. Wolf, Christa: Kindheitsmuster. Roman. 16. Aufl., Darmstadt, Neuwied 1987 (Berlin, Weimar 1976).

568. Zeller, Eva: Solange ich denken kann. Roman einer Jugend. 3. Aufl., Stuttgart 1982.

569. Zeller, Eva: Nein und Amen. 2. Aufl., Stuttgart 1987.

Oral-History-Projekte, Biografieforschung

569a) Arbeitsgemeinschaft Sozialdemokratischer Frauen (ASF) Karlsruhe (Hrsg.): Ich hatte eine irre Angst damals. Familienalltag im Nationalsozialismus. 18 Tonbandprotokolle. Karlsruhe 1997.

570. Bake, Rita (Hrsg.): »aber wir müssen zusammenbleiben«. Mütter und Kinder in Bombenkriegen 1943-1993. Hamburg 1993.

571. Bauer, Ingrid/Embacher, Helga: »Um Politik hab' ich mich damals nicht viel gekümmert«: Frauenerfahrungen im Nationalsozialismus – Ergebnisse ›mündlicher Geschichte‹. In: Bachinger, Katarina/Bennewitz, Ingrid/Blaikner-Hohenwert, Gabriele/Steiner, Gertraud (Hrsg.): Feministische Wissenschaft. Methoden und Perspektiven. Beiträge zur 2. Salzburger Frauenringvorlesung. Stuttgart 1990, S. 145-182.

572. Becker, Franziska/Jeggle Utz: Im Dorf erzählen – vor Gericht bezeugen. Zur inneren Logik von Sagen und Aussagen über NS-Gewalt gegen Juden. In: Herzig, Arno/Lorenz, Ina (Hrsg.): Verdrängung und Vernichtung der Juden unter dem Nationalsozialismus. Hamburg 1992, S. 311-333.

573. Bar-On, Dan u.a. (Hrsg.): Der Holocaust. Familiale und gesellschaftliche Folgen. Aufarbeitung in Wissenschaft und Erziehung? Ergebnisse eines Internationalen Forschungs-Kolloqiums an der Bergischen Universität/Gesamthochschule Wuppertal. Wuppertal 1988.

574. Bar-On, Dan: Die Last des Schweigens. Gespräche mit Kindern von Nazi-Tätern. Reinbek bei Hamburg 1996 (Frankfurt/M., New York 1983; Cambridge, MA 1989).

575. Beck, Johannes u.a. (Hrsg.): Terror und Hoffnung in Deutschland 1933-1945. Leben im Faschismus. Reinbek bei Hamburg 1980.

576. Behrens-Cobet, Heidi/Schaefer, Anka: Geteilte Erfahrungen. Ein deutsch-deutsches Dialogprojekt zur Geschichte nach 1945. Münster/Westf. 1994.

577. Berliner Abiturientinnen des Jahrgangs 1935 erinnern sich. Mitschnitt einer Sendung von Südfunk 2 Kultur am 25. 8. 1995.

578. Chamier, Astrid von/Eschebach, Insa/Schmidt, Ilse: »Ich persönlich habe keinen Ton gesagt.« Erinnerungsbilder einer ehemaligen Stabshelferin. In: Werkstatt Geschichte 1995, H. 10, S. 67-72.

579. Clephas-Möcker, Petra/Krallmann, Kristina: Akademische Bildung – eine Chance zur Selbstverwirklichung für Frauen? Lebensgeschichtlich orientierte Interviews mit Gymnasiallehrerinnen und Ärztinnen der Geburtsjahre 1909-1923. (Diss. Bielefeld) Weinheim 1988.

580. Dick, Lutz van: Oppositionelles Lehrerverhalten 1933-1945. Biographische Berichte über den aufrechten Gang von Lehrerinnen und Lehrern. Weinheim 1988.

581. Dischner, Gisela (Hrsg.): Eine stumme Generation berichtet: [396].

582. Dwork, Deborah: Kinder mit dem gelben Stern. Europa 1933-1945. München 1994.

583. Einfeldt, Anne-Katrin: Zwischen alten Werten und neuen Chancen. Häusliche Arbeit von Bergarbeiterfrauen in den fünfziger Jahren. In: Niethammer, Lutz (Hrsg.): [620], S. 149-190.

584. Epstein, Helen: Die Kinder des Holocaust. Gespräche mit Söhnen und Töchtern von Überlebenden. München 1987 (New York 1979).

585. Finckh, Renate im Gespräch mit Heike Mundzeck. In: Fabian, Annemarie u.a. (Hrsg.): [357], S. 68-79.

585a) Frauen erzählen. »Was haben wir alles erlebt in diesem Jahrhundert!« Aufgezeichnet von Walther Hohenester. München 1994.

586. Galinski, Dieter/Lachauer, Ulla (Hrsg.): Alltag im Nationalsozialismus 1933-1939. Jahrbuch zum Schülerwettbewerb Deutsche Geschichte um den Preis des Bundespräsidenten. Braunschweig 1982.

587. Galinski, Dieter/Lachauer, Ulla (Hrsg.): Nazis und Nachbarn: [84].

588. Galinski, Dieter/Schmidt, Wolf (Hrsg.): Die Kriegsjahre in Deutschland, 1939-1945. Ergebnisse und Anregungen aus dem Schülerwettbewerb Deutsche Geschichte um den Preis des Bundespräsidenten 1982/83. Hamburg 1985.

589. Gottschalk, Carola/Neukirchen, Heidrun (Hrsg.): Graupenschauer: Mündener Arbeiterfrauen erzählen aus ihrem Leben. 2. Aufl., Garbsen 1992 (Neustadt a. Rbge. 1990).

590. Gross, Leonard: Versteckt: [509].

591. Herzberg, Wolfgang (Hrsg.): Ich bin doch wer. Arbeiter und Arbeiterinnen des VEB Berliner Glühlampenwerk erzählen ihr Leben 1900-1980, Protokolle aus der DDR. Neuwied 1987.

592. Hoerning, Erika M.: Frauen als Kriegsbeute: [284], S. 327-344.

593. Horbelt, Rainer/Spindler, Sonja: Wie wir hamsterten, hungerten und überlebten: [414].

594. Hornstein, Erika von: Die deutsche Not. Flüchtlinge berichten. Köln, Berlin 1960.

595. Kempowski, Walter: Haben Sie Hitler gesehen? Deutsche Antworten. Nachw. Sebastian Haffner. München 1973.

596. Kempowski, Walter: Haben Sie davon gewusst? Deutsche Antworten. Nachwort v. Eugen Kogon. Hamburg 1979.

597. Kienast, Annie: »... und noch heute meine ich, dass ich bestimmt geschossen hätte« – Ein Gespräch, aufgezeichnet v. Christa Randzio-Plath. In: Fabian, Annemarie u.a. (Hrsg.): [357], S. 20-31.

598. Klafki, Wolfgang: Typische Faktorenkonstellationen für Identitätsbildungsprozesse von Kindern und Jugendlichen im Nationalsozialismus im Spiegel autobiographischer Berichte. In: Berg, Christa/Ellger-Rüttgardt, Sieglind (Hrsg.): [247], S. 159-172.

599. Klewitz, Marion: Lehrersein im Dritten Reich: [419].

600. Klewitz, Marion: Berufsbiographien von Lehrerinnen und Lehrern während der NS-Zeit. In: Berg, Christa/Ellger-Rüttgardt, Sieglind (Hrsg.): [247], S. 173-188.

601. Klostermann, Helena: Alter als Herausforderung. Frauen über 60 erzählen. Frankfurt/M. 1984.

602. Knoch, Peter (Hrsg.): Die Rekonstruktion des Kriegsalltags als Aufgabe der historischen Forschung und der Friedenserziehung. Stuttgart 1989.

603. Kock, Lisa: Man war bestätigt, und man konnte was! Der Bund Deutscher Mädel im Spiegel der Erinnerungen ehemaliger Mädelführerinnen. Münster 1994.

604. Köhler, Jochen: Klettern in der Großstadt. Berlin 1979.

605. Kutsch, Marlies: Frauenschicksale aus der Kriegs- und Nachkriegszeit. Versuch eines Vorwortes. In: Informationen für die Frau 2/89 – Beilage 1, hrsg. vom Deutschen Frauenrat.

606. Landeszentrale für politische Bildung Baden-Württemberg: 50 Jahre danach: Was hat das Kriegsende bedeutet? Ein Lesebuch. Ausgewählte Beiträge eines Wettbewerbs. Red. Angelika Hauser-Hauswirth. Stuttgart 1995.

607. Lehmann, Albrecht: Im Fremden ungewollt zuhaus. Flüchtlinge und Vertriebene in Westdeutschland 1945-1990. München 1991.

608. Ludwig-Bühler, Ulrike: Im NS-Musterbetrieb. Frauen in einem Textilunternehmen an der Schweizer Grenze. In: Niethammer, Lutz/Plato, Alexander von (Hrsg.): [621], S. 72-90.

609. Meding, Dorothee von: Mit dem Mut des Herzens. Die Frauen des 20. Juli. Berlin 1992.

610. Mendel, Annekatrein: Zwangsarbeit im Kinderzimmer. »Ostarbeiterinnen« in deutschen Familien von 1939-1945. Gespräche mit Polinnen und Deutschen. Frankfurt/M. 1994.

611. Metz-Becker, Marita: »Hab' aber auch gar nichts gehabt auf der Welt«. Zur Le-

benssituation von Frauen in einem Westerwälder Dorf. Eine soziokulturelle Untersuchung anhand von narrativen Interviews. Diss. Bonn 1987.

612. Meyer, Sibylle/Schulze Eva: »Alleine wars schwieriger und einfacher zugleich«. Veränderungen gesellschaftlicher Bewertungen und individueller Erfahrung alleinstehender Frauen in Berlin 1943-1955. In: Freier, Anna-Elisabeth u.a. (Hrsg.): [272], S. 348-385.

613. Meyer, Sibylle/Schulze, Eva: »Als wir wieder zusammen waren, ging der Krieg im Kleinen weiter«. Frauen, Männer und Familien im Berlin der vierziger Jahre. In: Niethammer, Lutz/Plato, Alexander von (Hrsg): [621], S. 305-327.

614. Meyer, Sibylle/Schulze, Eva: Von Liebe sprach damals keiner. Familienalltag in der Nachkriegszeit. München 1985.

615. Meyer, Sibylle/Schulze, Eva: Wie wir das alles geschafft haben. Alleinstehende Frauen berichten über ihr Leben nach 1945. München 1984.

616. Meyer, Sibylle/Schulze, Eva: Auswirkungen des II. Weltkrieges auf Familien. Zum Wandel der Familie in Deutschland. Berlin 1989.

617. Möding, Nori: »Ich muss irgendwo engagiert sein – fragen Sie mich bloß nicht, warum.« Überlegungen zu Sozialisationserfahrungen von Mädchen in NS-Organisationen. In: Niethammer, Lutz/Plato, Alexander von (Hrsg.): [621], S. 256-304.

618. Niethammer, Lutz (Hrsg.): »Die Jahre weiß man nicht, wo man die heute hinsetzen soll«. Faschismuserfahrungen im Ruhrgebiet. (Lebensgeschichte und Sozialkultur im Ruhrgebiet 1930-1960, Bd. 1). Berlin 1983.

619. Niethammer, Lutz: Heimat und Front. Versuch, zehn Kriegserinnerungen aus der Arbeiterklasse des Ruhrgebietes zu verstehen. In: ders. (Hrsg.): [618], S. 163-232.

620. Niethammer, Lutz (Hrsg.): »Hinterher merkt man, dass es richtig war, dass es schiefgegangen ist«. Nachkriegserfahrungen im Ruhrgebiet. (Lebensgeschichte und Sozialkultur im Ruhrgebiet 1930 bis 1960, Bd. 2). Berlin 1983.

621. Niethammer, Lutz/Plato, Alexander von (Hrsg.): »Wir kriegen jetzt andere Zeiten«. Auf der Suche nach der Erfahrung des Volkes in nachfaschistischen Ländern. (Lebensgeschichte und Sozialkultur im Ruhrgebiet 1930 bis 1960, Bd. 3). Bonn, Berlin 1985.

622. Niethammer, Lutz/Plato, Alexander von/Wierling, Dorothee: Die volkseigene Erfahrung. Eine Archäologie des Lebens in der Industrieprovinz der DDR. 30 biographische Eröffnungen. Berlin 1991.

622a) Owings, Alison: Frauen: [228c)].

623. Parisius, Bernhard: Lebenswege im Revier. Erlebnisse und Erfahrungen zwischen Jahrhundertwende und Kohlenkrise – erzählt von Frauen und Männern aus Borbeck. Essen 1983.

624. Plato, Alexander von: Fremde Heimat. Zur Integration von Flüchtlingen und Einheimischen in die Neue Zeit. In: Niethammer, Lutz/Plato, Alexander von (Hrsg.): [621], S. 172-219.

625. Quindeau, Ilka: Trauma und Geschichte. Interpretationen autobiographischer Erzählungen von Überlebenden des Holocaust. Frankfurt/M. 1995.

626. Reichel, Sabine: Zwischen Trümmern und Träumen. Aufgewachsen im Schatten der Schuld. Hamburg 1991 (amerik.: »What did you do in the war, daddy?«. New York 1989).

627. Ries, Henry: Deutsche, Gedanken und Gesichter 1948-1949. Berlin 1988.

628. Roberts, Ulla (Hrsg.): Starke Mütter – ferne Väter. Töchter reflektieren über ihre Kindheit im Nationalsozialismus und in der Nachkriegszeit. Frankfurt/M. 1994.

629. Rosenthal, Gabriele (Hrsg.): Die Hitlerjugend-Generation. Biographische Thematisierung als Vergangenheitsbewältigung. Essen 1986.

630. Rosenthal, Gabriele: Leben mit der soldatischen Vergangenheit in zwei Weltkriegen. Ein Mann blendet seine Kriegserlebnisse aus. In: BIOS 2/88, S. 27-38.

631. Rosenthal, Gabriele: »... Wenn alles in Scherben fällt...« Von Leben und Sinnwelt der Kriegsgeneration. Typen biographischer Wandlungen. Opladen 1987.

632. Rosenthal, Gabriele (Hrsg.): »Als der Krieg kam, hatte ich mit Hitler nichts mehr zu tun«. Leverkusen 1990.

633. Rosh, Lea/Jäckel, Eberhard: Der Tod ist ein Meister aus Deutschland: [178].

634. Scherrieble, Joachim: »Der letzte Schliff«. Deutsche Feldpostbriefe 1940-1944 und Strukturelle Biographie. Esslingen 1990.

635. Schmidt, Margot: Krieg der Männer – Chance der Frauen? Der Einzug der Frauen in die Büros der Thyssen AG. In: Niethammer, Lutz (Hrsg.): [618], S. 133-162.

636. Schmidt, Margot: Im Vorzimmer. Arbeitsverhältnisse von Sekretärinnen und Sachbearbeiterinnen bei Thyssen nach dem Krieg. In: Niethammer, Lutz (Hrsg.): [620], S. 191-232.

637. Schörken, Rolf: Jugend 1945. Politisches Denken und Lebensgeschichte. Leverkusen 1990.

638. Schonig, Bruno: Krisenerfahrung und pädagogisches Engagement. Lebens- und berufsgeschichtliche Erfahrungen Berliner Lehrerinnen und Lehrer 1914-1961. Frankfurt/M. 1994.

639. Schröder, Hans Joachim: Die gestohlenen Jahre. Erzählgeschichten und Geschichtserzählung im Interview: Der Zweite Weltkrieg aus der Sicht ehemaliger Mannschaftssoldaten. Tübingen 1992.

640. Schütze, Fritz: Kollektive Verlaufskurve oder kollektiver Wandlungsprozess. Dimensionen des Vergleichs von Kriegserfahrungen amerikanischer und deutscher Soldaten im Zweiten Weltkrieg. In: BIOS 1/89, S. 31-109.

641. Sereny, Gitta: Am Abgrund. Eine Gewissensforschung. Gespräche mit Franz Stangl, Kommandant von Treblinka, und anderen. Frankfurt/M. 1979 (Neuausg. München 1995: Am Abgrund. Gespräche mit dem Henker; orig.: Into that Darkness. From Mercy-Killing to Mass Murder, London 1974).

642. Sichrowsky, Peter: Schuldig geboren. Kinder aus Nazifamilien. Köln 1987.

643. Stark, Ludwig: Danach. Menschen erzählen. Erdmannhausen 1995.

644. Steinbach, Lothar: Ein Volk, ein Reich, ein Glaube? Ehemalige Nationalsozialisten und Zeitzeugen berichten über ihr Leben im Dritten Reich. 2. Aufl., Bonn 1995 (1983).

645. Strasser, Ilse im Gespräch mit Charles Schüddekopf. In: Annemarie Fabian u.a. (Hrsg.): [357], S. 194-216.

646. Szepansky, Gerda: Frauen leisten Widerstand: 1933 – 1945: [373].

647. Tekampe, Ludger: Kriegserzählungen. Eine Studie zur erzählerischen Vergegenwärtigung des 2. Weltkriegs. Mainz 1989.

648. Thurnwald, Hilde: Gegenwartsprobleme Berliner Familien. Berlin 1948.

649. Vesper, Ingrid/Weber, Andrea: Familien-Geschichten. Mündliche Überlieferung von Zeitgeschichte in Familien. Hamburg 1991.

650. »Wer sich dem Reich verschrieb, ist ein Gezeichneter«. Erinnerungen einer Frau vom Jahrgang 1924 (Doris K.). In: Steinbach, Lothar (Hrsg.): [644], S. 67-109.

651. Westernhagen, Dörte: Die Kinder der Täter. Das Dritte Reich und die Generation danach. München 1991 (1987).

652. Weyrather, Irmgard: Ich bin noch aus dem vorigen Jahrhundert. Frauenleben zwischen Kaiserreich und Wirtschaftswunder. München 1985.

653. Wobbe, Theresa: Das Dilemma der Überlieferung. Zu politischen und theoretischen Kontexten von Gedächtniskonstruktionen über den Nationalsozialismus. In: Dies. (Hrsg.): [353], S. 13-31.

654. Whiteman, Dorit B.: Die Entwurzelten. Jüdische Lebensgeschichten nach der Flucht 1933 bis heute. Wien 1995.

655. Woesler de Panafieu, Christine/Germain, Xiane: Wie Frauen Kriege bewältigten. Gespräche mit der Generation unserer Großmütter. In: Dischner, Gisela (Hrsg.): [396], S. 153-224.

Regional- und Lokalgeschichte

656. Alltagsleben im Krieg: Marburgerinnen erinnern sich an den 2. Weltkrieg (Marburger Stadtschriften zur Geschichte und Kultur 16). Marburg 1985.

657. Als der Krieg zu Ende war in Fellbach und anderswo. Ein Projekt der Stadt Fellbach und des Stadtseniorenrates. Januar bis Mai 1995.

658. Asche, Susanne: »...keine ungünstige Beeinflussung der deutschen Frau« – Zwangsarbeit in der Mannheimer Rüstungsindustrie. In: Thomas, Ilse (Hrsg.): [238], S. 81-88.

659. Bardua, Heinz: Stuttgart unterm Bombenhagel. In: Hiller, Marlene P. (Hrsg.): [691], S. 389-396.

660. Breuer, Thomas: Verordneter Wandel? Der Widerstreit zwischen nationalsozialistischem Herrschaftsanspruch und traditionaler Lebenswelt im Erzbistum Bamberg. Mainz 1992.

661. Borsdorf, Ulrich/Jamin, Mathilde (Hrsg.): Über Leben im Krieg. Kriegserfah-

rungen in einer Industrieregion 1939 – 1945 (Ausstellungskatalog). Reinbek bei Hamburg 1989.

662. Broszat, Martin/Fröhlich, Elke/Wiesemann, Falk (Hrsg.): Bayern in der NS-Zeit. 6 Bde., München, Wien 1977 – 1983.

663. Bund der Antifaschisten, Kreisverband Ludwigsburg (Hrsg.): Streiflichter aus Verfolgung und Widerstand 1933-45, H. 1-3). Ludwigsburg 1987.

664. Burkhardt, Bernd/Fuchs, Karlheinz/Nachtmann, Walter (Hrsg.): Ausstellungsreihe Stuttgart im Dritten Reich, Bd. 4: Anpassung, Widerstand, Verfolgung. Die Jahre von 1933 bis 1939. Stuttgart 1984.

665. Dauerer, Claudia: Alfred Moos, ein Ulmer Jude auf der Flucht vor dem NS-Staat. Ein Beitrag zur deutschen Emigration nach Palästina (DZOK-Manuskripte 2). Ulm 1995.

666. Deutscher Evangelischer Frauenbund, Ortsverband Nürnberg: Zeitgefangen. Gelebte Geschichte – erlebte Geschichten. Frauen des Deutschen Evangelischen Frauenbundes Nürnberg erinnern sich. Heidelberg 1995.

667. Dürrenzimmern: Das Leben in unserem Dorf – einst und jetzt. Hrsg. vom Landfrauenverein Dürrenzimmern 1988.

668. »Eine Heimatkunde«, Nationalsozialismus im Landkreis Tübingen. Ein Projekt des Ludwig-Uhland-Instituts der Universität Tübingen. Tübingen 1988.

669. Stadt Esslingen (Hrsg.): Von Weimar bis Bonn. Esslingen 1919-1949. Begleitband zur Ausstellung. Esslingen 1991.

670. Faust, Anselm (Hrsg.): Verfolgung und Widerstand im Rheinland und in Westfalen 1933-1945. Stuttgart 1992.

671. Stadt Filderstadt, Frauenbüro (Hrsg.): Filderfrauen. Im Blick: Alltag auf den Fildern. Erste Spuren einer ländlichen Frauengeschichte. Bd. 1, Filderstadt 1993.

671a) Förtsch, Folker/Maisch, Andreas (Hrsg.): Frauenleben in Schwäbisch Hall 1933-1945. Realitäten und Ideologien (Ausstellungskatalog). Schwäbisch Hall 1997.

672. Frantzioch, Marion/Ratza, Odo/Reichert, Günter (Hrsg.): 40 Jahre Arbeit für Deutschland: [79].

673. Frauenalltag und Frauenbewegung 1890-1980 (Ausstellungskatalog Historisches Museum Frankfurt/Main). Basel, Frankfurt/M. 1981.

674. Frauen im Faschismus – Frauen im Widerstand: Hamburger Sozialdemokratinnen berichten. Hrsg. v. AsF Hamburg. Red. Brigitta Borgstädt. Hamburg 1980.

675. Frauen im deutschen Faschismus 1933 – 1945. Red. Sabine Kübler. Hrsg. v. der Stadt Frankfurt, Dezernat für Kultur und Freizeit. Frankfurt/M. 1980.

676. Frauenschicksale: Flucht, Vertreibung, Exil, Asyl. Eine Ausstellung in Stuttgart vom 9.-26. Mai 1995, veranstaltet v. der Gleichstellungsstelle der Landeshauptstadt Stuttgart (kein Ausstellungskatalog).

677. Fuchs, Susanne: Frauen bewältigen den Neuaufbau. Eine lebensgeschichtliche Analyse der unmittelbaren Nachkriegszeit am Beispiel Bonn. Pfaffenweiler 1993.

678. Füllberg-Stolberg, Claus/Jung, Martina/Riebe, Renate/Scheitenberger, Martina (Hrsg.): Frauen in Konzentrationslagern. Bergen-Belsen, Ravensbrück. Bremen 1994.

679. Funk, Erwin: Böblingen im Dritten Reich und in der Besatzungszeit. Erinnerungen und Erfahrungen in Berichten und Dokumenten. 2. Bde., Böblingen 1987.

680. Geschichtswerkstatt am Goldberg Gymnasium Sindelfingen: »Restloser, verzehrender Einsatz für Deutschland«. Eine Schulklasse erlebt den Zweiten Weltkrieg. Ein Rundbuch des Abiturjahrgangs 1940 der »Adlolf-Hitler-Oberschule« Böblingen. Stuttgart 1992.

681. Glauning, Christine/Petzold, Frauke: Frieden, Freude, Eierkuchen? Frauenalltag in der Heilbronner Nachkriegszeit (Ausstellungskatalog). Heilbronn 1991.

682. Göppingen unterm Hakenkreuz (Ausstellungskatalog). Red. Konrad Plieninger (Veröffentlichungen des Stadtarchivs Göppingen 32). Göppingen 1994.

683. Göttingen unterm Hakenkreuz. Nationalsozialistischer Alltag in einer Stadt. Hrsg. v. Brinkmann, Jens-Uwe/Schmeling, Hans-Georg. Göttingen 1983.

684. Haus der Geschichte Baden-Württemberg (Hrsg.): 1944-1952: Schau-Platz Südwest (Ausstellungskatalog). Stuttgart 1992.

685. Hauser, Andrea: Frauenalltag in Bernhausen im Zweiten Weltkrieg und in der Nachkriegszeit. (Filderstädter Schriftenreihe 3). Filderstadt 1989.

686. Hauser, Andrea: Tränen, Trutz und Trümmer. Stuttgarts Frauen im Krieg. In: Hiller, Marlene P. (Hrsg.): [691], S. 265-285.

687. Heidelberg unter dem Nationalsozialismus. Studien zu Verfolgung, Widerstand und Anpassung. Im Auftrag der Stadt Heidelberg hrsg. v. Jörg Schadt und Michael Caroli. Heidelberg 1985.

688. Henry, Frances: Nachbarn und Opfer. Erinnerungen an eine Kleinstadt im Nationalsozialismus [Sobernheim]. Bonn 1992.

689. Herrmann, Bettina: Alltag im Krieg. In: Specker, Hans Eugen: [724], S. 55-98.

690. Hertel, Gerhard (Hrsg.): Die Zerstörung. Das Schicksal von Freudenstadt am 16./17. April 1945. Horb a.N. 1984.

691 Hiller, Marlene P.: Stuttgart im Zweiten Weltkrieg (Ausstellungskatalog). Gerlingen 1989.

692. Hiller, Marlene P.: »Beklommen und unsicher«. Stuttgarter Reaktionen auf Kriegsbeginn und ›Blitzsieg‹. In: Dies. (Hrsg.): [691], S. 41-49.

693. Hiller, Marlene P.: Stuttgarter erzählen vom Luftkrieg. In: Dies. (Hrsg.): [691], S. 417-440.

694. Hiller, Marlene P.: »Da waren zwei Zeiten ganz eng beieinander.« Kriegsende und Nachkriegszeit in Berichten aus Stuttgart. In: Dies. (Hrsg.): [691], S. 505-528.

695. Hoecker, Beate/Meyer-Braun, Renate: Bremerinnen bewältigen die Nachkriegszeit. Frauenarbeit, Frauenalltag, Frauenpolitik. Frauen in Bremen. Bremen 1988.

695a) Holländer, Christa/Klenk, Helga: Der Kampf an der »Heimatfront«. Die Lage der Frau im Zweiten Weltkrieg, in: Förtsch, Folker/Maisch, Andreas: [671a)], S. 299-336.

696. Jung, Martina/Scheitenberger Martina: Frauen in Hannover 1945-1948 (Ausstellungskatalog). Hannover 1991.

697. Junger, Gerhard: Schicksale 1945. Das Ende des 2. Weltkriegs im Kreis Reutlingen. 3. erw. Aufl., Reutlingen 1991.

698. Kaminsky, Uwe: Fremdarbeiter in Ratingen – Repression und Widerstand. In: Faust, Anselm (Hrsg.): [670], S. 186-199.

699. Kley, Stefan: Totale Mobilisierung, kleine Fluchten. Jugend im Krieg. In: Hiller, Marlene P. (Hrsg.): [691], S. 305-314.

700. Kley, Stefan: »Man wundert sich, dass wir überhaupt noch etwas gelernt haben.« Schule im Krieg. In: Hiller, Marlene P. (Hrsg.): [691], S. 291-304.

701. König, Walter: Flüchtlingslager Wülzburg. Ankunft und Integration Heimatvertriebener in Weissenburg. Weissenburg 1990.

702. Kremmer, Susanne: Soldat in der Heimat. In: Specker, Hans Eugen (Hrsg.): [724], S. 180-188.

703. Kremmer, Susanne: Kulturelles Angebot und Freizeitmöglichkeiten. In: Specker, Hans Eugen (Hrsg.): [724], S. 128-161.

704. Kuhn, Annette/Pitzen, Marianne/Rothe, Valentine (Bearb.): Frauenleben im NS-Alltag, Bonn 1933-1945 (Ausstellungskatalog FrauenMuseum Bonn). Hrsg. v. Universität Bonn, Seminar für Frauengeschichte. Red. Bettina Bab. Bonn 1991.

705. Landkreis Ludwigsburg: Maikäfer flieg! Zeitzeugen erzählen von Krieg, Kriegsende und Nachkriegszeit. Ludwigsburg o.J..

706. Liebenau-Meyer, Claudia : Göppinger Frauen in der Zeit nach dem Zweiten Weltkrieg. Recherchen und Ideen für eine Ausstellung. Wissenschaftliche Arbeit für die Diplomprüfung in Erziehungswissenschaft an der Pädagogischen Hochschule Ludwigsburg. Unveröff., 1992.

707. »Mit Gott für Volk und Vaterland«. Die Württembergische Landeskirche zwischen Krieg und Frieden 1903-1957. Ausstellung im Landeskirchlichen Museum Ludwigsburg vom 1. Mai-19. November 1995 (veranstaltet vom Haus der Geschichte Baden-Württemberg und dem Landeskirchlichen Museum Ludwigsburg).

708. Müller, Roland: Stuttgart zur Zeit des Nationalsozialismus. Stuttgart 1988.

709. Projektgruppe »Frauengeschichte« (Liebenau-Meyer, Claudia/Meyer, Christel/Werner, Gabriele): »Wir wollten endlich leben.« Göppinger Frauenalltag nach '45. Texte zur Ausstellung. Göppingen 1995.

710. Radwanska-Altman: »Zwangsbonnerinnen«. Erinnerungen polnischer Zwangsarbeiterinnen nach 50 Jahren. In: Kuhn, Annette (Hrsg.): [224], S. 321-36.

711. Roloff, Ernst-August: 100 Jahre Bürgertum in Braunschweig. Bd. II: Tradition und Wandel. Lebensgeschichten aus einem bürgerlichen Wohnquartier. Braunschweig 1987.

712. Rupp, Maria: Kinder, Kirche und Kanone. Sachsenheim 1989.

713. Sauer, Paul: Württemberg in der Zeit des Nationalsozialismus. Ulm 1975.

714. Sauer, Paul: Demokratischer Neubeginn in Not und Elend. Das Land Württemberg-Baden von 1945 bis 1952. Ulm 1978.

715. Scherrieble, Joachim: Reichenbach an der Fils unterm Hakenkreuz. Ein schwäbisches Industriedorf in der Zeit des Nationalsozialismus. Tübingen, Stuttgart 1994.

716. Scherrieble, Joachim/Schweitzer, Silke: Feldpostbriefe von der Ostfront. In: Hiller, Marlene P. (Hrsg.): [691], S. 451-462.

717. Seibold-Völker, Renate: »Wir brauchen jeden Apfelschnitz« – Alltag zwischen Kriegsende und Währungsreform. Schorndorf 1995.

718. Schlecht, Gerhard: Echterdingen im Bombenhagel. Stuttgart 1993.

719. Schönhagen, Benigna (Hrsg.): Vorbei und vergessen. Nationalsozialismus in Tübingen (Ausstellungskatalog). Tübingen 1992.

720. Schüßler, Beate Maria: Das Schicksal der jüdischen Bürger von Ludwigsburg während der Zeit der nationalsozialistischen Verfolgung. In: Ludwigsburger Geschichtsblätter H. 30/1978.

721. Schulze, Rainer (Hrsg.): Unruhige Zeiten. Erlebnisberichte aus dem Landkreis Celle 1945-1949. München 1990.

722. Seubert, Josef: Von Auschwitz nach Calw. Jüdische Frauen im Dienst der totalen Kriegführung. Eggingen 1989.

723. Silberzahn-Jandt, Gudrun: Vom Pfarrberg zum Hitlerplatz. Fünf Filderdörfer während der Zeit des Nationalsozialismus: eine Topographie. Hrsg. v. der Stadt Filderstadt (Filderstädter Schriftenreihe zur Heimat- und Landeskunde 9). Filderstadt 1994.

724. Specker, Hans Eugen (Hrsg.): Ulm im Zweiten Weltkrieg (Forschungen zur Geschichte der Stadt Ulm 6). Ulm 1995.

725. Stadtarchiv Schwäbisch Gmünd (Hrsg.): Zeitzeugen berichten. Erinnerungen an die Zeit von 1939-1945. Schw. Gmünd 1988.

726. Steinert, Johannes-Dieter: Gnadenbild und Hakenkreuz. Die Wallfahrt nach Kevelaer. In: Faust, Anselm (Hrsg.):[670], S. 77-88.

727. Struve, Walter: Aufstieg und Herrschaft des Nationalsozialismus in einer industriellen Kleinstadt. Osterode am Harz 1918-1945. Essen 1992.

728. Tappe, Rudolf/Tietz, Manfred (Hrsg.): Tatort Duisburg 1933 bis 1945. Widerstand und Verfolgung im Nationalsozialismus. 2 Bde., Essen 1989 und 1993.

729. Weig, Gebhard: Beziehungen zwischen Heimat und Front. In: Specker, Hans Eugen (Hrsg.): [724], S. 162-179.

730. Weig, Gebhard: Luftschutz in Ulm 1939-1945. In: Specker, Hans Eugen (Hrsg.): [724], S. 363-408.

731. Werner, Wolfgang Franz: Euthanasie und Widerstand in der Rheinprovinz. In: Faust, Anselm (Hrsg.): [670], S. 224-233.

732. Zeichen der Not. Als der Stahlhelm zum Kochtopf wurde. Bearb. v. Ernst H. Segschneider u. Martin Westphal. Detmold 1989.

Autobiografische Dokumente: Tagebücher, Briefe, Aufsätze

733. Aicher-Scholl, Inge (Hrsg.): Sippenhaft. Nachrichten und Botschaften der Familie in der Gestapo-Haft nach der Hinrichtung von Hans und Sophie Scholl. Frankfurt/M. 1993.

734. Andreas-Friedrich Ruth: Der Schattenmann. Tagebuchaufzeichnungen 1938-1945. 4. Aufl., Berlin 1985 (1947).

735. Andreas-Friedrich, Ruth: Schauplatz Berlin. Tagebuchaufzeichnungen 1945-1948. Frankfurt/M. 1984.

736. Boor, Lisa de: Tagebuchblätter aus den Jahren 1938-1945. München 1963.

737. Boveri, Margret: Tage des Überlebens. Berlin 1945. München 1968.

738. Braach, Emilie: Wenn meine Briefe Dich erreichen könnten. Aufzeichnungen aus den Jahren 1939-1945. Hrsg. und ausgewählt v. Bergit Forchhammer. Frankfurt/M. 1987 (Neubearb.: Brach, Mile/Forchhammer, Bergit: Ferne Nähe. 1997).

739. Breloer, Heinrich (Hrsg.): Mein Tagebuch. Geschichten vom Überleben 1939-1947. Köln 1984.

740. Buchbender, Ortwin/Sterz, Reinhold: Das andere Gesicht des Krieges. Deutsche Feldpostbriefe 1939-1945. München 1982.

741. Dollinger, Hans (Hrsg.): »Kain, wo ist dein Bruder?« Was der Mensch im 2. Weltkrieg erleiden musste – dokumentiert in Tagebüchern und Briefen. München 1983.

742. Eine Frau in Berlin. Tagebuchaufzeichnungen. Genf, Frankfurt/M. 1959.

743. Fröhlich, Roswitha: Ich konnte einfach nichts sagen. Tagebuch einer Kriegsgefangenen. 2. Aufl., Reinbek bei Hamburg 1981 (1979).

744. Geschichtswerkstatt am Goldberg-Gymnasium Sindelfingen (Hrsg.): [680].

745. Graßmann, Ilse: Ausgebombt. Hamburg 1943-1945. Braunschweig 1993.

746. Hahn, Lili: Bis alles in Scherben fällt. Tagebuchblätter 1933-1945. Köln 1979.

747. Hammer, Ingrid/Nieden, Susanne zur (Hrsg.): Sehr selten habe ich geweint. Briefe und Tagebücher aus dem Zweiten Weltkrieg von Menschen aus Berlin. Zürich 1992.

748. Heer, Hannes (Hrsg.): Als ich 9 Jahre alt war, kam der Krieg. Schüleraufsätze 1946. Köln 1980.

749. Heinritz, Charlotte (Hrsg.): Der Klassenrundbrief. Geschrieben 1953-1989 von den Schülerinnen des Abschlussjahrgangs 1925 der Altstädter Höheren Mädchenschule in Dresden. Opladen 1991.

750. Hirschfeld, Gerhard/Renz, Irina (Hrsg.): Besiegt und Befreit: [413].

751. Höcker, Karla: Die letzten und die ersten Tage. Berliner Aufzeichnungen 1945. Berlin 1966.

752. Jansen, H. (Hrsg.): Freundschaft über sieben Jahrzehnte. Rundbriefe deutscher Lehrerinnen 1899-1968. Frankfurt/M. 1991.

753. Jantzen, Eva/Niehuss, Merith (Hrsg.): Das Klassenbuch. Chronik einer Frauengeneration 1932 – 1976. Reinbek bei Hamburg 1997 (Weimar, Köln, Wien 1994).

754. Kalshoven, Hedda: Ich denk so viel an Euch. Ein deutsch-holländischer Briefwechsel 1920-1949. München 1995 (Amsterdam 1991).

755. Kardorff, Ursula von: Berliner Aufzeichnungen aus den Jahren 1942-1945. Unter Verwendung der Originaltagebücher neu hrsg. und komm. v. Peter Hartl. München 1992 (1962).

756. Klemperer, Victor: Ich will Zeugnis ablegen bis zum letzten. Tagebücher 1933 – 1945. 2 Bde., Berlin 1995.

757. Knoop-Graf, Anneliese/Jens, Inge (Hrsg.): Willi Graf: [549].

758. Langemark, Helene: »Ich kann das Licht noch sehen.« Ein Erlebnisbericht aus der Neumark 1945/46. Husum 1987.

759. Langemark, Helene: »Menschen wie Sie...« Neuanfang in Schleswig-Holstein 1946-1950. Husum 1991.

760. Langgässer, Elisabeth: Briefe 1924-1950. Hrsg. v. Elisabeth Hoffmann. Düsseldorf 1990.

761. Lévy-Hass, Hanna: Vielleicht war das alles erst der Anfang. Tagebuch aus dem KZ Bergen-Belsen, 1944 – 1945. Hrsg. v. Eike Geisel. Berlin 1979.

762. Lindbergh, Anne Morrow: Welt ohne Frieden. Tagebücher und Briefe 1939-1944. München 1988 (1986; orig.: War Within and Without. New York, London 1980).

763. M., Anita: Wieder ein verlorener Tag (Fluchttagebuch). In: Alltag im 2. Weltkrieg [209], S. 32-43.

764. Manoschek, Walter (Hrsg.): »Es gibt nur eines für das Judentum: Vernichtung!« Das Judentum in deutschen Soldatenbriefen 1939-1944. Hamburg 1995.

765. Munding, Friedrich: Dass ich nur noch selten schreibe. Briefe aus Berlin 1940-43. Hrsg. v. Werner Trapp. Berlin 1985.

766. Naor, Simha: Krankengymnastin in Auschwitz. Aufzeichnungen des Häftlings Nr. 80574. 2. Aufl., Freiburg i.B. 1989 (1986).

767. Das Tagebuch der Hertha Nathorff. Aufzeichnungen 1933 bis 1945. Hrsg. u. eingel. v. Wolfgang Benz. Frankfurt/M. 1988 (1987).

768. Nieden, Susanne zur (Hrsg.): Alltag im Ausnahmezustand. Frauentagebücher im zerstörten Deutschland 1943-1945. Berlin 1993.

769. Normann, Käthe von: Ein Tagebuch aus Pommern 1945-1946. München 1962.

770. Obenaus, Herbert: Haben sie wirklich nichts gewusst? Ein Tagebuch zum Alltag von 1933-45 gibt eine deutliche Antwort. In: Journal für Geschichte 2, 1980, H. 1, S. 26-31.

771. Orgel-Purper, Liselotte: Willst Du meine Witwe werden? Eine deutsche Liebe im Krieg. Berlin 1995.

772. Peyinghaus, Marianne: Stille Jahre in Gertlauken. Erinnerungen an Ostpreußen. 5. Aufl., Berlin 1990 (1985).

773. Rinser, Luise: Gefängnistagebuch. München 1946.

774. Rohr, Barbara: Kinder helfen siegen. Aus Feldpostbriefen meines Vaters an seine Töchter. In: Dialektik. Beiträge zu Philosophie und Wissenschaft 7, S. 199-206.

775. Schörken, Rolf: Besprechung des Buches »Der Klassenrundbrief« [749]. In: BIOS 2/91, S. 298-302.

776. Ulshöfer, Helmut (Hrsg.): Liebesbriefe an Adolf Hitler – Briefe in den Tod. Unveröffentlichte Dokumente aus der Reichskanzlei. Frankfurt/M. 1994.

777. Vogel, Detlef: »Aber man muss halt gehn, und wenn es in den Tod ist.« Der deutsche Kriegsalltag im Spiegel von Feldpostbriefen. In: Vogel, Detlef/Wette, Wolfram (Hrsg.): [198], S. 37-58.

778. Walb, Lore: Ich, die Alte – ich, die Junge. Konfrontation mit meinen Tagebüchern 1933-1945. Berlin 1997.

779. Wassiltschikow, Marie: Die Berliner Tagebücher der Marie »Missie« Wassiltschikow 1940-1945. Berlin 1990 (1987; amerik. Orig. 1985).

780. Wette, Wolfram (Hrsg.): Der Krieg des kleinen Mannes. Eine Militärgeschichte von unten. München, Zürich 1992.

781. Wierling, Dorothee: »Leise versinkt unser Kinderland« – Marion Lubien schreibt sich durch den Krieg. In: Borsdorf, Ulrich/Jamin, Mathilde (Hrsg.): [661], S. 67-84.

782. Wolff-Mönckeberg, Mathilde: Briefe, die sie nicht erreichten. Briefe einer Mutter an ihre fernen Kinder in den Jahren 1940-46. Hrsg. v. Ruth Evans. Hamburg 1980.

783. Wojak, Andreas (Hrsg.): »Wir werden auch weiterhin unsere Pflicht tun...« Kriegsbriefe einer Familie in Deutschland 1940-1945. Bremen 1996.

784. Zwicker, Karl Eberhard: Feldpostbriefe aus dem Zweiten Weltkrieg an seine Eltern Wilhelm und Luise Zwicker und seinen Bruder Ulrich. Oldenburg 1993.

Gedruckte Quellen, Dokumentationen

785. Abelshauser, Werner/Faust, Anselm/Petzina, Dietmar: Deutsche Sozialgeschichte 1914-1945. Ein historisches Lesebuch. München 1985.

786. Behnken, Klaus (Hrsg.): Deutschland-Berichte der Sozialdemokratischen Partei Deutschlands (SOPADE) 1924 – 1940. 7 Bde., Frankfurt/M. 1980.

787. Boberach, Heinz (Hrsg.): Meldungen aus dem Reich. Die geheimen Lageberichte des Sicherheitsdienstes der SS 1938 – 1945. 17 Bde., Herrsching 1984.

788. Die Vertreibung der Deutschen aus Ost-Mitteleuropa. Hrsg. v. Bundesministerium für Vertriebene. Bearb. v. Theodor Schieder. 5 Bde., Bonn 1954 (Reprint München 1984).

789. Dokumente deutscher Kriegsschäden. Evakuierte. Kriegsgeschädigte. Währungsgeschädigte. Die geschichtliche und rechtliche Entwicklung, 1. Beiheft. Aus den Tagen des Luftkrieges und des Wiederaufbaues. Erlebnis- und Erfahrungsberichte. Hrsg. v. Bundesminister für Vertriebene. Bonn 1960.

790. Domarus, Max: Hitler. Reden und Proklamationen 1932-1945. Kommentiert von einem deutschen Zeitgenossen. 2 Bde., Würzburg 1963.

791. Frauen helfen siegen. Bilddokumente vom Kriegseinsatz unserer Frauen und Mütter. Geleitwort v. Gertrud Scholtz-Klink. Berlin 1941.

792. Gamm, Hans-Jochen: Führung und Verführung: [86].

793. Hampe, Erich (Bearb.): Der zivile Luftschutz im Zweiten Weltkrieg. Dokumentation und Erfahrungsberichte über Aufbau und Einsatz. Frankfurt/M. 1963.

794. Hellfeld, Matthias von/Klönne, Arno (Hrsg.): Die betrogene Generation: [108].

795. Hitler, Adolf: Mein Kampf. Bd. I München 1927; Bd. II München 1928 (einbändige Volksausg., 40. Aufl., München 1933).

796. Hitlers Tischgespräche im Führerhauptquartier 1941 – 42. Von Henry Picker, dt. hrsg. v. Gerhard Ritter. Bonn 1951.

797. Hofer, Walther (Hrsg.): Der Nationalsozialismus. Dokumente 1933-1945. 12. Aufl., Frankfurt/M. 1963 (45. Aufl. 1997; 1957).

798. Kuhn, Annette/Rothe, Valentine (Hrsg.): Frauen im deutschen Faschismus. Bd. 1: Frauen im NS-Staat; Bd. 2: Frauenarbeit und Frauenwiderstand im NS-Staat. Eine Quellensammlung mit fachwissenschaftlichen und fachdidaktischen Kommentaren. Düsseldorf 1982.

799. Kulturstiftung der deutschen Vertriebenen (Hrsg.): Vertreibung und Vertreibungsverbrechen 1945-1948. Bericht des Bundesarchivs vom 28. Mai 1974. Archivalien und ausgewählte Erlebnisberichte. Bonn 1989.

800. Das Landmädel. Arbeitsbuch für Schülerinnen landwirtschaftlicher Berufsschulen. Von Gabriele Krüger u. Maria Müller-Kemler. Halle a.d. Saale (Hermann Schroedel Verlag) 1943.

801. Lennartz, Franz: Die Dichter unserer Zeit. Einzeldarstellungen zur deutschen Dichtung der Gegenwart. 4. Aufl., Stuttgart 1941.

801a) Lieber, Hans-Joachim/Ruffmann, Karl-Heinz (Hrsg.): Der Sowjetkommunismus. Dokumente, Band 2. Köln, Berlin 1964.

802. Marienfeld, Wolfgang: Konferenzen über Deutschland, Teil I (1941-1944). Hannover 1962.

803. Rosenberg, Alfred: Der Mythus des 20. Jahrhunderts. München 1930.

804. Ruhl, Klaus-Jörg: Deutschland 1945: [180].

805. Ruhl, Klaus-Jörg (Hrsg.): Unsere verlorenen Jahre: [232].

806. Ruhl, Klaus-Jörg: Frauen in der Nachkriegszeit: [231].

807. Schmidt, Maruta/Dietz, Gabi: Frauen unterm Hakenkreuz: [233].

808. Statistisches Bundesamt, Fachserie M, Reihe 18: Ausstattung der privaten Haushalte mit ausgewählten langlebigen Gebrauchsgütern 1962/63. Stuttgart 1964.

809. Stelling, Wiebke: »Wo Ihr seid, soll die Sonne scheinen.« Dokumentation über Leben und Wirken im »Reichsarbeitsdienst für die weibliche Jugend.« Verlag Heimatwerk Leithe 1985.

810. Wulf, Joseph: Literatur und Dichtung im Dritten Reich. Eine Dokumentation. Frankfurt/M. 1989.

811. Wulf, Joseph: Musik im Dritten Reich. Eine Dokumentation. Frankfurt/M. 1989.

812. Wulf, Joseph: Die bildenden Künste im Dritten Reich. Eine Dokumentation. Frankfurt/M. 1989.

813. Wulf, Joseph: Presse und Funk im Dritten Reich. Eine Dokumentation. Frankfurt/M. 1989.

Theorie und Methoden der Frauenforschung

814. Arbeitsgemeinschaft interdisziplinäre Frauenforschung und -studien (Hrsg.): Feministische Erneuerung von Wissenschaft und Kunst. Pfaffenweiler 1990.

815. Äxeli-Knapp, Gudrun: Zur widersprüchlichen Vergesellschaftung von Frauen. In: Hoff, Ernst-H. (Hrsg.): Die doppelte Sozialisation Erwachsener. Zum Verhältnis von beruflichem und privatem Lebensstrang. Weinheim, München 1990, S. 17-53.

816. Aumüller-Roske, Ursula (Hrsg.): Frauenleben – Frauenbilder – Frauengeschichte. Pfaffenweiler 1988.

817. Bock, Gisela: Frauengeschichte, Geschlechtergeschichte. In: Geschichte und Gesellschaft 14 (1988), S. 364-391.

818. Bremme, Angelika: Die politische Rolle der Frau in Deutschland. Eine Untersuchung über den Einfluss der Frauen bei Wahlen und ihre Teilnahme in Partei und Parlament. Göttingen 1956.

819. Brownmiller, Susan: Gegen unseren Willen. Vergewaltigung und Männerherrschaft. Frankfurt/M. 1994 (1980; London 1977).

820. Burger, Angelika/Seidenspinner, Gerlinde: Töchter und Mütter. Ablösung als Konflikt und Chance. Opladen 1988.

821. Daniel, Ute: Arbeiterfrauen in der Kriegsgesellschaft. Beruf, Familie und Politik im Ersten Weltkrieg. Göttingen 1986.

822. Feministische Erneuerung von Wissenschaft und Kunst (Frauen in Geschichte und Gesellschaft 15/2). Pfaffenweiler 1990.

823. Frauen in Familie, Beruf und Gesellschaft. Zahlen, Daten, Fakten. Hrsg. v. Statistischen Bundesamt. Mainz, Stuttgart 1987.

824. Frauenalltag – Frauenforschung. Beiträge zur 2. Tagung der Kommission Frauenforschung in der Deutschen Gesellschaft für Volkskunde Freiburg i.B., 22.-25. Mai 1986. Hrsg. v. AG Volkskundliche Frauenforschung/Chmielewski-Hagius, Anita. Frankfurt/M. 1988.

825. Frevert, Ute: Frauen-Geschichte zwischen bürgerlicher Verbesserung und neuer Weiblichkeit. Frankfurt/M. 1986.

826. Frevert, Ute: »Mann und Weib, und Weib und Mann«. Geschlechter-Differenzen in der Moderne. München 1995.

827. Gather, Claudia/Gerhard, Ute/Prinz, Karin/Veil, Mechthild (Hrsg.): Frauen-Alterssicherung. Lebensläufe von Frauen und ihre Benachteiligung im Alter. Berlin 1991.

828. Gerhard, Ute: Verhältnisse und Verhinderungen. Frauenarbeit, Familie und Rechte der Frauen im 19. Jahrhundert. Frankfurt/M. 1978.

829. Greven-Aschoff, Barbara: Die bürgerliche Frauenbewegung in Deutschland 1894-1933. Göttingen 1981.

830. Hagemann, Karen: Frauenalltag und Männerpolitik. Alltagsleben und gesellschaftliches Handeln von Arbeiterfrauen in der Weimarer Republik. Bonn 1990.

831. Hagemann, Karen/Kolossa, Jan: Gleiche Rechte – gleiche Pflichten? Der Frauenkampf für »staatsbürgerliche Gleichberechtigung«. Ein Bilder-Lesebuch zu Frauenalltag und Frauenbewegung in Hamburg. Hamburg 1990.

832. Hahn, Barbara (Hrsg.): Frauen in den Kulturwissenschaften. Von Lou Andreas-Salomé bis Hannah Arendt. München 1994.

833. Hausen, Karin/Nowotny, Helga (Hrsg.): Wie männlich ist die Wissenschaft? Frankfurt/M. 1986.

834. Hausen, Karin (Hrsg.): Frauen suchen ihre Geschichte. 2. Aufl., München 1987.

835. Hausen, Karin/Wunder, Heide (Hrsg.): Frauengeschichte – Geschlechtergeschichte (Geschichte und Geschlechter 1). Frankfurt/M., New York 1992.

836. Helwig, Gisela/Nickel, Hildegard Maria (Hrsg.): Frauen in Deutschland 1945 -1992. Bonn 1993.

837. Hoecker, Beate: Politische Partizipation von Frauen. Kontinuität und Wandel des Geschlechterverhältnisses in der Politik. Ein einführendes Studienbuch. Opladen 1995.

838. Knorr, Birgit/Wehling, Rosemarie: Frauen im deutschen Südwesten. Stuttgart, Berlin, Köln 1993.

839. Kramer, Helgard/Eckart, Christel/Riemann, Ilka/Walser, Karin: Grenzen der Frauenlohnarbeit. Frauenstrategien in Lohn- und Hausarbeit seit der Jahrhundertwende (Studienreihe d. Institut für Sozialforschung Frankfurt/M.). Frankfurt/M., New York 1986.

840. Krüger, Helga/Born, Claudia: Probleme der Integration von beruflicher und familialer Sozialisation. In: Hoff, Ernst-H. (Hrsg.): Die doppelte Sozialisation Erwachsener. Zum Verhältnis von beruflichem und privatem Lebensstrang. Weinheim, München 1990, S. 53-74.

841. Kuhn, Annette/Rüsen, Jörn (Hrsg.): Frauen in der Geschichte: III. fachwissenschaftliche und fachdidaktische Beiträge; vom frühen Mittelalter bis zur Gegenwart. Düsseldorf 1983

842. Kuhn, Annette: Frauengeschichtsforschung. In: Aus Politik und Zeitgeschichte B 34-35/90, S. 3-15.

843. Kuhn, Annette: Frauengeschichte in der gegenwärtigen Frauengeschichtsforschung und ihre Ambivalenzen. In: Feministische Erneuerung von Wissenschaft und Kunst [822], S. 81-99.

844. Lehr, Ursula: Zur Situation der älterwerdenden Frau. Bestandsaufnahme und Perspektiven bis zum Jahre 2000. München 1987.

845. Lerner, Gerda: Frauen finden ihre Vergangenheit. Grundlagen der Frauengeschichte. Frankfurt/M., New York 1995 (orig.: The Majority Finds Ist Past. Oxford 1979).

846. Lissner, Anneliese/Süssmuth, Rita/Walter, Karin (Hrsg.): Frauenlexikon. Traditionen, Fakten, Perspektiven. Freiburg i.B. 1988.

847. Meyer, Birgit: »Sie ist der einzige Mann in der Fraktion!« Versuch einer Würdigung der ersten Parlamentarierinnen in der Bundesrepublik Deutschland. In: Bracher, Karl Dietrich u.a. (Hrsg.): [47], S. 428-441.

848. Meyer, Birgit: Frauenpolitiken und Frauenleitbilder der Parteien in der Bundesrepublik. In: Aus Politik und Zeitgeschichte B 34-35/90, S. 16 -28.

849. Nave-Herz, Rosemarie: Die Geschichte der Frauenbewegung in Deutschland. Hannover 1989.

850. Notz, Gisela: Ist unbezahlte Arbeit unbezahlbar? Ehrenamtliche soziale Arbeit von Frauen als politisches Handlungsfeld. In: beiträge zur feministischen theorie und praxis, 1987, H. 19, S. 67-78.

851. Oldfield, Sybil: Frauen gegen den Krieg. Alternativen zum Militarismus 1900-1990. Frankfurt/M. 1992.

852. Ostner, Ilona: Frauenforschung als Herausforderung für die Sozialwissenschaft. In: Feministische Erneuerung von Wissenschaft und Kunst [822], S. 100-111.

853. Perrot, Michelle (Hrsg.): Geschlecht und Geschichte. Ist eine weibliche Geschichtsschreibung möglich? Frankfurt/M. 1989 (Marseille, Paris 1984).

854. Priemel, Isabel/Schuster, Annette: Frauen zwischen Erwerbstätigkeit und Familie. Historische und aktuelle Entwicklungen. Pfaffenweiler 1990.

855. Reese, Dagmar/Sachse, Carola: Frauenforschung zum Nationalsozialismus. Eine Bilanz. In: Gravenhorst, Lerke/Tatschmurat, Carmen (Hrsg.): [218], S. 73-107.

856. Rotzoll, Christa: Frauen und Zeiten. Stuttgart 1987.

857. Runge, Erika: Frauen. Versuche zur Emanzipation. Frankfurt/M. 1969.

858. Schenk, Herrad: Die feministische Herausforderung, 150 Jahre Frauenbewegung in Deutschland. München 1980.

859. Schissler, Hanna (Hrsg.): Geschlechterverhältnisse im historischen Wandel (Geschichte und Geschlechter 3). Frankfurt/M., New York 1993.

860. Studienschwerpunkt »Frauenforschung« am Institut für Sozialpädagogik der TU Berlin (Hrsg.): Mittäterschaft und Entdeckungslust. Verantwortlich für die Herausgabe und Bearbeitung:Thürmer-Rohr, Christina/Wildt, Carola/Emme, Martina/Flamm, Monika/Fritz, Vera/Voigt, Sigrid. Berlin 1989.

861. Tölke, Angelika: Lebenswege von Frauen im Wandel. In: Aus Politik und Zeitgeschichte B 34-35/90, S. 29-37.

862. Uhio, Kaari: Evas Töchter – Die weibliche Seite der Geschichte. Hamburg 1987.

863. Verein für Friedenspädagogik Tübingen (Hrsg.): Überlebens-Künstlerinnen. Frauenbücher zu Alltagsgewalt und Krieg, Emanzipation und Frieden. Tübingen 1984.

864. Wehler, Hans Ulrich (Hrsg.):Frauen in der Geschichte des 19. und 20. Jahrhunderts. Göttingen 1981.

865. Wehler, Hans Ulrich (Hrsg.): Frauenleben. Göttingen 1985.

866. Wiggershaus, Renate: Geschichte der Frauen und der Frauenbewegung. Wuppertal 1979.

867. Wierling, Dorothee: Alltagsgeschichte und Geschichte der Geschlechterbeziehungen. Über historische und historiographische Verhältnisse. In: Lüdtke, Alf (Hrsg.): [12], S. 169-190.

Theorie und Methoden der Oral History und der Biografieforschung

Es werden nur die für mich wichtigsten Titel genannt. Ausführliche Bibliographien von Charlotte Heinritz in BIOS. Zeitschrift für Biographieforschung und Oral History, 1988, H. 1, S. 121-167 (enthält 513 Titel) und 1988, H. 2, S. 103-132 (enthält 843 Titel). Nützliche Zusammenstellung auch bei Hans Joachim Schröder [639], S. 970-989 (enthält 367 Titel).

869. Alheit, Peter: Wirklichkeitsrekonstruktion und Wirklichkeitskonstitution in biographischen Erzählungen. Zur Kritik zweier prominenter Interpretationsansätze. In: Franz, Hans-Werner (Hrsg.): 22. Deutscher Soziologentag 1984. Sektions- und Ad-hoc-Gruppen. Opladen 1985, S. 92-96.

870. Alheit, Peter/Fischer-Rosenthal, Wolfram/Hoerning, Erika M.: Biographieforschung. Eine Zwischenbilanz in der deutschen Soziologie. Werkstattberichte des Forschungsschwerpunkts Arbeit und Bildung. Bremen 1990.

871. Alheit, Peter: Alltagsleben. Zur Bedeutung eines gesellschaftlichen »Restphänomens«. Frankfurt/M., New York 1983.

872. Baacke, Dieter/Schulze, Theodor (Hrsg.): Pädagogische Biographieforschung. Weinheim, Basel 1985.

873. Bender, Rolf/Nack, Armin: Tatsachenfeststellung vor Gericht. 2 Bde. (Bd. I: Glaubwürdigkeits- und Beweislehre; Bd. II: Vernehmungslehre), 2. Aufl., München 1995.

874. Benjamin, Walter: Der Erzähler. In: Ders.: Illuminationen. Frankfurt/M. 1969 (1961), S. 409-463.

875. Botz, Gerhard/Weidenhoker, Josef (Hrsg.): Mündliche Geschichte und Arbeiterbewegung. Eine Einführung in Arbeitsweisen und Themenbereiche der Geschichte »geschichtsloser« Sozialgruppen. Wien, Köln 1984.

876. Brüggemeier, Franz-Josef: Aneignung vergangener Wirklichkeit – Der Beitrag der Oral History. In: Voges, Wolfgang (Hrsg.): [907], S. 145-169.

877. Brüggemeier, Franz-Josef/Wierling, Dorothee: Einführung in die Oral History. Kurseinheiten 1-3. Fernuniversität Hagen. Fachbereich Erziehungs-, Sozial- und Geisteswissenschaften. Hagen 1986.

878. Frei, Alfred Georg: Geschichte aus den »Graswurzeln«? Geschichtswerkstätten in der historischen Kulturarbeit. In: Aus Politik und Zeitgeschichte B 2/88, S. 35-46.

879. Frei, Alfred Georg/Wildt, Michael: Hirsebrei und Seifenblasen. Die Geschichtswerkstätten und ihre Kritiker. In: L'80. Zeitschrift für Literatur und Politik 39 (1986), S. 64-72.

880. Fuchs, Werner: Biographische Forschung. Eine Einführung in Praxis und Methode. Opladen 1984.

881. Gerstenberger, Heide/Schmid, Dorothea (Hrsg.): Normalität oder Normalisierung? Geschichtswerkstätten und Faschismusanalyse. Münster/Westf. 1987.

882. Gestrich, Andreas/Knoch, Peter/Merkel, Helga (Hrsg.): Biographie – sozialge-schichtlich. Sieben Beiträge. Göttingen 1988.

883. Halbwachs, Maurice: Das kollektive Gedächtnis. Mit einem Geleitwort zur deutschen Ausgabe v. Heinz Maus. Frankfurt/M. 1985 (1967; Paris 1950).

884. Heer, Hannes/Ullrich, Volker (Hrsg.): Geschichte entdecken. Erfahrungen und Projekte der neuen Geschichtsbewegung. Reinbek bei Hamburg 1985.

885. Jeggle, Utz: Feldforschung. Qualitative Methoden der Kulturanalyse. Tübingen 1987.

886. Klingenstein, Grete u.a. (Hrsg.): Biographie und Geschichtswissenschaft. An-sätze zu Theorie und Praxis biographischer Arbeit. Wien 1979.

887. Knoch, Peter: Feldpost – eine unentdeckte historische Quellengattung. In: Ge-schichtsdidaktik 2/86, S. 154-171.

888. König, René (Hrsg.): Das Interview. Formen, Technik und Auswertung. Prak-tische Sozialforschung I. 3. Aufl., Köln, Berlin 1962.

889. Kohli, Martin/Günther, Robert (Hrsg.): Biographie und soziale Wirklichkeit. Stuttgart 1984.

890. Lehmann, Albrecht: Erzählstruktur und Lebenslauf. Autobiographische Unter-suchungen. Frankfurt/M. 1983.

891. Löffler, Klara: Entsorgung des Gewissens? Zum interaktiven Entstehungszu-sammenhang des Erinnerns in lebensgeschichtlichen Befragungen. In: Bönisch-Brednich, Brigitte/Brednich, Rolf W./Gerndt, Helge (Hrsg.): Erinnern und Ver-gessen. Vorträge des 27. Deutschen Volkskundekongresses. Göttingen 1989, S. 263-269.

892. Lummis, Trevor: Listening to history: the authenticity of oral evidence. Lon-don 1987.

893. Michel, Gabriele: Biographisches Erzählen – zwischen individuellem Erlebnis und kollektiver Geschichtentradition: Untersuchung typischer Erzählfiguren, ihrer sprachlichen Form und ihrer interaktiven und identitätskonstituierenden Funktion in Geschichte und Lebensgeschichte. Tübingen 1985.

894. Nassehi, Armin: Zwischen Erlebnis, Text und Verstehen. Kritische Überlegun-gen zur »erlebten Zeitgeschichte«. In: BIOS, 1992, H. 2, S. 167-172.

895. Niethammer, Lutz: Lebenserfahrung und kollektives Gedächtnis, die Praxis der »Oral History«. Frankfurt/M. 1980.

896. Niethammer, Lutz: Heimat und Front. Versuch, zehn Kriegserinnerungen aus der Arbeiterklasse des Ruhrgebietes zu verstehen. In: Ders. (Hrsg.): »Die Jahre weiß man nicht...« [618], S. 163-232.

897. Niethammer, Lutz /Hombach, Bodo/Fichter, Tilmann/Borsdorf, Ulrich (Hrsg.): »Die Menschen machen ihre Geschichte nicht aus freien Stücken, aber sie ma-chen sie selbst.« Einladung zu einer Geschichte des Volkes in NRW. Berlin, Bonn 1984.

898. Niethammer, Lutz: Fragen – Antworten – Fragen. Methodische Erfahrungen und Erwägungen zur Oral History. In: Ders./Plato, Alexander von (Hrsg.): [621], S. 392-445.

899. Ostner, Ilona: Zur Vergleichbarkeit von Aussagen in lebensgeschichtlichen Interviews. In: beiträge zur feministischen theorie und praxis 7, S. 61-75.

900. Peitsch, Helmut: Deutschlands Gedächtnis an seine dunkelste Zeit. Zur Funktion der Autobiographik in den Westzonen Deutschlands und den Westsektoren von Berlin 1945-1949. Berlin 1990.

901. Perrey, Hans Jürgen: Zeitzeugen gesucht. Eine Stadt feiert ihre 700-jährige Geschichte. Die Klasse 9 b soll dabei die jüngste Vergangenheit dokumentieren und stößt auf viele Fragen, die bis heute unbeantwortet blieben. Hoch Verlag 1988.

902. Plato, Alexander von: Oral History als Erfahrungswissenschaft. Zum Stand der »mündlichen Geschichte« in Deutschland. In: BIOS, 1991, H. 1, S. 97-119.

903. Osterland, Martin: Die Mythologisierung des Lebenslaufs. Zur Problematik des Erinnerns. In: Baethge, Martin/Eßbach, Wolfgang (Hrsg.): Soziologie: Entdeckung im Alltäglichen. Festschrift für Hans Paul Bahrdt. Frankfurt/M., New York 1983, S. 279-290.

904. Schütze, Fritz. Das narrative Interview. Kurs der Fernuniversität Hagen. Hagen 1986.

905. Thompson, Paul: The Voice of the Past. Oral History. 2. Aufl., Oxford 1988.

906. Ungern-Sternberg, Jürgen von/Reinau, Hansjörg (Hrsg.): Vergangenheit in mündlicher Überlieferung. Referate und Korreferate – gehalten am 20.-23. August 1987 im Landgut Castelen bei Augst. Stuttgart 1988.

907. Voges, Wolfgang (Hrsg.): Methoden der Biographie- und Lebenslaufforschung. Opladen 1987.

908. Vorländer, Herwart (Hrsg.): Oral History. Mündlich erfragte Geschichte. Göttingen 1990.

909. Warneken, Bernd Jürgen: Populare Autobiographik. Empirische Studien zu einer Quellengattung der Alltagsgeschichtsforschung. Tübingen 1985.

Sonstige Literatur

910. Cloer, Ernst: Das Dritte Reich im Jugendbuch. Fünfzig Jugendbuch-Analysen und ein theoretischer Bezugsrahmen. Braunschweig 1983.

910a) Ditfurth, Hoimar von: Innenansichten eines Artgenossen. Meine Bilanz. Neuaufl. München 1992 (Düsseldorf 1989).

911. Haug, Frigga: Erinnerungsarbeit. Hamburg 1990.

912. Kempowski, Walter: Echolot. Ein kollektives Tagebuch Januar und Februar 1943. 4 Bde., München 1993.

913. Klassiker in finsteren Zeiten 1933-1945 (Marbacher Kataloge 38). 2 Bde., Stuttgart 1983.

913a) Richter, Horst Eberhard: Umgang mit Angst. Hamburg 1992.

914. Rohde-Dachser, Christa: Expedition in den Kontinent Weiblichkeit im Diskurs der Psychoanalyse. Heidelberg 1991.

915. Salomon, Ernst von: Der Fragebogen. Reinbek bei Hamburg 1961.

916. Sanders-Brahms, Helma: Deutschland, bleiche Mutter. Film-Erzählung. 2. Aufl., Reinbek bei Hamburg 1981.

917. Solschenizyn, Aleksander: Ein Tag im Leben des Iwan Denissowitsch. Berlin 1963.

918. Vondung, Klaus (Hrsg.): Kriegserlebnis. Der Erste Weltkrieg in der literarischen Gestaltung und symbolischen Deutung der Nationen. Göttingen 1980.

919. Wimmer, Fridolin: Das historisch-politische Lied im Geschichtsunterricht. Exemplifiziert am Einsatz von Liedern des Nationalsozialismus und ergänzt durch eine empirische Untersuchung über die Wirkung dieser Lieder. Frankfurt/M. 1994.